中国留学人员创业年鉴

RETURNED CHINESE SCHOLARS PIONEER YEARBOOK

2017

教育部留学服务中心
科学技术部火炬高技术产业开发中心
人力资源和社会保障部留学人员和专家服务中心
中国国际人才交流中心
致公党中央留学人员委员会
北京海外学人科技发展中心
编

中国致公出版社
China Zhigong Press

《中国留学人员创业年鉴》编委会

《中国留学人员创业年鉴》编辑部

编辑说明

一、当前，大众创业、万众创新浪潮奔流涌动，成为助推中国经济增长的新引擎。海外人才回国创业逐潮而上，百舸争流、千帆竞发。据统计，2016年，我国各类留学回国人员人数达到54.45万人；从1978年到2016年底，留学回国人员总数已经达到265.11万人。截至2016年底，国家“千人计划”已分十二批次引进6000多名海外高层次人才。全国已建成各级各类留学人员创业园超过300家，在园企业超过2万家，有超过5万名留学人员在园创业和工作。

为了记录2016年度中国留学人员回国创业创新工作情况，教育部留学服务中心、科学技术部火炬高技术产业开发中心、人力资源和社会保障部留学人员和专家服务中心、中国国际人才交流中心、致公党中央留学人员委员会、北京海外学人科技发展中心联合编纂出版《中国留学人员创业年鉴》2017年卷。

二、《中国留学人员创业年鉴》2017年卷是本书自2007年以来连续出版的第十一卷。2017年卷力图全面、准确、客观地反映2016年度中国留学人员回国创业创新工作情况，展现2016年度留学人员创业创新环境与发展状况，为中央及各地政府有关部门和社会各界了解、研究我国留学人员创业群体和创业创新环境建设提供有价值的参考，同时，也为广大留学人员回国创业创新提供服务。

三、《中国留学人员创业年鉴》2017年卷共设六个部分，分别为综合篇、政策篇、园区篇、人物篇、社团篇、附录篇。其中重点收录了2016年度中央及国家部委领导有关留学工作和创业创新的讲话62篇；“千人计划”及国家有关部门单位和地方海外引才计划90项；2016年度国家和地方颁布的有关人才引进和鼓励创业创新的政策法规98条；2016年度各地运行的留学人员创业园221家；2016年度入选国家“千人计划”的留学归国创业人才57人；各类留学人员团体60家；留学人员回国服务机构、引智机构等相关信息100余条。同时，也收录了2016年度在留学回国服务工作中具有推动作用的重要事件等。

四、在中央有关单位的指导下，在全国各地教育、科技、人社、外专等职能部门以及致公党各地留学人员工作委员会、留学回国服务机构、留学人员创业园、留学人员团体的大力支持与协助下，《中国留学人员创业年鉴》2017年卷如期完成。在此，谨向有关单位致以诚挚的感谢！

五、由于编纂工作浩繁，难免会有疏漏和不足之处，希望广大读者给予批评指正。

《中国留学人员创业年鉴》编委会

二〇一七年九月

目 录
Contents

第一部分 综合篇

2016年度国家及有关部委领导讲话汇编

中央及地方海外引才计划实施一览

第二部分 政策篇

浙江省

安徽省

福建省

江西省

山东省

河南省

第三部分 园区篇

江苏省

浙江省

安徽省

福建省

江西省

山东省

河南省

湖北省

湖南省

广东省

广西壮族自治区

海南省

重庆市

四川省

贵州省

云南省

陕西省

甘肃省

宁夏回族自治区

新疆维吾尔自治区

第四部分 人物篇

第五部分 社团篇

第六部分 附录篇

第一部分

综合篇

综合篇

2016年度国家及有关部委领导讲话汇编

习近平：创新是企业发展和市场制胜的关键

（2016年1月4日）

2016年1月4日至6日，中共中央总书记、国家主席、中央军委主席习近平在重庆调研。4日下午，习近平来到重庆京东方光电科技有限公司考察。他在柔性屏、超高清显示屏等产品前观看演示，听取企业生产经营和产品世代分类介绍，了解企业文化和8.5代液晶面板生产工艺流程，并视察了产品生产线。

在研发中心，几位年轻研发人员向总书记自豪地介绍他们的技术创新历程和成果，习近平点头赞赏，肯定他们以多项自主创新形成比较明显的技术优势和品牌效应。习近平指出，创新作为企业发展和市场制胜的关键，核心技术不是别人赐予的，不能只是跟着别人走，而必须自强奋斗、敢于突破。创新人才犹如优秀种子，很是难得，要大力培养。年轻一代要有历史机遇感、责任感、使命感，努力在创新上脱颖而出。习近平希望科技型企业及时跟踪世界前沿动态，加强技术研发与合作，不断攻克高精尖难题，形成能随时掌握主动权的技术优势，并把技术优势转化为产品优势、效益优势，多为行业争光、为国家争光。

（《人民日报》）

习近平：要突破核心技术，聚天下英才而用之

（2016年4月19日）

2016年4月19日，中共中央总书记、国家主席、中央军委主席、中央网络安全和信息化领导小组组长习近平在北京主持召开网络安全和信息化工作座谈会并发表重要讲话。讲话全文如下：

今天，我们召开一个网络安全和信息化工作座谈会。这个会，我一直想开。党的十八大以来，我国互联网事业快速发展，网络安全和信息化工作扎实推进，取得显著进步和成绩，同时也存在不少短板和问题。召开这次座谈会，就是要当面听取大家意见和建议，共同探讨一些措施和办法，以利于我们把工作做得更好。

刚才，几位同志讲得很好，分析了当前互联网发展新情况新动向，介绍了信息化发展新技术新趋势，提出了很好的意见和建议，听了很受启发。你们的发言，体现了务实的态度、创新的精神、强烈的责任感，也体现了在互联网领域较高的理论和实践水平，对我们改进工作很有帮助。有关部门要认真研究大家的意见和建议，能吸收的尽量吸收。下面，我谈几点意见，同大家交流。

第一个问题，讲讲推动我国网信事业发展，让互联网更好造福人民。

听了大家发言，我有一个总的感觉，就是对互联网来说，我国虽然是后来者，接入国际互联网只有20多年，但我们正确处理安全和发展、开放和自主、管理和服务的关系，推动互联网发展取得令人瞩目的成就。现在，互联网越来越成为人们学习、工作、生活的新空间，越来越成为获取公共服务的新平台。我国有7亿网民，这是一个了不起的数字，也是一个了不起的成就。

从社会发展史看，人类经历了农业革命、工业革命，正在经历信息革命。农业革命增强了人类生存能力，使人类从采食捕猎走向栽种畜养，从野蛮时代走向文明社会。工业革命拓展了人类体力，以机器取代了人力，以大规模工厂化生产取代了个体工场手工生产。而信息革命则增强了人类脑力，带来生产力又一次质的飞跃，对国际政治、经济、文化、社会、生态、军事等领域发展产生了深刻影响。

当前和今后一个时期，我国发展的目标是实现“两个一百年”奋斗目标。我说过，建设富强民主文明和谐的社会主义现代化国家，实现中华民族伟大复兴，是鸦片战争以来中国人民最伟大的梦想，是中华民族的最高利益和根本利益。今天，我们13亿多人的一切奋斗归根到底都是为了实现这一伟大目标。

我国曾经是世界上的经济强国，后来在欧洲发生工业革命、世界发生深刻变革的时期，丧失了与世界同进步的历史机遇，逐渐落到了被动挨打的境地。特别是鸦片战争之后，中华民族更是陷入积贫积弱、任人宰割的悲惨状况。想起这一段历史，我们心中都有刻骨铭心的痛。经过几代人努力，我们从来没有像今天这样离实现中华民族伟大复兴的目标如此之近，也从来没有像今天这样更有信心、更有能力实现中华民族伟大复兴。这是中华民族的一个重要历史机遇，我们必须牢牢抓住，决不能同这样的历史机遇失之交臂。这就是我们这一代人的历史责任，是我们对中华民族的责任，是对前人的责任，也是对后人的责任。

党的十八届五中全会提出了创新、协调、绿色、开放、共享的新发展理念，这是在深刻总结国内外发展经验教训、深入分析国内外发展大势的基础上提出的，集中反映了我们党对我国经济社会发展规律的新认识。按照新发展理念推动我国经济社会发展，是当前和今后一个时期我国发展的总要求和大趋势。古人说：“随时以举事，因资而立功，用万物之能而获利其上。”我国网信事业发展要适应这个大趋势。总体上说，网信事业代表着新的生产力、新的发展方向，应该也能够在践行新发展理念上先行一步。

我国经济发展进入新常态，新常态要有新动力，互联网在这方面可以大有作为。我们实施“互联网+”行动计划，带动全社会兴起了创新创业热潮，信息经济在我国国内生产总值中的占比不断攀升。当今世界，信息化发展很快，不进则退，慢进亦退。我们要加强信息基础设施建设，强化信息

资源深度整合，打通经济社会发展的信息“大动脉”。党的十八届五中全会、“十三五”规划纲要都对实施网络强国战略、“互联网+”行动计划、大数据战略等作了部署，要切实贯彻落实好，着力推动互联网和实体经济深度融合发展，以信息流带动技术流、资金流、人才流、物资流，促进资源配置优化，促进全要素生产率提升，为推动创新发展、转变经济发展方式、调整经济结构发挥积极作用。

网信事业要发展，必须贯彻以人民为中心的发展思想。这是党的十八届五中全会提出的一个重要观点。要适应人民期待和需求，加快信息化服务普及，降低应用成本，为老百姓提供用得上、用得起、用得好的信息服务，让亿万人民在共享互联网发展成果上有更多获得感。相比城市，农村互联网基础设施建设是我们的短板。要加大投入力度，加快农村互联网建设步伐，扩大光纤网、宽带网在农村的有效覆盖。可以做好信息化和工业化深度融合这篇大文章，发展智能制造，带动更多人创新创业；可以瞄准农业现代化主攻方向，提高农业生产智能化、经营网络化水平，帮助广大农民增加收入；可以发挥互联网优势，实施“互联网+教育”“互联网+医疗”“互联网+文化”等，促进基本公共服务均等化；可以发挥互联网在助推脱贫攻坚中的作用，推进精准扶贫、精准脱贫，让更多困难群众用上互联网，让农产品通过互联网走出乡村，让山沟里的孩子也能接受优质教育；可以加快推进电子政务，鼓励各级政府部门打破信息壁垒、提升服务效率，让百姓少跑腿、信息多跑路，解决办事难、办事慢、办事繁的问题，等等。这些方面有很多事情可做，一些互联网企业已经做了尝试，取得了较好的经济效益和社会效益。

有专家提出，我们的国家治理中存在信息共享、资源统筹、工作协调不够等问题，制约了国家治理效率和公共服务水平。这个问题要深入研究。我们提出推进国家治理体系和治理能力现代化，信息是国家治理的重要依据，要发挥其在这个进程中的重要作用。要以信息化推进国家治理体系和治理能力现代化，统筹发展电子政务，构建一体化在线服务平台，分级分类推进新型智慧城市建设，打通信息壁垒，构建全国信息资源共享体系，更好用信息化手段感知社会态势、畅通沟通渠道、辅助科学决策。

第二个问题，讲讲建设网络良好生态，发挥网络引导舆论、反映民意的作用。

互联网是一个社会信息大平台，亿万网民在上面获得信息、交流信息，这会对他们的求知途径、思维方式、价值观念产生重要影响，特别是会对他们对国家、对社会、对工作、对人生的看法产生重要影响。

实现“两个一百年”奋斗目标，需要全社会方方面面同心干，需要全国各族人民心往一处想、劲往一处使。如果一个社会没有共同理想，没有共同目标，没有共同价值观，整天乱哄哄的，那就什么事也办不成。我国有13亿多人，如果弄成那样一个局面，就不符合人民利益，也不符合国家利益。

凝聚共识工作不容易做，大家要共同努力。为了实现我们的目标，网上网下要形成同心圆。什么是同心圆？就是在党的领导下，动员全国各族人民，调动各方面积极性，共同为实现中华民族伟大复兴的中国梦而奋斗。

古人说：“知屋漏者在宇下，知政失者在草野。”很多网民称自己为“草根”，那网络就是现在的一个“草野”。网民来自老百姓，老百姓上了网，民意也就上了网。群众在哪儿，我们的领导干部就要到哪儿去，不然怎么联系群众呢？各级党政机关和领导干部要学会通过网络走群众路线，经常上网看看，潜潜水、聊聊天、发发声，了解群众所思所愿，收集好想法好建议，积极回应网民关切、解疑释惑。善于运用网络了解民意、开展工作，是新形势下领导干部做好工作的基本功。各级干部特别是领导干部一定要不断提高这项本领。

网民大多数是普通群众，来自四面八方，各自经历不同，观点和想法肯定是五花八门的，不能要求他们对所有问题都看得那么准、说得那么对。要多一些包容和耐心，对建设性意见要及时吸纳，对困难要及时帮助，对不了解情况的要及时宣介，对模糊认识要及时廓清，对怨气怨言要及时化解，对错误看法要及时引导和纠正，让互联网成为我们同群众交流沟通的新平台，成为了解群众、贴近群众、为群众排忧解难的新途径，成为发扬人民民主、接受人民监督的新渠道。

网络空间是亿万民众共同的精神家园。网络空间天朗气清、生态良好，符合人民利益。网络空间乌烟瘴气、生态恶化，不符合人民利益。谁都不愿生活在一个充斥着虚假、诈骗、攻击、谩骂、恐怖、色情、暴力的空间。互联网不是法外之地。利用网络鼓吹推翻国家政权，煽动宗教极端主义，宣扬民族分裂思想，教唆暴力恐怖活动，等等，这样的行为要坚决制止和打击，决不能任其大行其道。利用网络进行欺诈活动，散布色情材料，进行人身攻击，兜售非法物品，等等，这样的言行也要坚决管控，决不能任其大行其道。没有哪个国家会允许这样的行为泛滥开来。我们要本着对社会负责、对人民负责的态度，依法加强网络空间治理，加强网络内容建设，做强网上正面宣传，培育积极健康、向上向善的网络文化，用社会主义核心价值观和人类优秀文明成果滋养人心、滋养社会，做到正能量充沛、主旋律高昂，为广大网民特别是青少年营造一个风清气正的网络空间。

形成良好网上舆论氛围，不是说只能有一个声音、一个调子，而是说不能搬弄是非、颠倒黑白、造谣生事、违法犯罪，不能超越了宪法法律界限。我多次强调，要把权力关进制度的笼子里，一个重要手段就是发挥舆论监督包括互联网监督作用。这一条，各级党政机关和领导干部特别要注意，首先要做好。对网上那些出于善意的批评，对互联网监督，不论是对党和政府工作提的还是对领导干部个人提的，不论是和风细雨的还是忠言逆耳的，我们不仅要欢迎，而且要认真研究和吸取。

第三个问题，讲讲尽快在核心技术上取得突破。

20多年来，我国互联网发展取得的显著成就中，包括一批技术方面的成就。目前，在世界互联网企业前10强中，我们占了4席。在第二届世界互联网大会期间，我去看了“互联网之光”博览会，来自全球的250多家企业展出的1000多项新技术新成果中，我们也占了不少，这令人高兴。同时，我们也要看到，同世界先进水平相比，同建设网络强国战略目标相比，我们在很多方面还有不小差距，特别是在互联网创新能力、基础设施建设、信息资源共享、产业实力等方面还存在不小差距，其中最大的差距在核心技术上。

互联网核心技术是我们最大的“命门”，核心技术受制于人是我们最大的隐患。一个互联网企业即便规模再大、市值再高，如果核心元器件严重依赖外国，供应链的“命门”掌握在别人手里，那就好比在别人的墙基上砌房子，再大再漂亮也可能经不起风雨，甚至会不堪一击。我们要掌握我国互联网发展主动权，保障互联网安全、国家安全，就必须突破核心技术这个难题，争取在某些领域、某些方面实现“弯道超车”。

核心技术要取得突破，就要有决心、恒心、重心。有决心，就是要树立顽强拼搏、刻苦攻关的志气，坚定不移实施创新驱动发展战略，把更多人力物力财力投向核心技术研发，集合精锐力量，作出战略性安排。有恒心，就是要制定信息领域核心技术设备发展战略纲要，制定路线图、时间表、任务书，明确近期、中期、远期目标，遵循技术规律，分梯次、分门类、分阶段推进，咬定青山不放松。有重心，就是要立足我国国情，面向世界科技前沿，面向国家重大需求，面向国民经济主战场，紧紧围绕攀登战略制高点，强化重要领域和关键环节任务部署，把方向搞清楚，把重点搞清楚。否则，花了很多钱、投入了很多资源，最后南辕北辙，是难以取得成效的。

什么是核心技术？我看，可以从三个方面把握。一是基础技术、通用技术。二是非对称技术、“杀手锏”技术。三是前沿技术、颠覆性技术。在这些领域，我们同国外处在同一条起跑线上，如果能够超前部署、集中攻关，很有可能实现从跟跑并跑到并跑领跑的转变。我国网信领域广大企业家、专家学者、科技人员要树立这个雄心壮志，要争这口气，努力尽快在核心技术上取得新的重大突破。正所谓“日日行，不怕千万里；常常做，不怕千万事”。

我国信息技术产业体系相对完善、基础较好，在一些领域已经接近或达到世界先进水平，市场空间很大，有条件有能力在核心技术上取得更大进步，关键是要理清思路、脚踏实地去干。

第一，正确处理开放和自主的关系。互联网让世界变成了地球村，推动国际社会越来越成为你中有我、我中有你的命运共同体。现在，有一种观点认为，互联网很复杂、很难治理，不如一封了之、一关了之。这种说法是不正确的，也不是解决问题的办法。中国开放的大门不能关上，也不会关上。我们要鼓励和支持我国网信企业走出去，深化互联网国际交流合作，积极参与“一带一路”建设，做到“国家利益在哪里，信息化就覆盖到哪里”。外国互联网企业，只要遵守我国法律法规，我们都欢迎。

现在，在技术发展上有两种观点值得注意。一种观点认为，要关起门来，另起炉灶，彻底摆脱对外国技术的依赖，靠自主创新谋发展，否则总跟在别人后面跑，永远追不上。另一种观点认为，要开放创新，站在巨人肩膀上发展自己的技术，不然也追不上。这两种观点都有一定道理，但也都绝对了一些，没有辩证看待问题。一方面，核心技术是国之重器，最关键最核心的技术要立足自主创新、自立自强。市场换不来核心技术，有钱也买不来核心技术，必须靠自己研发、自己发展。另一方面，我们强调自主创新，不是关起门来搞研发，一定要坚持开放创新，只有跟高手过招才知道差距，不能夜郎自大。

我们不拒绝任何新技术，新技术是人类文明发展的成果，只要有利于提高我国社会生产力水平、有利于改善人民生活，我们都不拒绝。问题是要搞清楚哪些是可以引进但必须安全可控的，哪些是可以引进消化吸收再创新的，哪些是可以同别人合作开发的，哪些是必须依靠自己的力量自主创新的。核心技术的根源问题是基础研究问题，基础研究搞不好，应用技术就会成为无源之水、无本之木。

第二，在科研投入上集中力量办大事。近年来，我们在核心技术研发上投的钱不少，但效果还不是很明显。我看，主要问题是好钢没有用在刀刃上。要围绕国家亟需突破的核心技术，把拳头攥紧，坚持不懈做下去。

第三，积极推动核心技术成果转化。技术要发展，必须要使用。在全球信息领域，创新链、产业链、价值链整合能力越来越成为决定成败的关键。核心技术研发的最终结果，不应只是技术报告、科研论文、实验室样品，而应是市场产品、技术实力、产业实力。核心技术脱离了它的产业链、价值链、生态系统，上下游不衔接，就可能白忙活一场。

科研和经济不能搞成“两张皮”，要着力推进核心技术成果转化和产业化。经过一定范围论证，该用的就要用。我们自己推出的新技术新产品，在应用中出现一些问题是自然的。可以在用的过程中继续改进，不断提高质量。如果大家都不用，就是报一个课题完成报告，然后束之高阁，那永远发展不起来。

第四，推动强强联合、协同攻关。要打好核心技术研发攻坚战，不仅要把冲锋号吹起来，而且要把集合号吹起来，也就是要把最强的力量积聚起来共同干，组成攻关的突击队、特种兵。我们同国际先进水平在核心技术上差距悬殊，一个很突出的原因，是我们的骨干企业没有像微软、英特尔、谷歌、苹果那样形成协同效应。美国有个所谓的“文泰来”联盟，微软的视窗操作系统只配对英特尔的芯片。在核心技术研发上，强强联合比单打独斗效果要好，要在这方面拿出些办法来，彻底摆脱部门利益和门户之见的束缚。抱着宁为鸡头、不为凤尾的想法，抱着自己拥有一亩三分地的想法，形不成合力，是难以成事的。

一些同志关于组建产学研用联盟的建议很好。比如，可以组建“互联网+”联盟、高端芯片联盟等，加强战略、技术、标准、市场等沟通协作，协同创新攻关。可以探索搞揭榜挂帅，把需要的关键核心技术项目张出榜来，英雄不论出处，谁有本事谁就揭榜。在这方面，既要发挥国有企业作用，也要发挥民营企业作用，也可以两方面联手来干。还可以探索更加紧密的资本型协作机制，成立核心技术研发投资公司，发挥龙头企业优势，带动中小企业发展，既解决上游企业技术推广应用问题，也解决下游企业“缺芯少魂”问题。

第四个问题，讲讲正确处理安全和发展的关系。

网络安全和信息化是相辅相成的。安全是发展的前提，发展是安全的保障，安全和发展要同步推进。我们一定要认识到，古往今来，很多技术都是“双刃剑”，一方面可以造福社会、造福人民，另一方面也可以被一些人用来损害社会公共利益和民众利益。从世界范围看，网络安全威胁和风险日益突出，并日益向政治、经济、文化、社会、生态、国防等领域传导渗透。特别是国家关键信息基础设施面临较大风险隐患，网络安全防控能力薄弱，难以有效应对国家级、有组织的高强度网络攻击。这对世界各国都是一个难题，我们当然也不例外。

面对复杂严峻的网络安全形势，我们要保持清醒头脑，各方面齐抓共管，切实维护网络安全。

第一，树立正确的网络安全观。理念决定行动。当今的网络安全，有几个主要特点。一是网络安全是整体的而不是割裂的。在信息时代，网络安全对国家安全牵一发而动全身，同许多其他方面的安全都有着密切关系。二是网络安全是动态的而不是静态的。信息技术变化越来越快，过去分散独立的网络变得高度关联、相互依赖，网络安全的威胁来源和攻击手段不断变化，那种依靠装几个安全设备和安全软件就想永保安全的想法已不合时宜，需要树立动态、综合的防护理念。三是网络安全是开放的而不是封闭的。只有立足开放环境，加强对外交流、合作、互动、博弈，吸收先进技术，网络安全水平才会不断提高。四是网络安全是相对的而不是绝对的。没有绝对安全，要立足基本国情保安全，避免不计成本追求绝对安全，那样不仅会背上沉重负担，甚至可能顾此失彼。五是网络安全是共同的而不是孤立的。网络安全为人民，网络安全靠人民，维护网络安全是全社会共同责任，需要政府、企业、社会组织、广大网民共同参与，共筑网络安全防线。这几个特点，各有关方面要好好把握。

第二，加快构建关键信息基础设施安全保障体系。金融、能源、电力、通信、交通等领域的关键信息基础设施是经济社会运行的神经中枢，是网络安全的重中之重，也是可能遭到重点攻击的目标。“物理隔离”防线可被跨网入侵，电力调配指令可被恶意篡改，金融交易信息可被窃取，这些都是重大风险隐患。不出问题则已，一出就可能导致交通中断、金融紊乱、电力瘫痪等问题，具有很大的破坏性和杀伤力。我们必须深入研究，采取有效措施，切实做好国家关键信息基础设施安全防护。

第三，全天候全方位感知网络安全态势。知己知彼，才能百战不殆。没有意识到风险是最大的风险。网络安全具有很强的隐蔽性，一个技术漏洞、安全风险可能隐藏几年都发现不了，结果是“谁进来了不知道、是敌是友不知道、干了什么不知道”，长期“潜伏”在里面，一旦有事就发作了。

维护网络安全，首先要知道风险在哪里，是什么样的风险，什么时候发生风险，正所谓“聪者听于无声，明者见于未形”。感知网络安全态势是最基本、最基础的工作。要全面加强网络安全检查，摸清家底，认清风险，找出漏洞，通报结果，督促整改。要建立统一高效的网络安全风险报告机制、情报共享机制、研判处置机制，准确把握网络安全风险发生的规律、动向、趋势。要建立政府和企业网络安全信息共享机制，把企业掌握的大量网络安全信息用起来，龙头企业要带头参加这个机制。

有专家反映，在数据开放、信息共享方面存在着部门利益、行业利益、本位思想。这方面，要加强论证，该统的可以统起来，发挥1+1大于2的效应，以综合运用各方面掌握的数据资源，加强大数据挖掘分析，更好感知网络安全态势，做好风险防范。这项工作做好了，对国家、对社会、对企业、对民众都是有好处的。

第四，增强网络安全防御能力和威慑能力。网络安全的本质在对抗，对抗的本质在攻防两端能力较量。要落实网络安全责任制，制定网络安全标准，明确保护对象、保护层级、保护措施。哪些方面要重兵把守、严防死守，哪些方面由地方政府保障、适度防范，哪些方面由市场力量防护，都要有本清清楚楚的账。人家用的是飞机大炮，我们这里还用大刀长矛，那是不行的，攻防力量要对等。要以技术对技术，以技术管技术，做到魔高一尺、道高一丈。

目前，大国网络安全博弈，不单是技术博弈，还是理念博弈、话语权博弈。我们提出了全球互联网发展治理的“四项原则”、“五点主张”，特别是我们倡导尊重网络主权、构建网络空间命运共同体，赢得了世界绝大多数国家赞同。

第五个问题，讲讲增强互联网企业使命感、责任感，共同促进互联网持续健康发展。

我国互联网企业由小到大、由弱变强，在稳增长、促就业、惠民生等方面发挥了重要作用。让企业持续健康发展，既是企业家奋斗的目标，也是国家发展的需要。企业命运与国家发展息息相关。脱离了国家支持、脱离了群众支持，脱离了为国家服务、为人民服务，企业难以做强做大。

今年全国“两会”期间，我在参加全国政协十二届四次会议民建、工商联界委员联组会时强调，实行公有制为主体、多种所有制经济共同发展的基本经济制度，是中国共产党确立的一项大政方针，是中国特色社会主义制度的重要组成部分，也是完善社会主义市场经济体制的必然要求；我们党在坚持基本经济制度上的观点是明确的、一贯的，而且是不断深化的，从来没有动摇，这是不会变的，也是不能变的。我不仅讲了话，而且很快就把我的讲话公开发表了，这就是要让广大企业家吃个“定心丸”。

我们国家这么大、人口这么多，要把经济社会发展搞上去，需要各方面齐心协力干，公有制经济、非公有制经济应该相辅相成、相得益彰，而不是相互排斥、相互抵消。非公有制企业搞大了、搞好了、搞到世界上去了，为国家和人民作出更大贡献了，是国家的光荣。党和政府当然要支持，这一点是毫无疑义的。

在我国，7亿多人上互联网，肯定需要管理，而且这个管理是很复杂、很繁重的。企业要承担企业的责任，党和政府要承担党和政府的责任，哪一边都不能放弃自己的责任。网上信息管理，网站应负主体责任，政府行政管理部门要加强监管。主管部门、企业要建立密切协作协调的关系，避免过去经常出现的“一放就乱、一管就死”现象，走出一条齐抓共管、良性互动的新路。

第一，坚持鼓励支持和规范发展并行。企业直接面向市场，处在创新第一线，处在掌握民众需要第一线，市场感觉敏锐，创新需求敏感，创新愿望强烈。应该鼓励和支持企业成为研发主体、创新主体、产业主体，鼓励和支持企业布局前沿技术，推动核心技术自主创新，创造和把握更多机会，参与国际竞争，拓展海外发展空间。

当前，我国互联网市场也存在一些恶性竞争、滥用市场支配地位等情况，中小企业对此意见不少。这方面，要规范市场秩序，鼓励进行良性竞争。这既有利于激发企业创新活力、提升竞争能力、扩大市场空间，又有利于平衡各方利益、维护国家利益、更好服务百姓。要加大知识产权保护力度，提高侵权代价和违法成本，震慑违法侵权行为。党的十八届四中全会提出健全以公平为核心原则的产权保护制度，加强对各种所有制经济组织和自然人财产权的保护，清理有违公平的法律法规条款。这些要求要尽快落实到位。

第二，坚持政策引导和依法管理并举。政府要为企业发展营造良好环境，加快推进审批制度、融资制度、专利制度等改革，减少重复检测认证，施行优质优价政府采购制度，减轻企业负担，破除体制机制障碍。党的十八届三中全会以后，党中央成立了全面深化改革领导小组，我当组长，已经推出的很多改革方案都同这些方面有联系。改革要继续推进，也就是我说的要敢于啃硬骨头，敢于涉险滩、闯难关。

同时，要加快网络立法进程，完善依法监管措施，化解网络风险。前段时间发生的e租宝、中晋系案件，打着“网络金融”旗号非法集资，给有关群众带来严重财产损失，社会影响十分恶劣。现在，网络诈骗案件越来越多，作案手段花样翻新，技术含量越来越高。这也提醒我们，在发展新技术新业务时，必须警惕风险蔓延。

要依法加强对大数据的管理。一些涉及国家利益、国家安全的数据，很多掌握在互联网企业手里，企业要保证这些数据安全。企业要重视数据安全。如果企业在数据保护和安全上出了问题，对自己的信誉也会产生不利影响。

第三，坚持经济效益和社会效益并重。一个企业既有经济责任、法律责任，也有社会责任、道德责任。企业做得越大，社会责任、道德责任就越大，公众对企业这方面的要求也就越高。我国互联网企业在发展过程中，承担了很多社会责任，这一点要给予充分肯定，希望继续发扬光大。

“行生于己，名生于人。”我说过，只有富有爱心的财富才是真正有意义的财富，只有积极承担社会责任的企业才是最有竞争力和生命力的企业。办网站的不能一味追求点击率，开网店的要防范假冒伪劣，做社交平台的不能成为谣言扩散器，做搜索的不能仅以给钱的多少作为排位的标准。希望广大互联网企业坚持经济效益和社会效益统一，在自身发展的同时，饮水思源，回报社会，造福人民。

第六个问题，讲讲聚天下英才而用之，为网信事业发展提供有力人才支撑。

人才是第一资源。古往今来，人才都是富国之本、兴邦大计。我说过，要把我们的事业发展好，就要聚天下英才而用之。要干一番大事业，就要有这种眼界、这种魄力、这种气度。

“得人者兴，失人者崩。”网络空间的竞争，归根结底是人才竞争。建设网络强国，没有一支优秀的人才队伍，没有人才创造力迸发、活力涌流，是难以成功的。念好了人才经，才能事半功倍。对我国来说，改革开放初期，资本比较稀缺，所以我们出台了很多鼓励引进资本的政策，比如“两免三减半”。现在，资本已经不那么稀缺了，但人才特别是高端人才依然稀缺。我们的脑子要转过弯来，既要重视资本，更要重视人才，引进人才力度要进一步加大，人才体制机制改革步子要进一步迈开。网信领域可以先行先试，抓紧调研，制定吸引人才、培养人才、留住人才的办法。

互联网是技术密集型产业，也是技术更新最快的领域之一。我国网信事业发展，必须充分调动企业家、专家学者、科技人员积极性、主动性、创造性。我早年在正定县工作时，为了向全国一流专家学者借智，专门聘请华罗庚等专家学者给我们县当顾问，有的亲自到正定指导工作。企业家、专家学者、科技人员要有国家担当、社会责任，为促进国家网信事业发展多贡献自己的智慧和力量。各级党委和政府要从心底里尊重知识、尊重人才，为人才发挥聪明才智创造良好条件，营造宽松环境，提供广阔平台。

互联网主要是年轻人的事业，要不拘一格降人才。要解放思想，慧眼识才，爱才惜才。培养网信人才，要下大功夫、下大本钱，请优秀的老师，编优秀的教材，招优秀的学生，建一流的网络空间安全学院。互联网领域的人才，不少是怪才、奇才，他们往往不走一般套路，有很多奇思妙想。对待特殊人才要有特殊政策，不要求全责备，不要论资排辈，不要都用一把尺子衡量。

要采取特殊政策，建立适应网信特点的人事制度、薪酬制度，把优秀人才凝聚到技术部门、研究部门、管理部门中来。要建立适应网信特点的人才评价机制，以实际能力为衡量标准，不唯学历，不唯论文，不唯资历，突出专业性、创新性、实用性。要建立灵活的人才激励机制，让作出贡献的人才有成就感、获得感。要探索网信领域科研成果、知识产权归属、利益分配机制，在人才入股、技术入股以及税收方面制定专门政策。在人才流动上要打破体制界限，让人才能够在政府、企业、智库间实现有序顺畅流动。国外那种“旋转门”制度的优点，我们也可以借鉴。

我国是科技人才资源最多的国家之一，但也是人才流失比较严重的国家，其中不乏顶尖人才。在人才选拔上要有全球视野，下大气力引进高端人才。随着我国综合国力不断增强，有很多国家的人才也希望来我国发展。我们要顺势而为，改革人才引进各项配套制度，构建具有全球竞争力的人才制度体系。不管是哪个国家、哪个地区的，只要是优秀人才，都可以为我所用。这项工作，有些企业、科研院所已经做了，我到一些企业、科研院所去，也同这些从国外引进的人才进行过交谈。这方面要加大力度，不断提高我们在全球配置人才资源能力。

同志们！今年是“十三五”开局之年，网络安全和信息化工作是“十三五”时期的重头戏。希望同志们积极投身网络强国建设，更好发挥网信领域企业家、专家学者、技术人员作用，支持他们为实现全面建成小康社会、实现中华民族伟大复兴的中国梦作出更大的贡献！

（新华网）

习近平：让人才创新创造活力充分迸发

（2016年5月6日）

2016年5月6日，新华社北京电　中共中央总书记、国家主席、中央军委主席习近平日前作出重要指示强调，办好中国的事情，关键在党，关键在人，关键在人才。综合国力竞争说到底是人才竞争。要加大改革落实工作力度，把《关于深化人才发展体制机制改革的意见》落到实处，加快构建具有全球竞争力的人才制度体系，聚天下英才而用之。要着力破除体制机制障碍，向用人主体放权，为人才松绑，让人才创新创造活力充分迸发，使各方面人才各得其所、尽展其长。要树立强烈的人才意识，做好团结、引领、服务工作，真诚关心人才、爱护人才、成就人才，激励广大人才为实现“两个一百年”奋斗目标、实现中华民族伟大复兴的中国梦贡献聪明才智。

（新华网）

习近平：坚定不移推进供给侧结构性改革

（2016年5月16日）

2016年5月16日上午，中共中央总书记、国家主席、中央军委主席、中央财经领导小组组长习近平主持召开中央财经领导小组第十三次会议，分别研究落实供给侧结构性改革、扩大中等收入群体工作。习近平发表重要讲话强调，推进供给侧结构性改革，是综合研判世界经济形势和我国经济发展新常态作出的重大决策，各地区各部门要把思想和行动统一到党中央决策部署上来，重点推进“三去一降一补”，不能因为包袱重而等待、困难多而不作为、有风险而躲避、有阵痛而不前，要树立必胜信念，坚定不移把这项工作向前推进。要坚持以人民为中心的发展思想，在全社会大力弘扬勤劳致富、艰苦奋斗精神，激励人们通过劳动创造美好生活，不断提高生活水平。

习近平指出，党中央作出推进供给侧结构性改革决策后，各地区各部门认识不断提高、主动开展工作，有关部门出台了一些政策措施，许多地区研究制定了综合性方案和专项方案，成效逐步显现，为推动经济社会发展作出了贡献。同时，有些政策措施需要进一步研究制定，有的地方还没有有力行动起来，有的工作抓得还不精准。供给侧结构性改革关系全局、关系长远，一定要切实抓好。要深刻理解时代背景，当前我国经济发展中有周期性、总量性问题，但结构性问题最突出，矛盾的主要方面在供给侧。要准确把握基本要求，供给侧结构性改革的根本目的是提高供给质量满足需要，使供给能力更好满足人民日益增长的物质文化需要；主攻方向是减少无效供给，扩大有效供给，提高供给结构对需求结构的适应性，当前重点是推进“三去一降一补”五大任务；本质属性是深化改革，推进国有企业改革，加快政府职能转变，深化价格、财税、金融、社保等领域基础性改革。要发挥好市场和政府作用，一方面遵循市场规律，善于用市场机制解决问题，另一方面政府要勇于承担责任，各部门各级地方政府都要勇于担当，干好自己该干的事。要突破重点难点，坚持重点论，集中攻关，以点带面。要把工作做细做实，有针对性制定政策、解疑释惑；具体工作要从实际出发，盯住看，有人管，马上干。要平衡好各方面关系，把握好节奏和力度，注意减少风险隐患。

习近平强调，扩大中等收入群体，关系全面建成小康社会目标的实现，是转方式调结构的必然要求，是维护社会和谐稳定、国家长治久安的必然要求。扩大中等收入群体，必须坚持有质量有效益的发展，保持宏观经济稳定，为人民群众生活改善打下更为雄厚的基础；必须弘扬勤劳致富精神，激励人们通过劳动创造美好生活；必须完善收入分配制度，坚持按劳分配为主体、多种分配方式并存的制度，把按劳分配和按生产要素分配结合起来，处理好政府、企业、居民三者分配关系；必须强化人力资本，加大人力资本投入力度，着力把教育质量搞上去，建设现代职业教育体系；必须发挥好企业家作用，帮助企业解决困难、化解困惑，保障各种要素投入获得回报；必须加强产权保护，健全现代产权制度，加强对国有资产所有权、经营权、企业法人财产权保护，加强对非公有制经济产权保护，加强知识产权保护，增强人民群众财产安全感。

（《人民日报》）

习近平：聚天下英才而用之，让更多千里马竞相奔腾

（2016年5月30日）

2016年5月30日上午，全国科技创新大会、中国科学院第十八次院士大会和中国工程院第十三次院士大会、中国科学技术协会第九次全国代表大会在人民大会堂隆重召开。中共中央总书记、国家主席、中央军委主席习近平出席大会并发表重要讲话。他强调，科技兴则民族兴，科技强则国家强。今天，我们在这里召开这个盛会，就是要在我国发展新的历史起点上，把科技创新摆在更加重要位置，吹响建设世界科技强国的号角。实现“两个一百年”奋斗目标，实现中华民族伟大复兴的中国梦，必须坚持走中国特色自主创新道路，面向世界科技前沿、面向经济主战场、面向国家重大需求，加快各领域科技创新，掌握全球科技竞争先机。这是我们提出建设世界科技强国的出发点。

上午9时，大会开始，全体起立，唱国歌。在热烈的掌声中，习近平发表了讲话。他指出，我国科技事业发展的目标是，到2020年时使我国进入创新型国家行列，到2030年时使我国进入创新型国家前列，到新中国成立100年时使我国成为世界科技强国。两院院士和广大科技工作者是国家的财富、人民的骄傲、民族的光荣，大家责任重大、使命重大，应该努力为建成创新型国家、建成世界科技强国作出新的更大的贡献。

习近平强调，历史经验表明，科技革命总是能够深刻改变世界发展格局。在绵延5000多年的文明发展进程中，中华民族创造了闻名于世的科技成果。经过新中国成立以来特别是改革开放以来不懈努力，我国科技发展取得举世瞩目的伟大成就，科技整体能力持续提升，一些重要领域方向跻身世界先进行列，正处于从量的积累向质的飞跃、点的突破向系统能力提升的重要时期。

习近平指出，纵观人类发展历史，创新始终是一个国家、一个民族发展的重要力量，也始终是推动人类社会进步的重要力量。不创新不行，创新慢了也不行。如果我们不识变、不应变、不求变，就可能陷入战略被动，错失发展机遇，甚至错过整整一个时代。实施创新驱动发展战略，是应对发展环境变化、把握发展自主权、提高核心竞争力的必然选择，是加快转变经济发展方式、破解经济发展深层次矛盾和问题的必然选择，是更好引领我国经济发展新常态、保持我国经济持续健康发展的必然选择。我们要深入贯彻新发展理念，深入实施科教兴国战略和人才强国战略，深入实施创新驱动发展战略，统筹谋划，加强组织，优化我国科技事业发展总体布局。

习近平就此提出五点要求。一是夯实科技基础，在重要科技领域跻身世界领先行列。推动科技发展，必须准确判断科技突破方向。判断准了就能抓住先机。科学技术是世界性、时代性的，发展科学技术必须具有全球视野、把握时代脉搏，及时确立发展战略，坚定创新自信，提出更多原创理论，作出更多原创发现，力争在重要科技领域实现跨越发展。

二是强化战略导向，破解创新发展科技难题。当前，国家对战略科技支撑的需求比以往任何时期都更加迫切。党中央已经确定了我国科技面向2030年的长远战略，决定实施一批重大科技项目和工程，要围绕国家重大战略需求，着力攻破关键核心技术，抢占事关长远和全局的科技战略制高点。成为世界科技强国，成为世界主要科学中心和创新高地，必须拥有一批世界一流科研机构、研究型大学、创新型企业，能够持续涌现一批重大原创性科学成果。

三是加强科技供给，服务经济社会发展主战场。科学研究既要追求知识和真理，也要服务于经济社会发展和广大人民群众。推动我国经济社会持续健康发展，推进供给侧结构性改革，落实好“三去一降一补”任务，必须在推动发展的内生动力和活力上来一个根本性转变，塑造更多依靠创新驱动、更多发挥先发优势的引领性发展，大幅增加公共科技供

给，让人民享有更宜居的生活环境、更好的医疗卫生服务、更放心的食品药品。

四是深化改革创新，形成充满活力的科技管理和运行机制。科技创新、制度创新要协同发挥作用，两个轮子一起转。我们最大的优势是我国社会主义制度能够集中力量办大事，要形成社会主义市场经济条件下集中力量办大事的新机制。要以推动科技创新为核心，引领科技体制及其相关体制深刻变革。要制定和落实鼓励企业技术创新各项政策，加强对中小企业技术创新支持力度。要优化科研院所和研究型大学科研布局，厚实学科基础，培育新兴交叉学科生长点。要尊重科技创新的区域集聚规律，建设若干具有强大带动力的创新型城市和区域创新中心。

五是弘扬创新精神，培育符合创新发展要求的人才队伍。科学技术是人类的伟大创造性活动。一切科技创新活动都是人做出来的。我国要建设世界科技强国，关键是要建设一支规模宏大、结构合理、素质优良的创新人才队伍。要大兴识才爱才敬才用才之风，在创新实践中发现人才、在创新活动中培育人才、在创新事业中凝聚人才，聚天下英才而用之，让更多千里马竞相奔腾，努力造就一大批能够把握世界科技大势、研判科技发展方向的战略科技人才，培养一大批善于凝聚力量、统筹协调的科技领军人才，培养一大批勇于创新、善于创新的企业家和高技能人才。要尊重科学研究灵感瞬间性、方式随意性、路径不确定性的特点，允许科学家自由畅想、大胆假设、认真求证。要让领衔科技专家有职有权，有更大的技术路线决策权、更大的经费支配权、更大的资源调动权。政府科技管理部门要抓战略、抓规划、抓政策、抓服务，发挥国家战略科技力量建制化优势。

习近平强调，科技创新、科学普及是实现创新发展的两翼，要把科学普及放在与科技创新同等重要的位置，普及科学知识、弘扬科学精神、传播科学思想、倡导科学方法，在全社会推动形成讲科学、爱科学、学科学、用科学的良好氛围，使蕴藏在亿万人民中间的创新智慧充分释放、创新力量充分涌流。

习近平指出，中国科学院、中国工程院是我国科技大师荟萃之地，要发挥好国家高端科技智库功能，组织广大院士围绕事关科技创新发展全局和长远问题，为国家科技决策提供准确、前瞻、及时的建议。要发挥好最高学术机构学术引领作用，把握好世界科技发展大势，敏锐抓住科技革命新方向。希望广大院士发挥好科技领军作用，团结带领全国科技界特别是广大青年科技人才为建设世界科技强国建功立业。

习近平指出，中国科协各级组织要坚持为科技工作者服务、为创新驱动发展服务、为提高全民科学素质服务、为党和政府科学决策服务的职责定位，团结引领广大科技工作者积极进军科技创新，组织开展创新争先行动，促进科技繁荣发展，促进科学普及和推广。

习近平最后强调，有多大担当才能干多大事业，尽多大责任才能有多大成就。两院院士和广大科技工作者要发扬我国科技界追求真理、服务国家、造福人民的优良传统，勇担重任，勇攀高峰，当好建设世界科技强国的排头兵。让我们扬起13亿多中国人民对美好生活憧憬的风帆，发动科技创新的强大引擎，让中国这艘航船，向着世界科技强国不断前进，向着中华民族伟大复兴不断前进，向着人类更加美好的未来不断前进。

（《人民日报》）

习近平：坚定不移实施创新驱动发展战略，释放更强增长动力

（2016年9月3日）

2016年9月3日，中华人民共和国主席习近平在二十国集团工商峰会开幕式上发表主旨演讲。以下为演讲摘要：

在新的起点上，我们将坚定不移实施创新驱动发展战略，释放更强增长动力。抓住科技创新就抓住了发展的牛鼻子。我们清醒认识到，中国经济发展不少领域大而不强、大而不优，长期以来主要依靠资源、资本、劳动力等要素投入支撑经济增长和规模扩张的方式已不可持续，中国发展正面临着动力转换、方式转变、结构调整的繁重任务。建设创新型国家和世界科技强国，是中国发展的迫切要求和必由之路。

我们正在实施创新驱动发展战略，发挥创新第一动力的作用，努力实现从量的增长向质的提升转变。我们将推广发展理念、体制机制、商业模式等全方位、多层次、宽领域的大创新，在推动发展的内生动力和活力上来一个根本性转变。我们将力争在重大项目、重点方向率先突破，积极牵头实施国际大科学计划和大科学工程。我们将深入研究和解决经济和产业发展急需的科技问题，围绕促进转方式调结构、建设现代产业体系、培育战略性新兴产业、发展现代服务业等方面需求推动科技成果转移转化，推动产业和产品向产业链中高端跃升，塑造更多依靠创新驱动、更多发挥先发优势的引领性发展。

（新华网）

李克强：用创新的翅膀使中国经济飞向新高度

（2016年1月8日）

2016年1月8日上午，中共中央、国务院在北京隆重举行国家科学技术奖励大会。中共中央政治局常委、国务院总理李克强代表党中央、国务院在大会上讲话。讲话全文如下：

今天，我们隆重召开国家科学技术奖励大会，表彰为我国科技事业作出突出贡献的科技工作者。刚才，习近平总书记和其他党和国家领导同志，向获奖代表颁了奖。在此，我代表党中央、国务院，向全体获奖人员表示热烈祝贺！向全国广大科技工作者致以崇高敬意和诚挚问候！向参与和支持中国科技事业的外国专家表示衷心感谢！

刚刚过去的一年，是我国发展克服多重困难和挑战、取得重大成就的一年，也是科技界喜报频传的一年。国家科学技术奖展示了一批标志性重大科技成果，一批自主创新成果达到国际先进水平，C919大型客机总装下线，“多自由度量子隐形传态”研究成果列国际物理学领域十大“年度突破”

榜首，我国多名科学家在国际科技大奖中折桂，因对青蒿素研究成果有重大贡献，曾获国家重大科技成果奖、国家发明奖、全国十大科技成就奖等多个奖项的屠呦呦成为我国首位获得诺贝尔奖的科学家。中国科学家为人类科学事业作出了卓越贡献。创新驱动发展战略不断深化，大众创业、万众创新激发了社会的创新潜能。中国科技创新成就令世界瞩目，全国人民倍感振奋和自豪！

创新是引领发展的第一动力。当前，全面建成小康社会进入决胜阶段，经济结构性改革处在关键时期。要使我国发展从过度依赖自然资源转向更多依靠人力资源，不断提高全要素生产率，保持经济中高速增长、迈向中高端水平，必须把创新摆在国家发展全局的核心位置，紧紧依靠结构性改革和科技创新，推动新动能加快成长、化蛹成蝶，促进传统动能改造提升、凤凰涅槃，用创新的翅膀使中国经济飞向新高度！

我们要培育发展新动能，改造提升传统动能。一个国家自主创新能力越强、掌握的核心关键技术越多，未来的发展后劲和空间就越大。我们要深入实施创新驱动发展战略，瞄准新一轮世界科技革命和产业变革，适应我国经济社会发展需要，在战略必争领域前瞻部署，强化原始创新、集成创新和引进消化吸收再创新，加速基础研究和应用研究的衔接融合，形成全链条、一体化的创新布局。为此，要实施一批新的重大科技项目，建设一批国家重大科技基础设施、实验室和产业技术创新中心，培育一批具有国际竞争力的创新型企业，打造一批大众创业、万众创新示范基地，力争取得重大颠覆性创新和群体性技术突破，推动新技术、新产业、新业态加速成长，塑造更多依靠创新驱动的引领型发展。同时，要更多利用市场机制化解过剩产能，在传统产业广泛开展“互联网+”行动，推动制造业增强核心竞争力，引导企业创新品种、提升品质、打造品牌，让“老产业”焕发出“新活力”。

我们要用好用活科技人才，释放创新潜能。才以用而日生，思以引而不竭。只有把广大科技人员的积极性充分调动起来，创新成果才会源源不断涌现。要加快改革科技成果产权制度、收益分配制度和转化机制，激发科技人员持久的创新动力。要加快改革科研项目管理机制，砍掉繁文缛节，让科技人员把更多精力用到研究上。要加快改革科研评价机制和人才评价机制，让更多优秀人才脱颖而出、一展身手。要扩大高校和科研院所自主权，赋予领军人才更大的科研决策权。我国拥有世界最大规模的科技队伍，应该也能够创造更多更好的科技成果，走在世界创新前列。

我们要强化企业创新主体地位，夯实创新基础。企业是经济发展的主体，也应成为创新的主体。要加快构建企业主导的创新机制，打破企业和高校、科研机构的界限，建立跨界创新联盟，促进产学研用贯通，推进产业链、创新链融合，加快使创新成果转化为现实生产力。鼓励大企业增加研发投入、设立创新平台。要通过财税金融政策、种子基金、风险投资等方式，支持创新型小微企业加快成长。千千万万企业致力创新，大企业“龙头”带动、中小微企业“特尖专精”，就能支撑起我国创新发展的新天地。

我们要汇聚众智众力，扩大创新供给。创新的深厚伟力在于民众之中。13亿多中国人民蕴藏着无穷的智慧，1亿多受过高等教育和有专业技能的人才是我们最大的创新资源和优势。近几年，依托互联网的众创、众包、众扶、众筹迅速兴起，大大拓展了科技创新空间，大幅增加了科技创新主体。创新是供给侧结构性改革的重要内容。我们要破除束缚创新的桎梏，促进创新要素流动，打造大中小企业和高校、科研机构“五方协同”的众创平台，形成各类创新主体互促、民间草根与科技精英并肩、线上与线下互动的生动局面。各级政府要以敬民之心行简政之道，满腔热情地为创新提供支持和服务，积极清障搭台、融资减负。要培育尊重知识、崇尚创造、追求卓越的创新文化，营造人人皆可创新、创新惠及人人的社会氛围，织牢让创新者无后顾之忧的社会保障安全网，让更多有意愿有能力的创新者梦想成真，让一棵棵创新的幼苗长成一望无际的“森林”，为经济发展注入澎湃动力。

我们要推进开放合作，打造创新高地。面对科技资源跨国流动、创新要素全球配置的大趋势，我们要统筹用好国内国际两种创新资源，主动融入全球创新网络，进一步加强国际合作，积极提出并牵头组织国际大科学计划和大科学工程，加快建设一批国际联合研究中心和技术转移中心。要围绕“一带一路”建设和国际产能合作，通过共同开发第三方市场等方式，积极推动我国先进适用技术和产品走出去，积极打造中国标准和中国品牌。要深化政府间创新对话机制，搭建创新合作平台，吸引更多的海外技术、人才和资本到中国创新创业，构建优势互补、互利共赢的利益共同体，形成全球创新的集聚地。

同志们，朋友们！加快科技进步、实现创新发展，关系国家前途和民族未来。让我们紧密团结在以习近平同志为总书记的党中央周围，深入实施创新驱动发展战略，推动大众创业、万众创新，加快建设创新型国家步伐，为全面建成小康社会、实现中华民族伟大复兴的中国梦作出更大贡献！

（新华网）

李克强：再推出一批简政放权改革措施，让市场活力更大释放

（2016年1月13日）

2016年1月13日，国务院总理李克强主持召开国务院常务会议，决定再推出一批简政放权改革措施，让市场活力更大释放；确定完善高新技术企业认定办法，使更多创新型企业得到政策支持。

会议指出，进一步加大简政放权、放管结合、优化服务力度，持续为企业松绑减负，为大众创业、万众创新清障搭台，是继续推进供给侧结构性改革、扩大有效需求的重要举措。会议决定，一是按照国务院确定的清理中央指定地方实施审批事项的要求，在去年已取消一批审批事项基础上，再取消纳税人申报方式核准、地方企业发行企业债券的部门预审等150多项审批事项，便利企业投资和生产经营、促进就业、方便群众办事。二是再取消10余项束缚创业创新的部门行政许可。三是采取取消或改由审批部门委托开展技术服务并承担费用等方式，再清理规范192项中介服务事项。此次清理后，原作为审批必要条件的中介服务事项已取消70%。对保留的中介服务事项，有关部门将制定清单并向社会公布。四是整合饭馆、咖啡馆、酒吧、茶座4类餐饮服务公共场所的卫生许可证和食品经营许可证，由食品药品监管部门

一家许可、统一监管，并承担相应行政责任，完善食品安全保障机制。五是在此前已取消4批职业资格许可和认定事项的基础上，再取消汽车营销师、咖啡师、注册人力资源管理师等61个事项。尽快公布国家职业资格目录清单，目录之外不得开展职业资格许可和认定。同时，为强化对改革的法治保障，把审批项目取消和下放、普遍性降费等改革成果及时用法律形式确定和巩固下来，会议决定对66部行政法规相关条款进行一揽子修改，并增加厘清部门监管职责、完善事中事后监管措施的规定，以更有力有效的“放”与“管”释放企业发展和创新潜能。

会议认为，通过完善高新技术企业认定办法，加大对科技企业特别是中小企业的普惠性政策扶持，激励市场主体增加研发投入，可以有力推动“双创”，培育创造新技术、新业态和提供新供给的生力军，促进经济升级发展。会议确定，修订现行的《高新技术企业认定管理办法》，更多向中小企业倾斜。一是适当放宽认定条件。适应研发外包、众包等趋势，对高新技术企业取消具有大专以上学历科技人员占企业当年职工总数30%以上的要求，改为从事研发和相关技术创新活动的科技人员占比不低于10%。在保持大中型企业3%和4%研发费占比要求不变的情况下，将小企业的研发费比例要求由6%降至5%。取消近3年内获得知识产权或取得5年以上独占许可的条件，鼓励企业自主研发或转让技术。二是简化认定流程，缩短公示时间。高新技术企业在资格有效期内跨管理区域整体迁移的，其资格继续有效。采取随机抽查与重点检查双结合等方式，优化对高新技术企业的管理。三是扩充重点支持的高新技术领域。将制造业中的增材制造与应用等新技术和服务业中的检验检测认证等技术，以及文化创意、电子商务与现代物流等领域的相关技术纳入支持范围，同时剔除一批落后技术，使政策优惠发挥对科技创新的牵引作用。

（新华网）

李克强：攻坚克难推进改革，加快新旧动能转换

（2016年1月20日）

2016年1月20日，中共中央政治局常委、国务院总理李克强主持召开国务院专题会，研究抓好今年有关重点工作，并作重要讲话。

会上，发展改革委、工业和信息化部、财政部、住房城乡建设部、人民银行、国资委等部门负责人作了汇报，并提出下一步工作打算。李克强说，做好全年工作，抓好开局起步至关重要。当前，世界经济低迷、国际大宗商品价格下跌仍在持续，主要经济体走势继续分化，宏观政策调整带来新的不确定因素，对我国经济发展的影响仍在加深。我们必须对面临的困难挑战和风险有充分估计，增强忧患意识，同时也要看到我国经济发展基本态势仍然向好，新产业、新业态孕育的新动能不断壮大，要坚定信心，迎难而进，牢牢扭住发展第一要务，认真落实新发展理念，着力推进结构性改革特别是供给侧结构性改革，创新调控思路和方式，突出重点，选准抓手，铆足干劲，埋头苦干，逐个破解发展、改革、民生等方面的难题，在推动升级中保持经济平稳发展，确保经济运行在合理区间，实现“十三五”良好开局。

李克强指出，实现良好开局，推动稳增长、调结构，必须坚持改革、突出重点，用好供给侧和需求侧管理的基本手段，多出新招实招硬招，以壮士断腕的精神予以推进。一方面，继续加快培育新动能。这是供给侧结构性改革的重要内容。要深化简政放权、放管结合、优化服务改革，进一步激发市场活力，深入实施创新驱动发展战略，着眼提高全要素生产率，促进大众创业、万众创新，结合实施“中国制造2025”“互联网+”，推动各类企业注重技术创新、生产模式创新和管理创新，创造新的有效供给，更好适应需求结构升级。另一方面，坚持用改革的办法，运用好市场倒逼机制，改造提升传统动能。抓住化解过剩产能、消化不合理库存、促进企业降本增效等方面的难点问题，综合施策，率先从钢铁、煤炭行业入手取得突破，增强企业自身活力和投资意愿，努力缩短转型阵痛期，有效化解各类风险隐患。加快补上农业、服务业、基础设施、生态环境、社会事业等方面的短板，带动扩大有效需求，增强持续增长动力。新旧动能转换是辩证统一的，新动能成长起来，创造出大量就业岗位，就能为传统产业增效升级和人员分流创造条件；而改造提升传统动能，激活沉淀的要素资源，也可为新动能成长腾出空间。

李克强说，实现良好开局，关键是各级干部要有新的精神状态。人的积极性、社会的创造力是我国发展最大的动能，要充分调动各方面的积极性、主动性、创造性。各部门要按照党中央、国务院的部署，以只争朝夕、时不我待的精神，结合职责狠抓落实，既注重做好推进改革发展的顶层设计和相关规划，有关工作又要一竿子插到底，把政策规划转化为具体举措抓细抓实。抓紧清理不合时宜的政策，给地方干事创业更大自主权，激发他们的积极性。今年国务院将重点加强对部门的督查，坚持激励和约束并举，既鼓励那些勇于负责、善谋善为、锐意进取的好单位、好干部，又加大对不作为、懒政怠政等行为的问责，形成层层负责促改革、人人担当谋发展的强大合力。

（新华网）

李克强：培育新动能，催生新产品新业态新模式

（2016年1月25日）

2016年1月25日下午，国务院总理李克强主持召开座谈会，听取专家学者和企业界人士对《政府工作报告（征求意见稿）》和《“十三五”规划纲要（草案）（征求意见稿）》的意见建议。

会上，专家学者和企业代表结合经济形势和企业发展，就政府工作报告和规划纲要谈了看法。大家在发言中讲到，

当前观察中国经济要用新视角，从推动经济发展的主导力量、居民收入、节能减排等方面看，现在增长的含金量更高，而且结构转型出现了具有长期意义的转折性变化，很不容易。李克强说，今年我国经济发展面临的困难和挑战仍然很大，短期内不会消除，但我们有信心有能力保持经济中高速增长、迈向中高端水平。

人大财经委辜胜阻、发展研究中心刘世锦强调要坚持创新驱动，大力推动大众创业、万众创新，以供给侧结构性改革清除无效供给、改造落后供给、创造新的供给，释放需求潜力。东南大学华生建议要坚持改革开放、注重体制机制建设。摩根大通朱海滨就化解过剩产能、推进新型城镇化建设提出建议。中国建筑工程总公司官庆建议要着力推动中国标准建设，打响“中国建造”品牌。万向集团鲁冠球强调要深入推进简政放权，调动民营企业积极性和发挥社会资本的力量。新浪公司曹国伟提出要把互联网平台和传统产业改造相结合，进一步推动创业创新。

李克强和大家互动交流，他说，我国正处于结构调整和转型升级的关键时期、攻坚阶段，伴随着阵痛，也充满希望。我们既要保持经济增速在合理区间，更要关注就业、收入、环境等事关发展质量效益和民生改善的指标。实现中国经济“双中高”目标，关键还要靠改革开放，这依然是推动发展的制胜法宝。当前最重要的是要把经济增长从过度依赖自然资源转向更多依靠人才人力资源，把亿万人民的积极性、创造性释放出来，使他们靠勤劳和智慧创造新的社会财富。中国人并不缺少创新思维，但创新动力不能被阻挡，这就要靠不断深化简政放权、放管结合、优化服务等改革来清障搭台。政府要着力建立公平的市场规则和秩序，推动大众创业、万众创新，培育新的发展动能，催生新产品新业态新模式。

李克强强调，实现新旧动能转换接续，要坚决有序有力推动传统产业改造升级。当前要突出抓好钢铁、煤炭行业淘汰落后产能，坚持发挥市场倒逼作用，政府重点是支持做好员工分流安置，推动企业瘦身健体、提质增效。大企业也要开展“双创”，主动“+互联网”，通过众创、众包、众扶、众筹等方式，广泛集聚各方资源，实现个性化设计、柔性化制造、网络化营销，以模式创新促进传统产业焕发生机。

（新华网）

李克强：用颠覆性新技术改造传统产业大有空间

（2016年2月2日）

2016年2月2日上午，中共中央政治局常委、国务院总理李克强在宁夏考察期间，来到位于银川开发区的共享装备公司。这是一家三线建设时期从沈阳搬迁至银川的专业铸造企业，近年来通过3D打印等技术创新嫁接铸造智能工厂，走上了转型升级之路。

在共享装备公司，李克强先后走进传统铸造车间和3D打印车间，看到企业通过创新，将过去傻大黑粗的铸件产品逐步变成更加适应市场的精细灵巧新产品，今年利润将实现翻番，李克强赞许地说，用颠覆性新技术改造传统产业大有空间。“中国制造2025”的前途就在于“+互联网”，广泛集众智、借外脑，不仅可以在全球找到传统产业升级的最好技术方案，实现材料、工艺、模式、人才最佳组合，而且会大大提升效率和效益。要进一步打造更开放的平台，让大中小企业、科研院所都进来，形成聚集效应和创新工场，推动传统制造浴火重生。

（新华网）

李克强：大众创业要完善容错机制

（2016年2月3日）

2016年2月3日，中共中央政治局常委、国务院总理李克强主持召开国务院常务会议，部署建设双创基地，发展众创空间，加快培育新动能。

李克强说，建设新型创业创新平台，为更好实施创新驱动发展战略、推进大众创业万众创新提供低成本、全方位、专业化服务，既能集众智、借外脑，助力新业态、新产业发展，又能增加就业岗位，为化解过剩产能创造条件。一些国家已经在利用颠覆性技术进行新一轮技术革命，我们也要紧紧跟上这一潮流，推动中国制造智能化和网络化，增强实体经济新动能。必须进一步增强培育新动能的紧迫感，攻坚克难，加快新旧动能转换步伐。

李克强强调，过去几年，新产业、新业态层出不穷，在调整产业结构，特别是在支撑就业方面发挥了重要作用。今后要加快建设双创基地，发展众创空间，为培育我国经济新动能，同时也为化解过剩产能创造条件。

李克强说，全国各地蓬勃兴起的大众创业、万众创新，是创新驱动战略的具体化支撑。而众创空间则进一步打破了专业界限，以及工业和服务业等传统划分界限，促进了分享经济和共享经济，其中孕育着“新经济”样态。众创空间不能一哄而起，也不搞一个模式，要因地制宜、各具特色。要集合大专院校、科研机构和大小企业等各方面力量，协调配套发展。

当天会议决定，依托国家自主创新示范区、高新技术产业开发区等，试点建设一批国家级创新平台，推动各地发展各具特色的双创基地，选择电子信息、高端装备制造、现代农业等重点领域，通过龙头企业、中小微企业、科研院所、高校、创客等多方协同，打造产学研用贯通的众创空间。

李克强强调，众创空间不仅要大力推进众扶、众包、众筹等模式，还要完善容错机制、容错政策，让“跌倒”的创业者有机会重新站起。

李克强敦促传统大企业要加快“中国制造2025”与“互联网+”的融合过程，积极主动拓展众创空间。他说，过去我们的政策主要扶持企业的技术改造和就地扩能，现在要提升政策的“边际效益”，让政策向新动能、新产业、新业态倾斜，大力发展“新经济”。要支持中小企业和创新型大企业推进新型工业化，同时要改革完善创新成果和收益分配制度，进一步释放创新活力，推动中国制造转型增效升级。

当天会议决定，要支持科技人员到双创基地和众创空间创新创业，对其创业项目知识产权申请、成果转化和推广应用要给予政策扶持。

李克强说，如果我们的财政投入最后都变成了无法产业化的展品、样品，市场不接受、不认可，这样的“自拉自唱”就失去了意义。他最后强调，各地区各部门要多出台“四两拨千斤”的政策，进一步为人才松绑、为市场主体松绑，加快新旧动能转换进程，推动我国经济迈上中高端水平。

（中国政府网）

李克强：实施创新驱动发展战略，全面加大人才引进力度

（2016年2月5日）

2016年2月5日下午，农历新春佳节到来之际，国务院总理李克强在人民大会堂亲切会见在华工作的部分外国专家并同他们座谈。

李克强代表中国政府和人民，向外国专家和他们的家属致以新春祝福，向所有支持中国改革开放和现代化建设的国际友人表示诚挚问候。

诺贝尔经济学奖得主、英国伦敦政治经济学院教授皮萨里德斯，德国工业设计专家、合肥学院客座教授霍恩，国家“外专千人计划”加拿大籍专家、吉利汽车研究院副院长林钟城，普利策新闻奖得主、《中国日报》美国籍专家莱登分别就增强中国经济竞争力、“中国制造2025”与应用型人才培养、中国工业转型、讲述中国故事和传播中国声音等议题谈了意见和看法。美国籍环保专家杜丹德、日本籍金融专家德地立人等还就中国经济以及人民币汇率等提问。李克强一一回应，并同大家深入互动交流。

李克强表示，在世界经济低迷、国内结构性矛盾凸显等背景下，去年中国经济总量在10万亿美元基础上实现中高速增长，新业态、新模式快速成长，朝着内需拉动、创新驱动、服务业带动、绿色推动的方向更加均衡协调发展。虽然我们面临一些困难和挑战，但中国新型工业化、信息化、城镇化、农业现代化将带来巨大发展潜力，也将为世界经济增长提供动力。

李克强指出，中国正在推进结构性改革，尤其是供给侧结构性改革，实施创新驱动发展战略，推动大众创业、万众创新，加速培育新的发展动能，改造和提升传统动能。我们将继续深入推动简政放权、放管结合、优化服务等改革，激发市场活力和社会创造力，为各类市场主体营造公平的竞争环境。

李克强强调，中国对外开放的基本国策不会改变。我们将全面加大人才引进力度，提供更多国际化、便利化服务，依法更好保护知识产权，通过集众智、汇众力，助力中国经济从过度依赖自然资源转向更多依靠人力资源和人才驱动，保持中高速增长、迈向中高端水平。

李克强最后希望在华外国专家和广大国际友人在新的一年继续为中国和世界经济共同发展积极献策出力。

（《人民日报》）

李克强：充分释放全社会创业创新潜能

（2016年3月5日）

2016年3月5日上午9时，第十二届全国人民代表大会第四次会议在人民大会堂举行开幕会，听取国务院总理李克强作政府工作报告。

李克强指出，创新要摆在国家发展的核心位置。强化创新引领作用，为发展注入强大动力。创新是引领发展的第一动力，必须摆在国家发展全局的核心位置，深入实施创新驱动发展战略。启动一批新的国家重大科技项目，建设一批高水平的国家科学中心和技术创新中心，培育壮大一批有国际竞争力的创新型领军企业。持续推动大众创业、万众创新。促进大数据、云计算、物联网广泛应用。加快建设质量强国、制造强国。到2020年，力争在基础研究、应用研究和战略前沿领域取得重大突破，全社会研发经费投入强度达到2.5%，科技进步对经济增长的贡献率达到60%，迈进创新型国家和人才强国行列。

李克强强调，要充分释放全社会创业创新潜能。着力实施创新驱动发展战略，促进科技与经济深度融合，提高实体经济的整体素质和竞争力。

一是强化企业创新主体地位。落实企业研发费用加计扣除，完善高新技术企业、科技企业孵化器等税收优惠政策。支持行业领军企业建设高水平研发机构。加快将国家自主创新示范区试点政策推广到全国，再建设一批国家自主创新示范区、高新区，建设全面创新改革试验区。

二是发挥大众创业、万众创新和“互联网+”集众智汇众力的乘数效应。打造众创、众包、众扶、众筹平台，构建大中小企业、高校、科研机构、创客多方协同的新型创业创新机制。建设一批“双创”示范基地，培育创业服务业，发展天使、创业、产业等投资。支持分享经济发展，提高资源利用效率，让更多人参与进来、富裕起来。实施更积极、更开放、更有效的人才引进政策。加强知识产权保护和运用，依法严厉打击侵犯知识产权和制假售假行为。

三是深化科技管理体制改革。扩大高校和科研院所自主权，砍掉科研管理中的繁文缛节。实施支持科技成果转移转化的政策措施，完善股权期权税收优惠政策和分红奖励办法，鼓励科研人员创业创新。大力弘扬创新文化，厚植创新沃土，营造敢为人先、宽容失败的良好氛围，充分激发企业家精神，调动全社会创业创新积极性，汇聚成推动发展的磅礴力量。

（人民政协网）

李克强：以活跃的创新创造活动推动经济提质增效升级

（2016年3月6日）

2016年3月6日上午，中共中央政治局常委、国务院总理李克强来到他所在的十二届全国人大四次会议山东代表团，参加审议政府工作报告。

李克强强调，积极主动培育新动能、发展新经济，是实现“双中高”的重要依托。要按照创新、协调、绿色、开放、共享的发展理念，深入推进结构性改革尤其是供给侧结构性改革，顺应全球新一轮科技革命和产业变革趋势，实施创新驱动发展战略，推动大众创业、万众创新，激发亿万群众创新创造潜力，推进“中国制造2025”与“互联网+”融合发展，催生颠覆性新技术，加快新产业、新业态等“破土萌发”，改造提升传统动能，有序化解过剩产能，促进先进制造业和现代服务业成为我国经济结构中的重要支柱，实现新旧动能平稳接续，用“双引擎”助推中国经济驶入基础更牢、平台更高、运行更稳的轨道。

李克强指出，促进新旧动能转换，关键要以深化改革为动力，用科技和制度“搭台”，让各类市场主体“唱戏”。搭建大中小企业、高校、科研院所、创客等多方协同的“双创”平台，创新生产经营模式，促进分享经济成长，充分调动民间资本、民营企业的积极性，使创新基因更加广泛地融入各行各业，以活跃的创新创造活动推动经济提质增效升级。

李克强强调，新旧动能转换要求政府加快转变职能。要持续推进简政放权、放管结合、优化服务改革，为企业创业创新松绑加力，营造公平竞争、宽松便利的市场环境。要采取减税降费等措施，降低企业成本，使企业“轻装”前行。

（新华网）

李克强：鼓励更多中国留学生赴海外深造

（2016年3月21日）

2016年3月21日下午，国务院总理李克强在人民大会堂会见来华出席中国发展高层论坛2016年年会的境外代表，并同他们座谈交流。来自世界500强企业的负责人、国际知名学术和研究机构的专家学者、主要国际组织和媒体的代表等120余人参加。

李克强表示，中国改革开放30多年取得了举世瞩目的经济社会发展成就，积累了丰富的发展经验。中国经济未来要保持中高速增长，迈上中高端水平，要继续坚持改革开放。我们将按照创新、协调、绿色、开放、共享的新发展理念，引领经济发展新常态。着力推进包括简政放权、减税减负在内的供给侧结构性改革，更好激发市场活力、增强企业竞争力、调动社会创造力。同时要在转变发展方式和稳增长、促改革、调结构、惠民生、防风险中保持平衡，尤其注重稳定就业和居民增收。

李克强指出，中国的改革和开放是相互促进、相辅相成的。我们会继续扩大开放，欢迎外资来华投资兴业。只要是在中国注册的企业，无论是内资还是外资、独资还是合资，都将一视同仁对待，提供公平竞争的环境。我们鼓励更多中国留学生赴海外深造，拓宽视野，学习国外先进技术和管理经验，也欢迎更多外国留学生来华学习。通过交流互鉴，尊重文明的多样性，汲取人类创造的文明成果。

李克强强调，中国正在深入实施创新驱动发展战略，大力推动大众创业万众创新。通过发展新经济，培育新动能、改造提升传统动能，形成中国经济的“双引擎”。我们不仅要进行技术创新，跟上互联网、物联网、大数据时代的创新步伐，让千千万万人共享智慧，激发思想火花，还要进行制度创新，通过简政放权、放管结合、优化服务等改革，创新政府监管方式，把政府不该管的权力放给市场，让政府把更多精力放在事中事后监管、营造公平竞争的市场环境上。

（新华网）

李克强：弘扬工匠精神，勇攀质量高峰

（2016年3月29日）

2016年3月29日，第二届中国质量奖颁奖大会在京隆重召开。中共中央政治局常委、国务院总理李克强作出重要批示。

批示指出：谨向中国质量奖获奖组织和个人表示热烈祝贺！质量发展是强国之基、立业之本和转型之要。各地区、各部门要大力实施质量强国战略，坚持改革创新，加强政策引导，把提升质量作为推动供给结构、需求结构升级的重要抓手，为加快发展新经济、培育壮大新动能、改造提升传统动能提供有力支撑；同时，要强化监督管理，健全质量标准，严厉打击各类质量违法行为，维护群众健康安全和合法权益。各行各业要向获奖组织和个人学习，弘扬工匠精神，勇攀质量高峰，打造更多消费者满意的知名品牌，让追求卓越、崇尚质量成为全社会、全民族的价值导向和时代精神，为促进经济“双中高”、全面建成小康社会作出更大贡献！

（中国政府网）

李克强：把改革“红包”实实在在发到企业手中

（2016年4月1日）

2016年4月1日，中共中央政治局常委、国务院总理李克强就全面实施营改增到国家税务总局、财政部考察并主持召开座谈会。

在国家税务总局，李克强详细了解营改增准备进展、配套办法制定、税收征管信息系统运转等情况，并通过视频与基层税务干部交流。他说，此次营改增全面实施，实行行业范围和抵扣范围“双扩”，涉及新增建筑、房地产、金融、生活服务4个行业约1000多万户纳税人。衡量这次改革成效最重要的标志，就是把结构性减税措施落到实处，让广大企业受惠，要精心组织实施，把改革“红包”实实在在发到企业手中，以政府收入做“减法”换取企业效益做“加法”、市场活力做“乘法”。

在财政部、国家税务总局，李克强仔细询问这次扩围行业改革前后税负变化、企业还有哪些疑虑等。他叮嘱说，营改增是今年确保积极财政政策更加有效、着力推进结构性改革尤其是供给侧结构性改革的重头戏，这步棋下好了，实体经济就会更好“活”起来。这次新增试点行业的营业税约占原营业税总收入的80%，全面实施营改增涉及政府与企业、中央与地方等各方面利益调整，这不仅需要壮士断腕的勇气，而且要充分估计可能遇到的困难，认真总结前期试点经验，统筹做好改革方案设计，充分调动中央和地方两个积极性，确保改革后所有行业税负只减不增，这是经全国人民代表大会批准的政府工作报告对社会的承诺，只能落实，不能走样。

座谈会上，财政部、国家税务总局主要负责人作了汇报，住房和城乡建设部、交通运输部、中国人民银行、国资委、银监会等部门负责人发了言。李克强对财税系统广大干部职工为推进营改增作出的贡献予以充分肯定。他说，全面实施营改增是结构性改革和财税体制改革牵一发而动全身的重大举措，具有一举多得的政策效应。一是可以大幅度减轻企业税负。面对世界经济复苏乏力和国内经济下行压力，积极财政政策要更大发力，今年扩大财政赤字主要就体现在全面实施营改增给企业减税上，将比改革前减轻企业税负5000多亿元，是近年来最大规模的一次减税。而且这次把不动产纳入抵扣范围，也会带动企业扩大有效投资。通过“放水养鱼”增强发展的动力和后劲。二是能够发挥对经济转型升级的强大“助推器”作用。营改增的政策取向突出了推动服务业特别是研发等生产性服务业发展，这可以有力促进产业分工优化，拉长产业链，带动制造业升级。三是有利于营造公平竞争的市场环境。通过统一税制，实现增值税全覆盖，贯通服务业内部和二三产业之间抵扣链条，从制度上消除了重复征税，对完善我国财税体制有长远意义。

李克强指出，当前，发展新经济、培育新动能、改造提升传统动能，催生了大量新技术、新产业、新业态、新商业模式发展。全面实施营改增，有利于降低企业创新成本，促进设备更新，打造众创、众包、众扶、众筹平台，为实施创新驱动发展战略，推动大众创业、万众创新拓展更广阔空间，可为民营经济和小微企业营造更为宽松的发展环境，能够有力带动就业特别是1000多万高校和中职毕业生就业，从而加快我国新旧动能接续转换，促进经济保持中高速增长、迈向中高端水平。

李克强说，现在距全面实施营改增仅有一个月时间，财税系统处在一线，是政策实施的“最后一公里”，要全力奋进，用工匠精神把准备和实施工作做得更细更精更实。要加强部门间协调配合，形成合力，在推进改革的同时，做好政策解读，及时回应社会关切，稳定市场预期。要加强对纳税人的培训和服务，帮助企业完善财务管理，引导纳税人吃透吃准用好政策。要加强调查研究，跟踪分析试点运行情况，对遇到的典型问题作深入剖析，及时提出应对之策，为保证行业税负只减不增可实施过渡性措施。同时，要进一步完善制度，加强引导，防止出现搞地方保护、市场分割等情况，依法严厉打击偷逃骗税等行为。

（新华网）

李克强：发挥结构性减税促发展调结构的关键作用

（2016年4月11日）

2016年4月11日，中共中央政治局常委、国务院总理李克强主持召开国务院专题座谈会，研究全面实施营改增相关问题，听取部分省份意见，部署下一步工作。

座谈会上，财政部作了汇报，天津、河北、山西、内蒙古、吉林、黑龙江、福建、江西、山东、湖北、广东、海南、重庆、四川、贵州、西藏、甘肃、青海、宁夏、新疆20个省（区、市）政府负责人先后发言、提出建议。

听了大家的发言后，李克强说，全面实施营改增是推动结构性改革尤其是供给侧结构性改革的重要内容，是近年来最大的减税举措，能够大大减轻企业负担；而且这项改革契合建设创新型国家和优化经济结构的要求，可以促进企业加大研发投入、拉长产业链带动需求扩大、创造现代服务业和小微企业发展的良好环境、增加就业岗位；还可以通过规范和统一税制，解决重复征税的多年痼疾，具有一举多得、牵一发而动全身的显著作用，既可以为当前经济运行提供有力支撑，还能为未来发展增添持续动能。

李克强指出，当前经济运行中的积极变化增多，但基础并不稳固。各地要抓住全面实施营改增、大规模结构性减税带来的政策机遇，聚焦经济转型升级，充分调动广大企业积极性，扩大设备更新、技术改造等有效投资，在创新中破难题、找出路，因地制宜发展优势产业，壮大新经济、培育新动能、改造提升传统动能，实现做大经济总量和提高质量效益并进。在对企业“放水养鱼”的基础上培植和拓展税源，增强地方财政“造血”功能。同时，在推进改革中也要避免不合理的行政干预，不能限制企业跨区域经营、要求必须购买本地产品等，防止形成地方保护和市场分割，以各种不当手段争夺税源，破坏全国统一大市场建设。更要防止为了短期和局部利益，搞违规政策洼地，再度新上落后和过剩产能项目，从而弱化结构性改革效应。

李克强说，全面实施营改增是中央和地方共同的责任，要从长远和大局出发，兼顾各方利益，调动各方积极性，合理解决中央和地方增值税收入分成比例等问题，齐心协力，克服困难，实现改革顺利落地。针对改革时间紧、任务重，各地政府主要负责同志要亲自抓，财政和税务等部门要紧密配合，认真细致做好各项准备工作，进一步完善具体操作事宜，积极解决改革推进中遇到的问题，确保各行业税负只减不增，保障财税平稳运行和各级政府更好履职。同时，要加强宣传解释，及时回应社会关切，为改革营造良好氛围。

（新华网）

李克强：着力推动“双创”向更深程度发展

（2016年5月20日）

2016年5月20日，由李克强总理作序，国家发展改革委组织编写、人民出版社出版的《2015年中国大众创业万众创新发展报告》新书发布会在京举行。

李克强在序言中指出，大众创业、万众创新是时代的选择，是发展的动力之源，也是富民之道、公平之计、强国之策，它符合全心全意为人民服务这一党的宗旨，符合激发市场活力的客观要求。我国人力资源十分丰富，是世界上任何国家都不能比的。只要更好发挥我国人力资源优势，用“双创”激发人民群众的创造力，我国经济发展前景不可限量。

李克强在序言中强调，现在“双创”已蔚然成风，政府要继续加油助力，引导“双创”与“中国制造2025”“互联网+”相结合，在创业创新中推动大中小微企业共同发展、传统产业改造和新兴产业成长并驾齐驱、服务业壮大和制造业升级互促共进，增强经济发展动力。政府应当清障搭台、放水养鱼，加强政策支持，打造综合服务平台，提供便捷高效服务，推动众创、众包、众扶、众筹等“双创”支撑平台加快发展，着力推动“双创”向更大范围、更高层次、更深程度发展，促进中国经济保持中高速增长、迈向中高端水平。

（国家发改委网站）

李克强：汇聚建设创新型国家和世界科技强国的强大力量

（2016年5月30日）

2016年5月30日下午，全国科技创新大会、两院院士大会、中国科协九大第二次全体会议在北京举行。中共中央政治局常委、国务院总理李克强发表重要讲话。

李克强说，今天上午，习近平总书记发表了重要讲话，强调要把科技创新放在更重要的位置，提出了建设创新型国家和世界科技强国等方面的明确要求，要认真贯彻落实。创新事关国家前途命运。几千年来，中华民族有许多遥遥领先的创新成果，对世界文明进步贡献巨大。但后来由于多种原因，我国屡次与世界科技革命失之交臂。新中国成立特别是改革开放后，我国建立起全面独立的科学技术体系，开启了全面创新的时代。全国广大科技工作者尤其是两院院士创造了许多重大科技成果，作出了突出贡献。中国科协作为“科技工作者之家”，也功不可没。

李克强指出，当前，世界新一轮科技革命和产业变革正孕育兴起和交互影响，创新既是我国实现“双中高”的重要支撑，也是推进供给侧结构性改革的重要内容和培育国际竞争新优势的重要依托。党的十八大作出了实施创新驱动发展战略的决策部署，党的十八届五中全会强调创新是引领发展的第一动力。党中央、国务院出台了关于促进科技创新的一系列政策措施。各地区各部门要切实增强责任感和紧迫感，使创新贯穿到经济社会发展各个领域各个环节，塑造更多依靠创新驱动的引领型发展，努力建设创新型国家和世界科技强国。

李克强强调，要落实和完善支持创新的政策措施，充分发挥科技创新在全面创新中的引领作用。一是补好基础研究短板。加大长期稳定支持力度，到2020年研发投入强度达到2.5%，组建国家实验室和综合性国家科学中心等高水平创新平台，充分发挥科研院所和高校主力军作用，调动企业和社会力量积极性，增强原始创新能力。二是突破应用研究产业化瓶颈。建立以企业为主体、市场为导向的创新机制，部署推进一批体现国家战略意图的重大科技项目和工程，形成一批既利当前、更惠长远的新产业领域和经济增长点。三是大力推动协同创新。依托互联网打造开放共享的创新机制和创新平台，推动企业、科研机构、高校、创客等创新主体协同，人才、技术、资金等创新要素协同，大众创业、万众创新与科技创新协同以及区域创新协同，加速释放创新潜能，培育新动能，改造提升传统产业。

李克强指出，要以体制机制改革激发科技创新活力。推进科技领域简政放权、放管结合、优化服务改革，在选人用人、成果处置、薪酬分配等方面，给科研院所和高校开展科研更大自主权。让科研人员少一些羁绊束缚和杂事干扰，多一些时间去自由探索。完善保障和激励创新的分配机制，提高间接费用和人头费用比例，推进科技成果产权制度改革，提高科研人员成果转化收益分享比例。把创新精神、企业家精神和工匠精神结合起来，解决“最先一公里”和“最后一公里”问题，打通科技成果转化通道。加大财政科技投入，改进科研活动评价机制，加强知识产权保护，营造尊重劳动、尊重知识、尊重人才、尊重创造的良好环境。

（新华网）

李克强：以创业创新推动企业“裂变式”成长

（2016年6月26日）

2016年6月26日，在出席夏季达沃斯论坛期间，中共中央政治局常委、国务院总理李克强在天津市委代理书记、市长黄兴国陪同下，在天津考察调研。

天津光电集团是有着60多年历史的老企业，李克强来到这里，与技术人员交流，对企业落实创新驱动发展战略，开展大众创业、万众创新，鼓励研发人员带着科技成果创办新企业，使成果转化效率和经济效益明显提升表示赞许。他说，国有大企业要在市场的风浪中挺立潮头，就要用好创业创新的“冲浪板”。要加快转变传统发展模式，健全有利于激发“双创”潜力的机制，把技术、人才等方面的优势更好发挥出来，以创业创新推动企业“裂变式”成长，增强发展的内生动力。

卓朗科技是依托大数据、云计算等为传统制造业转型升级提供技术和信息服务的新兴科技企业。企业负责人向李克强介绍了他们开发的“万企转型升级平台”和运行的成效。李克强说，服务型平台企业是新模式，也为传统制造业转型发挥了强大的助推作用，这充分说明新经济发展与传统产业升级有巨大的互促共进、融合发展空间，在一定意义上包含着推动传统产业改造的新技术等多种要素。要立足创新驱动，鼓励发展更多有效聚合政府、企业、社会等多方资源和创新要素的服务型平台，使各具优势的个体成为极具价值的联合创造者，使资源更好对接需求，实现优化配置，服务传统企业化解过剩产能、改造升级的巨大市场，携手开辟发展新天地，做强新动能成长和传统产业转型这对推动中国经济升级发展的“双引擎”。

“飞鸽”是新中国第一个自行车民族品牌，随着国际国内市场竞争加剧，也面临巨大的转型压力。李克强走进飞鸽自行车体验店，在新近上市的智能自行车前，他详细了解车载通信、运动音乐、健康数据监测等新功能。李克强说，“飞鸽”等老品牌企业承载着几代中国人的历史记忆，要在新起点上再创辉煌，必须插上改革和创新这对翅膀。要以时不我待的紧迫感加快转型、抢抓机遇，紧贴市场需求，大力弘扬勇于开拓的企业家精神和精益求精的工匠精神，做强主业，不断推出能够满足个性化需求、有竞争力的新产品新服务，使老树发新枝，打造更多百年老店。

李克强听取天津市推进简政放权、放管结合、优化服务改革等情况汇报，对他们创新机制促进民间投资增长、扶持中小微企业发展表示肯定。他说，民营经济和中小微企业是经济发展的生力军，要继续坚持“两个毫不动摇”，为他们发展创造有利环境，对创新势能大、潜力足的要给予政策倾斜，把政府转变职能作为释放民间投资潜力的关键环节和供给侧结构性改革的重要内容，促进更多中小微企业幼苗成长壮大，增强经济转型升级的支撑力量。

（《科技日报》）

李克强：汇聚创新发展转型升级的“众力量”

（2016年6月27日）

2016年6月27日，国务院总理李克强在天津梅江会展中心出席2016年夏季达沃斯论坛开幕式并发表特别致辞。致辞全文如下：

很高兴与大家在天津再次相聚。首先，我代表中国政府，对夏季达沃斯论坛的召开，表示热烈祝贺！对各位远道而来的嘉宾和媒体界的朋友，表示诚挚欢迎！

本次论坛是第10届夏季达沃斯论坛。中国有句话叫“十年树木”。如果把这个论坛比作树木的话，经过十年的精心培育，已是枝繁叶茂、硕果累累，不仅向世界展示了中国改革开放和现代化建设的历程与成就，也为世界和中国实现共同发展繁荣贡献了智慧与力量。

国际金融危机爆发以来，各方努力应对，使用了各种刺激增长的政策工具。8年过去了，世界经济复苏远不及预期，全球贸易投资增长低迷，大宗商品和金融市场不时动荡，发达国家和新兴经济体走势分化，地缘政治风险加大，不稳定因素增多。前几天英国公投脱欧，对国际金融市场的影响已经显现，世界经济新的不确定性还在增加。在此情况下，推动世界经济复苏和各国经济增长，需要共同应对挑战、提振信心，共同营造稳定的国际环境，共同寻求治本之策。欧洲国家是中国的重要伙伴。在新的形势下，中方将继续致力于维护好发展好中欧、中英关系。我们希望看到一个团结、稳定的欧盟，也希望看到一个稳定、繁荣的英国。本届论坛以“第四次工业革命——转型的力量”为主题，为人们提供了新视角，具有前瞻性和现实意义。在此，我愿提出几点看法，与大家交流。

第一，推动世界经济稳定复苏，需要积极实施结构性改革。解决世界经济深层次矛盾和问题，既要加强需求管理，又要着力推进结构性改革，以消除“病灶”。各国情况不尽相同，总的方向是针对经济失衡，重点推进财政金融改革，放松管制，促进竞争，支持创新，扩大开放，协力促进世界经济强劲、可持续、平衡增长。

第二，推动世界经济稳定复苏，必须加快经济转型升级。全球经济摆脱困境，最终要靠转变发展方式，加快新旧动能转换。世界新一轮科技革命和产业变革孕育兴起，为此提供了历史性机遇。一大批引领性、颠覆性新技术、新工具、新材料的涌现，有力推动着新经济成长和传统产业升级。各方应因势利导，把政策着力点放在支持经济转型升级上，增强经济发展新动力。

第三，推动世界经济稳定复苏，离不开高效有序的全球治理。面对共同的挑战，唯有同舟共济、立己达人，才是正道通途。各国应采取更多增长友好型政策，加强宏观政策协调，坚定不移推进贸易和投资自由化、便利化，旗帜鲜明反对保护主义，致力构建更加公平、公正、开放的国际经济体系。世界主要经济体在制定宏观经济政策时，不仅要考虑自身增长，也要考虑外溢性影响。今年9月，二十国集团领导人峰会（G20）将在中国杭州举行。本届论坛专门设置“中国的G20愿景”分论坛进行研讨，为此次峰会建言，有着积极意义。

女士们、先生们！

在经历多年的快速增长后，中国经济发展进入新常态。面对持续较大的经济下行压力，我们没有搞“大水漫灌”式的强刺激，而是创新宏观调控方式，着力推进结构性改革，着力培育新动能，改造提升传统动能，不仅保持了经济稳定发展，增长速度居世界主要经济体前列，而且结构调整也取得积极进展。这几年一路走来，充满风险和挑战，我们付出了很大艰辛。令人欣慰的是，新动能呈快速成长态势，尽管目前在规模上还难以与传统动能等量齐观，但在支撑发展、保障就业、促进转型升级等方面发挥着越来越大的作用。假以时日，异军突起的新动能必将撑起未来中国经济一片新天地。

今年以来，在世界经济增长继续放缓的背景下，中国经济运行总体平稳、稳中有进，保持在合理区间，确实来之不易。今年一季度经济增长6.7%，进入二季度以来继续保持稳定增长。夏粮有望再获丰收，工业企业效益回稳提升，服务业较快发展，市场销售平稳增长，居民消费价格指数（CPI）基本稳定、工业生产者出厂价格指数（PPI）降幅收窄，能耗强度和主要污染物排放继续下降。特别是就业保持稳定，1—5月城镇新增就业577万人，完成全年目标任务的58%；5月份31个大城市城镇调查失业率为5.02%。

上半年中国经济稳定发展，改革创新和调整转型发挥了关键作用。简政放权、放管结合、优化服务改革和大众创业、万众创新释放了发展潜力。新增市场主体平均每天4万户，其中新增企业1.3万多户、高于前两年，有力地带动了就业。消费和服务业逐步形成主导作用。信息通讯、智能手机、新能源汽车等新兴消费迅猛扩大，旅游、文化、体育、健康、养老“五大幸福产业”快速发展，服务业无论是产值还是就业，都稳居国民经济第一大产业。创新型经济活力四射。高技术产业、高端制造业和电子商务等新业态快速增长，一些转型升级早、新产业增长快的企业、行业、地区，保持良好发展势头。总起来看，中国经济的结构在优化、质量在提升、动能在积蓄。

我们也认识到，由于国际环境复杂严峻、国内长期积累的深层次矛盾凸显，中国经济稳定运行的基础还不牢固。外需对增长的拉动力减弱，民间投资和制造业投资乏力，金融等领域存在风险隐患，一些产能严重过剩行业和经济结构单一地区矛盾较多，经济下行压力仍然较大，困难不可低估。我们正视困难、坦承困难，恰恰表明我们有决心克服困难、有能力战胜困难，中国经济希望始终大于困难。

当前中国经济发展的基本面没有改变，宏观政策也会保持连续性稳定性。我们将继续创新宏观调控方式，加力增效实施积极的财政政策，灵活适度实施稳健的货币政策，把资源更多引向有利于补短板、增后劲、上水平的领域，引向有利于促进转型升级等新经济的领域。现在，中国政府负债率40%左右，中央政府负债率16%左右，在世界主要经济体中是比较低的，实施积极的财政政策有空间；居民储蓄率高，发展多层次资本市场潜力大，完善金融调控手段、优化金融资源配置有很大余地，可以创造条件，运用市场化、法治化方式逐步降低企业杠杆率和融资成本。我们不仅有足够的政策工具保持经济运行在合理区间，而且有充分的能力防范住系统性区域性风险。在调整转型时期，中国经济增长短期难免有波动起伏，但不会出现“硬着陆”，我们能够实现全年经济社会发展主要预期目标。

中国经济发展潜力大、优势足、空间广，前景光明。我们有9亿多劳动力，其中1.7亿多受过高等教育或有专业技能，每年大学毕业生700多万，中职毕业生500多万。科技人员数量世界第一，研发投入世界第二，去年投入的资金1万多亿元。中国是世界第二大经济体、第一制造大国，还是货物贸易和服务贸易大国、吸收外资和对外投资大国。中国也是世界第二大消费市场，中等收入群体数以亿计并日益扩大，农村贫困人口逐年减少，城镇常住人口每年增加上千万。这是一个世界上最具增长潜力的新兴大市场，也是各方人才能够充分发挥智力潜能、投资兴业的大舞台。我们对中国经济，不论是当前还是未来，都持乐观态度。乐观是充满信心的表现，在市场经济条件下，信心引导预期，本身就是巨大的力量。

女士们、先生们！

中国经济发展正处于新旧动能接续转换、经济转型升级的关键时期。我们将坚持发展第一要务，坚持稳中求进工作总基调，落实创新、协调、绿色、开放、共享的发展理念，实行宏观政策要稳、产业政策要准、微观政策要活、改革政策要实、社会政策要托底的总体思路，在适度扩大总需求的同时，坚定不移推进供给侧结构性改革，抓好去产能、去库存、去杠杆、降成本、补短板，推动发展从过度依赖自然资源转向更多依靠人力人才资源和创新驱动，使中国经济保持中高速增长、迈向中高端水平。

我们将以创新引领经济转型升级。创新是发展的第一动力，是供给侧结构性改革的重要内容。我们要深入实施创新驱动发展战略，加快建设创新型国家和世界科技强国，为经济转型升级提供强大支撑。

加快发展新经济、培育新动能。我们将大力推进科技创新，着力突破重大关键核心技术，推进创新成果转化应用。着力推动大众创业、万众创新，进一步推进“互联网+”行动，广泛运用物联网、大数据、云计算等新一代信息技术，促进不同领域融合发展，催生更多的新产业、新业态、新模式，推出更加符合市场需要的新产品和新服务，打造众创、众包、众扶、众筹平台，汇聚各方力量加速创新进程，培育新的经济增长点。

加快改造提升传统动能。创新之新，不光是发展新经济，也包括对传统产业改造提升，使其不断焕发新的生机和活力。我们将深入实施《中国制造2025》，推进制造业信息化、智能化改造，围绕满足消费者多样化需求开展个性化定制、柔性化生产，加快生产、管理、营销模式变革，重塑产业链、供应链、价值链，提高中国制造综合竞争力。

我们倡导新发展理念，包括共享的理念，发展共享经济也是发展众创经济。经济全球化深入发展和互联网日益普及，为人民群众创业创新提供了广阔的平台和空间。我们将通过深入推动“双创”，把精英与草根、线上与线下、企业与科研院所的创新活动融合起来，以千千万万市场主体的“微行为”，汇聚成创新发展的“众力量”。充分利用互联网平台，高效率对接海量供需信息，推进科技研发、专业知识、工匠技能的合作共享。众创经济、共享经济人人可参与、人人可受益，有利于激发所有人的潜能，形成合理的收入分配格局，壮大中等收入群体，让更多人特别是青年人通过努力实现人生价值，促进社会公平正义。

我们将以全面深化改革推动经济转型升级。我国过去30多年取得的巨大成就靠的是改革，破解制约发展的体制机制障碍、推动经济转型升级根本上也要靠改革。我们将坚定不移深化改革，更大程度激发市场活力和社会创造力。

积极推进结构性改革尤其是供给侧结构性改革。中国经济发展面临的结构性矛盾，供给和需求两侧都有，主要在供给侧。我们要用改革的办法推进结构调整，减少无效和低端供给，扩大有效和中高端供给。这既有利于经济转型，也有利于促进增长。其中很重要的就是淘汰落后产能、化解过剩产能。重点是抓好钢铁、煤炭等困难行业去产能，这方面近几年已取得初步成效，原煤、粗钢产量减少，但还要继续加以推动，主要是通过运用市场化、法治化手段，严格环保、质量、安全等标准。去产能最大的难题是人往哪里去。企业要采取多种措施使职工转岗不下岗，中央和地方政府都要对职工分流安置给予必要支持。产能过剩是一个全球性问题，我们主动采取行动去产能，说明中国是负责任的国家。

进一步推进简政放权、放管结合、优化服务改革。加快转变政府职能、提高效能，营造公平竞争的市场环境和激励创新的制度环境。坚持“简”字当头，把政府该放的权力放出去，能取消的尽量取消、尽可能直接放给市场和社会。同时，加强和创新市场监管。探索包容而有效的审慎监管方式，引导和支持新业态新模式健康发展。对有些符合发展方向但出现了这样或那样一些问题的，要及时予以引导和纠正，消除风险隐患，但也不能因噎废食，应使之有合理发展空间；对那些以创新之名行非法经营、欺诈诈骗之实的，要依法予以惩罚。严格保护知识产权。大力推行“互联网+政务服务”，搭建开放的政府公共服务平台，最大限度推进政府信息数据开放共享，便利群众和企业办事创业，提高政府服务效率。

协同推进财税、金融、投资等重点领域改革。我们已全面实施营改增，这是一次大规模的减税降负，有利于现代服务业和中小微企业创新发展。深化金融体制改革，加快完善现代金融监管体制，提高金融服务实体经济效率。我们还将深化国有企业、农村、投融资等领域的改革，推动社会诚信体系建设，释放经济发展的更大活力。民营经济是经济发展的重要力量，我们将进一步消除民营企业发展的各种障碍，取消不合理的市场准入限制，努力激活民间投资。

我们将以开放助推经济转型升级。开放也是改革，而且会倒逼改革。中国无论发展到什么阶段，都需要与世界各国取长补短、互学互鉴，对外开放的大门会越开越大。我们将进一步提高开放型经济水平，扩大服务业和一般制造业开放，为外商提供更多投资机会，营造更加公平、透明、可预期的投资环境。只要是在中国注册的企业，无论是中资还是外资，无论是合资还是独资，我们都一视同仁，切实保障他们的合法权益，提供更好的公共服务。面对当前国际金融市场扑朔迷离的波动，我们将坚持以市场供求为基础、参考一篮子货币进行调节、有管理的浮动汇率制度。中国经济的基本面决定了人民币不存在长期贬值的基础，我们有能力保持人民币在合理均衡水平上的基本稳定。中国将坚定不移走和平发展道路，坚持互利共赢的开放战略，愿与各国一道共同推动包容平衡增长、绿色可持续发展。

女士们，先生们！

天津是一个世界大港，从这里可以走向浩瀚的海洋。巨轮远航，需要持久强劲的动力。我们愿与世界各国一道，紧紧抓住新一轮科技和工业革命的机遇，共同打造经济增长新的发动机，推动世界经济在转型升级中实现稳定复苏，共创人类社会发展更加美好的明天！预祝本届论坛圆满成功！

（新华网）

李克强：发挥人的创造力和市场的潜力

（2016年6月28日）

2016年6月28日上午，在世界经济论坛2016年新领军者年会（第十届夏季达沃斯论坛）举办期间，国务院总理李克强会见出席论坛的企业家代表。在回答代表关于中国经济结构性改革取得哪些进展时，李克强表示，实践证明，我们推动结构性改革不依靠“大水漫灌”的强刺激，而是通过简政放权、放管结合、优化服务和大规模减税等措施，发挥人的创造力和市场的潜力。

李克强说，中国政府这几年来一直在努力推进改革，在保持经济稳定增长和调整结构之间寻找一个平衡，着力为结构性改革创造条件，同时又通过结构性改革来推动经济持续稳定增长。实践证明，我们推动结构性改革不依靠“大水漫灌”的强刺激，而是通过简政放权、放管结合、优化服务和大规模减税等措施，发挥人的创造力和市场的潜力。实质上它既使中国的经济结构有了优化，也支撑了中国经济保持中高速增长。

我们说要着力推进结构性改革尤其是供给侧结构性改革。它包括简政放权，放松对企业乃至于市场的不合理管制。特别是对企业登记制度，以及审批制度等进行改革，使得中国这两年来每天新增的市场主体达到4万多户，有力地支撑了就业。这两年我们每年新增城镇就业人数达到1300万以上，应该说简政放权和建立有利于公平竞争监管环境的改革等起到了重要的推动作用。我们说稳增长，实际上是为了保就业。

这些就业是和我们简政放权、推动大众创业万众创新结合在一起的，大量的中小企业、小微企业提供了就业的机会。也就使得我们的服务业成为第一大产业，使中国的消费在迅速地、稳定地增长，超过投资对经济的支撑，它本身就使中国的结构得到了优化。

第二，我们通过大规模的减税和降费，清除不合理的收费，实际上是为这些新成长的企业提供了发展的空间。所以新增登记企业的活跃度今年比去年还要高，达到70%以上。

第三，我们也在推进国有企业，包括大企业的改革，让国有企业瘦身健体，集中精力发展主业，减少过多的管理层级，发展混合所有制的经济，这实际上有利于提高企业的国际竞争力。同时，我们将会继续努力地创造国有和民营企业公平竞争的条件与环境，这本身也是有利于结构性调整。

最后我想再说一句，就是我们将继续坚定不移地推进改革，改革是中国经济发展的根本动力。

（新华网）

李克强：创业投资不能完全由政府“计划”

（2016年9月1日）

2016年9月1日，国务院总理李克强主持召开国务院常务会议，确定促进创业投资发展的政策措施，释放社会投资潜力，助力实体经济。

“创业投资不能完全由政府‘计划’，而要以市场为导向。”李克强强调，坚持市场主导，发展各类创业投资，是落实新发展理念、实施创新驱动发展战略、推进供给侧结构性改革、培育发展新动能和扩大就业的重要举措，有利于调动社会投资积极性，支持大众创业、万众创新，促进稳增长、调结构。

“过去我们一说‘投资’，就觉得是基础设施投资，搞大项目。现在我们不仅要补上基础设施的短板，更要在创业投资这一新领域加大力度，催生新的发展力量。”总理说。

李克强表示，当前要推进我国经济转型升级，不仅要改造提升传统动能，更需要以创业投资为支撑，实施创新驱动发展战略，发展新经济、培育新动能。

他明确要求，在发展创业投资过程中，政府要发挥好引导作用，保护投资者合法权益、调动社会投资积极性。与此同时，国有企业也要下决心，创新模式、汇集众智，提高企业竞争力，拓展更加广阔的市场。

李克强会上以一周前在江西考察的一家众创空间为例，说明“市场”对创业投资的重要性：这家公司整合建筑装饰产业链，吸引创业者成立室内设计、园林设计等30多个设计中心，实现园区与设计师之间、上下游创业者的优势互补、利益共享，去年实现产值15亿元。

“许多创新模式，我们根本就想象不到！”总理感叹道，“创业投资和市场本来就密不可分，如果不按市场规律，完全由政府‘计划’，那可能会造成同质化竞争，甚至出现‘面子工程’。政府还是要做好自己该做的工作，营造好的市场环境、调动全社会的积极性。”

李克强最后强调，促进创业投资发展不仅要以市场为基本导向，也要按照内外资一视同仁的原则，继续扩大开放。各部门都要统筹考虑、多想办法，真正推动创业创新发展，推进我国经济的结构调整、转型升级。

（中国政府网）

李克强：更好服务企业和群众创业兴业

（2016年9月21日）

2016年9月21日，在全国推行“双随机、一公开”监管工作电视电话会议召开之际，中共中央政治局常委、国务院总理李克强作出重要批示。

批示指出：全面推行“双随机、一公开”监管，随机抽取检查对象，随机选派执法检查人员，抽查情况及查处结果及时向社会公开，是深化简政放权、放管结合、优化服务改革的重要举措，是完善事中事后监管的关键环节，对于提升监管的公平性、规范性和有效性，减轻企业负担和减少权力寻租，都具有重要意义。必须认真贯彻党中央、国务院决策部署，全面深化改革，大力推动政府职能转变。各地区、各部门要按照依法施政和促进社会公平正义的要求，全力推进“双随机、一公开”监管改革，狠抓政策配套和督促落实，以科学有效地“管”促进更大力度地“放”，着力打造公平竞争的市场环境和法治化便利化营商环境，更好服务企业和群众创业兴业，为促进经济社会持续健康发展作出新贡献。

（新华网）

李克强：人才引进的大门将开得越来越大

（2016年9月30日）

2016年9月30日下午，国务院总理李克强在人民大会堂亲切会见荣获2016年度中国政府“友谊奖”的外国专家和他们的亲属。

李克强首先对获奖外国专家表示祝贺。李克强说，长期以来，外国专家在帮助中国引进先进技术和管理经验、促进中外人文交流等方面发挥了独特作用，做出了重要贡献。今年获奖的外国专家中，有的长期工作在中国中西部艰苦地区，有的参与了重大工程项目，有的从事教育培训、医疗卫生等社会民生事业。你们当中既有年长者，也有年轻人。把大家丰富的经验和活跃的思维互补结合，有助于更好推进中国现代化进程与世界和平发展事业。

李克强指出，中国实施更加开放包容的人才政策，人才引进的大门将开得越来越大。同时将营造公正透明的市场化法治化环境，为外国人才、智力来华参与现代化建设提供必要便利。我们将加快推进简化“绿卡”办理手续，实施外国人来华专家证和就业证“两证合一”试点，支持外国人才申报和参与国家级科研项目，更加严格有效保护知识产权，维护创造发明人的合法权益。

李克强强调，中国与世界各国是命运共同体，在推进全球化进程、尊重文明多样性、促进可持续发展中需要互学互鉴、取长补短。希望外国专家客观公正介绍中国，当好中外友好的形象大使，搭建跨文化交流对话平台，加深中国与世界各国的交往、理解与合作。

（新华网）

李克强：扎实推进“双创”和“中国制造2025”

（2016年10月12日）

2016年10月12日至13日，中共中央政治局常委、国务院总理李克强在中共中央政治局委员、广东省委书记胡春华、省长朱小丹陪同下，在深圳、东莞考察，并出席2016年全国大众创业万众创新活动周。

深圳湾创业广场是全国“双创”周活动主会场，汇聚了新技术、新模式、新业态等大批“双创”成果。李克强仔细观看轻型单轨车厢、互联网概念车、精密模具和超材料技术、激光全息技术产品展示，询问技术特点和成果转化应用等情况。看到年轻创客开发的智能轮椅，李克强说，我国老龄化速度加快，还有不少重度残疾人，需要更多这样的辅助器具，使他们生活更方便。在创客工坊，李克强勉励正在体验创新实践的中小学生从小培养创造能力。他还要求参加活动的“双创”平台在服务创新上走在前列。李克强说，“双创”成果显示了创新的智慧和创造的力量。希望大家敢于想象，把更多创意变成创新成果。

随后，李克强主持召开中外创客领袖座谈会。来自全球的80多位创客领袖参加。腾讯公司马化腾、美国苹果公司库克、大疆公司汪滔、德国iF设计威格曼、阿里巴巴集团马云等围绕创新理念和趋势、“双创”实践等谈了看法。航天科工集团高红卫介绍了他们通过开展“双创”、融合全球资源、激发企业创新活力的做法。大家认为，“双创”给所有有创意的人带来了实现梦想的机会，也带动了大量就业。

李克强说，“双创”是实施创新驱动发展战略的重要抓手，是推进供给侧结构性改革的重要体现，是培育新动能的有力支撑。创业与创新结合，会使发展动力更加强劲。尤其在当今“互联网+”蓬勃发展的时代，万众创新可以把千千万万“个脑”联接成创造力强大的“群脑”，在智慧碰撞中催生创意奇妙、能更好满足多样化需求的供给，这正是中国发展巨大潜力所在。“双创”覆盖一二三产业各个领域，不仅小微企业可以做，大企业转型升级也需要通过“双创”更好适应个性化设计、定制化生产的趋势。不仅要有丰富的想象力，还要依靠脚踏实地的苦干，把企业家精神和工匠精神结合起来。在市场经济条件下，企业在竞争中会优胜劣汰，“双创”的主体是企业，现在多数“双创”平台是企业按市场化方式兴办的，政府要通过深化简政放权、放管结合、优化服务，为“双创”营造良好环境。通过维护公平竞争秩序，完善事中事后监管，促进提高市场主体的生存率和活跃度。

深圳大族激光公司是行业领军企业。李克强走进车间，详细观看企业系列创新产品，对他们带动相关装备制造业升级、将精密激光加工与3D打印技术结合表示赞许。李克强说，装备制造是中国工业的母机和升级的基础，传统产业要赢得市场竞争、焕发新生机，就要瞄准国际前沿，努力研发推出颠覆性技术，这就是“中国制造2025”的重要内容。沿着这个方向持续推进，中国制造大有希望。

李克强来到东莞欧珀数码产品公司，对企业推动转型升级、从过去主要代工制造到现在拥有数百项发明专利和知名品牌表示肯定，他勉励企业要对标国际领先企业弥补差距，紧扣消费者需求不断创新产品，优化营销策略，提升综合竞争力。李克强说，我们实施“中国制造2025”，就是要加快新动能培育，逐步让它们挑起大梁，助力传统产业转型升级，激发中国经济发展新的活力。

考察期间，李克强充分肯定广东经济社会发展取得的成绩，尤其是在转型升级和培育新动能等方面呈现的喜人势头，希望广东在以习近平同志为总书记的党中央领导下，牢牢坚持党的基本路线，坚持发展第一要务，落实新发展理念，继续走在改革开放前列，发挥标杆作用，深入实施创新驱动发展战略，争做“双创”领跑者。

（中国政府网）

李克强：摁下新经济成长和传统产业改造升级“快进键”

（2016年11月14日）

2016年11月14日，中共中央政治局常委、国务院总理李克强主持召开座谈会，就做好经济发展和民生改善等工作听取有关专家、企业负责人的意见建议。

李克强说，要通过加快新旧动能转换促进经济转型升级。近几年新动能成长超出预期，并带动了传统动能焕发生机，两者相辅相成，经济结构出现可喜变化，特别是在经济下行压力加大、高校毕业生人数创历史新高、去产能转岗人员增多的情况下，正是新动能的成长为稳定就业提供了有力支撑。当前，地区、行业走势分化既有阵痛，也孕育着希望。做强实体经济，要大力实施创新驱动发展战略，加快提高全要素生产率。鼓励社会力量利用“互联网+”等搭建平台，蓬勃开展大众创业、万众创新，实施“中国制造2025”，提高中国装备技术水平和市场占有率，摁下新技术、新产业、新业态、新模式等新经济成长和传统产业改造升级“快进键”。

李克强指出，要通过全面深化改革开放撬动发展、增添活力。我国拥有9亿多劳动力、1.7亿受过高等教育和职业培训的人才，这是发展最大的“金矿”。要进一步推动简政放权、放管结合、优化服务，深化商事制度改革，实施“多证合一”等举措，破除各种不合理的门槛和束缚，维护公平竞争市场环境，降低制度性交易成本，多措并举缓解融资难融资贵问题，营造鼓励干事创业、宽容失误失败的氛围，更大程度激发市场活力和社会创造力，通过更高水平对外开放拓展发展空间。

（新华网）

李克强：弘扬企业家和工匠精神，提升中国制造水平

（2016年12月23日）

2016年12月23日，推进“中国制造2025”工作现场会暨国家制造强国建设领导小组第四次会议在湖南省长沙市召开。中共中央政治局常委、国务院总理李克强作出重要批示。

批示指出：加快推进制造强国建设是党中央、国务院立足全局、着眼长远作出的重大战略部署。一年多来，在各方面共同努力下，“中国制造2025”实施取得了积极成效，已成为结构优化、创新发展的重要抓手，应予充分肯定。要深入分析当前世界产业发展新态势、竞争新特点，充分认识我国制造业发展的潜力、机遇和困难、挑战，以新发展理念为引领，以推进供给侧结构性改革为主线，聚焦市场需求、借鉴国际经验，着力深化简政放权、放管结合、优化服务和财税、金融等重点改革，完善政策支持，围绕大力发展先进制造业在市场准入、要素配置、降低成本等方面营造良好环境；着力把“中国制造2025”“互联网+”和大众创业万众创新紧密结合起来，形成新动能培育与传统动能改造提升互促共进的良性循环；着力弘扬企业家精神和工匠精神，苦练内功、精益求精、提质增效、追求卓越，努力攻克一批核心技术和关键工艺装备，提升智能制造、绿色制造水平，为促进经济中高速增长、迈向中高端水平提供坚实有力支撑。

（新华网）

刘云山：为人才发挥聪明才智创造良好条件

（2016年5月6日）

2016年5月6日，学习贯彻《关于深化人才发展体制机制改革的意见》座谈会在京召开。中共中央政治局常委、中央书记处书记刘云山在座谈会上指出，习近平总书记重要指示深刻阐明了人才对党和国家事业发展的特殊重要性，就深化人才发展体制机制改革、进一步做好人才工作提出明确要求，要认真学习领会、很好贯彻落实。

刘云山强调，深化人才发展体制机制改革，是构筑人才制度优势、实现更高质量更高水平发展的战略之举。要围绕协调推进“五位一体”总体布局和“四个全面”战略布局，围绕贯彻落实新发展理念，围绕实施国家重大战略和重大工程，推进人才发展体制机制改革，实现人才发展与经济社会发展深度融合。要加快构建更加科学高效的人才管理体制，遵循社会主义市场经济规律和人才成长规律，转变政府人才管理职能，保障和落实用人主体自主权，健全市场化、社会化的人才管理服务体系，更好激发人才创新创造活力。要强化问题导向、注重精准施策，创新人才培养、评价、流动、激励、引进、保障机制，着力解决人才管理中行政化、“官本位”问题，解决人才评价中唯学历、唯职称、唯论文问题，解决科研成果转化难、收益难问题，让人才有成就感、获得感。坚持党管人才是中国特色人才制度优势的集中体现，各级党委要树立强烈的人才意识，加强对人才工作的组织领导，改进党管人才的方式方法，健全联系专家工作制度，切实做好团结、引领、服务工作。各级领导干部要真诚同各方面人才交朋友，政治上信任、工作上支持、生活上关心，为他们发挥聪明才智创造良好条件。希望广大人才增强国家担当和社会责任，带头弘扬社会主义核心价值观，用模范行动影响和带动全社会。

（新华网）

刘云山：为人才建功立业创造平台

（2016年8月5日）

2016年8月5日，受习近平总书记委托，中共中央政治局常委、中央书记处书记刘云山在北戴河看望暑期休假专家，代表党中央、国务院向广大专家人才致以诚挚问候。

邀请专家暑期到北戴河休假，是党和国家重视和关心专家人才的一项制度性安排。自2001年以来，党中央、国务院先后邀请16批900多位专家学者参加休假活动。参加今年休假活动的56位专家主要是以国家“万人计划”专家为主体的国内各领域优秀人才代表，他们在各自领域都作出了重要贡献。

刘云山指出，党中央高度重视人才工作，关心人才成长和发展。党的十八大以来，习近平总书记作出一系列重要指示，强调办好中国的事情关键在党、关键在人、关键在人才，为做好新形势下的人才工作指明了方向。随着党和国家人才政策的贯彻落实、人才发展体制机制改革的深入推进，我国人才发展环境会越来越好，各类人才施展才华的舞台会越来越宽广。

刘云山强调，全国科技创新大会和哲学社会科学工作座谈会的召开，是具有全局性意义的大事。实现习近平总书记提出的建设世界科技强国、构建中国特色哲学社会科学的战略任务，广大专家人才肩负着光荣的使命和责任，应当有高度的自信，有强烈的担当，有更大的作为。希望广大专家人才顺应时代要求，聚焦奋斗目标，坚定中国特色社会主义道路自信、理论自信、制度自信、文化自信，紧紧围绕党和国

家事业发展需要，确定研究方向，深化研究课题，努力实现新的创造、取得新的业绩。要秉持求真求实的科学精神，锐意进取、大胆探索、勇攀高峰，带队伍、出成果、育人才，为建设世界科技强国、构建中国特色哲学社会科学贡献智慧和力量。各级党委和政府要树立强烈的人才意识，真诚关心人才、爱护人才、成就人才；党委组织部门要加强对人才工作的组织协调，为人才建功立业创造平台。对优秀专家人才要给予更多的宣传和点赞，推动形成崇尚科学、尊重创新、爱才重才的社会风气。

（新华网）

张高丽：做大做强做优创业投资行业

（2016年10月14日）

2016年10月14日，中共中央政治局常委、国务院副总理张高丽出席在北京举办的第四届中国创业投资行业峰会并讲话。

张高丽说，党中央、国务院高度重视实施创新驱动发展战略。习近平总书记指出，综合国力竞争说到底是创新的竞争，要深入实施创新驱动发展战略，推动科技创新、产业创新、企业创新、市场创新、产品创新、业态创新、管理创新等，加快形成以创新为主要引领和支撑的经济体系和发展模式。李克强总理多次主持会议对大众创业万众创新作出重要部署，要求着力推动“双创”向更大范围、更高层次、更深程度发展，发挥好培育新动能、改造提升传统动能、推动经济转型升级的重要载体作用。今年以来，随着各项政策措施落地生根，“双创”蓬勃发展势头更加明显，对稳增长、调结构、促就业的作用显著增强。

张高丽强调，创业投资是实施创新驱动发展战略的重要举措，是实现技术、资本、人才、管理等创新要素与创业企业有效结合的投融资方式，是推动大众创业万众创新的重要资本力量。要深入实施创新驱动发展战略，做大做强做优创业投资，为经济持续健康发展作出新的贡献。要更好地发挥创业投资支持企业发展的“孵化器”作用，着力促进发展新经济、培育新动能；要更好地发挥创业投资在推进供给侧结构性改革中的“助推器”作用，着力加大对实体经济的支持力度；要更好地发挥创业投资激发民间投资的“催化剂”作用，着力推动合理有效投资稳定增长。

张高丽要求，加快构建良好的制度环境、市场环境和生态环境，形成“创业、创新+创投”协同互动的发展格局。要完善鼓励创业投资发展的政策支持体系，使创业投资者和创业者都能充分享受政策的便利和实惠。要健全体制机制，放宽市场准入，在行业管理、备案登记等方面对创业投资企业实施差异化监管政策。要坚持市场导向，发挥好国有企业和政府基金的带头引导作用，把有限的创投资本投入到最有发展潜力、最能代表未来发展方向的领域。要秉持信用为本，加快推进创业投资行业信用体系建设，为创业投资发展创造良好环境。要加强专业人才培养，把更多优秀人才吸引到创业投资事业中来，提高创业投资的精准度。

（《人民日报》）

马凯：推进“双创”向更广范围、更高水平发展

（2016年5月31日）

2016年5月31日，全国政协在北京召开“推动大众创业、万众创新”专题协商会，中共中央政治局委员、国务院副总理马凯出席会议并讲话。29位委员和地方政协代表在会上发言，围绕推动大众创业、万众创新提出意见建议。

马凯在认真听取了委员们发言后说，全国政协选取“大众创业、万众创新”这一问题开展专题协商，对进一步推进“双创”工作将发挥重要作用。马凯指出，今年“双创”工作将从顶层设计阶段进入全面推动实施阶段，各级政府要把工作重点放在营造创业创新的良好生态环境上，全面调动创业创新主体的积极性。要通过深化“放管服”改革降低制度性成本，加大财税金融政策支持力度，充分利用互联网技术加快完善创业服务体系，构建综合配套的法治保障体系，着力打造高水平人才队伍，推进“双创”向更广范围、更高水平发展，汇聚成经济社会发展的新动能。

（中新网）

马凯：发挥双创能动作用，推动“中国制造2025”

（2016年12月23日）

2016年12月23日，推进“中国制造2025”工作现场会暨国家制造强国建设领导小组第四次会议在长沙召开。中共中央政治局委员、国务院副总理马凯出席会议并讲话。他强调，要认真贯彻落实中央经济工作会议精神，按照李克强总理对会议所作重要批示要求，以提高发展质量和效益为中心，以推进供给侧结构性改革为主线，持续深入实施“中国制造2025”，推动制造强国建设取得更大进展，为促进经济平稳健康发展贡献更大力量。

马凯指出，“中国制造2025”实施以来，经过各方面共同努力，顶层设计基本完成，创新体系不断完善，工业基础得到加强，智能制造加快发展，高端装备不断突破，制造强国建设迈出实质性步伐，有力促进了制造业平稳增长、转型升级和效益回升。

马凯强调，制造业是实体经济的主体，是科技创新的主战场，是供给侧结构性改革的重点领域，要坚持市场导向、企业主体，推动“中国制造2025”在以下方面狠下功夫，务求实

效。一要加强统筹。包括规划、资金、央地、点面之间的统筹协调，形成强大合力。二要强化创新。建立国家制造业创新中心，发挥双创能动作用，着力增加共性关键技术供给，重点突破一批高端装备短板，持续推进技术改造升级，大力加强质量品牌建设。三要夯实基础。持续实施工业强基工程，启动实施重点新材料研发和应用重大工程，尽快攻克一批基础零部件、工艺和材料。四要促进融合。深入推进制造业与互联网融合发展，加快实施智能制造工程，大力发展个性化定制、柔性化生产和服务型制造。五要优化环境。维护市场秩序，减轻企业负担，落实完善支持政策，强化人才支撑。六要深化改革。削减审批事项，放宽行业准入，完善公司治理，健全激励约束机制，最大限度激发企业活力和发展动力，调动企业科技人员创新创造积极性。

（新华网）

刘延东：扩大科技开放合作，积极引进海外高层次人才

（2016年1月8日）

2016年1月8日，中共中央政治局委员、国务院副总理刘延东会见获得2015年度中华人民共和国国际科学技术合作奖的瑞典生物分离科学家杨克里斯特·杨森、美国有机化学家彼得·史唐、美国医学病毒学专家维尔特·伊恩·利普金、意大利物理学家卡洛·鲁比亚、日本科技管理专家冲村宪树、荷兰口腔公共卫生学专家约翰尼斯·弗兰肯，并向他们颁发奖章。

刘延东代表中国政府向获奖者表示祝贺，感谢他们长期致力于国际科技交流与合作、为中国科技事业发展作出的积极贡献。刘延东指出，当今世界面临气候变化、粮食安全、公共卫生等全球性挑战与风险，迫切需要各国携手合作，共同应对。她强调，科学无国界，中外科学家要拓展合作领域、加强协同攻关，为推动科技事业进步、增进全人类福祉作出新贡献。刘延东表示，中国将坚持创新、协调、绿色、开放、共享的发展理念。深入实施创新驱动发展国家战略，推动大众创业、万众创新，打造发展新引擎，奋力实现全面建成小康社会目标。中国政府将进一步扩大科技开放合作，积极引进海外高层次人才，为各国专家来华创新创业提供更好条件。

（新华网）

刘延东：营造创新创业良好生态

（2016年6月21日）

2016年6月21日，新华社苏州电 中共中央政治局委员、国务院副总理刘延东近日在江苏调研时强调，要按照党中央、国务院决策部署，坚持创新驱动发展战略，加快教育现代化建设，加大医改攻坚力度，推动社会事业发展迈上新台阶，为促发展、惠民生作出更大贡献。

刘延东召开座谈会并考察科技创新企业，充分肯定江苏教育、科技、卫生工作，鼓励江苏深化改革、积极探索，走出一条可复制、可推广的改革发展之路。

她指出，全国科技创新大会吹响了建设世界科技强国的号角。要认真贯彻大会精神，把科技创新摆在核心位置，为创新型国家建设作出积极贡献。要深入推进供给侧结构性改革，着力国家战略和产业需求，聚焦核心技术和关键环节，加强科技创新和制度创新，推动新技术、新产业、新业态和新机制融合发展，加快构建现代产业技术体系。要抓好科技成果使用、处置和收益权管理，加速创新创业要素流动，加快众创空间与实体经济对接，营造创新创业良好生态。

（新华网）

刘延东：演绎更多更精彩的创新创业故事

（2016年7月2日）

2016年7月2日，中国国务院副总理刘延东在法国尼斯出席“春晖杯”中法青年众创交流会。刘延东观看了中法青年创新创业项目展示，听取了优秀留法创业者和法方青年创业者代表发言，并发表了讲话。

刘延东说，此次她来法和艾罗外长共同主持中法高级别人文交流机制第三次会议，法国的创新活力和两国的创新合作给她留下十分深刻而难忘的印象。从朝气蓬勃的中法青年友好使者到积淀深厚的法兰西学院，从中法工程教育创新合作到今天的青年众创交流会，“青年+创新”正在汇聚成一股强大的力量，推动两国人文交流加速发展。

在交流会上，刘延东讲述了一个法国“创客”在中国的精彩故事。

刘延东说，两年前，法国青年内纳德带着梦想来到中国。他是一项计算机编程语言的发明人。一开始，他抱着试试看的心态来到中国探寻创业机会。到了中国后，他立刻打消顾虑。他用“惊艳”两个字来形容中国的创新创业环境。如今，他在厦门“爱特众创空间”创立了自己的公司，开启了自己的梦想。他说：“在这里我能通过自己的努力实现我的梦想，中国应该得到法国和世界的创业者和年轻人的更多关注，这里的创业机会一定会让他们惊喜。”

刘延东表示：“我相信，随着中法青年交流的日益深入，会有越来越多像内纳德这样的‘创客’到对方国家追梦圆梦，演绎更多更精彩的创新创业故事。”

刘延东表示，创新是推动人类发展进步的不竭动力。中国近40年改革开放的过程就是一个不断创新的过程，今天中国的发展仍要靠创新。法国是一个有创新传统的国度，创新合作一直是中法务实合作的亮点。中国的创新驱动发展战略与“法国2025发展规划”“创新2030议程”高度契合，中法两国创新合作潜力大、前景广。去年中国启动了5年万名公派赴法留学人员项目，未来将在中法两国的10个城市建立创业孵化器，组建1亿欧元的创投基金，用于支持中法大学生和创业者进行投资合作。这些都为中法两国青年朋友加强创新合作提供了机遇。希望两国青年朋友敢为人先，互学互鉴，树立创新合作的典范，创造更多优秀的创新成果，同时当好中法友好的使者。祝愿两国青年交流和创新合作如同欧洲杯足球赛一样，充满激情、魅力四射！

（新华网）

刘延东：深入实施创新驱动发展战略

（2016年10月17日）

2016年10月17日，中央组织部、中央党校、科技部联合举办的省部级干部“学习贯彻全国科技创新大会精神加快实施创新驱动发展战略”专题研讨班在京开班。中共中央政治局委员、国务院副总理刘延东在开班式上强调，要深入学习贯彻习近平总书记系列重要讲话精神特别是科技创新思想，按照党中央、国务院决策部署，落实全国科技创新大会各项任务，加快提高自主创新能力，完善国家科技创新体系，积极培育创新发展新动能，为建设世界科技强国、实现中华民族伟大复兴作出应有贡献。

刘延东指出，经过长期不懈努力，我国科技事业取得巨大成就，科技实力和国际影响力显著提升。站在新起点上，要顺应科技革命和产业变革趋势，发挥我国制度优势，着力原始创新和基础研究，深入实施重大项目和工程，推动基础平台等战略性科技力量建设，攻克核心关键技术，加速成果转移转化，为经济社会发展提供支撑、注入动力。要继续深化科技体制改革，调动科技人才积极性，构建企业为主体、产学研用相结合的技术创新体系，发挥区域创新高地作用，加强国际合作，构建高效协同包容的创新生态，激发创新创造创业活力。刘延东要求，各级政府科技管理部门要推进简政放权，加快实现从研发管理向创新服务的职能转变，精准施策，真抓实干，切实把创新驱动发展战略落到实处。

（《人民日报》）

李源潮：让每个有创新创业意愿的人都有成功的机会

（2016年1月21日）

2016年1月21日，国家副主席李源潮在瑞士达沃斯出席世界经济论坛2016年年会，并在中国经济和2016年二十国集团峰会专场会上发表题为《为世界经济创新发展提供新动能》的特别致辞。致辞全文如下：

很高兴出席世界经济论坛2016年年会。感谢施瓦布主席和论坛方的盛情邀请，以及为中国经济和二十国集团峰会专场活动所作的精心安排。本届年会将“掌控第四次工业革命”作为主题，探讨世界经济增长的新动力，很有现实意义。

世界经济正处于动力转换的重要阶段，中国经济发展进入新常态。中国国家主席习近平指出，新常态下的中国经济，增长将更趋平稳，动力将更为多元。中国国务院总理李克强指出，中国经济未来向好、更好，并不是盲目乐观，而是有基础、有条件、有动力。今天，我愿借世界经济论坛的平台介绍当前中国的经济情况和今后一个时期的政策导向。

第一，2015年中国经济实现了平稳增长，仍是全球增长重要动力。一是实现了国内生产总值6.9%的中高速增长。在世界经济起伏震荡的背景下，2015年中国GDP增量超过5000亿美元，预计排全球首位。这是在经济总量超过10万亿美元的高基数上取得的，在全球主要经济体中继续位居前列。二是实现了人民生活持续改善的增长。全国居民人均可支配收入增长7.4%，快于经济增速0.5个百分点。全国城镇新增就业1312万人，超出预定目标。31个大城市城镇调查失业率5.1%左右，处于2009年来低水平。三是实现了结构优化的增长。消费对经济增长贡献率比上年提高了15.4个百分点，达到66.4%，比投资高30.3个百分点。服务业占GDP比重提高2.4个百分点，达50.5%，比工业高16.7个百分点。单位国内生产总值能耗下降5.6%。中国新产业、新业态、新产品加快孕育成长，高技术产业增加值比上年增长10.2%，大大快于传统工业。网上零售增长超过30%，新能源汽车产量增长1.6倍，工业机器人增长42%。四是实现了开放、互利、共赢的增长。2015年中国进口总额1.68万亿美元，继续位居世界第2位。对外直接投资1276亿美元，同比增长10%。中国居民出境旅游等达到1.2亿人次，增长了12%，境外消费超过1万亿人民币，增长了20%。中国从国际市场进口大宗商品的实物量和占全球份额继续增加，2015年中国原油进口量增长8.8%，达到历史新高，大豆进口量增长14.4%。这些增长既满足了中国自身发展需求，也为全球经济增长作出了超过四分之一的贡献，中国发展仍是全球经济增长的重要动力。

第二，中国有信心有能力保持经济中高速增长的趋势。当前，国际金融危机深层次影响还在继续，世界经济仍处在深刻调整期。中国经济和世界经济紧密相连，也处在从数量高速扩张向质量和效益提升的调整之中，中国经济发展进入了新常态。在这个新常态中，中国既有信心有能力推进经济结构调整，也有信心有能力保持经济中高速增长。一方面，由于世界经济总需求不足，国际市场大宗商品价格大幅下跌，同时，中国经济总量不断增大，资源环境制约不断增强，中国经济增速相应缓下来，这是符合一般经济发展规律的。另一方面，中国经济发展有很大潜力、韧性和回旋余地，有信心有能力保持一定的增长速度，以实现中国“两个一百年”奋斗目标。一是到2020年，即中国共产党成立100

周年时，国内生产总值和城乡居民人均收入在2010年的基础上翻一番，全面建成惠及十几亿人口的小康社会；二是到本世纪中叶，即中华人民共和国成立100周年时，建成富裕民主文明和谐的社会主义现代化国家。现在，中国大专及以上文化程度人数超过1亿人，每年新毕业大学生700多万，高质量发展具有充裕的人力资源基础。中国人有勤俭持家的传统，近年来居民储蓄率一直保持在38%以上，去年居民新增储蓄存款超过4万亿元人民币，2008年以来居民储蓄累计增加了35万亿元人民币，这使扩大消费和有效投资都有充分条件。过去5年，中国GDP总量由7万多亿美元上升至10万多亿美元，为发展奠定了雄厚的物质基础。2015年中国财政收入预计增长超过5%，年底国家外汇储备超过3.33万亿美元，稳居世界第一。国际资本仍然看好中国发展，2015年外商直接投资达1262.7亿美元，同比增长5.6%。中国推进改革的决心坚定不移，将进一步激发和释放市场活力。我们正在编制“十三五”规划，将贯彻创新、协调、绿色、开放、共享的发展理念，着力实现有质量、有效益、可持续的增长，推动中国经济走得更好更稳更远。

第三，中国将着力通过改革创新培育经济发展新动能。今后一个时期，中国发展的重要目标是，经济保持中高速增长、产业迈向中高端水平，为世界经济发展提供新动能，我们要做、可做的事情有很多。这里，我愿同大家分享3个案例，它们反映了中国在改革和创新两方面的探索和实践。

第一个例子是中国安徽省有个叫旌德的山区小县，人口15万，仅去年一年就新增了1100家企业，比上年多了两成。为什么那里民众创业热情这么高？因为县里的政府部门用“三个一律”为创业企业开辟绿色通道：即非行政许可审批事项一律取消，确需保留的行政许可审批事项一律纳入权力清单，权力清单上的行政审批事项一律进政府服务大厅。实际上，我们大力推进行政审批制度改革，新登记市场主体在中国各地都“井喷式”增长，去年中国平均每天新登记企业超过1.2万家。今后，中国将继续加大行政管理体制、国有企业、财税体制、金融体制等重要领域改革力度，持续推进简政放权、放管结合、优化服务，不断释放和激发市场活力。

第二个例子是中国高铁已成全球最大基础设施投资市场，并正在努力成长为全球重要的轨道交通供应商。到2015年底，中国铁路运营里程超过12万公里，居世界第二位，当年投资超过8000亿人民币，其中高铁1.9万公里，居世界第一位。中国高铁快速发展的主要支撑是，中国在引进技术的基础上，通过创新构建起具有自主知识产权的先进高铁技术体系，这再次印证了“创新是引领发展的第一动力”。今后，中国将抓住新一轮科技革命和产业革命的时间窗口，也就是这次论坛所说的“第四次工业革命”的机遇，加快实施“中国制造2025”“互联网+”行动计划，加快发展战略性新兴产业和现代服务业，既在改造传统制造方面努力，又在绿色制造、智能制造升级方面加油，让更多有生命力的前沿技术和新兴产业集群发展，推动生产模式和组织方式变革创新。

第三个例子是在北京中关村和深圳的大街上，创新工场、创客咖啡等年轻人创业的新型孵化器大量涌现。截至2015年底，中国共有各类众创空间2300多个，各类科技孵化器超过2500家，并以每年超过20%的速度增长。今后，我们将深入实施创新驱动发展战略，推进大众创业、万众创新，鼓励发展众创、众包、众扶、众筹空间，让每个有创新创业意愿的人都有成功的机会和空间，让一切劳动、知识、技术、管理、资本的活力竞相迸发，释放全社会的发展潜能。

第四，中国将与世界各国共同应对挑战，实现合作共赢。国际金融危机发生8年来，世界经济复苏缓慢，突发性不稳定因素很多。中国古人讲，“惧危者常安，忧亡者恒存”。越是面对复杂局面，越应有清醒的忧患意识和机遇意识。当今世界经济需要更加开放、更加包容、更多合作、更多共赢。今后5年，中国将致力于发展更高层次的开放型经济，与世界各国谋求更多伙伴式的经济合作。中国将继续推动“一带一路”沿线国家和地区共商共建共享，实现共同发展。加强国际产能和装备制造合作，帮助发展中国家提升基础设施建设和工业化水平，实现互利共赢。加快自贸区及投资协定谈判，打破各种形式的贸易壁垒，继续改善外国在华投资环境，积极参与全球经济治理。

本世纪以来，13亿多中国人民对世界经济增长的人均贡献率一直在世界人均水平以上，把中国发展搞好，本身就是对人类发展的重要贡献。中国将继续高举和平、发展、合作、共赢的旗帜，与世界各国共同应对挑战，实现合作共赢，促进世界经济进一步复苏发展。

今年9月4日至5日，二十国集团领导人第十一次峰会将在中国浙江省杭州市举行。中国国家主席习近平指出，二十国集团在引领和推动国际经济合作方面具有举足轻重的影响，应为实现强劲、可持续、平衡增长目标而努力。二十国集团作为全球经济治理的重要平台，包括发达国家、新兴市场国家和发展中国家的主要经济体，成员人口占全球总量的三分之二，国内生产总值占85%，贸易额占近80%。杭州峰会将以“构建创新、活力、联动、包容的世界经济”为主题，重点从创新增长方式、完善全球经济金融治理、提振国际贸易和投资、促进包容联动式发展等方面共商合议，努力为世界经济发展提供新动能。我们认为，当前二十国集团应该从4个方面作出努力。

第一，创新世界经济发展动力。二十国集团应该将经济发展的政策思路转到提升中长期增长潜力上来，明确结构性改革的优先方向，把握科技创新、新工业革命、数字经济等新要素带来的新机遇，加快实现新旧增长动力转换。

第二，推进全球经济治理改革。二十国集团应该继续致力于国际金融货币体系的改革和完善，增强国际金融机构的有效性，重视新兴市场和发展中国家的合理诉求。落实二十国集团能源合作原则，推进绿色金融、反腐败、税收等各领域合作，为世界经济健康高效运行提供机制保障。

第三，建设开放型世界经济体系。2012—2014年，国际贸易增速连续3年低于世界经济增速，2014年全球外国直接投资下降16%。2015年，世界货物和服务贸易总量增速比上年下降0.8个百分点，低于世界经济增速0.5个百分点，形势令人担忧。二十国集团应该在促进全球贸易增长方面发挥更大作用，继续反对保护主义，加强多边贸易体制，促进全球价值链深化发展。加强国际投资合作，为各国企业经营投资创造公平、透明的政策环境。

第四，共享世界经济发展成果。2015年，国际社会就2030年可持续发展议程、气候变化巴黎协定达成共识。二十国集团应该率先垂范，全面落实上述共识。增加对基础设施和工业化的投资，照顾最不发达国家和非洲国家特殊需求，帮助他们增强自主发展能力，开创各国共同发展新局面。

在杭州峰会筹备过程中，中国将坚持开放、透明、包容理念，同各方保持密切沟通，认真听取来自所有伙伴方的意见和建议。

春夏秋冬、周期交替，这是大自然的规律，也是经济发展进步的规律。现在的达沃斯，大厅之外是遍地冰雪，但再过几个月，这里就将满山春色。让我们同舟共济、携手并肩，为世界经济发展提供新动能，共同创造世界经济发展的新春天！

（新华网）

李源潮：青年要做大众创业万众创新的先锋

（2016年10月15日）

2016年10月15日，中共中央政治局委员、国家副主席李源潮在北京中关村出席“全国大众创业万众创新活动周·中国青年创新创业金融综合服务平台启动仪式暨中国青年创新创业论坛”。他希望广大青年努力做大众创业万众创新的先锋。

李源潮说，习近平总书记在今年“五四”青年节前夕寄语广大青年，“让创新成为青春远航的动力，让创业成为青春搏击的能量，让青春年华在为国家、为人民的奉献中焕发出绚丽光彩”。青年人创新思维最活跃、创业动力最强烈，正赶上我们国家创新创业的好时代。希望大家做开拓新领域的先锋，落实创新、协调、绿色、开放、共享发展理念，积极推动产业变革；做创造新业态的先锋，抓住新经济快速发展的机遇，为国家经济发展增添新动能；做探索新模式的先锋，激发发展活力，创造就业岗位，带动群众致富。共青团、有关部门和社会各界都要支持帮助青年创新创业，为实现中国梦作出青春一代的贡献。

（新华网）

赵乐际：激发人才创新创造创业活力

（2016年1月15日）

2016年1月15日，全国组织部长会议在京召开，中共中央政治局委员、中组部部长赵乐际主持会议并作工作报告。他指出，要抓调动人才和用人主体两个积极性，激发人才创新创造创业活力。

赵乐际说，“迈进创新型国家和人才强国行列”，这是“十三五”规划建议提出的一个重要要求。组织部门抓人才工作，目标指向是紧紧围绕实施人才优先发展战略，形成具有国际竞争力的人才制度优势、聚天下英才而用之；重要抓手是落实深化人才发展体制机制改革意见、制定实施“十三五”人才规划；推进路径是因地制宜、注重发挥比较优势，鼓励各地、各方面、各层次结合实际探索、实践、创新。今年要在以下方面有新的提升。一要在树立全球视野、开放理念上有提升。在全球化背景下，人才更具开放性、流动性。我到南京调研，那里的3D打印人才，有的是从美国回来的，有的是从国内高校引进的，每年很灵活地去工作几个月，效果不错。我们既要注重吸引、留住、用好人才，又要遵循人才流动规律，树立柔性引才理念，不求所有、但求所用，关键是让人才发挥作用、创造价值，不是说引进就必须归我所有。二要在实施重大人才工程上有提升。“千人计划”“万人计划”，要突出“高精尖缺”导向，着力发现、培养、集聚战略科学家、科技领军人才、企业家人才、高技能人才。协调推进区域人才发展，围绕“一带一路”建设、京津冀协同发展、长江经济带建设等国家重大发展战略，研究人才支撑措施，加大对西部地区、东北老工业基地等人才发展支持力度。注重用好人才，为入选专家提供长期稳定支持；与有关部门一起，探索相关政策，为人才完成国家重大创新工程提供平台；加快建立国家杰出创新人才工作室。研究编制培养支持优秀人才到国际组织任职规划。三要在团结凝聚人才上有提升。研究制定加强党委联系专家工作意见，建立各层级联系专家库，加强对体制外人才的联系服务，注重政治引领和政治吸纳，强化各类人才教育培训、国情研修。四要在推广基层经验上有提升。现在，各地区各部门对人才工作积极性都很高，我们到地方去，到企业、科研院所、研发中心去，看到大家有很多好办法好经验。要尊重创造，鼓励各级各类用人主体有序参与人才资源开发和人才引进，推动形成竞相创新、百花齐放的人才发展生动局面。

（人民网）

孙春兰：把留学人员作为统战工作新的着力点

（2016年10月18日）

2016年10月18日，中共中央政治局委员、中央统战部部长孙春兰出席欧美同学会年会暨海归创新创业（成都）峰会并讲话，希望广大留学人员深入学习习近平总书记系列重要讲话特别是在欧美同学会成立100周年庆祝大会上的重要讲话，传承爱国报国传统，增强“四个自信”，坚定发展信心，弘扬创新精神，为实现中华民族伟大复兴中国梦贡献智慧力量。

孙春兰指出，留学人员在国家和民族发展各个时期都作出了特殊贡献。当前我国正处于全面建成小康社会关键阶段，以创新为核心的国际竞争日趋激烈，希望大家投身国家创新驱动发展战略，找准专业优势和我国发展结合点，敢于面对困难挑战，推动形成更多新技术、新产业、新模式、新业态。

孙春兰强调，欧美同学会要认真贯彻落实中共中央办公厅《关于加强欧美同学会建设的意见》，改进工作作风，加强对留学人员的团结、引导和服务，成为团结海内外留学人员的温暖家园。各级统战部门要把留学人员作为统战工作新的着力点，把他们紧密团结在以习近平同志为总书记的党中央周围。

（新华网）

陈昌智：完善大众创业、万众创新的政策和环境

（2016年3月5日）

2016年3月5日，全国人大代表、全国人大常委会副委员长陈昌智在审议政府工作报告、审查“十三五”规划纲要草案时说，要进一步完善大众创业、万众创新的政策环境，强化底线思维，加快金融体制改革，拓宽民营企业的投资领域，促进非公有制经济健康发展。

陈昌智说，听了政府工作报告，很受鼓舞，也很振奋，这是一个求真务实、改革创新、鼓舞人心的好报告，我完全赞同。在过去的一年里，中共中央和国务院带领全国各族人民，坚持稳中求进的工作总基调，坚持以提高经济质量和效益为中心，主动适应经济发展新常态，突出转方式、调结构，坚持创新驱动，着力保障民生，攻坚克难，锐意进取，出色地完成了全年的主要目标任务，为实现“两个一百年”的奋斗目标奠定了坚实的基础。在国际环境严峻、国内经济下行压力加大、我国经济总的基数很大的情况下，取得这样的成绩来之不易，难能可贵，是十分了不起的。

陈昌智说，去年政府工作有一些亮点：一是经济社会发展稳中有好，稳中有进，即使在世界经济和国内经济相当困难的情况下，也取得了非常好的成绩。二是简政放权激活了市场活力，推动了经济发展，对经济社会发展起到了积极作用。三是着力转方式调结构增强了发展后劲，经济发展的质量和效益不断提高，科技成果突出。我完全赞成报告对今年工作的部署。做好今年工作，要贯彻落实创新、协调、绿色、开放、共享的发展理念，把各项工作不断向前推进。

陈昌智建议，一要进一步完善大众创业、万众创新的政策和环境，抓好去产能、去杠杆、降成本等重点环节，扎实推进供给侧结构性改革。今年的工作中应加大这方面的力度，提倡用市场化方式和法律手段解决问题，主动适应市场经济的发展，把工作做得更好。二是强化底线思维，加快金融体制改革，建立统一的金融监管机构，切实防范系统性金融风险。当前金融监管存在一些空白和漏洞，金融监管部门应加大监管力度。三是要充分调动民间资本的积极性。在当前经济下行压力增大的情况下，非公有制经济人士要不断完善企业经营管理制度，增强企业内在活力和创造力，推动企业不断取得更新更好发展。

（《宁夏日报》）

韩启德：海外人才是助力创新创业的重要力量

（2016年9月13日）

2016年9月13日上午，由国务院侨办、四川省委省政府和欧美同学会主办的2016中国西部海外高新科技人才洽谈会在成都开幕。全国政协副主席、九三学社中央主席韩启德出席并讲话。

韩启德在讲话中指出，中国西部海外高新科技人才洽谈会着眼服务“人才强国”战略和海外华侨华人回国发展的强烈愿望，搭建起中国西部与世界人才合作的桥梁，引进了一批以尖端科学家和顶级创业团队为代表的海外华侨华人专业人士到中国西部发展，带动了科技创新和产业转型发展，扩大了中国西部的对外开放。可以说，四川成为中国西部投资首选地和最具有发展活力的地区，海外人才功不可没。

韩启德指出，海外人才是我国人才队伍的重要来源，是助力创新创业的重要力量，是全面深化改革的重要支撑。近年来，包括四川在内的西部地区先后出台了一系列引进海外高层次人才和科技项目的优惠政策，成为海外人才回国发展、创新创业的一方热土。今年是中国全面建成小康社会决胜阶段的开局之年，也是推进结构性改革的攻坚之年。面对扑面而来的“中国机遇”“西部机遇”，海外人才乘势而上，一定可以在中国西部找到施展才华、实现个人抱负的机会。衷心希望广大海外人才通过中国西部海外高新科技人才洽谈会这个平台，找到属于自己的发展机遇，让创新创业梦想落地生根、开花结果，在西部大开发的历史伟业和实现中华民族伟大复兴中国梦的伟大征程中创造出无愧于时代的光辉业绩。

（《四川日报》）

万钢：“双创”为经济社会发展注入新活力

（2016年1月11日）

2016年1月11日，全国科技工作会议在京召开。会议认真贯彻落实党的十八大和十八届三中、四中、五中全会精神，深入学习贯彻习近平总书记系列重要讲话精神，全面实施创新驱动发展战略，总结2015年科技工作，明确2016年工作思路，研究部署科技改革发展重点举措。全国政协副主席、科技部部长万钢作工作报告。

万钢指出，一年来，科技工作深入实施创新驱动发展战略，扎实推进科技体制改革，谋大事、攻难关、拓空间、塑生态、正风纪，各项工作迈上新台阶，创新能力和科技实力显著增强，取得一批世界先进水平的重大科技成果，涌现一

批具有国际影响力的高端创新人才，全社会大众创业万众创新蓬勃兴起，为适应和引领经济发展新常态、保持经济平稳发展提供了强有力的支撑。

万钢强调，“十二五”特别是党的十八大以来，我国自主创新能力显著增强，创新创业环境明显改善，创新型国家建设迈上新台阶。

一是科技整体水平正在从量的增长向质的提升转变，已步入以跟踪为主转向跟踪和并跑、领跑并存的新阶段。我国国际科技论文数量稳居世界第2位，被引次数从2010年第8位攀升至第4位，2015年农业、化学、材料等7个学科领域被引次数已升至世界第2位。国内专利申请量和授权量分别从2010年的110.9万件和74.1万件上升到263.9万件和159.7万件，已居世界第1和第2。国家创新能力排名有望从2010年的第21位上升至第18位。全社会研发支出有望达到14300亿元，比2010年增长一倍，其中企业研发支出超过77%；R&D经费占GDP比重预计达到2.1%。科技进步贡献率预计达到55.1%，比2010年增加4.2个百分点。2015年技术交易总额达到9835亿元。

二是系统推进科技体制改革取得新突破。科技体制改革向系统化纵深化迈进，资源配置、成果转化、人才发展、生态优化等重大改革举措取得突破性进展。中央财政科技计划（专项、基金）管理改革有序推进，科研项目和资金管理改革取得重大突破，科技资源统筹协调力度进一步加强。市场导向的技术创新机制逐步完善，企业技术创新主体地位不断增强。研发费用加计扣除等重点政策加快落实，2011—2014年高新技术企业累计减免税额3726亿元，新增上缴税费3.6万亿元，全国高新技术企业总数达到7.9万家。普惠性科技创新政策体系初步形成，《促进科技成果转化法》修订实施，科技成果使用权、处置权和收益权管理改革全面推进，科技评价和奖励制度改革深入推进，院士制度进一步回归学术性、荣誉性本质。重大科研基础设施和大型科研仪器的开放共享制度进一步完善，创新调查制度、科技报告制度初步建立。

三是基础研究国际影响力大幅提升。取得量子通信和量子反常霍尔效应、外尔费米子研究、中微子振荡、CiPS干细胞、高温铁基超导等重大创新成果。屠呦呦研究员获得2015年诺贝尔生理学或医学奖，王贻芳研究员荣获2016年基础物理学突破奖，潘建伟团队的多自由度量子隐形传态研究位列2015年国际物理学十大突破之首。国家重点实验室达到481个，国家工程技术研究中心346个，蛋白质科学研究、500米口径球面射电望远镜、散裂中子源等大科学装置建设取得重要进展，暗物质探测卫星“悟空”成功升空。

四是战略高技术显著增强国家实力。载人航天和探月工程成就举世瞩目；天河二号超级计算机蝉联“六连冠”，在生物医药、工程仿真、智慧城市、新材料等领域应用取得显著效益；国产首架大飞机C919成功总装下线，ARJ-21支线飞机成功实现商业销售和运营；北斗导航系统广泛应用，形成一千多亿产值；高分系列卫星成功发射，在国土普查、环境监测等18个行业1100多家单位得到广泛应用；蛟龙号载人深潜器创造7062米世界同类潜水器最大下潜深度纪录，带动海洋资源勘探技术和装备实现跨越发展；自主知识产权的“华龙一号”首堆示范工程开工建设，CAP1400全面完成实验验证，高温气冷堆商业化示范进展顺利，快中子实验堆成功并网发电。

五是科技创新成为经济社会发展的新引擎。TD-LTE完整产业链基本形成，4G用户数超过2.7亿。自主研发的新一代高速铁路技术世界领先，高铁总里程达1.9万公里，占世界总量55%以上。风能和光伏产能累计装机容量均居世界第一。新能源汽车产销量2015年预计超过30万辆，居世界第一。2015年半导体照明产业整体规模估计达4245亿元人民币，较上年增长21%。

六是科技创新为改善民生福祉提供有力保障。农业科技进步贡献率达到56%以上，有力支撑粮食生产“十二连增”。“渤海粮仓科技示范工程”各项技术推广应用1700余万亩，2015年实现增粮34亿斤。全球首个生物工程角膜艾欣瞳上市；全球首个基因突变型埃博拉疫苗境外开展临床试验；阿帕替尼、西达本胺等抗肿瘤新药成功上市。

七是大众创业万众创新为经济社会发展注入新活力。全国各类众创空间已经超过2300家，与现有的2500多加科技企业孵化器、加速器，11个国家自主创新示范区和146个国家高新区相互连接，形成完整的创业服务链条和良好的创新生态。在孵企业超过10万家，培育上市和挂牌企业600多家，吸纳就业人数超过180万人。中国创新创业大赛社会反响热烈，四届大赛共有近6万家创业企业和团队、1500家创投机构参加，促成创业投资近300亿元，银行授信总额超过500亿元，帮助一大批优秀创新创业企业和团队获得市场支持，形成“赛场选骏马、创赛搭平台、市场配资源、政府后补助”新模式。

八是创新人才呈现竞相涌现、活力迸发的新局面。我国科技人力资源总量已超过7100万，研发人员超过535万，其中企业研发人员398万。“千人计划”“万人计划”、创新人才推进计划、长江学者、中科院百人计划、杰出青年科学基金等人才计划有力促进高端人才引进和培养，近5年回国人才超过110万，是前30年回国人数的3倍。

九是科技创新成为区域转型升级的新抓手。国家自主创新示范区和高新区成为区域转型升级的核心载体，研发投入占全国企业的39.7%以上，新产品收入占全国产品销售收入的32.8%，单位GDP能耗比全国平均水平低30%。新技术、新业态、新产业、新模式等新因素对地方经济发展的贡献日益增强，创新型经济格局正在逐步形成。

十是中国在全球创新版图中占据新位势。我国研发支出占全球比重上升到20%，居全球第二。国际科技论文占全球比重从9.9%上升到20.2%，居全球第二。创新对话成为中国与世界主要国家在科技创新领域战略沟通的重要机制，与156个国家和地区建立了科技合作关系，加入200多个政府间科技合作组织，200多位中国科学家担任国际合作组织的领导职务。积极参与国际大科学计划和大科学工程，在国际地球观测组织等国际机构中发挥领导作用。全球创新要素加速集聚，跨国公司在华投资设立研发机构达1800家。

万钢强调，“十三五”是全面建成小康社会的决胜阶段，也是进入创新型国家行列的冲刺阶段。中央对科技创新提出新的更高要求，国家重大战略和经济社会发展对科技创新提出更加迫切的需求，全国人民对美好生活的向往寄予科技创新更高期待。我国科技创新工作要紧紧围绕深入实施创新驱动发展战略，积极落实中央重大决策，加强系统部署和谋划。要围绕打造国家先发优势和国际竞争力，在更多战略性领域实现率先突破。要围绕构筑引领型发展的支撑基点，加快建设具有国际竞争力的产业技术新体系，推动颠覆性技术创新。要围绕推动大众创业万众创新，发展专业化众创空间，支持众创众包众筹众扶。要围绕培育国家重要战略创新力量，建设以国家实验室为引领的创新基础平台，培育造就创新型人才队伍，壮大创新型企业家队伍。要围绕提升国家创新体系整体效能，建设一批具有重大带动作用的创新型城市和区域创新中心。要围绕提高全球配置创新资源能力，深度参与全球创新治理。

万钢指出，2016年科技工作的总体思路是：全面贯彻党的十八大和十八届三中、四中、五中全会精神，深入贯彻习近平总书记系列重要讲话精神，按照“五位一体”的总体布局和“四个全面”战略布局要求，坚持“创新、协调、绿色、开放、共享”发展理念，以全面落实创新驱动发展战略纲要为主线，更加注重基础研究、原始创新和核心关键技术突破，更加注重成果转移转化，更加注重改革任务落实，更加注重营造良好创新环境，更加注重依靠科技人员和服务创新主体，更加注重自身能力和作风建设，发挥科技创新在供给侧结构性改革中的基础、关键和引领作用，提高科技创新供给的质量和效率，加快实现发展动力转换，为实施“十三五”规划、确保进入创新型国家行列开好局、起好步。

万钢要求，2016年要重点做好以下10方面工作：一是落实创新驱动发展战略纲要，发布实施国家“十三五”科技创新规划。二是营造创新创业生态，进一步激励大众创新创业。三是继续深化重点领域改革，加快形成促进创新的体制机制。四是加快部署实施重大研发任务，强化引领型发展的科技支撑。五是夯实科技创新基础能力，增强创新驱动源头供给。六是实施新一轮国家技术创新工程，提升企业创新能力。七是优化区域创新布局，提升区域创新发展水平。八是深入落实促进成果转化法，实施科技成果转移转化行动。九是深化科技创新开放合作，融入全球创新网络。十是完善创新治理机制，推动政府职能由研发管理向创新服务转变。

（科技部网站）

万钢：引导“双创”更多地服务于实体经济增长

（2016年3月22日）

2016年3月21日至22日，全国政协副主席、致公党中央主席、科技部部长万钢率全国政协调研组就“大众创业、万众创新”赴四川开展专题调研，于22日在成都召开座谈会。

万钢在座谈中指出，进行创新创业更应该注重市场实际需求。应调动社会创新创业的积极性，提升创新能力，推进供给侧结构性改革，积极适应时代的变化。创新创业是国际大趋势，要积极吸收全世界的经验，不能关上门来搞创新。“双创”工作应在国际化的范畴下进行，鼓励年轻人通过参加“创业导师行”“创业夏令营”“创业大赛”等“走出去”的活动与外国创新创业人员交流互动。此外，政府应为创业主体营造良好的环境和氛围，打破市场壁垒，激发全社会的创新创业潜力，增加创业青年的获得感。

（中新网）

万钢：迈向世界科技强国建设新征程

（2016年7月4日）

2016年7月，全国政协副主席、致公党中央主席、科技部部长万钢在《求是》杂志2016年第13期上发表署名文章。全文如下：

前不久同时召开的全国科技创新大会、两院院士大会、中国科协第九次全国代表大会，是党中央、国务院在全面建成小康社会决胜阶段召开的重要会议，是我国科技发展史上具有里程碑意义的盛会。习近平总书记向全党全国发出了建设世界科技强国的伟大号召，对坚持走中国特色自主创新道路、深入实施创新驱动发展战略进行了总动员。认真学习贯彻习近平总书记重要讲话和大会精神是科技界和广大科技工作者当前和今后一个时期的首要任务。

一、建设世界科技强国是党中央在新的历史方位做出的重大战略抉择

习近平总书记在大会上的重要讲话深刻阐述了为什么建设世界科技强国、怎样建设世界科技强国等重大理论和实践问题，集中体现了我们党对当代经济社会发展规律和创新规律的深刻把握，是深入实施创新驱动发展战略的基本遵循和行动指南，对我国现代化建设和科技事业发展具有深远的历史意义和重大的现实意义。

建设世界科技强国是实现我国现代化建设目标和民族复兴伟业的必然要求。党中央综合分析国内外发展大势，深刻理解人类社会演进和中华文明发展的历史脉络，准确把握国家发展的阶段性特征和科技创新面临的重大机遇，提出了科技事业发展“三步走”的战略目标。到2020年进入创新型国家行列，2030年跻身创新型国家前列，到新中国成立100年时成为世界科技强国，这与“两个一百年”奋斗目标高度契合，进一步丰富了我国现代化建设目标的内涵，把科技创新与中华民族伟大复兴的中国梦紧紧相连。这在我国科技发展的历史上前所未有,我国科技事业发展正迎来又一个春天。

强化科技创新引领，实现创新驱动发展的根本性转变，是建设世界科技强国的必由之路。习近平总书记强调，科技是国之利器，国家赖之以强，企业赖之以赢，人民生活赖之以好。实施创新驱动发展战略，是应对发展环境变化、把握发展自主权、提高核心竞争力的必然选择，是加快转变经济发展方式、破解经济发展深层次矛盾和问题的必然选择，是更好引领我国经济发展新常态、保持我国经济持续健康发展的必然选择。这三个“必然选择”既集中体现了当前经济社会发展对科技创新的迫切需求，也凸显了科技创新在国家发展中的核心引领作用。纵观历史，世界强国都是能够抓住科技革命机遇，走上创新驱动发展之路的国家。我们建设世界科技强国，既要在若干重要科技领域进入国际领先行列，也要依靠科技创新提高劳动生产率，转换经济增长动力，跨越“中等收入陷阱”，增进人民福祉。这是现代化建设的题中应有之义，也是实现中国梦的不二选择。

充分激发广大科技人员的创新精神和创造活力，增强全社会的创新自觉，是建设世界科技强国的力量之源。习近平总书记强调，我国要建设世界科技强国，关键是要建设一支规模宏大、结构合理、素质优良的创新人才队伍，激发各类人才创新活力和潜力。国家实力的竞争归根结底是科技实力、创新能力和人才智力的竞争。人才资源是能够充分调动和集成各类创新要素的第一资源。科技强国必然是人才强国，一切科技创新活动都是人的创造性劳动。只有打造人才辈出、人尽其才、才尽其用的创新土壤和环境，让谋划创新、推动创新、落实创新成为全社会的自觉行动，才能为科技强国建设提供取之不尽、用之不竭的源头活水。

二、建设世界科技强国要求科技创新有新思路新设计

当前，我国科技正处于从量的积累向质的飞跃、点的突破向系统能力提升的重要时期，虽然在主要科技领域和方向上实现了“占有一席之地”的战略目标，但是与国家发展的紧迫需求相比，与世界科技强国相比，我国科技创新水平还存在较大差距，既面临大有可为的重大机遇，也面临差距进一步拉大的风险挑战。要按照习近平总书记重要讲话精神的要求，进一步明确发展思路，优化战略布局，凝练重点任务，形成建设世界科技强国的系统架构。

实施一张蓝图。按照中央的部署，实施《国家创新驱动发展战略纲要》（以下简称《纲要》）。《纲要》按照立足全局、面向全球、聚焦关键、带动整体的要求，明确了科技创新的战略目标、主攻方向和重点任务，是创新驱动发展的顶层设计，也是建设世界科技强国的行动指南。从现在起到新中国成立100年只有30多年时间，要进一步增强使命感和紧迫感，把《纲要》绘就的创新蓝图转化为建设科技强国的具体行动。

强化双轮驱动。推进科技创新和体制机制创新两个轮子相互协调，持续发力。科技创新要发挥好第一动力的作用，明确支撑发展的方向和重点，形成持续创新的系统能力。体制机制创新要破除制约科技创新的思想障碍和制度藩篱，统筹推进科技、经济和政府治理等三方面体制机制改革，最大限度释放创新活力。

坚持三个面向。面向世界科技前沿、面向经济主战场、面向国家重大需求，加快各领域科技创新，掌握全球科技竞争先机。要全面研判世界科技创新和产业变革大势，从满足经济社会发展的现实需求出发，明确我国科技创新的主攻方向和突破口，力争在重要领域实现“弯道超车”。

把握四个关系。要处理好创新源头供给和创造市场需求的关系，充分发挥科技创新在供给侧结构性改革中的重要作用，以新技术、新工艺、新产品创造新的市场需求。要处理好政府和市场的关系，发挥好市场在资源配置中的决定性作用，推动政府职能从研发管理向创新服务转变。要处理好自主创新和对外开放的关系，增强创新自信，主动融入全球创新网络，在更高水平上开展国际经济和科技创新合作。要处理好科技创新和科学普及的关系，把科学普及放在与科技创新同等重要的位置，着力提升全民科学素质，激发全社会创新创业的积极性和创造性。

落实五大任务。按照习近平总书记的要求，夯实科学研究和技术创新的基础，在重要科技领域跻身世界领先行列；强化战略导向，破解创新发展科技难题；加强科技供给，服务经济社会发展主战场；深化改革创新，形成充满活力的科技管理和运行机制；弘扬创新精神，培育符合创新发展要求的人才队伍。要把这五大任务作为当前和今后一个时期科技创新工作的重中之重，统筹谋划，系统部署，精心组织，扎实推进。

推动六大转变。要着力实现发展方式从以规模扩张为主导的粗放式增长向以质量效益为主导的可持续发展转变；发展要素从传统要素主导向创新要素主导转变；产业分工从价值链中低端向价值链中高端转变；创新能力从“跟踪、并行、领跑”并存、“跟踪”为主向“并行”“领跑”为主转变；资源配置从以研发环节为主向产业链、创新链、资金链统筹配置转变；创新群体从以科技人员的小众为主向小众与大众创新创业互动转变。

三、把建设世界科技强国的重大部署落到实处

建设世界科技强国的号角已经吹响。我们要把思想和行动统一到党中央对国家发展和科技创新大势的战略判断上来，统一到党中央的重大决策部署上来，把学习贯彻这次大会精神和贯彻落实《纲要》结合起来，把新思路落实为新部署，把新设计转化为新行动，提高全社会推动创新发展的主动性和自觉性，为建设世界科技强国打下坚实基础。

构筑国家先发优势，加强重大战略布局。加强重点领域的超前谋划和系统部署，为塑造更多依靠创新驱动、发挥先发优势的引领型发展提供有力支撑。加快实施国家重大科技专项，启动实施“科技创新－2030重大项目”，与国家重大科技专项形成相互衔接、梯次接续的格局，力争在重要战略领域率先突破。构建具有国际竞争力的现代产业技术体系，完善支撑可持续和包容性发展的技术体系，突破资源环境、健康、公共安全等领域的瓶颈制约。发展保障国家安全和战略利益的技术体系，加强深海、深地、深空、深蓝等领域的战略高技术部署，加速引领产业变革。

增强创新源头供给，提升原始创新能力。持续加强基础研究，聚焦重大科学问题，力争在更多重要领域跟上甚至引领世界科技发展新方向。优化国家科技创新基地布局，在重大创新领域建设国家实验室。强化科技资源开放共享和平台建设，提升科研条件保障能力。在优势领域提出并牵头组织国际大科学计划和大科学工程，为解决人类共同面对的科学难题贡献中国力量。

构建创新创业孵化生态系统，推动大众创业万众创新。大力发展科技服务业，建立统一开放的技术交易市场体系，提升面向创新全链条的服务能力。建设创新创业公共服务平台，鼓励龙头企业、高校、科研院所建设专业化众创空间，服务实体经济创新发展。建设面向农村创业的“星创天地”，推进一二三产业融合发展。完善科技与金融结合机制，设立新兴产业基金、中小企业基金和科技成果转化引导基金，引导社会资金投入创新创业。

全面深化科技体制改革，破除束缚创新的体制机制障碍。深化中央财政科技计划管理改革，改革科研项目和资金管理方式，优化科技资源统筹配置。实施国家技术创新工程，建设一批国家技术创新中心，强化企业创新主体地位。实施促进科技成果转移转化行动，完善科技成果转移转化机制。健全政府科技创新治理机制，提供优质高效的公共服务。

坚持人才优先发展，加快培育集聚创新人才队伍。着力创造良好环境，在重要学科领域和创新方向成长起一批立足于世界前沿的科学家、科技领军人才和高水平创新团队。大力倡导企业家精神，发挥企业家人才在创新创业中的重要作用。完善人才激励机制，研究制定以增加知识价值为导向的收入分配政策，让科技人员依法合理“名利双收”。

打造区域创新高地，拓展创新发展新空间。更好地促进国家自主创新示范区和高新区创新发展，先行先试，大胆探索。支持北京、上海建设具有全球影响力的科技创新中心，

建设一批具有重大带动作用的创新型省市和区域创新中心。打造“一带一路”协同创新共同体，加强联合研发和技术转移中心建设，促进科技基础设施互联互通。完善科技创新开放合作机制，提高全球配置创新资源的能力，深度参与全球创新治理。

加强科学普及和创新文化建设，厚植创新创业沃土。深入实施公民科学素质行动，加强科普能力建设。广泛传播科学精神和创新理念，营造鼓励探索、宽容失败的良好氛围，培育尊重知识、崇尚创造、追求卓越的创新文化。加强科技创新宣传和舆论引导，营造有利于创新的良好社会环境。中国科协各级组织要坚持为科技工作者服务、为创新驱动发展服务、为提高全民科学素质服务、为党和政府科学决策服务，加强科研诚信、科研道德、科研伦理建设，发挥科研机构和学术团体的自律功能，推动开放型、枢纽型、平台型科协组织建设。

（《求是》）

万钢：众创空间要走专业化道路

（2016年8月1日）

2016年8月1日至2日，全国政协副主席、科技部部长万钢到江苏省考察调研大众创业万众创新和苏南自主创新示范区建设。他表示，国家提出大众创业万众创新三年来，众创空间发展迅速，一度被社会所担心的同质化无序竞争现象并未蔓延。去年在科技部指导下，一大批专业化的众创空间发展迅速。

万钢在创咖啡与正在接受辅导的创业者交流说，当今是创新驱动的时代，这就要求每个人都发挥自己的聪明才智，把自己的潜力激发出来，体现自己的人生价值，也为社会做出更好的贡献。在迈开创业第一步之前，准备越多越好，希望创业导师尽心尽力地伸出援手，让创业者更简单、更快速地克服困难。

（《科技日报》）

万钢：着力推动大众创业万众创新

（2016年9月23日）

2016年9月23日下午，以“双轮驱动：科技创新与体制机制创新”为主题的2016浦江创新论坛在沪开幕。全国政协副主席、科技部部长万钢作开幕演讲。

万钢指出，实施创新驱动发展战略，是中国综合分析国内外大势、立足国家发展全局作出的重大战略抉择。当前中国正处于全面建成小康社会的关键阶段，必须紧紧抓住新一轮科技革命和产业变革的历史性机遇，全面增强创新能力，依靠科技创新加快创造先发优势，为经济发展提供新的要素和动力，实现发展引擎的有机衔接、加快转换，从传统增长动力转向新的创新增长动力。实施创新驱动发展战略，最根本的是要增强自主创新能力，最紧迫的是要破除体制机制障碍，让科技创新和体制机制创新“两个轮子”一起转起来。必须坚持以科技创新为核心，发挥好创新第一动力的作用。必须通过改革激发创新活力，实现创新发展。

万钢说，实施创新驱动发展战略，必须回答好由谁来驱动创新的问题。创新驱动，关键在人。要加强原始创新，保护好奇心驱动，让科学家能够自由探索；要选准突破点，加强战略高技术研究；要强化市场驱动，让企业家主导创新；要着力推动大众创业万众创新，使千千万万青年人发挥智慧，放飞梦想，成为新一代的科学家、企业家、工程师和大国工匠。创新必须更加开放，中国政府高度重视国际合作，希望通过自身努力，并同国际科技界携手合作，为应对全球共同挑战作出应有贡献。

（科技部网站）

万钢：创新创业者是这个时代最闪亮的明星

（2016年9月26日）

2016年9月26日上午，第五届中国创新创业大赛行业总决赛开幕式在河南省洛阳市举行。全国政协副主席、中国科协主席、科技部部长万钢出席开幕式并讲话。

万钢指出，近年来，党中央、国务院高度重视创新创业工作，将其作为落实创新驱动发展战略的重大举措，作为应对新一轮科技和产业变革的有效手段，也作为稳增长、促改革、调结构、惠民生、打造经济发展新动能的重要引擎。去年以来，党中央、国务院出台了一系列推进大众创新创业的政策文件，指明了方向，部署了任务。

万钢表示，在这种背景下，广大创新创业者大展身手，各类创新创业活动风起云涌，大众创业万众创新蓬勃发展，取得了积极进展和明显成效。参与创新创业的人群日益扩大，高知识高学历人才继续担当创新创业大军的“领头羊”，高新技术产业逐渐成为“双创”发展最为强劲的“排头兵”，凸显科技创新在全面创新中的引领地位。众创空间、专业化众创空间应运而生，与科技企业孵化器、加速器等创业孵化机构共同组成要素齐备、运营高效的多层级创新创业生态系统，为企业提供理想的“梦工厂”。互联网和实体经济加速融合发展，催生了许多新技术、新模式和新业态，大大拓展了创新创业的“新空间”。中央和地方出台了一大批符合实际、富有特色的政策措施，为支持和引导创新创业提供了有力的“助推器”，在全国各地掀起了创新创业的高潮。

万钢指出，历经5年的发展，中国创新创业大赛逐渐得到社会各种创新创业力量的广泛认可和积极参与，正成为中央和地方推进大众创新创业、培育和服务企业发展的重要抓手和平台。大赛始终坚持“政府引导、公益支持、市场机制”理念，采用“赛马场上选骏马、市场对接配资源”的模式，聚集各种资源，在为创业者对接金融资本、提供创业服务、加强宣传展示等方面取得了显著成绩，正发展成为中国最大的众创空间和最强的众扶平台。

万钢希望有关政府部门能够进一步聚集创新创业资源，提供良好空间和平台，促进企业蓬勃发展；希望龙头企业通过产业链的纽带与创业企业形成“大手拉小手”的机制，帮助创业企业对接市场资源；希望高校院所能够源源不断地为企业提供技术支撑，加速科技成果转移转化；希望金融机构能够充分发挥资本快速推进的力量，为企业提供强劲的发展动能；希望创业导师和创业孵化机构能够不断拓展服务内容，提升服务质量，推动企业快速成长。对广大的创新创业者来说，真正的比赛是在创业的路上，希望创业者能抓住这个良好的发展机遇，成就无愧于历史的伟大梦想，做出无愧于时代的丰功伟绩。

（《中国高新技术产业导报》）

万钢：希望全社会都关心支持创新创业者

（2016年10月12日）

2016年10月12日上午，以“发展新经济、培育新动能”为主题的2016年全国大众创业万众创新活动周在深圳湾创业广场启动。全国政协副主席、中国科协主席、科技部部长万钢出席启动仪式并致辞。

万钢对双创活动周开幕表示祝贺。他说，高新技术产业逐渐成为双创发展排头兵，各类专业化众创空间服务实体经济转型升级、培育经济发展新动能的作用正显现，并呈现覆盖企业全生命周期的创新创业生态逐步形成等显著特点。希望全社会都关心、支持创新创业者和双创工作，各级政府进一步简政放权、优化服务、创新管理，为创新产品进入市场提供便利条件；企业、高校和科研院所更多地开放科技资源，让年轻创业者共享科技成果；社会资本更多地关注创业群体，使创业投资顺畅流向潜在的优质项目和企业；全体科技工作者更积极更踊跃地融入大众创新创业，让聪明智慧和科技成果成为创新创业的技术源头。

（《深圳特区报》）

徐绍史：进一步激发大众创业万众创新的热情和活力

（2016年5月20日）

2016年5月20日，国家发展改革委组织编写、人民出版社出版的《2015年中国大众创业万众创新发展报告》新书发布会在京举行。国家发展改革委主任徐绍史出席发布会并讲话。

徐绍史指出，在经济发展进入新常态的大背景下，我国大力实施创新驱动发展战略，推进大众创业万众创新，取得了积极进展和明显成效。一是推进双创的政策体系不断完善。出台了大力推进双创的20多项指导性文件，推出“互联网+”11个领域行动计划等政策举措，为双创打造了众创众包众扶众筹的“四众”平台，有力地助推了创业创新高潮的蓬勃兴起。二是全国双创如火如荼、创业创新成果丰硕。2015年，全国新增市场主体超过1400万户，天使投资募集资金达到204亿元，创业投资募资1996亿元、投资案例数3400多个。三是发展的新动能不断汇聚。云计算、物联网、3D打印、大数据等新技术加快实现产业化，线上线下融合(020)、移动支付、个性定制等新模式不断涌现，新一代信息技术、节能环保、新能源、生物医药等新兴产业快速发展壮大。

徐绍史强调，下一步将通过多种手段和措施，进一步激发大众创业万众创新的热情和活力。一是进一步简政放权。创造更好的市场环境和制度环境，激发更多经济内生动力和市场主体活力。二是建设双创示范基地。在创新创业集聚区、高校和科研机构、大型企业等三个层面，支持建设一批双创示范基地，总结一套好经验，及时向全国推广。三是构筑“互联网+双创”平台。支持和培育互联网+创新创业服务平台，发展一批专业化众创空间，完善中小企业公共服务平台，推动众创众包众扶众筹等新业态、新模式蓬勃发展。四是扩大创业投资规模。充分发挥国家新兴产业创业投资引导基金、中小企业发展基金等作用，化解创业融资难题，助力初创企业和小微企业成长。五是降低创业门槛。深入推进商事制度改革，着手解决科研人员“离岗创业”等问题，充分激发各类主体的创业热情。六是加大双创宣传力度。继续办好全国双创活动周，建立双创政策服务平台，大力弘扬创新创业精神，营造良好社会氛围。

（中新网）

徐绍史：中国已经迈入了创业创新的新征程

（2016年10月12日）

2016年10月12日，2016年全国大众创业万众创新活动周在广东省深圳市举行启动仪式，国家发展改革委主任徐绍史到会致辞，并宣布全国双创活动周启动。

徐绍史在致辞中指出，创新是社会进步之魂，创业是就业富民之源，创业创新是实现经济发展和就业增长的核心动力。党的十八大以来，党中央、国务院作出了加快实施创新驱动发展战略、深入推进大众创业万众创新的重大战略部署。在社会各界的共同努力下，我国双创事业蓬勃发展，政策体系不断完善，支撑平台稳步构建，创业投资显著增长，创客群体持续壮大，众创、众包、众扶、众筹“四众”平台焕发勃勃生机，“互联网+”、分享经济、绿色经济、创意经济、智造经济等新技术、新产品、新业态、新模式“四新”正在加快发展。目前，我国已经迈入了创业创新的新征程，双创理念深入人心，双创热潮不断涌动，催生了新供给，释放了新需求，成为新旧动能转换的重要加速器，发展壮大新动能的重要孵化器，稳增长、调结构、促就业的重要助推器。

徐绍史强调，创业创新大幕已启、大势已成，要把培育发展新动能作为供给侧结构性改革的重要内容，加快推进创新驱动发展战略，向创新要动力，向改革要活力，强化制度创新供给，营造公平竞争环境，进一步关注、支持、培育新动能加快发展。

（中国政府网）

王志刚：形成尊重创新和人才的良好氛围

（2016年6月5日）

2016年6月1日至7日，国家“十二五”科技成就展在北京展览馆举办。5日，在展览现场，科技部党组书记、副部长王志刚接受了《经济日报》记者的采访。他表示，此次展览是我国“十二五”科技成果的一次巡礼，集中展示了我国“十二五”科技创新中最具代表性的部分成果，并通过科普展示的形式，让全体社会成员进一步了解科技创新，倡导科学精神，以期在全社会形成尊重创新和人才的良好氛围。

王志刚说，“十一五”时期，我国科技事业进展从横向上比较，自主创新水平还不够高、数量还不够多。随后的5年，全国广大科研人员在科技一线“创”出成果，在基础研究、技术创新和科技成果转化方面取得了巨大成就，极大地支撑了我国经济社会的发展。国家科技重大专项作为我国科技工作的重中之重，目前已经取得了一批重大标志性成果，为保障国家安全、调整产业结构、转变经济发展方式和改善民生提供了重要支撑。

“功以才成，业由才广。”要建设世界科技强国，就需要更大程度激发科研人员的创造力，建设一支素质优良的人才队伍成为关键。“人才是科技创新的根本，只有让他们受到更少约束、得到更多尊重，才能尽可能地发挥聪明才智，他们的创新成果才能产出源源不断的经济和社会价值。”王志刚表示，未来科研人员在项目研究和科技资源的配置等方面将享有更多发言权，科技部还将为科研人员提供不断优化的物质、精神和人文环境，持续调动人才开展科技创新的积极性。

《国家创新驱动发展战略纲要》提出今后创新驱动要分三步走。第一步，到2020年进入创新型国家行列，基本建成中国特色国家创新体系。第二步，到2030年跻身创新型国家前列，发展驱动力实现根本转换。第三步，到2050年建成世界科技创新强国，成为世界主要科学中心和创新高地。王志刚说，科技创新是全面创新的核心和关键。科技部门要坚守科技创新这一主阵地，要更加注重发挥科技创新的支撑引领作用，大力推进以科技创新为核心的全面创新。

王志刚表示，在“十三五”科技工作布局中，我国还要继续加强基础研究、技术突破、科技成果转化，以及科技与经济社会发展的全方位深度融合。要提高原始创新能力，增强创新驱动源头供给；突破重大技术瓶颈制约，强化支撑引领作用；提高企业创新能力，培育具有国际竞争力的企业群体；改革人才集聚发展机制，形成创新型人才队伍；深化科技体制改革，增强创新治理能力；加强区域科技创新布局，打造区域创新增长极；完善创新政策环境，推动大众创新创业。

（《经济日报》）

王志刚：以创新促发展，以改革促创新

（2016年6月12日）

2016年6月，科技部党组书记、副部长王志刚在《求是》2016年第11期上发表署名文章。全文如下：

党的十八大以来，以习近平同志为总书记的党中央综合分析国内外大势，科学把握我国阶段发展特征和基本规律，把创新摆在国家发展全局的核心位置，提出一系列新思想、新论断、新要求，作出实施创新驱动发展战略的重大部署，推进以科技创新为核心的全面创新，加快形成以创新为主要引领和支撑的经济体系和发展模式。创新发展理念深入人心，创新驱动发展成为全社会的共识和共同行动，创新型国家建设取得重大进展。

一、牢牢把握科技创新大势，创造性地发展马克思主义科技观

党的十八大以来，以习近平同志为总书记的党中央站在国家发展全局的战略高度，深刻认识、敏锐把握当今科技创新发展大势，更加突出科技创新在实现“两个一百年”奋斗目标和中华民族伟大复兴中国梦进程中的核心地位和关键作用，提出了一系列事关国家创新发展的重大战略论断，把我们党对科技创新的认识提升到一个新的历史高度，实现了马克思主义科技创新理论的历史性飞跃，为我国经济社会发展和创新型国家建设提供了基本遵循和行动指南。

在发展动力上，强调创新是引领发展的第一动力。习近平总书记指出，纵观人类发展历史，创新始终是推动一个国家、一个民族向前发展的重要力量，也是推动整个人类社会向前发展的重要力量。在激烈的国际竞争中，唯创新者进，唯创新者强，唯创新者胜。综合国力竞争说到底是创新的竞争。抓创新就是抓发展，谋创新就是谋未来。要加快形成促进创新的体制架构，塑造更多依靠创新驱动、更多发挥先发优势的引领型发展。

在战略定位上，强调科技创新是提高社会生产力和综合国力的战略支撑。重视科技的历史作用，是马克思主义的一个基本观点。习近平总书记指出，科技兴则民族兴，科技强则国家强。从全球范围看，科学技术越来越成为推动经济社会发展的主要力量，创新驱动是大势所趋。当今世界，谁牵住了科技创新这个“牛鼻子”，谁走好了科技创新这步先手棋，谁就能占领先机、赢得优势。国家之争就是实力之争，根本是生产力之争，核心是科技创新能力之争。

在战略重点上，强调发挥科技创新在全面创新中的引领作用。习近平总书记强调，改革开放30多年来，我们更多依靠资源、资本、劳动力等要素投入支撑了经济快速增长和规模扩张。今天，再要像过去那样以这些要素投入为主来发展，既没有当初那样的条件，资源环境也难以承受。必须加快从要素驱动发展为主向创新驱动发展转变，推动实现有质量、有效益、可持续的发展，加快形成我国发展新动源。这是着眼全局、面向未来作出的重大战略抉择。要不断推进理论创新、制度创新、科技创新、文化创新等各方面创新，让创新贯穿党和国家一切工作，让创新在全社会蔚然成风。

在实践途径上，强调坚定不移走中国特色自主创新道路。习近平总书记强调，中国特色自主创新道路是一条必由之路，必须坚定不移地走下去。社会主义制度能够集中力量办大事，是中国特色自主创新道路的最大优势。只有把核心技术掌握在自己手中，才能真正掌握竞争和发展的主动权。要有强烈的创新自信，走前人没有走过的路，努力在自主创新上大有作为。

在制度保障上，强调破除一切束缚创新发展的观念和体制机制障碍。习近平总书记强调，如果把科技创新比作我国发展的新引擎，那么改革就是点燃这个新引擎必不可少的点火系。实施创新驱动是一个系统性的变革，要坚持科技创新和体制机制创新双轮驱动，处理好政府和市场的关系，推动科技和经济社会发展深度融合，打通从科技强到产业强、经济强、国家强的通道，以改革释放创新活力，加快建立健全国家创新体系，让一切创新源泉充分涌流。

在战略资源上，强调人才资源是第一资源。习近平总书记指出，创新驱动实质上是人才驱动，人才是创新活动中最为活跃、最为积极的因素。综合国力竞争归根到底是人才竞争。要把科技创新搞上去，就必须建设一支规模宏大、结构合理、素质优良的创新人才队伍。我们要树立强烈的人才意识，寻觅人才求贤若渴，发现人才如获至宝，举荐人才不拘一格，使用人才各尽其能。

二、创新驱动发展战略全面实施，科技创新的支撑引领作用更加凸显

党的十八大以来，党中央为推动科技创新面向世界科技前沿、面向经济主战场、面向国家重大需求，作出一系列重大决策部署，创新驱动发展的战略地位和作用前所未有。

加强顶层设计和总体部署，创新驱动的谋篇布局更加系统完善。举一纲而万目张，解一卷而众篇明。创新驱动发展是一项复杂的系统工程，需要从战略层面做好设计和布局。中央发布实施《国家创新驱动发展战略纲要》，是指导新时期我国科技事业发展的纲领性文件。发布《关于深化体制机制改革加快实施创新驱动发展战略的若干意见》，努力破除束缚创新驱动发展的体制机制障碍。新修订的《促进科技成果转化法》，在科技成果的权益分配、激励力度等方面实现了重大突破。中央立足全局，着眼未来，凝练了一批面向2030年的重大科技项目和工程，与现有科技重大专项形成梯次接续的系统布局。

增强高水平的创新源头供给，科技实力和创新基础更为雄厚。重大原始创新引领科技和产业发展方向。党中央坚持国家战略需求和科学探索目标相结合，全面部署基础研究和前沿技术研究，构建高效强大的核心关键技术和产品研发体系。以抢占国际科技制高点为目标，进一步明确国家科研基地的功能定位，优化战略创新力量布局，在重大科技创新领域研究启动若干国家实验室建设。加强科研基础条件能力建设，促进科技资源开放共享。在铁基高温超导、量子通信、多功能诱导干细胞、剪接体三维结构等基础研究领域涌现了一批重大原创性成果。载人航天和探月工程、载人深潜、高性能超级计算机等一批战略高技术实现重大突破。

紧紧围绕经济社会发展需求，有力支撑产业转型升级和民生改善。适应经济发展新常态，需要把科技创新摆在更加突出的位置，着力解决制约经济发展的重大瓶颈问题，培育发展新动能，拓展新空间。党中央加快实施国家科技重大专项，加快产业关键技术研发和重大科技成果应用推广，大力培育新兴产业，促进传统产业改造升级，经济增长的科技含量日益提升。实施粮食丰产、渤海粮仓等科技工程，有力保障国家粮食安全。开展能源资源、生态环境、人口健康等领域的关键技术攻关，为人民群众提供更多科技福祉。C919大型客机首架机总装下线。自主知识产权的CAP1400压水堆关键试验验证全面完成。移动通信4G完整产业链基本形成，国内用户超过2.5亿人。高速列车技术实现谱系化、智能化、绿色化发展，高铁总里程达1.9万公里，占世界的55%。风电和太阳能光伏装机容量均居世界第一。新能源汽车产量累计突破50万辆，居世界第一。

积极培育区域创新增长极，富有活力和竞争力的创新高地不断涌现。以创新驱动为特征的引领型发展需要打造一批富有活力和竞争力的区域创新中心，带动创新要素和资源的流动和高效集聚。14个国家自主创新示范区和146个高新区成为创新发展的“领头雁”和区域转型升级的核心载体，经济增速保持两位数增长，有4个国家自创区对地区GDP增长贡献率超过30%。大批高新技术企业呈现勃勃生机，创新型经济发展的新格局正在形成。

党的十八大以来，在以习近平同志为总书记的党中央坚强领导下，我国科技创新取得重大成就。科技整体水平正在从量的增长向质的提升转变，已步入跟跑、并跑、领跑并存的新阶段。主要创新指标跻身世界前列，国际科技论文数量稳居世界第2位，被引次数攀升至第4位；国内专利申请量和授权量分别居世界第1位和第2位，国家创新能力排名上升至第18位。2015年全社会研发投入达1.42万亿元，比2010年增长一倍，研发经费占GDP比重达到2.1%。科技进步贡献率达到55%，比2010年增加4.2个百分点，以创新培育新动能、以科技引领新发展的良好格局正在加快形成。

三、科技体制改革向纵深迈进，全社会创新意识和创造活力空前高涨

党中央将科技体制改革作为全面深化改革的重要组成部分，紧紧扭住“硬骨头”攻坚克难，着力从科技体制改革和经济社会领域改革两个方面同步发力，改革完善国家科技创新资源配置体制机制，加快建立健全协同高效的国家创新体系。发布《深化科技体制改革实施方案》，明确今后一个时期改革的路线图和时间表。在科技创新资源配置、科技成果转移转化等重点领域和关键环节的改革取得重要突破。

构建国家科技计划新体系，科技创新资源的配置进一步优化。党中央全面部署推进中央财政科技计划（专项、基金）管理改革，构建总体布局合理、功能定位清晰的科技计划体系，建立目标明确和绩效导向的管理制度。建立公开统一的国家科技管理平台，建立部际联席会议制度、战略咨询和综合评审委员会，强化科技战略规划、计划布局和重大任务的统筹协调。依托专业机构管理具体项目，建立统一的评估监督和动态调整机制。构建五大类科技计划系统布局、统筹衔接的新格局，形成围绕重点研发任务一体化配置资源的

新机制。加快科技基础条件平台建设，推进国家重大科研设施和大型科研仪器开放共享。建立国家科技报告制度和国家创新调查制度。

加快推进产学研深度融合，各类创新主体协同发展不断壮大。为进一步打通科技和经济社会发展之间的通道，党中央大力推进产学研协同创新，围绕产业链部署创新链，进一步强化企业的技术创新主体地位，鼓励行业领军企业建设高水平研发机构，一批富有活力和竞争力的创新型企业迅速成长壮大。大力推进高校、科研院所、企业协同创新，促进创新成果更快转变为现实生产力。实施高等学校创新能力提升计划，构建学科、人才、科研“三位一体”创新体系。中科院“率先行动”计划深入推进，综合交叉和建制化创新优势日益显现。改进完善院士制度，在院士遴选、管理、退出等关键环节形成新的制度规范。

构建良好创新生态，创新政策环境和文化氛围进一步优化。党的十八大以来，大众创业、万众创新蓬勃兴起。普惠性创新政策工具不断丰富和完善，建立了科技成果转化、新兴产业创投、中小企业发展等引导基金，开展科技与金融结合试点，将中关村先行先试政策逐步推广至更大范围，高新技术企业认定、研发费用加计扣除等政策取得积极成效。科技奖励制度改革稳步推进。深入实施重大人才工程，改进人才评价考核方式，对基础研究、应用研究和技术开发人才实行分类评价。不断拓展国际科技合作的深度和广度，加快政府职能从研发管理向创新服务转变。大力弘扬科学精神，让全社会的创新智慧竞相迸发，让一切创新源泉充分涌流。

（《求是》）

王志刚：培育具有国际影响力的行业领军企业

（2016年7月14日）

2016年7月14日至15日，科技部党组书记、副部长王志刚在杭州调研科技创新工作，督查落实习总书记视察浙江的有关指示精神。

14日上午，王志刚来到位于临安青山湖科技城的万马股份、南都电源和福斯特研究院实地调研企业新能源产业发展情况。王志刚详细了解了各家企业的研发能力，对企业的发展表示肯定，他指出，企业加快转型升级，科技创新是关键，要坚持产业链和创新链结合发展，围绕产业打造创新链，依靠创新提升产业链。在青山湖科技城科创大楼，王志刚考察了刚刚落户的“成体干细胞与器官再生医疗”项目，以及橙麦科技和恩大施福两家科技型企业。恩大施福是一家提供智能制造软硬件集成服务的科技型企业，王志刚指出，信息技术是新科技革命中影响力最强、带动力最大、渗透性最广的技术，要加快推动应用发展，不断探索创新，提高企业管理效能和服务能力。王志刚还参观了青山湖科技城规划展览馆，全面了解了科技城规划、建设和发展情况。王志刚表示，企业是科技创新的主体，青山湖科技城要为企业创新发展创造一流环境，帮助企业持续释放创新活力。

14日下午，王志刚在杭州与部分地市和高校院所代表进行了座谈交流。他指出，推进供给侧结构性改革，关键在科技，科技要解决好经济社会发展“能不能”的问题，不断激发新动能、提供新需求。要深入研究和解决经济和产业发展亟需的科技问题，围绕转方式调结构、建设现代产业体系、培育战略性新兴产业等方面需求，推动科技成果转移转化，推动产业和产品向价值链中高端跃升，不断提升核心竞争力。

15日上午，在杭州召开了科技部调研座谈会。阿里巴巴、海康威视、万向集团、新华三集团、吉利集团、华澜微电子、杭州绿盛集团、超威电池、均胜电子、启明医疗等科技型企业代表，分别介绍了各自提升企业科技创新能力、做强实体经济的做法和经验，并就高端人才引进、企业自身创新体系建设、科技项目申报、知识产权保护、科技与金融结合等方面提出建议。王志刚指出，企业是科技和经济紧密结合的中坚力量，应该成为创新决策、研发投入、科研组织、成果转化的主体。要制定和落实鼓励企业技术创新各项政策，加强对中小企业技术创新支持力度，引导企业加快发展研发力量。颠覆性技术要成为颠覆性产业，必须有金融的介入，要让机构、人才、装置、资金、项目都充分活跃起来，形成推动科技创新强大合力。要充分发挥企业的研发优势，加快推进科技能力变成科技成果，形成科技产业，最后进入国际市场，培育具有国际影响力的行业领军企业。

（浙江省科技厅网站）

戴均良：留学人员是创新创业的中坚力量

（2016年7月31日）

2016年7月31日，由欧美同学会主办，中国与全球化智库（CCG）承办的欧美同学会北京论坛暨2016中国留学人员创新创业论坛在北京举行。中央统战部副部长戴均良出席并致辞。他表示，留学人员当之无愧的是我国创新创业的中坚力量，是人才队伍的重要部分。致辞全文如下：

党中央历来高度重视留学人员工作，将其作为实施科教兴国战略和人才强国战略的重要任务。2013年10月，欧美同学会成立110周年庆祝大会上，习近平总书记指出百余年的留学史是中华的奋斗史，大批归国人员投身共产党的伟大事业，在中国建设改革历史发展中写下了动人精彩的篇章，广大留学人员不愧为党和国家的宝贵财富，不愧为实现中华民族伟大复兴的有力力量。充分体现了以习近平总书记的党中央，对广大留学人员的高度信任和殷切希望。

近年来我国已经到了历史上最高的留学人员归国潮的时期，当前在我国全面建设小康社会的决胜阶段，聚天下英才而用之，发挥留学人员的聪明才智，比以往任何时间都更为迫切。借此机会，我和各位嘉宾朋友交流三点想法：

第一，学习习近平总书记的重要讲话，高举留学报国旗帜。

党的“十八大”以来，以习近平同志为总书记的新一届党中央，总揽全局，围绕实现两个一百年奋斗目标和中华民族伟大复兴的中国梦，提出了一系列治国理政的新理念、新思想、新战略，集中体现在习总书记重要讲话当中。特别是总书记庆祝中国共产党成立95年讲话中，回顾了95年来党带领全国各族人民走过的历史性成就，并提出了不忘初心，继续前进。内涵丰富，博大精深，是闪烁着马克思主义光辉的纲领性文件，是指引中国共产党更好担负历史使命的行动纲领，也为广大留学人员实现留学报国提供了根本的指导。

希望广大留学人员深入学习领会好这些新理念、新思想、新战略，高举留学报国的伟大旗帜，不忘初心，不断增强中国特色社会主义理论自信、道路自信、制度自信、文化自信。

第二，服务发展大局在创新创业中勇攀高峰。

近年来世界深刻变化，全球经济复苏缓慢，美国亚投行战略，英国脱欧公投，恐怖主义蔓延等引发的地缘政治不稳定因素增多，在这样的国际大背景下，我国保持战略定力，持续推进五位一体总体布局，四个全面战略布局，深入发展五大发展理念，实施一带一路，大众创业、万众创新的思路，为创新创业提供了广阔的舞台和难得的机遇。

以在座各位为代表的广大留学人员掌握着世界上最先进的科学技术知识，积累了丰富的企业管理经验和创业资本，熟悉东西方文化和国际规则，这些都为大家发挥优质作用提供了巨大支撑。据了解，改革开放以来全国留学归国人员已有230多万，其中有近50万人加入了创新创业的大军。我了解到，在北京中关村创业大街的创业者中，有55%是海归，博士以上学历的在海归中占到6成以上，很多都是创新创业型企业的排头兵、领头羊。

我们大家都知道研究芯片的都是世界领先的企业，留学人员当之无愧的是我国创新创业的中坚力量，是人才队伍的重要部分。希望广大留学人员发挥优势，不忘初心，勇于攀登科技高峰，勇于面对失败和挫折，敢为人先，为提高我国自主创新能力和国际竞争力作出实实在在的贡献。也希望本次论坛成为就留学人员创新创业问题深入交流思想、获取信息、建言献策的重要平台。

第三，加强欧美同学会的建设，为留学人员发挥作用，创造更好的条件。

欧美同学会有着悠久的历史和光荣的传统，在引领留学人员创新创业，对外交流等方面取得了突出的成绩。中央办公厅印发了《关于加强欧美留学会留学人员联谊会的建设意见》，这是中央历史上第一个关于欧美留学人员的意见。强化服务意识，创新工作平台，为留学人员发挥作用提供更贴切的服务，把留学人员的积极性引导好、保护好、发挥好，希望我们欧美同学会留学人员联谊会不忘初心，开拓进取，努力成为留学报国的人才库、建言献策的智囊团、开展民间外交的生力军的要求，做中国海归之家，把广大留学人员紧密地团结在党的周围，共筑中国梦，为实现“两个一百年”奋斗目标作出新的更大的贡献。

（央广网）

刘利民：留学人才是建设创新型国家的生力军

（2016年7月31日）

2016年7月31日，欧美同学会北京论坛暨2016中国留学人员创新创业论坛在北京举行。教育部副部长、欧美同学会·中国留学人员联谊会党组副书记刘利民出席并致辞。他表示，海内外广大优秀留学人才是我国人才的重要组成部分，新时代留学人员受益海外优秀教育资源，拥有先进的技术、理念，是中国建设创新型国家的生力军。致辞全文如下：

改革开放以来，随着我国综合国力的增强和各项事业的蓬勃发展，海外留学人员不断回归祖国，在国家发展、经济发展和社会事业的各个领域发挥了越来越重要的作用，已经成为我国社会结构中举足轻重的一支特殊群体和社会力量。

2013年在欧美同学会成立100周年庆祝大会上，习近平总书记发表了重要讲话，充分肯定了欧美同学会及广大留学人员在中国近现代历史发展进程中的贡献，并要求欧美同学会努力成为留学报国人才库、建言献策智囊团和民间外交的生力军。

2015年中央统战工作会议明确提出留学人员是统战工作新的着力点，留学人员成为三类重点团结对象之一。今年5月12日，中共中央办公厅印发了《关于加强欧美同学会留学人员联谊会建设的意见》，这是中央首次针对欧美同学会建设专门下发的文件，体现了党中央对留学人员群体的高度关注，对留学报国事业的大力支持，对欧美同学会工作的充分肯定。

随着中国海归创新创业大潮不断兴起，国家不断推出吸引海外人才回国创新创业发展的强有力政策，留学归国人才越来越受到重视。据统计，2015年我国出国留学人员总数达到52.37万人，较2014年为6.39万人，增长了13.9%。同时2015年各类留学回国人员总数40.91万人，较2014年人数增加了4.43万人，增长了12.1%。随着年度回国人数与出国人数的增长，两者之间的差距呈逐渐缩小的趋势，从1978年到改革开放，2015年底各类出国人员达404.21万人，中国作为世界上最大的留学生生源国和最大的海归国，派遣留学人员到国外学习与深造，已经成为中国培养国际化人才的重要渠道和方式。

人才是第一资源，海内外广大优秀留学人才是我国人才的重要组成部分，新时代留学人员受益海外优秀教育资源，拥有先进的技术、理念，是中国建设创新型国家的生力军。国家教育部每年按照党和国家的留学政策，积极派遣留学人员出国学习，掌握世界上最先进的科学技术知识和文明文化，再应用到中国创新创业的伟大实践中。国家正在实施的科教兴国战略、人才强国战略、可持续发展战略和创新驱动战略，给留学人员在国内的发展提供了广阔的天地。

许多留学人员在海外学习和实践，积累了丰富的科技知识和管理实践，并善于把学到的先进理念和方法，实践到自己回国创新创业发展的大潮之中，为中华民族的伟大复兴作出了自己应有的贡献。欧美同学会的百年历史正是吸引和支持那些报着留学救国、创业报国的人员积极努力的原因。

欧美同学会成为中国影响最广、规模最大的海外留学组织，也承担着为海外留学人员服务的工作，希望今后有更多优秀的留学人员可以在驻外使领馆教育处，了解到针对留学人员最新发展的鼓励政策，充分了解祖国给广大留学人员提供的舞台。回到祖国创新创业与发展，也为大家早日学成回国提供更好的服务和支持。

欧美同学会北京论坛暨中国留学人员创新创业论坛已经连续成功举办了十届，已经成为欧美同学会的一个重要品牌，提升了欧美同学会在社会上的影响和在留学人员当中的号召力。论坛正在成为一个凝聚中国海归创新创业的品牌，赢得了有关部委、地方政府还有广大留学人员的广泛欢迎和支持。

（新浪网）

张建国：实施更开放的引进国外人才和智力制度

（2016年1月19日）

2016年1月19日，国家外国专家局召开2016年全国引进国外智力工作会议，人力资源和社会保障部副部长、国家外国专家局局长张建国出席并讲话。

“十二五”时期，我国引进国外人才和智力工作取得新成效，来华专家五年来总量达300万人次；启动实施国家“外专千人计划”，引进人才结构不断优化。出国（境）培训质量效益得到新提升，坚持从严控制、为我所用、突出重点、少而精的原则，全国派出因公出国（境）培训人员24.4万人。法制建设取得新突破，制定实施《关于进一步完善外国专家短期来华相关办理程序的通知》等政策。体制改革和机制创新迈出新步伐，加强外国人来华工作统一管理取得实质性进展。

张建国指出，“十三五”时期仍是引进国外智力事业发展的重要战略机遇期和黄金发展期。要聚焦国家重大战略需求，以“高精尖缺”为导向，把制定实施更开放的引进国外人才和智力制度放在优先位置，更好地发挥市场导向作用和用人单位作用，有效配置国外人才和智力资源。

张建国强调，2016年是“十三五”开局之年。要深入学习贯彻落实习近平总书记关于引进国外人才和智力系列重要讲话和批示精神，践行“聚天下英才而用之”战略思想；突出“高精尖缺”导向，为经济社会发展提供国外人才和智力保障；切实提升出国（境）培训质量和效益，更好服务人才队伍建设；加快法治政府建设，深入推进依法行政；加强协同配合，积极稳妥推进外国人来华工作许可整合工作；推进信息化建设，提升服务管理水平；全面从严治党，加强自身建设，推动各项工作落到实处。

（人力资源社会保障部网站）

张建国：努力构建具有国际竞争力的引进国外人才制度优势

（2016年4月28日）

2016年4月，人力资源和社会保障部副部长、国家外国专家局局长张建国在《国际人才交流》杂志2016年第4期上发表署名文章。全文如下：

党的十八大以来，习近平总书记先后三次与外国专家座谈并发表重要讲话，确立了“聚天下英才而用之”的战略思想，为新时期引进国外智力事业的改革发展提供了科学指南。“致天下之治者在人才”。近日，中共中央印发《关于深化人才发展体制机制改革的意见》（下称《意见》）。《意见》将“扩大人才开放”作为五项基本原则之一，要求我们树立全球视野和战略眼光，充分开发利用国内国际人才资源，主动参与国际人才竞争，完善更加开放、更加灵活的人才培养、吸引和使用机制，不唯地域引进人才，不求所有开发人才，不拘一格用好人才，确保外国人才来得了、待得住、用得好、流得动。《意见》提出要构建具有国际竞争力的引才用才机制，完善海外人才引进方式，健全工作和服务平台，扩大人才对外交流。《意见》是当前和今后一个时期全国人才工作，包括全国引进国外智力工作的重要指导性文件。

2016年是实施“十三五”规划的开局之年，引进国外智力工作进入新的可以大有作为的重要战略机遇期。“十三五”期间，我们必须牢固树立创新、协调、绿色、开放、共享的发展理念，实施更积极、更开放、更有效的人才引进政策，努力构建具有国际竞争力的引进国外人才制度优势，较好满足我国经济社会发展对国外人才和智力的需求。

着力推进引进人才工作法治化。最近，《关于进一步完善外国专家短期来华相关办理程序的通知》《关于加强外国人永久居留服务管理的意见》等相继出台，引进人才签证准入、绿卡居留等政策法规实现新突破。相关部门共同制订并推动《关于加强新形势下引进外国人才工作的意见（送审稿）》，这是引进外国人才工作的顶层设计，意义重大而深远。“十三五”期间，要健全政策法律体系，制定外国人工作管理法规制度；完善外国人来华工作许可和签证、居留、永久居留的转化衔接制度；放宽技术技能型人才取得永久居留权的条件，探索建立中国特色技术移民制度；健全在华外国人社会基本保障体系。

围绕国家重大战略部署，突出“高精尖缺”导向。“十三五”期间，要突出“高精尖缺”导向，着力引进具有重大原始创新能力的科学家，启动实施首席外国专家项目和青年外国专家项目，继续推进“外专千人计划”和高端外国专家项目。着力引进具有推动重大技术革新能力的科技领军人才，以高端制造、生物工程、新能源、集成电路等领域为重点，推动我国在关键核心技术上实现突破。要发挥市场需求导向和用人单位主体作用。要健全外国人才使用激励机制，探索建立首席科学家、访问学者制度，科研院所、高校等岗位全球招聘制度，制定外国人才有序参与国家科技计划、主持重大项目的管理办法，鼓励外国人才平等参与我国科技奖项评选，完善外国人才建言机制。

建立统一、权威、高效的外国人才管理服务体制。2015年12月，国务院审改办决定将“外国人入境就业许可”和“外国专家来华工作许可”整合为“外国人来华工作许可”，中央层面由国家外国专家局组织实施，地方参照实行。这项整合工作预计今年12月底完成，把外国人来华工作统一起来，并全面推行“外国人来华工作许可”一站式办理。这将极大地简化外国人来华工作的流程，也有利于我们建设一个高效的外国人在华工作管理服务体制。

（国家外国专家局）

辜胜阻：“双创”是经济转型最大的新动能

（2016年12月10日）

2016年12月10日，“财经国际论坛——变局下的包容成长”在三亚举行，全国人大财经委员会副主任委员、民建中央副主席，经济学家辜胜阻出席会议并演讲。

辜胜阻认为，“大众创业、万众创新”是中国版供给经济学理论的伟大实践。对于供给侧结构性改革，首先要明确它有“三大任务”：结构优化、创新驱动、改革引领。习总书记讲，供给侧结构性改革核心是创新。其次，推进供给侧结构性改革要依靠“三大主体”，发挥人的积极性。实现改革的落地，要激发市场主体——企业家，创新主体——科研人员，改革主体——官员，这三个“关键少数”的积极性和创造性。重振企业家精神，激活科研人员创新精神和官员的担当敬业精神。再次，要防范认识上的“三大误区”，不能把供给和需求对立或割裂开来，供给和需求是一枚“硬币”的两面；不能把中国的供给侧结构性改革和西方的供给学派混为一谈；也不能简单地认为，供给侧改革就是增加供给，或者淘汰过剩产能，应该是上述“三大任务”的统一。推进供给侧结构性改革要用好“三大引擎”，保持经济可持续健康发展：一是“中国制造2025”，加速推动产业的升级；二是大众创业、万众创新，培育发展新动能；三是“一带一路”，通过开放倒逼供给侧结构性改革。

辜胜阻表示，改革开放以来有四次大的创业浪潮：第一次是1978年党的十一届三中全会以后，以城市边缘人群和农民创办乡镇企业为主要特征的“草根创业”；第二次是1992年邓小平南方谈话以后，以体制内人群下海经商为特征的“精英创业”，包括了政府部门和科研院所的行政科研人员，当时媒体称有大量体制内的政治精英、科技精英下海经商；第三次是进入新世纪，特别是中国加入WTO以后，伴随着互联网技术和风险投资及资本市场的发展，以互联网新经济为特征的创业浪潮；第四次就是当前的“大众创业、万众创新”浪潮。这一轮创业浪潮具有六大重要特征：改革、特别是简政放权的改革成为“双创”的主要推动力；创业、创新、创富成“金三角”，创业主体为创富而创业，为创业而创新；创业创新主体多元化，不仅有精英创业，也有草根创业；创业创新的形式高度互联网化；在双创中，技术创新与金融创新“双轮驱动”；“双创”载体呈聚合式创业创新，全国出现多个创业创新中心。

辜胜阻强调，通过“双创”培育新动能，需要营造良好创业生态，打造创业—创新—创富“金三角”和创业—创新—创投“铁三角”，实现聚合创新，要依靠大企业“裂变式”创业，建立容错机制，加强产权保护，让创业创新者有“安全感”。

首先，要形成良好的创业创新的生态系统，推进“双创”的主体多元化。创业生态系统是由创业主体、创业要素及其赖以生存的生态环境所构成的彼此依存、相互影响、共同发展的动态平衡系统。实现创业主体多元化，要重视三类“回归”创业，推进草根创业与精英创业共同发展。当前，创业不仅有“洋海归”（海外留学人员回国创业创新），还有“农海归”（在沿海地区打工的农民工回乡创业）。在金融危机后，湖北黄冈有二千多农民工回乡创业，吸纳8万多人就业。此外，还包括成功人士回归家乡创业，如近年来，浙江大力推进浙商回归创业。

二要构建创新激励机制和营造良好环境，推进创新人才的知识资本化和知识产权股份期权化，建立知识合法转化为财富的机制，实现创新、创业、创富联动，形成创新“金三角”。在创新过程中，制度创新重于技术创新，人才激励重于技术开发，营造环境重于集聚要素，作为创新“软件”的创业创新文化重于设备厂房“硬件”。因此，要营造“实业能致富，创新致大富”的环境，做强实体经济。

三要技术创新与金融创新“双轮驱动”，打造创业、创新和创投“铁三角”。美国私募基金规模超过中国10倍，国内创投发展与国外差距较大，要通过大力发展创投鼓励更多的闲钱进入实体经济。要继续完善支持创业创新的多层次“正金字塔”型资本市场。资本市场的改革方向是市场化和法治化，要通过修改《证券法》，进一步治理资本市场欺诈发行、虚假陈述、内幕交易等违法犯罪行为，完善市场生态。要用好“新三板”，服务创新型中小微企业。

四要推进模式创新，实现众创、众包、众筹的有效对接，推进创业创新要素聚合。要通过科技园引领新一轮要素聚合，中关村就是典型的要素聚合创新载体，具有产、学、研、用、金、介、政齐备的协同创新体系，能够吸引人才、技术、资本、信息等创新要素资源集聚。深圳是全国创新最成功的城市，其成功原因在于深圳具有典型的移民文化，有利于孕育“敢于冒险、崇尚创新、宽容失败”的创业创新精神，形成了多元化创新创业主体的“新四军”：有海外留学归来创业的“海归系”，深圳有6万海外留学人员；还有从全国各地到深圳创富的“孔雀系”；此外，还有由深圳本地创业者形成的“深商系”和从科技大企业离职创业的“裂变系”。深圳有极具活力的创新生态圈，形成了创业—创新—创投的“铁三角”，实现了金融创新和技术创新“双轮驱动”。

五要发挥科技大企业、互联网平台企业的“龙头”作用，推进“裂变式”创新创业，形成顶天立地的大企业和铺天盖地的小企业共同发展的格局。李克强总理讲，“双创”既是小微企业生存之路，又是大企业繁荣兴盛之道。大企业获取创新资源的能力强，研发能力高，是新创企业的“黄埔军校”，裂变出了联想系、百度系、腾讯系、华为系等创业者群体。

六要建立容错机制，培育宽容失败、鼓励冒险的创业文化和价值观。创业创新面临着多重风险，需要建立容错机制为创新者保驾护航，消除创新者的后顾之忧。创业文化是创业创新活动最根本的支撑，也是继续推进创业浪潮的重要保障。要注重营造鼓励冒险、宽容失败的创业文化，“不以成败论英雄”，从文化层面提升社会对创业者的认可和尊重。

七要完善产权保护机制，让创新创业创富者有“方向感”和“安全感”。中共中央国务院发布了《关于完善产权保护制度依法保护产权的意见》，对促进创业创新非常重要。要不断完善产权制度，倡导政府诚实守信，维护政策的连贯性和确定性，使创新创业创富者安心、放心和有信心开展创业创新。

最后，要避免双创过程中的“浮躁化”心态，防止创新“运动化”和盲目跟风倾向，避免创业“泡沫化”和过度炒作行为，纠正对双创“全民化”的误解。众创关键在众，但众创不是全民创业，防止“互联网+”创业的过度“网络虚拟化”以及创业教育“功利化”。通过避免这些误区让大众创业、万众创新实现可持续健康发展。

辜胜阻在总结“双创”成绩单时说，“双创”是经济转型最大的新动能，是中国版供给经济学的成功实践。通过创业带动就业，对冲经济下行产生的就业风险，通过创新实现提质增效，推动产业升级和创新驱动。一方面，创业对于保障就业是“快变量”，大量新增市场主体成为吸纳劳动力就业的重要渠道，以创业带动就业是应对当前失业风险的重要举措。从世界范围看，为了应对失业危机，美国总统奥巴马提出了创业美国，英国鼓励大众创新，日本也提出要鼓励创业。统计显示，日本平均每年新创办的企业为9万家。而我国每天新创企业就有1.4万户，一周新创企业数量相当于日本一年的总和。伴随着大众创业浪潮的不断推进，今年前三季度我国城镇新增就业超过1000万，全国城镇调查失业率也稳定在5%左右。另一方面，通过万众创新，创造新需求，实现新供给，培养新技术、新产业、新业态和新模式，推动经济发展方式从传统的要素驱动、投资驱动向创新驱动转变。据统计，2016年前三季度，国内发明专利增长44%，新产业、新业态、新商业模式“三新”经济增加值已超过GDP的15%。同时，创业与创新是一对“孪生兄弟”，通过创业与创新的联动，将使技术创新等成果顺利转化为现实生产力。未来，为了更好地发挥双创作为经济新动能的重要作用，政府要进一步营造良好发展环境，让初创企业不仅要“生得快”，更要“活得好”“活得长”。

（新华网）

郭军：留学人员爱国和创业可以完美结合

（2016年7月31日）

2016年7月31日，欧美同学会北京论坛暨2016中国留学人员创新创业论坛在北京举行。国务院侨办副主任郭军出席并致辞。他表示，中国留学归国人员许多人不是为了钱，爱国和创业可以做到完美的结合。致辞全文如下：

早在百年前孙中山先生就讲过治国兴邦人才为重要，新中国成立之初，一大批留学生回国，成为中国改革发展的功勋。中国特色社会主义事业建设的重要保障也要依靠人才，当前我国正处在全面建成小康社会的决胜阶段，经济发展进入新常态，改革步入深水区，长期积累的深层次矛盾在逐步显现。原来依靠要素成本驱动大量投入资源和消耗环境粗放发展模式已经难以为继，而世界范围内科技进步日新月异，新一轮科技革命和产业革命蓄势待发，只有抓住这一历史机遇，深入实施创新驱动发展战略，人才强国战略，依靠自主创新打造发展新引擎，加快新旧发展动力转化，才能培育新的经济增长点，促进经济保持中高速增长，产业迈向中高端水平，从而跨越中等收入陷阱。

实现经济社会全面协调可持续发展，这一切都迫切需要一支创新型人才队伍。正如习近平总书记所指出的，综合国力的竞争归根到底是人才的竞争，哪个国家拥有人才的优势，哪个国家最后就拥有实力的优势。21世纪什么最贵？人才。人才已经成为全球最稀缺，最重要的资源，各主要国家为谋求长期发展优势，抢占未来发展战略制高点，都在积极制定人才战略，面向世界招揽天下英才为已用，把握机遇，掌握主动。

最贵不是指价格，尤其中国留学归国人员许多人不是为了钱，爱国和创业可以做到完美的结合。我国有大量的海外留学人员，正在成为国家科技创新的主力军，在座的各位大多有过留学经历，正如毛泽东同志在《沁园春·长沙》中说的，苍茫大地谁主沉浮，恰同学少年风华正茂。站在世界科技文化的前沿孜孜以求，如今也将为国家建设建言献策，成为中华民族伟大复兴的主要力量。

大众创业、万众创新国家战略和举措的提出和实施，“千人计划”“万人计划”的持续推进，为广大留学人员发展自身事业，实现人生理想提供了更加广阔的舞台和难得的机遇。国务院侨办是国家专门负责侨务工作的政府部门，我们服务的6千多万海外华侨华人许多曾经就是留学人员。现在几百万留学人员中也许会成为华侨、华人、归侨，但永远都应有一颗中国心。2008年国家实施“千人计划”以来，我国引进高端科技人才90%以上是华侨华人，留学人员又占有相当大的比例。

近年来国务院侨办大力实施海外人才为国服务计划，通过多种形式搭建各类平台，鼓励和推动广大华侨华人回国来华创业创新，搭上中国发展的快车。服务国家科技创新和经济社会的发展，今后国务院侨办将继续禀承以人为本，为侨服务的宗旨，依法维护华侨华人和归侨侨眷正当权益，为华侨华人归国发展服务。

欧美同学会成立伊始，就提出立国之技能，各尽所知，不受外辱，足以立于地球之上。今天中国发展站在了新的起点，更需要包括广大留学人员在内的全体中华儿女，以民族兴衰、匹夫有责的精神，不忘初心继续前进，为实现中华民族的伟大复兴贡献自己的力量。

（新华网）

综合篇

国家及地方海外引才计划实施一览

中央引进海外高层次人才“千人计划”

计划简介

2008年12月，中共中央办公厅转发《中央人才工作协调小组关于实施海外高层次人才引进计划的意见》（中办发〔2008〕25号），启动实施海外高层次人才引进“千人计划”（即国家“千人计划”）。主要围绕国家发展战略目标，从2008年开始，用5到10年，在国家重点创新项目、重点学科和重点实验室、中央企业和国有商业金融机构、以高新技术产业开发区为主的各类园区等，引进并有重点地支持一批能够突破关键技术、发展高新产业、带动新兴学科的战略科学家和领军人才回国（来华）创新创业。

此后，中央组织部又先后下发《引进海外高层次人才暂行办法》（中组发〔2008〕28号）、《“千人计划”短期项目实施细则》（组厅字〔2010〕29号）、《青年海外高层次人才引进工作细则》（组厅字〔2010〕63号）、《“千人计划”高层次外国专家项目工作细则》（组通字〔2011〕45号），以及《“千人计划”顶尖人才与创新团队项目实施细则》《部分急需人文社会科学领域海外高层次人才引进试行方案》等文件。“千人计划”在实践中得到不断完善，从最初的创新长期、创业2个项目，逐步拓展为顶尖人才与创新团队、创新长期（含人文社科项目）、创新短期、创业、青年、外国专家、文化艺术人才、新疆西藏项目等8个子项目，形成涵盖各年龄段、各领域、各层次海外人才的完整引才体系。

组织领导

国家“千人计划”由海外高层次人才引进工作小组负责组织领导和统筹协调。工作小组由中央组织部、人力资源和社会保障部会同教育部、科技部、中国人民银行、国资委、中国科学院、中央统战部、外交部、发改委、工业和信息化部、公安部、财政部、侨办、中国工程院、自然科学基金委、外专局、共青团中央、中国科协等单位组成。同时，在中央组织部人才工作局设立海外高层次人才引进工作专项办公室，作为工作小组的日常办事机构，负责国家“千人计划”的具体实施。

创新人才长期项目

（一）引进对象及条件

创新人才长期项目的引才对象应符合以下基本条件：

1．全职回国（来华）工作；

2．年龄一般不超过55岁；

3．在国外著名高校、科研院所担任相当于教授职务的专家学者，或是在国际知名企业和金融机构担任高级职务的专业技术人才和经营管理人才。

（二）申报评审程序

海外高层次人才一般应与国内高校、科研机构、企业、商业金融机构等用人单位达成明确的工作意向后，由用人单位进行申报。基本程序是：

1．用人单位与海外高层次人才达成意向后，填写《海外高层次人才引进申报书》，按程序报国家重点创新项目、重点学科和重点实验室、中央企业和国有商业金融机构等平台；

2．平台牵头组织单位组织专家对申报人选进行评审，提出建议人选报海外高层次人才引进工作专项办公室；

3．海外高层次人才引进工作专项办公室将人选提交“千人计划”专家顾问组审核后，报海外高层次人才引进工作小组审批。

（三）特殊政策待遇

对通过创新人才长期项目引进的海外高层次人才，授予“国家特聘专家”称号，享受相应的工作条件和一定生活待遇：

1．相应工作条件。可担任高等院校、科研院所、中央企业、国有商业金融机构一定的领导职务或专业技术职务；可担任国家重大科技专项、863、973、自然科学基金等项目负责人；可申请政府部门的科技资金、产业发展扶持资金等，用于在中国境内开展科学研究或生产经营活动；可参与国家重大项目咨询论证、重大科研计划和国家标准制定、重点工程建设等工作；担任项目负责人的，在规定的职责范围内，有权对经费使用、人员聘任等作出决定；可参加国内各种学术组织，参加中国科学院院士（外籍院士）、中国工程院院士（外籍院士）评选；可作为各类政府奖励候选人。

2．一定生活待遇。外籍人才及其随迁外籍配偶和未成年子女，可办理《外国人永久居留证》，或2—5年有效期的多次往返签证；具有中国国籍的引进人才，可不受出国前户籍所在地的限制，选择在国内任一城市落户；中央财政给予引进人才每人人民币100万元的一次性补助，有关地方或部门给予配套支持；享受医疗照顾人员待遇；引进人才及其配偶子女，可参加中国境内各项社会保险，包括基本养老、基本医疗、工伤保险等；可参照当地居民购房政策，购买自用商品房一套；5年内境内工资收入中的住房补贴、伙食补贴、搬迁费、探亲费、子女教育费等，按照国家税收法律法规的有关规定，予以税前扣除；引进人才的配偶由用人单位妥善安排工作或发放生活补贴；教育部门为引进人才的子女就学提供便利；用人单位参照引进人才回国（来华）前的收入水平，一并考虑应为其支付的各种生活补贴，协商确定合理薪酬。

创新人才短期项目

（一）引进对象及条件

人选除应符合创新人才长期项目规定的基本引才标准外，还须符合以下基本条件：

1．系国家科技、产业发展和学科建设急需、紧缺领域的领军人才或学术技术带头人；

2．在国内工作单位固定，有明确具体的工作目标任务，能作出实质性贡献；

3．已与用人单位签订至少连续3年、每年在国内工作不少于2个月的工作合同，并明确合同期内工作成果知识产权的归属。

（二）申报评审程序

按照创新人才长期项目规定的程序进行申报评审。

（三）特殊政策待遇

1．中央财政给予创新人才短期项目引进人才每人人民币50万元的补助。根据引进人才的实际需要，可为其办理出入境、医疗、保险等手续。

2．创新人才短期项目引进人才在合同期满后申请全职回国（来华）工作的，在签订聘用合同后，由用人单位提出申请，报专项办同意，可直接进入创新人才长期项目。授予“国家特聘专家”称号，由中央财政再为其发放人民币50万元的补助。

创业人才项目

（一）引进对象及条件

创业人才项目的引才对象应符合以下基本条件：

1．一般应在海外取得学位；

2．有海外创业经验或曾在国际知名企业担任中高级管理职位3年以上；

3．为所在企业的主要创办人，所创办企业成立1年以上、5年以下，拥有的专利或技术成果国际先进，能够填补国内空白、符合国家鼓励的重点产业发展方向、具有市场潜力并进行产业化生产。

（二）申报评审程序

符合条件的创业人才由企业所在高新技术产业开发区、留学人员创业园等进行申报。基本程序是：

1．申报人填写《海外高层次人才引进申报书》，由所在园区按程序向所在省（区、市）党委组织部申报。

2．省（区、市）党委组织部组织有关部门审核或评审后报海外高层次人才引进工作专项办公示。

3．科技部、人力资源和社会保障部组织技术专家、管理专家和风险投资专家进行评审，海外高层次人才引进工作专项办公室对推荐人选把关后，报工作小组领导审批。

（三）特殊政策待遇

对通过创业人才项目引进的海外高层次人才，授予“国家特聘专家”称号，享受相应的工作条件和一定生活待遇。具体待遇参照创新人才长期项目执行。

“千人计划”青年项目

（一）引进对象及条件

“千人计划”青年项目的引进对象应符合以下基本条件：

1．从事自然科学研究，年龄在40周岁以下；

2．在海外知名高校取得博士学位，并有3年以上的海外科研工作经历；

3．申报时在海外知名高校、科研机构或知名企业研发机构有正式教学或科研职位；

4．引进后全职回国工作；

5．为所从事科研领域同龄人中的拔尖人才，有成为该领域学术技术带头人的发展潜力；

6．对有突出研究成果的在读博士研究生，可以破格引进。

（二）申报评审程序

在海外高层次人才引进工作专项办公室指导下，由教育部、科技部、中科院、自然科学基金委联合设立平台，负责“千人计划”青年项目的申报评审工作。基本程序是：

1．用人单位和海外人才达成引进意向后，按申报通知要求向平台提出申请；

2．平台组织专家进行通讯评审后，分批次组织会议评审，以面谈方式议定拟引进人才名单，并进行公示；

3．对公示异议人员，由海外高层次人才引进工作专项办公室组织专家复审；

4．海外高层次人才引进工作小组批准引进人才名单。

（三）特殊政策待遇

中央财政给予“千人计划”青年项目引进人才每人人民币50万元的一次性补助。根据拟引进人才所在学科领域、能力水平的差异，按进度分批给予每位引进人才科研经费补助100万—300万元。参照创新人才长期项目的有关政策，给予引进人才相应的其他工作条件和生活待遇。

“千人计划”外专项目

（一）引进对象及条件

申报人应当为非华裔外国专家，引进后应全职来华工作3年上。其人选应符合“千人计划”的引才标准，申报人选的年龄可放宽到65岁。

（二）申报评审程序

在海外高层次人才引进专项办公室指导下，国家外国专家局设立平台，负责“千人计划”外专项目的申报评审工作。基本程序是：

1．用人单位与拟引进人选进行接洽并达成初步意向后，填写“千人计划”外专项目申报书，向各省、自治区、直辖市外国专家局和部委外国专家管理部门申报；

2．国家外国专家局组织专家对申报人选进行评审后，报海外高层次人才引进工作专项办公室；

3．专项办组织专家顾问组进行审核把关后，报工作小组批准；

4．专项办向有关部门下发“千人计划”外专项目引进专家名单。据此，用人单位与“千人计划”外专项目引进专家签订工作合同，办理相关手续，并保证“千人计划”外专项目专家按合同约定及时到岗工作。

（三）特殊政策待遇

“千人计划”外专项目专家在出入境、居留、医疗、保险、住房、税收、薪酬等方面享受“千人计划”特定政策和待遇。中央财政给予“千人计划”外专项目长期项目专家每人人民币100万元的一次性补助，并根据工作需要，经用人单位向从事科研工作、特别是从事基础研究的外国专家提供总计300万—500万元科研经费补助，并授予“国家特聘专家”称号。国家外国专家局根据“千人计划”外专项目专家在华工作年限给予适当补助，专项用于提高其医疗、养老保障水平。

顶尖人才与创新团队

（一）引进对象和条件

1．属自然科学或工程技术领域国际顶尖专家，引进后全职在国内工作至少5年；

2．具备以下条件之一：诺贝尔奖、图灵奖、菲尔兹奖等国际大奖获得者；美国、英国、加拿大、澳大利亚等发达国家科学院院士或工程院院士；在世界一流大学、科研机构任职的国际著名学者；国家急需紧缺的其他顶尖人才。

（二）申报评审程序

采取“一事一议、特事特办”的方式进行引进。

文化艺术人才项目

（一）引进对象及条件

重点围绕我国文化艺术领域实际需要，试点引进文物保护、图书管理、创意设计等领域的高层次人才。申报主体为国有文化单位、艺术院校。从事研究工作的申报人，一般应在海外取得博士学位，不超过55周岁；从事舞台艺术和创意设计的申报人，可适当放宽学历和年龄要求。申报时一般应未全职在国内工作；已经在国内工作的，回国时间应在一年内。申报长期项目的，引进后应全职回国或来华工作；申报短期项目的，要求在国内连续工作至少3年，每年不少于2个月。申报人累计申报次数原则上不超过2次。申报人还应符合下列条件之一：

1．在国际著名艺术团体担任艺术总监、首席指挥、乐队首席或声部首席、歌剧舞剧主演、舞蹈指导、高级舞美设计师、高级舞台技师等重要职务，或在国际知名艺术院校担任教授职务3年以上，其业务水平受到业内专家的肯定。

2．在国际知名文化机构、企业担任高级经营管理职务，近5年来策划、组织、推广过国际性文化项目或具有较大国际影响的文化活动。

3．在国际著名高校、科研机构、文化机构担任高级研究职务，从事文物保护、图书馆学、舞台艺术等专业的研究应用，取得了较大成就，在领域内有较高知名度。

4．在国际大型文化企业担任高级文化创意设计职务，或业内知名创意设计大师，其作品顺应时代要求，创意独特，影响广泛，产生了良好的社会效益和经济效益。

（二）申报评审程序

用人单位与申报人达成初步意向后，应由学术（技术）委员会或类似机构，组织专家对申报人的学术（技术）水平进行评价，通过后签订正式工作合同或意向协议，再分别填写申报书按程序报送。

新疆西藏项目

（一）引进对象及条件

引进主体为在新疆、西藏的高等院校、科研机构、企业和高新技术产业开发区为主的各类园区等用人单位。创新人才须具备以下条件：从事自然科学或工程技术领域研究；年龄不超过40周岁；在海外取得硕士以上学位，在国内取得硕士学位人员需在国外连续工作3年以上；为所在科研领域同龄人中的优秀人才，有成为该领域学术或技术带头人的发展潜力。引进后全职在新疆或西藏工作至少3年。在新疆、西藏创业的，条件可适当放宽。

（二）申报评审程序

申报人按要求填写《国家“千人计划”申报书（新疆项目、西藏项目）》及相关材料，按隶属关系报党委组织部，经审核后报专项办。

实施成果

截至2016年底，国家“千人计划”共分十二批引进6000多名海外高层次人才。“千人计划”专家回国后，积极投身祖国现代化建设事业，在各自领域取得了显著成绩，成为国家创新创业生力军。

海外高层次人才创新基地名录

为推动海外高层次人才引进计划顺利实施，加大海外高层次人才引进力度，集中引进一批优秀海外高层次人才和团队，加速重点领域科技突破和促进高新技术产业发展，促进科研管理体制和人才工作机制创新，为海外高层次人才创新创业提供更为优越的环境和条件，2008年，中央人才工作协调小组决定建设“海外高层次人才创新创业基地”。目前，已建成115家。

企业

东风汽车公司技术中心
国家核电技术有限公司核电技术研发中心
中国商用飞机有限责任公司
中国核工业集团公司
中国石油天然气集团公司
中国海洋石油总公司
国家电网公司
中国华能集团公司
中国国电集团公司
中国长江三峡集团公司
中国电信集团公司
中国电子信息产业集团公司
中国第一重型机械集团公司
鞍山钢铁集团公司
宝钢集团公司
武汉钢铁（集团）公司
中国铝业公司
中粮集团有限公司
中国建筑材料集团公司
深圳华为技术有限公司
中兴通讯股份有限公司
青岛海尔集团公司
奇瑞汽车股份有限公司
中国钢研科技集团公司
中国石油化工集团公司
中投公司
中国中化集团公司
中国南方电网有限责任公司
中国联合网络通信集团有限公司
国家开发投资公司

中国化工集团公司
中国航天科技集团公司
中国第一汽车集团公司
中国兵器工业集团公司
中国移动通信研究院
中国华电集团公司
中国航空工业集团公司
中国大唐集团公司
无锡尚德太阳能电力有限公司
中国神华集团有限责任公司北京低碳清洁能源研究所
广州汽车集团股份有限公司
中国东方电气集团公司
中国兵器装备集团公司
新奥科技发展有限公司

高校

华中科技大学武汉光电国家实验室
北京大学北京分子科学国家实验室
浙江大学
哈尔滨工业大学
苏州大学
吉林大学
中国科技大学合肥微尺度物质科学国家实验室
上海交通大学船舶与海洋工程国家实验室
南京大学
中山大学
四川大学
北京航空航天大学
清华大学工程科学与技术研究中心
复旦大学
西安交通大学
厦门大学
上海财经大学
中国科技大学

科研院所）

北京生命科学研究所
中国农业科学院
中国医学科学院（北京协和医学院）
中国科学院深圳先进技术研究院
中国气象科学研究院
城市环境研究所
中科院物理研究所
中科院金属研究所沈阳材料科学国家实验室
中国科学院大连化学物理研究所
中国科学院地质与地球物理研究所
宁夏林业研究所
第三军医大学
中科院上海生命科学研究院
天津国际生物医药联合研究院
中国林业科学研究院
中国科学院生物物理所
合肥公共安全技术研究院

园区及其他

中关村科技园区
武汉东湖新技术开发区
深圳高新技术产业园区
杭州高新技术产业开发区
大连高新技术产业园区
广州经济技术开发区
重庆北部新区
海漕河泾新兴技术开发区
昆山高新技术产业开发区
哈尔滨高新技术产业开发区
长沙国家高新技术产业开发区
浙江海外高层次人才创新园
西安高新技术产业开发区
无锡高新技术产业开发区
天津滨海高新技术产业开发区
杨凌农业高新技术产业示范区
郑州高新技术产业园区
厦门火炬高技术产业开发区
深圳市前海深港现代服务业合作区
宁波国家高新技术产业开发区
江宁经济技术开发区
广州天河科技园、软件园
北京经济技术开发区
天津经济技术开发区
上海张江高科技园区
成都高新技术产业开发区
苏州工业园区
上海紫竹科学园区
上海杨浦知识创新基地
上海国际汽车城
上海陆家嘴金融贸易区
南昌国家高新技术产业开发区
济南高新技术产业开发区
常州科教城
包头国家稀土高新技术产业开发区
泰州医药高新技术产业开发区

“千人计划”服务窗口

人力资源和社会保障部留学人员和专家服务中心“千人计划”服务窗口
地址：北京市海淀区学院路30号博士后公寓办公楼308室
邮编：100083
电话：86-10-82388262，62322968，62330841
传真：86-10-62321842
邮箱：lxck@mohrss.gov.cn
网址：www.chinatalents.gov.cn

北京海外学人中心
地址：北京市海淀区中关村海淀北二街10号泰鹏大厦二层
邮编：100080
电话：86-10-82484512，82484527
传真：86-10-82484513
邮箱：fuwu@8610hr.cn
网址：www.8610hr.cn

天津市外国专家局
地址：天津市和平区解放北路167号
邮编：300040
电话：86-22-23325724
传真：86-22-23124051
邮箱：gaoshouzhen@126.com
网站：tianjin.caiep.org

河北省专家与留学人员服务中心
地址：河北省石家庄市维明北大街118号
邮编：050000
电话：86-311-88616759
传真：86-311-88616759
邮箱：heblxry@163.com

山西省委组织部人才办
地址：山西省太原市迎泽大街369号
邮编：030071
电话：86-351-4019948，4019578，4019675，4045801
传真：86-351-4045801
邮箱：sxswrcb@163.com
网址：www.sx-talents.gov.cn

山西省人社厅海外人才服务中心
地址：山西省太原市迎泽西大街80号希望大厦七层
邮编：030024
电话：86-351-6177978
传真：86-351-6177978
邮箱：yuedingan@163.com
网址：sotsc.caiep.org

内蒙古自治区专家服务中心
地址：内蒙古呼和浩特市新华大街63号6号楼711室
邮编：010055
电话：86-471-6261805，6945448
传真：86-471-6261805
邮箱：wulijimenghe@yahoo.com.cn

辽宁省委组织部人才工作处
地址：辽宁省沈阳市和平区和平南大街45号
邮编：110086
电话：86-24-23128870，23128933
传真：86-24-23128987
邮箱：lnyszj@163.com

吉林省人才工作领导小组办公室
地址：吉林省长春市人民大街1551A号
邮编：130051
电话：86-431-88906130
传真：86-431-88906136
邮箱：jlyjrc@163.com
网站：www.jlrc.cn

黑龙江省人力资源和社会保障厅专业技术人员管理处
地址：黑龙江省哈尔滨市南岗区长江路130号乐业大厦
邮编：150001
电话：86-451-87130140
传真：86-451-87130140
邮箱：rstwanghaiquan@163.com

上海市人才服务中心
地址：上海市闸北区梅园路77号人才大厦4楼402室
邮编：200070
电话：86-21-32508038，32508071，32508053，32508039，32508065，32508076
传真：86-21-32508051
邮箱：qianrenfuwush@163.com
网址：www.hwrcw.com

江苏省“千人计划”服务窗口（省人社厅人才开发办）
地址：江苏省南京市中山北路49号机械大厦28楼
邮编：210008
电话：86-25-83236093
传真：86-25-83236093
邮箱：sunyanlong@jshrss.gov.cn，rckfb@jshrss.gov.cn
网址：www.jslxrycy.com.cn

浙江省海外高层次人才引进服务中心窗口
地址：浙江省杭州市莫干山路73号金汇大厦1115室
邮编：310005
电话：86-571-88394838，88394818
传真：86-571-88394838
邮箱：chl@zjlx.gov.cn

安徽省人力资源和社会保障厅专家服务中心
地址：安徽省合肥市花园街4号安徽科技大厦5楼D座
邮编：230001
电话：86-551-2633393，2639175
传真：86-551-2614559
邮箱：zjzx@ah.hrss.gov.cn
网站：www.ah.hrss.gov.cn

福建省引进人才服务中心（福建省留学回国人员工作站）
地址：福建省福州市鼓楼区思儿亭路11号专家服务中心4层
电话：86-591-87679659，88520071
传真：86-591-88520059
邮箱：gzz@fjrs.gov.cn
网站：www.fjrs.gov.cn/xxgk/cszy/slxhgrygzz

江西省留学人员服务中心
地址：江西省南昌市省府北二路92号
邮编：330046
电话：86-791-6273399
传真：86-791-6273399
邮箱：jiangshup@163.com

山东省留学人员和专家服务中心
地址：山东省济南市燕子山路2号531室
邮编：250014
电话：86-531-88597979
传真：86-531-88597986
邮箱：shandongok@gmail.com
网站：www.sdlx.sdrs.gov.cn

河南省委组织部人才工作处
地址：河南省郑州市金水路18号
邮编：450003
电话：86-371-65902779

传真：86-371-65902779
邮箱：yurencaichu@126.com

湖北省引进海外高层次人才服务窗口（湖北省人才中心）
地址：湖北省武汉市武昌区八一路58号湖北省军转培训基地三楼310室
邮编：430071
电话：86-27-87710366转8310
传真：86-27-87891420
邮箱：54626374@qq.com

湖南省人事厅专业技术人员管理处
地址：湖南省长沙市韶山路1号省委大院三办公楼336室
邮编：410011
电话：86-731-82217017
传真：86-731-82216512
邮箱：zz820714@126.com

广东省高层次人才服务专区
地址：广东省广州市天河路13号润粤大厦三楼
邮编：510075
电话：86-20-37603176
传真：86-20-37603193
邮箱：gccrcfw@gdrc.com
网站：www.gccrc.cn

海南省人力资源和社会保障厅专业技术人员管理处
地址：海南省海口市国兴大道9号省政府大楼361室
邮编：570203
电话：86-898-65200849
传真：86-898-65200850
邮箱：zhangyun949@126.com

重庆市海外高层次人才引进工作专项办公室
地址：重庆市渝中区人民路252号市级机关综合大楼2001室
邮编：400015
电话：86-23-63897545
传真：86-23-63895979
邮箱：cqycbgs@163.com
网站：www.cqdj.cn

四川省专家和留学人员服务中心
地址：四川省成都市东二巷号省人事厅六楼
邮编：610015
电话：86-28-86741860
传真：86-28-86613352
邮箱：sclxfwzx@163.com
网站：www.scrc.gov.cn/zjfwzx

云南省人才工作领导小组办公室
地址：云南省昆明市广福路8号省委办公楼1-547室
邮编：650228
电话：86-871-3991619
传真：86-871-3991651
邮箱：ynrcgz@163.com

陕西省“千人计划”一站式服务窗口
地址：陕西省西安市西二路万景商务中心1105室
邮编：710004
电话：86-29-87543436
传真：86-29-87543436
邮箱：zhaojun71316@163.com

甘肃省人力资源和社会保障厅博士后和留学回国人员工作处
地址：甘肃省兰州市城关区皋兰路78号兴业大厦
邮编：730000
电话：86-931-8960774
传真：86-931-8826150
邮箱：gsbshc@126.com
网站：www.rst.gansu.gov.cn

国家有关部门单位海外人才引进计划

教育部

长江学者奖励计划

“长江学者奖励计划”是国家教育部与香港李嘉诚基金会于1998年共同启动实施的高层次人才计划，包括特聘教授、讲座教授岗位制度和长江学者成就奖。计划通过特聘教授岗位制度的实施，延揽大批海内外中青年学界精英参与我国高等学校重点学科建设，带动重点学科赶超或保持国际先进水平，并在若干年内培养、造就一批具有国际领先水平的学术带头人，以提高我国高校在世界范围内的学术地位和竞争实力。

“长江学者奖励计划”自实施以来，汇聚了一批海内外有影响的学科领军人才，创造了一批关键领域的重大标志性科研成果，培养了一大批高素质青年创新人才。截至2011年底，全国高校共聘任“长江学者”1801人，其中特聘教授1190人、讲座教授611人，26名华人学者荣获“长江学者成就奖”。先后有85名长江学者当选中国科学院、中国工程院院士，170人成为“973”首席科学家。

2011年，教育部实施了新的“长江学者奖励计划”，与国家“千人计划”“青年英才开发计划”等共同构成了我国高层次人才培养支持体系。新的“长江学者奖励计划”继续实施特聘教授、讲座教授项目，每年支持高校聘任50名讲座教授、150名特聘教授；讲座教授人选全部面向海外知名大学教授，与“千人计划”形成衔接；特聘教授人选面向海外知名大学副教授，与“千人计划”形成梯队。新的“长江学者奖励计划”由中央财政专项经费支持，面向全国高等学校，加大对人文社科、中西部高校的支持力度，取消申报限额，鼓励通过个人自荐、专家推荐、驻外使（领）馆举荐等多种形式应聘。特聘教授聘期为5年，聘期内享受每年20万元奖金；讲座教授聘期为3年，聘期内享受每月3万元奖金。2015年，“长江学者奖励计划”增设青年学者项目，重点支持高校面向海内外培养引进在学术上崭露头角、创新能力强、发展潜力大，恪守学术道德和教师职业道德的优秀青年学术带头人。

2016年，按照“长江学者奖励计划”有关要求，经各学校推荐、通讯评审、会议答辩、人选公示、评审委员会审定、聘任合同签订等程序，教育部确定440人入选2016年度“长江学者奖励计划”，其中特聘教授159人、讲座教授52人、青年学者229人。

春晖计划

“春晖计划”是国家教育部于1996年起设立实施的一项支持留学人员回国服务的重点引智项目，全称“教育部资助留学人员短期回国工作专项经费”，由教育部拨出专项经费资助在外留学人员短期回国工作。

主要资助对象：获得博士学位并在本专业领域取得较突出学术成就的留学人员（包括已获得国外长期、永久居留权或留学再入境资格者）。申请者应已落实国内接待（邀请）单位和短期回国工作计划。

主要资助形式：回国的单程或双程国际旅费。

主要资助范围：应邀回国参加学术会议；回国进行科研合作和学术交流；组织短期研讨班、讲习班、联合指导博士生；引进技术对贫困地区进行扶贫开发；参加国有大中型企业技术改造；教育部或驻外使（领）馆教育处（组）批准的其他短期回国服务活动。

申请程序：“春晖计划”专项经费常年受理，择优资助。申请者可直接向各使（领）馆教育处（组）查询教育部发布的当年资助目录，然后向使（领）馆教育处（组）提出申请。

“春晖计划”实施以来，在驻外使（领）馆教育处（组）的密切配合下，在各地有关政府部门和高等院校的大力支持下，在广大在外留学人员的积极响应下，紧密结合国家改革和发展的战略，以多种方式为我国经济建设和社会发展提供知识贡献和人才支持，在留学人员中产生了广泛的积极的影响，激发了广大在外留学人员的爱国热情和报国之志。至2006年底，“春晖计划”实施10年，共资助140多个留学人员团体、12000人次短期回国工作，并于2000年增设“春晖计划”海外留学人才学术休假回国工作项目。

2006年，教育部和科技部开始共同定期举办“春晖杯”中国留学人员创新创业大赛（简称“春晖杯”创新创业大赛）活动。通过“春晖杯”创新创业大赛，充分调动海外优秀留学人员回国创业热情，鼓励海外留学人员积极申报创新创业项目，创造条件支持参赛者与留学人员创业园、大学科技园和企业进行项目对接，根据项目技术水平、投资前景、效益预测和产业化情况，组织留学人员创业园、大学科技园、风险投资机构和国内企业家对项目进行评审、洽谈和择优颁奖，推动留学人员回国创办高新技术企业。多年来，在我国驻外使（领）馆教育处（组）和在外留学人员团体的大力支持下，在国内大学科技园、留学人员创业园、风险投资机构和地方人才引进机构等众多协办单位的积极配合下，在广大海外留学人员的广泛参与下，大赛取得了丰硕的成果。十八大以来，“春晖杯”创新创业大赛不断创新组织模式，采取主动走出去的方式，4年内成功拓展了4个海外分赛区，显著提升海外留学人员参赛项目的数量和质量。

截至2016年底，教育部通过“春晖计划”已累计立项2000余项，资助大批博士以上在外留学人员短期回国服务。“春晖杯”创新创业大赛已成功地连续举办了十一届，共遴选出2001个留学人员回国创新创业项目，其中，已有345名参赛留学人员顺利走上回国创业的道路，有21人成功入选国家“千人计划”。

高校学科创新引智计划

“高等学校学科创新引智计划”（简称“111计划”）由国家教育部和国家外国专家局于2006年共同启动实施。计划瞄准国际学科发展前沿，围绕国家目标，结合高等学校具有国际前沿水平或国家重点发展的学科领域，以国家重点学科为基础，以国家、省、部级重点科研基地为平台，从世界排名前100位的大学或研究机构的优势学科队伍中，引进、汇聚1000余名海外学术大师、学术骨干，配备一批国内优秀的科研骨干，形成高水平的研究队伍，建设100个左右世界一流的学科创新基地，努力创造具有国际影响的科研成果，提高高等学校的整体水平和国际地位。创新引智基地遴选范围以“985工程”“211工程”高等学校为先导，逐步扩展到有国家重点学科的高等学校。

2012年，“高等学校学科创新引智计划”启动首批新建引智基地评审工作，有厦门大学“细胞应激生物学创新引智基地”等34个引智基地予以批准立项。2013年，有清华大学“先进燃烧能源科学与技术创新引智基地”等45个引智基地予以批准立项。2014年，有北京大学“区域生态与环境（污染与气候变化）创新引智基地”等44个引智基地予以批准立项。2015年，有北京航空航天大学“超低功耗自旋存储与计算创新引智基地”等47个引智基地予以批准立项。

2016年，有南京理工大学“先进光电成像理论与技术学科创新引智基地” 等50个引智基地予以批准立项。

人力资源和社会保障部

中国留学人员回国创业启动支持计划

“中国留学人员回国创业启动支持计划”由国家人力资源和社会保障部于2009年9月正式启动实施。计划每年在全国范围内遴选一批创新能力强、发展潜力大、市场前景好的留学回国人员创办的企业，在创办初始阶段予以重点支持，以加快其科技成果转化，实现企业快速发展。留学人员回国创业启动支持资金项目经费将专门用于支持遴选出的留学回国人员创办的企业，对于经人社部审批确定的重点创业项目，一次性给予创业支持资金50万元；对于确定的优秀创业项目，一次性给予创业支持资金20万元；相关地方应给予相应配套资金支持。

“中国留学人员回国创业启动支持计划”的申报需同时具备以下条件：

（一）企业法定代表人应为留学回国人员，一般应获得硕士以上学位；

（二）拥有自主知识产权或发明专利，技术创新性强，具有市场潜力；

（三）熟悉相关领域和国际规则，有经营管理能力，如有海外自主创业经验者可优先考虑；

（四）企业注册时间不超过3年；

（五）企业注册资金现金资产不低于50万元，留学人员出资额占企业注册资本的50%以上；

（六）企业法人诚信守法，无违法犯罪记录。

2010年，“中国留学人员回国创业启动支持计划”共确定支持创业项目34项。

2011年，“中国留学人员回国创业启动支持计划”共确定支持创业项目48项。

2012年，“中国留学人员回国创业启动支持计划”共确定支持创业项目51项。

2013年，“中国留学人员回国创业启动支持计划”共确定支持创业项目66项。

2014年，“中国留学人员回国创业启动支持计划”共确定支持创业项目68项。

2015年，“中国留学人员回国创业启动支持计划”共确定支持创业项目66项。

2016年，“中国留学人员回国创业启动支持计划”共确定支持创业项目60项。

赤子计划

“赤子计划”全称“海外赤子为国服务行动计划”，是国家人力资源和社会保障部在2009年提出的一项智力报国计划，是对原人事部1988年以来每年开展的留学回国专家服务团专项活动的拓展，旨在更大范围、更广领域、更高层次上吸引海外留学人员及留学人员团体参与祖国建设。

“赤子计划”具体包括以下六类：

（一）人社部组织的示范性留学人员为国服务活动；

（二）人社部留学人员和专家服务中心组织的留学人员为国服务活动；

（三）人社部与各地方人民政府联合主办的大型留学人员人才项目交流及为国服务活动；

（四）人社部资助支持由地方人力资源社会保障部门具体组织的留学人员为国服务活动；

（五）人社部资助支持由有关部门具体组织的留学人员为国服务活动；

（六）人社部资助支持由海外留学人员团体具体组织的为国服务活动。

2010年"赤子计划"正式启动实施，在全国范围内共组织开展了36项为国服务活动，除提供经费支持外，人社部还在人才、信息、政策等多方面积极提供支持和帮助，累计吸引遍及美、日、欧等地几十个国家100多个专业技术领域的人才为国服务上千人次，促成上万项人才技术合作项目参与对接，在海内外产生了广泛的影响。2011年，人社部继续扩大"赤子计划"规模，把海外中国留学人员组织和华人华侨专业团体纳入资助范围，共开展了39项活动。2012年，有36项活动入选"赤子计划"，共吸引各类海外人才回国（来华）服务达上万人次，7000多个人才技术合作项目参与对接，达成合作意向2000多个。2013年，"赤子计划"在河北、甘肃、陕西、西藏等省市重点开展了30余项留学人员为国服务活动，活动领域不断拓展，规模不断扩大。2014年，"赤子计划"在北京、天津、浙江、山西、新疆等省市重点开展了30项留学人员为国服务活动，全年共吸引各类海外人才为国服务近万人次，6000多个技术合作项目参与对接，签订协议600多项，签约总额达30多亿元。2015年，"赤子计划"围绕国家重大发展战略布局，积极搭建"大众创业，万众创新"平台，畅通海外学子的报国之门，从由地方部门及海外留学人员团体等41家单位申报的60个项目中遴选了32个项目进行支持，全年共吸引世界各地留学人才为国服务超过1万人次，近6000个人才技术合作项目参与对接，签订合作协议或达成合作意向超过3000个。

2016年，有42项各地各部门申报的留学人员为国服务活动入选"赤子计划"，全年共吸引世界各地留学人才为国服务超过2万人次，1.4万余个人才技术合作项目参与对接，签订合作协议或达成合作意向超过4000个，举办讲座30余场，培训专业技术人员9000多人次。

高层次留学人才回国资助计划

"高层次留学人才回国资助计划"启动于2002年，是国家人力资源和社会保障部为进一步加大吸引留学和海外高层次人才工作的力度，按照原人事部《开展高层次留学人才回国资助试点工作的意见》有关要求开展的一项重要工作。"高层次留学人才回国资助计划"重点就我国急需发展的信息科学、生命科学、新材料、新能源、现代制造业、航空航天等领域，以及关系国计民生或有重要影响的行业，每年资助10名左右回国工作的高层次留学人才。资助额度为每人60万元，其中中央财政30万元，地方配套30万元。自2011年起，人社部在北京、上海、重庆、江苏、山东、江西等省市和工信部、农业部、卫生部、国资委等部委开展试点工作。

"高层次留学人才回国资助计划"的申报条件为：

（一）具有中国国籍；

（二）在海外（国外、境外）获得博士学位；

（三）有2年以上在国外跨国公司、国际组织、著名高校、科研院所等从事工程技术、教学、科研、管理等工作经历，并担任公司高级管理职务或具有相当于副教授（副研究员）以上专业技术职务，取得显著成绩，或拥有较好产业化开发前景的专利、发明或专有技术；

（四）国家急需并能在国内每年稳定工作9个月以上；

（五）2014年1月1日以后回国工作；

（六）年龄一般在50周岁以下。

截至2016年底，"高层次留学人才回国资助计划"累计资助150多名高层次留学回国人才。

留学人员科技活动项目择优资助

"留学人员科技活动项目择优资助"由原国家人事部设立于1985年，是鼓励留学人员回国工作或以多种形式为国服务的重要举措，目前已经成为支持广大留学人员回国创业、开展科技创新、为国服务的重要措施，以及跟踪世界最新科技成果、实现科技成果转化的重要渠道。其目标一是适应留学人员回国工作发展需要，鼓励和吸引留学人员回国工作，发挥留学人员在经济社会发展和科技创新中的重要作用；二是资助新近回国的留学人员从事科技研究，支持留学人员从事重点攻关项目、技术改造项目、具有广泛应用前景的新技术研发项目等，为推动我国经济社会发展作出贡献；三是鼓励和支持海外留学人员短期回国开展合作研究、学术技术交流、考察、讲学等为国服务活动，实现智力回归。

"留学人员科技活动项目择优资助"申报条件包括：在外留学1年以上，学有所成，新近回国工作；取得硕士以上学位或获得中级以上专业技术职称；能独立主持研究开发工作，有培养发展前途；申报项目属于领先水平，具有应用开发前景，可产生良好的经济和社会效益。

"留学人员科技活动项目择优资助"申报类别分为重点、优秀、启动三类。其中，重点项目（10万—20万元）主要资助留学回国人员从事国家重点攻关项目、重大技术改造项目、具有广泛应用前景的技术创新等项目；优秀项目（5万—10万元）主要资助留学回国人员主持的省部级重点科技攻关或技术改造项目，或某一学科领域具有领先水平的研究开发项目；启动项目（2万—5万元）主要资助新近回国或即将回国的留学人员从事某一学科或技术领域的研究。

中国科学院

中科院"百人计划"

中科院"百人计划"由中国科学院于1994年启动，是我国最早实施的高目标、高标准和高强度支持的人才引进与培养计划。原计划在二十世纪的最后几年中，以每人200万元的资助力度引百余名海内外优秀青年人才，培养一批跨世纪的学术带头人。1994年，朱日祥、曹健林、卢柯等14人成为首批支持对象。1998年起，为适应改革发展的新形势，中科院对“百人计划”的定位和管理进行了优化和调整，随着“国内百人”“项目百人”等子项目的相继设立，逐步形成了适应不同科研活动人才需求、引才引智相结合的人才计划体系。2015年5月，根据近年来海外人才群体结构呈现的新特征，中科院启动了新的率先行动“百人计划”，由原来针对海外青年人才的单一层次的引进调整为分类分层引进海外优秀人才。其中，“学术帅才”项目针对海外领军人才的引进，“技术英才”项目针对工程技术人才的引进，“青年俊才”项目针对具有发展潜力的青年人才引进。对学术帅才，引入国际评估机制，支持每位学术帅才及其团队700万元人才专项经费和100万元基建经费；对技术英才，强化其与现有科研团队的融合，支持每位技术英才100万—200万元人才专项经费和60万元基建经费；对青年俊才，采用先期培养、择优支持的模式，即由中科院先期支持两年，支持科研经费80万元，两年后再进行综合评估，择优60%予以重点支持，支持每人200万元人才专项经费和60万元基建经费。

截至2016年底，中科院“百人计划”引进各类人才900多名。全院引进培养优秀人才2500余人，其中，620人入选国家“千人计划”，105人入选国家“万人计划”，300余人获得“国家杰出青年科学基金”。

中国科学技术协会

海智计划

“海外智力为国服务行动计划”（简称“海智计划”）由中国科协与35家海外科技团体于2003年12月共同发起，2004年2月正式启动实施，得到中组部、人事部（现人力资源和社会保障部）支持。“海智计划”旨在发挥桥梁纽带作用，加强与海外华人科技团体的联系，充分发挥海外人才和智力优势，发动全国学会和地方科协共同参与，为海外人才回国工作、为国服务搭建平台。“海智计划”和海外科技团体本着“团结奋斗，爱国奉献”的精神，遵循“平等、互利、开放、务实”的原则开展合作，通过开展多种形式的学术交流、项目合作、技术咨询、技术引进和专项考察等活动，为国家社会和经济建设贡献力量。

“海智计划”作为我国引智工作的重要组成部分，是国家“千人计划”的窗口之一，有力地配合了“千人计划”引进海外高层次人才工作，积极推动海外的专家、学者为我国的社会发展作出贡献。2016年，中国科协提出要着力打造新的海智计划2.0版本，拓展“海智计划”功能，将引导组织海外高端人才为国发展建言献策常态化机制化。

截至2016年底，“海智计划”联系的海外科技团体已从最初的35家增至百余家，遍及主要留学国家；聘请102名海外科技团体的代表作为中国科协海智专家；在全国建立起60个“海智计划”工作基地、5个国内离岸基地、1个海外离岸双创基地。

地方海外高层次人才引进计划

北京市

北京市“海外人才聚集工程”

2009年4月，中共北京市委出台《关于实施北京海外人才聚集工程的意见》，启动实施北京“海外人才聚集工程”（简称“海聚工程”）。“海聚工程”作为北京市聚揽海外高层次人才、打造人才之都的重要措施，经过不断完善和成长，已形成全职工作类、青年项目、短期项目、外专长期项目、外专短期项目、创业类、创业团队项目等七大类别。通过评审的人才，市政府将给予一次性奖励100万元人民币资助以及其他扶持政策。

截至2016年底，北京市“海外人才聚集工程”认定901名海外高层次人才，其中，233人入选国家“千人计划”，各国院士16人。全市拥有“两院”院士756名，国家“千人计划”专家1486名。

中关村“高端领军人才集聚工程”

2008年，北京市委、市政府出台《中关村高端领军人才聚集工程方案》（简称“高聚工程”）。计划围绕把中关村科技园区建设成为全国自主创新示范区和全球科技创新中心的目标，从2009年开始，用2到3年时间，聚集3至5个由战略科学家领衔的研发团队，分别建成具有国际一流水平的科学研究所（研究中心）；聚集50个左右由高端领军科技创新创业人才领衔的高科技创业团队；聚集20个左右由高端领军创业投资家和科技中介人才领衔的创业服务团队。入选人才将获得北京市委组织部、市公安局、市财政局、市人力社保局、市卫计委、中关村管委会等政府部门，提供的资金补助、居留与出入境、进口税收、医疗、住房保障等差异化政策支持。

2016年，中关村“高端领军人才集聚工程”有53名行业领军人才入选。截至2016年底，中关村“高聚工程”共分九批认定高端领军人才292人（团队），覆盖新一代信息技术、生物产业、节能环保等战略性新兴产业领域，初步形成了中关村示范区“高端引领、带动全局”的人才发展格局。

北京市海淀区“海英计划”

2011年，北京市海淀区政府出台《海淀区促进创新创业人才发展支持办法》，提出实施“北京市海淀区人才聚集和培育计划”（简称“海英计划”）。2012年7月，“海英计划”作为海淀区“1+10”政策体系之一正式发布并启动。计划配套1亿元人才发展专项资金，在战略性新兴产业领域重点引进一批高端创新、创业领军人才，加快培养一批青年英才，从项目、资金、生活等多个方面对入选人才给予有力的支持。入选“海英计划”的领军人才可享受最高30万元奖励、房租补贴、子女教育等支持；“青年英才”可获得30万元创业资金、股权投资等支持。

截至2016年底，“海英计划”累计认定“海英人才”518人。全区已聚集国家“千人计划”人才927人、北京市“海聚工程”人才267人、中关村“高聚工程”人才184人。

北京市朝阳区“凤凰计划”

2010年，北京市朝阳区委、区政府针对在文化创意产业、服务业、金融业等重点产业上高端人才缺口仍较大的问题，建立“1+2”海外人才工作体系，实施“凤凰计划”，每年投入3000万元用于对海外高层次人才创新创业的奖励和扶持。被认定的海外高层次人才每人可获20万元奖励，创业类高层次人才创办企业可获得50万元奖励，配套政策包括《朝阳区关于大力推进海外学人工作的实施意见》《朝阳区鼓励海外高层次人才创业和工作暂行办法》《望京留学人员创业园扶持办法》等，在创业资金、办公用房、贷款担保、市场开拓及教育、医疗等方面给予扶持。

截至2016年底，“凤凰计划”共分七批认定157名海外高层次人才，资助优秀海归初创企业178家。

天津市

天津市“千人计划”

2009年12月，天津市委、市政府出台《天津市实施海外高层次人才引进计划的意见》和《天津市引进创新创业领军人才暂行办法》，启动实施天津市“千人计划”。计划从2009年起，用5到10年时间，在全市重点创新项目、重点学科和重点实验室、企业和商业金融机构、以高新技术产业开发和成果转化为主的各类园区等领域，引进并重点支持1000名左右能够突破关键技术、发展高新技术产业、带动新兴学科和新兴产业的国际一流科学家和科技创新创业领军人才，以及金融、文化、教育、社会工作、社会科学等领域业绩突出、知名度高的人才。对海外高层次创新人才资助每人人民币100万元、引进创业人才资助每人人民币300万元，并将颁发“天津市特聘专家”证书，提供相关优惠政策支持。2015年，天津市专门成立了引进人才服务中心，设立“千人计划”服务窗口，建立高层次留学人员“联系卡”制度，依托人才“绿卡”经办体系，进一步优化各项服务。

2016年，天津市“千人计划”有176人入选。截至2016年底，天津市“千人计划”共引进创新创业人才710人。全市拥有国家“千人计划”专家161名。

河北省

河北省“百人计划”

2009年11月，河北省委、省政府出台《关于实施海外高层次人才引进计划的意见》，启动实施河北省“百人计划”。计划从2010年起，用5到10年时间，主要围绕河北省“四大攻坚战”确定的工作目标，支持和引进100名左右能够突破关键技术、带动新兴产业、发展高新技术的海外高层次人才，重点引进河北发展战略性新兴产业和重点产业技术改造所急需的科技创新人才和高层次创业人才。对引进人才，实行“省级特聘专家”制度，省财政将给予每人100万元的经费资助，并在配偶安置、子女就学、解决住房、社会保障等方面给予支持。

2016年，河北省第七批“百人计划”有20名海外高层次创新创业人才入选。截至2016年底，河北省 “百人计划”共分七批引进103人。

山西省

山西省“百人计划”

2009年，山西省委出台《海外高层次人才引进计划实施意见》，相关厅局配套制定了《山西省引进海外高层次人才办法》，启动实施山西省“百人计划”。计划从2009年开始，用5到10年时间，在国家和省重点创新项目、重点学科和重点实验室、省属企业和商业金融机构、以高新技术开发区为主的各类创新创业基地等，引进并有重点地支持100名左右的高层次人才回山西创新创业，并建设10个左右海外高层次人才创新创业基地。省财政设立“山西省引进海外高层次人才专项资金”，每年拨付5000万元，各用人单位再配套5000万元，用于改善引进人才的工作和生活条件。对纳入“百人计划”的引进人才，给予每人100万元的资助，并作为“山西特聘专家”列入省委联系的高级专家队伍。2013年，山西省“百人计划”新增设青年项目、外专项目及合作建设项目3个子项目。至2015年底，山西省“百人计划”共分八批引进海外高层次人才353人，提前完成了预想的引才任务。

2016年，山西省“百人计划”暂停了申报评审工作，集中时间和精力对相关政策进行调整完善，发布了《关于调整山西省引进海外高层次人才“百人计划”相关政策的通知》《山西省引进支持海外高层次人才创业创新团队暂行办法》，进一步强化引进人员的工作实绩、发展潜力、创新能力等“软”条件要求，软化年龄、学历、职务等“硬”条件要求，同时提高各项目资助标准，适当拉大长期项目和短期项目在资助标准上的差距，以吸引更多长期项目人才。

内蒙古自治区

内蒙古自治区“草原英才”工程

2010年，内蒙古自治区开始实施“草原英才”工程。工程包括“两院”院士引进和培养工程、领军人才引进和培养工程等10个子项，由自治区党委组织部组织实施，围绕自治区科学发展大局，特别是优势特色产业发展的总体布局和趋势，用5年左右时间有计划、有重点、有针对性地引进一批海内外高层次领军人才和创业团队。同时，通过“以引进带培养，以培养促引进”的方式，加大高层次人才培养力度，全面提升自治区高层次人才队伍的自主创新能力，打造以呼和浩特、包头、鄂尔多斯“金三角”为中心区域的“草原硅谷”。2011年9月，自治区党委、自治区政府出台《内蒙古自治区“草原英才”工程若干政策规定（试行）》发布，在资金扶持、生活待遇、服务保障等方面，为各类人才在内蒙古创新创业提供有力支持和全方位服务。2013年5月，自治区党委组织部下发《关于进一步推进“草原英才工程”的实施意见》，提出要组织实施好“三大平台”建设和“十大百人计划”，每年新增培育“草原英才”150名，每年力争入选中央“万人计划”3人，入选国家“千人计划”3人。在人才资金方面，内蒙古自治区进一步加大投入力度，“草原英才”专项资金从2010年启动时的每年3500万元增长到2016年的近1亿元，各盟市人才专项资金陆续投入近10亿元。

截至2016年底，“草原英才”工程共培养引进“草原英才”1017名、产业创新创业人才团队496个，建设高层次人才创新创业基地77个。其中，有13人入选国家“千人计划”，13人入选国家“万人计划”，4人入选教育部“长江学者”。

辽宁省

辽宁省“十百千高端人才引进工程”

2008年，中共辽宁省委组织部发布《关于辽宁省实施“十百千高端人才引进工程”的意见》，重点围绕辽宁优先发展的重点产业，面向在辽宁工作或有回辽宁工作意向的海外人员，重点引进数十名在国际学术技术界享有一定声望，为某一领域的开拓者、奠基人或对某一领域的发展有过重大贡献的著名科学家、世界一流的科技顶尖人才；引进数百名拥有高新技术成果，能够领办或创办高新技术企业，在国内同行业的综合竞争实力处于领先地位，具有承接重大项目研发、关键技术革新能力，并能领衔组建国内一流的科技创新团队科技领军人才；引进数千名拥有符合辽宁重点产业发展专有成果或技术，并具备成果转化和产业化能力，具有辽宁产业发展、项目建设急需的特殊专长的创新创业人才。对“十、百、千”三个层次的人才，将一次性给予20万—500万元的启动资金，提供落户、安排配偶工作和子女入学等方面的便捷服务，享受企业注册登记、项目申报等优先权及相关待遇。

截至2016年底，“十百千高端人才引进工程”共引进204名创新创业人才，包括“百人”层次人选55名，“千人”层次人选149名。

大连市“海创工程”

2008年9月，大连市出台《大连市关于实施海外学子尖端人才归国创业工程的意见》，启动实施“海创工程”。目标是通过5年努力，吸引50位海外学子尖端人才到大连兴办高新技术企业，从而优化全市产业结构，转变经济发展方式，增强城市核心竞争力。获得“海创工程”创业扶持资金立项的项目，最高可得到200万元创业扶持资金、200万元的创业投资、200万元的资金担保或贷款贴息；项目承担企业可获得连续3年免租金提供100平方米的办公场地，并为海外学子尖端人才提供连续3年免租金100平方米的生活公寓，优惠价格租用1000平方米的生产厂房等政策扶持。

2016年，“海创工程”第七批有30个项目入选。截至2016年底，“海创工程”共引进海外高层次人才115名，其中，51个项目获得7520万元政府资金支持，24人入选国家“千人计划”。

吉林省

吉林省“高层次创新创业人才引进计划”

2009年，吉林省委、省政府相继出台《引进高层次创新创业人才实施办法》《引进人才服务与管理暂行办法》等政策文件，启动实施“高层次创新创业人才引进计划”。对于引进的创办科技型企业的创业人才，由省财政给予每人（团队）不低于100万元的一次性资助，由落户园区提供不少于200平方米工作场所和不少于150平方米住房公寓，3年内免收租金，并在资助资金、薪酬待遇、办公场所、股权分配、企业注册、财税金融、配偶就业、子女入学等11个方面提供政策支持。

截至2016年底，吉林省“高层次创新创业人才引进计划”共入选人才276人，其中，85人入选国家“千人计划”。

上海市

上海市“千人计划”

2010年，上海市委、市政府出台《上海市实施海外高层次人才引进计划的意见》，启动实施该市“千人计划”，力争用5到10年时间，围绕国家重大战略和上海重点发展战略目标的人才需求，引进一批紧缺急需的海外高层次人才。上海市“千人计划”包括创新人才长期项目、创新人才短期项目、创业人才项目和“外专千人计划”项目。对入选人才，将授予“上海特聘专家”称号，至少可获得100万元的项目资助，并可享受居留和出入境、落户、资助、医疗、保险、住房、税收、配偶安置、薪酬、通关、子女就学、优化服务等12个方面的特定生活待遇。

截至2016年底，上海市“千人计划”共有798名海外高层次人才入选。全市留学人员已达14万余人，留学人员在沪创办企业4900余家，注册资金超过7亿美元，拥有国家“千人计划”专家894名。

上海市“浦江人才计划”

上海市人力资源和社会保障局和市科委设立于2005年设立“浦江人才计划”，每年出资4000万元（后增至4750万元），向回国的留学人员提供工作创业启动资金支持。根据实际情况，来沪工作创业的留学人员按照创业项目类别可以获得5万至50万元的资助。

截至2016年底，上海市“浦江人才计划”累计资助3073名留学人员（团队）。

江苏省

江苏省“双创计划”

2006年12月，江苏省委、省政府出台《关于加强高层次创新创业人才队伍建设的意见》，启动实施江苏省“高层次创新创业人才引进计划”（即“双创计划”）。计划从2007年开始，省财政每年投入2亿元（2010年增至4亿元）专项资金，围绕江苏省优先发展的重点产业，每年面向海内外引进200名左右高层次创新创业人才或团队，着力打造一批竞争优势明显的高新技术产品群和企业群。“双创计划”经过10年发展，目前包括双创人才、双创团队和双创博士三大项目。双创人才项目分为创业、企业创新、高校创新、科研院所创新、卫生创新、文化创新、高技能创新等7个类别；双创团队项目分为科技、战略性新兴产业、软件和互联网、教育、现代农业、服务外包、卫生、诺贝尔奖获得者、外国院士、“千人计划”研究院等10个类别；双创博士项目分为创业、企业创新、企业博士后、县级医院创新、世界名校、科技副总、产业教授指导博士等7个类别。在支持政策方面，对入选的双创人才，3年内省级财政给予50万元或100万元的创新创业资金资助，其中用于补助个人的不得低于30%，并不得抵扣工资待遇。对入选的双创团队，在已获得各相关主管部门给予300万元至3000万元的项目经费资助基础上，3年内省级财政给予300万元至800万元的人才经费资助。如属世界一流水平的双创团队，或属由省政府直接组织建设的省级重大科技创新平台急需引进的团队，采取一事一议、特事特办的方式，给予特别支持。此外，对入选的人才或团队，优先推荐申报国家“千人计划”“万人计划”，优先推荐申报省“科技企业家培育工程”“333工程”等计划，优先向金融机构、担保公司、风险投资公司推荐融资项目，享受省各地、各部门制定的引进高层次人才相关优惠政策和待遇。同时，按照国家、省引进高层次人才有关政策，为引进的高层次人才提供工作条件、签证、落户、医疗、保险、税收、配偶安置、子女入学、驾照转换等方面支持与服务。

2016年，江苏省“双创计划”资助双创人才420名、双创团队50个、双创博士535名。截至2016年底，江苏省“双创计划”共分十批资助创新创业领军人才3551名，已成为江苏人才工作的品牌工程。

南京市“创业南京”人才计划

2011年，南京市委、市政府出台《领军型科技创业人才引进计划实施细则（试行）》，启动实施“321人才计划”。计划用5年时间，引进3000名领军型科技创业人才，重点培养200名科技创业家，加快集聚100名国家“千人计划”创业人才。截至2014年底，南京市“321人才计划”分六批共引进领军型科技创业人才2551人，注册企业2336家。入选人才中，96%以上是硕士和博士，包括147名国家“千人计划”专家和144名江苏省“双创计划”人才。

2015年11月，南京市委、市政府出台《关于“创业南京”人才计划的实施意见》。计划在“十三五”期间，聚焦创新型、服务型、枢纽型、开放型、生态型的“五型经济”主攻方向，重点集聚100名科技顶尖专家、培育200名创新型企业家、引进3000名高层次创业人才、引领20000名青年大学生创业，打造具有国际影响和独特优势的产业科技人才高地。其中，“高层次创业人才引进计划”作为“321人才计划”的改进升级版，将从2016年起，用5年时间，以区（园区）为主体，引进扶持3000名高层次创业人才，市级层面从中择优遴选并重点扶持1000名高层次创业人才。引进人才通过区（园区）遴选认定的，由区（园区）给予不少于50万元初创扶持；通过市级遴选认定的，由市财政再给予100万元扶持。根据人才发展和项目运营实际需要，提供100平方米左右的创业场所和100平方米左右的人才公寓，3年内免收租金，或给予租金补贴。同时，在政务服务、市场服务、金融支撑、科技服务、创业辅导、首购首用、人力资源、税收优惠、生活配套等九个方面提供配套服务。

2016年，南京市出台《科技顶尖专家集聚计划实施细则》《创新型企业家培育计划实施细则》《高层次创业人才引进计划实施细则》《青年大学生创业引领计划实施细则》《“创业南京”人才计划目标任务考核办法（试行）》“4+1”文件，为科技顶尖专家、创新型企业家、高层次创业人才和青年创业大学生这四类人才在南京创业提供差异化个性化扶持。

2016年，“创业南京”人才计划首批入选253人，包括13名科技顶尖专家、55名创新型企业家和185名市级高层次创业人才。13名科技顶尖专家中，有1名中科院院士、2名国家“千人计划”特聘专家和10名国家“万人计划”领军人才。55名创新型企业家中，所创企业2015年度销售收入超1000万元的有34家，占总数的62%。高层次创业人才引进计划中，共有3187人申报，185人入选市级计划。其中，具有海外学习和工作背景的81人，占总数的43.8%；博士学位98人，占总数的53%，总体呈现较高学历层次和国际化程度。另有565人入选区级高层次创业人才计划。

无锡市“太湖人才计划”

2006年5月，无锡市委、市政府启动实施“530”计划。计划在5年内引进不少于30名领军型海外留学人才到无锡创新创业。2008年，无锡市推出“后530”计划，2009年推出“泛530”计划，实施无锡市“千人计划”，相继出台20多个“530”计划配套文件，并提出打造集聚高层次人才、培育高新技术产业、发展高端服务业、具有高品质人居环境的“东方硅谷”。2012年，无锡市委出台《关于深化“530”计划，建设“东方硅谷”的意见》《关于推进“东方硅谷”建设的意见》，通过深化实施“530”计划，大力引进国际国内顶尖人才、科技创业领军人才、中介服务领军人才、科技创新领军人才、社会事业领军人才，加快“东方硅谷”建设步伐。截至2013年底，无锡市“530”计划累计注册企业1840家，吸引各类人才1.6万多人。其中，有1193家“530”企业正常运行，集中于新兴产业领域，总注册资本81.3亿元。“530”企业创业者入选国家“千人计划”78人，占全市引进和培育国家“千人计划”的75%；入选江苏省“双创计划”224人，占全市省双创人才的81%。

自2014年起，无锡市“530”计划结合“东方硅谷”建设，将人才引进重点转向引进国际国内顶尖人才、社会事业领军人才、中介服务领军人才、高级经营管理人才以及企业柔性引进外国专家、海外智力。2015年，无锡市开始酝酿新的“太湖人才计划”。

2016年5月，无锡市发布《关于实施“太湖人才计划”打造现代产业发展新高地的意见》，“太湖人才计划”启动实施。计划重点支持引进、培育产业升级创新领军人才、企业经营管理领军人才、先进制造技能领军人才、新兴产业创业领军人才、生产性服务业领军人才和优秀大学毕业生等6类产业发展人才，全力打造以“智能化、绿色化、服务化、高端化”为核心内涵和鲜明特征的现代产业发展新高地。其中，对到无锡自主创业、兴办企业的科技领军人才，将给予最高1800万元的资助。2016年9月，“太湖人才计划”项目正式启动申报。

徐州市“彭城英才计划”

2009年7月，徐州市委、市政府出台《关于加强高层次创新创业人才队伍建设的意见》，启动实施“高层次创新创业人才引进计划”（即“彭城英才计划”）。计划在5年内，重点围绕该市优先发展的重点产业、重大项目和具有竞争优势领域，至少新引进10个高水平创新创业团队、100名创新创业领军人才、500名高层次创新创业紧缺人才。2014年，徐州市出台《徐州市高层次创新创业人才引进计划实施办法》，对全市高层次人才引进的对象条件和相关扶持政策进行了明确，在科技、融资、学术、生活、税费减免等方面提供集成扶持。对引进的创新创业团队，经省评审认定，按不同层次给予300万—3000万元项目经费支持，同时给予团队领军人才和核心成员50万—200万元的资助。创业领军人才给予不低于200万元项目资金资助。全职引进创新领军人才给予不低于100万元项目资金资助；非全职引进创新领军人才给予50万—100万元项目资金资助。高层次创新创业紧缺人才给予30万—100万元项目资金资助。同时，市级财政每年安排3000万元引导资金，联合其他创投机构成立“彭城英才创投基金”，对人才创业项目进行扶持。

截至2016年底，“彭城英才计划”共引进1600余名高层次人才，其中海外高层次人才900余名，国家“千人计划”专家70余名。

常州市“龙城英才计划”

2011年8月，常州市在全面完成两轮“千名海外人才集聚工程”目标任务的基础上，启动实施“龙城英才计划”。“千名海外人才集聚工程”是常州市在2006年9月开始实施的大规模领军人才引进工作，两轮共引进领军型创新创业人才467名，并带动引进了2000多名海外高层次人才，有12人入选国家“千人计划”，83人入选江苏省“双创计划”。“龙城英才计划”计划在未来5年，围绕重点培育和发展的新能源、新材料、高端装备制造、生物技术和新医药、节能环保、软件和服务外包、物联网和新一代信息技术等七大新兴产业，引进并大力支持1000名领军型人才，由此带动10000名各类高层次人才。同时，整合政府资源，撬动各类资本对创业企业进行聚焦式投资，重点支持200家领军型人才创业企业实施股权融资，助推创业企业加速发展。

2013年12月，常州市推出3.0版，投入6亿元资金面向全球邀请人才赴常州创新创业。计划到2015年末，累计支持300家由知名创投机构或该市重点企业首先股权投资、人才投资基金和人才引导基金跟进股权投资的领军人才创业重点企业加速发展，并有企业成功上市；到2020年，累计支持800家领军人才创业重点企业加速发展，并有一批企业成功上市，形成“龙城英才计划”上市板块，打造新兴产业领军企业集群。2015年12月，常州市委、市政府出台《关于深化人才工作体制机制改革，全力推进“龙城英才”创新创业的实施意见》，根据领军人才创业项目发展阶段性需求，构建“引进性资助、扶持性资助、激励性资助”相互支撑的分层分类支持体系。“龙城英才计划”领军人才创业企业注册落户后，除可给予最高300万元创业无偿资金资助和最高1000万元“股权+债权”资金扶持，创业成效显著、取得较好经济效益和社会效益的，还将择优给予最高150万元奖励。

截至2016年底，“龙城英才计划”共引进各类领军人才创业企业1600多家，全市拥国家“千人计划”专家17名，江苏省“双创团队”15个，江苏省“双创人才”266名，各类领军人才创业企业当年实现销售90.77亿元。

苏州市“姑苏创新创业领军人才计划”

2007年，苏州市政府出台《关于实施姑苏创新创业领军人才计划的意见》。计划重点根据苏州产业发展布局和新兴产业规划，在新兴信息、生物、新能源、高端装备制造、新材料、节能环保、新能源汽车等战略性新兴产业领域，以及现代服务业、现代农业等重点领域，引进带项目、带技术、带资金在苏州创新创业的领军型人才，对引进人才在安家补贴、科研经费、工作场所、风险投资、信贷风险补偿等方面予以资助扶持。

2010年3月，苏州市全面推进“姑苏人才计划”，“姑苏创新创业领军人才计划”纳入“姑苏人才计划”体系。计划5年内择优资助1000名领军人才，对于创新创业领军人才，将给予50万—250万元的安家补贴；根据创业项目的规模和进度，给予100万—400万元的科研经费资助；提供不少于100平方米的工作场所并免3年租金；提供最高500万元的担保融资贷款、30万元科技保险费补贴、50万元贴息资助等。

截至2016年底，“姑苏创新创业领军人才计划”已累计立项资助高层次人才（团队）805人。全市人才总量和高层次人才数量连年保持快速增长，拥有国家“千人计划”专家219名，其中，创业类120名，位居全国大中城市首位；江苏省“双创人才”579名，连续九年位居全省第一。

南通市“江海英才计划”

2009年，南通市委、市政府出台《关于大力实施人才强市战略的意见》和《关于实施江海英才计划的意见》，启动实施引进高层次科技领军人才及团队的“江海英才计划”。计划5年内，面向海内外引进100名高层次创业领军人才、1000名工程技术关键人才、10000名紧缺专业人才。引进人才可根据条件给予50万—500万元的项目启动资金、20万—150万元的购房补贴、3年内每月1000—5000元的生活津贴；对落地创业人才3年内免费提供不少于200平方米创业场所，并给予投融资、家属就业、子女就学等多方面的优惠。对特殊优秀人才，还可采取一人一议的灵活引才政策。此外，设立了江海杰出英才奖、留学回国人员成就奖、高技能人才成就奖，分别给予100万元、20万元、10万元奖励。

截至2016年底，“江海英才计划”共分九批资助高层次创新创业人才（团队）251人。全市拥有国家“千人计划”专家120名、江苏省“双创人才”260名、“双创博士”202名，39位院士在南通建立院士工作站，区域人才综合竞争力保持江苏江北第一。

连云港市“港城人才计划”

2009年，连云港市委、市政府出台《加快引进高层次人才实施办法》和《关于实施创业创新领军人才集聚工程的意见》，启动实施“高层次创新创业领军人才集聚工程”。计划在5年时间里，采用招聘、调动、特聘等多种引进方式，从海内外高校、科研院所、世界500强企业和国内知名企业，引进500名左右高层次创业创新人才，其中，创业创新领军人才不少于50名。截至2015年底，“高层次创新创业领军人才集聚工程” 累计支持86个领军人才项目。

2016年，为进一步推进高端人才引进，连云港市对“高层次创新创业领军人才集聚工程”进行改版升级，启动实施“港城英才计划”，增加了“双创博士”和“双创团队”两大人才项目，全面与国家“千人计划”、江苏省“双创计划”接轨。入选“港城英才计划”的高层次人才，可享受资金支持、项目推荐、配套服务等措施。其中，对入选的“双创人才”，给予30万—150万元的创新创业资金资助；对入选的“双创团队”，给予100万—300万元的人才经费资助；对入选的“双创博士”，给予15万元的创新创业资金资助。

2016年，“港城英才计划”共有68名海内外高层次人才入选，其中，“双创人才”11名、“双创博士”57名。

淮安市“淮上英才计划”

2013年2月，淮安市委、市政府出台《关于组织实施“淮上英才计划”的意见》。计划从2013年起，用3年左右时间，围绕淮安重点产业、重点领域和重点学科引进10个创新创业团队、100名创新创业领军人才、1000名创新创业急需人才。经认定的创新创业团队，按照不同层次给予资金支持。A类：由诺贝尔奖获得者，国内外科学院、工程院院士领衔的创新创业团队，每个团队给予2000万—3000万元项目经费资助；B类：国家“千人计划”人才团队及同等层次创新创业团队，每个团队给予1000万—2000万元项目经费资助；C类：经认定的其他创新创业团队，每个团队给予300万—1000万元项目经费资助。经认定的创新创业领军人才，给予30万—100万元项目资金资助，特殊人才一事一议。经认定的创新创业急需人才，给予不超过30万元项目资金资助。此外，给予融资、税收、住房、创业创所等方面支持，并协调解决引进人才的工作条件、签证、落户、医疗、保险、配偶安置、子女入学、驾照转换等问题。

2016年，“淮上英才计划”资助创业领军人才16名、创新领军人才48名；创业团队1个、创新团队6个。

盐城市“515”领军人才引进计划

2009年，盐城市委、市政府出台《关于加强创新创业领军人才队伍建设的意见》，启动实施“创新创业领军人才引进计划”，重点引进两院院士、国家重大科研项目的主持人、国家级学科带头人、高层次创新型人才、科技型创业人才等该市急需的领军型高层次人才及团队。对引进的领军人才，将给予每人（团队）100万—300万元创新创业资金资助，并优先推荐进入江苏省“双创计划”和“三三三高层次人才培养工程”。对领军人才领办、创办的企业实现税收增长50%以上的，3年内个人所得税地方留成全额返还。引进人才的单位提供不少于130平方米的租住房，同级财政一次性给予20万—50万元安家补助。2015年，盐城市出台“515”人才引进三年行动计划，计划从2015年到2017年，市县两级计划投入40亿元，每年引进5万名大学生、1万名专门人才和500名领军人才，“创新创业领军人才引进计划”相应升级为“515”领军人才引进计划。

截至2016年底，“515”领军人才引进计划累计引进各类领军人才689名，向领军人才（团队）发放资助资金8.7亿元，其中，15个单体获得1000万元资助。

扬州市“绿扬金凤计划”

2010年，扬州市委、市政府启动实施“绿扬金凤计划”，包括“百名创业创新领军人才引进计划”和“百名优秀博士人才集中招引活动”。计划在3年内，市财政每年设立1亿元人才专项资金，引进100名创业创新领军人才、100名优秀博士人才。对创业领军人才，按照重点推荐项目、优先推荐项目、一般推荐项目，分别给予300万元、200万元、100万元资助；对创新领军人才，分别给予150万元、100万元、50万元资助。对于优秀博士，到扬州企业工作的，给予每人6万元补助；到事业单位工作的，给予每人3万元补助。2013年底，扬州市集中出台“6+1”人才政策，深化实施“绿扬金凤计划”，在资金资助、金融支持、载体建设、住房保障、医疗保健、子女教育等方面加大支持力度。

截至2016年底，“绿扬金凤计划”先后资助创业创新领军人才（团队）417人、优秀博士716人，市县财政投入资金4.5亿元。全市拥有61名国家“千人计划”“万人计划”专家。

镇江市“金山英才计划”

2008年8月，镇江市委、市政府制定出台《镇江市引进培育创新创业领军人才三年行动计划》，启动实施“331计划”。计划用3年时间，引进培育30个领军人才团队和100名领军人才。市县两级财政共设立1亿元的专项资金，用于为领军人才提供创业扶持、安家资助和学术交流。截至2015年底，“331计划”共分八批引进资助559个人才（团队），带动引进海内外高层次创新创业人才2000多名，其中，国家“千人计划”专家89名、江苏省“双创计划”人才278人。

2016年2月，在“331计划”的基础上，镇江市正式启动实施“金山英才计划”。计划从2016年开始用5年时间，重点引进支持600名（个）以上产业发展领域的高层次领军人才（团队）。计划包括五个子计划：顶尖人才专项计划，重点引进和支持15名（个）左右顶尖人才（团队），可给予1000万元资金资助，特别突出的资助金额上不封顶；“镇江制造2025”领军人才计划，重点引进和支持240名（个）左右带技术、带项目、带资金的制造业领军人才（团队），分2年给予200万元或100万元的资金资助等；现代服务业领军人才计划，重点引进和支持150名（个）左右现代服务业领军人才（团队），分2年给予100万元或50万元的资金资助等；现代农业领军人才计划，重点引进和支持60名（个）左右现代农业领军人才（团队），分2年给予100万元或50万元的资金资助等；高技能领军人才计划，重点支持150名（个）左右高技能领军人才（团队），分2年给予20万元或10万元的资金资助等。同时，给予金融、税收等配套政策，并发放“金山英才卡”，提供医疗、子女就读、配偶就业等配套服务。

2016年，首批“金山英才计划”共有130人入选，其中，顶尖人才3人、“镇江制造2025”领军人才56人、高技能领军人才28人、现代服务业领军人才31人、现代农业领军人才12人。

泰州市“高层次创新创业人才（团队）引进计划”

2009年，泰州市出台《高层次创新创业人才引进计划实施办法》。计划用5年时间，围绕该市重点产业发展领域，引进100名左右高层次创新创业人才和人才团队。对引进的创业类人才项目，按照重点推荐项目、优先推荐项目、一般推荐项目，分别给予200万元、100万元和50万元的一次性资金资助；对创新类人才项目，按照重点推荐项目、优先推荐项目、一般推荐项目，分别给予100万元、60万元和40万元的一次性资金资助。重点推荐项目中特别优秀的，可突破最高资助标准。同时，给予场地、税收、金融、服务等方面政策支持。2015年，该计划更名为“高层次创新创业人才（团队）引进计划”，分为创业人才、创新人才、创业团队3个子项。

2016年，有90个人才（团队）入选泰州市“高层次创新创业人才（团队）引进计划”。

宿迁市“创业创新领军人才集聚计划”

2011年12月，宿迁市委、市政府出台《关于进一步加强创业创新领军人才引进工作的意见》，在原“宿迁市百名创业创新领军人才集聚计划”完成的基础上，继续扩大实施“创业创新领军人才集聚计划”。计划到2020年，全市引进创业创新领军人才1000名左右，其中进入国家和省级计划支持的领军人才300人，带动引进各类高层次人才2000名左右。对创业领军人才，分别按A类300万元、B类100万元、C类50万元给予创业启动资金；对创新领军人才，分别按A类150万元、B类50万元、C类30万元给予创新启动资金。自主创业领军人才项目企业注册以后，提供股权融资、贷款贴息担保、生产及办公用房、物业服务等支持。此外，引进的领军人才在住房、子女入园入学、医疗、保险等方面享受优惠政策。

2016年，有53个人才（团队）入选宿迁市“创业创新领军人才集聚计划”。截至2016年底，宿迁市“创业创新领军人才集聚计划”共引进资助领军人才（团队）256人。

浙江省

浙江省“千人计划”

2009年，浙江省委、省政府出台《关于大力实施海外优秀创业创新人才引进计划的意见》，启动实施“海外高层次人才引进计划”（即浙江省“千人计划”）。计划通过5到10年时间，引进并重点支持1000名左右能够突破关键技术、发展高新技术产业、带动新兴学科的学科带头人、科技领军人才和高层次创业人才，争取其中300名左右入选中央海外高层次人才引进“千人计划”。浙江省“千人计划”包括创新人才长期项目、创新人才短期项目（即“海鸥计划”）、创业人才项目和“外专千人”项目。对入选创新、创业和“外专”项目的，授予“浙江省特聘专家”称号，享受相应的工作条件和特定的生活待遇，包括给予一次性100万元的科学技术人才奖励，地方政府相应配套奖励；优先推荐参评国家“千人计划”及相关荣誉称号和各类奖励；发放《浙江省海外高层次人才居住证》并根据有关规定享有相应权益。对入选“海鸥计划”的，给予一次性50万元的省政府科学技术人才奖励，根据引进人才实际需要，可为其提供出入境、医疗、保险等方面优惠便利。

2016年，浙江省“千人计划”第九批有200人入选。截至2016年底，浙江省“千人计划”共有1684人入选。全省已累计引进海外人才10万多人，其中，国家“千人计划”专家662人，总人数居全国第4位，创业人才和外专人才数量居全国第一。

杭州市全球引才“521”计划

2010年，杭州市委、市政府出台《杭州市全球引才“521”计划实施意见》。计划从2010年开始，用5年时间，面向全球引进20个以上海外优秀创业创新团队，100名以上带着重大项目、带领关键技术、带动新兴学科的海外高层次创业创新人才。入选“521”计划的人才，将根据有关规定享受资助资金、人才住房、安家补助、医疗保健、社会保险、配偶安置、子女就学和永久居留或多次往返签证等相关政策待遇，优先推荐参评国家“千人计划”和浙江省“千人计划”。2016年，杭州市启动实施新一轮“521”引才计划。计划用5年时间，在全市重点创新项目、重点学科和重点实验室、企业和金融机构、以高新技术产业开发和成果转化为主的各类园区等领域，引进并重点支持200名左右能够突破关键技术、发展高新技术产业、带动新兴产业发展的海外高层次人才；每年引进10名左右拥有海外学习工作经历，在高等院校、科研机构、科技企业和金融机构从事创新工作的青年人才。

截至2016年底，杭州市全球引才“521”计划共引进221名创业创新人才。全市累计引进海外留学人才2.5万人，其中，国家“千人计划”专家341名，浙江省“千人计划”专家506名。

宁波市“3315计划”

2011年，宁波市委、市政府出台《关于实施海外高层次人才引进“3315计划”的意见》。计划从2011年开始，用5到10年时间，围绕“六个加快”战略部署，以各类开发区、科研机构和留创园、研发园、创意园等为载体，引进并重点支持一批海外高层次人才来甬创新创业，力争其中30名列入国家“千人计划”、300名列入省海外高层次人才引进计划、1000名列入市海外高层次人才引进计划，新增海外创新创业人才5000名。到2020年，在宁波市创新创业的海外人才突破10000名。对入选的海外高层次创新创业人才及其团队，将一次性给予100万元的创新创业资助，并可根据不同情况享受“一事一议”、家属子女安顿等方面的优惠政策。入选国家“千人计划”和浙江省“千人计划”的给予额外的配套资助，随同引进的团队成员最高给予100万元的资助。

截至2016年底，宁波市“3315计划”共引进358名海外高层次人才和120个高端团队，其中，198人入选国家“千人计划”、75人入选浙江省“千人计划”。

温州市“580海外精英引进计划”

2011年3月，温州市委、市政府出台《温州市“580海外精英引进计划”实施办法》。计划从2011年开始，用5年时间，将面向全球遴选80名左右能够突破关键技术、发展高新产业、推动创新发展的海外高层次人才，助力“十二五”发展。列入“580海外精英引进计划”的人才，将由温州市委、市政府授予“温州市特聘专家”称号，并给予30万元的专项人才奖励，以及创业资助、投融资支持等，并可在住房、技术和人力资本入股、随迁配偶安置、子女教育等方面享受有关优惠待遇。对入选国家、浙江省“千人计划”的，还将分别给予100万元和50万元的奖励。

截至2016年底，“580海外精英引进计划”共入选106人。全市入选国家“千人计划”专家27名、浙江省“千人计划”人才103名。

嘉兴市“创新嘉兴·精英引领计划”

2009年12月，嘉兴市委、市政府出台《关于加强创业创新人才队伍和创新团队建设的若干意见》《“创新嘉兴·精英引领计划”实施办法（试行）》和《嘉兴市重点创新团队遴选办法》，启动实施“创新嘉兴·精英引领计划”。计划从2010年起，用5年左右时间，引进培育100名具有省内、国内领先水平的嘉兴市创业创新领军人才，其中引进50名海外高层次人才，争取20名进入“省海外高层次人才引进计划”和国家“千人计划”。同时，打造100个左右嘉兴市重点创新团队，由此带动各领域建设一批不同层次、方向明确、结构合理、开拓创新、团结协作、特色鲜明的创新团队。对创业创新领军人才，一次性给予100万—300万元创业启动资金；对研发性项目落户地，提供不少于100平方米建筑面积的工作场所，3年内免收租金；对企业创办后3年内所得税形成的地方财政收入部分，全额奖励给企业用于研发或扩大生产。对重点创新团队，给予30万—100万元的创新资助。此外，将在子女入学、家属就业等方面给予优惠。

2016年，“创新嘉兴·精英引领计划”共有126个项目入选，其中，115个入选第七批创业类领军人才项目，9个入选第四批创新类领军人才项目，2个入选第四批高层次外国专家项目。截至2016年底，“创新嘉兴·精英引领计划”共有809个项目入选，其中，创业类764个、创新类38个、外专类7个，拨付各类启动和奖励资金达8.22亿元。在764个创业类项目中，已有558个在嘉兴注册，注册资本54.7亿元，其中，规上企业已达40家，销售收入超亿元企业20家，超千万元企业64家，上市挂牌企业9家。全市拥有国家“千人计划”专家170名，浙江省“千人计划”专家141名。

湖州市“南太湖精英计划”

2008年4月，湖州市委、市政府出台《关于推进创新团队和领军人才队伍建设的若干意见》，启动实施“南太湖精英计划”。计划用5年时间，重点在生物医药、环保节能、电子信息、新材料、新能源和现代农业等六大产业中引进一批带项目、带技术、带资金、具有自主创新能力的留学归国科技领军人才及其创新团队。给予领军型创业团队创业启动资金、领军型创新团队创新项目产业化配套资金扶持，其中A类300万元、B类200万元、C类100万元，注册企业可享受由落户县区提供的不少于100平方米的工作场所；给予创新领军人才创新项目产业化30万—100万元的配套资金扶持；给予创新领军人才短期项目10万—30万元的资助。同时，优先推荐申报国家“千人计划”“万人计划”、浙江省“千人计划”、省领军型创新创业团队、省院士专家工作站等各类人才科技计划，并按省财政奖励额度给予配套资助。入选领军型创新创业团队负责人和创新领军人才可享受“湖州服务绿卡”以及在子女入学、医疗保健、家属就业等方面的各项待遇。

截至2016年底，湖州市“南太湖精英计划”共引进领军型创业创新团队和人才已超过500个。

绍兴市“330海外英才计划”

2010年3月，绍兴市委、市政府出台《绍兴市“330海外英才计划”实施办法》。计划从2010年开始，用3年时间，在绍兴市六大传统优势产业和先进装备制造、新材料、生物医药、节能环保、新能源、新兴信息等战略性新兴产业，能够突破关键技术、培育高新产业、推动创新发展的海外高层次人才，争取有20名以上进入中央、省“千人计划”。对入选的海外高层次人才，将授予“绍兴市特聘专家”称号，享受相应的工作条件和特定的生活待遇。评审结果为A类、B类、C类的，分别给予500万、300万、100万元的创新创业启动资金；提供不少于200平方米的3年免租工作场所，或者给予相当于200平方米办公场所的租金补贴；落户后可按成本价申购100—160平方米的人才住房，或享受30万—100万元的购房补贴，或享受限期10年每年3万—6万元的租房补贴。此外，还可享受贷款贴息、永久居留或多次往返签证、落户、医疗保健、社会保险、子女就学等方面优惠政策和便利服务。

截至2016年底，“330海外英才计划”共引进签约落户海外高层次人才287名，其中，国家“千人计划”专家27名、浙江省“千人计划”专家51名。

金华市“双龙计划”

2010年，金华市启动实施“海内外英才引进计划”，鼓励高层次人才带技术、带成果、带资金到金华创业创新，对优秀创业项目给予最高500万元的资助。计划推出后，受到海内外人才热切关注，共引进落户18个领军人才项目。2012年底，为进一步加大人才引进力度，金华市委、市政府决定在原政策基础上，实施创业创新领军团队和人才引进“双龙计划”。计划用5年时间，每年投入至少1亿元资金，面向海内外集聚一批达到国际先进水平的科技创新团队、一批行业地位突出的创业创新领军人才、一批专业技术发展潜力较大的后备领军人才。对新兴产业带动明显的科技创新团队，最高可获2000万元资助；对引进的两院院士或相当层级的国际顶尖人才，奖励资助不少于1000万元。另外，在税收优惠、人才住房和其他配套服务方面，也将享受多项优厚待遇。

2016年，“双龙计划”入选人才项目48个，其中，创业人才项目30个、创新人才18名。截至2016年底，“双龙计划”共分四批引进创业创新人才项目154个。全市入选国家“千人计划”专家20名、浙江省“千人计划”专家58名。

台州市“500精英计划”

2011年9月，台州市委、市政府出台《关于扶持高层次人才创业创新的若干意见》及相关的配套政策文件，启动实施“500精英计划”。计划每年投入全市可用财力的1.5%，用5年左右时间，引进和扶持500名左右高层次人才到台州创业创新。计划实施5年来，已建成了产业经济、社会事业两大领域，创业、创新和紧缺三大类别，创业、创新长期项目、创新短期项目、紧缺和领军型团队等5个子类别的高层次人才引进体系。入选“500精英计划”的创业人才，项目正式落户并启动后，3年内按照A类、B类、C类三个层次，分别给予最高1000万元、600万元、400万元的项目启动资金资助，并享受个人待遇。入选创新带项目的人才，按照A类、B类、C类三个层次，分别给予100万元、50万元、30万元的科研经费资助，并享受个人待遇。入选领军型创新创业团队给予最高1000万元的经费资助，对具有国际顶尖水平的团队采取“一事一议”方式专题论证支持方式与额度。此外，入选人才还可按相关政策享受创业场所免租、贷款贴息、住房、医疗、子女就学等其他各项政策待遇。

2016年，“500精英计划”共认定193人。截至2016年底，“500精英计划”共引进创业创新人才484名，其中，入选国家“千人计划”28人，入选浙江省“千人计划”77人；创办“500精英”企业123家，企业注册资金达8.9亿元。

安徽省

安徽省“百人计划”

2009年8月，安徽省委、省政府下发《关于加强引进海外高层次人才工作的实施意见》，启动实施安徽省引进海外人才“百人计划”。计划用5到10年时间，引进并重点支持100名左右能够突破关键技术、发展高新产业、带动新兴学科的科技领军人才到皖创新创业。对入选“百人计划”的海外高层次人才，将授予“安徽特聘专家”称号，并在准入政策、税收政策、工作待遇、生活保障等各个方面，提供政策支持。

2016年，安徽省第六批“百人计划”有20名海外高层次人才入选。截至2016年底，安徽省“百人计划”共分六批入选122人。

合肥市“百人计划”

2011年1月，合肥市委、市政府出台《中共合肥市委关于深入实施人才强市战略的意见》《“百人计划”工程建设实施方案》系列文件，启动实施引进海内外高层次人才“百人计划”。计划从2011年起，用5年时间，围绕合肥市优先发展的支柱产业、高新技术产业和现代服务业，面向海内外引进该市急需紧缺的能够突破核心技术、发展高新产业、带动新兴学科的创新创业领军人才100名。对创新型领军人才给予30万—50万元资助，对创业型领军人才给予100万—300万元资助，并可享受居留和出入境、落户、子女入学、配偶就业、医疗保险等方面的政策待遇。

2016年，合肥市“百人计划”有32名高层次创新创业人才入选，其中创新类24人、创业类8人。截至2016年底，合肥市“百人计划”共分六批引进119名高层次创新创业人才。全市拥有“两院”院士102名、国家“千人计划”专家253名、安徽省“百人计划”专家97名，博士、硕士研究生总数近8万人。

福建省

福建省“百人计划”

2010年1月，福建省委、省政府出台《福建省引进高层次创业创新人才暂行办法》，实施“引进高层次创业创新人才计划”（简称“百人计划”），重点支持国内外高层次创业创新人才和团队到福建创业工作。

2013年3月，福建省委、省政府在“百人计划”基础上，实施“海纳百川”高端人才聚集计划。计划在未来5年内，省、市、县三级财政投入人才经费100亿元，实施福建省引进高层次创业创新人才“百人计划”，每年评选100名福建省引进高层次创业创新人才，分别给予入选省引才“百人计划”的团队300万元、海外人才200万元、国内人才100万元补助；实施留学人员来闽创业启动支持计划，对经评审确定的重点创业项目和优秀项目，分别给予一次性创业支持资金50万元和20万元，各设区的市给予配套支持；实施福建省特殊支持高层次人才“双百计划”，每年评选200名科技创业人才、科技创新人才、企业高级经营管理人才、百千万工程领军人才、青年拔尖人才、哲学社会科学领军人才等各类高层次人才，作为福建省特殊支持的高层次人才由省人才专项经费给予特殊支持。

2016年，福建省“百人计划”第五批入选高层次创业创新人才81名，包括海外引进创业人才10名、海外引进创新人才17名、国内引进创业人才12名、国内引进创新人才25名、短期项目人才17名；入选创业创新团队22个，包括海外引进创业团队8个、海外引进创新团队13个、海外引进短期项目团队1个。截至2016年底，福建省“百人计划”共分五批入选高层次创业创新人才435名、创业创新团队72个。

厦门市“双百计划”

2010年，厦门市委、市政府出台《厦门市引进海外高层次人才暂行办法》和《关于加快建设海西人才创业港，大力引进领军型创业人才的实施意见》，每年投入1.5亿元，计划用5到10年时间，引进100名海外高层次人才和300名领军型创业人才（即“双百计划”）。对引进的海外高层次人才，给予每人100万元补助，并在科研经费、职称评聘等方面给予支持；对引进的领军型创业人才，提供100万至500万元创业启动资金、100至500平方米的创业场所（五年免租金），并提供政府创投、贷款贴息等方面支持。同时，在住房、配偶就业、子女就学、社会保险等方面可享受优惠待遇。

2016年，厦门市第九批“双百计划”有151人入选，其中，拥有海外教育或工作背景的有86人，拥有博士学位的有76人。截至2016年底，厦门市“双百计划”共分九批评选出海外高层次人才和领军型创业人才790名。据统计，前八批已落地运营的“双百计划”人才创业项目快速成长，自2013年以来整体产值和销售收入年均增幅为42.5%，2016年产值达43.77亿元，各项经济和社会指标增长明显高于一般企业。“双百”企业累计吸引各类资本投入达41.42亿元，企业资产总额达62.07亿元，整体估值（市值）达700多亿元。

江西省

江西省“赣鄱英才555工程”

2010年，江西省委、省政府以培养高层次人才和急需紧缺人才为重点，启动实施“赣鄱英才555工程”。从2010年开始，在10年之内，实施“创新创业人才引进计划”，面向海内外引进500名左右急需紧缺的高层次人才到赣创新创业；实施“高端人才柔性特聘计划”，柔性引进500名左右具有国际先进水平、国内顶尖水平的高端人才为赣发展服务；实施“领军人才培养计划”，立足本省选拔并重点培养500名左右高层次创业创新人才。对入选“创新创业人才引进计划”和“领军人才培养计划”的人员，自然科学类人选分期给予每人100万—300万元人民币的项目资助，人文社会科学类人选分期给予每人10万—50万元人民币的项目资助；用人单位为引进人才提供不小于120平方米的住房（3年内免租金或提供相应租房补贴），并按不少于1：1的比例给予配套经费支持。对入选“高端人才柔性特聘计划”的人员，一次性给予用人单位30万—50万元人民币的项目资助，用人单位、主管部门和当地财政提供配套经费支持，用于改善引进人才的工作和生活条件。同时，为入选人才提供居留和出入境、落户、医疗、保险、税收、住房、配偶安置、子女就学等方面的服务。

截至2016年底，“赣鄱英才555工程”共分三批次入选675名创新创业人才和13个创新创业团队，累计投入资助经费达到4.25亿元。

南昌市“洪城计划”

2011年3月，南昌市委、市政府出台《南昌市建设“人才管理改革试验区”的十项举措》，启动实施“洪城计划”，面向海内外引进一批同时带项目、带技术、带资金、带团队的领军型创新创业人才到南昌创业。引进人才的创业项目经项目可行性、技术水平、市场前景、团队实力、财务评价等综合评审，可评定为A、B、C三类并按“三个一，三个三”的特殊政策给予特别扶持。“三个一 ”是指：每个创业项目的投资企业（公司）注册后一个月内，由企业注册所在县区提供不少于100平方米的创业场所免费使用三年，不少于100平方米住房公寓免费使用三年；由市政府按A、B、C三类分别给予创业启动资金100万元、70万元、50万元。“三个三”是指：属高新技术产品产业化项目且生产过程中流动资金不足的，由市、县区财政控股的担保公司按A、B、C三类分别提供不低于300万、200万、100万元的贷款资金担保；属科技开发项目并据投资需求，由市科技风险投资资金按A、B、C三类分别给予不低于300万、200万、100万元的创业投资；属技术成果入股投资项目的，技术成果可按注册资本不低于30%作价入股。

截至2016年底，“洪城计划”共引进人才项目68个，吸引各类创新创业人才200余人。

山东省

山东省“泰山产业领军人才工程”

2014年，山东省委、省政府出台《进一步完善提升泰山学者工程的意见》和《实施泰山产业领军人才工程的意见》，将“泰山学者”工程进行优化拓展，突出服务产业发展导向。该工程的主要目标是：到2020年，以各类企业、园区、产业基地等为依托，面向海内外引进培养1000名左右“高精尖缺”产业领军人才，集聚形成1000个左右产业人才团队。工程重点支持产业创新类、科技创业类、产业技能类三类领军人才，其中，计划支持400名左右带技术、带项目、带资金到山东省创办科技企业的领军人才，形成400个左右的创业团队，培育一批高成长性的科技人才企业。对入选产业创新类、科技创业类、产业技能类的每名产业技能人才或团队，将分别给予300万—500万元、100万—500万元、50万元的经费资助。此外，各级各有关部门将在项目立项等方面，对领军人才给予优先支持；在领军人才居留落户、子女入学、家属安置、医疗保健等方面，按省级高层次人才待遇提供便利条件；对领军人才落地创办的企业，给予经费、公共技术服务平台、办公场地、投融资服务等方面的支持等。

截至2016年底，“泰山产业领军人才工程”共认定领军人才354人。全省拥有国家“千人计划”专家达到205名，选聘“泰山学者”952名。

济南市“泉城5150引才倍增计划”

2009年，为吸引海内外优秀创新创业人才到济创业发展，济南市启动实施“5150引才计划”。计划用5年左右时间，面向海内外引进150名能够提高城市竞争力、推动高新技术产业发展的高层次创新创业人才。市财政设立每年规模为1亿元的人才引进专项资金，用于对引进人才的创业资助、科研补助、待遇补贴、住房安置、引进奖励等。截至2011年底，济南市“5150引才计划”共分五批引进高层次创新创业人才209名，提前完成计划目标。

2012年6月，济南市在完成“5150引才计划”目标任务的基础上，启动实施海内外高层次人才引进倍增计划（即“5150引才倍增计划”）。计划用7到8年时间，围绕创新型城市建设、发展现代产业体系和经济结构调整，大力引进海内外顶尖人才和创新科技型人才、产业领军型人才和能够支撑现代服务业、现代农业发展的急需紧缺高端人才。

2016年6月，济南市出台“泉城双创”人才计划。计划在“十三五”期间，将引进培育500名以上领军型创新创业人才、5000名以上重点产业重点领域紧缺人才，引领带动50000名左右各类优秀人才创新创业，加快构筑具有独特优势的区域性人才高地。该计划把加快引进创新创业高端人才列为首选，重点实施泉城5150引才倍增计划、泉城院士智力集聚计划、泉城高端外专计划和泉城重点产业紧缺人才集聚计划。泉城5150引才倍增计划将从2016年起，用5年时间，以各类企业、园区、产业基地等为依托，面向海内外重点引进并择优支持300名（个）左右“高精尖缺”领军人才（团队），着力打造拥有关键技术、引领新兴产业、带动转型升级的高端创新创业人才队伍。对入选的团队，市财政给予100万—1000万元资助，对入选的高层次人才，市财政给予50万—500万元资助，县（市）区（含济南高新区）给予配套资助。在享受经费资助的同时，符合政策的还可申请政府性创新创业相关资金（基金）支持。对全市产业发展能够产生重大影响、具有重大经济社会生态效益的顶尖人才（团队），经认定，可给予最高5000万元特别支持。

2016年，“泉城5150引才倍增计划”引进创新创业人才（团队）94名（个）。截至2016年底，“5150计划”共分九批引进高层次创新创业人才505名，其中，市属单位入选国家“千人计划”和“万人计划”专家43人、山东省“泰山学者”和“泰山产业领军人才”108人。

青岛市“创业创新领军人才计划”

2012年，青岛市委、市政府制定出台“青岛英才211计划”及16项引才子计划，分高端人才、重点人才和支撑人才三个层次实施百万人才集聚行动，力争用10年时间，使全市人才资源总量突破240万人。青岛市“创业创新领军人才计划”作为其中的高端人才计划，计划围绕新一代信息、新医药、新能源、新材料、高端装备、现代服务业、海洋产业等我市优先发展的重点产业，引进培育并择优资助2000名能够突破关键技术、发展高新技术产业、带动新兴学科和新兴产业发展的创业创新领军人才。

2014年7月，青岛市科技局、市委组织部、市财政局联合制定了《青岛市科学技术局创业创新领军人才计划实施细则（试行）》，对“创业创新领军人才计划”的实施作出了进一步明确。根据入选青岛市“创业创新领军人才计划”的领军人才的创业创新水平及业绩、项目可行性、市场前景、预期经济社会效益、依托单位保障能力等评审结果，将分别给予50万—400万元项目经费和30万—100万元安家补贴经费支持，以及提供办公用房、人才公寓、“一卡通”服务、入选国家“千人计划”和山东省“泰山学者海外特聘专家”的配套资金等相关政策支持。

2016年，青岛市“创业创新领军人才计划”第三批有46人入选，包括12名创业领军人才和34名创新领军人才。截至2016年底，青岛市“创业创新领军人才计划”分三批累计入选187人。全市拥有国家“千人计划”专家140人，山东省“泰山学者”115人。

淄博市“淄博英才计划”

2014年，淄博市委、市政府出台《淄博英才计划实施办法（试行）》，启动实施“淄博英才计划”，与山东省“泰山产业领军人才工程”相互衔接。计划到2020年，以企业为主体，围绕新材料、精细化工、新医药、新能源和节能环保、汽车及机电装备、电子信息等战略性新兴产业以及现代服务业、现代农业发展，引进并重点支持60名左右高层次科技创新人才、60名左右高层次科技创业人才。对入选人才作为项目负责人承担的科技创新项目，一次性给予30万—50万元科研成果产业化配套资金，从市级应用技术研究与开发专项资金中列支；优先纳入市产业发展基金扶持范围，以阶段性股权投资等方式对入选人才所在的企业给予支持；入选人才所在企业优先享受一次性创业补贴、创业岗位开发补贴；根据企业实际需求，由企业注册所在区县负责提供不少于100平方米的办公及研发场所和不少于100平方米的住房租赁使用，3年内免收租金。

截至2016年底，“淄博英才计划”共分两批引进海内外高层次人才41人。全市拥有国家“千人计划”专家18人，山东省“泰山学者”和“泰山产业领军人才”52人。

枣庄市“枣庄英才集聚工程”

2014年12月，为进一步加强人才工作，更好地激发高层次人才创新创业活力，引领产业转型升级，枣庄市出台《关于实施枣庄英才集聚工程的意见》。计划用5年时间，投入1亿元，在重点产业和科技创新领域，面向海内外引进培养100名左右能够突破关键技术、发展高新技术产业、带动新兴产业和新兴学科的创新创业领军人才，包括科技创业类、产业创新类、学术研究类人才及团队。其中，对入选的科技创业人才及团队，将给予50万—300万元的经费资助，并在项目立项、政府采购、科技项目以及分配激励等方面优先保障。对全市产业发展产生重大影响，具有重大经济社会生态效益的领军人才及团队，经认定，可实行特事特办、一事一议，给予特别支持。2015年9月，首批“枣庄英才”启动申报。

2016年9月，经评审考察，共有24人被评为首批“枣庄英才”。其中，科技创业类5人、产业创新类6人、学术研究类1人，以及国家和省级重点人才工程入选者12人，共计发放资助1260万元。

烟台市“双百计划”

2009年7月，烟台市委、市政府出台《关于实施高端人才引进“双百计划”的意见（试行）》。计划在未来5年内，围绕实施山东半岛蓝色经济区、胶东半岛高端产业聚集区和黄河三角洲高效生态区建设等“三大战略”，突出重点产业发展、关键领域突破和科技创新需要，面向海内外引进100名高端创新人才、100名高端创业人才，其中海外优秀人才30名以上。

2015年12月，烟台市出台《关于深化拓展高端人才（团队）引进“双百计划”的意见》，对“双百计划”进行升级。根据《意见》，将围绕战略性新兴产业领域和现代服务业领域，引进100名高端创新人才和100名高端创业人才，围绕蓝色产业重点领域，引进30个蓝色产业领军人才创新团队和创业团队。入选高端创新创业人才，最高可获得600万资金支持。入选蓝色产业领军人才团队的，给予300万—600万元团队资助。此外，为入选的高端人才（团队）办理“烟台优才卡”，提供配偶安置、子女入学、医疗保健、居留与出入境、人才联谊等配套服务。对烟台科技进步、产业升级具有重大拉动作用的高端人才（团队），可一事一议，进一步加大支持力度。

2016年，有46人入选烟台市“双百计划”。截至2016年底，烟台市“双百计划”共有高端创新创业人才（团队）166人入选。全市拥有国家“千人计划”专家70人，山东省“泰山学者”和“泰山产业领军人才”120人。

潍坊市“鸢都产业领军人才（团队）工程”

2010年2月，潍坊市委、市政府出台《潍坊市高层次创新创业人才引进扶持计划》。计划用5年时间重点引进和扶持100名左右高层次人才到潍坊创新创业。截至2015年底，潍坊市“高层次创新创业人才引进扶持计划”共分五批引进扶持114人，发放补助累积11400万元。

2016年3月，潍坊市启动实施鸢都产业领军人才（团队）工程，立足围绕该市构建“1669”现代产业体系人才需求，加快集聚一批具有国内外一流水平、能够突破关键技术、解决企业重大难题、增强企业自主创新和科技转化能力、引领和带动产业转型升级的“高精尖缺”领军人才（团队）。到2020年，力争引进培育鸢都产业领军人才（团队）500名（个）左右，其中引进国内领先、国际先进的顶尖人才（团队）20名（个）左右，引进培育国家级产业领军人才（团队）100名（个）左右，省级产业领军人才（团队）150名（个）左右，市级产业领军人才（团队）250名（个）左右。对新引进被认定为国内领先、国际先进的顶尖人才，依据综合评估结果给予项目500万—2000万元的经费资助；对新引进被认定为国家级产业领军人才的，在分别享受国家和山东省相关政策的基础上，市财政再按每人100万元给予项目经费资助。对市级产业领军人才团队给予300万元项目经费资助，对产业创新类、科技创业类领军人才给予100万元项目经费资助，对产业技能类领军人才给予20万元项目经费资助。同时，给予融资支持和其他政策待遇。

2016年，共有50人认定为鸢都产业领军人才（团队）。

济宁市海外人才引进“511”计划

2010年2月，济宁市委、市政府出台《关于实施海外人才引进“511”计划的意见》。计划从2010年起，用5年左右的时间，重点引进100名领军科研型、领头创业型、领办项目型海外高层次人才，着力打造100个高层次人才创新创业平台，力争海外人才总体引进数量达到1000人的规模。对人才带项目到济宁创新创业的，综合科技含量、市场前景、风险评估等因素，进行百分制评分，按A、B、C三个等级，由市财政分别给予100万元、60万元、30万元的创新创业启动资金。其中，创业人才所带项目属关键领域核心技术，开发价值特别重大的，给予300万元资金扶持或按个案专项扶持。此外，还可享受贷款贴息、财政补贴，优先推荐申报国家、省科研项目等其他优惠待遇。

2016年，济宁市海外人才引进“511”计划有18人入选。截至2016年底，共分五批引进91人。

河南省

河南省“百人计划”

2009年6月，河南省委、省政府出台《关于引进海外高层次人才的意见》，启动实施河南省海外高层次人才引进计划（简称河南省“百人计划”）。计划用5到10年时间，在国家和省重点创新项目、重点学科和重点实验室、重点企业和地方商业、金融机构、以高新技术产业开发区为主的各类园区引进并有重点地支持120名左右能突破关键技术、发展高新产业、带动新兴学科的领军人才到河南创新创业。入选人才可获得每人120万元的一次性奖金资助，入选国家“千人计划”的，同时享受国家100万元一次性补助，并在税费、医疗、保险、住房、配偶就业、子女教育等方面给予特殊保障。

截至2016年底，河南省“百人计划”共分四批引进41名海外高层次创新创业人才。

郑州市“智汇郑州·1125聚才计划”

2015年5月，郑州市委、市政府出台《关于引进培育创新创业领军人才（团队）的意见》，启动实施“智汇郑州·1125聚才计划”。计划用5年左右时间，投入40亿元，重点引进1000名掌握核心技术资源、具有较强创新创业能力的领军人才和高层次创新创业紧缺人才，100个领军型科技创新创业团队；培养200名具有国际化视野和持续创新能力、拥有核心自主知识产权的科技创业企业家；汇聚50名以上“两院”院士、国家“千人计划”等国内顶尖专家型人才。对引进的创新创业领军团队，经评审认定，按不同层次给予支持。国家最高科学技术奖获得者、“两院”院士领衔的创新创业团队，每个团队给予2000万—3000万元项目产业化扶持资金资助；国家“千人计划”“万人计划”专家领衔的团队或达到“千人计划”“万人计划”专家水平的创新创业团队，每个团队给予500万—1000万元项目产业化扶持资金资助；经认定的市级以上其他创新创业团队，每个团队给予100万—300万元项目产业化扶持资金资助。配套出台的“1+7”政策体系，内容涵盖创新创业人才引进、专项资金管理、科技创业企业家培育、激励分配机制以及引进人才服务保障等七大方面，是郑州市历史上含金量最高、分量最重、最有吸引力的人才政策。

截至2016年底，“智汇郑州·1125聚才计划”共入选29个创新创业领军团队、72名创新创业领军人才和紧缺人才，共计发放项目产业化扶持资金3.2亿元。全市拥有“千人计划”专家42名。

洛阳市“河洛英才计划”

2015年6月，洛阳市委、市政府出台《关于实施“河洛英才计划”加快引进创新创业人才（团队）的意见（试行）》。计划5年内拿出不少于20亿元，用于引进和培育创新创业人才（团队），力争组织引进创新创业团队50个以上，吸引500名以上高层次人才到洛阳创新创业，创办科技型创新型企业200家以上。创新创业人才（团队）包括领军型创新创业人才（团队）、高层次创新创业人才（团队）、紧缺型创新创业人才（团队），经综合评估项目预期产值、税收、就业等经济社会效益指标后，将按不同层次给予支持。其中，给予领军型创新创业人才（团队）不低于5000万元的启动资助；给予高层次创新创业人才（团队）不低于3000万元的启动资助；给予紧缺型创新创业人才（团队）不低于1000万元的启动资助。此外，在场地、税收、出入境、落户、住房安置、配偶就业、子女入学、医疗、市内旅游等方面享受优惠政策。

截至2016年底，“河洛英才计划”共分两批认定创新创业人才（团队）11个。

许昌市“许昌英才计划”

2016年4月，许昌市委、市政府出台《关于实施“许昌英才计划”的意见（试行）》，启动实施“许昌英才计划”。计划在“十三五”期间，设立不少于15亿元的“许昌英才基金”，实施引才聚才“5115工程”，围绕重点产业领域和社会经济发展领域，力争引进培育50个创新创业人才（团队），1000名高层次创新创业人才，创办市级以上创新型企业100家以上，引进培育500个优秀大学生创业项目，努力把许昌打造成为优势独特的产业科技人才高地。对引进的创新创业人才（团队），按领军型、高层次、紧缺型不同层级，分别给予不低于300万元、200万元、100万元的项目启动扶持资金，以及不低于3000万元、2000万元、1000万元股权投资基金，并给予融资扶持、风险补偿、场地支持等优惠政策。

2016年11月，“许昌英才计划”首批申报正式启动。

湖北省

湖北省“百人计划”

2009年6月，湖北省委、省政府出台《湖北省引进海外高层次人才实施办法》等配套人才引进措施，启动实施湖北省“百人计划”。计划用5到10年时间，从海外引进200名紧缺的高层次创新创业型人才，其中创业人才不低于50%，以为支撑中部崛起战略提供人才保证和智力支持。在资金支持上，将对入选的海外高层次人才一次性给予每人100万元或50万元的补助，对创业人员的部分研发项目和规模生产项目给予贷款贴息政策，并享受8项税收优惠政策，包括免征某些个人所得税以及减免某些企业所得税和营业税等。同时，授予“湖北省特聘专家”称号，在出入境、居留、子女入学等方面享受相关优惠政策。2014年，湖北省“百人计划”新增创业团队项目，给予每个团队200万—300万元资金扶持。

2016年，湖北省第七批“百人计划”有49名海外高层次人才入选。截至2016年底，湖北省“百人计划”共引进海外高层次人才437名。全省拥有海外高层次人才3200多名，国家“千人计划”专家346名。

武汉市“黄鹤英才计划”

2011年，武汉市委、市政府为推进人才强市战略，启动实施“黄鹤英才计划”。计划到2015年，引进和培养100名具有世界领先水平的领军人才，1000名具有国内领先水平的高层次创新创业人才。入选者在汉领办、创办企业或研发机构，择优给予创业扶持资金。对入选的领军人才，按项目给予300万—500万元的资金支持；对入选的高层次人才，按项目给予50万—100万元的资金支持；科技创新和科技创业人才每人可获30万元资助，知识产权人才每人获10万元资助，用于项目研究、人才培养、团队建设等；民营企业入选人才参加出国培训班，进高校、访外企。此外，入选者在汉创业活动给予当年度利息额25%的贷款贴息，贴息总额最高可达100万元；优先申报国家、省、市专家和政府津贴评选等。

2016年，“黄鹤英才计划”有80名高层次创新创业人才入选。截至2016年底，“黄鹤英才计划”共分四批入选229人。

襄阳市“隆中人才支持计划”

2009年4月，襄阳市委、市政府出台《关于实施隆中人才支持计划的若干意见（试行）》。计划通过创业资助、融资支持、科研资助、政府奖励、住房优惠等8个方面的优惠政策，引进和培育紧缺产业高层次人才和团队，对重点推荐项目、优先推荐项目、一般推荐项目分别给予企业300万元、200万元、100万元不等的创业启动资金；提供适宜工作场所免三年租金；对高新技术开发或产业化生产项目给予150万—300万元担保贷款，并在税收优惠、政府奖励、科技扶持等方面予以支持。

2016年，“隆中人才支持计划”有4个创新项目、11个创新团队入选，资助资金1330万。截至2016年底，通过“隆中人才支持计划”，襄阳市吸引聚集了300多名高层次创新创业人才，其中，国家“千人计划”专家6名，湖北省“百人计划”专家11名。

湖南省

湖南省“百人计划”

2009年，中共湖南省委人才工作领导小组发布《关于引进海外高层次人才的实施意见》，启动实施湖南省海外高层次人才“百人计划”。计划围绕湖南经济社会发展战略目标，用5年左右时间，在湖南省重点创新项目、重点学科和重点实验室、国家级科技合作基地、省属国有企业、以高新技术产业开发区为主的各类园区等，引进100名左右能够突破关键技术、发展高新产业、带动新兴学科的海外高层次人才。对引进的人才，省财政将按照每人60万元的标准给予资助，并发放《永久居留证》，同时通过由12个部门联合组成的引进海外高层次人才服务窗口对引进专家实行一站式服务，发放“一本通”服务手册，以全程代理方式办理居留、出入境、落户、配偶安置、子女入学、医疗、保险、住房、税收等各项政策待遇手续，及时帮助解决实际问题。

截至2016年底，湖南省“百人计划”共分七批引进海外高层次人才180名。

长沙市“3635”计划

2009年，长沙市开始实施《长沙市引进国际高端人才三年行动计划（2009—2011年）》（即“313”计划），计划从2009年起到2011年，3年内引进100名高端人才、30个高端人才团队。截至2012年底，长沙市“313”计划共有102人、17个高端人才团队入选，完成了计划任务。

2014年2月，长沙市制定和启动了新的《长沙市引进紧缺急需和战略性人才计划》（即“3635”计划），面向全球引进紧缺急需和战略型人才。计划用3年时间，支持鼓励以企业为主体的用人单位，在工程机械、汽车及零部件、生物医药、电子信息及现代物流、新能源及新材料、文化创意等6个重点产业领域，引进500名左右经济社会发展紧缺急需和战略型人才。其中，领军人才50名左右，高级经营管理和研发人才100名左右，专业技术骨干人才350名。在创业扶持方面，对入选“3635”计划的人才帮助协调融资贷款，并按同期银行贷款基准利率发生利息额的50%，给予每个项目不超过3年的贷款贴息；对带项目、专利创业的人才，还将进行跟踪评估和持续支持，对经评审成长前景好的项目，优先推荐享受科技、发改、工信等相关部门各类资金、人才项目支持。同时，制定了后续奖励政策，将根据人才发挥作用情况和入库税收增长情况，给予创业型企业和引进人才单位每年最高100万元的奖励。此外，高层次人才被引进后可享受安家补助、创业扶持和奖励政策，并可在落户通关、住房保障、子女就学、医疗服务、社会保险、配偶安置、居留和出入境等方面享受绿色通道待遇。

截至2016年底，长沙市“3635”计划为两批引进人才164名，包括领军人才29名、高级经营管理和研发人才88名、专业技术骨干人才47名，共拨付资助资金3820万元。

岳阳市“高层次创新创业人才引进计划”

2015年2月，岳阳市委、市政府出台《关于加强高层次创新创业人才引进工作的实施办法（试行）》，启动实施“高层次创新创业人才引进计划”。全职引进的领军人才、高级专业技术人才、高成长性优秀青年人才等高层次创新人才，将分别给予100万、50万、10万元的安家补助；柔性引进的领军人才和高级专业技术人才（每年在岳工作时间应不少于2个月），将分别给予50万、30万元的工作补助；全职引进的创新人才，还可享受为期3年的每人每月1000—3000元的生活补贴。对高层次创业人才（团队），最高可给予500万元的创业启动资金资助和连续3年、单个企业年度贴息总额不超过60万元的贷款贴息；创业人才从事科技开发活动的，最高给予100万元的科研资金补助。引进的高层次创新创业人才，在落户、配偶安置、子女就学、休假疗养等方面享受相关优惠政策。引进期间，在经济社会发展和财政增收方面为岳阳作出重大贡献的创新创业人才，给予最高可达100万元的政府奖励。

截至2016年底，岳阳市“高层次创新创业人才引进计划”共有17人入选。

广东省

广东省“珠江人才计划”

2008年，广东省出台《广东省引进创新科研团队评审暂行办法》《广东省引进领军人才评审暂行办法》，并于2009年11月首次面向海内外实施引进首批创新创业团队、领军人才工作，启动实施“珠江人才计划”。其中，对引进的世界一流水平、对广东省产业发展有重大影响、能带来重大经济效益和社会效益的创新创业团队，省财政给予8000万—1亿元的专项工作经费；对引进的国内顶尖水平、国际先进水平的创新创业团队，省财政给予3000万—5000万元的专项工作经费；引进国内先进水平的创新创业团队，省财政给予1000万—2000万元的专项工作经费。对引进的领军人才，省财政提供每人500万元专项工作经费和100万元住房补贴。

截至2016年底，“珠江人才计划”已分六批引进162个创新创业团队和122名领军人才。在“珠江人才计划”带动下，自2008年以来，全省留学回国人员总数达到12.74万人，累积引进海外人才5.8万人，其中，诺贝尔奖获得者、发达国家院士、终身教授等142人。

广州市“创新创业领军人才百人计划”

2010年9月，广州市委、市政府出台《关于加快吸引培养高层次人才的意见》，启动实施“创新创业领军人才百人计划”。计划用5到10年时间，面向海内外并重点面向海外，依托市科技重大专项计划、市级以上重点学科和重点实验室、市属企业和在穗金融机构、以高新技术产业开发区为主的各类园区等平台，引进扶持300名左右创新创业领军人才到广州创业发展；其中创业领军人才200名左右，其他各类创新领军人才100名左右。根据广州市扶持创业领军人才的政策，除享受住房补贴、子女入学、配偶就业、医疗保障、休假体检等高层次人才政策外，政府还将给予300万—500万元的创业启动资金；100—500平方米的工作场所，3年内免收场租；市属风险投资公司给予最高500万元的股权投资；产业化项目最高给予100万元的贷款贴息；特别优秀的留学回国创业人员，还将一次性给予30万—100万的安家费。

截至2016年底，有80人被评为广州市“创业创新领军人才”。全市留学回国人员总数达6.2万人，拥有国家“千人计划”专家216人、国家“万人计划”专家95人。

深圳市“孔雀计划”

2011年4月，深圳市委、市政府出台《关于实施引进海外高层次人才“孔雀计划”的意见》及5个配套文件。计划在未来5年，重点引进并支持50个以上海外高层次人才（团队）和1000名以上海外高层次人才到深圳创业创新，吸引带动1万名以上各类海外人才到深圳工作，并每年投入3亿—5亿元，用于海外高层次人才配套服务和创新创业专项资助。纳入“孔雀计划”的海外高层次人才，可享受80万—150万元的奖励补贴及居留和出入境、落户等特定待遇；对引进的海外高层次人才（团队），将给予最高8000万元的专项资助。

2016年，“孔雀计划”引进海外高层次人才632人，其中八成拥有博士学位。截至2015年底，“孔雀计划”累积认定海外高层次人才2407名，引进“孔雀团队”和广东省创新科研团队114个。全市拥有国家“千人计划”专家246名，居广东省内各市前列。

珠海市“蓝色珠海高层次人才计划”

2013年8月，珠海市委、市政府出台《关于“蓝色珠海高层次人才计划”的实施意见》。计划从2014年起，用5年时间，从海内外引进和培养60个掌握先进创新成果、拥有自主知识产权、产业化前景广阔的创新创业团队，500名在某一领域造诣较深、业内普遍认可且为该市急需紧缺的各类高层次人才来珠海创新创业，以此提升珠海市中高端产业竞争力。计划面向创新创业团队和高层次创新创业人才，扶持政策包括：项目经费扶持、优先推荐申报国家和省级计划、工作场地租金补贴、研发费用补贴、住房保障、工作津贴补助，以及补充养老保险和特定医疗保障等16个方面。其中，入选的创新创业团队可享受包括项目启动补贴、项目投资和担保贷款等最高2000万元的项目经费扶持；高层次人才的创业项目可享受包括创业补贴、创业投资和担保贷款等最高200万元的项目经费补贴。

截至2016年底，在“蓝色珠海高层次人才计划”的推动下，珠海已吸引超过6500名海外留学人员扎根，引进和培养国家“千人计划”专家49名，选拔珠海市高层次人才349名，入选广东省领军人才7人、省创新创业团队2个。

惠州市“天鹅计划”

2013年10月，惠州市发布《引进领军人才和创新团队“天鹅计划”实施方案》。计划从2013年起，力争5年内引进100名左右高水平的科技领军人才和30个以上具有省内领先水平以上的科技创新团队来惠创新创业，以进一步优化该市支柱产业和战略性新兴产业领域的人才队伍结构，提升企业自主创新能力。对被认定为第一类领军人才的，在到惠工作并签订资助协议后给予100万元一次性专项工作经费资助，对已入惠州户籍的给予50万元一次性住房补贴，在与用人单位签订的工作合同期内给予每月10000元人才津贴补助；对被评审确定为第一类（具有国际先进水平）科技创新团队的，在到惠工作并签订资助协议后分批给予共1000万元专项工作经费资助。

截至2016年底，惠州市“天鹅计划”共引进创新团队16个、领军人才36名。

东莞市“创新创业人才引进计划”

2009年5月，东莞市政府出台《关于加快引进创新创业领军人才的实施意见》。计划围绕东莞市“三重”建设、园区建设、特色区域建设需求，每年面向海内外，着重引进战略性新兴产业、先进制造业、优势传统产业、现代服务业、现代农业等产业领域，取得先进创新成果、拥有自主知识产权、产业化前景广阔的10名左右创新创业领军人才。对引进的创新领军人才，给予100万元创新启动资金扶持；已获立项支持的，项目实施2年后根据其营业额和税收、技术创新推进、行业带动、技术项目绩效等目标完成情况给予100万元创新奖励。对引进的创业领军人才，给予200万元创业启动资金扶持；已获立项支持的，项目实施2年后以其营业额和税收为主要指标，结合其高层次人才集聚、行业带动等目标完成情况给予最高300万元创业奖励。此外，创新创业领军人才在住房、医疗、社保、税收、通关、配偶安置、子女入学等方面享受特殊待遇。

2016年，东莞市成功引进11名创新创业领军人才。截至2016年底，东莞市“创新创业人才领军引进计划”累计引进创新创业领军人才58名，省市创新科研团队58个，其中，省创新科研团队数量31个。

广西壮族自治区

广西“八桂学者”计划

2010年，广西壮族自治区党委、政府出台了《关于加快吸引和培养高层次创新创业人才的意见》等“1+3”人才政策文件，实施“八桂学者”计划，重点和优先解决制约区域发展的高层次人才短板，并启动一批重大人才工程。计划到2020年，争取累计设置“八桂学者”岗位100个，引进和培养100名高层次领军人才，培育100个以上以“八桂学者”为核心、400—600名中青年科研技术骨干为中坚的高水平科研创新团队。“八桂学者”处于广西高层次人才开发“金字塔”格局中的塔尖部分，每两年面向海内外公开选聘一次，每轮聘期5年，实行动态管理。在科研经费上，广西自治区财政每年给每位“八桂学者”及其科研团队提供科研补助经费，自然科学类60万元，人文社科类20万元；每轮聘期设岗单位提供的科研配套经费，自然科学类不低于500万元，人文社科类不低于50万元，其中启动经费分别不低于200万元和20万元。在岗位津贴支持方面，每年给予每位全职“八桂学者”20万元税后岗位津贴，每年给予每位“八桂学者”所带科研团队提供20万元税后岗位津贴，由“八桂学者”根据团队成员实际贡献大小自主决定分配。在安家待遇上，对于从广西自治区以外引进的全职“八桂学者”，一次性给予100万元税后安家费（住房补贴）；区内受聘“八桂学者”，未享受房改优惠政策的，参照执行。

截至2016年底，广西壮族自治区共分三批从海内外聘任“八桂学者”67名，为全区重点产业、重大项目和重要科研创新平台以及优势企事业单位的发展提供了有力的人才支撑。

钦州市“520”计划

2012年11月，钦州市委、市政府出台《钦州市实施“520”计划引进领军型创业人才工作方案》。计划从2012年开始，力争用5年时间，围绕该市打造石化、装备制造两大千亿元产业和电子信息、新材料、新能源、生物技术等战略性新兴产业，以及中马钦州产业园区主导产业，力争引进领军型创业人才20名。对引进的每个领军型创业人才，给予“2个100、2个300”的重金资助政策，即资助不低于100万元的创业启动资金和提供不少于100平方米的创业场所，给予不低于300万元的创业风险投资和不低于300万元的融资担保。此外，还将提供产业政策、作价入股、场所支持、个税奖励等政策扶持，以及住房待遇和安家费补贴、配偶子女就业入学、落户、社保、居留和入境等方面生活扶持。

截至2016年底，钦州市“520”计划共引进领军型创业人才6名。

海南省

海南省“高层次创新创业人才计划”

2009年8月，为推进海南国际旅游岛建设，海南在全省范围内开展实施“海南省高层次创新创业人才”的申报和评审工作，申报评审对象主要有A、B两类创新创业人才。A类为自主创业型人才，指在符合海南省重点发展的优势产业或领域，以带技术、带项目、带资金的形式来海南省投资创办科技型企业的高层次人才；B类为创新型人才，指落户海南省的企事业单位所引进的掌握关键技术，能创建省级以上重点学科、重点实验室和工程技术研究中心，或能提升海南省重大创新项目、重点学科、重点实验室、工程技术研究中心以及企事业单位研发机构的技术研发水平和国际化管理水平的高层次研发人才、高级创意人才。通过评审、确认资格的受资助人才，将享受包括一次性拨给100万—200万元的创新创业启动经费在内的六项优惠政策、六项重点支持和六项优先服务，并享受妥善解决工作条件、签证、落户、执业资格、医疗、保险、税收、配偶安置、子女入学等方面的待遇。

截至2016年底，海南省“高层次创新创业人才计划”共认定11人。

重庆市

重庆市“百人计划”

2009年11月，重庆市委组织部发布《重庆市百名海外高层次人才集聚计划实施办法》，启动实施重庆市“百人计划”。计划从2009年起，用5年时间，在重点创新项目、重点学科和重点实验室、重点企业、重点园区等，引进100名左右海外高层次人才到重庆创新创业。入选人才将授予“重庆市特聘专家”称号，纳入市委直接联系的高级专家范围，作为国家“千人计划”优先推荐人选以及各类政府奖励候选人，并按类别对应享受《重庆市引进高层次人才若干优惠政策规定》所列的相关待遇。

截至2016年底，重庆市“百人计划”共分八批有147名海外高层次人才入选。

四川省

四川省“千人计划”

2009年初，四川省推出海外引才“百人计划”，计划用5到10年时间，分批引进并重点支持200名左右海外高层次人才到川创新创业。截至2012年底，共分四批引进232名海外高层次人才、9个顶尖创新创业团队，提前完成计划目标。

2013年，四川省正式启动海内外高层次人才引进“千人计划”，作为“百人计划”的拓展。计划到2020年，面向国（境）外和省外发达地区，重点支持引进1000名左右能够突破关键技术、发展新兴产业、引领创新发展的高层次人才和100个左右高层次创新创业团队。依托“天府英才”工程专项资金，对顶尖人才给予每人200万元资助，创业领军人才给予每人100万元资助，创新领军人才短期项目给予每人20万元资助，其他项目给予每人50万元资助。对引进团队，按创新团队、创业团队分别给予每个团队200万元、300万元资助，其中，对科技含量高、发展前景广阔的创业团队，可给予500万元资助。对创新创业团队中经评估具有重大产业化前景的战略发展项目，集成各部门政策资源，采取项目资助、创业扶持、股权投资、贷款贴息等方式，给予最高5000万元综合资助。此外，在税收减免、岗位津贴、择优资助，以及职务职称、薪酬待遇、出入境与居留、落户、住房、医疗保险、配偶安置、子女入学、评价激励等方面，也将享受特殊支持政策。

2015年，四川省“千人计划”在原创业领军人才、创新领军人才、创业团队、创新团队项目的基础上，新增青年人才、人文社科专项、贫困地区专项3个项目。2016年，又新增顶尖人才、创新领军人才海外短期项目、军民融合专项、金融财税专项、省校省院省企合作专项等5个项目。至此，四川省“千人计划”以个体引进、团队引进、专项引进3个类别12个项目为主的引才体系基本成型。

2016年，四川省“千人计划”入选高层次引进人才205名、创新创业团队20个。205名高层次引进人才中，包括个体引进180名，专项引进25名。其中，个体引进包括顶尖人才项目1名、创业领军人才项目31名、创新领军人才长期项目41名、创新领军人才海外短期项目25名、青年人才项目82名；专项引进包括军民融合专项6名、金融财税专项4名、省校省院省企合作专项5名、人文社科专项7名、贫困地区专项3名。20个创新创业团队包括创新团队8个、创业团队12个。截至2016年底，四川省“千人计划”共分八批支持引进793名海内外高层次人才及72个顶尖创新创业团队，其中，220名入选国家“千人计划”，居西部第一。

成都市“成都人才计划”

2011年5月，成都市出台《引进高层次创新创业人才实施办法》，每年投入1.2亿元的专项引才资金，启动实施“成都人才计划”。计划用5到10年时间，在高新技术产业和战略性新兴产业领域引进1000名左右高层次人才来蓉创新创业，其中，50

名以上海外高层次人才入选国家“千人计划”、100名以上入选四川省“百人计划”。对入选的高层次创新创业人才，每人给予100万元补助，同时，用人单位和区（市）县政府分别给予配套资助，并享受相关优惠待遇。

2012年9月，“成都人才计划”拓展实施海外短期项目、青年项目和顶尖团队项目，给予青年及海外短期项目引进人才各50万元人民币资助，给予顶尖创新创业团队项目入选团队总额500万元人民币资助，形成了海外人才梯次引进、立体开发的政策体系。

2016年，“成都人才计划”共评选产生114名高端人才和19个顶尖团队。截至2016年底，“成都人才计划”共引进海外高层次人才463名、顶尖团队47个。全市拥有四川省“千人计划”专家503名。

贵州省

贵州省“百人领军人才计划”

2013年6月，贵州省人才工作领导小组发布《贵州省“百千万人才引进计划”实施办法》，重点围绕新材料、高端装备制造、生物医药、节能环保、电子信息、新能源等战略性新兴产业和特色优势产业、现代农业、现代服务业发展，大力实施“百人领军人才计划”“千人创新创业人才计划”和“万人专业技术人才计划”，引进领军人才100名左右、创新创业人才1000名左右、专业技术人才10000名左右，形成一批具有核心竞争力的创新创业人才团队和人才集群。其中，“百人领军人才计划”作为“百千万人才引进计划”的顶层设计，面向在重点领域掌握核心技术，具有原始创新或集成创新能力，能够引领和带动某一专业领域科技进步和产业发展；或具有成果转化能力，来黔创办企业、领办企业，实施科技成果产业化，引领和带动某一重点领域产业发展；或者在现代物流、金融投资、信息服务、旅游文化、商贸流通等现代服务业领域有重大创新突破并取得显著效果的人才和团队。引进当年分别给予每人100万元、50万元的奖励；第二年、第三年项目达产并实现预期效益目标，经考核认定，分别继续给予每人100万元、50万元的奖励，并在配偶安置、子女入学、医疗等方面给予保障，以及优先推荐各类项目申报、贷款贴息补助等扶持待遇。

截至2016年底，贵州省“百人领军人才计划”共有34人入选，“千人创新创业人才计划”共有55人入选。全省拥有国家“千人计划”专家8人，国家“万人计划”专家17人。

云南省

云南省“海外高层次人才引进计划”

2009年，云南省委、省政府出台《关于做好海外高层次人才引进工作的实施意见》和《云南省引进海外高层次人才暂行办法》，启动实施“海外高层次人才引进计划”。计划用5年至10年时间，引进100名左右能够突破关键技术、发展高新产业、带动新兴学科的海外高层次人才。省财政厅设立专项经费，给予经评审认定的引进人才每人一次性100万元人民币的工作生活资助，用人单位、主管部门和州（市）政府配套其他资金，用于改善引进人才的工作和生活条件。同时，为引进人才提供居留、出入境、落户、医疗、子女就学、配偶安置、税收、海关等方面的优惠待遇。

截至2016年底，云南省“海外高层次人才引进计划”共引进海外高层次人才114人。

昆明市引进海外高层次人才“三五工程”

2011年4月，昆明市启动实施引进海外高层次人才“三五工程”。计划从2011年开始，用5年时间，面向全球，在重点创新创业项目、重点产业园区、重点学科领域引进50名左右海外高层次人才，其中集聚5名左右在重点产业国内领先、达到国际水平的海外高层次人才。对引进的创业人才，A类项目给予100万元的一次性创业启动资金资助；B类项目给予60万元的一次性创业启动资金资助；C类项目给予40万元的一次性创业启动资金资助。对引进的创新人才或团队，将给予50万元的一次性创新研发经费资助。同时，根据有关规定享受住房补贴、医疗保健、社会保险、配偶安置、子女就学和永久居留或多次往返签证等相关政策待遇，并优先列入市科技部门重点扶持项目，优先安排申报国家、省各类科技计划项目。

截至2016年底，昆明市引进海外高层次人才“三五工程”共有16个人才项目入选。

陕西省

陕西省“百人计划”

2009年5月，陕西省委、省政府出台《陕西省引进高层次人才暂行办法》，启动实施引进高层次人才“百人计划”，鼓励和吸引高层次人才到陕西创业工作。计划从2009年开始，省财政每年安排不少于5000万元专款，用5到10年时间，引进并重点支持200名高层次人才。引进人才由省财政给予每人50万元的一次性资助，并作为特聘专家为其提供相应的生活待遇。此后，随着陕西省“百人计划”逐步发展完善，扩展为包括创新人才全职项目、创新人才短期项目、创业人才项目、“青年百人计划”在内的一个引才体系。

2016年，陕西省“百人计划”第八批入选创新创业人才154人。截至2016年底，陕西省“百人计划”累积引进516名高层次创新创业人才。全市拥有国家“千人计划”专家140名。

西安市“5211计划”

2010年4月，西安市出台《引进海外高层次人才实施办法》，启动实施引进海外高层次人才“5211计划”。计划从2010年开始，用5到10年时间，引进符合国家“千人计划”条件的海外高层次人才20名左右；引进符合陕西省“百人计划”条件的海外高层次人才100名左右；以“五大主导产业”人才需求为重点，在高新技术产业、现代装备制造业、旅游业、现代服务业、文化产业，以及航空航天、生物工程、新能源、新材料、金融、管理、法律等领域，围绕西安市重点工程和项目引进1000名左右急需紧缺的海外高层次人才。进入国家“千人计划”和陕西省“百人计划”的引进人才，分别给予每人50万元和30万元的配套资助，“市级引进人才”给予每人10万元的一次性资助。用人单位和主管部门也将酌情给予资金配套支持，用于改善引进人才的工作生活条件。

截至2016年底，西安市“5211计划”共引进海外高层次人才87人。

甘肃省

甘肃省“百人计划”

2009年，甘肃省委、省政府结合2008年实施的国家“千人计划”，制定了《关于进一步鼓励和吸引海外高层次人才来甘肃工作的意见》。计划自2009年起，有重点、有针对性地引进100名左右海外高层次人才，集聚20—30名能够突破关键技术、发展高新产业、带动新兴学科的战略科学家和科技创新创业领军人才（即“百人计划”）。其中，业绩突出的海外领军人才及其团队，在甘肃省可获得10万元的一次性奖励资助。对引进后担任博士生导师的，每人每月发放津贴1200元；对入选第一、二层次甘肃省领军人才的，每人每月分别发放津贴2000元、1500元。同时，在职称评定、医疗卫生保障、出入境、子女入学、配偶就业等方面将给予照顾、提供方便，优先推荐申报国务院政府特殊津贴、国家有突出贡献中青年专家、甘肃省优秀专家。

截至2012年底，甘肃省“百人计划”已累计引进海外高层次人才达到102名，提前完成了计划任务。

青海省

青海省“昆仑英才”计划

2016年4月，《青海省“高端创新人才千人计划”实施方案》正式出台，启动青海省历史上力度最大的高端人才培养引进工程。计划从2016年起，每年引进和培养5名左右杰出人才、35名左右领军人才、160名左右拔尖人才。到2020年，引进培养1000名左右高端创新人才，建设一支能够突破关键技术、带动新兴产业、建设新兴学科的高端创新人才队伍。其中，引进的杰出人才、领军人才和拔尖人才可分别享受150万元左右、100万元左右和40万元左右特殊支持。引进创新创业团队成员按照入选引进层次可享受特殊支持，引进团队可享受20万元建设经费支持。柔性引进的高端创新人才，参照在青工作时间和业绩贡献，享受相应比例的特殊支持。引进人才同时可享受薪酬、落户、住房、社会保险、医疗保障、税收、配偶安置、子女生育、子女教育、创办企业、职称评审、人员编制、激励奖励等方面的优惠政策。

2016年底，青海省“高端创新人才千人计划” 首批评出100名高层引进人才（杰出人才12名、领军人才31名、拔尖人才57名）和135名高层次培养人才（杰出人才4名、领军人才32名、拔尖人才99名），以及10个创新创业团队（引进团队3个、培养团队7个）。

宁夏回族自治区

宁夏“海外引才百人计划”

2009年，宁夏回族自治区出台《引进海外高层次科技人才创新创业暂行办法》，启动实施“海外引才百人计划”。计划从2009年开始，自治区政府每年专门安排1000万元，用5到10年时间，在自治区重点创新项目、特色产业、优势学科和重点实验室、工程技术研究中心、大中型企业和国有商业金融机构、以高新技术产业开发区为主的各类创新创业园区等，引进并有重点地支持200名左右海外高层次科技人才到宁夏创新创业。对引进的创新人才，自治区财政给予引进单位30万—50万元的补助，用于改善引进人才的工作和生活条件。对带高新技术成果、项目到宁夏实施转化或从事高新技术项目研究开发的，符合宁夏产业发展方向的，自治区财政给予一定数额的创新创业扶持资金。此外，对引进的高层次人才在居留和出入境、落户、医疗、保险、住房、职称评审、子女就业、配偶安置等方面给予特殊优惠。

截至2016年底，宁夏“海外引才百人计划”共分三批引进36名海外高层次人才，其中2人入选国家“千人计划”。

新疆维吾尔自治区

“千人计划”新疆项目

“千人计划”新疆项目是中央人才协调小组贯彻落实中央新疆工作座谈会精神，于2011年8月专门设立的引进海外高层次人才项目。旨在加大对新疆引进海外高层次人才的支持力度，采取差别化引才政策，争取用3年时间为新疆引进100名海外创新创业人才。“千人计划”新疆项目启动以来，新疆出台了《新疆维吾尔自治区高层次人才引进暂行办法》等政策，组织用人单位广泛开展一系列引才活动，已吸引了一批海外高层次人才到新疆创业发展，为推进新疆跨越式发展和长治久安提供人才和智力支持。

截至2016年底，共有60名海外高层次人才入选“千人计划”新疆项目。

综合篇

2016年度留学人员创新创业大事记

2016年度中国留学人员创新创业大事记

1月

08日 2015年度国家科学技术奖励大会

1月8日上午，中共中央、国务院在北京隆重举行国家科学技术奖励大会。党和国家领导人习近平、李克强、刘云山、张高丽出席大会并为获奖代表颁奖。李克强代表党中央、国务院在大会上讲话。张高丽主持大会。中共中央总书记、国家主席、中央军委主席习近平等党和国家领导人向获得2015年度国家自然科学奖、国家技术发明奖、国家科学技术进步奖和中华人民共和国国际科学技术合作奖的代表颁奖，并同他们热情握手表示祝贺。中共中央政治局常委、国务院总理李克强在讲话中代表党中央、国务院，向全体获奖人员表示热烈祝贺，向全国广大科技工作者致以崇高敬意和诚挚问候，向参与和支持中国科技事业的外国专家表示衷心感谢。中共中央政治局委员、国务院副总理刘延东在会上宣读了《国务院关于2015年度国家科学技术奖励的决定》。国家自然科学奖一等奖获奖项目“多光子纠缠及干涉度量”第一完成人、中国科学院院士、中国科技大学常务副校长潘建伟代表全体获奖人员发言。2015年度国家科学技术奖共授奖295项成果和7位外籍科技专家。国家自然科学奖42项，其中一等奖1项，二等奖41项；国家技术发明奖66项，其中一等奖1项、二等奖65项；国家科学技术进步奖187项，其中特等奖3项、一等奖17项、二等奖167项；授予7名外籍科技专家中华人民共和国国际科学技术合作奖。

11日 2016年全国科技工作会议

1月11日，全国科技工作会议在京召开。会议认真贯彻落实党的十八大和十八届三中、四中、五中全会精神，深入学习贯彻习近平总书记系列重要讲话精神，全面实施创新驱动发展战略，总结2015年科技工作，明确2016年工作思路，研究部署科技改革发展重点举措。全国政协副主席、科技部部长万钢作工作报告，科技部党组书记、副部长王志刚主持会议。会议印发了科技部党组2016年一号文件《关于贯彻落实党的十八届五中全会精神深入实施创新驱动发展战略的意见》。中央和国家机关有关部门科技管理工作负责同志，各地方科技厅局主要负责同志，国家自主创新示范区和部分高新区、创新基地负责同志等200多名代表参加会议。

19日 2016年全国引进国外智力工作会议

1月19至20日，全国引进国外智力工作会议在北京召开。会议指出，“十二五”期间，境外来华专家规模不断扩大，引进国外人才和智力工作取得新成效。来华专家由2011年52.9万人次增加到2015年60余万人次，年均增长5%以上；5年总量达300万人次，比“十一五”增长30%左右。国家“外专千人计划”2011年启动实施，截至目前已入选专家313名。上海、天津、安徽、湖北等省市也相继实施“外专百人（或千人）计划”。高端引领的导向作用日益增强，全国引进人才结构不断优化。会议强调，“十三五”时期仍是引进国外智力事业发展的重要战略机遇期和黄金发展期。要聚焦国家重大战略需求，以“高精尖缺”为导向，把制定实施更开放的引进国外人才和智力制度放在优先位置，更好地发挥市场导向作用和用人单位作用，有效配置国外人才和智力资源。

31日 2016年全国引进国外智力工作会议

1月31日，由福建省委人才办、团福建省委、福建省青年联合会指导，福建省青年留学人员协会筹备委员会发起的“首届中国福建青年留学人员高峰论坛”在福州举行。这是福建省迄今为止举办的规模最大的青年归国人才峰会。本次论坛分为创业论坛、公益论坛、协会工作展望等环节，集聚了福建社会各界300名海归精英代表，以“探索海归公益理念，共践青年创业梦想”为主题，探索福建省留学人员回国创业创新、拓展发展机遇的新趋势、新经验、新成果，为推动更多城市新生代力量参与到教育和公益队伍建言献策。据悉，从2012年起，到福建就业创业的海外留学人员已达6万多人，其中大部分是硕士以上学历。

3月

21日 中共中央印发《关于深化人才发展体制机制改革的意见》

3月21日，中共中央印发了《关于深化人才发展体制机制改革的意见》，并发出通知，要求各地区各部门结合实际认真贯彻落实。通知指出，《意见》着眼于破除束缚人才发展的思想观念和体制机制障碍，解放和增强人才活力，形成具有国际竞争力的人才制度优势，聚天下英才而用之，明确深化改革的指导思想、基本原则和主要目标，从管理体制、工作机制和组织领导等方面提出改革措施，是当前和今后一个时期全国人才工作的重要指导性文件。《意见》的颁布实施，对于全面贯彻党的十八大和十八届三中、四中、五中全会精神，深入贯彻习近平总书记系列重要讲话精神，加快建设人才强国，最大限度激发人才创新创造创业活力，把各方面优秀人才集聚到党和国家事业中来，为实现“两个一百年”奋斗目标提供有力人才支撑，具有十分重要的战略意义和现实意义。

22日 第三届“华创杯”创业大赛启动

3月22日，由中央海外高层次人才引进工作小组指导，国务院侨办、湖北省人民政府和武汉市人民政府共同主办第三届“华创杯”创业大赛启动。本届大赛近乎“零门槛”，对参赛者不限国籍、年龄、学历等条件；参赛项目不限领域，不限是否在湖北落地。大赛分为初赛、复赛及决赛三个部分。初赛采用专家评审模式，从中选出分数最高的40个项目进入复赛；复赛采用项目现场路演及答辩的方式进行，评审现场打分并公布分数，得分前10名进入决赛。决赛采用项目现场路演及答辩的方式进行，评审现场打分并公布分数，产生一等奖1名、二等奖3名、三等奖6名，分别获得30万、10万、5万元奖金。据悉，“华创杯”创业大赛自2014年以来已举办两届，先后吸引了40个国家和地区的600多个项目报名参赛。

23日 2016年留学人员回国服务工作部际联席会议

3月23日，2016年留学人员回国服务工作部际联席会议在京召开。会议指出，我国留学人员回国服务工作取得了新突破。2015年，留学回国人员40.91万人，总数达221.86万人；各地人才引进计划共引进高层次留学人才7542人，自2009年以来引进总数达4.4万人。吸引海外留学人员回国创新创业力度更大，与国际接轨的引才政策法规不断完善，高效便捷的服务体系进一步健全，引才用才的政策、社会和文化环境不断优化。2016年留学人员回国服务工作重点任务有：一是健全政策法规体系，积极营造开放的政策环境；二是大力实施引才工程，为全面建成小康社会提供人才智力支撑；三是健全公共服务体系，提供优质高效便捷服务。具体措施包括加强服务体系建设，强化服务平台建设，健全服务标准，完善“互联网＋服务体系”等。

4月

01日 中国（天津）第十二届引进海外人才智力网上交流洽谈会

4月1日至30日，为期1个月的中国（天津）第十二届引进海外人才智力网上交流洽谈会举办。此次引智会以落实国家有关京津冀协同发展的战略部署，借助首都资源引进高层次海外人才，推动天津加快实现“一基地三区”城市定位为目的，主要面向海外高层次留学人才、外国专家，以及目前已回国发展的留学人才。活动期间，天津市共发布覆盖战略性新兴产业以及金融、教育、医疗卫生等多领域的1053个高端岗位信息，并开设了韩国、法国和澳大利亚视频会议专场。据了解，该引智会已经连续举办十一届，累计有2万多名海外人才借助网上交流洽谈会与天津用人单位对接交流，达成人才引进和合作项目1300多项，逐渐成为天津吸引海外人才的重要平台。

08日 河南省第三届海外高层次人才智力引进暨项目对接洽谈会

4月8日，作为第十届中国（河南）国际投资贸易洽谈会的重要专项活动之一，河南省第三届海外高层次人才智力引进暨项目对接洽谈会在郑州举行，来自美国、德国、英国、加拿大等34个国家和地区的院士、教授、知名专家、海外高层次人才和境外专家组织等400多位代表参加了会议。会议分两个阶段进行，第一阶段是会议开幕式，主要包括河南省海外引智工作联络处授牌、郑州航空大都市研究院揭牌和引进人才智力项目签约等；第二个阶段包括海外高层次人才项目推介洽谈，共设现代农业、新能源新材料、高端装备制造业、航空经济及智能产业四个专场，由国外专家组织、海外高层次人才携带20余个项目与省内50多家企事业单位、科研院校进行对接洽谈，以及人才政策、需求信息发布和人才项目洽谈对接活动。

15日 2016（第二届）中国海归创业大赛启动

4月15日，由中国留学人员创业园联盟主办的2016（第二届）中国海归创业大赛新闻发布会在京举行。本届大赛由科技部火炬中心、教育部国际合作与交流司、教育部留学服务中心、人社部留学人员和专家服务中心、国家外国专家局经济技术专家司、国外外国专家局中国国际人才交流中心、致公党中央宣传部、致公党中央留学人员委员会共同指导，以“汇聚海归英才，助力创新创业”为主题，重点面向留学回国创业项目和团队，通过汇聚政府、园区、机构等各方力量，整合政策、平台、资本等各类资源，尤其是以留学人员创业园作为特色载体支撑，在选拔优质项目的同时，结合海归创业的特点和需求，提供创业指导、投资对接、落地转化等全面、精准、高效的项目孵化服务。据初步统计，通过大赛组委会组织的培训、考察、对接及后续服务支持，首届入围项目中已有10个实现落地，有7个项目累计获得投资超过8000万元。

16日 第十四届中国国际人才交流大会

4月16日至17日，由国家外国专家局和深圳市人民政府主办的第十四届中国国际人才交流大会在深圳举办。大会主要包括16个板块，涵盖展览洽谈、人才招聘、项目对接、高峰论坛、人才培训、专题研讨等各项内容，包括全球才智论坛、全国引智成果展览交流、央企引智项目及人才对接、外国专家组织与培训项目对接、海外留学人员及项目交流推介、全国软件人才项目投资交流会、全球总裁创新峰会、国际创新发展论坛暨博览、亚太人力资源开发与服务博览暨论坛等重点项目。大会期间举办的总体活动超百场，其中多项活动为首次举办，如中国深圳海外创新人才大赛、人才大数据论坛、海绵城市国际论坛等。本届大会共有来自73个国家和地区的4500多家专业组织、培训机构、高等院校、人才中介和科技企业参与，海外代表12000多人，全国各省市组织、人力、外专系统和各类企业共6500多位专业代表参会。为期两天的活动中，参观洽谈人数累计达8万人次，全国各省市与专业组织、培训机构、留学人员达成的引智项目合作意向达2400多项，与海外专家组织共签署引智合作协议1850余项。

21日 2016年第五届中国创新创业大赛启动

4月21日，由科技部、财政部、教育部和全国工商联共同举办的2016年第五届中国创新创业大赛4月21日正式拉开帷幕，并于当天举行了大赛工作推动会。据推动会介绍，大赛将采用市场化评价和选拔机制，先通过地方赛评选出优秀企业和团队，然后按照电子信息、互联网及移动互联网、生物医药、先进制造、新能源及节能环保、新材料6个领域进行总决赛。据介绍，大赛优秀企业和团队有望获得政府、银行、投资机构、创业孵化机构等相关政策的支持。为了让创业者在大赛平台得到更多学习交流机会，总决赛期间还将举办一系列创业服务活动，包含行业沙龙、项目对接、创业培训、股改辅导、创业嘉年华等。中国创新创业大赛是目前国内规格最高、规模最大的创新创业赛事。第四届大赛有2.7万余家企业和团队报名，1100多个创投机构参与评审，实现创业融资100多亿元，大赛合作银行为参赛企业提供贷款授信超过200亿元，有力支持了参赛企业的发展。

22日 第十一届“春晖杯”中国留学人员创新创业大赛启动

4月25日，由教育部、科技部共同主办的第十一届“春晖杯”中国留学人员创新创业大赛在北京启动。本届“春晖杯”创新创业大赛继续推广海外分赛区模式，在有关驻外使（领）馆教育处（组）的支持和推动下，设立了北美、法国、德国及墨尔本分赛区，分赛区组织工作将覆盖美国、加拿大、法国、德国及澳大利亚墨尔本地区。通过海外分赛区的广泛宣传和深度动员，将鼓励更多在外学习和工作的优秀留学人员积极参与，帮助他们实现回国创新创业的梦想，引导他们成为“大众创业、万众创新”的生力军。截至2015年底，“春晖杯”创新创业大赛共遴选出1759个留学人员创新创业项目。据不完全统计，已有325名入围项目的参赛留学人员顺利走上回国创新创业的道路，其中有20名留学人员已成功入选国家“千人计划”。

27日 第九届中国留学人员南京国际交流与合作大会

4月27日至28日，第九届留学人才南京国际交流与合作大会在南京国际博览中心举行。本届南京“留交会”吸引了全球1300多名留学人员和1200多名国内博士和博士后参会，与国内15个城市的引才团队、500多家企事业单位和48家投融资机构开展了洽谈对接，达成创业落户、科技项目合作及人才引进初步意向近百个。会上，留学人员与南京达成落户或合作意向达430多个，近600名留学人员有意向申报2016年“创业南京”英才计划。此前，南京在欧洲、澳洲、美国和中国杭州四个分赛区举行留学人员创业大赛，由来自23个国家和地区的258名海内外专家和留学人员参赛。在“留交会”上举行的总决赛中，20位选手和团队获得一、二、三等奖。据统计，前八届南京“留交会”，已为南京累计促成1500多项技术合作，引进海内外博士人才3500多人。

5月

19日 中共中央、国务院印发《国家创新驱动发展战略纲要》

5月19日，中共中央、国务院印发《国家创新驱动发展战略纲要》，提出到2020年进入创新型国家行列、2030年跻身创新型国家前列、到2050年建成世界科技创新强国“三步走”目标。纲要全文约13000字，包括战略背景、战略要求、战略部署、战略任务、战略保障、组织实施等六个部分。纲要指出，创新驱动就是创新成为引领发展的第一动力，科技创新与制度创新、管理创新、商业模式创新、业态创新和文化创新相结合，推动发展方式向依靠持续的知识积累、技术进步和劳动力素质提升转变，促进经济向形态更高级、分工更精细、结构更合理的阶段演进。纲要部署了八大战略任务，其中提出，要建设高水平人才队伍，筑牢创新根基。优化人才成长环境，实施更加积极的创新创业人才激励和吸引政策，推行科技成果处置收益和股权期权激励制度，让各类主体、不同岗位的创新人才都能在科技成果产业化过程中得到合理回报。要推动创新创业，激发全社会创造活力。发展众创空间，孵化培育创新型小微企业，鼓励人人创新。

27日 2016“创响中国”巡回接力活动启动

5月27日上午，2016“创响中国”巡回接力首站活动暨2016中国创新创业成果交易会启动仪式在广州举行。2016年“创响中国”巡回接力活动由国家发展改革委、中国科协、全国双创区域示范基地所在省级地方政府主办，是全国大众创业万众创新活动周前期的预热活动，主要目的是动员全国双创示范基地持续开展双创活动，集中展示各地近年来双创活动的主要成果，营造浓厚的双创氛围，打造双创热点，传播双创理念，释放全民创业创新潜能，激发全社会双创活力。巡回活动要求参与活动的全国双创示范基地开展“五个一”系列活动，即一次政策宣讲、一次创业培训、一次创业沙龙、一次创意设计和一系列自选活动。鼓励承办单位在确保实际效果的前提下，以更加灵活、开放的形式开展活动。

28日 第十一届“春晖杯”创新创业大赛在线访谈活动

5月28日，由教育部、科技部主办的第十一届“春晖杯”中国留学人员创新创业大赛在沧州渤海新区举办在线访谈活动。来自各地留学人员创业园、大学科技园代表和各地方人才工作管理部门的负责人，以及“春晖杯”大赛组委会办公室的代表，在线介绍了第十一届“春晖杯”创新创业大赛的参赛要求等情况，并与全球留学人员就如何参加“春晖杯”创新创业大赛以及他们关心的参赛领域情况、如何准备商业计划书、如何保护知识产权及国家与各地方的政策情况等，与网友展开在线答疑交流。访谈活动中，来自美国、韩国、法国、新加坡、西班牙、日本、澳大利亚等国家的留学人员，在线提交了百余个他们对大赛及创业所关注的问题，内容涉及参赛要求、创业环境、创业技巧、融资对策、园区情况、创业经验等。

30日 全国科技创新大会

5月30日上午，全国科技创新大会在人民大会堂隆重召开。中共中央总书记、国家主席、中央军委主席习近平出席大会并发表重要讲话，大会由李克强主持。习近平指出，我国科技事业发展的目标是，到2020年时使我国进入创新型国家行列，到2030年时使我国进入创新型国家前列，到新中国成立100年时使我国成为世界科技强国。习近平强调，在我国发展新的历史起点上，把科技创新摆在更加重要位置，吹响建设世界科技强国的号角。科技是国之利器，国家赖之以强，企业赖之以赢，人民生活赖之以好。中国要强，中国人民生活要好，必须有强大科技。新时期、新形势、新任务，要求我们在科技创新方面有新理念、新设计、新战略。实现“两个一百年”奋斗目标，实现中华民族伟大复兴的中国梦，必须坚持走中国特色自主创新道路，加快各领域科技创新，掌握全球科技竞争先机。这是我们提出建设世界科技强国的出发点。全国科技创新大会是党中央国务院在深化改革开放、加快转变经济发展方式、全面建设小康社会的关键时期召开的重要会议，是一次深化科技体制改革的动员大会。大会深刻分析我国科技工作面临的新形势、新任务，就贯彻落实党中央、国务院《关于深化科技体制改革 加快国家创新体系建设的意见》作出全面部署，这对于加快国家创新体系和创新型国家建设、推动科技事业又好又快发展具有重大指导意义。

6月

03日 首届云南国际人才交流会

6月15日至16日，首届云南国际人才交流会在云南省昆明市举行。本届大会是云南省举办的首届国际化与综合性相结合的人才智力交流盛会，以“聚天下英才，促云南跨越”为主题，以“搭建一个平台，引进一批人才，取得一批成果，打造一个品牌”为目标，开展了中国科技创业人才投融资集训营暨云南生物医药和大健康专场、引进海内外高层次人才项目洽谈会暨招聘会、辐射中心与云南人才战略论坛等多场活动。大会共吸引了来自35个国家和地区的各类外国专家组织、科研机构、高等院校共450名中外嘉宾参会，其中有海外专家200余名，入场参观洽谈人数累计达1500人次；与海外高层次人才、国（境）外引智机构、留学人员达成合作项目70多项，签署引智合作备忘录25项，招聘海外高层次人才近80人，组织了92家企业近200名科技创新创业人才参加“融资与企业发展”主题培训，46个项目接受了导师团的个案辅导，8个项目进行了公开路演。

09日 第十八届浙洽会海外高层次人才智力项目洽谈对接活动

6月9日，在宁波举行的第十八届浙江投资贸易洽谈会期间，浙江省人社厅、外国专家局和宁波市人社局共同举办了海外高层次人才智力引进洽谈活动。本次引才活动共邀请来自美、德、法、日及东欧等14个国家24个专家组织的43位代表参加，与浙江省百余家企事业单位推出的446项涉及信息、环保、健康、旅游、时尚、金融和高端装备制造等重点领域引智项目进行了对接洽谈，初步达成合作意向350余项。同时，首次举办两场国际高端人才智力技术项目推介会，推出重点项目21个。自1999年以来，通过历届浙洽会平台，浙江省共引进各类外国专家5700余人次，解决技术难题6600余项，取得了显著的经济和社会效益。

23日 2016（第十六届）华侨华人创业发展洽谈会

6月23日至24日，2016第十六届华侨华人创业发展洽谈会（“华创会”）在湖北省武汉市举行。本届大会以“万侨创新，共享机遇”为主题，吸引了来自60多个国家和地区的1000多位海外嘉宾、国内2000多位代表参会。大会期间，举办了武汉论坛、“华创杯”创业大赛颁奖仪式、“侨梦苑”揭牌仪式、重点项目签约以及专场论坛、项目推介洽谈等活动。在海外专场推介、洽谈会上，法国、瑞典、泰国、加拿大、德国、新西兰6个国家的华侨华人团组、政府机构借助华创会平台，自发组织专场活动，开展项目推介和对接，达成多个合作意向和协议。据统计，本届华创会共有129个项目达成协议，投资总额超过164亿元。华创会由中央海外高层次人才引进工作小组指导，国务院侨务办公室和湖北省人民政府、武汉市人民政府共同主办，自2001年以来已成功举办16届，从引资到引智、引才到引技，产生了显著的人才和财富聚集效应。

29日 2016中国海外学子创业周

6月29日至30日，2016中国海外学子创业周主体活动在大连世博广场举行。本届海创周秉承“海纳英才•创业中国”主题，以助推“供给侧改革”为导向，紧扣“东北新一轮振兴”和“沈大国家自主创新示范区”两大主线，举办了海归创业领袖峰会、中国孵化器创新发展（大连）论坛暨创业导师大连行、海外高层次人才座谈会、“海创工程”路演、“春晖杯”获奖项目专场路演、第二届中国海归创业大赛专场路演以及人才项目交流对接洽谈会，以及大连“双创周”高峰论坛、大连首届国际微电影节颁奖典礼和2016大连设计节等特色活动。有来自美国、加拿大、日本等20多个国家的400多位海外留学人员携带200多个项目，全国27个省份和55个城市、110个高新区和留学人员创业园、137家机构共1000多名代表参会。活动期间，179个海外学子项目申报“海创工程”，160个项目参加19场专场路演，实现对接项目168项，378名海内外高层次人才与120个企事业单位达成用人意向。

7月

02日 “春晖杯”中法青年众创交流会在尼斯举行

7月2日，“春晖杯”中法青年众创交流会在法国尼斯市Skema商学院成功举办。来自中法两国国家领导人、政府官员、教育界、企业界及创业届知名人士及青年创业者和中法学生代表两百余人出席活动。中国国务院副总理刘延东出席交流会，观看了中法青年创新创业项目展和中法高校协同创新成果展，听取中国优秀留法青年创业者和法国青年创业者代表发言，并发表讲话。“春晖杯”中法青年众创交流会由中国教育部主办，中国（教育部）留学服务中心、法国Skema商学院和中国驻法国使馆教育处共同承办。作为中法高级别人文交流机制第三次会议的一项重要配套活动，“春晖杯”中法青年众创交流会旨在展示两国青年创新创业成果，共享两国在鼓励和培育青年创新创业方面的有效途径和成功经验，探索构建更加有利于青年创新成果转化的良好生态。

04日 2016海外赤子北京行

7月4日至6日，由北京市委组织部、北京市人力资源和社会保障局、北京海外学人中心联合主办的北京市海外引才品牌活动——“2016海外赤子北京行”举行。此次“海外赤子北京行”活动吸引了来自美国、加拿大等14个国家及地区的300余名海外高层次人才报名参加，最终邀请111位符合北京市产业转型升级需要的高端海外人才参加。受邀人员中有83%以上获得博士学位，来京创新创业的意向强烈。其中，创业类人才全部携带具体项目来京参会。活动举办了2016北京海聚论坛、留学精英工作创业分享会、创新创业加速器、海外人才创业大赛暨项目对接会和考察参观等活动。“海外赤子北京行”活动已举办六届，为广大海外人才和北京搭建了一条联系沟通的桥梁和纽带。

05日 2016“春晖杯”中德青年创客论坛在柏林举行

7月5日，由中国留学服务中心和中国驻德国使馆教育处共同主办的2016“春晖杯”中德青年创客论坛，在德国柏林太库孵化器（Techcode Accelerator）举行。论坛共吸引来自柏林、亚琛、斯图加特、明斯特、耶拿和伊尔默瑙等多个地方的中德两国青年创客代表积极参与。来自中德机构的代表介绍了两国在鼓励和扶持青年创新创业方面的政策与举措，讲解了青年在创业过程中需要注意的商务与法律常识，分享了助力青年小微创新成果转化的孵化案例。在自由交流环节中，多名中国留德学子表达了未来学成回国自主创办企业的意向。论坛期间，“春晖杯”中国留学人员创新创业大赛展团还面向在德学习和工作的中国留学人员代表，详细介绍了“春晖杯”大赛各个阶段的活动，并就大家提出的参赛相关问题作了交流。

10日 2016年（第八届）苏州国际精英创业周

7月10日至12日，2016年（第八届）苏州国际精英创业周成功举办。本届创业周持续采用“1个主会场+10个分会场”全市联动办会模式，更加突出创新要素的深度嫁接和创业资源的集成共享，还首次举办“赢在苏州”海外系列创业大赛苏州总决赛、投融资对接会和创业周落户企业新品发布会等，为人才创新创业打造高端、高效的服务平台。据统计，有来自20多个国家和地区的3087名海内外高层次人才应邀参会，其中80%以上来自海外或具有海外背景，72%具有国际知名高校博士学位，共携带3042个项目参与对接，参会人才和项目数量再创历史新高。截至活动结束，正式签约项目达到689个，达成合作意向项目701个。创业周自2009年举办至今，已成功吸纳2318个高层次创新创业项目落地苏州，累计注册资本超过186亿元，大批海内外精英在苏州安家落户、开创事业。

14日 2016年广东“众创杯”大赛科技（海归）人员领航赛决赛

7月14日，由广东省人力资源和社会保障厅、省科技厅等部门主办，珠海市人力资源和社会保障局承办的2016年广东“众创杯”创业创新大赛科技（海归）人员领航赛决赛在珠海市举行。进入决赛的18个参赛项目分别角逐出金、银、铜奖，获得5万元至20万元不同等级的省级优秀创业项目资助。本届科技（海归）人员领航赛是广东“众创杯”大赛的单项赛事之一，主要面向海外留学归国人员、专业技术人员、技能人才、科技人才等创业创新者。据了解，进入决赛的18支团队，是从438个报名项目中通过层层筛选而出，参赛项目涉及“互联网+”、医疗医药、大数据、智能制造、生态农业、机器人、教育等新兴产业和新业态。

31日 2016中国留学人员创新创业论坛

7月31日，由欧美同学会•中国留学人员联谊会主办，中国与全球化智库（CCG）承办的欧美同学会北京论坛暨2016中国留学人员创新创业论坛在北京举行，该活动已经连续举办十一届。本次会议从人才强国战略和建设一支规模宏大、富有创新精神、敢于承担风险的留学归国创新型人才队伍的目标出发，围绕“新时期海归企业对中国经济的推动与影响”“资本助推企业创新与转型”“中国海归创新创业的机遇与挑战”“海归职业发展与继续教育”“优化人才发展环境，激发海归创新”“文创产业打造双创生态圈”六大议题举行圆桌论坛。共有700余位来自社会各界的海归精英参会，诸多国内外知名企业负责人、海归领先创业者、专家学者与会并围绕圆桌论坛的各项议题进行了深入研讨。与会嘉宾各抒己见，充分探讨中国留学人员创新创业之路，为未来吸引更多的中国留学人员回国创业就业探索更为广阔的发展之路，激发创新活力。

8月

07日 第四届内蒙古“草原英才”高层次人才合作交流会

8月7日，第四届内蒙古“草原英才”高层次人才合作交流会暨呼包鄂人才创新周活动在包头市国际会展中心拉开帷幕。本届交流会至13日结束，以“聚财创新谋发展，打造靓丽风景线”为主题，由内蒙古自治区党委组织部、人社厅、科技厅、教育厅、团委主办，呼和浩特、包头、鄂尔多斯三地市委、政府承办，通过三地联动的形式开展，主会场设在包头市。来自海内外的240多名高层次人才和120家创业投资公司、科研机构、知名高校参会。活动期间，主要围绕“草原英才”主题活动、创业就业活动、产业发展论坛活动、项目交流对接活动、特色论坛研讨活动和成果推介展示及观摩活动等六大内容板块，开展了留学人员“千人计划”人才草原行、“草原英才”工程“鸿雁行动”招才引智交流对接会、京蒙技术转移对接洽谈会、“草原英才”高层次人才座谈会、2016中国人才资源创新发展（西部）论坛等各类活动36项。

08日 国务院印发《“十三五”国家科技创新规划》

8月8日，国务院印发《“十三五”国家科技创新规划》的通知，明确了第十三个五年计划时期科技创新的总体思路、发展目标、主要任务和重大举措。《规划》围绕支撑国家重大战略，充分发挥科技创新在推动产业迈向中高端、增添发展新动能、拓展发展新空间、提高发展质量和效益中的核心引领作用，重点强化六方面的任务部署。一是围绕构筑国家先发优势，加强兼顾当前和长远的重大战略布局。二是围绕增强原始创新能力，培育重要战略创新力量。三是围绕拓展创新发展空间，统筹国内国际两个大局。四是围绕推进大众创业万众创新，构建良好创新创业生态。五是围绕破除束缚创新和成果转化的制度障碍，全面深化科技体制改革。六是围绕夯实创新的群众和社会基础，加强科普和创新文化建设。《规划》从落实和完善创新政策法规、完善科技创新投入机制、加强规划实施与管理等三方面提出了保障措施，强调完善支持创新的普惠性政策体系，深入实施知识产权战略和技术标准战略，建立多元化科技投入体系等。

18日 2016中美青年创客大赛落幕

8月18日，作为第五轮中美人文交流高层磋商机制活动之一，2016中美青年创客大赛在北京落幕。本次大赛由教育部主办，中国（教育部）留学服务中心、清华大学、英特尔公司和北京歌华文化发展集团共同承办。大赛设立了中国分赛区和美国分赛区，在“共创未来”的主题引导下，中美青年创客关注社区、教育、环保、健康、能源、交通等可持续发展领域，结合创新理念和前沿科技，打造具有社会和产业价值的新产品、新应用。大赛历时2个月，共吸引了近800支团队、3000多名青年创客报名参与，64支团队、270名青年创客进入决赛。评委会根据作品创新创意的优势、完整性、应用前景，评选出一等奖1名、二等奖3名、三等奖6名、优胜奖14名。

20日 第八届高层次人才创新创业大会

8月20日至22日，由寰球人才交流中心主办的第八届高层次人才创新创业大会在北京召开。共有20余个省市区政府人才管理和服务部门、30位“千人计划”专家、100余位高层次和留学人才参会。大会期间，举办了高层次人才科技项目及“创智杯”路演及合作洽谈，“千人计划”专家成果展示和圆桌洽谈，园区、资本、项目对接洽谈，以及人才工作研讨会、高层次人才创新创业分享会、智能硬件及半导体论坛等活动，并组织参观了中关村创业大街和中关村智造大街等。

26日 第八届中国·天津华侨华人创业发展洽谈会

8月26日至29日，由国务院侨办、天津市人民政府共同主办的第八届中国·天津华侨华人创业发展洽谈会在梅江国际会展中心举行。本届“侨洽会”以“创新创业、深化合作、共享发展”为主题，来自48个国家和地区的800余名华侨华人及潮商代表，参加了天津·世界侨商名品博览会、国际潮青联谊年会、潮青峰会、津潮青年创客论坛、合作对接洽谈会等活动，并赴天津滨海新区、自由贸易试验区、“侨梦苑”侨商产业聚集区等地参观考察。期间，通过政策推介、论坛交流、项目对接、名品展销、文化交流、实地考察，达成近300个合作意向。据悉，国务院侨办于2016年1月启动“万侨创新行动”，并倾力打造侨商产业聚集区和海外华侨华人创新创业基地品牌“侨梦苑”，为侨商和华侨华人专业人士参与国家经济创新发展提供全链条服务。

9月

13日 2016中国西部海外高新科技人才洽谈会

9月13日至15日，由国务院侨办、四川省委省政府和欧美同学会主办的2016中国西部海外高新科技人才洽谈会在成都举行。本届“海科会”以“汇聚海外英才·万侨创新西部”为主题，举办学术论坛、双向对接、展览展示和推荐考察四大板块20多项活动，吸引了580名海外嘉宾参与，包括诺贝尔奖得主丁肇中、12名海外院士、30多名海内外名校校长、近200家海外华侨华人专业协会会长等。活动期间，中国西部地区首家“侨梦苑”揭牌，颁发了2016年度天府友谊奖和第二届“海科杯”全球华侨华人创新创业大赛奖项。本届“海科会”达成签约项目89个，签约金额382.8亿元；278名海外人才与四川省内92家重点企业及产业园区、高等学校、科研院所签订了引智协议；加拿大华创会、中国旅法工程师协会等63家海外有实力、有影响的华侨华人专业协会与四川省及参会的13家“侨梦苑”签订了114项合作协议。历经14届的精心打造，“海科会”已经成为四川省乃至国内最具影响力的科技与人才交流的盛会，取得丰硕成果，在海内外产生了广泛影响。

19日 2016中国（成都）海外人才创新创业项目大赛落幕

9月19日，2016中国（成都）海外人才创新创业项目大赛颁奖仪式在成都市高新区举行。本次大赛围绕新一代信息技术、生物医药、高端装备制造、新材料新能源三大领域，向全球海外人才征集高科技创新创业项目，共吸引了麻省理工、斯坦福、哈佛、剑桥等40余个世界一流名校的166个参赛团队。赛事通过海选、初赛等环节，最终遴选出30个项目进入决赛。经过项目答辩、专家组评审等竞赛环节，大赛最终共评出一等奖3名、二等奖6名、三等奖9名以及优秀奖若干。有意愿落户成都的项目，可获得相关创业启动资金，一等奖、二等奖、三等奖项目分别为100万元、80万元、50万元。

24日 2016上海海归千人创业大会

9月24日，由上海市科协、上海千人计划专家联谊会、上海市欧美同学会共同主办的第四届“2016上海海归千人创业大会”在上海科学会堂举行。大会以“海归海聚创新创业”为主题，在传承往届大会优点的同时，新设“上海海归千人创业大赛”环节，并首次在青浦区召开“有机生态农业发展论坛”，在徐汇区设立“海归千人创业大赛”分会场，还举办了创业大赛获奖项目展示与签约、院士与千人计划创业者圆桌论坛、各区人才政策展示等活动。上海市各级部门及兄弟省市相关负责人、上海千人计划专家联谊会会员、上海欧美同学会创业协会会员、上海海归创业企业家等逾800人参会。

26日 第五届中国创新创业大赛行业总决赛

9月26日，第五届中国创新创业大赛行业总决赛开幕式在河南省洛阳市隆重举行。全国政协副主席、中国科协主席、科技部部长万钢，河南省副省长李亚等出席开幕式并讲话。科技部、河南省等有关部门的其他领导、投资人、企业家，媒体记者以及先进制造行业总决赛的参赛企业和团队等400多人参加了开幕式。中国创新创业大赛是全国规模最大、辐射最广、层次最高、影响力最强的创新创业赛事，并发展成为中国最大的众创空间和最强的众扶平台。第五届中国创新创业大赛共收到34341家企业和团队报名，再创历史新高。经过第一阶段地方赛的激烈角逐，共有1440个企业和团队进入全国行业总决赛。行业总决赛分为先进制造、互联网及移动互联网、生物医药、电子信息、新能源及节能环保、新材料6个领域，分别在洛阳（9月24—28日）、桐乡（10月13—17日）、苏州（10月24—28日）、西安（11月3—7日）、宁波（11月15—19日）和厦门（11月24—28日）举行。同期，大赛将安排高峰论坛、培训辅导、融资路演、市场对接、座谈沙龙、展览展示等系列活动，打造行业交流合作的盛会，为企业和团队搭建服务平台，并在全社会弘扬创新创业文化。

10月

11日 中国山东第九届海内外高端人才交流会

10月11日至13日，中国山东第九届海内外高端人才交流会暨首届“智汇德州”人才创新创业周在德州举办。本届海洽会以“集聚海内外人才，服务产业转型升级”为主题，除举办海外高端人才国内博士后交流洽谈、外国专家技术项目洽谈、高端人才创新创业成果展、中高端人才招聘洽谈会、外国专家建言会等传统洽谈交流活动外，首次举办中国海归暨“千人计划”专家成果洽谈、高校科研院所创新创业项目对接洽谈、中外技术技能合作培养恳谈会、中国海归创新创业峰会、海内外创业创新项目路演、中关村社会组织与德州产业联盟对接等活动，共举办人才交流活动20场。同时，打破原来“统一时间、集中办会”的办会模式，实行集中办会与分散办会相结合、线上办会与线下办会相结合的新方式，先后举办济南、枣庄、烟台、威海、莱芜、德州等海洽会人才专场交流活动。大会共邀请海内外各类人才2000余人，其中院士、“千人计划”专家、留学生、国内博士后和专家教授、投融资专家、外国专家等高层次人才近千人，全省500余家重点企事业单位参会，无论是参会人才的数量和层次，还是大会内容和成功对接项目，均创历史之最。

11日 2016年“创客中国”创新创业创客大赛落幕

10月11日，由工业和信息化部主办、工业和信息化部信息中心与广东省经济和信息化委员会承办的2016年“创客中国”创新创业创客大赛决赛在广州圆满结束，来自小微企业和创客的20个优秀项目经过激烈角逐，10个项目获创客组一、二、三等奖及优胜奖，10个项目获企业组一、二、三等奖及优胜奖。“创客中国”创新创业大赛是工业和信息化部落实国务院关于大众创业万众创新重要部署的具体举措，也是在全国“双创”活动周期间开展的重要活动之一，意在挖掘“草根”创新潜力，聚集全国创新资源，为创客和小微企业打造优质的平台和桥梁。本届大赛吸引了来自各省市的3189个项目通过“创客中国”平台报名，其中小微企业项目1493家，创客团队项目2596个，主要涉及智能硬件、移动应用及创意设计等三个领域。

12日 2016年全国大众创业万众创新活动周

10月12日至18日，2016年全国大众创业万众创新活动周成功举办。活动周期间，围绕“发展新经济、培育新动能”主题，深圳主会场、北京会场，以及全国各地方上百个城市举办了数千项成果展示、会议论坛、文化传播、项目路演、群众竞赛、专业服务等内容丰富、形式多样的双创活动，全国创业创新氛围浓厚，大众热情参与，迅速掀起一轮推动大众创业、万众创新的热潮。活动周期间，李克强总理参观深圳主会场主题展示，并与创新创业者互动，在中外创客领袖座谈会上听取了创客的建议并发表重要讲话，指出活动周成果超出预期，展现活力令人难以想象；张高丽副总理出席创业投资行业峰会，指出本次活动周体现了“高端机构、高端人才、高端产业、高端技术”的特点，代表了我国创新创业的面貌和方向。刘延东、李源潮、汪洋、杨晶、王勇等党中央和国务院领导莅临活动现场指导并参加重要活动，对活动周给予了充分肯定。

11月

09日 2016浙江·杭州国际人才交流与项目合作大会

11月9日至13日，2016浙江·杭州国际人才交流与项目合作大会在杭州国际博览中心举行，来自23个国家和地区的547名海外人才、外国专家和社团代表携480个项目参会交流、寻求合作。本次大会包括海外留学人才项目与技术合作洽谈会、“创业在杭州”海外高层次人才座谈会、“创客天下”2016杭州市海外高层次人才创新创业大赛总决赛、海外高层次人才创新创业重点项目发布和项目签约仪式、“梦想天堂”创业沙龙等主题活动，吸引了3000多名海内外人士参加。大会共征集到创新创业项目1300余个，现场达成1000多个合作意向，签约落地187个项目，签约总金额达20.5亿元人民币。17名专家入选新一轮杭州市全球引才“521”计划。

11日 第十七届全国留学人员创业园网络年会暨2016中国海外人才创业园年会

11月11日，第十七届全国留学人员创业园网络年会暨2016中国海外人才创业园年会在宁波召开。本届年会由科技部火炬中心、教育部国际合作与交流司、教育部留学服务中心、人社部留学人员和专家服务中心、国家外国专家局经济技术专家司、中国国际人才交流中心、致公党中央宣传部、致公党留学人员委员会共同指导，中国留学人员创业园联盟、宁波国家高新区（新材料科技城）管委会联合主办，以“优化双创软环境，构建特色新生态”为主题，结合“双创”发展形势，着重探讨海外人才回流新趋势和新特征，研究如何加强留学人员创业园的服务专业化和资源国际化，打造多样化众创空间，构建特色产业生态圈，汇聚领军型人才团队，形成开放协同的机制和格局，建设具有区域带动作用和全国示范效应的创新创业新高地。会议同期举行了中国留学人员创业园联盟第三届第一次成员代表大会，审议通过了新修订的联盟章程，选举产生了新一届理事会，并发布了2015年度全国留学人员创业园建设情况相关数据。

18日 “2016（第六届）中国留学人员创业园百家企业”揭晓

11月18日，“2016（第六届）中国留学人员创业园百家企业”评选活动在北京召开评审会议。经专家组评审，共有来自北京、天津、上海、包头、济南、烟台、成都、太原、西安、厦门、深圳等地园区的16家留学人员企业预入围“最具成长性创业企业”、37家留学人员企业预入围“最具创业潜力企业”，并进行公示。该评选活动由科技部、教育部、人社部、国家外国专家局和致公党中央等部委部门共同指导，中国留学人员创业园联盟发起主办。经过前五届评选，活动已表彰379家具有高成长性和优秀创业潜力的在园留学人员企业，其中，有数十家已在国内外上市或挂牌。依照评选活动安排，将于12月7日至9日在山东济南举办的2016（第一届）中国海创企业合作交流大会上为“2016（第六届）中国留学人员创业园百家企业”入选企业颁奖，同期举办“中国留学人员创业园百家企业”巡礼展，并开展路演、对接、论坛、培训等活动。

14日 2016（第十届）创业周暨全球创业周中国站

11月14日，2016（第十届）创业周暨全球创业周中国站，在上海科技馆拉开帷幕。全球创业周由英、美、中等国家于2008年发起并推动，迄今已覆盖约160个国家，超过1000万青年创业者关注并参与。本届创业周在7天内举办了60多场创业主题活动，除创业周开幕式、新创发布会、创业加油站、创业服务新业态论坛、天使及早期投资峰会、Angel-Day、VC-Day、天使走进实验室等往届已有的品牌活动外，还全新打造了CEO峰会、Doer Link（大企业与创业企业对接市场）、天使投资培训营等活动，有超过150家创业企业展商，参会人数超过10000人。

23日 2016第五届中国（深圳）海归创业大会

11月23日，由深圳市人民政府侨务办公室、深圳市归国华侨联合会主办，深圳市海外留学归国人员协会承办的“创新铸就梦想”2016第五届中国（深圳）海归创业大会举行，活动主要包括第五届海归创业经验交流会和第四届海归项目投融资对接会。活动共吸引到场观众1400人次，征集了超过150个创业项目，经专业评审，最终遴选出12个优质项目在会上进行现场路演，并与投资人及投资机构进行对接交流。路演中，有3个项目团队获得总融资超过2600万元。

28日 2016重庆国际人才创新创业洽谈会

11月28日，以“创新创业·人才引领”为主题的2016重庆国际人才创新创业洽谈会（简称“国创会”）在重庆两江新区举办，来自全球21个国家和地区的近500名海内外高端人才参会。本次洽谈会举办了海外高层次人才招聘会、重庆五大功能区域人才招聘会、两江新区人才招聘会3场专场招聘会，共有265家单位提供1585个岗位、近3500个职位，478名参会求职人才达成初步就业意向。同时，3场高质量项目洽谈会也受到广泛关注，包括两江新区专场推介洽谈会、“千人计划”专家及海外人才项目推介洽谈会和重庆人才创新创业项目推介洽谈会。此外，还举行了2016“国创杯”创新创业项目大赛决赛和颁奖典礼。本届洽谈会共签订项目92个，达成合作意向70个；意向引进高层次人才126人，其中创新团队人才71人成功签约。

12月

07日 2016（第一届）中国海创企业合作交流大会

12月7日至9日，在科技部、教育部、人社部、国家外国专家局以及致公党中央的共同指导下，由中国留学人员创业园联盟和济南高新区管委会主办的2016（第一届）中国海创企业合作交流大会在济南召开。大会以“圆梦中国•创享未来”为主题，举办了2016（第二届）中国海归创业大赛决赛项目辅导、展示、路演和颁奖典礼，以及第六届“中国留学人员创业园百家企业”评选活动颁奖仪式、中国海创企业发展论坛、中国海创企业技术项目对接交流会、“中国留学人员创业园百家企业”巡礼展、“中国海创训练营”济南站等专场活动。在2016（第二届）中国海归创业大赛决赛中，大赛导师团重点就知识产权和企业管理等方面为入围团队作了培训辅导，30个决赛项目依次登台路演，经过激烈角逐，最终“中存超为企业级存储”项目荣获一等奖，另有5个项目分别获得二等奖和三等奖。本次大赛自4月启动以来，共有305个海归创业团队报名参赛，82个项目入围复赛，通过北京、天津、烟台、南京4地6场复赛选拔，有30个项目晋级决赛。

19日 第十一届“春晖杯”创新创业大赛交流、洽谈及颁奖活动

12月19日至20日，第十一届“春晖杯”中国留学人员创新创业大赛在广州举行创业交流暨洽谈会和颁奖大会等活动。本届大赛共收到来自17个国家和地区符合受理条件的参赛项目395个。经过专家评审和网上公示，最终确定242个项目入围。在教育部“春晖计划”的资助下，共有216名大赛入围项目留学人员代表及团队成员，参加本次在广州组织的创业交流、项目展示、对接洽谈、大赛颁奖等系列活动，以及2016中国海外人才交流大会暨第18届中国留学人员广州科技交流会的相关活动。第十一届“春晖杯”创新创业大赛在北美和法国分赛区的基础上，新设德国和墨尔本分赛区，进一步加大了海外分赛区的推广力度。据统计，海外分赛区参赛和入围项目数量分别占全部参赛和入围项目的80%。海外分赛区模式的推广，进一步挖掘了在外留学人员的创新源泉，提升了“春晖杯”在海外的知名度和影响力，有效推动了“大众创业、万众创新”工作。

21日 2016中国海外人才交流大会暨第18届中国留学人员广州科技交流会

12月21日至22日，2016中国海外人才交流大会暨第18届中国留学人员广州科技交流会在广州白云国际会议中心举行。本届大会由“中国留学人员广州科技交流会”更名为“中国海外人才交流大会暨中国留学人员广州科技交流会”（简称“海交会”），并且恢复了每年12月中下旬举办一次的办会频率。升级后的大会将扩大引进海外智力的覆盖范围，打破国籍地域边界，参会人才由以中国海外留学人员为主，扩大为包括外籍高层次人才、港澳台人才、杰出华人华侨代表在内的全口径的海外人才，同时突出“精准定位、精准对接、精准落地”特色。2016“海交会”由教育部、科技部、中科院、国侨办、欧美同学会、广州市委市政府共同主办，北京、上海、天津、重庆等27个城市（机构）协办，近400名国家“千人计划”专家携科技项目参会，独联体国家有120多个高端科技项目参会。大会主要分7大主题展览专区，展览面积约2.3万平方米，围绕前沿科技领域，重点展出海外人才项目和成果、国家和各地人才政策、引才计划、创业环境及他业服务相关机构等，并设置人才、项目洽谈区。

2016年度出回国留学人员情况数据

据教育部发布统计数据显示，2016年度我国出国留学人员总数为54.45万人，其中：国家公派3万人，单位公派1.63万人，自费留学49.82万人。2016年度各类留学回国人员总数为43.25万人，其中：国家公派2.25万人，单位公派2万人，自费留学39万人。2016年度与2015年度的统计数据相比较，我国出国留学人数和留学回国人数均稳中有升。出国留学人数增加2.08万人，增长了3.97%；留学回国人数增加2.34万人，增长了5.72%。随着年度回国人数与出国人数的增长，两者之间的差距呈逐渐缩小趋势。年度出国/回国人数比例从2015年的1.28：1下降至2016年的1.26：1。从1978年到2016年底，各类出国留学人员累计达458.66万人。其中136.25万人正在国外进行相关阶段的学习和研究；322.41万人已完成学业；265.11万人在完成学业后选择回国发展，占已完成学业群体的82.23%。。

2016年度中国留学人员创业园建设与发展情况

据中国留学人员创业园联盟发布统计数据显示，截至2016年底，全国各地挂牌并实际运营的各级各类留学人员创业园总数为310家。全国30个省、自治区、直辖市均建立了留学人员创业园。其中，江苏省、山东省、浙江省、北京市、广东省园区数量位列全国前五，占全国留学人员创业园总量的69%。从区域分布来看，园区主要集中在华东和华北地区，占全国留学人员创业园总量的74%。2016年内，共新建园区12家，分布在天津、河北、江苏、浙江、山东、广东、重庆等地，与2015年持平，全国园区数量整体呈平稳递增趋势。据初步统计，截至2016年底，全国留学人员创业园累计孵化企业超过4万家；在园企业超过2.2万家，年内新增企业超过2000家；有超过5.3万名留学人员在园创业和工作，年内新增留学人员数量超过3000名。

第二部分

政策篇

国家创新驱动发展战略纲要

（中发〔2016〕4号）

党的十八大提出实施创新驱动发展战略，强调科技创新是提高社会生产力和综合国力的战略支撑，必须摆在国家发展全局的核心位置。这是中央在新的发展阶段确立的立足全局、面向全球、聚焦关键、带动整体的国家重大发展战略。为加快实施这一战略，特制定本纲要。

一、战略背景

创新驱动就是创新成为引领发展的第一动力，科技创新与制度创新、管理创新、商业模式创新、业态创新和文化创新相结合，推动发展方式向依靠持续的知识积累、技术进步和劳动力素质提升转变，促进经济向形态更高级、分工更精细、结构更合理的阶段演进。

创新驱动是国家命运所系。国家力量的核心支撑是科技创新能力。创新强则国运昌，创新弱则国运殆。我国近代落后挨打的重要原因是与历次科技革命失之交臂，导致科技弱、国力弱。实现中华民族伟大复兴的中国梦，必须真正用好科学技术这个最高意义上的革命力量和有力杠杆。

创新驱动是世界大势所趋。全球新一轮科技革命、产业变革和军事变革加速演进，科学探索从微观到宏观各个尺度上向纵深拓展，以智能、绿色、泛在为特征的群体性技术革命将引发国际产业分工重大调整，颠覆性技术不断涌现，正在重塑世界竞争格局、改变国家力量对比，创新驱动成为许多国家谋求竞争优势的核心战略。我国既面临赶超跨越的难得历史机遇，也面临差距拉大的严峻挑战。唯有勇立世界科技创新潮头，才能赢得发展主动权，为人类文明进步作出更大贡献。创新驱动是发展形势所迫。我国经济发展进入新常态，传统发展动力不断减弱，粗放型增长方式难以为继。必须依靠创新驱动打造发展新引擎，培育新的经济增长点，持续提升我国经济发展的质量和效益，开辟我国发展的新空间，实现经济保持中高速增长和产业迈向中高端水平“双目标”。

当前，我国创新驱动发展已具备发力加速的基础。经过多年努力，科技发展正在进入由量的增长向质的提升的跃升期，科研体系日益完备，人才队伍不断壮大，科学、技术、工程、产业的自主创新能力快速提升。经济转型升级、民生持续改善和国防现代化建设对创新提出了巨大需求。庞大的市场规模、完备的产业体系、多样化的消费需求与互联网时代创新效率的提升相结合，为创新提供了广阔空间。中国特色社会主义制度能够有效结合集中力量办大事和市场配置资源的优势，为实现创新驱动发展提供了根本保障。

同时也要看到，我国许多产业仍处于全球价值链的中低端，一些关键核心技术受制于人，发达国家在科学前沿和高技术领域仍然占据明显领先优势，我国支撑产业升级、引领未来发展的科学技术储备亟待加强。适应创新驱动的体制机制亟待建立健全，企业创新动力不足，创新体系整体效能不高，经济发展尚未真正转到依靠创新的轨道。科技人才队伍大而不强，领军人才和高技能人才缺乏，创新型企业家群体亟需发展壮大。激励创新的市场环境和社会氛围仍需进一步培育和优化。

在我国加快推进社会主义现代化、实现“两个一百年”奋斗目标和中华民族伟大复兴中国梦的关键阶段，必须始终坚持抓创新就是抓发展、谋创新就是谋未来，让创新成为国家意志和全社会的共同行动，走出一条从人才强、科技强到产业强、经济强、国家强的发展新路径，为我国未来十几年乃至更长时间创造一个新的增长周期。

二、战略要求

（一）指导思想。

以邓小平理论、“三个代表”重要思想、科学发展观为指导，深入贯彻习近平总书记系列重要讲话精神，按照“四个全面”战略布局的要求，坚持走中国特色自主创新道路，解放思想、开放包容，把创新驱动发展作为国家的优先战略，以科技创新为核心带动全面创新，以体制机制改革激发创新活力，以高效率的创新体系支撑高水平的创新型国家建设，推动经济社会发展动力根本转换，为实现中华民族伟大复兴的中国梦提供强大动力。

（二）基本原则。

紧扣发展。坚持问题导向，面向世界科技前沿、面向国家重大需求、面向国民经济主战场，明确我国创新发展的主攻方向，在关键领域尽快实现突破，力争形成更多竞争优势。

深化改革。坚持科技体制改革和经济社会领域改革同步发力，强化科技与经济对接，遵循社会主义市场经济规律和科技创新规律，破除一切制约创新的思想障碍和制度藩篱，构建支撑创新驱动发展的良好环境。

强化激励。坚持创新驱动实质是人才驱动，落实以人为本，尊重创新创造的价值，激发各类人才的积极性和创造性，加快汇聚一支规模宏大、结构合理、素质优良的创新型人才队伍。

扩大开放。坚持以全球视野谋划和推动创新，最大限度用好全球创新资源，全面提升我国在全球创新格局中的位势，力争成为若干重要领域的引领者和重要规则制定的参与者。

（三）战略目标。

分三步走：

第一步，到2020年进入创新型国家行列，基本建成中国特色国家创新体系，有力支撑全面建成小康社会目标的实现。

——创新型经济格局初步形成。若干重点产业进入全球价值链中高端，成长起一批具有国际竞争力的创新型企业和产业集群。科技进步贡献率提高到60%以上，知识密集型服务业增加值占国内生产总值的20%。

——自主创新能力大幅提升。形成面向未来发展、迎接科技革命、促进产业变革的创新布局，突破制约经济社会发展和国家安全的一系列重大瓶颈问题，初步扭转关键核心技术长期受制于人的被动局面，在若干战略必争领域形成独特优势，为国家繁荣发展提供战略储备、拓展战略空间。研究与试验发展（R&D）经费支出占国内生产总值比重达到2.5%。

——创新体系协同高效。科技与经济融合更加顺畅，创新主体充满活力，创新链条有机衔接，创新治理更加科学，创新效率大幅提高。

——创新环境更加优化。激励创新的政策法规更加健全，知识产权保护更加严格，形成崇尚创新创业、勇于创新创业、激励创新创业的价值导向和文化氛围。

第二步，到2030年跻身创新型国家前列，发展驱动力实现根本转换，经济社会发展水平和国际竞争力大幅提升，为建成经济强国和共同富裕社会奠定坚实基础。

——主要产业进入全球价值链中高端。不断创造新技术和新产品、新模式和新业态、新需求和新市场，实现更可持续的发展、更高质量的就业、更高水平的收入、更高品质的生活。

——总体上扭转科技创新以跟踪为主的局面。在若干战略领域由并行走向领跑，形成引领全球学术发展的中国学派，产出对世界科技发展和人类文明进步有重要影响的原创成果。攻克制约国防科技的主要瓶颈问题。研究与试验发展（R&D）经费支出占国内生产总值比重达到2.8%。

——国家创新体系更加完备。实现科技与经济深度融合、相互促进。

——创新文化氛围浓厚，法治保障有力，全社会形成创新活力竞相迸发、创新源泉不断涌流的生动局面。

第三步，到2050年建成世界科技创新强国，成为世界主要科学中心和创新高地，为我国建成富强民主文明和谐的社会主义现代化国家、实现中华民族伟大复兴的中国梦提供强大支撑。

——科技和人才成为国力强盛最重要的战略资源，创新成为政策制定和制度安排的核心因素。

——劳动生产率、社会生产力提高主要依靠科技进步和全面创新，经济发展质量高、能源资源消耗低、产业核心竞争力强。国防科技达到世界领先水平。

——拥有一批世界一流的科研机构、研究型大学和创新型企业，涌现出一批重大原创性科学成果和国际顶尖水平的科学大师，成为全球高端人才创新创业的重要聚集地。

——创新的制度环境、市场环境和文化环境更加优化，尊重知识、崇尚创新、保护产权、包容多元成为全社会的共同理念和价值导向。

三、战略部署

实现创新驱动是一个系统性的变革，要按照“坚持双轮驱动、构建一个体系、推动六大转变”进行布局，构建新的发展动力系统。

双轮驱动就是科技创新和体制机制创新两个轮子相互协调、持续发力。抓创新首先要抓科技创新，补短板首先要补科技创新的短板。科学发现对技术进步有决定性的引领作用，技术进步有力推动发现科学规律。要明确支撑发展的方向和重点，加强科学探索和技术攻关，形成持续创新的系统能力。体制机制创新要调整一切不适应创新驱动发展的生产关系，统筹推进科技、经济和政府治理等三方面体制机制改革，最大限度释放创新活力。

一个体系就是建设国家创新体系。要建设各类创新主体协同互动和创新要素顺畅流动、高效配置的生态系统，形成创新驱动发展的实践载体、制度安排和环境保障。明确企业、科研院所、高校、社会组织等各类创新主体功能定位，构建开放高效的创新网络，建设军民融合的国防科技协同创新平台；改进创新治理，进一步明确政府和市场分工，构建统筹配置创新资源的机制；完善激励创新的政策体系、保护创新的法律制度，构建鼓励创新的社会环境，激发全社会创新活力。

六大转变就是发展方式从以规模扩张为主导的粗放式增长向以质量效益为主导的可持续发展转变；发展要素从传统要素主导发展向创新要素主导发展转变；产业分工从价值链中低端向价值链中高端转变；创新能力从“跟踪、并行、领跑”并存、“跟踪”为主向“并行”“领跑”为主转变；资源配置从以研发环节为主向产业链、创新链、资金链统筹配置转变；创新群体从以科技人员的小众为主向小众与大众创新创业互动转变。

四、战略任务

紧紧围绕经济竞争力提升的核心关键、社会发展的紧迫需求、国家安全的重大挑战，采取差异化策略和非对称路径，强化重点领域和关键环节的任务部署。

（一）推动产业技术体系创新，创造发展新优势。

加快工业化和信息化深度融合，把数字化、网络化、智能化、绿色化作为提升产业竞争力的技术基点，推进各领域新兴技术跨界创新，构建结构合理、先进管用、开放兼容、自主可控、具有国际竞争力的现代产业技术体系，以技术的群体性突破支撑引领新兴产业集群发展，推进产业质量升级。

1．发展新一代信息网络技术，增强经济社会发展的信息化基础。加强类人智能、自然交互与虚拟现实、微电子与光电子等技术研究，推动宽带移动互联网、云计算、物联网、大数据、高性能计算、移动智能终端等技术研发和综合应用，加大集成电路、工业控制等自主软硬件产品和网络安全技术攻关和推广力度，为我国经济转型升级和维护国家网络安全提供保障。

2．发展智能绿色制造技术，推动制造业向价值链高端攀升。重塑制造业的技术体系、生产模式、产业形态和价值链，推动制造业由大到强转变。发展智能制造装备等技术，加快网络化制造技术、云计算、大数据等在制造业中的深度应用，推动制造业向自动化、智能化、服务化转变。对传统制造业全面进行绿色改造，由粗放型制造向集约型制造转变。加强产业技术基础能力和试验平台建设，提升基础材料、基础零部件、基础工艺、基础软件等共性关键技术水平。发展大飞机、航空发动机、核电、高铁、海洋工程装备和高技术船舶、特高压输变电等高端装备和产品。

3．发展生态绿色高效安全的现代农业技术，确保粮食安全、食品安全。以实现种业自主为核心，转变农业发展方式，突破人多地少水缺的瓶颈约束，走产出高效、产品安全、资源节约、环境友好的现代农业发展道路。系统加强动植物育种和高端农业装备研发，大面积推广粮食丰产、中低产田改造等技术，深入开展节水农业、循环农业、有机农业和生物肥料等技术研发，开发标准化、规模化的现代养殖技术，促进农业提质增效和可持续发展。推广农业面源污染和重金属污染防治的低成本技术和模式，发展全产业链食品安全保障技术、质量安全控制技术和安全溯源技术，建设安全环境、清洁生产、生态储运全覆盖的食品安全技术体系。推动农业向一二三产业融合，实现向全链条增值和品牌化发展转型。

4．发展安全清洁高效的现代能源技术，推动能源生产和消费革命。以优化能源结构、提升能源利用效率为重点，推动能源应用向清洁、低碳转型。突破煤炭石油天然气等化石能源的清洁高效利用技术瓶颈，开发深海深地等复杂条件下的油气矿产资源勘探开采技术，开展页岩气等非常规油气勘探开发综合技术示范。加快核能、太阳能、风能、生物质能等清洁能源和新能源技术开发、装备研制及大规模应用，攻克大规模供需互动、储能和并网关键技术。推广节能新技术和节能新产品，加快钢铁、石化、建材、有色金属等高耗能行业的节能技术改造，推动新能源汽车、智能电网等技术的研发应用。

5．发展资源高效利用和生态环保技术，建设资源节约型和环境友好型社会。采用系统化的技术方案和产业化路径，发展污染治理和资源循环利用的技术与产业。建立大气重污染天气预警分析技术体系，发展高精度监控预测技术。建立现代水资源综合利用体系，开展地球深部矿产资源勘探开发与综合利用，发展绿色再制造和资源循环利用产业，建立城镇生活垃圾资源化利用、再生资源回收利用、工业固体废物综合利用等技术体系。完善环境技术管理体系，加强水、大气和土壤污染防治及危险废物处理处置、环境检测与环境应急技术研发应用，提高环境承载能力。

6．发展海洋和空间先进适用技术，培育海洋经济和空间经济。开发海洋资源高效可持续利用适用技术，加快发展海洋工程装备，构建立体同步的海洋观测体系，推进我国海洋战略实施和蓝色经济发展。大力提升空间进入、利用的技术能力，完善空间基础设施，推进卫星遥感、卫星通信、导航和位置服务等技术开发应用，完善卫星应用创新链和产业链。

7．发展智慧城市和数字社会技术，推动以人为本的新型城镇化。依靠新技术和管理创新支撑新型城镇化、现代城市发展和公共服务，创新社会治理方法和手段，加快社会治安综合治理信息化进程，推进平安中国建设。发展交通、电力、通信、地下管网等市政基础设施的标准化、数字化、智能化技术，推动绿色建筑、智慧城市、生态城市等领域关键技术大规模应用。加强重大灾害、公共安全等应急避险领域重大技术和产品攻关。

8．发展先进有效、安全便捷的健康技术，应对重大疾病和人口老龄化挑战。促进生命科学、中西医药、生物工程等多领域技术融合，提升重大疾病防控、公共卫生、生殖健康等技术保障能力。研发创新药物、新型疫苗、先进医疗装备和生物治疗技术。推进中华传统医药现代化。促进组学和健康医疗大数据研究，发展精准医学，研发遗传基因和慢性病易感基因筛查技术，提高心脑血管疾病、恶性肿瘤、慢性呼吸性疾病、糖尿病等重大疾病的诊疗技术水平。开发数字化医疗、远程医疗技术，推进预防、医疗、康复、保健、养老等社会服务网络化、定制化，发展一体化健康服务新模式，显著提高人口健康保障能力，有力支撑健康中国建设。

9．发展支撑商业模式创新的现代服务技术，驱动经济形态高级化。以新一代信息和网络技术为支撑，积极发展现代服务业技术基础设施，拓展数字消费、电子商务、现代物流、互联网金融、网络教育等新兴服务业，促进技术创新和商业模式创新融合。加快推进工业设计、文化创意和相关产业融合发展，提升我国重点产业的创新设计能力。

10．发展引领产业变革的颠覆性技术，不断催生新产业、创造新就业。高度关注可能引起现有投资、人才、技术、产业、规则“归零”的颠覆性技术，前瞻布局新兴产业前沿技术研发，力争实现“弯道超车”。开发移动互联技术、量子信息技术、空天技术，推动增材制造装备、智能机器人、无人驾驶汽车等发展，重视基因组、干细胞、合成生物、再生医学等技术对生命科学、生物育种、工业生物领域的深刻影响，开发氢能、燃料电池等新一代能源技术，发挥纳米、石墨烯等技术对新材料产业发展的引领作用。

（二）强化原始创新，增强源头供给。

坚持国家战略需求和科学探索目标相结合，加强对关系全局的科学问题研究部署，增强原始创新能力，提升我国科学发现、技术发明和产品产业创新的整体水平，支撑产业变革和保障国家安全。

1．加强面向国家战略需求的基础前沿和高技术研究。围绕涉及长远发展和国家安全的“卡脖子”问题，加强基础研究前瞻布局，加大对空间、海洋、网络、核、材料、能源、信息、生命等领域重大基础研究和战略高技术攻关力度，实现关键核心技术安全、自主、可控。明确阶段性目标，集成跨学科、跨领域的优势力量，加快重点突破，为产业技术进步积累原创资源。

2．大力支持自由探索的基础研究。面向科学前沿加强原始创新，力争在更多领域引领世界科学研究方向，提升我国对人类科学探索的贡献。围绕支撑重大技术突破，推进变革性研究，在新思想、新发现、新知识、新原理、新方法上积极进取，强化源头储备。促进学科均衡协调发展，加强学科交叉与融合，重视支持一批非共识项目，培育新兴学科和特色学科。

3．建设一批支撑高水平创新的基础设施和平台。适应大科学时代创新活动的特点，针对国家重大战略需求，建设一批具有国际水平、突出学科交叉和协同创新的国家实验室。加快建设大型共用实验装置、数据资源、生物资源、知识和专利信息服务等科技基础条件平台。研发高端科研仪器设备，提高科研装备自给水平。建设超算中心和云计算平台等数字化基础设施，形成基于大数据的先进信息网络支撑体系。

（三）优化区域创新布局，打造区域经济增长极。

聚焦国家区域发展战略，以创新要素的集聚与流动促进产业合理分工，推动区域创新能力和竞争力整体提升。

1．构建各具特色的区域创新发展格局。东部地区注重提高原始创新和集成创新能力，全面加快向创新驱动发展转型，培育具有国际竞争力的产业集群和区域经济。中西部地区走差异化和跨越式发展道路，柔性汇聚创新资源，加快先进适用技术推广和应用，在重点领域实现创新牵引，培育壮大区域特色经济和新兴产业。

2．跨区域整合创新资源。构建跨区域创新网络，推动区域间共同设计创新议题、互联互通创新要素、联合组织技术攻关。提升京津冀、长江经济带等国家战略区域科技创新能力，打造区域协同创新共同体，统筹和引领区域一体化发展。推动北京、上海等优势地区建成具有全球影响力的科技创新中心。

3．打造区域创新示范引领高地。优化国家自主创新示范区布局，推进国家高新区按照发展高科技、培育新产业的方向转型升级，开展区域全面创新改革试验，建设创新型省份和创新型城市，培育新兴产业发展增长极，增强创新发展的辐射带动功能。

（四）深化军民融合，促进创新互动。

按照军民融合发展战略总体要求，发挥国防科技创新重要作用，加快建立健全军民融合的创新体系，形成全要素、多领域、高效益的军民科技深度融合发展新格局。

1．健全宏观统筹机制。遵循经济建设和国防建设的规律，构建统一领导、需求对接、资源共享的军民融合管理体制，统筹协调军民科技战略规划、方针政策、资源条件、成果应用，推动军民科技协调发展、平衡发展、兼容发展。

2．开展军民协同创新。建立军民融合重大科研任务形成机制，从基础研究到关键技术研发、集成应用等创新链一体化设计，构建军民共用技术项目联合论证和实施模式，建立产学研相结合的军民科技创新体系。

3．推进军民科技基础要素融合。推进军民基础共性技术一体化、基础原材料和零部件通用化。推进海洋、太空、网络等新型领域军民融合深度发展。开展军民通用标准制定和整合，推动军民标准双向转化，促进军民标准体系融合。统筹军民共用重大科研基地和基础设施建设，推动双向开放、信息交互、资源共享。

4．促进军民技术双向转移转化。推动先进民用技术在军事领域的应用，健全国防知识产权制度、完善国防知识产权归属与利益分配机制，积极引导国防科技成果加速向民用领域转化应用。放宽国防科技领域市场准入，扩大军品研发和服务市场的开放竞争，引导优势民营企业进入军品科研生产和维修领域。完善军民两用物项和技术进出口管制机制。

（五）壮大创新主体，引领创新发展。

明确各类创新主体在创新链不同环节的功能定位，激发主体活力，系统提升各类主体创新能力，夯实创新发展的基础。

1．培育世界一流创新型企业。鼓励行业领军企业构建高水平研发机构，形成完善的研发组织体系，集聚高端创新人才。引导领军企业联合中小企业和科研单位系统布局创新链，提供产业技术创新整体解决方案。培育一批核心技术能力突出、集成创新能力强、引领重要产业发展的创新型企业，力争有一批企业进入全球百强创新型企业。

2．建设世界一流大学和一流学科。加快中国特色现代大学制度建设，深入推进管、办、评分离，扩大学校办学自主权，完善学校内部治理结构。引导大学加强基础研究和追求学术卓越，组建跨学科、综合交叉的科研团队，形成一批优势学科集群和高水平科技创新基地，建立创新能力评估基础上的绩效拨款制度，系统提升人才培养、学科建设、科技研发三位一体创新水平。增强原始创新能力和服务经济社会发展能力，推动一批高水平大学和学科进入世界一流行列或前列。

3．建设世界一流科研院所。明晰科研院所功能定位，增强在基础前沿和行业共性关键技术研发中的骨干引领作用。健全现代科研院所制度，形成符合创新规律、体现领域特色、实施分类管理的法人治理结构。围绕国家重大任务，有效整合优势科研资源，建设综合性、高水平的国际化科技创新基地，在若干优势领域形成一批具有鲜明特色的世界级科学研究中心。

4．发展面向市场的新型研发机构。围绕区域性、行业性重大技术需求，实行多元化投资、多样化模式、市场化运作，发展多种形式的先进技术研发、成果转化和产业孵化机构。

5．构建专业化技术转移服务体系。发展研发设计、中试熟化、创业孵化、检验检测认证、知识产权等各类科技服务。完善全国技术交易市场体系，发展规范化、专业化、市场化、网络化的技术和知识产权交易平台。科研院所和高校建立专业化技术转移机构和职业化技术转移人才队伍，畅通技术转移通道。

（六）实施重大科技项目和工程，实现重点跨越。

在关系国家安全和长远发展的重点领域，部署一批重大科技项目和工程。

面向2020年，继续加快实施已部署的国家科技重大专项，聚焦目标、突出重点，攻克高端通用芯片、高档数控机床、集成电路装备、宽带移动通信、油气田、核电站、水污染治理、转基因生物新品种、新药创制、传染病防治等方面的关键核心技术，形成若干战略性技术和战略性产品，培育新兴产业。

面向2030年，坚持有所为有所不为，尽快启动航空发动机及燃气轮机重大项目，在量子通信、信息网络、智能制造和机器人、深空深海探测、重点新材料和新能源、脑科学、健康医疗等领域，充分论证，把准方向，明确重点，再部署一批体现国家战略意图的重大科技项目和工程。

面向2020年的重大专项与面向2030年的重大科技项目和工程，形成梯次接续的系统布局，并根据国际科技发展的新进展和我国经济社会发展的新需求，及时进行滚动调整和优化。要发挥社会主义市场经济条件下的新型举国体制优势，集中力量，协同攻关，持久发力，久久为功，加快突破重大核心技术，开发重大战略性产品，在国家战略优先领域率先实现跨越。

（七）建设高水平人才队伍，筑牢创新根基。

加快建设科技创新领军人才和高技能人才队伍。围绕重要学科领域和创新方向造就一批世界水平的科学家、科技领军人才、工程师和高水平创新团队，注重培养一线创新人才和青年科技人才，对青年人才开辟特殊支持渠道，支持高校、科研院所、企业面向全球招聘人才。倡导崇尚技能、精益求精的职业精神，在各行各业大规模培养高级技师、技术工人等高技能人才。优化人才成长环境，实施更加积极的创新创业人才激励和吸引政策，推行科技成果处置收益和股权期权激励制度，让各类主体、不同岗位的创新人才都能在科技成果产业化过程中得到合理回报。

发挥企业家在创新创业中的重要作用，大力倡导企业家精神，树立创新光荣、创新致富的社会导向，依法保护企业家的创新收益和财产权，培养造就一大批勇于创新、敢于冒险的创新型企业家，建设专业化、市场化、国际化的职业经理人队伍。

推动教育创新，改革人才培养模式，把科学精神、创新思维、创造能力和社会责任感的培养贯穿教育全过程。完善高端创新人才和产业技能人才“二元支撑”的人才培养体系，加强普通教育与职业教育衔接。

（八）推动创新创业，激发全社会创造活力。

建设和完善创新创业载体，发展创客经济，形成大众创业、万众创新的生动局面。

1．发展众创空间。依托移动互联网、大数据、云计算等现代信息技术，发展新型创业服务模式，建立一批低成本、便利化、开放式众创空间和虚拟创新社区，建设多种形式的孵化机构，构建“孵化+创投”的创业模式，为创业者提供工作空间、网络空间、社交空间、共享空间，降低大众参与创新创业的成本和门槛。

2．孵化培育创新型小微企业。适应小型化、智能化、专业化的产业组织新特征，推动分布式、网络化的创新，鼓励企业开展商业模式创新，引导社会资本参与建设面向小微企业的社会化技术创新公共服务平台，推动小微企业向“专精特新”发展，让大批创新活力旺盛的小微企业不断涌现。

3．鼓励人人创新。推动创客文化进学校，设立创新创业课程，开展品牌性创客活动，鼓励学生动手、实践、创业。支持企业员工参与工艺改进和产品设计，鼓励一切有益的微创新、微创业和小发明、小改进，将奇思妙想、创新创意转化为实实在在的创业活动。

五、战略保障

实施创新驱动发展战略，必须从体制改革、环境营造、资源投入、扩大开放等方面加大保障力度。

（一）改革创新治理体系。

顺应创新主体多元、活动多样、路径多变的新趋势，推动政府管理创新，形成多元参与、协同高效的创新治理格局。

建立国家高层次创新决策咨询机制，定期向党中央、国务院报告国内外科技创新动态，提出重大政策建议。转变政府创新管理职能，合理定位政府和市场功能。强化政府战略规划、政策制定、环境营造、公共服务、监督评估和重大任务实施等职能。对于竞争性的新技术、新产品、新业态开发，应交由市场和企业来决定。建立创新治理的社会参与机制，发挥各类行业协会、基金会、科技社团等在推动创新驱动发展中的作用。

合理确定中央各部门功能性分工，发挥行业主管部门在创新需求凝炼、任务组织实施、成果推广应用等方面的作用。科学划分中央和地方科技管理事权，中央政府职能侧重全局性、基础性、长远性工作，地方政府职能侧重推动技术开发和转化应用。

构建国家科技管理基础制度。再造科技计划管理体系，改进和优化国家科技计划管理流程，建设国家科技计划管理信息系统，构建覆盖全过程的监督和评估制度。完善国家科技报告制度，建立国家重大科研基础设施和科技基础条件平台开放共享制度，推动科技资源向各类创新主体开放。建立国家创新调查制度，引导各地树立创新发展导向。

（二）多渠道增加创新投入。

切实加大对基础性、战略性和公益性研究稳定支持力度，完善稳定支持和竞争性支持相协调的机制。改革中央财政科技计划和资金管理，提高资金使用效益。完善激励企业研发的普惠性政策，引导企业成为技术创新投入主体。

探索建立符合中国国情、适合科技创业企业发展的金融服务模式。鼓励银行业金融机构创新金融产品，拓展多层次资本市场支持创新的功能，积极发展天使投资，壮大创业投资规模，运用互联网金融支持创新。充分发挥科技成果转化、中小企业创新、新兴产业培育等方面基金的作用，引导带动社会资本投入创新。

（三）全方位推进开放创新。

抓住全球创新资源加速流动和我国经济地位上升的历史机遇，提高我国全球配置创新资源能力。支持企业面向全球布局创新网络，鼓励建立海外研发中心，按照国际规则并购、合资、参股国外创新型企业和研发机构，提高海外知识产权运营能力。以卫星、高铁、核能、超级计算机等为重点，推动我国先进技术和装备走出去。鼓励外商投资战略性新兴产业、高新技术产业、现代服务业，支持跨国公司在中国设立研发中心，实现引资、引智、引技相结合。

深入参与全球科技创新治理，主动设置全球性创新议题，积极参与重大国际科技合作规则制定，共同应对粮食安全、能源安全、环境污染、气候变化以及公共卫生等全球性挑战。丰富和深化创新对话，围绕落实“一带一路”战略构想和亚太互联互通蓝图，合作建设面向沿线国家的科技创新基地。积极参与和主导国际大科学计划和工程，提高国家科技计划对外开放水平。

（四）完善突出创新导向的评价制度。

根据不同创新活动的规律和特点，建立健全科学分类的创新评价制度体系。推进高校和科研院所分类评价，实施绩效评价，把技术转移和科研成果对经济社会的影响纳入评价指标，将评价结果作为财政科技经费支持的重要依据。完善人才评价制度，进一步改革完善职称评审制度，增加用人单位评价自主权。推行第三方评价，探索建立政府、社会组织、公众等多方参与的评价机制，拓展社会化、专业化、国际化评价渠道。改革国家科技奖励制度，优化结构、减少数量、提高质量，逐步由申报制改为提名制，强化对人的激励。发展具有品牌和公信力的社会奖项。完善国民经济核算体系，逐步探索将反映创新活动的研发支出纳入投资统计，反映无形资产对经济的贡献，突出创新活动的投入和成效。改革完善国有企业评价机制，把研发投入和创新绩效作为重要考核指标。

（五）实施知识产权、标准、质量和品牌战略。

加快建设知识产权强国。深化知识产权领域改革，深入实施知识产权战略行动计划，提高知识产权的创造、运用、保护和管理能力。引导支持市场主体创造和运用知识产权，以知识产权利益分享机制为纽带，促进创新成果知识产权化。充分发挥知识产权司法保护的主导作用，增强全民知识产权保护意识，强化知识产权制度对创新的基本保障作用。健全防止滥用知识产权的反垄断审查制度，建立知识产权侵权国际调查和海外维权机制。

提升中国标准水平。强化基础通用标准研制，健全技术创新、专利保护与标准化互动支撑机制，及时将先进技术转化为标准。推动我国产业采用国际先进标准，强化强制性标准制定与实施，形成支撑产业升级的标准群，全面提高行业技术标准和产业准入水平。支持我国企业、联盟和社团参与或主导国际标准研制，推动我国优势技术与标准成为国际标准。

推动质量强国和中国品牌建设。完善质量诚信体系，形成一批品牌形象突出、服务平台完备、质量水平一流的优势企业和产业集群。制定品牌评价国际标准，建立国际互认的品牌评价体系，推动中国优质品牌国际化。

（六）培育创新友好的社会环境。

健全保护创新的法治环境。加快创新薄弱环节和领域的立法进程，修改不符合创新导向的法规文件，废除制约创新的制度规定，构建综合配套精细化的法治保障体系。

培育开放公平的市场环境。加快突破行业垄断和市场分割。强化需求侧创新政策的引导作用，建立符合国际规则的政府采购制度，利用首台套订购、普惠性财税和保险等政策手段，降低企业创新成本，扩大创新产品和服务的市场空间。推进要素价格形成机制的市场化改革，强化能源资源、生态环境等方面的刚性约束，提高科技和人才等创新要素在产品价格中的权重，让善于创新者获得更大的竞争优势。

营造崇尚创新的文化环境。大力宣传广大科技工作者爱国奉献、勇攀高峰的感人事迹和崇高精神，在全社会形成鼓励创造、追求卓越的创新文化，推动创新成为民族精神的重要内涵。倡导百家争鸣、尊重科学家个性的学术文化，增强敢为人先、勇于冒尖、大胆质疑的创新自信。重视科研试错探索价值，建立鼓励创新、宽容失败的容错纠错机制。营造宽松的科研氛围，保障科技人员的学术自由。加强科研诚信建设，引导广大科技工作者恪守学术道德，坚守社会责任。加强科学教育，丰富科学教育教学内容和形式，激发青少年的科技兴趣。加强科学技术普及，提高全民科学素养，在全社会塑造科学理性精神。

六、组织实施

实施创新驱动发展战略是我们党在新时期的重大历史使命。全党全国必须统一思想，各级党委和政府必须切实增强责任感和紧迫感，统筹谋划，系统部署，精心组织，扎实推进。

加强领导。按照党中央、国务院统一部署，国家科技体制改革和创新体系建设领导小组负责本纲要的具体组织实施工作，加强对创新驱动发展重大战略问题的研究和审议，指导推动纲要落实。

分工协作。国务院和军队各有关部门、各省（自治区、直辖市）要根据本纲要制定具体实施方案，强化大局意识、责任意识，加强协同、形成合力。

开展试点。加强任务分解，明确责任单位和进度安排，制订年度和阶段性实施计划。对重大改革任务和重点政策措施，要制定具体方案，开展试点。

监测评价。完善以创新发展为导向的考核机制，将创新驱动发展成效作为重要考核指标，引导广大干部树立正确政绩观。加强创新调查，建立定期监测评估和滚动调整机制。

加强宣传。做好舆论宣传，及时宣传报道创新驱动发展的新进展、新成效，让创新驱动发展理念成为全社会共识，调动全社会参与支持创新积极性。

全党全社会要紧密团结在以习近平同志为总书记的党中央周围，把各方面力量凝聚到创新驱动发展上来，为全面建成创新型国家、实现中华民族伟大复兴的中国梦而努力奋斗。

中共中央

国务院

2016年5月19日

中共中央关于深化人才发展体制机制改革的意见

（中发〔2016〕9号）

人才是经济社会发展的第一资源。人才发展体制机制改革是全面深化改革的重要组成部分，是党的建设制度改革的重要内容。协调推进“四个全面”战略布局，贯彻落实创新、协调、绿色、开放、共享的发展理念，实现“两个一百年”奋斗目标，必须深化人才发展体制机制改革，加快建设人才强国，最大限度激发人才创新创造创业活力，把各方面优秀人才集聚到党和国家事业中来。现就深化人才发展体制机制改革提出如下意见。

一、指导思想、基本原则和主要目标

（一）指导思想。

高举中国特色社会主义伟大旗帜，全面贯彻党的十八大和十八届三中、四中、五中全会精神，以邓小平理论、“三个代表”重要思想、科学发展观为指导，深入贯彻习近平总书记系列重要讲话精神，坚持聚天下英才而用之，牢固树立科学人才观，深入实施人才优先发展战略，遵循社会主义市场经济规律和人才成长规律，破除束缚人才发展的思想观念和体制机制障碍，解放和增强人才活力，构建科学规范、开放包容、运行高效的人才发展治理体系，形成具有国际竞争力的人才制度优势。

（二）基本原则。

——坚持党管人才。充分发挥党的思想政治优势、组织优势和密切联系群众优势，进一步加强和改进党对人才工作的领导，健全党管人才领导体制和工作格局，创新党管人才方式方法，为深化人才发展体制机制改革提供坚强的政治和组织保证。

——服务发展大局。围绕经济社会发展需求，聚焦国家重大战略，科学谋划改革思路和政策措施，促进人才规模、质量和结构与经济社会发展相适应、相协调，实现人才发展与经济建设、政治建设、文化建设、社会建设、生态文明建设深度融合。

——突出市场导向。充分发挥市场在人才资源配置中的决定性作用和更好发挥政府作用，加快转变政府人才管理职能，保障和落实用人主体自主权，提高人才横向和纵向流动性，健全人才评价、流动、激励机制，最大限度激发和释放人才创新创造创业活力，使人才各尽其能、各展其长、各得其所，让人才价值得到充分尊重和实现。

——体现分类施策。根据不同领域、行业特点，坚持从实际出发，具体问题具体分析，增强改革针对性、精准性。纠正人才管理中存在的行政化、“官本位”倾向，防止简单套用党政领导干部管理办法管理科研教学机构学术领导人员和专业人才。

——扩大人才开放。树立全球视野和战略眼光，充分开发利用国内国际人才资源，主动参与国际人才竞争，完善更加开放、更加灵活的人才培养、吸引和使用机制，不唯地域引进人才，不求所有开发人才，不拘一格用好人才，确保人才引得进、留得住、流得动、用得好。

（三）主要目标。

通过深化改革，到2020年，在人才发展体制机制的重要领域和关键环节上取得突破性进展，人才管理体制更加科学高效，人才评价、流动、激励机制更加完善，全社会识才爱才敬才用才氛围更加浓厚，形成与社会主义市场经济体制相适应、人人皆可成才、人人尽展其才的政策法律体系和社会环境。

二、推进人才管理体制改革

（四）转变政府人才管理职能。根据政社分开、政事分开和管办分离要求，强化政府人才宏观管理、政策法规制定、公共服务、监督保障等职能。推动人才管理部门简政放权，消除对用人主体的过度干预，建立政府人才管理服务权力清单和责任清单，清理和规范人才招聘、评价、流动等环节中的行政审批和收费事项。

（五）保障和落实用人主体自主权。充分发挥用人主体在人才培养、吸引和使用中的主导作用，全面落实国有企业、高校、科研院所等企事业单位和社会组织的用人自主权。创新事业单位编制管理方式，对符合条件的公益二类事业单位逐步实行备案制管理。改进事业单位岗位管理模式，建立动态调整机制。探索高层次人才协议工资制等分配办法。

（六）健全市场化、社会化的人才管理服务体系。构建统一、开放的人才市场体系，完善人才供求、价格和竞争机制。深化人才公共服务机构改革。大力发展专业性、行业性人才市场，鼓励发展高端人才猎头等专业化服务机构，放宽人才服务业准入限制。积极培育各类专业社会组织和人才中介服务机构，有序承接政府转移的人才培养、评价、流动、激励等职能。充分运用云计算和大数据等技术，为用人主体和人才提供高效便捷服务。扩大社会组织人才公共服务覆盖面。完善人才诚信体系，建立失信惩戒机制。

（七）加强人才管理法制建设。研究制定促进人才开发及人力资源市场、人才评价、人才安全等方面的法律法规。完善外国人才来华工作、签证、居留和永久居留管理的法律法规。制定人才工作条例。清理不合时宜的人才管理法律法规和政策性文件。

三、改进人才培养支持机制

（八）创新人才教育培养模式。突出经济社会发展需求导向，建立高校学科专业、类型、层次和区域布局动态调整机制。统筹产业发展和人才培养开发规划，加强产业人才需求预测，加快培育重点行业、重要领域、战略性新兴产业人才。注重人才创新意识和创新能力培养，探索建立以创新创业为导向的人才培养机制，完善产学研用结合的协同育人模式。

（九）改进战略科学家和创新型科技人才培养支持方式。更大力度实施国家高层次人才特殊支持计划（国家“万人计划”），完善支持政策，创新支持方式。构建科学、技术、工程专家协同创新机制。建立统一的人才工程项目信息管理平台，推动人才工程项目与各类科研、基地计划相衔接。按照精简、合并、取消、下放要求，深入推进项目评审、人才评价、机构评估改革。

建立基础研究人才培养长期稳定支持机制。加大对新兴产业以及重点领域、企业急需紧缺人才支持力度。支持新型研发机构建设，鼓励人才自主选择科研方向、组建科研团队，开展原创性基础研究和面向需求的应用研发。

（十）完善符合人才创新规律的科研经费管理办法。改革完善科研项目招投标制度，健全竞争性经费和稳定支持经费相协调的投入机制，提高科研项目立项、评审、验收科学化水平。进一步改革科研经费管理制度，探索实行充分体现人才创新价值和特点的经费使用管理办法。下放科研项目部分经费预算调整审批权，推行有利于人才创新的经费审计方式。完善企业研发费用加计扣除政策。探索实行哲学社会科学研究成果后期资助和事后奖励制。

（十一）优化企业家成长环境。遵循企业家成长规律，拓宽培养渠道。建立有利于企业家参与创新决策、凝聚创新人才、整合创新资源的新机制。依法保护企业家财产权和创新收益，进一步营造尊重、关怀、宽容、支持企业家的社会文化环境。合理提高国有企业经营管理人才市场化选聘比例，畅通各类企业人才流动渠道。研究制定在国有企业建立职业经理人制度的指导意见。完善国有企业经营管理人才中长期激励措施。

（十二）建立产教融合、校企合作的技术技能人才培养模式。大力培养支撑中国制造、中国创造的技术技能人才队伍，加快构建现代职业教育体系，深化技术技能人才培养体制改革，加强统筹协调，形成工作合力。创新技术技能人才教育培训模式，促进企业和职业院校成为技术技能人才培养的“双主体”，开展校企联合培养试点。研究制定技术技能人才激励办法，探索建立企业首席技师制度，试行年薪制和股权制、期权制。健全以职业农民为主体的农村实用人才培养机制。弘扬劳动光荣、技能宝贵、创造伟大的时代风尚，不断提高技术技能人才经济待遇和社会地位。

（十三）促进青年优秀人才脱颖而出。破除论资排辈、求全责备等陈旧观念，抓紧培养造就青年英才。建立健全对青年人才普惠性支持措施。加大教育、科技和其他各类人才工程项目对青年人才培养支持力度，在国家重大人才工程项目中设立青年专项。改革博士后制度，发挥高校、科研院所、企业在博士后研究人员招收培养中的主体作用，有条件的博士后科研工作站可独立招收博士后研究人员。拓宽国际视野，吸引国外优秀青年人才来华从事博士后研究。

四、创新人才评价机制

（十四）突出品德、能力和业绩评价。制定分类推进人才评价机制改革的指导意见。坚持德才兼备，注重凭能力、实绩和贡献评价人才，克服唯学历、唯职称、唯论文等倾向。不将论文等作为评价应用型人才的限制性条件。建立符合中小学教师、全科医生等岗位特点的人才评价机制。

（十五）改进人才评价考核方式。发挥政府、市场、专业组织、用人单位等多元评价主体作用，加快建立科学化、社会化、市场化的人才评价制度。基础研究人才以同行学术评价为主，应用研究和技术开发人才突出市场评价，哲学社会科学人才强调社会评价。注重引入国际同行评价。应用型人才评价应根据职业特点突出能力和业绩导向。加强评审专家数据库建设，建立评价责任和信誉制度。适当延长基础研究人才评价考核周期。

（十六）改革职称制度和职业资格制度。深化职称制度改革，提高评审科学化水平。研究制定深化职称制度改革的意见。突出用人主体在职称评审中的主导作用，合理界定和下放职称评审权限，推动高校、科研院所和国有企业自主评审。对职称外语和计算机应用能力考试不作统一要求。探索高层次人才、急需紧缺人才职称直聘办法。畅通非公有制经济组织和社会组织人才申报参加职称评审渠道。清理减少准入类职业资格并严格管理，推进水平类职业资格评价市场化、社会化。放宽急需紧缺人才职业资格准入。

五、健全人才顺畅流动机制

（十七）破除人才流动障碍。打破户籍、地域、身份、学历、人事关系等制约，促进人才资源合理流动、有效配置。建立高层次人才、急需紧缺人才优先落户制度。加快人事档案管理服务信息化建设，完善社会保险关系转移接续办法，为人才跨地区、跨行业、跨体制流动提供便利条件。

（十八）畅通党政机关、企事业单位、社会各方面人才流动渠道。研究制定吸引非公有制经济组织和社会组织优秀人才进入党政机关、国有企事业单位的政策措施，注重人选思想品德、职业素养、从业经验和专业技能综合考核。

（十九）促进人才向艰苦边远地区和基层一线流动。研究制定鼓励和引导人才向艰苦边远地区和基层一线流动的意见，提高艰苦边远地区和基层一线人才保障水平，使他们在政治上受重视、社会上受尊重、经济上得实惠。重大人才工程项目适当向艰苦边远地区倾斜。边远贫困和民族地区县以下单位招录人才，可适当放宽条件、降低门槛。鼓励西部地区、东北地区、边远地区、民族地区、革命老区设立人才开发基金。完善东、中部地区对口支持西部地区人才开发机制。

六、强化人才创新创业激励机制

（二十）加强创新成果知识产权保护。完善知识产权保护制度，加快出台职务发明条例。研究制定商业模式、文化创意等创新成果保护办法。建立创新人才维权援助机制。建立人才引进使用中的知识产权鉴定机制，防控知识产权风险。完善知识产权质押融资等金融服务机制，为人才创新创业提供支持。

（二十一）加大对创新人才激励力度。赋予高校、科研院所科技成果使用、处置和收益管理自主权，除事关国防、国家安全、国家利益、重大社会公共利益外，行政主管部门不再审批或备案。允许科技成果通过协议定价、在技术市场挂牌交易、拍卖等方式转让转化。完善科研人员收入分配政策，依法赋予创新领军人才更大人财物支配权、技术路线决定权，实行以增加知识价值为导向的激励机制。完善市场评价要素贡献并按贡献分配的机制。研究制定国有企事业单位人才股权期权激励政策，对不适宜实行股权期权激励的采取其他激励措施。探索高校、科研院所担任领导职务科技人才获得现金与股权激励管理办法。完善人才奖励制度。

（二十二）鼓励和支持人才创新创业。研究制定高校、科研院所等事业单位科研人员离岗创业的政策措施。高校、科研院所科研人员经所在单位同意，可在科技型企业兼职并按规定获得报酬。允许高校、科研院所设立一定比例的流动岗位，吸引具有创新实践经验的企业家、科技人才兼职。鼓励和引导优秀人才向企业集聚。重视吸收民营企业育才引才用才经验做法。总结推广各类创新创业孵化模式，打造一批低成本、便利化、开放式的众创空间。

七、构建具有国际竞争力的引才用才机制

（二十三）完善海外人才引进方式。实行更积极、更开放、更有效的人才引进政策，更大力度实施海外高层次人才引进计划（国家“千人计划”），敞开大门，不拘一格，柔性汇聚全球人才资源。对国家急需紧缺的特殊人才，开辟专门渠道，实行特殊政策，实现精准引进。支持地方、部门和用人单位设立引才项目，加强动态管理。鼓励社会力量参与人才引进。扩大来华留学规模，优化外国留学生结构，提高政府奖学金资助标准，出台学位研究生毕业后在华工作的相关政策。

（二十四）健全工作和服务平台。对引进人才充分信任、放手使用，支持他们深度参与国家计划项目、开展科研攻关。研究制定外籍科学家领衔国家科技项目办法。完善引才配套政策，解决引进人才任职、社会保障、户籍、子女教育等问题。对外国人才来华签证、居留，放宽条件、简化程序、落实相关待遇。整合人才引进管理服务资源，优化机构与职能配置。

（二十五）扩大人才对外交流。鼓励支持人才更广泛地参加国际学术交流与合作，完善相关管理办法。支持有条件的高校、科研院所、企业在海外建立办学机构、研发机构，吸引使用当地优秀人才。完善国际组织人才培养推送机制。创立国际人才合作组织，促进人才国际交流与合作。研究制定维护国家人才安全的政策措施。

八、建立人才优先发展保障机制

（二十六）促进人才发展与经济社会发展深度融合。坚持人才引领创新发展，将人才发展列为经济社会发展综合评价指标。综合运用区域、产业政策和财政、税收杠杆，加大人才资源开发力度。坚持人才发展与实施重大国家战略、调整产业布局同步谋划、同步推进。研究制定“一带一路”建设、京津冀协同发展、长江经济带建设、“中国制造2025”、自贸区建设以及国家重大项目和重大科技工程等人才支持措施。创新人才工作服务发展政策，鼓励和支持地方开展人才管理改革试验探索。围绕实施国家“十三五”规划，编制地区、行业系统以及重点领域人才发展规划。鼓励各类优秀人才投身国防事业，促进军民深度融合发展，建立军地人才、技术、成果转化对接机制。

（二十七）建立多元投入机制。优化财政支出结构，完善人才发展投入机制，加大人才开发投入力度。实施重大建设工程和项目时，统筹安排人才开发培养经费。调整和规范人才工程项目财政性支出，提高资金使用效益。发挥人才发展专项资金、中小企业发展基金、产业投资基金等政府投入的引导和撬动作用，建立政府、企业、社会多元投入机制。创新人才与资本、技术对接合作模式。研究制定鼓励企业、社会组织加大人才投入的政策措施。发展天使投资和创业投资引导基金，鼓励金融机构创新产品和服务，加大对人才创新创业资金扶持力度。落实有利于人才发展的税收支持政策，完善国家有关鼓励和吸引高层次人才的税收优惠政策。

九、加强对人才工作的领导

（二十八）完善党管人才工作格局。发挥党委（党组）总揽全局、协调各方的领导核心作用，加强党对人才工作统一领导，切实履行管宏观、管政策、管协调、管服务职责。改进党管人才方式方法，完善党委统一领导，组织部门牵头抓总，有关部门各司其职、密切配合，社会力量发挥重要作用的人才工作新格局。进一步明确人才工作领导小组职责任务和工作规则，健全领导机构，配强工作力量，完善宏观指导、科学决策、统筹协调、督促落实机制。理顺党委和政府人才工作职能部门职责，将行业、领域人才队伍建设列入相关职能部门“三定”方案。

（二十九）实行人才工作目标责任考核。建立各级党政领导班子和领导干部人才工作目标责任制，细化考核指标，加大考核力度，将考核结果作为领导班子评优、干部评价的重要依据。将人才工作列为落实党建工作责任制情况述职的重要内容。

（三十）坚持对人才的团结教育引导服务。加强政治引领和政治吸纳，充分发挥党的组织凝聚人才作用。制定加强党委联系专家工作意见，建立党政领导干部直接联系人才机制。加强各类人才教育培训、国情研修，增强认同感和向心力。完善专家决策咨询制度，畅通建言献策渠道，充分发挥新型智库作用。建立健全特殊一线岗位人才医疗保健制度。加强优秀人才和工作典型宣传，营造尊重人才、见贤思齐的社会环境，鼓励创新、宽容失败的工作环境，待遇适当、无后顾之忧的生活环境，公开平等、竞争择优的制度环境。

各级党委和政府要切实增强责任感、使命感，统一思想、加强领导，部门协同、上下联动，推动各项改革任务落实。鼓励支持各地区各部门因地制宜，开展差别化改革探索。加强指导监督，研究解决人才发展体制机制改革中遇到的新情况新问题。有关方面要抓紧制定任务分工方案，明确各项改革的进度安排。各地应当结合实际研究制定实施意见。加强政策解读和舆论引导，形成全社会关心支持人才发展体制机制改革的良好氛围。

中共中央
2016年3月21日

降低实体经济企业成本工作方案

（国发〔2016〕48号）

开展降低实体经济企业成本工作，是党中央、国务院为有效缓解实体经济企业困难、助推企业转型升级作出的重要决策部署，对有效应对当前经济下行压力、增强经济可持续发展能力具有重要意义。为切实抓好各项工作任务的组织落实，确保取得成效，特制定本方案。

一、总体要求

（一）指导思想。全面贯彻党的十八大及十八届三中、四中、五中全会精神和习近平总书记系列重要讲话精神，落实党中央、国务院决策部署，按照“五位一体”总体布局和“四个全面”战略布局，牢固树立和贯彻落实创新、协调、绿色、开放、共享的发展理念，推进供给侧结构性改革，采取针对性、系统性措施，有效降低实体经济企业成本，优化企业发展环境，助推企业转型升级，进一步提升产业竞争力，增强经济持续稳定增长动力。

（二）目标任务。经过1—2年努力，降低实体经济企业成本工作取得初步成效，3年左右使实体经济企业综合成本合理下降，盈利能力较为明显增强。一是税费负担合理降低。全面推开营改增试点，年减税额5000亿元以上。清理规范涉企政府性基金和行政事业性收费。二是融资成本有效降低。企业贷款、发债利息负担水平逐步降低，融资中间环节费用占企业融资成本比重合理降低。三是制度性交易成本明显降低。简政放权、放管结合、优化服务改革综合措施进一步落实，营商环境进一步改善，为企业设立和生产经营创造便利条件，行政审批前置中介服务事项大幅压缩，政府和社会中介机构服务能力显著增强。四是人工成本上涨得到合理控制。工资水平保持合理增长，企业“五险一金”缴费占工资总额的比例合理降低。五是能源成本进一步降低。企业用电、用气定价机制市场化程度明显提升，工商业用电和工业用气价格合理降低。六是物流成本较大幅度降低。社会物流总费用占社会物流总额的比重由目前的4.9%降低0.5个百分点左右，工商业企业物流费用率由8.3%降低1个百分点左右。

（三）主要原则。

坚持全面系统推进和抓住关键环节相结合。妥善处理政府和市场、中央和地方的关系，调动各方面积极性，全面推进降成本工作。突出问题导向，创新工作思路和方法，针对造成实体经济企业成本居高不下的关键因素，制定可操作、可落地、可检查的系统性政策措施。

坚持解决当前问题与着眼长远发展相结合。坚持标本兼治、远近结合、综合施策，一方面及时出台有针对性的政策措施，缓解当前的突出矛盾和问题；另一方面通过深化改革，营造良好发展环境，逐步解决造成实体经济企业成本过高的体制机制问题。

坚持支持企业发展与实现优胜劣汰相结合。突出政策措施的针对性和差别化，既要有效降低实体经济企业成本，加快转型升级步伐，又要充分尊重市场经济规律，加快落后产能退出，提升经济可持续发展能力。

坚持降低外部成本与企业内部挖潜相结合。在加强制度设计、优化政策环境、发挥好金融系统支持作用，有效降低外部成本的同时，引导实体经济企业采取提升生产效率、提高管理水平、加快技术创新等挖潜增效措施，降低企业内部成本。

坚持降低企业成本与提高供给质量相结合。以增加有效供给、提高供给质量为前提，发挥好骨干管理人员、技术人员、广大员工的关键作用，加强质量管理，增强创新能力，进一步增加产品和服务供给，增强产业竞争力。

二、合理降低企业税费负担

（四）全面推开营改增试点，确保所有行业税负只减不增。将营改增试点范围扩大到建筑业、房地产业、金融业、生活服务业，并将所有企业新增不动产所含增值税纳入抵扣范围。（牵头单位：财政部；参加单位：全面推开营改增试点部际联席会议成员单位）

（五）落实好研发费用加计扣除政策，修订完善节能环保专用设备税收优惠目录。加强协调配合，落实好研发费用加计扣除政策。研究将新材料、关键零部件纳入首批次应用保险保费补偿机制实施范围。修订完善《环境保护专用设备企业所得税优惠目录》和《节能节水专用设备企业所得税优惠目录》。（牵头单位：财政部、工业和信息化部；参加单位：税务总局、国家发展改革委、环境保护部、保监会）

（六）扩大行政事业性收费免征范围，清理规范涉企收费。将国内植物检疫费、社会公用计量标准证书费等18项行政事业性收费的免征范围从小微企业扩大到所有企业和个人。全面实施涉企收费目录清单管理，将涉企行政事业性收费、政府性基金、政府定价或指导价经营服务性收费和行政审批前置中介服务收费等项目清单，在地方政府及国务院各部门网站常态化公示。进一步清理各类电子政务平台的服务收费，严禁依托电子政务平台捆绑服务并收费。查处和清理各种与行政职能挂钩且无法定依据的中介服务收费。加强涉企收费监督管理，畅通企业举报渠道，完善查处机制，制止乱摊派、乱收费等违规行为，坚决取缔违规收费项目。（牵头单位：财政部、国家发展改革委、工业和信息化部；参加单位：国务院国资委、税务总局）

（七）取消减免一批政府性基金，扩大小微企业免征范围。取消大工业用户燃气燃油加工费等地方违规设立的政府性基金。落实好已明确的减免政府性基金等政策，将新菜地开发建设基金、育林基金征收标准降为零，停征价格调节基金，整合归并水库移民扶持基金等7项政府性基金；将教育费附加、地方教育附加、水利建设基金免征范围由月销售额或营业额不超过3万元的缴纳义务人扩大到月销售额或营业额不超过10万元的缴纳义务人。（牵头单位：财政部、国家发展改革委；参加单位：国土资源部、水利部、农业部、税务总局、国家林业局）

三、有效降低企业融资成本

（八）保持流动性合理充裕，营造适宜的货币金融环境。通过差别准备金率、再贷款、再贴现等政策引导银行业金融机构加大对小微企业、“三农”等薄弱环节和重点领域的信贷支持力度。发挥开发性、政策性金融作用，为基础设施建设和重要战略性新兴产业发展提供长期低成本资金。（牵头单位：人民银行、国家发展改革委、财政部；参加单位：工业和信息化部、农业部、银监会）

（九）降低融资中间环节费用，加大融资担保力度。完善信贷资金向实体经济融通机制，降低贷款中间环节费用，严禁“以贷转存”“存贷挂钩”等变相提高利率行为。引导金融机构针对不同企业合理定价。督促银行业金融机构依法合规收费，制止不规范收费行为。发展政府支持的融资担保机构，允许有条件的地方设立政府性担保基金，探索运用资本注入、再担保、风险补偿等措施，提高融资担保机构为战略性新兴产业、小微企业、“三农”服务积极性。（牵头单位：银监会、人民银行、国家发展改革委、财政部；参加单位：工业和信息化部）

（十）完善商业银行考核体系和监管指标，加大不良资产处置力度。综合考虑盈利能力、经营增长、资产质量、资本充足率等方面的考核因素，适当提高风险容忍度，落实小微企业贷款风险容忍度要求。完善信贷人员尽职免责政策。支持和督促商业银行补充资本，按市场化方式及时核销不良贷款，做到应核尽核，增强对实体经济的信贷资金投放能力。适当调整不良资产转让方式、范围、组包项目及户数方面的规定，逐步增强地方资产管理公司处置不良资产的能力，完善不良资产转让政策，提高不良资产转让的效率和灵活性。支持有发展潜力的实体经济企业之间债权转股权。（牵头单位：银监会、人民银行、国家发展改革委、财政部、税务总局；参加单位：国务院国资委）

（十一）稳妥推进民营银行设立，发展中小金融机构。推进已批准民营银行的筹建工作，引导其积极开展业务；稳妥推进民营银行发展，成熟一家、设立一家。加快发展金融租赁公司、融资租赁公司、村镇银行等各类机构。（牵头单位：银监会、商务部；参加单位：人民银行）

（十二）大力发展股权融资，合理扩大债券市场规模。完善证券交易所市场股权融资功能，规范全国中小企业股份转让系统（“新三板”）发展，规范发展区域性股权市场和私募股权投资基金。改革完善公司信用类债券发行管理制度，合理扩大债券发行规模，提高直接融资比例。在投资者分类趋同的原则下，分别统一公司信用类债券市场发行准入标准和审核规则。加快债券产品创新，发展股债结合品种，研究发展高风险高收益企业债、项目收益债、永续债、专项企业债、资产支持证券等。加大信息披露力度，规范债券发行企业信息披露行为，提高市场透明度。加强信用评级制度建设，强化市场化约束机制，积极稳妥推进债券市场开放。（牵头单位：证监会、人民银行、国家发展改革委；参加单位：财政部）

（十三）引导企业利用境外低成本资金，提高企业跨境贸易本币结算比例。推进企业发行外债登记制度改革，扩大全口径跨境融资宏观审慎管理试点范围，进一步简化程序，合理扩大企业发行外债规模，放宽资金回流和结汇限制。在合理调控外债规模、促进结构优化和有效防范风险的前提下，鼓励资信状况良好、偿债能力强的企业赴境外发行本外币债券。扩大人民币跨境使用，引导商业银行改善金融服务，提高企业在跨境贸易中使用本币结算的比例，降低汇兑成本和汇率波动影响。（牵头单位：国家发展改革委、人民银行、国家外汇局）

四、着力降低制度性交易成本

（十四）打破地域分割和行业垄断，加强公平竞争市场环境建设。清理废除地方自行制定的影响统一市场形成的限制性规定，加快放开垄断行业竞争性环节。开展市场准入负面清单制度试点，从2018年起正式实行全国统一的市场准入负面清单制度。对连锁企业要求设立非企业法人门店和配送中心的，所在地政府及有关部门不得以任何形式设置障碍。组织实施公平竞争审查制度，从源头上防止排除和限制市场竞争的行为。健全竞争政策，完善市场竞争规则，加强反垄断和反不正当竞争执法。强化价格检查，优化市场环境，健全经营者自主定价领域的市场规则。（牵头单位：国家发展改革委、商务部、工商总局；参加单位：工业和信息化部、国务院国资委、国家能源局）

（十五）深化“放管服”改革，为企业创造更好的营商环境。简政放权、放管结合、优化服务同步推进，提高政府公共服务能力和水平，为企业提供优质公共服务和公共产品。推进行政审批制度和监管制度改革，优化行政审批流程，重点围绕生产经营领域取消和下放行政审批事项，合并具有相同或相似管理对象、管理事项的证照资质，实行联合审批。大幅压减各类行政审批前置中介服务事项，无法律法规依据的一律取消。进一步优化企业投资项目相关审批程序，利用好投资项目在线审批监管平台，落实平台建设中的识别代码和个性化审批监管要求。保障各类市场主体在投资核准、政府扶持、参与政府投资项目等方面享受同等待遇。对民间投资进入自然资源开发、环境保护、能源、交通、市政公用事业等领域，除法律法规有明确规定的外，取消最低注册资本、股东结构、股份比例等限制。简化外商投资企业设立程序。研究推广对符合条件且不需要新增建设用地的技术改造项目实行承诺备案管理。规范涉企行政检查行为，落实“双随机”抽查机制，建立随机抽查事项清单。（牵头单位：国家发展改革委、工业和信息化部、国土资源部、商务部、海关总署、税务总局、工商总局、质检总局；参加单位：环境保护部、住房城乡建设部、交通运输部、国务院国资委、国家能源局）

（十六）加快社会信用体系建设，加强知识产权保护。利用好全国信用信息共享平台及企业信用信息公示系统，加强信用信息归集、共享、公开和使用。开展守信联合激励和失信联合惩戒，在行政管理、公共服务、市场交易和投融资等领域对守信企业实施优惠便利措施，对失信企业依法严格限制和约束。将注册登记、行政审批、行业主管部门作出的行政许可和行政处罚等信息归集到相应企业名下，依法予以公示。加强知识产权保护，加大对专利、注册商标、商业秘密等方面知识产权侵权假冒行为的打击力度，降低企业维权成本。（牵头单位：国家发展改革委、人民银行、工商总局、国家知识产权局；参加单位：工业和信息化部、商务部、海关总署、税务总局、质检总局、银监会等）

（十七）提升贸易便利化水平，合理降低服务收费标准。全面推广国际贸易“单一窗口”，推进口岸管理相关部门信息互换、监管互认、执法互助，对信用记录良好的企业降低出口商品查验率，降低企业货物的通关成本。整合建立统一的公共资源交易平台体系，依法确定收费范围，规范服务收费行为，合理降低服务收费标准。积极稳妥推动行业协会商会与行政机关脱钩，厘清行业协会商会与行政机关职能边界，清理行业协会商会违法违规强制企业付费参加考核评比、表彰、赞助捐赠等项目。（牵头单位：海关总署、质检总局、国家发展改革委、民政部；参加单位：工业和信息化部、人力资源社会保障部、财政部、国土资源部、环境保护部、住房城乡建设部、国务院国资委、国家林业局）

（十八）加快剥离国有企业办社会职能和解决历史遗留问题，减轻企业负担。建立政府和国有企业合理分担成本的机制，坚持分类指导、分步实施，多渠道筹措资金，加快剥离国有企业办社会职能。全面推进国有企业职工家属区“三供一业”分离移交，剥离企业办医疗、教育等公共服务机构，对国有企业退休人员实行社会化管理，解决好厂办大集体等国有企业历史遗留问题。（牵头单位：国务院国资委、财政部、人力资源社会保障部）

五、合理降低企业人工成本

（十九）降低企业社保缴费比例，采取综合措施补充资金缺口。从2016年5月1日起，对企业职工基本养老保险单位缴费比例超过20%的省份，将单位缴费比例降至20%，单位缴费比例为20%且2015年底企业职工基本养老保险基金累计结余可支付月数超过9个月的省份，可以阶段性将单位缴费比例降低至19%；将失业保险总费率阶段性降至1%—1.5%，其中个人费率不超过0.5%。以上两项社保费率降低期限暂按两年执行，具体方案由各省（区、市）确定。综合采取实施渐进式延迟退休年龄、开展基金投资运营和划转部分国有资本充实社会保障基金，以及支持各地通过拍卖、出租政府公共资源资产等方式筹集资金，为降低企业社保缴费比例创造条件。（牵头单位：人力资源社会保障部、财政部、国务院国资委）

（二十）完善住房公积金制度，规范和阶段性适当降低企业住房公积金缴存比例。对住房公积金缴存比例高于12%的一律予以规范调整，不得超过12%。从2016年5月1日起两年内，由各省（区、市）结合实际，阶段性适当降低住房公积金缴存比例。生产经营困难企业除可降低缴存比例外，还可依法申请缓缴住房公积金，待效益好转后再提高缴存比例或恢复缴存并补缴缓缴的住房公积金。（牵头单位：住房城乡建设部；参加单位：国家发展改革委、财政部、人民银行）

（二十一）完善最低工资调整机制，健全劳动力市场体系。统筹兼顾企业承受能力和保障劳动者最低劳动报酬权益，指导各地合理确定最低工资标准调整幅度和调整频率。推进户籍制度改革，实现居住证制度全覆盖，将外来务工人员纳入当地教育、基本医疗卫生等公共服务覆盖范围，降低劳动力自由流动成本，加快形成统一开放、竞争有序的劳动力市场体系。（牵头单位：人力资源社会保障部、国家发展改革委、公安部、财政部）

六、进一步降低企业用能用地成本

（二十二）加快推进能源领域改革，放开竞争性环节价格。加快推进电力、石油、天然气等领域市场化改革。完善光伏、风电等新能源发电并网机制。2017年基本放开竞争性领域和环节价格管制，形成充分竞争的机制，使能源价格充分反映市场供求变化，提高价格灵活性。（牵头单位：国家发展改革委；参加单位：国家能源局）

（二十三）加快推进电力体制改革，合理降低企业用电成本。加快实施输配电价改革试点。积极开展电力直接交易，放宽参与范围，有序缩减发用电计划，扩大市场化交易电量的比例。对未参与直接交易和竞价交易的上网火力发电量，以及重要公用事业和公益性服务等用电，继续实施好煤电价格联动机制，合理调整一般工商业企业用电价格。简化企业用户电力增容、减容、暂停、变更等办理手续，缩短办理时限。（牵头单位：国家发展改革委、国家能源局；参加单位：工业和信息化部）

（二十四）完善土地供应制度，降低企业用地成本。积极推进工业用地长期租赁、先租后让、租让结合供应，工业用地的使用者可在规定期限内按合同约定分期缴纳土地出让价款，降低工业企业用地成本。保障物流业用地供应，科学合理确定物流用地容积率。（牵头单位：国土资源部；参加单位：财政部）

七、较大幅度降低企业物流成本

（二十五）改善物流业发展环境，大力发展运输新业态。健全现代物流标准体系，强化物流标准实施，推动物流业与制造业等产业联动发展。完善城市物流配送体系，优化资源配置，提高物流效率。推广多式联运，加快构建国家交通运输物流公共信息平台，推进跨部门、跨区域、跨国界、跨运输方式物流相关信息互联共享，鼓励企业间运力资源共享，提高运输车辆实载率。大力发展多式联运甩挂、企业联盟甩挂、干线运输和城市配送衔接甩挂等运输模式。推动无车承运人业务加快发展。（牵头单位：国家发展改革委、交通运输部；参加单位：质检总局）

（二十六）合理确定公路运输收费标准，规范公路收费管理和监督执法。尽快修订《收费公路管理条例》，科学合理确定公路收费标准，逐步有序取消政府还贷二级公路收费。坚决查处高速公路车辆救援服务中的各种乱收费行为，规范车辆超限处罚标准，减少各类执法中的自由裁量权，坚决杜绝乱罚款、“以罚代管”等行为。（牵头单位：交通运输部、财政部、国家发展改革委、公安部）

（二十七）规范机场铁路港口收费项目，清理不合理服务收费。全面清理机场、铁路、港口码头经营性收费项目，除法规规章规定的项目外，禁止指定经营、强制服务、强行收费行为，清理强制对进出港（场）企业收取的不合理费用和地方政府设立的不合理涉及铁路收费。（牵头单位：民航局、铁路总公司、交通运输部、国家发展改革委）

八、提高企业资金周转效率

（二十八）推进实体经济经营性资产证券化，开展投贷联动试点支持科技创新创业企业。鼓励实体经济企业将符合条件的经营性资产证券化，或通过金融租赁、融资租赁方式盘活存量资源。选取部分符合条件的银行业金融机构和地区，在依法合规、风险可控的前提下，对科技创新创业企业开展投贷联动业务试点，为科技创新创业企业提供合理的融资结构和持续的资金支持。（牵头单位：人民银行、银监会、证监会、商务部；参加单位：工业和信息化部）

（二十九）支持重点企业资金周转，多方筹资清偿拖欠工程款。鼓励地方政府加强协调，支持重点企业筹集周转资金，防范企业资金链断裂风险传导。地方政府统筹置换债券资金在内的预算资金，按照相关规定妥善偿还经清理核实属于地方政府债务的拖欠工程款；通过出让资产等方式获得的增量资金，优先用于清偿政府投资项目拖欠工程款。（牵头单位：国家发展改革委、财政部、人民银行、银监会；参加单位：住房城乡建设部）

（三十）清理规范工程建设领域保证金，减少资金占用。摸清目前建筑业所需缴纳各种保证金现状，研究制定依法依规开展清理工作的意见，按照既有利于减轻企业负担、又能形成新约束机制的原则制定切实可行的政策措施。（牵头单位：住房城乡建设部、财政部、国家发展改革委、人力资源社会保障部、国务院法制办）

（三十一）加强资金清欠，化解企业债务链风险。鼓励企业加强往来款项管理，引导企业加快付款，减轻全社会债务负担。发挥财务公司在提高资金使用效率方面的作用，加快产业链企业间资金周转，推进财务公司延伸产业链金融服务试点。对债务规模较大且有三家以上债权银行的客户，协调各债权银行成立债权人委员会，避免因单家机构处置不当引发新的风险。（牵头单位：银监会、人民银行；参加单位：工业和信息化部、财政部、国务院国资委）

九、鼓励引导企业内部挖潜

（三十二）引导企业管理创新和精益生产，利用信息技术手段降低成本。鼓励企业充分利用新一代信息技术等手段，实现内部管理升级，创新营销模式，提高效益水平。大力发展智能制造和智慧流通，提高产品的成品率、优质品率和精准营销匹配率。加快推进绿色制造，大幅降低资源能源消耗，实现降本增效。推进小批量、多批次、低库存、少环节的柔性化生产和作业成本法应用，提高企业供应链管理水平。（牵头单位：工业和信息化部、国家发展改革委、商务部）

（三十三）加强先进技术推广，鼓励企业加强目标成本管理。完善鼓励和支持企业转型和技术创新的政策，支持推广可有效降低企业成本的各种技术，促使企业持续提高生产效率。引导企业加强目标成本管理，对生产经营全过程和各环节耗费实施严格的全面控制，制定相应降成本目标。（牵头单位：国家发展改革委、工业和信息化部、国务院国资委）

十、落实降成本工作配套措施

（三十四）推进体制机制改革。进一步推进简政放权、放管结合、优化服务改革，积极稳妥推进国企改革和企业兼并重组，有序推进财税、金融等领域体制机制改革，加快推进资源要素市场化改革，降低供给成本、提高供给效率，形成有利于企业降低成本和健康发展的制度环境。

（三十五）支持创新活动。加快实施创新驱动发展战略，深入推进大众创业、万众创新，加强科技创新、管理创新、机制创新、营销创新和商业模式创新。发展新兴产业，加大对企业创新活动的支持，提高创新资源产出率和全要素生产率。

（三十六）发挥“互联网+”作用。充分运用互联网、物联网、云计算等新一代信息技术，改进生产经营模式。通过“互联网+”协同制造，提升企业运营效率，降低运营成本。通过“互联网+”高效物流，提升运输效率，降低流通成本。通过“互联网+”政务服务，实现部门间数据共享，提高服务效率，降低交易成本。支持企业利用电子商务拓展市场、降低生产经营成本。

（三十七）利用两个市场。加快实施自由贸易区战略，推进双边和多边贸易投资谈判，促进贸易投资便利化。结合实施“一带一路”战略，加大支持企业“走出去”力度，鼓励企业充分利用国际国内两个市场、两种资源，提高资源利用效率，降低原材料成本。

（三十八）改进企业管理。完善现代企业制度，优化运营模式，培育企业家精神和工匠精神，发挥好广大企业职工的作用，激励挖潜增效。鼓励企业与国际先进企业对标，加强企业标准化建设，推进企业研发设计、物流、采购、安全生产、销售服务等管理标准化，提高运行效率。

（三十九）降低监管成本。加强反垄断、反不正当竞争、知识产权保护、质量安全监督等市场监管；充分运用大数据手段，加强对市场主体的监管，提高监管效率。整合优化执法资源，有效避免多层多头重复执法。

（四十）改善公共服务。加强政府公共服务平台建设，扩大覆盖面，延伸服务终端，优化服务流程，提升服务效能。加强标准体系建设，开展强制性标准整合精简，加快制定公益类推荐性标准和满足市场、创新需要的团体标准，降低市场推广应用成本。推广政府购买服务方式，吸引社会资本参与提供公共服务。

（四十一）优化产业布局。加强规划引导，综合考虑资源、市场等因素，加快经济结构调整，优化产业布局。加大对国家级新区、开发区等功能性平台建设支持力度，加强公共基础设施和服务平台建设，完善产业链、物流链，提高产业发展的配套、协作和集约化水平。

（四十二）分行业降本增效。增强降成本工作的针对性，根据行业特点，研究制定具体政策措施，加快实施转型升级降本增效专项行动，有序推出并切实落实煤炭、石化、钢铁、有色金属、建材、机械、汽车、电子信息、消费品、物流等行业的转型升级降本增效方案。

十一、建立健全降成本工作推进机制

（四十三）加强组织领导和工作协调。由有关部门建立降低实体经济企业成本工作协调机制，加强综合协调，统筹推进各项工作，跟踪督促落实。省级人民政府要建立完善降低实体经济企业成本工作推进机制。有关部门和地方政府要加强工作指导，形成降低实体经济企业成本的长效机制，重点是建立健全常态化的组织协调和督促落实工作机制；建立效果评估和统计监测机制；建立根据形势变化动态调整政策措施机制。

（四十四）加强对落实情况的督促检查。有关部门、地方人民政府是本领域、本地区降低实体经济企业成本工作的第一责任主体。各部门、各地区要按照党中央、国务院决策部署，根据本方案抓紧制定实施细则。加强专项督查，推动各项政策措施落实，并根据实际情况不断充实完善政策措施。适时将降低实体经济企业成本转为常态化工作，加强企业运行情况动态监测和常态化监督检查。

（四十五）适时评估总结和推广经验。各部门、各地区要在2017年3月底前进行一次政策落实情况及效果评估，积极推广效果良好的政策和做法，研究解决出现的问题，相应及时调整政策；从2017年起，每年年中报送一次政策落实情况。根据工作进展，适时进行阶段总结和协调，对后期常态化工作提出要求；在阶段性完成降低实体经济企业成本工作任务后，组织进行全面工作总结，完善推进降成本工作的长效机制。

国务院

2016年8月8日

北京加强全国科技创新中心建设总体方案

（国发〔2016〕52号）

为深入贯彻党的十八大和十八届三中、四中、五中全会精神，全面落实全国科技创新大会精神和《国家创新驱动发展战略纲要》《京津冀协同发展规划纲要》部署要求，坚持和强化北京全国科技创新中心地位，在创新驱动发展战略实施和京津冀协同发展中发挥引领示范和核心支撑作用，制定本方案。

一、总体思路

按照党中央、国务院决策部署，坚持创新、协调、绿色、开放、共享发展理念，根据京津冀协同发展的总体要求，以中关村国家自主创新示范区为主要载体，以构建科技创新为核心的全面创新体系为强大支撑，着力增强原始创新能力，打造全球原始创新策源地；着力推动科技和经济结合，建设创新驱动发展先行区；着力构建区域协同创新共同体，支撑引领京津冀协同发展等国家战略实施；着力加强科技创新合作，形成全球开放创新核心区；着力深化改革，进一步突破体制机制障碍，优化创新创业生态。塑造更多依靠创新驱动、更多发挥先发优势的引领型发展，持续创造新的经济增长点，为把我国建设成为世界科技强国、实现“两个一百年”奋斗目标提供强大动力。

二、发展目标

按照"三步走"方针，不断加强北京全国科技创新中心建设，使北京成为全球科技创新引领者、高端经济增长极、创新人才首选地、文化创新先行区和生态建设示范城。

第一步，到2017年，科技创新动力、活力和能力明显增强，科技创新质量实现新跨越，开放创新、创新创业生态引领全国，北京全国科技创新中心建设初具规模。

第二步，到2020年，北京全国科技创新中心的核心功能进一步强化，科技创新体系更加完善，科技创新能力引领全国，形成全国高端引领型产业研发集聚区、创新驱动发展示范区和京津冀协同创新共同体的核心支撑区，成为具有全球影响力的科技创新中心，支撑我国进入创新型国家行列。

第三步，到2030年，北京全国科技创新中心的核心功能更加优化，成为全球创新网络的重要力量，成为引领世界创新的新引擎，为我国跻身创新型国家前列提供有力支撑。

三、重点任务

充分发挥北京高端人才集聚、科技基础雄厚的创新优势，统筹利用好各方面科技创新资源，积极协同央地科技资源，深入实施军民融合发展战略，完善创新体系，优化提升首都创新核心功能，突出重点，在基础研究、原始创新和国家急需的领域取得突破，全面服务国家重大战略实施。

（一）强化原始创新，打造世界知名科学中心。

加大科研基础设施建设力度，超前部署应用基础及国际前沿技术研究，加强基础研究人才队伍培养，建设一批国际一流研究型大学和科研院所，形成领跑世界的原始创新策源地，将北京打造为世界知名科学中心。

1．推进三大科技城建设。

统筹规划建设中关村科学城、怀柔科学城和未来科技城，建立与国际接轨的管理运行新机制，推动央地科技资源融合创新发展。加强北京市与中央有关部门会商合作，优化中央科技资源在京布局，发挥高等学校、科研院所和大型骨干企业的研发优势，形成北京市与中央在京单位高效合作、协同创新的良好格局。中关村科学城主要依托中国科学院有关院所、高等学校和中央企业，聚集全球高端创新要素，实现基础前沿研究重大突破，形成一批具有世界影响力的原创成果。怀柔科学城重点建设高能同步辐射光源、极端条件实验装置、地球系统数值模拟装置等大科学装置群，创新运行机制，搭建大型科技服务平台。未来科技城着重集聚一批高水平企业研发中心，集成中央在京科技资源，引进国际创新创业人才，强化重点领域核心技术创新能力，打造大型企业集团技术创新集聚区。

2．超前部署基础前沿研究。

北京发挥科教资源优势，加强与国家科技计划（专项、基金等）衔接，统筹布局重点领域原始创新，集中力量实施脑科学、量子计算与量子通信、纳米科学等大科学计划，引领我国前沿领域关键科学问题研究。瞄准国际科技前沿，以国家目标和战略需求为导向，整合优势力量，在明确定位和优化布局的基础上，建设一批重大科研创新基地。围绕国家应用基础研究领域部署，加强对信息科学、基础材料、生物医学与人类健康、农业生物遗传、环境系统与控制、能源等领域的支撑，取得一批具有全球影响力的重大基础研究成果，引领国际产业发展方向。

3．加强基础研究人才队伍建设。

坚持高起点、高标准，建设结构合理的创新人才团队，造就一批具有国际影响力的科学大师和以青年科学家为带头人的优秀研究群体。支持高等学校、科研院所和有条件的企业共建基础研究团队，加快科学家工作室建设，创新青年人才支持模式，形成一批从事基础研究的杰出青年科学家队伍。在全球范围内吸引一批能够承接重大任务、取得尖端成果、作出卓越贡献、形成"塔尖效应"的顶尖人才。在统筹考虑现有布局和国家对外科技合作总体部署基础上，鼓励以我为主发起国际大科学计划和大科学工程，吸引海外顶尖科学家和团队参与。

4．建设世界一流高等学校和科研院所。

推进新兴交叉学科建设，促进基础学科与应用学科、自然科学与人文社会科学交叉融合，积极推动网络数据科学、量子信息学、生物医学、纳米科学与技术、核科学与技术、航空宇航科学与技术、生物信息学等学科发展与完善，加快世界一流高等学校和科研院所建设。建设国际马铃薯中心亚太中心。创新科研院所运行体制机制，推广北京生命科学研究所等管理模式。

（二）实施技术创新跨越工程，加快构建"高精尖"经济结构。

围绕国家经济社会发展重大需求，深入实施"北京技术创新行动计划""《中国制造2025》北京行动纲要""'互联网+'行动计划"等，突破一批具有全局性、前瞻性、带动性的关键共性技术，加强重要技术标准研制，培育具有国际竞争力的研发创新体系，加快科技成果向现实生产力转化，在北京经济技术开发区等打造具有全球影响力的创新型产业集群。

5．夯实重点产业技术创新能力。

以智能制造、生物医药、集成电路、新型显示、现代种业、移动互联、航空航天、绿色制造等领域为重点，依托优势企业、高等学校和科研院所，建设一批对重点领域技术创新发挥核心引领作用的国家技术创新中心，突破与经济社会发展紧密相关的关键共性技术和核心瓶颈技术，形成一批具有竞争力的国际标准。推动科技与产业、科技与金融、科技与经济深度融合，培育一批具有国际竞争力的创新型领军企业，聚集世界知名企业技术创新总部，构建跨界创新合作网络。完善技术创新服务平台体系，加强研究开发、技术转移和融资、计量、检验检测认证、质量标准、知识产权和科技咨询等公共服务平台建设，打造高端创业创新平台。利用中关村政策优势，推动国防科技成果向民用领域转移转化和产业化。

6．引领支撑首都"高精尖"经济发展。

在新一代信息技术、生物医药、能源、新能源汽车、节能环保、先导与优势材料、数字化制造、轨道交通等产业领域实施八大技术跨越工程，重点突破高性能计算、石墨烯材料、智能机器人等一批关键共性技术，培育先导产业和支柱产业。推动以科技服务业、“互联网+”和信息服务业为代表的现代服务业向高端发展，促进服务业向专业化、网络化、规模化、国际化方向发展。深化科技与文化融合发展，推进“设计之都”与中关村国家级文化和科技融合示范基地建设。以北京国家现代农业科技城为依托，加快推进高端农业创新发展。

7．促进科技创新成果全民共享。

实施首都蓝天行动，推动能源结构向清洁低碳转型，深化大气污染治理，持续改善空气质量。实施生态环境持续改善行动，加强水资源保护与污水治理、垃圾处理和资源化利用，提升城市生态功能。实施食品安全保障行动，建立对食品生产经营各环节的科学高效监督管理体系，保障食品质量安全。加强重大疾病科技攻关，在疾病预防、诊断、精准医疗等领域形成一批创新成果并转化应用，打造具有国际影响力的临床医学创新中心。实施城市精细化管理提升行动，强化城市综合运行监控与重点行业安全保障能力，提高巨灾风险防范与应对能力。推动大数据与社会治理深度融合，不断推进社会治理创新，提升维护公共安全、建设平安中国的能力水平。组织实施科技冬奥行动计划，加强北京市、河北省与国家相关部门科技创新资源整合，聚焦绿色、智慧、可持续三个重点领域，集成应用和展示最新科技成果，为冬奥会提供科技支撑。

（三）推进京津冀协同创新，培育世界级创新型城市群。

贯彻落实《京津冀协同发展规划纲要》等战略部署，充分发挥北京全国科技创新中心的引领作用，构建京津冀协同创新共同体，打造世界级创新型城市群。积极参与和服务“一带一路”、长江经济带等发展战略，有力支撑国家创新驱动发展战略实施。

8．优化首都科技创新布局。

全力推进高端产业功能区和高端产业新区建设，优化中关村国家自主创新示范区“一区多园”布局，提升产业技术创新水平，带动各园区创新发展。推动首都各区精细化、差异化创新发展，形成功能清晰、导向明确、秩序规范的发展格局。首都自主创新中心区（城六区）重点推进基础科学、战略前沿高技术和高端服务业创新发展；首都高端引领型产业承载区（城六区以外的平原地区）重点加快科技成果转化，推进生产性服务业、战略性新兴产业和高端制造业创新发展；首都绿色创新发展区（山区）重点实现旅游休闲、绿色能源等低碳高端产业创新发展；首都军民融合示范区重点打造前沿探索、基础研究、系统集成、示范应用、推广转化、产业发展的军民融合发展链条。加强统筹协调，对非首都功能疏解后的空间进行合理再布局，建设研发创新聚集区。

9．构建京津冀协同创新共同体。

整合区域创新资源，打造京津冀创新发展战略高地。加强宏观指导和政策支持，结合产业链布局需要，培育具有产学研协同特征的科技企业集团，推进其在京津冀地区联动发展。完善协同创新体制机制，推动科技创新政策互动，建立统一的区域技术交易市场，实现科技资源要素的互联互通。建设协同创新平台载体，围绕钢铁产业优化升级共建协同创新研究院，围绕大众创业万众创新共建科技孵化中心，围绕新技术新产品向技术标准转化共建国家技术标准创新基地，围绕首都创新成果转化共建科技成果转化基地等。实施协同创新工程，围绕生态环境建设、新能源开发应用、废弃资源利用等重点领域开展联合攻关，围绕钢铁、建材等传统产业转型发展共同开展创新试点，围绕工业设计、科技服务业、文化创意等领域共同组织新技术应用示范等。

10．引领服务全国创新发展。

发挥北京全国科技创新中心的辐射引领作用，搭建跨区域创新合作网络，加强与其他地区的科技创新合作。与上海、江苏、浙江、安徽等长江中下游省市重点推进基础研究和战略高技术领域合作；与广东、福建等东南沿海省份重点推进产业关键技术、创新创业等领域合作；与东北、中西部等地区重点推进技术转移、成果转化、产业转型升级等方面合作；加强与港澳台全方位科技交流合作。面向全国开放共享创新资源，推广“一站一台”（首都科技条件平台合作站和北京技术市场服务平台）等合作模式，建立跨区域科技资源服务平台，推动科技人才、科研条件、金融资本、科技成果服务全国创新发展。支持国家科技传播中心建设，打造国家级科学文化公共服务平台和全国“双创”支撑平台。

（四）加强全球合作，构筑开放创新高地。

坚持“引进来”与“走出去”并重、引智引技和引资并举，集聚全球高端创新资源，以创新提升区域发展层级，使北京成为全球科技创新的引领者和创新网络的重要节点。

11．集聚全球高端创新资源。

吸引符合北京功能定位的国际高端创新机构、跨国公司研发中心、国际科技组织在京落户，鼓励国际知名科研机构在京联合组建国际科技中心，努力使北京成为国际科技组织总部聚集中心。面向全球引进世界级顶尖人才和团队在京发展。引导和鼓励国内资本与国际优秀创业服务机构合作建立创业联盟或成立创新创业基金。发挥中国国际技术转移中心等平台作用，完善市场化、国际化、专业化的服务体系，吸引国际高端科技成果在京落地，形成面向全球的技术转移集聚区。

12．构筑全球开放创新高地。

在研发合作、技术标准、知识产权、跨国并购等方面为企业搭建服务平台，鼓励企业建立国际化创新网络。构筑全球互动的技术转移网络，加快亚欧创新中心、中意技术转移中心、中韩企业合作创新中心等国际技术转移中心建设，推动跨国技术转移。推进海外人才离岸创新创业基地建设，为海外人才在京创新创业提供便利和服务。鼓励国内企业在海外设立研发机构，加快海外知识产权布局，参与国际标准研究和制定，抢占国际产业竞争高地。鼓励国内企业通过对外直接投资、技术转让与许可等方式实施外向型技术转移。鼓励拥有自主知识产权和品牌的企业开拓国际市场，培育以技术、标准、品牌、质量、服务为核心的外贸竞争优势，提高产业在全球价值链中的地位。促进服务创新国际化，深化北京市服务业扩大开放综合试点，加快推进服务标准、市场规则、法律法规等制度规范与国际接轨。

（五）推进全面创新改革，优化创新创业环境。

深入落实创新驱动发展与体制机制改革系列重大部署，充分发挥中关村国家自主创新示范区改革“试验田”的作用，加快推进京津冀全面创新改革试验，破除制约创新的制度藩篱，形成充满活力的科技管理和运行机制，以深化改革促进创新驱动发展。

13．推进人才发展体制机制改革。

实施更具吸引力的海外人才集聚政策，突破外籍人才永久居留和创新人才聘用、流动、评价激励等体制和政策瓶颈，推进中关村人才管理改革试验区建设，开展外籍人才出入境管理改革试点，对符合条件的外籍人才简化永久居留、签证等办理流程，让北京真正成为人才高地和科技创新高地。开展人才引进使用中的知识产权鉴定制度试点。深入实施北京市“雏鹰计划”“高层次创新创业人才支持计划”“科技北京百名领军人才培养工程”等人才计划，完善人才梯度培养机制，推进人才结构战略性调整。建立灵活多样的创新型人才流动与聘用模式，鼓励高等学校和科研院所人才互聘，允许高等学校、科研院所设立一定比例流动岗位，吸引企业人才兼职。研究制定事业单位招聘外籍人才的认定标准，探索聘用外籍人才的新路径。鼓励科研人员潜心研究，激发科研人员创新动力和积极性，完善市场化的人才评价激励机制，创新评价标准和办法。完善事业单位内部分配机制，推进绩效工资向关键岗位、业务骨干和有突出贡献的人员倾斜。优化人才服务保障体系，在住房条件、子女就学、配偶就业、医疗服务等方面为高层次人才提供便利。落实教学科研人员因公临时出国相关管理政策。

14．完善创新创业服务体系。

加快发展高端创业孵化平台，构建集创业孵化、资本对接、营销服务等为一体的众创空间，提供集约化、专业化、社区化的创新创业环境。建立便捷高效的商事服务机制，推动集群注册登记、“先照后证”等改革，降低创业门槛。实施中关村大街改造提升工程，加快北京市海淀区“一城三街”建设，以创新创业打造经济社会发展新动力。深入推进国家科技服务业区域试点、服务业扩大开放综合试点、中关村现代服务业试点，探索科技服务业促进创新创业的新模式和新机制。发挥首都科技条件平台、首都科技大数据平台、中关村开放实验室等公共服务平台作用，推广创新券等科技资源开放共享的市场化机制，促进重大科研基础设施、大型科研仪器和专利基础信息资源向社会开放。加快推进研究开发、技术转移和融资、知识产权服务、第三方检验检测认证、质量标准、科技咨询等机构改革，构建社会化、市场化、专业化、网络化的技术创新服务平台。探索推动产业协同创新共同体建设，助力产业转型升级和大众创业万众创新。充分利用现有资源，统筹建设全国知识产权运营公共服务平台，建设国家知识产权服务业集聚发展示范区。

15．加快国家科技金融创新中心建设。

完善创业投资引导机制，通过政府股权投资、引导基金、政府购买服务、政府和社会资本合作（PPP）等市场化投入方式，引导社会资金投入科技创新领域。结合国有企业改革建立国有资本创业投资基金制度，完善国有创投机构激励约束机制。按照国家税制改革的总体方向与要求，对包括天使投资在内的投向种子期、初创期等创新活动的投资，研究探索相关税收支持政策。支持“新三板”、区域性股权市场发展，大力推动优先股、资产证券化、私募债等产品创新。开展债券品种创新，支持围绕战略性新兴产业和“双创”孵化产业通过发行债券进行低成本融资。推动互联网金融创新中心建设。选择符合条件的银行业金融机构在中关村国家自主创新示范区探索为科技创新创业企业提供股权债权相结合的融资服务方式；鼓励符合条件的银行业金融机构在依法合规、风险可控前提下，与创业投资、股权投资机构实现投贷联动，支持科技创新创业。

16．健全技术创新市场导向机制。

加快营造公平竞争市场环境。探索药品、医疗器械等创新产品审评审批制度改革试点。改进互联网、金融、节能、环保、医疗卫生、文化、教育等领域的监管，支持和鼓励新业态、新商业模式发展。严格知识产权保护，加快形成行政执法和司法保护两种途径优势互补、有机衔接的知识产权保护模式，健全知识产权举报投诉和维权援助体系。探索建立符合国际规则的政府采购技术标准体系，完善新技术、新产品首购首用风险补偿机制。建立高层次、常态化的企业技术创新对话、咨询制度，发挥企业和企业家在创新决策中的重要作用。市场导向明确的科技项目由企业牵头联合高等学校和科研院所实施。健全国有企业技术创新经营业绩考核制度，加大技术创新在国有企业经营业绩考核中的比重。

17．推动政府创新治理现代化。

依法全面履行政府职能，建立权力清单和责任清单制度。深化行政审批制度改革，提高行政效能，建立创新政策调查和评价制度，加快政府职能从研发管理向创新服务转变，为各类创新主体松绑减负、清障搭台。建立科技创新智库，提升对创新战略决策的支撑能力、科技创新政策的供给能力、创新理念的引领能力，推进决策的科学化和现代化，探索政策措施落实情况第三方评估机制。大力发展市场化、专业化、社会化的创新服务机构和组织，逐步建立依托专业机构管理科研项目的市场化机制。建立健全科技报告制度和创新调查制度，加强公共创新服务供给。建立健全创新政策协调审查制度。推动创新薄弱环节和领域的地方立法进程，构建适应创新驱动发展需求的法治保障体系。深化科技项目资金管理改革，建立符合科研规律、高效规范的管理制度，强化对科研人员的激励。

18．央地合力助推改革向纵深发展。

在中关村国家自主创新示范区内，允许在京中央高等学校、科研院所在符合国家相关法律法规的前提下，经主管部门授权，试行北京市的相关创新政策。充分发挥北京市和中央在京单位的改革合力，探索新一轮更高层面、更宽领域的改革试点，进行新的政策设计，在充分调动科技人员创新创业积极性上再形成新一批政策突破，解放和发展生产力。深入落实促进科技成果转化法，在京中央高等学校、科研院所依法自主决定科技成果转移转化收益分配。着力打破创新资源配置的条块分割，支持北京市统筹用好各类创新资源，鼓励市属和中央高等学校协同创新。完善高等学校与企业开展技术开发、技术咨询、技术服务等横向合作项目经费管理制度，鼓励开展产学研合作，其支出依据合同法和促进科技成果转化法执行。探索创新创业人才在企业与机关事业单位之间依法自由流动，并做好社会保险关系转移接续工作。鼓励在京企业、高等学校和科研院所承担国防科技前沿创新研究工作，并给予相关配套优惠政策。探索开展事业单位担任行政领导职务的科技人员参与技术入股及分红激励试点，并根据领导干部职务明确审批程序。

四、保障措施

（一）强化组织领导。

在国家科技体制改革和创新体系建设领导小组领导下，国家有关部门与北京市共建北京全国科技创新中心建设工作机制，在顶层设计、改革保障等方面实现上下联动，统筹运用各部门资源建设北京全国科技创新中心。北京市建立北京全国科技创新中心建设统筹机制，形成促进科技创新的体制架构，分解改革任务，明确时间表和路线图，推动各项任务落到实处。

（二）加强资金保障。

加大财政科技投入力度，明确财政资金投入重点。切实加强对基础研究的财政投入，完善稳定支持机制。北京市设立战略性新兴产业技术跨越工程引导资金，加大对产业关键共性技术和贯穿创新链科技创新项目的支持力度。深化科技与金融结合，健全政府引导、企业为主、社会参与的多元化科技投入体系。

（三）完善监督评估机制。

加强监督考核，改革完善创新驱动发展的评价机制。研究建立科技创新、知识产权运用和保护与产业发展相结合的创新驱动发展评价指标体系，将本方案任务落实情况纳入北京市各级领导干部绩效考核体系。健全决策、执行、评价相对分开、互相监督的运行机制，强化对本方案实施进展情况的监督和问责机制。发挥第三方评估机构作用，定期对本方案落实情况进行跟踪评价，依据评价结果及时调整完善相关政策。

国务院

2016年9月11日

国务院关于促进创业投资持续健康发展的若干意见

（国发〔2016〕53号）

创业投资是实现技术、资本、人才、管理等创新要素与创业企业有效结合的投融资方式，是推动大众创业、万众创新的重要资本力量，是促进科技创新成果转化的助推器，是落实新发展理念、实施创新驱动发展战略、推进供给侧结构性改革、培育发展新动能和稳增长、扩就业的重要举措。近年来，我国创业投资快速发展，不仅拓宽了创业企业投融资渠道、促进了经济结构调整和产业转型升级，增强了经济发展新动能，也提高了直接融资比重、拉动了民间投资服务实体经济，激发了创业创新、促进了就业增长。但同时也面临着法律法规和政策环境不完善、监管体制和行业信用体系建设滞后等问题，存在一些投资“泡沫化”现象以及非法集资风险隐患。按照党中央、国务院的决策部署，为进一步促进创业投资持续健康发展，现提出以下意见。

一、总体要求

创业投资是指向处于创建或重建过程中的未上市成长性创业企业进行股权投资，以期所投资创业企业发育成熟或相对成熟后，主要通过股权转让获取资本增值收益的投资方式。天使投资是指除被投资企业职员及其家庭成员和直系亲属以外的个人以其自有资金直接开展的创业投资活动。发展包括天使投资在内的各类创业投资，应坚持以下总体要求：

（一）指导思想。

牢固树立和贯彻落实创新、协调、绿色、开放、共享的发展理念，着力推进供给侧结构性改革，深入实施创新驱动发展战略，大力推进大众创业万众创新，使市场在资源配置中起决定性作用和更好发挥政府作用，进一步深化简政放权、放管结合、优化服务改革，不断完善体制机制，健全政策措施，加强统筹协调和事中事后监管，构建促进创业投资发展的制度环境、市场环境和生态环境，加快形成有利于创业投资发展的良好氛围和“创业、创新+创投”的协同互动发展格局，进一步扩大创业投资规模，促进创业投资做大做强做优，培育一批具有国际影响力和竞争力的中国创业投资品牌，推动我国创业投资行业跻身世界先进行列。

（二）基本原则。

一是坚持服务实体。创业投资是改善投资结构、增加有效投资的重要手段。要进一步深化简政放权、放管结合、优化服务改革，创新监管方式，既要重视发挥大企业的骨干作用，也要通过创业投资激发广大中小企业的创造力和活力。以支持实体经济发展、助力创业企业发展为本，引导创业投资企业和创业投资管理企业秉承价值投资理念，鼓励长期投资和价值投资，防范和化解投资估值“泡沫化”可能引发的市场风险，积极应对新动能成长过程中对传统产业和行业可能造成的冲击，妥善处理好各种矛盾，加大对实体经济支持的力度，增强可持续性，构建“实体创投”投资环境。

二是坚持专业运作。以市场为导向，充分调动民间投资和市场主体的积极性，发挥市场规则作用，激发民间创新模式，防止同质化竞争。鼓励创业投资企业和创业投资管理企业从自身独特优势出发，强化专业化投资理念和投资策略，深化内部体制机制创新，加强对投资项目的投后管理和增值服务，不断提高创业投资行业专业化运作和管理水平，夯实“专业创投”运行基础。

三是坚持信用为本。以诚信为兴业之本、发展之基，加强创业投资行业信用体系建设，建立和完善守信联合激励和失信联合惩戒制度，促进创业投资企业和创业投资管理企业诚信守法，忠实履行对投资者的诚信义务，创建“信用创投”发展环境。

四是坚持社会责任。围绕推进创新型国家建设、支持大众创业万众创新、促进经济结构调整和产业转型升级的使命和社会责任，推动创业投资行业严格按照国家有关法律法规和相关产业政策开展投资运营活动，按照市场化、法治化原则，促进创业投资良性竞争和绿色发展，共同维护良好市场秩序，树立“责任创投”价值理念。

二、培育多元创业投资主体

（三）加快培育形成各具特色、充满活力的创业投资机构体系。鼓励各类机构投资者和个人依法设立公司型、合伙型创业投资企业。鼓励行业骨干企业、创业孵化器、产业（技术）创新中心、创业服务中心、保险资产管理机构等创业创新资源丰富的相关机构参与创业投资。鼓励具有资本实力和管理经验的个人通过依法设立一人公司从事创业投资活动。鼓励和规范发展市场化运作、专业化管理的创业投资母基金。（国家发展改革委、科技部、工业和信息化部、人力资源社会保障部、商务部、国务院国资委、工商总局、银监会、证监会、保监会按职责分工负责）

（四）积极鼓励包括天使投资人在内的各类个人从事创业投资活动。鼓励成立公益性天使投资人联盟等各类平台组织，培育和壮大天使投资人群体，促进天使投资人与创业企业及创业投资企业的信息交流与合作，营造良好的天使投资氛围，推动天使投资事业发展。规范发展互联网股权融资平台，为各类个人直接投资创业企业提供信息和技术服务。（国家发展改革委、科技部、证监会按职责分工负责）

三、多渠道拓宽创业投资资金来源

（五）大力培育和发展合格投资者。在风险可控、安全流动的前提下，支持中央企业、地方国有企业、保险公司、大学基金等各类机构投资者投资创业投资企业和创业投资母基金。鼓励信托公司遵循价值投资和长期投资理念，充分发挥既能进行创业投资又能发放贷款的优势，积极探索新产品、新模式，为创业企业提供综合化、个性化金融和投融资服务。培育合格个人投资者，支持具有风险识别和风险承受能力的个人参与投资创业投资企业。（国家发展改革委、财政部、国务院国资委、银监会、证监会、保监会按职责分工负责）

（六）建立股权债权等联动机制。按照依法合规、风险可控、商业可持续的原则，建立创业投资企业与各类金融机构长期性、市场化合作机制，进一步降低商业保险资金进入创业投资领域的门槛，推动发展投贷联动、投保联动、投债联动等新模式，不断加大对创业投资企业的投融资支持。加强“防火墙”相关制度建设，有效防范道德风险。支持银行业金融机构积极稳妥开展并购贷款业务，提高对创业企业兼并重组的金融服务水平。完善银行业金融机构投贷联动机制，稳妥有序推进投贷联动业务试点，推动投贷联动金融服务模式创新。支持创业投资企业及其股东依法依规发行企业债券和其他债务融资工具融资，增强投资能力。（国家发展改革委、科技部、人民银行、银监会、证监会、保监会按职责分工负责）

四、加强政府引导和政策扶持

（七）完善创业投资税收政策。按照税收中性、税收公平原则和税制改革方向与要求，统筹研究鼓励创业投资企业和天使投资人投资种子期、初创期等科技型企业的税收支持政策，进一步完善创业投资企业投资抵扣税收优惠政策，研究开展天使投资人个人所得税政策试点工作。（国家发展改革委、科技部、财政部、商务部、税务总局、证监会按职责分工负责）

（八）建立创业投资与政府项目对接机制。在全面创新改革试验区域、双创示范基地、国家高新区、国家自主创新示范区、产业（技术）创新中心、科技企业孵化器、众创空间等，开放项目（企业）资源，充分利用政府项目资源优势，搭建创业投资与企业信息共享平台，打通创业资本和项目之间的通道，引导创业投资企业投资于国家科技计划（专项、基金等）形成科技成果的转化。挖掘农业领域创业投资潜力，依托农村产业融合发展园区、农业产业化示范基地、农民工返乡创业园等，通过发展第二、三产业，改造提升第一产业。有关方面要配合做好项目对接和服务。（国家发展改革委、科技部、工业和信息化部、农业部、商务部按职责分工负责）

（九）研究鼓励长期投资的政策措施。倡导长期投资和价值投资理念，研究对专注于长期投资和价值投资的创业投资企业在企业债券发行、引导基金扶持、政府项目对接、市场化退出等方面给予必要的政策支持。研究建立所投资企业上市解禁期与上市前投资期限长短反向挂钩的制度安排。（国家发展改革委、科技部、财政部、人民银行、证监会按职责分工负责）

（十）发挥政府资金的引导作用。充分发挥政府设立的创业投资引导基金作用，加强规范管理，加大力度培育新的经济增长点，促进就业增长。充分发挥国家新兴产业创业投资引导基金、国家中小企业发展基金、国家科技成果转化引导基金等已设立基金的作用。对于已设立基金未覆盖且需要政府引导支持的领域，鼓励有条件的地方按照“政府引导、市场化运作”原则推动设立创业投资引导基金，发挥财政资金的引导和聚集放大作用，引导民间投资等社会资本投入。进一步提高创业投资引导基金市场化运作效率，促进政策目标实现，维护出资人权益。鼓励创业投资引导基金注资市场化母基金，由专业化创业投资管理机构受托管理引导基金。综合运用参股基金、联合投资、融资担保、政府出资适当让利于社会出资等多种方式，进一步发挥政府资金在引导民间投资、扩大直接融资、弥补市场失灵等方面的作用。建立并完善创业投资引导基金中政府出资的绩效评价制度。（国家发展改革委、科技部、工业和信息化部、财政部按职责分工负责）

五、完善创业投资相关法律法规

（十一）构建符合创业投资行业特点的法制环境。进一步完善促进创业投资发展相关法律法规，研究推动相关立法工作，推动完善公司法和合伙企业法。完善创业投资相关管理制度，推动私募投资基金管理暂行条例尽快出台，对创业投资企业和创业投资管理企业实行差异化监管和行业自律。完善外商投资创业投资企业管理制度。（国家发展改革委、商务部、证监会按职责分工负责）

（十二）落实和完善国有创业投资管理制度。鼓励国有企业集众智，开拓广阔市场空间，增强国有企业竞争力。支持有需求、有条件的国有企业依法依规、按照市场化方式设立或参股创业投资企业和创业投资母基金。强化国有创业投资企业对种子期、初创期等创业企业的支持，鼓励国有创业投资企业追求长期投资收益。健全符合创业投资行业特点和发展规律的国有创业投资管理体制，完善国有创业投资企业的监督考核、激励约束机制和股权转让方式，形成鼓励创业、宽容失败的国有创业投资生态环境。支持具备条件的国有创业投资企业开展混合所有制改革试点，探索国有创业投资企业和创业投资管理企业核心团队持股和跟投。探索地方政府融资平台公司转型升级为创业投资企业。依法依规豁免国有创业投资企业和国有创业投资引导基金国有股转持义务。（国家发展改革委、财政部、国务院国资委、证监会按职责分工负责）

六、进一步完善创业投资退出机制

（十三）拓宽创业投资市场化退出渠道。充分发挥主板、创业板、全国中小企业股份转让系统以及区域性股权市场功能，畅通创业投资市场化退出渠道。完善全国中小企业股份转让系统交易机制，改善市场流动性。支持机构间私募产品报价与服务系统、证券公司柜台市场开展直接融资业务。鼓励创业投资以并购重组等方式实现市场化退出，规范发展专业化并购基金。（证监会牵头负责）

七、优化创业投资市场环境

（十四）优化监管环境。实施更多的普惠性支持政策措施，营造公平竞争的发展环境，深化简政放权、放管结合、优化服务改革，搞好服务，激发活力。坚持适度监管、差异监管和统一功能监管，创新监管方式，有效防范系统性区域性风险。对创业投资企业在行业管理、备案登记等方面采取与其他私募基金区别对待的差异化监管政策，建立适应创业投资行业特点的宽市场准入、重事中事后监管的适度而有效的监管体制。加强信息披露和风险揭示，引导创业投资企业建立以实体投资、价值投资和长期投资为导向的合理的投资估值机制。对不进行实业投资、从事上市公司股票交易、助推投资泡沫及其他扰乱市场秩序的创业投资企业建立清查清退制度。建立行业规范，强化创业投资企业内控机制、合规管理和风险管理机制。加强投资者保护，特别是要进一步完善产权保护制度，依法保护产权和投资者合法经营、合法权益和合法财产。加强投资者教育，相关投资者应为具有风险识别和风险承受能力的合格投资者。建立并完善募集资金的托管制度，规范创业投资企业募集资金行为，打击违法违规募集资金行为。健全对创业投资企业募集资金、投资运作等与保护投资者权益相关的制度规范，加强日常监管。（国家发展改革委、科技部、国务院国资委、证监会按职责分工负责）

（十五）优化商事环境。各地区、各部门不得自行出台限制创业投资企业和创业投资管理企业市场准入和发展的有关政策。建立创业投资行业发展备案和监管备案互联互通机制，为创业投资企业备案提供便利，放宽创业投资企业的市场准入。持续深化商事制度改革，提高工商登记注册便利化水平。促进创业投资行业加强品牌建设。（国家发展改革委、工商总局、证监会会同各有关部门按职责分工负责）

（十六）优化信用环境。有关部门、行业组织和社会征信机构要进一步建立健全创业投资企业、创业投资管理企业及其从业人员信用记录，实现创业投资领域信用记录全覆盖。推动创业投资领域信用信息纳入全国信用信息共享平台，并与企业信用信息公示系统实现互联互通。依法依规在“信用中国”网站和企业信用信息公示系统公示相关信息。加快建立创业投资领域严重失信黑名单制度，鼓励有关社会组织探索建立守信红名单制度，依托全国信用信息共享平台，按照有关法律法规和政策规定实施守信联合激励和失信联合惩戒。建立健全创业投资行业信用服务机制，推广使用信用产品。（国家发展改革委、商务部、人民银行、工商总局、证监会按职责分工负责）

（十七）严格保护知识产权。完善知识产权保护相关法律法规和制度规定，加强对创业创新早期知识产权保护，在市场竞争中培育更多自主品牌，健全知识产权侵权查处机制，依法惩治侵犯知识产权的违法犯罪行为，将企业行政处罚、黑名单等信息纳入全国信用信息共享平台，对严重侵犯知识产权的责任主体实施联合惩戒，并通过“信用中国”网站、企业信用信息公示系统等进行公示，创造鼓励创业投资的良好知识产权保护环境。（国家发展改革委、人民银行、工商总局、知识产权局、证监会等按职责分工负责）

八、推动创业投资行业双向开放

（十八）有序扩大创业投资对外开放。发展创业投资要坚持走开放式发展道路，通过吸引境外投资，引进国际先进经验、技术和管理模式，提升我国创业投资企业的国际竞争力。按照对内外资一视同仁的原则，放宽外商投资准入，简化管理流程，鼓励外资扩大创业投资规模，加大对种子期、初创期创业企业支持力度。鼓励和支持境内外投资者在跨境创业投资及相关的投资贸易活动中使用人民币。允许外资创业投资企业按照实际投资规模将外汇资本金结汇所得的人民币划入被投资企业。（国家发展改革委、商务部、人民银行、国家外汇局按职责分工负责）

（十九）鼓励境内有实力的创业投资企业积极稳妥“走出去”。完善境外投资相关管理制度，引导和鼓励创业投资企业加大对境外及港、澳、台地区高端研发项目的投资，积极分享高端技术成果。（国家发展改革委、商务部、人民银行、国家外汇局按职责分工负责）

九、完善创业投资行业自律和服务体系

（二十）加强行业自律。加快推进依法设立全国性创业投资行业协会，鼓励具备条件的地区成立创业投资协会组织，搭建行业协会交流服务平台。充分发挥行业协会在行业自律管理和政府与市场沟通中的积极作用，加强行业协会在政策对接、会员服务、信息咨询、数据统计、行业发展报告、人才培养、国际交流合作等方面的能力建设，支持行业协会推动创业投资行业信用体系建设和社会责任建设，维护有利于行业持续健康发展的良好市场秩序。（国家发展改革委、科技部、民政部、证监会按职责分工负责）

（二十一）健全创业投资服务体系。加强与创业投资相关的会计、征信、信息、托管、法律、咨询、教育培训等各类中介服务体系建设。支持创业投资协会组织通过高等学校、科研院所、群团组织、创业投资企业、创业投资管理企业、天使投资人等多种渠道，以多种方式加强创业投资专业人才培养，加大教育培训力度，吸引更多的优秀人才从事创业投资，提高创业投资的精准度。（国家发展改革委、科技部、证监会按职责分工负责）

十、加强各方统筹协调

（二十二）加强政策顶层设计和统筹协调。国家发展改革委要会同有关部门加强促进创业投资发展的政策协调，建立部门之间、部门与地方之间政策协调联动机制，加强创业投资行业发展政策和监管政策的协同配合，增强政策针对性、连续性、协同性。建立相关政府部门促进创业投资行业发展的信息共享机制。（国家发展改革委、证监会会同有关部门按职责分工负责）

各地区、各部门要把促进创业投资持续健康发展作为深入实施创新驱动发展战略、推动大众创业万众创新、促进经济结构调整和产业转型升级的一项重要举措，按照职责分工抓紧制定相关配套措施，加强沟通协调，形成工作合力，确保各项政策及时落实到位，积极发展新经济、培育新动能、改造提升传统动能，推动中国经济保持中高速增长、迈向中高端水平。

国务院

2016年9月16日

“十三五”国家战略性新兴产业发展规划

（国发〔2016〕67号）

战略性新兴产业代表新一轮科技革命和产业变革的方向，是培育发展新动能、获取未来竞争新优势的关键领域。“十三五”时期，要把战略性新兴产业摆在经济社会发展更加突出的位置，大力构建现代产业新体系，推动经济社会持续健康发展。根据“十三五”规划纲要有关部署，特编制本规划，规划期为2016—2020年。

一、加快壮大战略性新兴产业，打造经济社会发展新引擎

（一）现状与形势。

“十二五”期间，我国节能环保、新一代信息技术、生物、高端装备制造、新能源、新材料和新能源汽车等战略性新兴产业快速发展。2015年，战略性新兴产业增加值占国内生产总值比重达到8%左右，产业创新能力和盈利能力明显提升。新一代信息技术、生物、新能源等领域一批企业的竞争力进入国际市场第一方阵，高铁、通信、航天装备、核电设备等国际化发展实现突破，一批产值规模千亿元以上的新兴产业集群有力支撑了区域经济转型升级。大众创业、万众创新蓬勃兴起，战略性新兴产业广泛融合，加快推动了传统产业转型升级，涌现了大批新技术、新产品、新业态、新模式，创造了大量就业岗位，成为稳增长、促改革、调结构、惠民生的有力支撑。

未来5到10年，是全球新一轮科技革命和产业变革从蓄势待发到群体迸发的关键时期。信息革命进程持续快速演进，物联网、云计算、大数据、人工智能等技术广泛渗透于经济社会各个领域，信息经济繁荣程度成为国家实力的重要标志。增材制造（3D打印）、机器人与智能制造、超材料与纳米材料等领域技术不断取得重大突破，推动传统工业体系分化变革，将重塑制造业国际分工格局。基因组学及其关联技术迅猛发展，精准医学、生物合成、工业化育种等新模式加快演进推广，生物新经济有望引领人类生产生活迈入新天地。应对全球气候变化助推绿色低碳发展大潮，清洁生产技术应用规模持续拓展，新能源革命正在改变现有国际资源能源版图。数字技术与文化创意、设计服务深度融合，数字创意产业逐渐成为促进优质产品和服务有效供给的智力密集型产业，创意经济作为一种新的发展模式正在兴起。创新驱动的新兴产业逐渐成为推动全球经济复苏和增长的主要动力，引发国际分工和国际贸易格局重构，全球创新经济发展进入新时代。

“十三五”时期是我国全面建成小康社会的决胜阶段，也是战略性新兴产业大有可为的战略机遇期。我国创新驱动所需的体制机制环境更加完善，人才、技术、资本等要素配置持续优化，新兴消费升级加快，新兴产业投资需求旺盛，部分领域国际化拓展加速，产业体系渐趋完备，市场空间日益广阔。但也要看到，我国战略性新兴产业整体创新水平还不高，一些领域核心技术受制于人的情况仍然存在，一些改革举措和政策措施落实不到位，新兴产业监管方式创新和法规体系建设相对滞后，还不适应经济发展新旧动能加快转换、产业结构加速升级的要求，迫切需要加强统筹规划和政策扶持，全面营造有利于新兴产业蓬勃发展的生态环境，创新发展思路，提升发展质量，加快发展壮大一批新兴支柱产业，推动战略性新兴产业成为促进经济社会发展的强大动力。

（二）指导思想。

全面贯彻党的十八大和十八届三中、四中、五中、六中全会精神，深入学习贯彻习近平总书记系列重要讲话精神，认真落实党中央、国务院决策部署，按照“五位一体”总体布局和“四个全面”战略布局要求，积极适应把握引领经济发展新常态，牢固树立和贯彻落实创新、协调、绿色、开放、共享的发展理念，紧紧把握全球新一轮科技革命和产业变革重大机遇，培育发展新动能，推进供给侧结构性改革，构建现代产业体系，提升创新能力，深化国际合作，进一步发展壮大新一代信息技术、高端装备、新材料、生物、新能源汽车、新能源、节能环保、数字创意等战略性新兴产业，推动更广领域新技术、新产品、新业态、新模式蓬勃发展，建设制造强国，发展现代服务业，为全面建成小康社会提供有力支撑。

（三）主要原则。

坚持供给创新。创新是战略性新兴产业发展的核心。要深入实施创新驱动发展战略，大力推进大众创业、万众创新，突出企业主体地位，全面提升技术、人才、资金的供给水平，营造创新要素互动融合的生态环境。聚焦突破核心关键技术，进一步提高自主创新能力，全面提升产品和服务的附加价值和国际竞争力。推进简政放权、放管结合、优化服务改革，破除旧管理方式对新兴产业发展的束缚，降低企业成本，激发企业活力，加快新兴企业成长壮大。

坚持需求引领。市场需求是拉动战略性新兴产业发展壮大的关键因素。要强化需求侧政策引导，加快推进新产品、新服务的应用示范，将潜在需求转化为现实供给，以消费升级带动产业升级。营造公平竞争的市场环境，激发市场活力。

坚持产业集聚。集约集聚是战略性新兴产业发展的基本模式。要以科技创新为源头，加快打造战略性新兴产业发展策源地，提升产业集群持续发展能力和国际竞争力。以产业链和创新链协同发展为途径，培育新业态、新模式，发展特色产业集群，带动区域经济转型，形成创新经济集聚发展新格局。

坚持人才兴业。人才是发展壮大战略性新兴产业的首要资源。要针对束缚人才创新活力的关键问题，加快推进人才发展政策和体制创新，保障人才以知识、技能、管理等创新要素参与利益分配，以市场价值回报人才价值，全面激发人才创业创新动力和活力。加大力度培养和吸引各类人才，弘扬工匠精神和企业家精神。

坚持开放融合。开放融合是加快战略性新兴产业发展的客观要求。要以更开放的理念、更包容的方式，搭建国际化创新合作平台，高效利用全球创新资源，大力推动我国优势技术和标准的国际化应用，加快推进产业链、创新链、价值链全球配置，全面提升战略性新兴产业发展能力。

（四）发展目标。

到2020年，战略性新兴产业发展要实现以下目标：

产业规模持续壮大，成为经济社会发展的新动力。战略性新兴产业增加值占国内生产总值比重达到15%，形成新一代信息技术、高端制造、生物、绿色低碳、数字创意等5个产值规模10万亿元级的新支柱，并在更广领域形成大批跨界融合的新增长点，平均每年带动新增就业100万人以上。

创新能力和竞争力明显提高，形成全球产业发展新高地。攻克一批关键核心技术，发明专利拥有量年均增速达到15%以上，建成一批重大产业技术创新平台，产业创新能力跻身世界前列，在若干重要领域形成先发优势，产品质量明显提升。节能环保、新能源、生物等领域新产品和新服务的可及性大幅提升。知识产权保护更加严格，激励创新的政策法规更加健全。

产业结构进一步优化，形成产业新体系。发展一批原创能力强、具有国际影响力和品牌美誉度的行业排头兵企业，活力强劲、勇于开拓的中小企业持续涌现。中高端制造业、知识密集型服务业比重大幅提升，支撑产业迈向中高端水平。形成若干具有全球影响力的战略性新兴产业发展策源地和技术创新中心，打造百余个特色鲜明、创新能力强的新兴产业集群。

到2030年，战略性新兴产业发展成为推动我国经济持续健康发展的主导力量，我国成为世界战略性新兴产业重要的制造中心和创新中心，形成一批具有全球影响力和主导地位的创新型领军企业。

（五）总体部署。

以创新、壮大、引领为核心，紧密结合“中国制造2025”战略实施，坚持走创新驱动发展道路，促进一批新兴领域发展壮大并成为支柱产业，持续引领产业中高端发展和经济社会高质量发展。立足发展需要和产业基础，大幅提升产业科技含量，加快发展壮大网络经济、高端制造、生物经济、绿色低碳和数字创意等五大领域，实现向创新经济的跨越。着眼全球新一轮科技革命和产业变革的新趋势、新方向，超前布局空天海洋、信息网络、生物技术和核技术领域一批战略性产业，打造未来发展新优势。遵循战略性新兴产业发展的基本规律，突出优势和特色，打造一批战略性新兴产业发展策源地、集聚区和特色产业集群，形成区域增长新格局。把握推进“一带一路”建设战略契机，以更开放的视野高效利用全球创新资源，提升战略性新兴产业国际化水平。加快推进重点领域和关键环节改革，持续完善有利于汇聚技术、资金、人才的政策措施，创造公平竞争的市场环境，全面营造适应新技术、新业态蓬勃涌现的生态环境，加快形成经济社会发展新动能。

二、推动信息技术产业跨越发展，拓展网络经济新空间

实施网络强国战略，加快建设“数字中国”，推动物联网、云计算和人工智能等技术向各行业全面融合渗透，构建万物互联、融合创新、智能协同、安全可控的新一代信息技术产业体系。到2020年，力争在新一代信息技术产业薄弱环节实现系统性突破，总产值规模超过12万亿元。

（一）构建网络强国基础设施。深入推进“宽带中国”战略，加快构建高速、移动、安全、泛在的新一代信息基础设施。

大力推进高速光纤网络建设。开展智能网络新技术规模应用试点，推动国家骨干网向高速传送、灵活调度、智能适配方向升级。全面实现向全光网络跨越，加快推进城镇地区光网覆盖，提供每秒1000兆比特（1000Mbps）以上接入服务，大中城市家庭用户实现带宽100Mbps以上灵活选择；多方协同推动提升农村光纤宽带覆盖率，98%以上的行政村实现光纤通达，有条件的地区提供100Mbps以上接入服务，半数以上农村家庭用户实现带宽50Mbps以上灵活选择。推动三网融合基础设施发展。推进互联网协议第六版（IPv6）演进升级和应用，推动骨干企业新增网络地址不再使用私有地址。

加快构建新一代无线宽带网。加快第四代移动通信（4G）网络建设，实现城镇及人口密集行政村深度覆盖和广域连续覆盖。在热点公共区域推广免费高速无线局域网。大力推进第五代移动通信（5G）联合研发、试验和预商用试点。优化国家频谱资源配置，提高频谱利用效率，保障频率资源供给。合理规划利用卫星频率和轨道资源，加快空间互联网部署，研制新型通信卫星和应用终端，探索建设天地一体化信息网络，研究平流层通信等高空覆盖新方式。

加快构建下一代广播电视网。推动有线无线卫星广播电视网智能协同覆盖，建设天地一体、互联互通、宽带交互、智能协同、可管可控的广播电视融合传输覆盖网。加速全国有线电视网络基础设施建设和双向化、智能化升级改造，推进全国有线电视网络整合和互联互通。推动下一代地面数字广播电视传输技术研发及产业化，加强地面无线广播电视与互联网的融合创新，创建移动、交互、便捷的地面无线广播电视新业态。

专栏1：宽带乡村示范工程

开展电信普遍服务试点工作，促进三网融合，加快光缆、卫星通信进行政村建设，按需实现光纤入户网络和第四代移动通信（4G）网络向自然村和住户延伸覆盖，利用卫星、移动通信等技术创新加强对海岛、边远地区、山区等覆盖，加快普及电子商务、远程教育、远程医疗、智慧农业、电子政务等信息化应用，支撑扶贫攻坚。

统筹发展应用基础设施。充分利用现有设施，统筹规划大型、超大型数据中心在全国适宜地区布局，有序推进绿色数据中心建设。推动基于现有各类通信网络实现物联网集约部署。持续强化应急通信能力建设。

加强国际合作。加强信息网络基础设施国际互联互通合作。加强海外海缆、陆缆、业务节点、数据中心、卫星通信等设施建设，优化国际通信网络布局。加快建设中国—阿拉伯国家等网上丝绸之路、中国—东盟信息港。

（二）推进“互联网+”行动。促进新一代信息技术与经济社会各领域融合发展，培育“互联网+”生态体系。

深化互联网在生产领域的融合应用。深化制造业与互联网融合发展，推动“中国制造+互联网”取得实质性突破，发展面向制造业的信息技术服务，构筑核心工业软硬件、工业云、智能服务平台等制造新基础，大力推广智能制造、网络化协同、个性化定制、服务化延伸等新业态、新模式。加快发展工业互联网，构建工业互联网体系架构，开展工业互联网创新应用示范。推进移动互联网、云计算、物联网等技术与农业、能源、金融、商务、物流快递等深度融合，支持面向网络协同的行业应用软件研发与系统集成，推动制造业向生产服务型转变、生产性服务业向价值链高端延伸。

拓展生活及公共服务领域的“互联网+”应用。加快行业管理体制创新，促进医疗、教育、社保、就业、交通、旅游等服务智慧化。拓展新型智慧城市应用，推动基于互联网的公共服务模式创新，推进基于云计算的信息服务公共平台建设，增强公共产品供给能力。加快实施“互联网+政务服务”，逐步实现政务服务“一号申请、一窗受理、一网通办”。

促进“互联网+”新业态创新。鼓励运用信息网络技术推动生产、管理和营销模式变革，重塑产业链、供应链、价值链，加快形成新的生产和流通交换模式。以体制机制创新推动分享经济发展，建立适应分享经济发展的监管方式，促进交通、旅游、养老、人力资源、日用品消费等领域共享平台企业规范发展，营造分享经济文化氛围。

专栏2：“互联网+”工程

深入推进“互联网+”创业创新、协同制造、现代农业、智慧能源、普惠金融、益民服务、高效物流、电子商务、便捷交通、绿色生态、人工智能等11个重点行动，建设互联网跨领域融合创新支撑服务平台。促进基于云计算的业务模式和商业模式创新，推进公有云和行业云平台建设。加强物联网网络架构研究，组织开展物联网重大应用示范。加快下一代互联网商用部署，构建工业互联网技术试验验证和管理服务平台。创建国家信息经济示范区。

（三）实施国家大数据战略。落实大数据发展行动纲要，全面推进重点领域大数据高效采集、有效整合、公开共享和应用拓展，完善监督管理制度，强化安全保障，推动相关产业创新发展。

加快数据资源开放共享。统筹布局建设国家大数据公共平台，制定出台数据资源开放共享管理办法，推动建立数据资源清单和开放目录，鼓励社会公众对开放数据进行增值性、公益性、创新性开发。加强大数据基础性制度建设，强化使用监管，建立健全数据资源交易机制和定价机制，保护数据资源权益。

发展大数据新应用新业态。加快推进政府大数据应用，建立国家宏观调控和社会治理数据体系，提高政府治理能力。发展大数据在工业、农业农村、创业创新、促进就业等领域的应用，促进数据服务业创新，推动数据探矿、数据化学、数据材料、数据制药等新业态、新模式发展。加强海量数据存储、数据清洗、数据分析挖掘、数据可视化等关键技术研发，形成一批具有国际竞争力的大数据处理、分析和可视化软硬件产品，培育大数据相关产业，完善产业链，促进相关产业集聚发展。推进大数据综合试验区建设。

强化大数据与网络信息安全保障。建立大数据安全管理制度，制定大数据安全管理办法和有关标准规范，建立数据跨境流动安全保障机制。加强数据安全、隐私保护等关键技术攻关，形成安全可靠的大数据技术体系。建立完善网络安全审查制度。采用安全可信产品和服务，提升基础设施关键设备安全可靠水平。建立关键信息基础设施保护制度，研究重要信息系统和基础设施网络安全整体解决方案。

专栏3：大数据发展工程

整合现有资源，构建政府数据共享交换平台和数据开放平台，健全大数据共享流通体系、大数据标准体系、大数据安全保障体系，推动实现信用、交通、医疗、教育、环境、安全监管等政府数据集向社会开放。支持大数据关键技术研发和产业化，在重点领域开展大数据示范应用，实施国家信息安全专项，促进大数据相关产业健康快速发展。

（四）做强信息技术核心产业。顺应网络化、智能化、融合化等发展趋势，着力培育建立应用牵引、开放兼容的核心技术自主生态体系，全面梳理和加快推动信息技术关键领域新技术研发与产业化，推动电子信息产业转型升级取得突破性进展。

提升核心基础硬件供给能力。提升关键芯片设计水平，发展面向新应用的芯片。加快16/14纳米工艺产业化和存储器生产线建设，提升封装测试业技术水平和产业集中度，加紧布局后摩尔定律时代芯片相关领域。实现主动矩阵有机发光二极管（AMOLED）、超高清（4K/8K）量子点液晶显示、柔性显示等技术国产化突破及规模应用。推动智能传感器、电力电子、印刷电子、半导体照明、惯性导航等领域关键技术研发和产业化，提升新型片式元件、光通信器件、专用电子材料供给保障能力。

专栏4：集成电路发展工程

启动集成电路重大生产力布局规划工程，实施一批带动作用强的项目，推动产业能力实现快速跃升。加快先进制造工艺、存储器、特色工艺等生产线建设，提升安全可靠CPU、数模/模数转换芯片、数字信号处理芯片等关键产品设计开发能力和应用水平，推动封装测试、关键装备和材料等产业快速发展。支持提高代工企业及第三方IP核企业的服务水平，支持设计企业与制造企业协同创新，推动重点环节提高产业集中度。推动半导体显示产业链协同创新。

大力发展基础软件和高端信息技术服务。面向重点行业需求建立安全可靠的基础软件产品体系，支持开源社区发展，加强云计算、物联网、工业互联网、智能硬件等领域操作系统研发和应用，加快发展面向大数据应用的数据库系统和面向行业应用需求的中间件，支持发展面向网络协同优化的办公软件等通用软件。加强信息技术核心软硬件系统服务能力建设，推动国内企业在系统集成各环节向高端发展，规范服务交付，保证服务质量，鼓励探索前沿技术驱动的服务新业态，推动骨干企业在新兴领域加快行业解决方案研发和推广应用。大力发展基于新一代信息技术的高端软件外包业务。

加快发展高端整机产品。推进绿色计算、可信计算、数据和网络安全等信息技术产品的研发与产业化，加快高性能安全服务器、存储设备和工控产品、新型智能手机、下一代网络设备和数据中心成套装备、先进智能电视和智能家居系统、信息安全产品的创新与应用，发展面向金融、交通、医疗等行业应用的专业终端、设备和融合创新系统。大力提升产品品质，培育一批具有国际影响力的品牌。

（五）发展人工智能。培育人工智能产业生态，促进人工智能在经济社会重点领域推广应用，打造国际领先的技术体系。

加快人工智能支撑体系建设。推动类脑研究等基础理论和技术研究，加快基于人工智能的计算机视听觉、生物特征识别、新型人机交互、智能决策控制等应用技术研发和产业化，支持人工智能领域的基础软硬件开发。加快视频、地图及行业应用数据等人工智能海量训练资源库和基础资源服务公共平台建设，建设支撑大规模深度学习的新型计算集群。鼓励领先企业或机构提供人工智能研发工具以及检验评测、创业咨询、人才培养等创业创新服务。

推动人工智能技术在各领域应用。在制造、教育、环境保护、交通、商业、健康医疗、网络安全、社会治理等重要领域开展试点示范，推动人工智能规模化应用。发展多元化、个性化、定制化智能硬件和智能化系统，重点推进智能家居、智能汽车、智慧农业、智能安防、智慧健康、智能机器人、智能可穿戴设备等研发和产业化发展。鼓励各行业加强与人工智能融合，逐步实现智能化升级。利用人工智能创新城市管理，建设新型智慧城市。推动专业服务机器人和家用服务机器人应用，培育新型高端服务产业。

专栏5：人工智能创新工程

推动基础理论研究和核心技术开发，实现类人神经计算芯片、智能机器人和智能应用系统的产业化，将人工智能新技术嵌入各领域。构建人工智能公共服务平台和向社会开放的骨干企业研发服务平台。建立健全人工智能“双创”支撑服务体系。

（六）完善网络经济管理方式。

深化电信体制改革。全面推进三网融合，进一步放开基础电信领域竞争性业务，放宽融合性产品和服务的市场准入限制，推进国有电信企业混合所有制试点工作。破除行业壁垒，推动各行业、各领域在技术、标准、监管等方面充分对接，允许各类主体依法平等参与市场竞争。

加强相关法律法规建设。针对互联网与各行业融合发展的新特点，调整不适应发展要求的现行法规及政策规定。落实加强网络信息保护和信息公开有关规定，加快推动制定网络安全、电子商务等法律法规。

三、促进高端装备与新材料产业突破发展，引领中国制造新跨越

顺应制造业智能化、绿色化、服务化、国际化发展趋势，围绕“中国制造2025”战略实施，加快突破关键技术与核心部件，推进重大装备与系统的工程应用和产业化，促进产业链协调发展，塑造中国制造新形象，带动制造业水平全面提升。力争到2020年，高端装备与新材料产业产值规模超过12万亿元。

（一）打造智能制造高端品牌。着力提高智能制造核心装备与部件的性能和质量，打造智能制造体系，强化基础支撑，积极开展示范应用，形成若干国际知名品牌，推动智能制造装备迈上新台阶。

大力发展智能制造系统。加快推动新一代信息技术与制造技术的深度融合，开展集计算、通信与控制于一体的信息物理系统（CPS）顶层设计，探索构建贯穿生产制造全过程和产品全生命周期，具有信息深度自感知、智慧优化自决策、精准控制自执行等特征的智能制造系统，推动具有自主知识产权的机器人自动化生产线、数字化车间、智能工厂建设，提供重点行业整体解决方案，推进传统制造业智能化改造。建设测试验证平台，完善智能制造标准体系。

推动智能制造关键技术装备迈上新台阶。构建工业机器人产业体系，全面突破高精度减速器、高性能控制器、精密测量等关键技术与核心零部件，重点发展高精度、高可靠性中高端工业机器人。加快高档数控机床与智能加工中心研发与产业化，突破多轴、多通道、高精度高档数控系统、伺服电机等主要功能部件及关键应用软件，开发和推广应用精密、高速、高效、柔性并具有网络通信等功能的高档数控机床、基础制造装备及集成制造系统。突破智能传感与控制装备、智能检测与装配装备、智能物流与仓储装备、智能农业机械装备，开展首台套装备研究开发和推广应用，提高质量与可靠性。

打造增材制造产业链。突破钛合金、高强合金钢、高温合金、耐高温高强度工程塑料等增材制造专用材料。搭建增材制造工艺技术研发平台，提升工艺技术水平。研制推广使用激光、电子束、离子束及其他能源驱动的主流增材制造工艺装备。加快研制高功率光纤激光器、扫描振镜、动态聚焦镜及高性能电子枪等配套核心器件和嵌入式软件系统，提升软硬件协同创新能力，建立增材制造标准体系。在航空航天、医疗器械、交通设备、文化创意、个性化制造等领域大力推动增材制造技术应用，加快发展增材制造服务业。

专栏6：重点领域智能工厂应用示范工程

在机械、航空、航天、汽车、船舶、轻工、服装、电子信息等离散制造领域，开展智能车间/工厂的集成创新与应用示范，推进数字化设计、装备智能化升级、工艺流程优化、精益生产、可视化管理、质量控制与溯源、智能物流等试点应用，推动全业务流程智能化整合。

在石化化工、钢铁、有色金属、建材、纺织、食品、医药等流程制造领域，开展智能工厂的集成创新与应用示范，提升企业在资源配置、工艺优化、过程控制、产业链管理、质量控制与溯源、节能减排及安全生产等方面的智能化水平。

（二）实现航空产业新突破。加强自主创新，推进民用航空产品产业化、系列化发展，加强产业配套设施和安全运营保障能力建设，提高产品安全性、环保性、经济性和舒适性，全面构建覆盖航空发动机、飞机整机、产业配套和安全运营的航空产业体系。到2020年，民用大型客机、新型支线飞机完成取证交付，航空发动机研制实现重大突破，产业配套和示范运营体系基本建立。

加快航空发动机自主发展。依托航空发动机及燃气轮机重大专项，突破大涵道比大型涡扇发动机关键技术，支撑国产干线飞机发展。发展1000千瓦级涡轴发动机和5000千瓦级涡桨发动机，满足国产系列化直升机和中型运输机动力需求。发展使用重油的活塞式发动机和应用航空生物燃料的涡轮发动机，推进小型发动机市场化应用。

推进民用飞机产业化。加快实施大型飞机重大专项，完成大型客机研制，启动宽体客机研发，突破核心技术。加快新型支线飞机工程研制和系列化改进改型，开展新机型国内外先锋用户示范运营和设计优化，提高飞机航线适应性和竞争力。大力开发市场需求大的民用直升机、多用途飞机、特种飞机和工业级无人机。

完善产业配套体系建设。提高航空材料和基础元器件自主制造水平，掌握铝锂合金、复合材料等加工制造核心技术。大力发展高可靠性、长寿命、环境适应性强、标准化、低成本的航空设备和系统，实现适航取证。加快航空科研试验重大基础设施建设，加大结构强度、飞行控制、电磁兼容、环境试验等计量测试和验证条件投入，加强试飞条件建设。突破一批适航关键技术，加强适航审定条件和能力建设，加快完善运输类飞机等各类航空产品的适航审定政策，建成具有完善组织机构、充足人力资源、健全规章体系、先进硬件设施和较强国际合作能力的适航审定体系。加快建设一批专业化数字化示范工厂，显著提高航空产品制造质量稳定性和生产效率。积极推进构建国际风险合作伙伴关系，建成功能完备的航空产业配套体系。

发展航空运营新服务。落实促进通用航空业发展的各项政策措施，大力培育通用航空市场，促进通用航空制造与运营服务协调发展。大力发展航空租赁。利用互联网技术建立先进航空运营体系，促进服务模式创新。加强飞行培训，培育航空文化。开发综合化、通用化、智能化的通信、导航和控制系统，发展面向全面风险管控和多类空域融合运用的技术体系和装备，形成安全运营支撑体系。

专栏7：新一代民用飞机创新工程

以重大专项和民用飞机科研为支撑，突破一批核心技术、系统、部件和材料，提高系统集成能力，重点发展系列化单通道窄体、双通道宽体大型飞机，系列化新型涡桨/涡扇支线飞机及先进通用航空器，着力开展新型民用飞机示范运营和市场推广，建立具有市场竞争力的产品保障和客户服务体系。C919、MA700完成适航取证并交付用户，ARJ21实现批量生产交付；一批重点通用航空器完成研制和市场应用。

（三）做大做强卫星及应用产业。建设自主开放、安全可靠、长期稳定运行的国家民用空间基础设施，加速卫星应用与基础设施融合发展。到2020年，基本建成主体功能完备的国家民用空间基础设施，满足我国各领域主要业务需求，基本实现空间信息应用自主保障，形成较为完善的卫星及应用产业链。

加快卫星及应用基础设施建设。构建星座和专题卫星组成的遥感卫星系统，形成“高中低”分辨率合理配置、空天地一体多层观测的全球数据获取能力；加强地面系统建设，汇集高精度、全要素、体系化的地球观测信息，构建“大数据地球”。打造国产高分辨率商业遥感卫星运营服务平台。发展固定通信广播、移动通信广播和数据中继三个卫星系列，形成覆盖全球主要地区的卫星通信广播系统。实施第二代卫星导航系统国家科技重大专项，加快建设卫星导航空间系统和地面系统，建成北斗全球卫星导航系统，形成高精度全球服务能力。采用政府和社会资本合作（PPP）模式推进遥感卫星等建设。

提升卫星性能和技术水平。掌握长寿命、高稳定性、高定位精度、大承载量和强敏捷能力的卫星应用平台技术，突破高分辨率、高精度、高可靠性及综合探测等有效载荷技术。优先发展遥感卫星数据处理技术和业务应用技术。提升宽带通信卫星、移动多媒体广播卫星等技术性能。加强卫星平台型谱化建设，有序推进中小微卫星发展。

推进卫星全面应用。统筹军民空间基础设施，完善卫星数据共用共享机制，加强卫星大众化、区域化、国际化应用，加快卫星遥感、通信与导航融合化应用，利用物联网、移动互联网等新技术，创新“卫星+”应用模式。面向防灾减灾、应急、海洋等领域需求，开展典型区域综合应用示范。面向政府部门业务管理和社会服务需求，开展现代农业、新型城镇化、智慧城市、智慧海洋、边远地区等的卫星综合应用示范。围绕国家区域发展总体战略，推动“互联网+天基信息应用”深入发展，打造空间信息消费全新产业链和商业模式。推进商业卫星发展和卫星商业化应用。积极布局海外市场，建立“一带一路”空间信息走廊。

专栏8：空间信息智能感知工程

加快构建以遥感、通信、导航卫星为核心的国家空间基础设施，加强跨领域资源共享与信息综合服务能力建设，积极推进空间信息全面应用，为资源环境动态监测预警、防灾减灾与应急指挥等提供及时准确的空间信息服务，加强面向全球提供综合信息服务能力建设，大力拓展国际市场。

（四）强化轨道交通装备领先地位。推进轨道交通装备产业智能化、绿色化、轻量化、系列化、标准化、平台化发展，加快新技术、新工艺、新材料的应用，研制先进可靠的系列产品，完善相关技术标准体系，构建现代轨道交通装备产业创新体系，打造覆盖干线铁路、城际铁路、市域（郊）铁路、城市轨道交通的全产业链布局。

打造具有国际竞争力的轨道交通装备产业链。形成中国标准新型高速动车组、节能型永磁电机驱动高速列车、30吨轴重重载电力机车和车辆、大型养路机械等产品系列，推进时速500公里轮轨试验列车、时速600公里磁悬浮系统等新型列车研发和产业化，构建完整产业链。加强产品质量检验检测认证综合能力建设。加快“走出去”步伐，提升国际竞争力。

推进新型城市轨道交通装备研发及产业化。面向大城市复杂市域交通需求，推动时速120—160公里、与城市轨道交通无缝衔接的市域（郊）铁路装备，适应不同技术路线的跨座式单轨，自动导轨快捷运输系统等研发与应用，构建时速200公里及以下中低速磁悬浮系统的设计、制造、试验、检测技术平台，建立完善产品认证制度，建立新型城市轨道交通车辆技术标准和规范，领跑国际技术标准。

突破产业关键零部件及绿色智能化集成技术。进一步研发列车牵引制动系统、列车网络控制系统、通信信号系统、电传动系统、智能化系统、车钩缓冲系统、储能与节能系统，高速轮对、高性能转向架、齿轮箱、轴承、轻量化车体等关键系统和零部件，形成轨道交通装备完整产业链。加强永磁电机驱动、全自动运行、基于第四代移动通信的无线综合承载等技术研发和产业化。优化完善高速铁路列控系统和城际铁路列控技术标准体系。

（五）增强海洋工程装备国际竞争力。推动海洋工程装备向深远海、极地海域发展和多元化发展，实现主力装备结构升级，突破重点新型装备，提升设计能力和配套系统水平，形成覆盖科研开发、总装建造、设备供应、技术服务的完整产业体系。

重点发展主力海洋工程装备。加快推进物探船、深水半潜平台、钻井船、浮式生产储卸装置、海洋调查船、半潜运输船、起重铺管船、多功能海洋工程船等主力海工装备系列化研发，构建服务体系，设计建造能力居世界前列。

加快发展新型海洋工程装备。突破浮式钻井生产储卸装置、浮式液化天然气储存和再气化装置、深吃水立柱式平台、张力腿平台、极地钻井平台、海上试验场等研发设计和建造技术，建立规模化生产制造工艺体系，产品性能及可靠性达到国际先进水平。

加强关键配套系统和设备研发及产业化。产学研用相结合，提高升降锁紧系统、深水锚泊系统、动力定位系统、自动控制系统、水下钻井系统、柔性立管深海观测系统等关键配套设备设计制造水平，大力发展海洋工程用高性能发动机，提升专业化配套能力。

专栏9：海洋工程装备创新发展工程

推动大型浮式结构物等新型装备、3600米以上超深水钻井平台等深远海装备、海洋极地调查观测装备等研究开发，实现科研成果工程化和产业化，促进总装及配套产业协调发展。完善海洋工程装备标准体系。

（六）提高新材料基础支撑能力。顺应新材料高性能化、多功能化、绿色化发展趋势，推动特色资源新材料可持续发展，加强前沿材料布局，以战略性新兴产业和重大工程建设需求为导向，优化新材料产业化及应用环境，加强新材料标准体系建设，提高新材料应用水平，推进新材料融入高端制造供应链。到2020年，力争使若干新材料品种进入全球供应链，重大关键材料自给率达到70%以上，初步实现我国从材料大国向材料强国的战略性转变。

推动新材料产业提质增效。面向航空航天、轨道交通、电力电子、新能源汽车等产业发展需求，扩大高强轻合金、高性能纤维、特种合金、先进无机非金属材料、高品质特殊钢、新型显示材料、动力电池材料、绿色印刷材料等规模化应用范围，逐步进入全球高端制造业采购体系。推动优势新材料企业“走出去”，加强与国内外知名高端制造企业的供应链协作，开展研发设计、生产贸易、标准制定等全方位合作。提高新材料附加值，打造新材料品牌，增强国际竞争力。建立新材料技术成熟度评价体系，研究建立新材料首批次应用保险补偿机制。组建新材料性能测试评价中心。细化完善新材料产品统计分类。

以应用为牵引构建新材料标准体系。围绕新一代信息技术、高端装备制造、节能环保等产业需求，加强新材料产品标准与下游行业设计规范的衔接配套，加快制定重点新材料标准，推动修订老旧标准，强化现有标准推广应用，加强前沿新材料标准预先研究，提前布局一批核心标准。加快新材料标准体系国际化进程，推动国内标准向国际标准转化。

促进特色资源新材料可持续发展。推动稀土、钨钼、钒钛、锂、石墨等特色资源高质化利用，加强专用工艺和技术研发，推进共伴生矿资源平衡利用，支持建立专业化的特色资源新材料回收利用基地、矿物功能材料制造基地。在特色资源新材料开采、冶炼分离、深加工各环节，推广应用智能化、绿色化生产设备与工艺。发展海洋生物来源的医学组织工程材料、生物环境材料等新材料。

前瞻布局前沿新材料研发。突破石墨烯产业化应用技术，拓展纳米材料在光电子、新能源、生物医药等领域应用范围，开发智能材料、仿生材料、超材料、低成本增材制造材料和新型超导材料，加大空天、深海、深地等极端环境所需材料研发力度，形成一批具有广泛带动性的创新成果。

专栏10：新材料提质和协同应用工程

加强新型绿色建材标准与公共建筑节能标准的衔接，加快制定轨道交通装备用齿轮钢、航空航天用碳/碳复合结构材料、高温合金、特种玻璃、宽禁带半导体以及电子信息用化学品、光学功能薄膜、人工晶体材料等标准，完善节能环保用功能性膜材料、海洋防腐材料配套标准，做好增材制造材料、稀土功能材料、石墨烯材料标准布局，促进新材料产品品质提升。加强新材料产业上下游协作配套，在航空铝材、碳纤维复合材料、核电用钢等领域开展协同应用试点示范，搭建协同应用平台。

四、加快生物产业创新发展步伐，培育生物经济新动力

把握生命科学纵深发展、生物新技术广泛应用和融合创新的新趋势，以基因技术快速发展为契机，推动医疗向精准医疗和个性化医疗发展，加快农业育种向高效精准育种升级转化，拓展海洋生物资源新领域、促进生物工艺和产品在更广泛领域替代应用，以新的发展模式助力生物能源大规模应用，培育高品质专业化生物服务新业态，将生物经济加速打造成为继信息经济后的重要新经济形态，为健康中国、美丽中国建设提供新支撑。到2020年，生物产业规模达到8万亿—10万亿元，形成一批具有较强国际竞争力的新型生物技术企业和生物经济集群。

（一）构建生物医药新体系。加快开发具有重大临床需求的创新药物和生物制品，加快推广绿色化、智能化制药生产技术，强化科学高效监管和政策支持，推动产业国际化发展，加快建设生物医药强国。

推动生物医药行业跨越升级。加快基因测序、细胞规模化培养、靶向和长效释药、绿色智能生产等技术研发应用，支撑产业高端发展。开发新型抗体和疫苗、基因治疗、细胞治疗等生物制品和制剂，推动化学药物创新和高端制剂开发，加速特色创新中药研发，实现重大疾病防治药物原始创新。支持生物类似药规模化发展，开展专利到期药物大品种研发和生产，加快制药装备升级换代，提升制药自动化、数字化和智能化水平，进一步推动中药产品标准化发展，促进产业标准体系与国际接轨，加速国际化步伐。发展海洋创新药物，开发具有民族特色的现代海洋中药产品，推动试剂原料和中间体产业化，形成一批海洋生物医药产业集群。

专栏11：新药创制与产业化工程

围绕构建可持续发展的生物医药产业体系，以抗体药物、重组蛋白药物、新型疫苗等新兴药物为重点，推动临床紧缺的重大疾病、多发疾病、罕见病、儿童疾病等药物的新药研发、产业化和质量升级，整合各类要素形成一批先进产品标准和具有国际先进水平的产业技术体系，提升关键原辅料和装备配套能力，支撑生物技术药物持续创新发展。

创新生物医药监管方式。建立更加科学高效的医药审评审批方式，加快推开药品上市许可持有人制度试点，加快仿制药质量和疗效一致性评价，探索开展医疗新技术临床实验研究认可制度试点。完善药品采购机制，全面推动医药价格和行业监管等领域体制机制改革。

（二）提升生物医学工程发展水平。深化生物医学工程技术与信息技术融合发展，加快行业规制改革，积极开发新型医疗器械，构建移动医疗、远程医疗等诊疗新模式，促进智慧医疗产业发展，推广应用高性能医疗器械，推进适应生命科学新技术发展的新仪器和试剂研发，提升我国生物医学工程产业整体竞争力。

发展智能化移动化新型医疗设备。开发智能医疗设备及其软件和配套试剂、全方位远程医疗服务平台和终端设备，发展移动医疗服务，制定相关数据标准，促进互联互通，初步建立信息技术与生物技术深度融合的现代智能医疗服务体系。

开发高性能医疗设备与核心部件。发展高品质医学影像设备、先进放射治疗设备、高通量低成本基因测序仪、基因编辑设备、康复类医疗器械等医学装备，大幅提升医疗设备稳定性、可靠性。利用增材制造等新技术，加快组织器官修复和替代材料及植介入医疗器械产品创新和产业化。加速发展体外诊断仪器、设备、试剂等新产品，推动高特异性分子诊断、生物芯片等新技术发展，支撑肿瘤、遗传疾病及罕见病等体外快速准确诊断筛查。

专栏12：生物技术惠民工程

推进网络化基因技术应用示范中心建设，开展出生缺陷基因筛查、肿瘤早期筛查及用药指导等应用示范。发展和应用新型生物治疗技术，推动新型个体化生物治疗标准化、规范化。开发智能化和高性能医疗设备，支持企业、医疗机构、研究机构等联合建设第三方影像中心，开展协同诊疗和培训，试点建立居民健康影像档案。开展区域性综合应用示范，实现区域生物基塑料制品、包装材料等替代50%以上的传统石化塑料制品。在城镇或企业周边建设生物质集中供气供热示范工程，探索多元协同共赢的市场化发展模式。

（三）加速生物农业产业化发展。以产出高效、产品安全、资源节约、环境友好为目标，创制生物农业新品种，开发动植物营养和绿色植保新产品，构建现代农业新体系，形成一批具有国际竞争力的生物育种企业，为加快农业发展方式转变提供新途径、新支撑。

构建生物种业自主创新体系。开展基因编辑、分子设计、细胞诱变等关键核心技术创新与育种应用，研制推广一批优质、高产、营养、安全、资源高效利用、适应标准化生产的农业动植物新品种，积极推进生物技术培育新品种产业化，形成一批以企业为主体的生物育种创新平台，打造具有核心竞争力的育繁推一体化现代生物种业企业，加快农业动植物新品种产业化和市场推广。发展动植物检疫新技术，加强国外优质动植物品种资源引进检疫平台建设。

开发一批新型农业生物制剂与重大产品。大力发展动植物病虫害防控新技术、新产品，建立基于病虫基因组信息的绿色农药、兽药创制技术体系，创制一批新型动物疫苗、生物兽药、植物新农药等重大产品，实现规模生产与应用，推动农业生产绿色转型。创制可替代抗生素的新型绿色生物饲料和高效生物肥料产品。深度挖掘海洋生物资源，开发绿色、安全、高效的新型海洋生物功能制品，开辟综合利用新途径。推动食品合成生物工程技术、食品生物高效转化技术、肠道微生物宏基因组学等关键技术创新与精准营养食品创制。

（四）推动生物制造规模化应用。加快发展微生物基因组工程、酶分子机器、细胞工厂等新技术，提升工业生物技术产品经济性，推进生物制造技术向化工、材料、能源等领域渗透应用，推动以清洁生物加工方式逐步替代传统化学加工方式，实现可再生资源逐步替代化石资源。

不断提升生物制造产品经济性和规模化发展水平。发展新生物工具创制与应用技术体系，实现一批有机酸、化工醇、烯烃、烷烃、有机胺等基础化工产品的生物法生产与应用，推动生物基聚酯、生物基聚氨酯、生物尼龙、生物橡胶、微生物多糖等生物基材料产业链条化、集聚化、规模化发展，提升氨基酸、维生素等大宗发酵产品自主创新能力和发展水平。

建立生态安全、绿色低碳、循环发展的生物法工艺体系。发展高效工业生物催化转化技术体系，提升绿色生物工艺应用水平。建立甾体药物、手性化合物、稀少糖醇等生物催化合成路线，实现医药化工等中间体绿色化、规模化生产。促进绿色生物工艺在农业、化工、食品、医药、轻纺、冶金、能源等领域全面进入和示范应用，显著降低物耗能耗和污染物排放。

（五）培育生物服务新业态。以专业化分工促进生物技术服务创新发展，构建新技术专业化服务模式，不断创造生物经济新增长点。

增强生物技术对消费者的专业化服务能力。发展专业化诊疗机构，培育符合规范的液体活检、基因诊断等新型技术诊疗服务机构。发展健康体检和咨询、移动医疗等健康管理服务，推动构建生物大数据、医疗健康大数据共享平台，试点建立居民健康影像档案，鼓励构建线上线下相结合的智能诊疗生态系统，推动医学检验检测、影像诊断等服务专业化发展。

专栏13：生物产业创新发展平台建设工程

依托并整合现有资源，建设一批创新基础平台，支持基因库、干细胞库、中药标准库、高级别生物安全实验室、蛋白元件库等建设。加快推动构建一批转化应用平台，推进抗体筛选平台、医学影像信息库、农作物分子育种平台等载体建设。积极发展一批检测服务平台，推进仿制药一致性评价技术平台、生物药质量及安全测试技术创新平台、农产品安全质量检测平台、生物质能检验检测及监测公共服务平台等建设，完善相关标准。

提高生物技术服务对产业的支持水平。发展符合国际标准的药物研发与生产服务，鼓励医药企业加强与合同研发、委托制造企业的合作。推动基因检测和诊断等新兴技术在各领域应用转化，支持生物信息服务机构提升技术水平。为药品、医疗器械、种业、生物能源等生物产品提供检测、评价、认证等公共服务，加快产品上市进度，提升产品质量。鼓励生物技术在水污染控制、大气污染治理、有毒有害物质降解、废物资源化等领域拓展应用，积极引导生物环保技术企业跨地区、跨行业联合或兼并，实现做大做强。构建生物技术专业化双创平台，降低生物产业创新创业成本，支持各类人员开办虚拟研发企业，释放创新潜能。

（六）创新生物能源发展模式。着力发展新一代生物质液体和气体燃料，开发高性能生物质能源转化系统解决方案，拓展生物能源应用空间，力争在发电、供气、供热、燃油等领域实现全面规模化应用，生物能源利用技术和核心装备技术达到世界先进水平，形成较成熟的商业化市场。

促进生物质能源清洁应用。重点推进高寿命、低电耗生物质燃料成型设备、生物质供热锅炉、分布式生物质热电联产等关键技术和设备研发，促进生物质成型燃料替代燃煤集中供热、生物质热电联产。按照因地制宜、就近生产消纳原则，示范建设集中式规模化生物燃气应用工程，突破大型生物质集中供气原料处理、高效沼气厌氧发酵等关键技术瓶颈。探索建立多元、协同、共赢的市场化发展模式，鼓励多产品综合利用，为生产生活提供清洁优质能源。

推进先进生物液体燃料产业化。重点突破高效低成本的生物质液体燃料原料处理和制备技术瓶颈，建设万吨级生物质制备液体燃料及多产品联产综合利用示范工程。完善原料供应体系，有序发展生物柴油。推进油藻生物柴油、生物航空燃料等前沿技术研发与产业化。

五、推动新能源汽车、新能源和节能环保产业快速壮大，构建可持续发展新模式

把握全球能源变革发展趋势和我国产业绿色转型发展要求，着眼生态文明建设和应对气候变化，以绿色低碳技术创新和应用为重点，引导绿色消费，推广绿色产品，大幅提升新能源汽车和新能源的应用比例，全面推进高效节能、先进环保和资源循环利用产业体系建设，推动新能源汽车、新能源和节能环保等绿色低碳产业成为支柱产业，到2020年，产值规模达到10万亿元以上。

（一）实现新能源汽车规模应用。强化技术创新，完善产业链，优化配套环境，落实和完善扶持政策，提升纯电动汽车和插电式混合动力汽车产业化水平，推进燃料电池汽车产业化。到2020年，实现当年产销200万辆以上，累计产销超过500万辆，整体技术水平保持与国际同步，形成一批具有国际竞争力的新能源汽车整车和关键零部件企业。

全面提升电动汽车整车品质与性能。加快推进电动汽车系统集成技术创新与应用，重点开展整车安全性、可靠性研究和结构轻量化设计。提升关键零部件技术水平、配套能力与整车性能。加快电动汽车安全标准制定和应用。加速电动汽车智能化技术应用创新，发展智能自动驾驶汽车。开展电动汽车电力系统储能应用技术研发，实施分布式新能源与电动汽车联合应用示范，推动电动汽车与智能电网、新能源、储能、智能驾驶等融合发展。建设电动汽车联合创新平台和跨行业、跨领域的技术创新战略联盟，促进电动汽车重大关键技术协同创新。完善电动汽车生产准入政策，研究实施新能源汽车积分管理制度。到2020年，电动汽车力争具备商业化推广的市场竞争力。

建设具有全球竞争力的动力电池产业链。大力推进动力电池技术研发，着力突破电池成组和系统集成技术，超前布局研发下一代动力电池和新体系动力电池，实现电池材料技术突破性发展。加快推进高性能、高可靠性动力电池生产、控制和检测设备创新，提升动力电池工程化和产业化能力。培育发展一批具有持续创新能力的动力电池企业和关键材料龙头企业。推进动力电池梯次利用，建立上下游企业联动的动力电池回收利用体系。到2020年，动力电池技术水平与国际水平同步，产能规模保持全球领先。

专栏14：新能源汽车动力电池提升工程

完善动力电池研发体系，加快动力电池创新中心建设，突破高安全性、长寿命、高能量密度锂离子电池等技术瓶颈。在关键电池材料、关键生产设备等领域构建若干技术创新中心，突破高容量正负极材料、高安全性隔膜和功能性电解液技术。加大生产、控制和检测设备创新，推进全产业链工程技术能力建设。开展燃料电池、全固态锂离子电池、金属空气电池、锂硫电池等领域新技术研究开发。

系统推进燃料电池汽车研发与产业化。加强燃料电池基础材料与过程机理研究，推动高性能低成本燃料电池材料和系统关键部件研发。加快提升燃料电池堆系统可靠性和工程化水平，完善相关技术标准。推动车载储氢系统以及氢制备、储运和加注技术发展，推进加氢站建设。到2020年，实现燃料电池汽车批量生产和规模化示范应用。

加速构建规范便捷的基础设施体系。按照“因地适宜、适度超前”原则，在城市发展中优先建设公共服务区域充电基础设施，积极推进居民区与单位停车位配建充电桩。完善充电设施标准规范，推进充电基础设施互联互通。加快推动高功率密度、高转换效率、高适用性、无线充电、移动充电等新型充换电技术及装备研发。加强检测认证、安全防护、与电网双向互动等关键技术研究。大力推动“互联网+充电基础设施”，提高充电服务智能化水平。鼓励充电服务企业创新商业模式，提升持续发展能力。到2020年，形成满足电动汽车需求的充电基础设施体系。

（二）推动新能源产业发展。加快发展先进核电、高效光电光热、大型风电、高效储能、分布式能源等，加速提升新能源产品经济性，加快构建适应新能源高比例发展的电力体制机制、新型电网和创新支撑体系，促进多能互补和协同优化，引领能源生产与消费革命。到2020年，核电、风电、太阳能、生物质能等占能源消费总量比重达到8%以上，产业产值规模超过1.5万亿元，打造世界领先的新能源产业。

推动核电安全高效发展。采用国际最高安全标准，坚持合作创新，重点发展大型先进压水堆、高温气冷堆、快堆及后处理技术装备，提升关键零部件配套能力，加快示范工程建设。提升核废料回收利用和安全处置能力。整合行业资源，形成系统服务能力，推动核电加快“走出去”。到2020年，核电装机规模达到5800万千瓦，在建规模达到3000万千瓦，形成国际先进的集技术开发、设计、装备制造、运营服务于一体的核电全产业链发展能力。

促进风电优质高效开发利用。大力发展智能电网技术，发展和挖掘系统调峰能力，大幅提升风电消纳能力。加快发展高塔长叶片、智能叶片、分散式和海上风电专用技术等，重点发展5兆瓦级以上风电机组、风电场智能化开发与运维、海上风电场施工、风热利用等领域关键技术与设备。建设风电技术测试与产业监测公共服务平台。到2020年，风电装机规模达到2.1亿千瓦以上，实现风电与煤电上网电价基本相当，风电装备技术创新能力达到国际先进水平。

推动太阳能多元化规模化发展。突破先进晶硅电池及关键设备技术瓶颈，提升薄膜太阳能电池效率，加强钙钛矿、染料敏化、有机等新型高效低成本太阳能电池技术研发，大力发展太阳能集成应用技术，推动高效低成本太阳能利用新技术和新材料产业化，建设太阳能光电光热产品测试与产业监测公共服务平台，大幅提升创新发展能力。统筹电力市场和外输通道，有序推进西部光伏光热发电开发，加快中东部分布式光伏发展，推动多种形式的太阳能综合开发利用。加快实施光伏领跑者计划，形成光热发电站系统集成和配套能力，促进先进太阳能技术产品应用和发电成本快速下降，引领全球太阳能产业发展。到2020年，太阳能发电装机规模达到1.1亿千瓦以上，力争实现用户侧平价上网。其中，分布式光伏发电、光伏电站、光热发电装机规模分别达到6000万千瓦、4500万千瓦、500万千瓦。

积极推动多种形式的新能源综合利用。突破风光互补、先进燃料电池、高效储能与海洋能发电等新能源电力技术瓶颈，加快发展生物质供气供热、生物质与燃煤耦合发电、地热能供热、空气能供热、生物液体燃料、海洋能供热制冷等，开展生物天然气多领域应用和区域示范，推进新能源多产品联产联供技术产业化。加速发展融合储能与微网应用的分布式能源，大力推动多能互补集成优化示范工程建设。建立健全新能源综合开发利用的技术创新、基础设施、运营模式及政策支撑体系。

大力发展“互联网+”智慧能源。加快研发分布式能源、储能、智能微网等关键技术，构建智能化电力运行监测管理技术平台，建设以可再生能源为主体的“源—网—荷—储—用”协调发展、集成互补的能源互联网，发展能源生产大数据预测、调度与运维技术，建立能源生产运行的监测、管理和调度信息公共服务网络，促进能源产业链上下游信息对接和生产消费智能化。推动融合储能设施、物联网、智能用电设施等硬件及碳交易、互联网金融等衍生服务于一体的绿色能源网络发展，促进用户端智能化用能、能源共享经济和能源自由交易发展，培育基于智慧能源的新业务、新业态，建设新型能源消费生态与产业体系。

加快形成适应新能源高比例发展的制度环境。围绕可再生能源比重大幅提高、弃风弃光率近零的目标，完善调度机制和运行管理方式，建立适应新能源电力大规模发展的电网运行管理体系。完善风电、太阳能、生物质能等新能源国家标准和清洁能源定价机制，建立新能源优先消纳机制。建立可再生能源发电补贴政策动态调整机制和配套管理体系。将分布式新能源纳入电力和供热规划以及国家新一轮配网改造计划，促进“源—网—用”协调发展，实现分布式新能源直供与无障碍入网。

专栏15：新能源高比例发展工程

为实现新能源灵活友好并网和充分消纳，加快安全高效的输电网、可靠灵活的主动配电网以及多种分布式电源广泛接入互动的微电网建设，示范应用智能化大规模储能系统及柔性直流输电工程，建立适应分布式电源、电动汽车、储能等多元化负荷接入需求的智能化供需互动用电系统，建成适应新能源高比例发展的新型电网体系。

选择适宜区域开展分布式光电、分散式风电、生物质能供气供热、地热能、海洋能等多能互补的新能源综合开发，融合应用大容量储能、微网技术，构建分布式能源综合利用系统，引领能源供应方式变革。

（三）大力发展高效节能产业。适应建设资源节约型、环境友好型社会要求，树立节能为本理念，全面推进能源节约，提升高效节能装备技术及产品应用水平，推进节能技术系统集成和示范应用，支持节能服务产业做大做强，促进高效节能产业快速发展。到2020年，高效节能产业产值规模力争达到3万亿元。

大力提升高效节能装备技术及应用水平。鼓励研发高效节能设备（产品）及关键零部件，加大示范推广力度，加速推动降低综合成本。制修订强制性能效和能耗限额标准，加快节能科技成果转化应用。发布节能产品和技术推广目录，完善节能产品政府采购政策，推动提高节能产品市场占有率。完善能效标识制度和节能产品认证制度，在工业、建筑、交通和消费品等领域实施能效领跑者制度，推动用能企业和产品制造商跨越式提高能效。

大力推进节能技术系统集成及示范应用。在示范园区等重点区域和重点行业开展节能技术系统集成试点，整合高耗能企业的余热、余压、余气资源，鼓励利用余热采暖、利用余能和低温余热发电。鼓励重点用能单位及耗能设备配备智能能源计量和远程诊断设备，借助信息网络技术加强系统自动监控和智能分析能力，促进提高综合能效。深入推进流程工业系统优化工艺技术，推动工业企业能源管控中心建设，鼓励企业在低温加热段使用太阳能集热器，实现生产工艺和能源供应的综合优化。推进化石能源近零消耗建筑技术产业化，大力推广应用节能门窗、绿色节能建材等产品。鼓励风电、太阳能发电与企业能源供管系统综合集成，推动可再生能源就地消纳。

做大做强节能服务产业。支持合同能源管理、特许经营等业态快速发展，推动节能服务商业模式创新，推广节能服务整体解决方案。支持节能服务公司通过兼并、联合、重组等方式实现规模化、品牌化、网络化经营。搭建绿色融资平台，推动发行绿色债券，支持节能服务公司融资。制定相关标准，提高节能服务规范化水平。制定节能服务机构管理办法，建立健全节能第三方评估机制。搭建节能服务公司、重点用能单位、第三方评估机构履约登记和服务平台，营造诚实守信的市场环境。

专栏16：节能技术装备发展工程

组织实施节能关键共性技术提升工程、节能装备制造工程。鼓励研发高性能建筑保温材料、光伏一体化建筑用玻璃幕墙、紧凑型户用空气源热泵装置、大功率半导体照明芯片与器件、先进高效燃气轮机发电设备、煤炭清洁高效利用技术装备、浅层地热能利用装置、蓄热式高温空气燃烧装置等一批高效节能设备（产品）及其关键零部件。

实施燃煤锅炉节能环保综合提升工程、供热管网系统能效综合提升工程、电机拖动系统能效提升工程，推进燃煤电厂节能与超低排放改造、电机系统节能、能量系统优化、余热余压利用等重大关键节能技术与产品规模化应用示范。组织实施城市、园区和企业节能示范工程，推广高效节能技术集成示范应用。

（四）加快发展先进环保产业。大力推进实施水、大气、土壤污染防治行动计划，推动区域与流域污染防治整体联动，海陆统筹深入推进主要污染物减排，促进环保装备产业发展，推动主要污染物监测防治技术装备能力提升，加强先进适用环保技术装备推广应用和集成创新，积极推广应用先进环保产品，促进环境服务业发展，全面提升环保产业发展水平。到2020年，先进环保产业产值规模力争超过2万亿元。

提升污染防治技术装备能力。围绕水、大气、土壤污染防治，集中突破工业废水、雾霾、土壤农药残留、水体及土壤重金属污染等一批关键治理技术，加快形成成套装备、核心零部件及配套材料生产能力。建设一批技术先进、配套齐全、发展规范的重大环保技术装备产业化示范基地，形成以骨干企业为核心、专精特新中小企业快速成长的产业良性发展格局。支持危险废弃物防治技术研发，提高危险废弃物处理处置水平。支持环保产业资源优化整合，积极拓展国际市场。

加强先进适用环保技术装备推广应用和集成创新。定期更新《国家鼓励发展的重大环保技术装备目录》，强化供需对接，加强先进适用环保装备在冶金、化工、建材、食品等重点领域应用。加快环保产业与新一代信息技术、先进制造技术深度融合，强化先进环保装备制造能力，提高综合集成水平。支持建立产学研用相结合的环保技术创新联盟，加快技术集成创新研究与应用。

积极推广应用先进环保产品。大力推广应用离子交换树脂、生物滤料及填料、高效活性炭、循环冷却水处理药剂、杀菌灭藻剂、水处理消毒剂、固体废弃物处理固化剂和稳定剂等环保材料和环保药剂。扩大政府采购环保产品范围，不断提高环保产品采购比例。实施环保产品领跑者制度，提升环保产品标准，积极推广应用先进环保产品，组织实施先进环保装备技术进步与模式创新示范工程。

提升环境综合服务能力。基于各行业污染物大数据，推动建立环保装备与服务需求信息平台、技术创新转化交易平台、环保装备招投标信息平台，提高环保服务信息化水平。推动在环境监测中应用卫星和物联网技术，构建污染排放、环境质量基础数据与监控处置信息平台，提高环境监管智能化水平，深入推进环境服务业试点工作。发展环境修复服务，推广合同环境服务，促进环保服务整体解决方案推广应用。开展环境污染第三方治理试点和环境综合治理托管服务试点，在城镇污水垃圾处理、工业园区污染集中处理等重点领域深入探索第三方治理模式。推进产品绿色设计示范企业创建工作，支持企业开展绿色设计。

专栏17：绿色低碳技术综合创新示范工程

对接绿色低碳试点示范项目，在具备条件的区域，以绿色低碳技术综合应用为核心，以互联网为纽带，建设新能源、新能源汽车与智慧交通系统、低碳社区、碳捕集和富碳农业、绿色智能工厂等综合应用设施，先行先试相关改革措施，促进绿色低碳技术、新一代信息技术与城镇化建设、生产生活的融合创新，广泛开展国际合作，打造相关技术综合应用示范区域。

（五）深入推进资源循环利用。树立节约集约循环利用的资源观，大力推动共伴生矿和尾矿综合利用、“城市矿产”开发、农林废弃物回收利用和新品种废弃物回收利用，发展再制造产业，完善资源循环利用基础设施，提高政策保障水平，推动资源循环利用产业发展壮大。到2020年，力争当年替代原生资源13亿吨，资源循环利用产业产值规模达到3万亿元。

大力推动大宗固体废弃物和尾矿综合利用。推动冶金渣、化工渣、赤泥、磷石膏等产业废弃物综合利用，推广一批先进适用技术与装备，加强对工业固体废弃物中战略性稀贵金属的回收利用。研发尾矿深度加工和综合利用技术，促进尾矿中伴生有价元素回收和高技术含量尾矿产品开发，提高尾矿综合利用经济性。研发复杂多金属尾矿选冶联合关键技术与装备、清洁无害化综合利用关键技术，研发单套设备处理能力达到每年100—500万吨的尾矿高效浓缩及充填料制备、输送、充填成套工艺技术。开发低品位钛渣优化提质技术，提高钒钛磁铁矿资源综合利用率。

促进“城市矿产”开发和低值废弃物利用。提高废弃电器电子产品、报废汽车拆解利用技术装备水平，促进废有色金属、废塑料加工利用集聚化规模化发展。加快建设城市餐厨废弃物、建筑垃圾和废旧纺织品等资源化、无害化处理系统，协同发挥各类固体废弃物处理设施作用，打造城市低值废弃物协同处理基地。落实土地、财税等相关优惠政策。完善再生资源回收利用基础设施，支持现有再生资源回收集散地升级改造。

加强农林废弃物回收利用。基本实现畜禽粪便、残膜、农作物秸秆、林业三剩物等农林废弃物资源化利用。推广秸秆腐熟还田技术，支持秸秆代木、纤维原料、清洁制浆、生物质能、商品有机肥等新技术产业化发展。鼓励利用畜禽粪便、秸秆等多种农林废弃物，因地制宜实施农村户用沼气和集中供沼气工程。推广应用标准地膜，引导回收废旧地膜和使用可降解地膜。鼓励利用林业废弃物建设热、电、油、药等生物质联产项目。积极开发农林废弃物超低排放焚烧技术。

积极开展新品种废弃物循环利用。开展新品种废弃物回收利用体系示范，推动废弃太阳能电池、废旧动力蓄电池、废碳纤维材料、废节能灯等新型废弃物回收利用，推广稀贵金属高效富集与清洁回收利用、电动汽车动力蓄电池梯级利用等。支持碳捕集、利用和封存技术研发与应用，发展碳循环产业。

大力推动海水资源综合利用。加快海水淡化及利用技术研发和产业化，提高核心材料和关键装备的可靠性、先进性和配套能力。推动建设集聚发展的海水淡化装备制造基地。开展海水资源化利用示范工程建设，推进大型海水淡化工程总包与服务。开展海水淡化试点示范，鼓励生产海水淡化桶装水，推进海水淡化水依法进入市政供水管网。推进海水冷却技术在沿海高用水行业规模化应用。加快从海水中提取钾、溴、镁等产品，实现高值化利用。

发展再制造产业。加强机械产品再制造无损检测、绿色高效清洗、自动化表面与体积修复等技术攻关和装备研发，加快产业化应用。组织实施再制造技术工艺应用示范，推进再制造纳米电刷镀技术装备、电弧喷涂等成熟表面工程装备示范应用。开展发动机、盾构机等高值零部件再制造。建立再制造旧件溯源及产品追踪信息系统，促进再制造产业规范发展。

健全资源循环利用产业体系。推动物联网电子监管技术在危险废弃物、电子废弃物利用处置等领域应用，支持再生资源企业建立线上线下融合的回收网络。统筹国内外再生资源利用，加强生活垃圾分类回收与再生资源回收的衔接。建设资源循环利用第三方服务体系，鼓励通过合同管理方式，提供废弃物管理、回收、再生加工、循环利用的整体解决方案。全面落实生产者责任延伸制度，鼓励使用再生产品和原料。建立健全覆盖固体废弃物、危险废弃物、再生产品、污染物控制等方面的标准体系。

专栏18：资源循环替代体系示范工程

实施循环发展引领行动，推动太阳能光伏电池、废弃电子产品稀贵金属多组分分离提取和电动汽车动力蓄电池、废液晶等新品种废弃物的回收利用，开展基于“互联网+”的废弃物回收利用体系示范。推进城市低值废弃物协同处置和大宗固体废弃物综合利用加快发展。建立以售后维修体系为核心的旧件回收体系，在商贸物流、金融保险、维修销售等环节和煤炭、石油等采掘企业推广应用再制造产品。鼓励专业化再制造服务公司提供整体解决方案和专项服务。

六、促进数字创意产业蓬勃发展，创造引领新消费

以数字技术和先进理念推动文化创意与创新设计等产业加快发展，促进文化科技深度融合、相关产业相互渗透。到2020年，形成文化引领、技术先进、链条完整的数字创意产业发展格局，相关行业产值规模达到8万亿元。

（一）创新数字文化创意技术和装备。适应沉浸式体验、智能互动等趋势，加强内容和技术装备协同创新，在内容生产技术领域紧跟世界潮流，在消费服务装备领域建立国际领先优势，鼓励深度应用相关领域最新创新成果。

提升创作生产技术装备水平。加大空间和情感感知等基础性技术研发力度，加快虚拟现实、增强现实、全息成像、裸眼三维图形显示（裸眼3D）、交互娱乐引擎开发、文化资源数字化处理、互动影视等核心技术创新发展，加强大数据、物联网、人工智能等技术在数字文化创意创作生产领域的应用，促进创新链和产业链紧密衔接。鼓励企业运用数字创作、网络协同等手段提升生产效率。

增强传播服务技术装备水平。研发具有自主知识产权的超感影院、混合现实娱乐、广播影视融合媒体制播等配套装备和平台，开拓消费新领域。大力研发数字艺术呈现技术，提升艺术展演展陈数字化、智能化、网络化应用水平，支持文物保护装备产业化及应用。研究制定数字文化创意技术装备关键标准，推动自主标准国际化，完善数字文化创意技术装备和相关服务的质量管理体系。

专栏19：数字文化创意技术装备创新提升工程

以企业为主体、产学研用相结合，构建数字文化创意产业创新平台，加强基础技术研发，大力发展虚拟现实、增强现实、互动影视等新型软硬件产品，促进相关内容开发。完善数字文化创意产业技术与服务标准体系，推动手机（移动终端）动漫、影视传媒等领域标准体系广泛应用，建立文物数字化保护和传承利用、智慧博物馆、超高清内容制作传输等标准。完善数字创意“双创”服务体系。

（二）丰富数字文化创意内容和形式。通过全民创意、创作联动等新方式，挖掘优秀文化资源，激发文化创意，适应互联网传播特点，创作优质、多样、个性化的数字创意内容产品。

促进优秀文化资源创造性转化。鼓励对艺术品、文物、非物质文化遗产等文化资源进行数字化转化和开发。依托地方特色文化，创造具有鲜明区域特点和民族特色的数字创意内容产品。加强现代设计与传统工艺对接，促进融合创新。提高图书馆、美术馆、文化馆、体验馆数字化、智能化水平，加强智慧博物馆和智慧文化遗产地建设，创新交互体验应用。

鼓励创作当代数字创意内容精品。强化高新技术支撑文化产品创作的力度，提高数字创意内容产品原创水平，加快出版发行、影视制作、演艺娱乐、艺术品、文化会展等行业数字化进程，提高动漫游戏、数字音乐、网络文学、网络视频、在线演出等文化品位和市场价值。鼓励多业态联动的创意开发模式，提高不同内容形式之间的融合程度和转换效率，努力形成具有世界影响力的数字创意品牌，支持中华文化“走出去”。

专栏20：数字内容创新发展工程

依托先进数字技术，推动实施文化创意产品扶持计划和“互联网+”中华文明行动计划，支持推广一批数字文化遗产精品，打造一批优秀数字文化创意产品，建设数字文化资源平台，实现文化创意资源的智能检索、开发利用和推广普及，拓展传播渠道，引导形成产业链。

（三）提升创新设计水平。挖掘创新设计产业发展内生动力，推动设计创新成为制造业、服务业、城乡建设等领域的核心能力。

强化工业设计引领作用。积极发展第三方设计服务，支持设计成果转化。鼓励企业加大工业设计投入，推动工业设计与企业战略、品牌深度融合，促进创新设计在产品设计、系统设计、工艺流程设计、商业模式和服务设计中的应用。支持企业通过创新设计提升传统工艺装备，推进工艺装备由单机向互联、机械化向自动化持续升级。以创意和设计引领商贸流通业创新，加强广告服务，健全品牌价值体系。制定推广行业标准，推动产业转型升级。支持建设工业设计公共服务平台。通过工业设计推动中国制造向中国创造、中国速度向中国质量转变。

提升人居环境设计水平。创新城市规划设计，促进测绘地理信息技术与城市规划相融合，利用大数据、虚拟现实等技术，建立覆盖区域、城乡、地上地下的规划信息平台，引导创新城市规划。从宏观、中观、微观等多层面加强城市设计，塑造地域特色鲜明的风貌。鼓励建筑设计创作，完善招投标制度和专家评标制度，扩展建筑师执业服务范围，引导建筑师参与项目策划、建筑设计、项目管理，形成激励建筑师创作的政策环境。加大建筑师培养力度，培育既有国际视野又有文化自信的建筑师队伍。倡导新型景观设计，改善人居环境。进一步提高装饰设计水平。

专栏21：创新设计发展工程

制定实施制造业创新设计行动纲要，建设一批国家级工业设计中心，建设一批具有国际影响力的工业设计集聚区。建设增材制造等领域设计大数据平台与知识库，促进数据共享和供需对接。通过发展创业投资、政府购买服务、众筹试点等多种模式促进创新设计成果转化。

（四）推进相关产业融合发展。推动数字文化创意和创新设计在各领域应用，培育更多新产品、新服务以及多向交互融合的新业态，形成创意经济无边界渗透格局。

加快重点领域融合发展。推动数字创意在电子商务、社交网络中的应用，发展虚拟现实购物、社交电商、“粉丝经济”

等营销新模式。推动数字创意在教育领域的应用，提升学习内容创意水平，加强数字文化教育产品开发和公共信息资源深度利用，推动教育服务创意化。提升旅游产品开发和旅游服务设计的文化内涵和数字化水平，促进虚拟旅游展示等新模式创新发展。挖掘创意"三农"发展潜力，提高休闲农业创意水平，促进地理标志农产品、乡村文化开发，以创意民宿推动乡村旅游发展和新农村建设。推动数字创意在医疗、展览展示、地理信息、公共管理等领域应用。构建数字创意相关项目资源库和对接服务平台，创新使用多种形式的线上线下推广手段，广泛开展会展活动，鼓励行业协会、研究机构积极开展跨领域交流合作。

推进数字创意生态体系建设。建立涵盖法律法规、行政手段、技术标准的数字创意知识产权保护体系，加大打击数字创意领域盗版侵权行为力度，保障权利人合法权益。积极研究解决虚拟现实、网络游戏等推广应用中存在的风险问题，切实保护用户生理和心理健康。改善数字创意相关行业管理规制，进一步放宽准入条件，简化审批程序，加强事中事后监管，促进融合发展。

七、超前布局战略性产业，培育未来发展新优势

以全球视野前瞻布局前沿技术研发，不断催生新产业，重点在空天海洋、信息网络、生命科学、核技术等核心领域取得突破，高度关注颠覆性技术和商业模式创新，在若干战略必争领域形成独特优势，掌握未来产业发展主动权，为经济社会持续发展提供战略储备、拓展战略空间。

（一）空天海洋领域。

显著提升空间进入能力。突破大推力发动机、大直径箭体设计、制造与先进控制等关键技术，发展重型运载火箭，保障未来重大航天任务实施。发展快速、廉价、可重复使用的小载荷天地往返运输系统。超前部署具有高空间定位精度的空间飞行器自主导航和飞行技术。

加快发展新型航天器。加强超高分辨率、超高精度时空基准、超高速安全通信、高性能星上处理、大功率电源、新型材料等关键技术研发，研制新型应用卫星。建立先进的载人空间科学实验平台和生命支持系统。发展空间飞行器轻量化小型化技术，推进应用型微、纳、皮卫星规范有序发展。部署和发射新型试验卫星。加快发展临近空间飞行器、可重复使用航天器等面向未来任务的新型航天器。

加快航空领域关键技术突破和重大产品研发。超前部署氢燃料、全电、组合动力等新型发动机关键技术研究，提升未来航空产业自主发展能力。加快发展多用途无人机、新构型飞机等战略性航空装备。前瞻布局超音速商务机、新概念新构型总体气动技术、先进高可靠性机电技术、新一代航空电子系统、航空新材料及新型复合材料加工技术。

发展新一代深海远海极地技术装备及系统。建立深海区域研究基地，发展海洋遥感与导航、水声探测、深海传感器、无人和载人深潜、深海空间站、深海观测系统、"空—海—底"一体化通信定位、新型海洋观测卫星等关键技术和装备。大力研发深远海油气矿产资源、可再生能源、生物资源等资源开发利用装备和系统，研究发展海上大型浮式结构物，支持海洋资源利用关键技术研发和产业化应用，培育海洋经济新增长点。大力研发极地资源开发利用装备和系统，发展极地机器人、核动力破冰船等装备。

（二）信息网络领域。

构建未来网络新体系。着眼于提升当前网络体系架构可扩展性、安全性、可管控性、移动性和内容分发能力，系统布局新型网络架构、技术体系和安全保障体系研究，开展实验网络建设，研究构建泛在融合、绿色带宽、智能安全的新型网络。

加强关键技术和产品研发。面向万物互联需求，发展物联网搜索引擎、E级高性能计算、面向物端的边缘计算等技术和产品。开展深度学习、认知计算、虚拟现实、自然人机交互等领域前沿技术研发，提升信息服务智能化、个性化水平。布局太赫兹通信、可见光通信等技术研发，持续推动量子密钥技术应用。

推动电子器件变革性升级换代。加强低功耗高性能新原理硅基器件、硅基光电子、混合光电子、微波光电子等领域前沿技术和器件研发，形成一批专用关键制造设备，提升光网络通信元器件支撑能力。统筹布局量子芯片、量子编程、量子软件以及相关材料和装置制备关键技术研发，推动量子计算机的物理实现和量子仿真的应用。加强类脑芯片、超导芯片、石墨烯存储、非易失存储、忆阻器等新原理组件研发，推进后摩尔定律时代微电子技术开发与应用，实现产业跨越式发展。

（三）生物技术领域。

构建基于干细胞与再生技术的医学新模式。加快布局体细胞重编程科学技术研发，开发功能细胞获取新技术。完善细胞、组织与器官的体内外生产技术平台与基地。规范干细胞与再生领域法律法规和标准体系，完善知识产权评估与转化机制，持续深化干细胞与再生技术临床应用。发展肿瘤免疫治疗技术。

推进基因编辑技术研发与应用。建立具有自主知识产权的基因编辑技术体系，开发针对重大遗传性疾病、感染性疾病、恶性肿瘤等的基因治疗新技术。建立相关动物资源平台、临床研究及转化应用基地，促进基于基因编辑研究的临床转化和产业化发展。

加强合成生物技术研发与应用。突破基因组化学合成、生物体系设计再造、人工生物调控等关键技术，研究推进人工生物及人工生物器件临床应用和产业化。推动生物育种、生态保护、能源生产等领域颠覆性技术创新，构建基础原料供给、物质转化合成、民生服务新模式，培育合成生物产业链。

（四）核技术领域。

加快开发新一代核能装备系统。加快推动铅冷快堆、钍基熔盐堆等新核能系统试验验证和实验堆建设。支持小型和微型核动力堆研发设计和关键设备研制，开展实验堆建设和重点领域示范应用。积极参与国际热核聚变实验堆计划，不断完善全超导托卡马克核聚变实验装置等国家重大科技基础设施，开展实验堆概念设计、关键技术和重要部件研发。

发展非动力核技术。支持发展离子、中子等新型射线源，研究开发高分辨率辐射探测器和多维动态成像装置，发展精准治疗设备、医用放射性同位素、中子探伤、辐射改性等新技术和新产品，持续推动核技术在工业、农业、医疗健康、环境保护、资源勘探、公共安全等领域应用。

八、促进战略性新兴产业集聚发展，构建协调发展新格局

立足区域发展总体战略，围绕推进“一带一路”建设、京津冀协同发展、长江经济带发展，根据各地产业基础和特色优势，坚持因地制宜、因业布局、因时施策，加快形成点面结合、优势互补、错位发展、协调共享的战略性新兴产业发展格局。

（一）打造战略性新兴产业策源地。支持创新资源富集的中心城市形成以扩散知识技术为主要特征的战略性新兴产业策源地。发挥策源地城市科研人才密集、学科齐全、国际交流频繁等优势，支持建设一批国际一流的大学和科研机构，强化重点领域基础研究，大力促进新兴学科、交叉学科发展，支持建设新兴交叉学科研究中心，推进信息、生命、医疗、能源等领域原创性、颠覆性、支撑性技术开发，推动产学研用联动融合，形成引领战略性新兴产业发展的“辐射源”。以推进全面创新改革试验为契机，加快改革攻坚，完善科研项目经费管理和科技成果转移转化机制，最大限度减少不利于创新人才发展的制度障碍，探索建立适应创新要素跨境流动的体制机制。发挥策源地城市改革创新示范带动作用，在全国范围内推广一批有力度、有特色、有影响的重大改革举措。大力推动科技中介新业态发展，支持海外人才、科研人员、高校师生在策源地城市创业创新，支持海外知名大学、科研机构、企业在策源地城市建设产业创新平台和孵化器，打造战略性新兴产业创业创新高地。鼓励策源地城市开展“知识产权强市”建设，加大知识产权保护力度，强化知识产权运用和管理，加快发展知识产权服务业，更好利用全球创新成果，加速科技成果向全国转移扩散。

（二）壮大一批世界级战略性新兴产业发展集聚区。依托城市群建设，以全面创新改革试验区为重点，发展知识密集型战略性新兴产业集群，打造10个左右具有全球影响力、引领我国战略性新兴产业发展的标志性产业集聚区，推动形成战略性新兴产业发展的体制机制创新区、产业链创新链融合区、国际合作承载区。在东部地区打造国际一流的战略性新兴产业城市群，围绕京津冀协同发展，加强京津冀经济与科技人才联动，形成辐射带动环渤海地区和北方腹地发展的战略性新兴产业发展共同体；发挥长三角城市群对长江经济带的引领作用，以上海、南京、杭州、合肥、苏锡常等都市圈为支点，构筑点面结合、链群交融的产业发展格局；以广州、深圳为核心，全面提升珠三角城市群战略性新兴产业的国际竞争力，延伸布局产业链和服务链，带动区域经济转型发展；推动山东半岛城市群重点发展生物医药、高端装备制造、新一代信息技术、新材料等产业和海洋经济；围绕福州、厦门等重点城市，推动海峡西岸地区生物、海洋、集成电路等产业发展。依托中西部地区产业基础，大力推进成渝地区、武汉都市圈、长株潭城市群、中原城市群、关中平原城市群等重点区域战略性新兴产业发展，积极创造条件承接东部地区产业转移；支持昆明、贵阳等城市发展具有比较优势的产业，促进长江经济带上中下游地区产业协同发展。对接丝绸之路经济带建设，促进天山北坡、兰州—西宁等西北地区城市群发展特色产业。推动东北地区大力发展机器人及智能装备、光电子、生物医药及医疗器械、信息服务等产业，以沈阳、大连、哈尔滨、长春为支点，支持东北地区城市群打造国内领先的战略性新兴产业集群，带动区域经济转型升级。

（三）培育战略性新兴产业特色集群。充分发挥现有产业集聚区作用，通过体制机制创新激发市场活力，采用市场化方式促进产业集聚，完善扶持政策，加大扶持力度，培育百余个特色鲜明、大中小企业协同发展的优势产业集群和特色产业链。完善政府引导产业集聚方式，由招商引资向引资、引智、引技并举转变，打造以人才和科技投入为主的新经济；由“引进来”向“引进来”“走出去”并重转变，充分整合利用全球创新资源和市场资源；由注重产业链发展向产业链、创新链协同转变，聚焦重点产业领域，依托科研机构和企业研发基础，提升产业创新能力；由产城分离向产城融合转变，推动研究机构、创新人才与企业相对集中，促进不同创新主体良性互动。避免对市场行为的过度干预，防止园区重复建设。鼓励战略性新兴产业向国家级新区等重点功能平台集聚。

九、推进战略性新兴产业开放发展，拓展合作新路径

贯彻国家开放发展战略部署，构建战略性新兴产业国际合作新机制，建设全球创新发展网络，推动产业链全球布局，拓展发展新路径。

（一）积极引入全球资源。抓住“一带一路”建设契机，推进国际产能合作，构建开放型创新体系，鼓励技术引进与合作研发，促进引进消化吸收与再创新。积极引导外商投资方向，鼓励外商投资战略性新兴产业，推动跨国公司、国际知名研究机构在国内设立研发中心。加大海外高端人才引进力度，畅通吸纳海外高端人才的绿色通道，为海外人才来华工作和创业提供更多便利。

（二）打造国际合作新平台。积极建立国际合作机制，推动签署落实政府间新兴产业和创新领域合作协议。推动双边互认人员资质、产品标准、认证认可结果，参与国际多边合作互认机制。以发达国家和“一带一路”沿线国家为重点，建设双边特色产业国际合作园区，引导龙头企业到海外建设境外合作园区。创新合作方式，提升重点领域开放合作水平。加强国际科技成果转化和孵化、人才培训等公共服务体系建设。

（三）构建全球创新发展网络。建立健全国际化创新发展协调推进和服务机制，加强驻外机构服务能力，利用二十国集团（G20）、夏季达沃斯等平台开展新经济交流，充分发挥有关行业协会和商会作用，搭建各类国际经济技术交流与合作平台。引导社会资本设立一批战略性新兴产业跨国并购和投资基金，支持一批城市对接战略性新兴产业国际合作，建设一批国际合作创新中心，发展一批高水平国际化中介服务机构，建立一批海外研发中心，构建全球研发体系，形成政府、企业、投资机构、科研机构、法律机构、中介机构高效协同的国际化合作网络。支持企业和科研机构参与国际科技合作计划、国际大科学计划和大科学工程，承担和组织国际重大科技合作项目。鼓励企业积极参与国际技术标准制定。

（四）深度融入全球产业链。推动产业链全球布局，在高端装备、新一代信息技术、新能源等重点领域，针对重点国家和地区确定不同推进方式和实施路径，推动产业链资源优化整合。支持企业、行业协会和商会、地方政府和部门创新方式开展战略性新兴产业国际产能合作，推动国内企业、中外企业组团共同开拓国际市场，支持产业链“走出去”，将“走出去”获得的优质资产、技术、管理经验反哺国内，形成综合竞争优势。推动高端装备、新一代信息技术等领域龙头企业海外拓展，与国际大企业开展更高层次合作，实现优势互补、共赢发展。

十、完善体制机制和政策体系，营造发展新生态

加快落实创新驱动发展战略，深入推进政府职能转变，持续深化重点领域和关键环节改革，强化制度建设，汇聚知识、技术、资金、人才等创新要素，全面营造有利于战略性新兴产业发展壮大的生态环境。

（一）完善管理方式。

推进简政放权、放管结合、优化服务改革。在电信、新药和医疗器械、新能源汽车生产准入等领域，进一步完善审批方式，最大限度减少事前准入限制，修改和废止有碍发展的行政法规和规范性文件，激发市场主体活力。坚持放管结合，区分不同情况，积极探索和创新适合新技术、新产品、新业态、新模式发展的监管方式，既激发创新创造活力，又防范可能引发的风险。对发展前景和潜在风险看得准的“互联网+”、分享经济等新业态，量身定制监管模式；对看不准的领域，加强监测分析，鼓励包容发展，避免管得过严过死；对潜在风险大、有可能造成严重不良社会后果的，切实加强监管；对以创新之名行非法经营之实的，坚决予以取缔。严格执行降低实体经济企业成本各项政策措施，落实中央财政科研项目资金管理相关政策措施，推进科技成果产权制度改革。全面落实深化国有企业改革各项部署，在战略性新兴产业领域国有企业中率先进行混合所有制改革试点示范，开展混合所有制企业员工持股试点。发布战略性新兴产业重点产品和服务指导目录。

营造公平竞争市场环境。完善反垄断法配套规则，进一步加大反垄断和反不正当竞争执法力度，严肃查处信息服务、医疗服务等领域企业违法行为。建立健全工作机制，保障公平竞争审查制度有序实施，打破可再生能源发电、医疗器械、药品招标等领域的地区封锁和行业垄断，加大对地方保护和行业垄断行为的查处力度。完善信用体系，充分发挥全国信用信息共享平台和国家企业信用信息公示系统等作用，推进各类信用信息平台建设、对接和服务创新，加强信用记录在线披露和共享，为经营者提供信用信息查询、企业身份网上认证等服务。

加强政策协调。充分发挥战略性新兴产业发展部际联席会议制度作用，推动改革措施落地，加强工作沟通，避免相关政策碎片化。持续开展产业发展状况评估和前瞻性课题研究，准确定位改革发展方向。建立高层次政企对话咨询机制，在研究制订相关政策措施时积极听取企业意见。定期发布发展新经济培育新动能、壮大战略性新兴产业有关重点工作安排，统筹推进相关改革发展工作。

（二）构建产业创新体系。

深入开展大众创业万众创新。打造众创、众包、众扶、众筹平台，依托“双创”资源集聚的区域、科研院所和创新型企业等载体，支持建设“双创”示范基地，发展专业化众创空间。依托互联网打造开放共享的创新机制和创新平台，推动企业、科研机构、高校、创客等创新主体协同创新。着力完善促进“双创”的法律和政策体系。持续强化“双创”宣传，办好全国“双创”活动周，营造全社会关注“双创”、理解“双创”、支持“双创”的良好氛围。

强化公共创新体系建设。实施一批重大科技项目和重大工程，加强颠覆性技术研发和产业化。创新重大项目组织实施方式，探索实行项目决策、执行、评价、监督相对分开的组织管理机制。构建企业主导、政产学研用相结合的产业技术创新联盟，支持建设关键技术研发平台，在重点产业领域采取新机制建立一批产业创新中心。围绕重点领域创新发展需求，统筹部署国家重大科技基础设施等创新平台建设，加强设施和平台开放共享。按照科研基地优化布局统筹部署，建设一批国家技术创新中心，支撑引领战略性新兴产业发展。加强相关计量测试、检验检测、认证认可、知识和数据中心等公共服务平台建设。成立战略性新兴产业计量科技创新联盟，加强认证认可创新。落实和完善战略性新兴产业标准化发展规划，完善标准体系，支持关键领域新技术标准应用。

支持企业创新能力建设。实施国家技术创新工程，加强企业技术中心能力建设，推进创新企业百强工程，培育一批具有国际影响力的创新型领导企业，引领带动上下游产业创新能力提升。加大对科技型中小企业创新支持力度，落实研发费用加计扣除等税收优惠政策，引导企业加大研发投入。

完善科技成果转移转化制度。落实相关法律法规政策，组织实施促进科技成果转移转化行动。落实科技成果转化有关改革措施，提高科研人员成果转化收益分享比例，加快建立科技成果转移转化绩效评价和年度报告制度。引导有条件的高校和科研院所建立专业化、市场化的技术转移机构，加强战略性新兴产业科技成果发布，探索在战略性新兴产业相关领域率先建立利用财政资金形成的科技成果限时转化制度。

（三）强化知识产权保护和运用。

强化知识产权保护维权。积极推进专利法、著作权法修订工作。跟踪新技术、新业态、新模式发展创新，加强互联网、电子商务、大数据等领域知识产权保护规则研究，完善商业模式知识产权保护、商业秘密保护、实用艺术品外观设计专利保护等相关法律法规。完善知识产权快速维权机制，新建一批快速维权中心。将故意侵犯知识产权行为纳入社会信用记录，健全知识产权行政侵权查处机制，依法严厉打击侵犯知识产权犯罪行为，加大海关知识产权执法保护力度，推动提高知识产权侵权法定赔偿上限额度。

加强知识产权布局运用。大力推行知识产权标准化管理，提升创新主体知识产权管理能力。实施知识产权行业布局和区域布局工程，在战略性新兴产业集聚区和龙头企业引导设立知识产权布局设计中心。构建知识产权运营服务体系，推进全国知识产权运营公共服务平台建设，培育一批专业化、品牌化知识产权服务机构，鼓励高端检索分析工具等开发应用，引导知识产权联盟建设。聚焦战略性新兴产业，鼓励创新知识产权金融产品，开发知识产权投贷、投保、投债联动等新产品，探索知识产权股权化、证券化。鼓励企业综合运用专利、版权、商标等知识产权手段打造自有品牌。

完善知识产权发展机制。实施战略性新兴产业知识产权战略推进计划，围绕战略性新兴产业集聚区部署知识产权服务链，建立知识产权集群管理制度，推动形成一批知识产权优势集聚区。加强战略性新兴产业专利分析及动向监测。建立重大经济科技活动知识产权分析评议制度，鼓励企业建立知识产权分析评议机制。完善海外知识产权服务体系，研究发布海外知识产权环境信息，跟踪研究重点产业领域国际知识产权动向，引导建立海外知识产权案件信息提交机制，加强对重大知识产

权案件的研究，建立海外知识产权风险预警机制，支持企业开展知识产权海外并购和维权行动。

（四）深入推进军民融合。

构建军民融合的战略性新兴产业体系。促进军民科技创新体系相互兼容、协同发展，推进军民融合产业发展。依托国家军民融合创新示范区，促进军民两用技术产业化发展。建设一批军民融合创新平台。在军工单位集中、产业基础较好的地区，推进军民技术双向转移和转化应用。支持军工企业发挥优势向新能源、民用航空航天、物联网等新兴领域拓展业务，引导优势民营企业进入国防科研生产和维修领域，构建各类企业公平竞争的政策环境。

加强军民融合重大项目建设。面向建设航天强国，统筹规划军民卫星研发和使用，加强地面站网整合建设与信息共享，积极发展军民通用化程度高的动力系统、关键部件和基础材料。适应空域改革进程，加强空域管制系统技术和装备研发，推进航空产业军民深度融合发展。面向建设网络强国，加强新一代信息基础设施和系统军民合建共用，组织实施安全可靠信息网络产品和服务相关应用示范工程。面向建设海洋强国，适应军地海洋资源调查、海域使用、海洋观测预报、海洋环境保护和岛礁建设需求，发展军民两用高性能装备和材料技术。开展军民通用标准化工程，促进军民技术双向转移。

（五）加大金融财税支持。

提高企业直接融资比重。积极支持符合条件的战略性新兴产业企业上市或挂牌融资，研究推出全国股份转让系统挂牌公司向创业板转板试点，建立全国股份转让系统与区域性股权市场合作对接机制。探索推进场外证券交易市场以及机构间私募产品报价与服务系统建设，支持战略性新兴产业创业企业发展。大力发展创业投资和天使投资，完善鼓励创业投资企业和天使投资人投资种子期、初创期科技型企业的税收支持政策，丰富并购融资和创业投资方式。积极支持符合条件的战略性新兴产业企业发行债券融资，扩大小微企业增信集合债券和中小企业集合票据发行规模，鼓励探索开发高收益债券和可转换债券等金融产品，稳步推进非金融企业债务融资工具发展。鼓励保险公司、社会保险基金和其他机构投资者合法合规参与战略性新兴产业创业投资和股权投资基金。推进投贷联动试点工作。

加强金融产品和服务创新。引导金融机构积极完善适应战略性新兴产业特点的信贷管理和贷款评审制度。探索建立战略性新兴产业投融资信息服务平台，促进银企对接。鼓励建设数字创意、软件等领域无形资产确权、评估、质押、流转体系，积极推进知识产权质押融资、股权质押融资、供应链融资、科技保险等金融产品创新。引导政策性、开发性金融机构加大对战略性新兴产业支持力度。推动发展一批为飞机、海洋工程装备、机器人等产业服务的融资租赁和金融租赁公司。加快设立国家融资担保基金，支持战略性新兴产业项目融资担保工作。

创新财税政策支持方式。发挥财政资金引导作用，创新方式吸引社会投资，大力支持战略性新兴产业发展。充分发挥国家新兴产业创业投资引导基金服务创业创新的作用，完善管理规则，做好风险防控，高效开展投资运作，带动社会资本设立一批创业投资基金，加大对战略性新兴产业的投入。鼓励有条件的地区设立战略性新兴产业发展基金，引导社会资金设立一批战略性新兴产业投资基金和国际化投资基金。积极运用政府和社会资本合作（PPP）等模式，引导社会资本参与重大项目建设。完善政府采购政策，加大对“双创”以及云计算、大数据、循环经济等支持力度，推进智慧城市、信息惠民、“城市矿山”、智能装备等示范应用。进一步完善光伏、风电、生物质等可再生能源发电补贴政策。调整完善新能源汽车推广补贴政策。完善战略性新兴产业企业股权激励个人所得税政策。

（六）加强人才培养与激励。

培养产业紧缺人才。实施战略性新兴产业创新领军人才行动，聚焦重点领域，依托重大项目和重大工程建设一批创新人才培养示范基地，重点扶持一批科技创新创业人才。分行业制定战略性新兴产业紧缺人才目录，在国家相关人才计划中予以重点支持。根据产业发展需求，动态调整高校教学内容和课程设置，合理扩大战略性新兴产业相关专业招生比例。加强战略性新兴产业技术技能人才培养，推行企业新型学徒制，建立国家基本职业培训包制度，推动相关企业为职业学校战略性新兴产业相关专业学生实习和教师实践提供岗位。依托专业技术人才知识更新工程，培养一大批高层次急需紧缺人才和骨干专业技术人才，建设一批国家级继续教育基地。支持在线培训发展。

鼓励科技人才向企业流动。探索事业单位科研人员在职创业和离岗创业有关政策，引导和支持事业单位科研人员按照国家有关规定到企业开展创新工作或创办企业。在战略性新兴产业企业设立一批博士后科研工作站，鼓励开展产业关键核心技术研发。落实国家对科研人员的各项激励措施，鼓励企业通过股权、分红等激励方式，调动科研人员创新积极性。建立健全符合行业特点的人才使用、流动、评价、激励体系。

充分利用全球人才。在充分发挥现有人才作用的基础上引进培养一批高端人才。研究优化外国人永久居留制度，简化外籍高层次人才申请永久居留资格程序，为其配偶和未成年子女提供居留与出入境便利。

各地区、各有关部门要高度重视战略性新兴产业发展工作，加强组织领导，加快工作进度，切实抓好本规划实施工作，加强各专项规划、地方规划与本规划的衔接。地方各级人民政府要建立健全工作机制，细化实化政策措施，推动本规划各项任务落实到位。鼓励相关省（区、市）联合编制区域性发展规划，推进战略性新兴产业差别化、特色化协同发展。国家发展改革委要会同科技部、工业和信息化部、财政部，发挥好战略性新兴产业发展部际联席会议的牵头作用，加强宏观指导、统筹协调和督促推动，密切跟踪产业发展情况，及时研究协调产业发展中的重大问题；联席会议各成员单位和相关部门要积极配合，按照职责分工抓紧任务落实，加快制定配套政策，形成工作合力，共同推动战略性新兴产业发展壮大。

附件：重点任务分工方案（略）

国务院

2016年11月29日

国务院办公厅关于加快众创空间发展服务实体经济转型升级的指导意见

（国办发〔2016〕7号）

推进大众创业万众创新是增强发展新动能、促进社会就业、提高发展质量效益的重要途径，是实施创新驱动发展战略的重要支撑，国务院陆续出台了一系列重要支持政策和举措，为经济平稳较快发展发挥了关键作用。当前，全国各地涌现出一批有亮点、有潜力、有特色的众创空间，已经成为大众创业万众创新的重要阵地和创新创业者的聚集地，呈现蓬勃发展的良好势头。为充分发挥各类创新主体的积极性和创造性，发挥科技创新的引领和驱动作用，紧密对接实体经济，有效支撑我国经济结构调整和产业转型升级，需要继续推动众创空间向纵深发展，在制造业、现代服务业等重点产业领域强化企业、科研机构和高校的协同创新，加快建设一批众创空间。经国务院同意，现就加快众创空间发展提出以下意见。

一、总体要求和基本原则

（一）总体要求。

促进众创空间专业化发展，为实施创新驱动发展战略、推进大众创业万众创新提供低成本、全方位、专业化服务，更大释放全社会创新创业活力，加快科技成果向现实生产力转化，增强实体经济发展新动能。通过龙头企业、中小微企业、科研院所、高校、创客等多方协同，打造产学研用紧密结合的众创空间，吸引更多科技人员投身科技型创新创业，促进人才、技术、资本等各类创新要素的高效配置和有效集成，推进产业链创新链深度融合，不断提升服务创新创业的能力和水平。

一是配套支持全程化。通过为创新创业者提供工业设计、检验检测、模型加工、知识产权、专利标准、中试生产、产品推广等研发、制造、销售相关服务，实现产业链资源开放共享和高效配置。

二是创新服务个性化。通过整合专业领域的技术、设备、信息、资本、市场、人力等资源，为创新创业者提供更高端、更具专业特色和定制化的增值服务。

三是创业辅导专业化。通过凝聚一批熟悉产业领域的创业导师和培训机构，开展创业培训，举办各类创业活动，为创新创业者提供更加适合产业特点的创业辅导服务，提高创新创业者的专业素质和能力，培养更多适应经济转型升级的创新人才。

（二）基本原则。

一是坚持发挥市场配置资源的决定性作用。要充分利用互联网等新一代信息技术，向创业者开放创新资源，降低创新创业成本，加强创新链与产业链、资金链的对接，让市场对科技成果作出评价。

二是坚持科技创新的引领作用。要以科技成果转移转化为重点，扩大“双创”的源头供给，推动科技型创新创业，使科技人员成为创新创业的主力军。

三是坚持服务和支撑实体经济发展。要与“互联网+”行动计划、“中国制造2025”、大数据发展行动等相结合，促进龙头骨干企业在研发、生产、营销、服务、管理等方面改革创新，加快发展“制造+服务”的智能工厂模式，培育更多富有活力的中小微企业，为经济发展注入新技术、新装备、新模式，培育新业态，催生新产业。

二、重点任务

（三）在重点产业领域发展众创空间。重点在电子信息、生物技术、现代农业、高端装备制造、新能源、新材料、节能环保、医药卫生、文化创意和现代服务业等产业领域先行先试，针对产业需求和行业共性技术难点，在细分领域建设众创空间。

（四）鼓励龙头骨干企业围绕主营业务方向建设众创空间。按照市场机制与其他创业主体协同聚集，优化配置技术、装备、资本、市场等创新资源，实现与中小微企业、高校、科研院所和各类创客群体有机结合，有效发挥引领带动作用，形成以龙头骨干企业为核心、高校院所积极参与、辐射带动中小微企业成长发展的产业创新生态群落。

（五）鼓励科研院所、高校围绕优势专业领域建设众创空间。发挥科研设施、专业团队、技术积累等优势，充分利用大学科技园、工程（技术）研究中心、重点实验室、工程实验室等创新载体，建设以科技人员为核心、以成果转移转化为主要内容的众创空间，通过聚集高端创新资源，增加源头技术创新有效供给，为科技型创新创业提供专业化服务。

（六）建设一批国家级创新平台和双创基地。依托国家自主创新示范区、国家高新技术产业开发区等试点建设一批国家级创新平台，推动各地发展各具特色的双创基地。国家高新技术产业开发区、国家级经济技术开发区、国家现代农业示范区、农业科技园区等要结合国家战略布局和当地产业发展实际，发挥重点区域创新创业要素集聚优势，打造一批具有当地特色的众创空间，与科技企业孵化器、加速器及产业园等共同形成创新创业生态体系。

（七）加强众创空间的国际合作。鼓励龙头骨干企业、高校、科研院所与国外先进创业孵化机构开展对接合作，共同建立高水平的众创空间，鼓励龙头骨干企业与国外创业孵化机构合作建立投资基金。支持众创空间引进国际先进的创业孵化理念，吸纳、整合和利用国外技术、资本和市场等资源，提升众创空间发展的国际化水平。大力吸引和支持港澳台科技人员以及海归人才、外国人才到众创空间创新创业，在居住、工作许可、居留等方面提供便利条件。

三、加大政策支持力度

充分利用现有创新政策工具，挖掘已有政策潜力，加大政策落实力度，形成支持众创空间发展的政策体系。

（八）实行奖励和补助政策。有条件的地方要综合运用无偿资助、业务奖励等方式，对众创空间的办公用房、用水、用能、网络等软硬件设施给予补助。支持国家科技基础条件平台为符合条件的众创空间提供服务。符合条件的众创空间可以申报承担国家科技计划项目。发挥财政资金的杠杆作用，采用市场机制引导社会资金和金融资本进入技术创新领域，支持包括中国创新创业大赛优胜项目在内的创新创业项目和团队，推动众创空间发展。

（九）落实促进创新的税收政策。众创空间的研发仪器设备符合相关规定条件的，可按照税收有关规定适用加速折旧政策；进口科研仪器设备符合规定条件的，适用进口税收优惠政策。众创空间发生的研发费用，企业和高校院所委托众创空间开展研发活动以及小微企业受委托或自身开展研发活动发生的研发费用，符合规定条件的可适用研发费用税前加计扣除政策。研究完善科技企业孵化器税收政策，符合规定条件的众创空间可适用科技企业孵化器税收政策。

（十）引导金融资本支持。引导和鼓励各类天使投资、创业投资等与众创空间相结合，完善投融资模式。鼓励天使投资群体、创业投资基金入驻众创空间和双创基地开展业务。鼓励国家自主创新示范区、国家高新技术产业开发区设立天使投资基金，支持众创空间发展。选择符合条件的银行业金融机构，在试点地区探索为众创空间内企业创新活动提供股权和债权相结合的融资服务，与创业投资、股权投资机构试点投贷联动。支持众创空间内科技创业企业通过资本市场进行融资。

（十一）支持科技人员到众创空间创新创业。高校、科研院所要按照《中华人民共和国促进科技成果转化法》有关规定，落实科技成果使用权、处置权和收益权政策。对本单位科研人员带项目和成果到众创空间创新创业的，经原单位同意，可在3年内保留人事关系，与原单位其他在岗人员同等享有参加职称评聘、岗位等级晋升和社会保障等方面的权利。探索完善众创空间中创新成果收益分配制度。对高校、科研院所的创业项目知识产权申请、转化和运用，按照国家有关政策给予支持。进一步改革科研项目和资金管理使用制度，使之更有利于激发广大科研人员的创造性和转化成果的积极性。

（十二）调动企业参与众创空间建设的积极性。企业建设众创空间的投入符合相关规定条件的，可享受研发费用加计扣除政策。国有企业对众创空间投入较大且符合有关规定的，可以适用有关科技创新考核政策。充分利用淘汰落后产能、处置“僵尸企业”过程中形成的闲置厂房、空余仓库以及生产设施，改造建设众创空间，鼓励企业通过集众智、汇众力等开放式创新，吸纳科技人员创业，创造就业岗位，实现转型发展。

（十三）促进军民技术双向转化。大力推动军民标准通用化，引导民用领域知识产权在国防和军队建设领域运用。军工技术向民用转移中的二次开发费用，符合相关规定条件的可以适用研发费用加计扣除政策。在符合保密规定的前提下，对向众创空间开放共享的专用设备、实验室等军工设施，按照国家统一政策，根据服务绩效探索建立后补助机制，促进军民创新资源融合共享。

四、组织实施

（十四）加强组织领导。各有关部门和各省（区、市）要加强对众创空间建设的宏观指导和工作协调，结合行业和地方发展实际，推进各具特色的众创空间建设和发展。加强对众创空间发展情况的监测、统计和评估。建立统一的政策信息发布平台。各地区各部门对众创空间等平台的扶持情况要上网公示，做到公开透明，避免多头重复支持。

（十五）加强示范引导。鼓励各地、各类主体积极探索支持众创空间发展的新政策、新机制和新模式，不断完善创新创业服务体系，持续提高创新创业服务能力。国家自主创新示范区、国家高新技术产业开发区等创新要素集聚区域的管理部门要率先行动起来，主动做好服务，为众创空间的专业化发展创造条件，开展先行先试，作出引领示范。

（十六）加强分类指导。要根据战略性新兴产业发展和传统产业升级的具体需求，聚焦重点领域和关键环节，采取有针对性的政策措施，实现重点突破，增强示范带动效应。要统筹考虑各地区经济发展、科技资源条件等实际情况，因地制宜推进众创空间在不同区域的建设和发展。

（十七）加强宣传推广。及时总结和交流众创空间建设的做法和经验，对模式新颖、绩效突出的案例进行宣传推广，树立品牌，扩大影响。对众创空间和中国创新创业大赛中涌现出来的优秀创业项目、创业人物加大宣传报道力度，在全社会弘扬创新创业文化，激发创新创业热情。

国务院办公厅

2016年2月14日

国务院办公厅关于建设大众创业万众创新示范基地的实施意见

（国办发〔2016〕35号）

根据2016年《政府工作报告》部署和《国务院关于大力推进大众创业万众创新若干政策措施的意见》（国发〔2015〕32号）等文件精神，为在更大范围、更高层次、更深程度上推进大众创业万众创新，加快发展新经济、培育发展新动能、打造发展新引擎，建设一批双创示范基地，扶持一批双创支撑平台，突破一批阻碍双创发展的政策障碍，形成一批可复制可推广的双创模式和典型经验，重点围绕创业创新重点改革领域开展试点示范，经国务院同意，现提出以下实施意见。

一、总体思路

（一）指导思想。

牢固树立并贯彻落实创新、协调、绿色、开放、共享的新发展理念，加快实施创新驱动发展战略，全面落实推动双创的各项政策措施。加强顶层设计和统筹谋划，通过试点示范完善双创政策环境，推动双创政策落地，扶持双创支撑平台，构建双创发展生态，调动双创主体积极性，发挥双创和“互联网+”集众智汇众力的乘数效应，发展新技术、新产品、新业态、新模式，总结双创成功经验并向全国推广，进一步促进社会就业，推动形成双创蓬勃发展的新局面，实现发展动力转换、结构优化，促进经济提质增效升级。

（二）基本原则。

——坚持政府引导，加强政策协同。通过试点示范加强各类政策统筹，实现地方与部门政策联动，确保已出台扶持政策具体化、可操作、能落地，切实解决政策落实“最后一公里”问题。结合现有工作基础，更加注重政策前瞻性、引领性，不断完善体制机制，营造有利于双创的政策环境。

——坚持市场主导，搞活双创主体。充分发挥市场配置资源的决定性作用，结合科技、教育和国有企业等改革，放开市场、放活主体，通过环境营造、制度设计、平台搭建等方式，聚焦新兴产业和创新型初创企业，扩大社会就业，培育全社会双创的内生动力。

——坚持问题导向，鼓励先行先试。系统梳理不同领域推动双创的特点和难点，从解决制约双创发展的核心问题入手，明确试点方向，充分调动地方、部门和企业的积极性，大胆探索，勇于尝试，突破制度障碍，切实解决创业者面临的资金、信息、政策、技术、服务等瓶颈问题。

——坚持创新模式，完善双创平台。以构建双创良好生态为目标，系统谋划、统筹考虑，结合各类双创支撑平台的特点，支持建立多种类型的双创示范基地。探索创新平台发展模式，不断丰富平台服务功能，引导社会资源支持双创。

（三）主要目标。

力争通过3年时间，围绕打造双创新引擎，统筹产业链、创新链、资金链和政策链，推动双创组织模式和服务模式创新，加强双创文化建设，到2018年底前建设一批高水平的双创示范基地，培育一批具有市场活力的双创支撑平台，突破一批阻碍双创发展的政策障碍，推广一批适应不同区域特点、组织形式和发展阶段的双创模式和典型经验，加快推动创新型企业成长壮大，努力营造鼓励创新、宽容失败的社会氛围，带动高质量的就业，促进新技术、新产品、新业态、新模式发展，为培育发展新动能提供支撑。

二、示范布局

（一）统筹示范类型。

强化顶层设计，注重分类指导，充分考虑各类主体特点和区域发展情况，有机衔接现有工作基础，有序推进双创示范基地建设。

依托双创资源集聚的区域、高校和科研院所、创新型企业等不同载体，支持多种形式的双创示范基地建设。引导双创要素投入，有效集成高校、科研院所、企业和金融、知识产权服务以及社会组织等力量，实施一批双创政策措施，支持建设一批双创支撑平台，探索形成不同类型的示范模式。

（二）统筹区域布局。

充分考虑东、中、西部和东北地区双创发展情况和特点，结合全面创新改革试验区域、国家综合配套改革试验区、国家自主创新示范区等布局，统筹部署双创示范基地建设，依托各自优势和资源，探索形成各具特色的区域双创形态。

（三）统筹现有基础。

有机衔接各地方、各部门已有工作基础，在双创示范基地遴选、政策扶持、平台建设等方面充分发挥现有机制作用，依托众创空间、小微企业创业基地和城市等各类双创平台和示范区域，各有区别，各有侧重，协同完善双创政策体系。

（四）统筹有序推进。

分批次、分阶段推进实施。首批双创示范基地选择在部分创新资源丰富、体制机制基础好、示范带动能力强的区域和单位先期开展示范布局，建立健全工作机制。在此基础上，逐步完善制度设计，有序扩大示范范围，探索统筹各方资源共同支持建设双创示范基地的新模式。

三、改革举措

积极推进结构性改革尤其是供给侧结构性改革，支持示范基地探索创新、先行先试，在双创发展的若干关键环节和重点领域，率先突破一批瓶颈制约，激发体制活力和内生动力，营造良好的创业创新生态和政策环境，促进新旧动能顺畅转换。

（一）拓宽市场主体发展空间。

持续增强简政放权、放管结合、优化服务改革的累积效应，支持示范基地纵深推进审批制度改革和商事制度改革，先行试验一批重大行政审批改革措施。取消和下放一批行政审批事项，深化网上并联审批和纵横协同监管改革，推行政务服务事项的“一号申请、一窗受理、一网通办”。最大限度减少政府对企业创业创新活动的干预，逐步建立符合创新规律的政府管理制度。

（二）强化知识产权保护。

在示范基地内探索落实商业模式等新形态创新成果的知识产权保护办法，推行知识产权管理规范的国家标准。开展知识产权综合执法，建立知识产权维权援助网点和快速维权通道，加强关键环节、重点领域的知识产权保护。将侵犯知识产权行为情况纳入信用记录，归集到全国信用信息共享平台，构建失信联合惩戒机制。

（三）加速科技成果转化。

全面落实《中华人民共和国促进科技成果转化法》，落实完善科研项目资金管理等改革措施，赋予高校和科研院所更大自主权，并督促指导高校和科研院所切实用好。支持示范基地完善新兴产业和现代服务业发展政策，打通科技和经济结合的通道。落实新修订的高新技术企业认定管理办法，充分考虑互联网企业特点，支持互联网企业申请高新技术企业认定并享受相关政策。

（四）加大财税支持力度。

加大中央预算内投资、专项建设基金对示范基地支持力度。在示范基地内探索鼓励创业创新的税收支持政策。抓紧制定科技型中小企业认定办法，对高新技术企业和科技型中小企业转化科技成果给予个人的股权奖励，递延至取得股权分红或转让股权时纳税。有限合伙制创业投资企业采取股权投资方式投资于未上市中小高新技术企业满2年的，该有限合伙制创业投资企业的法人合伙人可享受企业所得税优惠。居民企业转让5年以上非独占许可使用权取得的技术转让所得，可享受企业所得税优惠。

（五）促进创业创新人才流动。

鼓励示范基地实行更具竞争力的人才吸引制度。加快社会保障制度改革，完善社保关系转移接续办法，建立健全科研人员双向流动机制，落实事业单位专业技术人员离岗创业有关政策，促进科研人员在事业单位和企业间合理流动。开展外国人才永久居留及出入境便利服务试点，建设海外人才离岸创业基地。

（六）加强协同创新和开放共享。

加大示范基地内的科研基础设施、大型科研仪器向社会开放力度。鼓励大型互联网企业、行业领军企业通过网络平台向各类创业创新主体开放技术、开发、营销、推广等资源，加强创业创新资源共享与合作，构建开放式创业创新体系。

四、建设任务

以促进创新型初创企业发展为抓手，以构建双创支撑平台为载体，明确示范基地建设目标和建设重点，积极探索改革，推进政策落地，形成一批可复制可推广的双创模式和典型经验。

（一）区域示范基地。

建设目标：

结合全面创新改革试验区域、国家综合配套改革试验区、国家自主创新示范区等，以创业创新资源集聚区域为重点和抓手，集聚资本、人才、技术、政策等优势资源，探索形成区域性的创业创新扶持制度体系和经验。

建设重点：

1．推进服务型政府建设。进一步转变政府职能，简政放权、放管结合、优化服务，在完善市场环境、深化审批制度改革和商事制度改革等方面采取切实有效措施，降低创业创新成本。加强创业创新信息资源整合，面向创业者和小微企业需求，建立创业政策集中发布平台，完善专业化、网络化服务体系，增强创业创新信息透明度。

2．完善双创政策措施。加强政府部门的协调联动，多管齐下抓好已出台政策落实，打通政策落地的“最后一公里”。结合区域发展特点，面向经济社会发展需求，加大财税支持力度，强化知识产权保护，在科技成果转化、促进人才流动、加强协同创新和开放共享等方面，探索突破一批制约创业创新的制度瓶颈。

3．扩大创业投资来源。落实鼓励创业投资发展的税收优惠政策，营造创业投资、天使投资发展的良好环境。规范设立和发展政府引导基金，支持创业投资、创新型中小企业发展。丰富双创投资和资本平台，进一步拓宽投融资渠道。

4．构建创业创新生态。加强创业培训、技术服务、信息和中介服务、知识产权交易、国际合作等支撑平台建设，深入实施“互联网+”行动，加快发展物联网、大数据、云计算等平台，促进各类孵化器等创业培育孵化机构转型升级，打通政产学研用协同创新通道。

5．加强双创文化建设。加大双创宣传力度，培育创业创新精神，强化创业创新素质教育，树立创业创新榜样，通过公益讲坛、创业论坛、创业培训等形式多样的活动，努力营造鼓励创新、宽容失败的社会氛围。

（二）高校和科研院所示范基地。

建设目标：

以高校和科研院所为载体，深化教育、科技体制改革，完善知识产权和技术创新激励制度，充分挖掘人力和技术资源，把人才优势和科技优势转化为产业优势和经济优势，促进科技成果转化，探索形成中国特色高校和科研院所双创制度体系和经验。

建设重点：

1．完善创业人才培养和流动机制。深化创业创新教育改革，建立创业理论研究平台，完善相关课程设置，实现创业创新教育和培训制度化、体系化。落实高校、科研院所等专业技术人员离岗创业政策，建立健全科研人员双向流动机制。加大吸引海外高水平创业创新人才力度。

2．加速科技成果转化。全面落实改进科研项目资金管理，下放科技成果使用、处置和收益权等改革措施，提高科研人员成果转化收益比例，加大股权激励力度，鼓励科研人员创业创新。开放各类创业创新资源和基础设施，构建开放式创业创新体系。

3．构建大学生创业支持体系。实施大学生创业引领计划，落实大学生创业指导服务机构、人员、场地、经费等。建立健全弹性学制管理办法，允许学生保留学籍休学创业。构建创业创新教育和实训体系。加强创业导师队伍建设，完善兼职创业导师制度。

4．建立健全双创支撑服务体系。引导和推动创业投资、创业孵化与高校、科研院所等技术成果转移相结合。完善知识产权运营、技术交流、通用技术合作研发等平台。

（三）企业示范基地。

建设目标：

充分发挥创新能力突出、创业氛围浓厚、资源整合能力强的领军企业核心作用，引导企业转型发展与双创相结合，大力推动科技创新和体制机制创新，探索形成大中小型企业联合实施双创的制度体系和经验。

建设重点：

1．构建适合创业创新的企业管理体系。健全激励机制和容错纠错机制，激发和保护企业家精神。结合国有企业改革，强化组织管理制度创新，鼓励企业按照有关规定，通过股权、期权、分红等激励方式，支持员工自主创业、企业内部再创业，增强企业创新发展能力。

2．激发企业员工创造力。加快技术和服务等双创支撑平台建设，开放创业创新资源，为员工创业创新提供支持。积极培育创客文化，激发员工创造力，提升企业市场适应能力。

3．拓展创业创新投融资渠道。建立面向员工创业和小微企业发展的创业创新投资平台，整合企业内外部资金资源，完善投融资服务体系，为创业项目和团队提供全方位的投融资支持。

4．开放企业创业创新资源。依托物联网、大数据、云计算等技术和服务平台，探索服务于产业和区域发展的新模式，利用互联网手段，向社会开放供应链，提供财务、市场、融资、技术、管理等服务，促进大中型企业和小微企业协同创新、共同发展。

五、步骤安排

2016年上半年，首批双创示范基地结合自身特点，研究制定具体工作方案，明确各自建设目标、建设重点、时间表和路线图。国家发展改革委会同教育部、科技部、工业和信息化部、财政部、人力资源社会保障部、国务院国资委、中国科协等部门和单位论证、完善工作方案，建立执行评估体系和通报制度。示范基地工作方案应向社会公布，接受社会监督。

2016年下半年，首批双创示范基地按照工作方案，完善制度体系，加快推进示范基地建设。

2017年上半年，国家发展改革委会同相关部门组织对示范基地建设开展督促检查和第三方评估。对于成熟的可复制可推广的双创模式和典型经验，在全国范围内推广。

2017年下半年，总结首批双创示范基地建设经验，完善制度设计，丰富示范基地内涵，逐步扩大示范基地范围，组织后续示范基地建设。

双创示范基地所在地人民政府要高度重视，加强领导，完善组织体系，把双创示范基地建设作为重要抓手和载体，认真抓好落实；要出台有针对性的政策措施，保证政策真正落地生根，进一步释放全社会创新活力。各相关部门要加强指导，建立地方政府、部门政策协调联动机制，为高校、科研院所、各类企业等提供政策支持、科技支撑、人才引进、公共服务等保障条件，形成强大政策合力；要细化评估考核机制，建立良性竞争机制，实现对示范基地的动态调整，推动形成大众创业万众创新的新局面。

附件：首批双创示范基地名单（28个）（略）

国务院办公厅

2016年5月8日

高新技术企业认定管理办法

（国科发火〔2016〕32号）

第一章 总 则

第一条 为扶持和鼓励高新技术企业发展，根据《中华人民共和国企业所得税法》（以下称《企业所得税法》）、《中华人民共和国企业所得税法实施条例》（以下称《实施条例》）有关规定，特制定本办法。

第二条 本办法所称的高新技术企业是指：在《国家重点支持的高新技术领域》内，持续进行研究开发与技术成果转化，形成企业核心自主知识产权，并以此为基础开展经营活动，在中国境内（不包括港、澳、台地区）注册的居民企业。

第三条 高新技术企业认定管理工作应遵循突出企业主体、鼓励技术创新、实施动态管理、坚持公平公正的原则。

第四条 依据本办法认定的高新技术企业，可依照《企业所得税法》及其《实施条例》《中华人民共和国税收征收管理法》（以下称《税收征管法》）及《中华人民共和国税收征收管理法实施细则》（以下称《实施细则》）等有关规定，申报享受税收优惠政策。

第五条 科技部、财政部、税务总局负责全国高新技术企业认定工作的指导、管理和监督。

第二章 组织与实施

第六条 科技部、财政部、税务总局组成全国高新技术企业认定管理工作领导小组（以下称“领导小组”），其主要职责为：

（一）确定全国高新技术企业认定管理工作方向，审议高新技术企业认定管理工作报告；

（二）协调、解决认定管理及相关政策落实中的重大问题；

（三）裁决高新技术企业认定管理事项中的重大争议，监督、检查各地区认定管理工作，对发现的问题指导整改。

第七条 领导小组下设办公室，由科技部、财政部、税务总局相关人员组成，办公室设在科技部，其主要职责为：

（一）提交高新技术企业认定管理工作报告，研究提出政策完善建议；

（二）指导各地区高新技术企业认定管理工作，组织开展对高新技术企业认定管理工作的监督检查，对发现的问题提出整改处理建议；

（三）负责各地区高新技术企业认定工作的备案管理，公布认定的高新技术企业名单，核发高新技术企业证书编号；

（四）建设并管理“高新技术企业认定管理工作网”；

（五）完成领导小组交办的其他工作。

第八条 各省、自治区、直辖市、计划单列市科技行政管理部门同本级财政、税务部门组成本地区高新技术企业认定管理机构（以下称“认定机构”）。认定机构下设办公室，由省级、计划单列市科技、财政、税务部门相关人员组成，办公室设在省级、计划单列市科技行政主管部门。认定机构主要职责为：

（一）负责本行政区域内的高新技术企业认定工作，每年向领导小组办公室提交本地区高新技术企业认定管理工作报告；

（二）负责将认定后的高新技术企业按要求报领导小组办公室备案，对通过备案的企业颁发高新技术企业证书；

（三）负责遴选参与认定工作的评审专家（包括技术专家和财务专家），并加强监督管理；

（四）负责对已认定企业进行监督检查，受理、核实并处理复核申请及有关举报等事项，落实领导小组及其办公室提出的整改建议；

（五）完成领导小组办公室交办的其他工作。

第九条 通过认定的高新技术企业，其资格自颁发证书之日起有效期为三年。

第十条 企业获得高新技术企业资格后，自高新技术企业证书颁发之日所在年度起享受税收优惠，可依照本办法第四条的规定到主管税务机关办理税收优惠手续。

第三章 认定条件与程序

第十一条 认定为高新技术企业须同时满足以下条件：

（一）企业申请认定时须注册成立一年以上；

（二）企业通过自主研发、受让、受赠、并购等方式，获得对其主要产品（服务）在技术上发挥核心支持作用的知识产权的所有权；

（三）对企业主要产品（服务）发挥核心支持作用的技术属于《国家重点支持的高新技术领域》规定的范围；

（四）企业从事研发和相关技术创新活动的科技人员占企业当年职工总数的比例不低于10%；

（五）企业近三个会计年度（实际经营期不满三年的按实际经营时间计算，下同）的研究开发费用总额占同期销售收入总额的比例符合如下要求：

1．最近一年销售收入小于5，000万元（含）的企业，比例不低于5%；

2．最近一年销售收入在5，000万元至2亿元（含）的企业，比例不低于4%；

3．最近一年销售收入在2亿元以上的企业，比例不低于3%。

其中，企业在中国境内发生的研究开发费用总额占全部研究开发费用总额的比例不低于60%；

（六）近一年高新技术产品（服务）收入占企业同期总收入的比例不低于60%；

（七）企业创新能力评价应达到相应要求；

（八）企业申请认定前一年内未发生重大安全、重大质量事故或严重环境违法行为。

第十二条 高新技术企业认定程序如下：

（一）企业申请。

企业对照本办法进行自我评价。认为符合认定条件的在“高新技术企业认定管理工作网”注册登记，向认定机构提出认定申请。申请时提交下列材料：

1．高新技术企业认定申请书；

2．证明企业依法成立的相关注册登记证件；

3．知识产权相关材料、科研项目立项证明、科技成果转化、研究开发的组织管理等相关材料；

4．企业高新技术产品（服务）的关键技术和技术指标、生产批文、认证认可和相关资质证书、产品质量检验报告等相关材料；

5．企业职工和科技人员情况说明材料；

6．经具有资质的中介机构出具的企业近三个会计年度研究开发费用和近一个会计年度高新技术产品（服务）收入专项审计或鉴证报告，并附研究开发活动说明材料；

7．经具有资质的中介机构鉴证的企业近三个会计年度的财务会计报告（包括会计报表、会计报表附注和财务情况说明书）；

8．近三个会计年度企业所得税年度纳税申报表。

（二）专家评审。

认定机构应在符合评审要求的专家中，随机抽取组成专家组。专家组对企业申报材料进行评审，提出评审意见。

（三）审查认定。

认定机构结合专家组评审意见，对申请企业进行综合审查，提出认定意见并报领导小组办公室。认定企业由领导小组办公室在“高新技术企业认定管理工作网”公示10个工作日，无异议的，予以备案，并在“高新技术企业认定管理工作网”公告，由认定机构向企业颁发统一印制的“高新技术企业证书”；有异议的，由认定机构进行核实处理。

第十三条 企业获得高新技术企业资格后，应每年5月底前在“高新技术企业认定管理工作网”填报上一年度知识产权、科技人员、研发费用、经营收入等年度发展情况报表。

第十四条 对于涉密企业，按照国家有关保密工作规定，在确保涉密信息安全的前提下，按认定工作程序组织认定。

第四章 监督管理

第十五条 科技部、财政部、税务总局建立随机抽查和重点检查机制，加强对各地高新技术企业认定管理工作的监督检查。对存在问题的认定机构提出整改意见并限期改正，问题严重的给予通报批评，逾期不改的暂停其认定管理工作。

第十六条 对已认定的高新技术企业，有关部门在日常管理过程中发现其不符合认定条件的，应提请认定机构复核。复核后确认不符合认定条件的，由认定机构取消其高新技术企业资格，并通知税务机关追缴其不符合认定条件年度起已享受的税收优惠。

第十七条 高新技术企业发生更名或与认定条件有关的重大变化（如分立、合并、重组以及经营业务发生变化等）应在三个月内向认定机构报告。经认定机构审核符合认定条件的，其高新技术企业资格不变，对于企业更名的，重新核发认定证书，编号与有效期不变；不符合认定条件的，自更名或条件变化年度起取消其高新技术企业资格。

第十八条 跨认定机构管理区域整体迁移的高新技术企业，在其高新技术企业资格有效期内完成迁移的，其资格继续有效；跨认定机构管理区域部分搬迁的，由迁入地认定机构按照本办法重新认定。

第十九条 已认定的高新技术企业有下列行为之一的，由认定机构取消其高新技术企业资格：

（一）在申请认定过程中存在严重弄虚作假行为的；

（二）发生重大安全、重大质量事故或有严重环境违法行为的；

（三）未按期报告与认定条件有关重大变化情况，或累计两年未填报年度发展情况报表的。

对被取消高新技术企业资格的企业，由认定机构通知税务机关按《税收征管法》及有关规定，追缴其自发生上述行为之日所属年度起已享受的高新技术企业税收优惠。

第二十条 参与高新技术企业认定工作的各类机构和人员对所承担的有关工作负有诚信、合规、保密义务。违反高新技术企业认定工作相关要求和纪律的，给予相应处理。

第五章 附 则

第二十一条 科技部、财政部、税务总局根据本办法另行制定《高新技术企业认定管理工作指引》。

第二十二条 本办法由科技部、财政部、税务总局负责解释。

第二十三条 本办法自2016年1月1日起实施。原《高新技术企业认定管理办法》（国科发火〔2008〕172号）同时废止。

附件：国家重点支持的高新技术领域（略）

科技部
财政部
国家税务总局
2016年1月29日

关于推动小型微型企业创业创新基地发展的指导意见

（工信部联企业〔2016〕394号）

为深入贯彻落实党中央、国务院关于大力推进大众创业万众创新和构建“双创”支撑平台的战略部署，进一步优化小型微型企业创业创新环境，促进小型微型企业创业创新基地规范发展，推动中小企业转型升级，制定本意见。

一、充分认识小型微型企业创业创新基地的重要意义

小型微型企业创业创新基地（以下简称“小微企业双创基地”）是指各类为小型微型企业提供创业创新场所和服务的组织、机构的统称，包括各类创业基地、创业园、众创空间、孵化器和经济技术开发区、工业园区、高新技术园区、大学科技园区中面向小微企业的“园中园”，以及龙头骨干企业围绕主营业务方向设立的面向小微企业、创业团队、创客的创业创新基地（平台）等。

近年来，各地认真贯彻落实国务院支持小型微型企业健康发展的政策措施，实施创办小企业计划，全国共培育和支持创业基地4000余个，认定省级示范基地2200余个，基地入驻企业超过19万个，提供就业岗位超过500万个。为小微企业创业创新提供了有力支撑，在培育经济增长新动能中发挥了重要作用。

推动小微企业双创基地发展是贯彻落实党中央、国务院“双创”战略的重要举措，是推动中小企业健康发展的重要抓手。在分享经济快速发展的形势下，加强小微企业双创基地建设有利于集聚各类创业创新要素，集成创业创新资源，优化创业创新环境，降低创业创新成本；有利于规范服务标准，提升服务水平，提高创业创新成功率；有利于形成创业创新氛围，激发创业创新精神，催生企业主体，发挥创业带动就业的倍增效应。各地相关部门要把解决当前小微企业双创基地规模偏小、服务能力偏弱、运营模式有待创新等问题与培育经济发展新动能结合起来，进一步优化小微企业创业创新环境，解决创业创新企业场地难、融资难、服务难等问题。

二、总体要求

（一）指导思想。

深入贯彻党的十八大及十八届三中、四中、五中、六中全会精神，树立创新、协调、绿色、开放、共享的发展理念，以促进企业孵化、成果转化、小微企业创新发展为目标，以构建创新与创业相结合、线上与线下相结合、孵化与产业化相结合的“双创”生态系统为重点，扶持培育和示范带动并举，推动小微企业双创基地向智慧化、平台化、生态化方向发展，为小微企业创业创新构建良好的发展环境，培育经济发展新动能。

（二）发展目标。

到“十三五”末，公告300个国家小型微型企业创业创新示范基地，推动地方培育和建设3000个省级小型微型企业创业创新基地，形成一批特色鲜明、成果显著的小微企业双创基地，探索一套从孵化培育到产业化发展的有效机制。通过示范基地的辐射带动作用，提升小微企业双创基地建设和运营水平，不断提高创业创新服务能力，为各类创业创新主体健康发展提供有效支撑。

（三）基本原则。

政府引导，科学布局。充分发挥政府部门在政策扶持、土地供应、财政支持、行政服务、公共宣传、优化环境等方面的职能作用，加强对小微企业双创基地的引导，结合现有工作基础和资源，制定小微企业双创基地发展规划，构建创业创新生态体系。

因地制宜，特色鲜明。充分发挥各地资源、人文、地理环境等方面的特长和优势，综合利用闲置厂房、城市楼宇、园区设施等场所条件，坚持建设和改造提升相结合，按照区域经济发展特点和产业结构调整要求，推动小微企业双创基地建设，形成地方特色。

市场主导，主体多元。充分发挥市场在资源配置中的决定性作用，树立开放、创新、发展的小微企业双创基地建设和运营新理念，调动各类园区、企业、科研院所、创业投资机构等主体的积极性和主动性，实现投资和运营主体多元化。

整合资源，融合创新。充分发挥各类服务资源的作用，以开放共享、合作共赢的理念，整合资源，补短板、强服务，完善功能。加强与开源社区、资源共享平台、创业沙龙等互联网创业创新平台对接合作，创新模式，提升孵化和产业化能力。

三、主要任务

（一）完善公共基础设施，实现服务信息化。

推动小微企业双创基地完善信息网络基础设施，提高云计算、大数据、物联网等信息技术的应用能力，利用工业互联网、云计算平台、大数据中心等公共服务设施，为企业提供便捷、稳定、广覆盖、低成本的信息网络基础设施和研发、设计、制造、经营管理、营销、融资等全方位应用服务。

（二）集成内外部服务资源，实现服务平台化。

推动小微企业双创基地以平台化的方式集聚优质创业创新资源。鼓励小微企业双创基地完善服务制度、提升服务水平、提高服务效率；鼓励各类服务机构入驻小微企业双创基地，提供专业化服务；鼓励发展众创、众包、众筹、众扶新模式，提高创业创新服务的能力和水平；鼓励建立并完善小微企业创业创新数据库，为入驻企业提供一站式、个性化服务。

（三）构建服务质量管理体系，实现服务规范化。

引导小微企业双创基地建立规范的创业服务质量管理和评估体系，明确服务标准，规范服务流程，依据企业对服务效果满意度的评价意见对服务机构进行动态管理，推动小微企业双创基地服务质量不断提升。

（四）推动产业有机联动，实现小微企业双创基地生态化发展。

引导小微企业双创基地构建各类创业创新主体紧密协作的网络，围绕产业链、打造创新链、优化供应链、完善资金链，形成产业资源集聚、企业多元互补、服务功能完备的创业生态环境。建设技术交易、信息技术服务、科技咨询、创业培训等公共服务平台，促进创新成果转化，加强知识产权保护和应用。构建入驻企业资源共享、原料互供机制，加强专业化协作。推动骨干企业与入驻企业合作共享，打造生产协同、创新协同、战略协同的创新产业圈。引导银行、投资机构、中小企业信用担保机构与入驻小微企业对接。引导和鼓励有条件的小微企业双创基地直接设立或引入专业股权投资基金，构建与创业创新相协调的资金链。

（五）打造环境友好型基地，引导小微企业双创基地绿色化发展。

推动小微企业双创基地全面推行绿色发展理念。鼓励利用闲置厂房、楼宇等场所改建小微企业双创基地，完善“三废”集中处理等公共基础设施；鼓励小微企业双创基地为入驻企业开展能耗在线监测与预警服务，帮助入驻企业降能耗、降成本，开展清洁生产技术改造，提升能源资源利用效率。推动新能源的使用和节能减排，实现小微企业双创基地绿色发展。

（六）提升信息技术应用能力，推动小微企业双创基地智慧化发展。

加强小微企业双创基地与“互联网+”融合。通过不断完善和提高汇集分析物业、企业、项目、技术、人才等信息的能力，加强智慧物流、智慧仓储、智能监控、智慧能源等平台建设，推动项目智能评估、健康体检、实时监控等精细化管理系统的应用，逐步提高小微企业双创基地智慧化水平。

（七）发挥各类主体优势，推动小微企业双创基地特色化发展。

结合各种建设运营主体的特点和小微企业双创基地运营发展需求，有重点、有特色地打造小微企业双创基地核心竞争力，提高小微企业双创基地孵化和产业化能力。对于依托经济技术开发区、工业园区、产业集群（园区）等为基础建设运营的小微企业双创基地，要重点发挥产业资源集聚功能，构建从孵化到产业化的全链条企业培育能力。对于依托高校和科研院所建设运营的小微企业双创基地，要重点发挥科技创新的引领作用，提高科研成果转化率，打造科技含量高、影响力大、创新能力强、孵化效果好的小微企业双创基地。对于行业骨干企业设立运营的小微企业双创基地，要发挥骨干企业的带动作用，以及在研发资源、市场资源、信息资源等方面的优势，加强专业化协作和配套，支持入驻企业专精特新发展。

四、政策扶持

（一）推动用地政策落实。

各级中小企业主管部门要积极协调有关部门，认真落实国务院关于促进小型微型企业发展和推动双创平台建设的政策措施，统筹规划建设小微企业双创基地，在用地计划指标上予以优先安排。

对利用闲置土地、厂房、楼宇建设创业创新基地有贷款需求的项目，各地中小企业主管部门应积极协调，组织金融机构进行对接并给予支持。

（二）加强财政支持力度。

将小微企业双创基地建设和发展与现行支持政策做好衔接，统筹现有资金渠道，探索PPP、政府购买服务等模式支持小微企业双创基地基础设施改造、信息化建设、服务能力提升，以及对厂房场地租金予以补助，对优秀小微企业双创基地予以奖励。

（三）完善金融保障力度。

创新金融工具，引导金融机构加大对示范基地建设和重点项目的支持力度。推动小微企业双创基地与银行、创业投资机构、股权投资机构对接，联合设立或引进创业投资基金、股权投资基金并优先投资于小微企业双创基地内企业和项目。鼓励小微企业双创基地与中小企业信用担保机构对接，为小微企业双创基地内中小企业提供增信和融资担保，支持保险机构在小微企业双创基地内积极发展产品和服务。

（四）落实税收优惠政策。

切实落实创业孵化器税收优惠政策。小微企业双创基地符合科技企业孵化器、大学科技园税收政策条件的，可享受有关税收优惠。

五、组织实施

（一）研究制定实施计划。

各地中小企业主管部门主动作为，加强引导，大胆探索，相互借鉴，有机衔接各地方、各部门已有工作基础，制定适合当地产业和经济发展的小微企业双创基地发展实施计划。科学组织，合理定位，设立计划推进工作组，建立计划推进时间表，完善配套支持政策。

（二）加强宣传，营造氛围。

依托各地主要媒体和新媒体，加大对小微企业双创基地的宣传和推介，总结宣传示范基地运营的新模式、新思路，推广建设运营的成功经验，发挥示范基地的引领带动作用。组织各种类型的创业创新大赛、创业训练营、资本对接会等活动，营造创业创新氛围。

（三）加强与相关部门的协调沟通。

各级中小企业主管部门要结合实际情况，建立与相关部门的联系协调机制，切实推动小微企业双创基地相关政策的贯彻落实，实现上下联动、统筹推进、务实高效的政策合力。

工业和信息化部
国家发展和改革委员会
财政部
国土资源部
国家税务总局
2016年12月5日

中共北京市委关于深化首都人才发展体制机制改革的实施意见

（京发〔2016〕15号）

为全面贯彻落实中央《关于深化人才发展体制机制改革的意见》，围绕新时期首都城市战略定位和建设国际一流的和谐宜居之都的目标，加快实施创新驱动发展战略和京津冀协同发展战略，大力深化人才发展体制机制改革，现提出以下实施意见。

一、总体要求和主要目标

（一）总体要求。

深入学习贯彻中央关于人才工作决策部署和习近平总书记系列重要讲话精神，遵循社会主义市场经济规律和人才成长规律，贯彻落实创新、协调、绿色、开放、共享的发展理念，深入实施人才优先发展战略，大力破除束缚人才发展的思想观念和体制机制障碍，加快完善首都现代化人才发展治理体系，形成“聚天下英才而用之”的政策环境与制度优势，努力把首都打造成为世界高端人才聚集之都，在建设创新型国家和人才强国进程中发挥示范引领作用。

按照中央“坚持党管人才、服务发展大局、突出市场导向、体现分类施策、扩大人才开放”的基本原则，结合首都经济社会发展特点，提出如下要求。

——坚持统筹设计。健全领导体制和工作格局，创新工作方式方法，统筹各类优势资源，根据不同领域、行业特点，结合首都发展实际，具体问题具体分析，增强改革的系统性、创新性、精准性。

——坚持市场导向。充分发挥市场在人才资源配置中的决定性作用，加快转变政府人才管理职能，促进人才链、创新链、产业链、资本链和市场需求有机衔接，最大限度激发和释放人才创新创造创业活力，让人才价值得到充分尊重和实现。

——坚持区域协同。落实京津冀协同发展战略，加强区域人才协同发展顶层设计，科学谋划改革思路和政策措施，打破体制壁垒和机制障碍，形成区域内人才自由流动、创新高度融合的良好局面。

——坚持全球视野。积极参与国际人才竞争，吸引顶尖人才集聚，充分开发利用国际国内人才智力资源，完善更加灵活、更加有效的人才开发利用机制，确保人才引得进、留得住、流得动、用得好。

——坚持首善标准。围绕重大国家战略和首都经济社会发展需求，不断完善改革思路和实现路径，加快先行先试的政策创新步伐，解决制约人才发展的热点难点问题，努力为全国人才发展体制机制改革工作积累经验、提供示范。

（二）主要目标。

通过深化改革，到2020年，在首都人才发展体制机制的重要领域和关键环节上取得突破性进展，与首都作为全国政治中心、文化中心、国际交往中心、科技创新中心城市战略定位相适应的人才发展治理体系基本建立，京津冀人才一体化发展格局初步确立，各类人才的创新创造创业活力充分释放，人才对首都构建“高精尖”经济结构和开放型经济体系的贡献率明显提升，率先形成符合首都经济社会发展需要、人人皆可成才、人人尽展其才的制度环境和社会环境。

二、全面推进人才管理体制改革

（三）制定地方性人才法规。研究制定北京市人才发展促进条例、北京市人力资源市场条例等法规，推动人才竞业避止、职务科技成果转化、终身教育等方面的地方性立法工作。强化人才法规与教育、科技、文化等立法的衔接。

（四）加快转变政府人才管理职能。推动人才管理部门简政放权，消除对用人主体的过度干预，建立北京市人才管理服务权力清单、责任清单，清理规范人才招聘、评价、流动等环节中的行政审批和收费事项。强化社会参与，支持有条件的社会组织承接部分政府人才工作职能。提高经济薄弱地区和基层一线人才保障水平，在职称评聘、薪酬待遇等方面给予特殊支持，使他们在政治上受重视、社会上受尊重、经济上得实惠。

（五）分类推进用人主体管理体制机制改革。发挥用人主体在人才培养、吸引和使用中的主导作用，全面保障和落实高校、科研院所、国有企业在岗位设置、人员配备、职务评聘、收入分配等方面的用人自主权。创新事业单位编制管理方式，对符合条件的公益二类事业单位实行备案制管理，探索不再纳入编制管理，完善相关配套政策措施。鼓励事业单位深化收入分配改革，根据工作人员实绩和贡献，建立自主决定的绩效工资分配机制。国有企事业单位引进或聘用经市级人才主管部门认定的海内外高层次人才，可根据国际薪酬标准采用年薪制、协议工资制等方式支付，人才薪酬不受单位工资总额限制。逐步建立科研院所国有资产出资人制度，设立相对独立、责任明确的出资机构，减少行政干预。鼓励国有创投企业经营管理人才出资参股国有创投基金，建立项目个人跟投机制。

（六）创新人才评价机制。注重凭能力、实绩和贡献评价人才，克服唯学历、唯职称、唯论文等倾向。不将论文等作为评价应用型人才的限制性条件。改进科研人才评价考核方式，基础研究人才以同行学术评价为主，应用研究和技术开发人才突出市场评价，哲学社会科学人才强调社会评价，根据岗位特点突出能力、业绩导向分类制定评价标准。根据科技活动类别和学科特征，合理确定高校、科研院所从事基础研究的科研人才评价周期，适当延长优秀青年科技人才评价周期。注重引入国际同行评价、代表性成果评价等方式。引入专业性较强、信誉度较高的第三方机构参与人才评价。

（七）全面深化职称制度改革。制定深化职称制度改革的实施意见。完善符合首都经济社会发展特点的职称评价专业体系，开展新兴领域职称评审试点，根据人才需求在部分职称系列开设正高级职称，扩大中关村高端领军人才高级职称评审直通车适用范围。进一步推进职称评审社会化改革，鼓励支持更多的学会、行业协会、专业人才评价机构等社会组织承担职称评价的服务工作，完善“个人自主申报、社会统一评价、单位择优聘任”的职称评价机制。突出用人主体的主导作用，合理下放评审权限，推动高校、科研院所、国有企业自主评审，取消统一的职称外语和计算机应用能力考试，由用人主体根据研究领域和岗位特点确定评价依据。畅通非公有制经济组织和社会组织人才申报参加职称评审渠道。对有条件的高等职业院校下放专业技术职务评审权限，推行专业技术职务聘任制。探索中等职业学校、技校开设正高级职称。

三、加快建立京津冀人才一体化发展体制机制

（八）强化人才一体化发展顶层设计。联合制定京津冀人才一体化发展规划纲要，推动重大人才工程实施和重要创新政策落地。健全完善京津冀人才工作部门联席议事机制。根据三地产业准入目录，动态调控和优化人才结构，逐步形成人才随产业有效集聚、合理流动的体制机制。建立规范、统一、灵活的京津冀人力资源市场，搭建人力资源信息共享和服务平台。

（九）协同推进区域人才管理改革。建立跨区域人才管理改革试验区，推动京津冀在人才职称互认、医师多点执业、博士后联合培养、外籍人才出入境等方面开展人才引进、培养、使用协作试点。建立京津冀干部人才挂职交流的常态化机制，健全区域内流动人才的待遇保障机制。鼓励人才异地创新创业，对于异地创业的北京生源高校毕业生给予社会保险补贴。探索建立京津冀专利导航产业发展协同运行和区域内知识产权维权机制。

（十）建立区域人才协同创新体制机制。建立京津冀高层次人才合作机制，支持组建跨区域产业技术创新联盟，联合开展技术攻关、标准创制。促进优质科技资源相互开放，推动众创空间、创业孵化基地等互联互通，建设区域性创业人才开发培养基地。加强人才科技成果转化服务体系建设，建立信息共享、标准统一的技术交易市场。依托滨海—中关村科技园区、曹妃甸协同发展示范区、京津两地未来科技城等重点创新区域，建立健全产业融合发展、人才协同创新的体制机制。

（十一）构建开放式创新的体制机制。实施更加有利于总部企业、跨国公司地区总部、研发中心、国际组织及国际性智库等入驻的政策措施，辐射带动区域人才国际化发展。支持高校、科研院所、企业整合利用国内外创新资源，跨区域建设一批国际一流水平的开放实验室和产业技术创新中心等平台。强化北京举办重要外事外交、体育赛事的服务保障能力和人才支撑功能，落实《北京冬奥会和冬残奥会人才行动计划（2016—2022年）》，建立奥运人才联合培养机制。

四、积极构建具有国际竞争力的人才开发机制

（十二）实行更具竞争力的海外人才引进政策。适度放宽引进海外人才的条件，加强对海外人才在项目申请、成果推广、融资服务等方面的支持。探索外籍人才担任新型科研机构事业单位法人代表、相关驻外机构负责人的制度。实施“全球顶尖科学家及其创新团队引进计划”，建立人才与项目的对接机制。深入实施“北京高校高精尖创新中心建设计划”，依托高校引进一批战略科学家，形成国内外创新资源深度融合、前沿基础研究与应用技术创新紧密结合的体制机制。运用大数据、云计算等手段动态绘制“全球高端人才分布地图”，建立海外人才供需精准对接机制。发挥外事、侨务、外专、海外人才服务机构等渠道作用，建立海外联络机构协同运行机制。进一步完善引才配套政策，逐步建立与国际接轨的保障机制，切实解决引进人才在任职、社会保障、户籍、子女教育、住房等方面的问题。

（十三）构建更加灵活的海外智力开发利用机制。加快建设中关村硅谷创新中心、芬华北京创新中心、中以技术合作转移中心等境外技术转移和人才开发平台，支持有条件的企业在境外设立研发中心、分支机构、孵化载体，积极开发利用海外人才智力资源。以共建合作园区、互设分基地、成立创业投资基金等多种方式，深化人才国际化创新合作。推进北京市科技计划（项目）对外开放，支持外籍高层次人才领衔或参与承担。在北京自然科学基金中增设“国际（地区）合作与交流项目”“海外及港澳台学者合作研究项目”和“境外青年学者研究项目”，柔性开发国际高端智力。

（十四）优化国际化人才培养机制。支持在京高校、中小学、职业院校等与国外相关机构合作，开展联合办学、科学研究和人才培养等工作，并在引进外籍教师和国际教育资源等方面提供便利条件，市属高校、科研院所邀请外籍高端人才开展学术交流，可参考市场标准，探索使用外汇支付劳务费用。鼓励用人主体输送人才外出留学、访学，支持市属高校学生赴海外顶岗实习。支持有实力的研发机构、高层次人才及创新团队参与全球性重大科技领域的科技合作与创新对话。及时掌握国际组织岗位需求信息，积极做好国际组织人才培养和推送工作。实施导向明确的区别管理，健全科研人才因公临时出国（境）分类管理机制，建立更为便捷的审批模式。

（十五）推进以外籍人才为重点的海外人才管理改革。落实公安部支持北京创新发展有关出入境的政策措施，在中关村人才管理改革试验区开展外籍人才出入境管理改革试点，出台外籍人才及团队出入境实施办法。建立健全外籍人才管理服务机制，加强政府监管，发挥用人主体、中介机构作用，探索制定外籍人才分类管理服务标准。完善外籍人才荣誉称号授予体系。探索建设国际人才社区，加强涉外服务软环境建设，促进多元包容文化形成。

五、充分发挥市场在人才资源配置中的决定性作用

（十六）建立市场导向的人才引进机制。制定实施北京市积分落户管理办法，研究设立创新创业指标，对获得一定规模创业投资的创业人才及其核心团队、投资资金达到一定规模且市场贡献突出的投资管理运营人才及其核心团队、高新技术企业以及文化创意领军企业骨干、创新创业中介服务人才及其核心团队等优先办理引进。对于社会贡献突出且确有用人需要的单位，建立人才引进的绿色通道。

（十七）构建统一开放的人才市场体系。推进人才中介服务机构公共服务与经营性服务的分离改革，重点强化公共服务，培育和建设专业性、行业性人才市场。提高人才市场对外开放水平，实施更开放的市场准入制度。采取政府购买公共服务等方式，支持人才中介服务机构发展壮大。在中关村人才管理改革试验区规划和建设国家级人力资源服务产业园。

（十八）建立由经济社会发展需求决定的人才培养机制。以需求为导向，完善高校学科专业动态调整机制。推动高校打通一级学科或专业类别相近学科专业的基础课程，开设跨学校、跨院系、跨学科、跨专业交叉课程，培养复合型、创新型人才。支持高校实行弹性学制，放宽学生的修业年限，允许调整学业进程、保留学籍休学创新创业。加大校企人才联合培养力度，支持一批职业院校与企业合作办学，在专业建设、课程改革、技术研发、办学评价、招生就业等方面开展试点，推进专业设置与产业需求、课程内容与职业标准对接。职业院校招收企业职工参加非全日制学习，实行弹性学制教学，建立学分累积和转换制度。扩大博士后科研工作站独立招收规模，支持中小型科技企业设站，建立健全市、区两级财政经费投入机制。加强博士后国际交流，大力吸引海外博士来京（回国）从事博士后研究，加大博士后研究人员参加国际学术交流力度。

六、着力构建符合创新驱动发展规律的创新创业机制

（十九）完善央地人才协同创新机制。研究制定有利于中央单位人才在北京创新创业的支持措施、激励机制和服务办法，搭建科技联合攻关、产业协作共建、人才联合培养平台。推广北京生命科学研究所等机构的建设经验，在战略性新兴产业领域，打造一批央地共建的新型科研机构，试行与国际接轨的科研管理制度。创新科研组织模式，在部分有条件的央地科技创新合作机构，探索扩大科研课题选择与内部管理的自主权，建立科研人员创新项目聘期制，完善科研成果转化和产业化的支持机制。支持中关村人才管理改革试验区内中央单位落实科技人才兼职兼薪、股权激励等政策。深化院市合作机制，促进院士专家等高层次人才柔性流动。

（二十）加强知识产权保护。建立和完善职务发明成果收益分配制度，形成知识产权归属和利益分享机制，提高骨干团队、主要发明人的受益比例，保障科技人员获得无形资产的增值收益。研究探索商业模式、文化创意等新形态创新成果的保护办法。建立人才引进中的知识产权鉴定机制，防控知识产权风险。支持开展知识产权质押融资，建立市场化风险补偿机制。依托北京知识产权法院，发挥司法保护的主导作用，推动建立知识产权司法保护与行政保障联动机制。建设知识产权智库，建立知识产权人才协同创新基地。

（二十一）建立市场化的创新成果利益分配机制。赋予市属高校、科研院所科技成果使用、处置和收益管理自主权，除事关国防、国家安全、国家利益、重大社会公共利益外，行政主管部门不再审批或备案。探索和建立科技成果转移转化的市场定价机制，允许科技成果通过协议定价、在技术市场挂牌交易、拍卖等方式转让转化。合理划分创新团队、个人、单位间的科技成果转化收益分成，进一步提高成果转化收益归属研发团队的比例。促进技术类无形资产交易，探索建立市场化的国有技术类无形资产可协议转让制度，试点实施个人将科技成果、知识产权等无形资产入股和转让的支持政策。鼓励市属国有企业探索实施股权和分红激励，确定科技成果转化收益、分配方式等事项，转化收益用于人员激励的部分可在单位工资总额基数外据实列支。面向市属高校、科研院所以科技成果作价入股的企业，逐步放宽股权激励、股权出售等对企业设立年限和盈利水平的限制。对符合条件的企事业单位担任领导职务的专业技术人才，探索开展参与技术入股及分红激励试点。政府以股权投资方式支持转化的科技成果，在约定期满退出时，股权可优先回购给成果完成人。

（二十二）支持科研人员在职创业或离岗创业。完善市属高校、科研院所等事业单位科研人员离岗创业的政策措施。高校、科研院所科研人员经所在单位同意，可在科技型企业兼职并按规定获取报酬。市属高校、科研院所的科研人员对接其他单位开展技术攻关、提供科技服务所得资金收入，可由所在单位和企业自主决定资金使用和分配，用于奖励人才的部分原则上不低于50%。在职或离岗创业的科研人员在参加所在单位职称评聘与岗位考核时，其发明专利转化应用情况可与论文指标要求同等对待，技术转让成交额可与纵向课题指标要求同等对待。

（二十三）优化人才创新创业生态系统。发挥高校、科研院所、企业、投资机构、众创空间等载体的作用，促进形成人才、技术、资本等创新要素融合机制。健全产业技术政策和管理制度，营造公平竞争、开放透明的市场环境。支持人才开展技术创新、商业模式创新和管理创新，培育新兴业态，支持高层次人才开展跨界融合创新。总结推广中关村人才管理改革试验区创业孵化模式，发展市场化、专业化、集成化、网络化的众创空间。依托国家、市级人才管理改革试验区，因地制宜地优化人才发展生态环境，打造一批创新创业与宜居宜业功能相结合的创业社区。

七、大力完善有利于人才优先发展的财税金融保障机制

（二十四）推进财政科技资金管理改革。调整优化全市各类人才工程（计划、项目），建立跨部门统筹决策和联动管理机制，搭建统一规范的信息化平台。探索事前申报事后奖励制、科研成果购买制等科研项目管理方式。强化财政科技资金的分类支持，对基础前沿类科技计划强化稳定性、连续性支持，对市场需求明确的技术创新活动通过风险补偿、后补助、创业投资引导等方式，发挥财政资金的杠杆作用，引导社会投入。强化项目（课题）承担单位在经费与使用中的法人主体责任。改革科研项目管理和科技资金管理办法，提高人力资源费用支出比例，科研项目承担单位可根据研发的实际需要，自行确定和合理调整政府资助科技经费的支出结构。对通过结题验收的政府科研项目，结余的科技经费由项目承担单位自主安排用于科研相关工作。严把立项、结项关，建立科学合理的评估、审计、监督制度。对哲学社会科学领域项目（课题），建立充分体现人才智力贡献的经费管理机制。积极探索和扩大科研单位对横向课题经费使用的自主权。

（二十五）探索有利于人才发展的税收改革试点。对已入选国家和北京市重点人才工程（计划、项目）的高层次人才所在企业的国家和北京市重点实验室、工程技术中心等科研平台，提供进口科技研发设备或教学科研用品的税收支持政策。对高新技术企业和科技型中小企业转化科技成果给予个人的股权奖励，递延至取得股权分红或转让股权时按规定纳税。研究制定北京市高级人才奖励办法。

（二十六）优化有利于创新创业的科技金融体系。加大财政资金投入，引导产业资本、金融资本共同组成多种类型基金，重点服务种子期、初创期企业发展，形成对不同阶段创新创业人才及所在企业的金融支持体系。鼓励天使投资、风险投资、商业银行等机构开展股、债、贷相结合的融资产品与服务。支持创业板、新三板、本市区域性股权市场、机构间私募产品报价与服务系统等多层次资本市场发展，完善高层次人才及所在企业借助境内外多层次资本市场融资的政策机制。

八、切实加强党对人才工作的领导

（二十七）健全党管人才工作格局。发挥党委（党组）在人才工作中的领导核心作用，保证党的人才工作方针政策全面贯彻落实。党委（党组）每年至少听取一次人才工作汇报，研究重大问题和重要政策。改进党管人才方式方法，完善党委统一领导，组织部门牵头抓总，有关部门各司其职、密切配合，社会力量发挥重要作用的人才工作新格局。进一步明确工作职责，配强工作力量，将行业、领域人才队伍建设列入相关职能部门“三定”方案。

（二十八）推动责任落实。完善全市人才工作目标责任制实施办法，将推动改革情况作为人才工作目标责任制考核的重要内容，把考核结果作为对领导班子和领导干部评价的重要依据，并将人才工作列为落实党建工作责任制情况述职的重要内容。各相关部门要切实履行主体责任，研究制定涉及改革的相关政策、方案和具体措施，明确改革路线图、时间表，将责任落实到位。各区健全“一把手”抓“第一资源”的工作体制，完善区人才工作领导小组运行机制，派专人专司改革工作。

（二十九）加强政治引领和政治吸纳。充分发挥党的组织凝聚人才作用，通过开展国情研修、专家休假、服务基层和中西部地区、建言献策等活动，增强专家人才对党情、国情、社情、市情的了解，加强对专家人才的政治引导，激发人才服务发展的热情。加强与组织工作、统战工作的联动，推进专家人才的政治吸纳，增强党对专家人才的影响力。

（三十）营造人才发展良好环境。充分整合资源，构建人才工作宣传和表彰体系，大力宣传专家人才典型和人才工作经验，扩大人才表彰的覆盖面和影响力，增强人才荣誉感和归属感，营造尊重人才、见贤思齐的社会环境，鼓励创新、宽容失败的工作环境，待遇适当、无后顾之忧的生活环境，公开平等、竞争择优的制度环境，更好地将各类人才团结凝聚到党的事业周围。

中共北京市委

2016年6月13日

通州区关于加强科技创新人才队伍建设的意见

（通人才办〔2016〕10号）

为切实加强科技创新人才队伍建设，充分发挥科技创新人才对经济社会发展的推动作用，加快推进北京城市副中心建设。根据《北京市通州区中长期人才发展规划（2010—2020年）》，结合科技创新人才工作实际，制定本实施意见。

一、指导思想、基本原则与总体目标

（一）指导思想。

紧紧围绕区委、区政府工作大局，以提升科技创新能力为目标，以加强科技创新人才创新服务为重点，以强化科技创新人才服务政策措施为保障，大力实施科技兴区、人才强区和创新驱动发展战略，实施更加开放的人才政策，释放科技创新人才创新创业活力。创新体制机制，优化科技创新人才结构和发展环境，加强科技创新人才的培养、使用和引进，营造有利于科技创新人才发展的创新文化和政策环境，实现科技创新人才的超常规、跨越式发展，为加快推进北京城市副中心建设提供强有力的人才保障和智力支持。

（二）基本原则。

1．人才优先。进一步树立“科技是第一生产力”“人才是第一资源”的理念，科学谋划科技创新人才发展战略布局，确保人才投入优先保证，人才资本优先积累，人才结构优先调整，人才资源优先开发，人才制度优先创新，人才环境优先创建，以人才优先发展引领和带动经济社会科学发展。

2．政策创新。构建科技创新人才工作格局和体制机制，加大人才发展体制和政策创新力度，重点突破科技创新人才开发、培养和使用等方面的制度瓶颈，不断增强科技创新人才体制机制的灵活度和政策的开放度，加快推进人才政策一体化、扶持资金规模化，促使人才政策集中发力、效应叠加。

3．科学配置。加大科技创新人才培养和结构调整力度，不断优化科技创新人才队伍结构和布局。深化人才体制机制改革，创新用人机制和分配机制，充分利用市场配置资源的决定性作用，促进人才流、资本流、项目流、技术流良性互动，加快人才集聚，实现科技创新人才的科学配置。

4．以用为本。把充分发挥科技创新人才的作用作为科技人才工作的根本任务，围绕用好用活科技创新人才来培养人才、引进人才，大力培养和吸引高层次创新人才和创新团队，积极为科技创新人才创新创业和实现价值提供机会和条件，使科技创新人才创新智慧竞相迸发。

（三）总体目标。

到2020年，建立完善与我区经济社会发展相适应的、结构合理、素质优良的科技创新人才队伍，形成高层次专家、行业科技带头人、基层科技骨干三级科技创新人才队伍体系，集聚一批达到国际先进水平的科技创新团队和领军人才、一批专业地位突出的创新创业领军人才、一批在专业技术技能方面发展潜力巨大的后备培养人才，努力实现人才结构明显改善，人才素质明显提高，人才效能明显增强，人才环境明显优化，人才发展体制机制明显创新。万人拥有专业技术人员数突破150人；每万人发明专利拥有量达10件。

二、主要工作任务

（一）大力引进国内外高端人才。围绕全国科技创新中心和北京城市副中心建设需求，建立城市副中心国际专家智库，分专业、分领域集聚全球智力资源，为城市副中心建设提供智力支撑。围绕重点领域、重大项目，采取直接引进或“柔性”开发等方式，加快开发引进国内外高层次人才和团队。

（二）培育扶持区内科技创新人才。贯彻落实《通州区科学技术奖励办法》《通州区扶持科技创新人才实施办法》和《通州区专利资助及奖励暂行办法》等激励科技人才创新创业的科技政策。做好市科学技术奖励项目申报、区科学技术奖励项目评选、区科技创新人才资助奖励和专利资助及奖励工作。加强对创新成果的知识产权保护与创新成果转化应用的支持。积极指导企业加强与首都高等院校、科研机构人才对接工作，促进人才培养和科技成果转化。对于符合条件的创新人才和团队，帮助其建设、申报国家和市级研发平台，积极争取上级创新人才推进计划支持。选拔推荐优秀科技人才参加国家、市各类科技创新创业人才评比，进一步激发科技人才创新创业热情。

（三）加强科技人才后备队伍建设。发挥政府科技投入作用，着重引进博士或专业技能突出的硕士以上毕业生，立足产业和企业需求，引进至全区科技型企业、科研院所和各类研发平台工作，集中突破一批制约产业或企业发展的关键技术。培育一批发展潜质好、专业特色突出、年龄结构合理、服务区域经济发展作用明显的青年科技人才，组建结构合理的后备科技人才梯队。区科委在科研项目安排、科研条件布局等方面，对后备科技人才给予积极支持，各级科技创新平台要优先满足人才需要，为青年科技人才创新创业提供优质服务，为高端科技人才培育打牢基础。对于创新创业成绩突出的青年科技人才、团队，支持其建立博士后工作站等人才创新创业载体。

（四）加快发展高新技术企业。大力宣传国家和市扶持高新技术企业发展的优惠政策，进一步加强对高新技术企业的管理和服务，着力做好高新技术企业认定工作，支持企业做大做强，把一批科技型中小企业培育成高新技术企业，形成高新技术企业聚群、产业聚集，以吸引高层次科技人才，为他们提供用武之地。到2020年，力争使全区高新技术企业超过500家，高新技术企业从事研究开发人员超过1.3万人。

（五）推进人才科技产业一体化发展。把人才工作与科技项目实施更加紧密地结合起来，建立科技项目对科技创新人才成长持续支持机制，切实把科技项目实施的过程变成人才培育的过程。重点扶持科技型中小企业尤其是科技创新人才创业初期企业，扶持企业优秀科技人才进行技术创新，助推企业快速成长。支持相关单位承担市级以上科技计划项目，按其获得的支持资金择优给予一定的配套支持。积极推荐高层次创新创业人才申报国家科技计划、市自主创新专项及市自主创新成果转化重大专项等。做到引进一批领军人才、组建一批创新团队、兴办一批高新企业、带动一批新兴产业，推进人才科技产业一体化发展。

（六）加强科技人才创新创业平台建设。鼓励并支持国内外高等院校、科研机构到通州建立产学研合作机构、技术转移机构并与区内企业开展实质性产学研合作。对自主创新性强、技术含量高、市场前景好的项目给予支持。鼓励企事业单位建立重点实验室、工程技术研究中心、科技研发机构、科技孵化器、产业技术创新战略联盟、众创空间等创新创业平台。对获批市级以上的资质认定的平台，给予相应的资金支持。加快建设专业性服务人才队伍，加强科技信息、技术交易、金融、法律、咨询等专业人才培育，重点在技术产权、企业管理、投融资、信息化等方面培养一批高层次人才。完善知识产权服务体系，为科技创新人才提供知识产权信息服务，提高掌握和运用知识产权的能力。争取新建一批市区、区院合作服务平台，整合相关资源，打造各类综合服务平台，为人才创新创业提供个性化、专业化、全方位优质服务。

三、保障措施

（一）建立科技创新人才工作推进机制。实行科技创新人才工作责任制，建立领导联系高端人才制度，为引进的高层次人才和创新创业团队创新创业提供跟踪服务。明确各乡镇科技管理部门和区科委相关科室服务科技创新人才工作的目标责任，构建高效务实的工作运行机制。加强与党委、政府部门之间的横向合作，做好政策资源的衔接配套，形成全区上下共同推进人才工作的强大合力，协同推进科技创新人才队伍建设。

（二）完善科技创新人才培养机制。建立科技项目对科技人才成长持续支持机制。重点扶持科技型中小企业尤其是科技创新人才创业初期企业，鼓励企业积极探索股权、期权、分红等激励方式，增强对关键岗位、核心骨干科技人员的激励。开展产学研用联合培养人才试点，支持企业、高等院校和科研院所联合培养人才。通过共建科技创新平台、开展合作教育、共同实施重大项目等方式发现和培育人才，支持高校和企业共建各类实习实训基地，利用产业园区、科技型企业等空间载体，集中开展寒暑期实习实训课程，不定期举办科技体验营等活动。

（三）加大财政投入和资金支持力度。全面落实我区对培育和引进高层次人才的资助政策。设立科技创新人才发展专项资金，用于保障科技创新人才工程项目的实施，并以此作为扶持重大项目的必要条件。科技创新人才发展专项资金要随财政收入逐步增长，保证科技创新人才工作顺利开展。要研究制定加强科技人才投入的措施办法，保证科技创新人才发展专项投入及时到位。要根据人才工作重大决策和部署，主动将政策资源与人才工作进行衔接和政策配套，实现优势政策资源向人才集聚倾斜。

（四）营造科技创新人才成长的良好氛围。建立科学引导和激励机制，促使创新型科技人才脱颖而出。加大对科技创新人才先进典型宣传力度，广泛宣传报道其典型事迹、成功案例、创新举措和重大成效，在全社会构建激发“尊重劳动、尊重知识、尊重人才、尊重创造”社会共识，营造“崇尚创新、宽容失败、支持冒险、鼓励冒尖”的创新氛围。表彰奖励做出突出贡献的科技人才，在对其科研经费和科研条件进行扶持和资助的基础上，对其本人予以一次性物质奖励，特别是在国家和市重要评比中获得重大奖项的优秀人才，给予配套奖励。

北京市通州区人才工作领导小组办公室
2016年7月5日

中共河北省委 河北省人民政府关于深化人才发展体制机制改革的实施意见

（冀发〔2016〕28号）

为深入贯彻落实中共中央印发的《关于深化人才发展体制机制改革的意见》（中发〔2016〕9号）精神，结合我省实际，提出如下实施意见。

一、总体要求

深入贯彻习近平总书记系列重要讲话精神，特别是关于人才工作的重要论述，协调推进“四个全面”战略布局，认真践行创新、协调、绿色、开放、共享发展理念，着力破除束缚人才发展的思想观念和体制机制障碍，向用人主体放权，为人才松绑，进一步激发人才活力，形成具有竞争力的人才制度优势，为建设经济强省、美丽河北提供强大人才支撑和智力支持。

二、改革人才管理体制

（一）建立政府人才管理服务权力清单和责任清单。消除对用人主体的过度干预，全面清理不符合人才成长规律的政策法规，清理规范人才招聘、评价、流动等环节中的行政审批和收费事项。优化整合各类人才项目和专家称号。推进人才管理服务市场化社会化，安排专项资金扶持人力资源服务业发展。加大政府购买服务力度，推进人才选聘、培训、测评等技术性工作向专业组织和服务机构转移。

（二）给用人主体足够的自主权。改进事业单位人事编制管理方式。对符合条件的公益二类事业单位，在财政保障政策不变的基础上，按规定推行“四自一特”管理办法，自主确定编制控制数、自主设置内设机构和所属院所、自主设定岗位结构比例和岗位聘用、自主选人用人，实行备案制管理；用人单位对优秀人才可特设岗位，实行协议工资等分配形式，不纳入绩效工资总量管理。科研院所可在核定机构编制限额内自主设置内设机构和下属单位，调剂使用编制，实行高层次人才周转编制制度。对高层次人才集中的事业单位适当提高绩效工资总量。

（三）实行科研项目负责人负责制。制定符合人才创新规律特点的科研项目管理和审计办法。赋予项目负责人更大的技术管理决策权，可由其自主确定研究方向和技术路线；赋予更大的选人用人权，可根据科研需要自主组建团队选聘人员；赋予更大的经费支配权，将科研项目直接费用中多数科目预算调剂权下放到承担单位，由其自主使用科研经费。

三、创新更具吸引力的人才引进机制

（四）大力引进海内外高层次人才。健全完善高层次人才引进的若干措施。积极引进院士，驻冀工作的省财政给予每人1000万元科研经费补贴和200万元安家费；积极引进国家“千人计划”专家等高层次领军人才，每人给予200万元至1000万元科研经费补贴和100万元安家费。实施“外专百人计划”，参照国家“千人计划”高层次领军人才标准落实支持政策。对海内外顶级高层次人才团队带技术、带成果、带项目来我省创新创业和转化成果的，省财政给予500万元至2000万元支持资金。对引进特殊人才和团队，可采取“一事一议”方式给予特殊支持。建立高层次人才引进前期介入支持制度。

（五）加大柔性引才力度。发挥协同发展优势，以京津为重点，鼓励高校、科研院所、企业通过挂职兼职、技术咨询、周末工程师等方式，柔性汇聚国内外人才资源。支持人才带科研成果在我省转化落地，来冀工作不计时间长短，视业绩贡献可与省内人才在职称评定、表彰奖励、科研立项、子女教育、医疗保障等方面享受同等待遇。为我省提供智力服务的高层次人才，省财政视贡献情况对用人主体给予10万元至50万元的引才补贴。各级政府每年组织开展招才引智活动，把人才引进工作列入出国出访团组任务。各类行业协会、科技社团等社会组织发挥好招才引智作用。将河北人才网打造成招才引智的官方门户平台。设立“全民引才伯乐奖”。

（六）激发企业引才聚才动力。制定支持企业引进人才的政策措施。对企业整建制引进的创新团队，在平台建设、科研项目等方面优先支持，即时受理，不受指标限制。对企业从省外引进的高层次人才，依据成果产业化程度可给予企业奖励资助。企业用于招才引智的投入包括薪酬等支出实行税前扣除。国有企业引才专项投入成本视为当年利润考核。企业从省外引进或自主培养的国家、省高层次人才，省财政给予企业30万元至50万元奖励资助。

四、完善符合人才成长规律的培养机制

（七）强化领军人才和团队培养力度。创新人才教育培养模式，集中力量打造一流大学、一流学科，形成与河北发展相契合的重点学科体系。完善产学研用相结合的育人机制，制定鼓励企业、科研院所与高等院校联合培养人才的支持措施，加快培育重点行业、重点领域、战略性新兴产业人才。深入实施各类高层次人才培养计划，制定分类培养支持人才成长的措施。对成功入选院士等国家高层次人才的，省财政给予最高1000万元支持资金。

（八）壮大创新型企业家和“燕赵工匠”队伍。实施万名创新型企业家培养工程。研究制定国有企业职业经理人制度。创新民营企业家队伍培养方式，推进与国有企业双向挂职，组织海外培训考察，开展创业导师帮带工作。实施“百万燕赵工匠培养支持计划”，打造一批高水平职业教育集团，建设特色鲜明的职教园区。加强技能人才公共实训基地和技能大师工作室建设。

（九）促进优秀青年人才脱颖而出。强化对青年人才普惠性支持，深化拓展青年拔尖人才支持计划。在各类研究资助计划中设立青年专项，重大科技项目申报适当提高科研团队的青年人才比例。探索实行合作导师制和创新研究助手制等方式，加快青年人才培养成长。深化拓展“名校英才入冀”计划，吸引名校毕业生来我省工作，省市财政5年内每人每月发放1000元房租补助。

五、改进人才评价激励办法

（十）深化人才分类评价和职称制度改革。研究制定人才分类评价办法，基础研究突出同行学术评价，应用研究突出市场评价，哲学社会科学研究突出社会评价。制定深化职称制度改革的实施意见，合理界定和下放职称评审权限。省属骨干本科院校和科研单位、有条件的省委管理领导人员企业可自主评审主系列正高级及以下职称，有硕士授权的普通本科院校可自主评审主系列副高级及以下职称，评审结果报省职改办备案。紧缺急需和贡献突出的优秀人才，可实行高级职称直评直聘制度。畅通民营企业职称评审渠道，具备条件的民营企业可试行职称自主评聘。探索体现职业教育特点的高职院校自主评审职称办法。

（十一）加大科研成果转化激励力度。赋予高校、科研院所科研成果使用、处置和收益管理自主权，除事关国防、国家安全、国家利益和重大社会公共利益外，行政部门不再审批或备案。高校、科研院所可以协议方式，进一步将成果使用权、处置权和收益权授予研发团队。探索科研成果产权化，引入科研成果市场化定价机制，建立健全成果转化激励分配机制。提高高校、科研院所科研人员成果转化收益比例，科研团队所得不低于70%。鼓励人才为社会提供技术服务，收入与成果转化收入同等对待。

（十二）释放博士后和大学生创新创业潜能。支持博士后科研流动站、工作站和成果转化基地建设，鼓励自然科学研究和产品开发应用类博士后到我省开展技术创新和成果转化。提高进站博士后工作补助，鼓励博士后到企业挂职，领取相应报酬。实施大学生创业引领计划，支持建立众创空间等创新创业载体。优秀创业项目由当地财政给予最高50万元资助经费。

六、构建合理顺畅的人才流动机制

（十三）破除人才流动障碍。打破户籍、地域、身份、学历、人事关系等制约，通过直接引进、公开选拔、聘任、挂职等办法，畅通党政机关、企事业单位、社会各方面人才流动渠道。对引进人才原在省外获得的专家称号、专业技术职务予以相应承认。非本人原因未能从原单位办理有关手续的人才，经调查认证后兑现相关待遇。加快人事档案管理服务信息化建设，完善社会保险关系转移接续办法，为人才流动提供方便快捷服务。

（十四）支持机关事业单位人才离岗创业。允许高校、科研院所等事业单位科研人员离岗在冀创办企业或到企业开展科技成果转化，5年内保留人事关系，代缴社会保险和住房公积金，档案工资和专业技术职务正常晋升。期满重返原单位的，工龄连续计算。高校、科研院所人员到企业兼职，可按规定领取相应报酬或奖励。鼓励党政机关优秀人才按照组织批准、个人自愿、双向选择原则，离岗到企业兼职，支持企业发展，不在兼职企业领取任何报酬和投资入股，离岗期限3年，机关原待遇不变。允许党政机关优秀人才按规定辞职领办企业或自主创业，做好社保、职称评聘等接续工作。

（十五）促进人才向开发区、基层一线和艰苦地区流动。推进开发区人才优先发展战略，鼓励支持开发区人才体制机制改革先行先试，扩大人才管理改革试验区试点。弘扬李保国精神，鼓励专业技术人才为基层一线和艰苦地区提供服务，服务期间提高基层补助，符合晋升上一级职称条件的可不受岗位设置限制直接评聘职称。实施人才精准扶贫行动计划。深入推行科技特派员制度。适当提高基层机关事业单位人员补助标准。

七、建立京津冀人才一体化发展机制

（十六）推进区域人才协同发展。按照“互为所用、融合提升、实现多赢”要求，围绕我省“三区一基地”发展定位，与京津一起制定实施京津冀人才一体化发展规划纲要，推进三地人才协同发展。健全完善京津冀人才工作协调机制，搭建人才信息共享和服务平台。支持我省企事业单位在京津设立研发中心、孵化器，吸引京津高校、科研院所在我省设立分支机构、中试基地。建立区域资源共享的京津冀专家人才库、科技成果库、需求信息库。推进区域人才评价标准和资格证书互认制度。推动区域口岸过境免签政策互联互通，对部分国家人员实施144小时过境免签政策。

（十七）实施区域特色人才工程。大力实施冬奥人才计划。推进我省冰雪运动、专职救护、雪场建造维护、场馆运营等体育产业人才队伍建设。依托张承地区自然资源与环京津区位优势，培养聚集一批健康、养生、养老、旅游等方面的技术技能人才和管理人才，推进生态休闲、健康养老社区等特色产业发展。深入实施“引智共建蓝天计划”，加强京津冀区域环境人才交流合作。

八、健全服务人才发展保障机制

（十八）完善多元投入机制。加大财政投入力度，优化支出结构，统筹整合各类人才资金，各级财政设立人才发展专项，完善人才资金管理使用评价机制。实施重大建设工程和项目，合理安排人才开发培养经费。发挥政府资金的引导和撬动作用，发展天使投资和创业投资引导基金，研究制定鼓励企业和社会组织加大人才投入的政策措施。

（十九）给予人才创新创业平台要素支持。打造高水平技术创新和中试平台，支持建设一批科学家领衔的新型产业研究院。鼓励高校、科研院所、企业自主或产学研用合作建设研发机构。凡认定为国家级、省级重点实验室和工程技术研究中心等，省财政给予10万元至50万元人才团队建设资金。各设区市及有条件的县（市、区）依托开发区建设功能齐全、服务完备、各具特色的高层次人才生态型创新创业园区。加强创新成果知识产权保护，拓展知识产权投融资服务。国土资源管理部门每年预留土地指标，专项用于高层次人才创业项目成果转化，确保项目带土地指标直接落地。

（二十）推行人才服务“绿卡”制度。加强人才服务窗口建设，省市两级设立人才综合服务平台，建立高效便捷的线上线下人才服务模式。全面推行河北人才服务“绿卡”，为人才在落户、子女入学、社保、医疗、住房、乘车等方面提供便利。组建人才服务专员队伍，协助解决人才个性化需求。将外籍人才养老、医疗等社会保险服务纳入“绿卡”服务范围。

九、加强党对人才工作的领导

（二十一）完善党管人才工作格局。加强党对人才工作统一领导，进一步明确各级人才工作领导小组职责和工作规则，建立组织部门牵头抓总，职能部门各司其职、密切配合的联席会议制度。加强人才工作力量，建立健全专门人才工作机构，在机构设置、人员编制上予以明确和保障。理顺党委和政府人才工作职能部门职责，将行业、领域人才队伍建设列入相关职能部门“三定”方案。

（二十二）建立人才工作目标责任制。研究制定建立人才工作目标责任制的实施意见，探索建立以人才投入强度、人才数量素质、人才成果贡献为主要内容的综合评价指标体系，将人才工作纳入各级领导班子和领导干部综合考核重要内容，列入落实党建工作责任制情况述职，作为领导班子评优、干部评价的重要依据。

（二十三）加强对人才的关心关爱。建立领导干部直接联系人才机制，实行专家决策咨询制度，发挥新型智库作用。健全高层次人才和特殊一线人才医疗保健制度。实行人才荣誉激励制度。建立人才工作常态化宣传制度，加强优秀人才典型宣传，营造人人渴望成才、人人努力成才、人人皆可成才、人人尽展其才的良好氛围。

各级党委和政府要高度重视人才工作，切实加强领导，部门协同，上下联动，形成合力。各地各部门要因地制宜，积极改革探索，加强指导监督，及时研究解决人才发展体制机制方面存在的新情况新问题。各有关部门要结合职能制定实施细则，推动相关改革措施和工作任务的落实。

中共河北省委
河北省人民政府
2016年7月10日

沧州市人民政府关于大力推进大众创业万众创新若干政策措施的实施意见

（沧政发〔2016〕11号）

为深入贯彻落实《河北省人民政府关于大力推进大众创业万众创新若干政策措施的实施意见》（冀政发〔2015〕41号）精神，进一步优化创业创新环境，激发全社会创业创新活力，现结合我市实际，提出如下实施意见：

一、 营造创业创新政策环境

（一）进一步推进政府简政放权。深化行政审批制度改革，全面清理、调整与创新创业相关的审批、认证、收费、评奖事项，将保留事项向社会公布。落实国家和省取消和下放的行政审批事项，强化部门协同，简化审批手续，缩短审批时限。加强企业事中事后监管，加快企业监管警示系统建设，逐步建立企业自治、行业自律、政府监管、社会监督的立体监督体系。

（二）深化商事制度改革。健全“三证合一”登记制度，全面推行工商营业执照、组织机构代码证、税务登记证“三证合一”。尽快实施“一址多照”“集群注册”等注册登记改革。积极探索网上申请、网上受理、网上审核、网上发照和网上公示，提高市场主体注册登记的便利化水平。对小微企业的处罚采取以告诫为主的方式，为企业创造宽松的经营环境，为创业创新提供便利的工商登记服务。

（三）加强创业知识产权保护。加大知识产权交易推进工作力度，完善知识产权快速维权与维权援助机制，缩短侵权处理周期。加大对反复侵权、恶意侵权等行为的处罚力度。完善权利人维权机制，完善行政调解等非诉讼纠纷解决途径。推动京津冀知识产权执法保护一体化建设，建立知识产权重大案件办理协作通道。

二、完善财税扶持政策

（一）加大财政资金支持力度。统筹安排各类支持中小微企业和创业创新的资金，强化资金预算执行和监管，加强资金使用绩效评价。实施新兴产业“双创”三年行动计划，支持建立一批新兴产业“双创”示范基地，对创业创新基础设施类重大项目给予财政资金支持。对新认定的市级以上众创空间给予一定的财政补贴。

（二）充分发挥政府采购的引导作用。落实国家关于政府采购促进中小企业发展的有关政策，改进采购计划编制和项目预留管理，增强政策对小微企业发展的支持效果。加大创新产品和服务的采购力度，对符合条件的企业鼓励采用首购、订购、远期约定购买等非招标采购方式，促进创新产品的研发和规模化应用，把政府采购与支持创业发展紧密结合起来。

（三）落实促进就业创业税收优惠政策。严格落实国家扶持小微企业、高新技术企业、技术先进型服务企业、科技企业孵化器、大学科技园、技术转让、研发费用加计扣除、固定资产加速折旧等税收优惠政策。对符合条件的众创空间和投向创业创新活动的天使投资等给予税收优惠支持。落实促进高校毕业生、残疾人、退役军人、登记失业人员等创业就业税收政策。

三、构建多元化投融资体系

（一）强化创业投资引导。积极推广政府与社会资本合作（PPP）模式，引导社会资金支持大众创业，使社会投资和政府投资相辅相成。优化政府投资方向，通过投资补助、基金注资、担保补贴、贷款贴息等，优先支持创新企业的初创发展，帮助创新企业规范运作。适时成立创业投资引导基金，发挥财政资金杠杆作用，引导社会资金和金融资本共同支持创业创新。

（二）拓宽创业投资融资渠道。鼓励保险业投资机构与商业银行、保险公司等开展市场化合作，推动发展投贷联动、投保联动、投债联动等新模式。发挥国有资本在创业创新中的作用，鼓励国有企业参与新兴产业创投基金、国有资本创业投资基金、开发区创业投资基金等。加大宣传推广和辅导力度，帮助具有持续盈利能力、主营业务突出、规范运作、成长性好的企业在资本市场首发上市，在“新三板”挂牌。

（三）增强资本市场融资能力。对符合条件的创业企业在中小板、创业板、区域股权交易市场等多层次资本市场上市、挂牌融资，对上市、挂牌成功的分别给予一定奖励。鼓励创业企业利用公司债、中期票据、短期融资券等方式融资，支持符合条件的发行主体发行小微企业增信集合债等债券创新品种。推动互联网金融发展，引导和鼓励众筹融资平台规范发展，开展公开、小额股权众筹融资试点，加强风险控制和规范管理。

四、激发大众创业创新活力

（一）鼓励专业技术人员创业。完善高校、科研院所等事业单位专业技术人员兼职创业、离岗创业有关政策。对离岗创业的，经原单位同意，可在3年内保留人事关系，与原单位其他在岗人员同等享有参加职称评聘、岗位等级晋升和社会保险等方面的权利。加大对海内外高端人才和创业团队到我市开展创新创业活动的支持力度，对拥有先进技术和自主知识产权的人才或团队到我市实施科技成果项目转化的，经认定后，市财政给予一定科研经费支持。

（二）鼓励大学生创新创业。依托市内高校建设大学生创业园，成立创业创新服务中心，促进科技成果转化与大学生创业有机结合。市内各高校要积极开设创新创业课程，加强面向师生的创新创业培训。允许在校大学生休学从事创业活动，休学时间可视为其参加创新创业实践教育时间。对高等学校毕业生创办科技型小微企业的给予一定房屋租赁、社会保险等补贴。

（三）鼓励农村劳动力创业创新。各县区要依托园区整合创建农民工返乡创业园，以农民工返乡创业促进园区发展，以园区发展承载农民工返乡创业，强化财政扶持和金融服务，打造具有区域特色的创业集群。优先安排返乡农民工参加农村实用人才培训、新型职业农民培训，提高劳动技能和管理水平。大力发展农村电子商务，支持龙头企业结合乡村特点建立电子商务交易服务平台、商品集散和物流中心。大力发展休闲农业与乡村旅游，创建一批乡村旅游创客示范基地。

（四）畅通人才流动渠道。深化社会保障制度改革，推进机关、企事业单位等各方面人才自由流动。加强社保、住房、教育、医疗等公共服务体系建设，推进京津地区医疗保险、子女入学、户籍管理、证照资质等方面的互通互认改革，破除京津科技人才来我市创业创新的制度障碍。建立完善人才需求信息网络，定期发布产业政策、发展重点和急需紧缺职业（工种），引导京津区域人才向我市流动。

五、强化创业创新服务支撑

（一）加快发展大众创业平台。以行业领军企业、创业投资机构、社会组织等为主力，以高校、科技企业孵化器、科研院所和知名电商为载体，通过壮大主体、对接金融、优化环境、重点奖励等举措，提升创新创业服务能力，建设一批孵化与创业投资紧密结合的众创空间。鼓励各类创新主体在高新技术和战略性新兴产业等领域，集成人才、技术、资本、市场等各种要素，兴办创新与创业相结合、线上与线下相结合、孵化与投资相结合的孵化机构。

（二）强化与京津区域对接合作。积极推进与京津高校、科研院所及国企、央企等对接合作，围绕“互联网+”、节能环保、清洁能源、高端装备制造等领域挖掘包装一批京津冀协同创新项目，推动落地一批技术合作、成果转化项目。借力京津服务业资源，以技术市场、技术检测、专利代理、技术咨询等为重点，加强市级技术市场建设，建成互联互通、资源共享、覆盖全市的创新性技术市场服务体系。

（三）促进“互联网+”创业创新。搭建以公共研发、检验检测、信息服务、设备共享等为重点的科技中介服务平台，为创业者提供研发工具、经营管理和市场营销等方面的支持和服务。深化与阿里巴巴、腾讯、神州数码、中兴、中关村智慧环境产业联盟等大型互联网企业合作，发挥其产业整合和技术优势，向小微企业和创业团队开放平台入口、计算、存贮和数据资源，运用互联网、大数据等技术为创业创新提供数据共享和高效服务，积极推广众包、用户参与设计、云设计等创业创新模式。

（四）促进科技成果转化。围绕优化创新资源、激活创新主体、改善创新环境、提升创新能力，推动科技成果转化和技术转移。引导创业孵化与高校、科研院所等技术成果转移相结合，完善技术支撑服务。鼓励国内资本与境外合作设立新型创业孵化平台，引进境外先进创业孵化模式，提升孵化能力。加大对创新型企业的专利扶助力度，加强知识产权执法能力建设和维权援助能力建设，保护创新型企业的合法权益。

（五）壮大创业创新技术平台。加强以企业为主体的创新能力建设，对新认定的省级以上企业技术中心、工程技术研究中心等研发平台给予一定奖励。充分利用重点实验室、工程实验室、工程（技术）研究中心等创新资源和研发条件，健全大型科学仪器资源共享服务联盟，为大众创业、万众创新提供有力支撑。找准京津创新资源与我市需求的契合点，强化主动对接，力争在园区基地、技术交易市场、创新联盟共建等方面实现新突破。

（六）完善基层创业支撑服务。加强城乡基层创业人员社保、住房、教育、医疗等公共服务体系建设，健全职业技能培训体系，加强远程公益创业培训，提升基层创业人员创业能力。鼓励市内高等院校、职业学校、技工院校开设具有行业特点、与创业创新密切相关的专业课程，优化教育师资结构，吸纳有实践经验的创业者、职业经理人和其他专业人员加入师资队伍。建设一批创业创新实训基地，培育一批生产经营型、专业技能和专业服务型人才。支持开展各类创业创新讲座、论坛、培训、创业创新大赛等活动，为创业者提供内容丰富、形式多样的公共服务和展示平台。

六、建立协同推进工作机制

（一）加强统筹协调。各县区及有关部门要把推进大众创业万众创新摆上重要议事日程，及时研究解决工作推进中的问题，加强对全市创新创业工作的统筹指导和综合协调，强化部门协同和上下联动，切实形成合力，全力推进大众创业万众创新蓬勃发展。

（二）推动工作落实。各县区及有关部门要结合实际，制定具体的操作办法，明确任务分工，落实工作责任，强化督促检查，切实加大资金投入、政策支持和条件保障力度，确保促进创新创业的各项政策落到实处。

（三）营造良好氛围。市直有关部门要统筹做好对大众创业万众创新工作的新闻宣传、政策解读和舆论引导工作，及时总结和推广先进经验，努力营造大众创业万众创新的良好氛围。

沧州市人民政府
2016年6月24日

山西省引进支持海外高层次人才创业创新团队暂行办法

（晋组通字〔2016〕87号）

为进一步加强我省引进海外高层次人才工作力度，通过丰富引进方式，拓宽引进渠道，吸引更多优秀人才团队来晋创业创新，形成人才集聚优势，给合我省实际，制定本办法。

一、团队类型及申报条件

（一）创业团队。

创业团队是指自带技术、项目、资金落户山西创办企业，有明确的产品和市场目标，符合我省产业发展战略布局和产业技术创新要求，具有较好市场前景，能引领和带动我省产业优化布局的优秀团队。申报条件为：

1．创业团队应包括1名团队负责人和至少5名核心成员。

2．团队负责人须入选国家“千人计划”或山西省“百人计划”及国家部委和其他省（区、市）海外高层次人才引进计划；除周队负责人，核心成员中至少应有3人为海外留学人员或曾在海外相关领域工作超过一年以上的归国人员；核心成员应具有硕士以上学位，其中一半以上应具有博士学位；核心成员三分之二以上应从省外引进；核心成员已经有较好的合作基础和成功的合作案例或所从事的专业具有关联性和互补性；团队一半以上成员应有在国内外知名企业从业经历。

3．团队已成立企业，取得工商营业执照并正常运营一年以上。企业应拥有较成熟的技术、可开发的产品、便捷的销售网络、先进高效的管理模式；应具有较强的科研能力，具有不断研发新产品和维持产品创新的能力；应具有较好的企业经营管理的能力，能够引领企业健康运行和不断壮大。

4．团队掌握的核心技术应当拥有自主知识产权，所生产的产品应当符合我省产业转型升级和产业结构优化的要求，有利于促进区域人才集聚和技术创新。

5．团队其他成员须与所创办企业签订劳动合同或合作协议。

（二）创新团队。

创新团队是指以国家“千人计划”、山西省“百人计划”及国家部委和其他省（市、区）海外高层次人才引进计划专家为核心，依托高校、科研院所、企业研发平台和创新项目，有较大的创新潜力，有明确的成果转化路线图，致力于创新成果产业化，有可能在我省形成新兴产业的人员相对稳定的人才团队。其中，引进团队是指包括团队负责人在内的团队大部分成员，已经在海外合作多年，是一次性从海外整体引进的成熟团队；组建团队是指团队核心成员已经入选国家、山西省及国家部委和其他省（区、市）海外高层次人才引进计划，再通过引进其他所需人才在我省新组建的团队。申报条件为：

1．团队应包括1名团队负责人、至少2名核心科研技术成员和若干其他辅助性岗位成员。

2．团队负责人应入选或具备入选国家“千人计划”或山西省“百人计划”及其他国内有影响力的引才计划的水平；核心成员应具有博士学位和3年以上海外科研创新经历，并有较好发展潜力；辅助性岗位成员应具有硕士以上学位，专业与团队研究方向相符。

3．团队应具有较强的创新能力，具备国际一流、国内领先的科研水平，所持研发技术能够填补省内技术空白，有可能转化为战略性新兴产业，能够较好地推动我省产业结构优化升级。

4．团队应积极依托高校、科研院所、企业研发项目等平台，明确具体的工作目标和研发方向，创造突出的研究成果和转化效益。

5．团队成员间的专业结构合理，具有关联性和互补性，可稳定合作5年以上。

6．团队成员须与用人单位签订劳动合同或合作协议，团队核心成员中最多可有一名兼职（短期）人员。

7．团队连续服务年限不得少于5年。

二、团队申报、评审和认定

（一）申报。

创业团队申报单位为创业团队所成立的企业，企业将相关申报材料准备完善后，先由省经信委审核材料并实地察看进行初审，初审通过后再提交省海外高层次人才引进工作专项办公室参加评审；创新团队申报单位为创新团队所依托的高校、科研院所、企业等主体，高校创新团队先经过省教育厅初审，科研院所和企业创新团队先经过省科技厅初审，医疗卫生单位创新团队先经省卫计委初审，初审通过后再提交省海外高层次人才引进工作专项办公室参加评审。不能归口到上述部门初审的，由专项办根据引进团队的具体情况，另行指定初审部门。

（二）评审。

团队的评审，委托专业评审机构进行，分别按照创业创新团队的特点抽调相应专家组成评审委员会。

（三）认定。

团队的认定，由山西省海外高层次人才引进工作领导小组最终研究确定。对入选的团队，由山西省海外高层次人才引进工作领导小组授予“山西省海外高层次人才创业（创新）团队”称号；对团队中入选山西省“百人计划”的个人（全职来晋工作），由山西省海外高层次人才引进工作领导小组授予“山西省特聘专家”称号。

三、资金资助与管理

入选的创业创新团队，按团队的实际情况，给予整个团队300万—500万元的资金资助。创业团队成员个人补助份额由团队根据其成员职责和任务自行分配；创新团队成员个人补助份额由团队负责人根据团队人员构成统筹分配。团队中已经引进或即将引进的省“百人计划”专家，其个人资助部分在团队资助经费中统筹，不再另计。团队资助经费必须专款专用，全部用于团队成员引进和科研创新，不得挪作他用。

对入选的创业创新团队，先行拨付50%的资助资金，引进两年后由专项办牵头对团队进行中期评估。通过中期评估的，予以拨付剩余50%的资助资金；未通过中期评估的，待其通过整改符合要求后再拨付剩余资金；整改后仍不符合要求的，停止拨付资助资金。

创业创新团队资助资金属于山西省引进海外高层次人才专项资金的一部分。财政部门和省海外高层次人才引进工作专项办公室负责对该资金的使用情况进行监督检查。资金使用情况接受同级审计部门的审计。用人单位要加强专项资金的管理，严格按照规定的用途使用资金。

四、其他

本办法自印发之日起施行，由山西省海外高层次人才引进工作专项办公室负责解释。

山西省海外高层次人才引进工作领导小组
中共山西省委组织部
山西省人力资源和社会保障厅
2016年9月30日

阳泉市大力推进大众创业万众创新的实施方案

（阳政发〔2016〕16号）

为深入贯彻落实《国务院关于大力推进大众创业万众创新若干政策措施的意见》（国发〔2015〕32号）、《国务院关于加快构建大众创业万众创新支撑平台的指导意见》（国发〔2015〕53号）和《山西省人民政府关于印发山西省大力推进大众创业万众创新实施方案的通知》（晋政发〔2015〕49号）精神，加快我市创新驱动发展战略实施进程，营造良好的创业创新环境，推动大众创业、万众创新蓬勃发展，激发全市上下创业创新动力，结合我市实际，特制定本实施方案。

一、指导思想

以邓小平理论、“三个代表”重要思想、科学发展观为指导，深入学习贯彻习近平总书记系列重要讲话精神，全面贯彻党的十八大和十八届三中、四中、五中全会精神，落实国务院关于推进大众创业、万众创新的决策部署和山西省关于推进大众创业、万众创新的实施方案，实施“三个突破”，推动“六大发展”。坚持改革导向、市场导向、问题导向和服务导向，培育创业创新主体，构建众创空间等创业服务平台，营造良好的创业创新政策环境、市场环境，激活创新活力、实现创业便利，有效整合资源，集成落实政策，完善服务模式，优化体制机制，培育创新文化，激发全社会创新创业的热情，力争到2020年，全市创新创业政策环境、制度环境和公共服务体系更加健全，各类市场主体创业创新活力得到有效释放，创新创业主体从小众向大众转变，以创业带动就业、创新促进发展，打造新引擎、汇聚新动能，实现新发展。

二、重点任务

（一）培育各类众创空间。各县区要结合自身优势和特色，综合运用购买服务、资金补助、业务奖励等方式，大力发展以市场化、专业化、集成化、网络化为特点，以创业咖啡、创客空间、创业工场为典型代表的众创空间型创业园区。市县两级政府及有关部门要充分发挥职能作用，为创业者提供政策咨询、项目推介、创业指导、融资服务、补贴发放等“一站式”创业服务。行业领军企业要充分发挥主力军作用，带动产业链上的小微企业发展壮大，实现产业集聚和抱团发展。要积极培育建立国家及省级工程技术研究中心、国家及省级重点实验室等各类创新平台，向上积极争取中小企业服务体系建设专项资金，加快推进全市中小企业公共服务平台网络建设，完善众创空间公共服务设施。市县区要结合实际，对众创空间的场所建设、宽带网络、公共软件等给予支持。科技、教育、人力资源社会保障等部门要加强对众创空间建设的分类指导，引导众创空间快速健康发展。（责任单位：市科技局、市国资委、市经信委、市商务粮食局、市住房保障和城乡建设管理局、市教育局、市人力资源和社会保障局、市中小企业局，各县区政府）

（二）促进军民创新资源融合。依托山西北方晋东化工有限公司这一国家重点保军企业的平台及资源，加快建设军民融合产业重点项目库，利用其已有军工产品技术优势，并借助其市场能力，大力发展军民融合产业。加强与国家科工局、相关军工集团、各专业高校的合作，利用我市优越的地理、交通、环境、政策等条件，吸引军工技术研发中心、教授实验室、中试平台及军工生产企业落户阳泉。加大政策扶持力度，建设军民融合产业研发基地和产业园区。定期或不定期邀请军工技术专家及学者、教授来我市进行技术交流。努力挖掘我市技术和产品潜力，加强政策引导，重点扶持泵阀、机电装备等“民参军”项目。对落户本市的军工产品、技术研发能力等，采用财政补助、一次性奖励等多种方式予以支持。（责任单位：市经信委、市发改委、市科技局、市财政局）

（三）加强创新创业示范基地建设。以市高新技术创业中心孵化器为基础，建设一所由政府主导、孵化条件好、承载能力强、融创业指导服务为一体的综合性公共创业孵化示范基地，为不同类型、不同阶段的创业者搭建低成本、便利化、全要素、开放式的新型众创空间。各县（区）要在2017年12月底前，至少建成一个创业孵化建设基地或创业示范园区。到2020年，建成省级众创空间5家、市级众创空间15家及山西工程技术学院大学生创业园。对新认定的省级以上各类创新创业孵化平台，由市级财政给予一定的奖补。（责任单位：市科技局、市人力资源和社会保障局、市财政局，各县区、开发区）

（四）营造和维护公平竞争市场环境。落实好国家有关公平竞争审查制度，完善市场准入制度，建立统一透明、有序规范的市场环境，清理并废除妨碍创业创新发展的制度和规定，打破地方保护主义，更好地支持创业创新。认真落实依法反垄断和反不正当竞争等政策措施，消除不利于创业创新发展的垄断协议和滥用市场支配地位以及其他不正当竞争行为。积极开展知识产权专项执法检查，加大对侵权假冒、假冒专利行为的查处力度。探索建立重大知识产权纠纷多部门共同协调机制，为知识产权纠纷行政调解提供良好平台。全面推进社会信用体系建设工作，重点抓好《阳泉市公共信用信息管理办法》《阳泉市企业信用行为联合奖惩实施细则》《阳泉市运用大数据加强对市场主体服务和监管实施细则》《阳泉市行政许可和行政处罚等信用信息公示实施办法》《关于在行政管理事项中使用信用记录和信用报告的实施意见》等文件的落实。（责任单位：市工商局、市发改委、市科技局）

（五）营造宽松便捷准入环境。深入推进“三证合一”“一照一码”，进一步放宽住所登记条件限制。全面严格落实“先照后证”改革，积极推进全程电子化登记和电子营业执照应用，推进企业名称登记管理改革，支持企业自主决定经营事项，推进创业企业注册商标，切实加强商标品牌建设，持续推进工商登记注册制度便利化，减少市场主体准入环节，最大限度降低创业成本，激发市场主体活力。（责任单位：市工商局）

（六）全面正确履行政府职能。全面落实好阳泉市人民政府《关于进一步做好新形势下就业创业工作的实施意见》（阳政发〔2015〕21号）文件精神，按照有关规定减免有关行政事业性收费、服务性收费，不在目录内的行政事业性收费项目一律不得收取。落实创业负担举报反馈机制。对初创企业免收登记类、证照类、管理类行政事业性收费。事业单位服务性收费以及依法开展的各类行政审批前置性、强制性评估、检测、论证等专业服务性收费，对初创企业可按不高于物价主管部门核定标准的50%收取。（责任单位：市人社局、市经信委等市直相关部门）

（七）支持鼓励科技人员创业。提高科技人员创业创新积极性，加大科研人员股权激励力度，鼓励各类企业通过股权、期权、分红等激励方式，调动科研人员创新积极性。允许和鼓励高校、科研院所和国有企业科技人员在完成本职工作前提下在职创业，其收入归个人所有支持国有企业职工二次创业。对高校、科研院所等事业单位专业技术人员离岗创业的，经原单位同意，可在3年内保留人事关系，与原单位其他在岗人员同等享有参加职称评聘、岗位等级晋升和社会保险等方面的权利，原单位应当根据专业技术人员创业的实际情况，与其签订或变更聘用合同，明确权利义务。完善职务发明制度，高等院校、科研院所和国有企业转让和转化职务发明成果所得净收益，可按至少50%的比例划归参与研发与转化的科技人员及其团队拥有；创办企业并以专利技术或科技成果出资入股的，作价金额最高可达公司注册资本的70%。（责任单位：市科技局、市教育局、市人力资源和社会保障局、市财政局、市国资委）

（八）引导以大学生为主的青年创业创新。对高校毕业生自主创业的，按规定落实创业场地租金补贴、小额担保贷款、税费减免等创业扶持政策。加强大学生创业培训，鼓励大学生等各类青年创业者进入科技企业孵化器等载体创业孵化，每年遴选和扶持一批市级优秀大学生创业项目，实现创业教育、创业培训、创业实践和创业实战的有机结合。（责任单位：市教育局、市人力资源和社会保障局）

（九）吸引海外高层次人才来我市创业。推动建立阳泉籍海归和外籍高端人才来我市创业管理数据库。认真落实扩大申请永久居留外国人工作单位范围，为外籍高层次人才提供签证及居留便利，以更加灵活的方式吸引海外人才来我市创新创业。对来我市工作的阳泉籍海归和符合我市规定条件的海外高层次人才，给予一定数额的创业资金资助，统筹解决好其配偶就业、子女入学、医疗、住房、社会保障等问题，为其创新创业提供良好的生活环境。（责任单位：市公安局、市科技局、市人力资源和社会保障局、市财政局）

（十）鼓励农村劳动力创业创新。加强农村创业辅导、孵化，鼓励和支持返乡人员、农村青年、乡土能人等围绕农村电子商务、休闲农业、农产品深加工、民俗工艺制品、乡村旅游、农村服务业等创业，充分发挥其示范带动作用，使之成为深化农村改革、促进现代农业发展的骨干力量。鼓励发展农民合作社、家庭农场等新型农业经营主体。（责任单位：市农委、市人力资源和社会保障局）

（十一）支持电子商务创业带动就业。从事网络创业经工商登记注册或在网络平台实名注册的网络商户从业人员，享受相应创业扶持政策。其他网络商户从业人员，可认定为灵活就业人员，享受灵活就业人员扶持政策，其中在网络平台实名注册、稳定经营且信誉良好的网络商户创业者，可按规定享受小额担保贷款及贴息政策。培育电子商务创业孵化基地，为电子商务创业人员提供场地支持和创业孵化服务。（责任单位：市人力资源和社会保障局、市商务粮食局、市工商局）

（十二）强化财政资金引导。市、县区财政部门要统筹安排一定数量的资金，重点用于创新创业孵化基地、众创空间、创业培训基地、创业服务体系建设等政府性投入。对入驻创新创业基地（集聚区）的科技型企业和入驻众创空间、科技企业孵化器、产业加速器等载体的个人及团体，所在地政府要给予扶持。对市场前景好、经济效益好的项目，优先列为市重点建设项目予以支持。（责任单位：市财政局、市发展和改革委员会、市国资委）

（十三）构建多元化金融服务体系。鼓励和支持银行提高针对创业创新企业的金融服务专业化水平，不断创新产品和服务，引导银行结合自身产品研发针对创业创新企业的特色信贷产品，向创业创新企业提供结算、融资、理财、咨询等系统化的金融服务，加大创业创新企业信贷投放。支持符合条件的国有企业和地方政府投融资平台发行“小微企业增信集合债券”，支持小微企业融资，鼓励金融机构创新小微企业抵质押担保方式，开发适合小微企业特点的金融产品，开设小微企业绿色通道，主动为小微企业提供金融服务，满足小微企业用款短、频、急的需求，帮助企业申请享受我省企业担保贷款及贴息扶持政策，积极推动搭建担保贷款平台。推动银行优化机构网点布局，支持在条件成熟的地区设立中小微企业的专营支行、社区支行，提高网点向下延伸水平。推动银行与其他部门加强合作，对创业创新企业给予有针对性的股权和债权融资支持。发挥保险的融资增信功能，支持保险机构发展各种信用保险和贷款保证保险，帮助解决创业创新融资难问题。探索开展专利保险试点，利用保险机制，加大专利创新成果保护力度。鼓励发展相互保险等业务，支持设立多种形式的相互保险组织。落实好吸引保险资金参与创业创新，丰富创业创新融资模式的政策。（责任单位：市金融办、市银监局、人行阳泉支行、市科技局、市商务粮食局、市人力资源和社会保障局、市保险协会、市财政局）

（十四）强化用地支持。合理分配年度用地计划指标，有效保障创新创业用地。对新产业发展快、用地集约且需求大的地区，可适度倾斜年度新增建设用地指标。支持利用工业、仓储等用房、用地兴办符合规划的服务业。对符合国土资源部规定的行业目录的工业用地，可以采取先出租后出让、在法定最高年限期内实行缩短出让年期等方式出让土地。国土资源部门在闲置土地的处置工作中，将收回的闲置土地优先用于创新创业。（责任单位：市国土局）

（十五）加强税收政策支持。积极落实扶持小微企业发展的各项税收优惠政策，并加强对政策的社会宣传和解读咨询等。落实好扶持小微企业发展、高新技术企业、科技企业孵化器、大学科技园、研发费用加计扣除、固定资产折旧等各项税收优惠政策，以及促进高校毕业生、残疾人、退役军人、登记失业人员等创业就业税收政策。对符合条件的众创空间等新型孵化机构，适用科技企业孵化器税收优惠政策。强化对政策执行的督导检查，确保纳税人及时足额享受税收优惠。落实好全面推开营业税改征增值税各项政策措施，为推动大众创业、万众创新拓展更广阔空间。（责任单位：市国税局、市地税局）

（十六）资助优秀创业项目。支持创业者积极参加全省的创业大赛和优秀创业项目评选活动，广泛开展创业训练营、创业项目展示推介、创业者沙龙等活动，所需资金通过政府购买就业创业服务的方式，从同级就业专项资金中支出。对评选出的省级、市级优秀创业项目和获得市级以上创业大赛优秀名次（包括其他省市级比赛）且在我市登记注册的创业项目，从市级创业资金中给予一定的项目补助。（责任单位：市人力资源和社会保障局、市财政局）

（十七）加快创业孵化平台建设。发挥政府主导作用，加强科技、教育、商务、人力资源和社会保障等部门间合作，鼓励各县区建立各类专业孵化器、大学生创业孵化园区、中小企业创新孵化园等，吸引更多社会资本参与孵化平台建设，引进先进孵化技术与优秀孵化机构，提升孵化功能和效果。鼓励支持创业孵化基地与产业园区一体化发展模式，为处于不同发展阶段的创业者和中小微企业提供创业孵化服务，并根据创业基地的孵化企业毕业率、在孵企业户数和创业带动就业岗位数量等因素，从创业资金中给予孵化载体建设资助和孵化服务补贴。（责任单位：市科技局、市教育局、市商务粮食局、市人力资源和社会保障局）

（十八）创新服务模式。积极探索020等新型网络金融服务模式，加快发展“互联网+”创业网络体系，建立科技创业服务平台。充分发挥创业服务中心、生产力促进中心、知识产权服务机构等公益性服务机构的作用，推动组建创意合作、研发合作、产业链合作、技术标准等各类产业技术联盟。完善中小企业创新服务体系，加快推进创业孵化、知识产权服务、第三方检验检测认证等机构的专业化、市场化改革，壮大技术交易市场。（责任单位：市科技局、市发改委）

（十九）推进科技资源共享。建立健全科研设施、仪器设备和科技文献等科技公共服务平台、基础条件平台共享共建，实现资源共享。鼓励高校和有条件的企事业单位向创客及创业企业开放设备、研发工具、科学数据、科技文献（论文）、科技报告等科技资源，为创客群体提供服务。支持我市公益性服务机构为初创企业提供法律、知识产权、财务、咨询、检验检测认证和技术转移等服务。（责任单位：市科技局、市教育局、市发改委）

（二十）推进创业创新教育。在普通高等学校、职业院校全面推进创新创业教育，把创新创业课程纳入教学计划和学生考核评价体系。加强高校创新创业教育与创业就业指导专兼职导师队伍建设，建立和完善创业导师队伍绩效考核体系，将创新创业教育业绩作为岗位聘用和绩效考核的重要指标，将提高高校教师创新创业教育的意识和能力作为岗前培训、课程轮训、骨干研修的重要内容。（责任单位：市教育局）

（二十一）加大创业培训力度。鼓励各类创业服务平台聘请企业家、经理人、投资人等担任创业导师，开展创业创新系列宣讲、咨询服务活动，对大众创业提供针对性辅导。培训一批农民创业创新辅导员。鼓励企业、社会组织利用自有创业场所、资金、技术、项目、队伍等资源，对有创业意愿人员开展创业实训。（责任单位：市人力资源和社会保障局、市科技局）

三、组织保障

（一）加强组织领导。

建立由市发展改革委牵头的阳泉市推进大众创业万众创新联席会议制度，加强统筹协调。重大事项要及时向市政府报告。各有关部门要按照职能分工，积极落实促进创新创业的各项政策措施，明确时间表、路线图和成果形式，将任务逐项分解到位、落实到人，务求有进展、有突破、有实效。各县区要高度重视，加强对创新创业工作的组织领导，明确工作部署，落实工作责任，切实加大资金投入、政策支持和保障力度，推动本方案确定的各项任务落实到位，共同推进大众创业、万众创新蓬勃发展。

（二）加强宣传引导。

各县区、各部门要通过各种新闻媒体特别是互联网、微信公众号、微博等新兴媒体开展政策宣传，营造浓厚的创业创新氛围。要强化政策解读，及时提供相应的政策培训和咨询，向创新创业者提供汇编扶持指南、创业创新指引、申报指南等手册，确保向广大创业企业、创新群体宣传普及到位。要弘扬创新精神，树立创业典型，使创业创新成为全社会共同的价值追求。

（三）加强协调推进。

要充分发挥市发展改革委牵头抓总作用，进一步加强与各相关部门的沟通联系，形成推进合力，确保推进大众创业万众创新工作上下衔接、整体推进。各县区、各部门要明确目标任务，做好大众创新创业政策落实情况调研、发展情况统计汇总等工作，及时报告有关进展情况，确保各项举措取得实效。

附件：1．阳泉市大力推进大众创业万众创新联席会议成员名单（略）

2．阳泉市涉及推进大众创业万众创新的相关政策文件（略）

3．相关名词解释（略）

阳泉市人民政府
2016年6月7日

长治市推进大众创业万众创新实施方案

（长政发〔2016〕21号）

为全面贯彻落实党中央、国务院和省委、省政府关于大众创业、万众创新的决策部署，按照《山西省大力推进大众创业万众创新的实施方案》（晋政发〔2015〕49号）要求，加快实施创新驱动发展战略，适应经济发展新常态，顺应网络时代新要求，全面推进大众创业、万众创新，打造促进经济增长“新引擎”，结合我市实际，制定本方案。

一、总体要求

加快实施创新驱动发展战略，着力深化重点领域改革，主动适应经济发展新常态，有效整合资源，集成落实政策，完善服务模式，培育创新文化，激发全社会创新创业活力，搭建创新创业转化孵化平台，构架创新创业生态体系，形成想创、会创、能创、齐创的生动局面，实现新增长、扩大新就业，推动我市经济社会快节奏、高速度、超常规发展。

二、主要目标

力争到2020年，全市创新创业政策环境、制度环境和公共服务体系更加健全，各类市场主体创业创新活力得到有效释放，创新创业主体从小众向大众转变，创新创业载体从重点布局向全面建设转变，初步实现以创新支持创业、创业带动就业的良性互动发展。全市各类创业孵化示范基地或创业示范园区达到10家，面积达到5万平方米以上，初步建成覆盖各县市区的科技企业孵化培育体系，新增高新技术企业20家，专利申请量达到680件。

三、重点任务

（一）构建各具特色的创新创业载体。

1．培育各类众创空间。综合运用购买服务、资金补助、业务奖励等方式，大力扶持发展创业咖啡、创客空间、创新工场等灵活多样的新型创业孵化平台，为创业者提供政策咨询、项目推介、创业指导、融资服务、补贴发放等“一站式”创业服务。贯彻落实长政办发〔2015〕91号文《关于发展众创空间推进大众创新创业的实施意见》，采取多种措施，着力发展一批适应大众创业创新需求和特点，具有低成本、便利化、全要素、开放式特点的创客孵化型、专业服务型、投资促进型、培训辅导型等新型众创空间载体。加快以降低成本为重要内容的创业场所建设，不断增加小微企业载体空间和补贴面积，积极盘活闲置商业用地、工业厂房、企业库房等低成本载体资源，加快权属登记，为企业个人房屋租赁提供便利，为闲置房屋融资提供条件。对于利用闲置的商业用房、工业厂房、企业库房、物流设施和家庭住所进行创业的，在办理房屋租赁、交易、抵押时，各级房地产管理部门应开辟绿色通道，提供便利。充分发挥行业领军企业的主力军作用，鼓励企业建立专业化孵化器和平台，推动大中型企业带动产业链上的小微企业发展，实现产业集聚和抱团发展。引导和支持大型企业利用现有国家及省级技术中心等各类创新平台，投资并购小微企业，创建具有本地特色的服务平台，面向企业内部和外部创业者提供资金、技术和服务支撑。依托中小企业服务体系建设专项资金，加快推进中小企业公共服务平台网络建设，重点加强各级创业基地内公共服务平台和新增产业集群窗口服务平台建设，提升平台网络的服务能力，扩大服务覆盖面。建立免费宽带、低价工位、免费开发工具和公共软件使用的新模式，探索众创空间运行的新机制。积极落实省创业企业、天使投资、创业投资统计指标体系调查方案，规范统计口径和调查方法，加强监测和分析。（责任单位：市科技局、市经信委、市商务局、市住建局、市人社局、市统计局、市中小企业局）

2．促进军民创新资源融合。按照科研开发、军工成果转化和产业化分类建立动态调整的军民融合产业重点项目库，实施一批重大军民结合产业化项目，促进军民创新资源融合。充分发挥市标准化工作领导小组作用，推动军民产品标准相互转化，将我市军工标准纳入长治市质量奖励范围，加大对转化为民用标准的支持力度，完善军民两用技术项目实施、信息交互和标准化协调机制，实现军民企业在产品上的融合。以我市检验检测机构和企业技术中心为基础，加强与军工科研机构合作，实现军民企业在人才、技术上的融合。加强军民企业技术交流合作和互联互通，推动跨行业、跨部门信息共享和业务协同，实现军民企业在信息服务上的融合。（责任单位：市经信委、市质监局、市中小企业局）

3．加强创新创业示范基地建设。2016年底前，每个县市区都要建设1个集创业孵化、创业园区、创业服务、创业培训和创业实训等功能于一体的创业孵化示范基地或者创业园区（创业型城市要在2016年6月底前完成此项任务），并积极申报省级认定创业孵化示范基地和创业示范园区，争取省级创业资金补助。在此基础上从市级创业资金中给予一定的财政补贴，补助资金主要用于为入驻企业提供就业创业服务、房租减免及基地和园区管理运行经费，不得用于人员经费和基本建设支出。（责任单位：市人社局、市商务局、市中小企业局）

（二）营造更为宽松的创新创业市场环境。

4．维护公平竞争市场秩序。落实好国家有关公平竞争审查制度，建立统一透明、有序规范的市场环境。以整合各类市场主体信用信息资源、完善征信记录为基础，加快推进企业信用信息建设，为政府部门、社会单位和个人查询行政机关依法公开的市场主体行政许可、行政处罚等信用信息、各类市场主体公示的年度报告信息、资质许可等即时信息提供一站式服务。加快信用信息共享平台建设，实现信用信息的互联互通，实现“一处违法、处处受限”的守信联合激励、失信联合惩戒目标，营造诚实守信的信用环境。按照国家工商总局的授权，依照《中华人民共和国反垄断法》的有关规定，严肃查处损害竞争、妨碍创业创新发展的垄断协议和滥用市场支配地位的行为。依据《中华人民共和国反不正当竞争法》的有关规定，严厉查处各种限制竞争行为、仿冒、虚假宣传、商业贿赂、违法有奖销售、串通招投标、侵犯商业秘密等不正当竞争行为。积极协助国家工商总局和省工商局查处损害竞争、妨碍创业创新发展的垄断行为。积极开展打击侵权假冒伪劣商品执法行动，维护公平竞争的市场秩序。充分运用知识产权宣传周、专利周、“护航”专项行动等契机，积极开展专项执法检查，加大对侵权假冒、假冒专利行为的查处力度。探索建立重大知识产权纠纷多部门共同协调机制，为知识产权纠纷行政调解提供良好平台。（责任单位：市发改委、市工商局、市科技局）

5．营造宽松便捷的市场准入环境。继续深入贯彻落实商事制度改革，实行注册资本认缴制，进一步深化企业年度报告公示制度，做好工商营业执照、组织机构代码证和税务登记证“三证合一”“一照一码”登记制度改革实施工作。鼓励和支持各地结合实际探索试行更多证照合一的登记模式。全面落实“先照后证”工商前置审批改为后置审批改革，逐步推进全程电子化登记和电子营业执照应用。放宽市场主体住所（经营场所）登记条件，允许“一址多照”和“一照多址”。积极探索开展企业名称登记管理改革试点和企业简易注销试点。努力创新优化登记方式，减少市场主体准入环节，最大限度降低创业成本，激发市场主体活力。支持企业自主决定经营事项，推进创业企业注册自主商标，大力实施品牌兴市战略，加快“品牌兴市、品牌兴企”“品牌富民”建设步伐。（责任单位：市工商局）

6．全面正确履行政府职能。继续做好取消和调整行政审批项目等事项工作，严格落实“一备案、两报送”制度，切实提高取消和调整行政审批项目等事项的“含金量”，最大限度为市场主体松绑。严格执行国家、省关于清理规范行政审批中介服务的有关要求，全面清理妨碍创业发展的行政审批中介服务事项。督促行政部门规范权力运行，严格执行“两单两图”，严惩滥用权力。（责任单位：市审改办、市直相关部门）

（三）培育和激活创新创业主体。

7．提高科技人员创业创新积极性。结合事业单位分类改革工作，尽快将财政资金支持形成的不涉及国防、国家安全、国家利益、重大社会公共利益的科技成果的使用权、处置权和收益权，全部下放给符合条件的项目承担单位。科技成果转移转化所得收入全部留归单位，纳入单位预算，实行统一管理，处置收入不上缴国库。高校、科研院所的科技成果转移转化收入，在扣除科技成果转移转化过程中发生的费用后，对科技成果转移转化作出重要贡献的人员等给予奖励，其余部分可用于科研、知识产权管理、人才和团队引进建设、科研条件建设等方面。鼓励各类企业通过股权、期权、分红等激励方式，调动科研人员创新积极性。财政资助的科研创新发展类项目，项目承担单位应结合一线科研人员实际贡献，公开公正安排绩效支出，充分体现科研人员的创新价值。鼓励科技人才创新创业，市内高等院校、科研院所、企事业单位的科技人才，经单位批准后，可带科研项目、成果离岗创办、领办科技型企业，3年内保留基本待遇、人事关系及原聘专业技术岗位等级，不影响职称评定；可兼职从事成果转化活动以及创办或领办科技型企业，并取得合法股权或薪资。市内高等院校、科研院所、企事业单位科技人员职务科技成果转化收益至少60%以上归成果完成人及团队所有。以专利权或科技成果出资入股的，在公司注册资本中所占比例最高可达70%。（责任单位：市科技局、市教育局、市人社局、市财政局、市中小企业局）

8．引导大学生为主的青年创业创新。积极组织和鼓励各高校开展创业实践活动，通过举办创业论坛、创业讲座、创业大赛等形式，提高大学毕业生创业技能。积极开展大学生创业培训专项活动，举办各类大学生竞赛，支持学生开展创新创业实践，提升学生的创新精神、实践动手能力和创业能力。实施“长治青年创业促进计划”，对18—35岁创业青年经评审后提供免利息免担保创业启动资金贷款、配备专家导师；实施“大学生创业引领计划”，各县（市、区）及长治高新区依托重点产业园区至少建立1个大学生创业园；深入实施大学生创业引领计划，鼓励有条件的高校建设大学生创业基地，为创客提供免费创业辅导，并对创业基地按规定给予一定的财政补贴。对于毕业5年内的高校毕业生自主创业的，按晋政办发〔2014〕40号文件精神予以创业场地租金补贴、创业担保贷款、税费减免等“七补一贷”创业扶持政策。在高校或地方各类创业园区（孵化器）孵化的创业项目给予适当补贴；搭建创新创业实践平台，建设一批校外创新创业实践基地。（责任单位：市教育局、市人社局、市中小企业局）

9．吸引海外高层次人才来创业创新。开展海外招才引智活动，吸引海外人才、留学人员和团队来我市创新创业。对入选国家“千人计划”、山西省“百人计划”的人才带项目来我市创业工作，在国内首次落地的，经评审后分别给予一定的科研经费支持。对来我市工作的符合我省规定条件的海外高层次人才，按照《长治市人才开发专项资金管理使用实施办法》有关规定给予创业资金资助，按照有关政策规定，统筹解决好其配偶就业、子女入学、医疗、住房、社会保障等问题，为其创新创业提供良好的生活环境。人才或团队家属有就业愿望的，在政策允许前提下，最大限度满足本人就业意愿。子女接受义务教育的，由当地教育行政部门协调安排学校就读。有落户要求的，即报即批。认真落实扩大申请永久居留外国人工作单位范围，为外籍高层次人才提供签证及居留便利，以更加灵活的方式吸引海外人才来长创新创业。（责任单位：市人社局、市公安局、市外侨文旅局、市科技局、市财政局、市中小企业局）

10．鼓励农村劳动力创业创新。实施新型职业农民培育工程，扎实推进“青年农场主计划”，以技能培训、创业指导、政策扶持、跟踪服务为重点，分产业、分类型培育一批青年农场主和新型职业农民，激活农村青年自身创造力，提高创业兴业能力，充分发挥其示范带动作用，使之成为促进现代农业发展的骨干力量。鼓励和支持返乡农民工创业，作为重点扶持对象，给予重点帮扶，并享受创业者的各项扶持政策。引导和鼓励返乡农民工等人员发展农民专业合作社、家庭农场等各类新型农业经营主体，全面激发农民工等人员在农业领域的返乡创业热情，带动返乡创业。引导返乡农民工等人员充分开发乡村、乡土、乡韵潜在价值，发展具有区域特色的农产品加工、休闲农业、乡村旅游和农村服务业等产业项目，促进农村一二三产业融合发展，拓展创业空间。支持和引导各地整合发展一批返乡创业孵化基地、返乡创业园区和涉农电商产业园，聚集创业要素，降低创业成本，以长治县、武乡县创业孵化基地为蓝本，精心打造一批农业产业创业示范基地，发挥示范带动作用。（责任单位：市农委、市人社局、市中小企业局）

11．支持电子商务创业带动就业。积极构建集物流、信息流、资金流为一体的电子商务支撑体系，为电商创业提供项目咨询、人才培训、技术支持、网店建设、品牌培育、营销推广、物流快递、代理运营等服务，创优我市电商发展环境；电商创业人员可向长治市人力资源和社会保障局提出创业担保贷款申请，贷款额度为10万元。对电商创业人员参与物流、仓储、宽带网络等基础设施建设以及投身电子商务创业的，按规定享受相关扶持政策。对在市区的行政村、县（市、区）从事电子商务创业或在市区从事网络销售创业，达到一定网络销售额的享受相应的创业补贴和带动就业补贴；鼓励我市中小微企业积极入驻电子商务产业园区，在入驻园区时享受扶持政策，对于新入住企业免费提供场地，分年限分批次对在园区内有重要突破或重要贡献的企业给予补贴；鼓励建立电子商务创业基地、小型电子商务创业集聚区，对电子商务创新创业等办公用房、网络等给予优惠或补贴；对创业园区提供创业孵化服务的，可按照实际孵化成功企业数享受补贴。建立有市场竞争力的协作创业模式，形成各具特色的电商人员创业联盟，打造具有我市特色的电商创业集群和优势产业集群。（责任单位：市商务局、市人社局）

（四）加强创业创新的全方位支持。

12．强化财政资金引导。整合现有支持中小微企业及创新创业资金，优化支出结构，充分发挥财政资金引导和乘数效应，通过奖励、贴息等方式，重点支持创业创新众创空间、公共服务体系建设、中小微企业融资模式创新、科技成果转化等，提高财政资金的受益面和覆盖率。统筹利用市级现有资金，研究制定加大创业咖啡、创客空间、创新工厂、小微企业创业基地等众创空间孵化机构的优惠政策。积极开展中小微企业贷款担保业务和下岗失业人员创业小额担保贷款业务，有效发挥担保联盟作用。加大对创新产品和服务的采购力度，积极支持中小企业参与政府采购，将名、优、特产品列入政府采购协议供货名单，并适度提高协议供货限额标准，鼓励采购单位在采购同类产品时，同等条件优先使用本地产品。市财政注入引导资金，以私募方式吸引社会资本参与成立基金投资公司，设立创业基金子基金，通过股权投资、债券投资等市场化运作方式，投资中小企业和新兴企业。继续落实科技创新投入作为模拟利润考核的政策。引导和鼓励市属企业参与新兴产业创业投资基金、设立国有资本创业投资基金等，研究制定鼓励国有资本参与创业投资的系统性政策措施，完善国有创业投资机构激励约束机制、监督管理机制。各地政府要根据就业创业状况和就业创业工作目标，在财政预算中合理安排就业专项资金和创业资金。按照系统规范、精简效能的原则，明确市、县政府间促进就业创业政策的功能定位，严格支出责任划分。全面启用就业资金管理信息系统，建立审批电子档案和网络监控平台，规范资金审批流程，防范资金使用风险。全面开展就业专项资金使用绩效评价工作，提高就业专项资金使用效益。（责任单位：市财政局、市人社局、市发改委、市经信委、市中小企业局）

13．构建多元化金融服务体系。鼓励和支持银行提高针对创业创新企业的金融服务专业化水平，不断创新产品和服务，引导银行结合自身产品研发针对创业创新企业的特色信贷产品，开展服务于创业创新的普惠金融，向创业创新企业提供结算、融资、理财、咨询等系统化的金融服务，加大创业创新企业信贷投放。推动银行优化机构网点布局，支持在条件成熟的地区设立中小微企业专营支行、社区支行，鼓励、引导银行业金融机构在县域及以下设立网点，提高网点向下延伸水平，布设自助机具，提升服务覆盖面。鼓励银行设立一站式金融服务平台，探索建立投贷联动金融服务模式，提高创业创新企业融资效率。推动银行与其他部门加强合作，对创业创新企业给予有针对性的股权和债权融资支持。推进创业担保信贷融资。在金融机构小额担保贷款政策上优化为创业担保贷款，支持在全市辖区内的各类自主创业项目。抓住省扶持支持我市进行外向型经济“助保贷”平台建设的契机，早日建成我市外向型经济“助保贷”平台，优先支持我市符合条件的创业创新企业。

发展多层次的资本市场。鼓励前景好、有实力的创新创业企业上市融资，支持创业企业参与场外交易市场，积极推动扩大企业债券发行，逐步开展股权交易。同时鼓励社会资本发起创业投资、股权投资等基金，建立创业创新众筹平台，探索开展互联网股权众筹融资、中小企业集合债券。支持符合条件的国有企业和地方政府投融资平台发行“小微企业增信集合债券”，募集资金在有效监管下通过商业银行转贷管理，支持小微企业融资。推动互联网金融服务。出台支持互联网金融发展意见，支持互联网金融健康有序发展，扩大微型金融服务供给，拓展创业创新融资渠道和降低经营成本。建设互联网金融创新服务平台，鼓励互联网企业依法合规设立网络借贷平台，为创业者提供信息交互、撮合、资信评估等金融服务和创新。培育和支持符合条件的创业企业上市（挂牌）。凡在我市以个体、合伙经营和组织起来创业（包含网络创业），且已办理《就业失业登记证》的城乡劳动者，均可根据长银发〔2013〕94号文件申请享受我市创业担保贷款10万元及贴息扶持政策。对自带创业项目，安置就业人数占职工人数30%以上，且项目经营状况良好、发展前景良好的，可以适当提高贷款额度，贷款额度最高可达100万元。

发挥保险的融资增信功能，支持保险机构发展各种信用保险和贷款保证保险，帮助解决创业创新融资难问题。继续落实好出口信用保险政策，对创业创新出口企业进行应保尽保，发挥信保公司的融资增信功能，全力帮助创业创新企业进行融资贷款。鼓励发展相互保险等业务，支持设立多种形式的相互保险组织。吸引保险资金参与创业创新，丰富创业创新融资模式。（责任单位：市金融办、长治银监分局、人行长治中心支行、市科技局、市商务局、市人社局、市中小企业局）

14．强化用地支持。积极保障创新创业发展用地。以“先存量、后增量”的原则，优先安排用地，对新产业发展快、用地集约且需求大的地区，可适度增加年度新增建设用地指标。优化创新创业用地行政审批流程。对创新创业相关机构所涉及的农用地转用和建设用地征收的，提前介入，跟踪服务，开辟绿色通道，切实提高审批效率和服务质量。支持利用工业、仓储等用房、用地兴办符合规划的服务业，涉及原划拨土地使用权转让或改变用途的，经批准可采取协议出让方式供应。对符合国土资源部规定行业目录的新产业工业用地，可以采取先出租后出让、在法定最高限期内实行缩短出让年期等方式出让土地。鼓励盘活利用现有用地，尤其是在闲置土地处置工作中，将收回的闲置土地优先用于创新创业。（责任单位：市国土局）

15．落实税收优惠政策。落实扶持小微企业发展、高新技术企业、科技企业孵化器、大学科技园、研发费用加计扣除、固定资产加速折旧等各项税收优惠政策。对符合条件的众创空间等新型孵化机构使用科技企业孵化器税收优惠政策。自2014年1月1日至2016年12月31日，对金融机构农户小额贷款的利息收入，在计算应纳税所得额时，按90%计入收入总额；对保险公司为种植业、养殖业提供保险业务取得的保费收入，在计算应纳税所得额时，按90%计入收入总额。将企业吸纳就业税收优惠的人员范围由登记失业一年以上人员调整为登记失业半年以上人员。对符合税法规定条件的高校毕业生、登记失业人员等重点群体从事个体经营的，在3年内可按国家规定享受税收最高上浮限额减免等政策。对符合条件的创业投资企业采取股权投资方式投资未上市的中小高新技术企业2年以上的，可以按照其投资额的70%在股权持有满2年的当年抵扣该创业投资企业的应纳税所得额，当年不足抵扣的，可在以后纳税年度结转抵扣。在全市16个办税服务厅开通服务就业创业网上办税、预约咨询的便捷渠道，针对性解决自主创业复转军人和大学毕业生等人群的涉税事宜，使其在最短的时间内享受到国家税收优惠政策，并提供跟踪服务，全程辅导。（责任单位：市国税局、市地税局）

16．资助优秀创业项目。广泛开展创业训练营、创业项目展示推介、创业者沙龙等活动，所需资金通过政府购买就业创业服务的方式从同级就业专项资金中支出。定期举办创业大赛和优秀创业项目评选活动，积极组织我市创业创新企业、创客参加省里举办的创业大赛和优秀创业项目评选活动。（责任单位：市人社局、市中小企业局）

（五）提升创新创业的公共服务能力

17．加快创业孵化平台建设。鼓励支持创业孵化基地与产业园区一体化发展模式，为处于不同发展阶段的创业者和中小微企业提供创业孵化服务，支持建设一批以大学生创新创业俱乐部、创业沙龙为代表的创业苗圃，支持建设一批以“孵化+创投”“互联网+”等为主要特色的新型孵化器，鼓励依托高新区、经济区、工业园区等产业聚集区域建设具有特色定位的创业孵化载体。鼓励孵化基地积极申报省级和国家级孵化器，对于被认定为国家级或省级孵化器的分别一次性给予50万元和20万元的财政资金补助。打造各具特色的众创空间。驻市高校要积极建立大学生创新创业俱乐部、创业沙龙为代表的创业苗圃，为在校大学生、毕业的大学生提供信息咨询、项目推介、供需对接、项目孵化等服务。（责任单位：市中小企业局、市科技局、市教育局、市商务局、市人社局）

18．创新服务模式。积极探索O2O服务模式，建立科技创业服务平台，把互联网基因注入科技服务业，实现创业大赛服务、科技创业咨询服务、中小企业信息服务、项目申报服务、技术交易服务、科技金融服务和创业培训服务。充分发挥全市生产力促进中心服务体系作用，依托技术交易信息服务平台资源，组织开展项目推介、技术对接和产学研协同创新等科技成果转化服务。通过长治市农业科技信息服务平台，面向农村创业者提供专家咨询、农业新技术和信息化技术推广应用等服务。完善中小企业创新服务体系，加快推进创业孵化、知识产权服务、第三方检验检测认证等机构的专业化、市场化改革，壮大技术交易市场。支持大型连锁零售企业向社会提供第三方物流服务，开展商贸物流城市共同配送试点，推广统一配送、共同配送等模式。（责任单位：市科技局、市商务局、市发改委、市中小企业局）

19．推进科技资源共享。健全长治市技术交易市场功能，通过线上技术交易信息服务平台提供科技成果与专利技术在线展示、项目路演、技术竞价交易和技术合同登记等服务，线下开展项目推介、技术对接和创业创新咨询服务，打造形成技术交易和科技成果转化一站式技术交易市场。鼓励有条件的企业向创客及创业企业开放设备、研发工具等科技资源，为创客群体提供工业设计、3D打印、产品检测等服务。支持驻市高校、科研院所及有条件的企业共同制定设备、研发工具、科学数据、科技文献（论文）、科技报告等科技资源共享制度，挖掘高校潜能，做好校内服务和校外共享。（责任单位：市科技局、市教育局、市经信委、市发改委、市中小企业局）

20．推进创业创新教育。在普通高等学校、职业院校（含技工院校）全面推进创新创业教育，把创新创业课程纳入教学计划和学生考核评价体系。高等院校要制定一套鼓励创新的管理制度。改革课程模式，把创新创业教育融入人才培养全过程，培养学生创新创业意识；改革教学管理制度，出台学生休学创新创业、创新创业学分与毕业要求学分转换等系列配套制度，鼓励学生创新创业。建设一支创新创业教学能力强的师资队伍。鼓励教师利用知识、专利参与创新创业，为学生树立标杆；建立院级就业创业教育讲师团，专门负责指导学生进行创新创业教育工作；聘请社会各行各业优秀人才担任专业课、创新创业课授课或指导教师。将提高教师创新创业教育的意识和能力作为岗前培训、课程轮训、骨干研修的重要内容，加强教师创新创业教育意识和能力培训。（责任单位：市教育局）

21．加大创业培训力度。加大创业培训力度。探索开发创业培训“互联网+”，增强创业带动就业的效应，逐步建立起培训主体多元化、培训模式多样化、培训内容多层次，能够有效覆盖创业活动不同阶段的创业培训体系。进一步扩大在校大学生创业培训规模，在长治学院、长治技师学院、特殊教育学院成立在校学生创业培训定点机构，创新师资交流机制，提高创业培训质量，切实提高大学生创业意识和创业就业能力。充分利用互联网、信息化实训平台等载体，尝试开展微课、慕课等“互联网+”创业培训新模式。实施大学生创业引领计划和技能就业行动，鼓励高等院校、职业院校、技工院校学生在校期间开展“试创业”实践活动和电子商务培训活动，并将其纳入创业培训政策支持范围。以创业培训师资队伍为基础，吸纳具有企业管理专业背景和创业实践经验的企业家、专家教授以及熟悉经济发展和创业政策的相关部门人员，共同推进创业培训后续服务工作。建设创业培训信息化管理平台，开展培训档案管理、培训流程监督、培训效果评估、师资库管理、培训资金管理等工作，实现数据、信息、资源联通共享。（责任单位：市人社局、市科技局、市中小企业局）

四、组织保障

（一）加强组织领导。

建立由市发改委牵头的长治市推进大众创业万众创新联席会议制度，加强统筹协调，重大事项及时向市政府报告。各有关部门按照职能分工，积极落实促进创新创业的各项政策措施，明确时间表、路线图和成果形式，将任务逐项分解到位、落实到人，务求有进展、有突破、有实效。各县、市、区要高度重视，加强对创新创业工作的组织领导，结合本地实际，认真研究制定贯彻落实意见，明确工作部署，落实工作责任，切实加大资金投入、政策支持和保障力度，推动各项任务落实到位。

（二）加强宣传引导。

各县（市）区、各部门要通过各种新闻媒体特别是互联网等新兴媒体进行广泛宣传，营造浓厚的创业创新氛围。强化政策解读，提供咨询服务，汇编扶持指南、创业指引等小册子，确保广大创业企业、创新群体都知晓、能理解、会运用。要开展多层次的创业创新交流活动，支持各类创新创业平台的创客创新实践和科普教育基地开展创新教育活动，支持众创空间组织各类创客大赛，有条件的地方可建设众创空间的实体展示体验中心。要弘扬创新精神，树立创业典型，使创业创新成为全社会共同的价值追求和行为习惯。

（三）加强协调推进。

充分发挥市发改委牵头作用，进一步加强与各相关部门的沟通联系，密切配合，协同联动，互相支持，形成合力，确保大众创业万众创新工作上下衔接、整体推进。各县、市、区要做好大众创新创业政策落实情况调研、发展情况统计汇总等工作，及时报告有关进展情况，进一步完善推进大众创新创业的政策措施。联席会议原则上半年召开一次，各成员单位于每年7月10日和次年1月10日前书面报送“大众创业、万众创新”工作情况。

附件：长治市推进大众创业万众创新联席会议成员名单（略）

长治市人民政府

2016年5月23日

辽宁省人民政府关于加快构建大众创业万众创新支撑平台的实施意见

（辽政发〔2016〕14号）

为贯彻落实《国务院关于加快构建大众创业万众创新支撑平台的指导意见》（国发〔2015〕53号）精神，加快构建众创、众包、众扶、众筹（以下统称四众）等大众创业万众创新支撑平台，推进平台持续健康发展，培育“互联网+”新业态新模式，促进创业创新，现提出如下实施意见。

一、总体要求

立足我省实际，按照“坚持市场主导、包容创业创新、公平有序发展、优化治理方式、深化开放合作”的原则，推动线上与线下相结合、传统与新兴相结合、引导与规范相结合。大力发展专业空间众创，鼓励推进网络平台众创，培育壮大企业内部众创，释放创业创新能量；广泛应用研发创意众包，大力实施制造运维众包，加快推广知识内容众包，鼓励发展生活服务众包，激发创业创新活力；积极推广社会公共众扶，鼓励倡导企业分享众扶，大力支持公众互助众扶，集聚创业创新活力；积极开展实物众筹，稳步推进股权众筹，规范发展网络借贷，拓展创业创新融资。营造四众发展良好环境，提高资源配置效率，在更大范围、更高层次、更深程度上推进大众创业万众创新，加快构建大众创业万众创新支撑平台。

二、主要任务

（一）完善市场准入制度。

1．加大金融政策支持力度。落实创业担保贷款政策，扶持政策对象创业就业。推动设立第三方支付法人机构，对申请支付业务许可证的机构进行材料审核和业务验收。（人民银行沈阳分行牵头负责）

2．优化经营环境。按“先照后证”的原则，将“道路运输站（场）经营”“机动车维修经营”“水路运输服务经营”“港口经营”等前置审批事项改为后置审批。简化行政审批流程，将水运工程（港口、航道）开工备案下放至市级交通、港口行政主管部门。提高行政审批效率，将公路水运监理企业监理资质等级评定，办理时限由60天压缩至30天；将企业监理人员、检测人员的网上注册、注销、信息变更审核办理时限由20个工作日压缩至15个工作日。在审批需求集中的产业集群建立代办点，积极开展上门对接服务；允许实行集约化和规模化经营、运用卫星定位系统管理、安全生产达标的道路运输企业，按照国家和行业有关标准，结合车辆类别、行驶里程、道路条件和使用年限等因素，自行确定车辆维护周期。研究解决城市配送车辆“最后一公里”通行难问题。（省交通厅牵头负责）

3．提高运输服务水平。在保证安全的前提下依托互联网技术，逐步开放交通运输信息资源，鼓励和支持社会力量参与交通物流和信息服务市场开发。积极探索政企合作新模式，建立物流和公众出行服务平台。（省交通厅牵头负责）

4．简化快递业务经营许可程序。优化快递业务经营许可工作，压缩工作时限、提高工作效率。（省邮政管理局牵头负责）

（二）建立健全监管制度。

5．推动四众标准制定。放开众创各业态企业标准备案管理，提供四众平台相关国家标准信息服务，进一步提高服务水平。（省质监局牵头负责）

6．大力推广网上办税服务，积极推广电子发票应用。（省国税局、省地税局牵头负责）

7．完善社会保险制度，进一步加强监管，切实保障职工合法权益。（省人力资源社会保障厅牵头负责）

（三）提升公共服务水平。

8．深入推进“三证合一”“一照一码”登记制度改革。贯彻落实《辽宁省人民政府关于全面实施“一照一码”登记制度改革的意见》（辽政发〔2015〕39号），加快清理与“三证合一”登记制度相冲突的地方性法规、规章及规范性文件，组织实施“一照一码”登记制度改革。（省工商局、省政府法制办牵头负责）

9．简化住所（经营场所）登记手续。贯彻落实《辽宁省简化市场主体住所登记条件暂行规定》（省政府令290号），执行“一址多照”“一照多址”和简化企业提交住所（经营场所）证明材料等政策。支持企业依托众创空间等新型孵化机构集群注册，实行住所（经营场所）报备制度，免予提交场地使用证明等政策措施。试行企业简易注销登记。制定《企业简易注销登记办法（试行）》和《企业简易注销改革试点实施方案》，对未开业企业、无债权债务企业试行简易注销程序，方便其办理退出市场登记。（省工商局牵头负责）

10．推进全程电子化登记和电子营业执照应用。依托全省网上审批平台，大力推进以电子营业执照为支撑的网上申请、网上受理、网上审核、网上公示、网上发照等全程电子化登记管理方式，提高市场主体登记管理的信息化、便利化、规范化水平。（省工商局牵头负责）

11．加快建立小微企业名录。制定并发布《关于建设全省小微企业名录促进小微企业加快发展的意见》，依托全省企业信用信息公示系统，支持小微企业发展，进一步提高小微企业“成活率”和生存质量，实现对小微企业的精准扶持。力争2016年底前，完成全省小微企业名录系统建设。（省工商局、各有关单位负责）

12．推动电子商务产业集聚发展。鼓励结合当地优势产业，建设特色电子商务基地（园区），在中小企业孵化、服务模式创新、公共平台建设、产业链条搭建等方面发挥带动作用，吸引国内外电子商务企业和相关配套企业入驻。鼓励各类电子商务基地（园区）设立电子商务创业园、孵化器，支持大专院校与电商企业共建孵化基地、创业园，鼓励大学毕业生在电子商务领域实现就业创业。开展省级电子商务示范企业创建，支持示范企业建设一批骨干性电商平台，在创新经营模式、整合市场资源、带动流通企业发展等方面发挥引领示范作用。（省商务厅牵头负责）

13．加强电子商务培训。结合全省电子商务发展水平和人才需求实际，建设一批省级电子商务培训基地，制定电子商务人才培训工作规划。加强与专业培训机构合作，组织开展针对各级商务主管部门和相关政府部门工作人员、企业人员的电子商务培训。加大对电子商务紧缺人才、高端人才和专业技能人才引进和培养的支持力度。充分发挥高等院校、社会专业培训机构、电子商务企业和行业协会的作用，开展岗位对接，缓解人才供需矛盾。（省商务厅牵头负责）

14．营造良好发展环境。充分发挥省内外主流媒体舆论导向作用，加大宣传电子商务宣传力度，普及电子商务应用知识，推广电子商务优秀网站和典型案例，提高社会各界对电子商务普及应用的认知度。（省商务厅牵头负责）

15．大力发展创业咖啡、创业梦工厂等众创空间孵化机构，鼓励和支持民营资本、社会力量参与创业孵化基地建设。通过盘活商业用房、闲置厂房等资源提供低成本的创业创新场所，推进政府主导型创业孵化基地（园区）建设。充分利用已有各类园区，建设创业孵化示范基地。积极创建农民工、大学生和退役士兵返乡创业园，推进电子商务平台向基层倾斜，带动城乡网络创业。（省人力资源社会保障厅牵头负责）

（四）促进开放合作发展。

16．鼓励四众平台企业利用全球创新资源，面向国际市场拓展服务。加强国际合作，鼓励小微企业和创业者承接国际业务。（省经合局、省工商局、省发展改革委牵头负责）

（五）构建以信用为核心的新型市场监管机制。

17．加快信用体系建设。做好企业信用信息发布和管理工作。完善辽宁省失信企业黑名单数据库。抓紧出台《辽宁省政府部门公示企业信息管理办法》《辽宁省失信企业联合惩戒实施办法》。建设全省企业信用信息公示系统数据共享交换平台，为实现政府部门统一公示企业信息和实施失信主体联合惩戒提供技术保障。（省发展改革委、省工商局牵头负责）

18．鼓励信用咨询、信用评估、信用担保和信用保险等信用服务业发展。建立健全守信激励机制和失信联合惩戒机制，加大对守信行为的表彰和宣传力度。（省发展改革委、省工商局牵头负责）

（六）完善知识产权环境。

19. 开展知识产权执法宣传，组织专项执法行动，打击知识产权侵权假冒行为，营造“双创”良好氛围。（省知识产权局牵头负责）

20. 大力发展知识产权维权援助体系，积极开展知识产权维权援助活动，主动为企业提供知识产权保护的知识，提供维护知识产权权益的咨询意见，保护知识产权成果，为创业创新提供法律支持。（省知识产权局牵头负责）

21. 大力宣传著作权法，明晰四众平台在著作权方面的责任、权利和义务。推动版权成果有效运用，切实维护创业创新者权益。建立版权管理长效机制，深入开展打击侵权盗版行动。加强对专利侵权的调处力度，严格保护专利权人合法权益，为创新创业消除后顾之忧。（省新闻出版广电局、省知识产权局牵头负责）

（七）加强行业自律规范。

22. 强化行业自律，规范四众从业机构市场行为，保护行业合法权益。完善行业纠纷协调和解决机制，鼓励第三方以及用户参与平台治理。研究建立在线争议解决、现场接待受理、监管部门受理投诉、第三方调解以及仲裁、诉讼等多元化纠纷解决机制。（省交通厅、省邮政管理局、人民银行沈阳分行、省卫生计生委、省教育厅等负责）

23. 充分发挥行业协会、学会的桥梁纽带作用，开展诚信体系建设工作，营造诚信和谐的行业氛围。整顿市场秩序，加大对违法经营和不规范竞争的治理力度，促进企业之间的业务交流和信息共享，为四众健康持续发展营造良好的市场环境。（省新闻出版广电局牵头负责）

（八）保障网络信息安全。

24. 提升四众平台企业技术安全水平，提高发现和有效应对各类网络安全事件能力，确保网络平台安全稳定运行。加强用户资料和交易信息保管，保障信息安全。强化守法、诚信、自律意识，营造诚信规范发展的良好氛围。（省交通厅、省邮政管理局、人民银行沈阳分行、省卫生计生委、省教育厅、省发展改革委、省工商局等负责）

（九）落实财政支持政策。

25. 主动适应采用四众模式的小微企业发展要求，不断扩大政府购买服务范围，支持企业发展。（省财政厅牵头负责）

26. 鼓励有条件的市、县（市、区）支持众创空间内创业企业及团队，对众创空间的房租、宽带接入费用、用于创业服务购置的公共软件、开发工具，以及举办各类创业活动等支出费用给予适当的财政补贴。建立科技创新券制度，为创业企业向高等院校购买科技研发、科研成果等多元创新资源及服务“买单”。（省科技厅牵头负责）

（十）实行适用税收政策。

27. 对符合规定条件的年应纳税所得额低于30万元（含30万元）的小型微利企业（包括采取查账征收和核定征收方式的企业），其所得减按50%计入应纳税所得额，按20%的税率缴纳企业所得税，同时延长部分小微企业、个体工商业户等免征增值税、营业税优惠期限至2017年底。对月销售额2万元至3万元的小规模增值税和营业税纳税人，免征增值税和营业税。（省财政厅、省地税局、省国税局等负责）

28. 全面落实取消非行政许可审批事项，调整更新税务行政审批目录。简化办税流程、扩大即时办结范围、缩短办税时限、精简办理手续。升级纳税申报系统，进行税收优惠政策提示，实现申报自动计税。借力“互联网+”，加强数据分析应用。（省国税局牵头负责）

（十一）创新金融服务模式。

29. 运用再贷款、再贴现等货币政策工具。促进信贷资金向小微企业倾斜；广泛开展非金融企业债务融资工具的宣传培训，进一步拓宽小微企业直接融资渠道、扩大融资规模。推进实施小微企业信贷政策导向效果评估工作，鼓励金融机构加大小微企业信贷投放，增强小微企业信贷政策导向力。（人民银行沈阳分行牵头负责）

30. 积极发展知识产权质押融资，打造线上服务平台，为专利权人提供更优质更便捷的金融服务。设立风险补偿基金，引导并支持各类担保机构为知识产权质押融资提供第三方担保服务，缓解企业短期还贷压力，有效降低银行贷款风险。（省知识产权局牵头负责）

（十二）深化科技体制改革。

31. 推进高等院校、科研院所科技成果使用、处置和收益权管理改革，完善科技人员创业股权激励和分红激励机制。建立健全大型科研仪器设备、科学数据、科技文献等科技基础条件平台向众创空间和创业企业开放机制。依托省级以上工程技术（研究）中心、重点实验室等创新载体，实现创业科技资源开放共享。推动大学科技园建设发展，促进科技成果在大学科技园内转移转化，支持大学科技园内孵化企业创业创新。（省教育厅、省科技厅牵头负责）

32. 推动国家和具备条件的省级质检中心实施实验室对外开放，与四众企业和中小企业共享大型检测设备、实验场地等，提供技术专家咨询，分享检验检测技术和研究成果，推动企业技术升级和产品结构优化。（省质监局牵头负责）

（十三）繁荣创业创新文化。

33. 办好中国（大连）海外学子创业周、辽宁创新创业大赛、科技活动周等活动。支持众创空间等创业创新服务机构举办创业沙龙、创业文化周、创业训练营等活动，打造一批具有辽宁特色的创业活动品牌。（省科技厅牵头负责）

34. 设立“辽宁省大众创业万众创新活动周”，加强政策宣传，展示创业创新成果，促进创业投资对接和交流互动，为创业创新提供展示平台。（省发展改革委牵头负责）

35. 利用传统媒体、新媒体以及各类科普设施，积极宣传成功创业者、青年创业者、天使投资人、创业导师、创业服务机构及四众知识，推动形成大众创业万众创新的良好局面。（省委宣传部、省新闻出版广电局、省科协等负责）

三、保障措施

各地区、各部门要高度重视，把推进大众创业、万众创新放在重要位置，加强沟通协调，密切配合协作，形成工作合力。以沈阳市开展全面创新改革试验为契机，学习借鉴其他省份的新举措新思路，积极争取国家政策支持。各地区要结合实际制定具体工作方案，细化政策措施，确保落到实处。各有关部门要根据本通知要求，及时制定或完善配套措施。省政府将对贯彻落实工作适时开展督导检查，确保工作顺利推进。

辽宁省人民政府
2016年1月20日

中共大连市委 大连市人民政府关于优化大众创业万众创新环境政策措施的意见

（大委发〔2016〕9号）

为深入贯彻落实国家创新驱动发展战略，全面推进大众创业万众创新，不断优化我市创业创新环境，努力激发全社会创业活力和创新潜能，进一步增强全市经济社会发展的内生动力，结合我市实际，现提出如下意见。

一、总体要求

全面贯彻落实党的十八大和十八届三中、四中、五中全会精神，深入学习贯彻习近平总书记系列重要讲话精神，坚持“四个全面”战略布局，牢固树立并切实贯彻创新、协调、绿色、开放、共享的发展理念，加快实施创新驱动战略，放宽政策、放开市场、放活主体，构建有利于大众创业、万众创新蓬勃发展的政策环境、制度环境和公共服务体系，推动资金链引导创业创新链、创业创新链支持产业链、产业链带动就业链，打造东北亚创业创新环境最好、创业创新能力最强、初创企业最具活力、国际化程度最高的创新创业示范中心。

——坚持深化改革，营造创业环境。通过供给侧结构性改革，进一步简政放权、优化服务，完善扶持政策和激励机制。增强创业创新制度供给，打通科技成果向现实生产力有效转化的通道，促进产业转型升级。

——坚持需求导向，激发创业活力。切实解决创业者的资金、技术、人才、场地、信息和服务需求，开辟发展新空间，最大限度释放各类市场主体创业创新活力，形成技术和需求催生创业创新、带动新业态新模式新企业诞生的良性生态循环。

——坚持政策协同，实现落地生根。加强创业、创新、就业、中小企业等各类政策统筹，以及部门与区市县、开放先导区的政策联动，强化扶持政策可操作性、能落地，促进创业创新公共服务资源的开放共享。

——坚持人才为本，推动模式创新。提高培养、吸引、使用、留住创业创新人才的能力，加强对全球创业创新资源的整合利用，依托“互联网+”、大数据等，推动各行业创新商业模式，建立和完善线上与线下、境内与境外、政府与市场开放合作等创业创新机制。

二、创新体制机制，实现创业便利化

（一）完善公平竞争市场环境。进一步简政放权，全面清理、调整与创业创新相关的审批、认证、收费、评奖事项，向社会公布保留事项。按照国家规定免收初创企业的行政事业性收费。事业单位对初创企业开展各类行政审批前置性、强制性评估、检测、论证等服务，按政府价格主管部门核定收费标准减半征收。推动落实市政府规范和改进行政审批有关工作要求，全面实行“一个窗口受理”、推行受理单制度、实行办理时限承诺制等措施。进一步清理规范与创业投资相关的审查、评价、评估等中介服务，建立市政府部门行政审批中介服务事项清单动态调整机制，规范中介服务行为。积极推行全市各级政府工作部门权责清单制度，严格执行《市政府部门权责清单》，督促指导各区市县、开放先导区完成权责清单制度建设工作。进一步简化优化公共服务流程，制定市本级政府部门公共服务事项目录和办事指南，方便基层群众办事创业。（市编办，市财政局、市公共行政服务中心、市物价局共同牵头）

（二）深化商事制度改革。落实国务院和国家工商总局关于“先照后证”改革的政策规定，执行《工商登记前置审批事项目录》和《企业变更登记、注销登记前置审批指导目录》，除法律另有规定和国务院决定保留的工商登记前置审批事项外，其他事项一律不作为工商登记前置审批事项，并加强“先照后证”改革后的事中事后监管。贯彻落实国家工商总局电子营业执照试点工作意见、电子营业执照技术方案和企业登记全程电子化实施方案，推进全程电子化登记和电子营业执照应用。放宽新注册企业场所登记条件限制。推进“一址多照”、集群注册等住所登记改革，为创业创新提供便利的工商登记服务。（市工商局牵头）

（三）完善市场准入和退出机制。贯彻落实《国务院关于促进市场公平竞争维护市场正常秩序的若干意见》（国发〔2014〕20号），严格执行国家发展改革委、商务部制定的市场准入负面清单，支持各类市场主体依法平等准入。按照国家工商总局和省工商局工作部署，开展企业简易注销试点。（市工商局牵头）

（四）加强知识产权保护。建立面向创业创新的专利申请绿色通道，推动知识产权战略实施，对亟需授权并符合加快审查条件的核心专利申请，积极协调并报请有关部门优先审查。打造以大连市知识产权交易中心为基础，中国国际专利技术与产品交易会为重要内容的专利交易体系。推进知识产权网上交易。完善知识产权快速维权与维权援助机制，依法加大对反复侵权、恶意侵权等行为的处罚力度。完善权利人维权机制，在专利权利纠纷处理过程中，行政机关能够自行采集的证据如专

利文件、专利权属等，不再要求权利人提供。采取行政调解等多种途径解决非诉讼纠纷。（市知识产权局牵头）

（五）加强创业导师队伍建设。鼓励企业家、天使投资人和专家学者担任创业导师，建立全市统一的创业导师库，对创业者分类、分阶段进行指导。建立创业导师激励机制，鼓励创业导师发起创业投资基金或担任创业投资基金管理人。（市人社局牵头）

三、优化财税政策，强化创业扶持

（六）完善财税政策措施。落实国家各项税收政策，制定小微企业税收优惠政策落实工作方案，加强政策宣传与执行，建立政策落实联动机制。升级纳税申报系统，完善申报自动计税功能，设置小微企业电子统计台账；建立小微企业汇算清缴退税监控台账，开辟退税绿色通道；设立“小微企业优惠政策落实咨询服务岗”，实行“首问责任制”，为纳税人提供办税便利。统筹设立鼓励创业创新专项资金，保证奖励、补助等政策措施落实到位。（市财政局、市地税局、市国税局共同牵头）

（七）发挥政府采购支持作用。放宽政府采购准入条件，不得以注册资本金、资产总额、营业收入、从业人员人数、利润、纳税额等规模条件设置政府采购准入条件。加大执行财政部、工信部《政府采购促进中小企业发展暂行办法》（财库〔2011〕181号）力度，在满足机构自身运转和提供公共服务基本需求的前提下，应当预留本部门年度政府采购项目预算总额的30%以上，专门面向中小企业采购，其中预留给小型和微型企业的比例不低于60%。制定《大连市新技术、新产品推广目录》和《大连市重点地工产品目录》，鼓励在政府采购、招标采购中优先推荐列入目录的产品。（市经信委、市财政局共同牵头）

四、改善金融服务，实现便捷融资

（八）丰富创业融资新模式。探索建立大众创新众筹平台，依法依规开展股权众筹融资试点，鼓励众创空间组织创新产品开展股权众筹，为创业创新提供融资服务。创新知识产权投融资方式，完善知识产权估值、质押和流转体系，建立知识产权质物处置机制。研究设立知识产权质押融资风险补偿基金，向重点行业、重点领域企业倾斜，提高资金支持的精准度，放大政策效果。（市知识产权局、市金融局共同牵头）

（九）推动银保资金参与创业创新。完善大连市小微企业贷款保证保险风险补偿政策，鼓励保险公司创新产品，促进银行加大对小微企业的贷款支持。探索建立科技保险风险补偿政策，鼓励保险主体与科研机构、中介机构和科技型企业建立共同参与的科技保险产品创新机制，在科技型中小企业自主创业、融资、企业并购等方面提供保险支持，并切实做好保险服务工作。（市科技局、市金融局、大连保监局共同牵头）

五、扩大创业投资，支持创业起步成长

（十）建立健全创业投资引导机制。整合市政府设立或参与设立的投资基金，并从现有扶持产业发展的专项资金和其他政府性资金中出资，设立大连市产业（创业）投资引导基金。引导基金吸引社会资本，设立创业投资基金，重点投向我市初创期和早中期的企业。基金采取市场化运作模式，由专业管理机构运营，建立科学合理的考核机制、风险宽容机制和适度让利机制。积极发展天使投资，从引导基金总额中拿出10%—20%的资金，与社会资本合作成立天使基金，主要投向我市种子期、初创期的企业，归属政府的投资收益，按80%的比例分配给社会投资人和基金管理团队。（市发展改革委牵头）

（十一）拓宽创业投资资金供给渠道。政府主导的融资担保公司可对创投机构投资的初创期、成长期科技企业，按投资额的50%、最高不超过500万元的标准给予担保，并按照担保额的一定比例给予担保机构风险补偿。（市财政局、市金融局共同牵头）

（十二）推动创业投资“引进来”。依法实行准入前国民待遇加负面清单的外商投资审批登记管理模式，按照内外资一致的管理原则，做好外商投资创业投资企业市场准入工作。鼓励外资开展创业投资业务，完善外商投资创业投资企业管理制度。（市外经贸局、市工商局共同牵头）

六、优化创业服务，构建创业生态

（十三）支持发展众创空间。充分利用老厂房、旧仓库、存量商务楼宇以及传统文化街区等资源打造新型众创空间。鼓励设立劳模、各级技能大师工作室、农村创新驿站等众创空间形式。遵循“政府引导、市场化运作”原则，推进创业大街、创业园区、产业化基地、科技创业社区、特色创业基地创建。推动科技创业创新孵化资源和服务的有效集成，构建全链条科技创业孵化体系。深入开展“区校一体”的创业创新合作。实施高层次人才创新支持计划、创业培训“千人计划”、企业家培育计划、大连工匠培养选树计划。落实大连市关于创业孵化平台和科技创业服务平台补贴政策，支持孵化平台建设和为在孵企业提供服务。（市经信委、市科技局、市财政局、市人社局、市农委、市国资委、市总工会，各区市县、开放先导区共同牵头）

（十四）发展第三方专业化服务。鼓励创业投资基金投资创业创新服务实体，推动企业管理、财务咨询、市场营销、人力资源、法律顾问、知识产权、检验检测、现代物流等第三方专业化服务发展。推进政府和社会信息资源共享，推动大型互联网企业和基础电信企业向创业者开放计算、存储和数据资源。（市发展改革委、市经信委、市科技局共同牵头）

七、建设创业创新平台，增强支撑作用

（十五）打造创业创新公共平台。与知名高校联合成立创新创业研究院，建立城市创业创新环境动态评估机制。在普通高等院校、职业学校、技工院校开设创业创新类课程，融入专业课程和就业指导课程体系。到2020年，力争实现参加创业培训的大学生人数不低于应届高校毕业生总人数的10%。组织开展形式多样的农村青年、返乡人员创业技能培训。整合政府各部门扶持创业创新的资源，建设综合性创业创新公共服务平台，为区市县、开放先导区和市场化众创空间、创业投资基金、创业者提供全方位全链条公共服务。整合创业培训资源，开发针对各类创业群体、创业活动不同阶段特点的创业培训项目，与孵化器、大学科技园等合作搭建创业实践实训平台。探索通过“创业券”等方式对创业者提供创业培训服务。（市教育局、市人社局、市农委共同牵头）

（十六）充分发挥各类科技创新平台作用。利用财政资金建设的科技基础设施及购置的重大科学仪器设备，要按照成本价向创业创新企业开放。鼓励企业、高等院校和科研院所的科研设施向创业创新企业开放。完善科技创新券制度，支持科技型中小企业使用创新券购买社会培训、管理咨询、检验检测、软件开发、研发设计和产学研技术合作等服务。（市发展改革委、市教育局、市科技局共同牵头）

（十七）推动创业创新场所建设。将创业创新用地优先纳入供地计划，优先保障供应。鼓励创业创新企业盘活存量用地，对工业用地在符合规划、不改变原用途的前提下，提高土地利用率和增加容积率的，不再收取或调整土地有偿使用费。建设众创空间，使用原属划拨国有土地，改变用途后符合规划但不符合《划拨用地目录》的，除经营性商品住宅外，可经评估后补交土地出让金，补办出让手续；利用工业用地建设的作为创业创新场所房屋，在不改变用途的前提下，可按幢、层、套、间等有固定界限的部分为基本单元进行登记，依法出租或转让。加强创业人员住房保障体系建设，探索将创业人员纳入住房保障范围，鼓励社会资本投资创业公寓。（市人社局、市国土房屋局共同牵头）

八、激发创造活力，发展创新型创业

（十八）完善企业激励机制。积极探索技术要素参与分配的有效形式。鼓励企业实施岗位分红权激励、项目收益分红权激励、科技成果入股等中长期激励办法，吸引和保留核心科技人才。支持行业领军企业和国有企业集团内部资源平台化，支持企业员工创业。（市科技局、市国资委共同牵头）

（十九）支持科研人员创业创新。建立健全科研人员双向流动机制，允许高校、科研院所等科研技术人员兼职兼薪、离岗创业，对经同意离岗的可在3年内保留人事关系，对高端科技人才投身小微企业科技研发工作，给予适当奖励，允许高等学校和科研院所设立一定比例流动岗位，吸引企业家和企业科技人才兼职。落实科技成果转化政策，支持科技研发成果在我市转化应用。高校和科研院所科技成果转化所获收益用于奖励科研负责人、骨干技术人员等重要贡献人员和团队的比例不低于70%。鼓励高校拥有科技成果的科研人员创办科技型企业，放宽股权激励、股权出售对企业设立年限和盈利水平的限制。（市教育局、市科技局、市人社局共同牵头）

（二十）为大学生创业创新创造便利条件。优先支持开展创业创新的学生转入相关专业学习。允许学生保留学籍休学创业创新，建立健全弹性学制管理办法。将高校毕业生自主创业扶持政策范围延伸至普通高校在校大学生。鼓励创业投资和天使投资参与普通高校大学科技园、产学研合作基地、创业孵化基地等建设。（市发展改革委、市教育局、市财政局、市人社局共同牵头）

（二十一）鼓励境外人才和留学人才来连创业创新。在落实大连市引进人才政策基础上，吸引各类海内外人才来连创办科技型企业，简化外籍高端人才来连开办企业审批流程，优化服务，实行外籍高端人才投资项目绿色通道审批制度。实施留学人才来连创业创新支持计划，引导、吸引重点领域、行业急需紧缺专门人才来连创业创新，对创新能力强、发展潜力大、市场前景好的企业，在创办初始阶段予以重点支持。（市科技局、市人社局、市外经贸局、市工商局共同牵头）

（二十二）建立和完善境外高端创业创新人才引进机制。为外籍高层次人才和投资者来华创业、投资提供入境及居留便利等服务，积极争取国家政策支持。符合条件的，为其办理签证和居留许可提供便利。引进的高层次外籍人员及家属需多次临时出入境的，公安机关出入境管理部门可为其换发5年多次有效、每次停留不超过180天的R字签证；需在中国工作或长期居留的，凭相关证明材料为其签发2—5年有效的外国人居留证件；符合办理永久居留条件的，可申请办理永久居留手续。未进入重点引才计划的高层次人才及其家属子女办理签证和居留手续，按照海外高层次留学人才回国工作绿色通道有关规定执行。（市公安局、市人社局共同牵头）

（二十三）鼓励妇女、青年、职工、残疾人、失业人员、复转军人创业创新。落实国家鼓励和扶持妇女、青年、职工、残疾人、失业人员、复转军人创业创新的相关政策，积极搭建针对性众创空间，为创业创新提供场地安排、创业培训、法律咨询等服务，支持进驻各区市县、开放先导区的创业孵化基地和创业产业园区。建立军民融合创新示范区，释放军民融合创业创新活力。（市民政局、市人社局、市总工会、团市委、市妇联、市残联，各区市县、开放先导区共同牵头）

（二十四）积极争创省级创业型县区。鼓励各区市县、开放先导区积极争创省级创业型县区，对政策落实好、创业环境优、工作成效显著，被认定为省级创业型县区的，市财政给予一次性50万元专项奖励。（市财政局、市人社局，各区市县、开放先导区共同牵头）

九、拓展城乡创业渠道，实现创业带动就业

（二十五）推动电子商务向基层延伸。鼓励电子商务第三方交易平台渠道下沉，带动基层人员创业。推动创业投资参与有条件的县、乡建设一批农村互联网创业园，为农村电商提供网站建设、仓储配送、网络技术等服务。（市发展改革委、市财政局、市人社局、市服务业委共同牵头）

（二十六）支持返乡创业集聚发展。深入实施农村青年创业富民行动、大学生返乡创业计划，制定返乡人员创业扶持政策。鼓励设立各类返乡创业园，以土地租赁方式进行返乡创业园建设的，形成的固定资产归建设方所有。做好返乡人员社保关系转移接续等工作，及时将电子商务等新兴业态创业人员纳入社保覆盖范围，探索完善返乡创业人员社会兜底保障机制，降低创业风险。（市人社局、市国土房屋局、市农委、市服务业委、市卫生计生委共同牵头）

十、加强统筹协调，完善工作机制

充分发挥市创业促进委员会机构作用，加强我市创业促进工作的组织领导，协调、推进创业创新活动开展。各地区各部门各单位要高度重视，把推进大众创业、万众创新放在重要位置，加强沟通协调，密切配合协作，形成工作合力。要充分利用报刊、广播电视、网络等媒体，加强宣传引导，弘扬创业创新精神。广泛宣传国家和省、市推进大众创业、万众创新系列重要文件，解读关于创新体制机制、发展众创空间、优化财税政策、加强创业投资等扶持政策。依托创业媒体平台，建设面向全市大众的创新创业大学和创业项目路演大厅。通过举办创业就业博览会、国际创业创新峰会等多层次的创业创新交流活动，学习借鉴先进经验，形成可复制、可推广的发展模式。树立创业典型，使创业创新成为全社会共同的价值追求和行为习惯。

各区市县、开放先导区要结合实际制定具体工作方案，细化政策措施，确保落到实处。各有关部门要根据本意见要求，及时制定或完善配套措施。市委、市政府督查部门将对本意见的贯彻落实情况开展督导检查，确保推进大众创业、万众创新的各项政策措施落地生效。

中共大连市委
大连市人民政府
2016年3月31日

阜新市人民政府关于加快构建大众创业万众创新支撑平台的实施意见

（阜政发〔2016〕64号）

为贯彻落实《辽宁省人民政府关于加快构建大众创业万众创新支撑平台的实施意见》（辽政发〔2016〕14号）精神，加快构建众创、众包、众扶、众筹（以下统称四众）等大众创业万众创新支撑平台，推进平台持续健康发展，培育“互联网+”新业态新模式，促进创业创新，打造转型发展新引擎，结合我市实际，现提出如下实施意见。

一、总体要求

按照“坚持市场主导、包容创业创新、公平有序发展、优化治理方式、深化开放合作”的原则，推动线上与线下相结合、传统与新兴相结合、引导与规范相结合。大力发展专业空间众创，鼓励推进网络平台众创，培育壮大企业内部众创，释放创业创新能量；广泛应用研发创意众包，大力实施制造运维众包，加快推广知识内容众包，鼓励发展生活服务众包，激发创业创新活力；积极推广社会公共众扶，鼓励倡导企业分享众扶，大力支持公众互助众扶，集聚创业创新活力；积极开展实物众筹，稳步推进股权众筹，规范发展网络借贷，拓展创业创新融资。营造四众发展良好环境，提高资源配置效率，在更大范围、更高层次、更深程度上推进大众创业、万众创新，加快构建大众创业万众创新支撑平台。

二、主要任务

（一）完善市场准入制度。

1. 加大金融政策支持力度。落实创业担保贷款政策，扶持政策对象创业就业。推动设立第三方支付法人机构，对申请支付业务许可证的机构进行材料审核和业务验收。（中国人民银行阜新市中心支行负责）

2. 优化经营环境。按“先照后证”的原则，将“道路运输站（场）经营”“机动车维修经营”等前置审批事项改为后置审批。提高行政审批效率，将公路监理企业监理资质等级评定，办理时限由60天压缩至30天；将企业监理人员、检测人员的网上注册、注销、信息变更审核办理时限由20个工作日压缩至15个工作日。在审批需求集中的产业集群建立代办点，积极开展上门对接服务；允许实行集约化和规模化经营、运用卫星定位系统管理、安全生产达标的道路运输企业，按照国家和行业有关标准，结合车辆类别、行驶里程、道路条件和使用年限等因素，自行确定车辆维护周期。研究解决城市配送车辆“最后一公里”通行难问题。（市交通局负责）

3. 提高运输服务水平。在保证安全的前提下依托互联网技术，逐步开放交通运输信息资源，鼓励和支持社会力量参与交通物流和信息服务市场开发。积极探索政企合作新模式，建立物流和公众出行服务平台。（市交通局负责）

4. 简化快递业务经营许可程序。优化快递业务经营许可工作，压缩工作时限、提高工作效率。（市邮政管理局负责）

（二）建立健全监管制度。

5. 推动四众标准制定。放开众创各业态企业标准备案管理，提供四众平台相关国家标准信息服务，进一步提高服务水平。（市质监局负责）

6. 大力推广网上办税服务，积极推广电子发票应用。（市国税局、市地税局负责）

7. 完善社会保险制度，进一步加强监管，切实保障职工合法权益。（市人力资源社会保障局负责）

（三）提升公共服务水平。

8. 深入推进“三证合一”“一照一码”登记制度改革。贯彻落实《辽宁省人民政府关于全面实施“一照一码”登记制度改革的意见》（辽政发〔2015〕39号）精神，加快清理与“三证合一”登记制度相冲突的规范性文件，组织实施“一照一码”登记制度改革。（市政府法制办、市工商局负责）

9. 简化住所（经营场所）登记手续。贯彻落实《辽宁省简化市场主体住所登记条件暂行规定》（省政府290号令），执行“一址多照”“一照多址”和简化企业提交住所（经营场所）证明材料等政策。支持企业依托众创空间等新型孵化机构集群注册，实行住所（经营场所）报备制度，免予提交场地使用证明等政策措施。试行企业简易注销登记。制定《企业简易注销登记办法（试行）》和《企业简易注销改革试点实施方案》，对未开业企业、无债权债务企业试行简易注销程序，方便其

办理退出市场登记。（市工商局负责）

10．推进全程电子化登记和电子营业执照应用。根据省工商局相关政策，依托全省网上审批平台，大力推进以电子营业执照为支撑的网上申请、网上受理、网上审核、网上公示、网上发照等全程电子化登记管理方式，提高市场主体登记管理的信息化、便利化、规范化水平。（市工商局负责）

11．加快建立小微企业名录。贯彻落实即将出台的《关于建设全省小微企业名录促进小微企业加快发展的意见》，依托全省企业信用信息公示系统，支持小微企业发展，进一步提高小微企业“成活率”和生存质量，实现对小微企业的精准扶持。力争2016年末前，完成全市小微企业名录系统建设。（市工商局、各有关单位负责）

12．推动电子商务产业集聚发展。鼓励结合县区优势产业，建设特色电子商务基地（园区），在中小企业孵化、服务模式创新、公共平台建设、产业链条搭建等方面发挥带动作用，吸引国内外电子商务企业和相关配套企业入驻。鼓励各类电子商务基地（园区）设立电子商务创业园、孵化器，支持大专院校与电商企业共建孵化基地、创业园，鼓励大学毕业生在电子商务领域实现就业创业。争创省级电子商务示范企业，支持示范企业建设一批骨干性电商平台，在创新经营模式、整合市场资源、带动流通企业发展等方面发挥引领示范作用。（市商务局负责）

13．加强电子商务培训。结合我市电子商务发展水平和人才需求实际，建设一批省级电子商务培训基地，制定电子商务人才培训工作规划。加强与专业培训机构合作，组织开展针对各级商务主管部门和相关政府部门工作人员、企业人员的电子商务培训。加大对电子商务紧缺人才、高端人才和专业技能人才引进和培养的支持力度。充分发挥高等院校、社会专业培训机构、电子商务企业和行业协会的作用，开展岗位对接，缓解人才供需矛盾。（市商务局负责）

14．营造良好发展环境。充分发挥主流媒体舆论导向作用，加大电子商务宣传力度，普及电子商务应用知识，推广电子商务优秀网站和典型案例，提高社会各界对电子商务普及应用的认知度。（市商务局负责）

15．大力发展创业咖啡、创业梦工厂等众创空间孵化机构，鼓励和支持民营资本、社会力量参与创业孵化基地建设。通过盘活商业用房、闲置厂房等资源提供低成本的创业创新场所，推进政府主导型创业孵化基地（园区）建设。充分利用已有各类园区，建设创业孵化示范基地。积极创建农民工、大学生和退役士兵返乡创业园，推进电子商务平台向基层倾斜，带动城乡网络创业。（市人力资源社会保障局负责）

（四）促进开放合作发展。

16．鼓励四众平台企业利用全球创新资源，面向国际市场拓展服务。加强国际合作，鼓励小微企业和创业者承接国际业务。（市发展改革委、市经合局、市工商局负责）

（五）构建以信用为核心的新型市场监管机制。

17．加快信用体系建设。做好企业信用信息发布和管理工作。贯彻落实《辽宁省政府部门公示企业信息管理办法》《辽宁省失信企业联合惩戒实施办法》。（市发展改革委、市工商局负责）

18．鼓励信用咨询、信用评估、信用担保和信用保险等信用服务业发展。建立健全守信激励机制和失信联合惩戒机制，加大对守信行为的表彰和宣传力度。（市发展改革委、市工商局负责）

（六）完善知识产权环境。

19．开展知识产权执法宣传，组织专项执法行动，打击知识产权侵权假冒行为，营造“双创”良好氛围。（市科技局负责）

20．大力发展知识产权维权援助体系，积极开展知识产权维权援助活动，主动为企业提供知识产权保护的知识，提供维护知识产权权益的咨询意见，保护知识产权成果，为创业创新提供法律支持。（市科技局负责）

21．大力宣传著作权法，明晰四众平台在著作权方面的责任、权利和义务。推动版权成果有效运用，切实维护创业创新者权益。建立版权管理长效机制，深入开展打击侵权盗版行动。加强对专利侵权的调处力度，严格保护专利权人合法权益，为创新创业消除后顾之忧。（市科技局、市文广新局负责）

（七）加强行业自律规范。

22．强化行业自律，规范四众从业机构市场行为，保护行业合法权益。完善行业纠纷协调和解决机制，鼓励第三方以及用户参与平台治理。研究建立在线争议解决、现场接待受理、监管部门受理投诉、第三方调解以及仲裁、诉讼等多元化纠纷解决机制。（市教育局、市交通局、市卫生计生委、中国人民银行阜新市中心支行、市邮政管理局负责）

23．充分发挥行业协会、学会的桥梁纽带作用，开展诚信体系建设工作，营造诚信和谐的行业氛围。整顿市场秩序，加大对违法经营和不规范竞争的治理力度，促进企业之间的业务交流和信息共享，为四众健康持续发展营造良好的市场环境。（市文广新局负责）

（八）保障网络信息安全。

24．提升四众平台企业技术安全水平，提高发现和有效应对各类网络安全事件能力，确保网络平台安全稳定运行。加强用户资料和交易信息保管，保障信息安全。强化守法、诚信、自律意识，营造诚信规范发展的良好氛围。（市发展改革委、市教育局、市交通局、市卫生计生委、市工商局、中国人民银行阜新市中心支行、市邮政管理局负责）

（九）落实财政支持政策。

25．主动适应采用四众模式的小微企业发展要求，不断扩大政府购买服务范围，支持企业发展。（市财政局负责）

26．鼓励有条件的县区支持众创空间内创业企业及团队，对众创空间的房租、宽带接入费用、用于创业服务购置的公共软件、开发工具，以及举办各类创业活动等支出费用给予适当的财政补贴。建立科技创新券制度，为创业企业向高等院校购买科技研发、科研成果等多元创新资源及服务“买单”。（市科技局负责）

（十）实行适用税收政策。

27．对符合规定条件的年应纳税所得额低于30万元（含30万元）的小型微利企业（包括采取查账征收和核定征收方式的企业），其所得减按50%计入应纳税所得额，按20%的税率缴纳企业所得税，同时延长部分小微企业、个体工商业户等免征增值税、营业税优惠期限至2017年末。对月销售额2万元至3万元的小规模增值税和营业税纳税人，免征增值税和营业税。（市财政局、市国税局、市地税局负责）

28．全面落实取消非行政许可审批事项，调整更新税务行政审批目录。简化办税流程、扩大即时办结范围、缩短办税时限、精简办理手续。升级纳税申报系统，进行税收优惠政策提示，实现申报自动计税。借力“互联网+”，加强数据分析应用。（市国税局负责）

（十一）创新金融服务模式。

29．运用再贷款、再贴现等货币政策工具。促进信贷资金向小微企业倾斜；广泛开展非金融企业债务融资工具的宣传培训，进一步拓宽小微企业直接融资渠道、扩大融资规模。推进实施小微企业信贷政策导向效果评估工作，鼓励金融机构加大小微企业信贷投放，增强小微企业信贷政策导向力。（中国人民银行阜新市中心支行负责）

30．积极发展知识产权质押融资，打造线上服务平台，为专利权人提供更优质更便捷的金融服务。设立风险补偿基金，引导并支持各类担保机构为知识产权质押融资提供第三方担保服务，缓解企业短期还贷压力，有效降低银行贷款风险。（市科技局负责）

（十二）深化科技体制改革。

31．推进高等院校、科研院所科技成果使用、处置和收益权管理改革，完善科技人员创业股权激励和分红激励机制。建立健全大型科研仪器设备、科学数据、科技文献等科技基础条件平台向众创空间和创业企业开放机制。依托省级以上工程技术（研究）中心、重点实验室等创新载体，实现创业科技资源开放共享。推动大学科技园建设发展，促进科技成果在大学科技园内转移转化，支持大学科技园内孵化企业创业创新。（市教育局、市科技局负责）

32．推动国家和具备条件的省级质检中心实施实验室对外开放，通过吸纳社会其他行业和企业现有的检验检测资源，联建共建省级资质中心，形成多元化建设格局，推动我市检验检测公共服务平台发展。与四众企业和中小企业共享大型检测设备、实验场地等，提供技术专家咨询，分享检验检测技术和研究成果，推动企业技术升级和产品结构优化。（市质监局负责）

（十三）繁荣创业创新文化。

33．在阜新高新技术产业开发区、辽宁工程技术大学科技园等实施创新创业示范工程，积极探索推进“双创”创新的新模式、新机制、新政策，不断完善创新创业服务体系，营造最优创新创业环境，引领带动全市“双创”工作。（市科技局负责）

34．鼓励企业参与“辽宁省大众创业万众创新活动周”，加强政策宣传，展示创业创新成果，促进创业投资对接和交流互动，为创业创新提供展示平台。（市发展改革委负责）

35．利用传统媒体、新媒体以及各类科普设施，积极宣传成功创业者、青年创业者、天使投资人、创业导师、创业服务机构及四众知识，推动形成大众创业万众创新的良好局面。（市委宣传部、市文广新局、市科协负责）

三、保障措施

有关部门要高度重视，把推进大众创业、万众创新放在重要位置，加强沟通协调，密切配合协作，形成工作合力。学习借鉴沈阳市开展全面创新改革试验和其他省的新举措新思路，积极争取国家政策支持。有关部门要根据本通知要求，及时制定或完善配套措施。市政府将对贯彻落实工作适时开展督导检查，确保工作顺利推进。

阜新市人民政府

2016年12月9日

吉林省人民政府办公厅关于加快构建大众创业万众创新支撑平台的实施意见

（吉政办发〔2016〕48号）

为贯彻落实《国务院关于加快构建大众创业万众创新支撑平台的指导意见》（国发〔2015〕53号）精神，加快构建大众创业万众创新支撑平台，深入推进众创、众包、众扶、众筹（以下统称四众）发展，培育和发展新技术、新业态、新模式、新产业，打造新动力，形成新的经济增长点，推动吉林老工业基地全面振兴，经省政府同意，现提出如下实施意见。

一、目标任务

“十三五”期间，建设和完善一批专业实体、网络空间、科研院所、大型企业等众创平台，研发创意、制造运维、知识内容、生活服务等众包平台，社会公共、企业分享、公众互助等众扶平台，实物、股权、网络借贷等众筹平台。

到2020年，普惠性的政策扶持体系更加完善，监管和信用体系初步建成，持续健康发展环境基本形成，创业创新与市场资源、社会需求的对接通道畅通，劳动、信息、知识、技术、管理、资本等资源配置方式优化，创业创新成本极大降低，新形态不断涌现，产业分工更加灵活，就业空间进一步拓展，内生发展环境更加协同，共享经济进一步壮大，投融资渠道多元化健康发展，形成一批新的经济增长点。

二、全面推进众创

（一）大力发展专业实体众创。建设和完善省级以上科技园、科技企业孵化器、中小企业创业孵化基地、创业创新实训基地等实体平台，建立健全平台服务和评价指标体系，完善以提高服务能力为核心的管理体制机制，引入现代企业运营模式，打破物理空间局限，发挥优惠政策集聚和“硬件”设施完善的优势，吸引各类创业创新要素聚合，加快形成与众创发展要求相适应的服务能力。鼓励“中科创客”“摆渡创新工场”“林田创客公园”等新型众创平台发展，加大对新型众创平台的扶持力度，解决新型众创平台短期盈利能力不强、硬件条件不足等问题。鼓励众创平台与互联网融合发展，打造线上线下相结合的众创载体，推动众创活动加速发展。

（二）积极发展网络平台众创。推进国家电子商务示范城市、示范基地、示范企业建设，实施小微电子商务企业培育计划。加快网络众创服务平台建设，建设和完善农村综合信息服务站，推动中小城市和农村电子商务发展。发挥我省软件及信息服务产业比较优势，鼓励长光卫星技术有限公司、启明信息技术股份有限公司、东北师大理想软件股份有限公司等行业领军企业向各类众创主体开放技术、开发、营销、推广等资源，构建开放式众创体系，降低创业门槛，促进科技成果转化。

（三）鼓励发展科技平台众创。依托高校、科研院所科研技术平台，整合省内重点实验室、工程研究中心、工程实验室等各类创新平台资源，形成面向全社会开放的共享互动机制，提升众创活动专业化水平。发挥吉林省科教人才优势，鼓励科研人员利用科研技术平台开展众创，研发和生产科研仪器、专用设备等，开展专业众创活动。

（四）培育发展大型企业众创。充分发挥大型企业的人才、市场以及研发中试基础等优势，鼓励大型企业建设众创平台，为创业创新者提供服务，给予一线员工一定的自主权，企业与员工分享产品增值，激发员工创造力。加快推广辽源东北袜业园“平台+服务”的发展模式，为创业者提供厂房、设备等标准化设施，配套金融、人力资源、检验检测、信息网络、营销策划、投资咨询等专业化服务，努力实现“零成本创业”。

三、积极推广众包

（五）加快发展研发创意众包。加快发展软件开发、广告设计、在线翻译等收包业务。鼓励大型企业、设计院通过互联网平台，充分利用社会资源，开展发包业务，将部分设计、研发任务分发和交付，促进降本增效。鼓励生物医药、新材料等技术密集领域大型企业通过互联网平台，高效利用国内外资源，提升研发效率。鼓励企业通过网络社区等形式广泛征集用户创意，促进产品与市场需求对接，实现万众创新与企业发展联动。推进长春市、吉林市、延边州等地建设一批服务外包产业园区和基地，加快形成产业发展集群，提升服务众包产业承载能力。

（六）积极推动制造运维众包。通过制造运维众包推动制造业资源的高效连接，形成制造企业在线聚集。支持一汽集团、长客股份等大型制造企业通过互联网众包平台聚集跨区域标准化产能，满足大规模标准化产品订单的制造需求。鼓励省内中小微制造企业通过众包模式构筑产品服务运维体系，提高快速响应能力，提升用户体验，降低运维成本。加快制造运维第三方服务平台建设，培育形成大中小微企业共同参与的制造运维众包生态体系。

（七）加快推广知识内容众包。以知识内容众包促进智慧集聚共享，通过线上与线下联动的发展模式，推动多领域知识或信息的集聚，形成共建共享的知识内容体系。支持省内高校和科研院所的在线课堂、各类数字图书馆等开放式平台通过众包实现知识内容的更新和汇集。鼓励省内有条件的个人和企业参与国内大型开放式平台知识内容的创造和更新。

（八）鼓励发展生活服务众包。依托辽源市、磐石市、四平市等国家“智慧城市”试点建设，围绕交通出行、无车承运物流、快件投递、旅游、医疗、教育等领域，利用互联网技术高效对接供需信息，开展生活服务众包，优化传统生活服务行业的组织运营模式。推动整合利用分散闲置社会资源的分享经济新型服务模式，打造广泛参与、互助互利的服务生态圈。推进长吉国家电子商务示范城市建设，积极发展以社区生活服务业为核心的电子商务服务，拓展服务性网络消费领域，加快差旅天下、正云社区商业信息服务、欧亚 e 购、袜易网、裕宸幸福里居家养老等电子商务平台建设。

四、立体实施众扶

（九）积极推动社会公共众扶。推动公共信息资源开放共享，整合省内公共信息资源，形成面向中小微企业和创业者开放的共享机制。建立和完善有利于吉林省科研设施与仪器资源开放共享的管理制度、激励机制、评价机制和管理平台，推进科研设施与仪器向社会各类研发机构开放，逐步实现全省科研设施与仪器的开放共享。进一步发挥行业协会、产业联盟等行业组织和第三方服务机构信息集成、资源共享、技术协同等方面的优势，为中小微企业和创业者提供更多支持。

（十）鼓励倡导企业分享众扶。鼓励园区企业间众扶，完善长春光电子、长春生物、通化生物等国家高技术产业基地以及医药健康、轨道交通、新材料、航天信息等重点产业集聚区建设，通过生产协作、开放平台、共享资源、开放标准等方式，带动区域内中小微企业和创业者发展。探索产业链上下游企业众扶合作新模式，鼓励中国石油吉化集团公司、吉林方大江城碳纤维有限公司等原材料生产企业加强与中小微产品制造企业及用户企业合作，加大技术、标准共享力度，推动产业链协同创新，共同发展。

（十一）大力支持公众互助众扶。鼓励通过网络平台、线下社区、公益组织等途径扶助大众创业就业，营造深入人心、氛围浓厚的众扶文化。支持开源社区、开发者社区、资源共享平台、捐赠平台、创业沙龙等各类互助平台发展。鼓励成功企业家分享创业经验，指导帮扶创业者创业。

五、稳健发展众筹

（十二）积极开展实物众筹。发挥实物众筹的资金筹集、创意展示、价值发现、市场接受度检验等功能，提供快速、便捷、普惠化服务，加快创新创意转化成产品，加速实现产业化和商业化。鼓励人参、坚果、杂粮、杂豆等特色农产品，健康设备开展实物众筹。鼓励东北师范大学、吉林艺术学院、吉林动画学院等单位的创意项目，在加强内容管理的同时，依法开展实物众筹。

（十三）稳步推进股权众筹。充分发挥股权众筹作为传统股权融资方式有益补充的作用，增强金融服务小微企业和创业创新者的能力。稳步开展股权众筹融资试点，建立和完善融资平台，鼓励小微企业和创业者通过股权众筹融资方式募集早期股本。对投资者实行分类管理，根据所具备的风险承受能力，进行相应额度投资。加强对股权众筹融资平台的监管，建立健全融资企业商业模式、经营管理、财务、资金使用等关键信息披露机制，切实保护投资者合法权益，防范金融风险。

（十四）规范发展网络借贷。发挥网络借贷直接、快速、灵活、低成本等优势，更好地服务小微企业和创业创新者。鼓励省内互联网企业依法合规设立网络借贷平台，为投融资双方提供借贷信息交互、撮合、资信评估等中介服务。积极运用互联网技术优势构建风险控制体系，缓解信息不对称，防范风险。鼓励省内中小微企业和创业创新者通过正规的网络借贷平台获得资金。

六、营造发展空间

（十五）完善市场准入制度。针对众包资产轻、平台化、受众广、跨地域等特点，放宽市场准入条件，降低行业准入门槛。重点围绕交通出行、无车承运物流、快递、金融、医疗、教育等领域，按照国家相关法律规定，完善市场准入制度，为众包、众筹等新模式新业态的发展营造政策环境。创新政府采购支持方式，取消中小企业享受相关优惠政策面临的条件认定、企业资质等不合理限制门槛。（省交通运输厅、省邮政管理局、省金融办、人民银行长春中心支行、吉林证监局、吉林银监局、省卫生计生委、省教育厅等负责）

（十六）建立健全监管制度。加快建立健全行业管理规范和规章制度，明确四众平台企业在质量管理、信息内容管理、知识产权、申报纳税、社会保障、网络安全等方面的责任、权利和义务。因业施策，相关部门要加快研究制定重点领域促进四众发展的实施意见。（省质监局、省新闻出版广电局、省通信管理局、省教育厅、省科技厅、省工业信息化厅、省人力资源社会保障厅、省交通运输厅、省地税局、省国税局、省邮政管理局、省金融办、人民银行长春中心支行、吉林证监局、吉林银监局等负责）

（十七）完善行业监管方式。推进建立以信用为核心的新型市场监管机制，加强跨部门、跨地区协同监管。建立健全事中事后监管体系，充分发挥信用信息共享交换平台、企业信用信息公示系统等的作用，通过大数据、随机抽查、信用评价等手段加强监督检查和对违法违规行为的处置。（省发展改革委、省教育厅、省科技厅、省工业信息化厅、省工商局、省人力资源社会保障厅、省通信管理局、相关行业主管部门负责）

（十八）提升公共服务能力。深入推进商事制度改革，加快“五证合一”登记制度改革，推进全程电子化登记和电子营业执照应用。简化住所登记手续，实行“一址多照”“一照多址”等住所登记改革。执行国家市场准入等负面清单，破除不合理的行业准入限制。探索开展企业、个体工商户简易注销试点，建立便捷的市场退出机制。加强行业监管、企业登记等相关部门与四众平台企业的信息互联共享，推进公共数据资源开放，加快推行电子签名、电子认证，为四众发展提供支撑。严格执行国家职业资格目录清单管理制度，加强对新设职业资格的管理。（省工商局、省发展改革委、省科技厅、省工业信息化厅、省人力资源社会保障厅、相关行业主管部门负责）

（十九）加强开放合作发展。有序引导域外资金参与四众发展，培育一批具有行业影响力的四众平台企业。鼓励省内四众平台企业加强同业合作，积极引进国内外资金、项目等资源，加快拓展服务市场。鼓励小微企业和创业者加强对外合作，增强竞争能力，积极承接国内外业务。推动建设长春中德产业园、中俄科技园、中以科技成果转化平台等园区和平台，强化图们江区域国际技术转移中心、珲春国际技术转移中心等国际科技合作基地作用。（省商务厅、省发展改革委、省工业信息化厅、省科技厅等负责）

七、完善市场环境

（二十）建立健全信用体系。规范公共信用信息的征集、发布和使用，全面推进 “信用吉林”建设。省信用信息服务中心负责建设、运行、维护省信用信息数据交换平台。引导四众平台企业建立实名认证制度和信用评价机制，健全相关主体信用记录，鼓励发展第三方信用评价服务。建立四众平台企业的信用评价机制，公开评价结果，保障用户的知情权。依法合理利用大数据技术，对现有征信体系和评测体系进行补充和完善。推进四众平台企业信用体系与省信用信息数据交换平台、企业信用信息公示系统等互联互通，实现资源共享。（省金融办、省发展改革委、人民银行长春中心支行、省工商局、省质监局等负责）

（二十一）积极应用信用信息。充分发挥省信用信息数据交换平台作用，为经济社会发展提供信用信息服务，鼓励发展信用咨询、信用评估、信用担保和信用保险等信用服务业。建立健全守信激励机制和失信联合惩戒机制，加大对守信行为的表彰和宣传力度，在市场监管和公共服务过程中，对诚实守信者实行优先办理、简化程序等“绿色通道”支持激励政策，对违法失信者依法予以限制或禁入。（省发展改革委、人民银行长春中心支行、省金融办等负责）

（二十二）严格保护知识产权。完善知识产权保护相关法规，推动吉林省专利条例、著作权条例等法规的制定和修订工作，研究制定四众领域的知识产权保护政策。加大对电子商务服务、文化传媒创意等领域的知识产权保护、监管和执法力度，加强执法协作、知识产权与纠纷快速调解工作，切实维护创业创新者权益。提高大型商业场所和展会、创业创新大赛等知识产权保护意识。强化知识产权相关法律、法规和典型案例的宣传和培训，增强中小微企业知识产权意识和管理能力。（省商务厅、省新闻出版广电局、省工商局、省科技厅、省质监局等负责）

八、强化内部治理

（二十三）提升平台服务能力。鼓励四众平台企业加大对复合型人才的培养和引进力度，加强产业链上下游协同发展。积极利用信息化手段完善内部制度建设和管理规范，提高风险防控和信息内容管理能力，提升对四众项目的服务水平。四众平台企业要严格履行管理责任，加快建立用户权益保障机制。（省网信办、省工业信息化厅、省工商局、省通信管理局等负责）

（二十四）保障平台信息安全。加强平台信息系统安全建设，在做好等级保护工作的基础上，充分发挥信息安全测评机构等职能部门的作用，做好信息安全风险评估等安全测评工作，提高信息安全防范水平。加强四众平台网络系统软硬件及用户数据保障能力建设，提升技术安全水平，形成及时发现和有效应对各类网络安全事件的能力，确保网络平台安全稳定运行。强化四众平台企业守法、诚信、自律意识，明确与用户之间的责任和义务，细化信息规章制度，妥善保管各类用户资料和交易信息，不得买卖、泄露用户信息，保障信息安全。（省网信办、省工业信息化厅、省国家安全厅、省公安厅、省通信管理局等负责）

（二十五）规范行业市场行为。加强行业自律，规范四众从业机构市场行为，保护行业合法权益。鼓励具有行业影响力的企业牵头制定各类产品和服务标准，促进行业技术进步，提升吉林省优势产业市场竞争力。完善行业纠纷协调和解决机制，鼓励第三方以及用户参与平台治理。构建在线争议解决、现场接待受理、监管部门受理投诉、第三方调解以及仲裁、诉讼等多元化纠纷解决机制。（相关行业主管部门、行政执法部门负责）

九、强化政策扶持

（二十六）加大财政资金支持力度。推动各类政策性基金协同联动，充分利用国家新兴产业创业投资基金、科技型中小企业创业投资引导基金、国家科技成果转化基金、省产业投资引导基金等，引导社会资源支持四众发展。支持企业通过众创、众包等方式开展相关科技活动。通过政府购买服务，为中小微企业免费提供管理指导、技能培训、市场开拓、标准咨询、检验检测认证等服务。逐步将对线下实体众创空间的财政扶持政策惠及网络众创空间。对符合要求的物流公共信息服务平台、农村电子商务平台等四众平台给予资金支持。（省财政厅、省发展改革委、省工业信息化厅、省科技厅、省人力资源社会保障厅、省商务厅、省质监局等负责）

（二十七）实行适用税收政策。落实普惠性税收政策，优化小微企业申报、备案程序，规范管理流程，落实好小型微利企业所得税、小微企业增值税、鼓励企业技术进步、支持就业创业等税收优惠政策。在受理小微企业新办登记、纳税申报、领购发票等涉税环节，实行税收优惠政策提醒服务，辅导企业做好各环节工作，帮助企业准确享受税收优惠。加快推广使用电子发票，支持四众平台企业和采用众包模式的小微企业及个体经营者按规定开具电子发票，并允许将电子发票作为报销凭证。（省地税局、省国税局等负责）

（二十八）丰富金融服务方式。引导和鼓励创业创新企业在主板、中小板、创业板、“新三板”上市（挂牌）融资。降低贷款门槛，对自主创业，依法开办个体工商户、“互联网+”、电子商务、农民专业合作社等，从事非国家限制类行业，无不良信用记录且具备一定创业条件的，均可按有关规定在创业地申请创业担保贷款。鼓励担保机构进一步降低反担保门槛，支持创业担保贷款经办金融机构简化申请手续，探索开展网上申请和办理服务。探索以信用保险、贷款保证保险等保险产品为主要载体，“政府+银行+保险”多方参与、风险共担的合作经营模式。引导互联网金融健康发展，鼓励金融机构在风险可控和商业可持续的前提下，针对四众特点开展金融产品和服务创新，积极发展知识产权、股权质押融资。（人民银行长春中心支行、吉林证监局、吉林银监局、吉林保监局、省金融办、省发展改革委、省工业信息化厅、省财政厅、省科技厅、省商务厅、省人力资源社会保障厅、省质监局、省通信管理局等负责）

（二十九）深化科技体制改革。加快下放科技成果使用、处置和收益权，将财政资金支持形成的不涉及国防、国家安全、国家利益、重大社会公共利益的科技成果使用权、处置权和收益权，全部下放给符合条件的项目承担单位。高等院校、科研机构科研人员职务发明成果在省内转化所获净收益（或成果形成股权、股权收益），以不低于70%的比例奖励给成果完成人（团队）和为科技成果转化作出重要贡献的人员，奖励比例上不封顶。加大科研基础设施、大型科研仪器向社会开放力度，为小微企业和创业者提供支撑。（省科技厅等负责）

（三十）营造创业创新氛围。加强对大众创业万众创新的政策宣传和舆论引导，完善创业创新展示平台，组织“大众创业万众创新活动周”，展示创业创新成果，促进投资对接和互动交流。办好中国创新创业大赛吉林地区分赛、吉林省大学生创业大赛、吉林省“互联网+”大学生创业大赛、吉林省青年创新创业大赛等活动。宣传推介创业创新的成功案例和典型人物，充分发挥创业创新榜样的激励、引导和示范作用。打造创业文化，培育企业家精神，树立崇尚创新、创业致富的价值导向，鼓励创业创新者将新想法、新创意转化为创业活动。（省发展改革委、省教育厅、省科技厅、省工业信息化厅、省委宣传部、省科协等负责）

（三十一）积极探索创新模式。支持各地探索适应新模式新业态发展特点的管理模式，及时总结形成可复制、可推广的经验。鼓励经济技术开发区、国际合作示范区、战略性新兴产业集聚区、产业基地等加大创新力度，强化对创业创新公共服务平台的扶持，发挥四众发展的示范带动作用。（省发展改革委、省科技厅、省商务厅等部门及相关市州、县市政府负责）

各地区、各部门要加强统筹协调，加大对四众等创业创新活动的引导和支持力度。各地区要结合实际制定具体工作方案，细化政策措施，确保相关政策落到实处。各相关部门要根据本部门职责分工，及时制定或完善配套措施。省政府将对本意见贯彻落实情况开展督导检查，确保工作顺利推进。

吉林省人民政府办公厅

2016年6月28日

长宁区关于加快集聚创新创业人才的若干意见

（长府〔2016〕56号）

第一章 目 的

第一条 为进一步优化人才发展综合环境，着力集聚符合长宁经济、社会发展急需的各类创新创业人才，吸引各类人才近悦远来，根据《上海市关于深化人才工作体制机制改革促进人才创新创业的实施意见》以及《长宁区贯彻〈中共上海市委、市人民政府关于加快建设具有全球影响力的科技创新中心的意见〉的实施意见》，制定本意见。

第二条 重点围绕长宁加快打造“贸易功能突出、现代服务业特色鲜明的科技创新人才集聚区”的目标任务，实施对创新创业人才的补贴和资助，加快形成育才、引才、聚才、用才的良好环境，为长宁经济社会发展提供坚实的人才保障和智力支持。

第二章 工作机构

第三条 区人才工作协调小组负责集聚创新创业人才工作的组织领导、统筹协调和重大事项的决策。

第四条 区人才工作协调小组办公室（以下简称“区人才办”）负责集聚创新创业人才的组织实施、整体推进、指导协调、材料审核、资金统筹等工作；区相关职能部门按照各自职责制定相关操作细则、定期开展绩效评估，确保各项人才集聚政策落到实处。

第三章 补贴资助

第五条 根据《长宁区产业发展指导目录》，对符合下列条件之一，在企业内担任高层领导职务的高级经营管理人才，经相关职能部门审核认定后，给予一定形式的激励。

（一）认定的跨国公司地区总部；

（二）属于现代服务业、战略新兴产业等企业，且为长宁经济社会发展作出重要贡献的；

（三）属于航空服务业、时尚创意产业、互联网+生活性服务业等企业，经有关部门认定具有良好发展前景，成长性较好，需重点扶持的。（责任部门：区商务委）

第六条 对符合长宁产业发展导向的重点产业和社会事业等领域中的领军、拔尖人才、创新研发人才及创新团队实施以下资助：（一）对由区培养并申报，入选“上海领军人才”“上海市青年拔尖人才”“上海市青年创业英才”“上海首席技师”等国家、市级人才培养计划的，按有关规定给予配套资金资助。（责任单位：区人才办、团区委）

（二）对入选的长宁区“十大领军人才”“长宁区领军人才”“长宁区专业技术拔尖人才”，分别一次性给予每人10万、5万、3万元资助。（责任单位：区人才办）

（三）对本区企业和区属事业单位引进的博士后研发人员，根据项目期限不同，一次性给予每个博士后人员生活补贴5万—10万元；对本区企业和区属事业单位引进或留用出站博士后研发人员，并与之签订两年（含）以上劳动（聘用）合同的用人单位，给予一次性5万元资助。支持本区园区、企业建设博士后科研工作站，对批准设立博士后科研工作站的园区或企业，给予一次性30万元的工作站建设和运行经费资助。（责任单位：区人才办）

（四）对经专家评审、区人才办认定的区级创新团队、区级后备创新团队，分别给予每个团队每年8万元、2万元科研和工作经费资助，连续资助3年，创新团队上级主管部门或所在单位应按不低于1∶1比例给予资金匹配。（责任单位：区人才办）

第七条 对落地本区的中央和上海市“千人计划”人才、对本区推荐并入选“上海市浦江人才计划”的人员，由区财政和所在单位按照规定标准给予配套资金资助。对来长宁创办企业的中央和上海市“千人计划”人才，其企业符合产业发展方向，且具有良好发展前景的，经相关部门认定后，给予每人一次性25万元的创业资助。（责任单位：区人才办、区科委）

第八条 大力支持人才参加各类创新创业活动。经区主管部门推荐，对在全国、市级和区级创新创业大赛中获得名次，且两年内获奖项目在本区落地的创业团队，分别给予一次性10万元、5万元、3万元的创业资助。（责任部门：区科委、区人社局、团区委）

第九条 对社会力量为本区引进诺贝尔奖获得者、中国科学院院士、中国工程院院士等国内外知名专家学者，“千人计划”“领军人才”等国家、市人才培养计划入选专家，或相当于上述层次的顶尖人才的，经相关部门综合评定，根据引进人才不同类别，给予引进机构一次性5万—15万元奖励。（责任部门：区人才办）

第十条 支持鼓励市场化、专业化机构为区域创新创业人才开发特色人才服务项目。对评价较好的服务项目优先纳入张江长宁园人才服务平台，优先申请张江园区管委会相关政策扶持。（责任部门：区科委、区人社局）

第四章 配套服务

第十一条 全面落实本市户籍新政，对符合长宁产业发展导向的重点企业开辟人才引进绿色通道。依托上海虹桥海外人才一站式服务中心，为海外人才提供外国人就业证、外国专家证、海外人才居住证（B证）、居留和出入境许可等一站式服务。（责任部门：区人社局、区公安分局）

第十二条 完善各职能部门人才服务协调联动机制，整合政府职能部门以及社会组织资源优势，为高层次人才提供便利服务，主要包括：为重点人才设计合理落户路径，提供户籍政策指导咨询；为符合条件的高层次人才提供长宁区优秀人才租房补贴和公租房（人才公寓）优先配租；建立高层次人才专属医疗服务和就医绿色通道；对区域引进高层次人才直系子女的就学给予相关入学、转学政策指导；优先为高层次人才家庭提供丰富的文体及家政便利服务等。（责任部门：区人才办、区人社局、区房管局、区卫计委、区教育局、区文化局、区体育局、区妇联）

第十三条 积极为高层次人才拓展事业发展平台。选送人才参加市委党校等市级或市级以上部门举办的专题研修班等培训研讨活动。定期组织高层次人才参加区情报告会、视察考察等活动。（责任部门：区人才办）

第五章 附 则

第十四条 本意见中资助对象所在单位，如未特别说明的，一般指工商注册、税务登记和个人所得税缴纳均在长宁区的企业和本区区属事业单位。

第十五条 本意见所需资金除有专项资金列支外，均在长宁区人才发展专项资金中列支。如与本区其他政策有重复、交叉的，一般按照“从优、从高、不重复”的原则执行。

第十六条 本意见如与国家、本市相关政策、规定相抵触，以国家、本市相关政策、规定为准。本意见自印发之日起施行，有效期至2019年7月31日止。《长宁区关于加快集聚高层次人才的若干意见》（长府〔2013〕34号）自本意见实施之日起废止。

上海市长宁区人民政府

2016年9月26日

中共江苏省委 江苏省人民政府关于加快建设具有全球影响力的产业科技创新中心的意见

（苏发〔2016〕12号）

为认真贯彻党的十八届五中全会精神，深入落实习近平总书记对江苏工作的明确要求，充分发挥江苏科教资源丰富、产业实力雄厚、研发平台较多的优势，进一步聚焦产业科技创新，瞄准国际先进水平，推动科技同产业无缝对接，更加有力地实施创新驱动发展战略，促进产业结构迈向中高端、产业创新发展迈上新台阶，根据省委十二届十一次全会部署要求，现就加快建设具有全球影响力的产业科技创新中心提出如下意见。

一、目标定位和总体要求

目标定位。建设具有全球影响力的产业科技创新中心，旨在通过构建创新水平与国际同步、研发活动与国际融合、体制机制与国际接轨的现代产业科技创新体系，使江苏成为创新活力充分释放、科技基础设施完善、城市创新功能健全、区域创新开放有序、创业环境持续优化的产业科技创新中心，成为全球重大原创性技术成果和战略性新兴产业的重要策源地，全球产业科技创新高端人才、高成长性企业和高附加值产业的重要聚合区，全省产业科技创新要素高度集聚、创新创业活动高度活跃，涌现出一批在国际上具有话语权、引领力的创新型领军企业和产业科技研发基地，在全球产业科技创新格局中跻身先进行列。

立足我省实际，通过“三步走”加快推进具有全球影响力的产业科技创新中心建设。第一步，经过5年左右努力，到2020年基本形成产业科技创新中心框架体系，主要创新指标达到创新型国家中等水平。第二步，经过10年左右奋斗，到2025年形成产业科技创新中心区域的核心功能，成为全球产业技术创新网络的重要节点，全面达到或超过中国2025制造业目标，部分创新指标跨入创新型国家先进行列。第三步，到2035年左右，全面建成具有全球影响力的产业科技创新中心。

“十三五”时期是打基础的关键阶段，重点要形成产业科技创新中心框架体系，市场配置创新资源的决定性作用明显增强，开放型区域创新体系和创新型经济形态基本建成，建成一批处于世界前沿水平的研发基地，集聚一批具有全球影响力的创新领军人才，形成一批具有自主知识产权和重要应用前景的原始创新成果，发展一批具有国际影响力和竞争力的创新型产品群产业群，重点产业领域创新水平由跟跑向并跑、领跑跨越，努力实现从要素驱动、投资驱动向创新驱动的全面转变。2016年，全面启动产业科技创新中心建设，布局建设一批一流产业科技创新载体，加快构建开放式产业科技创新网络，打造优良的创新创业生态环境，力争全社会研发投入占地区生产总值的比重达2.6%，科技进步贡献率达61%以上。

总体要求。认真贯彻党的十八届五中全会精神和习近平总书记对江苏工作的明确要求，深入实施创新驱动发展战略，扎实推进科技创新工程，以促进产业转型升级和经济发展方式转变为主线，着力建设一流产业科技创新载体，强化产业技术创新的源头供给；着力构建开放式产业科技创新网络，广泛集聚国内外高端创新要素；着力打造与国际接轨的产业科技创新生态，充分释放各类创新主体活力；着力健全产业科技创新体制机制，突破产业科技创新中的瓶颈制约，加速形成产业创新发展新动源、新空间、新体制，协同推进打造具有国际竞争力的先进制造业基地，与国家整体创新布局衔接配合，加快建设具有全球影响力的产业科技创新中心，为建设经济强、百姓富、环境美、社会文明程度高的新江苏提供有力支撑。

二、建设一流产业科技创新载体

（一）提升省产业技术研究院建设水平。瞄准“世界有影响、全国最前列”的目标，推进省产业技术研究院改革发展，使之成为产业技术升级的“推进器”、吸引各类创新资源的“强磁场”和重大创新成果的“策源地”。按照平台一流、队伍一流的标准，围绕产业发展重大需求，依托地方和园区，集聚全球创新资源，引进共建一批人才与国际贯通、机制与国际接轨的专业研究所，并实现战略性新兴产业领域全覆盖。针对“一区一战略产业”布局，依托省产业技术研究院和创新资源集聚度较高的高新园区，建设一批产业技术创新中心，完善创新资源整合、产业技术研发、成果转移转化、企业衍生孵化等功能，健全产业技术研发体系。建设江苏产业与全球创新资源对接平台，在创新资源和产业聚集度高、先进技术集中、技术交流活跃的发达国家和地区，建立10家左右海外产业技术研发载体。以省产业技术研究院为依托，积极探索构建市场化导向、公益性职能、企业化运作的运行机制，加速产业重大原创性成果产出。

2016年，研究制定江苏省产业技术研究院固定场所建设方案，启动设立产业技术研发投资基金，新建5—6家专业研究所，建设2—3家高水平海外产业技术研发载体，提升激光与光电、环保装备、通信与网络等产业技术创新中心建设水平。

（二）建设支撑产业科技创新的高水平研究型大学。建设若干世界知名的高水平有特色大学，充分发挥高校的创新源头作用。支持大学在基础研究、前沿技术研究、社会公益研究等领域开展重大原始创新，推动大学与企业、科研院所开展全面合作，更好地为产业技术创新服务。组织实施江苏高校协同创新计划，加快推进协同创新中心建设，着力突破学科、学校、行业和地区壁垒，支持高校与国内外各类创新主体紧密合作，促进教育与科技、经济深度融合。支持将协同创新中心作为高校综合改革试验区，在完善机制体制、创新人才培养模式上先行先试，提高人事管理自主权。支持高校普遍建立技术转移中心，鼓励高校与企业建立“校企联盟”等产学研合作组织，全面提升高校对产业技术创新的支撑和引领能力。

2016年，研究制定高校协同创新计划实施方案，继续支持59家省级协同创新中心建设，全省高校技术转移中心达40家以上，“校企联盟”达1.15万家。

（三）布局建设重大产业科技创新平台。瞄准世界科技前沿和我省产业发展战略需求，加快国家超级计算（无锡）中心、未来网络实验设施、纳米真空互联实验站、高效低碳燃气轮机试验装置等国家科技平台建设，积极创建微结构、通信技术、水土生态等国家实验室，努力打造具有世界领先水平的综合性科学研究试验基地。统筹产业创新布局，在纳米技术、生物技术、智能制造、人工智能、仿生材料、大数据、高温超导、高效储能等重点领域，培育一批国家重点实验室和省级重点实验室，引导重点实验室与国际一流科研机构共建联合实验室，并积极参与国际大科学计划和大科学工程。提升国家知识产权局专利局专利审查协作江苏中心、国家技术转移苏南中心等重大科技平台建设水平，推进研发设计、检验检测、文化创意、技术转移、科技咨询等科技公共服务平台发展，推动大型科学仪器设施、科技文献数据、农业种质资源、实验动物等科技基础条件平台开放共享。

2016年，完成国家超级计算（无锡）中心建设并试运行，启动国家未来网络实验设施建设，组织1—2家国家实验室或大科学装置预研，建设10家左右重大技术创新服务平台。

（四）实施引领产业发展的重点科技专项。坚持有所为有所不为，选准关系全局和长远发展的战略必争之地，前瞻布局一批能填补国内空白、支撑战略性新兴产业跨越的重大产业科技创新项目。实施前瞻性产业技术创新专项，超前部署重点基础材料技术提升、生物医用材料研发与组织器官修复代替、智能电网与技术装备等重点专项，突破一批核心技术，培育一批知识产权密集、国际竞争力强的前瞻性新兴产业。实施重大科技成果转化专项和战略性新兴产业专项，围绕“中国制造2025”“互联网+”等战略部署，加强基础性、公益性、战略性关键技术的研发与成果转化，培育形成纳米科技、石墨烯、高性能碳纤维等10个左右全球有影响、附加值高的产业创新集群，加快构建产业创新发展新体系。

2016年，研究制定产业创新集群实施方案，实施200个以上前瞻性重大技术突破项目、200个以上科技成果转化和战略性新兴产业项目。

三、构建开放式产业科技创新网络

（五）发挥企业创新主体作用。实施创新型企业培育行动计划，培育一批创新能力国际一流、规模与品牌位居世界前列、引领产业跨越发展的创新型企业。加快培育创新型领军企业，引导企业融入全球研发网络，支持开放配置全球创新资源，牵头组建一批产业技术创新战略联盟，打造一批企业科技园，转化一批重大科技成果。全面提升企业研发机构研发能力，支持企业与高校院所构建产业技术研发网络，推动骨干企业创建国家重点实验室、工程实验室等国家级研发机构。深入实施科技企业“小升高”计划，健全企业主导产业技术研发创新的体制机制，激发中小企业活力，推动面广量大的科技型小微企业向新技术、新模式、新业态转型，加速成长为高新技术企业，到2020年培育高新技术企业1.5万家。

2016年，研究制定创新型企业培育行动计划实施方案，培育30家创新型领军企业，高新技术企业总数达1.1万家，支持企业创建10家国家重点实验室、工程实验室等国家级研发机构，布局建设5—8家省级企业重点实验室、200家省级工程中心。

（六）构建产学研协同创新网络。实施产学研协同创新行动计划，促进产学研深度合作和产业链上下游的资源整合。深化与中科院、清华大学、北京大学等重点科教单位合作，共同建设一批国家级重大产业技术研发机构和创新平台，推动产业重大科技成果在我省的集群转化。鼓励地方、科技园区加强与国内外一流高校院所合作，共建新型产业技术研发机构等创新载体；支持科技园区加快集聚国内外产业创新资源，建设产学研产业协同创新基地。探索“互联网+产学研”新模式，建设移动智能产学研合作信息系统，打造链接产学研用便捷高效的合作服务平台。

2016年，研究制定产学研协同创新行动计划实施方案，与中科院、清华大学签署新一轮战略合作协议，建设10家左右产学研新型研发机构，开通移动智能产学研合作信息平台。

（七）提升产业科技开放创新水平。实施产业创新国际化行动计划，对接国家“一带一路”战略部署，广泛集聚国际创新资源，深度融入全球研发创新网络。积极构建产业科技创新全球合作伙伴关系，深化与以色列、芬兰、英国等世界创新强国，以及美国麻省理工学院、德国弗朗霍夫应用研究促进协会等国际知名机构的交流合作，建立一批产业技术国际合作平台。引导企业实施开放式研发策略，推动加入世界主要技术标准组织，牵头或参与建立国际性产业技术创新联盟；鼓励有实力的企业通过收并购等方式设立海外研发基地，面向全球布局创新网络。继续完善鼓励外资研发中心发展的相关政策，支持和鼓励外资企业联合本土企业及高校院所开展产业核心技术研发和创新平台建设。支持苏州工业园区开展开放创新综合试验，提升中以常州创新园、太仓中德产业合作园、中韩盐城产业园等国际创新园区发展水平。

2016年，研究制定产业创新国际化行动计划实施方案，启动实施与英国的双边产业研发框架计划，实施40个左右跨国合作研发及技术转移项目，支持企业建设5家左右海外研发中心，在境内外举办20场左右国际技术交流对接活动。

（八）打造高效众创空间。实施创业江苏行动计划，培育产业创新发展新动力。鼓励社会力量投资建设或管理运营创客空间、创新工场等新型孵化载体，支持存量商业商务楼宇、旧厂房等资源改造，打造一批低成本、便利化、全要素、开放式的众创空间。支持建设创业大学、创客学院，鼓励大型电子商务平台等互联网企业设立以互联网为主要业务载体或服务领域的众创空间。在科教资源密集、创业企业集中的地区建设一批众创集聚区。积极开展互联网股权众筹融资，引导互联网金融为众创空间提供灵活、多样的金融服务。开展“苗圃—孵化器—加速器”科技创业孵化链条建设试点，推动国家级孵化器加快建成世界一流、国际化人才汇聚的创新创业载体。

2016年，研究制定创业江苏行动计划年度工作要点，纳入省级备案的众创空间达250家，打造1—2家在全国有影响的众创集聚区，建设20个“苗圃—孵化器—加速器”科技创业孵化链条试点，全省各类科技创业园在孵企业达3.2万家。

（九）发挥苏南国家自主创新示范区产业科技创新引领支撑作用。优化“五城九区多园”创新布局，探索一体化的新机制新模式，推动创新要素在城市之间、园区之间、城乡之间的合理流动和高效组合，促进城市间科技创新和产业发展分工协作，全面提升城市自主创新能力和产业国际竞争力。开展创新政策先行先试，在新型科研机构建设、资源开放共享、区域协同创新、高层次人才引进、科技成果转化、科研管理等方面积极探索，实现创新政策一体化覆盖、体制机制改革一体化推进，着力打造创新驱动发展引领区、深化科技体制改革试验区和区域创新一体化先行区，引领支撑具有全球影响力的产业科技创新中心建设。

2016年，编制苏南国家自主创新示范区一体化空间布局规划，启动《苏南国家自主创新示范区条例》编制工作，推动苏南五市制定示范区发展规划纲要实施方案和2016年度专项工作推进方案，争取科技部支持示范区开展改革试点。

四、打造与国际接轨的产业科技创新生态

（十）实施知识产权强省战略。开展知识产权综合管理改革试点，建立健全职责清晰、管理统一、运行高效的知识产权行政管理体系。实施高价值知识产权培育计划，培育知识产权密集型企业，打造专利密集型、商标密集型、版权密集型产业。建设江苏（国际）知识产权交易中心等展示交易平台，大力发展知识产权市场。实行严格的知识产权保护制度，研究制定《江苏省知识产权促进条例》，加强行政执法与知识产权保护的衔接，推进知识产权民事、刑事和行政案件的“三审合一”，探索设立知识产权法院；强化知识产权保护国际合作，构建海外知识产权保护和服务网络。加强对国际知识产权制度和规则研究，建立科学决策、快速反应、协同运作的涉外知识产权争端应对机制。

2016年，启动《江苏省知识产权促进条例》制定工作，制定知识产权综合管理改革试点方案和高价值知识产权培育计划实施方案，建设江苏（国际）知识产权交易中心等展示交易平台。

（十一）建设国际化创新创业人才高地。深入实施百千科技企业家培育工程，着力培养既通科技又懂市场的复合型创新创业人才，重点培养一批站在产业科技前沿、引领行业发展的企业家型科学技术带头人。实施产业人才高峰行动计划，建立产业人才滚动式培养体系，培养一批战略性新兴产业高层次人才和创新团队。以先进制造业和现代服务业为重点，依托省“双创人才”计划、“凤还巢”计划、“国外人才智力引进工程”等，加大海外领军人才、我省发展急需紧缺人才和地区特色产业人才的引进力度。发展人才金融，发挥财政资金杠杆作用，撬动社会资本共同支持人才创新创业。发展人力资源服务业，完善政府购买公共服务制度，解决好人才医疗保健、阶段性居住需求及子女受教育问题，努力构建功能齐全、运转高效、服务便捷的人才公共服务体系。

2016年，实施十大产业领域海内外引才行动计划，研究制定产业人才高峰行动计划实施方案，选拔培养一批战略性新兴产业高层次人才，培养一批复合型创新创业人才。

（十二）推动科技服务集群化发展。大力发展研发设计、检验检测认证、知识产权、技术转移、创业孵化、科技金融、科技咨询等专业科技服务和综合科技服务，构建覆盖科技创新全链条的科技服务体系。积极培育市场化新型研发组织、研发中介和研发服务外包新业态，引导科技服务向规模集团化、服务专业化、功能体系化方向发展。加快建设苏州自主创新广场、常州科教城等科技服务集聚区，支持高新区、经开区、科技产业园建设科技服务特色基地；支持引导骨干科技服务机构集聚优质资源，打造一批连锁型、平台型科技服务集团；鼓励国际知名服务机构在我省设立分支机构或开展科技服务合作。

2016年，启动实施科技服务业升级行动计划，组织开展2—4家国家科技服务业区域、行业试点，培育80家左右骨干科技服务机构，启动10家左右科技服务特色基地建设，加快国家技术转移苏南中心建设，科技服务业总收入达5500亿元。

五、健全产业科技创新体制机制

（十三）健全鼓励企业创新投入制度。加强财税政策对企业创新的支持，完善企业研发费用计核方法、目录管理方式，探索将研发设计、检验检测认证等科技服务业企业纳入高新技术企业认定范围，落实有限合伙制创业投资企业税收优惠政策，切实做到应免尽免、应减则减；在财政出资的重大工程项目和服务采购清单中，须有5%以上的额度面向中小企业招标采购。完善国有企业经营业绩考核办法，加大创新转型考核权重，对科技研发、收购创新资源和重大项目、模式和业态创新转型等方面的投入，影响企业利润部分视同实现利润。健全重大创新工程和项目容错机制。

2016年，争取国家龙头企业创新转型试点，制定鼓励国有企业技术创新的经营业绩考核办法，完善符合国际规则的支持采购创新产品和服务的政策，科技税收减免额超过270亿元。

（十四）完善科技成果转移转化机制。开展科技成果使用、处置和收益管理改革试点，将财政资金支持形成的，不涉及国防、国家安全、国家利益、重大社会公共利益的科技成果的使用权、处置权、收益权，全部下放给项目承担单位。强化鼓励创新创造的分配激励导向，高校院所财政性资金形成的科技成果转移转化收入，允许按照不低于所获收益50%的比例，用于奖励科技成果完成人（团队）、转化团队等为科技成果转移转化作出重要贡献的人员。对高校和科研院所以科技成果作价入股的企业，放宽股权激励、股权出售对企业设立年限和盈利水平的限制。在有条件的国有企业探索实施国有企业股权激励和员工持股制度，试点国有科技创新型企业对重要科技人员和管理人员实施股权和期权激励。认真落实国家关于高新技术企业科研人员通过科技成果转化取得股权奖励收入时，可在5年内分期缴纳个人所得税的税收优惠政策，并积极争取进一步完善股权奖励递延缴纳个人所得税办法。

2016年，争取国家支持开展科技成果转化体制机制改革试点；推进科技成果使用、处置和收益管理改革，健全科技成果、知识产权归属和利益分享机制。完善技术成果转移转化机制，加速科技成果产业化。鼓励社会化新型研发机构发展，探索非营利运行模式。

（十五）创新人才培养和评价机制。推行项目经理制度，赋予项目经理更大的人财物支配权、技术路线决策权，充分发挥科技引领、项目攻关和人才培养的先导作用。建立更加开放的人才引进使用机制，招才引智享受招商引资出国审批政策，探索制定外籍高层次人才引进涉及的签证、入境出境、停留居留、永久居留等方面特殊便利政策。对经由市场主体评价、市场价值达到一定水平的创新创业人才和技能人才，允许不受学历职称限制直接入户引进。鼓励高校、科研院所采用年薪工资、协议工资、项目工资等方式聘任高层次科研人员，所需人员经费不纳入绩效工资总额调控范围。建立科学化、市场化、社会化的评价发现机制，分层分类推进职称制度改革。对经单位同意离岗创新创业的高校、科研院所的专业技术人员，可保留3年人事关系，工龄连续计算，离岗创业期间纳入专业技术职务年限计算。

2016年，实行积极的人才引进政策，改进创新型人才培养模式，加大创新创业人才和急需紧缺高技能人才引进培养力度。实行科技人员分类评价，建立以能力和贡献为导向的评价机制。改进科研人员岗位和薪酬管理制度，促进科研人员合理流动。

（十六）完善科技金融结合机制。健全科技金融风险分担机制，建立覆盖全省的科技金融风险补偿资金池和备选企业库，引导银行等金融机构加大对科技型企业的支持力度。发展科技金融专营机构、特色机构和科技小额贷款公司等新型科技金融组织，推动建立与科技创新相适应的业务流程和管理制度。支持省级科技金融合作创新示范区先行先试，稳妥推进股权众筹等支持创新的互联网金融发展。发展科技金融中介服务机构，建设区域性科技金融服务中心。探索建立省级科技金融投融资平台，为科技型中小企业提供综合金融服务。推动国家科技金融优惠政策在我省落地，为金融机构支持科技创新给予普惠财税政策扶持。

2016年，开展科技成果转化引导基金试点，落实对种子期、初创期等创新活动投资的税收支持政策，创投管理资金规模达2100亿元，科技金融专营机构、特色机构和科技小额贷款公司等新型科技金融组织超过200家。

（十七）推进政府科技管理创新。转变政府科技管理职能，更好地发挥政府在优化创新环境、提供创新服务等方面的作用。系统推进科研项目和资金管理改革，加快建立省级科技项目管理平台，加强科技计划项目全过程的信息公开和信用管理，显著提升财政科技资金使用透明度和效益。建立健全创新调查和科技报告制度，建设统一的科技管理信息系统和科研项目数据库，及时公开科研项目及研究成果信息。推进项目评审、人才评价、机构评估“三评”改革，支持社会组织开展第三方评价，切实做到公平公正公开。研究制定《江苏省公共科技资源共享条例》，推动各类科技资源向企业和社会开放共享。

2016年，建设统一的省科技项目管理平台，对现有科技计划（专项、基金）进行优化整合，科技报告共享服务系统上线运行，培育1—2家专业化项目管理机构，完善科技信用管理平台。

建设具有全球影响力的科技创新中心是一项系统工程，需要付出长期艰苦努力，必须统筹谋划、周密部署、精心组织、认真实施。要加强组织领导，充分发挥省科技创新工作领导小组作用，加强整体谋划，进一步完善部门沟通协调和工作联动机制，更好地凝聚各方面的智慧和力量，合力推动具有全球影响力的科技创新中心建设。各级党委、政府要把建设具有全球影响力的科技创新中心摆在发展全局的核心位置，建立工作责任制，制定具体推进方案和措施，确保落实到位。改革完善创新驱动导向评价机制和考核办法，把创新业绩纳入对领导干部考核范围。加强宣传和舆论引导，发展繁荣创新文化，加强对创新主体、创新过程、创新成就以及破难关、勇创新先进典型的宣传力度，形成支持具有全球影响力的产业科技创新中心建设的浓厚氛围。

附件：2016年重点工作任务分工（略）

中共江苏省委
江苏省人民政府
2016年2月20日

南京市人民政府关于加快构建大众创业万众创新支撑平台的实施意见

（宁政发〔2016〕94号）

为贯彻落实国务院《关于加快构建大众创业万众创新支撑平台的指导意见》（国发〔2015〕53号），加快构建众创、众包、众扶、众筹（以下简称“四众”）等创业创新支撑平台，全面推动我市大众创业万众创新工作深入开展，增强新常态下经济发展新动力，推动我市产业升级和社会转型，实现“迈上新台阶、建设新南京”的总体要求，特制定以下实施意见：

一、总体要求和目标

以构建四众支撑平台和提升服务能力为突破口，通过整合全市创业创新资源，进一步完善创业创新政策，更好地营造创业创新环境，推动各类要素资源集聚、开放、共享，加快四众平台广泛应用，激发创业创新潜力，建成一批具有较强专业化服务能力的创业创新支撑平台，形成要素齐全、功能完善、合作开放和专业高效的创业创新服务体系，在更大范围、更高层次、更深程度上推进大众创业、万众创新，建设全国一流、具有国际影响力的人才与创业创新名城。

到2017年，全市四众创业创新服务平台累计超过40家；扶持大众自主创业累计超过2.5万人，带动就业15万人；培育高新技术企业累计超过900家；创业投资机构超过35家，管理资金规模超过280亿元。

二、重点工作

1．优化空间布局。进一步优化存量资源的配置格局，加快升级改造苏南国家自主创新示范区、紫金科技人才创业特别社区、科技企业孵化器、大学科技园、留学生创业园等创新资源集聚区，植入四众的管理模式和运营理念，围绕其主导产业领域重点打造一批专业化的四众企业及支撑平台。鼓励各类投资主体盘活利用老厂房、旧仓库、闲置楼宇等存量资源，建设创客空间、创业咖啡、创新工场等“轻资产、重服务”的新型孵化平台，进一步降低创业创新门槛。鼓励有条件的街道（镇）、社区依托辖区内各类场地资源，整合、创建一批小型创业孵化基地或创客中心，联合创客组织或专业机构共同运营，形成一批新的创业创新空间。有重点地选择部分资源相对集中的功能板块，开展四众空间集聚区建设试点，以要素集聚促进创客集聚和产业集聚，为体系化、特色化发展提供重要支撑。（责任单位：市科委、市经信委、市人社局、各区政府、各开发区管委会）

2．提升服务功能。着眼四众支撑平台的特点，突破众创空间的物理环境限制，围绕“互联网+”行动计划打造虚拟创业孵化空间，服务内容包括在线项目路演、线上入孵审核、创业讲座培训等，并实现工商注册、代理记账、法律服务、政策咨询、人员招聘、产品发布、市场推广等需求全程网络对接，为创客们提供更多的创新服务。立足我市科技人员众多的优势，鼓励科研院所、高校围绕优势专业领域建设四众平台，发挥科研设施、专业团队、技术积累等优势，充分利用大学科技园、工程（技术）研究中心、重点实验室、工程实验室等创新载体，通过聚集高端创新资源，增加源头技术创新有效供给，为科技人员创业创新提供专业化服务。打通创业服务中间环节，鼓励行业协会、新闻媒体等机构利用大数据、云计算、移动互联网等现代技术手段，面向创业企业提供线上线下相结合，包括宣传、信息、投资等各种资源在内的综合性创业服务。开展互联网众筹融资试点，鼓励创新型企业的高新技术产品开展互联网众筹推广，鼓励发展互联网金融等科技创业投融资服务平台。建立契合创业企业需求、采用市场运作方式、高效灵活的科技金融服务体系，解决从科技研发到产业成长过程中的融资需求。（责任单位：市科委、市经信委、市发改委、市金融办、各区政府、各开发区管委会）

3．聚焦重点领域。围绕高端装备制造、节能环保、生物医药、文化创意和现代服务业、新能源、新材料、新一代信息技术、教育培训及知识产权管理咨询服务等优势领域、重点产业，培育一批市场化、品牌化、专业化、差异化的孵化器和四众平台，推动区域创新资源优势转化为产业发展优势。鼓励龙头骨干企业围绕主营业务方向，按照市场机制与其他创业主体协同聚集，形成以龙头骨干企业为核心、高校院所积极参与、辐射带动中小微企业成长发展的产业创新生态群落。鼓励科研院所、高校围绕优势专业领域，建设以科技人员为核心、以成果转移转化为主要内容的众创空间，形成专业化的创业创新集聚区，并形成产业优势，推动产学研用的有机结合。依托国家自主创新示范区、高新区，以及我市旗舰型龙头企业建设一批国家级创新平台，发挥重点区域创新创业要素集聚优势，与科技企业孵化器、加速器及产业园等共同形成创新创业生态体系。鼓励龙头骨干企业、高校、科研院所与国外先进创业孵化机构开展对接合作，提升众创空间发展的国际化水平。（责任单位：市科委、市经信委、各区政府、各开发区管委会）

三、主要任务

（一）全面推进众创，构建创业创新载体。

4．进一步拓展众创空间。发挥高新区“一区三园”、紫金科技人才创业特别社区、大学科技园等载体集聚效应，带动全市各类众创载体建设，鼓励多方参与、多种形态的创业创新空间发展，建设创业园、创业街、创业社区、创客空间等多种形式创业创新载体，突出差异化、特色化、个性化，打造最优“创客栖息地”和“创客集聚区”，形成一批生态化的创业创新示范社区。（责任单位：市科委、市人社局、各区政府、各开发区管委会）

5．深入推进网络平台众创。以创建国家电子商务示范城市、“宽带中国”示范城市为契机，围绕实施“互联网+”行动计划，打造线上线下相结合的创新载体。依托第三方平台开展电子商务应用，支持各类创业创新主体利用APP、微博、微信、社交网络等创新电子商务服务模式，催生基于电子商务的商业模式新业态。鼓励企业利用大数据、云计算、移动互联网等技术，提供专业化配套服务，在云媒体、3D打印、未来网络、文化创意、数字教育等新兴业态开展创业创新活动。（责任单位：市商务局、市经信委、市发改委）

6．积极引导企业内部众创。依托苏南国家自主创新示范区建设，继续实施科技企业孵化器“跃升”“孵鹰”计划，推动各类创业孵化载体与创业服务机构开展深层次合作，发挥互补优势，打造创业者交流平台，推进创业者联盟、创业沙龙等创业者组织建设，加强创业者之间的合作交流、资源共享。鼓励企业为内部员工提供资金、技术和平台，培育内部创客文化，开拓新的业务领域、开发创新产品，提升市场适应能力和创新能力；支持企业建立股权激励机制，突破管理瓶颈，形成持续创新能力。（责任单位：市科委、市经信委、各区政府、各开发区管委会）

（二）积极推广众包，拓展创业创新途径。

7．利用创新平台推动众包。强化我市各级工程（技术）研究中心、企业技术中心等创新平台服务属性，构建开放共享互动网络平台，将部分研发任务分发和交付。发挥地方与高校院所共建的新型研发机构作用，建立向企业特别是中小企业有效开放的机制；鼓励高校、科研院所和大中型企业的现有国家重大科研基础设施、大型科研仪器、工程文献信息、专利信息等资源向全社会开放共享。（责任单位：市科委、市发改委、市经信委）

8．积极推动企业实施众包。鼓励我市各类制造企业、服务企业将部分设计、研发、创意任务分包给其他业内企业或者科研院所，促进成本降低和提质增效，推动产品技术融合创新。鼓励企业通过网络社区等形式广泛征集用户创意，促进产品规划与市场需求无缝对接。（责任单位：市科委、市经信委、市商务局）

9．加快服务外包发展。推进我市全国服务外包示范城市建设，发挥服务外包示范集聚效应，积极承接国际服务外包业务，扩大业务规模，提升业务层次，努力形成通信、电力服务、创意设计、动漫服务、供应链管理、医药研发、金融服务等服务外包产业链，打造具有南京特色的国际服务外包品牌。（责任单位：市商务局、市发改委）

10．鼓励拓展众包业务。引导研发创意、制造运维、知识内容、生活服务等方面的众包业务发展，鼓励政府机构和企事业单位发包出售或者收包购买专业化服务，实现管理创新。支持企业构建数字化服务平台，购买专业化服务，实现包括产品设计、工艺流程、生产规划、生产制造和售后服务在内的全过程管理。（责任单位：市商务局、市科委、市经信委）

（三）大力实施众扶，营造创业创新氛围

11．建立资源共享机制。充分发挥我市科教资源丰厚优势，加快形成公共科技资源和信息资源开放共享的机制，提高各类公益事业机构、创新平台和基地的服务能力，推动高校和科研院所向小微企业和创业者开放科研设施，降低大众创业、万众创新的成本。鼓励行业协会、产业联盟等行业组织和第三方服务机构加大对小微企业和创业者的支持力度。（责任单位：市科委、市发改委、市经信委、市商务局）

12．为人才提供立体化服务。进一步落实和完善我市创业创新政策措施，对各类创业创新人才给予全方位的服务。鼓励支持高校科研院所以及企事业单位的科技人员利用科学知识、科技成果、知识产权和信息，创办、领办或与企业家合作创办创业创新服务机构。鼓励高校开展创业教育和建设创业培训师资队伍，建立健全大学生创业指导服务专门机构，优化创业指导和服务，推动大学生等各类青年创业创新。（责任单位：市人才办、市人社局、市科委、市教育局、各区政府、各开发区管委会）

13．开展群众性创业创新活动。开展海外招才引智，吸引留学归国人员来宁在宁创业创新。实施大学生创业引领计划，全面打造以大学生为代表的青年科技创业生力军，形成创业创新示范和引领效应。实施农村创业富民计划，鼓励和支持大学生回乡创业、农民工返乡创业、农村劳动力就地创业、农村就业困难人员家庭创业，持续扩大农民创业规模和富民效应。继续做好城镇失业人员、自主择业军转干部和自主就业退役士兵等群体的创业工作。（责任单位：市人才办、市人社局、市科委、各区政府、各开发区管委会）

14．强化众扶文化氛围。鼓励社会力量围绕全民创业创新开展各类公益活动，推进国家创业型城市建设，组织各具特色的创业创新竞赛和活动，持续开展“创赢未来”“赢在南京”青年大学生创业大赛、“南京留学人员创业大赛”等南京创业品牌活动，通过各类媒体对大众创业创新活动的新闻宣传和舆论引导，开展创业典型培养、创业明星风采展示及创业助推行动等活动，提高全民勇于创业创新的积极性。加强对创业“明星”、创客、优秀创业导师、天使投资人、孵化器管理者的宣传，表彰有特色、有建树、有引领作用的单位和个人，在全社会形成浓厚的创业创新文化氛围。（责任单位：市文广新局、市人才办、市人社局、市科委、各区政府、各开发区管委会）

（四）稳步发展众筹，强化创业创新金融支撑

15．鼓励探索发展多种形式众筹。鼓励依法开展实物众筹，支持企业依法成立和发展实物众筹网络平台，支持科技创业企业在实物众筹网络平台开展资金筹集、创意展示等业务。充分发挥我市文化创意产业优势，重点支持文化创意产品众筹业务开展。支持互联网金融企业合法规范地开展网络股权众筹业务试点，积极探索股权众筹服务科技创业的新路径。（责任单位：市金融办、市文广新局）

16．积极创新科技众筹服务和产品。鼓励合规发展股权众筹、互联网金融众筹、普惠金融众筹、小微银行众筹等创业金融服务方式，支持符合条件的科技小额贷款公司申请互联网科技小额贷款公司牌照，利用互联网平台拓宽传统小额贷款公司业务渠道和覆盖范围。发展互联网金融中介，支持第三方信用评价公司利用大数据分析技术为网络借贷平台提供信息交互、资信评估等服务。（责任单位：市金融办、市科委）

17. 完善投融资平台众筹服务功能。依托市科技创业创新金融服务中心、南京联合产权（科技）交易所、南京文化金融服务中心等机构，打造创业金融服务链，充分发挥“融动紫金”等中小微企业综合金融服务平台的桥梁作用，打通线上线下金融服务快捷通道，引导和鼓励创业企业在区域股权市场、互联网股权众筹平台进行展示、挂牌和融资。探索建立知识产权交易所，鼓励并支持知识产权服务机构为小微企业开展知识产权托管服务。（责任单位：市金融办、市科委）

四、保障措施

（一）优化市场环境，营造良好发展氛围。

18. 完善市场准入制度。实施投资审批、环境保护等负面清单制度，逐步统一社会信用代码，全面推行工商营业执照、组织机构代码证、税务登记证的“三证合一”，实现“一照一码”。继续放宽企业登记条件，实施“一址多照”、集群登记等住所登记改革，分行业、分业态释放住所资源。创新企业登记方式，实现网上名称查询、网上登记，推进全程电子化企业登记管理。（责任单位：市人才办、市工商局、市环保局、市国税局、市地税局）

19. 构建信用监管机制。以创建国家信用示范城市为契机，引导四众平台企业建立实名认证制度和信用评价机制，健全相关主体信用记录，鼓励发展第三方信用评价服务。建立四众平台企业的信用评价机制，公开评价结果，保障用户的知情权。建立完善信用标准化体系，制定四众发展信用环境相关的关键信用标准，规范信用信息采集、处理、评价、应用、交换、共享和服务。依法合理利用网络交易行为等在互联网上积累的信用数据，对现有征信体系和评测体系进行补充和完善。（责任单位：市信用办、市工商局、市商务局）

20. 创新知识产权保护机制。研究制定《南京市知识产权违法行为举报奖励办法》《南京市知识产权维权援助办法》等规范性文件，健全知识产权法规和政策体系。支持金融机构开展知识产权质押贷款业务，创新知识产权质押融资产品，改进运营模式，支持担保机构与银行合作，对知识产权质押贷款进行担保，对经认定的知识产权质押贷款给予风险代偿。（责任单位：市科委、市金融办、市文广新局）

21. 完善优化人才服务机制。建立人才管理服务权力清单和责任清单，清理和规范人才引进、评价、流动等环节中的行政审批和收费事项。设立人才创业企业注册登记一站式窗口，采取网上申报、“三证合一”等措施，简化注册流程，缩短受理时间，降低创业成本。（责任单位：市人才办、市工商局、市国税局、市地税局）

（二）因业施策，形成立体化扶持政策体系。

22. 专项支持四众平台建设。在市财政统筹安排的相关专项资金中，划出一定的比例，采用财政直接补助或基金化运作方式，对获得省级以上备案的四众平台、纳入省级以上试点的科技创业孵化器、四众集聚区建设取得突出成效的地区给予倾斜和重点支持。鼓励在孵企业参加江苏科技创业大赛，对获奖创业团队及企业参赛项目，优先纳入相关科技计划立项支持。（责任单位：市财政局、市科委、市人社局）

23. 降低创业创新成本。鼓励和支持众创空间提供低成本的创业场地、设备设施、宽带网络、开源软硬件、商务服务等基础条件和服务。拓展科技创新券的使用范围，重点支持众创空间内的四众企业及平台，通过政府购买“创新服务”的方式支持小微企业科技创新。建立一批涵盖研发设计、试验验证、检验检测、科技成果转化、科技资源共享、信息及知识产权等公共服务的省级科技公共服务平台。（责任单位：市科委、各区政府、各开发区管委会）

24. 鼓励互联网金融规范发展。进一步细化我市《关于加快互联网金融产业发展的实施办法》，提升政策可操作性，最大限度发挥财政资金引导作用，吸引国内领先的互联网金融机构在宁落地、集聚和发展，打造互联网金融产业集群。以“互联网金融千人会”为依托，整合南京本地科研资源，设立南京互联网金融应用研究中心，为全市互联网金融的发展提供智力支持。开展互联网众筹融资试点，鼓励创新型企业的高新技术产品开展互联网众筹推广，鼓励发展互联网金融等科技创业投融资服务平台。（责任单位：市金融办、市科委）

（三）深化改革创新，完善创业创新激励机制

25. 继续推进科技体制改革。支持高校院所、行业领军企业及其他各类创新主体对外开放技术服务平台，通过发放科技创新券，对购买高校院所科技成果和服务的，给予一定补贴。允许和鼓励高校、科研院所等事业单位专业技术人员在完成本单位布置的各项工作任务前提下在职创业，其收入归个人所有；对于职务发明成果的所得收益，按比例划归参与研发的科技人员及其团队拥有。对于离岗创业的，经原单位同意，可在3年内保留人事关系，与原单位其他在岗人员同等享有参加职称评聘、岗位等级晋升和社会保险等方面的权利。（责任单位：市科委、市人社局）

26. 深入实施“创业南京”人才计划。优化人才项目申报评审方式，强化区（园区）聚才、用才主阵地作用，为各区（园区）按需引才留下自主空间，提升引才精准度和产业匹配度。优化人才资金资助方式，采取政府直接资助与股权投资相结合的方式，进一步放大财政资金、国有资本的使用绩效和引导功能。将享受贷款贴息政策的时间从2年延长到3年，额度从1000万元增加到2000万元，努力助推人才企业加快成长。对首发上市、新三板挂牌、区域性股权交易市场挂牌的人才企业，给予相应的费用补贴。（责任单位：市人才办、市科委、市财政局、各区政府、各开发区管委会）

27. 强化技术层面支撑。建立面向创业企业的科技资源开放共享机制，鼓励检验检测、研发设计、小试中试、技术转移、成果转化等社会化、专业化机构向四众企业提供公益性服务。支持基于互联网服务的公共信息服务平台建设，以及各个载体借助互联网GIS技术提供互联网化的创新与创业服务。鼓励四众企业结合专业领域和服务内容建立由天使投资人、成功企业家、资深管理者、技术专家、市场营销专家等组成的四众导师团队（责任单位：市科委、市人才办）

28. 加强创业创新辅导培训。建立多层次、专业化的创业导师团队，对业绩突出的创业指导机构和创业导师可按购买服务的方式给予补贴。对高成长性人才项目实行“一企一策”跟进培养，集成政策资源帮助企业提升持续创新能力和市场运作

能力。推进落实科技企业孵化器、大学科技园、研发费用加计扣除、固定资产加速折旧等支持大众创业万众创新各类税收优惠政策。（责任单位：市人社局、市教育局、市科委、各区政府、各开发区管委会）

附件：南京市众创空间功能定位表（略）

南京市人民政府
2016年4月27日

中共苏州市委 苏州市人民政府 关于进一步推进人才优先发展的若干措施

（苏委发〔2016〕28号）

人才是创新发展的第一资源，苏州改革开放以来的实践证明，抓人才就是抓发展，抓人才就是抓未来。为深入实施创新驱动发展战略，加快建设具有全球影响力的产业科技创新高地、具有国际竞争力的先进制造业基地，以人才优先发展塑造新一轮发展优势、创新优势和产业优势，根据中央《关于深化人才发展体制机制改革的意见》精神和省委省政府重大决策部署，结合苏州实际，制定如下措施：

一、实施更具竞争优势的人才培养与引进政策

1．顶尖人才“引领工程”。未来5年，重点培养一批具有成长为两院院士潜力的人才，并争取入选2—3名，给予入选人才200万元奖励，并给予培养单位500万元奖励。引进中国或发达国家院士、国家最高科技奖获得者等顶尖人才的，按“一事一议”给予支持，并给予引才单位最高500万元奖励。围绕重大产业发展的核心技术需求，引进5—10个重大创新团队，给予1000万—5000万元项目资助，并给予引才单位100万元奖励。

2．领军人才“集聚工程”。自主申报入选的“千人计划”“万人计划”等领军人才，经认定给予最高400万元项目资助，给予单位50万元奖励；引进外地入选的上述领军人才，经认定给予同等待遇。提档升级“姑苏人才计划”，未来5年，重点在科技、金融、教育、卫生、文化、旅游等领域引育1000名左右引领行业发展的领军人才（团队），给予引进人才（团队）最高400万元项目资助，并给予引才单位最高50万元奖励；现有人才经自主培养入选领军人才（团队）的，参照引进标准给予同等待遇。

3．紧缺人才“倍增工程”。未来5年，大力培育和引进10000名左右先进制造业、现代服务业和社会民生等领域急需紧缺的各类专业人才，重点加大对总部经济、国际商务、文化创意、工业设计、知识产权、生态环保、现代农业等领域人才的引育力度，给予人才6—12万元薪酬补贴。

4．国际化人才“汇智工程”。拓宽招才引智国际化视野，加大“海鸥计划”实施力度，支持高校院所、科研机构、企业等各类主体多渠道引进外国专家，给予引才单位最高50万元奖励。建立外国留学生就业创业基地，探索外籍留学生毕业后直接留苏就业创业的便利政策。对符合条件的国际人才合作项目给予一定资助。

5．企业家人才“提升工程”。充分发挥企业家队伍在创新驱动中的龙头作用，建立有利于企业家参与创新决策、凝聚创新人才、整合创新资源的新机制，在产业引导资金中设立企业家培养专项，5年内投入1亿元，重点培养100名左右领袖型企业家，200名左右科技型企业家，1000名左右青年新生代企业家，积极培育壮大“走出去”企业家队伍。

6．高技能人才“支撑工程”。充分发挥企业培养技能型人才的主体作用，实施高技能人才培养积分奖励制，加快培养一支与产业体系相匹配的高技能人才队伍。到2020年，全市高技能人才达60万人，高技能人才占技能劳动者比例达到35%。引进高技能领军人才的，给予企业最高50万元奖励。

7．青年人才“储备工程”。健全适应青年人才成长规律的培养开发机制，培养造就一批德才兼备的青年人才，形成各领域人才的后备力量。深入实施“科技创业天使计划”，到2020年，扶持2000个左右有一定技术含量和发展前景的青年创客，对符合条件的青年创客给予最高10万元创业奖励、最高50万元项目资助。强化青年博士后人才储备库功能，扩大博士后招生规模，每年招收博士后不少于400名。积极吸引全球优秀青年人才到我市从事博士后研究，新进站的博士后给予12万元生活补贴。对出站留苏工作的博士后科研人员，给予最高30万元生活补贴。

二、构建更加灵活高效的人才使用与管理机制

8．实施人才分类评价。推动人才评价去行政化，建立更加科学的人才分类评价体系。创业人才突出对技术能力、团队结构、商业潜力的综合评价；企业人才突出以薪酬为主要依据的市场化评价；各类专业技术人才，突出同行认可，推广第三方评价；技能人才逐步实施企业和行业组织自主评价，支持各类机构举办技能大赛，建立以赛代评、以赛促评的评价模式。

9．完善市场化的人才认定机制。进一步提升企业在人才评价中的话语权，健全人才认定的市场化机制。推广“海鸥计划”人才认定与个人所得税缴纳情况挂钩的做法，建立个人素质、紧缺指数和薪酬水平“三位一体”的积分制人才评价体系，在高层次人才评价中更加突出薪酬水平等市场化要素。

10．探索人才举荐制。发挥以才荐才、以才引才的正向效应，建立人才举荐专家库。面向重点领域，凡经专家库内3名以上专家举荐，可直接入选相应人才计划。建立举荐质量分析机制和推荐权重优化机制，动态调整人才举荐专家库，形成人才群体参与推动人才发展的良性机制。

11．深化职称制度改革。探索在具备条件的企事业单位和行业组织中开展职称自主评审试点。放宽职称评审前置条件，职称外语和计算机应用能力考试不作统一要求。符合条件的高层次人才、高技能人才、紧缺人才可直接授予相应职称。对国际通行职业资格，可比照认定职称。

12．创新人才引进机制。加强人才工作海外合作组织动态管理，创设新型海外引才联络站，引入国际知名猎头，拓宽国际高端人才寻访渠道，视引才成果给予一定奖励。探索建立离岸孵化器，促进引智节点前置。企业通过猎头机构引进年薪30万元以上人才并全职服务2年以上的，按佣金的50%（单个人才最高15万元、同一年度单个企业最高100万元）给予企业引才补贴。对列入年度出国（境）招才引智计划目录的重点团组，在出国（境）指标、对上报批等方面予以重点保障。

13．改进高层次人才因公临时出国（境）管理。对直接从事教学、科研任务的专家学者，以及事业单位中担任领导职务的专业技术人才，出国开展教育教学活动、科学研究、学术交流以及执行国际学术组织履职任务等，不列入因公临时出国批次数量限量管理，实行计划报备、区别管理。

14．创新编制和岗位管理方式。符合条件的事业单位，经人社和机构编制部门备案，可在原额定编制外，另设特聘岗位，不受岗位总量、最高等级和结构比例限制，专项用于引进高端人才。扩大上述单位对管理、专业技术、工勤技能岗位设置的自主权。对急需引进的高层次紧缺人才，可由用人单位直接考核录用。允许高校、科研院所、职业（技工）院校等设立一定比例的流动岗位，吸引高层次人才、高技能人才担任兼职教师或创业导师。

15．鼓励科研人员离岗创业。优化事业单位科研人员在职和离岗创业管理办法，鼓励高校、科研院所科研人员离岗创业，5年内保留人事关系，并同等享有参加职称评聘、岗位等级晋升和社会保险等方面的权利。创业孵化期内返回原单位的，工龄连续计算。市外事业单位在编科研人员来苏创新创业，可直接办理调动。

16．促进科技成果交易转化。财政资金支持的科技项目凡不涉及重大安全利益的，处置权一律下放给项目承担单位。承接成果转化的企业，按技术合同交易额的10%，单一年度可给予最高50万元资助。承接重大创新成果转化项目（含国际项目）的，资助比例可提高至合同交易额的25%，单个项目给予最高500万元资助。

17．加大科技创新人才激励力度。市级财政资助的科研项目取消劳务费比例限制，提高人员绩效支出比例至50%。科研人员承担企业科研项目绩效奖励，纳入绩效工资总量管理，不计入绩效工资总额基数。职务发明成果转让收益用于奖励研发团队的比例不低于70%，不纳入单位绩效工资总额。职务发明成果转让收益用于研究开发人员奖励的部分，主要贡献人员获得份额不低于50%。事业单位创新业绩突出的，可适当增加绩效工资总量。对急需紧缺的高层次人才，可单独制定收入分配倾斜、个人贡献奖励等政策。

18．大力推进人才管理改革试验区建设。依托苏州工业园区开放创新综合试验区、昆山深化两岸产业合作试验区等平台，建设苏州人才管理改革试验区，围绕实现国际国内深度融合的市场化人才配置、推动高水平国际人才合作、打造符合国际惯例的人才治理体系等方面先行先试，争取国家和省有关权力下放，通过大胆实验、率先突破，加快形成具有全球竞争力的人才制度优势。

三、打造更加系统完备的人才培养发展平台

19．支持高水平院校和科研机构建设。充分发挥高校院所在人才集聚、科技创新中的“桥头堡”功能，实施名城名校融合发展战略，支持在苏高校、科研院所建设与我市发展需求相匹配的若干优势学科，集成校地政策和平台共同引育高端人才，促进人才链、创新链与产业链的深度融合。积极推进国家级科研院所、重点高等院校、国家重点实验室等在苏布局设点，鼓励支持新型研发机构建设，给予相应经费支持。修订高等院校、科研院所引进紧缺高层次人才资助办法，加大人才项目、职称评审、人才服务等方面的支持力度。

20．加强企业创新平台建设。着力提升企业研发和创新能力，支持企业建设工程技术研究中心、企业技术中心、工程中心（实验室）等创新载体，对新建的国家级、省级、市级企业研发机构，分别给予不同标准的经费支持。企业利用自身土地建设研发机构的，简化审批流程，减免相关规费。

21．推进博士后科研工作站建设。扩大博士后建站规模，符合条件的可“先设站、后挂牌”。每年新增企业博士后工作站点40家，力争每年升级为国家级博士后工作站10家以上。对新建国家级博士后科研工作站、省级博士后创新实践基地，分别给予60万元、20万元资助。成立市级博士后创投中心，支持博士后成果转化和在苏创新创业。

22．加大技能人才培养载体建设力度。未来五年，新建高技能人才公共实训基地50家、市级技能大师（名师）工作室100家。新认定的市级公共实训基地给予20万元奖励，省级以上实训基地给予50%配套奖励。新认定的市级技能大师（名师）工作室给予5万元奖励，并根据培养绩效给予后续支持。大力发展职业技能教育，积极推进职业教育国际合作，重点建设一批国家级、省级示范职业（技工）院校，鼓励校企联合培养人才，推行企业新型学徒制、“双导师制”“双元制”职业教育，加快培养支撑“苏州制造”“苏州创造”的技能人才队伍。

23．支持众创空间建设发展。深入推进“创客天堂”行动，依托行业龙头骨干企业、科研机构、行业组织，围绕我市新兴产业需求，大力建设低成本、全方位、专业化、开放式的众创空间。到2020年，全市建设众创空间等新型孵化机构超过300家，对符合条件的给予一定资助。优先支持众创空间内的人才申报“科技创业天使计划”等人才项目。

24．打造国际化学术交流平台。修订高层次人才学术活动资助办法，加大支持国内外知名学术机构、学术组织在苏州发起、组织学术论坛，可给予组办单位最高100万元补贴，力争一批高水平的学术论坛落户苏州成为永久性会议基地。对企业、产业联盟、新型研发组织发起的技术研讨和创新交流活动，给予最高10万元资助。出台相关资助办法，激励产业链上的资源整合及不同产业间的跨界合作，对促成合作的组织或个人，给予最高20万元奖励。

四、完善更加便捷周到的人才服务机制

25．强化人才创新创业金融支持。鼓励银行对人才企业采取差异化信贷管理，放宽不良容忍率。大力实施“金融支持企业自主创新行动计划”，鼓励银行、担保公司和保险公司分别为人才企业提供信用贷款、无反担保条件的融资信用担保、贷款保证保险，单户500万元及以下的，每年按新增业务总额的5%给予奖励，专项用于对冲风险、弥补损失，单一机构每年奖励最高1000万元。引导天使投资机构投资初创期人才企业，按实际投资额给予最高15%（单个项目最高50万元）补贴。发生投资损失的，按实际损失额给予最高50%（单个项目最高500万元）风险补偿。到2020年，50%以上的人才领（创）办企业获得首笔融资，创投机构民间投资比例进一步增大，早期投资案例占比增加到2/5。

26．实施严格的知识产权保护。深化知识产权综合体制改革，加快知识产权服务业集聚区建设，加大力度保护人才知识产权。扩大知识产权质押融资试点，成立专业机构、律师协会等参与的人才知识产权法律服务联盟，将侵权行为纳入社会信用记录。对企业寻求代理、评估、交易、司法等知识产权专业性服务，给予服务总费用30%、最高100万元的补贴。

27．支持创新产品首购首用。市级以上领军人才企业研发生产并首次投放市场的创新产品，纳入《苏州市创新产品推荐目录》。鼓励财政性资金优先采购和推广应用人才企业创新产品，制定《创新产品政府首购和订购实施办法》。对非政府采购中本市企事业单位首次采购创新产品，给予采购单位实际采购价10%（最高50万元）的补贴。

28．鼓励企业采购专业服务。大力发展人才科技服务业，加快培育人才科技服务业市场化力量，5年内发放1亿元“创新创业券”，支持企业购买科技咨询、检验检测、经营诊断、人员培训、技术转移等专业化服务。

29．实施人才乐居工程。加大人才公寓建设力度，优先保障人才公寓建设用地，到2020年，市县两级提供不少于4万套人才公寓。实行差异化限购限贷政策，分层分类向人才提供安家补贴、租房补贴，以货币化、市场化方式解决人才住房问题。入选市级人才计划的最高可享受250万元安家补贴，购买自住住房申请住房公积金贷款的，不受缴存时间限制，贷款额度可放宽至最高限额的2—4倍。

30．优化人才子女入学政策。高层次人才非户籍子女就读义务教育阶段学校，享受本市户籍学生待遇，由教育部门就地安排入学。深化完善公办学校定点吸纳高层次人才子女入学制度，鼓励和引导社会力量来苏合作办学，推进中小学国际合作办学和国际学校建设，妥善满足高层次人才子女教育需求。

31．提升人才医疗保障水平。完善高层次人才医疗保健待遇，符合条件的高层次人才可享受市级保健待遇，领军以上人才可享受市级重点保健待遇。在我市三甲医院开通就医“绿色通道”，为高层次人才配备健康顾问，提供预约诊疗服务，加强领军人才健康管理和咨询服务。推动具备条件的医院、诊疗中心与国内外保险公司扩大合作，加入国际医疗保险直付网络系统。

32．降低人才停居留和落户门槛。试点在苏州工业园区成立技术移民事务管理服务机构，降低在苏外籍人才申请永久居留门槛，扩大聘雇单位类型，取消职务级别限制，放宽居住时限要求，简化办理手续。符合条件的高层次人才、高技能人才，可选择在实际居住地或工作地落户，其配偶、未成年子女可以随迁，不受住所条件、居住年限等限制。

33．成立“一站式”人才服务机构。整合相关部门人才服务职能，构建全市统一的人才综合服务平台，开通人才服务专线，实行“一站式受理、一站式办结、一站式答复”，为各类高层次人才提供政策咨询、项目申报、融资对接、业务办理等“一揽子”服务。简化优化人才服务流程，建立高效便捷的线上线下人才服务模式，提高人才服务效率。

34．实行“一卡通”人才服务制度。整合原海外人才居住证（苏州“绿卡”）及高层次人才享受生活待遇政策，为符合条件的高层次人才发放“姑苏英才卡”，人才凭卡可直接办理出入境证件、户口准入、社保结转、人事关系调入、住房公积金、驾驶证换发等业务，并享受医疗保障“绿色通道”等待遇。拓展“姑苏英才卡”金融功能，人才持卡可直接享受最高100万元个人信用贷。

五、健全更加坚强有力的人才优先发展保障机制

35．完善党管人才工作格局。全市人才工作在市委、市政府和市人才工作领导小组的统一领导下，由组织部门牵头抓总，有关部门各司其职、密切配合，社会力量积极参与、发挥作用。理顺党委和政府人才工作职能部门职责，将行业、领域人才队伍建设及人才服务保障职能列入相关部门“三定”方案。

36．建立党政领导联系人才制度。各级党政领导班子成员每年至少开展1次人才工作专题调研，至少挂钩联系1名重点人才（项目），与专家人才保持密切联系，广泛听取意见和建议，及时帮助协调解决实际问题。畅通人才参政议政渠道，对各类人才提出的重要建议，开展定期会商，实行挂牌督办。

37．强化目标责任考核激励。加大党政领导班子和领导干部人才科技工作目标责任制考核力度，纳入“一把手”抓党建述职内容和考核体系。建立健全奖惩激励机制，将考核结果作为考核评价领导班子和领导干部的重要依据，与单位绩效考核挂钩，对履职不力的严肃问责。

38．优先保障人才投入。市县两级财政根据人才发展实际需要，优先足额安排人才开发资金，并保持人才投入与经济发展同步增长。定期开展人才投入绩效分析，不断优化人才投入结构和方式，提升资金使用效益。鼓励和支持企业及社会组织建立人才发展基金，建立政府、企业、社会多元化人才投入机制。

39．夯实人才工作力量。推进市县两级人才办实体化运作，人才办设在党（工）委组织部，主任一般由组织部副部长兼任，配备专职副主任1名，专职工作人员不少于5人。姑苏人才计划各子计划执行部门设立人才工作职能处室，配备专职人员1—2名。其他市级机关部门，根据实际情况设立相应机构。

40．营造良好社会氛围。建立人才工作市县联动宣传机制，整合优质媒体资源，进一步加大人才政策宣传力度，不断提升政策的影响力。完善人才荣誉制度和激励体系，广泛宣传优秀人才先进事迹，大力培育创新文化，积极弘扬创业精神，在全社会营造尊才、重才、爱才、惜才的良好氛围。

各级党委政府要高度重视人才工作，不断强化“一把手抓第一资源”的责任，结合本地实际，制定优化相应人才政策措施。各有关部门要按照任务分工，积极主动担当，及时根据本措施制定相应的实施细则，不折不扣抓好政策落地。本措施中涉及的相关经费，除已有科技、产业等专项资金安排的外，从市人才开发资金中列支，自2017年起列入财政预算，根据资金管理办法拨付。本措施由市人才工作领导小组办公室负责解释，与我市此前出台的政策有重复、交叉的，按照“从新、从优、从高”的原则执行。

中共苏州市委
苏州市人民政府
2016年9月14日

姑苏创新创业领军人才计划实施细则

（苏委办发〔2016〕95号）

为深入实施创新驱动和人才强市战略，加快引进、集聚高层次创新创业领军人才（团队），充分发挥引领性作用，根据中共苏州市委、苏州市人民政府《关于进一步推进人才优先发展的若干措施》（苏委发〔2016〕28号）文件精神，制定本细则。

第一章 总 则

第一条 姑苏创新创业领军人才计划（以下简称姑苏领军人才计划）旨在围绕建设苏南国家自主创新示范区核心区和具有全球影响力的产业科技创新高地目标，大力引进、集聚带项目、带技术、带资金的高层次人才（团队）来苏州创新创业，切实提升区域科技人才综合竞争力，以人才优先发展引领创新驱动发展，为苏州高水平全面建成小康社会、当好“强富美高”新江苏建设先行军排头兵提供坚强的人才保障和科技支撑。

第二条 姑苏领军人才计划由苏州市人才办会同苏州市科技局以市县联动的方式组织实施。各县级市、区的创新创业领军人才计划是姑苏领军人才计划的重要组成部分，其重点资助的高层次人才（团队）是姑苏领军人才计划的重点培育对象。

第三条 姑苏领军人才计划围绕世界科技发展趋势和全市经济社会发展重大战略需求，面向苏州战略性新兴产业、高端服务业、现代农业等产业领域，重点引进纳米技术、新一代信息技术、高端装备制造、新材料、新能源与节能环保、生物医药与医疗器械等产业领域的创新创业人才（团队）。鼓励各地区根据区域特点科学规划、错位发展，优先支持各地围绕重点产业领域引才。

第二章 资助对象及条件

第四条 姑苏领军人才计划设重大创新团队、创业领军人才、创新领军人才三大类别。

第五条 重大创新团队主要支持拥有重大原始创新成果，具有持续创新能力和成果转化能力，能够为战略性新兴产业发展提供持续的创新支撑，并引领和推动苏州产业跨越发展的具有世界影响力的创新创业团队。基本条件如下：

1．团队由领军人才和相关核心成员组成，一般不少于5人。成员间的专业结构和职责分工合理，可稳定合作3年以上，具有良好的工作基础、明确的研究开发目标，领军人才年龄一般不超过60周岁；

2．领军人才应在国际相关领域具有重要的创新地位和学术影响，创新能力和资源整合能力强，研究水平和成果居本领域、本行业前列，业绩突出。团队成员一般应具有博士学历学位，并有卓越的创新能力、丰富的研发管理经验、显著的业绩和成效；

3．团队应于近年来到苏州创业或全职到苏州企业、在苏高校及科研院所领衔创新。自主创业的团队应为创办企业的主要股东，且企业已正式注册成立；企业或高校、科研院所引进的创新团队，应与用人单位签订正式劳动合同并已到岗工作；

4．实施的项目具有自主知识产权，3年内投入不低于1亿元人民币，且产业化前景好、具有显著发展潜力和引领作用，能够在未来5年内实现成果转化和产业化，带来重大经济社会效益。

第六条 创业领军人才主要支持带项目、带技术、带资金，特别是在相关领域开创技术新路径、商业新模式、产业新质态的创业人才（团队）。基本条件如下：

1．具有硕士研究生及以上学历学位，年龄一般不超过55周岁；

2．具有丰富的研发、管理工作经历或自主创业经历，并取得突出业绩；

3．掌握相关核心技术。创新创业项目具有自主知识产权，且技术成果达到国际先进或国内领先水平，主导产品具有较好市场前景和产业化潜力；

4．应为在苏创办企业的主要负责人和主要股东，主要精力在苏州企业，且在企业实收资本中的现金出资不少于100万元人民币；

5．创办的企业核心团队结构完整，综合实力较强；经营模式科学合理，发展目标清晰。

第七条 创新领军人才主要支持到苏州科技型企业领衔科技创新工作，能促进企业转型升级和跨越发展的创新人才（团队）。基本条件如下：

1．具有博士研究生学历学位，年龄一般不超过55周岁；

2．有在国内外知名企业、高校、科研院所核心岗位的研发、管理工作经历，并取得突出业绩，在业界有一定影响力。引进后能全职到苏州企业工作3年以上；

3．拥有能够促进企业发展且知识产权明晰的核心技术，技术成果达到国际先进或国内领先水平；实施项目的主导产品具有较好市场前景和产业化潜力；

4．引进单位具有较好的科技创新基础，且能为引进人才的工作、生活提供充分保障。

第三章 申报和立项程序

第八条 姑苏领军人才计划常年接受申报，集中组织评审，具体要求以当年度申报通知为准。申报人及单位可登录“姑苏人才计划服务网”或市科技局网站的项目申报系统进行网上申报。

第九条 申报时须递交的材料一般包括：项目申报书和创新创业计划书，以及申报人身份证明、学历学位证书、创办企业或全职到企业创新的证明材料、实施项目的技术和成果水平证明等材料。

第十条 姑苏领军人才计划按属地化管理方式组织实施。申报推荐工作一般由企业注册地的科技主管部门负责。各县级市、区科技主管部门对本地区申报材料初审并汇总后，统一报送市姑苏人才计划服务中心（市科技服务中心）。

第十一条 市科技局组织专家对申报材料进行评审、实地考察后，择优提出拟立项建议人选。建议人选经市人才办主任会议审议并报市政府常务会议审议通过后公示，公示无异议的，发文公布。

第十二条 引进外地入选的国家千人计划、万人计划，经评估符合相关条件的，优先立项支持。

第四章 扶持政策

第十三条 获得立项的重大创新团队，根据团队实力、创新创业项目、产业规模、引领带动作用等综合评审情况，签订相关协议后，给予1000万—5000万元的项目经费；经认定的团队核心成员，分别享受相应的创业领军或创新领军人才的安家补贴；引才单位为高校、科研院所的，给予引才单位100万元引才奖励。

第十四条 立项的创业领军人才，根据人才及团队实力、创新创业项目、企业及产业化规模等综合评审情况分三个档次资助，签订相关协议后可分别给予250万元、200万元、100万元的安家补贴和400万元、200万元、100万元的项目经费资助。立项后3年内年销售收入超过3000万元，且通过项目验收的，再择优给予最高100万元的滚动支持。

第十五条 立项的创新领军人才，根据人才及团队实力和作用、创新创业项目、引才企业情况等综合评审情况分两个档次资助，签订相关协议后可分别给予200万元、100万元的安家补贴和200万元、100万元的项目经费资助；并给予引才企业50万元、30万元引才奖励。

第十六条 立项的重大创新团队、创业领军人才、创新领军人才可同时享受以下相关政策：

1．优先受理领军人才企业申请科技型中小企业信贷风险补偿专项资金、科技保险费补贴资金、科技贷款贴息资金资助，通过审核的，按照有关规定分别给予最高500万元的担保融资贷款、30万元的科技保险费补贴和50万元的科技贷款贴息资助。

2．优先推荐给在苏高校和科研院所聘任客座教授、研究员以及博士生或硕士生导师。

3．优先推荐申报江苏省双创计划、国家千人计划等上级人才计划。

4．列入科技部门重点服务对象，对符合条件的优先推荐申报各级各类相关科技计划项目。重点加强相关科技创新政策的辅导培训。

5．享受苏州市高层次人才相关生活待遇。

第五章 资金管理

第十七条 本细则所涉及的引才奖励经费在市人才开发资金中列支。安家补贴按现行财政体制分级承担，其中市辖区的补贴资金由市、区财政按1：1分担；市财政承担的安家补贴在市人才开发资金中列支，经市人才办核准后，由市科技局按规定程序分两年拨付。项目资助经费由市财政和企业注册地财政按比例分担，姑苏区按3：1分担，吴江区、吴中区、相城区、苏州工业园区、苏州高新区按1：1分担，张家港市、常熟市、太仓市、昆山市按1：3分担；市财政承担的项目资助经费在市科技创新专项资金中列支，由市科技局根据项目实施情况分年度拨付。

第六章 退出机制

第十八条 姑苏领军人才计划的退出依据不同情形实施分类管理：

1．主动退出。人才、团队或所在单位因客观原因提出放弃入选资格，经所在地科技主管部门审核同意后，报市科技局备案。

2．中止。因企业注销、人才（团队）离岗等原因，导致项目中止或逾期未能完成项目验收的，由所在地科技主管部门提出中止申请，报市科技局审核。

3．取消入选资格。弄虚作假骗取立项资格的，或违反职业道德、学术不端，造成恶劣影响的，或触犯国家法律法规的，查实后，取消立项资格。

第十九条 退出的人才（团队），经市科技局审核后，报市人才办核定。人才（团队）退出后，不再保留相应的工作生活待遇；获得的资助和扶持，视合同履行情况部分或全部收回。对主动退出或中止的，三年内不再受理该单位和个人（团队）申报的项目；对取消入选资格的，记入诚信档案并追究相关人员的责任，五年内不再接受该单位和个人的申报。

第七章 附 则

第二十条 姑苏领军人才计划立项项目的实施管理，按照《苏州市科技计划项目管理办法》（苏科规〔2012〕69号）执行。

第二十一条 各县级市、区可结合本地实际，参照本细则制定相应的政策措施。

第二十二条 本细则自颁布之日起实施。原《苏州市姑苏创新创业领军人才计划实施细则（试行）》（苏办发〔2011〕9号）自行废止。

中共苏州市委办公室
苏州市人民政府办公室
2016年12月29日

江苏省人力资源和社会保障厅 江苏省财政厅 支持留学回国人员创新创业办法（暂行）

（苏人社发〔2016〕187号）

第一章 总 则

第一条 为深入贯彻落实中央《关于深化人才发展机制体制改革的意见》精神，进一步强化留学回国人员创新创业激励机制，加快构建具有国际竞争力的引才用才机制，更大力度地吸引留学回国人员来江苏创新创业，聚天下英才而用之，制定本办法。

第二条 本办法所称留学回国人员创新创业项目（以下简称“留创项目”），是在我省企业从事创新工作或来江苏创办企业的留学回国人员进行的科技研发或成果转化项目。

第三条 本办法所称省留学回国人员创新创业园（以下简称“留创园”），是省人力资源社会保障厅与县以上地方人民政府共同建设和管理的用于支持留学回国人员创新创业的载体。

第四条 本办法所称省留学回国人员创新创业示范基地（以下简称“留创示范基地”），是指对全省具有示范引领作用的省留学回国人员创新创业园。

第五条 留创项目实施周期和留创园、留创示范基地建设周期为两年。

第二章 支持条件

第六条 留创项目应具备以下条件：

（一）具有在国（境）外获得我国教育部门承认的本科及以上学历，新近来江苏（下发申报通知之日前2年内）从事创新创业的留学回国人员；

（二）从事创新的留学回国人员，应具有独立开发研究能力，申报项目符合我省产业政策，能补充相关领域空白，有明确的成果转化、经济社会效益前景；

（三）从事创业的留学回国人员，应以专利、科研成果、专有技术以及现金方式出资回国创办企业，主导产品符合我省产业政策，具有较好的市场发展前景和预期经济效益，并能带动就业，有海外创业经历者优先；

（四）申报资助项目应为首次申报，同一项目已获得国家、省有关部门立项资助，不再列入资助范围。同一申报人应只申报一项。

第七条 留创园应具备以下条件：

（一）党委政府高度重视，大力支持园区建设，园区能够为留学回国人员创新创业提供专业高效的综合服务，具有良好的创新创业氛围吸引和集聚留学回国人员，且集聚效应初步呈现；可以为留学回国人员提高科技创新水平、科技成果转化率以及企业孵化成功率提供支持和帮助；产业发展定位明确，园区发展态势良好，可以形成当地经济的新增长极；

（二）获得市级留学回国人员创新创业园2年以上，或引进留学回国人员较多，获建市级以上高新技术产业园、工业园、科创中心3年以上的园区；

（三）为留学回国人员创新创业提供专门的孵化场地且场地面积不低于10000平方米，有专门的服务机构和不少于3人的专职管理服务人员。

第八条 留创示范基地应具备以下条件：

（一）党委政府高度重视，大力支持园区建设，园区能够为留学回国人员创新创业提供精准服务，留学回国人员尤其是高层次留学回国人员集聚度和创业企业孵化成功率高，具有产业集聚效应，显著带动当地经济发展；

（二）获批省留学回国人员创新创业园（2015年以前评定为省级留创园）1年以上或人力资源社会保障部与地方人民政府共建留学人员创业园；

（三）为留学回国人员创新创业提供专门的孵化场地且场地面积不低于20000平方米，有专门的服务机构和不少于5人的专职管理服务人员。

第三章 申报程序

第九条 留创项目。每年3月底前，组织符合条件的留学回国人员申报。各省辖市组织县（市、区）申报，由省辖市人力资源社会保障部门对申报材料进行初审，填写推荐意见后，报省级人力资源社会保障部门。

第十条 留创园。每年5月底前，符合相应条件的园区经省辖市人力资源社会保障部门审核后，由园区所在省辖市、县（市）人民政府向省级人力资源社会保障部门提出申请。

第十一条 留创示范基地。每年5月底前，由省辖市人力资源社会保障部门统一将辖区内符合相应条件的园区向省级人力资源社会保障部门申报。

第四章 申报材料

第十二条 申报留创项目应提供以下材料：

（一）《江苏省留学回国人员创新创业项目申报表（创新类/创业类）》（附件1、2）；

（二）创新类需提供：学历学位证书、学历认证或留学回国人员证明，身份证或护照，业绩证明材料，与所在单位签订的劳动合同，申报项目计划书等；

（三）创业类需提供：学历学位证书、学历认证或留学回国人员证明，身份证或护照，企业营业执照，会计事务所出具的验资报告，公司章程，财务报表，公司缴纳社会保险证明材料，创业项目计划书等；

（四）省级财政专项资金项目申报信用承诺书（附件3）。

第十三条 申报留创园应提供以下材料：

（一）省辖市人民政府、县（市）人民政府提出申请设立省级留创园的函；

（二）《江苏省留学回国人员创新创业园申报表》（附件4）；

（三）设立市级留学回国人员创新创业园或批准成立市级以上高新技术产业园、工业园、科创中心等的证明材料；

（四）园区在孵留学人员创业企业一览表；

（五）园区毕业留学人员创业企业一览表；

（六）体现园区建设成效（主要包括海外人才及留学人员创业企业集聚情况）的证明材料；

（七）申请省级财政资金支持信用承诺书（附件3）。

第十四条 申报留创示范基地应提供以下材料：

（一）各省辖市人力资源社会保障部门推荐函；

（二）《江苏省留学回国人员创新创业示范基地申报表》（附件5）；

（三）获批部省共建留学人员创业园或批准建立省级留学回国人员创新创业园的证明材料；

（四）园区在孵留学回国人员创业企业一览表；

（五）园区毕业留学回国人员创业企业一览表；

（六）体现园区建设成效（主要包括海外人才及留学回国人员创业企业集聚情况）的证明材料；

（七）申请省级财政资金支持信用承诺书（附件3）。

第五章 评审评估

第十五条 留创项目。由省级人力资源社会保障部门根据各地申报材料，组织专家评审组对留创项目进行综合评审，分别评定出A、B、C三类，其中A类20个、B类30个、C类50个。每年支持100个留创项目。

第十六条 留创园、留创示范基地。由省级人力资源社会保障部门组织专家评审组，对各地推荐申报的留创园以及留创示范基地材料进行审核，择优选择一定数量候选单位进行现场考察，差额评定。每年支持5个留创园建设，6个留创示范基地建设。

第十七条 省级人力资源社会保障部门对拟支持的留创项目、留创园、留创示范基地在江苏省人力资源和社会保障网站进行公示，没有异议的，发文予以公布。

第六章 资金管理

第十八条 省财政专项补助资金的使用和管理遵循公正透明、注重绩效的原则。对确定支持的A类B类C类留创项目，分别给予每个4万元、2.5万元和1.5万元的一次性资金支持；对确定支持的留创园，每个一次性支持40万元；对确定支持的留创示范基地，每个一次性支持100万元。

同一项目不得重复享受省财政的资金支持。

第十九条 使用范围：

（一）留创项目支持资金，主要用于对留学回国人员创新创业中的课题研究、改善生产条件和个人工作补助；

（二）留创园、留创示范基地支持资金，应主要用于留学回国人员创新创业公共服务平台（创新创业培训、人事税务代理、人才招聘、法律咨询、投融资平台搭建）和公共技术平台（新品研发、小试中试及实验检测仪器购置）建设，用于园区基础建设的资金比例不超过20%。

第二十条 每年7月底前，省级人力资源社会保障部门根据评定结果，确定资助方案并报省级财政部门。省级财政部门按规定程序将专项资金拨付至省级人力资源社会保障部门。省级人力资源社会保障部门将项目资金下达至各项目单位。

第二十一条 项目资金实行年度报告制度，项目实施期间，项目单位每年底重点报告省级财政支持资金使用情况及海外人才引进、留学回国人员创新、留学回国人员创业企业发展情况等，项目实施完毕后，以省辖市为单位撰写检查评估报告，资金使用情况提供第三方机构出具的专项资金审计报告。

第二十二条 省级人力资源社会保障部门会同省级财政部门对项目运行情况及资金使用情况进行监督检查。各受资助单位和个人要按有关规定，切实加强项目资金管理，实行单独建账，专账核算，确保专款专用和资金安全，提高资金使用效益。对弄虚作假骗取补助资金的，按照《省级财政专项资金管理应用信息的暂行规定》和《财政违法行为处罚处分条例》进行处理处罚。

第七章 绩效考核

第二十三条 省级人力资源社会保障部门负责留创项目、留创园、留创示范基地的综合管理和监督，建立相应的绩效考核体系，并组织绩效考核工作。

第二十四条 各省辖市人力资源社会保障部门负责辖区内留创项目、留创园、留创示范基地的日常管理和监督，配合省级人力资源社会保障部门做好绩效考核工作。

第二十五条 留创园、留创示范基地承担吸引、支持留学回国人员入园创新创业的具体工作，配合省辖市人力资源社会保障部门做好日常管理和监督工作。

第二十六条 对已评定的留创园、留创示范基地，实行不定期巡检制度。对巡检中发现的问题限期整改；对问题突出、整改不到位、不能发挥示范作用的，撤销留创园、留创示范基地资格。

第八章 附 则

第二十七条 本办法由省人力资源社会保障厅、省财政厅负责解释。

第二十八条 本办法自下发之日起施行。江苏省人力资源社会保障厅《关于印发〈江苏省省级留学人员创业园认定和管理暂行办法〉的通知》（苏人社发〔2010〕282号）同时废止。

附件：1. 江苏省留学回国人员创新创业项目申报表（创新类）（以下略）
2. 江苏省留学回国人员创新创业项目申报表（创业类）
3. 省级财政专项资金项目申报信用承诺书
4. 江苏省留学回国人员创新创业园申报表
5. 江苏省留学回国人员创新创业示范基地申报表
6. 江苏省留学回国人员创新创业园认定细则
7. 江苏省留学回国人员创新创业示范基地评估细则

江苏省人力资源社会保障厅
江苏省财政厅
2016年6月30日

中共南通市委 南通市人民政府 关于进一步鼓励高层次人才创新创业的若干政策意见

（通委发〔2016〕15号）

为深入实施人才强市和创新驱动发展战略，以区域人才竞争力的不断提升，推动产业和科技竞争力的全面提升，全力打造长三角北翼具有国际影响和独特优势的产业科技人才高地。现就进一步鼓励高层次人才来我市市区创新创业提出如下意见。

一、鼓励高层次人才（团队）来通创业

1. 重点引进并优先支持船舶海工、高端纺织、电子信息和智能装备、新材料、新能源与新能源汽车以及智慧建筑、先进通讯技术、生物组织工程、现代农业和文化创意等我市发展急需的高层次人才。引进的高层次人才（团队）来通创业，最高可由市财政给予500万元的创业启动资金资助或由市级产业发展基金给予不超过5000万元股权投资。

2．对人才通过技术创新和成果转化形成的新产品新服务，只要符合市场准入和行业交易规则，政府可采用首购、订购等非招标采购以及政府购买服务等方式，给予大力推广应用。

二、鼓励企业引进“高精尖缺”人才

3．加快引进工程技术关键人才及沿海开发、规划设计、港口物流、电子商务、软件服务、工业设计、知识产权、文化创意等高层次创新型人才和高技能人才。对市区企业全职引进以上专业领域的高层次人才，可不受学历、职称的限制，优先纳入“江海英才计划”支持对象，经评审，由市财政给予每人30万—100万元的创新资助。

4．“江海英才”创业企业、软件服务外包企业、文化创意企业及其他规模以上工业企业，引进研发、设计类高层次人才及高级工以上高技能人才，年薪不低于12万元，签订3年以上劳动合同的，经审核，上述人才由企业缴纳的社会保险部分由市财政给予全额补贴。

5．鼓励企业引进海外工程师、设计师、规划师、咨询师等高层次外国专家，经评审，由市财政给予5万—10万元工薪补助。引进外国专家获得国家、省级项目支持的，给予引智企业项目资金1：1配套支持。

三、加大人才创业投融资扶持力度

6．鼓励商业银行、科技银行为入驻市级众创空间的创客企业提供科技信贷、知识产权质押和股权质押等科技金融服务，对符合条件的企业给予“小微创业贷”，由市财政对“三新”（新产业、新科技、新人才）项目单笔600万元以下的银行贷款给予70%的风险补偿。

7．实施鼓励天使和风险投资科技创业的风险补偿机制，对备案风险投资机构投资高层次人才创办的科创型企业所发生的投资损失，市财政可按不超过实际投资损失的30%给予补偿，每个投资项目的投资损失补偿金额不超过300万元，单个投资机构每年度获得的投资损失补偿金额不超过600万元。

8．鼓励和吸引专业管理团队和机构来通设立私募股权投资基金，对投向我市科技人才创新创业项目的投资基金，由市产业发展引导基金给予不超过20%的配套投资。

四、鼓励“江海英才”企业进入资本市场

9．“江海英才计划”人才（团队）创办的企业自设立之日起，对我市新兴产业培育发挥较大引领作用，成功在境内外证券交易所上市（包括借壳）和新三板挂牌的，除享受市级企业上市和新三板挂牌政策外，对其首次成功融资后，在南通实际投资额超过融资额50%的，由市财政给予创业核心团队一次性50万元奖励。

10．鼓励引进市外股权投资、风险投资等金融机构投资“江海英才”企业，对注册在通并经省级以上金融主管部门备案的创投机构，帮助1家所投市区初创型人才企业成功在境内外证券交易所上市（包括借壳）或新三板挂牌的，经认定由市财政给予创业投资或股权投资机构的管理公司30万元奖励。

五、支持企业建设高水平创新平台

11．着力提升企业各类创新载体层级，大力推进博士后科研工作站和省博士后创新实践基地建设，对企业设立国家级博士后科研工作站、国家级博士后科研工作站分站、省博士后创新实践基地并招引博士后实质运行的，由市财政分别给予一次性50万元、20万元、20万元建站补助。

12．支持协同创新，积极推动校企共建产业技术研究院等高水平科技创新平台，对经认定的市级企业研究院、协同创新研究院、院士工作站，由市财政分别给予200万元、150万元、50万元资助。

13．用好海外人才和智力资源，深入推进人才国际化。鼓励市区有条件的企业设立海外研发机构，经认定后由市财政给予最高200万元的创新资助；对经认定的海外人才工作站，根据其提供的服务内容、数量和质量情况，给予每家每年10万—30万元的补贴。

六、大力发展众创空间

14．鼓励企事业单位通过盘活商业用房、闲置厂房等资源提供成本较低的场所，在符合土地利用总体规划和城乡规划前提下，建设创业基地。经认定为国家级、省级、市级众创空间等新型孵化器的，由市财政分别给予载体管理服务单位100万元、50万元、30万元奖励。

15．加快发展市场化、专业化、集成化、网络化的众创空间，实现创新与创业、线上与线下、孵化与投资相结合，为创业者提供低成本、便利化、全要素、开放式的综合服务平台和发展空间。对入驻市级以上众创空间并入选“江海英才计划”的人才创业项目，由所在区财政给予办公和生产用房的3年期补贴。

16．适应创业创新主体大众化趋势，积极发挥市场配置资源的决定性作用，鼓励引进高端人才中介组织和国际猎头机构，大力发展人力资源服务业。对经政府审核备案进驻市级以上众创空间的人力资源服务机构，由所在区财政每年给予10万元的补贴。

七、积极推进创业创新

17．鼓励科技人员、企业管理人员、青年大学生和留学归国人员等创业“新四军”创办科技型企业、生产服务型企业、文化创意企业，创业者可不受原任职地点限制，均可申报“江海英才计划”并享受相应扶持政策。

18．促进高校、科研机构人才合理流动，科技人员离岗创业，5年内可保留人事关系，在原单位同等享受职称、社保待遇。合理分配职务发明成果转让收益，对本市国有企事业单位人员职务成果转化所得收益，按照不低于90%的比例奖励科研负责人、骨干技术人员等重要贡献人员和团队。

19．积极营造环境，培育创客企业。对入驻市级以上众创空间的创客人才项目，自主创业运营1年内，不能入选“江海英才计划”的，按照市“通创币”实施办法择优给予5万—10万元创业补助。

20．深化企业职称自主评价和技能人才自主评价试点工作，建立健全政府主导、企业自主、社会组织主体的多元化人才评价机制，争取省人才发展体制机制改革相关试点项目，支持企业引进的海内外高层次人才破格申报、特殊申报、直接申报相应层次专业技术资格评审。

21．加大自主培养顶尖人才奖励力度，自主培养人才从我市申报成为两院院士的，由市财政给予人才本人一次性200万元奖励；从我市申报成为千人计划、万人计划、国家杰青、长江学者、中科院百人计划及相当层次的人才，给予人才本人一次性100万元奖励。

22．深入实施“南通市科技企业家培育工程”和南通市高层次人才“226”培养工程，对“226”工程培养周期内的高层次人才，由市财政分别给予最高每人每年1.2万元的个人补助和最高20万元的项目资助。

八、落实高层次创新创业人才特定待遇

23．推行高层次创新创业人才享受特定待遇“江海英才一卡通”服务，按照层级，凭卡享受住房、医疗、津贴、子女入学等待遇。市“江海英才计划”引进自主创业类人才在通购房自住的，由市财政一次性给予30万—150万元的购房补贴；市区企业全职引进我市产业发展急需的拥有博士学历或正高级职称的高层次人才购房自住的，由市财政一次性给予15万元购房补贴。

24．市区企业全职引进我市产业发展急需的拥有博士学历或正高级职称的高层次人才，由市财政连续三年给予每月2000元的生活津贴；引进硕士学历或副高级职称的高层次人才由所在区财政给予连续三年每月1000元的生活津贴。

25．进一步完善人才公共服务体系，对市“江海英才计划”从市外引进对象的子女在义务教育阶段入学将结合人才意愿安排入学；切实提高高层次人才医疗保障水平，为“江海英才”提供一站式、专业化的医疗“绿色通道”服务，定期组织人才进行体检，建立人才健康档案；完善人才公共服务，“江海英才”购车不受其国籍和户籍限制，对其驾照换领和车辆上牌给予提供便利。

各县（市）可结合实际，参照制定出台新一轮的人才引进、培养和创新创业扶持政策。各相关职能部门要根据本意见制定出台相关政策的实施细则。本意见自发布之日起实施。

附件：进一步鼓励高层次人才创新创业工作任务分解表（略）

中共南通市委
南通市人民政府
2016年7月28日

中共浙江省委 浙江省人民政府关于深化人才发展体制机制改革支持人才创业创新的意见

（浙委发〔2016〕14号）

为深入贯彻习近平总书记系列重要讲话精神，认真落实《中共中央印发〈关于深化人才发展体制机制改革的意见〉的通知》，着力打造人才生态最优省份，努力把浙江建设成为人才集聚之地、人才辈出之地、人才向往之地，现就深化人才发展体制机制改革、支持人才创业创新提出如下意见。

一、创新更具竞争力的人才集聚机制

1．围绕我省重点发展产业，更大力度实施“千人计划”、领军型创新创业团队引进培育计划，扩大“海外工程师”计划实施范围。积极引进海外顶尖科学家主持重大科技项目、担任首席科学家。制定实施浙江省高层次人才特殊支持计划，修订特级专家制度，深化院士智力集聚工程，提高对院士、专家的支持力度。

2．高校、科研院所、公立医院可以设立特设岗位，引进顶尖人才和急需紧缺人才，不受岗位总量、岗位等级、结构比例限制。企业引进具有高级技术职称或博士学位等高层次人才，支付的一次性住房补贴、安家费、科研启动经费等费用，可据实在计算企业所得税前扣除。国有企业引进高层次高技能人才产生的人才专项投入成本可视为当年考核利润。

3．积极运用市场机制引才，探索实施重大引才活动的服务外包，推广举办高层次创业创新大赛的引才方式。有条件的地方可以设立引才专项基金，鼓励吸引社会资本、风投资金参与。鼓励企业兼并收购国（境）外研发机构，或在国（境）外设立研发机构，吸引使用当地优秀人才。定期发布重点引才目录，建立开放共享的高层次人才信息云平台，实现人才信息的互联互通。在海外人才密集地区聘请引才大使，建立海外引才工作站，构建常态化的人才联络网。

4．试点降低在浙外籍人才申请永久居留、长期居留门槛，扩大聘雇单位类型范围，取消职务级别限制，放宽居住时限要求。简化来浙创业创新的外籍人才入境、居留手续，已取得永久居留权的外籍人才，其配偶及其未成年子女可办理永久居留许可，对其他外籍人才的配偶及其未成年子女给予停（居）留便利。试点扩大R字签证（人才签证）申请范围；硕士以上学位外国留学生毕业后可直接到浙江创业就业。对外籍人才聘雇的外籍家政服务人员，可以签发限定人数和期限的私人事务类居留许可。允许符合条件的海外高层次人才创办内资企业，企业注册资本（金）可全部以技术出资。

5．引进海外或省外高层次人才，可不受原户籍所在地的限制，选择在省内实际居住地或工作地落户，与其共同生活居住的配偶、未成年子女可以随迁，不受住所条件、居住年限、年龄等条件限制。未落户的，可申领《浙江省海外高层次人才居住证》或《浙江省引进人才居住证》，享有相应权益。

6．推进我省重点高校、重点学科建设，更大力度引进共建大院名所，支持建设西湖大学、浙江工程师学院。突出创业创新需求导向，建立高校学科专业动态调整机制。加强院士专家工作站建设，开展院士专家工作站工程硕士培养试点，推广“先设站、后授牌”的建站机制。强化博士后科研工作站（流动站）评估管理，鼓励招收外籍博士后研究人员，允许有条件的博士后科研工作站独立招收博士后研究人员，实现省级重点企业研究院博士后工作站全覆盖。

7．加强职业院校与企业合作，探索产教深度融合的办学模式，推进“厂中校”“校中厂”建设。深化工程硕士联合培养模式改革，普遍开展校企联合招生、校企合作培训。全面推进现代学徒制，优化“工学结合、半工半读”等人才培养模式。加强公共实训基地建设，探索建立职业训练院，建立政府对职业培训进行奖补的激励机制。

二、构建充满活力的人才使用机制

8．推进产学研一体化，鼓励高校、科研院所等事业单位利用人才、技术等资源，引入市场主体共建创业载体、共享创新收益。将从事生产经营活动的事业单位逐步转为企业，建立市场导向的人才聘用、激励制度，以购买服务、服务外包等形式利用专业人才提供服务。

9．鼓励高校、科研院所吸引优秀企业家、企业“千人计划”人才和天使投资人兼职，担任研究生兼职导师或创业导师。高校、科研院所科研人员经所在单位同意，可以在职创业并按规定获得报酬。担任公益类、生产经营类事业单位中层领导职务、且从事教学科研任务的科研人员，经本单位批准可以在不涉及本人职务影响的企业兼职，是科技成果主要完成人或者对科技成果转化作出重要贡献的，可依法获得现金、股份或者出资比例等奖励和报酬。对担任领导职务的科研人员的兼职、持股、成果转化情况实行公开公示制度。鼓励和引导优秀人才向企业集聚。事业单位科研人才可以与单位签订离岗协议，明确离岗期间双方权利义务关系、社会保险、科研成果归属、收益分配等事项后，5年内保留人事关系离岗创业。

10．合理分配职务科研成果转化收益，重要贡献人员和团队的收益比例不得低于70%，并鼓励成果优先在省内转化。高校、科研院所转化科技成果以股份或出资比例等股权形式给予个人奖励的，获奖人在取得股份、出资比例时，暂不缴纳个人所得税。高校、科研院所等拥有的专利，单位在专利授权后超过一年未实施，且未与发明人、设计人签订实施专利协议的，发明人、设计人可实施该项专利，所得收益归发明人、设计人所有。

11．创新创造、成果转化、社会服务等业绩突出的单位或团队，可适当增加绩效工资总量。事业单位对急需紧缺的高层次人才，经主管部门审核，可单独制定收入分配倾斜政策，不纳入绩效工资总量。科研人员承担企业科研项目所获收入、科技成果转化奖励、科研经费绩效奖励，均不纳入绩效工资总量。事业单位科研人员承担企业科研项目，经费纳入单位统一管理，用途由企业与人才自行约定。对符合条件的、从事基础前沿研究的高层次人才，给予相对稳定的科研经费支持。对于基础前沿类重大科技计划（专项），可提供若干周期的项目经费支持。

12．试点国有企业高层次人才协议工资制、项目工资制，对作出重要贡献人才的奖励支出，可在单位工资总额外单列。国有科技型企业可以采取股权出售、股权奖励、期权、分红等方式，对企业重要技术人员和经营管理人员实施激励。高新技术企业转化科技成果，给予本企业相关技术人员的股权奖励，技术人员一次缴纳个人所得税有困难的，报主管税务机关备案，可在5年内分期缴纳税款。建立职业经理人制度，在竞争类国有企业有序开展职业经理人制度试点，构建公开招聘、外部寻聘、内部选聘、现有人员转聘等多种聘用渠道。研究制定推进省属企业职业经理人制度建设的试行意见。合理提高国有企业经营管理人才市场化选聘比例，畅通各类企业人才流动渠道。

13．改革职称评审前置条件，对职称外语和计算机应用能力考试不作统一要求。在县级以下基层单位从事专业技术工作人员，以及其他不以外语作为工作必备条件人员，可不参加职称外语考试。将专利创造、标准制定及成果转化作为职称评审的重要依据，发明专利转化应用情况与论文指标要求同等对待，横向课题与纵向课题指标同等对待。将企业工作经历和工作业绩作为高校工程类教师晋升专业技术职务的重要条件。特别优秀的高级技师可以晋升特级技师，相关待遇参照教授级高工执行。业绩突出的优秀工程技术人员，可以破格或越级申报专业技术职称。开辟海外高层次人才高级职称评审绿色通道。将县以下医疗卫生单位高级职称评审权下放至各设区市，省属医院高级职称试行自主评聘。

三、完善便捷高效的人才服务机制

14．鼓励市县财政设立人才创业投资引导基金，吸引社会资本、风险投资进入人才科技创新领域，形成的项目增值收益等可按一定比例用于奖励基金管理团队和天使投资其他参与人。建立风险投资促进机制。开展股权众筹等新型融资服务，积极探索和规范发展互联网金融，支持创新型中小企业信用担保基金发展。鼓励开展知识产权证券化交易，大力发展知识产权质押。建立人才服务银行，鼓励金融机构对符合条件的高层次人才创业融资给予无需担保抵押的平价贷款。

15．加快科技大市场建设，形成人才科技成果竞价拍卖与技术供需对接、交流、展示、洽谈等多种方式结合的技术交易模式。建立科技公共服务联盟，推广“创业券”“创新券”，对人才使用仪器设备、科技服务、创业孵化等给予补贴。

16．推进知识产权综合行政执法试点工作，健全知识产权快速维权机制，探索建立跨境电子商务、展会等新领域知识产权保护机制，依法维护人才合法权益。完善知识产权审判工作，推广知识产权民事、刑事、行政案件“三合一”审判机制。健全知识产权信用管理制度，建立知识产权信用档案，将恶意侵权等行为纳入社会信用记录并向社会公布。建立引进高层次人才知识产权评议机制。

17．健全落实省人才服务例会制度，定期研究解决人才遇到的困难和问题。鼓励各地制定人才分类目录，分层分类向人才提供安家补贴、购（租）房补贴，以货币化、市场化方式解决人才住房问题。政府投资建设的公共租赁住房优先向人才出租。支持产业园区和企事业单位利用自用存量用地建设公共租赁住房，主要面向区内和本单位人才出租。妥善解决高层次人才子女入学问题，合理安排外籍人员子女就学。加强与国外医疗保险公司合作，加入国际医疗保险的直付网络系统，提高医院国际化水平。解决高层次人才在教育、医疗、交通、落户等方面的同城待遇。

四、健全市场化、社会化的人才管理体制

18．建立人才管理服务权力清单和责任清单，清理规范人才招聘、评价、流动等环节中的行政审批和收费事项。积极培育人才中介组织、高端人才猎头等专业化服务机构。探索取消高层次人才服务机构行政许可，推进高层次人才产业园建设，支持高层次人才服务企业向创投、孵化等环节延伸。

19．创新人才编制管理方式，建立健全编制动态调整机制，在实行编制备案制的基础上，逐步探索高校、公立医院不再纳入编制管理。事业单位招录（聘）特殊人才由审批制改为备案制。深化企业技能人才自主评价和直接认定工作，推行行业自主评价技能人才。

20．对国有企事业单位科研人员因公出国实行分类管理，简化审批程序，参加高层次国际交流合作活动，不计入本单位和个人年度因公临时出国批次限量管理范围，出访团组、人次数和经费单独统计。

21．建立统一的人才工程项目管理平台，推动人才工程项目与各类科研、基地计划相衔接。按照精简、合并、取消、下放要求，深入推进项目评审、人才评价、机构评估改革，逐步建立依托专业机构管理人才计划项目的机制。加大各类工程项目对青年人才的支持力度，提高青年人才入选比例，鼓励设立青年人才专项，延长青年人才考核周期。

五、建立人才优先发展保障机制

22．深化党政领导班子和领导干部人才工作目标责任制考核，考核结果作为评优评先、干部任用的重要依据。将人才工作列为落实党建工作责任制情况述职的重要内容。将人才引进、科技创新纳入国有企业领导班子实绩考核常态指标。对抓人才工作不力、造成重大人才流失的，进行责任追究。健全人才工作领导机构，配齐配强人才工作力量，将行业、领域人才队伍建设纳入相关职能部门“三定”方案。

23．完善党政领导联系高层次人才制度，将高层次人才培训作为各级党校、行政学院、社会主义学院的重要任务，畅通人才参政议政渠道，加强对人才的政治引领和政治吸纳。完善人才荣誉体系，对作出卓越贡献的杰出人才，推荐授予荣誉称号。推选宣传一批重才爱才的“好伯乐”和人才创业创新先进典型，营造鼓励创新、宽容失败的社会氛围。

24．编制人才发展“十三五”规划，以及海洋经济、农业农村、七大万亿产业、特色小镇、杭州城西科创大走廊等专项人才发展规划。推进人才管理改革试验区建设，因地制宜开展改革探索。

25．坚持人才投资优先保障，加大人才发展财政专项投入，建立政府、企业、社会多元化人才投入机制。在实施重大工程和重大项目时，同步配套相应的人才开发和培训经费。创新财政人才投入方式，提高人才投入绩效，运用后补助、自主创新产品首购等方式，加大对人才创业创新支持。

中共浙江省委
浙江省人民政府
2016年6月6日

关于支持海外高层次人才在浙江投资创业的若干意见

（浙工商企〔2016〕10号）

为贯彻落实省委省政府《关于深化人才发展体制机制改革支持人才创业创新的意见》（浙委发〔2016〕14号），鼓励海外高层次人才在浙江投资创业，方便其办理工商登记相关业务，经研究，提出如下意见：

一、免除相关登记材料，方便外国和港澳台人士申办企业。外国和港澳台地区的海外高层次人才在浙江投资创业的，可以持省人力社保厅颁发的《浙江省海外高层次人才居住证》作为身份证明直接申办外资企业工商登记，免除提交其主体资格证明或身份证明应经其本国主管机关公证后送达我国驻该国使（领）馆认证的材料要求。

二、简化国外定居人士申办企业手续。对长期在国外定居的海外高层次人才在浙江投资创业的，可以持省人力社保厅颁发的《浙江省海外高层次人才居住证》作为身份证明直接申办内资企业工商登记。

三、降低名称登记条件。新设立或变更登记的企业，投资人中有拥有《浙江省海外高层次人才居住证》的，取冠省名不设最低注册资本（金）限额（法律法规另有规定的除外）；企业变更名称不受一年的期限限制。

四、鼓励多种出资方式。支持海外高层次人才投资创业，注册资本（金）可全部以技术出资，非货币出资比例不受限制。

五、支持企业做大做强。对海外高层次人才在浙江投资设立的企业申报省知名商号、省著名商标的，应依法予以政策倾斜；鼓励海外高层次人才做大做强企业，支持其在浙江投资设立的企业申报驰名商标。

中共浙江省委人才工作领导小组办公室
浙江省工商行政管理局
2016年8月5日

中共宁波市委办公厅 宁波市人民政府办公厅关于深化实施海外高层次人才和高端创业创新团队引进“3315计划”的意见

（甬党办〔2016〕48号）

为大力实施创新驱动发展战略，引进、培育一批海内外领军型创业创新人才和团队，提升自主创新能力，发展战略性新兴产业，推动经济转型升级，更好地为我市建设“一圈三中心”、跻身全国大城市第一方队提供人才保障和智力支撑，现就深化实施海外高层次人才和高端创业创新团队引进“3315计划”提出如下意见。

一、目标任务

围绕我市战略性新兴产业发展，力争到2020年累计引进1000名海外高层次人才和200个创业创新团队进入“3315计划”，其中自主申报入选国家、省“千人计划”人才分别达到100人、300人，入选省领军型创新创业团队20个，在宁波创业创新的海外人才总量突破10000人。“3315计划”人才（团队）创业创新示范引领作用明显，一批重点科研成果实现产业化，人才（团队）创办企业超过500家，年销售规模超过100亿元，培育高新技术企业50家以上、上市公司及新三板挂牌公司30家以上，集聚一批国际化创新平台，形成3—5个在国内外具有影响力的特色产业链。

二、引进对象及条件

（一）“3315计划”创业团队

“3315计划”创业团队是指自带技术、项目、资金来宁波创业，创业项目符合我市产业发展战略布局，具有较好市场前景、能引领和带动相关产业发展的高端团队。具体引进条件为：

1．创业团队应包括1名带头人和至少4名核心成员，近2年内来宁波创业或尚未在宁波创业；带头人年龄一般不超过60周岁，核心成员年龄一般不超过50周岁。

2．创业团队带头人一般应取得博士学位，此前应在国内外知名高校、科研院所担任相当于教授的职务，或在跨国公司、知名企业担任中高级技术管理职务3年以上，有突出的研究成果或成果转化业绩。创业团队核心成员一般应取得硕士及以上学位，至少3名核心成员此前应在项目、产品等方面已与带头人稳定合作2年以上。

3．创业团队掌握的核心技术应当拥有自主知识产权，具备国际一流、国内领先水平，是我市经济社会发展紧缺急需的，或属于填补国内研究领域技术空白、符合我市重点产业方向的，具有较好市场前景并能实现产业化。

4．创业团队所创办的公司实际到位注册资金中货币出资不低于500万元；带头人（自然人）须为公司法定代表人，持股比例不低于20%且为第一大股东，实际到位的货币出资不少于100万元；带头人及核心成员（自然人）持股比例超过50%（不含）以上。团队创办的公司须承诺在获得资助后10年内不搬离宁波。

（二）“3315计划”创新团队

“3315计划”创新团队是指以科技创新领军人才为核心，创新业绩显著或有较大创新潜能，依托我市企业、高校、科研院所等研发平台和项目，有明确技术路线图，致力于创新突破和成果转化的高端团队。具体引进条件为：

1．创新团队应包括1名带头人和至少4名核心成员，近2年内来宁波工作或尚未在宁波工作；带头人年龄不超过55周岁，核心成员年龄一般不超过45周岁。

2．创新团队带头人应取得博士学位，此前应在国内外知名高校、科研院所担任相当于教授的职务，或在国内外知名企业、机构担任中高级职务3年以上；团队中至少2名成员应在国（境）外高校取得博士学位，其他成员应取得硕士及以上学位；团队中至少3名核心成员此前应在科研、项目等方面已与带头人稳定合作2年以上；创新团队带头人和核心成员引进后应全职在宁波工作，每年工作不少于9个月，连续工作时间不少于5年。

3．创新团队掌握的核心技术应当拥有自主知识产权，具备国际一流、国内领先水平，是我市经济社会发展紧缺急需的，或属于填补国内研究领域技术空白、能较大程度地推动我市有关产业领域的技术创新。

4．创新团队依托的单位运行状况良好，技术创新体系健全，配套支持措施完善，具有较强的创新能力，在业内处于优势地位。创新团队以企业为依托的，所在企业应具备良好的经营业绩，研发费用占主营业务收入3%以上，能为团队创新提供必要的科研资金和研发设备，以及落实项目产业化所需的各类要素。

（三）“3315计划”创业人才

“3315计划”创业人才是指自带技术、项目、资金来宁波创业，创业项目符合我市产业发展战略布局，具有较好市场前景、能推动相关产业发展的海外高层次人才。具体引进条件为：

1．创业人才应在国（境）外高校取得硕士及以上学位，此前一般应在国（境）外知名高校、科研院所担任过中高级专业技术职务，或在国（境）外知名企业、机构担任过中高级管理、技术职务，年龄不超过60周岁。

2. 创业人才掌握的核心技术应当拥有自主知识产权，具备国内一流水平，是我市经济社会发展紧缺急需的，或属于填补我市研究领域技术空白、符合我市重点产业方向的，具有较好市场前景并能实现产业化。

3. 创业人才为所在公司的主要创办人且为第一大股东，公司实际到位注册资金中货币出资不低于100万元，创业人才货币出资不低于100万元。创业人才创办的公司须承诺在获得资助后10年内不搬离宁波。

（四）“3315计划”创新人才（含“3315计划”外裔创新人才）

“3315计划”创新人才是指具备较好创新业绩或有较大创新潜能，依托我市企业、高校、科研院所等研发平台和项目，有明确技术路线图，致力于创新突破和创新成果产业化的海外高层次人才（含外裔人才）。具体引进条件为：

1. 创新人才应在国（境）外高校取得博士学位，此前一般应在国（境）外知名高校、科研院所担任过中高级专业技术职务，或在国（境）外知名企业、机构担任过中高级管理、技术职务2年以上，年龄不超过55周岁，引进后应全职在宁波工作，每年工作时间不少于9个月，连续工作不少于5年。

2. 创新人才掌握的核心技术应当拥有自主知识产权，具备国内一流水平，是我市经济社会发展紧缺急需的，或属于填补我市研究领域技术空白、能推动我市有关产业领域的技术创新。

3. 创新人才依托的单位运行状况良好，技术创新体系健全，配套支持措施完善，具有较强的创新能力。创新人才以企业为依托的，所在企业应具备较好的经营业绩，研发费用占主营业务收入3%以上，并能为创新人才提供必要的科研资金和研发设备。

4. “3315计划”外裔创新人才引进条件与创新人才基本相当，年龄不超过60周岁，引进后每年工作时间不少于6个月，连续工作不少于3年。

三、政策支持

1. 对入选“3315计划”的高端创业创新团队，符合团队落户、建设要求的，3年内按A类、B类、C类三个层次，分别给予最高2000万元、1000万元、500万元创业创新资助经费。对全球顶尖人才领衔的高端创业创新团队实行一事一议，3年内给予最高1亿元创业创新资助经费。

2. 对入选“3315计划”的海外高层次人才，给予一次性100万元的人才资助经费。对我市自主申报入选国家、省“千人计划”的人才，视为“3315计划”创业创新人才当然人选，对国家、省奖励资助经费给予1：1配套资助，已享受市级一次性100万元人才资助经费的，视作配套。“3315计划”团队带头人及成员享受团队政策后通过我市自主申报入选国家、省“千人计划”的，给予国家“千人计划”人才1：1配套资助，省“千人计划”人才减半配套资助。

3. “3315计划”人才（团队）申报入选省领军型创新创业团队的，给予团队最高400万元配套资助，市县两级各承担50%。

4. 对具备资格条件的投资机构通过以投带引方式引进海外高层次人才（团队）并入选“3315计划”，且该机构首次到位投资额不低于200万元的，按其首次到位投资额的3%、最高不超过100万元给予投资机构管理团队一次性奖励。

5. 入选“3315计划”的各类人才（包括团队带头人和核心成员），经自主培养升级成长为宁波市人才分类目录中顶尖人才和特优人才（国家“千人计划”人才除外）的，分别给予人才一次性200万元、50万元奖励。

6. 建立“3315计划”升级机制，“3315计划”人才（团队）创办企业自成立之日起，根据销售、税收等指标，5年内发展成长较快、对宁波经济社会发展贡献较大的，经认定后再给予企业最高500万元资助经费。

7. 深化政银合作，对“3315计划”人才（团队）创办的企业，可由合作的商业银行授予最高2000万元的信用贷款额度。

8. 国家“千人计划”人才、“3315计划”团队带头人落户后，一般由落户地、用人单位安排一套过渡性人才公寓，可视情减免租金。过渡性人才公寓居住时间一般不超过3年。

9. “3315计划”人才（含团队带头人）在甬购买住房的，在“3315计划”经费资助基础上，再给予国家、省“千人计划”人才一次性50万元购房补贴，市“3315计划”团队带头人、市“3315计划”人才一次性30万元购房补贴。人才申请购房补贴时，已享受市县两级及用人单位安家补助、购房补贴或实物分房等政策的，购房补贴按照就高、补差、不重复原则发放。

“3315计划”人才（团队）符合《关于实施人才发展新政策的意见》（甬党发〔2015〕29号）政策条件的，本意见作出规定的按照本意见执行，未作出规定的按照甬党发〔2015〕29号文件执行。

四、工作机制

（一）组织领导机制。

“3315计划”在市委人才工作领导小组的领导下，由市委组织部（市委人才办）牵头组织实施，市科技局、市财政局、市人力社保局、市发改委、市经信委等职能单位做好申报评审、经费资助、服务管理等相关工作。“3315计划”人才（团队）所在地党委政府要加强组织领导，落实相应的支持政策，强化人才（团队）的落户服务和日常管理。用人单位要切实发挥主体作用，积极为人才（团队）创业创新创造良好条件。市本级设立“3315计划”专项资金，确保政策落实。

（二）申报评审机制。

1. 常规评审机制。常规评审机制由发布公告、申报受理、资格审查、专家评审、尽职调查、审定发文等环节组成，由市委组织部（市委人才办）会同相关职能部门组织开展，“3315计划”人才报市委人才工作领导小组审定，“3315计划”团队报市政府审定。

2. 特殊评审机制。建立顶尖项目一事一议机制，对顶尖人才领衔的高端创业创新团队，由市委人才工作领导小组召集专家专题审议，提出支持政策提交市政府审定。试行机构荐才简易评审机制，对投资机构以投带引推动人才创业项目落户宁波，引进人才符合“3315计划”基本条件且机构实际到位投资额不低于200万元的，由市委组织部（市委人才办）不定期召集专家进行专题审议，根据审议结果，创业人才经市委人才工作领导小组同意后可直接入选“3315计划”，创业团队可直接进入答辩评审。在市委组织部认定的“3315计划”海外创业创新大赛等市级国际性引才引智大赛上获得一等奖及以上的人才（团队），人才经市委人才工作领导小组同意后可直接入选“3315计划”，团队可直接进入答辩评审。

（三）管理机制。

1．经费拨付。入选“3315计划”的人才落户后符合资助条件的，一次性拨付100万元的资助经费。入选“3315计划”的团队落户后，经实地走访符合要求的，拨付资助经费。团队资助经费分为两类，分别为人才补助经费与项目资助经费。其中，人才补助经费占25%，团队落户后给予一次性安排；项目资助经费占75%，分3期安排，第一期安排25%，第二、三期视团队建设、考核评估情况分别安排25%，由团队所在单位负责管理。

2．团队建设。对“3315计划”团队实施建设管理，管理周期一般为3年，特殊情况可申请延长管理周期。每期资助经费拨付前，对“3315计划”团队建设情况实施评估，评估不合格的，暂停经费资助并责令整改，整改后符合要求的再给予经费资助；整改后仍不符合要求的，视情降级资助，或中止经费资助并取消“3315计划”团队资格，收回相应资助经费。“3315计划”团队带头人和核心成员应当遵守相关法律和财政财务纪律，对弄虚作假、骗取财政资金的单位和个人，将根据情节轻重全部或部分收回资助经费，存在违法行为的，依法追究相关单位和人员的法律责任。

3．监督管理。市委组织部（市委人才办）、市科技局、市财政局等单位要切实加强对“3315计划”人才（团队）的管理，制定“3315计划”实施细则，明确“3315计划”人才（团队）申报、评审、审批、资助、管理等具体事项，做好资助经费拨付监管、绩效评价等工作，发挥资助经费使用效益。

本意见自印发之日起实施，有效期5年。原《印发〈关于实施海外高层次人才引进“3315计划”的意见〉的通知》（甬党办〔2011〕18号）、《关于印发〈宁波市引进高端创业创新团队“3315计划”实施意见〉的通知》（甬党办发〔2011〕103号）、《关于明确宁波市引进海外高层次人才、高端创业创新团队“3315计划”有关事项的通知》（甬党办传〔2013〕185号）同时废止。

中共宁波市委办公厅
宁波市人民政府办公厅
2016年6月22日

中共绍兴市委 绍兴市人民政府
关于加强高层次科技创业创新人才队伍建设
加快推进创新驱动发展的意见

（绍市委发〔2016〕38号）

人才是经济社会发展的第一资源，是创新驱动发展的核心要素。深入推进“四个全面”战略布局，全面落实创新、协调、绿色、开放、共享的发展理念，以生态文明建设为统领，深入实施“重构绍兴产业、重建绍兴水城”战略部署，加快构建绿色高端产业体系，高水平全面建成小康社会，必须坚持人才优先发展，聚天下英才而用之，最大限度激发人才创新创造创业活力。根据中央关于深化人才发展体制机制改革的文件和省委、市委对人才工作的部署要求，现就加强高层次科技创业创新人才队伍建设、创建人才生态最优市、加快推进创新驱动发展，提出如下意见。

一、实施引进培养升级政策

（一）深化实施“330海外英才计划”。突出“高精尖缺”导向，对入选“330海外英才计划”A类、B类、C类的创业人才项目，分别给予500万元、300万元、200万元资助，项目启动后给予50%的资金资助，创业人才自有资金及风投资金实际投入或累计销售额达到政策资助总额后拨付剩余的50%资金资助。对入选“330海外英才计划”A类、B类、C类的创新人才长期项目，分别按引进人才年薪的70%、60%、50%给予企业引才薪酬补助，每年最高不超过100万元、60万元、40万元，补助时间不超过5年。对入选“330海外英才计划”A类、B类、C类的创新人才短期项目，参照创新人才长期项目的企业引才薪酬补助比例，每年最高分别不超过50万元、30万元、15万元，补助时间不超过3年。

（二）落实国家、省“千人计划”人才奖励资助。对我市自主申报入选的国家、省“千人计划”人才，在分别参照“330海外英才计划”A类、B类创业创新人才项目资助标准的基础上，按照国家、省补助奖励额度分别给予入选人才1∶1配套补助奖励。对市外直接引进的国家、省“千人计划”人才，属全职引进的，参照“330海外英才计划”B类、C类创新人才长期项目资助标准；属创业项目引进落户的，按设备技术投资额和研发经费50%的比例，分别给予最高500万元、300万元资助。

（三）加大外籍专家智力引进力度。支持企业引进“海外工程师”，对引进年薪为30万元及以上，在研发、设计、技术和经营管理等岗位担任相应的中层及以上职位且当年度在企业实际工作时间不少于6个月的高层次外国专家，每年给予企业实际支付年薪的30%经费扶持，最高不超过30万元，资助期限最长为3年。引智项目获得国家或省级资助的，给予引智项目单位1∶1的配套资金支持。对新建成的浙江（绍兴）外国专家工作站，给予一次性12万元资助。

（四）加快引进紧缺高端人才和团队。对新引进的重点技术创新团队，且创新成果在绍实施产业化的，经评审认定，按国际先进、国内领先、国内先进三个等次，按投资额分别给予最高不超过1000万元、800万元、500万元的创新创业资助资金〔与（一）（二）（三）条政策不重复享受〕，对国际一流团队和顶尖人才领衔的重大项目可专门制定扶持政策。对新引进的国家级领军人才、省级领军人才创业项目，按设备技术投资额和研发经费50%的比例，分别给予最高300万元、200万元资助。对新引进到企业全职工作的国家级领军人才、省级领军人才，分别按引进人才年薪的60%、50%给予企业引才薪酬补助，每年最高不超过60万元、40万元，补助时间不超过5年；柔性引进的，每年最高分别不超过30万元、15万元，补助时间不超过3年。对企业新引进的高级人才、具有副高级职称的专业技术人才及高级技师每年分别给予3万元、1万元津贴，补助时间不超过3年。

（五）加强高层次人才培养激励。对我市自主申报入选的“两院”院士等顶尖人才给予500万元奖励，入选国家级领军人才的给予100万元奖励，入选省级领军人才的给予1：1配套奖励。对入选省领军型创新创业团队的，由团队所在地政府按照不低于省级财政投入额度进行配套资助。对获得国家科学技术一等奖、二等奖和省科学技术一等奖的创新团队，分别给予200万元、100万元、50万元的奖励。对入选市级重点创新团队的给予10万元资助，经考评三年建设期创新绩效显著的，给予创新团队10万元奖励，奖励名额占创新团队总量的30%。对评选产生的市高级专家、市拔尖人才、市青年科技奖获得者和市突出贡献高技能人才，分别给予20万元、5万元、2万元的奖励。每年面向全市选派一批高层次人才、高技能人才赴国内外进修深造。

（六）建立市场化引才机制。在美国等发达国家和地区建立海外引才工作站，根据协议和绩效给予每年5万—15万元工作经费。对企业委托人才猎头机构招聘市级领军人才及以上层次人才的，在人才全职引进后，给予企业前期费用50%的补贴，每人次最高不超过5万元。对为我市引进落户国家、省“千人计划”人才（需我市自主申报入选）的中介组织，分别给予每人次最高20万元、10万元的引才奖励；对为我市引进落户“330海外英才计划”A类、B类、C类人才的中介组织，分别给予每人次最高5万元、3万元、2万元的引才奖励。

（七）推进人才创业创新平台建设。着眼于全市域、大市区，着力建设市级“千人计划”产业园、高层次人才创业创新孵化中心，在政策和要素扶持上加大倾斜力度，着力打造高端人才集聚区、创新发展引领区、人才管理改革先行区。坚持政府引导、社会参与、市场化运作，积极引进国内外知名高校、科研院所、企业共建科研机构或创新载体，政府针对性制定支持政策。对国内外知名高校院所在我市合作设立技术转移服务机构或创新载体的，按其在市内技术转移成交额的5%给予资助，每年最高50万元。对新建成国家级、省级、市级院士专家工作站的建站单位，分别给予100万元、50万元、20万元资助，经考核合格的每年安排工作经费10万元，对柔性引进第二名以上院士的每增加1名院士每年补贴工作经费10万元。对新建成国家级、省级博士后科研工作站，分别给予30万元、20万元资助，每招收一名博士后研究人员给予5万元科研经费补助、5万元生活补助。

二、强化创业扶持政策

（八）支持“330海外英才计划”人才创业企业发展。对“330海外英才计划”人才创业企业，提供不少于200平方米的三年免租创业场所或给予相应租金补贴，给予贷款额1000万元内按基准利率两年全额贴息。简化外籍人才创业审批手续。人才创业企业自成立5年内，每年给予纳税销售1%的奖励，累计奖励不超过500万元；引入创业投资机构、本地企业500万元以上投资、投资期超过2年以上的，按投资额8%的比例资助，最高不超过200万元。

（九）强化人才创业融资扶持。逐步扩大市创业投资引导基金规模并发挥引导作用，通过阶段参股、跟进投资等方式，与金融机构、社会资本合作设立10亿元规模的人才创业创新基金，重点投资尚处初创期、成长期的高层次人才创业企业。市产业基金与创业投资机构、行业龙头企业（上市公司、集团公司等）合作设立的子基金，加大对重点产业领域高层次人才创业企业的投资力度。探索设立人才银行，对符合条件的高层次人才创业企业给予低成本、低门槛的信贷支持。鼓励区、县（市）及市直开发区探索建立孵化器创业投资风险补偿机制、政策性融资担保机构、风险资金池，支持金融机构创新高层次人才创业企业金融服务。高层次人才创业企业自成立5年内，对银行、小额贷款公司等合法放贷机构以信用贷款方式发放的贷款，按贷款本金实际损失的40%予以补偿；对以专利权、商标权等无形资产抵质押发放的贷款，按贷款本金实际损失的30%予以补偿；对银行投贷联动的投资部分视同创业投资机构投入，享受相应政策；对商业担保机构为高层次人才创业企业提供信用担保服务，按实际代偿损失的40%予以补偿；对上述补偿单家高层次人才创业企业最高不超过200万元。对无政府基金参与，基金总额3000万元以上的各类投资机构，累计投资我市高层次人才创业企业超过3000万元的，可申请财政补贴，财政补贴金额不超过其投资总额的6%，单个项目最高不超过50万元，单家投资机构累计不超过300万元。创业投资企业落户我市后累计投资于我市高层次人才创业企业超过5000万元的，给予投资机构负责人一次性30万元奖励。建立绍兴市创业投资行业协会，促进创业投资机构与高层次人才创业企业对接。对符合条件的高层次人才创业企业，积极推荐股改、挂牌、上市，利用多层次资本市场加快发展。

（十）鼓励科技人才创业和成果转化。鼓励人才带高新技术研发成果、专利技术等自主知识产权项目在我市企业实现成果转化和产业化，对符合相应条件且通过浙江省内网上技术市场实现成果转化的项目，经评审按技术合同实际成交额的10%给予资助，最高不超过50万元。鼓励科技人员以自主科技成果入股创办企业，以商标、专利和非专利技术等非货币财产入股的，最高可占注册资本的100%。提高高校、科研院所等事业单位科研人员职务成果转化收益的分享比例，职务成果转化收益用于奖励科研负责人、骨干技术人员等重要贡献人员和团队的比例不低于70%。科研人员的企业兼职报酬、承担企业科研项目所获收入、科技成果转化奖励、科研经费绩效奖励，均不纳入绩效工资总量。鼓励高校院所、龙头企业、产业园区开放检验检测等科技创新服务，对高层次人才企业给予最高每年20万元的“创新券”支持。鼓励高校和科研机构科研人员离岗创业，支持从事技术研发、成果转让工作的事业单位高层次人才到企业工作，经本单位同意，其人事关系5年内保留在原单位，由原单位继续为其缴纳单位部分的养老、失业、医疗等社会保险，并允许其回原单位评审专业技术资格，其在企业从事本专业工作期间的业绩，可作为专业技术资格评价的依据。

（十一）完善落实人才税收优惠政策。鼓励引导各类人才创办的企业申请认定为高新技术企业，经认定的高新技术企业，减按15%优惠税率征收企业所得税；对符合税法规定的研究开发费用，形成无形资产的按其成本150%摊销，未形成无形资产的按当年研发费用实际发生额的50%加计扣除；企业职工教育经费支出，不超过工资薪金总额8%的部分，准予在计算应纳税所得额时扣除。对年应纳税所得额低于30万元的小型微利企业，在国家规定期限内，其所得减按50%计入应纳税所得额，按20%的税率缴纳企业所得税。创业投资企业采取股权投资方式投资于我市未上市的中小高新技术企业2年以上的，按照其投资额的70%在股权持有满2年的当年抵扣该创业投资企业的应纳税所得额，当年不足抵扣的，可以在以后纳税年度结转抵扣。企业引进具有高级技术职称或博士学位等高层次人才，支付的一次性住房补贴、安家费、科研启动经费等费用，可据实在计算企业所得税前扣除。高校、科研院所转化科技成果以股份或出资比例等形式给予个人奖励的，获奖人在取得股份、出资比例时，暂不缴纳个人所得税。

（十二）加大采购扶持力度。建立绍兴市自主创新与优质产品目录，对本市高层次人才创业企业的产品、技术和服务，符合条件的优先列入目录，政府采购单位和国有投资为主的项目建设单位不得将其排斥在招标采购项目之外，同等条件下优先采购或给予适当加分，加分总值原则上不超过“价格分”的10%；对采购金额在规定招标金额标准以下的政府采购或国有投资为主的项目，鼓励采用目录产品；属于首台（套）产品（设备）的优先采购，可采取竞争性谈判、竞争性磋商、单一来源采购等非招标方式实施首购、订购及政府购买服务。

三、优化服务保障政策

（十三）优化人才住房保障。对每年在绍工作时间不少于6个月，与我市用人单位（行政机关单位、参照公务员管理事业单位除外）签订5年（含）以上劳动合同，未享受住房优惠政策或房改政策的高层次人才，以货币化、市场化方式解决住房问题。对国内外顶尖人才、国家级领军人才、省级领军人才、市级领军人才、新引进的高级人才，分别给予200万元、100万元、80万元、60万元、35万元的房票补贴，或分别给予为期10年每年10万元、5万元、4万元、3万元、1.5万元的租房补贴。对首次新引进到我市企业工作的副高职称人员及高级技师、全日制硕士研究生、全日制“211”或“985”高校本科毕业生、全日制其他普通高校本科毕业生，5年内在绍首次购房的，分别按购房款的20%、15%、5%、3%，给予最高20万元、15万元、5万元、3万元的房票补贴。人才凭房票购买商品房（房屋出售方凭房票与财政结算），人才所购住房满5年后方可上市交易。高层次人才在绍购买首套商品房的，在按规定支付完首付后，所余房款可全额享受住房公积金贷款政策。对未购房的高层次人才，可优先入住人才公寓，给予租金优惠。

（十四）优化人才编制保障。我市事业单位引进省级领军人才及以上层次人才，可设立特设岗位，不受事业单位岗位总量、最高等级和结构比例的限制。凡具有事业身份的高层次人才来绍创业或到企业工作，5年内可在绍兴文理学院高层次人才驿站继续保留其事业身份。创新人才编制管理方式，逐步推进在明确为公益二类事业单位的高等院校、公立医院试行编制备案制。简化高层次人才引进落户和人事关系迁移手续，确因特殊情况暂时无法调转人事关系的，在确认其与原单位终止聘用关系后，可由人力社保部门人才交流机构帮助建立档案，并确认其原工龄、职称等。深化职称制度改革，根据上级部署开展职称自主评价试点，探索高层次人才、急需紧缺人才职称直聘办法，对职称外语和计算机应用能力考试不作统一要求。国家和省“千人计划”人才可直接申报认定高级专业技术资格。市“330海外英才计划”人才可直接申报高级专业技术资格，其国外专业工作经历、学术或专业技术贡献可作为评价依据。

（十五）优化人才生活保障。优化人才居留落户，对引进的不同层次人才及随迁家属，分别给予相应配套优惠政策。对引进的高层次人才，若在绍兴无合法固定住所的，按照自愿原则，可在绍兴市人力社保部门人才服务中心集体户落户，并允许其配偶、未成年子女、成年未婚子女和符合投靠条件的双方父母迁入；对引进的副高职称人员、高级技师，在绍服务三年以上的硕士、中级专业技术人员、技师，若在绍兴无合法固定住所的，按照自愿原则，可在工作地人力社保部门人才服务中心集体户落户，并允许其配偶、未成年子女迁入。落实引进高层次人才子女“教育绿卡”制度，义务教育段的可选择就读学校一次；高中段的通过中考成绩折算，对符合本地学校录取条件的，可转入相应学校就读。完善省级及以上领军人才、“330海外英才计划”人才医疗保障，组织市级以上领军人才和在任批次市拔尖人才参加健康体检和疗休养活动。

（十六）优化人才联系服务。完善高层次人才“绿卡”制度，在创业落户、医疗保健、出入境签证、车驾管理、人事代理等方面提供优惠政策和便利条件。探索高层次人才“绿卡”与“市民卡”衔接机制，并赋予人才更多服务项目，提高优惠标准。发挥绍兴市海外高层次人才联谊会作用，搭建人才交流互动平台。完善党政领导干部联系高层次人才制度，构建“店小二”式的人才协调服务机制，落实服务人才例会制度，建立人才综合服务平台，经常性协调解决人才遇到的困难和问题，优化人才创业创新环境。

（十七）优化人才评价激励。建立高层次人才分类目录，主要划分国内外顶尖人才、国家级领军人才、省级领军人才、市级领军人才、高级人才等五个层次（具体分类目录附后）。成立市人才分类协调小组，定期修订完善人才分类目录。针对我市经济社会发展急需、社会贡献较大、现行目录难以界定的“偏才”“专才”，经协调小组联席会议认定后，享受相应的人才政策。建立高层次人才市场化认定机制，发挥政府、市场、专业组织、用人单位等多元评价主体作用，更多引入人力资源服务机构、风险投资机构等评价，建立多维度人才评价标准。建立荣誉激励机制，对作出突出贡献、有参政议政能力的高层次人才，优先推荐担任党代表、人大代表、政协委员和评定劳动模范等荣誉称号，营造全社会爱才尊才重才的良好风尚。

四、强化政策兑现落实

（十八）加大人才投入保障。坚持人才投入优先保障，市县两级财政要统筹安排、优先保障，确保人才政策兑现和人才工程实施的经费需求。市直经济区块的人才政策兑现资金，按原渠道由市人才专项经费和区（市直开发区）财政统筹列支。鼓励社会资本、民间资本加大投入，构建多元化人才投入体系。

（十九）完善政策兑现机制。由市委人才办、市人力社保局牵头，会同市级相关职能部门，按照简便、快捷的要求，制定政策兑现操作细则。简化政策兑现审核拨付流程，按照谁兑现谁审核的原则，由负责政策兑现的开发区或主管部门审核把关，加快政策兑现到位。本意见涉及的各项政策资助、奖励、补助等资金额度均为拨付到位后人才、企业实际享受的额度。事业单位高层次人才的奖励补助等，不纳入单位绩效工资总量。

（二十）营造良好政策环境。落实党管人才责任，深化党政领导班子和领导干部人才工作目标责任制考核，建立区、县（市）和市直开发区党（工）委书记抓人才工作年度专项述职评议制度。改进人才项目绩效评价办法，建立宽容失败机制。加强政策兑现情况的督查抽查，对不兑现、不落地、擅自设立前置条件的严肃问责，对无正当理由兑现不及时、不到位的给予通报批评。加强政策宣传工作，充分利用各种渠道、各类媒介宣传人才新政，提高绍兴人才新政知晓率和影响力，努力营造引得进、留得住、用得好的人才发展环境。

本意见适用于绍兴市区，其他县（市）参照执行。本意见与我市现有政策有重复、交叉的，按照“从优、从高、不重复”原则执行。本意见自发布之日起施行，期限为5年，由市委人才办会同相关职能部门负责解释。同时废止《关于促进人才创新发展的若干意见》（绍市委发〔2008〕85号）、《绍兴市创新人才住房补助暂行办法》（绍市委办发〔2008〕106号）、《绍兴市“330海外英才计划”实施办法》（绍市委办发〔2010〕38号）、《关于鼓励和支持高层次人才创业创新的若干政策意见》（绍市委办发〔2012〕19号）、《绍兴市高层次人才住房保障暂行办法》（绍市委办发〔2012〕20号）。

附件：绍兴市高层次人才分类目录（略）

中共绍兴市委
绍兴市人民政府
2016年6月28日

绍兴市人民政府办公室
关于发展众创空间推进创业创新的若干意见

（绍政办发〔2016〕62号）

为深入实施创新驱动发展战略，适应和引领经济发展新常态，顺应网络时代大众创业、万众创新的新趋势，培育发展众创空间等新型创业服务平台，营造良好的创业创新生态环境，激发各行各业创业创新活力，切实推进“大众创业、万众创新”，打造绍兴经济发展新引擎，根据国务院和浙江省有关政策，现就发展众创空间推进创业创新提出如下意见。

一、指导思想

深入实施创新驱动发展战略，贯彻落实市委、市政府“重构绍兴产业、重建绍兴水城”战略部署，以营造良好创业创新生态环境为目标，以激发全社会创业创新活力为主线，以构建众创空间等新型创业服务平台为载体，深化体制机制改革，坚持市场导向，有效整合资源，加强政策集成，强化开放共享，创新服务模式，大力培育新技术、新产品和新服务，进一步营造大众创业、万众创新的良好氛围。

二、主要目标

到2020年，基本形成开放、高效、富有活力的创业创新生态系统，呈现创新资源丰富、创新要素汇集、孵化主体多元、创业创新服务专业、创业创新活动活跃、各类创业创新主体协同发展的良好局面。建设培育10个创客基地，各区、县（市）原则上建设1个以上创客基地；树立典型标杆，建设培育100个创客示范点；引进培育一批天使投资人，聚集创业投资机构10家以上，省级及以上高新区普遍设立种子资金；吸引科技创业创新人才5万人以上；孵化培育具有较强市场竞争力的科技型中小微企业3000家以上、高新技术企业500家以上，形成新的产业业态和经济增长点；创业创新政策体系更加健全，服务体系更加完善，全社会创业创新文化氛围更加浓厚，努力打造创新型城市。

三、主要任务和扶持办法

（一）积极探索多种形式的创业创新方式。大力支持高新技术产业园区、科技企业孵化器、高等院校、科研院所、商业楼宇业主等创建众创空间，探索创客空间、创业咖啡、创新工场等新型孵化模式，把握互联网环境下创业创新特点和需求，利用“互联网+众创空间”新模式，实现创业与创新相结合、线上与线下相结合、孵化与投资相结合，建设多元化、网络化、集群化、市场化的众创空间体系，优化和完善现有创业服务机构的服务业态和运营机制，发挥创业服务机构的集聚效应和创业创新规模优势，形成要素集聚化、服务专业化、运营市场化、资源开放化的新格局。对运行面积达到300平方米以上、引育创客企业10家或创客100人以上，且机构健全、管理规范、服务到位的众创空间，经认定可给予两年内房租资助，第一年按每月每平方米8元、第二年按每月每平方米4元的标准计，补助面积最多不超过500平方米，补助金额以实际支付的房租为限；

宽带接入费给予一次性50%以内的补贴；对经认定的众创空间用于购买创业服务的公共软件、开发工具的支出，给予50%的补贴，最高不超过20万元。积极引导众创空间提档升级，对新认定（备案）的国家级、省级众创空间分别给予一次性100万元、50万元奖励，对其中获得省众创空间考核评价优秀的，再给予1：1配套奖励；建立市级众创空间考核评价制度，对众创空间绩效评价结果前10名的，由市政府授予市级优秀众创空间称号，每家给予一次性奖励50万元，用于众创空间条件建设，市级优秀众创空间有效期3年，实行动态管理。

（二）加快高端人才引进。依托绍兴“人才新政”，实施人才引进培养升级计划，强化人才创业扶持政策，优化人才服务保障，构建高效便捷的政策兑现机制，加快集聚国内外高层次科技创业创新人才，更大力度引进国家、省“千人计划”人才，充分发挥高端人才在加快创新驱动发展、构建绿色高端产业体系中的核心引领作用。加快建设市级“千人计划”产业园、高层次人才创业孵化中心，在政策和要素扶持上加大倾斜力度，着力打造高端人才集聚区、创新发展引领区、人才管理改革先行区。推进“名士之乡”人才峰会，加强企业、开发区与院士专家、国内外高端人才的对接合作，完善以问题为导向、企业为主体、项目为纽带的引才用才机制。

（三）激发科技人员创业创新激情。鼓励科技人员在绍兴创业或服务企业创新，支持高校、科研院所科技人员在完成本职工作和不损害本单位利益的前提下，征得单位同意后在职创业，其收入在照章纳税后归个人所有。高校、科研院所科技人员离岗创业的，经原单位同意，可在5年内保留人事关系，与原单位其他在岗人员享有参加职称评聘、岗位等级晋升和社会保险等方面同等权利。赋予高校、科研院所等事业单位职务科技成果使用和处置自主权，应用职务发明成果转化所得收益，除合同另有约定外，可按60%—95%的比率，划归参与研发的科技人员及其团队拥有。高校、科研院所转化职务科技成果以股份或出资比例等股权形式给予个人奖励的，暂不征收个人所得税，待其转让该股权时按照有关规定计征。

（四）鼓励大学生创业创新。大力促进高校毕业生自主创业，实施大学生创业引领计划，鼓励高校开设创业课程，建立健全大学生创业指导服务专门机构，推进高校创业教育学院和大学生创业园建设，加强大学生创业培训，为大学生创业提供场所、公共服务和资金支持。建立大学生创业500万专项资金，主要用于创业园建设，创业大赛、创业活动举办，创业担保贷款贴息，创业培训等相关支出。对每年评审的大学生创业优秀项目给予1000元—20万元不等的资金资助（包括市级及以上创业竞赛中评选的优秀项目）；毕业5年以内的高校毕业生自主创业自筹资金不足的，可按规定申请不超过30万元的创业担保贷款，合伙经营的可适当提高贷款额度，贷款期限不超过3年。

（五）建设创业创新公共服务平台。推进科技金融服务平台建设，各区、县（市）及省级以上高新园区要设立一定规模的创业引导基金，引导社会资本设立各种类型的创业风险投资基金，对创业企业进行股权投资。综合运用政府购买服务、无偿资助、业务奖励等方式，支持面向创客服务的公共服务平台和服务机构建设，发挥各类中介机构力量，为初创企业提供法律、知识产权、财务、检验检测认证和技术转移等服务。充分发挥绍兴网上技术市场作用，将网上技术市场延伸到众创空间，为创业者提供相关行业技术成果信息及交易服务。鼓励省级科技创新服务平台、省级以上重点实验室和工程技术中心、省级重点企业研究院和省级企业研究院等各类创新载体向创业者开放共享科技资源，为创客群体提供工业设计、检测仪器等电子和数字加工设备。发挥科技企业孵化器及高校平台优势新建众创空间，鼓励科技企业孵化器结合现有产业集聚特色新建符合本园区产业发展规划的新型孵化平台，鼓励高校结合本校实际，发挥学科（专业）特色探索创新工场等新型孵化平台。推广创新券使用，支持创客积极使用创新券到各类创新平台和载体寻求服务，开展创业创新活动。

（六）大力支持各类创业创新活动。积极支持创客团队参加中国创业创新大赛，对获得省级三等奖及以上的团队，由市或区、县（市）安排科技计划项目予以支持。进一步健全创业辅导制度，鼓励拥有丰富经验和创业资源的企业家、天使投资人和专家学者担任创业导师或组成辅导团队，支持社会力量举办创业沙龙、创业大讲堂、创业训练营等创业培训活动。鼓励各类机构举办主题论坛、创客大赛、创客成果展、创客项目路演和创客跳蚤市场等形式多样的公益活动，推动创客及其作品与投资人的对接，发掘优秀创客人才和创业创新项目，促进优秀创意成果转化。对众创空间承办区域性、全国性、国际性的创业创新大赛，可根据活动的影响力、规模、效果及实际支出等情况，经备案并通过科技部门审核认定的活动给予实际开支50%资助，单项活动单个众创空间每年资助额最高不超过20万元。

四、保障措施

（一）加强组织领导。各地各有关部门（单位）要把激发全社会创业创新活力、加快创新型城市建设摆在突出地位，切实加强领导，全面落实发展众创空间推进创业创新的各项工作意见，促进大众创业、万众创新，推动经济转型升级。

（二）明确职责分工。建立由科技部门牵头，发改、经信、教育、财政、税务、人力社保、市场监管、金融等部门参与的工作推进机制，根据发展需要及时研究提出完善推进大众创业创新的政策措施，明确工作目标和推进计划，制定认定管理细则，全力推进各项任务落到实处。

（三）加强督查考核。各地各有关部门（单位）要做好发展众创空间推进创业创新工作情况的统计、总结等工作，科技部门要认真开展众创空间建设督查，及时通报有关情况；宣传部门要充分利用各类媒体平台，总结推广好的做法与经验，形成大众创业、万众创新的浓厚氛围。

本意见涉及扶持（奖励、补助等）资金，按财政体制由各区、县（市）兑现，兑现过程必须公开透明。

本意见涉及的扶持政策与其他财政补助重复的，从高适用。

绍兴市人民政府办公室

2016年7月26日

金华市人民政府关于深入实施创新驱动发展战略大力推进大众创业万众创新的若干意见

（金政发〔2016〕14号）

为深入实施创新驱动发展战略，大力推进“大众创业、万众创新”，支撑引领转型升级和赶超崛起，根据《中共浙江省委 浙江省人民政府关于加快推进创新驱动发展战略实施工作的通知》（浙委办发〔2015〕43号）精神，结合我市实际，现提出如下意见：

一、加大财政科技资金引导力度，完善多元化投入体系

设立市科技创新专项资金（以下简称市“科创资金”），加大财政科技资金引导力度，不断完善以政府投入为引导，企业投入为主体，社会资金广泛参与的多层次、多元化科技投入体系。

二、大力打造科技创新平台，加快集聚创新资源

（一）大力发展众创空间。鼓励社会力量投资建设、引进国内外知名机构共同建设众创空间，符合条件的，给予最高300万元的资助；备案的市级众创空间年度绩效评价排名前30%的，给予最高30万元/家的资助。

（二）加快发展科技孵化器。新认定的国家级、省级科技企业孵化器，分别给予50万元、30万元的奖励。经评审入孵的孵化企业，根据《关于进一步完善市区科技孵化器若干政策的通知》（金政发〔2010〕67号）精神享受相关政策。

（三）大力推进科技创新公共服务平台建设。鼓励围绕五大千亿产业和优势特色产业建设科技创新公共服务平台，经认定的市级平台，按其新增仪器、设备、软件等投入的30%给予资助，最高100万元。

三、加大创新主体培育，提升自主创新能力

（一）鼓励企业增加研发投入。经审核确认年研发投入300万元以上的，给予5%的奖励，单个企业不超过100万元；推广应用科技创新券，对科技型中小微企业和创业者依托指定创新载体开展创新活动的，每年给予最高10万元的创新券资助。

（二）支持研发机构建设。新认定的国家级、省级、市级研发机构（含高新技术研发中心、农业科技研发中心、企业研究院、工程技术中心、重点实验室），分别给予50万元、30万元、10万元的奖励；列为省重点企业研究院的，按上级要求给予配套资助。

（三）加快培育科技创新主体。新认定的国家级、省级科技企业（含国家级、省级创新型企业、农业科技企业、知识产权〈专利〉示范企业），分别给予最高30万元和20万元的奖励。

（四）完善竞争性项目管理机制。市级科技计划重大项目，按项目实际发生研发经费的15%给予资助，单项最高资助100万元；市级科技计划重点项目，单项最高资助50万元；市级农业科技成果转化项目，单项最高资助30万元；市级公益性技术研究与开发项目，单项最高资助10万元。

四、大力推进协同创新，加快科技成果转化

（一）支持科技大市场建设。每年安排一定经费用于科技大市场建设和运营。入驻科技中介服务机构年度考核优秀的，给予每家10万元奖励。

企业与高校院所开展产学研合作，实际合作费用在20万元以上的，按15%比例给予补助，其中通过科技大市场引进科技成果的，按实际技术交易额的20%给予补助，每项补助最高均不超过100万元。

（二）鼓励设立大院名校技术转移中心。新设立大院名校技术转移中心当年每家给予20万元资助，以后年度考核优秀和合格的分别给予20万元和10万元奖励。

五、强化科技金融结合，打造完整创新链

建立科技金融风险补偿制度。鼓励银行、保险、担保等机构开展科技信贷、科技保险、科技担保和知识产权质押等科技金融活动，每年安排不少于1000万元，用于建设风险池、贷款贴息、保险或担保费补助。

六、激励基层创新创业，推进科技惠民行动

按规定标准落实科技特派员生活补助及人身保险；市科技特派员项目每项最高资助10万元，市科技特派员团队项目每年资助10万元；新认定的省、市级示范科技特派员基地分别给予一次性奖励10万元。

七、全面实施知识产权战略，鼓励专利技术产业化

授权的国内发明专利按每件2万元给予资助。获中国专利金奖、优秀奖的，分别奖励50万元和20万元。获市专利实施奖一、二、三等奖的，分别给予30万元、15万元和10万元奖励。鼓励在市区建立专利代理中介服务机构，年专利代理量超过1000件的，给予一次性10万元奖励。

八、加大科技创新奖励力度，营造科技创新氛围

获国家科技一等奖、二等奖和省科技一等奖的科技成果，市区单位为第一完成单位的，按1∶1配套奖励；为第二完成单位的，按1∶0.5配套奖励。获市科学技术一等奖、二等奖、三等奖的，每项分别奖励15万元、10万元、5万元。

九、其他事项

《关于进一步完善市区科技孵化器若干政策的通知》（金政发〔2010〕67号）涉及的奖励资金，省重点企业研究院的配套资金，由市、区财政按现行分成体制承担。

本意见自2016年3月17日起施行。本意见中有关财政奖励资助政策适用于金华市区，各县（市）可参照执行。《金华市人民政府关于进一步提升企业自主创新能力的若干意见》（金政发〔2012〕89号）同时废止。

金华市人民政府
2016年2月15日

金华市人民政府关于深入实施创新驱动发展战略补齐科技创新短板的若干意见

（金政发〔2016〕54号）

为全面推进实施创新驱动发展战略，着力补齐科技创新短板，加快建设国家自主创新示范区和国家创新型城市，根据《浙江省人民政府办公厅关于补齐科技创新短板的若干意见》（浙政办发〔2016〕75号）精神，结合我市实际，现提出如下意见：

一、总体要求和主要目标

1．总体要求。全面落实“五位一体”总体布局和“四个全面”战略布局，树立创新、协调、绿色、开放、共享的发展理念，按照“走在前列、共建金华”的新要求，充分发挥市场配置资源的决定性作用和更好地发挥政府的作用，加快提升科创平台能级和科技成果转化能力，推进以科技创新为核心的全面创新，加快发展动力转换和发展方式转变，积极营造良好创新生态，促进区域创新跨越发展，引领我市经济保持中高速发展、迈向中高端水平，努力形成更多依靠创新驱动的都市区经济发展新格局，为加快浙中崛起、全面建成小康社会和现代化创新型城市建设提供强大支撑。

2．主要目标。到2020年，以金华科技城为龙头，以金义科创走廊为主轴，形成一批新兴产业聚集区、开放创新引领区、创新创业生态区，研发经费支出占生产总值比重达到2.5%以上，成功创建国家高新技术产业开发区，跻身国家创新型试点城市行列；到2025年，区域创新动力明显增强，创新生态更加优化，创新型经济结构基本形成，成功创建国家自主创新示范区，成为国内一流的区域产业科技创新中心和现代化创新型城市。

二、大力建设创新创业平台，不断完善区域创新体系

3．高起点打造金义科创走廊。对接“一带一路”战略和沪杭金产业带，以金义黄金主轴为重点，以金华科技城为龙头，规划建设金义科创走廊，提升创新要素集聚能力。充分发挥浙江师范大学等在金高校的作用、特色小镇的创新孵化平台作用、龙头骨干企业的引领作用，做大做强义乌科创新区、中科院金华科技园、北京大学金华信息科技园、新能源汽车小镇等创新创业平台，导入品质高效的国际化社区、商务、教育、医疗功能服务，逐步形成“一城一区、多园多镇”科技创新格局，提高金义核心区在创新驱动中的首位度。

4．加快建设金华科技城。坚持共建共融共享共赢理念，加快建设高层次人才集聚、科技研发、产业孵化、高端制造、产城融合、生态低碳的金华科技城。市级层面成立金华科技城建设领导小组及管委会，推进“多规合一”，形成“一本总规”统领，“一套体系”衔接，“一张总图”管控，统一重大基础设施、产业政策和人才政策，统一招商品牌，统筹项目安排，全面实行“同级立项、同级审批”，努力做到办事不出门、审批不出区。实施负面清单制度，加快推进项目生成落地和开工建设。鼓励县（市、区）以股份制形式或飞地模式参与共建，建立利益分享机制，实现互利共赢，全力打造创新高地。

5．创建国家高新技术产业开发区。以金华省级高新技术产业园区为依托，以一城（金华科技城）、一园（中欧生态工业园）、两镇（新能源汽车小镇、金义宝电商小镇）为重点，创建国家高新技术产业开发区，努力将其打造成为创新驱动引领区、转型升级样板区、成果转化示范区、高新产业集聚区。支持有条件的县（市、区）创建省级高新技术产业园区，鼓励其他开发区、工业园区、特色小镇向高新技术产业园区转型发展。

6．实施“双创”平台培育计划。大力引导社会资本投资创办众创空间、科技孵化器，对符合条件的给予最高300万元的资助。鼓励省级开发区、工业园区和特色小镇利用闲置厂房建设众创空间、科技孵化器。鼓励高等院校、科研院所以科技人员为核心，以科技成果转化为重点，建设低成本、专业化、开放式的众创空间、科技孵化器。对经备案的市级众创空间年度绩效评价排名前30%的给予每家最高30万元的资助。对新认定的国家级、省级科技企业孵化器，分别给予50万元、30万元的奖励。认定为青创工场的，给予每个工位每年1000元补助，青创工场年度绩效评价排名前20%的，每家资助20万元。

三、加大招院引所力度，不断集聚优质创新资源

7．招引高水平研发机构。新建或整体迁入的独立型国家级科研院所、国内著名科研机构、国内一流高等院校设立的分所（院、校），经市政府批准后根据协议给予资助。对国家科研机构、高等院校、世界500强企业、中央企业、国内行业龙头企业在金设立具有独立法人资格，引入核心技术并配置核心研发团队的产业技术研究院，给予最高1亿元的资助。以著名科学家命名并牵头组建，由社会捐赠、民间资本建设科学实验室，予以最高1亿元资助。金华市区所需资助资金由市、区财政各承担50%。

8. 共建技术转移中心。鼓励大院名校在金设立技术转移中心，设立当年每家给予20万元资助，以后年度考核优秀和合格的分别给予20万元和10万元奖励。对技术转移中心负责人（团队）建立激励机制，年促成科技合作合同标的达500万元以上的，按实际成交额的1%奖励。对新获批的国家、省级技术转移示范机构（重点科技中介机构），分别一次性给予50万元、20万元的奖励。

9. 发挥在金院校、科研机构作用。支持浙江师范大学等在金高校与地方合作共建大学科技园、科技成果转化基地、校企实习基地，开放共享重点实验室、科研仪器设备、科技图书资源。鼓励依托国家、省级（重点）实验室，围绕“五大千亿”产业和优势特色产业建设科技创新公共服务平台，经认定的市级以上平台，按其新增仪器、设备、软件等投入的30%给予资助，最高100万元。鼓励、支持重点院校和科研院所加强科技创新能力建设，探索建立持续稳定的科研支持机制。

10. 加大高端人才引进力度。加大国家、省“千人计划”人才引进力度，符合条件的创新人才，可获得最高100万元的安家补助。列入“双龙计划”的科技创业（创新）人才和团队，分别给予最高1000万元、2000万元的资助。实施“院士智力集聚工程”，对在金设立的博士后科研工作站、院士专家工作站，给予一定的资助。建立市政府科技顾问制度，聘请国内外顶尖专家，为我市重大决策、技术攻关等创新活动提供智力支持。深入开展“百博入企”活动，选派博士专家担任校企合作项目负责人，对年度考核优秀的博士每人奖励10万元，考核合格的奖励5万元。探索建立高校、科研院所、企业优秀人才到各县（市、区）机关部门、乡镇挂职制度。

四、培育科技创新企业，不断提升产业创新能力

11. 实施科技企业“三倍增”计划。围绕“五大千亿”产业发展，以提升产业科技创新能力为目标，组织实施科技创新龙头企业、高新技术企业、科技型中小企业“三倍增”计划。争取到2020年全市省技术创新能力百强企业达到10家以上，国家高新技术企业达到800家以上，省科技型中小企业2000家以上。对新认定的国家级和省级创新型企业、知识产权优势（专利示范）企业，分别给予最高30万元和20万元的奖励。

12. 支持企业研发机构建设。对企业牵头承担国家工程实验室、国家重点实验室、国家工程（技术）研究中心、国家企业技术中心、国家地方联合工程研究中心（工程实验室）、国家制造业创新中心等国家级重大创新载体建设任务，按省资助额1∶1配套支持。对新获批的省级重点企业研究院、省级制造业创新中心，按上级要求给予配套资助。鼓励市内国家高新技术企业、行业龙头企业与大院名校在金共建具有独立法人资格的产业技术研究院，鼓励企业依托在金的研发总部在异地设立非法人的研发机构，其研发支出视同市内研发支出，享受同等财政资助政策。加快企业研发中心建设，努力实现规模以上工业企业研发机构全覆盖。对新认定的国家级、省级、市级研发机构（含高新技术研发中心、企业研究院、工程技术中心、重点实验室），分别给予50万元、30万元、10万元的奖励。

13. 引导企业加大研发投入。鼓励企业发展智能制造、个性定制、协同生产和其他新型生产方式及商业模式。认真落实国家支持企业技术创新的研发费用加计扣除、高新技术企业所得税优惠、固定资产加速折旧、股权激励和分红、技术服务和转让税收优惠等激励政策。科技人员转化科技成果获得股权激励，一次性缴纳个人所得税有困难的，可申请在不超过5个年度内分期缴纳。市区企业经审核确认年研发投入300万元以上的，给予5%的奖励，单个企业不超过100万元。探索建立研发投入负激励机制，对达不到全市规上工业企业研发投入平均水平的企业，不能享受水、电、气优惠政策和土地使用税减免政策。县（市、区）根据各地实际研究出台企业研发投入激励政策。

14. 支持专利申请与维护。对授权国内发明专利给予每件2万元资助，对授权国外发明专利按实际发生费用给予每件最高5万元资助（同一授权专利资助不超过2个国家和地区）。获中国专利金奖、优秀奖的分别奖励50万元和20万元，获省专利金奖、优秀奖的分别奖励10万元、5万元。获市专利实施奖一、二、三等奖的，分别给予30万元、15万元和10万元奖励。

15. 培养创新型企业家。实施创新型企业家培养计划，加大优秀民营企业带头人、高层管理人员培养力度。支持企业家主导企业创新活动决策，依法保护企业家创新收益。组织开展“科技新婺商”评选活动。每年评选表彰10名在科技创新中作出重要贡献、在创新创业中取得重要业绩的科技型企业家，树立一批重视科技、勇于创新的婺商典范，引领企业转型发展、创新发展。

16. 保障创新型产业用地。优先保障科技企业孵化器、众创空间、科研院所、高等院校以及创新型产业重大项目的用地需求。创新型产业重大项目行政办公及生活服务等配套设施用地面积允许达到项目总用地面积的15%。建立以合理成本提供产业用地、同时限制土地次受让人的供应新模式。探索创新型产业用地管理新办法，工业用地建设的孵化器，在已取得出让土地使用权和保持工业用地性质不变的前提下，按照限定孵化服务用途、限制土地次受让人、限制价格增幅的要求，允许按栋、层为基本单元进行产权登记并出租或转让，可转让建筑面积不超过项目地上总建筑面积的50%，政府保留优先回购权。支持创新型产业用地“先租赁后出让”的弹性供地制度，租赁期限最长不超过6年。

五、加快科技成果转化，促进科技经济紧密结合

17. 改进科技资源配置方式。鼓励企业与院校围绕“五大千亿”产业共性关键技术需求，联合开展科技攻关，重大项目单项最高资助100万元，重点项目单项最高资助50万元。对市场导向明确的技术攻关课题，原则上由企业牵头、联合科研院所共同承担。鼓励市区企业承担国家级、省级重大科技专项，按上级支持经费1∶0.5给予配套支持。加大对市场不能有效配置资源的基础性、公益性、共性关键技术研究的支持力度。大力推进量子通信、物联网、大数据、云计算、人工智能、机器人、新材料、虚拟现实、纳米技术、生物技术、现代高效农业等新兴技术在金实现产业化。面向科技型中小微企业，研究出台更多普惠制的科技创新扶持政策。深化完善科技创新券制度，适用范围扩大到合作研发、委托开发、研发设计和产品生产全流程的检验检测。

18．下放科技成果处置权。将财政资金支持形成的，不涉及国防、国家安全、国家利益、重大社会公共利益的科技成果的使用权、处置权和收益权，全部下放给符合条件的项目承担单位。单位主管部门和财政部门对科技成果在境内的使用、处置，不再审批或备案。科技成果转移转化所得收入全部留归单位，重要贡献人员和团队在职务科研成果转化收益中所占比例不低于70%。对职务发明完成人、科技成果转化重要贡献人员和团队的奖励，计入当年单位工资总额，但不作为工资总额基数。财政科研项目经费使用实行授权管理，对劳务费不设比例限制，会议费、差旅费、国际合作与交流费可自行相互调剂使用，不列入“三公”经费管理。事后资助项目资金不再限定具体用途。鼓励在金高校、科研院所科研人员与企业开展联合研发、实施科技成果转化，横向项目经费使用按合同制管理。高校、科研院所三年内未能转化的科技成果，可依法通过强制许可、权利让渡等措施促进其加速转化。

19．加快建设科技大市场。力争2017年底前各县（市）科技大市场全部建成并投入运营。完善国内外技术创新成果来金交易机制，鼓励国内外高等学校、科研院所、军工单位、企业来金举办技术成果专场拍卖会、推介会，支持其入驻我市线上线下融合的技术市场。企业通过科技大市场引进科技成果的，按实际技术交易额的20%给予补助，每项补助最高100万元。对科技大市场运营机构，超额完成委托运营合同约定技术交易额任务的，按其超额部分给予1%的奖励，最高50万元。

20．建立科技成果产业化基地。鼓励知名高校院所、专业运营机构来金开展科技成果转化基地、科技企业孵化器和科技产业园的运营、管理和服务。对各区委托合作方开展实体运营的，市财政按实际委托运营费的50%予以资助。委托运营期内，按科技成果转化基地、科技企业孵化器和科技产业园的实绩，给予运营机构一定奖励。

21．鼓励实施科技成果产业化。鼓励引进重大科技成果、重大发明专利技术、颠覆性技术成果在金实现产业化。从市（境）外非关联企业首次引进、无法律争议、符合国家技术和产业政策、直接用于本企业产业化的科技成果、发明专利、颠覆性技术成果，根据企业实际支付的转让（许可）使用费给予20%的资助。鼓励企业与高校院所（包括技术所有人、专利权人）开展产学研合作，实际合作费用在20万元以上的项目，按15%比例给予补助，每项补助最高100万元。

22．加大新技术新产品（服务）政府采购力度。推行优先使用创新产品与服务的政府采购政策，完善“首购首用”风险补偿和激励机制。在同等条件下，鼓励优先采购科技型中小企业的产品和服务。年度政府采购项目预算总额的30%以上面向中小企业采购，且预留给小型和微型企业的比例不低于面向中小企业采购总额的60%。在政府采购评审中，对于非专门面向中小企业的项目，对小型和微型企业产品（服务）的价格给予6%—10%的扣除，用扣除后的价格参与评审。鼓励大中型企业和其他组织、自然人与小型、微型企业组成联合体共同参加非专门面向中小企业的政府采购活动。列入国家、省的首台（套）重大技术装备各资助100万元和50万元。

23．大力引进培育科技中介机构。完善科技服务链，发展科技服务业，推进科技中介机构和服务向专业化、规模化和规范化方向发展。鼓励引进国内著名中介机构，为企业提供工业设计、中试生产、检验检测、知识产权、技术经纪、技术咨询、人才经纪、风险投资、上市辅导等中介服务。鼓励有条件的地方设立检验检测等科技服务业集聚区。

24．大力支持农业科技成果转化。发挥金华国家农业科技园区、浙江省农业机械研究院、金华市农业科学研究院作用。加快农业信息化、农产品质量安全、绿色生态农业技术研发和农村电商模式创新，更好支撑农业价值链扩展。对新认定的国家级、省级农业科技企业，分别给予最高30万元和20万元的奖励，对新认定的国家级、省级、市级农业科技研发中心分别奖励50万元、30万元和10万元。市级农业科技成果转化项目单项最高资助30万元。完善科技特派员制度，市级科技特派员（团队）项目、示范基地单项最高资助10万元。

25．加快推广应用绿色建筑技术。支持企业发展绿色建筑和装配式建筑技术，因地制宜推广绿色施工、既有建筑节能改造、可再生能源建筑应用、绿色建材、建筑垃圾资源化利用装备技术、提高建筑物耐久性、自然采光通风、雨水收集、规模化中水利用、隔音等成熟技术，组织开展绿色建材产业化示范、建筑垃圾资源化利用示范，创建一批新型建筑工业化项目开发、施工及部品构件生产基地，提高建筑产业科技含量和产业附加值，加快建筑业和房地产业转型升级。

26．提升科技展会成效。办好中国·金华工业科技合作洽谈会、中国（义乌）国际装备博览会、全国（永康）发明展览会、五金工业设计周等科技展会，进一步创新办会形式，推动科技合作对接、科技成果交易、科技与资本对接、企业与人才对接和产品展示展销活动，共同打造科技展会品牌。

六、加强对外科技合作，提升区域协同创新能力

27．扩大国际科技合作交流。通过“义新欧”中欧班列和义甬舟开放大通道，围绕重点产业与长远发展需求，推进与“一带一路”沿线城市的科技合作交流与创新基地建设，促进国际创新资源双向流动。鼓励有条件的企业兼并收购国（境）外创新型企业、研发设计机构，聘请国外退休科学家、工程师，设立海外研发中心、国际科技园或科技孵化器。放活对外科技交流管理机制，国际研发合作项目所需付汇，实行研发单位事先承诺，市级相关部门事后并联监管。国有企事业单位科研人员和专业技术人员因公出国（境），据实审批人数、批次及在外停留时间，为对外科技交流合作提供便利。

28．推进区域创新合作。发挥金华处于长三角城市群沪杭金发展带、海西经济区、义甬舟开放大通道和闽浙赣皖四省九方经济区战略联结点的区位优势，积极构建区域科技创新合作体系。建立“政商产学研金”六位一体区域协同创新机制，加强兄弟城市之间、市与县（市、区）之间创新驱动发展规划对接、项目对接、政策对接，打造协同创新共同体，促进人才合作、资源共享、利益互惠。采取分类激励措施，金义核心区要大力发展研发总部经济，强化高端科技要素集聚与辐射功能；各城市组团要结合各自产业特点，建设功能集成、资源集聚的县域科创中心和技术转移中心，提高技术引进消化吸收再创新能力；生态经济县要围绕发展美丽经济，加快先进适用技术推广和应用，形成产业技术支撑有力、创新驱动发展各具特色的新格局。

29．深化军民融合发展。鼓励“军转民、民参军”，积极创建军民融合创新示范区。推进与军工高校、科研院所、军工企业合作实施重大国防科技专项，共建军民两用技术开发中心、重点实验室、工业中试基地，联合推动军工技术成果转移转化。支持民营企业主动参与国防技术装备研制与生产，引进军工产业优质资源项目，共建军民融合项目产业化基地。

七、强化科技金融服务，健全科技创新投融资机制

30．鼓励设立科技银行。支持有条件的商业银行、金融机构在高新园区、特色小镇、科技园区设立科技银行或专营机构，按照“专营化、专业化”的要求，为科技型企业提供专业性金融服务，扶持初创期、成长期科技型企业发展。鼓励科技银行创新融资增信方式，缓解科技型中小微企业融资难问题。

31．鼓励银行业金融机构加强差异化科技信贷管理。市、区联动，支持金融机构参与组建风险池。市财政每年安排不少于1000万元建设科技信贷风险池，用于科技型中小微企业贷款贴息、保险和担保费补助。放宽对科技型中小微企业不良贷款容忍率。大力发展科技保险和专利质押贷款，对企业获得专利权质押贷款，给予不高于贷款基准利率50%的贴息补助，单个企业一年最高资助30万元，对企业购买专利保险给予保费50%的补助，单个企业一年最高资助10万元。

32．加快建立科技创新投资引导基金。建立种子基金、天使基金和科技成果转化引导基金，发挥政府引导基金作用，鼓励创投机构来金设立分支机构，撬动更多社会资本投入创新创业，以市场化为导向，加大对种子期、苗圃期、成长期科技型企业和科技创新、成果转化项目的扶持力度。争取到2020年全市科技创新投资基金总规模达到50亿元以上。

33．鼓励科技型企业对接多层次资本市场。支持高新技术企业、科技型中小企业积极对接多层次资本市场，对成功在主板、中小板、创业板上市的市区企业给予最高500万元的奖励。

八、加强科技工作统筹协调，营造良好的创新创业生态

34．加强组织领导。切实把科技创新摆在党委政府工作核心位置，完善跨部门、跨领域沟通协商机制，构建市县联动、部门协同、企业主体、社会参与、分工协作的科技工作新格局。完善县（市、区）党政领导科技进步和人才工作目标责任制考核办法，将科技创新工作纳入党委政府主要领导年度述职内容，实施考核末位约谈制度。完善科技创新统计监测机制，将发明专利授权量、高新技术产业投资额、高新技术产业增加值、技术交易额、新增国家高新技术企业数、新增科技型中小微企业数等科技创新能力指标纳入经济社会发展指标体系，加大科技考核权重。

35．完善财政投入稳定增长机制。坚持把科技创新作为公共财政投入优先方向，努力提增总量，提升纯度，提高绩效。争取市本级财政科技投入占财政经常性支出比重在6%以上，县（市、区）财政科技投入占财政经常性支出比重在5%以上，确保市及县（市、区）科技经费的增长幅度高于本级财政经常性收入的增长幅度一个百分点以上。

36．强化知识产权保护。赋予县（市、区）专利行政执法权，按行政执法要求配齐执法力量，提高行政执法效率。构建知识产权保护部门联动机制，建设行业性知识产权快速维权中心，形成专利快速授权和快速确权通道。鼓励重点产业开展专利导航、组建知识产权联盟，增强知识产权运用能力和自我保护能力。完善知识产权维权援助、转移转化、信息咨询、分析评议等服务体系，推进知识产权示范城市、示范园区、示范企业、示范学校建设。建立知识产权保护信用系统，将知识产权违法失信行为信息纳入社会信用体系。

37．完善支撑创新的信息基础设施。加大互联网基础设施投入，推进通信设施及廊道升级改造，提升宽带质量，保障信息安全。发展无线网络，提高城市人口集聚区高速无线网络接入率。建设全市数据资源一体化平台，推进数据资源整合、开放、开发和利用。引导科技园区为企业创新提供数据服务支撑平台，努力提高利用大数据推动创新的能力，发展智慧交通、智慧教育、智慧医疗，建设智慧城市。

38．加大科技奖励力度。对获国家科学技术奖特等奖、一等奖、二等奖和浙江省科学技术奖一等奖的科技成果，市区单位为第一完成单位的按1：1配套奖励，第二完成单位的按1：0.5配套奖励。市科学技术奖设立引进重大科技成果产业化奖，引进重大科技成果在金实现产业化，单个产品年销售收入达到1亿元的，每项奖励100万元。科学技术一等奖、二等奖、三等奖每年不超过50项，每项分别奖励15万元、10万元和5万元，其中一等奖不超过5项，二等奖不超过10项。

39．加强科技普及工作。深入实施全民科学素质行动计划，加强科学教育和科技普及，举办科技活动周和科普日活动，宣传科技创新成果，开展群众性科普活动。强化科普教育基础设施建设，推进金华科技馆建设和社会化服务、市场化运营，支持社会力量按照科普展示标准建设科技传播设施。

40．营造大众创业万众创新的社会氛围。大力弘扬科学精神和创新理念，培育尊重知识、尊重人才新风尚。建立容错试错机制，营造宽容失败、鼓励创新的环境。倡导科学家精神和企业家精神，建立荣誉制度。加强科研诚信建设，营造有利于创新的宽松、宽容、和谐的社会环境，让谋划创新、推动创新、落实创新成为全社会的自觉行动。

本文件自2016年11月18日起施行。

金华市人民政府
2016年10月18日

中共安徽省委
关于深化人才发展体制机制改革的实施意见

（皖发〔2016〕45号）

为贯彻落实《中共中央印发〈关于深化人才发展体制机制改革的意见〉的通知》和省第十次党代会精神，创新更具竞争力的人才集聚制度，加快建设人才强省，结合推进“五大发展”行动计划，提出如下实施意见。

一、深化人才发展体制机制改革的总体要求

（一）指导思想和主要目标。

高举中国特色社会主义伟大旗帜，以邓小平理论、“三个代表”重要思想、科学发展观为指导，全面贯彻党的十八大和十八届三中、四中、五中、六中全会精神，深入贯彻习近平总书记系列重要讲话特别是视察安徽重要讲话精神，坚持以新发展理念统领发展全局，牢固树立科学人才观，深入实施人才优先发展战略，系统推进全面创新改革试验，遵循社会主义市场经济规律和人才成长规律，破除束缚人才发展的思想观念和体制机制障碍，解放和增强人才活力，构建科学规范、开放包容、运行高效的人才发展治理体系，形成具有区域竞争力的人才制度优势，聚力打造创新创业人才高地。通过深化改革，到2020年，在人才发展体制机制的重要领域和关键环节上取得突破性进展，人才管理体制更加科学高效，人才评价、流动、激励机制更加完善，全社会识才爱才敬才用才氛围更加浓厚，形成与社会主义市场经济体制相适应、人人皆可成才、人人尽展其才的政策法规体系和社会环境，全面提升科技创新能力、产业核心竞争力和全社会创新创业活力，加快建设有重要影响力的综合性国家科学中心和产业创新中心，为坚定不移闯出新路、决战决胜全面小康、建设创新协调绿色开放共享的美好安徽提供坚强人才保证。

（二）基本原则。

——坚持党管人才。充分发挥党的思想政治优势、组织优势和密切联系群众优势，进一步加强和改进党对人才工作的领导，健全党管人才领导体制和工作格局，创新党管人才方式方法，为深化人才发展体制机制改革提供坚强的政治和组织保证。

——服务发展大局。围绕经济社会发展需求，围绕建设“五大发展”美好安徽的目标任务，聚焦“五大发展”行动计划、系统推进全面创新改革试验和合芜蚌国家自主创新示范区建设等重大战略，科学谋划改革思路和政策措施，促进人才规模、质量和结构与经济社会发展相适应、相协调，实现人才发展与经济建设、政治建设、文化建设、社会建设、生态文明建设和党的建设深度融合。

——突出市场导向。充分发挥市场在人才资源配置中的决定性作用和更好发挥政府作用，加快转变政府人才管理职能，保障和落实用人主体自主权，提高人才横向和纵向流动性，健全人才评价、流动、激励机制，最大限度激发和释放人才创新创造创业活力，使人才各尽其能、各展其长、各得其所，让人才价值得到充分尊重和实现。

——体现分类施策。根据不同区域、领域和行业特点，坚持从实际出发，具体问题具体分析，增强改革针对性、精准性。纠正人才管理中存在的行政化、“官本位”倾向，防止简单套用党政领导干部管理办法管理科研教学机构学术领导人员和专业人才。

——扩大人才开放。树立全球视野和战略眼光，充分开发利用省内外人才资源，完善更加开放、更加灵活的人才培养、吸引和使用机制，不唯地域引进人才，不求所有开发人才，不拘一格用好人才，确保人才引得进、留得住、流得动、用得好。

二、围绕用好用活人才，加快推进人才管理体制改革

（三）转变政府人才管理职能。根据政社分开、政事分开和管办分离要求，强化政府人才宏观管理、政策法规制定、公共服务、监督保障等职能。推动人才管理部门简政放权，消除对用人主体的过度干预，完善政府人才管理服务权力清单和责任清单，清理和规范人才招聘、评价、流动等环节中的行政权力事项和收费事项。对保留、取消、下放、转移的人才管理服务权力事项，完善监管细则，确保运行规范。

（四）保障和落实用人主体自主权。充分发挥用人主体在人才培养、吸引和使用中的主导作用，全面落实国有企业、高校、科研院所、公立医院等企事业单位和社会组织的用人自主权。创新事业单位编制管理方式，在本科高校、公立医院探索建立动态调整、周转使用、人编捆绑、人走编收的编制周转池制度。改进事业单位岗位管理模式，建立动态调整机制。支持高校、科研院所、公立医院及省属公共卫生机构设立特设岗位，自主引进一批掌握国内外领先技术和教学科研成果的高层次人才和团队。支持建立高层次人才协议工资制等分配办法。

（五）健全市场化、社会化的人才管理服务体系。构建统一、开放的人才市场体系，完善人才供求、价格和竞争机制。深化人才公共服务机构改革，大力发展专业性、行业性人才市场，鼓励发展高端人才猎头等专业化服务机构，放宽人才服务业准入限制。建立健全政府购买人才服务体系。积极培育各类专业社会组织和人才中介服务机构，有序承接政府转移的人才培养、评价、流动、激励等职能。充分运用云计算和大数据等技术，开展人才专项调查和人才综合信息分析，为用人主体和人才提供高效便捷服务。扩大社会组织人才公共服务覆盖面。完善人才诚信体系，构建守信联合激励和失信联合惩戒机制。

（六）加强人才管理法制化建设。抓好国家人才工作条例贯彻。严格执行外国人才来华工作、签证、居留和永久居留管理的法律法规。清理不合时宜的人才管理政策法规。研究制定促进人才开发及人力资源市场、人才评价等方面的政策法规。

（七）深化合芜蚌人才管理改革试验区建设。以合芜蚌国家自主创新示范区为依托，充分发挥科教优势、产业优势、政策叠加优势，促进科技与经济深度融合，促进高端人才与“双创”有机结合，推进人才引进培养、股权激励、成果转化、创业孵化、创投融资、产业扶持等政策先行先试，全面提升区域创新体系整体效能，打造具有重要影响力的产业创新中心，努力建设科技体制改革和创新政策先行区、科技成果转化示范区、产业创新升级引领区、大众创新创业生态区，充分发挥对全省的龙头带动作用。大力推进合芜蚌引智试验区建设，积极实施国际化人才引育行动计划。加大对试验区企事业单位引进外籍科技人才扶持力度，引进人才年薪达50万—150万元，并在我省缴纳个人所得税、工作半年以上、经推荐和公示无异议的，省、市每年分别按其年薪的一定比例奖励用人单位，用于科技研发，奖励资金省、市按3：7比例承担。鼓励和支持各地开展人才管理改革试验。

三、坚持发展需求导向，大力改进人才培养机制

（八）创新人才教育培养模式。突出经济社会发展需求导向，建立高校学科专业、类型、层次和区域布局动态调整机

制。完善学科专业设置与调整论证程序，健全学科专业结构优化机制，加快高校分类发展，优化高等教育布局，推动有条件的高校深度转型。统筹产业发展和人才培养开发规划，建立健全产业人才需求预测分析机制。加快培育重点行业、重要领域、战略性新兴产业人才。注重人才创新意识和创新能力培养，探索建立以创新创业为导向的人才培养机制，完善产学研用结合的协同育人模式。

（九）改进创新型科技人才培养支持方式。更大力度实施省高层次人才特支计划和科技人才团队支持计划，完善支持政策，创新支持方式。构建科学、技术、工程专家协同创新机制。建立统一的人才工程项目信息管理平台，推动人才工程项目与各类科研、基地计划相衔接。按照精简、合并、取消、下放要求，深入推进项目评审、人才评价、机构评估改革。加强基础学科建设，培养基础学科科研和教学人才，建立基础研究人才培养长期稳定支持机制。加大对新兴产业以及重点领域、企业急需紧缺人才支持力度。围绕加速科技成果转化，建设一批模式国际化、运行市场化、管理现代化，创新创业与孵化育成相衔接，产学研用紧密结合，具有独立法人资质的新型研发机构，鼓励人才自主选择科研方向、组建科研团队，开展原创性基础研究和面向需求的应用研发。

（十）完善符合人才创新规律的科研经费管理办法。健全竞争性经费和稳定支持经费相协调的投入机制，提高科研项目立项、评审、验收科学化水平。进一步改革科研经费管理制度，探索实行充分体现人才创新价值和特点的经费使用管理办法。简化资金调剂程序，提高项目承担单位资金使用自主权。高校、科研院所财政经费与非财政经费支持的科研项目实施分类管理。下放科研项目部分经费预算调整审批权，推行有利于人才创新的经费审计方式。落实企业研发费用加计扣除政策。探索实行哲学社会科学研究成果后期资助和事后奖励制。

（十一）优化企业家成长环境。遵循企业家成长规律，拓宽培养渠道。积极倡导企业家精神，突出抓好诚信经营、战略思维、资本运作、风险决策、国际视野、驾驭全局和自主创新能力培训，培养造就一大批勇于创新、敢于冒尖的创新型企业家。加快“走出去”步伐，加强企业家境外培训。建立有利于企业家参与创新决策、凝聚创新人才、整合创新资源的新机制。依法保护企业家财产权和创新收益，进一步营造尊重、关怀、宽容、支持企业家的社会文化环境。合理提高国有企业经营管理人才市场化选聘比例，开展选聘和管理试点工作，畅通各类企业人才流动渠道。探索推行职业经理人制度，畅通现有经营管理者与职业经理人身份转换通道。贯彻实施在国有企业建立职业经理人制度的指导意见。鼓励国有出资股权基金建立职业经理人制度，允许管理团队参股和项目团队跟投。完善国有企业经营管理人才中长期激励措施。

（十二）完善产教融合、校企合作的技术技能人才培养模式。大力弘扬工匠精神，加快建设技工大省，大力培养一支门类齐全、数量充足、结构合理、技艺精湛、素质优良的技能人才队伍。加快构建现代职业教育体系，深化技术技能人才培养体制改革，坚持学制教育与职业培训并重，开展大规模职业培训，强化政府统筹，整合社会资源、支持多元办学、形成工作合力。全面推行工学一体、校企合作的办学模式，实现产教深度融合，促进企业和职业院校成为技术技能人才培养的“双主体”。研究制定技术技能人才激励办法，推行企业首席技师制度，试行特级技师制度，畅通技能人才发展通道，完善薪酬体制，具备条件的企业可试行年薪制和股权制、期权制。广泛开展各种形式的职业技能竞赛和群众性岗位练兵活动，推动形成有利于培养和造就大批“皖工徽匠”的机制。健全以职业农民为主体的农村实用人才培养机制。大力实施新型职业农民培育工程，完善教育培训、规范管理、政策扶持“三位一体”培育制度。弘扬劳动光荣、技能宝贵、创造伟大的时代风尚，不断提高技术技能人才经济待遇和社会地位。

（十三）促进青年优秀人才脱颖而出。破除论资排辈、求全责备等陈旧观念，抓紧培养造就青年英才。建立健全对青年人才普惠性支持措施。加大教育、科技和其他各类人才工程项目对青年人才培养支持力度，在重大人才工程项目中设立青年专项。充分发挥省自然科学基金作用，开展应用基础性、前瞻性研究，促进青年科技人才脱颖而出。实施青年英才培育项目，改革博士后制度，发挥高校、科研院所、企业在博士后研究人员招收培养中的主体作用，有条件的博士后科研工作站可独立招收博士后研究人员。拓宽视野，实施博士后国际交流计划，吸引国内外优秀青年人才来皖从事博士后研究。

四、根据人才不同类别，积极创新人才评价机制

（十四）突出品德、能力和业绩评价。研究制定分类推进人才评价机制改革办法。坚持德才兼备，注重凭能力、实绩和贡献评价人才，克服唯学历、唯职称、唯论文等倾向。应用型人才评价应根据职业特点突出能力和业绩导向，不将论文等作为限制性条件。建立符合中小学教师、全科医生等岗位特点的人才评价机制，完善高校教师、自然科研、社会工作等系列专业技术职务评价标准。

（十五）改进人才评价考核方式。发挥政府、市场、专业组织、用人单位等多元评价主体作用，逐步完善科学化、社会化、市场化的人才评价制度。基础研究人才以同行学术评价为主，应用研究和技术开发人才突出市场评价，哲学社会科学人才强调社会评价。注重引入省外同行评价。加强评审专家数据库建设，优化入库专家结构。建立评价责任和信誉制度。适当延长基础研究人才评价考核周期。

（十六）改革职称制度和职业资格制度。贯彻国家深化职称制度改革意见，提高评审科学化水平。突出用人主体在职称评审中的主导作用，合理界定和下放职称评审权限，推动有条件的高校、科研院所、省属医疗卫生机构和国有企业自主评审。对职称外语和计算机应用能力考试不作统一要求。探索高层次人才、急需紧缺人才职称直接认定办法。畅通非公有制经济组织和社会组织人才申报参加职称评审渠道。完善技师、高级技师考评制度。建立特级技师制度。研究制定引进海外人才职称认定办法。清理减少准入类职业资格并严格管理，推进水平类职业资格评价市场化、社会化。放宽急需紧缺人才职业资格准入。探索建立技能人才类国家职业资格目录清单省级管理制度。完善政府购买职业技能鉴定服务机制。

五、促进人才资源优化配置，逐步健全人才流动机制

（十七）破除人才流动障碍。打破户籍、地域、身份、学历、人事关系等制约，促进人才资源合理流动、有效配置。完善高层次人才、急需紧缺人才优先落户制度。加快人事档案管理服务信息化建设，完善社会保险关系转移接续办法，为人才跨地区、跨行业、跨体制流动提供便利条件。支持合肥、芜湖、蚌埠三市建设区域性人力资源配置中心。

（十八）畅通党政机关、企事业单位、社会各方面人才流动渠道。健全公开遴选工作机制，注意保持基层公务员队伍相对稳定。探索开展省以下机关面向国有企事业单位公开选调公务员工作，畅通国有企事业单位优秀人才进入公务员队伍渠道。贯彻落实吸引非公有制经济组织和社会组织优秀人才进入党政机关、国有企事业单位的政策措施，注重人选思想品德、职业素养、从业经验和专业技能综合考核。

（十九）促进人才向艰苦地区和基层一线流动。完善鼓励和引导人才向艰苦地区和基层一线流动的政策措施，提高艰苦地区和基层一线人才保障水平，使他们在政治上受重视、社会上受尊重、经济上得实惠。重点人才工程项目适当向艰苦地区倾斜。对基层特别是艰苦乡镇采取放宽学历和工作经历、降低开考比例、单独划定笔试合格分数线、面向本地户籍人员招考等措施，适当降低进入门槛。加强社会工作专业人才配备，研究制定社会工作专业岗位开发设置政策措施。充分利用安徽产业发展基金对人才开发的支持，完善对口支持皖北地区和山区、老区、库区人才开发机制。

六、着眼激发创新创业活力，不断强化人才激励机制

（二十）加强创新成果知识产权保护。贯彻国家关于商业模式、文化创意等创新成果保护办法。建立创新人才维权援助工作机制，将专利行政执法权下移到县。统筹科技资金，对专利权人维权诉讼费，省、市或县（市、区）按比例给予资助。建立健全知识产权多元化纠纷解决机制，推动知识产权监管体系建设，将故意侵犯知识产权行为情况纳入企业和个人信用记录，相关信息纳入省公共信用信息共享服务平台。建立人才引进使用中的知识产权鉴定和评议机制，防控知识产权风险。完善知识产权质押融资等金融服务机制，建立知识产权质押融资市场化风险补偿机制，为人才创新创业提供支持。

（二十一）加大对创新人才激励力度。赋予高校、科研院所科技成果使用、处置和收益管理自主权，将由财政资金支持形成的，不涉及国防、国家安全、国家利益、重大社会公共利益的科技成果使用权、处置权和收益权，全部下放给项目承担单位，行政主管部门不再审批或备案。科技成果转化收益用于奖励科研负责人、骨干技术人员等重要贡献人员和团队的比例不低于70%。允许科技成果通过协议定价、在技术市场挂牌交易、拍卖等方式转让转化。完善科研人员收入分配政策，依法赋予创新领军人才更大人财物支配权、技术路线决定权，实行以增加知识价值为导向的激励机制。完善市场评价要素贡献并按贡献分配的机制。贯彻实施国有企事业单位人才股权期权激励政策，对不适宜实行股权期权激励的采取其他激励措施。鼓励国有企业探索建立市场化人才薪酬制度。高等院校、科研机构转化职务科技成果以股权形式给予科技人员的个人奖励，依法享受个人所得税优惠；高新技术企业和科技型中小企业科研人员通过科技成果转化取得股权奖励收入时，可按规定分期缴纳个人所得税。探索高校、科研院所担任领导职务科技人才获得现金与股权激励管理办法。完善人才奖励制度，定期开展安徽省突出贡献人才奖等人才奖项评选表彰活动。

（二十二）鼓励和大力支持人才创新创业。支持高校、科研院所等事业单位专业技术人员离岗创业，经所在单位同意，符合国家安全相关规定的科技人员可离岗在皖转化科技成果、创办科技型企业，可在3年内保留人事关系，与原单位其他在岗人员同等享有参加职称评聘、岗位等级晋升和社会保险等方面的权利。高校、科研院所科研人员经所在单位同意，可在科技型企业兼职并按规定获得报酬。允许高校、科研院所设立一定比例的流动岗位，吸引具有创新实践经验的企业家、科技人才兼职。鼓励和引导优秀人才向企业集聚。重视吸收民营企业育才引才用才经验做法。

（二十三）大力发展众创空间。鼓励各地在创新资源密集区尤其是高校、科研院所、龙头企业、开发园区周边，打造一批低成本、便利化、全要素、开放式众创空间。加强与国内外知名互联网企业合作，建设“互联网+”专业孵化平台，加快建成覆盖全省、开放高效、充满活力的众创服务平台。鼓励行业领军企业、创业投资机构、社会组织等社会力量参与众创空间建设。高起点建设一批基于产业、生态、人文优势的特色小镇，打造创新创业人才集聚区。

七、打造区域竞争优势，完善引才用才机制

（二十四）创新人才引进方式。发挥政府投入引导作用，坚持不求所有、但求所用，不断创新人才引进方式。对急需紧缺的特殊人才，开辟专门渠道，实行特殊政策，实现精准引进。支持各地各部门和用人单位设立引才项目，加强动态管理。鼓励社会力量参与人才引进。加大柔性引才工作力度，采取顾问指导、短期兼职、技术联姻等方式，集聚各类优秀人才。突出“高精尖缺”导向，大力实施海外高层次人才引进“百人计划”，不拘一格汇聚海外人才资源。发挥中国国际人才市场安徽市场和徽商大会作用，加大海外人才招聘工作力度。加强引进海外高层次人才基地、留学人员创业园和省海外引智工作站建设。对引进人才充分信任、放手使用，支持他们深度参与国家计划项目、开展科研攻关。完善引才配套政策，解决引进人才任职、社会保障、户籍、子女教育等问题。研究制定外国人在皖工作管理服务办法。对外国人才来华、居留，简化程序，为外籍高层次人才和急需紧缺人才出入境提供便利。整合人才引进管理服务资源，优化机构与职能配置。

（二十五）加强引才用才平台载体建设。紧紧围绕增强科技创新能力，加快建设具有重要影响力的综合性国家科学中心，推进一流的大科学工程和设施集群、一流的高水平大学和科研机构、一流的创新成果转化体系建设。加强与驻皖中直科研院所合作，围绕全省优势产业、优势企业和优势学科，支持建设各类研发平台，搭建科技攻关、产品研发和成果转化载体。对于经认定的国家级、省级孵化器，经考核优秀的，省、市、县（市、区）给予经费补助。鼓励支持人才更广泛地参加国际学术交流与合作。支持有条件的高校、科研院所、企业在海外建立办学机构、研发机构，吸引使用当地优秀人才，全方位提升我省国际科技合作水平。

（二十六）充分发挥用人单位引才主体作用。加大在皖企事业单位引进人才的平台资助奖补工作力度，对经国家或省有关部门认定的实验室、研究中心、技术中心等研发平台，政府或企业与高校、科研院所合作形成的创新联盟、新型研发机构等产学研平台，根据引才的质量和数量予以资助，对引才工作成效显著、引进人才作用明显、科研成果及转化效益突出的平台进行奖补。

八、加强对人才工作领导，建立人才优先发展保障机制

（二十七）完善党管人才工作格局。发挥党委（党组）总揽全局、协调各方的领导核心作用，加强党对人才工作统一领导，切实履行管宏观、管政策、管协调、管服务职责。改进党管人才方式方法，完善党委统一领导，组织部门牵头抓总，有关部门各司其职、密切配合，社会力量发挥重要作用的人才工作新格局。进一步明确人才工作领导小组职责任务和工作规则，健全领导机构，配强工作力量，完善宏观指导、科学决策、统筹协调、督促落实机制。理顺党委和政府人才工作职能部门职责，将行业、领域人才队伍建设列入相关职能部门“三定”方案。实行人才工作目标责任考核。建立各级党政领导班子和领导干部人才工作目标责任制，细化考核指标，加大考核力度，将人才工作目标责任考核纳入全省领导班子和领导干部综合考核体系，将考核结果作为领导班子评优、干部评价的重要依据。将人才工作列为落实党建工作责任制情况述职的重要内容。

（二十八）促进人才发展与经济社会发展深度融合。坚持人才引领创新发展，将人才发展列为经济社会发展综合评价指标。综合运用区域、产业政策和财政、税收杠杆，加大人才资源开发力度。坚持人才发展与实施全省发展战略、调整产业布局同步谋划、同步推进。贯彻“一带一路”建设、长江经济带建设、“中国制造2025”以及国家重大项目和重大科技工程等人才支持措施。围绕实施省“十三五”规划，编制地区、行业系统以及重点领域人才发展规划。鼓励各类优秀人才投身国防事业，促进军民深度融合发展，建立军地人才、技术、成果转化对接机制。建立军地高校院所相互合作的教学科研资源相互开放机制。探索军地人才在企业、高校、科研院所间双向流动的办法。支持在皖军事单位和军工科研院所引进高层次人才。

（二十九）完善多元投入机制。优化财政支出结构，完善人才发展投入机制，不断加大人才开发投入力度。实施重大建设工程和项目时，统筹安排人才开发培养经费，整合各类人才项目资金，不断加大对牵动性大、带动性强的重点人才工程保障力度。调整和规范人才工程项目财政性支出，强化经费预算管理，完善人才项目评价体系，注重项目产出绩效评价，提高资金使用效益。发挥人才发展专项资金、中小企业发展基金、产业投资基金等政府投入的引导和撬动作用，建立健全政府积极引导、企业主动参与、社会广泛支持的多元投入机制。创新人才与资本、技术对接合作模式。研究制定鼓励企业、社会组织加大人才投入的政策措施。发展天使投资、风险投资和创业投资引导基金，加大对人才创新创业资金扶持力度。落实有利于人才发展的税收支持政策，高新技术企业发生的符合规定的职工教育经费支出，可在企业所得税前扣除。

（三十）加强对人才的团结教育引导服务。加强政治引领和政治吸纳，充分发挥党的组织凝聚人才作用。加强党委联系专家工作，完善党政领导干部直接联系人才机制。加强各类人才教育培训、国情省情研修，增强认同感和向心力。完善专家决策咨询制度，畅通建言献策渠道，充分发挥新型智库作用。建立健全特殊一线岗位人才医疗保健制度。建设安徽省高层次人才综合信息服务平台，重点开展人才政策发布、一站式服务、人才项目供需对接、重点人才工程申报评审和人才信息数据采集等工作。加强优秀人才和工作典型宣传，营造尊重人才、见贤思齐的社会环境，鼓励创新、宽容失败的工作环境，待遇适当、无后顾之忧的生活环境，公开平等、竞争择优的制度环境，开创人才辈出、人尽其才的生动局面。各级党委和政府要坚持把人才工作摆在推动经济社会发展更加突出的重要位置，牢固树立创新第一动力、人才第一资源的理念，树立强烈的人才意识，统一思想、加强领导，部门协同、上下联动，推动各项改革任务落实。鼓励支持各地区各部门根据本实施意见精神，因地制宜开展差别化改革探索，创造性地抓好落实。省直相关部门要切实履行职责，分解工作任务，及时研究解决人才发展体制机制改革中遇到的新情况新问题，确保各项政策措施落到实处。要加强政策解读和舆论引导，形成全社会关心支持人才发展体制机制改革的良好氛围。

中共安徽省委
2016年12月2日

安徽省人民政府办公厅
关于全面推进大众创业万众创新的实施意见

（皖政办〔2016〕6号）

为贯彻落实《国务院关于大力推进大众创业万众创新若干政策措施的意见》（国发〔2015〕32号）、《国务院关于加快构建大众创业万众创新支撑平台的指导意见》（国发〔2015〕53号），进一步推进我省大众创业、万众创新，促进全省经济社会持续健康发展，经省政府同意，现提出以下实施意见：

一、总体要求

（一）指导思想。全面贯彻落实党的十八大和十八届三中、四中、五中全会和习近平总书记系列重要讲话精神，按照党中央、国务院的决策部署，加快实施创新驱动发展战略，充分发挥市场在资源配置中的决定性作用和更好发挥政府作用，进一步加大简政放权力度，创新体制机制，优化创新创业环境，积极构建众创、众包、众扶、众筹等支撑平台，深入实施“创业江淮”行动计划，推动创新创业热潮在江淮大地涌动，加快调结构转方式促升级，为打造创新型“三个强省”、建设美好安徽发挥更大作用。

（二）目标任务。到2020年，基本形成创业主体大众化、创业载体多元化、创业服务专业化、创业活动持续化、创业资源开放化的生态体系，力争全省新增注册企业70万家以上，规模以上工业企业突破30000家，规模以上工业企业研发机构覆盖率达到40%，国家级创新平台超过160家，高新技术企业达到5000家。

二、重点工作

（一）激发创新创业活力。

1．支持高层次人才创新创业。加快培养集聚一大批高层次创新创业领军人才。支持携带拥有自主知识产权、具有国际先进或国内一流水平科技成果的省内外科技团队在皖开展科技成果转化、产业化，省对符合条件团队分类给予300万元、600万元、1000万元的参股支持。按照有关规定给予高层次人才经费资助、住房补贴、子女就学、配偶就业、参加社会保险等优惠政策。赋予高校、科研院所科技成果使用、处置和收益管理自主权，完善科技人员创业股权激励政策。建立健全科研人员双向流动机制，落实高校、科研院所等事业单位专业技术人员离岗创业政策。

2．鼓励大学生创新创业。建立健全弹性学分制管理办法，支持大中专学生保留学籍休学创新创业。推动实施以大学生为重点的青年创业计划，对高校毕业生初始创办科技型、现代服务型小型微型企业的，给予一次性5000－10000元补助。每年支持新建4－5个青年创业园，培育1万名以上大学生自主创业。

3．大力开展群众性创新创业活动。每年开展各类农民工职业技能培训100万人次以上。围绕休闲农业、农产品深加工、乡村旅游、农村电子商务等引导开展创业。激发大学生村官创业热情，每年重点扶持100名大学生村官创业，对符合条件的项目给予信用贷款、担保贷款支持，并按规定享受贴息政策，更好示范带动农民增收致富。

4．打造系列创新创业活动品牌。高规格举办中国（安徽赛区）创新创业大赛、大学生创新创业大赛、青年创新创业大赛、“赢在江淮”创业大赛、工业设计大赛以及全国“双创”活动周活动。省里每年举办一次“创客之星”评选活动，选拔100名“创客之星”进行重点跟踪服务。

（二）夯实创新创业载体。

1．打造一批众创空间。发挥行业领军企业、创业投资机构、社会组织等社会力量的主力军作用，支持构建一批低成本、便利化、全要素、开放式的众创空间。支持众创空间建立“月月有路演，周周有活动”的常态化工作机制，实现创新与创业相结合、线上与线下相结合、孵化与投资相结合。

2．完善创新创业孵化体系。鼓励开发区、工业园区、产业集群专业镇，充分利用各类科技企业孵化器和加速器、大学科技园、留学人员创业园、小微企业创业基地等现有条件，将孵化业务向前端延伸、向后端扩展，逐步形成“创业苗圃+孵化器+加速器+产业基地”的孵化体系。

3．建设创新创业示范基地。实施“双创”示范基地三年行动计划，依托战略性新兴产业集聚发展基地、高技术产业基地等各类创新创业资源集聚区域，以城市（区）、高校和科研院所、大中型企业为重点和抓手，建设一批高水平的创新创业示范基地。

（三）拓展创新创业途径。

1．广泛运用应用研发创意众包。鼓励企业与研发机构等通过网络平台将部分设计、研发任务分发和交付，促进成本降低和提质增效。鼓励企业通过网络社区等形式广泛征集用户创意，促进产品规划与市场需求有效对接。鼓励服务外包示范城市、技术先进型服务企业和服务外包重点联系企业积极应用众包模式。

2．大力实施制造运维众包。支持有能力的大中型制造企业通过互联网众包平台聚集跨区域标准化产能，满足大规模标准化产品订单的制造需求。结合深化国有企业改革，鼓励采用众包模式促进生产方式变革。鼓励中小制造企业通过众包模式构筑产品服务运维体系，提升用户体验，降低运维成本。

3．鼓励发展生活服务众包。优化传统生活服务行业的组织运营模式，推动交通出行、快件投递、旅游、医疗保健、教育等领域生活服务众包，利用互联网技术高效对接供需信息。发展以社区生活服务业为核心的电子商务服务平台，拓展服务性网络消费领域。

（四）提升创新创业服务。

1．建立政策集中发布平台。加强中小企业公共服务平台建设。深度打造创业服务云平台，将省相关部门创新创业政策统一到平台上，增强创新创业信息透明度。鼓励各市建设集创新政策、行政服务、创业辅导、交流培训、孵化培育、创业融资、知识产权质押、上市辅导等为一体的综合服务平台，通过政府和公益事业机构支持、企业帮扶援助、个人互助互扶等众扶方式，共助小微企业和创业者成长。

2．推动技术资源开放共享。引导高校、科研院所以及各类重点（工程）实验室、工程（技术）研究中心、企业技术中心、质检中心、分析测试中心等向社会开放服务。鼓励大型科学仪器共享共用，省按出租仪器设备年度收入的20%给予仪器设备管理单位补助，最高不超过500万元；设备租用单位所在市（县）按租用仪器设备年度支出的20%给予租用单位补助，最高不超过200万元。

3．加强创新创业培训辅导。在高等院校、职业学校、技工院校全面推行创业教育，开设创新课程。完善创业辅导师制度，鼓励拥有丰富经验和创业资源的企业家、天使投资人和专家学者担任创业导师到高校、园区、企业开展培训辅导活动。每年开展创业培训不少于7万人次。支持社会力量举办创业沙龙、创业大讲堂、创业训练营等培训活动，对定点培训机构开展创业意识培训、创办企业培训（改善企业培训）、创业模拟实训的，省分别按照100元/人、1000元/人、1300元/人的标准给予补贴。

4．大力发展第三方服务。加快发展企业管理、财务咨询、市场营销、人力资源、法律顾问、知识产权、检验检测认证和技术转移等第三方专业化服务，不断丰富和完善创业服务。鼓励有条件的地方采用创新券、创业券等方式为创新创业者提供服务。

（五）促进金融与创新创业结合。

1．壮大创业投资规模。支持各市设立天使投资引导基金或创业投资引导基金，引进一批天使投资人和创业投资机构。成立总规模800亿—1000亿元的安徽产业发展基金，发起设立若干子基金，形成覆盖企业种子期、初创期、成长期、成熟期等全生命周期的基金集群。

2．创新金融服务模式。支持金融机构打造创新型互联网金融平台，支持符合条件的企业开展互联网金融业务。积极开展实物众筹，稳步推进股权众筹融资试点。规范发展P2P网络借贷。鼓励银行业金融机构成立科技信贷专营事业部，提供科技融资担保、知识产权质押、股权质押等方式的金融服务。对符合条件的城乡创业者，可在创业地申请最高额度10万元的担保贷款。对向个人发放的创业担保贷款，银行在基础利率基础上上浮3个百分点以内的，由财政给予贴息。扩大“青年之星”信用贷款试点，创新“债股联投”新方式，为创业青年提供融资支持。

3．强化资本市场服务创新创业。针对主板、中小板、创业板、“新三板”、区域性股权交易市场等不同层次板块的特点和要求，分层次建立企业上市挂牌工作推进机制，加大奖补力度，加快企业上市融资挂牌步伐。拓展安徽省股权托管交易中心市场功能，支持创新产品和业务模式，为中小企业提供展示、上市交易、投融资、孵化等综合金融服务。

4．完善政策性担保体系。健全省、市、县三级政策性融资担保体系，完善国有资本金持续补充机制，充实市、县符合条件的政策性融资担保机构国有资本金。深入推进“4321”政银担合作试点，积极推动政策性融资担保机构与银行业金融机构体系对接，建立上下贯通的政银担合作机制。

（六）落实财税扶持政策。

1．加大财政资金支持和统筹力度。鼓励各地对众创空间、孵化器、创新创业示范基地的办公用房、用水、用能、网络等软硬件设施给予适当优惠，减轻创业者负担。发挥创新型省份建设专项资金、中小企业发展专项资金、青年创业引导资金的杠杆作用，通过市场机制引导社会资本和金融资本加大中小企业发展支持力度。

2．落实普惠性税收措施。落实扶持小微企业发展的各项税收优惠政策，实行小微企业税收减免网上报税。企业吸纳失业半年以上人员和高校毕业生、登记失业人员创办个体工商户或个人独资企业的，可依法享受税收减免政策。落实创业投资企业享受投资额的70%抵扣应纳税所得额税收抵免政策。落实高新技术企业职工教育经费税前扣除、企业转增股本分期缴纳个人所得税、股权激励分期缴纳个人所得税等试点政策。落实促进残疾人、退役军人、返乡农民工等创业就业税收政策。

3．发挥政府采购支持作用。落实促进中小企业发展的政府采购政策，加大对创新产品和服务的采购力度，增强政府采购对创新创业的支持效果。

（七）优化创新创业环境。

1．深化商事制度改革。落实注册资本登记制度改革，放宽新注册企业场所登记条件限制，推动“一址多照”“集群注册”等住所（经营场所）登记改革。试行电子商务秘书企业登记注册。积极实施工商营业执照、组织机构代码证和税务登记证“三证合一”“一照一码”，落实“先照后证”改革，简化工作流程。

2．清理规范涉企收费项目。严格按照涉企收费清单收费，不得擅自增设收费项目、扩大收费范围、提高收费标准，不得将取消和暂停的收费转交由下属单位、社会组织继续收费或变相收取，做到“涉企收费进清单、清单之外无收费”。整顿规范行业协会商会收费，各类行业协会商会不得强行要求企业入会、索要会费，不得向企业索要赞助、宣传费等。

3．维护公平市场秩序。依法反垄断和反不正当竞争，鼓励交易主体依法申报经营者集中反垄断审查。规范企业信息公示，完善企业信用监管体系，将创业主体信用与市场准入、享受优惠政策挂钩，实现企业“一处失信、处处受限”。

4．建立鼓励创业的保障机制。领取失业保险金期间自主创业的人员，可一次性领取未领的失业保险金、代缴的医疗保险费，创业成功后可领取一次性创业补贴。最低生活保障对象自主创业的，视其生产经营和家庭收入情况，可给予3个月的救助缓退期。新创业失败人员以个人身份续缴社会保险费的，根据其创业纳税情况给予一定的社会保险补贴。

三、保障措施

（一）加强组织领导。建立由省发展改革委牵头的推进大众创业万众创新联席会议制度，加强统筹协调，加大对各地、各部门创新创业工作的指导力度，及时总结推广好的经验做法。

（二）加强责任落实。各地、省有关部门要在系统梳理已出台的支持创新创业发展的各项政策措施基础上，结合实际制定具体实施方案，明确工作目标，落实任务分工，形成推进合力。

（三）加强示范引导。合肥、芜湖、蚌埠等地要积极探索推进大众创新、万众创业的新机制、新政策，不断完善创新创业服务体系，发挥好创新创业引导示范作用。

（四）加强督促检查。建立政策措施落实情况督查督导机制，全力打通决策部署的“最先一公里”和政策落实的“最后一公里”，确保各项政策措施落地生根。

附件：任务分工（略）

安徽省人民政府办公厅
2016年2月1日

中共铜陵市委办公室 铜陵市人民政府办公室 关于引进高层次创新创业人才和团队的实施意见

（铜办〔2016〕16号）

为加快推进“四个富有”城市和幸福美丽新铜陵建设，吸引集聚一批科技创新领军人才和团队，现就我市引进高层次创新创业人才和团队工作提出如下意见。

一、总体要求

紧紧围绕铜陵市“十三五”经济社会发展战略，深入践行创新、协调、绿色、开放、共享的发展理念，认真学习贯彻习近平总书记关于人才工作的重要讲话精神，紧扣铜陵转型发展需要，大力引进拥有自主知识产权和先进科研成果的高层次团队来铜落户发展，加速集聚各类高层次人才在铜创新创业，努力打造省内领先、比肩东部的人才政策优势和人才生态环境，为加快打造“四个富有”城市、建设幸福美丽新铜陵提供强有力的人才保障和智力支持。

二、引进重点和支持政策

（一）重点引进人才及团队分类

重点引进符合铜陵产业发展方向，在铜基新材料、精细化工、电子信息、新能源汽车及零部件、智能制造、节能环保、生物制药与健康等新兴产业领域，学术造诣高、创新创业能力强的高层次人才及团队。重点引进人才主要包括：国内外顶尖人才（A类）、国家级特优人才（B类）、省级领军人才（C类）、市级领军人才（D类）。重点引进团队主要指:拥有与我市发展主导产业、新兴产业相关的成果和技术，在相关领域具有较强的经营管理和技术创新能力，或具有自主知识产权，来我市创办、领办各类产品竞争力强、市场前景好的创新型企业的高端人才团队。

（二）支持政策

1．加大引进高层次人才安家扶持。刚性引进的符合我市产业发展方向的A、B、C、D类专业型、紧缺型人才，由市人才专项资金分别给予180万元、100万元、60万元、30万元住房安家补贴，分3个年度支付。A、B、C、D类人才领衔的团队可申请市投资参股扶持，并优先推荐申报国家“千人计划”“万人计划”和省“百人计划”“特支计划”专家，对入围人选按国家、省规定标准给予配套资助。（责任单位：市委组织部、市科技局、市财政局）

2．实行引进高层次人才团队创业扶持。根据高、精、尖、缺和项目投资情况，从团队质量、科技成果、商业计划书、知识产权、经济社会效益等方面，对团队项目进行综合评审、现场考察和尽职调查，分A、B、C三类，提出拟扶持团队名单，报市政府研究决定后，由市科技局与科技团队签订协议，由市财政分别落实1000万元、600万元、300万元申报省级扶持资金。对获得省级扶持的，按省投资金额，由铜陵发展投资集团公司作为投资人，与科技团队签订投资参股协议。其中，团队项目落户县区和省属国有企业的，市级财政和县区级财政、省属国有企业各出资一半扶持。

团队创办的企业5年内在国内主板、中小板、创业板或香港证券交易所成功上市，市扶持资金在企业中所占股份全部奖励给团队成员，每延迟1年上市，奖励比例减少20%。或自协议签署年度以后的连续5个会计年度（含协议签署年度），团队创办的企业累计实际缴纳税金（不含土地使用税）达到市扶持资金出资总额，奖励市扶持资金在企业中所占股权的30%，每多完成的实缴税金达到市扶持资金出资总额的20%，增加10%奖励，直至达到100%。或在协议签署后60个月内（含60个月，不足1年按1年计算），团队有权按照投资本金及退出时同期贷款基准利率计算的资金使用成本回购市扶持资金所占股权。（责任单位：市科技局、铜陵发展投资集团公司、市财政局、市国资委、市金融办、市招商局）

3．推进高层次人才和团队项目跟进扶持。引进高层次人才和团队在铜创办企业，获得天使投资或私募股权基金等投资的，经市经信委提请市政府研究决定，由市创业投资基金或风险投资基金，按照不超过社会风投基金50%比例和不超过300万元的标准，跟进参股投资扶持。企业创办5年后，根据协议约定的主营业务收入、上缴税收等，可给予最高不超过70%跟进参股资金奖励。企业成功上市的，参照享受第2条企业上市奖励政策。（责任单位：市经信委、市发改委、市财政局、市国资委、市金融办、市招商局、市科技局、铜陵发展投资集团公司）

4．实施高层次人才和团队创新扶持。刚性引进A、B、C类人才或领衔团队，为我市企业和研发机构承担新产品、新技术、新工艺重大项目研发，对全市产业发展起到战略性、决定性、关键性作用，并取得重大科技创新成果的，经专家评审，报市政府研究决定，由市科技创新专项资金分别给予300万元、200万元、100万元经费补贴奖励。（责任单位：市科技局、市人社局、市财政局）

5．强化创新平台和载体引才扶持。依托省级以上各类经济开发园区、高新技术园区、产业示范园区等载体，建设高层次人才创新创业基地。每两年对人才基地引进人才和建设情况进行一次考核，对引进人才较多、成果转化较快、扶持力度较大的优秀基地，给予10万—50万元奖励。新认定的院士工作站和国家级、省级博士后科研工作站，分别给予60万、50万、40万元建站资助及研发运营补贴。进站工作的博士后研究人员，每人每年给予3万元生活补贴。（责任单位：市委组织部、市科技局、市人社局、市财政局）

6．加强企事业单位和中介机构、社会人士引才扶持。鼓励企业、科研机构等加大引才力度，对参加全市组织的海外招才引智活动企业，补贴50%交通费。对参加全市组织的国内招才引智活动企业，补贴一定费用。完善市场化引才激励机制，发挥人才中介和猎头机构作用，加强中介引才、以才引才、乡情引才。对引进A、B、C类人才的企事业单位、中介机构和社会人士，确定一个引进主体分别给予10万元、5万元、3万元资助，用于奖励主要联系人和补贴人才引进相关费用。（责任单位：市人社局、市科技局、市委组织部）

7．优化引进人才生活扶持。首次受邀来铜考察的海内外高层次人才，全额报销往返交通费用，免费安排食宿。高层次人才来铜落户，免费入住市人才公寓，或给予每月1500元房屋租金补贴，直至享受住房安家补贴，最长时间不超过2年。（责任单位：市科技局、市人社局、市委组织部）

8．完善引进人才后勤保障扶持。优先办理刚性引进高层次人才往返签证，以及本人和配偶、未成年子女随迁落户手续，帮助配偶联系安排适当工作。帮助解决子女入学，在义务教育阶段的A、B、C类人才子女，根据本人意愿，由市、县区教育部门安排入学。刚性引进高层次人才每年安排一次健康体检，A、B、C类人才每两年安排一次疗养休假，参照全市重点保健对象享受有关医疗待遇。向高层次引进人才发放“交通卡”，免费乘坐市内公交。（责任单位：市委组织部、市编办、市人社局、市公安局、市教育局、市卫计委、市交通运输局）

三、服务保障

1．加强组织领导。高层次创新创业人才和团队引进工作在市委、市政府统一领导下，由市人才工作领导小组统筹组织，市委组织部牵头协调，市科技局受理评审。其他社会科学、人文科学等领域人才，根据荣获国家、省级有届次专业类重要单项奖、荣誉称号等，以及来铜创新创业情况，由相关主管部门制定具体细则并受理评审，经专家评审认定属于铜陵经济社会发展急需专业型、紧缺型人才的，可参照A、B、C、D类人才享受相应的政策。根据类别划分，企业经营管理类由市经信委受理评审，农业类由市农委受理评审，金融类由市金融办受理评审，宣传文化类由市委宣传部受理评审，教育类由市教育局受理评审，卫生类由市卫计委受理评审，体育类由市体育局受理评审，未列入上述类别人才由市人社局根据实际情况，牵头相关部门受理评审。

2．加强引进管理。引进方式分为刚性引进和柔性引进，刚性引进人才须与用人单位签订3年以上工作合同，每年在我市工作一般不少于6个月；柔性引进人才每年在我市工作一般不少于3个月。各部门、用人单位要与引进人才和团队约定具体的激励约束办法，明确引进人才和团队年度工作进展目标及权利义务，定期开展引进人才成果和团队项目评估，强化引进人才和团队考核。对引进人才和团队发挥作用不明显、存在违法乱纪行为的，经审核认定后取消相关激励政策并予追责。对以弄虚作假等方式套取财政资金的，一经核实，追回全额资金，并按规定予以处罚，5年之内不得申报各类政府补助资金。

3．加强资金保障。本政策所涉及的奖励资助经费，由各类市创业投资基金、风险投资基金及市科技创新专项资金等市、县区财政资金承担，各县区、开发区应制定配套人才政策。市委组织部、市财政局、市科技局、市人社局负责落实、监督、评估人才政策并及时调整修订。

本意见自发文之日起实施，由市委组织部、市科技局、市人社局、市财政局负责各自领域的解释工作。原市人才扶持政策与本意见不一致的，以本意见为准。

附件：1．铜陵市重点引进高层次人才分类（以下略）
2．铜陵市引进高层次人才团队申请扶持资金条件
3．铜陵市引进高层次人才和团队申报评审流程
4．铜陵市引进高层次人才申报表
5．铜陵市引进高层次人才团队申报表

中共铜陵市委办公室
铜陵市人民政府办公室
2016年5月23日

安庆市人民政府办公室
关于全面推进大众创业万众创新的实施意见

（宜政办秘〔2016〕50号）

为全面贯彻落实国务院、省政府关于大众创新万众创业的决策部署，加快实施创新驱动发展战略，打造新常态下经济发展新引擎，现提出以下实施意见，请遵照执行。

一、总体要求和主要目标

（一）总体要求。加快实施创新驱动发展战略，着力深化重点领域改革，进一步激发市场活力。坚持政府引导、市场主体、社会参与，强化政策集成，突出开放共享，创优服务模式，着力构建创新创业平台，拓展创新创业空间，健全创新创业机制，营造创新创业氛围，加快形成大众创业、万众创新的生动局面。

（二）主要目标。到2020年，基本形成创业主体大众化、创业载体多元化、创业服务专业化、创业活动持续化、创业资源开放化的生态体系，力争全市新增注册企业7万家以上，规模以上工业企业突破3000家，规模以上工业企业研发机构覆盖率达到40%，国家级创新平台超过10家，高新技术企业达到500家。

二、重点任务

（一）实现创业便利化。

1．深化商事制度改革，进一步落实注册资本登记制度改革，推行工商营业执照、组织机构代码证、税务登记证“三证合一”。优化登记方式，推广“先照后证”制度，放松经营范围登记管制，放宽新注册企业场所登记条件限制，推动“一址多照”、集群注册等住所登记改革，分行业、分业态释放住所资源。

2．清理规范涉企收费项目。严格按照涉企收费清单收费，不得擅自增设收费项目、扩大收费范围、提高收费标准，不得将取消和暂停的收费转交由下属单位、社会组织继续收费或变相收取，做到“涉企收费进清单、清单之外无收费”。整顿规范行业协会商会收费，各类行业协会商会不得强行要求企业入会、索要会费，不得向企业索要赞助、宣传费等。

3．维护公平市场秩序。依法反垄断和反不正当竞争，鼓励交易主体依法申报经营者集中反垄断审查。规范企业信息公示，完善企业信用监管体系，将创业主体信用与市场准入、享受优惠政策挂钩，实现企业“一处失信、处处受限”。

4．建立鼓励创业的保障机制。领取失业保险金期间自主创业的人员，可一次性领取未领的失业保险金、代缴的医疗保险费，创业成功后可领取一次性创业补贴。最低生活保障对象自主创业的，视其生产经营和家庭收入情况，可给予3个月的救助缓退期。新创业失败人员以个人身份续缴社会保险费的，根据其创业纳税情况给予一定的社会保险补贴。

（二）加强创新创业服务体系建设。

1．提升创新创业公共服务水平。健全城乡一体的创新创业就业公共服务体系，加强创新创业服务队伍建设，完善市、县区、园区的创新创业综合服务机构，加强乡镇（办事处）、村（社区）基层服务平台建设，鼓励在政务（便民）服务中心分级设立创新创业服务窗口，为大众提供“一站式”创新创业综合服务。综合运用政府购买服务、无偿资助、业务奖励等方式，支持中小微企业公共服务平台和服务机构建设，为科技型中小微企业提供全方位专业化优质服务。依托“互联网+”等，加快创新创业就业公共服务信息化建设，建立科技创新资源、人力资源数据库。参加省举办的中国（安徽赛区）创新创业大赛、“赢在江淮”创业大赛、工业设计大赛以及全国“双创”活动周活动；举办安庆创新创业大赛、大学生创新创业大赛、青年创新创业大赛。

2．推动技术资源开放共享。引导高校、科研院所以及各类重点（工程）实验室、工程（技术）研究中心、企业技术中心、质检中心、分析测试中心等向社会开放服务。

3．加强创新创业培训辅导。在高等院校、职业学校、技工院校全面推行创业教育，开设创新课程。完善创业辅导师制度，鼓励拥有丰富经验和创业资源的企业家、天使投资人和专家学者担任创业导师到高校、园区、企业开展培训辅导活动。支持社会力量举办创业沙龙、创业大讲堂、创业训练营等培训活动。

4．大力发展第三方服务。加快发展企业管理、财务咨询、市场营销、人力资源、法律顾问、知识产权、检验检测认证和技术转移等第三方专业化服务，不断丰富和完善创业服务。鼓励有条件的地方采用创新券、创业券等方式为创新创业者提供服务。

（三）激活创新创业主体。

1．吸引高层次人才创新创业。深入实施人才强市战略，进一步完善人才引进相关优惠政策，努力为人才提供良好的工作和居住环境。围绕全市重大战略需求，吸引国家“千人计划”“万人计划”、中科院“百人计划”等领军人才来安庆。围绕重点领域、优势产业、重大项目、科技专项的实际需要，面向国内外重点引进机器人、新能源汽车、化工新材料、电子信息、现代金融、现代物流等高层次研发、创意、经营管理人才。坚持引人与引智、引才与引团队、引才与引项目相统一，鼓励创新创业领军人才、高端人才带技术、带项目、带资金来安庆创办或合办企业，对符合条件的项目给予资金等支持。

2．鼓励科技人员创新创业。大力推动科技创新创业人才工程，深化科技体制改革，建立健全科研人才双向流动机制，促进科研人员在事业单位和企业间合理流动。鼓励市内高等院校、科研院所等单位的科技人员按干部管理权限研究批准后，在不影响本职工作和单位权益的条件下离岗创新创业。深化市校合作，支持市外高等院校、科研院所的院士、专家和科技人才来安庆领办企业、与企业合作开发、进行科技成果转让或在企业担任兼职技术顾问。鼓励符合条件的企业按照有关规定，通过股权、期权、分红等激励方式，调动科研人员创业积极性。

3．扶持大中专学生创新创业。深入实施大学生创业引领计划，建立大学生创业情况统计制度，强化绩效考核，确保实现每年扶持500名大学生成功创业的目标。组织开展大学生创新创业大赛活动，培育一批创业带头人，引领更多大学生创业。为自主创业的大学生发放就业创业证，落实大学生创业项目扶持、小额担保贷款、创业培训等扶持政策，降低大学生创业成本。鼓励职业学校毕业生到各领域创业，享受普通高校毕业生的同等待遇，免费提供创业咨询、法律援助等服务。

4．鼓励农村外出务工人员返乡创业。通过商会和老乡会等平台，鼓励安庆籍已经成功创业的农村外出务工返乡人员进行再创业、再发展。鼓励积累了一定资金、技术和管理经验的农村外出务工人员学习借鉴发达地区的产业组织形式、经营管理方式，创业兴业，把小门面、小作坊升级为特色店、连锁店、品牌店。鼓励其借力“互联网+”新业态，通过对当地民俗产品、绿色农产品等特色产品的挖掘、升级、品牌化，发展现代商业。鼓励返乡人员共创农民合作社、家庭农场、农业产业化龙头企业、林场等新型农业经营主体，围绕规模种养、农产品加工、农村服务业以及农技推广、林下经济、贸易营销、农资配送、信息咨询等合作建立营销渠道，合作打造特色品牌，合作分散市场风险。

（四）强化政策引导扶持。

1．强化财政资金引导。加大财政投入力度。发展改革、经济和信息化、科技、农业、人力资源社会保障等部门和园区的有关财政资金要倾斜用于支持创新创业载体和公共服务体系建设，支持发展前景好的创新创业项目，引导金融机构向科技型中小微企业提供贷款等。管好、用好科技孵化和成果转化等专项资金。充分发挥财政资金杠杆作用，运用阶段参股、风险补助等多种方式，带动社会资本发展高新技术产业、战略性新兴产业和初创期创新型企业。

2．落实普惠性税收措施。落实扶持小微企业发展的各项税收优惠政策，实行小微企业税收减免网上报税。企业吸纳失业半年以上人员和高校毕业生、登记失业人员创办个体工商户或个人独资企业的，可依法享受税收减免政策。落实创业投资企业享受投资额的70%抵扣应纳税所得额税收抵免政策。落实高新技术企业职工教育经费税前扣除、企业转增股本分期缴纳个人所得税、股权激励分期缴纳个人所得税等试点政策。落实促进残疾人、退役军人、返乡农民工等创业就业税收政策。

3．拓宽投融资渠道。完善创新创业投融资机制。充分发挥资本市场作用，推动科技型企业进行股权、债务融资。对有直接融资需求的科技型企业，优先纳入直接融资后备企业资源库。积极为科技型中小微企业提供综合金融服务，鼓励通过公司债、资产证券化、银行间市场等拓展融资渠道。搭建银科对接平台，推动我市商业银行机构设立科技支行，推进知识产权质押融资。积极争取省级科技型中小微企业贷款风险补偿资金，降低金融机构为中小微企业贷款的风险。

三、保障措施

（一）加强组织领导。市科技创新创业工作领导小组负责研究部署和统筹指导全市大众创业万众创新工作，研究解决工作中的重大问题。各县区、市直各单位和产业集聚区等要高度重视大众创业万众创新工作，明确责任，加强联动，切实抓紧抓好。

（二）形成推进合力。各级各部门要加强工作协调，不断完善政策措施，加强对创新创业工作的指导和支持。要做好大众创新创业政策落实情况调研、发展情况统计汇总等工作，及时报告有关进展情况。

（三）营造良好氛围。各级各有关部门要加大相关政策的宣传力度。及时发现、精心培养各类创业创新典型，通过多种形式，及时推广先进经验、成功做法，弘扬创业创新典型精神，引导全社会共同关心支持大众创业、万众创新工作。

附件：任务分工（略）

安庆市人民政府办公室
2016年5月23日

滁州市人民政府办公室
关于全面推进大众创业万众创新的实施意见

（滁政办〔2016〕26号）

为贯彻落实《国务院关于加快构建大众创业万众创新支撑平台的指导意见》（国发〔2015〕53号）、《安徽省人民政府办公厅关于全面推进大众创业万众创新的实施意见》（皖政办〔2016〕6号）精神，经市政府同意，结合我市实际，现就大力推进大众创业万众创新，促进全市经济社会持续健康发展，提出以下实施意见：

一、总体要求

按照党中央、国务院和省委、省政府的决策部署，加快实施创新驱动战略，充分发挥市场在资源配置中的决定性作用和更好发挥政府作用，进一步加大简政放权力度，创新体制机制，优化创新创业环境，积极构建众创、众包、众扶、众筹等支撑平台，认真落实“创业江淮”行动计划，在更大范围、更高层次、更大程度上推进大众创业、万众创新，为滁州经济总量冲刺全省第三、建设环滁皆美家园提供强大支撑。到2020年，力争新增注册企业3万家以上，规模以上工业企业突破3000家，规模以上工业企业研发机构覆盖率达到50%，国家和省级创新平台达到200家，高新技术企业达到400家，基本形成创业主体大众化、创业载体多元化、创业服务专业化、创业活动持续化、创业资源开放化的生态体系。

二、重点工作

（一）全面激发创新创业主体活力。

1．支持高层次人才创新创业。实施高层次创新创业人才引进计划。支持携带拥有自主知识产权、具有国际先进或国内一流水平科技成果的省内外科技团队在滁开展科技成果转化、产业化，省对符合条件团队分类给予300万元、600万元、1000万元的参股支持，市级按相同额度支持。落实高层次人才经费资助、住房补贴、子女就学、配偶就业、参加社会保险等有关优惠政策。建立健全科研人员双向流动机制，按规定落实高校、科研院所等事业单位专业技术人员离岗创业政策。完善科技人员创业股权激励政策，放宽股权奖励、股权出售的企业设立年限和盈利水平限制。围绕战略性新兴产业发展和重大科技项目建设，面向海内外引进高层次创新创业人才（团队）100名，每年培育高层次产业创新团队20个。

2．鼓励大学生创新创业。深入实施青年创业计划、离校未就业高校毕业生就业促进计划。在高等院校、职业学校、技工院校实施弹性学制，允许在校学生保留学籍休学创业。对高校毕业生初始创办科技型、现代服务型小微企业的，给予一次性5000元补助。加大技能人才培养力度，每年培训高技能人才0.5万人次。到2020年建设公共职业训练基地和高技能人才培养示范基地10家，全市企业技能型人才总量达到20万人。

3．加强创新创业培训辅导。在高等院校、职业学校、技工院校全面推行创业教育，开设创新课程，建立高水平、专兼职的创业培训师资队伍，将创业创新教育融入专业课程或就业指导课程体系。开展“创业大讲堂”“创办你的企业”等系列创新创业培训活动，组织创业辅导师、具有创业经验和社会责任感的企业家、投资人进校园、进孵化器开展培训等活动，对创新创业者进行一对一帮扶，分享创新创业经验，提高创新创业成功率。支持社会力量举办创业沙龙、创业大讲堂、创业训练营等培训活动，对滁州学院、滁州职业技术学院等定点培训机构开展创业意识培训、创办企业培训（改善企业培训）、创业模拟实训的，分别按照100元/人、1000元/人、1300元/人的标准给予补贴。

4．大力开展群众性创新创业活动。将农民创业与发展县域经济结合起来，大力发展农产品加工、休闲农业、乡村旅游、农村服务业等劳动密集型产业项目，促进农村一二三产业融合。推进农村青年创业富民行动，鼓励大学生村官引领农民创业，对符合条件的创业项目给予信用贷款、担保贷款支持，并按规定享受贴息政策。组织形式多样的职业培训，实施春潮行动，开展就业技能培训、企业在岗农民工培训等活动。

5．打造系列创新创业活动品牌。实施全市“赢在皖东、大众创业”工程，举办“江淮双创汇•走进滁州”活动，开展“双创之星”“创客之星”“最美青工”、青年创业大赛、工业设计大赛等活动，营造创新创业氛围，提升全市创新创业水平。

（二）积极构建创新创业载体。

1．积极打造一批众创空间。鼓励企业、投资机构、行业组织等社会力量为主构建市场化的众创空间，推广创客空间、创业咖啡、创新工场等新型孵化机构，促进创新创意和市场需求、社会资本有效对接。积极引进国内外知名的众创（创客）空间、科技服务机构、技术转移公共服务平台等众创空间运营机构来滁设立服务机构平台和创办众创空间。到2020年，各县（市、区）打造众创空间1个以上，全市众创空间达到15个。

2．加速建设创新创业孵化体系。加大现有孵化器升级改造力度，拓展孵化功能，鼓励与天使基金、创投基金合作，形成“投资+孵化”模式的新型孵化器。围绕企业“种子期—初创期—高成长期”需求，以企业孵化为核心，以孵化器为基础，对接加速器、产业园，打造“创业苗圃—孵化器—加速器—产业园”的孵化链条。对当年新认定的市级、省级、国家级众创空间、科技孵化器，给予20万元、50万元、100万元建设补助，认定级别晋升的按各级补助标准级差追加补足。按照场地面积、服务能力和孵化绩效等情况，给予众创空间、科技孵化器20万元、15万元、10万元分档绩效补助。对符合条件的孵化基地，适用科技企业孵化器税收优惠政策，按照三年孵化期内的实际孵化企业户数给予每户每年3000元补贴。到2020年，实现县（市、区）科技孵化器全覆盖，全市孵化面积达到50万平方米，在孵创新创业企业达到800家。

3．加快创建创新创业示范基地。推进小微企业创业基地、青年创业园、青年就业创业见习基地等创业创新平台加快建设。争创一批高水平的创新创业示范基地，重点推进苏滁现代产业园省级大学生创业园建设，吸引更多大学生和各类人才在滁创业。大力推动滁州经济技术开发区、苏滁现代产业园、天长经济开发区、来安汊河经济开发区等省级以上开发园区开展创新型园区建设。强力推进产学研协同创新，重点加快滁州高教科创城发展，促进技术、成果转移转化，为我市企业科技创新提供服务。

（三）着力拓展创新创业发展途径。

1．广泛应用研发创意众包。鼓励企业与研发机构等通过网络平台将部分设计、研发任务分发和交付，促进成本降低和提质增效。鼓励企业通过网络社区等形式广泛征集用户创意，促进产品规划与市场需求无缝对接。鼓励技术先进型服务企业和服务外包重点联系企业积极应用众包模式。

2．大力实施制造运维众包。推动有条件的制造业企业通过众包模式实现主辅分离，满足大规模标准化产品订单的制造需求，加快发展科技研发、工业设计、售后服务、媒体策划等创意服务产业。以苏滁现代产业园国际服务中心等重点项目为基础，加强制造业集群服务外包基地建设。

3．鼓励发展生活服务众包。推动无车承运物流、旅游、医疗、教育等领域生活服务众包，探索网络预约租车、定制公交服务，推动智能快件箱服务，利用互联网技术高效对接供需信息，优化传统生活服务行业的组织运营模式。发展以社区生活服务业为核心的电子商务服务平台，拓展服务性网络消费领域。

（四）全面提升创新创业服务水平。

1．推动技术资源开放共享。引导高校、科研院所、企业将各类实习基地、各类重点（工程）实验室、工程（技术）研究中心、企业技术中心、质检中心、分析测试中心等资源和平台向社会开放服务，建立健全科研设施、仪器设备、宽带接入和科技文献等资源向创客企业开放的运行机制。鼓励大型科学仪器共享共用，落实省按出租仪器设备年度收入的20%、最高不超过500万元给予仪器设备管理单位的补助政策；设备租用单位所在地按租用仪器设备年度支出的20%给予租用单位补助，最高不超过200万元。

2．探索发展第三方服务。推进国家电子元器件质检中心、中国质量认证中心滁州分中心、轨道交通检验检测中心等一批检验检测平台建设。大力引进公共技术研发平台、检测检验平台、资讯服务平台，重点发展研究开发、技术转移、检验检测认证、创业孵化、知识产权、科技咨询、科技金融、企业管理等第三方专业化服务，提升科技服务业对创新创业的支撑能力。深化科技经费管理制度改革，探索利用创新券、创业券等新兴媒介，促进科技资源开放共享，降低企业和创业者创新成本。

（五）加大金融政策扶持力度。

1．加大金融信贷支持力度。鼓励金融机构建立创新型互联网金融平台。鼓励创业者开展实物众筹。规范发展P2P网络借贷。鼓励银行业金融机构为科技创新型企业提供信贷支持，创新金融产品，提供科技融资担保、知识产权质押、股权质押等方式的金融服务。开展税融通业务，根据企业纳税情况，向依法纳税的中小微企业提供一定数额的信用贷款或担保。对符合条件的城乡创业者，可在创业地申请最高额度10万元的创业担保贷款。对向个人发放的创业担保贷款，银行在基础利率基础上上浮3个百分点以内的，由财政给予贴息。扩大市级青年创业引导资金规模，为创业青年提供融资支持。推广道德信贷工程，为全市所有符合授信条件的县级及以上道德模范和身边好人，提供无抵押、无担保的个人信用贷款。

2．完善政策性担保体系。健全市县政策性融资担保体系，不断充实市县国有融资担保机构资本金，做大做强国有融资担保机构。大力推广新型政银担合作模式，500万元以下各类融资担保业务全部纳入“4321”政银担合作试点，市、县市区均设立融资担保风险补偿专项基金及持续保障机制，实现县域、机构、业务“三个全覆盖”。

3．加强资本市场融资。充分发挥多层次资本市场作用，推动符合条件的创业企业进行股权、债务融资。对有直接融资需求的创业企业，优先纳入企业上市后备资源库。分层次建立企业上市挂牌工作推进机制，加大奖补力度，针对企业上市按照辅导备案、报会待审、成功上市，同级收益财政分别给予200万、200万、600万奖励。针对新三板和区域性股权市场挂牌，同级收益财政分别给予100万元、60万元奖励。

4．发挥基金引导作用。加快发展天使投资基金、股权（债权）投资基金等产业发展基金，全市设立50亿－80亿元的产业发展基金。其中，市本级设立1个亿的天使投资基金，专门用于扶持初创期、成长期和产业规模扩张期的科技型小微企业，设立5亿元的皖投产业基金，用于支持产业发展；滁州经济技术开发区设立3.2亿元的智能家电专项资金；苏滁现代产业园按15亿—20亿元总规模设立首期不低于10亿元的产业基金；滁州经济技术开发区按20亿元总规模设立首期不低于10亿元的产业基金；各县（市、区）和省级开发区按3亿—5亿元规模设立。引进一批天使投资人和创业投资机构，发挥基金杠杆放大作用。加大基金管理力度，强化基金运营，加快构建股权投资基金体系。

（六）全面落实财税扶持政策。

1．落实普惠性税费政策。落实扶持小微企业发展的各项税收优惠政策，实行小微企业税收减免网上报税。企业吸纳失业半年以上人员和高校毕业生、登记失业人员创办个体工商户或个人独资企业的，可依法享受税收减免政策。落实企业缴纳社会保险费率的调整比例。大力推动企业研发费用税前加计扣除、高新技术企业所得税减免、企业研发设备加速折旧、创业投资企业投资抵扣、进口高新技术产品免税和技术转让与技术开发合同认定的税收减免等政策的有效落实。落实促进残疾人、退役军人、返乡农民工等创业就业税收政策。

2．加大财政资金统筹力度。加大自主创新专项财政资金统筹力度，采取合同管理、绩效挂钩、以奖代补、贷款贴息等多种扶持方式，引导带动企业、社会增加科技投入。对企业建立研发机构、购置研发仪器设备、承担重大科技项目、研发国家重点新产品以及科技人员创新创业，高层次省（境）外科技团队来滁创新创业等方面予以补助支持。市本级及各县（市、区）财政分别设立小微企业续贷过桥资金，对因银行贷款到期出现暂时资金周转困难，且合作银行同意续贷的小微企业提供临时性资金支持。在符合条件的地区推广“轻资产、零资产”招商策略，在厂房租金等方面给予优惠及补贴。

3．发挥政府采购支持作用。落实促进中小企业发展的政策采购政策，加大对创新产品和服务的采购力度，增强政策采购对创新创业的支持效果。

（七）不断优化创新创业环境。

1．深化商事制度改革。全市投资项目审批事项一律进入安徽省投资项目在线审批监管平台，规范前置审批，推进协同放权，实行限时办结。深化商事制度改革，扎实推进“三证合一、一照一码”登记制度改革，争取在滁州市率先应用安徽省工商局建成的电子营业执照系统，推行以电子营业执照为支撑的网上申请、网上受理、网上审核、网上公示、网上发照等全程电子化登记管理方式，实现商事登记管理信息化、便利化、规范化。开展企业简易注销改革试点，提高登记效率。推进“先照后证”改革，履行“双告知”职责，建立“双随机”抽查机制，规范事中事后监管。

2．清理规范涉企收费项目。严格落实涉企收费清单管理制度，全面清理涉企行政事业性收费、政府性基金、具有强制垄断的经营服务性收费、行业协会商会涉企收费，做到“涉企收费进清单、清单之外无收费”。

3．维护公平市场秩序。依法反垄断和反不正当竞争，鼓励交易主体依法申报经营者集中反垄断审查。依托企业信用信息公示系统，集中公布注册登记、行政许可、劳动社保、质量信用等政策和信息，推动政府部门运用大数据提供更有效的服务和监管，将创业主体信用与市场准入、享受优惠政策挂钩，实现企业“一处失信、处处受限”。

4．建立鼓励创业的保障机制。符合条件的在领取失业保险金期间自主创业的人员，可一次性领取未领的失业和医疗保险金，创业成功后可领取一次性创业补贴5000元。最低生活保障对象自主创业的，视其生产经营和家庭收入情况，可给予3个月的救助缓退期。初次创业的劳动者，所创企业工商登记注册满1年不满3年且为法定代表人或主要出资人，企业注销后登记失业并以个人身份缴纳社会保险费6个月以上的，经核定后给予一次性补贴，补贴标准为所创企业纳税总额的50%、最高不超过1万元，补贴资金用于个人缴纳的社会保险费。

（八）大力营造创新创业浓厚氛围。

1．建立政策集中发布平台。积极打造创业服务云平台，将省市相关部门创新创业政策整合统一到平台上，通过平台、手机短信及时推送最新政策规定，增强创新创业信息透明度。针对创新创业需求，开展创新创业政策宣传、解读、培训活动，提供“订单式”政策解读服务。

2．加快中小企业服务平台建设。发挥全市国家级、省级中小企业公共服务示范平台服务示范作用，采用政府购买服务或补贴形式，对公共服务平台开展的针对个体工商户和中小微企业政策宣传、人员培训、创业辅导、市场开拓、融资担保、管理咨询、财务审计、检测等公共服务给予业务奖励。

3．建立精准宣传工作机制。宣传部门统筹做好大众创业万众创新的舆论宣传工作，通过开辟专栏等方式集中开展政策宣传。市科技局、人社局做好政策解读，在部门窗口设立创新创业服务专岗，免费提供《创新创业优惠政策宣传手册》；公布创新创业政策咨询专线电话，提供政策咨询、疑难解答、意见征询、投诉举报等服务。各县市区、各有关部门积极探索推进大众创业万众创新的新机制、新政策，及时总结和推广先进经验，努力营造大众创业万众创新的良好氛围。

三、组织保障

（一）加强组织领导。建立市直有关部门参加的大众创业、万众创新联席会议制度，加强对全市创新创业工作的统筹指导和综合协调，办公室设在市发改委，创新、创业具体工作分别由市科技局、人社局牵头负责，全力推进大众创业万众创新蓬勃发展。

（二）狠抓责任落实。各地、各部门要统一思想，提高认识，按照任务分工，扎实推进各项工作落实。各单位要在系统梳理已出台的支持创新创业发展的各项政策措施基础上，结合实际制订推进计划，明确工作任务、时间节点、责任人和保障措施，确保促进创新创业的各项政策落到实处。

（三）强化督查评估。市政府建立政策措施落实情况督查机制，全力打通政策落实的“最后一公里”。各地、各部门要强化对政策执行过程的评估分析，重大问题及时提请市政府研究解决，完善建立信息报送、任务动态调整机制，将政策推进情况报送至联席会议制度牵头部门，确保各项任务顺利推进。

附件：任务分工（略）

滁州市人民政府办公室
2016年7月19日

中共六安市委 六安市人民政府 关于加快引进高层次人才的实施意见

（六发〔2016〕37号）

为深入实施人才强市战略，大力营造良好的引才、聚才、用才、留才氛围，进一步加强全市高层次人才队伍建设，现结合我市实际，提出如下实施意见：

一、总体要求

认真贯彻落实习近平总书记关于人才工作的重要讲话精神，坚持党管人才原则，围绕我市“十三五”规划，紧扣绿色发展需要，努力打造人才政策优势，营造良好人才生态环境，加速各类高层次人才在六安集聚，进一步加快六安经济社会发展，为建设幸福六安提供有力的智力支持和人才保障。

二、引进对象

引进高层次人才坚持政府引导、以用人单位为主体，重点引进装备制造、食品工业、新能源、电子信息、生物、新材料等主导产业，以及节能环保、新能源汽车等战略性新兴产业和城市建设、教育卫生、投融资等领域的高层次人才。主要分为四个层次：

A类：中国科学院、中国工程院院士，中国社会科学院学部委员；国家最高科学技术奖获得者；国家“千人计划”人选，国家“万人计划”人选；世界500强企业高级经营管理人才（职业经理人）；相当于上述层次的人才。

B类：国家科学技术进步奖二等奖；省自然科学奖、技术发明奖、科学技术进步奖一等奖获得者（主要完成人）；省“百人计划”人选；中国500强企业高级经营管理人才（职业经理人）；相当于上述层次的人才。

C类：具有全日制博士研究生学历或正高级职称的专业技术人才；国家科学技术进步奖三等奖；省自然科学奖、技术发明奖、科学技术进步奖二等奖获得者（主要完成人）；国家级技能大师工作室领衔人；中国民营企业500强高级经营管理人才（职业经理人）；相当于上述层次的人才。

D类：具有我市紧缺急需专业的全日制硕士研究生或副高级职称的专业技术人才；省自然科学奖、技术发明奖、科学技术进步奖三等奖获得者（主要完成人）；市科学技术进步奖一等奖获得者（主要完成人）；省“特支计划”人选，省“115”产业创新团队带头人；省内外大型企业高级经营管理人才（职业经理人）；省级技能大师工作室领衔人；相当于上述层次的人才。

三、政策支持

1．薪酬待遇。企业全职引进高层次人才，由企业根据工作岗位性质及工作任务完成情况，与本人面议协商确定。事业单位全职引进高层次人才，按照事业单位工资福利政策规定执行，绩效工资部分可向高层次人才倾斜。对引进特殊人才的薪酬待遇，可实行一事一议方式确定。

2．住房补贴。引进的高层次人才，可按其本人意愿选择享受购房补贴或租房补贴。以本人名义在我市首次购买商品房的，给予购房补贴，补贴标准为：A、B、C、D类人才，分别补贴100万元、70万元、40万元、10万元（分3年按年度发放）。选择在我市租住商品房的，A、B类，C类、D类，分别按每月3000元、2000元、1000元的标准领取租房补贴，补贴期限5年，按年度发放。

3．生活补贴。为引进的高层次人才发放生活补贴：A、B类人才，每人每月分别补贴20000元、10000元；到企业工作的C、D类人才，每人每月分别补贴5000元、3000元。补贴期限5年，按年度发放。

4．职务职称。市直事业单位引进ABC类人才，由相关单位向市人才工作领导小组办公室（以下简称市人才办）申报，市人才办商市编办、市人社局后提出意见，报市人才工作领导小组研究同意，采取直接考核的方式进行招聘。

引进人才聘任专业技术职务，经市人社部门批准，可设置特设岗位，不受事业单位岗位总量、最高等级和结构比例限制。

5．创业扶持。

（1）引进的高层次人才创办、领办企业，企业属我市主导产业、战略性新兴产业的，给予50万—100万元创业补助。

（2）高层次人才来六安创办企业，由企业注册地县区解决不少于200平方米建筑面积的工作场所供其使用，3年内免收租金。优先入驻市科技创业孵化器和大学科技园等创业园区，同时享受园区扶持政策。

（3）对于市场发展前景好的高新技术产品产业化生产过程中流动资金不足的，视固定资产投资大小、项目成长性及实际贡献等情况，根据与固定资产投资相当的原则，按属地关系，由市金融办协调同级政策性担保公司给予最高不超过500万元的融资担保。

6．培育支持。鼓励企业对引进的高层次人才实施股权、期权、分红等激励。对引进的高层次人才，同等条件下优先推荐申报国家、省人才项目和市级以上重大研发项目。在六安入选国家“千人计划”或“万人计划”的，给予一次性100万元奖励；入选省“百人计划”的，给予一次性50万元奖励；入选省“115”产业创新团队主要负责人或省“特支计划”的，给予一次性10万元奖励。

7．配套服务。

（1）社会保障。引进高层次人才按照相关规定参加社会保险，其配偶来我市暂无工作的，3年内给予社保补贴和生活补贴每月1500元。

（2）子女入学。引进高层次人才的子女入学，在充分尊重个人意愿的基础上，安排就读学校，由教育部门负责协调落实。非我市户籍子女就学，享受我市户籍学生同等待遇。

（3）家属就业。引进高层次人才的配偶、子女需要来我市企业就业的，由人社部门优先推荐就业岗位；原来工作单位系机关、事业单位的可按原单位性质对口安排，由组织、编办、人社部门负责协调落实，用人单位做好对接服务。

（4）医疗保健。引进的高层次人才，由卫生部门安排三级以上医院提供医疗服务和便捷医疗通道，并建立健康服务档案，每年定期体检一次。

（5）专项服务。对于引进的高层次人才，发放《六安市高层次人才证书》和《绿色通道服务卡》，凭卡享受创业、工作、生活等绿色通道服务。

四、引进方式与程序

1．引进方式。

高层次人才引进主要采用集中引进和个别引进方式，企事业单位是人才引进和使用的主体。市人才办牵头征集用人单位需求后，会同有关单位编制发布《六安市急需紧缺高层次人才目录》，通过网上申报、现场推介、委托引进等方式进行。鼓励企事业单位通过社会中介机构引进高层次人才，并由同级财政按照中介费用的30%最高不超过5万元补助给用人单位。

同时，建立柔性引进机制引进高层次人才，通过担任顾问、短期兼职、技术攻关等方式引进人才到我市工作。具体按照《六安市柔性引进市外人才暂行办法》执行。

2．引进程序。

（1）信息发布。根据《六安市急需紧缺高层次人才目录》发布引才公告，引导符合条件的高层次人才与我市用人单位对接。

（2）申报受理。用人单位引进高层次人才，根据类别划分，分别由市县区委组织部根据实际情况，牵头相关部门受理。

（3）考察评审。组织专家评委，从人才质量、科技成果、工作能力、市场前景、引才单位保障等方面，对拟引进高层次人才进行评审和现场考察，并形成综合评审意见。

（4）研究确定。将综合评审意见提请市县区人才工作领导小组研究，择优确定拟引进高层次人才名单。经公示无异议后，签订引进协议，落实相关扶持政策。

县区企事业单位引进高层次人才由所在县区审批确定，兑现政策待遇，并将相关材料报市人才办备案。

五、服务保障

1．加强组织领导。在市委市政府统一领导下，市人才工作领导小组负责全市高层次人才引进工作的组织领导和统筹协调。各县区和市直相关单位要各司其职，分工协作，共同抓好本意见的落实。市人才工作领导小组定期召开联席会议，协调落实相关政策，统筹解决有关问题。市人才办负责高层次人才引进工作的日常管理、协调、服务。

2．完善管理机制。引进高层次人才原则上与用人单位签订5年以上工作合同，每年在我市工作一般不少于8个月。如合同履行期间因故确需变更，由用人单位与引进人才协商，报市人才办备案。各用人单位要与引进人才约定具体的激励约束办法，明确引进人才年度工作目标及权利义务，定期开展引进人才成果评估和目标考核。对于取得重大成绩的人员给予表彰和奖励，对不能发挥作用的引进人才，依据考核结果和合同约定，取消高层次人才待遇。

3．强化资金保障。市政府根据引进高层次人才的实际需要和财政收入状况，逐年增加市人才专项资金年度预算，用于各类人才引进、培养和奖励等。

引进高层次人才所需经费，按照“谁受益、谁负责”和政府补助相结合的原则承担。根据管理权限和属地原则，全额财政拨款事业单位和差额拨款事业单位引进高层次人才，由同级财政给予全额补助，自收自支事业单位、企业引进高层次人才，由同级财政给予50%的补助。

省、部属驻六安单位引进A、B类人才所需费用，由市财政给予30%的补助。

4．营造社会氛围。各县区及市直相关单位要加强政策宣传工作，充分利用各类媒体、各种渠道宣传六安人才政策，提高政策影响力，做好政策兑现落实工作。加大对优秀人才作用和价值的宣传力度，积极营造全社会爱才尊才和重才的良好氛围，形成引得进、留得住、用得好的人才发展环境。

本意见自印发之日起实施，由市人才办负责解释。

各县区可参照本意见研究制定相应人才引进政策。2012年12月12日印发的《关于引进高层次创新创业人才的若干意见（试行）》（六发〔2012〕20号）同时废止。

中共六安市委
六安市人民政府
2016年12月19日

中共福建省委
关于深化人才发展体制机制改革的实施意见

（闽委发〔2016〕21号）

为贯彻落实中共中央《关于深化人才发展体制机制改革的意见》（中发〔2016〕9号），围绕建设机制活、产业优、百姓富、生态美的新福建目标，加快建设人才强省，深化人才发展体制机制改革，现提出以下实施意见。

一、总体要求和主要目标

（一）总体要求。

深入学习贯彻习近平总书记系列重要讲话和省委九届十六次全会精神，遵循社会主义市场经济规律和人才成长规律，坚持创新、协调、绿色、开放、共享的发展理念，实施人才优先发展战略，破除束缚人才发展的思想观念和体制机制障碍，解放和增强人才活力，构建现代化的人才发展治理体系，努力打造人才管理体制改革先行区、两岸人才交流合作示范区、海内外人才创新创造创业集聚区。

（二）主要目标。

通过深化改革，到2020年，在人才培养引进、评价使用、分配激励、服务保障、编制管理等重点环节取得突破性进展，人才管理体制更加灵活高效，人才培养、评价、流动、激励机制更加科学合理，人才服务保障体系更加健全完善，全社会识才爱才敬才用才氛围更加浓厚，各类人才的创新创造创业活力充分释放，形成与社会主义市场经济体制相适应、人人皆可成才、人人尽展其才的政策法规体系和社会环境。

二、推进人才管理体制改革

（三）转变政府管理职能。按照政社分开、政事分开和管办分离要求，强化政府宏观管理、政策法规制定、公共服务、监督保障等人才管理职能。推进人才管理部门简政放权，建立和完善政府人才管理服务权力清单、责任清单。优化人才公共服务流程，提高政府管理服务效率。在审批审核中，凡是法律法规和政策文件没有规定的材料一律不再要求提供。

（四）落实用人主体自主权。充分发挥用人主体在人才培养引进使用中的主导作用。研究制定事业单位领导人员管理办法。实行一定数量高层次人才专用编制，专编专用、人退编收。在高校、公立医院等事业单位试行“人员控制数”等管理办法。科研院所可在核定机构编制限额内自主设置内设机构，调剂使用编制，报机构编制部门备案。科学合理配置高校内设机构和领导职数。创新事业单位编制管理方式，对符合条件的公益二类事业单位实行备案制管理。改革事业单位岗位管理模式，建立动态调整机制。

（五）壮大人才中介服务组织。积极培育各类社会组织和人才中介服务机构。支持建设国家级人力资源服务产业园。整合人才市场和劳动力市场，构建统一、开放的人力资源市场体系。鼓励发展中小型专业人力资源服务机构，构建人力资源服务集群。加大高端猎头机构引进培育力度，鼓励省内人力资源机构与国（境）外同类机构合资合作，到自贸试验区台资设立人力资源服务机构不受股权比例和注册资本金限制。大力培育科技服务组织。选派人力资源服务业人才赴省外高校、人力资源服务机构培训。探索建立公益性的人才科技资本综合运营平台。

三、促进人才发展与经济社会发展深度融合

（六）大力推进人才特区建设。充分发挥“多区叠加”政策联动优势，以中国（福建）自由贸易试验区和福厦泉国家自主创新示范区为改革平台，在人才管理、投资融资、税收、股权激励、成果转化等方面进行创新试点，推动福州、厦门、平潭人才特区建设。积极争取设立中国（福建）自由贸易试验区海外人才离岸创新创业基地，建立多层次的离岸创业服务支持系统，探索可复制、可推广的离岸创业托管模式。打造一批产业人才聚集基地和企事业人才高地。

（七）统筹人才培养开发与产业发展。坚持人才引领创新发展，加快培育重点行业、重要领域、战略性新兴产业人才。建立重点产业人才需求预测发布制度。对能实现重大产业突破的高层次人才团队实行“一事一议”，从人才、科技、工业等专项经费中统筹给予最高1亿元的综合支持；对成长性好和业绩突出的团队项目，根据实际需求予以滚动支持或追加资助。组建产学研联盟，建设一批产业技术重大研发平台，推动一批“国字号”研发机构落地。组建军民融合创新研究平台，建立军地人才、技术、成果转化对接机制。建立高层次人才创新创业示范区。推动科技人才与高校、科研院所、大中小微企业线上线下创新创业活动有机结合，构建科学、技术、工程专家协同创新机制。搭建一批科技成果转化平台，推动众创空间、创业孵化基地建设。

（八）加强企业经营管理人才队伍建设。实施企业经营管理人才培养计划。推荐企业高级经营管理人才赴国内外知名高校、科研院所参加企业高级经营管理培训。重点培养“专精特新”中小企业的领军人物，提升中小企业经营管理人才素质。组织突出贡献企业家、企业高级经营管理人才、中小企业经营管理领军人才开展企业管理经验推广活动。研究制定省管国有企业市场化选聘职业经理人办法。开展国有企业职业经理人试点工作。逐步扩大国有企业经营管理人才和新增经理层人员市场化选聘比例。

（九）提升技能人才水平。完善校企联合培养模式，推行本科高校和职业院校教师和企业工程师共同指导培养学生的双导师制度。创新技术技能人才教育培训模式，推进现代学徒制、“二元制”技术技能人才培养模式改革，促进企业和职业院校成为技术技能人才培养的“双主体”。在职业院校、技工院校中推行“校企双制、工学一体”的办学模式。探索建立职业院校、技工院校学历毕业文凭加职业资格证书培养制度。加强产业技工培养基地和技能大师工作室等平台建设。建立企业“首席工程师”“首席技师”制度。探索建立技能人才技术技能业绩与薪酬待遇挂钩制度。弘扬“工匠”精神，加强符合我省产业发展需求的相关职业（工种）技能鉴定。加快农村实用人才和社会工作人才培养，依托高等学校、职业院校定向培养新型职业农民，研究制定职业农民评价认定标准。

（十）创新非公经济组织人才工作。非公经济组织与社会组织专业技术人员和管理人员纳入全省专业技术资格经常化评审范围，与国有企事业单位同类人员同等对待。对具备条件的非公经济组织和社会组织，可组建相应系列的专业技术资格评审委员会，自主开展职称评审，自主发放证书。把非公经济组织人才教育培训纳入人才教育培训体系，加大对非公有制经济组织人才培训的投入，建立政府引导、企业主导、社会参与的培训机制。建立非公企业人才调查统计制度。探索建立非公企业人才特派员制度。非公企业人才同等享受政府表彰奖励、特殊津贴评定、各类人才遴选、项目（课题）评审、信息服务等各项人才政策。重视推荐符合条件的非公企业优秀人才作为党代表、人大代表、政协委员、劳动模范的人选。

四、改进人才培养支持

（十一）深入实施“海纳百川”高端人才集聚计划。深入实施省高层次人才特殊支持“双百计划”和省优秀人才“百人计划”，完善支持政策，创新支持方式。继续实施高校高层次人才培养引进“三项计划”和“闽江学者奖励计划”。继续实施医疗卫生高层次人才队伍建设“创双高”工程和“四项目”。实施“文化名家”工程，培养和引进高水平人文社科专业人才，集聚一批哲学社会科学、新闻出版、文化艺术、创意、影视、传媒人才。

（十二）建设一流大学和一流学科。研究制定建设一流大学和一流学科的实施意见，优化高校学科结构。以市场需求为导向，完善高校学科专业动态调整机制；围绕重点支持领域发展需求，与境内外高水平大学、科研机构、企业合作建设若干特色学院。推动高校加快培养和引进一批活跃在国际学术前沿、满足国家重大战略需求的一流科学家、学科领军人才和创新团队。实施院士培育工程。

（十三）促进青年人才脱颖而出。积极为青年优秀人才在岗位聘任、工作条件、考核评价和生活待遇等方面创造灵活便利的条件。加大教育、科技和其他各类人才工程项目对青年人才的培养和支持力度，在科技类科研项目、社科类科研项目和科研奖项中设立青年专项。省自然科学基金和省社科规划项目设立“青年科技人才创新项目”和“杰出青年项目”专项，用于支持博士后和优秀青年科技人才的科研工作。吸引国内外优秀青年人才来闽从事博士后研究。鼓励高校、科研机构和企业设立博士后科研流动站、工作站。支持有条件的博士后科研工作站独立招收博士后研究人员，不断加大博士后研究人员招收培养力度。实施青年人才举荐培养工程。

五、改革人才评价制度

（十四）健全人才评价考核体系。分类推进人才评价机制改革。注重凭品德、能力、实绩和贡献评价人才，克服唯学历、唯职称、唯论文等倾向。不将论文等作为评价应用型人才的限制性条件。探索建立专业技术人才、企业经营管理人才、高技能人才、社会工作人才和农村实用人才等各类人才评价指标体系。对科技创新人才，按照其从事基础研究、应用开发、科技成果转移转化及产业化等不同类别，分类制定评价标准。对哲学社会科学人才，按照其学术成果价值和对社会发展的贡献，科学制定评价体系。适当延长基础研究人才评价考核周期。高校、科研院所按照教学岗位、教学科研岗位、科研岗位、管理岗位等分类设计实施考核评价机制。完善卫生计生高级专业技术职称评价制度。探索政府授权学会、行业学会、行业领军企业和新型科研机构自主开展人才评价工作。探索在高层次人才评价中引入人力资源服务机构、风险投资机构等市场化评价要素。加强评审专家数据库建设，建立评价责任和信誉制度。

（十五）改革职称制度和职业资格制度。制定深化职称制度改革实施意见，分类推进职称制度改革。深化中小学职称制度改革，推进中等职业学校（含技校）教师和会计专业技术人员职称制度试点改革。合理界定和下放职称评审权限，支持高校、科研院所和国有企业自主开展职称评审、自主发放证书。对职称外语和计算机应用能力考试不作统一要求，由主管部门和用人单位根据职业属性、岗位需求自主确定。完善评价标准，将高新技术成果转化、技术创新、发明专利、标准制定以及所创造的经济效益和社会效益等因素作为职称评审的重要依据。推进职称评审社会化改革，完善“个人自主申报、行业统一评价、单位择优聘任”的职称评价机制。人事档案关系不在工作单位所在地管理的科技人员，与用人单位签有正式聘用合同或劳动合同，并参加社会保险一年以上，可通过现工作单位，按规定程序向有关部门申报评审专业技术资格。清理减少准入类职业资格并严格管理，推行水平类职业资格评价市场化、社会化，放宽急需紧缺人才职业资格准入。

（十六）完善高级职称评审绿色通道。研究制定高层次人才、急需紧缺人才职称直聘办法。对回国工作、符合条件的海外高层次留学人才，其国外专业工作经历、学术或专业技术贡献可作为参评高级专业技术职称的依据，不受本人国内任职年限限制。对获得国家科学技术二等奖（排名前3）、中国发明专利金奖（发明人排名前2）、国家杰出青年科学基金、国家“千人计划”和“万人计划”人选、“百千万人才工程”国家级人选、福建省引进高层次创业创新人才，可直接确认相应专业最高级别专业技术资格，属事业单位工作人员的，可直接聘任相应专业技术职务，其高级岗位职数单列。对业绩突出、成果显著的优秀中青年人才，可打破学历、任职资历要求，申报高一级专业技术职称。高校、科研院所可设置部分科技成果转化岗位，优秀团队可增加高级专业技术岗位职数。改革国有企业技术人员主要依靠职务提升的单一晋升模式，拓宽技术人员晋升渠道。

六、促进人才顺畅流动

（十七）畅通人才流动渠道。建立高层次人才、急需紧缺人才优先落户制度。制定实施机关事业单位从非公有制单位和临时工中录（聘）用的工作人员工龄计算办法，实行工龄连续计算。继续推进机关事业单位养老保险制度改革，逐步完善基本养老保险关系转移、衔接办法，为人才跨地区、跨行业、跨体制流动提供便利。支持国有企事业单位科研人员离岗创业，企事业单位科研人员经所在单位同意，可带科研项目和成果（技术），保留人事关系离岗创业。探索吸引非公有制经济组织和社会组织优秀人才进入党政机关、国有企事业单位的办法。

（十八）引导人才向山区和基层一线流动。进一步落实加强省级扶贫开发重点县人才和干部队伍建设的政策措施，对省级扶贫开发工作重点县招录招聘人才适当放宽条件。人才强县试点和重大人才项目向省级扶贫开发工作重点县和中央苏区、革命老区倾斜。加大省级财政用于中央苏区、革命老区和省级扶贫开发工作重点县工资收入转移支付力度。深入推行科技特派员制度，鼓励支持高校、科研院所选派科技特派员到农村基层创新创业，开展农业技术服务，抓好精准扶贫科技示范。根据省级扶贫开发工作重点县和中央苏区、革命老区产业现状，组织专家开展技术、项目帮扶活动，支持建设一批专家服务基地。实行“本土化、直通车”方式培养基层急需紧缺人才，实施定向培养农村人才计划，省内高校、职业院校要设置相关专业课程，招收当年报考普通院校的农村户籍应届高中毕业生。支持设区市办好医学高等院校，加快培养基层紧缺急需医学专业人才。对在农村工作满25年且仍在农村工作的中小学教师、医疗卫计人员、农技人员、国有林场技术人员，已取得职称资格的，可不受岗位职数限制直接聘任。试行将山区和基层一线工作经历作为专业技术职称评审的重要条件。

七、加大人才引进力度

（十九）完善引才方式。突出“高精尖缺”，更大力度实施省引才“百人计划”。完善引进高层次人才评价认定办法。对具有成长潜力但未入选省引才“百人计划”的创新创业预备项目团队，给予最高200万元资助。允许符合条件的海外高层次人才创办内资企业的，企业注册资本（金）可全部以技术出资。落实留学福建计划，逐年增加奖学金总额，吸引更多外国留学生来闽留学。发挥闽籍华人华侨优势，鼓励和支持社会力量参与引才。工会、共青团、妇联、科协、侨联、工商联等群团组织要利用自身优势团结人才、引荐人才。留学生同学会、院士专家交流协会、高层次人才联谊会、企业家协会等各类协会要发挥对各类人才的联系服务和桥梁纽带作用。加大柔性引进省外高层次人才力度，发挥院士专家八闽行、院士专家工作站、海外科技专家顾问团聚集培养人才作用。

（二十）打造引才平台。发挥驻外机构引才引智作用。依托省政府驻海内外机构建立引才工作联络平台，建立一批海外引才联络站。完善引才联络站管理机制、激励机制和经费保障机制。依托国家海外工作网络体系、海外人力资源战略伙伴、境内外知名人力资源机构，建设引进高层次人才目标库及留学回国人员意向信息库，征集发布企事业单位人才需求信息和海内外人才项目信息。

（二十一）调动企业引才积极性。鼓励企业面向全球广泛吸纳人才。支持有条件的企业在海外建立研发机构，吸引使用当地优秀人才。建立企业主导产业技术研发新机制，吸引优秀人才开展重大产业关键共性技术、装备和标准的研发。省属国有企业引进特殊人才产生的工资总额增加，根据市场同类人员工资水平，由企业据实单列，不计入当年企业工资总额幅度调增控制范围，可列入增加次年预算基数。采取“以奖代补”等形式给予企业引才奖励。

八、深化闽台人才交流合作

（二十二）促进闽台人才交流合作。打造一批在闽台资企业人才高地。实施引进台湾高层次人才“双百计划”。鼓励台湾企业、科研机构和科研人员来闽投资创办科技型企业、研发机构、高新技术园区。发挥海峡两岸科技合作联合基金导向作用，解决闽台两岸共同关注的重大科学和关键技术问题。深化台湾专才选聘工作。探索设立海峡博士后交流资助计划。落实台湾青年人才来闽就业创业政策。实施对台引智项目。实施闽台联合培养高校师资和大学生项目，吸引台湾优秀师资来闽任教，引进台湾职业培训优质资源，鼓励台湾优质职业教育机构在闽联合开办职业院校和职业培训机构。加强闽台科技社团的交流合作。建设两岸人才交流合作基地和新型农民交流培训基地。支持闽台两地互设人力资源机构。

（二十三）做好台湾人才在闽服务。实行来闽台湾人才及其家属享受当地居民同等待遇政策。鼓励在闽台湾人才参加福建社会保险。推动闽台职业教育培训合作。推进台湾人才在闽职业技能鉴定、专业技术职务评审、专业资格考试、专业执照采认等各项政策创新。依法任命符合条件的台湾人才担任涉台案件人民陪审员，或聘请其担任特邀调解员、有关仲裁机构仲裁员。探索建设台湾社区，鼓励台湾居民参与社区管理事务。

九、提升人才服务水平

（二十四）健全人才服务体系。制定加强人才服务体系建设指导意见。省、设区市（平潭综合实验区）、县（市、区）建立人才服务机构，配足配强工作人员。按照“属地管理、条块结合”原则做好人才跟踪服务，实现“一站式受理、一次性告知、一条龙服务”。运用大数据技术，加快“海纳百川”信息共享平台建设，加强高层次人才资源开发。加大政府购买人才服务力度。优化人才及家属落户、配偶就业、子女入学、医疗社保、人才安居、居留和出入境证件申请、自用物品入境免税证明、创业扶持等服务。为外籍人才申请停居留提供特别便利服务。为外籍人才提供代转口岸签证便捷服务。对企业招收本科以上学历或中级以上职称的人员，可办理落户手续。

（二十五）强化人才住房保障。分层分类向人才提供安家补贴、购（租）房补贴，鼓励以货币化、市场化方式解决人才住房问题。适时公布调整人才住房补贴标准，用人单位可为其引进的高层次人才提供周转房或安家补贴、购（租）房补贴。符合条件的人才可优先购买或租赁我省同类人员住房面积标准的限价商品住房、公共租赁住房，或实行相应的货币化补贴。对省属事业单位引进的符合人才引进指导目录条件的人才，在闽工作期间由省财政厅给予每月2000元生活津贴，连续发放5年，给予正高职称人员每人18万元住房补贴、副高级职称人员或博士每人14万元住房补贴；省属国有企业可参照执行，补贴费用由所在企业列支。引进人才可按规定缴存和使用住房公积金，各地可在贷款最高额度上予以一定优惠。支持人才聚集的产业园区、开发区、高校新区等，在符合土地利用总体规划、城市建设规划等的前提下，申请利用自有土地以公共租赁房的形式建设人才公寓。对符合条件列入保障性住房项目清单的人才公寓、人才周转房建设，在用地、资金、税费上按规定享受保障性住房建设运营的优惠政策。

（二十六）便利人才子女就学。完善高层次人才子女来闽接受学前教育、义务教育和高中阶段教育的优惠政策。已安排入学的高层次人才子女小学升初中、初中升高中，按当地“小升初”方案和中考中招有关规定执行，享受与当地学生同等待遇。普通高中学生因家庭居住跨省、市、县迁移（不含同城区内迁移）需要转学的，按“同级互转”原则妥善安排。持有《福建省人才居住证》的海外人才和持有《外国专家证》的高层次人才，其子女在国外生活5年以上并在国内初中学校就读未满3年，报名参加中考接受高中阶段教育的，可以适当照顾。推进福州市、厦门市、泉州市、平潭综合实验区和有条件的设区市建设国际学校，试点外国语学校、民办学校开设专门招收外籍人才子女、持国外永久居留证人才子女的国际部，各级教育、国土资源、财政、外国专家管理等部门予以政策支持。

（二十七）加强人才医疗保健服务。两院院士、诺贝尔奖获得者、国家最高科学技术奖获得者等杰出人才享受一级医疗保健待遇。国家“千人计划”“万人计划”等人选以及省引才“百人计划”人选、省引进A类高层次人才享受二级保健待遇；省引进B类高层次人才和省科技创新领军人才、科技创业领军人才、哲学社会科学领军人才、百千万工程领军人才、企业高级经营管理人才等5类特殊支持人才，逐步纳入享受二级医疗保健待遇范围。对不愿享受保健待遇的高层次人才，可通过支持其购买商业医疗保险等方式提供相应医疗保障。为外籍人才医疗提供便利，在三甲医院特需门诊为外籍人才提供预约诊疗和外语服务。鼓励符合条件的医院、诊疗中心与国内外保险公司合作，加入国际医疗保险直付网络系统。

（二十八）完善人才出入境及居留办法。对国有企业单位人员和高等学校、科研院所教学科研人员因公临时出国（境）实行区别管理。企业人员因公出国（境）和高等学校、科研院所教学科研人员出国（境）执行学术交流合作任务，单位和个人的出国批次数、团组人数及在外停留天数根据实际需要安排，不列入本单位和个人年度因公临时出国（境）批次限量管理范围，出访团组、人次数和经费单独统计。试点建立市场认定机制，降低永久居留申请门槛。对在自贸试验区内注册企业已连续工作满4年，每年在中国境内实际居住累计不少于6个月，有稳定生活保障和住所，工资性年收入和年缴纳个人所得税达到规定标准的外籍人才，经工作单位推荐，可申请在华永久居留；对经人才主管部门认定的自贸试验区外籍高层次人才可不受60周岁年龄限制，申请5年内有效期的外国专家证和工作类居留许可，逐步推行工作满3年后，经工作单位推荐，可以申请在华永久居留。按程序报公安部批准后，将支持自贸试验区外籍人才出入境政策推广至全省适用。完善永久居留证申办途径，探索从居留向永久居留转化衔接的机制。对入选国家“千人计划”、国家高端外国专家项目计划、中国政府“友谊奖”等外籍高层次人才，经本人提出申请，可申办外国人永久居留证。对经人才主管部门认定的外籍高层次人才或其他按照规定提交有关人才主管部门出具的人才证明的，并提供邀请单位出具的说明紧急入境事由的邀请函，允许其在抵达口岸后申请R字签证。

十、健全人才发展保障机制

（二十九）建立多元投入机制。鼓励设区市（平潭综合实验区）、县（市、区）财政设立人才创业投资引导基金，吸引社会资本、风险投资进入人才科技创新领域，形成的项目增值收益等可按一定比例用于奖励基金管理团队和天使投资其他参与人。实施重大建设工程和项目时，统筹安排人才开发经费。对人才发展的补助和奖励可列入国有资本经营预算。进一步完善创业投资风险补偿机制，优化补偿比例和条件设定机制，支持新兴产业领域早中期、初创期企业发展。完善创业担保贷款机制，根据社会经济发展水平适时调整创业担保贷款额度。鼓励金融机构对符合条件的高层次人才创业融资给予无需担保抵押的平价贷款。支持创新创业企业到境内外资本市场上市，或到新三板、海峡股权交易中心挂牌。

（三十）改进财政科研经费管理办法。调整优化各类人才工程（计划、项目），建立跨部门统筹决策的联动管理机制。简化财政科研项目预算编制，下放科研项目预算调整审批权。提高间接费用比重，加大对科研人员绩效激励力度，明确劳务费开支范围，不设比例限制。2年内项目结余经费按规定留归项目承担单位统筹安排用于科研活动的直接支出。强化项目（课题）承担单位在经费使用中的法人主体责任。受行业、企业等委托利用社会资金开展技术攻关、提供科技服务的科技项目，高校、科研院所可以按照委托合同自主支配经费。实行哲学社会科学研究成果后期资助和事后奖励制度。

（三十一）加强知识产权保护。加强知识产权司法保护，构建全省知识产权大维权平台，提高知识产权维权援助能力，为创新人才提供公益性、专业性的知识产权法律服务。落实《福建省小微企业专利权质押贷款风险补偿资金管理办法（试行）》，开展专利权质押助保贷业务，完善知识产权质押融资等金融服务机制，为大众创业万众创新提供支持。建立人才引进使用中的知识产权鉴定机制，防控知识产权风险。建设知识产权专家智库，加强知识产权人才培训，培育发展和引进知识产权评价交易等各类服务机构。

（三十二）加大人才激励力度。研究制定全省城镇职工薪酬水平增长机制。合理划分创新团队、个人、单位间的科技成果转化收益分成，转化收益中归属成果完成人及团队的比例不低于70%，并鼓励成果优先在省内转化。企事业单位可实行高层次人才年薪制协议工资、项目工资等分配办法。对科技成果完成人和为科技成果转化作出重要贡献人员的奖励，计入当年本单位工资总额，但不受当年本单位工资总额限制，不纳入本单位总额基数。支持担任党政领导职务的科技人员按照规定以及本人在研发活动中所起的作用和实际贡献参与科技成果转化收益分配和奖励。探索实施国有企业股权激励和员工持股制度，试点国有科技创新型企业对重要科研人员和管理人员实施股权、期权激励。符合《国家税务总局关于促进科技成果转化有关个人所得税问题的通知》（国税发〔1999〕125号）规定的高校、科研院所转化科技成果以股份或出资比例等股权形式给予个人奖励的，获奖人在取得股份、出资比例时，暂不缴纳个人所得税；取得按股权、出资比例分红或股权转让、出资比例所得时，应依法缴纳个人所得税。

十一、切实加强党对人才工作的领导

（三十三）完善党管人才工作格局。发挥党委（党组）总揽全局、协调各方的领导核心作用，加强党对人才工作统一领导，切实履行管宏观、管政策、管协调、管服务职责。改进党管人才方式方法，完善党委（党组）统一领导，组织部门牵头抓总，有关部门各司其职、密切配合，社会力量共同参与的人才工作新格局。进一步明确人才工作领导小组职责任务和工作规则，健全领导机构。落实执行好《关于进一步加强党管人才工作的实施意见》（闽委办发〔2012〕10号）规定要求，配强领导和工作力量。理顺党委和政府人才工作职能部门职责，将行业、领域人才队伍建设列入相关职能部门“三定”方案。加强人才工作者培训交流。

（三十四）实行人才工作目标责任考核。建立各级党政领导班子和领导干部人才工作目标责任制，细化考核指标，加大考核力度，将考核结果纳入各设区市（平潭综合实验区）年度绩效考评，作为领导班子评优、干部评价的重要依据，将人才工作列为落实党建工作责任制情况述职的重要内容。

（三十五）坚持对人才的团结教育引导服务。研究制定党政领导联系专家办法。建立党政领导干部直接联系高层次人才制度。加强各类人才教育培训、国情省情研修，增强认同感和向心力。充分发挥“千人计划”“百人计划”入选专家等高层次人才在重大决策中的智库作用。发挥省专家联谊会、省人才研究会等平台作用，组织开展各类专家咨询论证，畅通专家建言献策渠道。搭建在闽外籍专家沟通交流平台。加强创新创业优秀人才和工作典型宣传，打造突出人才主题的新型媒介传播平台。建立健全人才荣誉制度，加强政治引领和政治吸纳，对有卓越贡献和重大贡献的杰出人才，提请授予各级政府荣誉称号。

（三十六）制定地方性人才法规。研究制定福建省人才工作条例、福建省人力资源市场条例等法规。强化人才工作法规与教育、科技、文化等立法的衔接。

各级党委和政府要结合本地实际，研究制定具体实施办法。鼓励各地区各部门因地制宜，开展差别化改革探索，研究解决人才发展体制机制改革中的新情况和新问题。省直各相关部门要根据任务分工，研究制定具体落实措施，明确时间表和路线图，确定责任领导和具体责任人。省委人才工作领导小组要加强宏观指导和组织协调，建立协调落实机制、督办机制和成效评估机制，理清责任链条，加强督促检查，推动各项改革措施落地见效。中央驻闽单位可结合自身实际和主管部门规定，参照实行本实施意见。

中共福建省委办公厅
2016年9月12日

中共厦门市委 厦门市人民政府
关于进一步激励人才创新创业的若干措施

（厦委发〔2016〕4号）

为了进一步贯彻落实《中共中央国务院关于深化体制机制改革加快实施创新驱动发展战略的若干意见》及福建省《关于加强中国（福建）自由贸易试验区人才工作的十四条措施》《福建省深化闽台人才交流合作行动计划（2015—2018年）》等文件精神，现就本市进一步激励人才创新创业提出如下意见：

一、分层次实施人才激励政策

建立市场化的引才机制，通过分层次实施人才激励政策，充分发挥企业在引才用才、评价人才方面的主体作用。

1．入选市级以上引才计划的领军型创业人才（含入选国家“千人计划”、省“百人计划”、市“双百计划”领军型创业人才及入选“海纳百川”人才计划的金鹭英才卡持卡人才），按照《福建省引进高层次创业创新人才暂行办法》（闽委办〔2010〕2号）、《关于加快建设海西人才创业港 大力引进领军型创业人才的实施意见》（厦委办发〔2010〕22号）、《厦门市“海纳百川”人才计划优惠政策暂行办法》（厦委办〔2010〕10号）等文件规定，对人才3年内缴纳个人所得税地方留成部分分层次最高予以全额奖励。

2．在经认定的市级总部企业任职1年以上，并入选“海纳百川”人才计划的技术领军人才，根据《厦门市鼓励总部经济发展若干规定》（厦府〔2012〕495号），按人才工资薪金所得3年内缴纳个人所得税地方留成部分的50%予以奖励。

3．在两岸新兴产业和现代服务业合作示范区内工作的高层次人才和紧缺人才（含台湾人才），按人才工资薪金所得个人所得税超过工资薪金应纳税所得额15%的部分予以奖励。

4．符合《厦门市重点发展产业指导目录》（详见附件）的企业，经相关产业主管部门认定，其聘任的年薪（税前）30万元以上、担任中层以上技术岗位的专业人才，按人才工资薪金所得3年内缴纳个人所得税地方留成部分的25%予以奖励，用于人才在厦购（租）房、购车、装修、家具家电购置、培训、未成年子女教育方面的消费支出。《厦门市重点发展产业指导目录》由市发改委根据我市产业发展需要牵头制定公布。

以上奖励金视同市政府奖金，按照就高不重复原则兑现。

二、加大人才创新创业扶持力度

5．推动建设一批支撑人才创新创业的平台载体。支持新建或提升改造众创空间，提供场所建设改造、设备购置、宽带资费减免、数据中心租用、运营服务等方面补助。鼓励各类企业盘活闲置的商业用房、工业厂房、企业库房、物流设施等资源，建设创新创业基地，按面积给予补助支持。

6．建立完善创业投资引导机制。发挥市产业引导基金杠杆放大效应，广泛吸纳社会资本参股设立创业投资、天使投资、种子类投资等子基金，壮大创业资本规模。鼓励各区参股投资一定规模的天使、种子类投资基金。鼓励天使投资人（机构）、创业投资、股权投资机构和众创空间运营机构投资于众创空间内的创业项目、创业团队和小微企业，在厦门落地的，按当年实际投资额度的5%给予风险补偿，单个项目最高不超过100万元。

7．加大银行对创业人才支持。鼓励银行提高针对创新创业企业的金融服务专业化水平，创新金融产品，开展应收账款质押贷款、股权质押贷款、知识产权质押贷款等服务，构建涵盖科技银行、担保机构、小贷公司、保险机构等在内的金融服务体系。

8．加快科技成果转化。加快下放科技成果使用权、处置权和收益权改革，建立符合科技成果转化规律的市场定价机制。事业单位科技成果转化所得收益全部留归单位分配，在对完成职务科技成果转化做出重要贡献的人员予以奖励、激励和报酬后，纳入单位预算，实行统一管理，不再上缴财政；建立科技成果转移转化收入分配制度，科技成果转化收益可按最低60%、最高95%的比例用于对完成、转化科技成果作出重要贡献的人员和团队进行奖励。推动技术交易发展，对开展技术开发、技术转化、技术咨询、技术服务、网上技术交易服务平台运营的企业和机构，以技术交易额一定比例为标准给予奖励。

三、大力引进各类台湾人才

9．大力引进台湾特聘专家、专才。重点引进电子信息、集成电路、平板显示、软件信息、文化创意、生态农业、环境保护、生物医药、医疗卫生、教育工作、社会工作等领域的台湾高层次人才，按照《厦门市台湾特聘专家制度暂行办法》（厦委办〔2013〕10号）的有关规定予以评选认定，并分别授予台湾特聘专家、专才称号。入选台湾特聘专才的，在聘期内按照每年10万元，最高50万元的标准给予补助；入选台湾特聘专家的，在聘期内按照每年20万元，最高100万元的标准给予补助，其中特别优秀的领军型人才可按照每年30万元，最高150万元的标准给予补助。

10．鼓励柔性引进台湾人才。支持用人单位突破年龄、工作地、工作单位和工作方式限制，采取市场化方式柔性引进台湾各类专业人才来厦服务，可根据人才个人薪酬总额20%，给予用人单位最高15万元的奖励，用于支付人才薪酬、猎头经费等方面的支出。

11．吸引台湾青年来厦创业。依托台湾青年创业基地或创客空间，鼓励和支持台湾青年以各种形式创办企业。通过举办海峡两岸青年（高校）创意创新创业邀请赛等形式吸引台湾青年来厦创业交流，在市级以上重要青年创业比赛中获奖的台湾人才在厦创业，可给予最高2000元/月的月租房补贴（限3年）。

12．支持台湾青年来厦就业。符合《厦门市重点发展产业指导目录》的企业接收台籍应届毕业生在厦实习，并签订3年以上的工作合同（协议）的，可为台籍应届毕业生申请实习补贴和每月500元的租房补贴，实习补贴标准参照厦门生源毕业生职业见习补贴标准，补贴期限按照台籍应届毕业生在厦实习时间长度，最长不超过1年。

13．优化台湾人才在厦工作生活保障。进一步落实《厦门经济特区台湾同胞保障条例》，推动台湾人才在生活消费与公共服务等领域享有与本市居民同等待遇。鼓励在厦台湾人才参加厦门社会保险。积极筹办台湾人才子弟学校。实施台湾人才住房公积金特殊支持政策，入选台湾特聘专家、专才的台湾人才在厦购房，申请住房公积金贷款，贷款最高额度可放宽至我市最高限额的4倍。

四、完善人才综合保障体系

14．完善人才住房政策。制定完善政府与用人单位共同分担，以购（租）房货币化补贴、人才公寓租赁为主要方式的人才住房优惠政策。推动各区（园区）在人才集聚区周边建设人才公寓。对于高科技企业，试行在自有用地上建设倒班房用于人才租住。

15．完善知识产权管理和执法体系。加大科技成果转化司法保障力度，加强知识产权机构的协调配合、信息共享和联合执法。推动成立知识产权银行、知识产权投资基金、知识产权投资公司，开展两岸知识产权发展试点。

16．为来厦高层次人才提供更加便捷优质的出入境服务和居留便利。进一步扩大自贸区内台资企业外国人长期居留许可签发范围，对自贸区内台湾高层次人才团队和外籍成员及台籍高层次人才聘雇外籍家政服务人员，提供生活居留便利。鼓励海外青年在厦门创新创业，吸引在华外籍优秀智力资源。

17．加强人才医疗保障、子女入学等方面保障。厦门引进的各类高层次人才可分层次享受医疗保障、子女就学等优惠政策。

18．完善市场化人才服务网络。搭建人才信息公共服务平台，为人才创新创业提供政策咨询、招聘对接、成果转化和创业支撑等全方位、立体化服务。大力引进一批著名国际猎头公司、国际人才中介服务机构和台湾人力资源机构在厦设立合资、独资机构，开展高端人才服务业务，推动本市人力资源服务业产业化发展。支持自贸区采取猎头方式柔性引进建设专才、组建厦门自贸片区专家咨询委员会和海外顾问团，成功引进的，给予猎头公司、猎头机构10%的猎头费用奖励。

附件：厦门市重点发展产业指导目录（略）

中共厦门市委
厦门市人民政府
2016年1月20日

江西省人民政府办公厅
关于加快构建大众创业万众创新支撑平台的实施意见

（赣府厅发〔2016〕64号）

为加快构建众创、众包、众扶、众筹（以下简称“四众”）等大众创业万众创新支撑平台，培养“互联网+”新业态新模式，促进创业创新，根据《国务院关于加快构建大众创业万众创新支撑平台的指导意见》（国发〔2015〕53号）精神，结合我省深化经济体制和生态文明体制改革部署及工作实际，经省政府同意，提出如下实施意见。

一、全面推进众创，汇众智促创新

通过创业创新服务平台聚集各类创新资源，大幅降低创业创新成本，使每一个具有创新思维和能力的人都可参与创新，形成大众创造、释放众智的新局面。

（一）大力发展众创空间。扶持科技企业孵化器、大学科技园、创业孵化基地、小型微型企业创业创新示范基地和创业特色小镇等创业载体发展，培育一批创业创新示范基地、示范企业。大力发展创新与创业相结合、线上与线下相结合、孵化与投资相结合的众创空间，重点打造60个众创空间。对各类众创空间，由所在地政府或公办高校提供不少于100平方米工作场所，3年内免收租金；租用社会场所的，由所在地政府给予每平米不高于20元的月租金补助。对经考核合格的省级众创空间，以“后补助”方式给予一定资助。对省级科技企业孵化器等优秀众创空间，给予一定资金支持，所需资金在省级科技专项资金中统筹安排。（责任单位：省科技厅、省发改委、省人社厅、省教育厅、省工信委、省商务厅、省财政厅。排在第一的为牵头单位，下同）

（二）鼓励推进网络平台众创。鼓励各类电子商务平台企业利用技术优势和产业整合能力，向小微企业和创业团队开放平台入口、数据信息等资源，提供研发工具、经营管理和市场营销等方面的服务支持。支持电子商务龙头企业（平台年交易额超过100亿元或企业年营业收入超1亿元）落户江西，对其将注册地、纳税地或区域性、功能性总部迁入我省的，由落户地所在政府按规定给予不超过200万元的奖励或补贴，并纳入省重点项目依规给予倾斜和支持。（责任单位：省商务厅、省财政厅、省国税局、省地税局）

（三）引导大学生创业创新。实施大学生创业引领计划，激发大学生创业创新活力。对符合条件的大学生（在校及毕业5年内）给予一次性创业补贴，补贴标准5000元。对已进行就业登记并缴纳社会保险费的自主创业高校毕业生，按规定给予社会保险补贴。对符合条件的大学生给予10万—50万元的创业担保贷款扶持，并按规定给予贴息。（责任单位：省人社厅、省教育厅、省财政厅）

二、积极推广众包，汇众力增就业

借助互联网等手段，将传统由特定企业和机构完成的任务向自愿参与的所有企业和个人进行分工，最大限度利用大众力量，以更高的效率、更低的成本满足生产及生活服务需求，促进生产方式变革，开拓集智创新、便捷创业、灵活就业的新途径。

（四）加快发展研发创意众包。鼓励搭建各类创新资源快速聚合、跨界融合、创新合作的网络平台，支持企业与研发机构等通过平台将部分设计、研发任务分发和交付，支持企业通过网络社区等形式广泛征集用户创意。鼓励国家服务外包示范城市、省级服务外包示范园区及服务外包重点企业积极应用众包模式，提升服务众包产业发展水平。力争用两年时间打造3—5个“互联网+”文化创意的新业态孵化器，培育10家以上“互联网+”文化创意产业龙头企业。（责任单位：省科技厅、省商务厅、省工信委、省发改委、省文化厅）

（五）大力实施制造运维众包。鼓励搭建制造与运维资源的服务平台，支持有业务发展需求的制造企业加强横向和纵向资源整合，实现线上实时对接，共享生产资源，通过互联网众包平台聚集跨区域标准化产能。用两年时间基本建成以中国电信江西云计算基地、江西航天云网、中华工业云等为依托的“互联网+江西制造”公共服务平台。（责任单位：省工信委、省科技厅、省国资委、省发改委、省商务厅、省教育厅、省交通运输厅、省旅发委、省邮政管理局）

（六）鼓励发展生活服务众包。依托互联网平台，围绕交通出行、无车承运、快件投递、旅游、医疗、教育等重点领域，创新行业准入制度，激活潜在供给与需求，高效对接供需信息，开展生活服务众包，全力优化传统生活服务行业的组织运营模式。积极打造群众广泛参与、互助互利、普惠民生的生活服务生态圈。大力发展以社区生活服务业为核心的社区电子商务服务平台及体系。（责任单位：省发改委、省商务厅、省工信委、省教育厅、省交通运输厅、省旅发委、省邮政管理局）

三、立体实施众扶，汇众能助创业

通过政府和公益机构支持、企业帮扶援助、个人互助互扶等多种形式，共助小微企业和创业者成长，构建创业创新发展的良好生态。

（七）积极推动社会公共众扶。以公共服务平台为核心，以行业协会和专业服务机构为依托，力争建成全省各层各类服务机构横向纵向贯通、服务资源集中开放共享的小微企业优质服务生态圈。实施创业大学培训工程，引导社会资源对中小企业创业者、中高层高级管理人员、企业家开展公益性、针对性、连续性和系统性培训辅导，把创业大学打造成全省"双创"智库和摇篮。鼓励创办、引进行业协会、产业联盟等行业组织和第三方服务机构，通过委托或政府购买服务等方式，为小微企业和创业者提供法律咨询、技术转移、知识产权、科技融资、信用评价等配套服务。（责任单位：省发改委、省工信委、省科技厅、省人社厅、省教育厅、省商务厅）

（八）鼓励企业分享众扶。鼓励领军企业、有条件的企业、技术领先企业等通过向其他小微企业和创业者开放各类平台，贡献资金、技术、经验等资源，扶持小微企业和创业者成长。支持企业承建技术中心和创新中心，加入产业联盟、技术联盟、标准联盟，实现资源共享，带动产业链上下游企业开展协同创新。加强企业与国家重点实验室、工程实验室、工程（技术）研究中心、高校、科研院所等合作，推动产学研用一体化发展。（责任单位：省工信委、省科技厅、省发改委）

（九）大力支持公众互助众扶。支持开源社区、开发者社群、资源共享平台、捐赠平台、创业沙龙等各类平台发展，以互联网社区或线上线下融合社区为主要形式开展互助。组织创业型城市建设、青年创业创新大赛等活动，通过媒体宣传引导，提高全民创业创新积极性。加强对创业明星、创客、优秀创业导师、创业创新基地管理者的宣传，营造浓厚创业创新文化氛围。（责任单位：省商务厅、省人社厅、省工信委、省科技厅）

四、稳健发展众筹，汇众资抓发展

通过互联网平台向社会募集资金，更灵活高效满足产品开发、企业成长和个人创业的融资需求，有效增加传统金融体系服务小微企业和创业者的新功能，拓展创业创新投融资新渠道。

（十）加快建设众筹平台。通过开展众筹试点，探索建设互联网众筹平台，强化互联网金融产品和服务创新，建立多层次金融体系，服务中小微企业及创业者。鼓励有条件的互联网众筹平台开展公募众筹业务；支持省内有条件的金融机构等主体建设创新型互联网众筹平台，开展私募股权众筹融资、私募债权众筹融资、产品众筹、公益众筹等业务。（责任单位：省政府金融办、江西证监局、省发改委）

（十一）稳妥推进股权众筹。鼓励江西联合股权交易中心牵头搭建股权众筹平台，利用其资金、信息、管理等优势，为股权众筹平台及创业项目提供投前投后信息管理、股权登记托管和交易转让、配套引导基金等综合服务。探索股权和债权相结合的融资方式，与创业投资、股权投资机构实现投贷联动。（责任单位：省政府金融办、省发改委、江西证监局、省工信委）

（十二）规范发展网络借贷。按照中国人民银行等十部门《关于促进互联网金融健康发展的指导意见》（银发〔2015〕221号）要求，进一步研究完善网络借贷信息中介机构和网络小额贷款公司管理办法，加强监管，规范运作，防范金融风险。同时，充分发挥网络贷款优势，努力降低融资成本。（责任单位：省政府金融办、江西银监局、省发改委）

五、健全管理机制，营造持续发展环境

（十三）完善市场环境。深入实施降成本优环境专项行动，减轻"四众"平台企业创新创业负担。引导"四众"平台企业融入全省法人、自然人信用信息平台，完善实名认证制度和信用评价机制，依托"国家企业信用信息公示系统（江西）"，健全相关主体信用记录，鼓励发展第三方信用评价服务。逐步推动开放政府各部门相关信息，建立统一社会信用体系。运用技术手段加强在线创意、研发成果知识产权执法，切实维护创业创新者权益。加强知识产权相关法律法规、典型案例宣传，增强中小微企业知识产权意识和管理能力。加大对创业创新的新闻宣传和舆论引导，大力培育创业精神和创客文化，推动形成大众创业万众创新的良好局面。（责任单位：省发改委、省工信委、省科技厅、省商务厅、省工商局、人行南昌中心支行）

（十四）强化平台治理。正确引导"四众"平台企业积极履行管理责任，建立用户权益保障机制、行业自律规范。加强对"四众"平台企业培训，引导企业利用信息化手段加强内部制度建设和管理规范，提高风险防控能力、信息内容管理能力和网络安全水平，在投资经营过程中运用"国家企业信用信息公示系统（江西）"查询相关数据，作为生产经营决策参考。鼓励"四众"平台发展壮大，对"四众"平台控股投资创办分支机构和网点的，同等享受"四众"平台建设各项扶持政策。（责任单位：省发改委、省商务厅、省网信办、省工商局、省人社厅、省工信委）

（十五）优化政策扶持。组建"江西省发展升级基金"，通过整合有关资金200亿元、筹集社会资金等800亿元，总规模达1000亿元作为母基金，下设基金群，其中母基金出资80亿元设立"江西省创业投资引导基金"，重点用于投资"四众"平台实体、推动大众创业万众创新，具体办法由省财政厅会同有关部门另行制定。加快实施新兴产业"双创"三年行动计划，建立一批新兴产业"双创"示范基地。鼓励社会各方充分整合资源，提供创业创新公共服务，对企业跨地域设立"四众"服务平台的，政府在土地规划、项目安排、能源保障、财税政策、公共基础设施建设等方面给予支持。（责任单位：省财政厅、省发改委、省工信委、省政府金融办、省住房城乡建设厅、省国土资源厅、省商务厅、省国税局、省地税局）

（十六）提升公共服务。鼓励各类社会机构为"四众"平台提供专业化服务，将提供公共服务的企业纳入政府购买公益性岗位范围，并可按规定申请公益性岗位补贴。落实国家职业资格目录清单制度，完善职业资格监管措施。鼓励建立创业项目库和创业导师库，公共就业创业服务机构创业项目库中的项目被创业者采用并成功创业的，对项目提供者按每个项目3000元至5000元给予奖励，项目奖励所需资金从就业专项资金中列支。（责任单位：省人社厅、省财政厅）

各地、各部门要高度重视“四众”平台建设，把推进大众创业、万众创新放在重要位置，加强沟通协调，密切配合协作，形成工作合力，努力培育我省经济社会新动能，促进创业带动就业。各地要结合实际制定具体工作方案，细化政策措施，确保落到实处。各有关部门要根据本意见要求，及时制定或完善配套措施，提出具体的实施细则，并抓好落实。省政府将对各项措施落实情况适时开展督导检查，确保工作顺利推进。

江西省人民政府办公厅
2016年10月20日

九江市人民政府关于大力推进大众创业万众创新若干政策措施的实施意见

（九府发〔2016〕1号）

为深入贯彻落实《江西省人民政府关于大力推进大众创业万众创新若干政策措施的实施意见》（赣府发〔2015〕36号）精神，进一步优化创业创新环境，激发全社会创业创新活力，现结合九江实际，提出如下贯彻意见。

一、降低准入门槛

（一）营造宽松便捷的准入环境。加大简政放权、放管结合、优化服务等改革力度，消除对市场主体不合理的束缚和羁绊。落实注册资本登记制度改革，放宽新注册企业场所登记条件限制，试行电子商务秘书企业登记注册。推动“一址多照”“集群注册”等住所登记改革，分行业、分业态释放住所资源。加快实施工商营业执照、组织机构代码证和税务登记证“三证合一”“一照一码”，简化工作流程。允许创业者依法将家庭住所、租借房、临时商业用房等作为创业经营场所。建设“创业咨询一点通”服务平台。依托企业信用信息公示系统建立小微企业名录，增强创业企业信息透明度。（市工商局牵头，市发改委、市人社局、市审改办、市国税局、市地税局等有关单位配合）

（二）维护公平竞争市场秩序。进一步转变政府职能，增加公共产品和服务供给，为创业者提供更多机会。逐步清理并废除妨碍创业发展的制度和规定，打破地方保护主义。建立统一透明、有序规范的市场环境。依法反垄断和反不正当竞争，消除不利于创业创新发展的垄断协议和滥用市场支配地位以及其他不正当竞争行为。把创业主体信用与市场准入、享受优惠政策挂钩。（市工商局、市发改委、市商管办牵头，人行九江市中心支行、市国税局、市地税局、市物价局等有关单位配合）

（三）推动个体工商户转型为企业。对个体工商户转型为企业的，在不违反法律法规的前提下，简化有关办理手续。对转型后企业参加失业保险符合条件的，按规定给予稳岗补贴。对转型后企业在政策性担保贷款上给予倾斜支持。加强初创企业创业培训辅导，提高初创企业活跃度。及时对接落实个体工商户转型为企业的税收优惠政策。利用融资担保和财园信贷通等方式，积极帮助困难企业做强做大。（市工商局牵头，市地税局、市国税局、市人社局、市财政局、市政府金融办等有关单位配合）

（四）减免有关行政事业性收费、服务性收费。进一步规范全市涉企行政事业性收费项目并制定目录，不在目录内的行政事业性收费项目一律不得收取。落实创业负担举报反馈机制。对初创企业免收登记类、证照类、管理类行政事业性收费。事业单位服务性收费，以及依法开展的各类行政审批前置性、强制性评估、检测、论证等专业服务性收费，对初创企业可按不高于物价主管部门核定标准的50%收取。（市财政局牵头，市发改委、市物价局等有关部门配合）

二、激发主体活力

（五）提高科研技术人员创业创新积极性。完善高校、科研院所等事业单位专业技术人员在职创业、离岗创业有关政策。对离岗创业的，经原单位同意，可在3年内保留人事关系，与原单位其他在岗人员同等享有参加职称评聘、岗位等级晋升和社会保险等方面的权利。原单位应当根据专业技术人员创业实际情况，与其签订或变更聘用合同，明确权利义务。（市人社局牵头，市教育局、市科技局等有关部门配合）

（六）允许国有企事业单位职工停职创业。国有企业和事业单位（参照公务员法管理的事业单位除外）职工经单位批准，可停职领办创办企业。3年内不再领办创办企业的职工允许回原单位工作，3年期满后继续领办创办企业的职工按辞职规定办理。经单位批准辞职的职工，按规定参加社会保险，缴纳社会保险费，享受社会保险待遇。加快推进社会保障制度改革，破除人才自由流动制度障碍，实现党政机关、企事业单位、社会各方面人才顺畅流动。（市人社局牵头）

（七）建立科学的职业资格体系。再取消一批职业资格许可和认定事项，落实国家职业资格目录清单制度，完善职业资格监管措施，到2017年，初步形成科学设置、规范运行、依法监管的职业资格管理体系。进一步做好国家职业资格证书管理工作，畅通职业技能鉴定社会服务和公众监督渠道，全面提升职业技能鉴定服务和质量管理水平，切实加强对国家职业资格证书制度实施的监督管理，让广大劳动者更好施展才能，推动形成创业创新蓬勃局面。（市人社局牵头，市卫计委、市教育局、市财政局、市房产局、市建设规划局等有关部门配合）

（八）引领大学生为主的青年创业创新。实施大学生创业引领计划，力争每年引领千名大学生创业。将求职补贴调整为求职创业补贴，对象范围扩展到已获得国家助学贷款的毕业年度高校毕业生，一次性求职补贴标准由每人800元提高到1000元。对符合条件的大学生（在校及毕业5年内）给予一次性创业补贴，补贴标准由2000元提高到5000元。对已进行就业创业登记并参加社会保险的自主创业大学生，可按灵活就业人员待遇给予社会保险补贴。建立健全弹性学制管理办法，支持大学生保留学籍休学创业。（市人社局、市教育局牵头，市财政局、团市委、市妇联等有关单位配合）

（九）鼓励农村劳动力创业创新。支持农民工返乡创业，鼓励返乡人员领办、创办或者加入农民合作社，积极引导返乡人员按照依法自愿有偿的原则流转农村土地，发展家庭农场等新型农业经营主体，落实税收减免和普遍免费政策。支持各地依托各类园区，整合创建农民工返乡创业园，以农民工返乡创业促园区发展，以园区发展承载农民工返乡创业，强化财政扶持和金融服务。对从事规模种养的农民合作社、家庭农场以及发展农产品加工、休闲农业、乡村旅游等创业带头人在技术、项目、资金等方面重点支持。支持农民网上创业，按规定享受就业创业优惠政策，推进农村青年创业富民行动。鼓励农民工创办农业生产服务型组织，参与农业生产全程社会化服务，采取政府购买服务的方式，培育壮大一批农业生产社会化服务组织。鼓励和优先安排返乡农民工参加农民合作社带头人培训、农村实用人才培训、新型职业农民培训，提高劳动技能和管理水平。开发家庭服务、手工制品、来料加工等适合妇女创业就业特点的项目，激发妇女创业创新积极性。（市农业局牵头，市人社局、市科技局、团市委、市妇联等有关单位配合）

（十）吸引海外高层次人才和浔商回乡创业创新。实施高端外国专家项目，吸引高端海外人才来浔创业创新，有计划、有重点地引进10名能够突破关键技术、发展高新产业、带动新兴学科的战略科学家和领军人才、杰出人才、青年拔尖人才，推动我市创新升级。重点扶持江西九江留学人员创业园和九江市大学生创业孵化基地——恒盛科技园、津晶城科技园的发展。重点支持服务共青城市“赣商创业特色产业园”建设，大力提升赣商回乡创业产业承载平台，促进赣商回乡创业的集聚发展。启动海外医疗科研人才引进计划，支持各级医疗卫生单位及科研机构引进海外医疗科研人才并予以资助。开展引才引智创业创新基地建设试点。实施浔商回乡创业工程，加大对浔商回乡创业的财政、税收、融资服务、用地保障、科技创新、人才支撑等政策扶持力度。（市人社局牵头，市工信委、市教育局、市卫计委、市商务局等有关部门配合）

（十一）鼓励电子商务创业就业。经工商登记注册的网络商户从业人员，同等享受各项就业创业扶持政策；未进行工商登记注册的网络商户从业人员，可认定为灵活就业人员，享受灵活就业人员扶持政策，其中通过网上交易平台实名制认证、稳定经营三个月以上且信誉良好的网络商户从业人员，可按规定享受创业担保贷款及贴息政策。整合政策，着力支持电子商务创业就业示范基地建设，逐步引领打造一批电子商务创业就业基地。扩大电子商务产业规模，加大对电子商务创业资金支持力度，重点支持企业通过第三方电子商务平台开展网上交易，补贴企业开发建设电子商务平台，努力营造多个具有一定规模的电子商务产业集群。（市人社局牵头，市财政局、市商管办、市教育局等有关部门配合）

三、加大资金扶持

（十二）加大财政资金支持和统筹力度。各级财政要根据创业创新需要，统筹安排各类支持小微企业和创业创新的资金，加大对创业创新支持力度，强化资金预算执行和监管，加强资金使用绩效评价。支持有条件的地方政府设立创业基金，扶持创业创新发展。在确保公平竞争前提下，鼓励对众创空间等孵化机构的办公用房、用水、用能、网络等软硬件设施给予适当优惠，减轻创业者负担。进一步扶持中小企业生存发展，降低企业融资成本，将九江市中小企业信用担保有限公司担保费用由2%降低至1.5%。（市财政局牵头，市发改委、市工信委、市科技局、市人社局等有关部门配合）

（十三）发挥政府采购支持作用。落实促进中小企业发展的政府采购政策，做好节能、环保等产品和中小企业产品的采购工作，制定采购需求标准、预留采购份额、价格评审优惠、强制采购、优先采购等措施，实现节约能源、保护环境、促进中小企业发展等政策目标。加强对采购单位的政策指导和监督检查，督促采购单位改进计划编制和项目预留管理，增强政策对小微企业发展的支持效果。加大创新产品和服务的采购力度，把政府采购与支持创业发展紧密结合起来。（市财政局牵头）

（十四）创新融资模式。实施新兴产业“双创”三年行动计划，建立一批新兴产业“双创”示范基地，积极推广政府与社会资本合作（PPP）模式，引导社会资金支持大众创业，使社会投资和政府投资相辅相成。优化政府投资方向，通过投资补助、基金注资、担保补贴、贷款贴息等，优先支持创新企业的初创发展，帮助创新企业规范运作。发展股权和创业投资基金，鼓励民间资本发起设立产业投资基金。充分发挥资本市场作用，引导和鼓励创业创新企业在主板、中小板、创业板、“新三板”和江西联合股权交易中心上市（挂牌）融资。加大宣传推广和辅导力度，帮助具有持续盈利能力、主营业务突出、规范运作、成长性好的创业创新企业在境内外资本市场首发上市、在“新三板”挂牌；推动创业创新企业通过发行各类债券、资产支持证券（票据）、吸收私募投资基金等方式融资。（市发改委、市政府金融办牵头，市财政局、市工信委、市国资委、人行九江市中心支行等有关单位配合）

（十五）完善融资政策。强化财政资金杠杆作用，运用“财园信贷通”“财政惠农信贷通”等融资模式，强化对创业创新企业、新型农业经营主体的信贷扶持。通过省级小微企业创业园创业风险补偿引导基金，择优筛选部分小微创业园启动小微企业创业风险补偿金试点，引导金融机构为入园小微企业、科技创新型企业提供流动资金贷款。完善融资性担保体系建设，加快指导并督促各县（市、区、山）组建政府出资的融资性担保机构，建立完善金融机构、企业和担保公司等多方参与、科学合理的风险分担机制。（市财政局牵头，市政府金融办、市工信委、市科技局、人行九江市中心支行等有关单位配合）

（十六）加强创业担保贷款扶持。将小额担保贷款调整为创业担保贷款，个体创业担保贷款最高额度为10万元；对符合二次扶持条件的个人，贷款最高限额30万元；对合伙经营和组织起来创业的，贷款最高限额50万元；对劳动密集型小企业（促进就业基地）等，贷款最高限额400万元。加大扶持劳动密集型小企业（含促进就业基地）力度，市本级每年至少认定两家以上，并落实各项扶持政策；简化认定程序，对劳动密集型小企业（含促进就业基地）认定工作实行属地化管理；各县（市、区、山）财政要按规定落实对劳动密集型小企业25%、对促进就业基地75%的地方配套贴息资金。降低创业担保贷款反担保门槛，对创业项目前景好，但自筹资金不足且不能提供反担保的，通过诚信度评估后，可采取信用担保或互联互保方式进行反担保，给予创业担保贷款扶持。（市人社局牵头，人行九江市中心支行、市财政局等有关单位配合）

（十七）落实促进就业创业税收优惠政策。将企业吸纳就业税收优惠的人员范围由失业一年以上人员调整为失业半年以上人员。高校毕业生、登记失业人员等重点群体创办个体工商户、个人独资企业的，可按国家规定享受税收最高上浮限额减免等政策。落实国家有关推广中关村国家自主创新示范区税收试点政策，包括职工教育经费税前扣除政策、企业转增股本分期缴纳个人所得税政策、股权奖励分期缴纳个人所得税政策。对符合条件的创业投资企业采取股权投资方式投资于未上市的中小高新技术企业2年以上的，可以按照其投资额的70%在股权持有满2年的当年抵扣该创业投资企业的应纳税所得额，当年不足抵扣的，可在以后纳税年度结转抵扣。对企业为开发新技术、新产品、新工艺发生的研究开发费，未形成无形资产计入当期损益的，在按照规定据实扣除的基础上，按照研究开发费用的50%加计扣除；形成无形资产的，按照无形资产成本的150%摊销。（市财政局牵头，市国税局、市地税局、市人社局、市科技局等有关部门配合）

（十八）提高创业费用补贴标准。对入驻创业孵化基地的企业、个人，在创业孵化基地3年内发生的物管费、卫生费、房租费、水电费等给予补贴，补贴标准由原来不超过50%提高到60%，所需资金由就业资金统筹安排。（市人社局牵头，市教育局、市财政局等有关部门配合）

（十九）资助优秀创业项目。鼓励举办各种类型创业创新大赛，主办单位可对获奖项目给予一定的资助。各地可推荐评选一批优秀创业项目，建立项目库，并给予重点扶持，所需资金由就业资金统筹安排。对获得国家和省、市有关部门、单位联合组织的创业大赛奖项并在九江登记注册经营的创业项目，给予一定额度的资助，其中获得国家级大赛奖项的，每个项目给予10万—20万元；获得省级大赛前三名的，每个项目给予5万—10万元；获得市级大赛前三名的，每个项目给予1万—5万元。对创业大赛评选出的优秀创业项目，给予创业担保贷款重点支持，鼓励各种创投基金给予扶持。（市人社局牵头，市财政局、市科技局、市教育局、团市委等有关单位配合）

四、提升服务水平

（二十）培育众创空间。以行业领军企业、创业投资机构、社会组织等为主力，以开发区、大学科技园、科技企业孵化器、高新技术产业化基地、高校、科研院所和知名电商为载体，培育一批众创空间。鼓励各类创新主体在高新技术和战略性新兴产业等领域，集成人才、技术、资本、市场等各种要素，兴办创新与创业相结合、线上与线下相结合、孵化与投资相结合的孵化机构。全市打造15个以高校为主的包括“创业咖啡”“创新工场”“创新创业实验室”在内的各种形式众创空间，鼓励所在高校提供不少于100平方米工作场所。对获得市级认定的科技企业孵化器等优秀众创空间给予10万元支持，所需资金从科技三项经费中统筹安排。（市科技局牵头，市财政局、市工信委、市教育局等有关部门配合）

（二十一）创新服务模式。加快发展“互联网+”创业网络体系，建设一批小微企业创业创新基地。加强政府数据开放共享，鼓励和引导大型互联网企业和基础电信企业向创业者开放计算、存储和数据资源。积极推广众包、用户参与设计、云设计等新型研发组织模式和创业创新模式。大力发展企业管理、财务咨询、人力资源、法律顾问、现代物流等第三方专业服务。充分发挥市中小企业服务超市功能，组织由各方管理咨询机构及专业人士组成的“服务团”赴各地与广大小微企业和创业者对接互动，现场解决融资担保、管理咨询、创业培训、电子商务等问题，创新服务模式和水平。（市工信委、市政府信息办牵头，市发改委、市科技局等有关部门配合）

（二十二）整合众创资源。进一步整合我市科技企业、科技专家、科技成果、科技设备等科技资源，建立市级科技资源平台，不断提升创新创业服务能力与水平。鼓励市级以上科技创新服务平台、高校科研机构、市级以上重点实验室、工程技术研究中心、分析测试中心、省部属科研院所、省级企业研究院、市级以上科技企业孵化器、创客空间等各类创新平台和载体向创客开放，共享科技资源，使用资源费用可减半收取。支持社会资金购买的大型科学仪器设备以合理收费方式，向创客企业提供服务。推进工业化与信息化的深度融合，在我市重点产业推广“智能工厂”、两化融合企业等试点示范，打造智能制造产业生态。依托优质互联网资源，做好“互联网+工业制造”公共服务，推进智慧园区建设，用3年时间打造两化融合示范企业100家，重点领域生产装备数控化率达到50%以上。培育认定一批市级小微企业创业园和公共服务示范平台。各县（市、区、山）重点培育以返乡创业为主的劳动密集型创业园；市重点培育以科研创新为主的科技型创业园。力争用5年时间，在全市建成30个创业园，培育企业1000家以上，初步形成布局合理、功能齐全、管理规范、运作高效的创业孵化体系。建立“市级小微企业创业园”数据库，对创业环境好、服务质量优、入驻企业多、企业成长快、孵化率成功率高的创业园，优先申报省、国家级小微企业创业园，大力提升服务能力和水平。（市科技局、市工信委牵头，市教育局、市人社局等有关部门配合）

（二十三）促进技术成果转移转化。完善成果发布机制，对已登记的科技成果定期在科技网上发布；在科技网设立成果转化项目库，常年接受成果转化项目申报，积极推动网上成果对接常态化；培育扶持一批科技成果转移示范机构，并在市级科技计划中安排技术转移经费，对市技术转移示范机构的技术转移行为进行补助以支持其能力建设；在技术转移经费中对创客企业已转化的科技成果进行后补助，推动高校、科研院所科技成果向创客企业转移转化。加大对创新型企业的专利扶助力度，在专利申请费用减免、专利费用自主、授权专利奖励方面给予倾斜；对创新型企业申报专利产业化项目、知识产权质押融资贴息、知识产权优势企业培育等方面优先推荐支持；加强知识产权执法能力建设和维权援助能力建设，保护创新型企业的合法权益。（市科技局牵头，市财政局、市教育局等有关部门配合）

（二十四）推进创业创新教育。在普通高等学校、职业学校、技工院校全面推进创业创新教育，把创业创新课程纳入国民教育体系和学分制管理。优化教育师资结构，吸纳有实践经验的创业者、职业经理人和其他专业人员加入师资队伍。推进创业创新教育示范学校建设，鼓励有条件的学校充分依托现有资源建设创业型学院。（市人社局、市教育局牵头，各高校、职校等有关单位配合）

（二十五）加大创业培训力度。对具有创业要求和培训愿望、具备一定创业条件的城乡各类劳动者，参加创业培训可按规定申请创业培训补贴，补贴标准为每人1000元至1600元。组建创业导师志愿团队，建立创业导师（专家）库，对创业者分类、分阶段进行指导；通过开办创业论坛、组建创业典型宣讲团等形式定期开展创业创新系列宣讲、咨询服务活动。培训一批农民创业创新辅导员。市里每年评选10名有发展潜力和带头示范作用的初创企业经营者，并按每人1万元的标准资助其参加高层次进修学习或交流考察，所需资金由就业资金统筹安排。（市人社局牵头，市农业局、市教育局、市财政局、市工信委、市科技局、团市委、市妇联等有关单位配合）

（二十六）加快创业孵化基地建设。鼓励各地、各部门和社会力量新建或利用各种场地资源改造建设创业孵化基地，采取政府扶持、整合资源、市场化运作的方式，搭建促进创业的公共服务平台，有条件的地方可探索采取政府和社会资本合作（PPP）模式共同投资建设。全面推动高校建立大学生创业孵化基地，鼓励和引导大学生进驻孵化基地创业创新，对符合条件的大学生项目享受创业优惠政策，同时开展市级、省级、国家级创业孵化基地认定推荐工作，全市每年评估2个左右市级创新带动就业创业孵化示范基地，每个给予30万元的一次性奖补，所需资金由就业资金统筹安排。（市人社局牵头，市财政局、市科技局、市教育局、市农业局、团市委、各高校等有关单位配合）

（二十七）夯实公共就业创业服务基础。健全公共就业创业服务经费保障机制，将县级以上公共就业创业服务机构和基层公共就业创业服务平台经费纳入同级财政预算。将职业介绍补贴和扶持公共就业服务补助合并调整为就业创业服务补贴。创新服务供给模式，向社会力量购买基本就业创业服务成果，形成多元参与、公平竞争格局，提高服务质量和效率。发布创业政策，集中办理创业事项，为创业者提供“一站式”创业服务。（市人社局牵头，市财政局等有关部门配合）

五、强化实施落实

（二十八）营造良好氛围。支持举办创业训练营、创业论坛、创业典型宣传、创业创新大赛、创新成果和创业项目展示推介等活动，搭建创业者交流平台，培育创业文化，营造鼓励创业、宽容失败的良好社会氛围。发挥广播、电视、报刊、网络、微信、微博等各类媒介作用，采取多形式、多渠道，加大对大众创业、万众创新的新闻宣传和舆论引导，树立一批创业创新典型人物，让大众创业、万众创新蔚然成风。（市人社局牵头，市教育局、市科技局、市财政局、市文新局等有关部门配合）

（二十九）加强统筹协调。各县（市、区、山）人民政府、管委会、管理局和各有关部门要结合本地区、本部门实际，抓紧制定具体操作办法，明确任务分工、落实工作责任，推动本实施意见的各项政策措施落实到位。县级以上人民政府要充分发挥就业工作领导小组工作机制作用，加强领导，把推进大众创业万众创新摆上重要议事日程，不断拓展大众创业、万众创新的空间，汇聚经济社会发展新动能，促进经济加快发展。有关部门要增强全局意识，密切配合、尽职履责。发挥群众团体及社会组织的作用，调动社会各方促进创业创新积极性。〔市就业工作领导小组办公室牵头，各县（市、区、山）人民政府、管委会、管理局、各有关部门配合〕

（三十）落实督促检查。市政府各有关部门要完善创新创业信息统计指标体系，建立信息报送、任务动态调整、年度考核评价工作机制，强化对政策措施落实情况的督查督导和跟踪分析，重大问题及时提请市政府研究解决，确保各项任务顺利推进。市政府对贯彻落实情况将开展督查，对工作不力的追究有关人员责任。〔市就业工作领导小组办公室牵头，各县（市、区、山）人民政府、管委会、管理局、各有关部门配合〕

附件：九江市大力推进大众创业万众创新工作责任分工方案（略）

九江市人民政府
2016年2月3日

江西九江留学人员创业园管理办法

（九府厅发〔2016〕9号）

第一章 总 则

第一条 为深入贯彻落实“科教兴浔”“人才强市”战略和《中共中央组织部、人力资源和社会保障部关于支持留学人员回国创业的意见》（人社部发〔2011〕23号）精神，加强江西九江留学人员创业园（以下简称创业园）建设和发展，大力开发海内外留学人员资源，吸引优秀留学人员来我市创办或联合创办科技型企业，实施以重大科技成果转化和产业化为重点的创业项目，以创业带动就业，以创业推动产业，以创新提升产业，促进九江产业升级和经济发展，特制定本办法。

第二条 留学人员是指：

（一）经国家公派、自费出国学习并取得国外学士以上学位的人员；

（二）在国内取得本科以上学历或中级以上（含中级）专业技术职务资格后到国外高等院校、科研机构和知名企业进修、研读研发1年以上，取得一定成果回国的访问学者或进修人员；

（三）出国留学并取得了外国长期居留或留学国再入境资格的人员；

（四）在国外学有所长并为我市所需的各类专业技术人员。

第三条 留学人员企业是指：

（一）留学人员领办、创办的独资企业；

（二）留学人员以货币、实物或者土地使用权与国内外公司、企业或者其他经济组织共同举办合营企业，在注册资本中出资额或者作价金额达20%以上；

（三）留学人员以技术、专利的无形资产作为资本作价入股创办企业。作价金额达到或超过注册资本10%以上的；

（四）留学人员担任企业法定代表人的。

第四条 鼓励和支持留学人员来创业园领办、创办企业，从事新产品研发，实施科技成果转化，进行高新技术研究、技术交流合作、中介服务及经济贸易活动等。

第二章 组织机构及职责

第五条 成立江西九江留学人员创业园领导小组。由市政府常务副市长任组长，分管科技副市长任副组长，成员单位分别由市政府办公厅、市委组织部、市人社局、市财政局、市科技局、市发改委、市工信委、市教育局、市公安局、市外侨办、市国税局、市地税局、市工商局、九江海关、九江经济技术开发区管委会等组成。创业园领导小组是创业园的领导、决策机构，负责审定创业园的发展规划，处理创业园建设和发展中的重大问题。涉及留学人员创业激励工作的部门，应按照各自职能认真履职，保障各项政策的落实。

第六条 领导小组下设办公室，设在市人力资源和社会保障局，其主要职责是：

（一）负责留学人员的身份认定、留学人员企业及园内投资项目的资格审定；

（二）留学人员创业园的挂牌；

（三）创业园的政策研究；

（四）创业园的管理指导；

（五）组团参加国内外引进留学人员的招聘活动；

（六）负责申报项目和资金；

（七）定期向领导小组汇报创业园的工作情况。

第三章 留学人员创业园管理与服务

第七条 江西九江留学人员创业园可以设在本行政区科技园、工业园、出口加工区及各类其他园区内，各县（市、区）申请挂牌留学人员创业园需经留学人员领导小组办公室批准。

第八条 欲进驻创业园的留学人员先向创业园领导小组办公室提出申请，并提供相关的资格和项目资料，由创业园领导小组办公室组织有关专家对进入创业园的企业进行资格、项目的审批。

第九条 留学人员创业园服务机构应为留学人员提供企业注册登记、税务登记、财务登记、融资服务、人事代理、物业管理、网络通讯等系列服务，同时也可提供商务洽谈、会议接待、人员培训、产品展示等服务场所。市、县（市、区）有关部门应积极配合、通力合作，支持创业园的建设和发展，为吸引留学人员来浔创业提供良好的环境。

第十条 在创业园的留学人员企业如有下列情形之一的，由创业园领导小组办公室提出，经留学人员创业园领导小组批准后，取消其留学人员企业资格：

（一）经有关部门审核后，不符合留学人员企业条件；

（二）企业生产中违反国家有关法律、法规规定的；

（三）企业分立或与其他经济组织合并，已不符合留学人员企业条件的。

第四章 优惠政策

第十一条 江西九江留学人员创业园由市财政每年安排300万元专项资金用于吸引和鼓励留学人员回国创业，重点扶持留学人员创业园企业的项目延续、衔接和开发；创业园所在的县（市、区）进行资金配套，按市里到位资金1：1的比例匹配。

第十二条 凡经批准进入创业园的留学人员携带科技项目和技术领办、创办企业，从事产品研发，实施科技成果转化，进行高新技术研究的，可向创业园领导小组办公室申请一次性创业资助资金10万—30万元。如果落户项目为国家级重大科研项目或国家重点实验室的，则一次性创业资助资金为30万—50万元。

第十三条 对留学人员进园区孵化或创办高新技术企业的，优惠提供工作用房200—500平方米，需用面积在200平方米以内的，前3年全额补助租金，后3年按市场价50%补助租金；超出200平方米的超出部分，3年内按市场价的50%补助租金。留学人员在九江市无自有住房，并且每年连续或累计半年以上在九江居住的，3年内租用自住住房按1200—1800元/月给予租金补贴；需要在九江市区购置自住住房，并在创业园工作满5年的，给予一定比例不超过20万元的购房补助。

第十四条 具有教授、博士职称或学历的留学人员到创业园工作，5年内每月给予2500元的生活补贴；具有副教授、硕士职称或学历的留学人员到创业园工作，5年内每月给予2000元的生活补贴。

第十五条 经认定的留学人员企业自投产之日起，上交税收入地方库部分，5年内由受益财政列支补助给企业作为后续的技术开发资金。

第十六条 留学人员来园区从事技术转让、技术开发和与之相关的技术咨询、技术服务等项目，符合条件的免征增值税。对留学人员企业3年内免收所有行政事业性收费。

第十七条 留学人员进创业园孵化或创办企业既可注册外资企业，也可注册内资企业，领办或者参与创建留学人员企业，留学人员出资额应不低于注册资金的20%；留学人员以高新技术、专利等技术成果入股形式投资的，其技术成果作价可占注册资本的35%至50%，合作双方另有约定的从其约定。

第十八条 留学人员企业商务、技术人员1年内多次出国，可按有关规定一次审批，企业所聘外籍高层次人才和投资者需多次入境或者长期居留的，可办理2—5年有效的多次往返签证或者居留证明。

第十九条 硕士以上（含硕士）学位的留学人员入园创业，其配偶在职的随调随迁，优先安排工作；非在职符合就业条件的，积极推荐安排就业。随迁子女入托及义务教育阶段入学，由其居住地教育行政部门按照就近入学的原则优先办理入、转学手续，不收取国家规定以外费用。初中毕业后可享受当地居民子女同等待遇，在本行政区域内参加中考，并按照当地的中招政策录取到高中就读。

第二十条 留学人员在创业或者工作过程中需评定职称，可根据其在国外的经历及学识水平予以评定或者推荐评定相应职称。

第二十一条 留学人员企业因科研、教学工作需要，进口符合国家规定的仪器、设备和少量试剂、原料配料的，经有关部门批准后予以免税。留学人员购买1辆国产小汽车免税；涉及国税部门的所有优惠政策，只要条件符合，均可以适用留学人员项目。

第二十二条 经认定的留学人员企业，可申请有关专项资金的优先支持，也可向信用担保公司申请贷款担保或者参股。

第二十三条 创业园的留学人员企业可直接向有关单位申请留学人员科技项目资助经费、中小企业创新基金、高新技术产业重大项目扶持资金等专项资金资助。

第二十四条 留学人员享受促进高校毕业生就业创业所有的优惠政策。

第二十五条 对来我市创新创业的重点留学人员的扶持和奖励政策，按照“一事一议、一企一策”的原则，报创业园领导小组办公室研究确定。

第五章 附 则

第二十六条 资金管理办法由市人社局、市财政局等部门另行联合发文。

第二十七条 本办法自2016年3月28日起施行。

九江市人民政府办公厅
2016年4月19日

吉安市人民政府
关于大力推进大众创业万众创新的实施意见

（吉府发〔2016〕2号）

为认真贯彻落实《江西省人民政府关于大力推进大众创业万众创新若干政策措施的实施意见》（赣府发〔2015〕36号）精神，深入实施创新驱动发展战略，加快推进大众创业、万众创新步伐，打造我市经济增长新引擎、增强创业创新发展新动力，结合我市实际，提出如下意见：

一、降低创业创新准入门槛

1．营造宽松便捷的准入环境。加大简政放权、放管结合、优化服务等改革力度，消除对市场主体不合理的束缚和羁绊。放宽新注册企业场所登记条件限制，试行电子商务秘书企业登记注册。推动“一址多照”“集群注册”等住所登记改革，分行业、分业态释放住所资源。加快实施工商营业执照、组织机构代码证和税务登记证“三证合一”“一照一码”，落实“先照后证”改革，简化工作流程，为创业创新提供便利的登记服务。允许创业者依法将家庭住所、租借房、临时商业用房等作为创业经营场所。建设“创业咨询一点通”服务平台。依托企业信用信息公示系统建立小微企业名录，增强创业企业信息透明度。（市市场和质量监督管理局牵头，市发改委、市人社局、市审改办、市国税局、市地税局、市人民银行等部门配合）

2．维护公平竞争市场秩序。进一步转变政府职能，增加公共产品和服务供给，为创业者提供更多机会。逐步清理并废除妨碍创业发展的制度和规定，打破地方保护主义，建立统一透明、有序规范的市场环境。依法反垄断和反不正当竞争，消除不利于创业创新发展的垄断协议和滥用市场支配地位以及其他不正当竞争行为。把创业主体信用与市场准入、享受优惠政策挂钩。（市市场和质量监督管理局、市发改委牵头，市人民银行、市国税局、市地税局等有关部门配合）

3．推动个体工商户转型为企业。对个体工商户转型升级为企业，在不违反法律法规的前提下，简化有关办理手续。对转型后企业参加失业保险符合条件的，按规定给予稳岗补贴。对转型后企业在政策性担保贷款上给予倾斜支持。加强创业培训辅导，提高初创企业活跃度。（市市场和质量监督管理局牵头，市地税局、市人社局、市财政局、市政府金融办等部门配合）

4．规范减免各项行政收费。进一步规范涉企行政事业性收费项目并制定目录，不在目录内的行政事业收费项目一律不得收取。落实创业负担举报反馈机制。对初创企业免收登记类、证照类、管理类行政事业性收费。事业单位服务性收费，以及依法开展的各类行政审批前置性、强制性评估、检测、论证等专业服务性收费、对初创企业可按不高于物价主管部门核定标准的50%收取。（市财政局牵头，市发改委等部门配合）

5. 建立科学的职业资格体系。以改革释放创业创新活力，根据上级部门统筹和安排，再取消一批职业资格许可和认定事项，落实国家职业资格目录清单制度，完善职业资格监管措施，开展职业资格清理整顿专项督查活动，让广大劳动者更好施展才能，推动形成创业创新蓬勃局面。（市人社局牵头，市卫计委、市教育局、市财政局、市城乡规划建设局等有关部门配合）

二、激活创业创新主体

6. 吸引高层次人才创业。深入实施人才强市战略，全面落实《吉安市引进人才用好人才“20条”》优惠政策，努力为人才提供良好的工作和居住环境。围绕全市重大战略需求，吸引国家“千人计划”“万人计划”人才来吉创业创新。围绕重点领域、优势产业、重大项目、科技专项的实际需要，面向国内外重点引进化工、新材料、电子信息、现代金融、现代物流等高层次研发、创意人才。坚持引才与引智力、引才与引团队、引才与引项目相统一，鼓励创业创新领军人才、高层次人才带技术、带项目、带资金来吉创办或合办企业。每年定期组织人员赴外省举办高层次人才、校园专场招聘和综合性人才招聘等活动，重点招引高技能人才来吉创业就业。（市人社局牵头，市工信委、市教育局、市卫计委、市商务局等部门配合）

7. 支持科研人员创业。鼓励高中职院校、科研院所等事业单位科研人员在履行所聘岗位职责前提下，到企业兼职从事科技成果转化、技术攻关，所得收入由个人、单位协商分配。符合条件的高中职院校、科研院所科研人员离岗创业的，经所在单位同意，可在3年内保留人事关系，与原单位其他在岗人员同等享有参加职称评聘、岗位等级晋升和医疗保险、社会保险等方面的权利。原单位应当根据专业技术人员创业实际情况，与其签订或变更聘用合同，明确权利义务。（市科技局牵头，市人社局、市教育局等部门配合）

8. 鼓励国有企事业单位职工离岗创业。国有企业和事业单位（参照公务员法管理的事业单位除外）职工经单位批准，可停职领办创办企业。领办创办企业期间，保留原单位的所有社会保险关系，社会保险年限连续计算，继续享受原单位的社会保险待遇；也可以在新单位重新参加社会保险，参保缴费年限连续计算。3年内不再领办创办企业的职工允许回原单位工作，3年期满后继续领办创办企业的职工按辞职规定办理。经单位批准辞职的职工，按规定参加社会保险、缴纳社会保险费，享受社会保险待遇。加快推进社会保障制度改革，破除人才自由流动制度障碍，实现党政机关、企事业单位、社会各方面人才顺畅流动。（市人社局牵头，市编办等部门配合）

9. 扶持大学生为主的青年创业创新。建立健全弹性学制管理办法，支持大学生保留学籍休学创业。大力实施吉安市大学生创业引领计划，积极落实各项创业扶持政策。将求职补贴调整为求职创业补贴，范围扩展到已获得国家助学贷款的毕业年度高校毕业生，一次性求职补贴标准由每人800元提高到1000元。对符合条件的大学生创业创新（全日制在校及毕业5年内）给予一次性创业补贴，补贴标准由2000元提高到5000元。毕业5年内已进行就业创业登记并参加社会保险的自主创业大学生，按灵活就业人员待遇给予一定数额的社会保险补贴，补贴期限最长不超过3年。大力开展大学生创业创新大赛活动，培育一批创业带头人，引领更多大学生创业，同时为自主创业的大学生提供大学生创业项目扶持、小额担保贷款、创业指导、创业实训等扶持政策，切实帮助大学生降低创业成本。（市人社局、市教育局牵头，市财政局、团市委、市妇联等部门配合）

10. 支持农民工返乡创业。加大对返乡农民工创业主体的支持力度，引导返乡创业与万众创新对接，鼓励返乡农民工和被征地农民在我市创办各类企业或从事个体经营。支持各地依托现有各类园区等存量资源，充分发挥劳动力资源优势和园区产业优势，进一步拓展延伸园区产业链，整合、创建一批农民工等人员返乡创业园，力争每个县（市、区）建成一个返乡创业园。引导返乡人员进入创业园创业，结合当地优势产业和特色经济，指导和帮助返乡人员选好创业项目，为返乡农民工提供创业指导、创业培训、创业担保贴息贷款等创业扶持政策，力争实现创业一家、成功一家、带动一批的良好局面。大力发展家庭服务业，重点扶持一批家庭服务品牌，鼓励返乡农民工进入家庭服务业创业就业。（市农业局牵头，市人社局、市科技局、团市委、市妇联等部门配合）

11. 鼓励电子商务创业就业。经工商登记注册的网络商户从业人员，同等享受各项就业创业扶持政策；未进行工商登记注册的网络商户从业人员，可认定为灵活就业人员，享受灵活就业人员扶持政策，其中通过网上交易平台实名制认证、稳定经营3个月以上且信誉良好的网络商户从业人员，可按规定享受创业担保贷款及贴息政策。市本级重点帮扶吉安微网、井大阳光城等大学生电子商务孵化基地，对符合条件的积极落实各项就业创业帮扶政策。各县（市、区）要因地制宜设立电子商务孵化基地或产业园，引进、培植一批草根电商企业。（市商务局牵头，市人社局、市财政局、市教育局等部门配合）

三、加大创业创新资金扶持

12. 加大财政资金支持和统筹力度。鼓励市、县两级财政根据本地创业创新需要，设立创业创新基金，扶持创业创新发展。强化支持创新资金预收执行和监管，加强资金使用绩效评价，用好就业专项资金，充分发挥就业专项资金使用效益。用活对个人、合伙企业、劳动密集型小企业等的小额担保贷款和贴息政策，推动创业创新。在确保公平竞争前提下，鼓励对众创空间等创业孵化基地的办公用房、用水、用能、网络等软硬件设施给予适当优惠。对入驻创业孵化基地的企业、个人在创业孵化基地内发生的运行费（物管费、卫生费、房租费、水电费、网络运行费），3年内按不超过实际费用60%的标准进行补贴，减轻创业者负担。（市财政局、市人社局牵头，市发改委、市工信委、市科技局等部门配合）

13. 发挥政府采购支持作用。落实促进中小企业发展的政府采购政策，加强对采购单位的政策指导和监督检查，督促采购单位改进计划编制和项目预留管理，增强政策对小微企业发展的支持效果。（市财政局牵头）

14. 落实税收优惠政策。将企业吸纳就业税收优惠的人员范围由失业1年以上人员调整为失业半年以上人员。高校毕业生、登记失业人员等重点群体创办个体工商户、个人独资企业的，按《江西省财政厅江西省国税局江西省地税局江西省人社厅转发财政部国家税务总局人力资源社会保障部关于继续支持和促进重点群体创业就业有关税收政策的通知》（赣财发〔2014〕38号）规定享受税收最高上浮限额减免。全面落实《财政部国家税务总局关于将国家自主创新示范区有关税收试点政策推广到全国范围内实施的通知》（财税〔2015〕116号）等政策规定，包括职工教育经费税前扣除政策、企业转增股本分期缴纳个人所得税政策、股权奖励分期缴纳个人所得税政策。对符合条件的创业投资企业采取股权投资方式投资未上市的中小高新技术企业2年以上的，按照其投资额的70%在股权持有满2年的当年抵扣该创业投资企业的应纳税所得额，当年不足抵扣的，在以后纳税年度结转抵扣。对企业为开发新技术、新产品、新工艺发生的研究开发费，未形成无形资产计入当期损益的，在按照规定据实扣除的基础上，按照研究开发费用的50%加计扣除；形成无形资产的，按照无形资产成本的150%摊销。（市国税局、市地税局牵头，市财政局、市人社局、市科技局等部门配合）

15．创新融资模式。实施新兴产业“双创”三年行动计划，建立一批新兴产业“双创”示范基地，引导社会资金支持大众创业。建立国有创业投资机构激励约束机制、监督管理机制。按照“政府引导、市场化运作、专业化管理”原则，积极争取省中小企业发展专项资金和战略性新兴产业投资引导资金，加快设立工业创业投资引导基金，促进风险投资、创业投资、天使投资等投资创业创新企业发展，加大对初创企业扶持力度。充分发挥资本市场作用，加大宣传推广和辅导力度，安排扶持资金，引导、鼓励和帮助具有持续盈利能力、主营业务突出、成长性好的创业创新企业在主板、中小板、创业板、“新三板”和其他境内外交易场所（挂牌）融资；推动创业创新企业通过发行各类债券、资产支持证券（票据）、吸收私募投资基金等方式融资。（市发改委、市政府金融办、市科技局、市工信委牵头，市财政局、市国资委、市人民银行等部门配合）

16．完善融资政策。探索多种融资模式，为创业创新企业和小微企业解决融资难题。积极构建以财政全资或财政控股担保机构为骨干、市信用担保中心为龙头、县（市、区）担保机构为主体的全方位融资性担保体系。鼓励政府性担保机构积极为创业型企业和创业个人贷款融资进行担保。试点运用“财园信贷通”“财政惠农信贷通”等融资模式，强化对创业创新企业、新型农业经营主体的信贷扶持力度。通过省级小微企业创业园创业风险补偿引导基金，择优筛选部分小微创业园启动小微企业创业风险补偿金试点，引导金融机构为入园小微企业、科技创新型企业提供流动资金贷款。建立完善我市金融机构、企业和担保公司等多方参与、科学合理的风险分担机制。（市财政局牵头，市政府金融办、市工信委、市科技局、市人民银行等部门配合）

17．加强创业担保贷款扶持。将小额担保贷款调整为创业担保贷款，提高贴息贷款额度，充分发挥小额担保贷款促进创业创新扶持作用。个人创业担保贷款最高额度为10万元；对符合二次扶持条件的个人，贷款最高限额30万元；对符合合伙经营和组织起来创业的，贷款最高限额50万元；对劳动密集型小企业（含促进就业基地等），最高限额400万元。除中央财政贴息25%外，按规定落实对劳动密集型小企业25%、对促进就业基地75%比例的地方配套的贴息资金。降低创业担保贷款反担保门槛，对创业项目前景好，但自筹资金不足且不能提供反担保的，通过诚信度评估后，可采取信用担保或互联互保方式进行反担保，给予创业担保贷款扶持。（市人社局牵头，市人民银行、市财政局等部门配合）

四、夯实创业创新载体

18．培育众创空间。支持鼓励我市各类行业领军企业、创业投资机构、行业组织等，以开发区、科技企业孵化器、高校和大型电商企业为载体，通过市场化机制、专业化服务和资本化途径兴办一批低成本、便利化、全要素、开放式的众创空间。培育“创客空间”“创业咖啡”和“创新工场”等众创空间新型创业孵化载体。鼓励各类创新主体在高新技术和战略性新兴产业等领域，集成人才、技术、资本、市场等各种要素，兴办创新与创业相结合、线上与线下相结合、孵化与投资相结合的孵化机构。重点打造吉安创客空间、吉安微网等创新型众创载体，并定制免费创业咨询、创业指导、创业贷款等一条龙服务和创业培训补贴、社保补贴、岗位补贴、职业技能鉴定补贴、职业见习补贴、运行费（物管费、卫生费、房租费、水电费、网络运行费）补贴等一系列扶持政策。（市科技局、市教育局牵头，井冈山大学、市财政局、市人社局、市工信委等部门配合）

19．加快创业孵化基地建设。在全市范围内重点围绕本地优势产业、特色产业、主导产业，依托城区、工业园区、产业集聚区同步打造建设一批创业孵化基地。鼓励各地、各部门和社会力量新建或利用各种场地资源改造建设创业孵化基地，搭建扶持创业的公共服务平台，有条件的地方可探索采取政府和社会资本合作（PPP）模式共同投资建设。全面推动我市高中职院校建立大学生创业孵化基地，对符合条件的大学生创业项目享受创业优惠政策。对新认定为国家、省级创业创新带动就业示范基地的，分别给予100万元、20万元专项奖励，市、县财政各承担50%。支持孵化基地开展自主培训，吸纳就业困难人员和高校毕业生就业，招用大学生职业见习，符合条件的分别给予职业培训补贴、社保补贴、岗位补贴和大学生见习补贴。至2017年，新增省级创业孵化基地3个，新增市级创业孵化基地5个，各个县（市、区）要建设一个县级以上创业孵化基地。（市人社局、市教育局牵头，市财政局、市科技局、市农业局、团市委等部门配合）

20．创新服务模式。加快发展“互联网+”创业网络体系，建设一批小微企业创业创新基地。加强政府数据开放共享，鼓励和引导大型互联网企业和基础电信企业向创业者开放计算、存储和数据资源。积极推广众包、用户参与设计、云设计等新型研发组织模式和创业创新模式。大力发展企业管理、财务咨询、人力资源、法律顾问、现代物流等第三方专业服务。（市发改委牵头，市工信委、市科技局等部门配合）

21．整合众创资源。鼓励市级以上科技创新服务平台、高校科研机构、市级以上重点实验室、工程技术研究中心、分析测试中心、省部属科研院所、市级企业研究院等各类创新平台和载体向创客开放，共享科技资源，使用资源费用可减半收取。支持社会资金购买的大型科学仪器设备以合理收费方式，向创客企业提供服务。认定培育一批市级小微企业创业园和公共服务示范平台，不断提升服务能力和水平。（市科技局牵头，市教育局、市人社局等部门配合）

22．促进技术成果转移转化。完善成果发布机制，建设成果转化项目库，凡经登记认定的科技成果按季度予以公报，并纳入项目库管理。积极推动网上成果对接常态化，培育扶持一批科技成果转移示范机构，推动高校、科研院所科技成果向创客企业转移转化。加大对创新企业专利申请扶持力度，在申请费用减免、向上级争取专利资助方面给予倾斜，开辟绿色通道，简化办理程序。专利技术成果转化根据《江西省战略性新兴产业专利技术研发引导与产业化示范专项资金项目和资金管理暂行办法》给予资助。加快建设一批专利申请、专利孵化、专利维权的知识产权（专利）孵化平台，加强创新型企业聚集区维权能力建设，建立专利保护和应用服务机制。（市科技局、市教育局牵头，市财政局等部门配合）

五、优化创业创新服务

23．推进创业创新教育。在我市普通高等学校、职业院校、技工院校全面推进创业创新教育，推动创业创新课程纳入国民教育体系和学分制管理。优化教育师资结构，吸纳有实践经验的创业者、职业经理人和其他专业人员加入师资队伍。建设创业创新教育示范学校，鼓励有条件的学校充分依托现有资源建设创业型学院。在各级各类学校营造大众创业、万众创新的浓厚氛围。（市教育局牵头，井冈山大学、市人社局等部门配合）

24．加大创业培训力度。对具有创业要求和培训愿望、具备一定创业条件的城乡各类劳动者，参加创业培训可按规定申请创业培训补贴，参加GYB培训的按每人300元的标准给予补贴，参加SYB培训的按每人700元的标准给予补贴，参加GYB和SYB相结合的培训按每人1000元的标准给予补贴，参加创业实训的按每人800元的标准给予补贴。提高劳动者在电子商务领域的就业创业能力，培养电商及快递人才，将电子商务培训纳入创业培训，对法定劳动年龄内的有电子商务创业项目或创业愿望的城镇登记失业人员、农村转移就业劳动者、毕业学年高校毕业生、未继续升学初高中应届毕业生等四类人员，参加电子商务培训可按规定申请培训补贴，补贴标准为每人500元至800元。（市人社局牵头，市农业局、市教育局、市财政局、市工信委、市科技局、团市委、市妇联等部门配合）

25．培育优秀创业项目。各地可推荐评选一批优秀创业项目，建立项目库，并给予重点扶持，所需资金由市级就业配套资金统筹安排。对获得国家和省市有关部门、单位联合组织的创业大赛奖项并在吉安登记注册经营的创业项目，给予一定额度的资助，其中获得国家级大赛奖项的，每个项目给予10万—20万元；获得省级大赛前三名的，每个项目给予5万—10万元；对获得市级大赛前三名的，每个项目给予2万—5万元资助。对创业大赛评选出的优秀创业项目，给予创业担保贷款重点支持，鼓励各种创投基金给予扶持。（市人社局、市教育局牵头，市财政局、市科技局、团市委等部门配合）

26．组建创业导师团队。组建一批由优秀企业家、专家学者、各类名师等组成的创业导师志愿团队，建立创业导师（专家）库，对创业者分类、分阶段进行指导；开展创业创新系列宣讲、咨询服务活动。市里每年评选10名有发展潜力和带头示范作用的初创企业经营者，并按每人5000元的标准资助其参加高层次进修学习或交流考察，所需资金由就业资金统筹安排。（市人社局牵头，市农业局、市教育局、市财政局、市工信委、市科技局、团市委、市妇联等部门配合）

27．营造创业创新氛围。支持举办创业训练营、创业创新大赛、创新成果和创业项目展示推介等活动，搭建创业者交流平台，培育创业文化，营造鼓励创业、宽容失败的良好社会氛围。开展创业政策进企业、进社区、进农村、进高校活动。发挥广播、电视、报刊、网络、微信各类媒介作用，借助井冈山报、吉安广播电视台、大江网等开辟“大众创业万众创新”的专栏，深入解读政策内容，多形式、多渠道加大对大众创业、万众创新的新闻宣传和舆论引导，树立一批创业创新典型人物，让大众创业、万众创新在全市蔚然成风。（市人社局牵头，市教育局、市科技局、市财政局等部门配合）

28．完善创业公共服务。健全城乡一体的创业公共服务体系，加强创业服务队伍建设，完善市、县（市、区）创业综合服务机构，各乡镇（街道）设立创业服务窗口，村（社区）配置创业辅导员，形成市、县（市、区）、乡镇（街道）、村（社区）四级创业服务网络，实行信息联网、资源共享，推进创业服务社会化。将职业介绍补贴和扶持公共就业服务补助合并为就业创业服务补贴。创新服务供给模式，向社会力量购买基本就业创业服务成果，形成多元参与、公共竞争格局，提高服务质量和效率。发布创业政策，集中办理创业事项，为创业者提供“一站式”创业服务。（市人社局牵头，市财政局、市科技局等部门配合）

六、强化组织保障

29．加强组织领导。成立吉安市推进大众创业万众创新联合工作组，组织推进我市大众创业万众创新工作，协调解决工作中的重大问题。联合工作组办公室设在市人社部门，负责联合工作组日常工作。各地要成立相应工作机构，明确责任分工和牵头单位。各地和联合工作组成员单位要制定贯彻意见、出台政策文件、加大资金投入、落实工作责任、强化舆论引导，推动双创工作落实到位。贯彻意见和政策文件要在4月20日前报市联合工作组办公室。

30．强化调度督查。各地、各部门要认真做好政策落实情况的统计、总结和调研分析，每季结束后3个工作日内将工作进展情况报市联合工作组办公室。对工作推进中遇到的困难和问题，联合工作组办公室要及时提请召开会议研究协调并加以解决。建立健全推进大众创业万众创新工作落实情况督查通报制度，对工作落实不力的，市政府将追究有关人员责任。

吉安市人民政府
2016年3月15日

中共山东省委关于深化人才发展体制机制改革的实施意见

（鲁发〔2016〕22号）

为深入贯彻中共中央印发的《关于深化人才发展体制机制改革的意见》（中发〔2016〕9号），大力实施人才强省和创新驱动发展战略，破除束缚人才发展的思想观念和体制机制障碍，解放和增强人才活力，引导广大人才为加快建设经济文化强省作出更大贡献，现结合我省实际，就深化人才发展体制机制改革提出如下实施意见。

一、改革人才管理体制和管理方式

1．转变政府人才管理职能。把人才发展作为国民经济与社会发展规划和年度计划重要内容，建立人才发展形势分析研判制度。强化政府人才宏观管理、政策法规制定、公共服务、监督保障等职能。推动人才管理部门简政放权，建立政府人才管理服务权力清单和责任清单，清理和规范人才招聘、评价、流动等环节中的行政审批和收费事项。探索建立第三方评估政府人才管理效能机制。

2．保障和落实用人主体自主权。积极落实高等学校、科研院所、企业和各类社会组织的用人自主权，选择部分事业单位开展扩大用人自主权试点。高等学校、公立医院等公益二类事业单位在人员控制总量内，按规定自主安排、执行用人计划，依法依规自主公开招聘人才，可采取直接考察方式公开招聘急需紧缺人才。改进事业单位岗位管理模式，建立岗位动态调整机制，由高等学校、科研院所根据规定自主设置岗位，报岗位主管部门备案，高等学校、科研院所可统筹使用中初级专业技术岗位。研究制定急需紧缺人才薪酬管理办法，鼓励用人单位对急需紧缺人才实行协议工资制、项目工资制和年薪制，不纳入单位绩效工资总量基数。对主管部门下放的相关权限，各试点单位要健全制度规范，严密决策程序，主动接受各方监督。

3．健全市场化、社会化的人才管理服务体系。加快建立统一、规范的人才市场体系，完善人才供求、价格和竞争机制。推动政府人才公共服务与经营性服务分离。整合公共就业和人才服务体系，强化公益服务保障。研究制定进一步促进人力资源服务业发展的意见，支持有条件的地方创建国家级人力资源服务产业园，集中培育10家在全国有影响力的人力资源服务机构，积极引进国际知名人才寻访机构。支持人力资源服务行业组织建设，有序承接政府转移的人才服务功能。完善人才诚信体系，建立人才失信“黑名单”制度。

4．对担任行政职务的专业技术人才实行有别于党政领导干部的管理方式。逐步破除高等学校、科研院所人才管理方面存在的行政化、“官本位”倾向。研究制定规范高等学校、科研院所领导人员兼职及取酬的具体办法，按照干部管理权限审批后，高等学校、科研院所领导班子成员可兼任与本单位或本人教学科研领域相关的社会团体和基金会等职务，兼职数量一般不超过3个。高等学校、科研院所正职外的其他领导班子成员可在本单位出资的企业（包括全资、控股和参股企业）或参与合作举办的民办非企业兼职，兼职数量一般不超过1个；领导班子成员兼职不得领取薪酬。高等学校、科研院所所属的院系所及内设机构领导人员，兼职数量根据工作需要和实际情况，按干部管理权限由党委（党组）审批；个人按照有关规定在兼职单位获得的报酬，应当全额上缴本单位，由本单位给予适当奖励。高等学校、科研院所及其二级单位中担任领导职务的专家学者因公临时出国开展学术交流合作的，单位与个人的出国批次数、组团人数、在外停留天数根据实际需要安排。经组织批准引进的海外高层次人才，配偶（或子女）已移居国（境）外的，按照有关规定经批准后，可担任国有企事业单位领导职务。

5．加快建设人才改革试验区。以济莱协作区、青岛西海岸新区、济宁市三个省级人才改革试验区为重点，以山东半岛国家自主创新示范区、中韩自贸区地方经济合作示范区、京津冀协同发展示范区为依托，分层分类建设一批人才改革试验区。制定出台支持省级人才改革试验区建设政策，鼓励其在人才引进培养、社会化评价、双向流动、股权期权激励、成果转化、科技金融等方面先行先试，支持各地完善创新创业政策体系，探索人才管理新模式。

二、构建更加灵活开放的引才用才机制

6．开辟“高精尖缺”人才引进专门通道。建立精准引才机制，开发网上人才需求精准对接平台，定期派出专业化、小型化团组赴国（境）外点对点对接“高精尖缺”人才，符合条件的经评估认定，可直接入选省级重点人才工程，直接发放人才服务绿卡。探索实施重大引才活动服务外包。围绕全省重点产业人才需求，遴选一批转型潜力大、创新能力强、人才管理规范的企业，赋予其灵活引才政策，引进的“高精尖缺”人才经评估可直接认定为泰山产业领军人才工程支持对象。围绕高等学校“双一流”建设，加快引进一批满足国家和省重大战略需求、具有国际一流水平的学科领军人才和创新团队。对全省重点产业发展能够产生重大影响、具有重大经济社会生态效益的国际一流或顶尖人才团队，实行“特事特办、一人一策”，通过项目资助、创业扶持、贷款贴息等方式，给予每个人才团队3000万元—5000万元的综合资助。对高层次领军人才创新项目，省级引导基金可给予单个项目最高6000万元的直投股权投资支持。泰山系列人才工程随时接受引进的“高精尖缺”人才申报，不受在岗在编和申报名额限制，根据申报情况灵活组织遴选。针对重点引进的高层次人才和团队，建立完善精细化服务保障机制，确保引得进、留得住、用得好。

7．实施更具竞争力的引才政策。研究制定加快推进人才国际化的意见，建立符合国际规则和惯例的引才机制、政策和服务模式。研究制定离岸创新人才引进使用办法，支持用人单位“走出去”在国（境）外、省外建立前端孵化基地、离岸研发中心（机构）等，在全球布局创新资源。鼓励跨国公司来我省建立研发中心、科技孵化器，其高层次人才经认定可享受国内人才同等政策待遇。依托重点实验室、工程技术中心等设立访问学者岗位，吸引海外人才来我省开展合作研究。鼓励高等学校、科研院所、重点企业、园区设立“千人计划”工作站，柔性吸引国家“千人计划”专家来我省开展创新研究，省财政给予每个工作站补助100万元。研究制定引才激励办法，对在推荐引进高层次人才中作出突出贡献的中介机构、社会组织和个人给予奖励。加强引进海外人才载体建设，将留学人员创业园纳入我省创业扶持体系，培育扶持一批具有辐射带动作用的省级留学人员创业示范园。制定新形势下加强引进国外人才和智力工作的实施意见，组织实施“外专双百计划”，“十三五”期间，引进100名国际知名非华裔外国专家和100个高层次外国专家团队。简化外国专家短期来我省工作办理程序，推行外国人来我省工作许可一个窗口办理，对符合条件的外国专家取消来我省工作年龄限制，获得硕士及以上学位的外籍毕业生和外国留学生经申请可直接获得工作许可。允许引进的外籍科学家领衔实施省科技项目、申报省科学技术奖、创办科技型企业、开展创新活动，享受省内科研活动相同的政策支持。扩大外籍高层次人才在口岸和境内申请办理R字签证（人才签证）的范围，经认定的外籍高层次人才，无签证来我省的，允许其在抵达口岸后申请R字签证，入境后按照规定办理居留许可；持非R字签证来我省的，入境后可变更为R字签证或按照规定办理居留许可。

三、建立以创新创业为导向的人才培养支持机制

8．健全产学研用协同育人机制。推动高等学校开展跨院系、跨学科、跨专业人才培养，建设一批创新创业人才教学示范高校。鼓励支持高等学校设立产业教授流动岗位，聘请企业管理人员、科研人员兼任教职。鼓励各地政府、企业与高等学校、科研院所联合创办独立运营、市场化运作、产学研紧密结合的新型研发机构，开展协同创新活动，培养产业化专业人才。加强大学生创业教育，完善大学生创业指导服务机制。

9．实行符合人才创新规律的科研经费管理办法。统筹现有科技计划，设立省重点创新领军人才研发专项计划，稳步扩大省自然科学基金规模，允许科研人员自主选题，开展“非共识”研究。探索建立更加突出知识性劳动和智力成果价值的分配方式，推进省级科研项目经费管理改革，完善间接费用管理，对劳务费不设比例限制，调整劳务费支出范围，将临时聘用人员的社会保险补助纳入劳务费科目中列支。高等学校、科研院所受企业委托开展科研项目取得的社会资金，纳入单位财务管理，在履行合同约定的前提下，合同任务完成后相关经费作为科技成果转化使用处置收益进行管理，研发团队按照合同自主支配经费，赋予团队负责人内部收益分配权。将科研项目部分经费预算调整审批权下放到项目单位。探索对哲学社会科学研究成果实行后期资助和事后奖励制。实行有利于人才创新和规范管理的经费审计方式。

10．大力推动企业人才资源开发。研究制定加强企业家队伍建设的意见。建立高层次、常态化的企业家参与全省战略决策对话咨询制度。研究出台省属国有企业高级经营管理人员契约化管理办法，逐步扩大高级经营管理人员契约化管理企业范围。推行职业经理人制度，健全省属国有企业职业经理人、外部董事、外部监事人才库，面向有关部门和企业开放。加大企业家培训力度，定期选派重点产业领域的知名企业家到国（境）外学习交流，提升战略思维、国际视野和创新素养。完善省管企业负责人特别奖励制度，进一步激发企业家创新创业活力。实行企业家培养导师制，选择知名企业家担任导师，对新生代企业家提供指导、咨询和建议。

11．创新技术技能人才培养模式。深化技术技能人才培养体制改革，加快构建现代职业教育体系。实施高技能人才“双特建设工程”，建设一批高技能人才培养特色名校和特色技能大师工作站。完善职业教育学历与职业资格证书“双证书”制度，落实职业教育“双师型”教师队伍建设政策。推进“技能兴鲁”职业技能大赛制度化建设，打造职业院校和技工院校“专业化、市场化、国际化”品牌。进一步强化技术技能人才校企联合培养模式，加强高技能人才公共实训基地和世界技能大赛培训基地建设。研究制定高技能人才激励办法，健全企业、行业领域首席技师制度，试行年薪制和股权制、期权制。围绕建设制造强省，推进智能制造，培育和传承新时代“工匠精神”，不断提高技术技能人才经济待遇和社会地位。

12．拓宽青年创新人才成长通道。研究制定支持青年人才创新创业的意见。组织好泰山学者青年专家计划、省自然科学杰出青年基金、省有突出贡献中青年专家遴选和省青年科技奖表彰，提高省自然科学基金对青年创新人才的支持比例，40岁以下人才领衔的一般不低于30%。加强泰山学者团队建设，每名泰山学者至少配备4名专职青年学术助手，对高等学校的泰山学者在博士研究生招生指标分配上予以倾斜，确保每名泰山学者每年招收博士研究生不少于1名。加强青年人才国际化培养，每年资助100名35岁以下在读博士研究生参加国际学术交流会议，资助500名优秀中青年骨干教师、科技工作者、医务工作者以及企业经营管理人员到国（境）外知名高等学校、科研院所、医疗机构、企业等培训进修。实施省博士后创新人才支持计划，探索建设博士后创新创业基地，有条件的博士后科研工作站可独立招收博士后研究人员。

四、完善以品德、能力、业绩为重点的人才评价机制

13．建立完善符合各类人才和岗位特点的评价方式。研究制定分类推进人才评价机制改革的实施意见，克服唯学历、唯职称、唯论文等倾向。完善人才分类评价标准和办法，基础研究人才以同行学术评价为主，注重研究成果质量及社会影响力，适当延长评价考核周期，强化聘期考核；应用研究和技术开发人才突出市场评价，注重创新能力、创新成果、专利创造和运用等，不将论文等作为评价限制性条件；科技成果转化人才强调效益评价，注重经济效益、社会效益和生态效益；哲学社会科学人才强调社会评价，坚持政治标准与学术标准相统一，注重研究成果的学术原创性和实际应用价值。加快建立多元化人才评价体系，积极引入专业性强、信誉度高的第三方专业机构参与，注重引入国际同行评价。建立符合县及以下基层一线岗位特点的人才评价机制，淡化相应论文要求。建立评审专家评价责任和信誉制度。

14．推进职称制度和职业资格制度改革。制定深化职称制度改革的实施意见，改革完善职称评审方式，建立社会和业内认可的职称评审机制。按照人事管理权限，将卫生、中小学系列副高级评审权下放给设区的市；探索实行用人单位自主评聘。推动高等学校、科研院所和国有企业自主评聘，强化事中事后监管。职称外语和计算机应用能力考试成绩不作为职称评审的必要条件。进一步畅通非公有制经济组织和社会组织人才申报参加职称评审渠道。规范职业资格准入和评价管理，推进职业资格与职称制度有效衔接。探索建立国际职业资格单边认证制度。

五、健全有利于人才资源合理有效配置的流动机制

15．破除人才流动中的体制壁垒和机制障碍。打破户籍、地域、身份、学历、人事关系、年龄等制约，促进人才在不同性质单位、不同地域有序自由流动。探索建立党政机关、企事业单位、社会各方面人才流动渠道。加快人事档案管理服务信息化建设，建立覆盖全省、互联互通的业务经办系统和信息共享系统，及时为高等学校毕业生、创业人才等提供人事代理、社会保险代理服务。畅通现有国有企业经营管理人才与职业经理人才身份转换通道。

16．推动人才向基层和欠发达地区流动。研究制定加强基层专业技术人才队伍建设的意见。落实乡镇工作补贴政策，完善事业单位绩效工资分配向基层一线倾斜政策，提高基层专业技术人才收入水平。设立基层卫生系列专业技术职称，乡镇卫生院、社区卫生服务中心卫生专业技术人员职称实行单独评审，研究制定加强基层一线全科医生、儿科医生、护理人员等队伍建设的政策。强化在基层和欠发达地区工作经历的职业发展竞争优势，基层服务经历、贡献和业绩作为职称评审的重要考核指标，作为省级医疗机构、农业科研机构等高级专业技术职务评聘的必要条件。加大对省扶贫开发重点区域人才支持力度，深化提升科技副职选派、基层人才挂职研修、急需紧缺人才项目引进等工作，开展卫生、农业、教育、科技、文化领域人才到基层挂职锻炼和兼职服务。建立省级重点人才工程人选基层志愿服务制度，推进省级专家服务基地建设。省级及以下科研项目、人才计划适当向欠发达地区倾斜。急需专业本科以上学历、中级以上专业技术职称人员到乡镇学校、医院、农技、林业、文化等公共服务事业单位工作，且服务年限在5年以上的，经县（市、区）人力资源社会保障部门考核合格，可采取直接考察的方式公开招聘。

六、强化体现人才智力价值的激励保障机制

17. 充分调动用人单位参与科技成果转化的积极性。加大国家和省科技成果转化法规政策贯彻落实力度。建立省属高等学校、科研院所科技成果转化绩效考核评估机制，考核评估结果作为对单位予以支持的重要参考。对省属高等学校、科研院所按规定实施科技成果转化风险免责政策。科技成果转化后，省属高等学校、科研院所等具有独立法人资格的事业单位领导班子成员，是科技成果的主要完成人或者对科技成果转化作出重要贡献的，正职可以获得一定的现金奖励，副职可以获得一定的现金奖励或股权激励。对科技成果转化突出的事业单位，优先推荐参评相关表彰奖励活动。建立科技成果转化对口合作机制，推动县（市、区）与省内外高等学校、科研院所开展技术成果对口转移。研究制定相关政策，在全省高等学校、科研院所推广"学科性公司"运作模式，鼓励用人单位、学科团队、科研人员、社会资本共同入股成立公司，开展科技成果转化。省属高等学校、科研院所要建立科技成果转化重大事项领导班子集体决策制度和内部管理制度，财政、审计及相关主管部门要加强对科技成果转化的监督。

18. 加大对科技人才创新创业激励。高等学校、科研院所要建立符合科技成果转化特点的职称评聘、岗位管理和考核评价制度，对在科技成果转化中贡献突出的，可破格评聘相应专业技术职务。高等学校、科研院所科技人员在履行岗位职责、完成本职工作的前提下，经单位同意，可以兼职到企业从事科技成果转化，或者离岗创业，在3年内保留原单位人事关系和国家规定的基本工资，相应享受职称评聘、保险等方面待遇，离岗创业期满后，符合条件的经批准同意可再延长3年。鼓励和允许国有企业在科技成果转化实现盈利后，连续3—5年每年提取不高于30%的转化利润，用于奖励核心研发人员、团队成员及有重大贡献的科技管理人员。国有企事业单位对职务发明人、科技成果转化重要贡献人员奖励，计入当年单位工资总额，不作为工资总额基数。鼓励各级所属的国有科技型企业对作出重要贡献的技术人员和经营管理人员实施股权期权激励。高等学校、科研院所奖励科研人员的股权激励方案，由本单位自主提出、集体决定并组织实施。在全省建设一批技术转移人才培养基地，鼓励高等学校、科研院所、园区设立科技成果转化岗位，培育一批专业化技术经纪人。扶持发展众创空间，支持发展创业苗圃、孵化器、加速器等创业服务机构，支持创建创业型大学和创客学院。

19. 完善多元化人才投入机制。优化财政支出结构，把人才发展支出作为财政支出重点领域予以优先保障。实施重大建设工程和项目时，统筹安排人才开发培养经费。改进省级重点人才工程经费投入方式，采取人才津贴、科研补助、贷款贴息、人才奖励等多种方式给予支持。充分利用科技成果转化、天使投资、服务业创新发展等省级股权投资引导基金，加大对人才创新创业的金融扶持，健全政府、企业、社会多元化投入机制。引导企业加大人才投入，鼓励企业设立人才发展专项资金，专户用于人才开发。落实企业研究开发费用税前加计扣除政策。

七、加强党对人才工作的领导

20. 完善党管人才工作格局和运行机制。发挥党委（党组）在人才工作中的领导核心作用，严格落实党委（党组）书记人才工作第一责任人责任，将人才工作列为落实党建工作责任制情况述职的重要内容。进一步强化人才工作目标责任制考核，将考核结果作为领导班子和领导干部评价的重要依据。理顺党委、政府人才工作部门职责，将行业、领域人才队伍建设列入相关职能部门"三定"规定。全面落实各级人才工作领导小组成员单位人才工作述职报告制度，探索建立重点工作督办制度。深化组织部门人才工作牵头抓总职能，吸收省直有关综合部门参与省人才工作领导小组办公室工作。健全人才工作领导机构，配齐配强工作力量。

21. 加强对人才的政治引领和团结凝聚。深化落实党委联系专家制度，推动各级领导干部加强人才联系服务，真诚关心人才、爱护人才、成就人才。加强人才思想联系，强化各类人才教育培训，大力宣讲党的路线方针政策，深入开展国情省情研修，增强广大人才的认同感、向心力。完善专家决策咨询制度，充分发挥省智库高端人才作用。

22. 营造良好社会环境和舆论氛围。推进人才管理法制建设，推进知识产权综合行政执法试点工作，健全知识产权快速维权援助体系。探索建立人才荣誉制度，争取申报设立省级人才奖项，加大优秀人才选树表彰力度。健全外国专家表彰机制。鼓励社会力量打造公信力强、影响力大的人才奖励品牌。依托新闻媒体大力宣传人才创新创业先进典型，努力营造尊贤重才、勇于创新、鼓励成功、宽容失败的社会氛围。

各级党委和政府要根据本实施意见精神，结合本地实际，制定具体实施办法。鼓励各市各部门因地制宜，开展差别化改革探索，研究解决人才发展体制机制改革中的新情况和新问题。省直各相关部门要根据任务分工和进度安排，研究制定具体落实措施，特别是对下放用人主体自主权、规范科技人员兼职和出国、科研经费管理、成果转化及收益分配等关键领域的改革，要建立健全事中事后监管机制，确保规范有序推进。省人才工作领导小组要加强宏观指导和组织协调，建立协调落实机制、督办机制和成效评估机制，理清责任链条，加强督促检查，对推进不力的要追责问责，推动各项改革措施落地见效。中央驻鲁单位可结合自身实际和主管部门规定，参照实行本实施意见。

附件：重点任务分工及进度安排表（略）

中共山东省委
2016年7月18日

中共济南市委 济南市人民政府 关于实施“泉城双创”人才计划的意见

（济发〔2016〕20号）

为深入实施人才强市战略，加快形成大众创业、万众创新的生动局面，在更大范围、更高层次、更深程度上服务和助推“四个中心”建设，现就实施“泉城双创”人才计划提出如下意见。

一、指导思想、主要目标和基本原则

1．指导思想。全面贯彻落实党的十八大和十八届三中、四中、五中全会精神，深入贯彻习近平总书记系列重要讲话精神，牢固树立人才是第一资源、创新驱动实质是人才驱动的理念，聚焦“四个中心”建设关键领域和重点产业发展需求，着眼用好现有人才、稳住关键人才、引进急需人才、培养青年人才，统筹整合人才政策、人才项目、服务事项和工作力量，加快构建更具竞争力的人才集聚制度和创新创业环境，努力形成群贤毕至、人才辈出、以才兴业的生动局面，为“打造四个中心，建设现代泉城”提供有力的人才保障和智力支撑。

2．主要目标。“十三五”期间，引进培育500名以上领军型创新创业人才、5000名以上重点产业重点领域紧缺人才，引领带动50000名左右各类优秀人才创新创业，做大人才增量，做优人才存量，全面提升我市人才竞争力、科技竞争力和产业竞争力，加快构筑具有独特优势的区域性人才高地。

3．基本原则。

（1）创新机制，激发活力。坚持政府引导与市场配置、社会参与有机结合，增强人才体制机制灵活度和人才政策开放度，最大限度激发和释放人才创新创造创业活力。

（2）产业集聚，高端引领。坚持以人才兴产业、以产业聚人才，围绕我市重点发展的产业、行业和领域，引进培育服务经济社会发展的高层次人才、急需紧缺人才和创业型人才，发挥创新创业示范作用。

（3）统筹协调，精准发力。整合人才工作力量，汇聚人才政策资源，实施专项支持计划，发挥整体竞争优势，构建统分结合、纵横配套的人才政策体系，促进人才政策集中发力、效应叠加，打造济南人才工作品牌。

二、加快引进创新创业高端人才（团队）

1．泉城5150引才倍增计划。深化提升“5150引才计划”，从2016年起，用5年时间，以各类企业、园区、产业基地等为依托，面向海内外重点引进并择优支持300名（个）左右“高精尖缺”领军人才（团队），着力打造拥有关键技术、引领新兴产业、带动转型升级的高端创新创业人才队伍。

泉城5150引才倍增计划分创新、创业两类。对入选的团队，市财政给予100万—1000万元资助，对入选的高层次人才，市财政给予50万—500万元资助，县（市）区（含济南高新区，下同）给予配套资助。优先支持各县（市）区已纳入支持范围的人才，获得社会性资金（包括创业投资机构、银行、其他类型金融机构等）支持或与本土企业嫁接创业的人才。

上述人才（团队）在享受经费资助的同时，符合政策的可申请政府性创新创业相关资金（基金）支持，依据项目质量、规模和预期效益评估情况，予以优先支持。创办企业年销售收入首次达到2000万元、5000万元、1亿元的，依据研发投入分别给予最高50万元、100万元、200万元产品研发创新扶持。对全市产业发展能够产生重大影响、具有重大经济社会生态效益的顶尖人才（团队），经认定，可特事特办、一事一议，给予最高5000万元特别支持。

泉城5150引才倍增计划，由市委组织部、市科技局、市人力资源社会保障局牵头，会同市发改委、市经济和信息化委、市财政局、市金融办、市投资促进局等部门组织实施。其中，创新类由市人力资源社会保障局具体实施，创业类由市科技局具体实施。

2．泉城院士智力集聚计划。加强与中国科学院、中国工程院及国内外知名高校、科研院所对接合作，组织开展院士专家泉城行、院士智力项目对接等活动。支持企事业单位柔性引进院士专家智力，力争用5年时间，在全市重点领域分批次建设80个院士（专家）工作站，加快推进高层次产学研深度合作。新认定的市级院士工作站、专家工作站，市财政分别给予最高30万元、10万元资金补助，主要用于工作站的条件改善、项目合作和人才培育。每三年评选一批绩效突出的优秀院士、专家工作站，分别给予10万元、5万元追加扶持。新认定为省级以上院士工作站的，给予最高30万元创新扶持。泉城院士智力集聚计划，由市委组织部、市科协、市人力资源社会保障局、市发改委、市经济和信息化委、市科技局、市财政局组织实施，市科协具体实施。

3．泉城高端外专计划。鼓励企事业单位加大外籍人才引进力度，力争经过5年努力，引进并重点支持100名（个）左右我市经济社会发展急需的高层次外国专家（团队）。对高端外专项目实行年薪、国际旅费、生活费等资助，单个项目每年资助总额最高50万元，最多连续资助3年。入选国家、省级重点外国专家项目的，可给予最高1：1的配套资金支持。

泉城高端外专计划由市人力资源社会保障局（市外国专家局）组织实施。

4．泉城重点产业紧缺人才集聚计划。优化提升“千”层次创新创业人才引进计划，建立重点产业紧缺人才目录发布制度，面向电子信息、生物医药、机械装备、智能制造、新材料、新能源、金融商务、现代物流、文化旅游、现代农业等重点产业、领域，鼓励支持各行业特别是企业、园区大力引进一批急需紧缺创新创业人才。

对企业和专业性较强的事业单位新引进的博士研究生和具有高级专业技术职务或高级技师资格的人才，经认定，给予每人每年2万元生活补贴，期限为3年；新进入博士后科研工作（流动）站的博士后，按其在站从事科研实际工作月数，给予每人每月3000元生活补贴；企业新引进的海外高校、国内“985”“211”重点高校硕士研究生或其他重点高校优秀硕士研究生，经认定，给予每人每年1万元生活补贴，期限为3年。经费由市、县财政各按50%承担。

对符合我市重点产业和战略性新兴产业发展方向，带技术、带专利、带项目、带资金来济创办科技型、成长型企业的创业人才，经评审，给予一次性20万元创业启动资金支持。经费由市、县财政各按50%承担。

泉城重点产业紧缺人才集聚计划，分为创新类和创业类。创新类由市人力资源社会保障局组织实施，创业类由市科技局组织实施。

三、大力培育重点专业重点领域创新创业人才（团队）

1．泉城优秀创新团队支持计划。支持企事业单位培育以领军型人才或技术型专家为核心的创新团队，依托我市重点行业、关键领域、优势产业的平台和项目，实施有望突破核心技术、提升产业水平的创新活动。每年遴选支持优秀创新团队20个左右，支持周期3年。入选团队在支持周期内，市财政给予最高120万元创新扶持。

泉城优秀创新团队支持计划，由市委组织部、市科技局、市人力资源社会保障局、市财政局等部门组织实施，市科技局具体实施。

2．泉城科技创业企业家培育计划。从2016年起，用5年时间，重点支持培养200名左右既懂科技又懂市场，在相关领域开创技术新路径、商业新模式、产业新质态，成为高新技术产业或现代服务业领军人物的科技创业企业家，打造一批具有示范引领作用的科技创业主体。入选培育计划的，集成发改、经济和信息化、科技、人力资源社会保障、金融等与创新创业相关部门的政策资源，进行综合扶持。定期组织前往境内外科技创业先进地区开展专题研修和技术成果、产业合作等对接，研修费用和交通费用给予补贴。

泉城科技创业企业家培育计划，由市委组织部、市经济和信息化委、市科技局牵头，会同市发改委、市财政局、市人力资源社会保障局、市金融办、市投资促进局等部门组织实施。

3．泉城优秀人才培养计划。加强本土优秀人才培养和储备，在科技创新、金融服务、技能技艺等我市产业发展重点领域以及民生保障和公共服务领域，有计划、有步骤、有重点地遴选培养一批具有领军潜能、创新潜力的中青年骨干人才。每年遴选一批，每批100名左右，培养周期3年，给予入选者每人每年5万元资助。支持和鼓励培养对象开展进修培训、合作研究等。

泉城优秀人才培养计划，由市委组织部、市人力资源社会保障局牵头，会同市委宣传部、市委农办、市经济和信息化委、市教育局、市科技局、市民政局、市农业局、市商务局、市文化广电新闻出版局、市卫生计生委、市金融办等部门组织实施。

4．泉城高技能人才培养提升计划。围绕支撑济南制造、济南创造，制定实施加强高技能人才队伍建设的政策措施，积极探索产教融合、校企双制、工学一体的技能人才培养模式，以技术技能型、复合技能型和知识技能型人才为重点，加快建设一支数量充足、结构合理、素质优良、与我市产业发展需求相匹配的高技能人才队伍。大力推进高技能人才培训基地、首席技师工作站和高技能人才创新联合体建设，深入开展“金蓝领”培训计划和技能大赛。到2020年，实现技能劳动者总量新增25万人，高技能人才占技能劳动者的比例达到30%以上。

泉城高技能人才培养提升计划，由市人力资源社会保障局、市教育局牵头，会同市发改委、市经济和信息化委等部门组织实施。

5．泉城大学生创业引领计划。健全完善支持大学生创业的政策制度和服务体系，力争5年内引领大学生实现自主创业6000人，带动就业2万人，县（市）区大学生创业孵化基地或大学生创业园覆盖率达到100%。在济大学生自主创业、创办符合条件的小微企业，可分别享受最高额度10万元、300万元的政府贴息创业担保贷款；首次创办小微企业，符合条件的可申请领取不低于1.2万元的一次性创业补贴，并可按创造就业岗位数量申请领取每个岗位2000元的一次性创业岗位开发补贴。加大大学生创业培训力度，举办大学生创业大赛、创业论坛和大学生创业之星评选等活动。每年重点扶持10家左右具备领军潜力和持续发展能力的大学生新创企业。

泉城大学生创业引领计划，由市人力资源社会保障局组织实施。

四、做优做强各类人才发展平台

1．科技创新平台。深化与国内外高校、科研院所对接合作，大力推进山东工业技术研究院建设，支持县（市）区、园区、企业与高校、科研院所共建技术创新和成果转移机构。加强国家重大新药创制平台等重大源头创新平台建设，规划建设区域性产业创新综合研发基地。大力引进高校院所及其分支机构，一事一议给予扶持。鼓励企业建设高水平研发机构，新获批国家级、省级研发机构的，分别给予最高100万元、50万元扶持；新获批设立国家博士后科研工作站、省博士后创新实践基地、市博士后创新实践工作站的，分别给予最高30万元、10万元、5万元扶持。鼓励我市企业在域外建立研发中心。

2．创业孵化平台。鼓励建设新型孵化器、专业孵化器和海外孵化基地，支持企业、高校院所及其他社会力量建设创业孵化平台，完善梯级创业孵化体系，为人才创业提供物理空间和专业化服务。大力推进众创空间建设，对列入泉城众创空间支持计划的，每个给予最高100万元扶持。加大科技企业孵化器建设力度，对新认定的国家、省级、市级孵化器分别给予最高100万元、50万元、30万元扶持，在孵企业被新认定为高新技术企业的，每认定1家给予孵化器10万元扶持。

鼓励科技园区载体建设，对新认定的国家级科技园区、特色产业基地，分别给予最高300万元、100万元扶持。实施高层次人才创新创业基地建设计划，在条件成熟的园区、企业等不同载体，评选一批创新创业基地，每个基地给予最高100万元扶持。

3．资源共享平台。支持高校院所、行业领军企业及其他各类创新主体对外开放共享大型科学仪器设备，可依据相关规定获得相应补贴。建设“泉城科创交易大平台”，打造集成果转化、技术交易和金融服务于一体的科技中介服务中心。建设知识产权运营平台，推动专利技术的收储、交易流转、产业化。实施推动科技人员服务企业与推动科技人员自主创业“双推”工程。驻济部属、省属高校院所科技人员在济创新创业，符合条件的，可申报我市人才引进项目。

4．科技金融平台。深化科技和金融结合，拓宽科技创新融资渠道，形成政府、银行、担保机构、投资机构等共同参与的多层次、多渠道科技金融投融资体系。发起设立股权投资母基金，吸引各类社会资本，形成较大规模的股权投资基金群。完善科技信贷风险补偿机制，建立专利质押融资风险补偿基金，市、县（市）区共同建立风险资金池。鼓励企业利用债券市场融资，实现上市、挂牌的按规定给予补贴或奖励。鼓励金融机构加大对人才创业企业和项目的信贷支持，支持商业银行建立特色科技支行，探索建立独立法人科技银行。建立创新创业项目和金融资本对接机制，定期举办人才项目对接会、投融资洽谈会、高新技术产业与风险资本对接推进会，搭建金融机构、风投机构与高新技术项目充分对接平台。

五、不断优化人才创新创业环境

1．推进人才发展体制改革和政策创新。学习贯彻中央关于深化人才发展体制机制改革的意见，研究制定我市实施意见。加快构建更加科学高效的人才管理体制，协同推进人才培养、评价、流动、激励、引进和投入保障等机制改革，充分激发各类人才的创新创造创业活力。扎实推进济莱协作区人才改革试验区建设试点。建立引资与引智同步推进机制，强化招商引资政策与引进人才政策的叠加共振，以招商项目为载体打包引进领军人才和团队。制定出台推进园区人才优先发展和加强金融人才、物流人才、智库人才等专门人才队伍建设的政策措施。支持和鼓励各地各单位对人才政策和体制机制进行差别化探索。

2．畅通人才服务绿色通道。修订引进高层次人才绿色通道服务办法，整合人才公共服务资源和项目，为高端人才创新创业提供企业注册登记、职称申报、医疗保健、社会保险、落户、居留、子女就读等服务，切实提升人才服务效能。加强高层次人才服务“专窗”建设，推行人才服务专员制度。加快推进国际学校、国际医院建设。设立引进高层次人才集体户口。完善人才住房保障办法，鼓励有条件的县（市）区、园区、企业自建人才公寓。泉城5150引才倍增计划入选的外籍人才及其家属符合相关条件的，在办理人才签证、人才居留和来华定居等手续时，享受国家重点引才计划相关便利政策。

3．加快人才服务市场化社会化进程。制定政府购买人才公共服务办法，积极推进人力资源、管理咨询、知识产权保护交易等人才服务业发展，提高人才服务的市场化、社会化水平。出台人力资源服务业发展扶持政策，设立人力资源服务业发展专项资金。加快人力资源产业集聚区建设，大力集聚知名猎头、招聘、培训等中介机构，对新认定的国家、省级人力资源服务产业园给予配套支持。采取购买服务等方式，与海内外高等院校、社会组织等签订长期引才合作协议，每年组团赴海外及国内重点城市开展专题引才推介活动，为企事业单位搭建长效引才融智平台。完善引才激励办法，对引才业绩突出的社会组织及个人给予奖励补贴。完善创业导师制度，建设多层次、专业化的创业导师团队。成立高层次创新创业人才发展促进会，搭建人才交流、学习、合作平台。

4．完善人才激励制度。为我市经济社会发展作出卓越贡献，由市委、市政府命名为“泉城功勋人才”的，每人给予200万元津贴。经自主培养申报成为国家“千人计划”专家、“万人计划”专家（杰出人才、科技创新创业领军人才）和省泰山学者、泰山产业领军人才的，在享受国家、省扶持政策的基础上，分别给予最高100万元、50万元配套资金支持。

六、推进机制和组织保障

1．加强组织领导。“泉城双创”人才计划在市委、市政府统一领导下，由市人才工作领导小组统筹组织实施。市委组织部（市人才办）按照党管人才要求，牵头做好综合协调、政策完善和督查考核等工作，有关部门根据各自职责分工，健全工作机制，加强协作配合，做好相应工作。建立联席会议、季度例会、工作报告和人才工作联络员等制度，及时会商解决计划实施中的新情况新问题，确保计划有序推进落实。各职能部门拟出台的人才项目和政策文件，须经市人才工作领导小组审议，出国引才等重大活动须报市人才工作领导小组备案，由市委组织部（市人才办）统筹指导相关部门组织实施。

2．保障经费投入。建立市、县两级人才发展专项投入保障机制。市财政设立每年规模1亿元的人才发展专项资金，并根据实际需要不断增加财政预算，用于人才引进、培养和引才奖励等；其他各专项资金中用于人才项目的，原部门职责不变、资金渠道不变、资金用途不变。发挥股权投资基金、财金投资发展基金、重点产业投资发展资金、中小企业发展资金、人才发展专项资金等政府投入的引导和撬动作用，鼓励社会资本、民间资本加大投入，健全政府、企业、社会多元化人才投入体系。加大市级现有专项资金整合和跟踪问效力度，避免重复资助、无效资助和违规使用，提高财政资金使用效益。市、县两级财政部门应依据本意见，制定实施专项资金管理办法，确保相关财政资金纳入预算、足额安排、优先保障、规范运作。

3．强化督查考核。加强对人才政策执行情况的跟踪督查，对不兑现、不落地的严肃问责。强化政策执行的绩效评估，根据评估结果及时优化调整。将“泉城双创”人才计划实施情况作为各县（市）区和市直有关部门人才工作目标责任制考核的重要内容，考核结果纳入全市科学发展综合考评。

4．严格准入退出。建立严格的人才准入机制、科学的作用发挥评价机制、畅通的升降级和退出机制。对表现优秀、贡献突出的，加大扶持力度；对作用发挥不明显的，降低或取消激励政策；对存在品行不端、弄虚作假、违法乱纪等行为的，建立黑名单联网制度，取消其相关人才待遇。

5．营造良好氛围。完善党委联系专家制度，建立健全各级党政领导干部联系人才工作机制。统筹实施专家服务基层行动，搭建高层次人才服务发展、服务基层的工作平台。充分利用各种渠道、各种媒介宣传推介我市人才政策和发展环境，提高知名度和影响力。加大对人才工作品牌和优秀人才事迹宣传力度，弘扬创新精神，培育创客文化，不断浓厚识才爱才敬才用才的社会氛围，努力营造引得进、留得住、用得好的人才发展环境。

暂未列入本计划的人才项目，根据我市人才工作和人才队伍建设需要，由市委组织部（市人才办）牵头，会同相关部门研究制定相应的政策措施，报市人才工作领导小组同意后，纳入“泉城双创”人才计划体系。

各县（市）区和市直有关部门要根据本意见精神，制定相应的实施办法或细则。我市此前出台的有关政策与本意见不一致的，以本意见为准。

中共济南市委
济南市人民政府
2016年6月9日

青岛市科技创新高层次人才团队引进办法（试行）

（青厅字〔2016〕45号）

第一章 总 则

第一条 为深入实施人才强市战略，根据市委、市政府《关于深入推进科技创新发展的意见》（青发〔2016〕24号）和市人才工作领导小组印发的《顶尖人才奖励资助暂行办法》（青人组字〔2016〕2号），制定本办法。

第二条 科技创新高层次人才团队（以下简称团队）是指由带头人和不少于4名核心成员组成，掌握关键核心技术，具有国际先进水平，专业结构合理，合作关系稳定，持续创新能力强，对我市科技创新和产业发展有重大影响的高层次人才群体。

第三条 青岛市行政辖区内注册的具有独立法人资格的企事业单位为团队依托单位，其新引进符合条件的团队，适用本办法。

第四条 团队引进应当注重人才水平、注重技术成果、注重产业化前景，结合“三中心一基地”建设要求，聚焦海洋科技、高端装备制造、精准医学、大数据与云计算、新能源汽车、石墨烯、虚拟现实、脑科学等重点领域。

第五条 团队引进计划实行动态管理，原则上管理期为3—5年。每个团队只可享受一次本办法支持。

第六条 对能够引领我市相关领域科技创新水平跨越式提升、产生重大经济社会效益的急需或特需高层次团队，可一事一议。

第二章 职责分工

第七条 团队引进工作由市人才工作领导小组统一领导，市人才工作领导小组成员单位按照各自职责具体落实。

第八条 市科技局负责团队引进计划的具体实施，主要包括计划管理、经费预算、团队遴选、资助政策落实、监督检查等工作，会同相关部门组织开展绩效评价工作。

市人力资源社会保障局负责顶尖人才认定及生活补贴发放工作。

市财政局负责预算审核、资金拨付等工作。

市委组织部负责团队引进的综合协调及专项资金的预算、管理、监督工作。

第九条 区（市）科技和组织、财政部门是团队的推荐主体，承担监督管理主体责任，负责团队申报信息审核、推荐、中期评估及经费使用监督等工作。

第十条 团队依托单位是引进使用团队的主体和财政资金使用、管理的主体，负责搭建工作平台、安排人员岗位、落实配套政策等工作，同时对人才到岗到位、资金规范使用、项目顺利推进负主要责任。

第三章 团队认定

第十一条 团队分顶尖、杰出、领军三个层次，根据其带头人创新水平认定。

第十二条 团队带头人应当符合以下基本条件：

（一）道德品质、职业操守良好，创新创业能力突出，研究水平居本领域、本行业前列，科研成果创新性强或产业化前景好。

（二）身体健康，原则上年龄不超过60周岁，顶尖人才原则上不超过70周岁。有特别突出贡献者，年龄条件可适当放宽。

第十三条 团队带头人认定标准：

（一）顶尖人才团队。

1. 诺贝尔奖（物理、化学、生理或医学）、格拉芙奖、沃尔夫奖、泰勒奖、菲尔兹奖、维特勒森奖、拉斯克奖、图灵奖等国际性重要科学技术奖获得者；

2．世界级水平科学家，包括美国、日本、德国、法国、英国等发达国家院士或国家最高学术权威机构会员，以及在国际上有重大科学贡献、重要影响力的科学家；

3．中国国家最高科学技术奖获得者；

4．中国科学院、中国工程院院士（含外籍院士）；

5．其他相当于上述层次的人才。

（二）杰出人才团队。

1．国家“千人计划”创新人才、创业人才、外专人才入选者；国家“万人计划”科技创新领军人才、科技创业领军人才入选者；教育部“长江学者”奖励计划入选者；国家杰出青年科学基金获得者；

2．近5年获得以下奖项者：

（1）国家自然科学奖一等奖（前2位）；

（2）国家技术发明奖一等奖（前2位）；

（3）国家科技进步奖一等奖（前2位）；

（4）中国专利金奖（前2位，须为专利发明人及设计人）；

3．其他相当于上述层次的人才。

（三）领军人才团队。

1．国家“千人计划”青年人才入选者；国家“万人计划”青年拔尖人才入选者；人力资源社会保障部百千万人才工程国家级入选者；中国科学院“百人计划”入选者；泰山学者“攀登计划”、特聘专家计划入选者及外省相当层次称号获得者；

2．近5年获得以下奖项者：

（1）国家自然科学奖二等奖（首位）；

（2）国家技术发明奖二等奖（首位）；

（3）国家科技进步奖二等奖（首位）；

3．近5年在《自然》（*Nature*）、《科学》（*Science*）、《细胞》（*Cell*）上以第一作者或通讯作者身份发表论文，并在国际上引起巨大反响者；

4．其他相当于上述层次的人才。

第十四条 团队须为近3年内引进，分科技创新和科技创业两类。

科技创新类团队，是指创新业绩显著或创新潜能突出，有明确的研究方向和目标，依托我市企业、高校、科研院所等研发平台，致力于创新突破和成果转化的团队。团队带头人须近5年主持过发达国家重大科研项目或我国重点科技计划。

科技创业类团队，是指自带技术、项目来青创办企业，熟悉产业发展和市场规则，能够较快实现产业化，引领带动相关产业发展的团队。团队带头人须掌握产业领域关键核心技术或主持（主导）制定本产业（行业）的国际、国家标准。

第十五条 除第十四条规定条件外，团队还应符合以下条件：

（一）团队核心成员至少两两之间在高校院所、企业或创新创业项目中有过3年以上合作，具备良好的工作基础。

（二）团队成员中具有博士研究生学历或正高级专业技术职称的人数占50%以上。

第四章 引进方式

第十六条 科技创新类团队可采用全职引进或柔性引进方式。团队带头人及核心成员与依托单位签订不少于3年的具有法律效力的聘用（劳动）合同。

（一）全职引进。团队带头人须全职在青工作，核心成员中至少有2人全职在青工作，其他核心成员可选择全职或兼职。

（二）柔性引进。团队带头人可兼职在青工作，核心成员中至少有2人全职在青工作，其他核心成员可选择全职或兼职。其中，对柔性引进的科技创新类顶尖团队带头人，以项目目标完成情况作为主要衡量标准，在青工作时间的计算可包含在异地开展项目研发所用时间，由依托单位出具相应证明。

第十七条 科技创业类团队须全职引进。团队带头人在企业初创期持股比例应当不少于30%且为第一大股东，带头人及核心成员持股总比例原则上不低于50%，并书面承诺获得支持后5年内企业不搬离我市。

团队带头人（顶尖团队带头人除外）须全职在青工作，核心成员中至少有2人全职在青工作，其他核心成员可选择全职或兼职。其中，按照《顶尖人才奖励资助暂行办法》有关规定，科技创业类顶尖团队带头人每年在青工作时间不少于3个月。

第十八条 引进人员为全职的，原则上要求平均每年在青工作时间不少于9个月，兼职的原则上要求平均每年在青兼职工作时间不少于3个月。

第十九条 全职引进的团队带头人及核心成员在合同执行期间不得在国内其他单位担任实质性工作（学术兼职、兼职顾问除外），不得担任市外企业董事长、执行董事、总经理、总监、总工等职务。

第五章 项目申报和评审

第二十条 市科技局会同市委组织部、市财政局制定印发遴选通知，明确引才重点、申报条件、申报要求等。

第二十一条 团队通过区（市）科技和组织、财政部门联合推荐。

第二十二条 市科技局会同市委组织部、市财政局组织实施综合评审。综合评审包括初审、专业评审、实地考察、答辩评审四个环节。市委组织部、市财政局重点参与实地考察、答辩评审环节。

（一）初审。对拟引进团队的申报资格、工作基础、研究方向等进行审核，对申报材料的真实性及团队成员知识产权情况的有效性、关联性和法律权属等进行严格审查，形成初审意见。

（二）专业评审。聘请国内外同行业高水平专家组成专家组，围绕团队带头人的学术及研究水平、团队架构、创新能力、项目可行性等进行评审。

（三）实地考察。重点考察依托单位对引进团队所需条件及开展工作的支撑保障能力。

（四）答辩评审。聘请科技、管理、财务投资等方面的国内外知名专家组成专家组，围绕团队创新能力、项目市场前景与潜力、依托单位保障能力等方面，采取团队陈述、专家提问、口头答辩、小组讨论、记名投票等形式进行评审，形成专家组书面意见及经费资助建议。

第二十三条 市科技局依据评审意见，形成拟支持团队名单，报市人才工作领导小组审批；市人才工作领导小组审批后，市科技局将名单向社会公示10天。

第二十四条 对公示无异议的，由市科技局会同市委组织部、市财政局联合下达团队资助计划。

第六章 资助政策

第二十五条 生活补贴：

对全职引进的团队，按照认定的顶尖、杰出、领军层次，对应给予团队带头人500万元、200万元、100万元奖励作为生活补贴，主要用于改善工作、学习和生活条件等，按照20%、30%、50%的比例在三年内逐年发放。

对柔性引进的团队，每年按照依托单位实际给付带头人的劳动报酬，给予团队带头人一定比例的奖励，顶尖、杰出、领军层次最高分别不超过200万元、80万元、40万元。具体奖励标准参考《顶尖人才奖励资助暂行办法》执行。

第二十六条 综合资助：

按照本办法第五章的评审结果并结合项目实际情况，给予团队1000万—1亿元的综合资助经费。综合资助经费由团队依托单位管理，主要用于科研开发、团队建设、研发平台建设等。

综合资助经费根据项目进展分期拨付，立项后按照60%的比例拨付首期经费，中期检查通过后拨付剩余40%经费。

第二十七条 生活补贴由市财政承担，从市人才发展专项经费中列支。综合资助由市、区（市）两级财政各按50%的比例承担，市财政承担的资金部分从市财政科技专项资金中列支。

第二十八条 对团队及创新创业项目的考察、评审、管理等费用由市财政承担，从市财政科技专项资金中列支。

第二十九条 团队带头人及核心成员按照规定享受我市有关人才政策，但不重复支持。获得综合资助后，团队带头人及核心成员在项目执行期内原则上不得申请其他科技项目政策支持。

第七章 组织实施和管理

第三十条 综合资助项目立项通知下达后，团队依托单位、区（市）科技局与市科技局签订《青岛市科技创新高层次人才团队引进计划任务书》，明确实施内容、经费总额、完成目标等。

第三十一条 依托单位凭《青岛市科技创新高层次人才团队引进计划任务书》及相关拨款凭证申请拨付资金，财政部门按照程序拨付。

第三十二条 综合资助经费按照有关财政科技资金使用规定执行，依托单位按照规定做好监管工作。

第三十三条 项目执行期内，区（市）科技和组织、财政部门组织或委托中介机构进行中期检查评估，并将检查评估情况及经费二次拨付建议报送市科技局。市科技局会同市委组织部、市财政局视情组织抽查，报市人才工作领导小组办公室审核。

对检查评估不合格的团队，应当责令整改，整改不到位的，终止综合资助经费和后续生活补贴的发放，收回结余综合资助经费。

第三十四条 项目期满后，市科技局会同市委组织部、市财政局组织专家对项目完成情况、经费使用管理情况等进行评估验收。验收合格的，项目予以结题。验收不合格的，可延期一年再次进行验收评估。延期后仍然验收不合格的，取消团队资格，收回结余综合资助经费，团队带头人及核心成员不再享受我市有关人才政策。

第三十五条 对在项目申请、评审、检查、执行、验收等过程中弄虚作假或发生截留、挪用、挤占专项经费等违反财经纪律行为的，取消团队资格，视情追回资助经费，并记入信用档案；同时，禁止依托单位和团队成员5年内申报各类市科技计划资助；情节严重的，依法追究相关法律责任。

第八章 附 则

第三十六条 市人才公共服务平台负责受理本办法规定的团队认定及项目申报工作，实行一条热线联系、一个窗口对外、一站式受理、一条龙服务。地址：青岛市同安路891号一楼服务大厅，电话：0532-88913226。

第三十七条 本办法自印发之日起施行，有效期2年。

中共青岛市委办公厅
青岛市人民政府办公厅
2016年11月24日

青岛市高层次人才服务绿色通道实施办法

（青人社发〔2016〕32号）

第一章 总 则

第一条 为更好集聚高层次人才在青岛创新创业，加大服务引才引智工作力度，建立健全高层次人才服务绿色通道，根据中央和省市委深化人才发展体制机制改革的总体部署和《山东省引进高层次高技能人才服务绿色通道规定（试行）》（鲁人社发〔2015〕63号），结合我市实际，制定本办法。

第二条 建立高层次人才服务绿色通道旨在整合我市各方面人才资源优势，集成各项人才政策服务工作，向高层才人才提供便捷、高效、规范化服务，协调推进人才优惠政策落实。

第三条 在市人才工作领导小组领导下，由市人才服务联席会议统筹协调高层次人才服务绿色通道的建设和运行，具体工作由市委组织部、市人力资源社会保障局会同有关部门、单位组织实施。

第四条 高层次人才凭《青岛市高层次人才服务绿卡》（以下简称《服务绿卡》），享受本办法规定的绿色通道服务。

第二章 服务对象

第五条 本办法所称高层次人才，是指从市外、国（境）外引进或自主培育的下列人才：

（一）诺贝尔奖等国际性重要科学技术奖获得者，中国国家最高科学技术奖获得者，国外世界级水平的科学家，中国科学院院士、中国工程院院士（含外籍院士），以及相当层次的世界级顶尖人才。

（二）“千人计划”“万人计划”“创新人才推进计划”和“百千万人才工程”等国家级人选，国家有突出贡献中青年专家，长江学者，中国科学院“百人计划”人选，全国杰出专业技术人才，中华技能大奖获得者，国家杰出青年科学基金获得者，国家级重点学科、重点实验室学术技术带头人，国家友谊奖人选，国家级非物质文化遗产传承人，以及相应层次的国家级领军人才。

（三）享受国务院政府特殊津贴人员，省科学技术最高奖获得者，省、部级有突出贡献的中青年专家，山东省泰山学者、泰山产业领军人才，国家级技能大师工作室主要负责人，世界技能大赛金、银、铜牌获得者，全国技术能手，齐鲁友谊奖人选，省级非物质文化遗产传承人，以及相应层次的省部级高层次人才。

（四）具有3年以上担任世界500强企业高级经营管理领导经历人员，国际知名大学和科研机构终身教职人员，国家级和省级高端重点项目的外国专家人选，以及取得《青岛市海外高层次人才工作居住证》的其他国际化高端人才。

（五）青岛市“创业创新领军人才”，以及其他相应层次优秀人才。

（六）经认定引进的青岛市经济社会发展需要、能力突出、社会贡献大、在某些方面具有特殊才能或特别贡献的人才。

（七）经认定引进的其他急需紧缺高层次高技能人才。

第六条 本办法所指引进高层次人才的方式主要包括调动、聘用、在我市领办创办企业等。柔性引进的，每年在青岛工作时间不少于3个月；急需紧缺的，经批准可放宽到不少于2个月。

第七条 高层次人才办理《服务绿卡》，由用人单位通过青岛市人才服务平台进行网上申报，填写《青岛市高层次人才认定申报服务绿卡表》（附件），并上传相关证明材料，其中：中央、省驻青单位和市直单位报市人力资源社会保障局；其他单位报所在区市、功能区人力资源社会保障部门审核后，报市人力资源社会保障局。属高层次人才中的（一）至（五）类，经市人力资源社会保障局审核认定后，直接颁发《服务绿卡》；属高层次人才中的（六）（七）类，由市人力资源社会保障局组织评审，经市人才服务联席会议办公室审核后，报市人才领导小组办公室审定后，颁发《服务绿卡》。

用人单位可按照山东省引进高层次人才有关规定，申办《山东省引进高层次高技能人才服务绿卡》，享受省辖区内的绿色通道服务。

第三章 服务内容

第八条 出入境和居留服务。经公安部审批的持外国护照入境的海外高层次人才，可申请换发5年多次有效、每次停留不超过180天的R字签证（人才签证），对在口岸和境内申办R字签证的按有关规定办理；需在华工作或长期居留的，凭外国人来华工作主管部门出具的工作许可等证明材料，可申请2至5年有效的外国人居留证件；符合在华永久居留条件的，可以申请外国人永久居留证，作为其在华的合法身份证件，享受我国法律规定的基本民事权利和义务。签证业务在3个工作日内办结；居留许可业务在5个工作日内办结。

对引进高层次人才和团队成员及其随行家属给予签证和居留等便利。对经认定的外籍高层次人才，取消来青岛工作许可的年龄上限，可根据情况签发2至5年有效的外国人来华工作许可，2个工作日内一次办结。

第九条 户籍办理服务。引进高层次人才及其配偶、未到法定结婚年龄子女要求将户口迁入我市的，可选择在市内合法稳定住所落户，无合法稳定住所的可选择在工作地集体户落户。由落户人或者落户人委托接收单位持《服务绿卡》和有关材料到市或区市人社部门申请，人社部门和公安机关应简化程序，优先办理，符合落户条件且手续齐全的，自受理之日起10个工作日内办结。华侨和外籍高层次人才按照国家有关法律法规和政策规定执行。

第十条 工商服务。对高层次人才申办、变更企业登记、企业年检等业务，实行网上预约、独任审核；对材料齐全、符合要求的，即时承办、限时办结。积极为引进人才投资决策提供行业发展情况等信息咨询服务。

第十一条 税务服务。引进高层次人才在青创办企业，按照规定享受相关税收优惠待遇。

（一）引进人才创办企业在办理税务登记及其他涉税事项时，可享受纳税绿色通道服务，优先办理各项涉税事宜。税务部门为其提供预约服务、咨询服务等个性化服务项目。

（二）引进高层次人才按照《关于进一步做好全省引进高层次人才税收服务工作的通知》（鲁地税发〔2016〕4号）有关规定，享受税收优惠政策。

（三）从海外引进的高层次人才，5年内境内工资收入中的住房补贴、伙食补贴、搬迁费、探亲费、子女教育费等，按照国家税收法律法规的有关规定，予以税前扣除；在省内购买机动车时，可按规定免征1辆自用国产小汽车车辆购置税。

第十二条 海关服务。引进高层次人才进出境时，海关给予通关便利，指定专门机构和相关人员及时办理引进人才个人进出境物品审批、验放等手续。对在节假日或者非正常工作时间以分离运输、邮递或者快递方式进出境的物品，有特殊情况需要及时验放的，海关可以预约加班，在约定的时间内为其办理物品通关手续。

对回国定居或来华工作连续1年以上（含1年）的高层次人才可按国家法规免税进境合理数量范围内的科研、教学物品和生活、工作自用物品。

第十三条 金融服务。外汇管理部门、外汇指定银行、符合条件的金融机构及时为引进高层次人才提供开立账户、办理汇兑、投资融资、优惠贷款等金融服务保障。

（一）对引进高层次人才设立的外商投资企业优先开立外汇资本金账户、经常项目外汇账户，提供外汇资本金结汇等服务，优先办理贸易项下进出口托收、信用证、汇款等业务。

（二）引进高层次人才来我市设立的外资、合资、合作企业取得的人民币利润，或在本市工作期间取得的合法人民币收入，或需对外支付的进口货款和私人汇款，可按有关规定到银行办理汇兑手续及相关金融服务。

（三）在部分商业银行、保险公司等金融机构，设立引进高层次人才金融服务窗口，为高层次人才提供个性化、专业性服务。金融机构按规定设立人才和科技信贷产品，为高层次人才创业创新提供优惠贷款扶持。

第十四条 科研服务。为高层次人才提供科技项目政策咨询、科技计划项目申报等服务。经认定的高层次人才，在不涉及国家秘密或商业秘密的前提下，需要借助市内科研平台进行资料查阅、实验和产品研发的，对其使用的科研场地、仪器设备等按有关规定给予支持。

第十五条 住房保障。支持各区市、各用人单位采取多种模式建设人才公寓、人才周转房等，符合条件的高层次人才可申请购买、租住。引进高层次人才符合享受住房补贴政策的，按有关规定给予购房安家补贴。引进高层次人才购买自用商品住房的，不受市内限购政策限制，房屋登记部门优先办理房屋登记；未购买自用住房的，用人单位应当为其租用便于其生活、工作的住房，同时按规定提供相应的租房补贴。

第十六条 配偶随迁。引进高层次人才配偶一同来青并愿意在青岛就业的，原则上由用人单位根据有关政策规定妥善安排其工作。暂时无法安排的，用人单位可按照有关规定以适当方式为其发放生活补贴。

第十七条 子女入学。引进高层次人才的随迁子女（无论户口随迁与否），属学前和义务教育阶段的，按照就近入学（入园）原则，由教育行政主管部门按规定优先安排到公办学校（含幼儿园）就读。子女系普通高中学生的，可根据个人意愿，经学校考核后，由教育行政主管部门优先安排到省、市级规范化高中就读。引进高层次人才的随迁子女到公办学校（含幼儿园）就读的，不得收取政府规定以外的任何费用。选择国际学校或民办学校的，由教育行政主管部门负责协调入学，并协调办理相关手续。

引进高层次人才的随迁子女，在义务教育阶段中小学升学方面享受本市户籍待遇。参加高考的，按照山东省有关规定执行。引进高层次人才的随迁子女入学优惠政策只享受一次。

第十八条 医疗保健。高层次人才凭《服务绿卡》享受就医预约诊疗绿色通道服务，其中，对驻青院士选派健康保健医生，在健康保健定点医院随时联系就医诊疗；对符合青岛市保健证办理条件的，由用人单位提出申请，市卫生计生委保健部门按规定办理保健证，凭证可到市保健定点医疗机构就诊，所需医疗费用按现行医疗保障制度解决。用人单位每年为高层次人才免费安排一次健康体检，符合条件的给予财政补助。

第十九条 社会保险。引进高层次人才及其配偶、子女到我市居住，已就业的，按照国家和省市的相关规定，优先办理各项社会保险关系转移接续，随到随办。社会保险经办机构为其提供专门的预约、业务咨询等服务，受理材料后即时审核，限时办结。在青注册的引进院所单位长期派驻高层次人才可以按有关规定在青缴纳“五险一金”，享受本地相关政策待遇。

第二十条 职称评定。从海外引进的高层次人才，不受本人国内任职和年限限制，按照业绩、能力、水平可直接申报相应的专业技术职务资格，其海外工作经历、学术和专业技术贡献，可作为参评依据。

第二十一条 岗位聘用。全职引进到事业单位工作的高层次人才，凭《服务绿卡》不受单位岗位总量和最高等级结构比例限制，可根据资格条件先聘用到相应岗位，再由岗位主管部门予以确认或追加。

第二十二条 编制管理。引进高层次人才到事业单位工作，经认定获得《服务绿卡》的，可在用人单位编制员额内直接办理入编手续，不受用编进人计划限制；已满编超编的，按照《关于建立引进高层次人才机动编制管理制度的意见》（青编办发〔2014〕30号）办理，待自然减员后，改为占用用人单位编制。

第二十三条 薪酬管理。引进的高层次人才到事业单位工作的，经认定获得《服务绿卡》的人员，可按照有关规定，确定其收入分配激励办法，用于分配激励所需的工资总量，纳入事业单位工资总额管理，不纳入单位绩效工资总量基数。

第二十四条 交通服务。高层次人才在市内机场、火车站、码头乘机（车、船）时，凭《服务绿卡》可享受贵宾通道服务。在机动车注册登记、驾照申领审验、车辆年检时，可优先办理。

第四章 服务机构

第二十五条 高层次人才服务涉及多个职能部门和单位，各有关部门和单位要认真履行职责，按照统分结合、分级负责的原则，构建分工合作、运转协调、服务周到、便捷高效的高层次人才服务绿色通道。

第二十六条 市人才服务联席会议办公室负责对服务绿色通道的建立运行进行协调督导，组织指导各有关部门和单位制定办理流程并监督实施。

第二十七条 在市人力资源社会保障局设立“青岛市高层次人才服务窗口”，负责具体《服务绿卡》的申报受理、制作发放和日常管理，综合协调各有关部门和单位畅通绿色通道服务，推进落实高层次人才政策待遇。各区（市）和功能区依托人才服务机构设立高层次人才服务分窗口，负责所属区域高层次人才政策服务的协调办理。

第二十八条 各级服务窗口和用人单位应安排服务专员，负责为引进高层次人才提供政策咨询、协调办理各项审批手续等专业化、精细化的服务。各级服务窗口设立网上服务专区，实现互联互通、信息资源共享和网上受理、网上办事，打造网上“一站式”服务平台。

第二十九条 高层次人才服务涉及的有关部门和单位，应按照国家和省市有关规定细化特殊政策和服务内容，设立服务绿色通道，指定服务专员，明确服务内容的办理程序、受理材料、办结时限和责任人，为高层次人才提供便捷、高效的绿色通道服务。

第五章 服务程序

第三十条 高层次人才有本办法第三章所列服务需求的，本人或用人单位凭《服务绿卡》及相关材料，可直接到有关部门按绿色通道服务流程办理，有关部门服务专员全程跟踪协调，在规定时限内办结手续。

第三十一条 高层次人才需多个部门协调办理或需服务窗口协调办理的其他事项，按照“专窗受理、并联预审、专员办理、统一建档”的经办方式，提供绿色通道服务。

（一）专窗受理。各级服务窗口受理用人单位服务专员或高层次人才递交的服务需求事项和相关申请材料。其中，需市直有关部门办理的事项，按要求备齐材料提报市高层次人才服务窗口协调办理。

（二）并联预审。各级服务窗口将相关材料传送至有关部门，有关部门在5个工作日内完成预审，并将预审意见反馈给各服务窗口，由服务窗口将预审结果一次性反馈给用人单位或个人，一次性备齐相关材料。

（三）专员办理。各级服务窗口协同用人单位服务专员持《服务绿卡》和相关材料，到有关部门办理。各有关部门根据预审意见和绿色通道服务流程对相关材料进行审核，在规定时限内办结手续，各服务专员全程跟踪协调经办服务。对确需高层次人才本人办理的事项，应尽可能提供上门服务或预约服务。

（四）统一建档。各级服务窗口为高层次人才建立服务需求和办理情况档案。市人力资源社会保障局牵头建立市高层次人才信息库，提供定期更新、动态管理的网络化、信息化服务，及时了解掌握高层次人才有关情况。

第三十二条 各级服务窗口应协助用人单位，为引进高层次人才提供前期服务。符合服务绿卡申领条件的，与单位签订引进合同或创办企业注册后，引导其申办服务绿卡。

第六章 服务保障

第三十三条 发挥市人才服务联席会议制度作用，强化联席会议人才服务工作协调督导职责，完善服务运行和考核评估机制，推进高层次人才服务绿色通道规范化建设。

第三十四条 实行高层次人才服务工作评估制度。市人力资源社会保障局定期对各区市、各功能区、各有关部门和用人单位的高层次人才服务工作进行调度评估，向市人才服务联席会议报告总体情况和意见建议。人才投诉等有关情况根据需要纳入市人才工作目标责任制考核。对高层次人才服务工作中出现的故意拖延和推诿扯皮等行为，根据规定对有关部门负责人和责任人给予问责处理。

第三十五条 落实经费保障。市、区（市）、功能区财政部门应安排专项经费保障高层次人才服务工作开展，各有关单位要严格按规定使用和监管，确保专款专用。

第三十六条 建立动态管理机制。《服务绿卡》仅限高层次人才本人使用，每两年复核一次，未经复核的自行作废，若有遗失的应及时凭单位证明上报补办。个人信息变化的，用人单位应及时上报变更，对已办理退休手续或因故不在本市继续工作的，聘用单位应在10个工作日内报市人才服务联席会议办公室，收回《服务绿卡》。对有违法、违纪或违反其他相关规定行为的，由用人单位提出意见，经市人才服务联席会议办公室审后，注销《服务绿卡》。

第三十七条 经认定引进培育的高层次人才，除享受本规定的相关优惠政策外，同时享受用人单位提供的其他优惠政策。

第七章 附 则

第三十八条 各区市、功能区可以结合所属区域实际，制定具体实施办法。

第三十九条 本办法由市人力资源社会保障局负责解释，自发布之日起施行，有效期2年。

中共青岛市委组织部
青岛市人力资源和社会保障局 青岛市教育局
青岛市公安局 青岛市人民政府外事办公室
2016年12月8日

淄博市鼓励“零成本创业”进一步推动大众创业万众创新的若干政策意见

（淄政办发〔2016〕12号）

为切实增强创业者敢于创业、勇于创新的能力和信心，形成大众创业万众创新的良好氛围，塑造“齐创汇”创业活动品牌，打造“汇聚鲁中、圆梦淄博，齐心创业、扬帆起航”城市新形象，加快建成具有国内影响力的区域创业创新中心，结合我市实际，就鼓励“零成本创业”进一步推动大众创业万众创新制定如下政策意见。

一、启动资金扶持

1．鼓励杰出精英创业。对两院院士、长江学者、入选国家“千人计划”和“万人计划”等顶尖人才（以下简称“顶尖人才”），入选省“泰山学者”和“泰山产业领军人才工程”等高端人才（以下简称“高端人才”），入选“淄博英才计划”等高层次人才（以下简称“高层次人才”）带项目、带技术在我市创（领）办新企业进行创业的，经认定，市财政分别给予500万元、300万元、100万元的项目启动资金。对于我市引进的国际国内一流或顶尖人才团队，实行“特事特办、一人一策”，市财政给予最高2000万元的资助。（责任部门：市科技局、市委组织部、市财政局）

2．支持大学生创业。鼓励普通高校在校生和毕业5年内高校毕业生，以及留学归国的青年留学人员来我市创业。对大学生来我市创业且入驻各类创业载体的（入驻各类创业载体，是大学生享受相关扶持政策的前提条件，下同），每年选择200个优秀大学生创业项目，给予每个5万元的创业资金扶持。（责任部门：市人力资源社会保障局、市财政局）

3．支持专业技术技能人才离岗创业。鼓励有一定技能专长的技术人才离岗创业，正常经营满12个月的创业者，给予不低于1.2万元的一次性创业补贴和2000元岗位开发补贴。（责任部门：市人力资源社会保障局、市财政局）

二、房租补贴

4．实行办公场所补助政策。向创业者提供3年免费使用的创业场所和物业费、高速宽带入网费补贴。其中，顶尖、高端、高层次人才来我市创业的，由其企业注册地所在区县政府分别提供不超过300平方米、200平方米、100平方米办公研发场所或参照当地办公用房租金平均水平给予租金和物业费、高速宽带入网费补贴。（责任部门：市科技局、市财政局、各区县政府）

对大学生和专业技术技能人才创业的，对其入驻创业载体使用工位给予3年租金补贴，5人以上团队提供最高30平方米的创业场所。（责任部门：市人力资源社会保障局、市财政局、各区县政府）

5．实行住房补贴政策。对顶尖、高端、高层次人才来我市创业的，由其企业注册地所在区县参照当地住房租金平均水平，分别提供不超过200平方米、150平方米、100平方米的住房3年租金补贴。以建设、租赁方式建立“青年创业人才公寓”，为符合条件的创业大学生提供“零租金”住房，或参照当地住房租金平均水平，发放3年租房补贴。（责任部门：市科技局、市人力资源社会保障局、市财政局、各区县政府）

三、融资支持

6．实行贷款担保、担保费补助、保费补贴扶持政策。对顶尖、高端、高层次人才和大学生创（领）办科技型小微企业的担保贷款，符合条件的，由市、区县政府所属的政策性担保机构分别提供最高1000万元、800万元、500万元和100万元的担保支持。（责任部门：市金融办、市科技局、各区县政府）

对顶尖、高端、高层次人才和大学生创（领）办科技型小微企业的担保贷款，担保费用不超过贷款额2%部分，由担保机构所属政府给予50%补助。（责任部门：市金融办、市科技局、市财政局、各区县政府）

对创业人员和小微企业向保险公司申请的小额贷款保证保险保费，按照保费总额的30%给予补贴。（责任部门：市金融办、市人力资源社会保障局、市财政局）

7．实行贷款贴息政策。将小额担保贷款调整为创业担保贷款。符合条件的创业者个人担保贷款额度提高为30万元，按基准利率最高上浮3个百分点，给予全额贴息。符合条件的大学生和专业技能人员创办的企业担保贷款最高额度为300万元，按照基准利率的50%给予贷款贴息。（责任部门：市人力资源社会保障局、市财政局）

对顶尖、高端、高层次人才创（领）办的企业获得的商业贷款且未列入其他贴息计划的，按基准利率给予50%贴息补助，贴息金额最高不超过200万元。（责任部门：市科技局、市财政局）

8．实行小微企业贷款风险分担和损失补偿政策。对合作银行小微企业贷款损失给予30%补偿；对融资担保机构小微企业担保贷款代偿损失，由担保机构、省再担保集团、合作银行和代偿补偿资金，按40：25：20：15比例共同承担。（责任部门：市金融办、市中小企业局、市科技局、市人力资源社会保障局、市财政局）

四、科技成果转化支持

9．实行科技创新补助政策。顶尖、高端、高层次人才和大学生创（领）办企业形成的科研成果，经认定，对技术领先、产业化潜力大、市场前景好的，市财政按照前期研究费用20%的比例给予资助，最高不超过50万元；对承担国家、省重大科技项目的，按照1：1的比例给予资金配套，最高不超过200万元，同一项目不重复匹配。鼓励大学生创业者、初创科技型中小微企业购买高校、科研院所技术成果开展创业活动，市财政按技术合同交易额的10%给予补助，最高不超过50万元。（责任部门：市科技局、市财政局）

10．实行科研成果中试补助政策。对顶尖、高端、高层次人才和大学生创（领）办企业利用我市各级政府所属公共技术服务平台、山东理工大学科研平台、各高职院校的实训平台进行中试活动产生的费用，市财政给予30%、最高100万元的补贴。（责任部门：市科技局、市财政局）

11．实行科研成果产业化支持政策。顶尖、高端、高层次人才作为项目负责人承担的科技创新产业化项目，获得国家技术发明和科技进步奖、山东省技术发明和科技进步奖且在我市产业化的，市财政分别给予200万元、100万元产业转化资金扶持。同一项目分获国家奖和省奖的，按国家奖给予扶持。对大学生的产业化项目，市级每年选择100个优秀项目，每个给予10万元奖励，其中科技型小微企业的产业化项目，给予每个20万元奖励。（责任部门：市科技局、市财政局）

五、配套公共服务体系支持

12．实行众创空间等载体平台支持政策。按照政府购买服务，专业机构运营的模式，在全市布局建设一批集专业服务、创业辅导、创客孵化、技术和资本支持等功能于一体的新型孵化器和创业空间。通过创业咖啡、创新工场、创业大街、创业特色社区等新型孵化平台，打造能够满足不同人才、不同产业、不同市场和阶段需求的“创业苗圃＋孵化器＋加速器＋特色产业园区”的全链条创业创新孵化体系。围绕高新区生物医药、电子信息、无机非金属材料、精细化工和高分子材料、MEMS等五大创新园区，打造淄博市创业创新核心引领区。以“大红炉”众创空间为依托，加快建设环理工大学创业圈。力争3年内，全市初步建成有效满足大众创业创新需求、具有较强专业服务能力的示范性众创空间50家。其中，市政府委托相关部门牵头建设10家左右，综合型、科研创新型、创业带动就业型各占三分之一，采取政府提供场所和少量补贴，委托国内知名专业运营机构管理运营模式建设运营。各区县政府结合实际，分别建成综合型示范性众创空间1家，专业型若干家。驻淄高等院校科研院所建设科技创新型示范性众创空间10家。同时，鼓励社会资本利用自身优势，在电子信息、生物医药、新材料、节能环保、文化创意和现代服务业等重点产业领域，发展专业众创空间，提高众创空间市场化程度。市级每年根据孵化效果、产生的经济社会价值、入驻企业数量、吸纳就业人员等实际情况，选择3—5家具有较强示范带动作用的众创空间给予每处50万元的一次性奖励。对新认定为国家级、省级众创空间的，在省级补助基础上，市财政再分别给予50万元和20万元的扶持。（责任部门：市科技局、市人力资源社会保障局、市财政局、各区县政府）

13．实行创业培育服务政策。支持有能力的企业建立服务创业的开放式平台，聘请高端专业服务机构举办创业沙龙、创业大讲堂、创业训练营等创业指导培训活动，由所在区县给予一定额度的活动费用补贴。通过政府购买服务、无偿资助、以奖代补等方式，聘请社会中介机构为创业者和种子期、初创期科技型小微企业提供工商注册、财务代管、法律咨询、税收策划、知识产权、检验检测认证等中介服务，所需资金由市级和所在区县按照1：1的比例负担。对来我市创业的顶尖、高端、高层次人才和大学生，在项目立项、政府采购、科技立项、分配激励等方面给予优先支持。（责任部门：市科技局、市人力资源社会保障局、市财政局、各区县政府）

六、组织实施

14．加强组织保障。成立由市政府统一领导、市级相关部门共同组成的市“双创”发展协调小组，并建立联席会议制度，负责创业创新的统一规划和协调推进；协调小组下设办公室，负责日常联络、监测统计、协调服务和考核评估等工作。市科技局和市人力资源社会保障局具体负责，共同推进，市人力资源社会保障局牵头负责创业工作，市科技局牵头负责创新工作。财政部门要积极通过存量整合、增量倾斜等方式筹措落实资金，统筹用于支持“零成本创业”政策实施，并健全完善资金监管制度，加强资金绩效考核。

各区县政府要建立完善政府负责人牵头的创业创新工作协调机制，切实转变职能，简化办事流程，提高服务效率，确保各项政策措施落实到位。

15．加强舆论引导。充分利用各类媒体宣传“齐创汇”创业理念，有关部门要做好政策解读，及时回应社会关切。积极举办各类创业创新大赛，厚植创业创新人才优势。大力宣传创业创新的典型事迹，形成全社会共同关心和支持创业创新的良好氛围。

16．加强督导考核。有关部门要按照责任分工，加强协调，密切协作，进一步细化分解涉及本部门的工作任务，抓紧制定具体措施，逐项推进落实，推动形成“零成本创业”的工作合力。市“双创”发展协调小组办公室要加强调度督导，建立完善督查工作机制，定期调度统计各区县、市直相关部门创业创新工作开展情况。市里将创业创新工作纳入区县年度经济社会发展综合考核内容，根据年度重点工作科学设定考核指标，引导区县扎实有效开展创业创新工作。

我市出台的其他支持人才战略实施、推动创业创新政策等与本文件相关政策不一致的，按照就高、不重复原则执行。

本意见自印发之日起执行，有效期至2018年12月31日。

淄博市人民政府办公厅
2016年9月16日

中共东营市委关于完善创新人才工作体制机制加快实施人才优先发展战略的意见

（东发〔2016〕33号）

为深入贯彻《中共中央印发〈关于深化人才发展体制机制改革的意见〉的通知》（中发〔2016〕9号）和《中共山东省委印发〈关于深化人才发展体制机制改革的意见〉的通知》（鲁发〔2016〕22号），大力实施创新驱动发展战略和人才优先发展战略，破除束缚人才发展的思想观念和体制机制障碍，解放和增强人才活力，积极推进人才体制机制改革和政策创新，支撑和推动全市经济社会发展，现结合我市实际，提出如下意见。

一、加强改革创新，建立适应新常态的人才工作体制机制

（一）创新党管人才协调推进机制。坚持党管人才的原则，完善党委统一领导，组织部门牵头抓总，职能部门各司其职，用人单位发挥主体作用，社会各方面广泛参与人才工作的协调推进机制。理顺党委、政府人才工作部门职责，将行业、领域人才队伍建设列入相关职能部门"三定"规定，制定实施市直部门单位人才工作职责清单制度。健全人才工作和开发服务机构，配齐配强工作力量。人才规模较大的市直部门和省级以上开发区要根据实际需要，建立人才工作机构。强化市人才工作领导小组的统筹协调作用，完善领导小组议事决策、调研咨询、统筹推进、督促落实等运行机制。加强对各县区、开发区的分类指导，加强与胜利油田、中国石油大学的合作，强化市与县区、县区之间的联动，整合区域人才资源，形成区域一体化人才工作格局。

（二）转变政府人才管理职能。把人才发展作为国民经济与社会发展规划和年度计划重要内容，建立人才发展形势分析研判制度。强化政府人才宏观管理、政策法规制定、公共服务、监督保障等职能。推动人才管理部门简政放权，消除对用人主体的过度干预，建立政府人才管理服务权力清单和责任清单，清理和规范人才招聘、评价、流动等环节中的行政审批和收费事项。探索建立第三方评估政府人才管理效能机制。

（三）推进企事业单位人才管理改革。改进事业单位人事编制管理方式，在建立法人治理结构的事业单位扩大用人自主权。用人单位按规定自主设置岗位，自主安排、执行用人计划，依法依规自主公开招聘人才。事业单位引进紧缺专业人才，可采取面试、组织考察等方式确定拟聘用人选。引进人才可按照其资格条件直接聘用到相应岗位，单位无相应岗位空缺的，可按规定设立特设岗位。改进完善基层事业单位公开招聘办法，放宽条件，降低进入门槛，有效解决基层"招人难"问题。探索设立市高层次人才储备机制，按照"政府代管、事业养老、企业出资、财政补助"的办法，吸引高层次人才入驻，激励高层次人才来我市安家落户、干事创业。积极落实高等学校、科研院所、企业和各类社会组织的用人自主权。

（四）创新人才投入保障机制。把人才发展支出作为财政支出重点领域予以优先保障，统筹各类人才发展资金，加大财政扶持力度。2017年市人才发展专项资金规模增加到5000万元，根据工作需要保持适度增长。对重点引进的海内外高层次人才和人才项目、引智项目，可根据实际需要给予资金保障，研究制定引才激励办法，对在推荐引进高层次人才中作出突出贡献的中介机构、社会组织和个人给予奖励。对我市引进的能够对全市重点产业发展产生重大影响、具有重大经济社会生态效益的国际国内一流或顶尖人才团队和科研机构，按照"一事一议"的原则，给予特别优惠政策。完善创业扶持政策，根据市级政府投资引导基金管理有关规定，健全政府引导资金和社会资本共同支持人才创业的风险投资机制，拓宽创业融资渠道。引导企业加大人才投入，鼓励企业设立人才发展专项资金。落实企业研究开发费用税前加计扣除政策。各类经费补助拨付前，要由相关职能部门牵头组织绩效评价。

（五）创新人才激励机制。认真落实鼓励高等院校、科研院所科研人员离岗创业、促进科研成果转化的激励政策。高等院校、科研院所的专业技术人员经所在单位批准离岗创业的，可在3年内保留人事关系，与原单位其他在岗人员同等享有参加职称评聘、岗位等级晋升等方面的权利。离岗创业期满后，符合条件的经批准同意可再延长3年。经与单位协商一致，高等院校、科研院所的专业技术人员可带着科研项目和成果离岗到企业开展创新工作或创办企业，或在完成本单位布置的各项工作任务的前提下，兼职从事科技成果转化活动，兼职收入归个人所有。制定更加宽松的科技成果转化收益分配激励政策，以不低于国家规定的比例，奖励科技成果完成人员，调动科技人员创新积极性。改革高校和科研院所聘用制度，优化工资结构，保证科研人员合理工资待遇水平。鼓励企业创新内部分配激励机制，重点向关键岗位、业务骨干和作出突出成绩的人员倾斜。加大油地校人才交流力度，吸引胜利油田、中国石油大学的专业技术人员和高技能人才到企事业单位兼职创业。

（六）创新人才评价机制。研究制定落实分类推进人才评价机制改革的实施意见，克服唯学历、唯职称、唯论文等倾向。改革完善职称评审方式，突出品德、能力、业绩导向，建立社会和业内认可的职称评审机制。做好卫生、基层卫生、中小学系列副高级职称评审工作。研究拟定引进高层次人才、特需人才的评价办法，通过第三方机构评价等方式进行科学评价。探索实行用人单位自主评聘，强化事中事后监管。职称外语和计算机应用能力考试成绩不作为职称评审的必要条件。进一步畅通非公有制经济组织和社会组织人才申报参加职称评审渠道。规范职业资格准入和评价管理，推进职业资格与职称制度有效衔接。推动人才向基层流动，研究制定加强基层专业技术人才队伍建设的意见，把基层服务经历、贡献和业绩作为职称评审的重要依据。

二、开展人才引进行动，着力引进经济转型升级急需紧缺人才

（七）实施产业急需人才引进资助计划。支持企业采取兼职聘用、联合攻关、项目合作等方式引进各类人才和团队。对符合国家、省、市产业发展规划和具有良好经济社会效益的急需人才引进项目，给予引进单位5万—20万元的一次性项目补助，每年不超过30个。

（八）实施高校人才引进计划。继续组织开展高校优秀毕业生引进活动。鼓励支持高校毕业生来我市就业创业。博士、硕士研究生（全日制，下同）在我市企业就业并交纳社会保险满1年的，可享受最长不超过3年的住房补贴，博士研究生每人每月1000元、硕士研究生每人每月300元。可享受为期5年的生活补助，博士研究生每人每年10000元、硕士研究生每人每年3000元。

（九）实施留学人员创业启动支持计划。吸引留学归国人员到东营就业创业，对创新能力强、发展潜力大、市场前景好的留学人员创业项目，给予10万—20万元的一次性项目补助经费，每年10个左右。我市入选山东省留学人员来鲁创业启动支持计划的项目，纳入市留学人员创业启动支持计划项目管理。

（十）实施海外柔性引智计划。研究制定进一步加强引进国外智力工作的意见，健全外国专家奖励机制，对市级引智项目进行重点扶持，对列入国家、省引智项目资助计划的，按照1：1的比例给予相应配套资金支持。围绕我市经济产业发展布局和急需领域，挖掘储备国家“外专千人计划”、省“引领齐鲁计划”和“外专双百计划”等引智专项人才，推进特色引智试验区、多元化引智成果示范推广基地和国际化人才交流平台等引智载体建设，组织实施高层次外国专家引进工程、引智项目扶持工程、国际化人才培养工程和外国专家特聘岗位工程等特色引智工程。加强与海外华人组织、海外留学生组织和知名人才中介组织的联系沟通，拓宽海外人才信息征集和引进渠道，定期组织赴国（境）外精准对接高层次人才，制定因公出国（境）团组招才引智实施办法，我市因公出国（境）团组，一般应安排招才引智任务。

三、开展人才培养行动，着力提高各类人才队伍整体素质

（十一）实施产业振兴人才支撑工程。围绕特色优势产业和领域，以产业发展集聚高端人才，以人才引领产业转型升级。

1．实施产业集群领军人才培养百人计划。围绕主导产业培育，大力引进一线从事科研攻关、推动产业发展的“高、精、尖、缺”人才（团队），每年从重点领域、重点产业选拔15—20名创新人才和5—10名创业人才，每人给予10万元一次性奖励。每年择优评选10名左右“黄河三角洲学者”产业领军人才，继续建立激励和退出机制，在5年管理期内，经年度考核合格，每年给予20万—100万元补助。对入选国家“千人计划”专家、省“泰山学者”特聘专家（教授）、“泰山学者”海外特聘专家、“泰山产业领军人才工程”专家，符合条件的，可纳入“黄河三角洲学者”工程，给予配套支持。对特聘专家在聘期内主持承担的市级以上重大课题、重点项目，按照立项级别层次，从市级财政科技经费中给予一定数额的补助。

2．实施创新型企业家对标培养计划。继续实施千名优秀企业家培养工程，组织开展优秀企业家评选，每年评选10—20名，给予每人10万元一次性奖励。以企业高端对标为抓手，聚焦世界500强和行业顶尖企业，以骨干企业董事长为主，兼顾中小微企业和优秀中高层管理骨干，分行业、分梯次、多频次组织开展有针对性的对标学习。实施企业家培养“5121”工程，即：用5年时间，对全市规模以上企业的董事长、总经理进行一轮高层次、国际化系统培训，以培育国际化大企业为目标，培养造就50名擅长国际化经营管理、有一定国际知名度、对经济转型升级作出突出贡献的功勋企业家；以培育全国领先企业为目标，培养造就100名经营业绩突出、国内知名、对经济转型升级作出重大贡献的优秀企业家；以培育行业领军企业为目标，培养造就200名富有创新精神和工匠精神、对经济转型升级引领作用明显的创新成长型企业家；以培育新生企业为目标，培养1000名创业企业家队伍后备军。

3．实施产业支撑人才培养计划。研究制定加强我市金融人才队伍建设的实施意见，建设一支高素质的金融人才队伍，强化金融对全市产业转型升级的支撑作用。围绕传统产业改造升级、战略性新兴产业、生态农业、社会民生产业和服务业等领域，开展专业技术人才培养“512”计划，即：每年培训50名高层次专业技术人才，培训100名骨干专业技术人才，每年组织20000名专业技术人员参加岗位及公需科目培训。依托高等院校、科研院所、企事业单位、专业培训机构等现有施教机构，建设一批省级、市级专业技术人员继续教育示范基地。鼓励县区政府、企业与高等学校、科研院所联合创办独立运营、市场化运作、产学研紧密结合的新型研发机构，开展协同创新活动，培养产业化专业人才。开展人才工作示范企业评选，每年评选20家左右，每家给予5万—10万元一次性奖励。

（十二）产业技能人才开发工程。围绕重点产业，依托国内外一流院校，实施高端技能人才培养工程，每年免费为企业培养100名能掌握行业内国际前沿生产工艺的复合型高技能人才。依托大型骨干企业场地设备人才优势，围绕有色金属、石油装备制造、化工、橡胶轮胎等产业，建设行业高技能人才实训基地，对认定的行业高技能人才实训基地给予补助。实施紧缺高技能人才培养工程，加快行业内紧缺技能人才培养。依托职业院校、高技能人才实训基地，实施“金蓝领”培训工程，培养一批能满足企业技术进步和产业升级要求的高技能人才。开展“百名名师育高徒”活动，每年培养500名能掌握行业企业关键技术的高技能人才。广泛开展职业技能竞赛活动，对获得各级政府组织评定的世界大赛奖牌、全国技术能手、省技术能手的分别给予10万元、5万元、1万元一次性奖励。

（十三）实施名家名匠培养选拔工程。以培养选拔一批学术造诣深厚、自主创新能力强、在全省有一定影响带动能力的“名家”为目标，在科技研发、教育卫生和宣传文化领域，实施“东营突贡专家”“东营名师、名校（园）长建设工程”“黄河口医学领军人才培养计划”“东营文化名家”“东营文化英才”“黄河口文化之星”等一批人才培养选拔工程。到2020年，享受国务院津贴专家达到25名，省有突出贡献的中青年专家达到25名，市有突出贡献的中青年专家达到120名。培养150名特级教师、名师、名校长，1500名市级以上学科带头人、教学能手。培养和引进10名左右省内一流的医学专家，25名优秀学科带头人和40名优秀青年人才。培养“东营文化名家”“东营文化英才”“黄河口文化之星”三类文化人才50名。以培养选拔一批专业技术熟练、操作技能精湛、在行业内有较高技术水平的“名匠”为目标，在工业、农业和社会工作领域，实施“首席技师”“有突出贡献的技师”“技能状元”“技术能手”“乡村之星”“东营和谐使者”等一批专业技能人才培养工程。到2020年，省首席技师、有突出贡献的技师达到100人，市首席技师、有突出贡献的技师达到270人，市技术能手达到530人，市技能状元达到50人。全市各类“乡村之星”达到400名。培养“东营和谐使者”50名，和谐使者在管理期内，每人每月享受市政府津贴1000元。

四、开展人才载体建设行动，着力提升人才创新承载能力

（十四）实施创新平台提升工程。根据全市产业发展和科技创新需求，统筹推进各类人才开发平台建设，对新认定的国家级或省级企业技术中心、工程技术研究中心、工程实验室、重点实验室，分别给予100万元、50万元一次性补助。对新获批准的博士后科研工作站，给予50万元一次性补助。对新获批的院士工作站、省博士后创新实践基地给予20万元一次性补助。对新获批的国家级技能大师工作室、省级技师工作站，分别给予20万元、10万元的一次性补助。对新获批的“千人计划”工作站，按照1：1的比例给予相应配套资金支持。对整建制引进的高校院所、科研机构，可以按照“一事一议”的原则，给予特别优惠政策。

（十五）实施创业平台支撑工程。推广新型孵化模式，建设一批集聚新兴产业的创业园区和创业孵化基地。培育扶持一批具有辐射带动作用的留学人员创业示范园，将留学人员创业园纳入我市创业扶持体系。加强东营创新创业大学分支机构建设，完善创业大学培训体系，开展“创业东营精英训练营”活动，每年遴选50—100名优秀小微企业负责人免费参训。鼓励县区、开发区引导社会资本建设人才项目海外孵化器。对新认定的国家级、省级科技孵化器，分别给予100万元、50万元一次性补助。加快建设一批市场化主导的众创空间、创客服务中心，经国家、省级备案的，分别给予不超过20万元、10万元一次性补助，孵化器、众创空间和创客服务中心同时备案的，按照最高标准补助，不重复补助。对入驻的人才创业项目，所在县区、开发区可给予办公场地租金和启动资金补助等扶持。

（十六）实施“人才改革五区先行”战略。整合市级人才、科技、资金等资源，实行倾斜政策，强化扶持措施，支持东营经济技术开发区、东营高新技术产业开发区、东营港经济开发区、市现代畜牧业示范区、东营综合保税区，率先探索、大胆实践，形成多点支撑、示范引领的创新格局。围绕东营经济技术开发区产业布局和发展规划，推进悦来湖科技人才聚集区建设，打造人才引进开发示范区。支持东营高新技术产业开发区围绕高端石油装备制造、新能源、新材料、生物医药等产业，加强与国内外高校和科研院所的合作力度，加快创新创业平台载体建设，创新人才引进、使用机制，着力打造区域性科技成果转移转化试验区。鼓励东营港经济开发区进一步加强港区融合，围绕生态化工、现代物流、船舶配件制造、新能源等产业，在产业人才开发引进上取得新突破，努力打造新型临港产业聚集区。鼓励市现代畜牧业示范区加强与国内外农业高校院所及知名企业联系合作，强化科技人才支撑，建设柔性引才创新区。发挥东营综合保税区政策优势，提升对外开放水平，在仓储物流、信息技术等领域实现新突破，打造自主用人突破区。稳妥下放与人才创新创业相关的部分市级权限，鼓励五区在人才引进培养、社会化评价、双向流动、股权期权激励、成果转化、科技金融等方面先行先试，为全市人才工作体制机制创新突破提供可复制、可推广的经验，打造我市创新发展强大引擎。

（十七）搭建产业集群高端人才对接平台。围绕石油化工及盐化工、橡胶轮胎及汽车配件、有色金属、石油装备四大产业集群，面向全市征集产业人才技术需求，依托中科院、科技部、人力资源社会保障部等管理的高端人才组织，每年由各县区、开发区承办“产业集群高端人才对接会”“博士、博士后专场洽谈会”“产业集群大型人才招聘会”等系列国内外人才延揽活动，建立高端人才（团队）与产业集群“无缝对接”机制，形成“以产引才、以才促产、产才相融”良性格局。力争到2020年，为四大产业集群引进100名产业高端人才，500名创新创业人才。对重点服务于四大产业集群的人才服务机构和社会组织，经市人才工作领导小组办公室认定的，每年给予最高20万元的补助，每年不超过4个。

五、开展人才环境优化行动，着力加强人才创新创业保障

（十八）实施高层次人才服务保障工程。加快社区式人才公寓建设，形成市、县（区）网点化布局，方便各类人才居住生活。推进政府主导的公共租赁住房建设，鼓励人才集聚的大型企事业单位和产业园区利用自用存量用地建设公共（单位）租赁住房。高层次人才随迁配偶，用人单位根据有关规定妥善安排工作。创造条件协调解决高层次人才子女教育问题。优化高层次人才医疗保健环境，完善社会保险覆盖，在我市居住且未就业的高层次人才配偶及子女，可参加城镇职工基本养老和医疗保险或城乡居民养老保险和医疗保险，随到随办。大力发展人力资源服务业，制定促进全市人力资源服务业发展的意见，鼓励支持有条件的县区、开发区依托重大项目和龙头企业，培育建设创新发展、符合市场需求的人力资源服务产业园，形成人力资源公共服务枢纽型基地和创新发展平台。充分发挥博士后制度在培养高层次创新型青年人才、推动大众创业万众创新中的重要作用，制定《东营市博士后管理办法》。

（十九）畅通人才引进绿色通道服务。建设网上人才公共服务平台，在政务服务中心设立人才服务窗口，选拔培训人才服务专员，制定实施引进人才“绿卡”管理办法，为人才创新创业提供政策解读、信息咨询、落户考察、项目申报、创业代理、职称评定、产学研合作等全过程、专业化、“一站式”服务，全面提高人才服务效能。简化外国专家短期来我市工作办理程序，对符合条件的外国专家取消来我市工作年龄限制，获得硕士及以上学位的外籍毕业生和外国留学生经申请可直接获得工作许可。允许引进的外籍科学家领衔实施市科技项目、申报市科学技术奖、领办创办科技型企业、开展创新活动，享受市内科研活动相同的政策支持。

（二十）落实联系服务人才制度。完善党委联系专家制度，建立分级分类联系服务专家工作网络，鼓励市直部门单位建立人才联系点，开展形式多样的联系活动。建立高层次人才重要事项报告制度，对高层次人才岗位变动、职务调整、个人奖惩、健康变化及取得重大成果等情况，专家所在单位和主管部门要及时向党委（党组）组织人事部门报告。落实高层次人才保健待遇，定期组织开展健康体检、休假疗养等活动，做好特殊一线岗位专家医疗和预防保健工作。

（二十一）进一步加强人才工作目标责任考核。优化提升全方位人才工作目标责任制考核，把人才工作目标责任制考核纳入市委、市政府综合考核评价体系，研究和改进人才工作考核的措施和办法，增强人才工作考核的激励作用和实效性。完善反馈、通报、表扬制度，实行重点任务督查制度、重点工作监测通报制度，加强考核结果对工作的指导。实行县区党委和市直部门党组（党委）书记履行党管人才工作职责专项述职制度。

（二十二）营造良好的人才发展氛围。完善人才政策信息发布机制，探索建立人才统计公报制度。广泛宣传人才发展的重大意义、重要政策和重点举措，进一步营造全社会关心、支持人才工作的社会氛围。充分利用报纸、广播、电视和网络等媒体，通过开辟专栏、专题报道、人物专访等形式，全方位、多层次、多角度宣传推广人才发展中的成功经验和先进典型，大力弘扬尊重劳动、尊重知识、尊重人才、尊重创造的社会风尚。

各级各有关部门单位要根据任务分工和进度安排，研究制定具体落实措施，确保规范有序推进。每项工作责任单位中列前加黑体的为牵头单位，其他为参加单位。牵头单位要切实负起责任，抓好任务落实的组织协调工作；参加单位要根据各自职能分工，主动搞好配合，形成工作合力，共同完成好所承担的任务。本《意见》所列扶持政策与我市现行政策有交叉的，按照“从优、从高”的原则执行，不重复享受扶持政策。

本《意见》自印发之日起施行，由市委负责解释，具体工作由市人才工作领导小组办公室负责承担。

中共东营市委

2016年12月31日

鸢都产业领军人才（团队）工程实施计划

（潍办发〔2016〕7号）

为突出抓好人才强市建设，着力引进和培育产业转型升级急需的领军型人才（团队），为我市创新发展、走在前列提供强有力的智力支撑，根据市委、市政府《关于加快建设人才强市的若干意见》（潍发〔2015〕15号）要求，现就实施鸢都产业领军人才（团队）工程制订如下计划。

一、明确任务目标

把握新一轮技术革命和产业变革新趋势，立足我市构建“1669”现代产业体系和拓展产业转型发展新领域，坚持高端高效、引育并举，加快集聚一批具有国内外一流水平，能够突破关键技术、解决企业重大难题、增强企业自主创新和科技转化能力、引领和带动产业转型升级的“高精尖缺”领军人才（团队）。到2020年，力争引进培育鸢都产业领军人才（团队）500名（个）左右，其中引进国内领先、国际先进的顶尖人才（团队）20名（个）左右，引进培育国家级产业领军人才（团队）100名（个）左右，省级产业领军人才（团队）150名（个）左右，市级产业领军人才（团队）250名（个）左右，从根本上优化我市产业人才结构，大幅提升人才和产业层次，加快形成以高端人才引领产业升级、以产业升级集聚高端人才的融合互动发展新格局。

二、广开招引吸纳渠道

充分发挥我市产业基础好、门类比较齐全的优势，统筹科技人才与金融、设计、品牌、市场、国际合作等领域的人才队伍建设，突出需求导向、供求衔接，坚持以企业为主体，以高级经营管理人才、高层次专业技术人才、高技能人才为重点，多渠道、全方位引进海内外各类优秀产业人才，不断扩大产业高端人才规模。

（一）推介引才。各级人才和产业主管部门每年组织对全市规模以上企业的人才需求情况进行调查摸底，建立企业人才需求信息库、精准引才目标库，分产业编制人才需求目录，采取多种形式向人才聚集的国家、地区和城市推介发布，做好线上线下联系对接和交流服务工作。每年到国内外发达地区召开各类人才推介会、对接会，到重点高校开展人才政策宣传和人才招聘活动。

（二）节会引才。把招才引智与招商引资、经贸洽谈、文化交流等活动相结合，依托中日韩产业博览会、潍坊国际风筝会、鲁台经贸洽谈会、中国（寿光）国际蔬菜科技博览会等大型节会，积极开展人才项目对接交流。以节会为载体，积极引导产业组织和企业参加国内外重大人才交流招聘活动，参与全球人才竞争。

（三）筑巢引才。大力推进招院引所，鼓励产业园区、企业与国内外高等学校、科研院所合作共建各类技术研究院及分支机构，吸引高层次人才来潍从事科研工作。实施“一企一平台”工程，推动规模以上企业加强研发机构建设，重点支持企业创建国家级、省级工程实验室（研究中心）、工程技术研究中心、企业技术中心、工业设计中心等创新平台，提高人才引进成效，提高企业科技创新和成果转化能力。加大各类孵化器建设力度，每年重点支持新建一批特色孵化器，改造提升一批科技企业孵化器，增强成就人才创业的服务功能。

（四）柔性引才。坚持以用为本，按照“不求所有、但求所用”新模式，鼓励企业采取聘请技术顾问、客座教授、星期天工程师、假日专家等方式，柔性引进高层次人才开展项目攻关、联合开发、委托开发等科研技术合作。注重吸引日本、韩国等发达国家的退休工程师来潍开展科技研发和项目合作。

（五）以商引才。建立招商引资与招才引智融合互动机制，推进招商从单纯引项目向打包引人才、资本、项目转变，力争引进一个项目，可带来一批人才、打造一个团队、搞活一个产业。

（六）以才引才。鼓励在潍高层次人才发挥人脉资源丰富的优势，积极推荐所熟悉的各类高层次人才来潍创新创业。发挥“亲情、乡情”纽带作用，引导潍坊籍在外高层次人才关注和服务家乡发展，鼓励回乡创新创业或为引进人才牵线搭桥。

（七）中介引才。支持国内外知名人才服务中介机构在潍设立地区总部。加快潍坊人力资源服务产业园建设，提升园区运营水平和影响力，重点引进一批国内外知名人力资源服务机构和人才。注重发挥海外人才工作站、海外华人社团组织在引进人才方面的重要作用。

三、突出扶持培养重点

坚持引进与培育并举，把引人才、引团队与引成果、引项目结合起来，把扩大人才总量与提高人才质量统一起来，每年确定一批有望成为省内领先、国内一流的领军型人才进行重点扶持培养，增强鸢都产业领军人才（团队）工程实施成效。

（一）遴选对象。

主要是四类人选：一是新引进国内领先、国际先进的顶尖人才，数量不限；二是新引进国家级产业领军人才（团队），数量不限；三是新引进和培育省级产业领军人才（团队），数量不限；四是每年遴选50名（个）左右市级产业领军人才（团队）。

对四类领军人才的评审认定，主要看个人的科研技术水平和创新创业能力，所承担项目的科技水平和效益预期，所在企业的支撑能力和保障条件，重点看人才与项目的匹配度和项目产业化成果。具体认定遴选条件与程序见附件1。

（二）经费资助。

对认定遴选的鸢都产业领军人才（团队）及项目，采取“前资助、后补助”的方式给予经费支持。

1．对新引进被认定为国内领先、国际先进的顶尖人才，依据综合评估结果和项目验收情况，可给予项目500万—2000万元经费资助。对获重点推荐等次的，可给予1500万元经费资助；对获优先推荐等次的，可给予1000万元经费资助；对获一般推荐等次的，可给予500万元经费资助。对所承担项目进展情况好、经济社会效益显著、达到验收标准的，视情再给予100万—500万元的经费补助。

2．对新引进被认定为国家级产业领军人才（团队）的，在分别享受国家和我省相关政策的基础上，市财政再按每人100万元给予项目经费资助。

3．对新引进培育被认定为省级产业领军人才（团队）的，在享受省相关政策的基础上，市财政再对泰山学者蓝色产业领军人才团队给予300万元的项目经费资助，对产业创新类、科技创业类泰山产业领军人才按每人100万元给予项目经费资助，对产业技能类泰山产业领军人才按每人50万元给予项目经费资助。

4．对市级产业领军人才（团队）给予300万元的项目经费资助，对产业创新类、科技创业类领军人才给予100万元的项目经费资助，对产业技能类领军人才给予20万元的项目经费资助。资助经费由市、县两级财政各承担50%。

国家和省、市级产业领军人才（团队）所承担项目完成后，经验收合格的，视投资规模、预期效益情况，再给予一定经费补助。

（三）融资支持。

1．鸢都产业领军人才（团队）所承担项目，可向市金融控股集团申请政府性创新创业投资引导基金支持，资金额最高可达1亿元。

2．对科技创业类领军人才（团队）创业项目在产业化过程中获得银行贷款的，市、县两级财政按不超过中国人民银行一年期贷款基准利率的50%给予贴息补助，贴息期最长不超过2年，每名（个）产业领军人才（团队）所创办企业财政贴息累计最高额为100万元。

3．对科技创业类领军人才（团队）所创办企业已获得风险投资的，市再担保股份有限公司可给予单个企业不超过已获得风险投资额50%、最高2000万元的政策性担保支持。

4．领军人才所在企业申请重大科技项目风投基金、天使投资基金、风险缓释基金，以及利用知识产权质押融资、政府采购合同融资等，按照《市级财政支持经济转型发展的重点措施》（潍政办发〔2015〕7号）和《潍坊市支持创新创业财税政策30条》（潍政办发〔2015〕10号）有关政策执行。

以上扶持政策与我市现行政策有交叉的，按照“从优、从高”原则执行，不重复扶持。

四、实行动态绩效管理

（一）人选管理方式。按照“注重实效、跟踪管理、科学评价”的原则，对鸢都产业领军人才（团队）设立4年的管理期。强化绩效考核，管理期内由市产业主管部门依据工作合同分年度组织实施考核，一般在当年底或次年初采取现场核查方式进行。考核结果分为优秀、合格、不合格三个等次，其中“优秀”等次一般不超过考核总数的30%。年度绩效考核结果报市人才工作领导小组办公室审定，作为人才项目评估验收和发放经费资助的主要依据，并作为落实金融投资支持政策的重要参考。

（二）经费资助发放方式。对产业领军人才（团队）及项目的经费资助，依据管理期内年度绩效考核结果分期拨付。在名单公布、项目启动后，依据现场核查情况发放给所在企业经费资助额的40%，一年后绩效考核获得“优秀”等次的，再发给经费资助额的40%；“合格”等次的，再发给资助额的20%；“不合格”等次的，给予6个月的整改期限，整改到位、验收合格的继续纳入管理，仍然不合格的取消重点扶持培养资格。依此类推发放剩余经费资助额，直至发完为止。每年应由市财政承担部分，当年通过专款拨付。

（三）资助经费使用管理。资助经费由企业统一管理使用。其中，70%的资金用于领军人才（团队）所承担项目研发、团队建设、学术交流、外出考察培训等，30%的资金用于发放领军人才本人及团队核心成员生活补助。市财政局会同市产业主管部门每年对经费资助发放和使用情况进行检查。对有弄虚作假、谎报成果、挪作他用等骗取或违规使用资金情形的，以及出现其他不适宜继续作为产业领军人才（团队）管理问题的，取消重点扶持培养资格，追回已发放的经费资助，并严肃追究相关人员的责任。

五、强化任务目标落实

（一）明确职责任务分工。本计划由市人才工作领导小组组织实施，各成员单位按照任务分工抓好落实。坚持人才与产业紧密结合，强化相关部门的引进培育和认定遴选职责。市委组织部负责牵头抓总和统筹协调，搞好调查研究，及时发现问题，提出改进计划实施的意见建议。市农业局负责品牌农业领域领军人才（团队）的引进培育和认定遴选工作，该领域包括现代种业、农产品精深加工、安全高效农业投入品等。市经信委负责传统产业和战略性新兴产业领域领军人才（团队）的引进培育和认定遴选工作，传统产业领域包括机械制造、汽车制造、石化盐化、纺织服装、食品加工、造纸包装等；战略性新兴产业领域包括智能装备、电子信息、节能环保、新能源汽车等。市发改委负责现代服务业、海洋动力装备产业领域领军人才（团队）的引进培育和认定遴选工作，现代服务业领域包括总部经济、创意设计、现代物流、金融服务、健康养老、旅游业、信息消费、社区服务、国际合作等。市科技局负责生物医药产业领域领军人才（团队）的引进培育和认定遴选工作。市人社局负责产业技能类领军人才的引进培育和认定遴选工作。市财政局负责扶持资金和工作经费的保障与监管工作。市产业发展办公室（市服务业办公室）负责统筹人才与产业融合发展，全面参与各领域领军人才（团队）的引进、认定、遴选、评估、管理、服务等工作。市直各有关部门和各县市区、市属各开发区要围绕全市引进培育产业领军人才（团队）总体目标，着力抓好各自领域和各自承担任务的人才（团队）引进培育工作。具体任务目标见附件2。

（二）充分发挥企业主体作用。坚持以企业为主体引人才、团队和技术、项目，力争经过5年时间，全市规模以上企业引进培育科技创新创业领军人才覆盖面达到90%。大力实施企业家培训工程，加快新生代企业家队伍建设，引导企业家树立“人才强企”理念和引才用才战略思维，搭建和完善聚才用才平台，提升企业人才竞争力。研究落实推进“人才强企”的扶持措施，总结推广企业引进、培育和使用人才的成功经验。

（三）强化目标管理和检查督导。对各县市区、市属各开发区和市人才工作领导小组成员单位引进培育鸢都产业领军人才（团队）实行任务目标管理，每年的考核结果纳入全市科学发展综合考核成绩。市级人才工作领导小组办公室对各地各单位引进培育产业领军人才情况实行一月一调度、一季一通报，作为对市人才工作领导小组成员单位年度述职评议和县市区、市属开发区人才发展水平考核的重要依据。

本计划由市人才工作领导小组办公室负责解释，自印发之日起实施，有效期至2020年12月31日。

附件：1. 鸢都产业领军人才（团队）认定遴选条件与程序（略）
2. 县市区、市属开发区和市人才工作领导小组成员单位引进培育鸢都产业领军人才任务目标（略）

中共潍坊市委办公室
潍坊市人民政府办公室
2016年3月23日

河南省人民政府
关于大力推进大众创业万众创新的实施意见

（豫政〔2016〕31号）

为激发全社会创新潜能和创业活力，打造发展新引擎，增强发展新动力，根据《国务院关于大力推进大众创业万众创新若干政策措施的意见》（国发〔2015〕32号），结合我省实际，现提出以下实施意见，请认真贯彻落实。

一、总体要求

（一）指导思想。深入贯彻落实党的十八大和十八届三中、四中、五中全会精神，牢固树立和贯彻落实创新、协调、绿色、开放、共享发展理念，全面落实大众创业、万众创新决策部署，以深化改革为动力，以服务需求为导向，着力搭建新型载体，着力优化公共服务，着力激发主体活力，着力创新体制机制，打造有利于创新创业的政策环境、制度环境和公共服务体系，在全省形成大众创业、万众创新的生动局面，以创新引领发展、以创业带动就业，汇聚经济社会发展的巨大动能，为中原崛起、河南振兴、富民强省提供有力支撑。

（二）基本原则。

——坚持深化改革、营造环境。大力推进结构性改革，增强创新创业制度供给，进一步简政放权、放管结合、优化服务，降低创新创业门槛，优化扶持政策和激励措施，让千千万万创新创业者活跃起来，形成有利于创新创业的良好环境。

——坚持需求导向、优化服务。尊重创新创业规律，着力破解新技术、新业态、新模式、新产业发展遇到的难点问题，切实解决创业者面临的资金需求、市场信息、政策扶持、技术支撑、公共服务等瓶颈问题，补齐公共服务短板，提高创新创业效率。

——坚持政策协同、上下联动。统筹创业、创新、就业等各类政策，强化部门与部门、部门与地方政策联动，鼓励有条件的地方先行先试，形成可复制、可推广的经验，放大政策效应，确保创新创业扶持政策可操作、能落地、见实效。

——坚持开放共享、强化支撑。加强创新创业公共服务资源开放共享，强化新型载体服务支撑能力建设，积极发展众创、众包、众扶、众筹支撑平台，依托“互联网+”、大数据等建立协作创新创业模式，形成线上线下、省内省外、政府市场开放合作机制。

——坚持突出重点、发挥优势。聚焦产业转型升级和社会民生发展重点领域，明确区域创新创业重点方向，增强与当地经济社会发展契合度，因地制宜打造一批新型载体和重点平台，吸引各类企业、创新创业者集聚，形成创新创业集合效应。

（三）主要目标。通过完善政策、搭建平台、培育人才、强化服务，创新创业生态环境不断优化，创新创业活跃程度明显提升，就业、创业、创新主要指标位次前移，努力使我省成为创新创业先进省份。

到2018年，创新创业体系建设取得突破性进展，建成一批服务完善、发展成效明显的众创空间，汇聚一批以企业家、高端人才、科技人员、大学生、农民工为主体的创新创业实践者，培育一批以新兴业态、商业模式为代表的创新型企业，打造一批特色鲜明、集聚度高、辐射能力强的科技企业孵化器、创业园区、电子商务示范基地和小微企业创新创业基地示范城市，基本形成政策清晰、载体多元、机制创新、服务高效、充满活力的创新创业发展格局。

到2020年，覆盖全省的创新创业政策体系更加完善，多层次、多元化的创新创业载体基本建成，创新创业主体活力得到充分释放，创新创业服务能力明显提升，创新创业促进经济社会转型发展的支撑作用更加显著，成为全国重要的创新创业新高地。

二、重点任务

坚持发挥市场在资源配置中的决定性作用和更好发挥政府作用，突出抓好载体、主体、平台、服务、机制五个关键环节，实施创新创业五项重大工程，构建创新创业体系。

（一）建设创新创业载体体系。加快郑洛新国家自主创新示范区建设，努力将示范区打造成具有国际竞争力的中原创新创业中心。加快建设中国（郑州）跨境电子商务综合试验区，打造“互联网+”创新创业新载体。推动郑州、洛阳、南阳等创新型城市建设，鼓励各地争取开展国家创新型城市试点和小型微型企业创业基地城市示范。强化制造业、服务业创新创业，建设一批区域产业创新中心，推动产业集聚区、服务业“两区”（商务中心区和特色商业区）围绕主导产业，积极应用互联网技术，建设专业、开放、集成的创新创业平台，提升综合承载能力，培育一批国内有影响力的制造业、服务业创新策源地。建设一批创客空间、创业咖啡、创新工场、星创天地等新型孵化器，创建一批“双创”示范基地，促进创新创业要素集聚、服务专业、资源开放共享。

（二）壮大创新创业群体队伍。推动有梦想、有意愿、有能力的科技人员、大中专毕业生、农民工、退役军人等各类创新创业主体不断创办新企业、开发新产品。引导大中型企业建设“大工匠”工作室等创新创业平台，壮大一批创新型企业家、首席技术专家、“大工匠”和工人创客团队，鼓励企业二次创业。制定各类激励政策，培育一批创客和极客。强化创新创业教育培训，完善创新人才和产业技能人才二元支撑的人才培养体系。扩大高校和科研院所自主权，赋予科技人才更大创新创业空间。深化开放合作，积极引进一批具有国际视野和拥有国际领先成果的高层次领军人才来豫孵化和创办企业。大力支持豫籍企业家返乡创业。

（三）构建创新创业支撑平台。抢抓互联网快速发展带来的新机遇，大力发展众创、众包、众扶、众筹。加快推动各类众创空间与互联网融合创新，鼓励大型网络平台开放创新创业资源，全面推进众创。鼓励企业通过网络平台将部分研发、设计等外包，大力发展交通出行、旅游、医疗等领域的众包新模式，积极推广众包。推动高校和科研院所开放科研和信息资源，鼓励大中型企业开展生产协作、开放标准，带动上下游小微企业和创业者发展，立体实施众扶。支持智能家居、数字创意等创新产品开展实物众筹，鼓励小微企业和创业者开展股权众筹，稳健发展众筹。

（四）发展创新创业服务。大力发展科技信贷、创业投资、天使投资、科技保险等，加快完善创新创业金融服务体系。培育壮大一批创新创业第三方服务企业，引导各类孵化器与服务企业相结合，为创业者提供开办场所、政策咨询、财务税务、法律顾问、金融支持、知识产权等全方位专业服务。支持各类技术转移机构加快发展，促进科技成果转化落地。加快创新创业人才重点集聚区域的住房、教育、医疗等公共服务设施建设，完善创新创业人才公共服务体系。

（五）促进体制机制创新。深化科技体制改革，创新完善评价导向机制，加快政府职能从研发管理向创新服务转变，激励更多科技人员投身创新创业。积极探索交通出行、快递、金融、医疗、教育等领域的准入制度创新，为众包、众筹等新模式、新业态发展营造政策环境。创新监管方式，建立以信用为核心的新型市场监管机制，利用大数据、信用评价等手段加大对违法违规行为的处置力度。促进政府数据资源开放，强化创新创业要素支撑。

（六）实施创新创业重大工程。实施“互联网+”创新创业工程，充分运用互联网和开源技术，推进开放式创新。实施载体升级工程，强化创新创业载体建设，提升承载能力。实施资源开放共享工程，整合科研基础设施和科技信息资源，建立面向社会开放的长效机制，促进科技数据、科技服务、科技管理等信息资源互联互通和开放共享。实施环境提质优化工程，加快转变政府职能，落实各项优惠政策，优化公平竞争市场环境。实施服务提升工程，加强创新创业教育培训，开展专家咨询指导服务，常态化举办各种创业大赛、创业沙龙等活动。

三、政策措施

（一）推进创新创业便利化。

1. 深化商事制度改革。全面实施工商营业执照、组织机构代码证、税务登记证“三证合一”，实行“一照一码”登记模式。推进“先照后证”改革，加快推进电子营业执照和全程电子化登记管理工作。推动“一址多照”、集群注册等住所登记改革，允许创业者依法将家庭住所、租借房、临时商业用房等作为创业经营场所。依托企业信用信息公示系统，集中公开各类扶持政策及企业享受扶持政策的信息，建立小微企业名录，增强创业企业信息透明度。（省工商局牵头，省工业和信息化委、国税局、地税局、质监局等有关部门配合）

2．减免有关行政事业性收费、服务性收费。制定全省涉企行政事业性收费项目目录，不在目录内的行政事业性收费项目一律不得收取。对初创企业免收登记类、证照类、管理类行政事业性收费。事业单位服务性收费，以及依法开展的各类行政审批前置性、强制性评估、检测、论证等专业服务性收费，对初创企业可按不高于物价主管部门核定标准的50%收取。暂停征收企业注册登记费、个体工商户注册登记费，取消企业年检费和个体工商户验照费，降低市场主体设立成本。（省财政厅牵头，省发展改革委等有关部门配合）

3．建立科学的职业资格体系。按照国家统一部署，继续取消一批职业资格许可和认定，对没有法律、法规依据的准入类职业资格，以及行业部门和行业协会、学会自行设置的水平评价类职业资格一律取消，释放创新创业活力。落实国家职业资格目录清单制度，在目录之外不得开展职业资格许可和认定工作。对经培训考核合格、取得职业资格证书（专项职业能力证书）的非在岗人员，均可按规定申领培训补贴。（省人力资源社会保障厅牵头，省卫生计生委、财政厅、住房城乡建设厅等有关部门配合）

4．鼓励新模式创新创业。加快发展新模式、新业态创新创业。经工商登记注册的网络商户从业人员，同等享受各项就业创业扶持政策；未进行工商登记注册的网络商户从业人员，可认定为灵活就业人员，享受灵活就业人员扶持政策，其中通过网上交易平台实名制认证、稳定经营3个月以上且信誉良好的网络商户从业人员，符合条件的，可按规定享受创业担保贷款及贴息政策。（省人力资源社会保障厅牵头，省财政厅、商务厅、教育厅、人行郑州中心支行配合）

（二）激发创新创业主体活力。

1．支持科研人员创新创业。鼓励高校、科研院所支持科研人员离岗创业，在创业孵化期3年内返回原单位的，工龄连续计算，保留原聘专业技术职务。鼓励高校、科研院所支持科研人员转化成果创业，职务发明成果转让收益用于奖励科研负责人、骨干技术人员等重要贡献人员和团队的收益比例不低于50%，最高可至100%。对科技人员创办的科技型中小企业、河南省创新创业大赛获奖团队创办企业给予10万元的创业资助。高新技术企业转化科技成果，给予该企业相关技术人员的股权奖励，个人一次缴纳税款有困难的，可根据实际情况自行制订分期缴税计划，在不超过5个公历年度内分期缴纳个人所得税。（省科技厅、教育厅、人力资源社会保障厅、财政厅、地税局分别负责）

2．支持大中专学生创业。实施大学生创业引领计划，落实大学生创业担保贷款、开业补贴和孵化补贴政策。推动我省高中等职业院校毕业生就业创业综合服务基地面向全省大中专学生开展实践培训、项目孵化、市场信息等创业服务。深化高校创新创业教育改革，全面修订和完善人才培养方案，建立健全创新创业教育课程体系，积极引入社会创业培训项目，加强大学生创业教育，鼓励高校落实大学生创业指导服务机构、人员、场地、经费等，为大学生创业提供指导、服务和资金支持。对大学生初创企业，正常经营3个月以上的，可申请5000元的一次性开业补贴。大学生到各类孵化载体休学创办小微企业，可向学校申请保留学籍2年，并可根据创业绩效给予一定学分奖励。探索将高校毕业生创业情况列为高校生均拨款核定因素。（省人力资源社会保障厅、教育厅牵头，省财政厅配合）

3．支持高层次人才来豫创业。实施高层次科技人才引进工程，对引进的高层次科技人才，符合相关规定的，省财政统筹相关专项资金给予其100万元科研资助。对省外高层次创新团队带技术、成果、项目在我省落地实施的给予支持。实施"国际人才合作项目资助计划""海智计划"，积极引进海外科技人才。对外籍高端人才来豫创业，开辟签证办理、永久居留等绿色通道。简化外籍高端人才来豫开办企业审批流程，探索将事前审批改为事后备案。对持有外国人永久居留证的外籍高层次人才创办科技型企业等创新创业活动，除政治权利和法律、法规规定不可享有的特定权利和义务外，原则上和中国公民享有相同权利，承担相同义务。（省科技厅牵头，省教育厅、财政厅、人力资源社会保障厅、公安厅、商务厅、科协等有关部门配合）

4．支持其他各类人员创业。支持企业家群体再创业。支持企业家围绕扩大生产、拉长链条、转型升级，开展二次创业，对新创办的实体可享受招商引资优惠政策。支持农民工及其他各类人员返乡创业。落实税收减免和普遍免费政策，支持返乡创办农民合作社、农村专业技术协会、专业大户、家庭农场、农业产业化龙头企业和社会化服务组织等新型农业经营主体。对创办的新型农业经营主体，符合农业补贴政策支持条件的，按规定享受相应的政策。扩大抵押物范围，鼓励银行业金融机构开发符合农民工创业需求特点的金融产品和金融服务。大力开展电子商务进农村综合示范创建工作，构建特色农产品交易平台，推动新型农村经营主体和特色农产品对接电商平台，支持农民网上创业。支持发展特色农产品加工、休闲农业、乡村旅游等产业。支持退役军人、化解过剩产能企业职工、失业人员等创办实体。对大中专学生、退役军人、失业人员、返乡创业农民工创办的实体在创业孵化基地内发生的物业管理、卫生、房租、水电等费用，3年内给予不超过当月实际费用50%的补贴，年补贴最高限额10000元。开发家庭服务、手工制品、来料加工等适合妇女创业就业特点的项目，激发妇女创新创业积极性。（省人力资源社会保障厅牵头，省科技厅、工业和信息化委、农业厅、商务厅、省政府金融办、省科协配合）

（三）加大财税支持力度。

1．加强财政资金支持。鼓励各地设立创业投资引导基金和创业券等支持创新创业。发挥省小型微型企业信贷风险补偿资金作用，对省内银行业金融机构小微企业贷款增速不低于各项贷款平均增速、增量不低于上年同期、申贷获得率不低于上年同期的，对其小微企业贷款增量部分按不高于0.5%的比例给予补偿奖励；对设立小微企业信贷风险补偿资金的省辖市、县（市、区），按到位资金规模总量不高于30%给予一次性奖励。对企业利用专利权质押融资发生的贷款利息、评估费、担保费等相关费用给予一定比例补贴。对发行债务融资工具实现融资的企业，按照实际发行金额给予一定比例的发行费补贴。完善政府采购促进中小企业创新发展的政策措施，将小微企业技术先进、节能环保、创新性产品和服务纳入政府采购范围，鼓励采用首购、订购和购买服务等方式，促进创新产品研发和规模化应用。（省财政厅牵头，省发展改革委、工业和信息化委、科技厅、人行郑州中心支行配合）

2．落实普惠性税收政策。认真落实国家支持创新创业的各项税收优惠政策。对符合条件的月销售额不超过3万元（季销售额不超过9万元）的增值税小规模纳税人免征增值税。对符合条件的小型微利企业减按20%的税率征收企业所得税；自2015年10月1日起至2017年12月31日，对年应纳税所得额低于30万元（含30万元）的小型微利企业，其所得减按50%计入应纳税所得额，按20%的税率缴纳企业所得税，并将享受范围扩大到核定征收企业。高校毕业生、登记失业人员等重点群体创办个体工商户、个人独资企业的，可按国家规定享受税收最高上浮限额减免等政策。对一般纳税人销售自行开发生产的软件产品，依照规定实行增值税超税负即征即退；对营改增试点纳税人提供技术转让、技术开发和与之相关的技术咨询、技术服务，符合条件的免征增值税。（省国税局、地税局牵头）

3．建立健全创新创业投资引导机制。围绕创新创业企业不同发展阶段的融资需求，积极引导社会力量，构建多层次的创新创业投资引导机制。充分发挥河南省科技创新风险投资基金和河南省中小企业发展基金作用，以股权投资等形式支持符合条件的科技型小微企业及初创期科技型企业。围绕我省战略性新兴产业发展，鼓励社会资本申报国家新兴产业创投计划参股创业投资基金和科技型中小企业创业投资引导基金，鼓励有行业背景和专业特长的天使投资人、法人机构及专业投资管理机构发起设立天使投资基金，投资处于种子期、初创期、早中期的创新型企业。（省财政厅牵头，省发展改革委、人力资源社会保障厅、科技厅、工业和信息化委配合）

4．加大创业担保贷款扶持力度。将小额担保贷款调整为创业担保贷款，个体创业担保贷款最高额度为10万元；对合伙经营和组织起来创业的，贷款最高限额50万元；对劳动密集型小企业，贷款最高限额200万元。对创业项目前景好，但自筹资金不足且不能提供反担保的，通过诚信度评估后，可采用联保或担保机构认可的其他反担保方式，符合条件的，可按规定给予创业担保贷款扶持。完善失业保险基金补充创业贷款担保基金操作办法，不断扩大创业贷款担保基金规模。在坚持财政筹集创业贷款担保基金主渠道、保证失业保险待遇正常支付的前提下，统筹地方每年可按需借用部分失业保险基金补充创业贷款担保基金。对符合条件的城镇登记失业人员、就业困难人员、复员转业退役军人、高校毕业生、返乡农民工、农村网商、刑释解教人员以及劳动密集型小微企业使用的创业担保贷款给予一定贴息补贴。（省人力资源社会保障厅牵头，人行郑州中心支行、省财政厅配合）

（四）强化金融服务。

1．充分发挥资本市场作用。加大对中小企业改制和上市辅导等工作的支持力度，积极引导和鼓励企业在中小板、创业板发行上市。推动更多创新型、创业型、成长型中小微企业到新三板市场挂牌上市。支持符合条件的创业企业在银行间债券市场发行短期融资券、中期票据、非公开定向债务融资工具、集合票据等债务融资工具，拓宽资金来源。推动与工商登记部门建立股权登记对接机制，支持股权质押融资，引导区域性股权交易市场规范发展。支持符合条件的发行主体发行小微企业增信集合债等企业债券创新品种。（省政府金融办牵头，省发展改革委、工业和信息化委、人行郑州中心支行、河南证监局、银监局配合）

2．创新银行支持方式。通过运用再贷款、再贴现等货币政策工具和信贷政策引导，鼓励各金融机构不断创新金融产品和服务方式，加大对创新创业企业的金融支持力度。支持符合条件的地方法人金融机构发行“三农”、小微企业专项金融债，加大对创业企业的信贷投放力度。推动应收账款融资服务平台应用，支持创业企业和农户融资。搭建银科对接平台，推进银行业机构科技支行建设，推进知识产权质押融资工作，推广“专利贷”金融产品，开展科技小额贷款试点。推进银会合作，鼓励金融机构为农村专业技术协会提供小额贷款、新型农业经营主体贷款等产品。（人行郑州中心支行牵头，省政府金融办、河南银监局、省知识产权局、科协、中国邮政储蓄银行河南省分行配合）

3．积极发展融资新模式。积极开展股权众筹试点，在条件成熟时逐步扩大股权众筹试点范围，合理引导大众投资者进行股权投资。鼓励互联网企业依法合规设立借贷型众筹平台，为投融资双方提供借贷信息交互、撮合、资信评估等服务，降低创新创业成本。创新科技保险产品和服务模式，培育并规范发展专利保险等知识产权保险市场，探索发展大型设备首台套保险，促进创新创业和金融资源深度融合。积极发挥保险融资增信作用，发展贷款保证保险、信用保险等。积极引进保险资金在我省参与或投资设立创业投资基金。（省政府金融办、人行郑州中心支行、河南银监局、证监局、保监局分别负责）

（五）大力支持创新创业载体平台建设。

1．大力发展众创空间等新型孵化器。支持各省辖市、国家高新技术产业开发区集中各类创新创业资源，打造创新创业综合服务平台；鼓励行业龙头企业建立专业化众创空间。依托郑州航空港经济综合实验区、高新技术产业开发区、经济技术开发区、产业聚集区等各类创新创业载体，加快建设市场化、专业化、集成化、网络化的众创空间，为创新创业提供低成本、便利化、全要素的开放式综合服务平台。以国家农业科技园区、涉农高校院所、农业企业等为载体，开展“星创天地”建设行动，鼓励市、县级政府对“星创天地”建设给予奖励，打造适应农村创新创业需要的众创空间。对各类主体利用闲置楼宇构建众创空间，按其改造费用50%比例（最高不超过200万元）给予补贴。采用政府购买服务方式，对“众创空间”提供的宽带网络、公共软件服务费用，按照50%比例给予补贴。对新认定的国家级科技企业孵化器、省级以上大学科技园，省财政给予一次性300万元奖补；对新认定的省级科技企业孵化器，给予一次性100万元奖补。鼓励孵化器设立孵化资金，支持利用孵化资金对在孵企业进行投资和资助。对省级科技企业孵化器投入的种子基金按不高于20%的比例给予配套支持。落实支持新产业新业态发展、促进大众创业万众创新的用地政策。积极盘活闲置的商业用房、工业厂房、企业库房、物流设施和家庭住所、租赁房等资源，为创业者提供低成本办公场所和居住条件。（省科技厅牵头，省财政厅、教育厅、工业和信息化委、国土资源厅、科协配合）

2．整合众创资源。引导高校、科研院所、企业或个人发起开源项目，鼓励企业自主研发和政府资金支持形成的成果向社会开源。建设重大科研基础设施和大型科研仪器等科技资源网络服务平台，并向创业者开放。出台促进重大科研基础设施和大型科研仪器向社会开放的实施意见，建立科研设施与仪器向社会开放的激励机制。鼓励高校、科研院所、科技场馆向全社会开放科技资源，为全社会提供科技服务。建立国家级实验室科研设施、仪器开放共享激励机制，采用财政后补助、间接投入等方式，合理补偿国家级实验室向社会开放所产生的费用支出。（省科技厅牵头，省教育厅、工业和信息化委、科协等有关部门配合）

3．搭建开放式创新平台。以国家技术转移郑州中心、国家知识产权局专利局专利审查协作河南中心、河南技术产权交易所等科技服务机构为依托，加快建立覆盖全省、服务企业的技术转移网络，积极创建国家技术转移集聚区。建设海外人才离岸创新创业基地，搭建集聚海外人才的创新创业平台。建设国家知识产权服务业集聚发展试验区，构建开放式知识产权创新创业基地。积极吸引国内外一流大学、科研院所和世界500强研发中心等设立分支机构，建设科技园、实验室、孵化器。鼓励企业通过技术特许、委托研究、技术合伙、战略联盟等商业模式，建设一批高水平的国际科技合作研究基地，支持大型企业和研究机构建立海外研发中心，主动融入全球创新网络。（省科技厅牵头，省科协等有关部门配合）

（六）强化创新创业服务支撑。

1．发展创业服务业。充分发挥社团组织、行业协会和社会创业服务机构作用，制定政府购买社会创业服务项目清单，通过公开招标等方式购买创业服务。各类创业孵化平台、创业服务机构为创业人员提供创业辅导服务、融资服务的，可由当地政府根据实际效果给予一定辅导服务和融资服务补贴。加快发展“互联网+”创新创业网络服务，支持开源社区、开发者社群等各类互助平台发展，鼓励通过网络平台、线下社区、公益组织等途径扶助大众创业就业。（省科技厅、人力资源社会保障厅牵头，省发展改革委、科协等有关部门配合）

2．强化创业教育培训。深入实施全民科学素质行动计划，提升公民创新创业能力。在产业集聚区、创客空间、孵化基地等推进创新创业培训；在普通高校、职业院校、技工院校等全面推进创新创业教育，把创新创业课程纳入国民教育体系和学分制管理范围；学生在校期间参加创业培训的，给予相应的培训补贴。对具有创业要求和培养愿望的各类劳动者，参加创业培训可按规定申请创业培训补贴，其中创业意识培训补贴每人200元、创业实训补贴每人300元、创办（改善）企业培训补贴每人1000元。组建创业导师志愿团队，建立创业导师（专家）库，培训一批农民创新创业辅导员。（省人力资源社会保障厅、教育厅、科技厅牵头，省财政厅、工业和信息化委、科协等有关部门配合）

（七）营造创新创业良好环境。

1．维护公平竞争市场环境。进一步转变政府职能，增加公共产品和服务供给，为创业者提供更多机会。禁止通过政府立法形式设定行政许可，杜绝以备案、登记、年检、监制等形式变相设定行政许可。加强事中事后监管，按照《企业公示信息抽查暂行办法》（工商总局令第67号）、《企业经营异常名录管理暂行办法》（工商总局令第68号）和《严重违法失信企业名单管理暂行办法》（工商总局令第83号）的有关规定，对被列入经营异常名录或严重违法企业名单的企业进行限制。把创业主体信用与市场准入、享受优惠政策挂钩。依托河南省企业信用信息公示平台，建设河南省企业信用信息公示监管警示系统，构建对企业进行信息公示、分类警示、联动监管、联合激励与惩戒的信息平台。健全知识产权侵权查处、快速维权与维权援助机制，缩短确权审查、侵权处理周期，加大对反复侵权、恶意侵权等行为的处罚力度，将侵权行为信息纳入社会信用记录。（省工商局、发展改革委牵头，有关部门配合）

2．促进技术成果转移转化。在不涉及国防、国家安全、国家利益、重大社会公共利益的情况下，省管高校和科研院所等事业单位可以自主决定对其持有的科技成果采取转让、许可、作价入股等方式开展转移转化活动，单位主管部门和财政部门对其科技成果在境内的使用、处置不再审批或备案，科技成果转移转化所得收入全部留归单位，纳入单位预算，实行统一管理，处置收入不上缴国库。对经技术转移机构促成在我省转化的项目，财政科技资金按实际成交额的一定比例给予技术转移机构奖励。（省科技厅牵头，有关部门配合）

3．强化创新创业支撑保障。完善科研人员薪酬和岗位管理制度，破除人才流动的体制机制障碍，促进科研人员在事业单位与企业间合理流动。加快社会保障制度改革，完善科研人员在事业单位与企业之间流动社保关系转移接续政策。加强创业人员社保、住房、教育、医疗等公共服务体系建设，完善跨区域创业转移接续制度。完善高层次人才社会服务机制，落实引进人才社会保障、配偶就业、子女入学等保障措施。（省人力资源社会保障厅牵头，有关部门配合）

4．加大宣传力度。支持举办大众创业万众创新活动周、创新创业大赛、创新创业论坛、创新成果和创业项目展示推介等活动，加强政策宣传，展示创新创业成果，繁荣创新创业文化，营造鼓励创业、宽容失败的良好社会氛围。把创新创业作为科普宣传的重要内容。发挥各类新闻媒体和网络社交平台等的作用，加大对大众创业、万众创新的新闻宣传和舆论引导力度，大力弘扬创新创业的进取精神、勤劳品质、坚韧毅力。开展“双创”人物评选宣传活动，树立一批创新创业典型人物，大力培育创业精神和创客文化，将创新创意转化为实实在在的创业活动，让大众创业、万众创新蔚然成风。（省发展改革委、科技厅、新闻出版广电局、科协分别负责）

四、组织实施

（一）加强统筹协调。建立由省发展改革委牵头，省科技厅、人力资源社会保障厅、财政厅、工业和信息化委、教育厅、公安厅、国土资源厅、住房城乡建设厅、农业厅、商务厅、人行郑州中心支行、省政府国资委、省国税局、地税局、工商局、统计局、知识产权局、省政府法制办、金融办、河南银监局、证监局、保监局、国家外汇管理局河南省分局、省科协等单位参加的大众创业万众创新联席会议制度，加强顶层设计和统筹协调，研究和协调解决本意见落实过程中的重大问题，推动大众创业、万众创新蓬勃发展。有关工作进展情况及时向省政府报告。

（二）狠抓责任落实。各地、各部门要高度重视推进大众创业、万众创新工作，尽快细化落实本意见，省辖市要结合实际制定具体方案，有关部门要结合职能分工研究提出具体政策，明确工作任务、时间节点、责任人和保障措施，加强协调联动，形成推进合力，确保各项工作取得实效。

（三）强化督促检查。各地、各部门要建立信息定期报送制度，完善考核评价机制，每年对创新创业工作进展情况进行总结。省政府组织对各地、各部门政策措施落实情况进行督导评估，对政策措施落实不力、目标任务落实不到位、工作成效差的，在全省予以通报批评。

河南省人民政府
2016年5月18日

中共焦作市委 焦作市人民政府 关于引进培育创新创业领军人才（团队）的意见

（焦发〔2016〕9号）

为全面实施人才强市战略，充分发挥创新创业领军人才（团队）对产业转型发展的引领作用，现就引进培育创新创业领军人才（团队）提出以下意见。

一、指导思想、总体要求和目标任务

（一）指导思想。以党的十八大和十八届三中、四中、五中全会以及习近平总书记关于人才工作的系列重要讲话精神为指导，牢固树立五大发展理念，坚持人才资源是第一资源，围绕“产业集聚人才、人才引领产业”，大力引进培育创新创业领军人才（团队），构建以市场为主导、企业为主体、政府为引导、产学研结合的创新创业体系，实现人才链、创新链、产业链和服务链的无缝对接，为产业转型升级提供人才支撑和智力保障，助推焦作早日跻身全省“第一方阵”，在中原崛起中更加出彩。

（二）总体要求。以服务重点产业和重大项目、促进科技成果转化和产业化、深化产业结构调整和转型升级为着力点，健全市场配置机制，落实相关人才政策，优化创新创业环境，加快集聚培育一批创新创业领军人才，打造一批创新创业领军团队，激发全社会创新创业活力。

（三）目标任务。围绕我市优势产业和战略新兴产业，重点围绕高端装备制造、新能源汽车、生物医药、节能环保、高成长性服务业，大力引进培育创新创业领军人才（团队），5年内引进培育20个领军型科技创新创业团队；引进培育300名具有较强创新创业能力的科技创新创业领军人才和高层次创新创业人才；培养80名拥有核心自主知识产权的科技创业企业家；建成10个技术创新基地，形成人才与科技相辅相成、创新与创业紧密结合、企业与产业协调发展的良好局面，把焦作打造成为更具活力、更具吸引力、更具竞争力的新型工业城、区域中心城。

二、引进培育对象

结合我市经济社会发展的实际需要，重点引进培育具有创新创业能力，拥有自主知识产权，技术成果国内外领先或填补国内空白，初步具备实现产业化的条件，能够引领相关产业发展，带技术、带项目、带资金、带成果来焦创新创业的领军人才（团队）。

（一）创新创业领军人才（团队）。

1．创新创业领军团队

须在相关领域达到国际先进或国内领先水平，在同行中具有重要的创新地位和学术影响，拥有自主知识产权（无知识产权纠纷）的可产业化的科技成果或发明专利，具备突破关键技术、解决关键问题的能力，并能产生良好经济社会效益；团队带头人须符合国家“千人计划”“万人计划”或省“百人计划”申报条件，或取得博士学位，在国内外知名高校、科研机构、知名企业担任相当于正教授以上职务的专家学者和科技人才；核心成员须有3人以上的创新创业团队。

2．科技创业领军人才

须取得博士学位或正高级专业技术职称，且有3年以上大型企事业单位工作经历；拥有自主知识产权（无知识产权纠纷）的科技成果或发明专利，技术处同行业先进水平，具有市场潜力并处于中试或产业化阶段；本人在焦创办科技型企业，投入企业的注册资本不少于100万元人民币（不含技术入股），或在焦与他人联合创办科技型企业，本人所持股权不得低于30%。

3．科技创新领军人才

须取得博士学位或正高级专业技术职称，且有3年以上大型企事业单位工作经历；在国内外高校、科研院所从事科研的专家学者，掌握核心技术并拥有自主知识产权（无知识产权纠纷）的科研成果；在知名企业、金融机构中担任中高级职务，熟悉相关产业发展的专业技术人才和经营管理人才；承担过重大科技项目相关的任务，具有较强的产品研发能力和产业化潜力的领军人才。

（二）高层次创新创业人才。

1．高层次创业人才

须取得硕士学位或副高级专业技术职称，且有3年以上工作经验；符合我市战略主导产业和战略性新兴产业发展方向，拥有自主知识产权（无知识产权纠纷）或关键技术，能够实现产业化，并具有市场前景；本人在焦创办科技型企业，投入企业的注册资本不少于100万元人民币（不含技术入股），或在焦与他人联合创办科技型企业，本人所持股权不得低于30%。

2．高层次创新人才

须取得硕士学位或副高级专业技术职称，且有3年以上在知名企业、高校、科研机构及相关单位关键岗位从事科研、管理或教学工作经历；与所在企业或平台签订3年以上聘任合同，并保证每年至少有6个月在签约企业或平台工作；拥有关键技术和重要科技成果。

针对焦作产业发展急需、社会贡献较大、现行人才目录难以界定的“偏才”“专才”，经市人才工作领导小组认定后，享受相应的人才政策。

三、工作措施

（一）实施重点人才引进培育计划。

1．大力引进创新创业领军人才（团队）。每年不定期组团赴高校、科研机构、大型企业和人才比较集中的城市招聘高层次人才，力争做到引进一批人才，培育一批团队，带动一批项目，形成一批新兴产业；依托招商机构和涉外机构面向海内外开展招才引智工作；支持我市企业与高校、科研院所建立共引共享的人才引进新机制。

2．大力培育创新创业领军人才（团队）。建立健全校地、校企高层次人才培养合作机制，鼓励各类用人主体委托知名科研院所培养高层次人才。采取“人才+项目”等方式，依托国家和省重点人才计划及重点科研、工程和产业项目培养高层次人才。建立定期邀请国内外知名专家来焦开展专题培训机制。从高校、科研院所、国有企业以及事业单位中选派科技、经营管理人员到科技型中小企业挂职，帮助培养创新创业领军人才（团队）。

3．实施高端人才柔性引进办法。按照“不求所有，但求所用；不求常在，但求常来”原则，依托重点产业、优势学科等载体平台，设立特设岗位，按照人在岗在、人走岗销的管理方式，吸引国内外创新人才来我市兼职、科研与技术合作、入股、联办实体、项目咨询、顾问、短期服务等。工资方式灵活多样，具体与用人主体协商。鼓励我市企业在域外建立研发中心，吸纳人才和技术。

4．实施本地创新创业人才开发培育计划。分类管理，跟踪服务，大力实施对全市现有具备创新能力的各类优秀人才的素质提升计划。每年遴选30名优秀创业人才进行专项培养，提高其在资本运作、人力资源开发、金融服务、现代管理等方面能力。围绕优势产业和战略性新兴产业领域，每年组织20名科技创业企业家学习深造、培训研修，支持科技创新。符合条件的科研院所的科研人员经所在单位批准，可带着科研项目和成果、保留基本待遇到企业开展创新工作或创办企业。

（二）搭建人才创新创业平台。

1．加快创新创业人才基地建设。以焦作市人才创新创业园为基地，充分利用焦作市电子商务产业园、河南理工大学科技园等地基础设施和平台资源，大力开展高层次人才与高端智力引进工作。依托驻焦高校、科研院所的人才优势，营造适宜高端人才创新创业的环境，力争将我市人才创新创业园建设成为我市引智创新基地、引智成果转化基地、创新创业人才培养基地。

2．搭建产学研合作平台。引导企业增加研发投入，建立研发机构，开展研发活动。借力驻焦高校、科研机构优势，鼓励支持企业与高校、科研机构联合组建重点实验室、工程实验室、工程研究中心、企业技术中心、工程技术研究中心以及院士工作站和博士后科研工作站（研发基地、流动站）等。围绕我市优势产业和战略新兴产业，依托行业龙头企业引进院士等高层次人才，建立行业公共研发中心，支持行业企业的协同创新。

3．加快新型创新创业载体建设。加大扶持力度，推动众创空间等新型创新创业载体建设，加速科技成果转化，降低创业成本，助推创业实体快速成长发展。充分利用我市闲置厂房、办公楼等存量房产资源，探索构建低成本、便利化、全要素、开放式的众创空间。实现创新与创业相结合、线上与线下相结合、孵化与投资相结合，为广大创新创业者提供良好的创业环境。进一步降低创新创业门槛，为创业企业工商注册提供便利。对众创空间等新型创新创业载体的房租、宽带接入费用和公共软件等给予适当财政补贴。

4．建设高层次人才金融服务平台。建立焦作市人才创业投资基金，加强政府资金引导，加大对高层次人才创新创业型企业投融资支持力度。围绕科技型、创新型企业不同发展阶段，制定有针对性扶持政策，鼓励支持各种社会投资主体兴办创业投资机构，形成政府资金为引导、社会资本为主体的创业投资与担保机制，为高层次人才创新创业型企业创立、培育、成长、发展提供全方位、全过程、立体化的科技与金融服务。

（三）优化服务体系建设。

1．提升招才引智服务水平。建立健全人才创业跟踪服务机制，为人才创业提供全过程服务。加强人力资源市场建设，提高管理水平和服务效率，促进人力资源服务产业健康发展。支持人才中介服务业发展，加快培育人才中介市场，打造具有技术、市场和资本融合功能的科技服务产业链。加强与国外专家组织和国际猎头公司等的合作。积极利用“海内外英才中原行暨焦作创新创业洽谈会”等大型人才交流活动，宣传推介焦作产业发展优势和人才政策环境，促成人才、项目、载体和资本要素有效集聚。

2．创新配套服务措施。出台高层次人才在住房安居、配偶就业、子女入学、医疗保健等方面的优惠政策和措施。畅通高层次人才引进绿色通道，完善编制岗位，解决事业单位引才难问题。鼓励支持企事业单位以更加优惠的政策、更加开放的姿态、更加优越的条件，吸引各类优秀人才创新创业。

3．营造创新创业生态环境。定期组织开展高层次专家论坛、研讨交流和各类咨询服务活动，健全人才沟通交流载体。加强舆论引导，营造“四个尊重”的价值导向和“敢为人先、宽容失败”的创新氛围，使“人才是第一资源”深入人心，使人才引育、创新创业理念成为各级领导干部的自觉共识和全社会的共同取向。

四、激励政策

（一）项目产业化资金扶持。

1．引进的创新创业领军团队，经评审认定，按不同层次给予支持。国家最高科学技术奖获得者、“两院”院士领衔的创新创业团队，每个团队给予3000万—5000万元项目产业化扶持资金资助；国家“千人计划”专家团队及同等层次创新创业团队，每个团队给予500万—1000万元项目产业化扶持资金资助；经认定的市级以上其他创新创业团队，每个团队给予100万—300万元项目产业化扶持资金资助。

2．经评审认定的创新创业领军人才，按不同类型给予支持。创业领军人才给予200万元项目产业化扶持资金资助；全职引进创新领军人才给予100万元项目研发扶持资金资助。

3．经评审认定的高层次创新创业人才，按不同类型给予支持。高层次创业人才，给予100万元项目产业化扶持资金资助；全职引进高层次创新人才，给予50万元项目研发扶持资金资助。

4．对我市产业发展具有奠基性、战略性、支撑性的领军人才（团队）特别重大的科技项目实行“一事一议”，最高可获得1亿元项目产业化扶持资金资助。

（二）多元化金融支持。

经评审认定的科技领军人才创新创业项目（以下简称“创新创业项目”），根据项目类型，全面享受5个方面金融支持：

1．股权投资：根据创新创业项目实际投资额度，经论证审批后，可由我市设立的产业发展基金或创业投资基金等各类政府引导基金提供实际投资额20%左右的股权投资。

2．跟进投资：为支持社会资本风险投资活动，创新创业项目成功吸引权威部门认定的社会风险投资的，可由市产业发展基金或创业投资基金等各类政府引导基金提供10%—30%的跟进配套风险投资，原则上最高不超过500万元人民币。

3．贷款风险补偿：为鼓励和促进银行业金融机构加大对创新创业项目的创投扶持力度，设立市级科技领军人才创新创业项目贷款风险补偿专项资金，对符合条件的支持我市创新创业项目的金融机构、担保公司进行奖励和补偿。

4．贷款担保：经评审认定的创新创业项目已进入中期或产业化初期，因流动资金不足申请融资的，符合条件下，由市有关担保机构给予最高500万元的融资担保。

5．银行贷款贴息：对于创新性强、市场前景好的创新创业项目，经评审认定，创业初期3年内通过银行融资所付银行利息，由同级财政按照同期银行贷款基准利率全额补贴。各金融机构要加大金融产品和服务方式创新力度，合理定价，降低小微企业融资成本。鼓励创新型、创业型、成长型中小微高新技术企业，拓宽融资渠道和融资新模式，市财政对获得银行资金支持的符合条件的企业给予贴息支持，贴息利率为同期银行贷款基准利率的20%（含），每户企业的年贴息额最高不超过10万元。

（三）鼓励科技自主创新。

1．经评审认定的科技领军人才创办企业，积极支持申报为高新技术企业；对新认定的省级和国家级创新型示范（试点）企业，分别给予20万元和50万元的一次性奖励。

2．支持科技领军人才（团队）建立各类研发中心，对新认定（批准建设）的省级和国家级各类研发中心，分别给予20万元和50万元的一次性奖励。同一级别的研发中心不重复奖励，省级以上补足差额。对新认定的院士工作站、博士后科研工作站（流动站）给予10万元的一次性奖励。对新认定的博士后研发基地给予5万元的一次性奖励。对新引进或合作共建的公共研发平台实行“一事一议”。

3．对发明专利、科技含量较高的实用新型和外观设计授权专利分别给予每件5000元、800元和500元的一次性奖励，对涉外授权专利给予每件2万元的一次性奖励。对新认定的省级和国家级知识产权优势企业和示范企业，分别给予10万元和30万元的一次性奖励。对新获得的省政府专利奖一等奖和特等奖，分别给予10万元和20万元的一次性奖励。对新获得的中国专利奖优秀奖和金奖，分别给予20万元和50万元的一次性奖励。拥有自主知识产权的，探索引导金融机构依据评估价值提供相应金额的知识产权质押贷款。

4．鼓励众创空间、科技企业孵化器等创新创业载体建设完备的专业技术支撑平台、科技金融服务平台和综合公共服务平台。对于新认定的省级和国家级科技企业孵化器奖励标准为20万元和50万元。探索制定《焦作市众创空间认定管理办法》，对认定的众创空间给予一定数额的资金奖励。

5．探索设立、联合或引进种子基金、风险投资机构等，通过提供借款、收购初创成果等方式，为创业者提供支持和融资服务，促进创业者持续创业。

（四）完善股权与分红激励机制。

鼓励企业对科技成果转化过程中作出突出贡献的引进人才实施股权和分红激励。驻焦高校、科研机构和企业以转让或许可职务科技成果等方式获得收益的，可按不低于50%的比例，划归参与研发的人员及其团队拥有，合同约定的从其约定。通过科技成果转化取得股权奖励收入的，可在5年内分期缴纳个人所得税。探索制定国有企业经营管理人才、专业技术人才、高技能人才股权、期权、分红权等中长期激励办法，留住企业核心人才。

（五）无形资产作价入股。

申请设立科技企业，经评估或协商，允许引进人才以科技成果、知识产权和专利技术等无形资产按注册资本最多100%的比例作价入股。

（六）创新创业场租支持。

1．对经认定的创新创业团队、创业领军人才及高层次创业人才由企业注册地所在的地区负责提供分别不低于300平方米、200平方米、100平方米的创业场所，3年内免租金。自行租赁办公用房的，3年内由企业注册地所在的地区按市场价格给予相应租金补助。

2．创新创业领军人才（团队）和高层次创新创业人才需要生产性标准厂房和建设用地的，按照工业用地标准优先给予供地。

（七）给予特别荣誉激励。

1．优先推荐评审认定的创新创业领军人才申报国家“千人计划”“万人计划”“国务院政府特殊津贴专家”和省“百人计划”等市以上重点人才计划。

2．建立焦作市荣誉制度，对作出突出贡献的创新创业领军人才，市委市政府授予“劳动模范”“五一奖章”等荣誉称号，按规定给予相关待遇。建立专家咨询制度。有参政议政能力的人才，推荐和协商为各级党代表、人大代表、政协委员等候选人。

3．经评审认定的引进人才评聘专业技术职务，实行专项申报，可突破引进单位的岗位职数，引进后作出较大贡献且符合条件的，可按规定破格晋升专业技术职务。

4．坚持领导干部挂钩联系创新创业领军人才制度，定期了解联系对象创新创业及生活情况，及时帮助协调解决遇到的困难和问题。

5．协调驻焦高校、科研院所为领军型科技创业人才提供兼职教授、研究员岗位；协调驻焦高校、科研院所图书资料、研发平台和公共技术服务平台向领军型科技创业人才开放。

五、组织保障

（一）健全工作机制。坚持党管人才原则，充分发挥市人才工作领导小组统筹协调、市委组织部牵头抓总作用，明确相关部门职责，形成分工明确、各司其职、密切配合的工作格局。尽快制定与本意见配套的相关管理制度和措施，建立健全联席会议、工作例会、领导干部联系高端人才等制度机制，高效推进引进培育创新创业领导人才（团队）工作。

（二）保障资金投入。坚持人才投入优先保障，形成政府投入为导向、用人单位投入为主体、社会力量投入为补充的多元化人才投入机制。各级财政要根据人才（团队）引进、培养、扶持、激励等实际需要，按照“谁受益、谁负担”的原则，加强同级财政资金保障。整合人才、科技、产业发展等方面资金，设立市引进培育创新创业领军人才（团队）专项资金，消除财政资金“碎片化”“多小散”问题，使财政资金集中发力，避免对同一项目、企业或园区的重复资助，提高资金使用效益。

（三）强化考核评价。市委组织部牵头组织市直相关部门，加强对人才政策执行情况进行跟踪了解和绩效评估，定期开展人才满意度调查和人才需求分析研判，及时研究调整政策措施，提高财政资金使用绩效。将引进培育创新创业领军人才（团队）工作纳入人才目标责任制考核体系，调动各方面积极性。

（四）完善引才机制。根据焦作产业发展需求，有针对性地开展引才活动，突出亲情引才、乡情引才，发挥焦作在外商会、联谊会的平台作用，吸引和激励归国、归乡人才（团队）回焦作创新创业。充分调动企业、高校、科研院所等用人单位的引才积极性，鼓励和支持用人单位加大对创新创业人才（团队）的引进力度。

（五）建立退出机制。强化人才发挥作用情况的考核，坚持以用人单位为主体，规范用人单位与人才之间的契约行为，运用市场化的手段评价、激励人才，支持用人单位根据实际情况制定具体的考核办法，通过考核约束激励人才。对发挥作用不明显的，可由用人单位提出申请，经核实认定后，调整或取消对其的相关激励政策。对存在品行不端、违法乱纪等行为的，取消其人才待遇。

各县（市、区）可结合实际，制定引进培育创新创业人才扶持政策。本意见自发布之日起执行，与我市其他政策有重复、交叉的，按照“从优、从高、不重复”的原则执行。

中共焦作市委
焦作市人民政府
2016年9月1日

焦作市引进培育创新创业领军人才（团队）实施办法

（焦办〔2016〕36号）

第一章 总 则

第一条 为认真贯彻落实《中共焦作市委、焦作市人民政府关于引进培育创新创业领军人才（团队）的意见》（焦发〔2016〕9号）精神，加快创新创业领军人才（团队）引进培育力度，结合实际，制定本实施办法。

第二条 基本任务：围绕我市优势产业和战略新兴产业，力争5年内引进培育一批领军型科技创新创业团队，一批具有较强创新创业能力的科技创新创业领军人才和高层次创新创业人才，为产业转型升级提供人才支撑和智力保障，助推焦作早日跻身全省“第一方阵”，在中原崛起中更加出彩。

第三条 引进培育人才范围为我市优势产业和战略新兴产业，重点是高端装备制造、新能源汽车、生物医药、节能环保、高成长性服务业。

第二章 组织领导、主要职责及分工

第四条 组织领导。

引进培育领军人才（团队）工作在市委、市政府的领导下，市人才工作领导小组统筹协调，市委组织部牵头抓总，市人才办、市人社局、市科技局、市财政局具体组织实施，各县（市、区）、示范区及市相关职能部门根据分工密切配合，积极参与，形成合力。

第五条 主要职责。

市人才办负责协调制定政策措施，解决实施中的重大问题，抓好各项任务的督促落实。

市人社局负责前期需求调研，发布领军人才（团队）需求公告，受理并初步审核申报资料，核实领军人才（团队）的身份、职称等资料，对申报人员进行初步筛选。

市科技局负责组织专家审查核实领军人才（团队）申报的科技成果、专利等资料，负责组织专家进行技术初审阶段工作，对申报项目的技术先进性、创新性、可行性等方面进行评定，提出项目评审意见。

市财政局负责专项资金预算、预算评审、资金拨付，开展经济效益审核和监督检查等工作。

市教育局负责核实领军人才（团队）的学历等申报资料。

市公安局负责核实领军人才（团队）的护照等申报资料。

市审计局负责领军人才（团队）支持资金的抽查审计、监督管理工作。

市人才工作领导小组其他成员单位，按照各自职责分工，积极做好宣传推介、咨询联络、政策兑现、人才服务保障等工作。

各县（市、区）、示范区负责领军人才（团队）的项目收集、审核、申报，以及落地衔接、后续跟踪服务、中期评估等工作。

第三章 引进培育对象和条件

第六条 创新创业领军团队。

1．创新创业领军团队中，核心成员须有3人以上，至少有1人应全职来焦创新创业，其余成员每年应在焦工作6个月以上。团队带头人须符合国家“千人计划”“万人计划”或省“百人计划”个人申报条件，或取得博士学位，在国内外知名高校、科研机构、知名企业担任相当于正教授以上职务的专家学者和科技人才。

2．创新创业领军团队须在相关领域达到国际先进或国内领先水平，在同行中具有重要的创新地位和学术影响，拥有自主知识产权（无知识产权纠纷）的可产业化的科技成果或发明专利，具备突破重大技术、解决关键问题的能力，并能产生良好经济社会效益。

3．创新创业团队成员与用人单位签订5年以上工作合同，且认真履约；或所创办企业须在焦作完成工商注册、参保等相关手续。

第七条 创新创业领军人才。

（一）科技创业领军人才。

须取得博士学位或正高级专业技术职称，且有3年以上大型企事业单位工作经历，年龄不超过55周岁，引进后每年在焦工作时间不少于6个月，并同时具备以下条件：

1．拥有自主知识产权（无知识产权纠纷）的科技成果或发明专利，技术处同行业先进水平，具有市场潜力并处于中试或产业化阶段。

2．本人在焦创办科技型企业，投入企业的注册资本不少于100万元人民币（不含技术入股）；或在焦与他人联合创办科技型企业，本人所持股权不得低于30%。

（二）科技创新领军人才。

须取得博士学位或正高级专业技术职称，且有3年以上大型企事业单位工作经历，年龄不超过55周岁，引进后在签约企业或平台工作时间不少于5年且每年不少于6个月，并符合以下条件之一：

1．在国内外高校、科研院所从事科研的专家学者，掌握核心技术并拥有自主知识产权（无知识产权纠纷）的科研成果。

2．在知名企业、金融机构中担任中高级职务，熟悉相关产业发展的专业技术人才和经营管理人才。

3．承担过重大科技项目相关的任务，具有较强的产品研发能力和产业化潜力的领军人才。

对于研发水平或拥有核心技术的产品处于国际先进、国内领先的创新创业领军人才，经专家评审机构认定后，可以适当放宽学历和年龄限制。

第八条 高层次创新创业人才。

（一）高层次创业人才。

1．须取得硕士学位或副高级以上专业技术职称，年龄不超过55周岁，且有3年以上工作经验。

2．符合我市战略主导产业和战略新兴产业发展方向，拥有自主知识产权（无知识产权纠纷）或关键技术，能够实现产业化，并具有市场前景。

3．本人在焦创办科技型企业，投入企业的注册资本不少于100万元人民币（不含技术入股）；或在焦与他人联合创办科技型企业，本人所持股权不得低于30%。

（二）高层次创新人才。

1．须取得硕士学位或副高级以上专业技术职称，年龄不超过55周岁，且有3年以上在知名企业、高校、科研机构及相关单位关键岗位从事科研、管理或教学工作经历。

2．与所在企业或平台签订3年以上聘任合同，并保证每年至少有6个月在签约企业或平台工作。

3．拥有关键技术和重要科技成果。

对于特别优秀的高层次创新创业人才，尤其是在国内外知名企业或机构有一定工作经历并且担任中高级职务、能够带项目的创业人员、管理人员或核心技术人员等高端人才，经专家评审机构认定后，可以适当放宽学历和年龄限制。

第四章 申报评审

第九条 在焦作市范围内注册创办企业、或合办企业、或已有企业引进的领军人才（团队），均可申报焦作市创新创业领军人才（团队）。实行常年受理申报，每年集中组织评审一次，具体要求以当年申报公告或通知为准。

第十条 申报及评审程序：

（一）发布公告。根据我市产业发展需求制定人才需求目录和人才认定标准，报请市人才工作领导小组同意后，市人社局对外发布创新创业人才（团队）引进政策及申报公告，引导符合条件的人才与我市相关单位和载体对接。

（二）组织申报。各县（市、区）、示范区负责本辖区的申报工作，市直单位负责本单位、本系统的申报，驻焦企业按属地原则进行申报。

（三）审核推荐。由各县（市、区）、示范区、市直单位人事部门对申报材料进行初步审核，符合条件的在其申报表中加具推荐意见后连同相关证明材料报送市人社局。市人社局会同市公安局、市教育局、市科技局等单位核实引进人才的身份、年龄、学历、经历和业绩等申报资料，根据人才认定办法和认定标准进行初步筛选。

（四）技术评审。市科技局核实进入初选人才拥有科技成果、专利等申报资料，对项目进行初审，围绕申报项目的技术先进性、创新性、可行性等方面进行评定，提出项目评审意见。

（五）综合评审。市人才办会同有关部门组织专家对申报对象进行综合评审，综合评审分为实地考察、会议评审、现场答辩、综合评价四个阶段。

市人才办负责制定实地考察、会议评审、现场答辩和综合评价工作方案，市人社局、市科技局负责组织相关领域的专家组成评审组，其他相关单位做好实地考察、会议评审、现场答辩和综合评价等阶段的配合服务工作。

（六）确定人选。根据综合评审意见，市人才办提出拟资助人才（团队）名单，经市人才工作领导小组审定，并报请市委、市政府研究同意后，面向社会公示。经公示无异议，确定为资助对象，由市委、市政府发放《焦作市创新创业领军人才（团队）证书》《焦作市高层次创新创业人才证书》。

（七）项目资助。依据人才证书及创新创业项目进展情况，分批拨付资助资金，兑现其他扶持政策。

第五章 项目实施与管理

第十一条 研究确定资助对象后，由市人才办与人才（团队）签订《焦作市引进培育创新创业人才（团队）计划任务书》（以下简称任务书），明确项目具体内容、实施进度、阶段考核和终期验收时间节点、预期完成目标等。其中要特别注明人才（团队）注册资金应占首期财政支持资金数额的一定比例，同时在企业工商注册登记的有效存续期内，企业应具有独立核算能力，可独立申报纳税。

市财政局按照市委、市政府确定的研究意见，做好资金保障工作。人才（团队）任务书签订后，由市财政局依据具体内容，首次拨付启动经费总额的50%，剩余的30%、20%在项目中期评估、终期验收合格后按程序分别拨付。如支持的创新创业人才（团队）因工作需要有特殊要求，需提前动用经费的，可向市人才办提交申请，经由市人才办、市财政局审核同意，报请市人才工作领导小组审定后拨付。

专项资金主要用于项目研究和产业化、与项目相关的仪器设备购置、改善科研条件和对科研人员补助等，需独立核算，不得用于其他与科研工作无关的开支。市人才办、市财政局应认真履行职责，加强对支持资金的管理和监督，保证专款专用。

第十二条 创新创业人才（团队）自签订任务书起正式实施，执行期为3年。

第十三条 中期评估。

（一）根据市人才工作领导小组的统一安排，由各县（市、区）、示范区组织相关部门抽调技术、财务专家共同组成中期评估小组，开展中期评估。

（二）评估内容。以申报的申报书、计划书及任务书的内容为基本依据，对中期目标的完成情况进行评估。主要提交材料包括：中期报告、公司经营报告、财务报告及相关证明材料。

（三）评估程序。采用听取汇报、专家质询、查阅证明材料及实地考察等方式进行。

（四）评估结果。中期评估结束后，各县（市、区）、示范区组织部门需形成书面中期评估报告，上报市人才办。

第十四条 终期验收。

（一）项目终期验收工作须在任务书终止之后半年内完成；如特殊情况需要延期的，可向市人才办提出书面申请，报市人才工作领导小组审批同意后，方可延期。

（二）验收主体。终期验收由市人才办、市财政局和外聘专家组成项目验收小组。

（三）验收内容。以申报的申报书、计划书及合作协议书约定的内容为基本依据，主要包括：项目实施情况，项目经济、社会、技术指标完成情况，项目经费落实与使用管理情况，相关证明材料等。

（四）验收时间。根据任务书的有关规定，管理对象在完成项目、做好总结的基础上，向市人才办提出验收申请。

（五）验收程序。采用项目汇报、审阅资料、专家质询和现场考察等方式进行。

（六）验收材料。申请验收时，应提供以下验收材料：

1．《焦作市引进培育领军人才（团队）申报表》《焦作市引进培育领军人才（团队）计划书》以及所签订的合作协议书。

2．终期验收申请表。

3．验收报告，包括项目计划执行情况，经济、社会、技术指标完成情况，科技成果水平以及项目产品市场开发与销售情况。

4．公司经营报告，重点介绍项目实施期内的公司建设情况。

5．财务报告，详细说明项目经费到位、管理和支出情况。

6．项目所完成的经济指标、技术指标和社会效益的证明材料。

（七）验收结论。市人才办将终期验收结论报市人才工作领导小组审核后，提交市委、市政府研究，做出终期验收结论。

第十五条 奖惩。

（一）创新创业领军人才（团队）和高层次创新创业人才的安家补贴、生活补贴等参照市委、市政府《关于充分发挥人才支撑作用服务经济转型示范市建设的意见》（焦发〔2013〕7号）和《焦作市引进高层次紧缺人才办法》（2013年第19号政府令）执行。对于在引进和培育创新创业领军人才（团队）工作中作出突出贡献的用人单位，市委、市政府予以表彰奖励。

（二）中期评估“合格”及合格以上的项目，由市财政局按程序拨付启动经费总额的30%。中期评估“不合格”者，给予30个工作日的整改时间，逾期整改不合格的，停止拨付项目经费。已拨付的专项经费所形成的固定资产按照国有资产管理相关规定进行处理。

（三）终期验收“合格”及合格以上的项目，由市财政局按程序拨付启动经费总额的20%。终期验收“不合格”者，3年内不再接受该单位和个人的申报，停止剩余20%启动经费拨付工作，已拨付的专项经费所形成的固定资产按照国有资产管理相关规定进行处理。

（四）引进人才（团队）单位或受支持人才（团队）违反本办法规定，有下列行为之一的，终止资助合同，3年内不再受理该单位和个人的申报，并依据相关处罚条例进行处理、处罚。构成犯罪的，移送司法机关依法追究刑事责任。

1．提供虚假材料，套取财政资金。

2．未对支持资金进行单独核算。

3．截留、挤占、挪用支持资金。

4．违反规定非法转拨、转移支持资金。

5．伪造虚假科研项目、自筹经费不到位。

6．其他违反财经纪律的行为。

第六章 附 则

第十六条 本办法由市人才工作领导小组负责解释。

第十七条 本办法自发布之日起实施，有效期5年。

中共焦作市委办公室

焦作市人民政府办公室

2016年9月1日

中共许昌市委 许昌市人民政府 关于实施“许昌英才计划”的意见（试行）

（许发〔2016〕9号）

为深入实施人才强市战略，充分发挥人才对创新驱动发展的引领支撑作用，吸引集聚更多高层次人才来许创新创业，全面提升许昌人才竞争力、科技竞争力、产业竞争力，加快建设全国创业创新示范区，现就实施“许昌英才计划”提出如下意见。

一、总体要求

（一）指导思想。

深入贯彻党的十八大、十八届三中、四中、五中全会精神和习近平总书记系列重要讲话精神，围绕“十三五”时期决策部署，聚焦创新驱动、人才强市，深入实施人才优先发展战略，强化人才作为支撑发展的第一资源作用，坚持高端引领、整体推进，坚持改革创新、激发活力，以加快引进创新创业人才（团队）和高层次人才为重点，实现引进培养“高精尖缺”型人才取得重大突破，着力激发和释放人才创新创造创业活力，促进人才、技术、项目、资金集成落户许昌，引领产业结构优化升级，打造彰显许昌特色、更具比较优势的聚才用才制度，形成群贤毕至、人才辈出、以才兴业的生动局面，为建设“五型许昌”、全面建成小康社会提供强有力的智力支持和人才保障。

（二）目标任务。

“十三五”期间，把人才作为强市之基、竞争之本、转型之要，以实施引进创新创业人才（团队）工程、引进高层次人才工程"两大工程"为支撑，围绕我市重点发展的电力装备、工业机器人、新能源汽车、生物医药、汽车及零部件、电梯、食品及冷链、超硬材料及制品、再生金属及制品、发制品十大产业链和经济社会发展需要，设立不少于15亿元的"许昌英才基金"，实施引才聚才"5115"工程，力争引进培育50个创新创业人才（团队）、1000名高层次创新创业人才，创办市级以上创新型企业100家以上，引进培育500个优秀大学生创业项目，形成人才与科技相互助益、创新与创业紧密结合、企业与产业协调发展的良好局面，努力把许昌打造成为中原经济区重要的创新创业人才高地和优势独特的产业科技人才高地。

（三）基本原则。

1．坚持政府引导、市场主导。改革创新引才方式，坚持引进创新创业人才团队与引进高层次人才、引进国外与国内高层次人才、刚性引进与柔性引进并举，坚持政府引导，充分发挥用人单位在人才引进培养使用中的主体作用和市场在人才资源配置中的决定性作用，积极探索"引项目+引资金+引人才""研发中心+引进人才+成果转化"等新型引才方式，促进人才流、资本流、项目流、技术流良性互动，进一步加快人才集聚，促进产业发展。

2．坚持分层分类、精准施策。通过科学的人才分类，针对不同层次人才制定不同政策，使人才政策精准发力，对人才最关心关注的创业平台、资金资助、融资渠道、激励保障、配套服务等政策进行重点突破，让人才创业更有信心和保障、生活更加便捷和舒适，确保人才引得进、留得住、流得动、用得好。

3．坚持创新机制、激发活力。坚持把深化改革创新作为推动人才发展的根本动力，破除束缚人才发展的思想观念和体制机制障碍，构建科学规范、开放包容、运行高效的人才发展治理体系，使人才各尽其才、各展所长、各得其所，让人才价值得到充分尊重。

4．坚持整合资源、增强合力。坚持部门联动、合力推进，优化整合全市人才工作政策，改变人才政策"碎片化、多小散、效应弱"问题，加快推进人才政策一体化、扶持资金规模化，促使人才政策集中发力、效应叠加。

二、创新创业人才（团队）引进工程及支持政策

（一）引进对象。主要指符合我市经济社会发展重大战略、主导产业、重大科技创新工程及重点项目建设需要的海内外创新创业人才（团队）。重点是创新业绩显著或有较大创新潜力，拥有可产业化的专利技术或自主知识产权的创新成果的人才（团队）；带技术或专利、项目、资金等落户许昌创业，技术和产品能产生显著经济社会效益，能引领我市经济、产业发展和技术创新的人才（团队）。主要包括以下三类：

1．领军型创新创业人才（团队）。一般为某一领域的开拓人、奠基人，在国际学术技术界享有很高声望；对某一领域发展有重大贡献的著名科学家；拥有自主知识产权的核心技术，且技术成果为国际先进或填补国内空白，并具有较好产业化开发潜力，能为我市经济社会发展带来巨大贡献的领军型人才。

2．高层次创新创业人才（团队）。一般为在某一领域造诣较深，对某一领域的发展有较大贡献，在同行中具有重要创新地位或学术影响，为业内普遍认可，拥有自主知识产权的可产业化的科技成果或专利技术，能为我市经济社会发展作出突出贡献的高层次人才。

3．紧缺型创新创业人才（团队）。一般为符合我市战略性新兴产业或传统优势产业发展急需的、能对我市经济社会发展作出较大贡献的创新创业型"专才"，特别是具有较强的创新创业能力，拥有海外创业经验的青年归国人才，或符合我市发展需求，拥有良好发展前景，能带动我市某一领域科技进步、产业升级的创新创业人才。

（二）支持政策。对引进的创新创业人才（团队），经评审认定，可享受下列支持政策：

1．资金资助。领军型创新创业人才（团队）、高层次创新创业人才（团队）、紧缺型创新创业人才（团队）在我市创办企业的，由市财政分别给予不低于300万元、200万元、100万元的项目启动扶持资金；依托我市企事业单位进行技术成果转化的项目，根据实际需要，可参考上述创办企业的扶持标准给予项目启动扶持资金。

2．投资支持。领军型创新创业人才（团队）、高层次创新创业人才（团队）、紧缺型创新创业人才（团队），由"许昌英才基金"分别给予不低于3000万元、2000万元、1000万元股权投资基金。

3．融资扶持。根据创新创业项目实际投资额度，经论证审批后，按照《许昌市股权投资引导基金管理暂行办法》，优先向政府参与的产业投资基金推荐。获得社会风险基金投资的，"许昌英才基金"可提供其投资额10%至30%的跟进配套风险投资，原则上不超过1000万元。探索"科创贷"等形式，通过信用担保、贴息贷款，向有需求的创新创业人才（团队）提供实用高效的金融服务。引导社会资本投资创新创业人才（团队）及其项目，逐步提高财政资金间接扶持比例。对符合条件的创新创业人才（团队）所办企业，积极推荐股改、挂牌、上市，利用多层次资本市场加快发展。

4．风险补偿。支持金融机构开展"人才贷"、知识产权质押贷款、股权质押贷款等业务，在我市股权投资引导基金中设立专项，专门用于科技创新投资，通过与社会资本合作设立子基金等方式，对处于早期创业阶段的科技成果转化项目和科技型小微企业开展股权投资，充分发挥天使投资作用。对创新创业项目已进入中期或产业化初期，因流动资金不足申请融资的，由市有关担保机构给予最高500万元融资担保，市财政给予一定风险补偿。

5．场地支持。对领军型创新创业人才（团队）、高层次创新创业人才（团队）、紧缺型创新创业人才（团队）落地的项目，自签约之日起，分别提供不低于500平方米、300平方米、200平方米的创业场所，3年内免租金；自行租赁办公用房的，3年内按市场价格给予相应租金补助；需要生产性建设用地的，按照工业用地标准优先供地。

6．其他政策。对我市产业发展具有奠基性、战略性、支撑性的创新创业人才（团队）的特别重大项目，投资额度较高的，或投资额度较低但符合我市产业发展需求、具有良好发展前景的，支持政策实行"一事一议"。

符合条件的创新创业人才（团队）按照同一项目就高享受一次、不同项目分别享受原则，享受本意见规定的支持政策和相关单位的扶持政策。创新创业团队核心成员同时符合高层次人才标准的，享受高层次人才支持政策。

三、高层次人才引进工程及支持政策

（一）引进对象。主要指我市经济社会发展急需紧缺的海内外科技领军人才、高层次创业人才，能够突破关键技术、发展高新产业、带动新兴学科的学科带头人，具有较高学术水平、较强创新创业能力的各类高端人才。主要包括以下五类：

第一类：中国科学院院士、中国工程院院士；国家最高科学技术奖获得者；获得国家自然科学奖、技术发明奖、科学技术进步奖一等奖及以上奖项的前三位完成人；其他相当于上述层次的海外战略科学家和科技领军人才。

第二类：省科学技术杰出贡献奖获得者；获得国家自然科学奖、技术发明奖、科学技术进步奖二等奖的前三位完成人；省科学技术进步奖一等奖的前两位完成人；国家“863”“973”等重大科研项目主持人；国家“千人计划”、中国科学院“百人计划”、省“百人计划”专家、中组部掌握和直接联系的专家与“国家百千万人才工程”人选；国家级有突出贡献的中青年专家；长江学者、中原学者；其他相当于上述层次的人才。

第三类：省科学技术进步奖二等奖的首位完成人；享受国务院特殊津贴人员；省部级有突出贡献的中青年专家；在世界500强企业担任中高级经营管理职务3年以上、有较强经营管理能力的人员；其他相当于上述层次的人才。

第四类：纳入我市人才引进需求目录范围，具有全日制博士学位或正高级职称专业技术人员、掌握关键技术的高端人才，获得“中华技能大奖”“全国技术能手”称号的技术工人；其他相当于上述层次的人才。

第五类：纳入我市人才引进需求目录范围，急需紧缺的人才，包括全日制硕士研究生或副高级职称专业技术人员，“985工程”“211工程”高校本科生；其他相当于上述层次的海外人才。

对我市急需紧缺、确有真才实学、社会贡献较大、现行人才目录难以界定，在某些方面具有特殊才能或有特别贡献的人才，经评审认定后，可享受相应高层次人才引进待遇。

新引进符合以上条件的高层次人才须与我市企事业单位签订3年以上聘用（劳动）合同。其中：第三、四类人才每年须在许昌工作时间累计6个月以上（引进到事业单位的博士须全职）；在企业工作的第一至四类人才年薪须达到15万元以上；第五类人才须全职，在企业工作的年薪须达到10万元以上。

（二）支持政策。经个人申请、单位申报、评审认定，可享受以下待遇：

1．安家费。新引进的第一、二类人才，每年在许昌工作时间累计3个月以上，分别给予100万元、60万元安家费。第三、四类人才，分别给予30万元、10万元安家费。新引进的第五类人才中的硕士研究生、“985工程”高校本科生、“211工程”高校本科生分别给予5万元、3万元、2万元安家费。安家费按照3∶3∶4的比例分3年拨付。夫妻双方同属引进高层次人才的，按照发放标准高的一方全额、另一方减半计发。

2．生活津贴。对新引进的第一至四类人才，由市财政每月分别发放生活津贴5000元、3000元、2000元、1000元；新引进的第五类人才中的硕士研究生、“985工程”高校本科生、“211工程”高校本科生分别发放生活津贴500元、300元、200元，发放3年，每年年底集中兑现。

对选派到我市挂职的省派博士服务团成员，每人每月发放生活津贴1000元。

3．个人所得税补助。高层次人才所缴纳的个人所得税中的地方财政留存部分，在许昌购买住房的，由当地政府予以等额补助。

4．高端外国专家一次性资助。对我市引进的高端外国专家实行一次性资助，按照年薪30万至50万元、50万至80万元（不含50万元）、80万元以上（不含80万元）3个区间，分别按其年薪的40%、50%、60%的标准给予资助，资助金额最高不超过60万元。

四、集成政策激励

（一）提供专项编制保障。成立许昌市科技创新研究院，按照“特需特办、人留编留、人去编销、职数专用、从严控制”原则，设立高层次人才专项编制，凡具有事业单位身份的高层次人才来许创新创业，可按现行政策在研究院继续保留事业单位身份；对引进的不具有事业单位身份的第一至四类高层次人才，根据本人意愿和工作需要，可把人事关系保留在研究院，使用专项事业编制。设立事业单位引进高层次人才专项编制，新引进的全日制博士研究生可享受副县级待遇，积极探索协议工资制等分配办法。

对我市机关和参照公务员法管理单位急需紧缺的专业技术类公务员，可以试行聘用制，实行合同制管理。

（二）构建灵活的人才流动机制。畅通党政机关、企事业单位、高层次人才流动渠道，支持从事技术研发、成果转让企事业单位科研人员之间双向流动，市属大专院校、科研机构等事业单位的科研人员，可到科技型企业兼职或离岗创业。支持大专院校和科研院所设立一定比例流动岗位，吸引有实践经验的企业家、科技人才兼职。在省级以上重点实验室、工程技术研究中心、检验检测中心、博士后科研工作（流动）站等创新平台，根据引才需要设立首席科学家、特聘研究员等特设流动性岗位，按照“人在岗在、人走岗销”方式进行管理。

（三）实行专业技术职务专项申报制度。探索高层次人才职称直聘办法，畅通申报评审渠道。高层次人才评聘专业技术职务，不受所在单位专业技术岗位数额、结构比例限制，实行专项申报，对在国外取得的业绩成果，可以作为申报专业技术职务资格时的业绩依据，对作出较大贡献且符合条件的，可按规定破格晋升专业技术职务。

（四）实行股权与分红激励。鼓励企业对在科技成果转化过程中作出突出贡献的引进人才实施股权和分红激励。提高骨干团队、主要发明人科研成果处置权和受益比例，在利用财政资金设立的大专院校和科研院所中，将职务发明成果转让收益在重要贡献人员和所属单位之间合理分配，其中用于奖励科研负责人、骨干技术人员等重要贡献人员和团队的比例不低于70%。科技成果转移转化收入用于人员奖励的支出部分，计入当年单位工资总额，但不纳入工资总额基数。通过科技成果转化取得股权奖励收入，原则上在5年内分期缴纳个人所得税。探索制定国有企业经营管理人才、专业技术人才、高技能人才股权、期权、分红权等中长期激励办法，留住企业核心人才。

（五）支持企业创新产品推广应用。对引进人才所办企业研发生产的终端新产品，获得市级相关认定的产品，我市工商企业、单位、团体组织等首次采购此类新产品的，给予采购单位实际采购价10%的资金补贴，补贴金额不超过100万元；获得省级认定证书的新产品，给予实际采购价15%的资金补贴，补贴金额不超过200万元；获得国家级认定证书的新产品，给予实际采购价25%的资金补贴，补贴金额不超过500万元。

（六）实行重点推荐制度。优先推荐高层次人才申报国家“千人计划”“万人计划”和“国务院政府特殊津贴专家”、省“百人计划”等市以上重点人才计划。对作出突出贡献、有参政议政能力的人才，留出专用名额，推荐参评各级劳动模范等荣誉，推荐和协商为各级党代表、人大代表、政协委员等职务候选人。

（七）实行荣誉激励。对引进的创新创业人才（团队）核心成员、第一至四类高层次人才，发放“许昌英才”证书，凭证书享受相关待遇和扶持政策，可直接享受许昌市拔尖人才待遇和市政府特殊津贴。加大高层次人才奖励力度，根据《许昌市科学技术奖励办法》，每年对经过评审确定的许昌市最高科学技术成就奖获得者奖励60万元，对公开评选出的优秀创新型企业家奖励60万元，对优秀科技创新领军人才奖励40万元。设立创新创业人才杰出贡献奖，对于在许昌创新创业5年以上且为经济社会发展作出重大贡献的高层次人才，经评审认定，授予“许昌市杰出人才” 荣誉称号，给予100万元奖励。

（八）完善生活配套服务。持“许昌英才”证书可享受以下待遇：在市、县两级重点医院设立高层次人才医疗保健窗口，享受门诊、住院“绿色通道”服务，建立健康档案，提供健康咨询，纳入市保健委统一管理，每年进行一次免费健康体检，中国科学院院士、中国工程院院士、国家最高科学奖获得者可由市保健委安排一名高级职称保健医生。建设高端幼儿园、中小学，高层次人才适龄子女接受学前、义务教育阶段教育由教育部门根据本人意愿择优安排；高层次人才配偶、子女以及父母、岳父母可随迁来许，配偶在原单位属公务员或事业单位在编在岗人员，经认定符合调配条件的，由组织、人社和编制部门协调调动工作，配偶原在其他单位或无工作单位的，通过市场化运作、政府购买服务等方式帮助就业；在全市范围内免费游览旅游景区，免费乘坐市内公交车；市、县两级成立高层次人才联谊会，通过定期组织联谊交流、开展文体活动等形式，丰富高层次人才业余生活；积极推进人才公寓建设，逐步建立周转房租住制度，为引进的高层次人才提供住房保障。

（九）加大本土人才培养支持力度。抓紧培养造就青年英才，实施“创业新星”计划。每年选拔和培育30至100名创新能力强、市场潜力大、创业项目优的大学生人才，给予每人20万元的资助，同时享受《许昌市大学生创业引领计划》（许政办〔2014〕73号）支持政策。鼓励支持我市企事业单位、高校、科研院所等自主培养高层次人才，对新培养的第一至四类高层次人才，享受除安家费以外的其他政策支持，对新培养的创新创业个人（团队），符合条件的，按规定给予创新创业支持。我市企事业单位现有在职第一至四类高层次人才，享受集成政策激励。

五、工作措施

（一）发挥以才引才作用。广泛采集在外许昌籍人才信息，建立人才信息数据库，联合驻外办事机构、外地商会，定期开展许昌籍在外人才联谊活动，宣传推介许昌产业发展优势和人才政策环境，发挥好以才荐才引才的作用。

（二）开展精准引才活动。及时掌握各类用人主体人才需求状况，定期发布急需紧缺人才目录，加强与国内外知名人才中介机构和猎头公司联络合作，每年组织不少于2次高层次人才专项招聘会，积极组织用人单位参加“国际人才交流大会”“留学人员科技交流会”等国内大型人才交流活动，发挥好中介引才、专项活动引才的作用。

（三）积极搭建平台引才。深化拓展校地共建人才“双百工程”，与在许高校探索建立“企业提需求+高校出编制+政府给支持”的联合引才机制。加大与中国科学院等科研机构合作力度，每年从科技经费中安排200万元，对我市合作实施的项目给予配套支持。大力引进国内外一流大学和科研院所来许建立大学科技园和科研分支机构（技术转移中心、产业技术研究院、工程技术研究中心等），对建设大学科技园的，市政府按照“一事一议、特事特办”原则，给予特殊政策支持；对建立科研分支机构的，给予不低于3000万元经费资助，所在县（市、区）等额给予配套。大力推进院士工作站、博士后科研工作站建设，院士工作站、博士后科研工作站均达到15个左右，积极吸引中国科学院、中国工程院院士及其创新团队、知名高校博士进站开展成果转化工作，对新批准建立的院士工作站和博士后科研工作（流动）站，给予20万元一次性奖励；组织引进各类外国专家120人次；鼓励我市企业在市外建立研发中心，对市外研发中心引进的高层次人才，经评审认定，参照执行支持政策。

（四）鼓励支持人才创新创业平台建设。提升各类人才平台和产业平台对高层次人才的承载能力，依托产业集聚区、各类园区、大专院校等建立创新创业基地；推进产学研用协同创新平台建设，支持高校和科研机构与企业联合共建产业技术创新联盟、协同创新研究院等产学研对接平台，促进创新链与产业链有效对接，加快推进科技成果转化；推动大中型企业市级以上研发机构实现全覆盖，5年内，省级以上研发平台达到120家，对新认定的国家级、省级、市级重点（工程）实验室、国际联合实验室、工程（技术）研究中心、企业技术中心等研发平台，分别给予50万元、20万元、3万元一次性奖励；大力推进产业集聚区科技企业孵化器、企业专业孵化器及市场化、专业化、集成化、网络化“众创空间”建设，对新认定的国家级、省级、市级科技企业孵化器，分别给予50万元、20万元、10万元一次性奖励，对新认定的国家级、省级、市级“众创空间”，分别给予50万元、20万元、5万元一次性奖励，对“众创空间”产生的宽带网络、公共软件服务费用，按照30%比例给予补贴。

（五）打造人才综合服务平台。在市人社局设立高层次人才服务中心，免费为高层次人才提供“一站式”综合性服务。健全市场化、社会化人才管理服务体系，大力发展专业性、行业性人才市场，鼓励发展高端人才猎头等专业化服务机构，积极培育各类专业社会组织和人才服务中介机构，在许昌高新技术产业开发区建立“许昌人才金港”人才综合服务示范平台，打造 “众创空间+科技孵化器+加速器 （中试基地）+产业化基地”梯级孵化体系，为高层次人才引进、创业服务、项目产业化等实行“一条龙”服务，示范带动我市人才综合服务水平整体提升，鼓励支持各县（市、区）建立高层次人才综合服务平台及梯级孵化体系。支持高校、科研院所的图书馆、实验室及各类研发平台向高层次人才开放，所需运营、设备配置及维护等费用给予一定资金支持。

（六）实施引才激励制度。对引进创新创业人才（团队）的个人、中介组织或用人单位，给予20万至30万元一次性奖励，对引进第一至四类高层次人才的给予2万至10万元一次性奖励；对引进人才贡献突出的，授予“伯乐奖”“引才功臣”等荣誉称号，并给予记功、奖励。制定许昌市企业人才引进培养评价奖励办法，定期进行考核评价，每两年评选一次“许昌市十佳创新创业人才示范企业”并给予奖励。

（七）实施人才推介工程。积极推介我市高层次人才到国家和省级社会组织、社会团体、行业协会任职，到国外著名研究机构、高校、企业进修，开展合作研究，参与国际、国内学术交流等活动，提高许昌人才影响力。

六、组织保障

（一）加强组织领导。“许昌英才计划”在市委、市政府的统一领导下，由市人才工作领导小组组织实施。按照党管人才要求，建立市委组织部（人才办）牵头抓总，市人才工作领导小组成员单位及有关职能部门各司其职、互相协作、互相配合的工作体制。市人才工作领导小组及时发布解读政策、定期召开会议，会商解决实施中的具体问题；市委组织部（人才办）做好综合协调、督促落实、考核督查等工作；市科技局负责创新创业（人才）团队引进工程具体实施；市人社局负责高层次人才引进工程、“创业新星”计划具体实施；市财政局负责“许昌英才基金”使用管理；市编办、市工信委、市金融办、市卫计委、市教育局、市公安局、市住建局等部门，根据自身职能，抓好有关工作落实；宣传部门加强政策宣传和舆论引导。

（二）强化人才评价。发挥政府、市场、专业组织、用人单位等多元评价主体作用，建立科学化、社会化、市场化的人才评价制度。定期对创新创业项目市场价值和发展绩效开展监测评估，对发挥作用不明显的人才，由其所在地主管部门及用才单位提出申请，经核实认定后，取消相关优惠政策及待遇。对因个人原因未履行合同或在资助期内有违法违纪行为的，经审定后，取消相关待遇并追缴已资助经费。个人所在单位申报材料弄虚作假的，一经查实，取消申报资格，记入信用档案，并追究相应党政纪责任，构成犯罪的移交司法机关依法处理。

（三）严格目标考核。在市人才工作领导小组领导下，市人才办牵头制定专项工作目标考核办法，细化责任分工，严格实施考核。将“许昌英才计划”落实情况作为各级党委（党组）党建工作责任制考评的重要内容，将人才引育数量、人才服务效能、人才创业绩效等纳入县（市、区）经济社会综合指标体系，将考核结果作为领导班子评优、干部评价的重要依据。

（四）营造良好氛围。建立党委联系优秀专家人才制度、各级党政领导干部直接联系高层次人才机制。坚持部门协同、上下联动，着力营造尊重人才、见贤思齐的社会环境，鼓励创新、宽容失败的工作环境，待遇适当、无后顾之忧的生活环境，公开平等、竞争择优的制度环境，在全社会形成识才爱才敬才用才的浓厚社会氛围，努力营造人人皆可成才、人人尽展其才的创新创业环境。

本意见与我市其他政策有重复、交叉的，按照“从优、从高、不重复”原则执行。

市直有关部门根据工作需要，经市人才工作领导小组研究同意，可参照本意见制订专项引才计划。各县（市、区）可依据本意见，结合本地实际，制定具体实施办法。

中共许昌市委
许昌市人民政府
2016年4月27日

中共湖北省委办公厅 湖北省人民政府办公厅 关于深化人才发展体制机制改革促进人才创新创业的实施意见

（鄂办发〔2016〕33号）

为贯彻落实《中共中央印发〈关于深化人才发展体制机制改革的意见〉的通知》（中发〔2016〕9号）和《中共湖北省委湖北省人民政府关于深化体制机制改革加快实施创新驱动发展战略的实施意见》（鄂发〔2015〕18号），充分发挥人才在创新驱动、产业升级、经济转型发展等方面的引领作用，现就深化人才发展体制机制改革、促进人才创新创业提出如下意见。

一、构建更加开放便捷的引才机制

（一）引进重点产业急需紧缺人才。紧扣全省重大战略部署和重点产业人才需求，加大高精尖紧缺人才引进力度。围绕中国制造2025和智慧湖北建设，重点引进一批站在科技前沿和产业高端、具有国际视野和能力的领军人才。以新一代信息技术、高端装备制造、新材料、生物、节能环保、新能源、新能源汽车等战略性新兴产业和新业态为重点，精准引进一批攻克产业技术难关、填补产业空白、提升产业层次的高层次创新创业人才，以及互联网跨界融合创新人才和产业策划、工业设计、资本运作、电子商务等现代服务业人才。注重引进跨国公司、中央企业、民营企业五百强的企业家人才。

（二）完善人才引进方式。实行更积极、更开放、更有效的人才引进政策，更大力度实施引进海外高层次人才“百人计划”，增设青年百人项目，将用人单位境外取得国外居留证员工和外籍员工纳入“百人计划”实施范围，进一步加大吸引海外留学人员回国服务和来鄂工作力度。支持地方、部门和用人单位优化引才项目，引进省外院士、国家“千人计划”“万人计划”等国内优秀高层次人才来鄂创新创业，对为企业发展和地方财税增收作出突出贡献的，由本级财政予以奖励。

建立全球产业领军人才信息库和搜索引擎，定期制定并发布重点产业引才目录。创建海外人才离岸创新创业中心，鼓励用人单位采取科技咨询、技术合作、技术入股、合作经营、投资兴办实业等方式，柔性汇聚全球创新创业人才。发挥国际高端猎头和产业、行业协会的引才作用，提升主要发达国家和“北上广”人才工作站功能，实现常态化引才。建立产业领军人才认定制度，对具有世界一流或国内顶尖水平的高层次人才及团队，实行“一事一议”特殊政策，开辟专门通道引进。

（三）为引进人才提供便利化服务。对引进人才充分信任、放手使用，支持他们申报和承担省级以上计划项目、开展科研攻关。研究制定外籍高层次人才领衔科技项目办法。

完善配套政策，解决引进人才任职、社会保障、子女教育、住房、医疗等问题。研究制定对入选国家“千人计划”企业创新和创业专项人才配套资助办法。

实施R字签证（人才签证），对符合签证要求的急需紧缺人才，可凭有关人才主管部门出具的证明材料和邀请单位出具的说明紧急入境事由的函件，向口岸签证机关申请办理。积极争取、逐步放宽外籍人才直接在鄂创业就业条件，对取得硕士以上学位且到省内国家级高新区就业创业的外国留学生，简化办理外国人就业手续和工作类居留许可。

二、改进创新创业人才脱颖而出的育才机制

（四）深化高校创新创业教育改革。建立“荆楚卓越人才”协同育人机制，引导行业、企业和用人单位全程参与高校人才培养。建立需求导向的学科专业调整机制，完善学科专业设置、预警、退出管理办法，提高社会需求量大、应用范围广的专业人才培养能力。积极推进部分普通本科高校向应用型高校转型，建成一批特色专业点和特色专业群，重点在先进制造、“互联网+”、大数据、新能源等领域培育一批新的专业增长点。面向全体学生开设通识性创新创业公共课程和实践活动课程，推进教学方法和考核方式改革，试行创业学生个性化专项培养，在全省高校建设一批省级创新创业学院和教育实验班，培养具有创新创业思维和能力的人才。

支持高校完善创业休学制度，适当放宽学生修业年限和休学次数，建立创新创业学分积累与转换机制，允许将学生开展创新实验、发表论文、获得专利和自主创业情况折算为学分。对有转专业意愿、已开展初步创业实践的创业学生，支持转到与创业有关的专业学习。

（五）优化企业家人才成长环境。遵循企业家成长规律，更大力度实施“123”企业家培育计划，采取企业岗位挂职、国内外高端交流、典型专业考察等措施，培育熟悉国内国际市场、精通现代企业管理、具有创新精神和创业能力、积极承担社会责任的企业家人才队伍。发挥企业家协会、产业行业组织培训企业家的作用。建立有利于企业家参与创新决策、凝聚创新人才、整合创新资源的新机制，聘请有突出贡献的企业家担任政府决策咨询顾问或省属国有企业外部董事。探索开展国有企业经营管理人才市场化选聘工作，研究制定在国有企业建立职业经理人制度的实施办法，探索建立竞争性国有企业职业经理人市场化薪酬分配制度。依法保护企业家有形和无形财产权和创新收益，进一步树立“产业第一、企业家老大”的理念，营造尊重、关怀、宽容、支持企业家的社会文化环境。

（六）建立产教融合、校企合作的技术技能人才培养模式。创新技术技能人才教育培训模式，深化校企协同育人，促进企业和职业院校成为技术技能人才培养的“双主体”。推进职业教育教学模式和课程改革，建立学历学位与职业资格证书“双证书”制度。实施高校毕业生技能就业专项行动，扩大高校职业培训技能鉴定规模。重点依托大型企业和职业院校，加快建设一批基础好、数量足、功能强的急需紧缺职业工种技能人才实训基地、高技能人才工作站和技能大师工作室。组织开展“特级技师”“楚天名匠”等工作，大力培育工匠精神。研究制定技术技能人才激励办法，不断提高技术技能人才经济待遇和社会地位。健全以职业农民为主体的农村实用人才培养机制。

三、创新人才评价机制

（七）发挥政府、市场、专业组织和用人单位等多元人才评价主体作用。加快建立科学化、社会化、市场化的人才评价制度，政府相关部门主要对评价工作履行宏观管理、过程监控、结果审核职责，突出用人主体在人才评价中的主导作用，推进依托行业学会、专业组织等第三方专业机构和行业领军企业开展人才评价。鼓励非公有制企业探索富有特色的人才评价办法。

（八）建立以品德、能力、业绩和贡献为导向的人才评价标准。坚持德才兼备，注重凭能力、实绩和贡献评价人才，克服唯学历、唯职称、唯论文等倾向。推进人才分类评价工作，以职业分类为基础，完善不同类型、行业、职业人才的评价标准体系。基础研究人才以同行学术评价为主，弱化中短期目标考核，注重研究成果质量及对国家、社会的影响力。应用研究和技术开发人才突出市场评价，注重创新能力、创新成果、产学研结合等。科技成果转化人才强调转化效益评价，注重产值、利润等经济效益和吸纳就业、节约资源、保护环境等社会效益。不将论文作为评价应用型人才的限制条件。

（九）改革职称制度和职业资格制度。深化职称制度改革，提高评审科学化水平。依法依规合理界定职称评审权限，进一步赋予高校、科研院所、企业等用人单位高级职称评审权，扩大市州职称评审自主权，市州以下中等专业学校教师系列、中小学校教师系列及卫生系列高级职称评审权按属地下放。推进分类评审改革，对职称外语和计算机应用能力考试不作统一要求。

开辟高级职称评审绿色通道，探索高层次创新型和急需紧缺人才职称直接认定办法。引进的海外高层次人才，其国外专业工作经历、学术或专业技术贡献可作为参评高级专业技术职称的依据。在科技创新工作中成就突出、成果显著的优秀中青年工程技术人员，可破格申报专业技术职称。不断畅通非公有制经济组织和社会组织人才职称申报渠道。创新评价方式，应用型人才评价根据职业特点，灵活采取技能鉴定、考核考评、业绩评审等方式。

四、健全人才顺畅流动机制

（十）破除人才流动障碍。打破户籍、地域、身份、学历、人事关系等制约，促进人才资源合理流动、有效配置。深化国有企事业单位人事制度改革，加快建立国有企业人员能进能出、能上能下的人才流动机制，探索促进高校、科研院所创新发展的管理模式。全面推行事业单位人员聘用制度，加强事业单位岗位设置管理，实行事业单位公开招聘制度。对承担重大建设任务和重点工程项目单位引进的急需紧缺人才，可优先办理落户手续。完善人才在不同国家、地区所有制和行业流转的社会保险关系转移接续办法，为人才跨地区、跨行业、跨体制流动提供便利条件。

（十一）引导人才向艰苦边远地区和基层一线流动。对“一红一绿”试验区引进的全日制硕士、博士毕业生或具有副高级以上专业技术职称以及技能大师等急需紧缺人才，提高保障水平，由省、市、县财政和用人主体分别承担。落实乡镇工作补贴政策，提高基层收入水平。

实行卫生、农业等专业技术人才到基层兼职或服务锻炼制度。对应用技术研发、技术推广、临床等紧贴市场、服务民生的人才晋升高级职称，基层服务经历、贡献和业绩作为职称评审的重要考核指标。对乡村教师、基层医务人员和农技推广人员高级职称岗位结构比例给予倾斜。省级以下科研项目、人才计划适当向艰苦边远地区倾斜。适当提高基层事业单位高、中级专业技术岗位设置比例，对省内国家级高新区专业性较强的职位实行公务员聘任制。边远贫困地区县以下单位招录人才，可适当放宽条件、降低门槛。公共服务事业单位急需的专业本科以上学历、中级以上专业技术职称人员，承诺服务年限5年以上的，可直接考核聘用。各地可根据实际，坚持公开招聘基本原则和程序，合理确定事业单位人才引进的标准和要求。

（十二）促进事业单位和企业科研人才双向流动。进一步完善事业单位科技人员兼职、离岗创业管理办法。鼓励高校、科研院所等事业单位科技人员在履行聘任合同的前提下，到企业兼职从事科技成果转化、技术攻关，所得收入由个人、单位协商分配。鼓励高校、科研院所建立“人才驿站”，为到企业和基层创新创业的科技人员提供身份、薪酬管理等服务，引导优秀人才向企业集聚。

鼓励企业创新创业人才到高校、科研院所兼职，支持高校、科研院所设立一定比例流动岗位，吸引有创新实践经验的企业家和企业科研人才兼职。优化实施“湖北产业教授”项目，鼓励具有硕士学位授予权的高校、科研院所聘用企业、行业高层次人才担任研究生兼职导师或指导教师。

五、强化人才创新创业激励机制

（十三）加强高层次人才创新成果知识产权保护。落实职务发明条例、知识产权质押融资办法以及商业模式、文化创意等人才创新成果保护办法等制度。建立高层次创新人才维权援助制度。建立人才引进使用中的知识产权鉴定机制，防控知识产权风险。研究制定科研成果中个人贡献和集体智慧、职务成果和个人成果归属办法，提高研发团队、发明人的收益比重，鼓励个人首创。

（十四）完善科技人才创新创业激励制度。进一步完善科技成果使用权、处置权、收益权下放实施办法。科技成果转让遵从市场定价，可自主选择协议定价或挂牌转让等方式，研发团队收益具体分配方案由团队负责人与团队成员协商确定。改革科技成果转化收益纳税方式，研发团队将个人收益直接用于创办企业或投入受让企业所形成的股权收入，暂不征收个人所得税，在转让其股权、出资比例和获得分红时征收个人所得税。

进一步改革科研经费管理制度，探索实行充分体现复杂劳动和人才创新价值的经费使用管理办法，防止简单套用党政领导干部管理办法管理科研教学机构学术领导人员和专业人才。建立横向科研项目经费分类管理办法，下放科研项目部分经费预算调整审批权，推行符合人才创新规律的经费审计方式。对省内企业委托高校研发项目经费，高校在收取管理费、国有资源（资产）有偿使用费等相关费用后，剩余经费由研发团队根据合同约定自主安排。研发团队可在项目经费中获得科研劳务收入，其中软件开发类、设计类、规划类和咨询类等主要依靠智力投入项目的比例最高可达团队使用经费部分的70%，其他项目比例最高可达50%。

给予高校、科研院所更多经费使用自主权，深化绩效奖励、间接费用补偿、分阶段拨付、后补助等经费管理改革试点，鼓励采用年薪工资、协议工资和项目工资等方式聘任高层次人才，提高科研人员薪酬水平。改革以工资薪金、年度绩效等短期激励为主的国有企业薪酬制度，将任期激励、股权期权激励等创新导向的中长期激励方式作为国有企业管理和科研骨干薪酬的重要组成部分，对不适宜实行股权期权激励的采取其他激励措施。推行“企业年金”制度，使人才与企业成为发展共同体。

（十五）建立资本、技术、管理等要素向创新创业人才集聚机制。拓宽人才创新创业投融资渠道。鼓励商业银行实施“人才贷”项目，采取与风险投资、天使资本投贷联动的方式，凭人才个人信用为人才初创企业提供科技融资担保、知识产权质押、股权质押、债权融资等金融服务。建立人才项目众筹众投信息平台，建立创投引导基金容错机制，完善“政府+保险+银行”的风险共担模式和风险补偿机制。

加强人才创新创业服务。支持省级以上科技企业孵化器搭建基础、公用的专业技术条件平台，为创业企业提供开放共享服务。按其新购置的通用、基础性的仪器设备费用的30%给予后补助。提高省级以上孵化器在孵企业研发检测费用补贴标准，成立不满3年的在孵企业，使用省科学仪器共享平台仪器设备发生的检测费用，补贴比例可达50%。

加速推动众创空间建设。依托各级各类开发区、园区，全方位对接高校、科研院所和大型企事业单位，打造人才创新创业“梦想小镇”、街区、园区，推进协同创新中心、工程技术研发中心等企业创新平台建设。兴办创新工场、创业公寓、创业社区等“平台+创投+市场”的新型孵化机构，推进高层次人才创新创业超市建设。鼓励社会力量组织开展创业大赛、创业沙龙等公益性活动，实现创业辅导、技术支持、产品构建、创业投资、市场推广等核心孵化功能。

开展人才创新创业扶持专项行动。深入实施创新创业战略团队建设、大企业人才溢出支持计划、民间工艺技能传承人才创业扶持计划、青年大学生创业计划，形成多个领域的创业系。支持农业产业领军人才、农业企业技术骨干、农技推广人员承接国家公益性项目，开展技术服务和创业兴业。

六、建立市场决定的人才资源配置机制

（十六）加快转变政府人才管理服务职能。根据政社分开、政事分开和管办分离要求，强化政府人才宏观管理、政策法规制定、公共服务、监管保障等职能。推动人才管理部门简政放权，消除对用人主体的过度干预，建立政府人才管理、服务权力清单和责任清单，清理和规范人才招聘、评价、流动等环节中的行政审批和收费事项。

坚持总量控制、空编管理，对基层事业单位引进的优秀人才优先准予用编。创新事业单位编制管理方式，对符合条件的公益二类事业单位逐步实行备案制管理。改进事业单位岗位管理模式，建立动态调整机制，事业单位根据岗位设置方案，实行公开招聘，自主开展岗位聘用、竞聘上岗、考核、奖励处分等人事管理工作。

（十七）充分发挥用人主体在人才培养、吸引和使用中的主导作用。全面落实国有企业、高校、科研院所等企事业单位和社会组织的用人自主权。对企业引进的符合全省产业发展和重大项目建设需要的优秀人才，与我省企业签订5年以上劳动合同并切实履行义务、作出贡献的，企业引进人才所需的租房补贴、安家费以及科研启动经费等人才开发费用可列入成本。企业为研发人员缴纳的“五险一金”，应按规定列入税前加计扣除。对引进各类高端人才或项目团队，吸纳高校毕业生就业人数较多并对当地发展作出重要贡献的企业，由所在市州制定优惠政策并给予奖励。

开展“人才开发基地”建设工作。探索将人才开发作为高新技术企业、企业研发中心等资质认定和重大项目支持的硬性条件。鼓励企业等用人单位建立人才发展基金。

（十八）做大做强人才资源服务业。以产业引导、政策扶持、引领示范和环境营造为重点，大力发展人才资源服务业，增加人才资源服务有效供给。制定人才资源服务业发展“十三五”规划，明确行业发展目标，落实财政支持、税收、投融资和土地用房等优惠扶持政策。加大政府向社会力量购买人才服务力度，将人才服务纳入政府购买服务的指导目录，明确政府购买人才服务的种类、性质和内容。

坚持政府引导、市场运作、科学规划、合理布局，构建多层次、多元化的人才资源服务机构集群，重点培育一批竞争力强的人才资源服务重点企业和集团。在武汉东湖国家自主创新示范区等有条件地区建设符合市场需求的人才资源服务产业园，形成人才资源服务枢纽型基地和产品创新发展平台。鼓励发展有潜力的中小型专业人才资源服务机构，积极发展小型微型人才资源服务企业。鼓励国际、国内知名人才资源服务企业在我省设立分支机构或与我省企业合资合作。

积极开展人才资源服务业标准化建设、诚信体系建设和自主品牌创建工作，提升行业公信力和知晓度。推进服务产品和服务方式创新，重点鼓励和扶持高级人才访聘、人才测评、猎头服务、人才培训等新兴业态和产品快速发展。鼓励运用云计算和大数据等技术，推动人才服务与“互联网+”技术的深度融合。

七、完善党管人才管理体制和工作运行机制

（十九）完善党管人才工作格局。发挥党委（党组）总揽全局、协调各方的领导核心作用，加强党对人才工作统一领导，切实履行管宏观、管政策、管协调、管服务职责。改进党管人才方式方法，完善党委统一领导，组织部门牵头抓总，有关部门各司其职、密切配合，社会力量发挥重要作用的人才工作新格局。进一步明确人才工作领导小组职责任务和工作规则，健全领导机构，配强工作力量，完善宏观指导、科学决策、统筹协调、督促落实机制。理顺党委和政府人才工作职能部门职责，将行业、领域人才队伍建设列入相关职能部门“三定”方案。

（二十）改进人才工作目标责任制考核办法。健全各级党政领导班子和领导干部人才工作目标责任制考核办法，完善考核指标，加大考核力度。探索将高层次创新创业人才集聚、人才体制机制改革、科技成果转化和技术合同成交额等作为高校、科研院所等企事业单位履职尽责考核指标，将目标责任制考核和履职尽责考核结果作为领导班子评优、干部评价的重要依据。将人才工作列为落实党建工作责任制情况述职的重要内容，建立下级党委主要负责人向上级党委人才工作领导小组会议述职制度。

（二十一）坚持对人才的团结教育引导服务。加强政治引领和政治吸纳，充分发挥党的组织凝聚人才作用。制定加强党委联系专家工作意见，建立党政领导干部直接联系人才机制。加强各类人才教育培训、国情研修，增强认同感和向心力。完善专家决策咨询制度，畅通建言献策渠道，充分发挥新型智库作用。建立健全特殊一线岗位人才医疗保健制度。加强优秀人才和工作典型宣传，营造尊重人才、见贤思齐的社会环境，鼓励创新、宽容失败的工作环境，待遇适当、无后顾之忧的生活环境，公开平等、竞争择优的制度环境。

各市州要根据本实施意见精神，在工作中大胆创新，创造性抓好落实。鼓励支持各地区各部门因地制宜，开展差别化改革探索。加强指导监督，研究解决人才发展体制机制改革中遇到的新情况新问题。省直各相关部门要明确目标、分解任务、制定方案、履行职责，确保各项政策措施落到实处。

中共湖北省委办公厅
湖北省人民政府办公厅
2016年6月7日

湖北省人民政府关于加快构建大众创业万众创新支撑平台的实施意见

（鄂政发〔2016〕45号）

为贯彻落实《国务院关于加快构建大众创业万众创新支撑平台的指导意见》（国发〔2015〕53号）精神，加快众创、众包、众扶、众筹（以下简称四众）支撑平台建设，有效促进各类创业创新要素集聚，鼓励开发新产品、新技术、新业态、新模式，大力推进大众创业万众创新（以下简称双创），提出以下实施意见。

一、总体要求

全面贯彻党中央、国务院实施创新驱动发展战略和推进双创的重大决策部署，牢固树立创新、协调、绿色、开放、共享发展理念，坚持以深化改革为动力，以激发创业创新活力、满足创业创新需求为导向，以建立和完善创业创新生态体系为重点，以我省科教资源和人才优势为支撑，充分发挥互联网应用创新的综合优势，加快构建有利于创业创新的政策环境、制度环境和公共服务平台，着力加强四众平台的专业服务能力建设，以创业带动就业、创新促进发展，推动双创迈向更高水平，打造新引擎，培育新动能，壮大新经济。

二、重点任务

（一）汇众智促创新，全面推进众创平台建设。

1．建设高端化、专业化、特色化的众创空间。以国家自主创新示范区、国家级高新区和经济开发区为重点，围绕光电子信息、生物制药、医疗健康、高端装备、新材料、新能源、大数据、3D打印、现代农业、数字创意和现代服务业等领域，推动创业创新向生产领域纵深发展，针对产业共同需求和行业共性技术难点，在细分领域建设高端化、专业化、特色化的众创空间。

2．加快建设网络众创服务平台。依托行业领军企业和大型互联网企业，聚焦创业创新服务需求，发展一批市场化、专业化互联网众创服务平台，向各类创业创新主体开放技术、开发、营销、推广等资源，构建“共赢、协同、共享、开放”的创业创新服务体系。鼓励各类互联网众创服务平台发展大数据分析和服务，不断优化自身服务体系和商业模式。支持阿里巴巴、腾讯、百度、小米等平台型互联网企业在我省设立各类众创空间和开放平台，促进企业、大学、科研院所与平台型互联网企业的协作互补，加强创新资源共享和科技成果转化。

3．鼓励企业积极打造内部众创平台。推进我省大中型企业开展内部创新，鼓励采用股权、期权、合伙人制度等形式，优化管理体系，激发员工创造力，鼓励企业内部科技人员创业创新，构建资源开放型、协同创新型、具有企业特色和示范引领效果明显的众创服务平台，为企业发展壮大不断培育新的增长点。支持烽火通信、长飞光纤、东风汽车、华为（武汉）、摩托罗拉（武汉）等大企业利用自有土地、厂房开展创业创新，积极打造企业内部众创服务平台，形成企业可持续发展的原动力。

4．打造行业领先平台。加强众创空间的跨领域协作，鼓励龙头骨干企业、高校、科研院所与国内外先进创业孵化机构开展对接合作，共同建立高水平的众创空间。依托光谷青桐汇、双创活动周、创业湖北、创立方等平台，打造创业创新活动新品牌。支持武汉留学生创业园、华中科技大学企业孵化器、武汉大学科技园、华中科技大学科技园、光谷创业咖啡等做大做强，打造具有全国知名度和影响力的创业创新服务支撑平台。推动创业创新服务延伸，打造“创业苗圃+孵化器+加速器”创业创新孵化链条，构建“起于创意、源于创新、始于创业、显于瞪羚”的企业成长新路径。

5．发展创业创新集聚区。结合我省产业布局和新型城镇化建设，以及各类创业群体的特点和需求，集中优势资源，积极发展创业创新园、创业特色小镇、乡村创业园、创业苗圃、大学生创业基地等众创空间集聚区，构建创业创新生态圈。支持建设光谷创客街区，打造创业创新集聚带。鼓励各地发挥高校院所人才、资源优势，建设高校众创圈、研发机构众创圈。鼓励有条件的区域提升产业层次，集聚创业创新资源，引进创业创新企业，促进创业创新发展，建设创业创新特色小镇。

6．壮大众创平台规模和优化空间布局。支持各市（州）立足当地资源创建各具特色的众创空间，支持老工业基地城市利用老厂区、老厂房、闲置厂房打造创客空间。大力发展各类特色产业孵化平台，加快服务模式和服务体系的创新，实现传统孵化模式的提档升级。探索各类众创空间建设运营模式，鼓励社会力量参与投资建设、管理运营各类创业园区、创业集市、创新工场、创客咖啡等众创空间。支持武汉“创谷”计划，将武汉打造成全省乃至中部地区创客空间的引领区；支持襄阳、宜昌建设全省创客空间的发展区，孵化和培育一批有竞争力的初创企业。鼓励各类众创空间加强分工合作、实现协同发展。

（二）汇众力增就业，积极推广众包生产方式。

1．大力推进科研众包。积极推进科研资源共享开放，加快促进协同创新。加快建设网上技术转移与成果转化公共服务平台，整合科技成果、研发需求、专家库等创业创新资源，进一步促进高校院所、重点实验室、工程实验室、工程技术（研究）中心等机构的科学仪器设备及信息等创新资源开放共享。充分发挥我省高校院所众多、人才智力密集的优势，加快推动科研协作、创新协同，促进创新成果加快转化。

2．鼓励龙头企业众包。依托“互联网+”的技术创新和商业模式，支持大型骨干企业、国有企业、上市公司等有能力的企业，开放大规模标准化产品的项目开发目标和资源，以众包的方式加强龙头企业与中小企业之间的科技分工和创新协作。鼓励龙头企业依托互联网平台，借助大众科研实施科技攻关项目，解决关键和共性技术问题，不断深化产学研合作。

3．积极推动生活服务众包。鼓励各类市场主体进入交通出行、短程无车配送、旅游、在线教育、医疗等领域，充分利用互联网众包服务的便捷性、多选性及透明化特点，优化传统生活服务行业的组织运营模式，通过任务式、悬赏式供需对接，激发民众参与活力，增加大众就业机会。

4．加快推广知识内容众包。鼓励原创知识内容众包，支持微电影、动漫、科学知识、百科问答等原创内容开放式互联网平台的发展，充分发挥民众和小微企业的创造活力，汇聚大众网络智慧，共同构筑开放式共享知识库。加快发展云制造、生物医药、AR（增强现实）及VR（虚拟现实）、智能硬件等领域的众包模式。

（三）汇众能助创业，开拓众扶创业新路径。

1．加强线上公共服务平台建设。积极开放政府资源，支持建设区域性、行业性创业创新公共云服务平台，汇聚政策发布、众创空间、创业投资、金融机构、创业项目、中介服务等一大批优质创业创新资源和渠道，搭建线上线下对接平台，为创业创新企业提供优质便利服务。坚持政府引导和市场主导相结合，积极探索混合所有制平台运营模式，支持诚信、高效的平台做大做强。

2．推动企业分享众扶。鼓励大中型企业通过生产协作、开放平台、共享资源、开放标准等形式，带动上下游小微企业和创业者发展。支持开源社区、开发者社群、资源共享平台、捐赠平台、创业沙龙等各类互助平台发展。积极打造外部合作创新要素，发挥大中型企业“领创”效应。鼓励领军企业围绕打造产业链，建立“大手拉小手”对接平台，帮扶小企业与领军企业实现产业协作对接。

3．借力资本效应众扶。聚焦省内优势行业及战略性新兴产业，支持行业领军企业、专业投资机构、金融机构等共同发起设立创业投资基金；支持民营资本、专业化投资机构共同组建天使投资基金；鼓励成功企业家开展个人天使投资，通过参股、并购、嫁接行业资源等方式，助力小微创业企业的快速成长。

4．鼓励建设公益创业导师团。支持各类创业服务机构、行业协会等组建创业导师队伍，汇聚有公益情怀、帮扶意愿的成功企业家、天使投资人、技术专家、创业服务专家等群体，通过众创空间、科技企业孵化器、路演活动、线上平台、线下社区、公益组织等载体开展创业创新帮扶活动，为创业者提供指导建议，共同营造深入人心、氛围浓厚的众扶文化。

5．支持行业组织开展众扶。鼓励行业协会、产业联盟等社会团体整合、协调业内资源，探索内部的共享、共赢和互助机制，帮扶会员企业快速成长。鼓励不同行业组织之间的跨界合作，共同发掘产业发展新机遇。提升各类公益事业机构、创新平台和基地的服务能力，鼓励行业协会、产业联盟等对小微企业和创业者加强服务。

（四）汇众资促发展，创建专业众筹服务平台。

1．鼓励发展实物产品众筹。针对我省产业特色，聚焦消费电子、智能硬件、特色农产品、文化创意等领域，鼓励发展以预售、推广、展示为目的的实物产品众筹模式。加强对实物产品众筹所涉及的资金筹集、产品质量、后续服务等相关环节以及艺术、出版、影视等创意项目内容的监管和规范体系建设。

2．探索开展互联网股权众筹和网络借贷。认真贯彻落实《国务院办公厅关于印发互联网金融风险专项整治工作实施方案的通知》（国办发〔2016〕21号）和中国人民银行等十部委《关于促进互联网金融健康发展的指导意见》（银发〔2015〕221号）精神，在依法合规前提下，探索开展小额股权众筹试点，为创业企业提供融资支持。鼓励创投机构参与股权众筹平台的建设及运营，积极探索建立股权众筹平台运营中的“领投”及“跟投”机制；引导和支持创业服务机构合作建设、运营股权众筹平台，充分发挥其在项目发掘、项目辅导、创业服务及投后管理等方面的资源和专业优势。规范网络借贷平台建设，进一步加强对股权众筹和网络借贷等平台在准入管理、投资门槛、资金管理、收益分配等方面的监管，加强规范管理和风险控制，切实保护投资者合法权益。

（五）抓示范建基地，打造创业创新样板。

1．全力创建国家双创示范基地。支持东湖新技术开发区国家首批区域双创示范基地建设，聚焦光电子信息、生物与健康、智能制造、数字创意四大优势特色领域，实施一批重大工程和重点项目，形成一批双创集聚区，建成若干具有影响力的“创谷”基地，建立与双创发展需求相适应的政策扶持体系，形成若干可复制、可推广的双创模式和经验，成为我国探索双创发展新模式和新机制的试验田，为中西部地区双创发展提供示范。

2．大力推进省级双创示范基地建设。充分发挥重点区域创业创新要素集聚优势，鼓励各地大力开展形式多样的双创活动和平台建设，打造一批具有龙头引领作用的众创空间，加大政策支持和资源整合力度，积极营造创业创新氛围，从“创意—研发—技术—知识—资本—创客—企业—市场—产业”等各个创业创新要素环节，着力提升双创和四众平台服务实体制造业的能力，完善创业创新生态体系，加快形成创业创新的集聚效应和产业链效应，打造独具特色的创业创新样板，创建行业性、区域性的双创示范基地。

三、组织实施

（一）优化政策扶持。

1．创新财政支持方式。运用省预算内投资和财政专项资金支持省级以上双创示范基地建设，创新财政支持方式，采取以奖代补等政策，加大对孵化成果好、科技水平高、培育企业多、服务能力强的众创空间、众包平台、众扶机构和众筹组织的奖励力度。落实创业成本费用补贴、一次性创业补贴、创业带动就业补贴等优惠政策，推动财政支持从“补建设”向“补运营”转变。发挥财政资金杠杆作用和长江经济带产业基金、省级股权投资引导基金、省级创业投资引导基金的作用，引导社会资本和金融资本参与创业创新活动，支持四众平台建设与发展。（省财政厅、省发展改革委、省经信委、省科技厅、省人社厅、省商务厅、省质监局、省政府金融办等负责）

2．落实鼓励性税收政策。全面落实创业创新税收减免、科技成果转化税收优惠等政策。积极争取国家支持，对高新技术企业和科技型中小企业科研人员成果转化股权激励的个人所得税试行递延纳税，探索创客空间适用科技企业孵化器的税收政策。（省财政厅、省国税局、省地税局、省科技厅、省发展改革委、省经信委、省人社厅等负责）

3．创新金融服务模式。引导天使投资、创业投资基金等支持四众平台企业发展，支持符合条件的企业在创业板上市和“新三板”、武汉股权托管交易中心挂牌，构建灵活高效的创业融资体系。促进融资担保机构和银行业金融机构为符合条件的创业企业和四众平台企业提供快捷、低成本的融资服务。积极发展知识产权质押融资，鼓励企业、高校和科研机构对知识产权进行分等定级，加快知识产权的价值评估、产品化和市场化；积极打造线上服务平台，为专利权人提供优质便捷的金融服务。支持各类担保机构为知识产权质押融资提供第三方担保服务，全面推广小额贷款保证保险，搭建政银担保合作平台，有效降低银行贷款风险。（人行武汉分行、湖北银监局、湖北证监局、湖北保监局、省政府金融办、省知识产权局等负责）

（二）营造宽松发展空间。

1．放宽市场准入条件。破除限制四众新模式、新业态发展的不合理政策和制度瓶颈，倡导“负面清单”制度，在设计、包装、研发、推广等众包热点领域，放宽市场准入条件，降低行业门槛，允许小微创业创新者参与众包平台。探索在科技、金融、医疗、物流、教育等领域的准入制度创新。放宽众创平台企业类型、规模限制。放宽对众扶平台的限制，惠及众多创业创新者。创新与四众平台发展相适应的支付、征信和外汇服务，促进四众平台快速发展。（省教育厅、省交通运输厅、省卫生计生委、人行武汉分行、湖北银监局、湖北证监局等负责）

2．创新行业监管机制。建立以信用为核心的新型社会监管机制，充分发挥国家企业信用信息公示系统（湖北）的信息交换、共享、公示作用，利用大数据、云计算等手段实施监管监察，提高监管的有效性和准确性。实施跨地域、跨部门协同监管，对违规的四众平台和相关行业依法予以处理。（省发展改革委、人行武汉分行、省工商局等负责）

（三）提升公共服务水平。

1．优化提升各项公共服务。深化商事制度改革，简化企业登记手续，推进全程电子化注册登记方式改革，进一步简化审批程序，为企业发展提供便利。利用湖北省市场主体信用信息共享交换平台，加强与四众平台公共数据资源共享，推广互联网电子签名、电子认证，推动电子签名国际互认，为四众平台发展提供支撑。（省工商局、省发展改革委、省科技厅、省经信委等负责）

2．推进公共资源开放共享。进一步开放政府公共服务平台，加快推进政府公共数据开放共享。综合运用政府购买、无偿资助、业务奖励等方式，积极推进高校及科研院所建设创新资源共享平台，降低成果转化及中小微企业创业创新成本。鼓励大型互联网企业开放技术、推广等资源，降低创新创业成本。推动国家级质检中心和具备条件的省级质检中心实验室对外开放，与四众平台企业和中小企业共享大型检测设备、实验场地等，提供技术专家咨询，分享检验检测技术和研究成果。（省发展改革委、省经信委、省教育厅、省科技厅、省财政厅、省人社厅、省质监局等负责）

（四）完善市场环境。

1．加快信用体系建设。引导四众平台企业建立互联网条件下的实名认证制度和信用评价、认证机制，健全相关主体信用记录，公开评价结果。发展第三方信用评价服务，加快信用体系建设，推动全社会应用全国企业信用信息公示系统开展企业信用评价，做好企业信用信息发布和管理工作。（省发展改革委、省工商局牵头负责）

2．加强知识产权保护。加大网络知识产权保护力度，促进在线创意和研发成果申请知识产权保护，研究制定四众领域的知识产权保护政策。加快推广知识产权保险，切实维护创业创新者权益。建立版权管理长效机制，深入开展打击侵权盗版行动。加强对专利侵权的查处力度，严格保护专利权人合法权益，为创业创新消除后顾之忧。（省知识产权局、省新闻出版广电局牵头负责）

（五）强化组织实施。

1．加强组织领导。进一步发挥省推进大众创业万众创新联席会议制度的统筹协调作用，联席会议办公室（设在省发展改革委）牵头做好相关具体工作，定期召开会议，加强沟通衔接，协调解决重点难点问题，形成上下联动工作机制，合力推动全省四众平台建设。（省发展改革委牵头负责）

2．强化主体责任。各市（州）、县（市、区）人民政府对本区域四众平台建设负主体责任，要结合实际制定具体实施方案，加强统筹协调，科学组织实施，鼓励先行先试，探索适应新模式、新业态发展特点的管理模式，强化对创业创新公共服务平台的扶持，充分发挥四众发展的示范带动作用。（各市、州、县人民政府负责）

3．加强督促检查。联席会议办公室要建立督促检查机制，对各地、各部门推进四众平台建设定期开展检查评估。各地、各有关部门要加强信息沟通交流，及时向联席会议办公室报送工作进展情况，重大情况及时报告省人民政府。（省发展改革委牵头负责）

湖北省人民政府
2016年9月7日

中共湖南省委
关于深化人才发展体制机制改革的实施意见

（湘发〔2016〕27号）

人才是经济社会发展的第一资源。为充分发挥人才在协调推进“四个全面”战略布局、建设富饶美丽幸福新湖南中的支撑引领作用，根据《中共中央印发〈关于深化人才发展体制机制改革的意见〉的通知》（中发〔2016〕9号），结合湖南实际，现就深化人才发展体制机制改革提出如下实施意见。

一、总体要求和重点任务

（一）总体要求。深入学习贯彻习近平总书记系列重要讲话精神，按照中央“坚持党管人才、服务发展大局、突出市场导向、体现分类施策、扩大人才开放”的基本原则，遵循社会主义市场经济规律和人才成长规律，发挥市场在人才资源配置中的决定性作用和更好发挥政府作用，加快转变政府人才管理职能，保障和落实用人主体自主权，大力破除束缚人才发展的思想观念和体制机制障碍，加快建立科学规范、开放包容、运行高效的人才发展治理体系，逐步形成有利于各类人才创新创造创业活力竞相迸发的制度环境。

（二）重点任务。完善人才管理制度。牢牢把握人才管理体制机制改革方向和重点，坚持问题导向，加大创新突破力度，建立健全有利于各类人才成长发展的培养、评价、流动、激励、吸引、使用、保障制度，最大限度激发和释放人才活力。

加强急需紧缺人才开发。围绕实施创新引领、开放崛起战略，制定实施更加积极、开放、有效的人才政策，深入推进重大人才工程和项目，围绕促进产业发展、补齐短板，加快造就一批能够支撑引领经济社会发展的急需紧缺人才。

提升人才服务水平。坚持政府引导、市场调节，大力推动人才服务创新，加快形成主体多元、形式多样、内容丰富的人才服务系统，为各类人才发展提供市场化、社会化、专业化服务。

二、改革人才管理体制

（三）转变政府人才管理职能。根据政社分开、政事分开和管办分离要求，强化政府人才宏观管理、政策法规制定、公共服务、监督保障等职能。推动政府人才管理职能向发挥用人主体作用、培育市场化社会化服务平台、加强市场监管、提供优质服务、营造良好环境转变。健全完善政府人才管理服务权力清单、责任清单，消除对用人主体的过度干预，清理和规范人才招聘、评价、流动等环节中的行政审批和收费事项，推动人才管理部门简政放权。

（四）保障和落实用人单位选人用人自主权。创新事业单位编制管理方式，对高校、公立医院等符合条件的公益二类事业单位实行备案制管理，积极推动符合条件的公益二类事业单位不再纳入编制管理试点，完善相关配套政策措施。进一步加强机构编制动态管理，探索建立完善编制统筹分配使用的联动机制，允许高校、科研院所、公立医院在机构编制限额内自主设立、撤并除党政管理机构外的专业技术机构。

允许事业单位根据事业发展需要，按照相关规定调整岗位设置方案，在核准的岗位结构比例内调整专业技术岗位。完善事业单位人员公开招聘制度，允许事业单位在核定的编制和核准的岗位限额内按规定自行组织实施公开招聘工作。

制定事业单位高层次急需紧缺人才引进办法。设立事业单位特设岗位，用于引进经人才主管部门认定的高层次急需紧缺人才。特设岗位所聘专业技术人员转换到其他岗位或晋升专业技术职务后，特设岗位自动取消。对高层次急需紧缺人才，事业单位可按规定采取直接考核方式公开招聘。

完善事业单位绩效工资制度，研究制定符合行业特点的事业单位绩效工资正常调整办法。探索国有企事业单位高层次人才协议工资制等分配办法。对事业单位引进的高层次急需紧缺人才实行的协议工资，不纳入绩效工资总额管理。事业单位科研人员承担横向科研项目所获收入、科技成果转化奖励、科研经费绩效奖励，均不纳入绩效工资总额管理。

（五）加快人才评价制度改革。坚持德才兼备，注重凭能力、实绩和贡献评价人才，克服唯学历、唯职称、唯论文等倾向。制定人才分类评价指导意见，基础研究人才以同行学术评价为主，应用研究和技术开发人才突出市场评价，哲学社会科学人才强调社会评价。合理确定基础研究科研人员和青年科研人员的评价周期。完善技术技能人才评价体系，推进行业、企业自主评价技能人才。建立多元化人才评价机制，积极引入第三方机构参与，注重引入国际同行评价。

制定职称制度改革办法，根据职业特点和发展需要，分类设置各系列（专业）职称申报条件和评价标准。建立激励创新和科技成果转化的评审导向，发明专利、成果转化应用情况与论文指标要求同等对待，横向课题与纵向课题指标要求同等对待。研究制定普通高校教学型教师、高职院校专业技术人员职称评审办法。探索海外引进人才、高层次创新型和急需紧缺人才职称直接认定办法。畅通非公有制经济组织和社会组织人才申报参加职称评审渠道。对职称外语和计算机应用能力考试不作统一要求。

发挥用人主体在职称评审中的主导作用。人力资源社会保障部门不再进行职称资格审查，由用人单位负责参评职称资格初审，评审委员会和相应系列（专业）职改部门复审。进一步下放高校职称评审权限。按照人事管理权限，将基层卫生高级专业技术职称评审权限下放给市州。开展省属部分科研院所职称自主评审试点。授予部分公立医院职称自主评审权限。制定逐步下放职称评审权限办法，条件成熟、专业技术人员密集的科研院所、高等院校、医疗卫生机构、国有企业、高新技术企业等企事业单位，可根据实际需要向人力资源社会保障部门申请下放职称评审权限，自主开展职称评审工作。用人单位对引进调入我省（含中央驻湘、军队转业）专业技术人员的职称直接把关确认后自主聘任，人力资源社会保障部门不再进行职称认定。建立职称申报评审诚信档案、失信黑名单及惩戒退出等制度。

（六）完善符合人才创新规律的科技管理制度。完善科技成果转移转化收益分配政策。将财政资金支持形成的，不涉及国防、国家安全、国家利益和重大社会公共利益的科技成果的使用权、处置权、收益管理权下放给高校、科研院所，开展职务科技成果转化所得收入留归单位，纳入单位预算，实行统一管理，处置收入不上缴国库。允许科技成果通过协议定价、在技术市场挂牌交易、拍卖等方式转移转化。研究制定高校、科研院所担任领导职务科技人才获得现金与股权激励管理办法。高校、科研院所转化科技成果以股份或出资比例等股权形式给予个人奖励的，按规定向税务部门备案后，暂不征收个人所得税。制定省属高校、科研院所按规定实施科技成果转化风险免责政策。

坚持“放管服”结合，扩大高校、科研院所、医疗卫生机构在财政科研项目资金、差旅会议、基本建设、科研仪器设备采购等方面的管理权限。贯彻落实中央财政科研项目资金管理政策。研究制定我省财政科研项目资金管理办法，在项目经费总额内，将直接费用中部分科目预算调整权下放到承担单位。提高间接费用比例，加大绩效激励力度。劳务费预算不设比例限制，由项目承担单位和科研人员按相关规定据实编制。严把科研项目立项、结项关。改革科研经费审计方式，落实以法人单位为审计对象的科研项目经费管理责任制，逐步实现由对立项单位和承担单位的双边审计转变为主要对立项单位的单边审计，减少重复审计或检查。以市场委托方式取得的横向项目经费根据委托单位与项目承担单位的约定进行管理，研究实行不同于财政性经费的审计办法。

强化财政科技资金的分类支持，对基础前沿类科技计划提供稳定支持经费，对市场需求明确的技术创新活动通过风险补偿、后补助、创业投资引导等方式给予支持。

（七）纠正国有企事业单位领导人员管理行政化倾向。坚持分类施策，在国有企事业单位清理和规范“裸官”、兼职兼薪、出国（境）出差等工作中，破除行政化、“官本位”倾向，防止简单套用党政领导干部管理办法管理国有企事业单位学术技术领导人员和专业人才。经组织批准引进的海外高层次人才，其配偶已移居国（境）外或没有配偶但子女均已移居国（境）外的，经批准后可担任国有企事业单位领导职务。研究制定国有企事业单位领导人员兼职兼薪办法，高校、科研院所领导班子成员经批准后可兼任与本单位或本人教学科研领域相关的社会团体和基金会等职务，不领取薪酬。高校、科研院所所属二级机构领导人员按规定在社会团体、基金会、民办非企业单位和企业兼职获得的报酬，全额上缴本单位，由本单位给予适当奖励。制定完善国有企事业单位领导人员参加国际交流与合作管理办法，高校、科研院所直接从事教学和科研任务的人员（含退离休返聘人员），以及在高校和科研院所及其二级单位中担任领导职务的专家学者因公临时出国开展学术交流合作的，出国批次数、组团人数、在外停留天数根据实际需要安排。研究制定国有企事业单位领导人员出席公务（商务）活动管理办法。探索体现领域和行业特点的国有企业和医疗卫生机构领导人员管理办法。

三、创新人才发展机制

（八）完善需求导向人才培养机制。实施“双一流”（一流大学和一流学科）建设计划，支持高校建设一批优势特色学科、新兴学科、交叉学科和我省经济社会急需学科。推动高校开设跨学校、跨院系、跨学科、跨专业交叉课程。鼓励实行弹性学制，允许学生调整学业进程，保留学籍休学创新创业。加大校企人才联合培养力度，鼓励高校与企业合作办学，完善产学研用结合的协同育人模式。加强产业人才需求预测，建立重点产业育才清单。

（九）引导人才顺畅有序流动。打破户籍、地域、身份、学历、人事关系等制约，完善人才社会保险关系转移接续办法。研究制定支持高校、科研院所等事业单位科研人员兼职兼薪或离岗创业办法。探索实施将企业任职兼职经历作为高等学校工程类教师晋升专业技术职称的重要条件。担任事业单位中层领导职务的科研人员，可辞去领导职务后以科研人员身份离岗创业。鼓励高端制造研发类企业家到高校兼任“产业教授”，高校教师到高端制造研发类企业兼任“科技经理”。

（十）健全市场化人才服务体系。简化注册登记程序，培育、壮大行业学（协）会等人才管理服务类社会组织。采取政府购买公共服务等引导措施，支持有条件的社会组织承接人才培养、评价、流动、激励等公共服务事项。鼓励发展专业人才服务机构，培育壮大成长性好、竞争力强的人力资源产业集团。鼓励有条件的地方或园区建设人力资源服务产业园，重点依托湖南人才市场建设国家级人力资源服务产业园。加大人力资源服务业领军人才培养引进力度。鼓励发展高端人才猎头等专业化服务机构。加大行业监督执法力度，确保社会组织正确履行职责。

（十一）优化创新创业生态环境。发挥中小企业发展专项资金、政府产业投资基金等政府投入的引导和撬动作用。积极探索和规范发展互联网金融，支持创新型中小企业信用担保基金发展，引导社会资金和金融资本投资人才创新创业，形成的项目增值收益可按一定比例用于奖励基金管理团队和天使投资等其他参与人。开展知识产权质押融资，推动科技成果产权化，知识产权产业化。

逐步建立科研院所国有出资人制度，设立相对独立、责任明确的出资机构。加快发展专业科技中介服务机构，支持境外机构在我省设立具有独立法人资格、符合我省产业发展需要的科技成果和知识产权转移转化机构。建设集展示、交易、共享、服务、交流于一体，线上线下同步的湖南科技成果和知识产权市场。搭建金融、风投机构与科技项目对接平台。加快建设统一开放的全省公共科技服务平台，推进大型科研仪器设备和重大科研基础设施向社会开放共享。完善创业导师制度，组织开展好科技活动周、科普日、创新创业大赛等主题活动。加强知识产权工作，支持探索知识产权创造与众筹、众包模式，促进“互联网+知识产权”融合发展，依法保护人才和企业的创新权益。

（十二）支持企业发挥人才开发主体作用。保障国有企业在岗位设置、人员配备、职务评聘、收入分配等方面的自主权。试点国有企业实行高层次急需紧缺人才协议工资制、项目工资制，不受工资总额限制。国有企业新招录人才，企业应相应增加薪酬总额基数。鼓励国有企业对作出重要贡献人才实行奖励，在单位工资总额外单列。鼓励国有科技型企业采取股权出售、股权奖励、期权、分红等方式，对重要技术人员和经营管理人员实施激励。

完善企业研发费用计核方法，调整目录管理方式，落实国家研发费用加计扣除税收优惠政策。企业为引进的高层次急需紧缺人才支付的一次性住房补贴、安家费、科研启动经费等费用，企业职工教育经费支出，可按国家政策规定在计算企业所得税前扣除。鼓励有条件的企业设立院士专家工作站。建立健全党政人才到非公有制企业挂职、帮助发展的机制。推动各地各部门与在湘央企建立信息共享、服务共享、品牌共享、人才效应共享的“人才基地联盟”，构建人才发展共同体，在人才引进、挂职培养、技术培训、配套服务等方面开展密切合作。

四、健全重点人才队伍建设机制

（十三）加大高层次人才引进培养力度。研究制定进一步加强人才智力引进工作的实施意见。深入实施国家“千人计划”、省“百人计划”，大力推进制造强省人才队伍建设，推进省高层次科技创新人才集聚计划和省军民融合高端人才引进计划，加快聚集海内外高层次人才和团队。对引进院士、入选国家“千人计划”“万人计划”“长江学者奖励计划”等，拥有先进技术和自主知识产权的人才带项目来我省创业工作、在国内首次落地的，经评审后给予最高500万元的经费支持。对掌握国际领先技术、生成重大项目并带动新兴产业的，经评审后，从人才、科技、工业等专项经费中，给予最高1亿元的综合支持。建立对“千人计划”等国家重点人才工程人选的后续配套支持机制。

改进引才方式。根据我省发展战略，定期编制发布高层次急需紧缺人才需求目录。发挥高端猎头、产业、行业协会和用人主体的引才作用，实现常态化引才。对具有世界一流或国内顶尖水平的高层次人才及团队，开辟专门引进通道，“一事一议”、特事特办。探索外籍人才担任新型科研机构事业单位法人代表、相关驻外机构负责人的制度。允许引进的享有中国永久居留权的外籍科学家领衔实施省科技项目、申报省科学技术奖、创办科技型企业、开展创新活动，同等享受省内科研活动政策支持。为R字签证（人才签证）提供绿色通道。在国内高校取得硕士以上学位的外国留学生毕业并经有关部门许可后，可直接到我省创业就业。完善配套政策，着力解决引进人才社会保障、子女教育、住房、医疗等问题。

加大人才培养力度。深入实施国家“万人计划”。以“湖湘人才发展支持计划”为中心，完善“科技领军人才支持计划”“芙蓉学者计划”“新世纪121人才工程”“宣传文化系统‘五个一批’人才”“科技人才托举工程”等人才工程，整合各类省级高层次人才培养引进计划，建立相互衔接、结构合理的资助体系。扩大省企业科技创新创业团队支持计划实施范围，对重大项目、领军人才、研发团队统筹支持。研究制定改制科研院所人才（团队）发展支持办法。推广首席科学家、首席研究员、首席工程师制度，探索建立杰出科学家工作室。推动人才培养与重大工程、重大项目、科研计划、基地计划深度融合。落实有利于人才发展的税收支持政策，落实国家有关鼓励和吸引高层次人才的税收优惠政策。

加强高层次人才发展平台建设。依托长株潭国家自主创新示范区建设，重点打造长沙创新谷、株洲动力谷、湘潭智造谷。支持建设国家级人才平台，对新建国家重点实验室、工程实验室、工程研究中心、工程技术研究中心、企业技术中心、医学研究中心等给予300万元的经费资助。推动军民融合科技创新产业园建设。实施湖南省制造业创新中心（工业技术研究基地）建设工程。深化产业技术创新战略联盟建设。支持行业领军企业、高校与科研院所、创投机构、行业组织等建设高水平众创空间和农村“星创天地”。支持各地各园区建设各类创业园，建立健全创业知识产权辅导制度。引进和支持高水平国际学术会议（学术组织）、专业论坛、科技会展在我省永久性落地。鼓励有条件的园区、企业、高校、科研院所在海外建立人才离岸创新创业基地、办学机构、研发机构，吸引使用当地优秀人才。

（十四）优化企业家成长环境。遵循企业家成长规律，以高新技术企业、高成长性企业中的经营型、科技型、成长型企业家为重点，推进企业家“高端化、定制化、层次化”培养。制定企业家教育培训办法，开展企业家理想信念教育和专业涵养培训，组织企业家境内外考察学习。

建立各级党政领导联系企业家制度，通过定期与企业家座谈、走访企业、参加企业家联谊活动等形式加强沟通。建立重大决策听取企业家意见的机制。聘请有突出贡献的民营企业家担任政府决策咨询顾问或省属国有企业外部董事。依法保护企业家财产权和创新收益，营造尊重、关怀、宽容、支持企业家的社会文化环境。

研究制定省属国有企业职业经理人制度。在竞争类国有企业有序开展职业经理人制度试点，合理提高国有企业经营管理人才市场化选聘比例。制定国有企业领导人员股权激励政策。建立符合现代企业制度和《公司法》规定，有别于党政机关领导干部的国有企业领导人员使用、考核、评价制度。

（十五）完善技术技能人才队伍建设模式。建立以应用型本科高校、职业院校和技工院校为基础、企业为主体、政府推动与社会支持相结合的校企合作、工学一体培养制度，加快培养我省产业转型升级急需紧缺的技术技能人才。加强职业院校建设，推进技工教育发展，在制定教育政策和分配资金时，要将技工院校和职业院校一并统筹支持。推进部分普通本科高校向应用型转变，引导职业院校突出重点、打造品牌。加大高技能人才队伍建设投入。强化高技能人才培养载体建设，加快建设一批省、市两级高技能人才培训实训基地和技能大师工作室。创新技能人才培养方式，探索推行企业新型学徒制培养模式，加快企业后备技能人才的培养。完善高技能人才引进机制。

加大技术技能人才培养支持力度，对就读我省中等职业学校、技工学校的符合条件的全日制在校学生按政策免除学费，对符合条件的家庭经济困难中职学生按政策给予资助。加强技能劳动者技能培训，由政府、企业、个人按照一定比例出资，推进企业职工接受中等职业技术教育。探索建立高技能人才职业技能晋级补贴资助制度，对晋级获得重点产业技师、高级技师国家职业资格证书的企业生产一线职工给予一定奖励。探索制定鼓励企业接收职业院校、技工学校在读全日制学生顶岗实习的支持办法。

建立高技能人才与专业技术人才职业发展贯通制度，允许高技能人才参加相应专业技术资格评审。支持企业建立首席技师、特聘技师等制度，对作出突出贡献的高技能人才试行年薪制、股权制和期权制，提高技术技能人才经济待遇和社会地位。积极树立“湖湘工匠”品牌，充分发挥职业技能竞赛的引领作用，促进高技能人才脱颖而出。健全高技能人才激励机制，对特别优秀的高技能人才，可授予“湖南省技能大师”“湖南省技术能手”称号，并给予一次性奖励。

（十六）改进青年人才支持方式。制定“青年千人计划”“青年长江学者”“万人计划”青年拔尖人才、国家杰出青年科学基金获得者、国家优秀青年科学基金获得者等优秀青年人才配套支持培养办法，重点资助青年科技人才自主选题开展原创性研究。加大省自然科学基金对青年创新人才的支持力度，40岁以下人才领衔的项目占比一般不低于30%。探索优秀中青年工程技术人员破格申报职称办法。深入实施“湖湘青年英才支持计划”。发挥“湖南省青年科技奖”等奖项的激励示范作用。

支持企事业单位建设博士后科研流动站、科研工作站、科研流动站协作研发中心。积极培育中小微企业博士后创新创业实践基地，探索研发能力强、产学研结合成效显著的企业独立招收博士后。扩大招收外籍博士后，开展博士后海外培养试点。加大对博士后站点和在站科研人员的资助力度。支持在站博士后到企业和众创空间开展科研和技术转化，参与国际科研合作和学术交流。对出站留湘和来湘博士后给予科研经费资助、生活补助。支持企业依托科研攻关项目设立优秀硕士、本科毕业生工作站，鼓励各地各园区对工作站给予经费资助，对在站硕士、本科生给予支持。

（十七）加强艰苦边远地区和农村基层人才工作。深入实施武陵山片区农村基层教育卫生人才发展重点支持政策，进一步将政策范围扩大到所有贫困县，鼓励有条件的其他地区自行出台支持政策。积极落实乡镇工作补贴和艰苦边远地区津贴政策，引导各级财政和用人主体分担投入，提高艰苦边远地区和少数民族地区基层急需紧缺人才的保障水平。研究制定加强基层专业技术人才队伍建设的实施意见，鼓励有条件的地区试行基层专业技术人才申报高级职称单独分组、单独评审、单独确定通过率。健全以职业农民为主体的农村实用人才培养机制。

研究制定大学生到艰苦边远地区和农村基层就业创业优惠政策。继续组织实施农村教师特岗计划、“三支一扶”计划、志愿服务西部计划、万名专家服务基层支持计划、湘西特聘专家支持计划等基层服务项目，完善基层服务人才津补贴增长机制。深入推行科技特派员制度，鼓励科技特派员实行资金入股、科技入股，与农民和企业建立“风险共担、利益共享”的共同体，推动农村创新创业深入开展。深化科技副县（市、区）长选派工作，为每个贫困县选派一个产业专家服务团开展技术指导服务。推动省内外发达地区、企事业单位与艰苦边远地区建立人才对口帮扶关系。

五、完善人才工作保障体系

（十八）健全党管人才工作格局。发挥党委（党组）总揽全局、协调各方的领导核心作用，加强党对人才工作统一领导，建立党委常委会听取人才工作汇报制度。进一步明确人才工作领导小组职责任务和工作规则，建立“定期议才”制度。充分发挥组织部门牵头抓总作用，加强人力资源社会保障部门政府人才工作综合管理职能，进一步整合人才工作资源和力量，形成人才工作合力。健全工作机构，配强工作力量，进一步充实市州党委组织部门人才工作力量，县市区党委组织部门应有专门机构、配备专门人员抓人才工作。理顺党委和政府人才工作职能部门职责，将行业、领域、园区人才队伍建设列入相关职能部门“三定”规定。整合全省人才理论研究资源，加强研究机构和队伍建设，打造人才工作新型智库。制定实施支持园区做好人才工作的政策措施。加大政府人才投入项目和资金统筹力度，由各级人才工作领导小组宏观指导，相关部门分别使用。各市州、县市区和各园区设立人才发展专项资金，列入年度预算。

（十九）建立人才发展考核评估机制。将人才发展列入地方经济社会发展综合评价指标。健全各级党政领导班子和领导干部人才工作目标责任制考核办法，统筹招商引资与招才引智，按不低于招商引资权重细化考核指标，将考核结果作为领导班子评优、干部评价的重要依据。将人才工作列为落实党建工作责任制情况述职的重要内容。加强人才政策落实情况、人才项目执行情况、人才规划进展情况调查评估、跟踪研判，及时对人才政策措施进行修改完善。

（二十）加强优秀人才团结凝聚。加强政治引领和政治吸纳，制定加强党委联系专家工作意见，完善党政领导干部直接联系专家机制。组织各类人才开展教育培训、国情省情研修、考察休假、服务基层等活动。完善专家决策咨询制度。建立健全特殊一线岗位人才医疗保健制度。加强各级人才服务窗口建设，完善人才公共服务方式。

（二十一）营造人才发展良好社会氛围。推进人才管理法制建设，建立公开平等、竞争择优的制度环境。建立完善杰出人才荣誉制度，加大对我省创新创业杰出人才的激励力度。弘扬创新精神，培育尊重个性、鼓励冒尖、宽容失误的文化环境。创新宣传方式和手段，聚焦优秀人才，讲好湖南人才故事，营造尊重人才、见贤思齐的良好社会氛围。

省委人才工作领导小组要牵头抓好本实施意见落实情况的督促考核。各地各部门要把深化人才发展体制机制改革摆在重要位置，结合实际制定具体政策措施和实施细则，认真抓好落实。中央在湘单位可结合自身实际和主管部门规定，参照执行本实施意见。

中共湖南省委
2016年12月2日

广东省人民政府关于大力推进大众创业万众创新的实施意见

（粤府〔2016〕20号）

为贯彻落实《国务院关于大力推进大众创业万众创新若干政策措施的意见》（国发〔2015〕32号）和《国务院关于加快构建大众创业万众创新支撑平台的指导意见》（国发〔2015〕53号），进一步优化创业创新环境，促进众创、众包、众扶、众筹（以下统称四众）等新型支撑平台快速发展，激发创业创新活力，形成大众创业、万众创新的宏大局面，制定本实施意见。

一、总体要求

认真贯彻党的十八届五中全会和习近平总书记系列重要讲话精神，牢固树立创新、协调、绿色、开放、共享发展理念，坚持把创新驱动发展战略作为核心战略，充分发挥市场在资源配置中的决定性作用和更好发挥政府作用，不断完善体制机制、健全政策措施，加快构建有利于大众创业、万众创新的政策环境、制度环境、市场环境，加快建设四众等重大支撑平台，支持引导有意愿有能力的人员成为市场创业创新主体，不断开办新企业，开发新产品，开拓新市场，打造新引擎，形成新动力，发展分享经济，实现创新支持创业、创业带动就业的良性互动，激发全社会创新潜能和创造活力，有力支撑我省稳增长调结构惠民生目标任务实现，支撑我省建设创新驱动发展先行省。

——坚持深化改革，优化创业环境。以开展全面创新改革试验为引领，进一步简政放权，深化体制机制改革，创新政府管理和服务方式，完善扶持政策和激励措施，坚决破除阻碍创新、限制新模式新业态发展的体制约束和政策瓶颈，营造均等普惠环境，优化创业创新生态。

——坚持需求导向，激发创业活力。尊重创业创新规律，保障企业和劳动者的主体地位，维护各类市场主体的合法权益，通过制度供给、平台搭建等满足创业者的资金、信息、政策、技术、服务等需求。依托“互联网+”、大数据等推动商业模式创新，建立和完善线上与线下、境内与境外、政府与市场开放合作的创业创新机制，为社会大众广泛平等参与创业创新、共享改革红利和发展成果创造多元途径和广阔空间。

——坚持政策协同，确保实施效果。加强创新、创业、就业等各类政策统筹，促进省直部门与地市政府的协调联动，形成政府、行业、企业、社会共同参与的高效协同机制，打通创业创新与市场资源、社会需求的对接通道，确保政策可操作、能落地。鼓励有条件的地区积极探索可复制、可推广的创业创新政策措施。

——坚持开放创新，强化国际合作。抓住国家实施“一带一路”战略和高标准建设中国（广东）自由贸易试验区的重大机遇，加强创业创新公共服务资源开放共享。促进粤港澳深度融合创新发展，不断扩大国际创新合作，拓展对内对外开放新空间，提升跨区域、跨国界配置创新资源能力。

二、创新体制机制，实现创业便利化

（一）优化市场准入制度。试行市场准入负面清单制度，市场准入负面清单以外的行业、领域、业务等，各类市场主体皆可依法平等进入。深化行政审批制度改革，进一步取消妨碍大众创业、万众创新的行政审批事项，全面推行行政审批标准化，逐步实现同一事项同等条件无差别办理。推广“一门式”“一网式”政府服务管理模式，实现行政审批及服务事项便捷办理。推进工业产品生产许可证行政审批制度改革，实现从事前审批向事中事后监管转变。（省发展改革委、省编办、省经济和信息化委、省工商局、省质监局）

（二）深化商事制度改革。全面落实工商营业执照、组织机构代码证、税务登记证“三证合一、一照一码”登记制度以及“先照后证”改革，推进全程电子化登记和电子营业执照应用。在中国（广东）自由贸易试验区试点实施电子营业执照，支持有条件的地市开展企业登记全程电子化改革试点，推动建立全省统一的全程电子化网上登记业务平台。支持各地级以上市开展住所（经营场所）登记改革，放宽登记条件限制，推动“一址多照”、集群注册等住所登记改革。积极开展企业简易注销改革试点，建立便捷的市场退出机制。（省工商局、省发展改革委、省经济和信息化委）

（三）完善公平竞争市场环境。加强公平竞争审查，打破地方保护主义，推动形成统一透明、有序规范的市场环境。完善反垄断执法办案机制，拓宽反垄断执法领域，对重点领域不正当竞争行为进行集中整治。清理规范行政审批中介服务及收费，取消政府部门设定的区域性、行业性或部门间中介服务机构执业限制和限额管理。清理规范涉企收费项目，完善收费目录管理制度。依托企业信用信息公示系统建立小微企业名录，增强创业企业信息透明度。（省工商局、省发展改革委）

（四）健全市场监管机制。建立健全以信用为核心的新型市场监管模式，加强跨部门、跨地区协同监管，完善守信激励机制和失信联合惩戒机制。完善企业信用信息管理目录，建立和规范企业信用信息发布制度，制定严重违法企业名单管理办法，把创业主体信用与市场准入、享受优惠政策挂钩，完善以信用管理为基础的创业创新监管模式，建立健全事中事后监管体系。充分利用大数据、随机抽查、信用评价等手段加强监督检查和对违法违规行为的处置。（省工商局、省发展改革委、省经济和信息化委、省质监局、人行广州分行）

（五）加强知识产权保护。积极推动知识产权交易，强化知识产权运营公共服务，满足创业创新需求。以展会、大型商场、专业市场及商品批发集散地等流通环节及食品、药品和家电等产品为重点，严厉打击侵犯知识产权行为。在部分地级以上市建设国家级或省级维权援助平台，争取新的国家知识产权快速维权试点，建立跨行业、跨区域的知识产权快速授权、确权和维权服务体系。支持建立巡回审判工作机制，推进知识产权民事、刑事、行政案件的“三审合一”。探索区域和部门间知识产权保护协作机制。加大网络知识产权执法力度，积极探索在线创意及研发成果的知识产权保护机制。（省知识产权局、省工商局、省新闻出版广电局、省司法厅、省农业厅、省商务厅、省食品药品监管局）

三、优化财税政策，强化创业扶持

（六）加大财政支持力度。统筹用好各类支持小微企业和创业创新的财政资金，加大对创业创新人才和项目的支持力度，引导社会资源支持四众加快发展。设立省级创业引导基金，通过阶段参股、跟进投资、风险补偿等方式，重点支持以初创企业为主要投资对象的创业投资企业发展以及大学生创业创新活动。对经认定并按规定为创业者提供创业孵化服务的创业孵化基地，按每户不超过3000元标准和实际孵化成功户数给予创业孵化补贴；对入驻政府主办的创业孵化基地（创业园区）的初创企业，按第一年不低于80%、第二年不低于50%、第三年不低于20%的比例减免租金。落实创业培训补贴、一次性创业资助、租金补贴、创业带动就业补贴等各项扶持政策。（省财政厅、省发展改革委、省经济和信息化委、省科技厅、省教育厅、省人力资源社会保障厅）

（七）落实普惠性税收政策。落实高新技术企业和创业投资企业税收优惠、研发费用加计扣除、股权奖励分期缴纳以及科技企业孵化器、大学科技园、固定资产加速折旧等创新激励税收优惠政策。落实促进高校毕业生、残疾人、退役军人、登记失业人员等创业就业税收政策。探索实施科技成果转化股权激励的个人所得税递延纳税政策、天使投资税收支持政策、新型孵化机构适用科技企业孵化器税收优惠政策。将线下实体众创空间的财政扶持政策惠及网络众创空间。切实加强对国家税收扶持政策的解读、宣传，进一步公开和规范税收优惠政策的申请、减免、备案和管理程序，加强对税收扶持政策执行情况的监督检查。（省财政厅、省地税局、省国税局、省教育厅、省科技厅、省人力资源社会保障厅、省金融办）

（八）发挥政府采购支持作用。修订完善我省中小企业认定标准，落实促进中小企业发展的政府采购政策。推动实施创新产品和服务远期约定政府购买制度，发布广东省远期约定购买创新产品与服务清单，加大创新产品和服务的采购力度。建立首台（套）重大技术装备推广应用制度，对经认定的首台（套）重大技术装备，在产业化后对研制企业进行奖励，对装备制造企业投保费用给予补贴。（省财政厅、省经济和信息化委、省科技厅、省发展改革委、广东保监局）

四、搞活金融市场，实现便捷融资

（九）优化资本市场。综合运用征信管理、账户管理、外汇管理等手段，支持具有良好发展前景的创业企业在证券交易所、全国中小企业股份转让系统、股权交易中心上市、挂牌。充分发挥创业板对创业创新融资的重要平台作用，积极探索特殊股权结构类创业企业到创业板上市的制度设计，研究推动符合条件但尚未盈利的互联网和科技创新企业到创业板发行上市。规范发展省内服务于中小微企业的区域性股权市场，推动其建立与全国中小企业股份转让系统的转板机制。建立工商登记部门与区域性股权市场的股权登记对接机制，支持股权质押融资。支持符合条件的创业企业在银行间发行超短期融资券、短期融资券、中期票据、企业债、资产支持票据等债务融资工具，募集资金用于创新项目建设。鼓励具备高成长性的创业企业，依托高新技术产业开发区、产业基地、科技企业孵化器，以“区域集优”的模式发行集合票据。支持符合条件的创业企业赴香港发行人民币债券。支持符合条件的发行主体发行小微企业增信集合债等企业债券创新品种。（省金融办、省科技厅、省工商局、人行广州分行、广东证监局、广东银监局）

（十）创新银行支持方式。鼓励银行业金融机构针对创业创新企业资金需求和四众特点积极创新信贷产品和服务模式，发展小额贷款、债务融资、质押融资等新业务。合理配置支持小微企业再贷款额度，适当向小微型创业创新企业信贷投放力度较大的城市商业银行、农村商业银行、村镇银行倾斜，引导地方法人银行业金融机构加大对创业创新活动的信贷投入。鼓励银行业金融机构在科技资源集聚区域设立专门从事创新金融服务的科技信贷专营机构，通过建立贷款绿色通道等方式，提高科技贷款审批效率。支持银行业金融机构利用互联网、大数据、云计算等新技术，构建金融公共云服务平台，积极向创业企业提供融资理财、资金托管、债券承销、信息咨询、财务顾问、并购贷款等一站式系统化金融服务。（省金融办、人行广州分行、广东银监局）

（十一）丰富创业融资模式。深入推进“互联网+”众创金融示范区建设，鼓励互联网金融平台、产品和服务创新。升级建设创业创新金融街，引导互联网金融企业与创业创新资源无缝对接，实现集聚发展。鼓励互联网企业依法合规设立网络借贷平台，为投融资双方提供借贷信息交互、撮合、资信评估等服务。大力发展政府支持的融资担保机构，加大创业担保贷款支持力度，加强政府引导和银担合作，综合运用资本投入、代偿补偿等方式，促进融资担保机构和银行业金融机构为符合条件的创业企业和四众平台企业提供快捷、低成本的融资服务。探索开展二次担保贷款业务，支持有条件的地区开展“信用贷款”。加快完善科技保险市场，探索在珠三角地区开展全国专利保险试点，支持保险公司创新科技保险产品及服务，支持符合条件的社会资本在我省设立相互保险公司。实施知识产权金融服务促进计划，编制广东省知识产权质押评估技术规范，完善知识产权估值、质押和流转体系，设立知识产权质押融资风险补偿基金，鼓励银行业金融机构推广专利权、商标权、著作权等知识产权质押贷款业务。（省金融办、省发展改革委、省经济和信息化委、省人力资源社会保障厅、省新闻出版广电局、省知识产权局、省工商局、人行广州分行、广东银监局、广东保监局、广东证监局）

五、扩大创业投资，支持创业起步成长

（十二）完善创业投资引导机制。整合省级各类财政性创业投资引导基金，发挥省中小微企业发展基金等支持作用，引导创业投资更多向创业企业起步成长的前端延伸，逐步建立支持创业创新和新兴产业发展的市场化长效运行机制。鼓励有条件的地市设立创业投资引导基金，支持有条件的金融机构出资设立创业投资基金，以股权投资方式支持中小微企业发展。探索联合投资等新模式，建立风险补偿机制。积极争取国家新兴产业创业投资引导基金、科技型中小企业创业投资基金、国家科技成果转化引导基金、国家中小企业发展基金的支持。推动创业投资行业协会建设，加强行业自律。（省发展改革委、省经济和信息化委、省科技厅、省财政厅、省金融办、广东银监局、广东证监局）

（十三）拓宽创业投资资金供给渠道。发挥财政资金杠杆和引导作用，不断扩大社会资本参与新兴产业等创投基金的规模，做大直接融资平台。鼓励银行业金融机构对创业投资引导基金、创业投资基金提供融资和资金托管服务，做好创业投资引导基金的资金保管、拨付、结算等服务。鼓励保险资金投资创业投资基金，积极推动保险资金对接实体经济。鼓励符合条件的银行业金融机构与创业投资、股权投资机构开展投贷联动试点。探索投保联动、投债联动等新业务模式。（省发展改革委、省财政厅、省金融办、广东银监局、广东保监局、广东证监局）

（十四）发展国有资本创业投资。落实鼓励国有资本参与创业投资的政策措施，完善国有创业投资机构激励约束和监督管理机制。引导和鼓励国有企业参与新兴产业创业投资基金、设立国有资本创业投资基金等，充分发挥国有资本在创业创新中的重要作用。落实国有产业投资机构和国有创业投资引导基金国有股转持豁免政策。（省国资委、省金融办、广东证监局）

（十五）推动创业投资“引进来”与“走出去”。落实外商投资创业投资企业相关管理规定，鼓励外资开展创业投资业务。鼓励中外合资创业投资机构发展。支持设立海外创新投资基金，发挥我省“走出去”综合服务平台的作用，引导和鼓励创业投资机构加大对境外高端研发项目的投资。加快境外投资管理体制改革，完善创业投资境外投资管理和服务。建立健全

与外商投资管理制度相适应的工商登记制度。（省商务厅、省工商局、省金融办、广东外汇管理局、广东证监局）

六、发展创业服务，优化创业生态

（十六）发展创业孵化服务。实施孵化器倍增计划和孵化基地“一十百千万”计划，大力支持孵化器和众创空间、众创平台建设，完善创业创新和科技型中小微企业孵化育成体系。继续开展省级小型微型企业创业创新示范基地认定工作，优化和完善创业服务环境。完善孵化器及在孵企业投融资模式，建立科技企业孵化器风险补偿制度。推动高校和科研院所建立促进科技成果转化管理制度和统计、报告制度，加强科技成果转化服务。鼓励高校和科研院所根据需要设立技术转移服务机构，负责技术转移、成果转化和提供社会服务。引导和鼓励国内资本与境外合作设立新型创业孵化平台，引进境外先进创业孵化模式，提升孵化能力。（省科技厅、省教育厅、省经济和信息化委、省人力资源社会保障厅、省商务厅、广东银监局、中科院广州分院、省科学院）

（十七）发展第三方专业服务。加快推进第三方检测认证等机构的社会化、市场化、专业化改革，丰富和完善工业设计、文化创意、质量检测、知识产权、信息网络、创业孵化、企业融资、现代物流、信用评价、人才培养等创业服务。有序推进检验检测认证机构整合，加快产品质量监督检验、产业计量测试等公共检测服务平台建设。引进国际标准认证体系，推动技术服务机构与境外相关机构开展标准和检验互认。实施技术交易体系与科技服务网络建设专项计划，支持在各类产业园区建设创业创新服务基地、科技创业服务中心、大学生创业服务中心和生产力促进中心，丰富创业服务平台形式与内容，提升创新服务能力。（省发展改革委、省科技厅、省教育厅、省人力资源社会保障厅、省工商局、省质监局、省新闻出版广电局、省知识产权局、省金融办）

（十八）发展“互联网+”创业服务。加快发展“互联网+”创业网络体系，通过线上线下相结合降低创业门槛和成本。推动有条件的地市建设互联网创新园区和研究院，创建互联网经济创新示范区。支持建设互联网创业孵化基地，为创客提供工作场地、团队运营、资金扶持、产品推广等孵化服务，以及相关配套支撑条件。依托全省统一的政务数据信息资源库和政务大数据中心，加强政府公共数据开放共享，推动大型互联网企业和基础电信企业向创业者开放计算、存储和数据资源，支持重点企业互联网数据中心向云服务转型，加快推进云计算公共服务平台建设，为创业创新提供大数据支撑。建立健全与新经济形态相适应的体制机制，加快网络经济和实体经济融合，培育壮大分享经济。积极推广众包、用户参与设计、云设计等创业创新模式。（省经济和信息化委、省发展改革委、省科技厅）

（十九）创新公共服务模式。加大政府购买服务力度，支持有条件的地市探索通过发放创新券等方式，对创业企业和四众平台企业提供管理指导、技能培训、市场开拓、标准咨询、检验检测认证、研发设计等服务。各地可结合实际制定政府采购社会专业化创业服务具体项目清单，鼓励通过发放就业创业服务券等方式为劳动者提供各类就业创业服务。（省科技厅、省人力资源社会保障厅、省财政厅、省编办）

七、建设创业创新平台，增强支撑作用

（二十）建设创业创新公共平台。加强创业创新信息资源整合，建立创业政策集中发布平台，增强创业创新信息透明度。加快公共创业服务信息网和业务管理系统建设，构建高效便捷的公共就业创业网上服务平台，实现就业创业服务和补贴申领发放全程信息化管理。继续办好各级各类创业创新大赛，以赛事活动引导形成激励创业创新的良好导向。加强各级中小微企业公共服务平台建设，依托专业镇、中心镇等建设一批生产力促进中心和科技服务中心，支撑传统产业集群转型升级。实施“互联网知识产权”计划，搭建知识产权大数据应用平台，向全社会免费提供基础数据，向中小微企业开展专利信息推送服务，实现知识产权信息利用便利化。鼓励和支持有条件的大型企业发展创业平台，利用企业资源支持企业内外部创业者创新创业。通过国有企业员工持股等多种形式，搭建员工创业平台。开展创业企业、天使投资、创业投资年度统计工作，加强数据监测和分析。（省人力资源社会保障厅、省经济和信息化委、省教育厅、省科技厅、省国资委、省工商局、省统计局、省新闻出版广电局、省知识产权局、省科协）

（二十一）建设创业创新技术平台。推进全省大型科学仪器设施开放共享，推动专利信息和登记作品资源向社会开放，完善省内重点实验室、工程实验室等科研创新平台（基地）向社会开放机制。鼓励依托三维（3D）打印、网络制造等先进技术和发展模式，向创业者提供社会化服务。引导和支持有条件的领军企业创建特色服务平台，向企业内部和外部创业者提供资金、技术和服务支撑。建立广东省军民两用技术数据中心数据库，支持实施军民两用技术项目，促进军民创新资源融合。（省科技厅、省发展改革委、省经济和信息化委、省人力资源社会保障厅、省新闻出版广电局、省知识产权局）

（二十二）建设创业创新区域平台。加快推进全面创新改革试验，在知识产权、人才流动、国际合作、金融创新、激励机制、市场准入等重要领域先行先试。加快推进珠三角国家自主创新示范区建设，推动有条件的城市建成国家创新型城市，建设国际一流的创业创新中心。在自由贸易试验区、战略性新兴产业集聚区、国家级经济技术开发区等建设一批创业创新公共服务平台。继续支持江门等市建设国家小微企业创业创新基地城市示范，推进建设广东省小微企业创业创新基地城市示范。（省发展改革委、省经济和信息化委、省科技厅、省财政厅、省人力资源社会保障厅、省住房城乡建设厅、省商务厅、省工商局、省地税局、省新闻出版广电局、省知识产权局、省外办、省金融办）

（二十三）建设“双创”示范基地。实施省新兴产业“双创”示范基地三年行动计划，依托各类创业创新产业园区、高校和创新型企业，打造一批创业创新要素集聚、服务专业、布局优化的国家级和省级新兴产业“双创”示范基地，推动建设一批创业创新的支撑平台。争取发行“双创”孵化专项债券，加大对“双创”孵化项目支持力度。在新兴产业核心关键技术环节培育一批创业创新企业，形成一批服务完善、成效显著的众创空间。（省发展改革委、省经济和信息化委、省科技厅）

（二十四）强化平台用地保障。各地可结合实际确定重点发展的新产业，以“先存量、后增量”原则优先安排用地供应。结合供给侧结构性改革去库存工作，支持各地出台政策，引导房地产开发企业将库存工业、商业地产改造为孵化器和众创空间。利用存量房产兴办创客空间、创业咖啡、创新工场等众创空间的，可实行继续按原用途和土地权利类型使用土地的过渡期政策。鼓励开发区、产业集聚区规划建设多层工业厂房、综合研发用房等，供中小企业进行生产、研发、设计、经营多功能复合利用。鼓励各市在规划许可前提下，盘活闲置的商业用房、工业厂房、企业库房、物流设施和家庭住所、租赁房等资源，为创业者提供低成本办公场所和居住条件；有条件的可改造为创业园区，以及为园区创业者服务的低居住成本住房。鼓励各地政府通过财政补贴、发放租房券等方式，支持创业者租赁住房。简化创业用房和创业园区改造工程审批流程。（省国土资源厅、省住房城乡建设厅、省科技厅、省财政厅）

八、激发创造活力，发展创新型创业

（二十五）支持科研人员创业。高校和科研院所等事业单位专业技术人员，经所在单位批准并签订合同，可离岗从事创业工作，离岗3年为一期，最多不超过两期，离岗期间保留人事关系，与原单位同等条件人员同等享有参加职称评聘、岗位等级晋升和保留社会保险关系等方面的权利。高校和科研院所要抓紧制定专业技术人员在职创业、离岗创业的内部人事管理办法。完善创新型中小企业上市股权激励和员工持股等制度规则。推进实施经营性领域技术入股改革，促进高校和科研院所科技成果转化。推进广东省科协所属学会有序承接政府转移职能试点，探索学会服务地方经济社会发展的有效方式。（省教育厅、省科技厅、省人力资源社会保障厅、省知识产权局、省科协、中科院广州分院、省科学院）

（二十六）支持大学生创业。搭建高校创业信息交流平台，建设大学生创业创新示范基地、大学生创业创新教育示范校、大学生创业创新园、创业创新模拟实验室、创业孵化基地等创新实践平台。实施大学生创业素质提升、创业政策助推、创业服务优化和创业文化培育工程，提升大学生创业意识和能力，扩大大学生创业规模。鼓励高校成立创业创新俱乐部，聘请创业成功者、企业家、投资人等人士兼任创业创新导师，推行大学生创业校企双导师制，为大学生创业创新提供培训和辅导。全面推进高校学分制管理改革，实行弹性学制管理，支持大学生保留学籍休学创业。（省教育厅、省财政厅、省人力资源社会保障厅、省科协）

（二十七）支持境外人才来粤创业。继续实施“珠江人才计划”和“高层次特殊人才支持计划”，积极引进一批创业创新团队和领军人才。根据各市产业特色和人才需求实际，采用省市共建方式支持各地特色留学人员创业园建设。实施“粤海智桥计划”，加强海外人才工作站建设，对成功引进海外高层次人才智力的机构和人员予以奖励，支持本土企业主动参与国际人才交流。落实外籍高层次管理人才、高科技人才以及来粤投资人才入境、居留便利等有关政策。研究降低外籍高端人才来粤工作门槛，开通外籍高端人才来粤工作许可办理的绿色通道，为符合申请条件的外国人办理永久居留证件。在广州、深圳、东莞培育建立海外科技人才离岸创业基地。（省人力资源社会保障厅、省科技厅、省公安厅、省财政厅、省商务厅、省外国专家局、省科协）

（二十八）健全创业人才培养与流动机制。支持高校开设创业创新教育课程，推动创业创新教育与专业教育有机融合。大力发展现代职业教育，坚持产教结合，校企合作，积极推动现代学徒制试点，着力培育技术技能人才。加快推进社会保障制度改革，适应人才流动的需要，实现社会保险关系顺畅转移接续。健全职称评审分类评价机制，完善激励科技成果转化的职称评审导向机制。对符合条件的创业失败者可认定为就业困难人员，按规定落实社会保险补贴、岗位补贴、培训补贴、费用减免、公益性岗位安置、职业介绍补贴、职业技能鉴定补贴等扶持政策。（省教育厅、省人力资源社会保障厅、省国资委、中科院广州分院、省科学院）

九、拓展城乡创业渠道，实现创业带动就业

（二十九）支持返乡创业集聚发展。认真贯彻落实《国务院办公厅关于支持农民工等人员返乡创业的意见》（国办发〔2015〕47号），大力实施鼓励农民工等人员返乡创业三年行动计划，强化政策衔接，鼓励和引导更多有技术、有资本、会经营、懂管理的农民工等人员返乡创业。依托现有各类农业产业园区，支持一批基础设施完善、服务功能齐全、社会公信力高、示范带动作用强的园区建设成为农民创业创新园区。选择并支持一批政策落实好、创业创新环境优的县（市、区），重点开展休闲农业、农产品深加工、乡村旅游、农村服务业、家庭农场等示范试点。深入实施农村青年创业富民行动，支持返乡创业人员因地制宜围绕休闲农业、农产品深加工、乡村旅游、农村服务业等开展创业，完善家庭农场等新型农业经营主体发展环境。（省人力资源社会保障厅、省农业厅、省旅游局）

（三十）支持依托电子商务创业就业。推动出台促进农村电子商务发展的指导意见，支持电商企业积极开展农村电子商务，鼓励粤东西北地区建设特色产业电子商务平台，推动县域电子商务发展。引导和鼓励集办公服务、投融资支持、创业辅导、渠道开拓于一体的市场化网商创业平台发展。鼓励龙头企业结合乡村特点建立电子商务交易服务平台、商品集散平台和物流中心，推动农村依托互联网创业。鼓励电子商务第三方交易平台渠道下沉，带动城乡基层创业人员依托其平台和经营网络开展创业。（省经济和信息化委、省商务厅、省农业厅）

（三十一）完善基层创业支撑服务。加快完善覆盖城乡的公共就业创业服务体系，推动服务网点向基层延伸。推进城乡基层创业人员社保、教育、医疗等基本公共服务均等化，完善跨区域创业转移接续制度。强化农村劳动力专业就业培训和职工技能晋升培训，开展远程公益创业培训，提升基层人员创业能力，从新型职业农民、农村实用人才、技术能手、大学生村官等群体中培养农民创业创新带头人。鼓励中小商业银行设立社区支行、小微事业部，加快发展农村普惠金融，支持社区和农村创业者创业。选择一批知名农业企业、合作社、农产品加工和物流园区等作为基地，为创业创新农民提供见习、实习和实训服务。（省人力资源社会保障厅、省教育厅、省卫生计生委、省经济和信息化委、省农业厅、省金融办）

十、促进线上线下融合，推动四众健康发展

（三十二）全面推进众创。汇众智搞创新，通过创业创新平台汇集众智，整合资源，实现人人都可参与创新。大力发展专业空间众创，鼓励各类科技园、孵化器、创业基地、农民工返乡创业园等与互联网融合创新，推动基于“互联网+”的创业创新活动，鼓励创客空间、创业咖啡、创新工场等新型众创空间以及线上虚拟众创空间发展。推进网络平台众创，支持大型互联网企业、行业领军企业通过网络平台向各类创业创新主体开放技术、开发、营销、推广等资源，鼓励各类电子商务平台为小微企业和创业者提供支撑。积极培育壮大企业内部众创。在确保公平竞争前提下，鼓励对众创空间等孵化机构的办公用房、用水、用能、网络等软硬件设施给予适当优惠，减轻创业者负担。（省科技厅、省发展改革委、省经济和信息化委、省人力资源社会保障厅、省商务厅）

（三十三）积极推广众包。汇众力增就业，借助互联网手段，将传统由特定企业和机构完成的任务向自愿参与的所有企业和个人进行分工、分包。大力发展研发创意、制造运维、知识内容、生活服务等众包，鼓励服务外包示范市、技术先进型服务企业和服务外包重点联系企业积极应用众包模式。支持有能力的大中型制造企业通过互联网众包平台满足大规模标准化产品订单制造需求。推动交通出行、快件投递、旅游、医疗、教育等领域生活服务众包。推动整合利用分散闲置社会资源的分享经济新型服务模式。（省发展改革委、省经济和信息化委、省教育厅、省科技厅、省交通运输厅、省卫生计生委、省旅游局、省邮政管理局）

（三十四）立体实施众扶。汇众能助创业，通过政府和公益机构支持、企业帮扶援助、个人互助互扶等多种方式，共助小微企业和创业者成长。加快公共科技资源和信息资源开放共享，提升各类公益事业机构、创新平台和基地的服务能力，鼓励行业协会、产业联盟等对小微企业和创业者加强服务。鼓励大中型企业通过生产协作、开放平台、共享资源、开放标准等形式带动上下游小微企业和创业者发展。支持开源社区、开发者社群、资源共享平台、捐赠平台、创业沙龙等各类互助平台发展。鼓励通过网络平台、线下社区、公益组织等途径辅助大众创业、万众创新。（省科技厅、省经济和信息化委、省教育厅、省人力资源社会保障厅）

（三十五）稳健发展众筹。汇众资促发展，通过互联网平台向社会募集资金，拓展创业创新投融资新渠道。鼓励消费电子、智能家居、健康设备、特色农产品等创新产品开展实物众筹。稳步推进股权众筹试点，鼓励小微企业和创业者通过股权众筹融资方式募集早期股本。对投资者实行分类管理，切实保护投资者合法权益，防范金融风险。规范发展网络借贷，支持互联网企业依法合规设立网络借贷平台，运用互联网技术优势加强风险防控。发展互联网与实体相结合的众创金融平台，探索推出创业创新融资价格指数，为互联网项目提供网上融资支持。（省金融办、省经济和信息化委、省科技厅）

（三十六）推动四众平台持续健康发展。以更包容的态度、更积极的政策营造四众发展的宽松环境，鼓励各类主体积极探索四众的新平台、新形式、新应用，在更大范围、更高层次、更深程度上推进大众创业、万众创新。坚持公平进入、公平竞争、公平监管，破除限制四众新模式新业态发展的不合理政策和制度瓶颈。积极探索交通出行、无车承运物流、快递、金融、医疗等领域的准入制度创新，针对四众资产轻、平台化、受众广、跨地域等特点，放宽市场准入条件。创新与四众发展相适应的支付、征信和外汇服务，促进四众平台加快发展。推动相关行政管理部门与四众平台企业加强互联共享，推进公共数据资源开放，推行电子签名、电子认证，推动电子签名国际互认。适应新业态发展要求，建立健全行业标准规范和规章制度，创新监管方式，强化平台企业内部治理，明确四众平台企业在质量管理、信息内容管理、网络安全等方面的责任、权利和义务，发挥四众平台企业内部治理和第三方治理作用，健全政府、行业、企业、社会共同参与的治理机制。建立四众平台企业的信用评价机制，公开评价结果。加强行业自律规范，推行守信激励机制和失信联合惩戒机制，对违法失信者依法予以限制或禁入。四众平台企业应切实提升技术安全水平，保障信息安全和用户权益。（省发展改革委、省交通运输厅、省卫生计生委、省经济和信息化委、省工商局、省质监局、省金融办、人行广州分行）

推进大众创业、万众创新是培育和催生经济社会发展新动力、激发全社会创新潜能和创造力的重大举措，各地各部门要高度重视，进一步统一思想认识，按照国务院的部署和本实施意见的要求，加强组织领导，明确责任分工，形成强大合力。省全面深化改革加快实施创新驱动发展战略领导小组办公室要加强统筹协调和督促指导。建立部门之间、部门与地市之间的政策协调联动机制，系统梳理各部门各地区已发布的有关支持创业创新发展的政策措施，做好“立、改、废”工作。要充分尊重和发挥基层首创精神，鼓励地方和部门先行先试，探索适应创业创新和四众新模式新业态发展的新形式，及时总结形成可复制、可推广的经验。各地各部门要建立大众创业、万众创新政策措施落实情况督查督导机制，完善政策执行评估体系和通报制度，全力打通政策部署的“最先一公里”和政策落实的“最后一公里”，确保各项政策措施落到实处。要加大宣传力度，加强舆论引导，及时总结推广成功经验做法，积极营造大力推进大众创业、万众创新的良好社会氛围。

广东省人民政府
2016年3月10日

广东省人民政府办公厅关于加快众创空间发展服务实体经济转型升级的实施意见

（粤府办〔2016〕69号）

为深入贯彻落实《国务院办公厅关于发展众创空间推进大众创新创业的指导意见》（国办发〔2015〕9号）、《国务院办公厅关于加快众创空间发展服务实体经济转型升级的指导意见》（国办发〔2016〕7号），加快建设一批众创空间，推动众创空间纵深发展，有力支撑我省产业转型升级和创新型经济发展，经省人民政府同意，现就加快我省众创空间发展提出以下意见。

一、总体要求

深入实施创新驱动发展战略，将众创空间打造成为我省推进大众创业、万众创新（以下简称双创）的关键载体，推动全社会释放更大的创新创业活力，加快科技成果向现实生产力转化，增强实体经济发展新动能。积极利用众包、众筹、众扶等多种形式，重点强化众创空间的服务功能，通过市场化机制、专业化服务、资本化途径、网络化支撑、集成化应用和国际化链接，不断提高服务质量和水平，构建可持续的商业化发展模式。推动龙头企业、高等院校、科研院所、中小微企业、创客等多方协同，建设产学研用紧密结合的众创空间，吸引更多科技人员投身科技型创新创业，促进人才、技术、资本等各类创新要素的高效配置和有效集成，实现产业链、创新链、资金链、服务链的深度融合，不断提升服务创新创业的能力和水平。到2020年，形成一批有效满足大众创新创业需求、具有较强专业化服务能力的众创空间，全省众创空间数量超过300家；孵化培育一大批创新型小微企业，形成新的产业业态和经济增长点。

二、重点任务

（一）在重点产业领域发展专业众创空间。总结推广创客空间、创业咖啡、创新工场等新型孵化模式，围绕珠江东岸电子信息产业带、珠江西岸先进装备制造产业带建设和粤东西北地区产业发展需求，重点在电子信息、高端装备制造、新能源、新材料、节能环保、文化创意、生物技术、现代农业、现代服务业和军民融合等细分领域建设专业众创空间。

（二）鼓励龙头骨干企业围绕主营业务方向建设众创空间。促进企业组织创新，推动企业内部资源平台化，积极培育内部创客文化，激发员工创造力。鼓励大中型企业通过投资员工创业等形式，开拓新的业务领域，开发创新产品，提升市场适应能力和创新能力。推动创业主体协同聚集，优化技术、装备、资本、市场等创新资源配置，实现与中小微企业、高等院校、科研院所和各类创客群体的有机结合，有效发挥引领带动作用，形成以龙头骨干企业为核心、高等院校和科研院所积极参与、辐射带动中小微企业成长发展的产业创新生态群落，建成一批企业双创示范基地。

（三）鼓励新型研发机构、科研院所、高等院校围绕优势专业领域建设众创空间。发挥科研设施、专业团队、技术积累等优势，充分利用大学科技园、工程（技术）研究中心、重点实验室、工程实验室、企业技术中心等创新载体，建设以科技人员为核心、以成果转移转化为主要内容的众创空间，通过聚集高端创新资源，增加源头技术创新有效供给，为科技型创新创业提供专业化服务，建成一批具有广东特色的高等院校和科研院所双创示范基地。

（四）建设一批服务产业集群的众创空间。依托高新区、专业镇等产业集群建设一批创新创业平台，推动各地围绕支柱产业和战略性新兴产业，发展一批各具特色的专业化众创空间，并与当地专业孵化器、科技园等形成完整孵化链条，力争形成"一区多链""一镇一链"新格局。高新区、经济开发区、专业镇、产业园、农业科技园区、小型微型企业创业基地等要结合当地产业发展实际，发挥重点区域创新创业要素集聚优势，打造一批具有地方特色的众创空间，与孵化器、加速器及产业园等共同形成创新创业生态体系。

（五）加强众创空间与港澳台及国际合作。鼓励龙头骨干企业、高等院校、科研院所与港澳台及国外先进创业孵化机构开展对接合作，共同建立高水平的众创空间。鼓励龙头骨干企业与港澳台及国外先进创业孵化机构合作设立投资基金。支持众创空间引进国际先进的创业孵化理念，吸纳、整合和利用国外技术、资本和市场等资源，提升众创空间发展的国际化水平。支持中国创新创业大赛港澳台赛，建立一批面向港澳台和国际人才的众创空间、创业学院，大力吸引和支持港澳台青年、科技人员以及海归人才、国际人才到我省众创空间创新创业。支持有条件的众创空间在境外建立孵化基地或创业平台，开展境外孵化服务。

（六）支持珠三角国家自主创新示范区建设双创示范基地。以珠三角国家自主创新示范区为重点和抓手，集聚创新创业资源，扩宽创新创业投资渠道，构建创新创业生态，培育双创文化，加速集聚资本、人才、技术、政策等优势资源，探索形成各具特色的区域创新创业扶持制度体系和经验。

（七）提升众创空间服务能力。引导和推动创业孵化机构积极与高等院校、科研院所的技术成果转移相结合，完善技术支撑服务。加快发展企业管理、财务咨询、市场营销、人力资源、法律顾问、知识产权、检验检测、现代物流等第三方专业化服务，不断丰富和完善创新创业服务。鼓励有条件的地方继续探索通过创业券、创新券等方式对创业者和创新企业提供社会培训、管理咨询、检验检测、软件开发、研发设计等服务，建立和规范相关管理制度和运行机制，逐步形成可复制、可推广的成熟经验。

三、加大政策支持力度

（八）实行奖励和补助政策。有条件的地方要综合运用无偿资助、业务奖励等方式，对众创空间的办公用房、用水、用能、网络等软硬件设施以及项目路演、股权融资、知识产权质押等给予补助。对新建或改扩建新增孵化面积以及运营成效优良的众创空间，可参照《广东省科学技术厅广东省财政厅关于科技企业孵化器后补助试行办法》给予新增孵化面积补助和运营评价后补助。支持各类科技基础条件平台为符合条件的众创空间提供服务。符合条件的众创空间可以申报国家、省科技计划项目。发挥财政资金的杠杆作用，采用市场机制引导社会资金和金融资本进入技术创新领域，支持包括中国创新创业大赛（广东赛区）优胜项目在内的创新创业项目和团队，推动众创空间发展。

（九）落实促进创新的税收政策。众创空间的研发仪器设备符合现行税法规定条件的，可享受加速折旧政策；进口科研仪器设备符合规定条件的，适用进口税收优惠政策。众创空间发生的研发费用，企业和高校院所委托众创空间开展研发活动，小微企业受委托或自身开展研发活动发生的研发费用以及军工技术向民用转移中的二次开发费用，符合现行税法规定条件的，可享受研发费用税前加计扣除政策。大力推动众创空间等新型孵化机构纳入国家级科技企业孵化器管理服务体系，享受科技企业孵化器税收政策。

（十）引导金融资本支持。引导和鼓励各类天使投资、创业投资等与众创空间相结合，完善投融资模式。鼓励天使投资群体、创业投资基金入驻众创空间和双创基地开展业务。鼓励国家高新区、专业镇设立天使投资基金，支持众创空间发展。

支持符合条件的银行业金融机构，探索为众创空间内企业创新活动提供股权和债权相结合的融资服务，与创业投资、股权投资机构试点投贷联动。支持众创空间内科技创业企业通过资本市场进行融资。对众创空间内创业投资失败项目和对首贷出现坏账项目所产生的风险损失，参照《广东省科学技术厅广东省财政厅关于科技企业孵化器创业投资及信贷风险补偿资金试行细则》，按一定比例进行补偿。

（十一）落实商事制度改革措施。简化商事登记流程，为众创空间项目进行企业注册提供便利化服务。依托政府网上办事大厅推行全程电子化商事登记和电子营业执照，利用“全国企业信用信息公示系统（广东）”建立完善与其他相关行政许可部门的信息共享机制，强化企业信息归集公示。全面实行企业年度报告、随机抽查、经营异常名录等监管制度，建立健全信用监管机制，营造良好市场秩序。

（十二）支持科技人员到众创空间创新创业。高等院校、科研院所要按照《中华人民共和国促进科技成果转化法》《广东省促进科技成果转化条例》以及《广东省经营性领域技术入股改革实施方案》有关规定，落实科技成果使用权、处置权和收益权政策。对本单位科研人员带项目和成果到众创空间创新创业的，经原单位同意，可在3年内保留人事关系，与原单位其他在岗人员同等享有参加职称评聘、岗位等级晋升和社会保障等方面的权利。对高等院校、科研院所的创业项目知识产权申请、转化和运用，按照有关政策给予支持。进一步改革科研项目和资金管理使用制度，激发广大科研人员的创造性和转化成果的积极性。

（十三）加大众创空间用房和创新创业人才住房支持。各地制定的科技企业孵化器用地政策要覆盖到众创空间，充分利用“三旧改造”、淘汰落后产能、处置“僵尸企业”等形成的闲置厂房、空余仓库以及生产设施，改造建设众创空间。各地政府可结合房地产“去库存”行动，采取贴息、补助等相关政策，引导社会资本或产业投资基金支持房地产企业将商品房改造为创新创业用房，将库存的工业、商业地产改造为众创空间；尽快出台多样化的创新创业人才住房支持政策，鼓励众创空间的运营机构购买或租用合适的商品房用作创新创业人才周转宿舍。

（十四）支持企业参与建设众创空间。大力推动企业参与建设众创空间，采取贷款贴息等多种方式为企业建设众创空间提供扶持。企业建设众创空间发生的研发费用符合现行税法规定条件的，可享受研发费用加计扣除政策。国有企业对众创空间投入较大且符合有关规定的，可以适用有关科技创新考核政策。鼓励企业通过集众智、汇众力等方式开展开放式创新，吸纳科技人员创业，创造就业岗位，实现转型发展。

四、组织实施

（十五）加强组织领导。各地、各有关部门要高度重视众创空间建设，结合地方和行业发展实际，制定具体方案，明确任务和工作步骤，大力推进各具特色的众创空间建设和发展。省科技厅要加强对众创空间建设的宏观指导和工作协调，建立健全对众创空间发展情况的监测、统计和评价分析，实时掌握全省众创空间发展动态，明确支持和服务对象范围；加快建立广东科技孵化育成体系服务平台，形成统一的政策信息和数据发布机制。

（十六）加强分类指导。各地、各有关部门要根据市场的具体需求，聚焦重点领域和关键环节，采取有针对性的政策措施，实现重点突破，增强示范带动效应。要统筹考虑各地经济发展、科技资源条件等实际情况，因地制宜推进众创空间的建设和发展。要充分发挥行业组织在行业指导、管理、自律、政策研究等方面的作用，为众创空间发展提供优质服务。

（十七）加强示范引导和宣传推广。鼓励各地、各类主体积极探索创新支持众创空间发展的政策模式，不断完善创新创业服务体系，持续提高创新创业服务能力。国家高新区、经济开发区、专业镇、现代农业科技园、产业园等创新要素集聚区域的管理部门要率先行动起来，主动服务，为众创空间建设发展创造条件，作出引领示范。要及时总结和交流众创空间建设的好经验、好做法，对模式新颖、绩效突出的案例进行宣传推广，树立品牌，扩大影响。对众创空间和中国创新创业大赛（广东赛区）、广东“众创杯”创业创新大赛中涌现出来的优秀创业项目、创业人物，加大宣传报道力度，在全社会弘扬创新创业文化，激发创新创业热情。

广东省人民政府办公厅

2016年6月27日

中共广州市委 广州市人民政府关于加快集聚产业领军人才的意见

（穗字〔2016〕1号）

为贯彻落实中央和省关于加快实施创新驱动发展战略的决策部署，大力实施人才强市战略，充分发挥产业领军人才在集聚中高端产业、实现经济中高速发展等方面的引领作用，加快推动广州三大战略枢纽、“三中心一体系”和国家创新中心城市建设，打造高端高质高新现代产业新体系，现就我市加快集聚产业领军人才提出如下意见。

一、总体要求

（一）指导思想。以党的十八大和十八届三中、四中、五中全会精神以及习近平总书记系列重要讲话精神为指导，紧扣经济建设和产业转型升级，以“高精尖缺”为导向，坚持政府引导和发挥企业主体作用相结合，完善人才流动评价激励机制和服务保障体系，建立开放性、精细化、组合式的人才政策体系，进一步优化人才发展环境，集中力量培养和引进重点产业领域的领军人才和团队，将我市打造成为吸引人才的高地、人才创新创业的福地，为加快实施创新驱动发展战略、实现“十三五”经济社会发展目标提供坚实的人才支撑。

（二）主要目标。到2020年，全市企业人才总量大幅度增长，人才结构进一步优化，一批“高精尖缺”的产业领军人才在穗集聚，推动现代服务业、先进制造业、战略性新兴产业发展和传统产业转型升级。自2016年起，5年内在商贸会展、金融保险、现代物流、航运航空、新一代信息技术、生物与健康、新材料、新能源与节能环保、汽车、精细化工、重大装备与机器人、文化创意等我市重点产业领域内，支持500名创新创业领军人才（含团队成员），每年支持1000名产业高端人才、2000名产业急需紧缺人才，吸引带动各类产业人才来穗工作，形成人才引领产业、产业集聚人才、人才与产业良性互动的良好局面。

二、主要任务

（一）实施羊城创新创业领军人才支持计划。

1．支持创业领军团队。5年内对先进制造业、战略性新兴产业和生产性服务业领域内约50个高端创业团队，分别给予300万元人才经费资助，并以股权资助与无偿资助组合方式给予最高3000万元的项目经费资助，同时提供工作场所房租补助、贷款贴息、首购首用风险补偿等工作支持。（责任单位：市科技创新委）

2．支持创新领军团队。5年内对在先进制造业、战略性新兴产业和生产性服务业领域内企业和新型研发机构承担新产品、新技术、新工艺研发攻关项目的约50个高端创新团队，分别给予300万元人才经费资助和最高3000万元的项目经费资助，并提供首购首用风险补偿的工作支持。（责任单位：市科技创新委）

3．支持创新领军人才。5年内对具有良好科研背景和较强技术研发能力，在先进制造业、战略性新兴产业和生产性服务业领域内企业或新型研发机构担任应用研究和技术、产品研发重要职位的约100名高端创新人才，分别给予100万元人才经费资助。（责任单位：市人力资源和社会保障局）

4．支持创新创业服务领军人才。5年内对为科技型企业提供社会化、专业化服务，在降低创新成本、促进创新活动、推动科技成果转移转化等方面作出突出贡献的约50名服务业高端人才，分别给予100万元人才经费资助；所在机构符合条件的，优先纳入广州市科技创新券服务机构及服务目录。（责任单位：市科技创新委、市人力资源和社会保障局）

（二）建立产业领军人才奖励制度。

5．奖励杰出产业人才。每年对30名为我市现代服务业、先进制造业、战略性新兴产业发展和传统产业转型升级作出卓越贡献的产业领军人才，按三个等次，分别给予500万元、100万元、50万元一次性薪酬补贴。（责任单位：市科技创新委、市人力资源和社会保障局）

6．奖励产业高端人才和急需紧缺人才。每年对1000名在企业管理、研发、生产、财务、销售等岗位担任高级职位的产业高端人才，2000名具有较高能力和技术水平、从事企业核心业务的产业急需紧缺人才，按其上一年度对我市发展作出的贡献给予一定额度的薪酬补贴，最高每人150万元。（责任单位：市人力资源和社会保障局）

7．奖励引才成绩突出企业。鼓励企业通过猎头公司等人力资源服务机构从市外引进产业领军人才，按其引才成本费用的50%给予一次性费用补贴，最高每人5万元；对每年引进市外产业领军人才数量居全市前列的企业和人力资源服务机构，给予额外费用补贴。（责任单位：市人力资源和社会保障局）

（三）完善产业领军人才服务配套机制。

8．完善企业人才评价服务机制。向我市新型研发机构、大型骨干企业、行业领先企业、高新技术企业等用人单位下放职称评审权和人才认定权，探索建立第三方专业机构和用人单位等市场主体评价人才机制。对符合条件的海外人才以及市场业绩突出、产业发展急需、社会贡献较大的各类产业人才，可打破学历、任职资历的要求，直接申报相应职称。探索建立工程技术人才与技能人才相互贯通发展评价机制，高技能人才可申报专业技术资格，专业技术人才可申报技能类职业技能资格。支持市属国有企业通过市场化方式引进产业高端人才和急需紧缺人才，制定收入分配倾斜政策，不纳入单位工资总量。（责任单位：市人力资源和社会保障局、市国资委）

9．建立人才绿卡制度。暂无落户意向的非广州户籍产业领军人才，在购房、购车、子女入学等方面可享受广州市市民待遇；为外籍产业领军人才提供入境和停居留便利，持人才绿卡可办理2—5年长期居留证件；充分发挥R字签证（人才签证）政策作用，扩大R字签证申请范围，支持广州地区外国留学生毕业后直接在广州创新创业。为有意向落户广州的产业领军人才及其配偶、子女优先办理落户手续。（责任单位：市人力资源和社会保障局、市公安局、市发展改革委、市住房保障办、市教育局、市交委）

10．完善创新创业服务机制。探索推行政府购买人才公共服务制度，支持发展技术交易、投融资服务、技术评估等一批专业化科技中介服务机构。依法严厉打击侵犯知识产权行为，切实维护人才合法权益。大力发展人力资源服务业，加快推进人力资源服务产业园建设，支持引进海内外知名猎头公司等人力资源服务机构，形成人力资源机构集群效应。（责任单位：市科技创新委、市人力资源和社会保障局、市知识产权局）

（四）搭建产业领军人才发展平台。

11．支持承担科技项目和人才项目。对入选省级以上科技和人才项目并获得资金资助的产业领军人才，根据资助额度给予一定比例的配套资金资助。市级科技计划优先支持产业领军人才承担的科技项目。（责任单位：市科技创新委、市人力资源和社会保障局）

12．扶持企业建设创新创业平台。推动企业建立研发机构，加快建设中小企业公共（技术）服务平台，协助企业申报省级以上院士工作站、博士后工作站（创新基地）、技能大师工作室、新型研发机构等；对符合相关条件的研发机构等企业人才发展平台，根据《广州市支持企业设立研究开发机构实施办法》给予支持。鼓励企业支持人才内部创业，对符合条件的企业内部孵化器，根据我市科技企业孵化器相关政策给予支持。（责任单位：市科技创新委、市工业和信息化委、市人力资源和社会保障局）

13. 支持企业开展人才培训教育。鼓励企业、相关机构开展高级管理人才、骨干专业技术人员专项培训和国际交流合作活动，对发生的相关费用给予一定补贴。实施企业博士后国际培养计划，每年资助一批企业博士后研究人员出国（境）深造，资助金额最高每人10万元。对市属国有企业科研、技术和管理人员参与国际创新合作交流和专业培训活动，实行更加灵活便利的出国（境）审批制度，简化审批流程。（责任单位：市人力资源和社会保障局、市科技创新委、市国资委、市外办）

14. 鼓励企业实施股权期权激励。对符合条件的高新技术企业转化科技成果而给予本企业技术人员的股权奖励，个人一次缴纳个人所得税税款有困难的，可根据实际情况在不超过5个公历年度内（含）分期缴纳。对高校、科研院所以科技成果作价入股的企业，放宽股权激励、股权出售对企业设立年限和盈利水平的限制；高校、科研院所转化职务科技成果以股份或出资比例等股权形式给予个人奖励的，获奖人在取得股份、出资比例时，暂不缴纳个人所得税。探索实施市属国有企业股权激励和员工持股制度，鼓励市属国有企业的科技成果职务发明人实施成果转移转化，所得收益可按最高95%的比例划归参与研发的科技人员及其团队拥有。（责任单位：市地税局、市金融局、市国资委）

（五）畅通产学研人才流动渠道。

15. 推动产学研协同创新。鼓励企业与高校、科研院所共建重点实验室、技术研发平台、产业技术创新战略联盟、协同创新研究院等人才培养基地；鼓励联合申报产学研合作重大项目，符合条件的，按照建设经费、科研经费分别给予最高20%、30%的补助，每家累计最高100万元。（责任单位：市科技创新委）

16. 推动人才柔性双向流动。允许高校、科研院所设立一定比例的流动岗位，吸引有创新实践经验的企业人才兼职。鼓励高校、科研院所聘任产业领军人才担任研究生兼职导师或指导教师。通过双向挂职、短期工作、项目合作等柔性流动方式，每年引导一批高校、科研院所的优秀人才向企业有序流动，试点将企业任职经历作为高校工程类教师晋升专业技术职务的重要条件。（责任单位：市人力资源和社会保障局、市科技创新委、市教育局）

17. 支持科研人员在职或离岗创业。鼓励高校、科研院所科研人员到企业兼职从事科技成果转化、技术攻关，所得收入由个人、单位协商分配。经所在单位同意，科研人员可带科研项目和成果离岗创业，3年内保留人事关系，同等享有参加职称评聘、岗位等级晋升和社会保险等方面的权利。（责任单位：市人力资源和社会保障局、市教育局）

三、组织保障

18. 加强组织领导。加强人才工作考核，强化市、区人才工作联动，市人才工作领导小组定期听取各区人才工作情况汇报。建立领导干部联系高层次人才工作制度，畅通人才建言献策、参政议政渠道。项目责任单位切实按照“公开公正”原则和“择优选强”的工作思路，制定项目实施细则，进一步建立完善各类人才（团队）评价标准、遴选程序和方式等，确保各项目严谨规范运作，各项政策落实到位。市人才工作领导小组办公室定期对项目进展情况进行检查，对项目实施成效进行科学评估。（责任单位：市委组织部、市科技创新委、市人力资源和社会保障局）

19. 加快改革创新。依托全面创新改革试验区、国家自主创新示范区、国家自由贸易试验区建设，争取在试点区域内实现人才创业孵化、科技成果转化、居留就业、技术移民等政策突破。加快建设南沙“粤港澳人才合作示范区”、海外高层次人才创新创业基地，加快人才发展体制机制改革和政策创新，推动人才管理权限下放、港澳和外籍人才出入境便利化、建立离岸创新创业基地等人才政策先行先试。（责任单位：市委组织部、市科技创新委、市人力资源和社会保障局、市公安局）

20. 加大经费投入。从2016年起，市财政每年安排经费用于产业领军人才资助、奖励和配套服务以及项目组织、管理、服务工作，经费列入各项目责任单位年度部门预算或专项资金管理。项目责任单位要严格按计划、按进度推进项目实施，并建立健全资金使用和监管机制，防范资金使用风险，提高资金使用效益。各区、各部门要结合实际，加大对产业领军人才队伍建设的资金支持力度。整合各级、各类资源支持企业人才开发，鼓励社会资本加大投入，构建多元化人才投入体系。（责任单位：市委组织部、市科技创新委、市人力资源和社会保障局、市财政局，各区委、区政府）

中共广州市委
广州市人民政府
2016年2月25日

广州市人才绿卡制度

（穗府办规〔2016〕5号）

第一条 为实施人才强市战略，营造人才创新创业良好环境，根据有关法律法规制定本制度。

第二条 在广州地区工作、创业的非本市户籍国内外优秀人才，可依据本办法领取广州市人才绿卡（以下简称人才绿卡），作为持有人在本市居住、工作的证明，可用于办理个人事务。

第三条 申领条件。凡符合本市引进人才需求，每年在本市创业或工作超过6个月的，非广州市户籍的境内居民，香港特别行政区、澳门特别行政区居民，台湾地区居民以及外国人，持中国护照、拥有国外永久（长期）居留权且国内无户籍的留学人员和其他人员，在本市有合法住所，符合以下条件之一的，可申领人才绿卡。

（一）经我市认定或审核确认的高层次、高技能人才，包括：

1. 中国科学院或中国工程院院士。

2. 享受国务院特殊津贴人员，国家“千人计划”“万人计划”专家，全国杰出专业技术人才，“百千万人才工程”国家级人选，国家、省（部）级有突出贡献中青年专家，国家重点学科、重点实验室学术技术带头人，“中华技能大奖”获得者，全国和省级技术能手，世界技能大赛获奖选手。

3. 国家和省（部）级自然科学奖、技术发明奖、科技进步奖项目主要完成人，“珠江人才计划”“广东省培养高层次人才特殊支持计划”等省级人才工程入选者。

4. 在本市年度重点项目主要承办单位，或本市战略性主导产业重点项目主要承办单位，或本市认定的总部企业等，现担任中高级管理职务或任职骨干技术岗位人员。

5. 广州市杰出专家、优秀专家、青年后备人才，广州市“百人计划”入选者，广州市产业领军人才，以及经我市认定或审核确认的其他高层次、高技能人才。

（二）具有一定海外工作、学习和创新创业经历经验的海外高层次人才，包括：

1. 在国外著名高校、科研院所担任相当于副教授以上职务的专家学者。

2. 在国际知名企业（或世界500强企业）从事3年以上研发、管理等工作并担任过中高级职务的人才。

3. 掌握核心技术，拥有自主知识产权，且技术成果达到国际先进或国内领先水平，具有较好的市场前景和产业化潜力的领军型人才。

4. 有丰富的海外创新创业经历，并在本市重点产业领域中带技术、带项目、带资金来穗创业，有助于提升我市相关产业发展水平的领军型人才。

（三）具有正高级以上专业技术资格，并具有相关领域从业经历10年以上的专家。

（四）具有“985工程”或“211工程”普通高等教育研究生学历并有博士学位，或者具有全球前300名的国外一流大学研究生学历并有硕士以上学位的人员。

（五）具有高级技师职业资格，所从事的工种（岗位）符合我市紧缺工种（职业）目录的人才。

（六）持有外国专家证的高端外籍人才，以及在广东自贸试验区广州南沙新区片区范围内工作并经自贸试验区管委会认定的港澳人才和外籍人才。

（七）工资性年收入达到60万元人民币以上，且年缴纳个人所得税达到12万元人民币以上在穗就业的港澳台人员及外籍人员。上述标准随广州市人均工资水平变化适当调整。

（八）符合我市经济社会发展需要，经有关部门认定具有某种特殊技能或专长的人才。

第四条 申领程序。

（一）申报。申领人才绿卡的人员，应当如实填写《广州市人才绿卡申请表》（一式3份），由本人或工作单位向市人力资源和社会保障局申请，并提交下列材料原件（原件经验证后退回）和复印件：

1. 学历、学位证书，职业资格证书，专业技术资格证书或者相关高层次人才证明材料。

2. 有效的身份证明：（1）具有外国国籍的提交本人护照，具有港澳台身份的，提交本人《港澳居民来往内地通行证》或《台湾居民来往大陆通行证》；（2）取得外国永久（长期）居留权、仍持有中国护照的人员，提交本人护照和外国永久（长期）居留证明；（3）其他非广州户籍的人员，提交本人居民身份证和户口本。

3. 婚姻状况证明材料。

4. 已经与用人单位签订聘用合同或者劳动合同的申领人，应当提交聘用合同或者劳动合同；如果申报人是以第三条第（七）款为申领条件的，还应当提供收入证明和纳税证明；已经在本市创业的申领人，应当提交投资或者经营业绩的相关证明；已经入境的境外申领人，应当提供合法的入境证明。

（二）核定。市人力资源和社会保障局自收到申请材料之日起7个工作日内，完成审核和认定。

（三）制证。经认定符合条件的，由市公安局在15个工作日内完成制证。

（四）发证。人才绿卡完成制作后，3个工作日内送市人力资源和社会保障局进行发放。

第五条 人才绿卡持有人，可享受以下待遇：

（一）外籍人员可凭人才绿卡直接办理外国人就业证或外国专家证，同时可持人才绿卡及外国人就业证或外国专家证，凭用人单位公函等直接到市公安局办理2—5年长期居留证件。不办理居留证件的，可凭人才绿卡及用人单位公函等换发入境有效期不超过5年、停留期限不超过180天的零次、一次、二次或者多次R字签证。

（二）可参加本市专业技术职务任职资格评审、本市现有职称类政策性考试、职业技能培训和国家职业资格鉴定。获得本市或省颁发的资格证书，可按规定申请技能晋升培训补贴。

（三）随迁子女学前教育阶段，符合年龄要求的，具有报名参加实际居住地所在区教育部门办幼儿园电脑派位的资格；义务教育阶段，由实际居住地所在区教育部门按本市户籍居民同等待遇安排到公办学校（含政府在民办学校购买的学位）就读；参加高中阶段学校招生考试，在报考范围上享受与本市户籍考生同等待遇，可报考公办普通高中、民办普通高中和中等职业学校。

（四）可按照国家和本市有关规定，在本市申请办理普通护照、往来港澳通行证、往来台湾通行证及各类签注。

（五）可将人才绿卡作为投资身份证明，依法申办工商营业执照。持有人为外国国籍、取得外国永久（长期）居留权或为港澳台地区居民的，投资兴办企业时，可持人才绿卡直接申办工商营业执照，无需再对其有效身份证明进行公证、认证。

（六）可凭人才绿卡在本市内任一银行开设账户，办理存取款业务；创办企业汇入外汇和取得的人民币利润以及在本市取得的合法人民币收入，可按规定到指定外汇银行办理购付汇手续。

（七）非广州市户籍的境内居民可享受广州市户籍居民待遇购买自住房，香港特别行政区、澳门特别行政区居民，台湾地区居民以及外国人，持中国护照、拥有国外永久（长期）居留权且国内无户籍的留学人员和其他人员可按国家有关规定购买1套自住房。

（八）可在本市申领机动车驾驶证，办理机动车注册登记手续。名下没有本市登记的中小客车，持有效的机动车驾驶证，可享受广州市户籍居民待遇并依照《广州市人民政府办公厅关于印发〈广州市中小客车总量调控管理办法〉的通知》（穗府办〔2013〕28号）申请本市中小客车增量指标。

（九）对人才绿卡持有人实行居住地属地管理，人才绿卡持有人无须重复办理居住登记手续，职能部门及时跟进服务管理。

第六条 市人力资源和社会保障局负责人才绿卡的审核、发放和管理，市公安局负责人才绿卡的统一制作。

（一）人才绿卡应当载明持有人的姓名（外籍与中文翻译姓名）、性别、出生日期、照片、工作单位、本市居住地、国籍（地区）、身份证件名称及其号码、有效期限等内容。人才绿卡持有人因工作单位或者居住地等情况发生变化的，应当在30日内持变更材料向申请部门办理相关信息变更手续。

（二）人才绿卡的有效期限依据人才所在单位的申请和实际情况确定，最长为5年。有效期满需要续办的，应当在有效期满前30日内，由本人或用人单位向申请部门续办新证。

（三）人才绿卡遗失时，持有人应及时向申请部门提供本人或用人单位出具的遗失证明，办理挂失并申请补发。

（四）人才绿卡持有人可为随行配偶、未成年子女、父母、配偶父母等亲属申领人才绿卡副证。上述亲属可凭人才绿卡副证换发与人才绿卡持有人相同期限的签证或居留证件，并享受第五条第四款至第九款规定的待遇。

（五）对使用虚假材料取得人才绿卡的，由发证部门收回其人才绿卡，予以注销，并作相关记录。

第七条 本办法自颁布之日起施行，有效期5年。

广州市人民政府办公厅

2016年4月27日

羊城创新创业领军人才支持计划实施办法

（穗组字〔2016〕16号）

第一章 总 则

第一条 为加快推动广州三大战略枢纽、“三中心一体系”和国家创新中心城市建设，打造高端高质高新现代产业新体系，根据《中共广州市委、广州市人民政府关于加快集聚产业领军人才的意见》（穗字〔2016〕1号）精神，现就实施羊城创新创业领军人才支持计划（以下简称“羊城人才计划”），制定本办法。

第二条 目标任务。紧紧围绕广州创新驱动发展战略目标，重点面向先进制造业、战略性新兴产业与生产性服务业，坚持企业主体、市场决定、人才为先，大力培养、引进并支持一批领军人才（团队）在穗创新创业，推动重大科技成果转移转化与产业化。“羊城人才计划”分为创业领军团队、创新领军团队、创新领军人才、创新创业服务领军人才4个专项，自2016年起，5年内支持约500名创新创业领军人才（含团队成员），包括50个创业领军团队、50个创新领军团队、100名创新领军人才和50名创新创业服务领军人才。

第二章 创业领军团队

第三条 创业领军团队是指善于把握市场经济规律、善于吸附和转化前沿技术成果、善于推动商业模式创新，所创办企业能够经受住市场考验，具有高成长特点，带动我市先进制造业、战略性新兴产业和生产性服务业发展，产生重大经济社会效益的高端创业团队。申报主体主要是我市各区、产业园区和科技企业孵化器。

第四条 创业领军团队应同时具备下列条件：

（一）由1名团队带头人和不少于2名核心成员组成。团队结构合理、分工明确、架构清晰，有较强的经营管理能力。

（二）团队创业项目拥有自主知识产权或掌握核心技术，技术水准达到国际领先或国内一流，有相对成熟的产品和相对完善的商业模式，具有较大市场潜力并可进行产业化生产。

（三）团队已在穗注册创办企业，企业成立时间不超过5年（生物医药类企业不超过10年），或承诺入选后6个月内完成企业登记注册。企业注册资金与实收资本均不低于1000万元。

第五条 创业领军团队可获以下支持：

（一）人才经费资助。给予300万元人才经费资助，主要用于团队成员的工薪补助、安家补贴和生活补贴。分两期拨付，首期50%经费，已注册企业的在评审通过后拨付，未注册企业的在完成企业登记注册及人员到岗后拨付；剩余50%经费在中期评估通过后拨付。

（二）项目经费资助。入选团队可自主选择下列任一资助方式。

A方式：股权资助（跟投）+无偿资助。以开放、竞争、择优方式引入社会专业股权投资机构作为合作单位，对入选团队企业（项目）开展股权估值、尽职调查和入股谈判等工作，由财政资金与合作投资机构共同对入选团队予以支持，财政资金资助额度原则上按照与合作机构投资资金1：1的比例确定，最高不超过3000万元。

1．项目经费资助同时以股权资助和无偿资助两种方式进行支持，其中无偿资助最高不超过资助总额50%。股权资助按与合作投资机构“同股同价”方式对入选团队企业进行投资，财政投资股权占企业股权比例不超过20%。无偿资助分两期拨付，项目启动且企业相应自筹经费到位后，拨付30%前期经费；项目验收通过后拨付其余70%经费。

2．入选3年内再次获得股权投资机构投资且股价估值增加的，可按上述方式再次给予项目经费资助，但两次资助额累计不超过最高限额。

3．财政投资股权委托市属国有投资主体持有并管理，不参与企业具体生产经营活动。除事先约定的重大事项外，财政股权投票权委托入选团队行使，相应分红全额奖励给入选团队。

4．财政投资股权退出时机由合作投资机构进行判断，一般与合作机构投资资金同时退出。入选团队提出回购财政投资股权的，可随时退出。财政投资股权依次优先转让给入选团队和领投投资机构。

5．由入选团队回购，且财政股权投资资金3年内（含3年）退出的，转让价格按股权投资资金原始投资额确定；3年至5年（含5年）退出的，转让价格按股权投资资金原始投资额与同期银行活期存款利率计算的收益之和确定；超过5年退出的，以市场化方式退出。

B方式：股权资助（直投）+无偿资助。资助额度原则上按评审通过的项目预算的50%确定，最高不超过1500万元，且同时以股权资助和无偿资助两种方式进行支持，其中无偿资助最高不超过资助总额50%。对股权资助，委托市属国有投资主体对入选团队企业开展股权估值、尽职调查和入股谈判等工作，确定财政投资股权占企业股权具体比例，最高不超过20%；财政投资股权委托该机构持有并管理，股权退出时机由该机构判断，其余支持政策参照上述A方式第2、3、4、5目执行。无偿资助分两期拨付，具体参照上述A方式第1目执行。

C方式：无偿资助。资助额度原则上按评审通过的项目预算的50%确定，最高不超过500万元。分两期拨付，具体参照上述A方式第1目执行。入选3年内获得股权投资机构投资的，可转按A方式进行资助，但股权资助和无偿资助累计资助额不超过3000万元。

（三）工作支持。

1．工作场所房租补助。对入选团队企业，入选3年内给予50%的工作场所房租补助，单一年度补助金额不超过50万元。

2．贷款贴息。对入选团队企业与项目研发产业化直接相关的贷款项目，按同期银行贷款基准利率给予贴息，每个项目贴息时间最长不超过2年，每家企业每年贴息不超过100万元。

3．对通过科技小额贷款、科技保险、融资担保服务等方式融资，以及在境内外多层次资本市场上市的入选团队企业，按《广州市人民政府办公厅关于促进科技、金融与产业融合发展的实施意见》（穗府办〔2015〕26号）相关规定给予优先奖励支持。对入选团队企业首贷出现的坏账项目，符合条件的，可按《广州市科技型中小企业信贷风险补偿资金池管理办法》（穗科创〔2015〕11号）的规定给予首贷风险补偿。

4．首购首用风险补偿。允许和鼓励以定制或订单的方式，首购首用入选团队企业创制的高新技术新产品或发明专利产品、创新服务。对首购首用单位按采购金额的20%给予一次性补助，补助金额不超过100万元。对符合我市产业政策导向并达到国内先进水平的新技术、新工艺、新产品、新服务，属于国家自主创新产品的，按国家政策给予评审优惠。

第三章 创新领军团队

第六条 创新领军团队是指在先进制造业、战略性新兴产业和生产性服务业领域从事前沿技术研究，具有丰富科研经验和较强自主创新能力，善于研发转化先进技术成果、创制国际国内技术标准，在企业或新型研发机构承担新产品、新技术、新工艺研发攻关项目的高端创新团队。申报主体是在我市注册登记的具有独立法人资格的企业，以及经省、市科技部门认定的新型研发机构。

第七条 创新领军团队应同时具备下列条件：

（一）团队必须在申报单位承担具体、明确的创新项目，项目领域符合我市产业发展方向，具有较大的市场前景、创新价值和经济社会效益。

（二）由1名团队带头人和不少于2名核心成员组成，均具有良好的知识和专业背景，专业结构合理，具有关联性和互补性，已有一定合作基础且入选后可稳定合作3年以上。

（三）团队带头人拥有国际发明专利或技术成熟度较高的国内发明专利，或曾主持（承担）国内外重点科研项目、关键技术应用项目；现（拟）担任申报单位研发机构主要负责人、关键研发项目主持人及以上职务。

（四）团队带头人在申报单位工作不超过3年，或承诺入选后6个月内加入申报单位。入选创新领军团队后与该单位签订3年以上聘用合同。团队带头人每年在申报单位工作时间累计不少于9个月，其他核心成员不少于6个月。

第八条 申报单位应具有较强的技术研发软硬件条件和充足的研发投入，承诺投入团队研发项目经费不低于1000万元，能为入选团队提供良好的工作和生活条件保障。

第九条 创新领军团队可获以下支持：

（一）人才经费资助。给予300万元人才经费资助，使用范围与拨付方式按本办法第五条第（一）项执行。

（二）项目经费资助。资助额度原则上按评审通过的项目预算的50%确定，最高不超过3000万元。分三期拨付，项目中期评估通过后，拨付30%经费；项目验收通过后（技术指标达到预期、项目研发产品实现产业化规模生产），拨付50%经费；项目实施5年内其研发产品累计销售收入达到预期目标的，拨付其余20%经费。

（三）工作支持。向入选团队提供首购首用风险补偿的工作支持，按本办法第五条第（三）项第4目执行。

第四章 创新领军人才

第十条 创新领军人才是指具有良好科研背景和较强技术研发能力，在企业或新型研发机构担任应用研究和技术、产品研发重要职位的高端创新人才。申报主体是在我市注册登记的具有独立法人资格的企业，以及经省、市科技部门认定的新型研发机构。

第十一条 创新领军人才应同时具备下列条件：

（一）在申报单位工作不超过3年，或承诺入选后6个月内加入申报单位。入选创新领军人才后与该单位签订3年以上聘用合同，现（拟）任申报单位研发机构主要负责人、关键研发项目主持人及以上职务。

（二）每年在申报单位工作时间累计不少于9个月。

（三）具有良好的知识和专业背景，拥有国际发明专利或技术成熟度较高的国内发明专利，或曾主持（承担）国内外重点科研项目、关键技术应用项目。

第十二条 申报单位应具有较强的技术研发软硬件条件和充足的研发投入，能为入选人才提供良好的工作和生活条件保障。

第十三条 创新领军人才可获以下支持：

（一）人才经费资助。给予100万元人才经费资助，使用范围与拨付方式按本办法第五条第（一）项执行。

（二）工作支持。鼓励支持创新领军人才承担各级各类科技计划项目，对符合条件的优先推荐申报。

第五章 创新创业服务领军人才

第十四条 创新创业服务领军人才是指能够运用现代科技知识与手段、分析研究方法以及经验、信息等要素，为科技型企业提供社会化、专业化服务，在降低创新成本、促进创新活动、推动科技成果转移转化等方面作出突出贡献的服务业高端人才。申报主体是我市相关服务业领域具有独立法人资格的企业和机构、组织。

第十五条 创新创业服务领军人才应具备下列条件之一：

（一）近3年内，在我市累计实现5000万元（含）人民币以上技术交易额，由国家或省、市认定的技术转移机构、技术交易市场、科技条件平台、科技金融机构（平台）等机构主要负责人。

（二）近3年内，为广州地区企业提供服务的数量与质量达到行业领先水平的科技中介、人力资源服务机构、知识产权和标准运营服务机构、审计机构及律师事务所、会计师事务所主要负责人。

（三）近3年内，在标准创制、市场开拓、技术攻关、人才引进服务等方面发挥核心作用，在行业内具有重要影响力的产业技术联盟、人才协会、创业服务中心等新型社会枢纽型组织主要负责人。

（四）近3年内，在广州地区成功孵化30家（含）以上的科技型创业企业，并已培育至少1家上市公司的孵化机构主要负责人。

（五）其他广州发展所特需的科技服务业、人力资源服务业领军人才。

第十六条 创新创业服务领军人才可获以下支持：

（一）人才经费资助。给予100万元人才经费资助，使用范围与拨付方式按本办法第五条第（一）项执行。

（二）工作支持。创新创业服务领军人才所在机构符合条件的，优先纳入广州市科技创新券服务机构及服务目录。

第十七条 以千人计划南方创业服务中心为平台，以创新创业服务领军人才所在机构为支撑，联合国内外知名服务机构，打造广州市创新创业服务集群联盟。采取政府购买服务方式，按最高50万元/团队/年和最高10万元/人/年的采购标准，引导支持联盟机构为入选“羊城人才计划”及在穗入选市级以上人才计划的领军人才（团队）提供政策、科技、人才、信息、市场、融资等全链条、集约化、定制化的创新创业服务，每个人才（团队）可享受服务一般不超过3年。

第六章 组织实施

第十八条 责任部门。“羊城人才计划”在市人才工作领导小组领导下，由市科技创新委员会负责创业领军团队、创新领军团队和创新创业服务领军人才3个专项，市人力资源和社会保障局负责创新领军人才专项。

第十九条 申报评审。每年由市人才工作领导小组办公室统一发布申报公告，由各专项实施部门组织评审，评审结果经公示7天后报市人才工作领导小组审批。评审细则由专项实施部门另行制定，报市人才工作领导小组审核。

第二十条 管理考核。

（一）本计划各专项入选者管理期及项目实施期一般为5年。入选个人获得“广州市产业领军人才”荣誉称号并获颁证书，在管理期内按本办法及产业领军人才其他政策，享受相关待遇。

（二）入选者须与用人单位、专项实施部门签订多方合同，明确各方责任、权利和义务。对创业领军团队与创新领军团队，须在合同中载明可量化考核的技术和经济指标，作为中期评估和管理期满考核、项目验收的关键依据。

第二十一条 资金安排。落实本办法所涉及资金列入各专项实施部门年度部门预算或专项资金管理，由各专项实施部门专项申报。

第七章 附 则

第二十二条 本办法由市人才工作领导小组办公室负责解释。

第二十三条 本办法自颁布之日起正式施行。

中共广州市委组织部
广州市科技创新委员会
广州市财政局
广州市人力资源和社会保障局
2016年2月26日

中共深圳市委 深圳市人民政府 关于促进人才优先发展的若干措施

（深发〔2016〕9号）

人才是经济社会发展的第一资源，也是创新活动中最为活跃、最为积极的因素。深圳改革开放以来的实践一再证明，抓人才就是抓发展，强人才就是强实力，没有人才优势就不可能有发展优势、创新优势、产业优势。深入贯彻习近平总书记系列重要讲话和对深圳工作重要批示精神，在“四个全面”战略布局下，全面推进和落实创新、协调、绿色、开放、共享的发展理念，围绕实现“三个定位、两个率先”目标，加快建设国际科技、产业创新中心，努力建成现代化国际化创新型城市，必须坚持人才优先发展，聚天下英才而用之，最大限度激发人才创新创造创业活力。根据中央关于深化人才发展体制机制改革的文件和市第六次党代会精神，结合实际，制定如下措施。

一、实行更具竞争力的高精尖人才培养引进政策

（一）实施杰出人才培育引进计划。未来5年重点培养一批具有成长为中国科学院、中国工程院院士潜力的人才并争取入选3—4名，重点引进诺贝尔奖获得者、国家最高科学技术奖获得者以及两院院士等杰出人才15名左右。对我市新当选的两院院士和新引进的杰出人才，每人给予100万元工作经费和600万元奖励补贴。每培养一名两院院士给予培养单位500万元奖励。支持企事业单位设立院士（科学家、专家）工作站（室），传帮带培养创新人才，符合条件的给予50万元—100万元开办经费资助。

（二）深化和拓展“孔雀计划”。市财政每年投入不少于10亿元，用于培育和引进海内外高层次人才和团队。经认定的国家级领军人才、地方级领军人才、后备级人才和海外A类、B类、C类人才，分别给予300万元、200万元、160万元奖励补贴。经评审认定的海内外高层次人才“团队+项目”，给予最高1亿元资助。对成长性好和业绩突出的团队项目，根据实际需求予以滚动支持或追加资助。

（三）培育引进高层次创新创业预备项目团队。对具有成长潜力、但未入选“孔雀计划”的创新创业团队，给予最高500万元资助。

（四）加强基础研究人才稳定支持。对符合条件的、从事基础前沿研究的高层次人才，给予相对稳定的科研经费支持。对于基础前沿类科技计划（专项），可提供若干周期的项目经费支持。

二、大力引进培养紧缺专业人才

（五）设置专业人才特聘职位。探索在专业性较强的政府机构和国有企事业单位设置高端特聘职位，实施聘期管理和协议工资，通过灵活方式吸引集聚岗位急需的高层次专业人才。

（六）优化党政人才队伍专业结构。立足中长期发展需要，有针对性地引进培养党政紧缺专业人才。实施“双百苗圃计划”，遴选100名左右金融、工程技术、科技类等紧缺专业人才到任务重、工作难的岗位“墩苗”；招录100名左右金融、工程技术、科技类等专业高校毕业生到机关基层做“种苗”。

（七）吸引集聚金融产业发展需要的专业人才。围绕加快金融中心建设，出台加强金融专业人才队伍建设的支持政策，加大金融人才和团队支持力度，引进培养一批高素质、创新型、国际化金融专业人才。

（八）加快引进培养城市管理治理专业人才。大力引进培养城市规划设计、市政管理、环境工程、勘探监测、应急预防、防灾减灾和经济管理、基层社会管理、社会服务等方面的专业人才。建立城市公共安全技术研究机构，快速集聚城市管理治理领域的科学研究和智力服务专业人才。开展基层社会治理队伍系统培训，不断提升责任意识、专业素质和工作能力。

（九）加强教育系统专业人才队伍建设。完善“鹏城学者计划”，每个实施周期设置长期和短期特聘教授岗位各不少于45个，并给予具有国际竞争力的薪酬待遇。深入实施基础教育系统“名师工程”，引进培养一批在国内外享有较高声誉的名校长、名教师、名班主任和教育科研专家。

（十）深入实施医疗卫生“三名”工程。重点引进培育名医（名科）、名医院、名诊所，吸引一流医学人才和团队，对引进的高水平医学团队给予800万元—1500万元的资助。结合推进卫生系统事业单位改革，选聘一批专业化、职业化的医院院长和高水平医生。

（十一）引进培养高水平人文社科专业人才。实施“文化菁英集聚工程”，通过引进、遴选培养和提供稳定经费支持、平台支持等方式，集聚一批哲学社会科学、新闻出版、文化艺术、文化专门技术和创意人才。

（十二）优化企业家成长环境。建立有利于企业家参与创新决策、凝聚创新人才、整合创新资源的新机制，进一步营造尊重、关怀、宽容、支持企业家的社会文化氛围，建立“亲、清”的新型政商关系。培育完善职业经理人市场，建立企业培育和市场化选聘相结合的职业经理人制度。合理提高国有企业经营管理人才市场化选聘比例，选择若干家市属中小企业开展经营班子整体市场化选聘试点。

三、强化博士后“人才战略储备库”功能

（十三）增加博士后设站数量。鼓励高校、科研机构和企业设立博士后流动站、工作站和创新实践基地，争取每批新增博士后工作站不少于15家，每年新增创新实践基地不少于30家。将博士后流动站、工作站的设站单位资助标准提高至80万元，博士后创新实践基地的资助标准提高至50万元。

（十四）扩大博士后招生规模。每年招收博士后研究人员不少于500名。支持本市有条件的博士后工作站独立招收博士后研究人员，博士后流动站、工作站和创新实践基地招收博士后研究人员每年保持适度增长。鼓励我市企事业单位与市内外高校、科研机构博士后流动站、工作站建立联合培养机制。加大外籍博士后招收力度，积极吸引全球优秀青年人才到我市从事博士后研究。

（十五）优化博士后生活服务和科研支持政策。对在我市从事博士后研究的在站博士后人员，每人每年给予12万元生活补贴，总额不超过24万元。鼓励设站单位增加配套资助。研究制定在站博士后研究人员租用新能源小汽车的优惠政策。支持在站博士后到企业和众创空间开展科研和技术转化。鼓励博士后研究人员积极参与国际科研合作和学术交流。对出站留深和来深博士后，给予每人30万元科研经费资助。

四、加快培养国际化人才

（十六）完善干部出国（境）培训制度。将国际化素质培训课程纳入各级干部主体培训内容，改进和完善干部出国（境）培训制度。重点联手国际友好城市，每年遴选一批外语好、业务强的优秀人才，到国外政府机构、国际组织和大型企业工作锻炼。

（十七）支持人才和项目国际合作交流。鼓励和支持我市各类创新主体、社会团体和其他机构等与国（境）外机构开展人才、技术和项目合作交流，符合条件的给予一定的研修津贴和资助。积极培养推送优秀人才进入国际组织。

（十八）实施学生国际交流计划。支持我市各级各类院校开展多种形式的学生交换互读。支持我市优秀高中毕业生和在校大学生、技校生到国（境）外留学。鼓励符合条件的高校、科研机构接收培养国际生。

（十九）完善留学人员来深创业资助政策。出国留学人员来深创业，符合条件的给予30万元—100万元创业资助，特别优秀项目给予最高500万元资助。

五、扎实推进创客之都建设

（二十）在中小学校建设创客实践室。在全市中小学开设创客教育课程，支持建设创客实践室，符合条件的给予最高100万元资助。

（二十一）实施创客培养项目资助计划。大力扶持创客发展，对符合条件的创客个人、创客团队项目给予最高100万元资助。未来5年每年新增创客个人和团队3万名（个）左右。

（二十二）壮大各类创客导师队伍。鼓励资深创客、知名创客以及有丰富经验的企业家和技术专家担任志愿创客导师。招募一批我市高层次人才到全市各级中小学校担任创客导师，为学生创客提供创新指导。

六、提高技能人才培养水平

（二十三）大力发展职业技能教育。充分利用国内国际职业教育资源，推动公办、民办职业教育培训共同发展，加快培养支撑中国制造、中国创造的技术技能人才队伍。实施全民素质提升计划，重点推进在职劳动者中等职业技术教育，由政府、企业、个人按照一定比例承担学费。完善在职劳动者职业技能等级或学历层次提升补贴资助办法，给予每人最高1万元补贴。未来5年每年职业培训总量200万人次以上、新增技能人才22万人左右，力争到2020年高技能人才占技能人才比例达到35%。

（二十四）推进技能人才培养国际合作。探索引进国际技能认证。引进国外优质职业教育资源，推动我市职业学校、技工院校、大企业等与国际知名职业学校、国际知名企业等合作共建若干特色院系或专业。实施“技能菁英工程”，每年遴选30名技能菁英，组织赴国（境）外开展技艺技能研修培训、技能技艺交流及参加国际技能竞赛。

（二十五）实施“双元制”职业教育模式。加快构建现代职业教育体系，推进企业新型学徒制，选择100家左右企业开展校企联合培养试点，按一定标准给予企业培训补贴。对就读本市中等职业学校、技工院校的全日制学生给予学费减免，对职业学校、技工院校在读的全日制学生顶岗实习给予相应补贴。

（二十六）加大高技能人才培养载体建设力度。未来5年每年重点建设10家技能大师工作室、30家技师工作站、50家高技能人才培训基地，符合条件的分别给予50万元、30万元、20万元项目经费资助。

（二十七）大力弘扬“工匠精神”。组织开展“鹏城工匠”评选活动，面向全国举办“工匠之星”技能大赛。鼓励支持我市优秀技能人才参加世界技能大赛等国际性职业技能大赛。我市行业协会、企业和院校等举办职业技能竞赛，符合条件的给予相应资助。

七、加快建设人才培养载体

（二十八）推进高水平院校和学科建设。鼓励高校积极参与世界一流大学和广东省高水平大学建设。大力推进优势和特色学科建设，鼓励高校按照国际同类一流学科专业标准，开展学科专业国际评估或认证。实施一流学科培育计划，对入选国家、省重点学科培育计划的学科给予相应资助，对新增未来新兴产业和民生领域急需学科专业给予一定资助。围绕深圳重点支持领域发展需求，与境内外高水平大学、科研机构合作建设若干特色学院。

（二十九）推动高水平科研机构和新型智库倍增发展。未来5年引进若干家国内外知名科研院所落户深圳，力争建成80家创新能力强的科研机构，国家级工程中心、重点实验室、工程实验室、企业技术中心达到100家以上。坚持政府引导与社会参与相结合，建立一批掌握核心技术的新型科研机构或创新载体。组建军民融合创新研究院，大力推进军民两用技术双向转移。加快建设各类新型智库，未来5年重点引进和培育10家左右在国内外具有一定知名度和影响力的高端智库，通过定向采购等方式，每年给予最高500万元业务经费资助。

（三十）吸引市外技术转移机构来深发展。支持境外机构在深圳设立具有独立法人资格、符合我市产业发展需求的技术转移机构，政府给予最高1000万元研发资助。市政府与国内外知名高校技术转移服务机构、科研机构建立合作伙伴关系，对合作伙伴每年给予最高200万元资助。支持合作伙伴拥有的高新技术研发成果、专利技术等自主知识产权项目在我市落地并实现产业化。

（三十一）引进培育国际学术交流平台。重点吸引和支持高水平国际学术会议（学术组织）、专业论坛在深圳举办或永久性落地，给予最高300万元资助。

八、积极创新招才引智工作机制

（三十二）设立“引才伯乐奖”。鼓励我市企事业单位、人才中介组织等引进和举荐人才，对成功引进两院院士、国家“千人计划”和“万人计划”人才、广东省创新科研团队和领军人才、我市国家级领军人才和地方级领军人才、海外高层次A类和B类人才、“孔雀计划”团队的，每引进一人（团队）给予10万元—200万元的奖励补贴。

（三十三）发挥驻外机构招才引智作用。在市政府驻境外、市外机构加挂人才工作站的牌子，增加驻境外人才工作站布点，赋予其招才引智工作职能。鼓励和支持我市企业和社会团体等驻外机构设立人才工作站，开展招才引智工作。完善人才工作站管理机制、激励机制和经费保障机制。

（三十四）发挥企业主体招才引智作用。鼓励和支持企业根据发展需要面向全球广泛吸纳人才。对国有企业新招录的高层次人才和硕士及以上学历的人才，其薪酬不纳入企业当年和次年的薪酬总额。结合举办高交会、文博会、国际创客周等，政企互动开展多种形式的招才引智活动。

（三十五）发挥群团和社会组织招才引智作用。工会、共青团、妇联、科协、工商联等人民团体，要利用自身优势团结人才、引进人才。市欧美同学会、高层次人才联谊会、企业家协会等人才协会和各类行业协会要发挥对各级各类人才的联系服务和桥梁纽带作用。

九、建立完善人才健康顺畅流动机制

（三十六）实行高层次人才机动编制管理。凡市外事业单位在编高层次人才来深创新创业，可依托市人事人才服务中心、市科技金融服务中心、市科技开发交流中心等，在5年内按我市事业单位编制内管理。

（三十七）支持事业单位科研人员离岗创业。我市高校、科研院所等事业单位科研人员经所在单位同意，可离岗在本市创办企业或到企业开展科技成果转化，离岗创新创业期限以3年为一期，最多不超过两期。离岗期间，其人事关系可保留在原单位，由原单位为其代缴离岗期间单位部分的养老、医疗等社会保险，返回原单位时接续计算工龄并保留原聘专业技术职务。

（三十八）建立企业家和企业科研人员兼职制度。允许高等院校、科研院所以及职业学校、技工院校设立一定比例的流动岗位，吸引有创新实践经验的企业家和企业科研人员兼职。兼职期间的各方权利义务，由兼职人员与原单位、兼职单位共同协商确定。

（三十九）放宽科研人员因公出国（境）管理。按照与党政干部区别对待的原则，对国有企事业单位科研人员和专业技术人员因公出国（境）实行灵活管理，根据实际需要审批其因公出国（境）的批次数、人数及在外停留时间。

（四十）鼓励大学生创新创业。允许高校全日制在校学生休学创业。大学生休学创业和毕业后自主创业，创业场租补贴标准在现有基础上提高20%—50%，优秀项目可给予最高50万元资助。提高大学生就业见习和实习补贴标准，每人每月给予最高2500元，最长不超过6个月。

（四十一）促进人才向基层和艰苦岗位流动。鼓励和支持我市优秀人才到基层一线、小微企业和对口帮扶的汕尾、河源及西藏、新疆等地创新创业、提供专业服务，提高基层一线人才保障水平。重大人才工程项目适当向偏远地区倾斜。市财政每年安排5000万元专项资金，对在偏远地区基层艰苦岗位工作的人才予以资助支持。

十、深化人才举荐和评价制度改革

（四十二）建立青年人才举荐制度。组建青年人才举荐委员会，邀请各行业杰出人才和领军企业高管担任成员，推荐35岁以下的优秀年轻人才，并可直接认定为我市高层次人才，享受相关待遇。

（四十三）建立高层次人才市场化认定机制。发挥政府、市场专业组织、用人单位等多元评价主体作用，建立多维度人才评价标准，探索建立高层次人才积分制认定办法，对人才进行综合量化评价。在我市高层次人才评价标准中引入人力资源服务机构、风险投资机构等市场化评价要素。探索政府授权行业协（学）会、行业领军企业和新型科研机构自主认定高层次人才，并享受相应的政策待遇。

（四十四）推进技能人才多元化评价改革。推进行业组织承接技术技能人才评价改革试点，选取行业特点明显的职业

（工种）交由具备条件的行业组织开展业内技术技能人才评价。

（四十五）深化职称制度改革。在中小学职称改革试点基础上，逐步在高校、卫生系统探索建立与岗位管理相衔接的职称制度。将社会化职称评定职能全面下放给具备条件的行业组织，制定行业组织承接职称评审职能监管办法。在新型研发机构、大型骨干企业、高新技术企业等开展职称自主评价试点。建立激励创新和科技成果转化的职称评审导向，将技术创新和创造、高新技术成果转化、发明专利转化等方面取得的成绩，及所创造的经济效益和社会效益等因素作为职称评审的重要条件。探索建立符合国际惯例的工程师制度。专业技术类公务员在职称评审、科研项目申报和经费保障等方面享受事业单位专业技术人员的相关政策。

十一、强化人才创新创业金融扶持

（四十六）设立人才创新创业基金。发挥市政府投资引导基金引导作用，依托市属国有金融机构参股，并吸引社会资本和社会力量参与，设立80亿元规模的人才创新创业基金，支持人才创新创业。

（四十七）完善人才创业贷款风险补偿机制。对人才创办的种子期、初创期科技型企业，符合条件的给予信用贷款和贷款担保支持。对人才创办的科技型企业购买科技保险产品，符合条件的给予保费资助。对符合条件的科技研发项目和创业担保贷款，给予贷款贴息资助。

十二、加大各类人才安居保障

（四十八）大力建设人才公寓。未来5年市区两级筹集提供不少于1万套人才公寓房，提供给海外人才、在站博士后和短期来深工作的高层次人才租住，符合条件的给予租金补贴。推广建设青年人才驿站。

（四十九）完善高层次人才安居办法。杰出人才可选择600万元奖励补贴，也可选择面积200平方米左右免租10年的住房。选择免租住房的，在我市全职工作满10年、贡献突出并取得本市户籍，可无偿获赠所租住房或给予1000万元购房补贴。符合条件的其他高层次人才，在享受相关奖励补贴的同时，可选择最长3年、每月最高1万元的租房补贴，或选择免租入住最长3年、面积最大150平方米的住房。

（五十）加大中初级人才住房政策支持。加大人才公共租赁住房、安居型商品房配租配售力度。人才申请轮候公共租赁住房，不受缴纳社会保险时间限制。支持用人单位通过提供购房房贷贴息、房租补贴等形式解决人才住房困难。

（五十一）给予新引进人才租房和生活补贴。向新引进入户的全日制本科及以上学历的人员和归国留学人员发放一次性租房和生活补贴，其中，本科每人1.5万元，硕士每人2.5万元，博士每人3万元。

（五十二）创新境外人才住房公积金政策。在我市工作的外籍人才、获得境外永久（长期）居留权人才和港澳台人才，符合条件的，在缴存、提取住房公积金方面享受市民同等待遇。

十三、优化人才子女入学政策

（五十三）设立人才子女入学积分项目。完善我市公办中小学入学积分制度，将人才的社会贡献纳入子女入学积分权重。

（五十四）为高层次人才子女入学提供便利。我市高层次人才的非本市户籍子女在本市就读义务教育阶段和高中阶段学校，享受本市户籍学生待遇。对在我市投资并对经济社会发展作出贡献的外籍和港澳台投资者，其子女入学享受我市高层次人才子女入学待遇。

（五十五）推进中小学国际合作办学和国际学校建设。引进国内外名校或名教育机构来深合作办学，创办和打造一批优质中小学校。加大国际学校建设力度，试点普通中小学特别是外国语学校、民办学校开设专门招收外籍人员子女的国际部。

十四、强化人才医疗保障

（五十六）完善高层次人才医疗保健待遇。杰出人才可享受一级保健待遇，国家级领军人才、地方级领军人才和除杰出人才外的其他海外A类人才、B类人才可享受二级保健待遇，后备级人才和海外C类人才可享受三级保健待遇。对不愿享受保健待遇的高层次人才，可通过支持其购买商业医疗保险等方式提供相应医疗保障。

（五十七）为外籍人才医疗提供便利。在我市三甲医院特需门诊为外籍人才提供预约诊疗和外语服务。鼓励符合条件的医院、诊疗中心与国内外保险公司合作，加入国际医疗保险直付网络系统。

十五、提升服务人才水平

（五十八）完善联系优秀专家制度。市区党政领导班子成员每人联系至少1名专家，通过与专家结对子、交朋友，经常听取意见建议，了解掌握专家的思想、工作、学习和生活状况。

（五十九）整合构建全市统一的人才综合服务平台。整合相关职能部门的人才认定、项目申报、配套待遇落实、创业扶持服务等职能，建设全市统一的人才基础数据信息库和综合服务平台，进一步简化优化人才服务流程，提高人才服务效率。利用综合服务平台开展人才信息情报搜集和分析，发布人才供需信息和人才政策，为用人主体和人才提供高效便捷服务。

（六十）建立高层次人才服务"一卡通"制度。向高层次人才发放"鹏城优才卡"，人才凭卡可直接到综合服务平台或相关部门办理和申报调入关系接转、本人及家属落户、配偶就业、子女入学、医疗社保、人才安居、居留和出入境证件申请、自用物品进境免税证明、创业扶持等服务。

（六十一）为外籍人才来深创新创业提供停居留便利。简化外国专家短期来华相关办理程序，对来深停留不超过90天（含）的外国专家，免办工作许可，凭我市外国专家主管部门发的邀请函，可办理多次往返F字（访问）签证。外籍人才凭工作许可证明入境后可直接申请办理5年内的工作居留证件。对我市认定的外籍高层次人才持其他证件来华的，入境后可申请变更为R字（人才）签证或者按照规定办理居留证件。探索市场化认定外籍人才，放宽其申请办理签证和永久居留证件方面的资格条件。开设外籍人才停居留特别通道，推行外籍人才代转口岸签证服务。在人才集聚区域增设出入境服务站，为外籍人才在深工作提供全面的出入境和居留便利服务。

（六十二）设立深圳市人才研修院。利用研修院举办“群英会”，推动创新创业人才与专业服务机构、企业进行资智、企智对接。举办高层次人才国情研修、教育培训，开展疗养保健等，加强对人才的政治引领和关心关爱，增强认同感和向心力。

（六十三）强化人才知识产权保护。实施严格的知识产权保护，更多依靠法律手段、法治途径强化知识产权保护，同时将侵犯知识产权的失信行为纳入社会信用记录，拓宽知识产权保护渠道。成立专业机构、律师协会等参与的深圳市人才知识产权法律服务联盟，为人才提供公益性、专业性的知识产权法律服务。

十六、加快推进人力资源服务业发展

（六十四）放宽人才服务业准入限制。进一步转变政府职能，探索取消人力资源服务机构行政许可，创新人力资源服务业监管体系。扩大人力资源服务业开放，争取外资独资设立人力资源服务机构的试点。

（六十五）出台人力资源服务业扶持政策。设立人力资源服务业发展专项资金，在人力资源体系建设、产品创新、高端人才引进、骨干企业培育、信息平台建设等方面给予支持。支持创建国家级人力资源服务产业园区，促进人力资源服务机构集聚和规模发展。

（六十六）加大高端猎头机构引进培育力度。力争到2017年底前引进和打造10家左右知名猎头机构。鼓励我市有条件的人力资源服务机构在境外建立分支机构，加强与境外人力资源服务机构合作。

十七、大力推进前海人才管理改革试验区建设

（六十七）吸引境外专业人士提供专业服务。在前海蛇口自贸片区探索建立境外专业人才职业资格准入负面清单。争取上级支持，允许具有港澳执业资格的金融、规划、设计、建筑、会计、教育、医疗等专业人才，经市政府相关部门或前海管理局备案后，直接为区域内的企业和居民提供专业服务，条件成熟时争取将提供服务的范围扩大至全市。

（六十八）完善深港人才交流合作机制。依托深港青年梦工场博士后交流驿站等平台，开展深港两地人才和项目常态化合作。建立深港联合引才育才机制，每年举办深港行业协会人才合作活动。选聘香港专业人士到前海管理局及所属机构任职。港澳高校学生在前海蛇口自贸片区实习、休学创业或自主创业的，享受与我市高校学生同等待遇。

（六十九）建立海外人才离岸创新创业基地。依托前海蛇口自贸片区建设国际人才自由港。支持海外人才在前海离岸创新创业，设立离岸金融、信息服务、物流和其他科技服务企业。

（七十）创新前海人才认定和扶持政策。探索以市场化方式认定前海高端和紧缺人才。每年从前海产业发展资金中安排一定比例的资金作为人才发展引导资金，用于人才开发，支持境内外人才在前海创新创业。

十八、完善人才激励措施

（七十一）改进鹏城杰出人才支持制度。完善鹏城杰出人才认定办法，加大支持力度，给予每人100万元经费支持。

（七十二）建立人才荣誉奖项申报激励制度。支持我市科技、教育、文化、卫生、体育等各行各业人才，参加本行业本专业国际或国家最高荣誉奖项评选，对获得奖项的，给予10万元—50万元奖励。符合条件的，认定为我市高层次人才并享受相关待遇。

（七十三）加大人才创新创业奖励力度。完善市长奖、自然科学奖、技术发明奖、科技进步奖、青年科技奖、专利奖、标准奖等奖励办法。市财政每年安排专项资金不少于10亿元，对在产业发展与自主创新方面作出突出贡献的人才给予奖励。

十九、建立健全人才荣誉制度

（七十四）建立特区勋章和荣誉制度。对有卓越贡献和重大贡献的杰出人士，提请授予深圳经济特区勋章或荣誉称号。

（七十五）完善市政府特殊津贴制度。修订市政府特殊津贴人员选拔管理办法，提高津贴标准，给予每人一次性津贴5万元，并享受相应高层次人才待遇。

（七十六）建立永久性人才激励阵地。依托现有公园和道路打造人才主题公园和人才星光大道。开设人才事迹网络展示馆。

二十、建立健全人才优先发展的保障机制

（七十七）加强和改进党对人才工作的领导。创新党管人才方式方法，充分发挥党的思想政治优势、组织优势和密切联系群众优势，完善党委统一领导，组织部门牵头抓总，有关部门各司其职、密切配合，社会力量发挥重要作用的人才工作新格局。进一步明确人才工作领导小组职责任务和工作规则，健全领导机构，配强工作力量。建立各级党政领导班子和领导干部人才工作目标责任制，将考核结果作为领导班子评优、干部评价的重要依据。理顺党委和政府人才工作职能部门职责，将行业、领域人才队伍建设列入相关职能部门“三定”方案。

（七十八）积极推进人才管理体制改革。转变政府人才管理职能，推动人才管理部门简政放权，清理和规范人才招聘、评价、流动等环节中的行政审批和收费事项。大力发展专业性、行业性人才市场，构建统一、开放的人才市场体系，完善人才供求、价格和竞争机制。全面落实企事业单位和社会组织的用人自主权。打破户籍、地域、身份、学历、人事关系制约，探索非公有制经济组织和社会组织优秀人才进入党政机关、国有企事业单位的办法，促进人才资源合理流动、有效配置。改革完善科研项目招投标制度，健全竞争性经费和稳定支持经费相协调的投入机制。推行有利于人才创新的经费审计方式。

（七十九）统筹经济社会发展和人才培养开发。坚持人才引领创新发展，将人才发展列为经济社会发展综合评价指标。研究制定“一带一路”建设，深圳国际科技、产业创新中心建设，自贸区建设，实施东进战略的人才支持措施。加强产业人才需求预测，有针对性地出台对重点产业、重点领域、重点行业和企业急需紧缺人才的支持政策。推进人才入户制度改革，具有全日制大专及以上学历的人员可直接申领居住证，同时符合年龄条件的直接申办入户；其他具有较高专业技能以及我市产业发展需要的人才，也可直接申办入户或申领居住证。

（八十）加快推进人才工作立法。发挥经济特区立法权优势，制定《深圳经济特区人才工作条例》，推进人才工作依法管理，提升人才工作法治化水平。

（八十一）建立人才政策调查和评价机制。采取“一年一调查、一年一评估”的办法，广泛听取企业、社会公众和人才的意见，对人才政策落实情况进行跟踪研判，根据需要及时对人才政策进行修改完善，及时清理不合时宜的政策性文件。

各级党委、政府要高度重视，强化“一把手抓第一资源”的责任，提高认识，加强领导，确保各项政策措施得以落实。81项措施涉及的组织、宣传、人力资源保障、发展改革、财政、科技创新、教育、卫生、住房建设、公安、金融、编制、外事、城管、前海等有关部门和单位要加强协同，按照任务分工，积极主动作为，抓紧制定落实的配套措施，明确时间表和路线图，确定责任领导和具体责任人。各区应结合实际，制定实施办法，做好政策衔接，既要根据发展需要加大人才投入力度，又要防止互相恶性竞争。加强对人才政策的宣传和舆论引导，回应社会关切，引导社会舆论，营造尊重人才的社会环境，增强聚集人才的效应，齐心协力把我市打造成为“人才高地”。若干措施与我市此前出台的政策有重复、交叉的，按照从新、从优、从高的原则执行。

中共深圳市委
深圳市人民政府
2016年3月23日

深圳市人民政府
关于大力推进大众创业万众创新的实施意见

（深府〔2016〕61号）

为深入贯彻落实《国务院关于大力推进大众创业万众创新若干政策措施的意见》（国发〔2015〕32号）和《广东省人民政府关于大力推进大众创业万众创新的实施意见》（粤府〔2016〕20号）精神，进一步优化创业创新环境，促进众创、众包、众扶、众筹（以下统称四众）等新型支撑平台快速发展，全面推进大众创业、万众创新，增强创新驱动发展新优势，结合深圳实际，制定本实施意见。

一、总体思路

全面贯彻落实党的十八大以来中央各项决策部署、习近平总书记系列重要讲话精神和对深圳工作的重要批示精神，依托深圳国家自主创新示范区建设，加快实施创新驱动发展战略，充分发挥市场在资源配置中的决定性作用和更好地发挥政府的引导作用，加大简政放权力度，放宽政策、放开市场、放活主体，率先形成有利于创新创业的良好氛围，激发全社会创新创业活力，以创新促进发展，以创业带动就业，加快国际科技、产业创新中心建设，建成现代化国际化创新型城市。

——坚持深化改革，营造创业环境。通过供给侧结构性改革和创新，进一步简政放权、优化服务，完善相关法规、扶持政策和激励措施，营造公平竞争环境，消除不利于创新创业发展的各种制度束缚。

——坚持需求导向，释放创业活力。尊重创新创业规律，坚持以人为本，切实解决创业者面临的瓶颈问题，最大限度释放各类市场主体创新创业活力，让创新创业成为经济发展的新引擎。

——坚持政策协同，实现落地生根。统筹推进创业、创新、就业等各类政策的改革创新，强化政策联动，确保创业扶持政策可操作、能落地。发挥深圳国家自主创新示范区先行先试优势，探索可复制、可推广的创新创业经验。

——坚持开放共享，推动模式创新。加强创新创业公共服务资源开放共享，吸纳全球创新创业资源，实现创新创业要素自由流动。依托“互联网+”，推动各行业创新商业模式，建立和完善线上与线下、境内与境外、政府与市场开放合作等创新创业机制。

二、创新体制机制，实现创业便利化

（一）完善公平竞争市场环境。

严格落实《国务院关于在市场体系建设中建立公平竞争审查制度的意见》（国发〔2016〕34号）要求，推进体制机制创新，调整、优化部门职能，推进传统产业政策的“立、改、废”工作，积极研究监督管理“新技术、新产品、新业态、新模式”的方式方法，清理并废止妨碍创新创业发展的制度措施。（责任单位：市政府各部门）

积极开展反垄断宣传，提高公众反垄断意识，推动反垄断工作常态化、大众化。配合上级加大对影响创新创业发展的垄断协议和滥用市场支配地位以及不正当竞争行为的打击力度。（责任单位：市市场和质量监管委、发展改革委、经贸信息委）

提高涉企行政事业性收费政策透明度，开展清理并取消不合理、不合法收费项目，加强社会监督，有效制止各种乱收费。（责任单位：市经贸信息委、发展改革委、科技创新委、市场和质量监管委、财政委）

按照广东省统一部署，在确保工业产品质量安全的前提下，推进工业产品生产许可证行政审批制度改革，实现从事前审批向事中、事后监管转变。（责任单位：市市场和质量监管委、编办）

（二）深化商事制度改革。

简化申办企业的流程，贯彻推广“多证合一、一照一码”、企业名称自主申报登记、企业简易注销等政策试点，开展全流程网上商事登记，打造“互联网+商事登记”新模式，降低大众创业门槛。开展住所（经营场所）登记改革，放宽登记条件限制，推动“一址多照”、集群注册等住所登记改革。（责任单位：市市场和质量监管委、科技创新委）

通过企业信用信息公示平台依法向社会公示与披露企业信用信息，实现信用信息的公开、共享和应用。建立健全跨部门协同监管和联合惩戒机制，明确限制项目内容，提高执行查控能力建设，完善失信被执行人名单制度。提高企业违法失信成本，限制或禁止具有信用污点的企业参与政府采购、工程招投标和申报财政专项资金扶持。（责任单位：市市场和质量监管委、发展改革委、经贸信息委、科技创新委、财政委）

（三）加强知识产权保护。

以建设国际知识产权创新城市为目标，全面推进国家知识产权示范城市、国家商标战略实施示范城市建设，争创全国版权示范城市，积极推进知识产权运营，加快建立知识产权运营公共服务平台，完善知识产权政策法规体系，修订《深圳经济特区加强知识产权保护工作若干规定》，探索新业态创新成果的知识产权保护办法。完善互联网市场知识产权监管机制，支持和鼓励新业态、新商业模式发展，探索建立互联网市场知识产权保护监测平台。完善知识产权快速维权工作机制，拓展快速维权覆盖范围，争取广东自贸试验区前海蛇口片区建设国家知识产权快速维权中心。（责任单位：市市场和质量监管委，前海管理局）

支持人民法院推进知识产权民事、刑事、行政案件的“三审合一”改革，完善知识产权行政执法体制，做好知识产权司法衔接工作，查处侵犯知识产权大案要案，加大对反复侵权、恶意侵权等行为的处罚力度，探索实施惩罚性赔偿制度。完善权利人维权机制，合理划分权利人举证责任，完善协商、调解、仲裁等非诉讼纠纷解决途径。建立健全统一协调、信息共享、应对及时的知识产权维权援助机制。（责任单位：市市场和质量监管委、中级人民法院、仲裁委）

（四）健全创新创业人才培育机制。

鼓励协会、企业、创客空间运营机构等社会力量举办创业交流活动。鼓励资深创客、知名创客，青年企业家协会、妇女企业家协会等协会专业人士加入创业指导专家团队，为初创企业提供创业辅导。（责任单位：市科技创新委、人力资源保障局）

发挥政府、市场、专业组织、用人单位等多元评价主体作用，建立多维度人才评价标准。探索开展执业资格国际先认试点，逐步实现对海外专业技术资格先行认可。（责任单位：市人力资源保障局、前海管理局）

三、优化财税政策，强化创业扶持

（五）加大财政资金统筹支持力度。

统筹安排科研、技改、产业、人才等各类专项资金，加大对小微企业和创新创业的支持力度，加强对专项资金支持大众创业万众创新的绩效评价。（责任单位：市财政委、发展改革委、经贸信息委、科技创新委、人居环境委、人力资源保障局、文体旅游局）

实施《深圳市人民政府关于印发促进创客发展的若干措施（试行）的通知》（深府〔2015〕46号）、《深圳市人民政府关于印发促进创客发展三年行动计划（2015—2017年）的通知》（深府函〔2015〕165号），对新建、改造提升创客空间，引进国际创客实验室的，按照规定予以资助。研究将线下实体众创空间的财政扶持政策惠及网络众创空间。（责任单位：市科技创新委、财政委、各区政府、各新区管委会）

加大对首台（套）重大技术装备扶持力度，对符合国家首台（套）重大技术装备推广应用指导目录的本市工业企业产品在实现首台（套）销售后给予奖励；对投保首台（套）重大技术装备综合险的制造企业给予保费支持。（责任单位：市财政委、经贸信息委、科技创新委）

（六）落实普惠性税收措施。

落实支持小微企业发展的各项税收优惠政策。加强税收优惠政策宣传，确保小微企业“应享尽知”。落实企业研发费用加计扣除、固定资产加速折旧等税收优惠政策。（责任单位：深圳市国税局、市经贸信息委、科技创新委、地税局、前海管理局）。

落实创业投资企业税收抵扣政策，创业投资企业采取股权投资方式投资于未上市的中小高新技术企业2年以上，按照其对中小高新技术企业投资的70%，在股权持有满2年的当年依法抵扣该创业投资企业的应纳税所得额；当年不足抵扣的，可以在以后纳税年度结转抵扣。（责任单位：深圳市国税局、市财政委、地税局）

（七）发挥政府采购支持作用。

建立健全符合国际规则的支持采购创新产品和服务的政策体系，加大对创新产品和创新服务的采购力度，尝试采用首购、订购等非招标采购方式以及政府购买服务等方式促进创新产品的研发和规模化应用。围绕全市经济社会发展重大战略需求和政府购买实际需求，探索试行创新产品与服务远期约定政府购买制度。积极支持中小微企业参与政府采购、享受优惠政策。（责任单位：市财政委、发展改革委、经贸信息委、科技创新委、各区政府、各新区管委会）

四、创新金融服务，实现产融互动

（八）优化资本市场。

促进市上市办、深圳证监局、深圳证券交易所三方联络常态化，进一步完善中小企业上市和新三板挂牌的培育工作机制，做好企业上市股权激励协调服务和政策引导工作，通过专项资金引导中小企业改制上市，大力推动创新型中小企业借助资本市场融资。（责任单位：市中小企业服务署（上市办）、经贸信息委、科技创新委、财政委、金融办、深圳证监局、深圳证券交易所）

积极发展债券市场，大力推广项目收益债券、可续期债券、创新创业债以及小微企业增信集合债。支持创投机构、企业发行创新创业债。简化审核程序、提高审核效率，逐步扩大符合条件的中小企业集合债券发行规模。（责任单位：市金融办、发展改革委、深圳证监局、深圳证券交易所）

（九）创新银行支持方式。

组织实施科技金融计划，鼓励银行业金融机构向创业企业提供结算、融资、理财、咨询等一站式系统化的金融服务，引导银行与其他金融机构加强合作，开展投贷联动、投保联动、投债联动等支持创新创业活动的融资模式和金融产品，提高服务创新型企业的金融专业化水平。完善创业担保贷款政策，支持银行等金融机构加大创业担保贷款力度。引导商业银行在依法合规、风险隔离的前提下，与创业投资机构建立市场化长期性合作。鼓励银行业金融机构在科技资源集聚区域设立专门从事创新金融服务的科技信贷专营机构，提高科技贷款审批效率。（责任单位：市金融办、经贸信息委、科技创新委、深圳银监局）

（十）丰富创业融资新模式。

大力发展政府支持的融资担保机构，加大创业担保贷款、创新创业债券融资支持力度，加强政府引导和银担合作，综合运用资本投入、代偿补偿等方式，促进融资担保机构和银行业金融机构为符合条件的创业企业和四众平台企业提供快捷、低成本的融资服务。探索开展二次担保贷款业务和“信用贷款”。（责任单位：市金融办、经贸信息委、深圳银监局）

引导和鼓励众筹平台规范发展，为创新创业提供安全、规范、便捷、丰富的金融产品和服务。鼓励前海股权交易中心利用互联网技术优化服务流程，打造个性化的融资服务平台，创新小微企业融资业务。（责任单位：市金融办、深圳证监局）

落实《关于印发深圳市促进知识产权质押融资若干措施的通知》（深府办〔2012〕35号），推进知识产权质押融资规模化发展，引导金融机构加快开展知识产权融资业务。加快完善科技保险市场，探索开展全国专利保险试点，支持保险公司创新科技保险产品及服务，支持符合条件的社会资本设立相互保险公司。（责任单位：市市场和质量监管委、科技创新委、金融办、深圳银监局、深圳保监局）

五、扩大创业投资，支持创业起步成长

（十一）建立和完善创业投资引导机制。

完善引导基金管理办法、绩效考核、合作机构遴选等配套制度，引导社会资本投向创新创业各个领域，重点培育和扶持处于初创期、起步期的科技型企业。加强外商投资创新的探索，为本土创业与境外资本的合作创造平台。拓展创业投资机构的跨境投资渠道，积极分享境外高端技术成果。（责任单位：市金融办、科技创新委、财政委、深圳市引导基金投资有限公司）

积极争取国家新兴产业创业投资引导基金、科技型中小企业创业投资基金、国家科技成果转化引导基金、国家中小企业发展基金的支持，推动我市创新创业发展。（责任单位：市发展改革委、经贸信息委、科技创新委、财政委）

（十二）拓宽创业投资资金供给渠道。

鼓励银行业金融机构对创业投资引导基金、创业投资基金提供融资和资金托管服务，做好创业投资引导基金的资金保管、拨付、结算等服务。鼓励保险资金投资创业投资基金，积极推动保险资金对接实体经济。（责任单位：市金融办、发展改革委、经贸信息委、科技创新委、财政委、深圳银监局、深圳保监局）

（十三）发展国有资本创业投资。

鼓励有关市属大型企业构建集“专业孵化+创业投融资+种子股权交易市场”三大核心功能和“创业交流+创业展示+创业培训+创业媒体+公共加速+创业公寓”六大重点功能于一体的全链条创业服务体系。（责任单位：市国资委、科技创新委）

（十四）推动创业投资“引进来”与“走出去”。

落实外商投资创业投资企业相关管理规定，鼓励外资开展创业投资业务。建立健全与外商投资管理制度相适应的工商登记制度。支持设立海外创新投资基金，引导和鼓励创业投资机构加大对境外高端研发项目的投资。加大境外投资管理体制改革力度，进一步完善创业投资境外投资管理。（责任单位：市金融办、市场和质量监管委、国家外汇管理局深圳市分局）

六、发展创业服务，构建创业生态

（十五）加快发展创业孵化服务。

引导社会力量建设孵化器、加速器、专业孵化器，为创新创业者提供低成本、便利化、全要素、开放式的工作空间、网络空间和社交空间。落实我市支持创业投资、股权投资企业发展的相关措施，支持与创业孵化器合作提供投融资服务。（责任单位：市科技创新委、各区政府、各新区管委会）

（十六）大力发展第三方专业服务。

加快发展企业管理、财务咨询、市场营销、人力资源、法律顾问、知识产权、检验检测、信用评价等第三方专业化服务，不断丰富和完善创业服务。加快推进企业孵化、知识产权服务、第三方检测认证等机构的社会化、市场化、专业化改革，加快建立健全技术创新、工业设计、文化创意、质量检测、知识产权、信息网络、电子商务、创业孵化、企业融资、人才培训等公共服务平台。（责任单位：市市场和质量监管委、发展改革委、经贸信息委、科技创新委、科协）

有序推进检验检测认证机构整合，加快产品质量监督检验中心、检验机构和公共检测服务平台建设。引进国际标准认证体系，推动技术服务机构与境外相关机构开展标准和检验互认。（责任单位：市市场和质量监管委）

依托技术交易体系与科技服务网络建设专项计划，支持在科技服务业集聚区及产业园区建设创新创业基地、科技创业服务中心。支持创新创业服务基地、科技创业服务中心、大学生创业服务中心及生产力促进中心建设，丰富创业服务平台形式与内容，提升创新服务能力。（责任单位：市科技创新委、发展改革委）

（十七）发展“互联网+”创业服务。

贯彻落实《深圳市人民政府关于印发“互联网+”行动计划的通知》（深府〔2015〕69号），推动基于“互联网+”的创新创业活动加速发展，促进创业与创新、创业与就业、线上与线下相结合，降低全社会创业门槛和成本。鼓励相关企业打造创客中心，构建为创客和小微企业服务的综合服务体系。（责任单位：市科技创新委、经贸信息委）

开展中小微企业电子商务普及应用扶持计划，鼓励中小微企业借助第三方平台应用电子商务，推动传统企业转型升级、“上网触电”。打造“深商e天下”电子商务公共交易服务平台、“众信网”电子商务诚信公共服务平台，“电子商务大讲堂”电子商务宣传推广公共服务平台等三大公共服务平台，为中小电子商务企业发展提供高效、开放、公平、共享的公共服务资源。（责任单位：市经贸信息委）

建立专业化、网络化的全市创新创业公共服务平台，增强创新创业信息透明度，为创新创业企业提供虚拟秘书、政策发布、创新资源整合等服务，营造“创业无时差，创新零距离”的创新环境。（责任单位：市科技创新委、经贸信息委、各区政府、各新区管委会）

（十八）推进实施创新券等公共服务新模式。

继续实施科技创新券制度，向符合条件的中小微企业和创客发放创新券，用于向科技服务业、高等院校、科研机构和科技服务机构购买科技服务。（责任单位：市科技创新委）

建立创业导师库，通过线上线下等多种方式对创业者分类、分阶段进行指导。面向社会广泛征集创业项目，完善创业项目库，为在库项目提供创业指导、融资对接等创业服务。（责任单位：市人力资源保障局、科技创新委、教育局）

七、建设创业创新平台，增强支撑作用

（十九）打造创业创新公共服务平台。

实施“互联网知识产权”计划，搭建知识产权大数据应用平台，向全社会免费提供基础数据，向中小微企业开展专利信息推送服务，实现知识产权信息利用便利化。（责任单位：市市场和质量监管委）

办好深圳国际创客周、创新创业大赛、全国大众创业万众创新活动周深圳会场等活动，报道一批创新创业先进事迹，树立一批创新创业典型人物，弘扬“敢为人先、追求创新、百折不挠”的创新创业精神，营造适合创新创业的文化氛围。鼓励中国创新创业大赛、中国（深圳）创新创业大赛、全国农业科技创新创业大赛等竞赛优胜项目在深圳落地，并给予相应资助。（责任单位：市科技创新委、市委宣传部、科协）

继续办好自主创新大讲堂等品牌活动，鼓励学会组织和科技社团开展公益讲座。组织科技企业与我市重点创客空间进行对接，开展论坛、培训等活动，拓展创客视野。（责任单位：市科协）

健全职业技能培训体系，开展有政府补贴的创业技能培训，组织创业培训及创业项目推介、创业指导进校园、进社区等专题活动。（责任单位：市人力资源保障局、教育局、科协）

发挥“高交会”海外分会、深港青年创新创业基地等创新创业平台作用，支持创客项目参加香港创新设计展等国内外宣传活动。（责任单位：市科技创新委、前海管理局、团市委）

（二十）用好创业创新技术平台。

制定大型科学仪器设备资源共享办法，建立共享开放的长效机制，进一步完善科技创新资源共享平台，增强科研设施与仪器资源整合及开发能力，提高大型科学仪器设备的利用效率，形成资源配置优化、运行管理规范、共享服务高效的科研设施与仪器开放共享体系。（责任单位：市科技创新委）

按功能定位，完善创新平台布局，整合建设若干新兴产业创新中心。探索整合重点实验室、工程实验室、工程中心、企业技术中心等市级创新载体，构建开放共享互动的创新网络，建立向企业特别是中小企业有效开放的机制。（责任单位：市科技创新委、发展改革委、经贸信息委）

鼓励依托三维（3D）打印、网络制造等先进技术和发展模式，开展面向创业者的社会化服务。引导和支持有条件的领军企业创建特色服务平台，面向企业内部和外部创业者提供资金、技术和服务支撑。（责任单位：市科技创新委、发展改革委、经贸信息委）

构建军民融合创新机制，推动军民科技成果转化，搭建军民融合信息平台，提高军民两用技术和产品信息整合和管理能力，促进军工和民用科技资源的互动共享。（责任单位：市经贸信息委）

（二十一）发展创业创新区域平台。

加快推进全面创新改革试验，在知识产权、人才流动、国际合作、金融创新、激励机制、市场准入等重要领域先行先试、协同推进一批改革举措和创新政策，加快建成具有示范带动作用的全面创新改革试验平台。（责任单位：市发展改革委、科技创新委）

按照政府主导、市区联动、企业参与的原则，加大创新型产业用房的建设，按照有关政策以优惠价格出租或出售给创新型企业。鼓励各区在规划许可前提下，盘活库存、闲置的商业用房、工业用房、库房、物流设施等，为创业者提供创业场所，有条件的可改造为创业园区，并配套建设为园区创业者服务的低居住成本宿舍。鼓励各区通过财政补贴、发放租房券等方式，支持创业者租赁住房。（责任单位：市发展改革委、科技创新委、前海管理局、各区政府、各新区管委会）

鼓励行业龙头企业在美国、欧洲、以色列等世界若干个区域部署海外孵化器，引进先进技术，吸引高端人才，孵化优质项目，推动项目来深产业化，同时为深圳企业拓展海外市场提供信息收集、技术引进、市场推广、海外并购等服务。（责任单位：市科技创新委、经贸信息委、财政委、外办、金融办、投资推广署）

推动深港共建技术转移中心、国际技术贸易交易平台、创投融资服务平台和科技服务中心，设立面向香港的国家级科技成果孵化基地和深港青年创新创业基地，打造深港科技走廊。（责任单位：市科技创新委、经贸信息委、财政委、金融办）

推进建设国家小微企业创业创新基地城市示范，加快构建支撑小微企业创业创新的市场化、专业化、国际化创新生态体系，全面激发小微企业创新创业活力。（责任单位：市财政委、科技创新委、市场和质量监管委、中小企业服务署）

（二十二）推进“双创”示范基地建设。

按照国家和广东省工作部署，加快推进南山区“双创”示范基地建设，推进创新链、资金链、产业链、政策链的“四链融合”，打造创新成本低、创新效率高、创新氛围浓的双创生态体系，建设一批功能齐全的众创空间，扶持一批服务完善的支撑平台，集聚一批创新活跃的高端创客，培育一批活力迸发的创新型企业，建成全国“双创”示范基地新标杆。（责任单位：市发展改革委、经贸信息委、科技创新委、南山区政府）

八、激发创造活力，发展创新型创业

（二十三）支持科研人员创业。

鼓励大中型企业通过投资员工创业开拓新的业务领域、开发创新产品，提升市场适应能力和创新能力。建立多形式、多渠道的军民两用技术项目实施、信息交流和标准化协调机制，加快推进军民创新资源融合。（责任单位：市科技创新委、发展改革委、经贸信息委、国资委）

制定高校、科研院所等专业技术人员离岗创新创业的管理办法，加快落实高校、科研院所等专业技术人员离岗创新创业政策。推动企业加快建立创新驱动发展内部管理制度和激励制度，以股权、期权、分红权等多种激励方式，让科研人员与其创新成果收益对接，充分调动科研人员的创新积极性。（责任单位：市人力资源保障局、科技创新委、财政委、教育局、国资委）

支持国有企业与科研机构、高等院校建立常态化人才双向交流、双向培养工作机制，持续培育国有企业科研人才。健全完善创新型人才市场化薪酬机制，支持国有企业建立创新项目竞聘机制，引进聚集一批经验丰富、创新能力突出的企业家、创新型领军人才、科技研发带头人、项目创新骨干等到国有企业任职或兼职。（责任单位：市国资委、科技创新委、财政委、教育局、人力资源保障局）

（二十四）支持大学生创业。

贯彻落实《国务院办公厅关于深化高等学校创新创业教育改革的实施意见》（国办发〔2015〕36号），鼓励全市高校积极参加国家、省大学生创业引领计划，全面推进创新创业教育，大力加强创新实践和创业培训，建立大学生创业辅导制度，实施大学生创业服务优化工程和创业文化培育工程，进一步提升学生创业意识和创业能力。推动各高校积极加强创业指导师资队伍建设，组建创业学院和创业指导服务机构，对学生创业项目提供覆盖项目开发、指导、融资、补贴、跟踪扶持等全链条的创业服务。（责任单位：市教育局、财政委、人力资源保障局）

（二十五）支持境外人才来深创业。

继续实施“孔雀计划”，进一步完善人才认定标准，强化信息化建设，持续吸引更多的海外高层次人才来深创新创业。建设海外人才“离岸创业”基地，充分发挥国家海外高层次人才创新创业基地、留学生创业园和产业园等吸纳人才的作用。探索进一步放宽外籍高端人才来深创新创业居留条件，在子女教育、就业、社保、医疗、住房购置、融资贷款等方面给予支持。（责任单位：市委组织部、市科技创新委、规划国土委、卫生计生委、教育局、公安局、人力资源保障局、住房建设局、金融办、前海管理局、科协、深圳银监局）

九、促进线上线下融合，推动四众健康发展

（二十六）全面推进众创。

汇众智搞创新，大力发展专业空间众创，鼓励各类科技园、孵化器、创业基地等与互联网融合创新，推动创客空间、创业咖啡、创新工场等新型众创空间发展。鼓励推进网络平台众创，支持大型互联网企业、行业领军企业通过网络平台向各类创业创新主体开放技术、开发、营销、推广等资源。培育壮大企业内部众创，通过企业内部资源平台化，积极培育内部创客文化，激发员工创造力。（责任单位：市科技创新委、发展改革委、经贸信息委）

（二十七）积极推广众包。

汇众力增就业，大力发展研发创意、制造运维、知识内容、生活服务等外包，鼓励企业与研发机构等通过网络平台将部分设计、研发任务分发和交付，促进有能力的大中型制造业企业通过互联网众包平台满足大规模标准化产品订单制造需求，支持百科、视频等开放式平台积极通过众包实现知识内容的创造、更新和汇集，推动交通出行、快件投递、旅游、医疗、教育等领域生活服务众包，发展以社区生活服务业为核心的电子商务服务平台。（责任单位：市科技创新委、发展改革委、经贸信息委、交通运输委、卫生计生委、教育局、文体旅游局、邮政管理局）

（二十八）立体实施众扶。

汇众能助创业，推动社会公共众扶，加快公共科技资源和信息资源开放共享，提升各类公益事业机构、创新平台和基地的服务能力，鼓励行业协会、产业联盟等对小微企业和创业者加强服务。倡导企业分享众扶，鼓励大中型企业通过生产协作、开放平台、共享资源、开放标准等形式带动上下游小微企业和创业者发展。促进公众互助众扶，支持开源社区、开发者社群、资源共享平台、捐赠平台、创业沙龙等各类互助平台发展。（责任单位：市科技创新委、经贸信息委）

（二十九）稳健发展众筹。

汇众资促发展，积极开展实物众筹，鼓励消费电子、智能家居、健康设备等创新产品开展实物众筹，积极发挥实物众筹的资金筹集、创意展示、价值发现、市场接受度检验等功能。稳步推进股权众筹试点，鼓励小微企业和创业者通过股权众筹融资方式募集早期股本。规范发展网络借贷，支持互联网企业依法合规设立网络借贷平台，运用互联网技术优势加强风险防控。（责任单位：市金融办、经贸信息委、科技创新委、深圳银监局、深圳证监局）

（三十）推动四众平台持续健康发展。

通过分类管理、试点示范等方式，依法为众包、众筹等新模式新业态的发展营造政策环境。建立健全监管制度，明确四众平台企业在质量管理、信息内容管理、知识产权、社会保障、网络安全等方面的责任、权利和义务。创新行业监管方式，建立健全以信用为核心的新型市场监管机制。（责任单位：市发展改革委、经贸信息委、科技创新委、市场和质量监管委、人力资源保障局）

十、加强统筹协调，完善协同机制

（三十一）加强组织领导。

市直各相关部门、各区政府（新区管委会）要按照任务分工，扎实推进各项工作。各单位要制订具体计划，明确工作任务、时间节点、责任人和保障措施，确保促进创新创业各项政策落到实处。

（三十二）注重部门联动。

建立跨部门统筹协调机制，加强对全市创新创业工作的统筹指导和综合协调，强化部门协同和上下联动，切实形成合力，全力推进大众创业万众创新蓬勃发展。

（三十三）鼓励探索先行。

弘扬鼓励创新、宽容失败的观念，最大限度调动相关部门的积极性、主动性和创造性。市直各相关部门、各区政府（新区管委会）要积极探索适应新模式新业态发展特点的管理模式，率先形成有利于大众创业万众创新的服务体系。

（三十四）强化政策宣传。

加强大众创业万众创新工作的政策解读、宣传等工作，积极发挥各类大众创业万众创新展示平台作用，及时总结和推广先进经验，努力营造大众创业万众创新的良好氛围。

附件：1．任务分工和进度安排（略）

2．名词解释（略）

深圳市人民政府

2016年8月8日

深圳市人才引进实施办法

（深人社规〔2016〕22号）

第一条 为进一步做好本市人才引进管理服务，大力引进优秀人才，促进本市经济社会发展，根据《关于促进人才优先发展若干措施》（深发〔2016〕9号）、《深圳市户籍迁入若干规定》（深府〔2016〕59号）等有关规定，制定本办法。

第二条 本办法适用于本市引进市外人才，包括从市外调入干部和招调工人，以及引进留学回国人员，但接收普通高校应届毕业生除外。

第三条 市人力资源保障部门负责本市人才引进工作的政策制定、统筹协调和指导监督，并与区人力资源部门在各自职责范围内具体实施。

第四条 人才引进工作实行统一政策、统一审核标准、统一信息管理。经市、区人力资源部门审核同意的，可依程序办理人才引进、工作关系和档案转接、户籍迁入等手续。

第五条 申请人才引进应符合以下基本条件：

（一）身体健康。

（二）已在本市依法缴纳社会保险[符合本办法第六条第一款第（一）、（二）项的除外]。

（三）符合本市计划生育相关规定。

（四）未参加国家禁止的组织及活动，无刑事犯罪记录。

第六条 符合第五条规定的基本条件，并符合以下条件之一，可申请办理人才引进：

（一）经深圳市认定的高层次人才，且符合该类人才认定标准对应年龄条件的人员。

（二）在国（境）外学习并获得学士以上学位的留学人员，或在国（境）外高等院校、科研机构工作（学习）1年以上、取得一定成果的访问学者和博士后等进修人员，且年龄在45周岁以下。

（三）具有普通高等教育本科以上学历，且年龄在45周岁以下的人员；具有普通高等教育专科以上学历，且年龄在35周岁以下的人员。

（四）具有高级专业技术资格，且年龄在50周岁以下的人员；具有中级专业技术资格，且年龄在45周岁以下的人员。本项所述人员需同时具有中专以上学历。非广东省评定颁发的专业技术资格（不含经全国统考取得），须经过本市（区）人力资源部门审核。

（五）具有高级技师职业资格，且年龄在45周岁以下的人员；具有技师职业资格，且年龄在40周岁以下的人员；具有高级技能职业资格，且在深圳市参加社会保险满3年以上，年龄在35周岁以下的人员。本项所述人员的职业资格证书需同时符合深圳市技能人才引进紧缺职业目录。非在本市参加考试的技能职业资格证书（含全国、全省统考类），须通过本市人力资源保障部门组织的相应等级综合水平测试。

（六）在世界技能大赛和国家级一、二类职业技能竞赛中获奖人员，或获得“中华技能大奖”“全国技术能手”“广东省技术能手”“深圳市技术能手”称号人员，或受深圳市委、市政府表彰的人员。本项所述人员年龄需在45周岁以下。

（七）按照深圳市人才引进综合评价分值表测评达到100分，且年龄在45周岁以下的人员。

按照前款第（一）至（六）项条件申请办理人才引进的，由人力资源部门核准办理；按照第（七）项条件申请办理人才引进的，由人力资源部门在市发展改革部门下达的专项计划指标范围内审批办理。

第七条 符合第六条规定的市外人才，可通过单位申办的方式，由用人单位申请办理人才引进，或由用人单位委托人才引进代理机构办理人才引进；也可以通过个人申办的方式，以个人身份委托人才引进代理机构办理人才引进。

第八条 通过单位申办方式办理人才引进的，用人单位应先在申办前办理人才引进立户登记。在本市依法成立且正常运作的各类法人机构或具有用人自主权的其他组织均可申办立户登记。

国家、省驻深单位或企业、市国资部门直管企业申请人才引进业务的，在市人力资源保障部门办理；本市直通车服务企业可自主选择在市人力资源保障部门或所在区人力资源部门办理，但须与其办理普通高校应届毕业生引进业务的受理部门保持一致，且不得在市、区人力资源部门同时办理人才引进业务；其他用人单位在所在区人力资源部门办理。

第九条 申请人通过个人申办方式办理人才引进的，可自主选择人才引进代理机构。

委托市属人才引进代理机构代理人才引进业务的，由市人力资源保障部门办理；委托区人才引进代理机构代理人才引进业务的，由区人力资源部门办理。

第十条 申请人办理人才引进时，应如实申报本人调出单位和人事档案（干部档案或工人档案，下同）情况。有人事档案的，需在申请人才引进时一并办理人事档案商调手续。

有人事档案且已商调到本市的，经市或区人力资源部门审核确认，具有干部身份的办理调干手续，具有工人身份的办理调工手续；其他人员办理招工手续。

有档案保管权的用人单位可自行办理档案商调手续，个人、无档案保管权的用人单位应委托市人力资源保障部门认可的流动人员人事档案管理机构办理档案商调手续。

第十一条 市、区人力资源部门收到书面申报材料后，根据不同情形分别作出以下处理：

（一）申报材料齐全、符合规定要求的，予以受理。

（二）申报材料不齐全或者不符合规定要求且无法当场补正的，退回申报材料，并告知需补正的内容。

（三）不符合受理条件或者不属于受理范围的，不予受理，并告知不予办理的理由。

第十二条 市、区人力资源部门接收书面申报材料之日起，15个工作日内出具审核结果。对情况特殊需进一步审核的，审核时限可适当延长，但是最长不得超过30个工作日。

第十三条 经审核同意的申请人，领取人才引进审核文件后办理户籍迁入等手续。

对审核不同意的申请人，市、区人力资源部门告知其用人单位或受托人才引进代理机构并说明理由。

第十四条 申请人办理迁户时，其户口性质登记为农业户口的，须同时申请办理深圳市“农转非”手续。

申请人符合本市随迁政策的子女可同时办理随迁入户手续。

第十五条 申请人应确保申报信息和申报材料的真实性，并如实申报人事档案情况。

申请人未如实申报人事档案情况或未按规定办理档案商调手续的，有关责任后果由其本人承担。

申请人有申报虚假信息或提供虚假材料等行为的，不予办理人才引进手续，记入本市人才引进征信系统和个人信用征信系统，5年内不得申办人才引进业务；已领取人才引进审核文件的，予以撤销；已入户的，予以注销，退回原籍；涉嫌犯罪的，移送司法机关依法处理。

第十六条　用人单位及人才引进代理机构应确保申报信息和申报材料的真实性。

用人单位或人才引进代理机构有以下行为之一的，记入本市人才引进征信系统，该用人单位或人才引进代理机构及其法定代表人、经办人5年内均不得办理人才引进业务，涉嫌犯罪的，移送司法机关依法处理：

（一）用人单位为非本单位人员办理人才引进的。

（二）违反相关规定代办人才引进的。

（三）申报虚假信息或提供虚假材料的。

（四）不严格核实申报材料造成不良后果的。

（五）有行贿、受贿或索贿情形的。

（六）有其他相关违法犯罪行为的。

第十七条 申请人曾因申报虚假信息或提供虚假材料等行为，被记入本市人才引进征信系统并限制申办人才引进业务的，需在限制期满后方可重新申办本市人才引进业务。

第十八条 市、区人力资源部门在人才引进业务中实行经办负责制，违反本办法及其他有关规定的，按规定追究行政责任；涉嫌犯罪的，移送司法机关依法处理。

第十九条 市政府对高层次专业人才及其配偶、获得特殊奖项或表彰人员、投资纳税人员、机关事业单位和驻深单位人员、随军家属等引进另有规定的，按其规定执行。

第二十条 本办法所称“以下”不包含本数，“以上”包含本数。

第二十一条 市人力资源保障部门可依据本办法制定深圳市人才引进综合评价分值表、技能人才引进紧缺职业目录、具体业务指南等，市、区人力资源部门应按规定做好学历、技术资格、技能职业资格等核验或实测实操考核工作，确保人才引进工作有序执行。

本办法第七条、第八条、第九条、第十条不适用于引进留学回国人员，引进留学回国人员的具体办理程序由市人力资源保障部门另行制定。

第二十二条 本办法自2017年1月1日起实施。

深圳市人力资源和社会保障局
2016年12月20日

江门市人民政府
关于完善体制机制加快建设人才强市的若干意见

（江府〔2016〕6号）

为深入实施创新驱动发展和人才强市战略，打造人才生态最优城市和人才创新高地，推进珠三角国家自主创新示范区建设，根据市委、市政府关于打造“三门”、建设“三心”，加快发展，争先进位的目标要求，紧密结合“双引双创”人才战略支撑，经市委、市政府同意，现就进一步完善体制机制加快建设人才强市，提出如下意见：

一、总体思路

（一）指导思想。

贯彻落实党的十八大及十八届三中、四中、五中全会和习近平总书记关于人才工作系列重要指示精神，贯彻创新、协调、绿色、开放、共享的发展理念，坚持人才是创新发展的“第一驱动”，紧紧围绕建设人才驱动型创新城市和人才创新高地的总目标，以增强自主创新能力、引领产业转型升级为核心，以人才体制机制改革和政策创新为动力，以创新型企业（基地）为主体，以创新型人才（团队）为重点，聚焦小微企业创业创新基地示范城市建设，吸引天下英才集聚江门创新创业，为打造“三门”、建设“三心”，全面提升江门综合竞争力，奋力在区域竞争与合作中争先进位提供强有力的人才保障和智力支撑。

（二）主要目标。

紧扣“十三五”发展规划人才需求，通过引进和培养创新创业人才及团队，努力做大增量、做优存量、提升质量，建成一支引领产业转型升级、富有创新精神、敢于承担责任的创新型高层次人才队伍，努力实现不唯地域引进人才，不求所有开发人才、不拘一格用好人才、不分先后尊重人才。到2020年，全市人才工作达到珠三角平均水平，人才总量达到106万人；引进和培养各类产业人才达10000人以上；争取引进和培育省级以上创新创业团队4个；省级以上领军人才10名，引进和自主申报入选国家“千人计划”和“珠江人才计划”人选25名，全市高层次创新创业人才总量增加195人。各市、区2020年人才工作目标分解情况详见下表（略）。

（三）对象范围。

本意见所指的高层次人才，主要是指具有博士学位、副高以上职称、高级技师技能资格等高端人才以及经认定具有较高学术造诣、较大社会影响力的我市急需紧缺人才。提升人才政策操作性，对高层次人才和团队实施分类扶持。重点引进和培养五类人才：创业人才、创新创业中介服务人才、风险投资管理运营人才、企业高级管理和科技技能人才、企业家，特别是拥有适用专利、发明人才。符合条件的人才可以直接落户，具体分类认定办法另行制定。

二、加大人才和团队引进培养力度

（四）全面实施柔性引才引智计划。

鼓励企事业单位通过短期工作、项目合作等方式柔性引进高层次人才。对企事业单位柔性引进的高层次人才和引智项目，给予引进单位最高10万元的项目资助经费。江门海外专家项目获得国家、省级专项支持的，给予引智项目单位1：1的配套资金支持。

（五）实施“侨都英才”集聚工程。

聚焦产业发展需求和方向，制定更加精准高效、务实管用、简便易行的引进高层次人才评价认定办法，大力引进和培养各类高、精、尖人才。

1．引进创新创业团队和领军人才。引进人才或团队对全市产业发展有决定性、关键性作用的，以“一事一议”的方式确定补贴额度，创新创业团队给予100万—1000万元资助，创新创业领军人才给予30万—300万元的创业项目资助或专项工作经费资助。各市、区要建立创新创业团队和领军人才梯队，为申报国家、省重点人才项目做好储备。对引进入选国家“千人计划”“万人计划”的团队和个人，按照国家首次资助额1：1的比例提供配套资助。对入选广东省“珠江人才计划”“广东人才特支计划”和“广东扬帆计划”等的团队和个人，按照省资助额二分之一的比例提供配套资助。

2．加强高技能人才培养。对获批设立的技师“名师工作室”、国家级技能大师工作室，给予一次性建设经费资助10万元，并对相关名师、技能大师给予每人每月津贴1500元，享受期最长为3年。实施企业“首席技师”津贴制度，每年从企业遴选20名达到市级顶尖水平的高技能人才，授予江门市“首席技师”称号，3年内给予每人每月市政府津贴1500元。对获得高级技师后在江门工作满1年的，给予一次性生活补贴1万元。办好各类技能大赛选拔培养高技能人才。继续实施高技能人才养老保险补贴制度。企业或培训机构等每成功培养一名国际认证的本地企业高技能人才，给予不超过2万元的资金资助。

3．加强名师名医名家培育。每年安排不少于100万元的人才工作经费，通过竞争择优方式对文化、教育、卫生、社科等领域的“专家工作室”建设进行扶持。通过项目征集和评选，对我市具有重大指导意义的研究项目进行资助，单个研究项目最高资助10万元。对获得国家级、省级荣誉称号以及经市选拔认定的名师、名医、名家，在江门工作期间，可享受每月500—1000元的市人才特殊津贴，享受期为3年。

4．加强企业家及小微企业创业者培训。安排专项资金，培训企业家及符合产业政策导向、发展潜力大、创新能力强，且创业历程具有较好示范作用的小微企业创业经营者，全面提升企业经营管理人才的综合素质和经营管理能力。

（六）整合社团资源，构建全球引资引智工作网络。

充分利用江门“中国侨都”品牌和五邑籍华侨人才资源优势，结合我市重点发展部署和开放创新需要，5年内在全球布局10个左右“联络五邑”海外服务工作站，作为宣传推介江门和各市区开展招商引资、招才引智、侨务和社团工作的窗口、桥梁和纽带。每年经考核给予每个海外服务工作站工作经费10万元。

三、做优做强各类人才创新平台

（七）创建全国博士后创新（江门）示范中心。

采取部地（人社部与江门市）共建的方式，创建“全国博士后创新（江门）示范中心”，集聚一批优秀博士后到江门开展项目研究、科研成果转化、实践实训和创办科技型小微企业，打造创新发展生力军。对新建立的博士后科研工作站和创新实践基地，分别给予50万元、20万元的一次性建设经费资助，对已开展科研项目的每位在站博士后按每年15万元的标准给予补贴。优秀博士后来江门实践锻炼期间，给予相应待遇，具体办法另行制定。

（八）大力支持企业重大科技创新平台建设。

我市单位建立国家级和省级工程技术（研究）中心、企业技术中心、重点实验室、工程实验室、新型研发机构等科研平台的，分别给予每个200万元和100万元的一次性建设经费资助。对省级、市级院士工作站分别给予50万元、20万元的一次性建设经费资助。支持企事业单位加强高技能人才载体建设，打造国家级和省级技能人才实训基地。

四、大力完善人才创业创新扶持政策

（九）支持优秀人才创办科技型小微企业。

博士、博士后或留学归国人员到我市创办科技型小微企业，或成功将我市小微企业转型为科技型小微企业的，经认定后给予每个企业20万元人才创新奖励金。对特别优秀的，给予重奖。对留学归国人员在江门创新创业的重点项目、优秀项目和启动项目，经评审分别给予50万元、20万元和10万元资助，特别优秀项目给予最高200万元的资助。对留学归国人员入选国家、省人才项目资助计划的，按国家、省资助额的1∶1给予配套资助。

（十）积极鼓励大学生自主创业。

加大创业培训力度，鼓励有条件的学校建立创业学院。对成功建立创业学院并得到省奖补的，市级财政一次性给予每个院（校）不超过50万元的奖励。鼓励外地大学生来我市创业，各市、区应结合当地实际为大学生提供安居服务。

（十一）建立健全产业发展与创新型人才激励机制。

对在江门市高端制造业、高新技术产业、高端服务业等现代产业体系领域中的企业工作，年度个人应税收入20万元以上且依法缴纳个人所得税连续1年以上，在管理与技术创新等方面有突出贡献、促进产业发展的人才给予奖励，个人最高奖励金额为50万元。具体办法另行制定。

（十二）为人才提供“邑门式”服务。

实施“人才绿卡”计划。向高层次人才、紧缺急需人才发放“人才绿卡”，人才可在线申办享受更多优惠服务。人才居留落户、子女入学问题、配偶安置等服务事项，均纳入各市、区属地“邑门式”服务体系。鼓励各市、区结合当地实际，为人才提供个性化的特色服务。

五、切实加强组织领导

（十三）加强统筹和协调。

人才和团队的引进培养工作在市委、市政府的统一领导下，由市人才工作领导小组组织实施。实行人才工作领导小组成员单位工作述职制度。探索建立人才政策实施的跟踪评估、修订完善和工作考核及通报机制。制定人才资源统计和定期发布制度。相关部门要加强对各项人才工作任务的全程跟踪督查，对不兑现、不落地的实行严肃问责。各市、区和各单位要结合实际，细化并落实人才工作责任制。

（十四）保障人才资金投入。

建立人才优先投入保障机制，市本级及蓬江区、江海区、新会区和鹤山市（东部“三区一市”）每年按照不低于本地区年度一般公共预算财政收入1%的标准，台山市、开平市、恩平市（西部“三市”）每年按照不低于本地区年度一般公共预算财政收入0.5%的标准，分别设立辖区人才发展专项资金，并由市本级和各市、区财政统筹安排。通过设立政府投资基金等方式，重点支持全市高层次人才创新创业。以上所需资金由市本级、县级市、区两级财政共同分担。

鼓励各市、区结合本地实际，以高于本文件的标准制定实施人才引进、培养和创新创业扶持政策。

本意见由市委组织部、市人力资源社会保障局负责解释，自印发之日起实施。本意见与我市现有人才政策有重复、交叉的，按照“从优、从高、不重复”的原则执行；原相关文件与本意见不一致的，以本意见的规定为准。

江门市人民政府

2016年3月11日

江门市高层次人才认定和评定办法

（江人社发〔2016〕489号）

第一章 总 则

第一条 为加强我市高层次人才队伍建设，建立科学、规范的人才选拔和评价体系，根据《关于完善体制机制加快建设人才强市的若干意见》（江府〔2016〕6号，以下简称《意见》），结合我市实际，制定本办法。

第二条 本办法所指高层次人才主要是指具有博士学位、副高以上职称、高级技师技能资格等高端人才以及经评定具有较高学术造诣、较大社会影响力的我市急需紧缺人才。根据业绩与专业水平的差异，分为一级、二级、三级三个层次。

第三条 江门市高层次人才须通过认定和评定。认定是指对人才已获得的荣誉、称号、资格直接承认确定。评定是通过计分，达到一定标准后，再经专家评委会进行评审确定。

第四条 江门市人才工作领导小组办公室负责人才认定和评定工作的统筹协调和宏观管理，江门市人力资源和社会保障局负责人才认定和评定工作的组织实施。

第五条 高层次人才认定和评定坚持公开、公平、公正的原则；坚持品德、知识、能力和业绩并重，突出紧缺急需、以用为本的原则。

第二章 认定和评定范围与条件

第六条 高层次人才认定和评定不受国籍、地域、户籍和身份限制。

第七条 凡在我市工作或来我市创新创业的人员，以及与我市单位签订2年以上协议，且每年在我市工作时间不少于3个月的柔性引进人员，均可申报评定或认定高层次人才。公务员和参照公务员法管理单位工作人员不列入认定和评定对象。

第八条 申报认定和评定高层次人才的，除符合认定和评定的条件外，还应当具备下列基本条件：

（一）遵纪守法，诚实守信，有良好的职业道德。

（二）专业基础扎实，自主创新能力强，学风正派，具有严谨求实、探索求知、崇尚真理的科学精神。

（三）取得突出业绩和成果要与目前所从事的工作密切相关。

第三章 认定和评定程序与方法

第九条 高层次人才评定每半年受理一次。高层次人才认定申请常年受理。

第十条 高层次人才评定由江门市人力资源和社会保障局根据申报情况，聘请各相关专家组建评委会进行评定。

第十一条 高层次人才认定和评定按下列程序执行：

（一）个人申报。个人向所在单位（个体创业者直接向当地政府人力资源社会保障部门）提交申请表，并附个人有效身份证件、学历证书、资格证书、相关荣誉证书等辅助材料。

（二）申请人所在单位及主管部门在其申请表中加具推荐意见后连同相关辅助材料报送所在地人力资源社会保障部门，由所在地人力资源社会保障部门审核同意后报送江门市人力资源和社会保障局。

（三）认定和评定。对申报认定的申报人，由江门市人力资源和社会保障局根据标准和条件进行认定；对申请评定的，由江门市人力资源和社会保障局进行评分，达到评审标准的，再提交专家评委会评审。江门市人力资源和社会保障局必要时可组织人员进行核查。

（四）备案。江门市人力资源和社会保障局将认定和评定提出的人选报江门市人才领导小组办公室备案。

（五）公示。认定和评定通过的人选，由政府相关部门网站及申报人所在单位进行公示，公示期为7天。

（六）发证。经公示无异议，发放《江门市高层次人才证明》和“人才绿卡”。对经公示有异议的，由江门市人才工作领导小组办公室组织人员核查后作相应的处理。

第四章 认定和评定的标准

第十二条 申报人在工作领域取得的业绩成果达到或相当于国际、国家、省（市）领先水平的，分别认定为一级、二级、三级高层次人才。

一级高层次人才认定标准：

（一）“诺贝尔奖”等著名国际奖项获得者；中国科学院院士、中国工程院院士、国家科学技术奖获得者、中国社会科学院学部委员、荣誉学部委员；发达国家院士（最高学术权威机构会员）；在国际学术技术界享有一定声望，是某一领域的开拓人、奠基人或对某一领域的发展有过重大贡献的著名科学家。

（二）获得以下奖项之一者：长江学者成就奖、国家有突出贡献中青年专家；广东省科学技术突出贡献奖。

（三）国家自然科学奖一等奖、二等奖完成人；国家技术发明奖一等奖、二等奖完成人；国家科技进步奖一等奖、二等奖完成人；中国青年科学家奖；中国专利金奖完成人等其他国家级科技奖项和荣誉称号。

（四）获得国家自然科学基金委员会“国家杰出青年科学基金”“创新研究群体科学基金”资助者（须为学术带头人）；国家科技重大专项总体组技术总工程师、技术副总工程师，重大专项项目技术负责人；国家科技支撑（攻关）计划项目负责人（且项目已通过结题验收）；国家重点基础研究发展计划（973计划）专家顾问组组长、副组长，领域专家咨询组组长、副组长；国家高技术研究发展计划（863计划）专家委员会主任、副主任，领域专家组组长、副组长；国家实验室、国家重点实验室、国家工程实验室、国家工程研究（技术）中心、国家认定技术中心主任（首席科学家）；全国专业标准化技术委员会主任委员。

（五）国家百千万人才工程第一人选、新世纪百千万人才工程国家级人选；国家“千人计划”“国家特支计划”（万人计划）入选者；中国工艺美术大师；中国科学院“百人计划”入选者；广东省“珠江人才计划”创新科研团队的带头人和领军人才。

（六）南粤功勋奖、南粤创新奖、“中华技能大奖”荣誉称号获得者。

（七）享受国务院政府特殊津贴人员。

二级高层次人才认定标准：

（一）国家科技重大专项课题负责人（课题已通过结题验收）；国家科技支撑（攻关）计划课题负责人（课题已通过结题验收）；“新世纪优秀人才支持计划”入选者；广东省“珠江人才计划”创新科研团队的核心成员；广东省“高层次人才特殊支持计划”入选者；广东省“扬帆计划”的“引进紧缺拔尖人才项目”“培养高层次人才项目”的入选者；江门市科研创新团队的带头人。

（二）国家科学技术进步奖三等奖获得者、省部级自然科学奖、技术发明奖、科学技术进步奖、哲学社会科学优秀成果奖一等奖获得者；“广东省中小学特级教师”称号获授者；获得“全国技术能手”荣誉称号的技术技能型、复合技能型高技能人才。

（三）海外高层次人才。主要包括我市重点产业急需紧缺的以下人员：

1．在国外著名高校、科研院所担任相当于副教授、副研究员及以上职务的专家、学者；

2．在世界五百强企业担任高级管理职务的经营管理专家，或在著名跨国公司、金融机构担任高级技术职务、在知名律师（会计、审计等）事务所担任高级技术职务，熟悉相关领域业务的国际规则、有较丰富实践经验的管理人员或技术人员；

3．在国外政府机构、政府间国际组织、著名非政府机构中担任中、高层次职务的专家、学者。

（四）具有博士学位或正高专业技术资格人员。

三级高层次人才认定标准：

（一）省部级自然科学奖、技术发明奖、科学技术进步奖、哲学社会科学优秀成果奖二等奖获得者、市（地级市以上）科技进步奖一等奖获得者；获得省级技术能手或者省人力资源和社会保障厅组织的职业技能竞赛前三名的技术技能型、复合技能型高技能人才。

（二）“青年英才开发计划”“创新人才推进计划”“现代农业人才支撑计划”“广东省自然科学杰出青年基金项目（省杰青）”“百名南粤杰出人才培养工程（南粤百杰）”入选者；长江学者奖励计划“青年学者”聘任人选；省（自治区、直辖市）科学技术奖二等奖第一完成人；省专利奖优秀奖第一完成人（须为专利发明人或设计人）；“广东特支计划”第二层次“领军人才”入选者（且项目通过结题验收）；江门市科技创新团队核心成员。

（三）担任上一年度纳税额超3000万元独立法人资格企业负责人或首席技术专家（总工程师或研发部门第一负责人），一家企业不超过1名；个人上年度税前工资薪金所得100万元以上的人才。

（四）高级技师；副高专业技术资格人员。

第十三条 申报人条件达不到认定标准的，由江门市人力资源和社会保障局根据《江门市高层次人才评定计分表》进行评分，对评分超过60分的人选，提交专家评委会评审并提出评定意见。

第十四条 经国内外同行权威专家推荐的特殊人才，经江门市人力资源和社会保障局审核同意，报请江门市人才领导小组办公室备案后，可直接认定为相应层级的江门市高层次人才。

第五章 管理与考核

第十五条 高层次人才由江门市人力资源和社会保障局建库进行统一管理。一级高层次人才不设管理期，终身享受我市相关人才政策所规定的待遇。二、三级高层次人才管理期3年，管理期内享受我市相关人才政策文件所规定的待遇，管理期满后，不再享受相关待遇（另有文件规定的按该文件执行）。在管理期内达到更高层次评定或认定条件的，可按规定申报相应层次人才认定或评定，通过认定或评定的，其管理期重新计算。管理期满后符合条件的可再次申报高层次人才认定或评定，再次申报时，以最近一个管理期内及期满之后担任的职务、取得的业绩成果和荣誉称号等为申报依据。

第十六条 高层次人才实行年度考核制度。由主管部门负责实施，无主管部门的，由所在地人力资源和社会保障（社会事务）局负责。考核主要是由高层次人才本人提交一份年度工作报告，内容主要包括工作现状、业绩成果、意见建议等，考核部门进行考核和登记备案。连续两年考核不合格的，报请江门市人力资源和社会保障局核准、江门市人才工作领导小组办公室备案后，终止其高层次人才资格，收回《江门市高层次人才证明》和“人才绿卡”。

第十七条 有下列情形之一者，应调整出管理名单，转列入联系名单，其荣誉称号可予保留，但不再享受相关物质待遇：

（一）因工作调整、变动、调离我市等原因，不再符合本办法第七条的相关条件。

（二）管理期满。

第十八条 有下列情形之一者，经江门市人力资源和社会保障局核准、江门市人才工作领导小组办公室备案后，终止其高层次人才资格，江门市人力资源和社会保障局收回《江门市高层次人才证明》和“人才绿卡”，取消其所享受的物质待遇，并在相关网站进行公告：

（一）提供虚假材料，学术、业绩上弄虚作假被有关部门查处；

（二）管理期内违反法律法规的；

（三）其他需要取消高层次人才荣誉称号的情形。

第六章 附 则

第十九条 各区（市）可根据实际制定本地区高层次人才认定和评定标准并开展认定和评定工作，也可按本办法申请江门市高层次人才认定和评定。

第二十条 高层次人才认定和评定的奖励经费及相关工作经费在江门市人才发展专项资金中列支。支出、管理和监督按《江门市人才发展专项资金管理暂行办法》执行。

第二十一条 本办法由江门市人力资源和社会保障局负责解释。

第二十二条 本办法自2016年12月15日起施行，有效期3年。

附表：1. 江门市高层次人才评定计分表（略）

2. 江门市高层次人才认定（评定）申报表（略）

中共江门市委组织部

江门市人力资源和社会保障局

2016年11月10日

湛江市高层次人才认定办法（试行）

（湛人社〔2016〕480号）

第一章 总 则

第一条 为深入实施人才强市战略，建立科学规范、体现能力、突出业绩的高层次人才评价体系，加强人才队伍建设，根据《中共广东省委、广东省人民政府关于加快吸引培养高层次人才的意见》（粤发〔2008〕15号）和《中共湛江市委、湛江市人民政府关于印发〈湛江市中长期人才发展规划纲要（2011—2020年）〉的通知》（湛发〔2011〕13号）精神，结合我市实际，制定本办法。

第二条 高层次人才认定坚持公开、公平、公正的原则；坚持品德、知识、能力和业绩并重，突出专业水平的原则；坚持业内认可、社会认可的原则。

第三条 高层次人才认定面向已在我市工作、来湛江自主创业或与我市用人单位签订聘用合同（劳动协议）一周年以上（柔性引进人才须与用人单位签订3年以上协议，每年在我市工作时间不少于3个月）的人才。工作单位包括我市市属单位、中央和省驻湛单位、县（市、区）管理单位及非公有制单位。

第四条 本办法所指的高层次人才认定，不包括留学回国人员确认和外国人来华工作人员的分类认定。留学回国人员确认和外国人来华工作人员分类认定，按国家、省有关部门和我市有关规定另行办理。

第五条 经认定的高层次人才，发放《湛江市高层次人才认定证书》。

第六条 高层次人才认定工作，由市人力资源社会保障局负责牵头组织实施。

第二章 认定种类和范围、条件

第七条 高层次人才认定不受国籍、户籍和身份限制。

第八条 高层次人才依其专业性质和业绩、贡献等不同，分为A、B、C三个层次进行认定。

第九条 A类是指在某一学科或专业领域处于国内领先水平的高层次人才。须符合下列条件之一：

（一）中国科学院院士、中国工程院院士；

（二）国家重点学科、重点实验室、工程研究（技术）中心的首席科学家或正在承担国家级重大科研项目和工程项目的主持人；

（三）近5年获得国家自然科学奖、技术发明奖、科学技术奖和国际科学技术合作奖的前五名完成者；

（四）国家“百千万人才工程”“千人计划”“万人计划”等入选专家；

（五）享受国务院政府特殊津贴专家或国家级有突出贡献的中青年专家；

（六）其他达到国内领先水平的优秀人才。

第十条 B类是指在某一学科或专业领域处于省内领先水平的高层次人才。须符合下列条件之一：

（一）省级财政扶持的重大科技专项主持人或省部级自然科学奖，科学技术奖一、二等奖的前三名完成人；

（二）省“南粤功勋奖”“南粤创新奖”“百名南粤杰出人才培养工程”等入选专家或南粤技术能手获得者；

（三）入选省“特支计划”“珠江人才计划”或省“扬帆计划”中的“引进紧缺拔尖人才项目”入选人员、“培养高层次人才项目”入选人员、“引进创新创业团队项目”中的带头人；

（四）其他达到省内领先水平的优秀人才。

第十一条 C类是指在某一学科或专业领域处于市内领先水平的高层次人才。须符合下列条件之一：

（一）掌握核心技术，拥有自主知识产权或高成长性项目的人员或具有发明专利的创新人员；

（二）携带技术、项目、资金来我市创新创业，或与他人合作开展产业化项目开发，经我市认定为高层次产业人才的人员；

（三）全日制博士研究生或具有正高级专业技术职务任职资格的人员；

（四）全日制硕士研究生或具有副高级专业技术职务任职资格的人员；

（五）其他达到市内领先水平的优秀人才。

第十二条 高层次人才除须具备认定标准种类规定的条件外，还应当同时具备以下条件：

（一）遵纪守法；

（二）有良好职业道德，严谨的工作作风；

（三）业绩显著，贡献突出。

第三章 申报和认定程序

第十三条 高层次人才认定按以下程序办理：

（一）个人申报。个人填写《湛江市高层次人才认定申请表》（表格可到当地人力资源社会保障部门领取或通过湛江市人力资源和社会保障局网站下载），并向所在单位提供以下相关证明材料：

1．身份证、户口簿或护照原件及复印件；

2．学历学位、职称证书及能证明本人符合申请条件的其他证明材料原件及复印件；

3．与用人单位签订的聘用合同（劳动协议）或合作意向书等材料原件及复印件。

（二）单位审核。申请人所在单位对申报人各项材料和证明材料进行审核，符合条件的在其申请表中加具审核意见。有主管部门的，还须报送主管部门审核并加具审核意见。

（三）报送办理。申请人所在单位将审核的申报材料原件及复印件（复印件须盖单位印章，下同）报送人力资源社会保障部门办理认定。其中市属单位和中央、省驻湛单位的，直接报送市人力资源社会保障局；县（市、区）管理单位的，报送当地人力资源社会保障部门复核后，由当地人力资源社会保障部门统一报送市人力资源社会保障局；非公有制单位（须同时提供工商营业执照原件及复印件）的，按属地管理原则报送办理。

（四）核准及认定。市人力资源社会保障局对有关资料进行核准认定。

（五）公示及发证。市人力资源社会保障局将拟认定的高层次人才申请人姓名、工作单位、学历、职称、人才类型等情况在湛江市人力资源和社会保障局网站公示，公示期为7天。经公示无异议或异议不成立的，由市人力资源社会保障局颁发相应种类的《湛江市高层次人才认定证书》。

第四章 认定管理

第十四条 《湛江市高层次人才认定证书》有效期最长不超过3年，期满后符合条件的可重新申请认定。

第十五条 高层次人才认定后，达到更高层次认定条件的，可继续申报相应种类人才认定。

第十六条 建立高层次人才数据库。申报人员经认定后，列入我市高层次人才数据库统一管理，可享受高层次人才相关优惠政策。

第十七条 对离开我市或与我市用人单位终止聘用合同（劳动协议）的高层次人才，用人单位要及时收回其《湛江市高层次人才认定证书》，并统一退回市人力资源社会保障局；其中县（市、区）单位的，交由当地人力资源社会保障部门统一退回市人力资源社会保障局。

第十八条 有下列情形之一的，取消其高层次人才资格，收回《湛江市高层次人才认定证书》，并终止或追回其所享受的相关政策待遇：

（一）学术、业绩上弄虚作假被查处的；

（二）提供虚假材料骗取高层次人才认定证书的；

（三）受纪检监察机关审查并给予严重警告以上处分的；

（四）被处以刑事处罚的；

（五）离开我市或与我市用人单位终止聘用合同（劳动协议）的；

（六）其他需要取消高层次人才认定证书情形的。

因前款第（一）（二）项情形撤销资格的，不再受理其高层次人才认定申请。

第五章 附 则

第十九条 市直有关部门应根据本办法及有关规定，结合我市实际制定促进高层次人才创业创新、创办项目扶持、住房和社会保障、随迁（随居）配偶就业安置和子女入学等相关配套政策措施。各县（市、区）和中央、省驻湛单位可参照本办法及有关规定，结合实际制定相关配套政策措施。

第二十条 本办法自发布之日起施行，有效期3年。

第二十一条 本办法由市人力资源社会保障局负责解释。

湛江市人力资源和社会保障局

2016年11月4日

河源市促进人才优先发展若干措施

（河委发〔2016〕8号）

为促进我市人才发展，根据中共中央《关于深化人才发展体制机制改革的意见》（中发〔2016〕9号）精神，结合我市实际，特制定如下措施。

一、实施富有竞争力的人才引进工程

1．实施急需、紧缺人才引进计划。未来5年引进全日制博士研究生和正高职称专业技术人才50—80名，引进急需、紧缺专业全日制硕士研究生和副高职称专业技术人才250名左右，引进急需、紧缺专业全日制大学本科毕业生500名左右。经认定符合条件的，全日制博士研究生或正高职称专业技术人才，每人给予30万元工作经费和不低于100平方米的住房奖励补贴；全日制硕士研究生或副高职称专业技术人才，每人给予15万元工作经费和相当于50平方米的住房奖励补贴；全日制本科毕业生，每人给予5万元奖励补贴。

2．实施创新创业科研团队和领军人才引进计划。对引进的省“珠江人才计划”“扬帆计划”人才工程项目团队和领军人才，按省资金扶持标准的50%给予配套资金扶持。经认定引进的国家级领军人才、省级领军人才，分别按500万元、300万元给予资金扶持。对引进申报市级创新创业项目的科研团队和领军人才，经认定符合条件的，团队按800万元、500万元、300万元三个层次给予资金扶持；领军人才按200万元、150万元、100万元三个层次给予资金扶持。对新引进、未入选“珠江人才计划”“扬帆计划”和市级创新创业项目的科研团队，经认定为培育前景好、项目预期经济效益好的，给予最高300万元项目经费支持。

3．实施杰出人才引进计划。未来5年引进或柔性引进诺贝尔奖获得者、中国科学院和中国工程院“两院”院士、外籍院士和国家最高科学技术奖获得者1—2名。全职引进的每人给予100万元工作经费和不低于200平方米的别墅奖励补贴，柔性引进的每人给予50万元工作经费和在河源工作期间150平方米住房租金奖励补贴。引进或柔性引进国家“千人计划”“万人计划”人才或“长江学者”、国家杰出青年科学家基金获得者、国家杰出青年科学家、国家优秀青年科学家、南粤功勋奖和南粤创新奖获得者5—8名，全职引进的每人给予80万元工作经费和不低于150平方米的住房奖励补贴，柔性引进的每人给予30万元工作经费和提供足够的实验室或办公场所及在河源工作期间100平方米住房租金奖励补贴。每引进培养、入选一名国家“千人计划”“万人计划”人才或“长江学者”、国家杰出青年科学家基金获得者、国家杰出青年科学家、国家优秀青年科学家、南粤功勋奖和南粤创新奖获得者，给予培养单位300万元奖励。

4．实施其他急需、紧缺高层次人才引进计划。引进的相当于上述资格条件的其他领域急需、紧缺高层次人才或团队，经认定符合条件的，分别按上述有关标准进行奖励补贴。

5．重奖招才引智举荐人。凡成功引进杰出人才、领军人才和创新创业科研团队的企事业单位、人才中介组织和个人举荐人，每成功引进一人（团队）给予10万—100万元的奖励。

二、加速推进急需、紧缺专业人才队伍建设

6．加快引进培育重点产业和新兴产业领域的专业人才。在加快重点产业人才队伍建设基础上，充分依托市国家级高新区、县区产业园区和功能区，着力引进培育在新电子、新材料、新能源、新医药、新环保、新装备、生命科学等新兴产业掌握核心技术、能够带动战略性新兴产业和高新技术产业发展的科技领军人才和具有核心竞争力的创新科研团队。

7．加快引进培育建设宜居城乡的专业人才。着力引进培育一批规划建设、城市管理、旅游管理、经济管理、基层社会管理、应急预防、防灾减灾、法制建设、社会服务等专业管理型人才和环境工程、勘探监测、交通水利、土地利用、资源开发等领域高素质的专业人才。

8．加快引进培养发展战略需要的金融专业人才。着力构建以“绿色、创新、普惠”为核心的地方特色金融体系，整合金融公共资源，引进外部金融机构，制定适应发展需要的金融优惠政策，加大金融专业人才的引进培养和支持力度，努力打造一支支撑创新发展的金融专业人才队伍。

9．加强引进培养现代农业专业人才。围绕农业主导产业、战略性新兴产业和健康产业，大力引进培养现代农业专业人才。以实施“灯塔盆地国家现代农业示范区科技人才工程—绿谷灯塔人才计划”为主抓手，加速“农村致富领航人才”培养进程，通过示范带动作用，培养一大批服务农村经济社会发展的基层经营管理人才、农业科研人才、种养能手、农民企业家；重点加强水果、瓜菜、畜产品、水产品、苗木、花卉、育种、中药材等领域现代特色农业人才的引进和培养；实施“乡土专家”培养计划，每年选拔100名左右各类“乡土专家”到相关高校、科研院所培训或学习进修。

10．加强引进培养旅游产业人才。以建设万绿湖国家级生态休闲旅游度假区为中心，以旅游项目开发带动旅游人才开发，着重引进和培养项目策划、景区管理、金融保险、市场营销、酒店管理、商贸流通、中介信息、旅游服务文化创意等领域专业人才，着力引进国内知名旅游项目营销策划团队，经认定符合条件的，最高可给予500万元项目经费资助。

11．加强引进培养基础教育、医疗卫生、宣传文化专业人才。实施“教育强师”工程。引进培养一批在国内外享有较高声誉的名校长、名教师、名班主任和教育科研专家；继续创建“三名”工作室，未来5年规划建成100个“名校长、名教师、名班主任”工作室，每个“三名”工作室一次性给予5万元经费支持；实施教育领军人才培养工程，每3年遴选100名学科首席教师进行培养，每人给予3.6万元补贴；每两年择优选拔100名青年教师进行培养，每人每年给予1万元培训补贴；依托市、各县区教师进修学校等机构，切实加大对中小学校教师的培训力度。建立中小学教育教学激励机制，每年安排300万元专项资金用于教育质量提升工程。实施“医疗卫生创优”工程。加大对在职医生培养培训力度，每年安排200万元专项资金，选派100名左右在职医生到广州、深圳等名医院（名科室）进修学习；每周期择优选拔100名左右全日制本科以上学历青年医师进行培养，培养周期为3年，给予每人5万元经费支持；每年安排70万元资金，专项用于培养培训50名乡土“全科医生”；着力引进培育一批名医（名科）、名医院、名诊所，对引进的高水平医学团队，经认定符合条件的，给予200万—500万元的资助；选聘、引进一批专业化、职业化的医院院长和高水平医生到市、县级医院任职和工作；建立省级医疗培训中心，经认定符合条件的，给予200万元人才培养经费扶持。继续实施“百名宣传文化人才”工程。每年安排100万元“文创”基金，组织50名左右宣传文化艺术人才到著名高校进修培训；未来5年创建20个文化名家工作室，每个工作室一次性给予8万元经费支持；通过引进、选拔培养和提供平台建设支持、稳定经费支持等方式，培育一批社科理论、新闻传播、文学艺术、文博、非遗传承、文化产业和“两地文化”研究等领域具有较高水平的宣传文化专业人才。

12．加强培育优秀企业家和商业精英人才。每年安排200万元专项资金，采取一年一期形式，组织100名实力较强、知名度较高或企业发展潜力较大的企业家和商业精英，依托知名高校举办企业高级经营管理人才研修班，不断提高企业高级经营管理人才能力素质，培植引才聚才用才主体；培养选拔一批精通战略规划、资本运作、人力资源管理、财务、法律等专业知识的企业家后备人才；重视青年企业家培养，特别是“创二代”企业家的培养；开展职业经理人培训工作，建立职业经理人引进培养机制与资格认证制度。

13．加快培养高素质党政和企事业单位管理人才。每年从党政机关和企事业单位选拔40名左右全日制本科以上学历、有发展潜质的优秀年轻干部，通过培训、挂职或安排到急难险重工作岗位锻炼等形式进行培养。结合精准扶贫，选拔一大批作风好、业务精、敢担当的优秀干部到基层单位进行培养锻炼。

三、大力加强人才培养载体和创新创业平台建设

14．加快推进本科院校和特色学院建设。积极争取省政策支持和深圳市大力帮扶，力争5年内，实现省内1至2所高水平大学在我市设立分校区或特色学院。争取省有关部门支持，在河源职业技术学院增设农学院。

15．加快推进院士和博士后工作站、创新创业实践基地建设。鼓励支持企事业单位设立院士（科学家、专家）工作站（室），努力培养创新创业人才，经认定符合条件的，给予50万—100万元开办经费资助。鼓励支持在我市产业园区、高新技术企业设立博士后流动站或工作站、创新创业实践基地，经认定符合条件的，每个分别给予80万元和50万元专项资助。同时研究制定博士后引进培养、创新创业、科技成果转化支持配套政策的具体办法，加快推进博士后战略储备进程。

16．加快推进人才驿站和众创空间建设。3年内建设1个市级和6个县区级人才驿站，对市级或市县区共建的人才驿站给予150万元专项资助和每年50万元运行补贴，县区级人才驿站一次性给予100万元专项资助和每年30万元运行补贴。积极探索在全市中小学开设创客教育课程，鼓励中小学生参加科技创新实践活动，每年定期举办青少年科技创新大赛，支持建设创客实践室，经认定符合条件的，给予最高不超过100万元资助；加快引进培养创客个人及团队，经认定符合条件的，给予最高不超过50万元资助；加强创客导师队伍建设，在创客聚集区帮助开展创新指导工作。

17．加快高水平的创新创业产业基地和科技孵化基地建设。对与我市建立战略合作关系的国内外高水平大学、著名科研院所到产业园区创建产业创新园、高科技知识产权孵化基地、创新加速器分中心的，对世界500强、国内100强的大型高新技术企业落户我市建立产业基地的，采取一事一议办法，制定特殊人才政策予以支持。按照深圳河源农业一体化的发展战略，建立华大基因生物育种、健康产业平台。

18．加强高技能人才培养载体建设。结合大众创业、万众创新，鼓励企业和职业院校共建“技师工作室”。未来5年力争建设30家技师工作室、10家高技能人才培训基地，经认定符合条件的，分别给予20万元、30万元项目经费资助。

19．借助深圳优势加快人才培养载体建设。紧紧抓住深圳全面对口帮扶的战略机遇，充分利用深圳强大的人才资源优势、科技研发优势、产业发展优势、城市管理优势、河源乡贤优势，营造“深河一家亲”的一流环境，争取相关单位或企业在我市设立研发分中心或实验实践基地、培训基地等，引领我市在人才资源开发、科研成果转化、产业转型升级、城市规划发展等方面“闯”出一条创新之路，为我市跨越发展注入强大动力。

四、着力提升技能人才培养和就业水平

20．深入推进校企双制合作办学。进一步加强职业院校与高新企业的合作办学力度，每年建立1—2个校中厂、厂中校，专项培养技能人才1000名以上。深入开展校园对接产业园工作，通过“订单培训”“定向培训”“菜单培训”等方式，大力培养高新产业发展所急需、紧缺的技能人才。职业院校与高新企业开展合作办学、班级以企业名称冠名、人数达30人以上的，每个班给予2万元办学资助。

21．促进技能人才培养国际化合作。引进国外优质职业教育资源与职业院校（含技工院校）联合办学，开设国际化的项目专业，促进职业院校（含技工院校）专业建设，进一步提高技能人才培养国际化合作水平。

22．引导鼓励技能人才在我市就业。探索建立企业“首席技师”制度，经认定符合条件的，授予“首席技师”称号，并给予5万元奖励补贴。在本市企业生产或管理一线就业的技师和高级技师，服务期满3年以上，经认定符合条件的，分别给予1

万元和2万元奖励补贴，符合高层次人才规定的享受相应待遇。用人企业当年接纳中、高职院校应届毕业生100人以上200人以下和200人以上，并与毕业生签订1年以上劳动合同的，分别给予5万元和10万元奖励补贴。

五、建立健全人才健康顺畅流动机制

23. 破除束缚人才流动的机制障碍。创新事业单位编制管理方式，实行高层次人才机动编制管理。我市企事业单位引进急需、紧缺高层次人才暂时没有编制的，经批准，可采取“先进后出”的办法调入。凡外市事业单位在编高层次人才到河源创新创业的，5年内可依托市人才交流管理办公室按市事业单位编制内管理，建立在河源工作期间的人事档案。

24. 畅通各方面优秀人才流动渠道。对非公有制经济组织和社会组织中的优秀人才建立人事档案，通过组织选拔和综合考核，其思想品德、职业素养、从业经验和专业技能胜任国有企事业单位岗位的，可按规定进入国有企事业单位工作，特别优秀的列入后备人才库。

25. 鼓励支持科研人员离岗创业。职业院校、科研院所等事业单位的科研人员经所在单位同意，可离岗创办企业或到企业开展科技成果转化，离岗期限以3年为一周期，最多不超过两个周期。离岗期间其人事关系保留在原单位，并由原单位代缴养老、医疗等社会保险，返回原单位时接续计算工龄并保留原聘专业技术职务。对每周期带动就业50人以上、纳税50万元以上的科研人员，期满回原单位后，经考核达到后备干部标准的，列为后备干部。

26. 促进人才向基层和艰苦地区流动。鼓励和支持优秀人才到基层一线、小微企业创新创业、提供专业服务。重大人才工程项目适当向偏远地区倾斜。提高基层一线人才收入水平，每年安排500万元专项资金，对在偏远地区基层艰苦岗位工作的人才给予资助支持。对“三支一扶”大学生，服务期满2年且考核合格的，一次性给予2万元补贴。鼓励支持全日制本科以上医疗卫生专业技术人才到乡镇医疗机构工作，凡工作满3年的，一次性给予3万元补贴，工作满5年的，一次性再给予5万元补贴。

六、建立完善人才评价激励和荣誉机制

27. 建立高层次人才考核激励制度。设立高层次人才年度考核奖。对在我市企事业单位专业技术岗位工作的全日制硕士研究生或副高职称以上高层次人才，每年进行一次考核。按一定比例对表现突出的进行奖励。其中，全日制硕士研究生或副高职称专业技术人才，每人最高3万元，博士研究生或正高职称专业技术人才，每人最高5万元。对在非公领域专业技术岗位工作的全日制硕士研究生或副高职称以上高层次人才，根据备案和申报情况，参照上述标准，每年安排一定数额资金给用人单位，由用人单位自主进行考核和安排奖励。

28. 完善专业技术拔尖人才选拔管理制度。选拔一批专业技术拔尖人才，培养期内每人每月给予2000元津贴。在专业技术拔尖人才中评选若干特别优秀人才，作为南粤专家和国家奖项的培养人选，管理期内每人每年给予20万元科研工作经费资助。

29. 鼓励大学生到河源就业创业。国民教育全日制本科以上大学毕业生到河源入户，并在非公企业就业满2年或自主创业满2年的，给予一次性奖励补贴。其中，全日制本科生每人2万元，全日制硕士研究生每人3万元，博士研究生每人8万元。同时，对大学生自主创业且带动5人以上就业的，经认定符合条件的，5年内每年给予1万元场租补贴，优秀项目可给予最高50万元资助。

30. 设立高新技术企业纳税人才鼓励奖。对前一年纳税达1000万元以上的企业，按本年度增加纳税地方留成部分10%标准计算安排奖补资金给企业，由企业用于自主引进、培养奖励优秀人才；对年度新增纳税额排名前10位的企业，可申报最多5名高层次人才且每人享受5万元奖励补贴。

31. 实施乡贤回乡投资创业人才激励计划。鼓励杰出乡贤回乡投资创业。凡项目投资超（含）5000万元以上，经审核符合条件的，按项目到位资金0.5%的标准计算安排奖补资金，由企业自主用于产业人才开发。

32. 鼓励支持创新创业大赛和技能大赛。定期组织开展各类创新创业大赛和技能大赛。鼓励支持优秀人才参加行业性、区域性、全国性和国际性创新创业大赛和技能大赛。对创新创业大赛获奖项目，按《河源市促进科技创新的若干政策措施》规定给予奖励。对技能大赛获奖项目，按上级奖励标准的50%给予配套奖励。

33. 建立高级人才专项投保和技术入股制度。实行特才特保，提倡用人单位为高级人才购买大额社会保险。鼓励用人单位采取技术入股形式引进高层次专业技术人才或团队。

34. 建立健全人才荣誉制度。定期开展“河源杰出人才奖”“河源突出贡献人才奖”“河源技术能手奖”等评选活动。重奖有突出贡献的人才，并推荐获奖者参加“南粤功勋奖”“南粤创新奖”“南粤技术能手奖”等评选。对各行业、各领域获得省级以上奖项的，按上级奖励标准给予相应配套奖励。

七、加大人才创新创业金融扶持力度

35. 设立创新创业投资天使基金和引进风险投资机构。发挥市政府财政资金引导作用，利用市场机制，引进社会风险投资机构和社会资本，建立支持人才创新创业的投资天使基金，为人才创新创业提供有力的资金支持。

36. 完善人才创新创业融资机制。对人才创办的科技型企业，经认定符合条件的，列入信贷风险补偿金增信贷款企业库，通过政府主导建立的信贷风险补偿机制、政策性融资担保机制和小额贷款保证保险机制等平台，与金融机构开展增信贷款业务，提供贷款担保支持、保费补贴。

37. 推动人才创新创业企业上市和挂牌融资。推动人才创办的科技型企业利用资本市场做强做大，扩充科技型企业资本，定期筛选优秀人才科技型企业列入我市三级上市后备企业资源库，积极引导优秀人才科技型企业进行股份制改革，支持人才创办的科技型企业通过多层次资本市场上市和挂牌融资，享受上市奖励和挂牌融资贴息等优惠扶持政策。

38. 强化人才创新创业金融扶持。鼓励银行等信贷机构，以技术抵押贷款的方式，资助中小微企业发展和个人创新，为创新创业者开辟发展途径。设立创业贷款风险补偿机制，对人才创办的种子期、初创期科技型企业，经认定符合条件的，可通过市联合科技信贷风险准备金给予信用贷款支持。

八、健全引进培养人才的配套保障措施

39. 完善人才安居保障措施。实施人才安居工程。未来5年争取建设800套左右人才公寓。可采取商业运作模式，与知名房地产集团联合开发建设大型人才社区，打造配套齐全、环境优美的高端人才社区。通过政府奖励或购房补贴等形式，吸引、鼓励人才入住安居。对入户我市、全职工作满10年、贡献突出的杰出人才，可享受无偿获赠不低于200平方米的别墅或相当的购房补贴；其他经认定符合条件的高层次人才，在享受相关奖励补贴的同时，可选择最长3年、每月最高3500元的租房补贴，或选择免租入住最长3年、面积最大150平方米的住房。支持用人单位通过提供购房房贷贴息、房租补贴等形式解决人才住房困难。在我市工作的外籍人才、获得境外永久（长期）居留权人才和港澳台人才，经认定符合条件的，在缴存、提取住房公积金方面享受市民同等待遇。

40. 完善人才配偶就业和子女教育优惠措施。通过综合测算，每年留出一定数量的机动编制，用于安置引进高层次人才配偶就业。配偶是在编在岗公务员的，根据属地管理、专业对口、就地就近原则，依据用人单位编制职数情况优先安置；配偶是事业单位在编人员的，根据属地管理、专业对口、就地就近原则，在编制内拿出相应的岗位和数量，进行定向招聘；失业或无工作单位的配偶，按月发放一定数额的生活补助费至开始领取养老保险金为止，并为其购买居民基本养老保险和基本医疗保险；通过综合测算，在幼儿教育、义务教育阶段的优质幼儿园、中小学安排学位，按照就近入学原则，解决急需、紧缺的高层次人才子女入学问题；高中阶段教育根据中考成绩享受与本市户籍学生同等待遇，表现优秀并达到面向全省招生省属优质高中学校招生要求的，可根据学生意愿优先推荐；结合人才安居工程规划建设，与国内知名教育集团共同创办多所高质量、高水平的幼儿园和中小学校，创造条件在市区优质中小学开设国际班。

41. 完善人才医疗保障措施。完善《河源市干部预防保健工作方案》，将高层次人才医疗保健待遇纳入其中，提高一个档次分别享受重点保健、普通保健待遇；对不愿享受医疗保健待遇的，可通过支持其购买商业医疗保险等方式提供相应医疗保障。在市区医院对高层次人才及其家属提供预约诊疗和优先服务。鼓励符合条件的医院与国内外保险公司合作，加入国际医疗保险直付网络系统。

42. 完善人才户籍改革保障措施。建立高层次人才，急需、紧缺人才优先落户制度。推进人才入户制度改革，具有全日制大专及以上学历的人员可直接申领居住证，同时符合年龄条件的直接申办入户；其他具有较高专业技能以及我市产业发展需要的人才，也可申领居住证或直接申办入户。凡中专以上学历或我市社会发展急需、紧缺人才，愿意落户市区的，只要具有合法稳定的职业和合法稳定的住所，可以到公安机关户籍管理部门申请落户。

43. 放宽科研人员因公出国（境）管理。按照与党政干部区别对待的管理原则，对国有企业人员出访以及高等学校和科研院所教学科研人员出国执行学术交流合作任务，出访批次数、人数及在外停留时间根据实际需要安排。

44. 制定外国人才签证居留保障措施。根据国家和省关于外国人才签证居留的政策规定，开辟外国人才签证居留的“绿色通道”，为外籍人才在我市工作提供全面的出入境和居留便利服务。

九、提升人才服务水平

45. 优化人才服务机制。加快市人才服务大楼建设，成立 “一站式”人才服务中心。对人才认定、项目申报、配套待遇落实、创业扶持服务等部门职能进行整合，建成完善统一的人才综合服务平台。建设全市统一的人才基础数据信息库，构建市、县区“一网发布，全市共享”的数据互通人才网。加强人才信息情报搜集和分析，及时发布人才供需信息和人才政策。建立人才引进“绿色通道”制度和高层次人才服务“一卡通”制度，向高层次人才发放“河源绿卡”，人才凭卡可直接到综合服务平台或相关部门办理和申报调入关系接转、本人及家属落户、配偶就业、子女入学、社保关系、人才安居、居留和出入境证件申请、创业扶持等，为用人主体和人才提供高效便捷服务。

46. 引进培育高端“猎头”机构。对知名“猎头”机构建立的人力资源服务机构给予减免或补贴办公租费的政策扶持，并对被评为“中国驰名商标”“广东省著名商标”的人力资源服务机构给予相应奖励。加大对提升行业资质级别以及被评为国家级、省级驰名商标人力资源服务机构的奖励力度。鼓励有条件的人力资源服务机构与国内外高端“猎头”机构交流合作，提升人力资源服务国际化水平。

47. 建立招才引智工作机制。建立与省一体化的网上招才引智信息发布平台。制定《河源市人才工作咨询点运作规程》，在市政府驻外机构加挂人才工作咨询点牌子，鼓励支持大型企业和社会团体等驻外机构设立人才工作咨询点，协调深圳在其驻市外机构和驻境外人才工作站增设我市人才工作咨询点。

48. 建立高层次人才培养交流资助制度。对高层次人才发起举办的重大学术交流研讨活动，给予最高20万元资助；对短期到国内外著名研究机构、高校、企业研修深造、开展项目合作的，给予最高3万元资助；对在领域顶级期刊上发表学术论文、出版高水平著作等的，给予最高6万元资助。设立学历提升专项奖补资金，在企事业单位专业技术岗位工作的人员，在职取得硕士研究生以上学历学位的，给予1万元补助。

49. 开展招才引智和人才交流系列活动。开展“智汇河源”活动，邀请国内外专家学者或团队到河源进行参观考察，通过论坛、研讨、咨询等形式引才汇智。举办创新科研成果对接交流会，促进各类创新创业要素和科研成果与企业深入对接。开展“相约河源”人才招聘活动，定期或不定期到广州、深圳等地开展人才招聘。积极组织参加广州留交会、深圳高交会和国际人才对接会等活动。

十、积极推进国际化人才工程项目

50. 加大干部、人才出国（境）培训力度。争取深圳政策扶持，建立深河干部（人才）出国（境）培训一体化机制，并在深圳建立干部、人才培训基地，把其作为深圳全面对口帮扶的重要内容。

51. 加大人才和项目国际合作交流力度。积极参与国际化项目建设，借助海外创新团队和领军人才力量，拓展国际化人才项目空间。大力倡导和支持我市具备条件的各类创新主体、社会团体和其他机构采取“走出去”“请进来”形式，积极与国（境）外机构开展人才、技术和项目合作交流，经认定符合条件的，给予一定的专项资助。支持我市优秀高中毕业生和在校大学生、技校生到国（境）外留学。

52．建立海归人才创新产业园。在市高新区建立海归人才创新产业园，对海归人才或海外人才来我市创业，经认定符合条件的，给予30万—100万元创业资助，如是特别优秀的项目则给予最高500万元创业资助。

十一、切实加强对人才工作的组织领导

53．建立完善党管人才工作格局和体系。改进党管人才方式方法，充分发挥党的思想政治优势、组织优势和密切联系群众优势，完善党委统一领导，组织部门牵头抓总，有关部门各司其职、密切配合，社会力量发挥重要作用的人才工作格局。进一步明确人才工作领导小组职责任务和工作规则，切实抓好宏观指导、科学决策、督促落实重大事项。健全领导机构，理顺党委和政府人才工作职能部门职责，配强工作力量。实行人才工作目标责任制考核，将考核结果作为落实党建工作责任制和各级党政领导班子评优、领导干部评价的重要依据。

54．加强对人才的团结教育引导服务。在优秀人才中做好党的政治宣传工作，吸引优秀人才向党组织靠拢。制定党委联系专家制度，完善市、县区党政领导班子成员直接联系优秀专家制度。建立新型智库，完善专家决策咨询制度，畅通建言献策渠道。营造“亲、清”的新型政商关系，不断净化政治生态和经济生态。加强优秀人才和工作典型宣传，努力形成尊重人才、关心人才、支持人才的良好社会氛围。

55．不断提高人才的政策水平和服务水平。各级领导干部特别是人才工作职能部门要经常深入调查研究，善于归纳总结人才开发情况，破解束缚人才难题，学习先进地区经验做法，及时调整人才政策，制定人才工作管理规定，提高人才服务水平，推进人才工作科学化、市场化、规范化和程序化建设。

各级党委、政府要高度重视，切实转变思想观念，把思想统一到中央对人才工作的决策部署和习近平总书记关于人才工作的重要讲话精神上来，确保人才开发与全面建成小康社会同步规划、同步实施。市委组织部要充分发挥牵头抓总作用，本《措施》中涉及的宣传、人力资源社会保障、发展改革、财政、科技、教育、卫生、住房建设、公安、金融、编制、外事务侨、城管、农业、经济和信息化、旅游、侨联等部门要各司其职，相互配合，明确职责和任务分工，确定责任领导和具体责任人，明确时间表和路线图，抓紧制定落实相关配套措施。各县（区）党委、政府要充分认识人才工作的重要性、紧迫性和长期性，突破思想误区，制定人才优先发展的实施办法，加大人才投入力度。重视和加强对人才政策的学习宣传和舆论引导，营造尊重人才的良好社会环境，群策群力，聚精会神，努力开创人才工作新局面。

十二、其他

本《措施》未涉及的相关人才或项目，可采取一事一议的办法进行审议认定，并按相应标准给予支持。所需人才项目资金，原则上实行分级负担，由市、县（区）财政按照5：5的比例分担。在此基础上，用人单位可自行配套资金进行支持奖励。我市此前有关人才政策与本《措施》不一致的，以本《措施》为准。本《措施》中未明确服务年限的，按5年计算。本《措施》由市人才工作领导小组办公室负责解释，自印发之日起执行。

中共河源市委
河源市人民政府
2016年10月9日

中共广西壮族自治区委员会 广西壮族自治区人民政府关于实施创新驱动发展战略的决定

（桂发〔2016〕23号）

创新是民族进步之魂，国家富强之基，发展永续之源。创新涉及生产力和生产关系全要素、全系统、全方位变革，各类创新中最重要、最关键、最核心的是科技创新，对生产力和生产关系都具有决定性影响。为贯彻落实党中央、国务院关于实施创新驱动发展战略的重大部署，加快建设具有区域特色的广西创新体系，全面提升创新引领经济社会发展的能力，现就实施创新驱动发展战略作出如下决定：

一、全面实施创新驱动发展战略引领广西新跨越

（一）牢牢把握创新驱动发展战略的总体要求。

全面贯彻落实党的十八大和十八届三中、四中、五中全会以及全国科技创新大会精神，以邓小平理论、“三个代表”重要思想、科学发展观为指导，深入学习贯彻习近平总书记系列重要讲话精神，牢固树立创新、协调、绿色、开放、共享的发展理念，将创新作为引领广西发展的第一动力，充分汇聚创新资源，凝聚创新力量，集聚创新优势，瞄准经济社会发展需要和重大科技需求，坚持以科技创新为核心增强区域创新能力，坚持以产业转型升级为目标促进经济提质增效，坚持以市场需求为导向促进科技成果加快转化，着力在体制改革、企业创新、平台建设、人才激励、经费投入等五方面实现重点突破，扎实推进产业转型升级、创新能力提升、企业主体强化、平台载体建设、人才活力激发、创新创业涌现、开放合

作深化等七项任务，在传统优势产业、先进制造业、新一代信息技术、互联网经济、高性能新材料、生态环保、优势特色农业、海洋资源开发利用、大健康产业等领域精心打造九张在全国具有竞争力和影响力的创新名片，以科技创新为核心带动全面创新，形成支撑创新驱动发展的动力源，努力走出一条具有广西特色的跨越式发展道路，为加快实现“两个建成”目标提供强大动力支撑。

（二）明确创新驱动发展战略的主要目标。

到2020年初步建成创新型省区，创新支撑产业发展的能力大幅提升，战略性新兴产业发展取得显著成效，体制机制改革实现重大突破，企业创新主体地位明显增强，创新创业人才集聚涌现，“双创”活力竞相迸发，创新体系更加完善，创新环境更加优化。实现全社会研发投入占地区生产总值（GDP）比重达到2%以上，科技进步贡献率达到55%以上，高技术产业增加值占规模以上工业增加值比重达到25%以上，战略性新兴产业增加值占GDP比重达到15%以上，大型企业建立研发机构的比例达到30%以上，建成国家级创新平台100家以上。科技创新水平与全区经济社会发展水平相匹配，特色优势领域创新能力位居全国前列，创新引领经济社会发展的格局基本形成。

到2030年全面建成创新型省区，重点领域技术创新取得重大突破，产业核心竞争力显著增强，高技术产业和战略性新兴产业对经济增长的贡献率大幅提升，高层次创新创业人才和团队加速集聚，创新型经济占主导地位，建成面向东盟的区域性创新中心、富有活力的高端产业创新创业基地，成为我国与东盟创新要素双向流动的重要枢纽，为广西参与“一带一路”建设提供强大动力。通过长期努力，迈入中西部创新型省区前列，为我国跻身创新型国家前列和建成世界科技强国作出积极贡献。

二、创新引领产业转型升级

（三）大力培育战略性新兴产业。

紧跟国内外产业技术发展动态和变革趋势，制定战略性新兴产业创新发展实施方案，加快推动我区新一代信息技术、智能装备制造、节能环保、新材料、新能源汽车、大健康等战略性新兴产业实现创新发展。在云计算及大数据、北斗导航、石墨烯、碳酸钙、机器人、氢能源、增材制造等相关领域，统筹集中人才、技术、资金等要素资源，开展产业关键共性技术攻关、创新成果产业化、重点区域产业集聚等行动计划，超前布局一批重大科技专项、重大产业项目和产业技术研发机构，通过自主研发、引入转化及合作开发，突破一批关键核心技术，建设一批产业化基地，研发推广一批重大战略产品，培育形成一批在全国具有较大影响力的创新型骨干企业和产业集群，推动广西制造向广西智造、广西创造转变。加快实施大数据发展战略，以建设中国—东盟信息港为契机，支持重点城市积极开展云计算、智慧城市等信息平台建设，构建区域性国际信息交流中心。

（四）着力推进传统产业转型升级。

加强产业技术基础、先进基础工艺、关键基础材料、核心基础零部件等建设，在优势产业技术领域布局建设工程实验室，促进我区海洋工程装备及高技术船舶、先进轨道交通装备、高端数控机床、农机装备、通用航空等先进制造业创新发展。广泛运用新技术、新工艺、新设备、新材料，加快改造提升食品、汽车、机械、有色金属、冶金、石化、建材、轻纺、造纸与木材加工等传统优势产业，提升装备和工艺水平，增强企业新产品开发和品牌创建能力。以技术创新为核心，扎实推进糖业、铝业等优势特色产业“二次创业”，加强行业重大共性技术攻关和创新研发平台建设，实现关键核心技术的突破，不断增强和巩固在全国的行业领军优势。加快促进信息化与工业化深度融合，深化信息技术集成和大力推进机器换人，加快推动制造业向智能化、绿色化、网络化、柔性化、服务化生产方式转变，加快促进传统优势产业向价值链中高端跃升。

（五）全力促进现代农业创新提升。

坚持科技兴农，加快推进农业领域的科技创新、技术交易和科研平台建设，实施科技提升农业竞争力行动，组织实施一批重大科技项目，加快构建农业科技创新体系。加大科技扶贫力度，创新发展特色效益农业，加强先进适用农业技术推广，提升良种化、规模化、标准化和集约化水平。大力实施种业创新工程，引导科研院所与种业企业联合研发，培育一批“育、繁、推”一体化种业龙头企业。深入推进国家现代农业产业技术体系广西创新团队和农业科技创新联盟建设。用工业化理念发展现代农业，依托农业领域各类示范园区建设农产品高科技加工园，引进各类大型农业企业进园开展农产品精深加工。支持精深加工关键技术的引进、应用、研发和新产品创新，促进农业与二三产业融合发展，做大做强农业全产业链，提高农业产业化水平和附加值。建设广西农业标准化和信息技术体系，夯实广西品牌农业产业技术基础，打造广西高附加值高技术绿色农业产品品牌。

（六）创新业态引领现代服务业提质增效。

积极发展科技咨询、创业孵化、科技金融、检验检测、电子商务、知识产权代理、人力资源等知识密集型服务业，建设科技服务业集聚区，构建覆盖科技创新全链条的科技服务体系。吸引国内外研发机构向广西集聚，大力发展研发经济。加快发展工业设计等高端生产性服务业，建设国家一流标准的制造业创新中心，重点支持高附加值创新型服务业集群发展。加快制造业与服务业融合发展，大力支持企业发展生产性服务业，推动商业模式和业态创新，促进生产型制造向服务型制造转变。积极发展先进有效、安全便捷的健康技术，推进预防、医疗、康复、保健、养老等社会服务网络化、智能化、定制化、标准化，发展一体化健康服务新模式，不断提高人口健康保障能力。

（七）创新产业发展支持模式。

积极运用新兴技术手段改造提升传统产业，大力推动“互联网+”“制造业+”“生态+”“旅游+”“海洋+”等新业态、新模式向纵深发展。实施科技引进行动计划，建立科技引进奖励制度，对企业购买我区新兴产业、传统优势产业发展紧缺的科技成果并实现转化的，按技术合同中实际发生的技术交易额的一定比例给予补助。加强对我区特色优势产业技术创新的长期稳定支持，围绕产业发展重大需求建设产业共性技术创新平台、专业技术创新平台、产业技术创新综合服务平台。推动军民深度融合，重点加强科技基础设施共建共用和推动军民科技协同创新，促进军民技术双向转移转化，打造军民融合创新服务平台。鼓励支持行业龙头企业主导或参与国家标准、行业标准的制定修订，推进产业联盟协同开展标准化建设，掌握产业技术标准话语权。

三、充分释放体制机制活力

（八）深化高校与科研院所体制改革。

积极创造条件，按照先行试点、逐步推开的原则，稳妥推进高校人事制度改革，逐步取消行政级别，创新编制管理，推动在职人员从身份管理向岗位管理转变、从固定用人向合同用人转变。按照中央改革精神探索推进财政拨款与人员编制脱钩，采取综合经费核算办法，采取稳定支持与公平竞争相结合的方式，加大对重点建设高校和重点学科建设项目所属高校的支持力度，有力推动高水平大学建设。削减和规范对高校的行政审批事项，减少行政干预，扩大其在选人用人、科研立项、成果处置、编制管理、职称评审、薪酬分配、设备采购、建设项目审批、对外科技交流等方面的自主权。探索高校校长选聘制，在学校内部推进全员岗位聘用、聘期考核管理制度。

贯彻落实国家推进事业单位分类改革的精神，坚持成果导向推动科研院所改革发展，建设完善法人治理结构，健全规章制度体系，逐步推进科研院所去行政化。理顺公益类科研院所管理机制，按照人、财、物相统一原则推进公益类科研院所改革，进一步加大财政支持力度，提高科研院所服务经济社会发展的能力。继续深化转制类科研院所分类改革，建立健全现代科研院所制度，采取并入大企业大集团、与高校合作、整合组建产业技术研究院等形式，持续激发科研院所的创新活力。对于部分转制类科研院所中技术创新能力强的团队，在明确定位和标准的基础上，引导其更多地参与行业共性技术开发、创新平台建设等公益性服务。新设立的科研院所按照员额制和评聘分离、事权分离、投管分离的模式，实行独立核算。试点探索科研院所人员管理弹性机制，科研人员根据自身意愿自由选择使用编制或编外聘用。

（九）深化科研经费管理改革。

加强科技计划顶层设计，统筹整合自治区级各类财政科技计划（专项、基金等，下同）资金，强化科技行政管理部门经费预算归口管理职能。完善自治区本级科技计划管理，建立依托第三方专业机构管理科技计划项目的新机制，加强对第三方专业机构的监督和管理。建立专家数据库，制定专业机构、评审专家问责制度和信用制度。建立自治区科技项目管理信息系统，探索从项目立项评审到验收结题实行全程痕迹管理，公开科研项目立项、验收及资金安排等信息，接受社会监督和审计监督。

改革优化自治区本级财政科技计划和资金管理，提高资金使用效益，科技计划项目申报逐步采取常态制，实行部门预算批复前项目资金预拨付制度，由科技主管部门根据当年科研经费预算统筹安排。简化自治区本级财政科研项目预算编制和科研仪器设备采购管理，在项目总预算不变的情况下，将项目大部分直接费用的预算调剂权限下放给项目承担单位，提高经费使用自主权。改进结转结余资金留用处理方式，科研项目结转和结余资金可按有关规定使用。提高间接费用比重，自治区本级财政科技计划中实行公开竞争方式的研发类项目，均要设立间接费用，核定比例最高可以不超过直接费用扣除设备购置费的20%，其中绩效支出占比不受限制。改进科研项目劳务费管理，对劳务费不设比例限制，参与项目研究的研究生、博士后、访问学者以及项目聘用的研究人员、科研辅助人员等，均可开支劳务费。自主创新类项目设置人员费包括项目承担单位的项目组成员以及为提高科研工作绩效而安排的相关支出，其中软件开发、社会科学类研究项目的人员费可达到该项目经费的60%。建立健全科研项目后补助管理制度，产品产业技术创新类科研项目采取后补助资助方式为主，形成主要由市场决定技术创新项目及其资金分配和成果评价的机制。横向课题经费由项目承担单位按照委托方要求或合同约定管理使用。

完善科技评价制度，建立科研项目结果导向机制，改进科技计划项目结题验收管理，强化目标管理和后期评价，建立健全科技报告、信息公开、科技信用管理、问责倒查等制度，实现项目全程跟踪管理。建立科研项目的尽职免责制度。

（十）健全科技成果转化机制。

建立健全科技成果转移转化收益分配机制。将由财政资金支持形成的，不涉及国防、国家安全、国家利益、重大社会公共利益的科技成果使用权、处置权和收益权，全部下放给高校和科研院所，主管部门和财政部门不再审批或备案，由高校和科研院所自主实施转移转化，收益全部留归单位。科技成果转移转化收益用于科技人员、研发团队及为科技成果转移转化作出重要贡献的其他人员的现金和股权奖励的比例可达70%—99%，转化收益用于对完成、转化职务科技成果的团队或个人的奖励和报酬不计入单位绩效工资总量，收益分配方案由成果持有单位和相关方协商确定。加大科研人员股权激励力度，对高校和科研院所以科技成果作价入股的企业，放宽股权奖励、股权出售对企业设立年限和盈利水平的限制，科技成果完成人员向单位提出技术入股申请的，如所在单位自收到申请之日起15个工作日内无明确答复，视为同意。高校和科研院所要切实落实好中央和自治区相关政策，2016年底前制定科技成果转化的具体操作流程和办法。

高校、科研院所可授予职务科技成果完成团队或个人成果转化权，并协商确定成果转让、许可或作价投资的最低可成交价格，职务科技成果的完成团队或完成人可在最低可成交价格的基础上，通过市场化方式，确定科技成果转让、许可或投资价格。加强科技成果信息汇交与发布，建立健全全区线上线下技术交易市场平台，鼓励国内外高校、科研院所、企业来桂举办技术成果专场拍卖会、推介会，支持其入驻我区各类技术市场。开展科技成果转化大行动，健全转化工作网络，组建实行自律管理的技术转移中介行业和社会组织，培育覆盖全区的技术转移机构和技术经纪人队伍。

（十一）加强知识产权应用和保护。

实施专利提质增效工程，调动社会资本加大对专利等知识产权开发应用投入。完善专利资助和奖励政策，重点资助专利转化应用和国际专利申请。建立以知识产权转化应用为导向的奖励、考核体系，加快健全知识产权机构和队伍建设，加强专利执法和知识产权保护。推动建立中国—东盟自由贸易区知识产权保护规则，建立知识产权仲裁快速反应协调机制。实施严格的知识产权保护制度，完善知识产权保护模式，健全知识产权维权援助体系，加强公益性知识产权维权援助工作。

四、着力强化企业创新主体地位

（十二）推动创新资源向企业集聚。

充分发挥市场对技术研发方向、路线选择和创新资源配置的导向作用，建立高层次、常态化的企业技术创新对话、咨询制度，注重发挥企业和企业家在创新决策中的重要作用。吸收更多企业参与研究制定各级技术创新规划、计划、政策和标准，自治区相关专家咨询组中的产业专家和企业家比例不低于三分之一。

强化政府对创新活动的服务和引导，将更多的研发机构建设到企业、更多的科研项目配置到企业、更多的科技成果转化到企业、更多的创新人才引进到企业，提高创新资源在企业的集聚度。各级重大高新技术产业项目、重大技术改造项目、科技计划项目等要优先支持研发投入高、产品有市场、创新能力强的企业，市场导向明确的科技项目由企业牵头、政府引导、联合高校和科研院所组织实施。面向企业布局一批创新公共服务平台，加快创新资源向企业流动，支持各地加快建立健全技术开发、知识产权、信息化应用、工业设计、检验检测等公共技术服务平台，为企业提供全方位、全过程创新服务，到2020年建成100个以上自治区级中小企业公共技术服务平台。

（十三）引导企业持续加大研发投入

充分发挥国有企业的创新引领作用，支持大企业强化集成创新和产业应用，引导中小企业围绕单项技术进行原创性开发，形成大中小企业在创新链上的合理分工。继续加大国有资本经营预算向国有企业技术创新的支持力度，完善国有企业经营业绩考核办法，加大对研发投入和创新绩效的考核权重。制定首台（套）重大技术装备奖励和补贴实施办法，开展首台（套）重大技术装备保险补偿机制试点工作。围绕全区经济社会发展重大战略需求和政府购买实际需求，试行创新产品与服务远期约定政府购买制度，通过第三方机构向社会发布远期购买需求，支持和鼓励企业加大对创新产品的研发。招投标要注重鼓励技术创新，促进更多创新成果优先在广西使用。运用财政补助机制激励引导企业普遍建立研发准备金制度，引导企业有计划、持续地增加研发投入。

（十四）大力培育创新型企业。

实施高新技术企业倍增计划，确定培育条件，建立培育后备库，大幅提高高新技术企业数量规模和质量水平。实施“瞪羚企业”培育计划，通过贷款贴息、种子资金和天使基金等投融资支持方式，加快培育一批成长速度快、创新能力强的“瞪羚企业”。支持建设科技型中小企业创新基地和公共服务平台，培育打造一批具有持续创新能力、自主知识产权、引领行业发展的技术创新示范企业。开展企业研发机构建设专项行动，引导和支持大中型骨干企业和高新技术企业普遍建立企业研究开发院、工程（技术）研究中心、工程实验室、企业技术中心等研发机构，将其作为企业申报重大专项和重点研发计划的重要条件，大力支持以高校优势学科为依托的创新团队入驻企业研发机构。

（十五）促进以企业为主体的产学研协同创新。

探索建立以市场为导向、企业为主体、政策为引导的产学研合作创新模式，推动企业、科研机构、高校、社会组织、创客等创新主体的协同，促进人才、技术、资金、项目、市场等创新要素的协同，深化产学研、产业链上中下游、大中小企业的紧密合作，促进产业链和创新链深度融合。鼓励企业和高校、科研院所联合设立研发机构、技术转移机构或产业技术创新联盟，联合申报实施科技攻关和产业化项目。依托优势特色产业，重点建设30个合作创新示范基地，搭建产学研一体化平台，增强技术创新能力和创新集群效应。推行科技创新券制度，主要用于补助创业者和中小微创新企业购买科技创新服务，有效降低企业创新创业成本。建设科技成果中试与产业化载体，强化科技成果中试熟化。促进大型科研仪器设施共享使用，鼓励科研院所采用市场化方式为企业提供检测、测试、标准、技术咨询等服务。支持中直驻桂科研院所申报创建国家重点实验室、国家工程技术研究中心等创新研发平台，鼓励其与地方企业、高校、科研院所加强协同创新，促进其科研成果加快在广西转移转化，参与广西产业转型升级。

五、加强创新平台载体建设

（十六）加快建设新型产业技术研发机构。

以产业创新需求为导向，整合现有人力、财力、物力，统筹产学研资源，在石墨烯、北斗导航、智慧城市、机器人、生物医药、海洋工程装备等领域，鼓励企业、高校、科研院所等创办或联办具有企业法人实体、实行市场化运作的新型产业技术研发机构，集中力量解决科技成果产业化的瓶颈问题，推动产业实现跨越式发展。新型产业技术研发机构实行“民办官助、管投分离、独立运作”的运行模式。对民办的新型产业技术研发机构，在承担政府科技项目、人才引进、职称评审、建设用地、投融资等方面享受与国有科研机构同等支持政策，各级财政和社会资金要着力支持新型产业技术研发机构的基础设施建设、仪器设备购置、创新项目实施、创新团队引进、国际科技合作等。受财政资金支持的新型产业技术研发机构的技术创新成果实行就地转化和三年一期的目标考核制度。支持技术开发实力强、拥有产业关键共性技术的科研院所加快改制发展成为新型产业技术研发机构。

（十七）积极打造高水平创新研发平台。

围绕创建更多国家级创新研发平台的战略需求，建立目标导向、绩效管理、协同攻关、开放共享的创新研发平台运行机制。大力优化整合各类创新研发平台，通过撤、并、转等方式，合理归并自治区各部门现有各类创新研发平台财政资助渠道，将其全部纳入自治区本级财政科技计划统筹管理，整合形成新的自治区创新研发平台资助体系。着力提升建设亚热带农业生物资源保护与利用、非粮生物质酶解、药用资源化学与药物分子工程等国家重点实验室，在地中海贫血、鼻咽癌、肝癌等高发地方性疾病和新材料构效关系、岩溶动力学等优势研究领域培育创建若干国家重点实验室，打造一批在全国具有较大影响力的自治区级重点实验室。重点强化建设国家特种矿物材料、国家土方机械、国家非粮生物质能源等国家工程技术研究中心，在糖业、有色金属、工程机械、内燃机、碳酸钙、新能源汽车等优势领域及新兴产业培育创建若干国家工程技术研究中心、国家工程实验室、国家工程研究中心、国家认定企业技术中心。加强软科学研究平台和科技智库建设，集中优势资源，加大投入力度，以党政核心智库和高水平科技智库等为重点，打造若干在全国具有影响力的高端智库。围绕广西战略性新兴产业、特色优势产业，采取交钥匙工程的形式，每年成建制引进1—2家国内外一流大学、科研院所来桂设立重大研发机构，带动高层次人才培养和重大科技攻关及成果产业化。

（十八）培育建设高水平大学。

深入实施高水平大学建设工程，充分激活高校资源存量，推动教育资源向优势地区倾斜，引领带动全区高校不断提升办学水平。引导高校科学定位，面向国家、自治区重大发展战略，加强高水平创新平台建设，引育高层次人才，强化产学研合作。重点建设南宁、桂林两个高水平高校集聚地，支持广西大学等2—3所高校建设国内一流大学，支持桂林旅游学院建成高水平旅游大学，吸引国内外知名大学在北部湾建设海洋学院等特色高水平大学。鼓励国内、区内高水平科研机构以多种方式与区属院校合作办学，支持30个左右面向全区重大产业发展的优势特色学科建设国内一流学科，积极引导部分新建高校向应用型转变。加快推进广西高等教育国际化进程。深化高校创新创业教育改革，完善人才培养质量保障体系，打造高水平大学科技园和创新创业基地，实行弹性学制，放宽学生修业年限，允许全日制在校学生保留学籍休学创新创业。

（十九）大力推进创新型市、县（市、区）、镇建设。

统筹整合创新资源，着力构建协同有序、优势互补、科学高效的区域创新体系。实施创新型市、县（市、区）、镇建设工程，南宁、柳州、桂林、北海等创新基础好的城市要加快推进创建国家创新型城市，成为创新驱动发展先导区，引导和辐射更多城市走上创新发展道路。支持一批城镇化基础好、科技资源丰富的县（市、区）率先进入创新型县（市、区）行列，加大科技特派员选派力度，大力促进人才、项目、成果等创新要素向基层流动，不断激发基层创新发展活力。结合自治区“特色小镇”创建工作，每年重点培育10个以高新技术、科技服务、产城融合为特色的“创新小镇”。

（二十）积极打造创新示范区。

实施高新技术产业开发区（以下简称高新区）创新能力提升计划，促进科技资源、人才资源和金融资本向高新区集聚，大力发展高新技术产业，打造产业科技创新中心和新兴产业策源地。积极支持各设区市建设高新区，引导各类开发区与高新区联动发展，推动条件成熟的自治区级高新区升格为国家级高新区，鼓励新升级的国家级高新区加快创建创新型特色园区，鼓励国家级高新区按有关规定申请适当扩区。优化高新区的管理运行机制，加大简政放权力度，清理调整阻碍创新发展的审批、认证、收费等事项，降低创新门槛。允许高新区科技项目捆绑打包列入自治区层面重大项目统筹推进，倾斜安排项目用地指标。高新区的财税收入、土地出让收益、行政事业收费等，上缴所在市部分均按一定比例返还高新区，用于园区基础设施建设、产业创新发展及产城融合发展。依托国家级高新区积极争创国家自主创新示范区，支持其在体制改革、人才激励、知识产权、科技金融、成果转化、土地管理、创新评价等方面先试先行，争取在重要领域和关键环节取得新突破，发挥示范带动作用。

六、大力激发人才创新创造活力

（二十一）加大靶向引才力度。

坚持人才引领创新发展，突出“高精尖”和亟需紧缺人才导向，以更精准、更有效的政策措施引进人才，促进人才链与创新链、产业链、资金链、政策链紧密衔接、相互支撑。大力实施“522人才工程”，到2020年，重点引进50名以上创新型尖端人才、200名以上重点产业和战略性新兴产业领军人才，以及200名以上适应产业发展需要、勇于创新的企业家和高级经营管理人才。注重以才引才，围绕国家级创新平台和重大创新项目，加大高层次人才、高水平创新团队和特色优势产业团队引进力度。研究制定面向海外引才引智的专项政策，统筹推进海外区外引智站点建设，强化自治区驻外机构引才引智职能，加强与高端人才猎头等专业化服务机构合作，进一步拓宽引才引智渠道。坚持不求所有、但求所用，以灵活多样的办法和机制，加大柔性引才力度，以“柔性+弹性”的方式促进区内人才资源共享。

（二十二）强化人才培养和支持举措。

围绕培养壮大科技领军人才队伍，大力实施国家高层次人才特殊支持计划和我区“院士后备人选培养工程”，完善八桂学者、特聘专家制度，瞄准科技前沿，注重学科交叉，聚焦具有鲜明地方特色和学科、专业、技术优势的领域，精心遴选培养对象，通过科技和人才专项资助，支持申报和领衔重大科技项目，造就一批具有较大学术影响力和引领带动能力的科技创新领军人才，力争在入选两院院士、获得国家重大人才项目和国家级科技奖励等方面实现突破。深入实施广西“十百千”人才工程，设立并实施“广西青年创新创业人才培养计划”，有计划地选送人才到国内外知名院校、研究机构访学研修，依托重点学科和科研基地、博士后科研流动站、工作站和创新实践基地等平台载体，培养造就一大批具有较强开拓创新能力、较大发展潜力的学科带头人和中青年学术骨干。大力培养支撑广西制造、广西智造和广西创造的技术技能人才，完善产学研紧密结合的协同育人机制，支持发展新型联合培养基地，加大企业研发人才培养引进力度；通过产教融合、校企联合等模式，大力推动高技能人才培训基地、公共实训基地、技能大师工作室建设，推广建立企业首席技师制度，研究制定技术技能人才激励办法，在重点产业和特色产业领域大规模培养集聚高技能人才。完善财政科研项目资金管理措施，实行遵循人才创新规律、充分体现人才创新价值的经费使用管理办法。依托科技计划项目，强化对创新创业人才的精准支持，将人才培养作为科技计划项目的重要内容和主要考核指标。整合各部门管理的人才和团队建设资金，纳入广西科技基地和人才专项进行统筹管理，完善资金管理办法，提高资金使用效益。广西政府投资引导基金加大对高层次人才创新成果产业化项目的支持力度，创新人才与资本、技术对接合作模式。全面落实国家支持人才发展的税收政策。改进教学科研人员因公临时出国管理，为高校和科研院所中直接从事教学科研任务的人员和担任领导职务的专家学者出国开展学术交流合作创造条件。

（二十三）创新人才评价和激励办法。

统一制定高层次人才认定标准，统筹现行人才评审项目，建立分类认定、精准支持机制。突出品德、能力和业绩评价，分类制定基础研究、应用研究和技术开发、哲学社会科学人才评价的标准体系和具体办法，改进人才评价考核方式；在科技人才评价考核中，突出科技创新质量、贡献、绩效考评；注重把评价结果与培养支持、选拔使用、收入分配等挂钩。积极为人才松绑，对包括担任教学科研机构领导职务的专业人才实行符合智力劳动特点和规律的政策，不简单套用党政领导干部的管理办法。突出用人主体在职称评审中的主导作用，合理界定和下放职称评审权限，探索高层次急需紧缺人才职称直接评聘办法，进一步完善专业技术人才职称与高技能人才职业资格互通制度。完善保障和激励创新的分配制度，探索高层次人才协议工资、项目工资、年薪制，股权、期权和分红等激励措施，国有企业引进的高层次人才，其薪酬支出计入工资总额，经批准不受当年本单位工资总额限制、不纳入本单位工资总额基数。对获得省级及以上科技奖励的人员，其配套奖励资金依法落实税收减免政策；不符合减免规定的，凭有关报税凭证给予财政补助或创新券。实行以项目负责人制为核心的科研组织管理模式，赋予创新领军人才更大的技术路线决策权、经费支配权、资源调动权。

（二十四）完善人才使用和流动机制。

创造公开平等、竞争择优的用人环境，在科技和人才项目申报评审、成果奖励等方面对体制内外人才、中央驻桂机构和区内机构人才同等对待。创新事业单位编制管理方式，充分发挥用人主体在人才引进和使用中的主导作用。加强新型智库建设，着力提升专业化服务能力，用好用活智库资源。高校、科研院所等单位科研人员经所在单位同意，可在科技型企业兼职并按规定获得报酬，也可带着科研项目和成果离岗创业。鼓励支持高校、科研院所设立一定比例的流动岗位，吸引具有创新实践经验的企业家、科技人才兼职。研究制定吸引非公有制经济组织和社会组织优秀人才进入党政机关、国有企事业单位的政策措施，探索运用“旋转门”机制，促进人才在体制内外和机关、企事业单位之间合理流动、有效配置。制定倾斜政策，提高保障水平，引导和促进人才到艰苦边远地区和基层一线创新创业。

（二十五）健全人才服务与保障措施。

建立高端人才“绿卡”制度，在高层次人才薪酬分配、住房保障、配偶安置、子女入学等方面，制定具有比较优势的专项政策和明确具体的操作办法；对符合条件的高层次人才，个人所得税地方留成部分和购买首套住房契税实行全额补贴。鼓励各地由政府出资统一建设或购买适宜住房作为人才公寓，鼓励人才集聚的高新区、产业园区、高校利用自有存量用地建设人才公寓。整合人才引进管理服务资源，优化机构与职能配置，在自治区本级和各设区市推广建立网上网下互促互动的高层次人才“一站式”服务平台，探索“互联网+”服务模式，为高层次人才提供政策咨询、评价认定、项目申报、“双创”支持、待遇落实等方面的高效便捷服务。优化人才发展环境，在全社会营造尊重人才、鼓励创新、宽容失败的浓厚氛围。

七、推进大众创业万众创新

（二十六）强化“双创”载体建设。

鼓励在有关重点优势产业领域大力发展众创空间，积极服务实体经济。依托高新区、大学科技园、留学回国人员创业园、产学研合作示范基地等创业创新孵化机构，采取孵化与投资、线上与线下相结合的模式，积极构建一批涵盖投资促进、创业辅导、专业服务、创客孵化等服务的众创空间，鼓励和推广创业咖啡馆、创新工场、虚拟孵化器等新型孵化方式，降低大众参与创业创新的成本和门槛。鼓励企业、高校和科研院所建设创业孵化基地和创业园区，积极培育一批国家级、自治区级创业孵化基地，从广西就业专项资金中给予一次性适当补助。积极探索建设创新飞地，为区内企业对外短期技术交流合作提供综合服务，享受科技企业孵化器相关优惠政策支持。加快南宁•中关村双创示范基地、柳州国家小微企业创业创新基地城市示范项目、北海国家小型微型企业创业创新示范基地建设，努力在全区形成示范带动效应。加强留学人员创业园和创业创新基地建设，引进海外高层次人才到我区创业。鼓励支持创造创意活动，培养具有创造发明兴趣、创新思维和动手能力的创客，扶持打造更多创新创业社区。

（二十七）完善“双创”扶持政策。

鼓励各设区市优先将科技企业孵化器项目用地纳入各级土地利用总体规划和年度计划，统筹安排项目用地，每年可安排一定比例的计划用地作为科技企业孵化器建设用地。采取财政奖补、创业投资等方式，积极推动“孵化+创投”“创业导师+持股孵化”“创业培训+天使投资”等孵化服务模式创新，支持社会资本参与科技企业孵化器的建设与运营。建立科技企业孵化器和众创空间型创业孵化基地补助机制，积极鼓励各设区市、县（市、区）加大对科技企业孵化器、众创空间型创业孵化基地的支持力度，对新建或改扩建新增孵化面积的科技企业孵化器，其运营机构获得所在设区市财政补助资金的，自治区财政再按不高于各设区市补助一半比例给予后补助。对经认定或备案的众创空间，依法落实研发仪器设备加速折旧政策和研发费用税前加计扣除政策，对众创空间符合条件的进口研发仪器设备，依法落实进口税收优惠政策。引导和鼓励各类天使投资、创业投资等与众创空间结合，完善投融资模式。

（二十八）提升“双创”公共服务水平。

有序开展市场化众筹试点，选择社会众筹平台开展新兴产业项目众筹，建立众筹运营信息政府监管和公开制度，积极打造众创、众包、众扶、众筹支撑创业创新平台。加强创业服务机构统筹建设和布局，加快建设一批生产力促进中心、技术服务中心、专利转化交易服务机构和知识产权分析评议机构，推动成立科技企业孵化器协会或创新联盟，建成广西•中关村创业创新人才基地，鼓励各级人民政府优先购买联盟提供的创业创新服务，加速创新资源流动和优化组合。建立创业导师制度，聚集一批熟悉经营管理的创业导师开展创业培训。定期举办创业创新大赛，每年公开遴选50家初创企业，对入选的优秀创业项目、创业人物给予市场宣传、成长资金资助等方面支持，营造鼓励创业创新的浓厚社会氛围。

八、全方位推进创新开放合作

（二十九）充分汇聚创新资源。

围绕我区产业技术创新发展的战略需求，加强与国家有关机构的沟通合作，积极争取国家重大创新项目、重要创新资源汇聚广西。吸引国家级科研机构、一流大学和科技实力强的大型企业在广西设立分院分所、产业技术研究院、技术转移中心、技术创新中心等研发和成果转化机构。以产业化成果为依托，组建富有市场竞争力的高科技企业。主动加强与国内创新资源丰富的省（区、市）开展务实合作，推进与北京中关村、上海张江等国家自主创新示范区建立跨区域创新协作机制，争取创建相关自主创新示范区技术市场广西服务平台。吸引和扶持国内有实力的企业在桂设立研发机构和创新创业服务机构。鼓励并引导区外研发机构参与承担自治区级科技项目。在粤桂合作特别试验区等地创建科技创新合作试验基地，引进打造一批重大科技项目和创新创业平台，促进与发达省份及港澳台地区创新资源的对接和集聚。建立创新发展战略同盟，积极引进人才、技术、科研成果等优质创新资源，促进更多成果在广西落地转化。

（三十）深化同与东盟为重点的“一带一路”国家创新交流合作。

积极加强与“一带一路”沿线国家产学研合作，共同开展科研联合攻关、人才联合培养、技术示范推广、科学家合作交流等活动，构建国际产学研合作创新平台网络。积极落实“一带一路”建设科技创新合作专项规划，重点加强与东盟、南亚等科技创新合作。依托中国—东盟博览会等平台，建立中国与东盟创新合作的长效机制，与东盟国家共建创新中心、海洋合作中心、海洋合作科技园等创新合作平台与项目，推动广西成为面向东盟的区域性创新中心。强化中国—东盟技术转移中心的创业孵化功能，以技术转移、成果转化驱动创新合作，争取设立中国—东盟技术交易所，建设高校、科研院所技术转移服务集聚区，无偿提供专业化高效服务窗口，完善技术转移协作网络和信息对接平台建设。利用中国—东盟信息港、中国一马来西亚钦州产业园区、中国—东盟现代农业科技园等载体，建设面向东盟富有活力的高端产业创新创业基地。围绕“一带一路”沿线国家发展需求，组织项目对接和科技援外培训，支持我区拥有自主知识产权的技术和产品“走向东盟”，加快实现技术标准对接、成套设备出口和工程总承包。积极开展与南亚国家科技创新合作，重点推进技术转移中心、联合实验室等平台建设。

（三十一）加强与欧美等科技发达国家开展创新交流合作。

积极对接全球创新资源，大力推动国家级园区与海外目标园区建立战略合作伙伴及产业协作配套关系，集聚国际创新人才、创新企业、创新服务机构和投融资平台等要素，重点加强与欧美、日韩、以色列等国家开展创新及产业合作，促进引资引智引技相结合，在南宁、柳州、桂林等地建设面向发达国家的国际创新合作基地，在北海、百色等地建设现代农业科技国际合作园区。实施海外技术成果转化专项行动，支持企业开展跨国技术研发合作，组建产业创新国际合作联盟，引进关键核心技术。实施高端研发机构集聚计划，吸引跨国公司在广西设立区域性研发中心，对世界500强企业在广西设立独立法人资格的区域性研发总部，由所在地实行前三年“零租金”、后两年租金减半的政策，需要建设用地的，按照集中统筹和分级保障原则予以优先保障。鼓励广西企业建立海外研发中心，按照国际规则并购、合资、参股国外创新型企业和研发机构，提高海外知识产权运营能力。

九、加大财税金融支持力度

（三十二）创新财税支持机制。

围绕全社会研发投入强度达到2%以上的目标，各级财政根据科技创新改革的需要和科技重点工作任务的实际需求，优先保障及合理安排财政科技支出，大幅增加财政科技投入，在保持现有科技经费稳定增长的基础上，新设立自治区创新驱动发展专项资金，2017年—2020年规模为50亿元，主要支持关系广西经济社会发展的重大科学研究、重大科技攻关、重大新产品开发和国家级、自治区级创新平台等建设。遵循科研一般规律，建立财政科技预算年度执行考核适度弹性机制，自治区创新驱动发展专项资金年度预算按项目申报实际状况，可在年度30%幅度内结转滚存使用，最长不超过5年。广西政府投资引导基金要重点向科技成果产业化及战略性新兴产业倾斜，充分发挥母基金的引导作用，撬动更多的社会资本投向科技创新。完善财政科技投入机制，由一次性拨款向更加注重滚动支持转变，由前期投入向更加注重后期补助转变，由零散投入向更加注重集中扶持转变，围绕重点领域、重点环节，集中投向重大科技专项、重点研发项目、重大科技设施装备、重大科技平台建设、重要人才引进培养等。

全面落实降税减费政策，建立落实国家支持企业技术创新的研发费用加计扣除、高新技术企业所得税优惠、固定资产加速折旧、股权激励和分红、技术服务和转让税收优惠等激励政策的督查机制。加大对科技型企业的奖励支持，全面落实国家自主创新示范区所得税政策。

（三十三）促进科技金融与产业融合发展。

积极发展创业投资。依托社会资本、金融机构和国有企业，发挥广西政府投资引导基金作用，支持发起设立涵盖科技成果转化、战略性新兴产业、科技企业孵化器等方面的各类投资基金，按照“政府引导、市场运作”原则，通过市场化方式与国内外优秀投资机构合作，撬动更多社会资本支持新兴产业、科技成果转化、创新型企业培育和初创期科技型中小企业。积极利用资本市场，实施科技企业上市培育专项行动，建立科技企业上市后备资源库，对企业股份制改造、券商签约辅导、挂牌上市等分阶段给予费用补贴或奖励。在北部湾股权交易所设立科技创新专板，扶持引导中小型科技企业挂牌。拓宽科技信贷渠道。研究出台促进科技和金融结合政策措施，鼓励商业银行设立科技支行或科技贷款专营机构，实行专门的客户准入标准、信贷审批和风险控制，为科技型中小企业和科技创新研发提供多渠道、多元化融资服务。支持小额贷款公司开展科技贷款业务。通过贴息等办法，引导小额贷款公司重点针对初创期、种子期科技型中小企业开展小额贷款业务。建立健全金融机构开展科创贷、成长贷、知识产权质押融资等金融创新业务的支持政策，实施银政企合作贴息资助制度，设立科技企业贷款保险保证风险补偿基金池，对前景看好的科技项目实施无抵押、无担保信用贷款，安排贴息、事后风险补偿金，降低科技型中小企业信贷融资成本，减轻金融机构的经营风险。推动政府性融资担保机构为科技型中小企业提供融资担保，给予低担保费率待遇。推动建设科技金融信用体系，支持商业银行、商会协会、第三方机构等单位开展科技信用评级，鼓励南宁、柳州、桂林、北海等国家级高新区建设科技金融信用体系建设示范区，建立国家级高新区企业信息有效传递机制、企业守信激励机制、企业失信约束机制和惩罚机制。加强与国家首批“投贷联动”试点银行合作，创造条件积极争取列入国家“投贷联动”试点。

十、全面提升创新服务水平

（三十四）健全组织保障。

加强党对创新驱动工作的领导，各级党委要从全局和战略高度，突出创新驱动的核心位置，列入党委工作重要议事日程。自治区成立实施创新驱动发展战略领导小组，由自治区党政主要领导任组长，建立科技创新厅际联席会议制度，研究决定重大创新事项，统筹制定创新政策措施，合力推动广西创新发展。整合科技职能部门，加强科技创新机构建设，积极探索以党建推动和促进科技创新工作。注重从自治区相关部门、高校、科研院所选派科技骨干到市县乡挂职，把培养锻炼干部与指导推动科技创新任务落实紧密结合起来。各设区市、县（市、区）要加强科技创新机构建设，建立健全工作制度，强化对基层科技创新工作的管理和服务，形成强有力的组织领导保障体系。

（三十五）强化管理服务。

加快转变政府职能，科技主管部门要抓规划、抓政策、抓服务，不断完善科技管理和科技资源配置方式，推进科技项目、科技资源向产业创新平台聚集、向产业创新需求聚焦，建立科技创新和知识产权云平台，实现资源优化集成和政策配套联动，争创科技创新服务新优势。强化科研信用管理，建立全区科研诚信档案。自治区相关职能部门要建立重大科研需求和人才需求定期发布制度，引导高校和科研院所面向经济主战场、面向重大产业需求开展科研和教学工作，高校和科研院所要建立创新能力与科技成果转化发布制度。完善科技创新调查统计制度。完善商事制度，改革创新准入制度，制定和实施产业准入负面清单，形成统一权威、公开透明的市场准入标准。完善试错、容错和纠错机制。

（三十六）加大宣传引导。

各地各部门要结合实际，加强创新驱动工作的宣传引导。创造性地加强科普工作，分级分层次建立各类创新讲习所和创业训练营，宣传普及创新创业相关政策与技能，促进各类创新创业要素交流对接，营造良好的创新生态环境。实施“百千万双创”培训计划，自治区每年组织选派100名专业干部到国内外发达地区进行“双创”领域的学习和交流，组织1000名中小企业负责人参加企业创新培训，组织1000名众创空间管理人员和职业技能人员参加新型孵化器运行管理与现代创新社区管理培训，组织10000名创业者参加创新创业能力提升培训。将创新创业课程纳入国民教育和干部培训体系，积极培育创新意识、创新文化和创新精神。聚焦创新创业主战场，强化舆论宣传引导，讲好创新创业故事，树立创新创业典型，弘扬企业家精神，不断激发全社会创新创业活力。

（三十七）加强督查落实。

建立重大政策创新性前置审查机制，增强市场主体的创新动力。加强对创新驱动政策落实情况的监督检查，定期开展重大改革、重要政策和重点项目专项督查；探索开展创新驱动发展第三方机构评估试点。加快建立创新驱动发展考核体系，绩效管理部门要将创新驱动各项任务列入各级各部门绩效考核范围，特别要将全社会研发投入占GDP比重、高层次人才培养引进与使用、高技术产业增加值占工业增加值比重、战略性新兴产业增加值占GDP比重、高新技术企业数、每万人口发明专利拥有量、科技（专利）成果转化等指标纳入各级党政班子绩效考核范围。积极鼓励各级领导干部主动作为，合力推动创新创业，对为创新驱动作出积极贡献的优秀干部优先提拔任用，对不作为、乱作为的严肃问责。

各地各部门要高度重视，按照自治区党委和政府的战略部署，认真抓好落实，确保创新的各项目标任务落到实处。

中共广西壮族自治区委员会

广西壮族自治区人民政府

2016年9月21日

中共广西壮族自治区党委办公厅 广西壮族自治区人民政府办公厅关于加强高层次创新型人才队伍建设的实施办法

（桂办发〔2016〕42号）

第一章 总 则

第一条 为深入贯彻中共中央《关于深化人才发展体制机制改革的意见》和《中共广西壮族自治区委员会 广西壮族自治区人民政府关于实施创新驱动发展战略的决定》等文件精神，进一步完善配套政策，加强我区高层次创新型人才队伍建设，充分调动人才创新创业的积极性，制定本办法。

第二章 人才评审认定

第二条 对高层次人才实行分类认定制度。按照统一制定的标准，将在我区工作的高层次创新型人才分为五个层次，由自治区党委人才工作领导小组办公室协调相关部门进行认定（具体办法另行制定），并按照认定的人才层次给予相应支持。

第三条 更好发挥重大人才工程集聚高层次人才的载体作用。完善院士后备人选培养工程、八桂学者、自治区特聘专家、十百千人才工程、广西高校海外引才“百人计划”人选选聘（评审）办法，切实提高人选质量和人才效益。自本办法印发之日起，自治区层面不再新增人才选聘类项目。整合各类人才选聘类项目资金，加大重大人才工程人选支持力度。上述五类项目人选，聘期（培养期）未满的按合同约定给予资助；新增人选所需财政支持资金实行统一管理、一个“口子”划拨，按本办法规定的标准执行。

第四条 对来桂工作并获得国家人才项目经费资助的海内外专家人才，由自治区财政按国家资助经费标准给予1∶1的地方经费配套。

第五条 完善人才荣誉类项目评审支持机制。自治区各部门组织评审的人才荣誉类项目，属于自治区党委、自治区人民政府批准评比表彰范围内的，可继续开展评审，但不直接给予财政资金支持。需要财政资金支持的，按本办法先予以认定后，再予以支持。

第六条 完善人才培养类项目评审支持机制。自治区各部门设置的人才培养类工程和项目，资金主要用于资助人选访学研修、考察培训、挂职锻炼、学术交流等，不得用于发放津贴、奖金和作为科研补助经费。注意人才培养类项目与引进类项目的衔接，为引进的高层次创新型人才提高专业化能力创造有利条件。

第三章 人才智力引进

第七条 建立集中发布引才引智目录机制。统一采集重点行业领域、强优企事业单位人才需求信息，依托“八桂英才网”等平台载体，定期向社会发布。

第八条 加大重点产业领域高层次人才引进力度。积极实施国家“千人计划”，完善八桂学者、特聘专家制度，充分发挥人才小高地的人才集聚效应，面向海内外大力引进重点产业、战略性新兴产业和特色优势产业急需紧缺高层次人才。

第九条 完善高层次人才引进方式。坚持“靶向引才”，适应实施创新驱动发展战略需要，有计划地组织强优企事业单位赴区外开展集中招聘活动。加大柔性引才力度，以产业和项目为纽带，采取双向兼职、联合聘用、交叉任职、技术入股、人才驿站等弹性更强的引才办法，着重引进产业领军人才和创新团队，建立产业智库。实行“错位引才”，注重层次错位、产业错位、区域错位，引导支持各级各部门合理引进与经济社会发展水平相适应、与产业发展需要相符合、有利于弥补区域和行业领域人才短板的急需紧缺人才。探索实施重大引才活动服务外包，推广举办高层次创新型人才创新创业大赛等引才方式。

第十条 不断拓宽引才引智渠道。鼓励发展、积极引进高端猎头等专业化服务机构，赋予广西驻外机构引才引智职责，统筹推进海外区外引才引智站点建设，支持广西有条件的人力资源服务机构在境外建立分支机构，发挥外事、侨务和自治区欧美同学会、海外联谊会、企业家协会等社会组织作用，加强与国内外各类专业社会组织、人才中介服务机构的合作，多渠道引进高层次创新型人才和智力。

第十一条 推动招商引资和招才引智互促互动。每年定期举办“汇商聚智”、海外优秀创业人才广西行等活动，在引进项目时注重引进人才和团队，在引进人才时注重引进成果和项目，促进引资引才引智引技高度对接、深度融合。

第十二条 建立高层次人才和团队岗位津贴制度。对全职引进到广西工作、认定为第一至第四层次的人才，自治区财政分别按照以下标准，给予每人年度税后岗位津贴：第一层次100万元，第二层次30万元，第三层次20万元，连续发放5年；第四层次10万元，连续发放3年；对非全职引进的高层次人才，按实际工作时间分别给予每人每月8万元、2万元、1.5万元、0.8万元税后岗位津贴。

同时，分别给予第一至第四层次人才所带的科研创新团队100万元、30万元、20万元、5万元税后岗位津贴，由团队负责人根据团队成员的实际贡献自主分配。对第五层次人才，可由用人单位或工作地本级财政按月给予一定数额的岗位津贴。

第十三条 建立高层次人才住房保障制度。全职引进的各层次人才，与用人单位签订5年以上聘用合同，可享受一次性税后住房补贴。第一至第三层次人才，由自治区财政分别给予每人200万元、120万元、100万元的住房补贴。第四、第五层次人才的住房补贴，由用人单位或工作地本级财政负责，具体标准可根据当地经济社会发展水平确定。对非全职引进的各层次人才，其在桂工作期间，用人单位应尽力提供良好的住房保障。

第十四条 建立高层次人才和团队科研补助经费制度。对全职引进的第一至第四层次人才及其团队，分别按照以下标准给予科研补助经费：第一层次一次性补助1000万元；第二层次每年自然科学类100万元、哲学社会科学类30万元，连续补助5年；第三层次每年自然科学类60万元、哲学社会科学类20万元，连续补助5年；第四层次每年自然科学类20万元、哲学社会科学10万元，连续补助3年。用人单位按照不低于1∶1比例提供配套经费。

第四章 人才支持激励

第十五条 扩大高层次人才创新创业自主权。认定为第一至第四层次的人才，可自主选择科研方向、聘任科研助手、组建科研团队，根据团队成员的实际贡献自主分配岗位津贴，用人单位在科研平台、科研团队建设上要充分尊重领军人才的意愿，积极创造有利条件；用人主体为自治区本级科研院所、高校的，可根据人才需求，按有关规定自行采购科研仪器设备和实验试剂，自行选择科研仪器设备评审专家。

第十六条 给予高层次人才创新创业场租补贴。经认定为第一至第四层次的高层次人才，在广西创业的，按企业实际支出的场租给予创业场租补贴。自企业设立之日起2年内给予500平方米以下部分每月每平方米30元场租补贴，第3年给予500平方米以下部分每月每平方米15元场租补贴。所需资金由企业注册地本级财政承担。

第十七条 重奖成果和贡献突出的人才。支持广西各行各业人才参加本行业领域国际或国家科技奖、荣誉奖项评选，对获得奖项的，自治区财政一次性给予10万—50万元奖励。对参加“世界技能大赛”获奖的高技能人才，以及新获“中华技能大奖”“全国技术能手”的高技能人才，自治区财政一次性分别给予每人50万元、20万元、10万元奖励。对创业成果突出、为地方财税增收作出突出贡献的人才，由本级财政予以奖励。具体奖励办法另行制定。

第十八条 建立充分体现人才价值的薪酬制度。对在企业工作的高层次创新型人才，可实行年薪制和股权制、期权制。在事业单位工作的，可实行协议工资或项目工资，不列入、不占用位绩效工资指标；协议工资分为基本年薪和绩效年薪，具体分配方式、比例由单位与个人协商，按程序报批后执行。

第十九条 建立科技人员股权期权激励机制。对为国有企事业单位技术创新和成果转化作出重要贡献的技术人员、核心骨干，可实行股权期权激励；对不适宜实行股权期权激励的，可采取其他激励措施。国有企事业单位对职务发明完成人、科技成果转化完成人及其团队的奖励，计入当年单位工资总额，不作为工资总额基数。

第二十条 允许科研人员兼职兼薪。高校和科研院所科研人员在完成本单位工作任务前提下，经所在单位批准，可在区内兼职从事技术研发、产品开发、技术咨询、技术服务等成果转化活动，并从兼职单位取得相应合法股权或薪资。高校和科研院所及其内设机构领导班子成员兼职管理及取酬按中央有关规定执行。

第二十一条 支持科研人员离岗创业。经所在单位批准，符合条件的高校和科研院所等事业单位科研人员，可带科研项目和成果创办领办科技型企业，3年内可保留人事关系、社会保险关系，停发工资，但薪级工资按规定正常晋升，保留其原聘专业技术岗位等级，不影响职称评定；符合相应条件的，可按有关规定延长离岗创业期限。离岗期间的人事档案由本单位管理，个人和单位按规定比例分别缴纳各项保险，缴费年限连续计算，离岗期间实际缴费年限可计算为单位工龄。离岗创业科研人员要求返回原单位的，按原职级待遇安排工作。

第二十二条 改革职称评审制度。突出用人主体在职称评审中的主导作用，合理界定和下放职称评审权限。改革职称评审前置条件，对职称外语、计算机应用能力考试不作统一要求。完善职称评审指标体系，将发明专利、标准制定及成果转化等作为职称评定的重要依据；科研人员申报职称时，社科类成果的自治区层面决策采纳情况、发明专利的转化应用情况与论文同等对待，技术转让成交额与纵向课题指标同等对待。实行职称岗位化管理，对引进的高层次人才可实行职称先聘后评。

第二十三条 建立高层次创新型人才延迟退休制度。经认定为第二至第四层次人才达到退休年龄，确因工作需要，根据本人意愿，并经所在单位和人事主管部门批准，可延长3—5年工作时间。

第五章 用人主体激励

第二十四条 支持用人主体培养高层次人才。对成功培养第一、二层次人才的单位，每培养一人自治区财政分别给予2000万元、200万元的一次性奖励，用于支持人才科研团队建设与科研平台升级。支持企事业单位设立院士（科学家、专家）工作站（室），按照有关规定由本级财政给予10万—100万元开办经费。

第二十五条 发挥企业主体招才引智作用。鼓励和支持企业根据发展需要面向海内外广泛吸纳人才。对国有企业新招录的高层次和高技能人才，其薪酬经批准不受当年本单位工资总额限制、不纳入本单位工资总额基数。

第二十六条 创新人才聘用管理模式。事业单位引进的符合认定标准的高层次创新型人才，可不受单位编制数、岗位总量、最高等级专业技术岗位结构比例和身份的限制。全职引进的，用人单位可通过直接考核的方式招聘，所需编制和岗位不占单位指标，直接对应享受相关岗位级别待遇。首次聘期结束后，按照其取得的专业技术资格重新聘岗。非全职引进的，通过特设岗位进行聘用管理。

第二十七条 大力支持博士后科研流动站、工作站建设。鼓励高校、科研院所、核心智库和企业申报设立博士后科研流动站、工作站和创新实践基地。根据中央相关文件精神，科学合理制定对博士后科研流动站、工作站的设站单位以及博士后创新实践基地资助标准。

第六章 人才管理服务

第二十八条 对高层次创新型人才实行统一建库管理，注重搭建与各类科技、人才项目管理平台的立交桥，建立动态管理、科学考评、有进有出的良性循环机制。

第二十九条 健全完善人才认定、遴选、考核、评价及重大人才工程入选者退出办法。对不同学科、专业和行业领域的人才，建立符合人才创新活动特点和人才发展规律的评价标准体系，实行差异化的评价考核方式。加强重大人才项目人选目标管理和聘期考核，适当延长基础研究人才评价考核周期。注重发挥行业协会、专业团体在人才评价中的作用，探索引入第三方考核评价。凡不认真履行合同约定职责，以及品行不正、学术不端、存在违法违规行为的，用人主体可向项目主管部门提出申请，经调查核实后，终止合同，取消其人才称号和待遇。

第三十条 完善领导干部直接联系人才制度。经认定的第一至第三层次人才可作为自治区领导直接联系关护对象。

第三十一条 建立高层次人才“一站式”服务平台和窗口。自治区人力资源社会保障厅负责为第一至第四层次人才发放“高端人才服务卡”。凭卡可对应享受有关项目的优质高效服务。

第三十二条 妥善解决高层次人才的子女入学问题。经认定的第一至第四层次人才，其子女在义务教育阶段的，可根据本人意愿，由所在地教育主管部门协调解决其子女入学事宜。

第三十三条 为高层次创新型人才提供便捷的社会保险服务。经认定引进的第一至第四层次人才，由用人单位按规定及时为其办理或接续养老、医疗、工伤、失业等各项社会保险，人力资源与社会保障部门优先办理相关手续。用人单位应为引进人才办理职工大额医疗费用统筹和人身意外伤害保险等。

第三十四条 为高层次创新型人才提供优质的医疗保健服务。经认定的第一至第四层次人才，纳入自治区医疗优诊服务范围，可按规定享受每年一次的免费健康体检。

第三十五条 为来桂创新创业的外籍高层次人才开设居留许可办理“绿色通道”。引进的外籍人才需要办理《外国人来华工作证》的，其有效期最高可为5年；持非工作签证入境的外籍高层次人才，可直接在工作地申办《外国人来华工作证》，无需出境更换签证类别；从外省（区、市）转聘来桂工作的外籍高层次人才，无须办理《外国人来华工作许可》，可在新的工作地直接申办新的《外国人来华工作证》。

第七章 项目资金保障

第三十六条 对各类科技和人才项目资金实行归口统一管理。自治区各部门管理的人才和团队建设专项资金全部整合归并到自治区本级财政科技计划广西科技基地和人才专项，强化创新人才资助资源的统筹配置，提高配置效能和使用效益。

第八章 附 则

第三十七条 本办法具体解释工作由自治区党委人才工作领导小组办公室承担。

第三十八条 本办法自印发之日起施行。此前规定与本办法不一致的，按本办法执行。

中共广西壮族自治区委员会办公厅

广西壮族自治区人民政府办公厅

2016年9月21日

南宁市大力推进大众创业万众创新实施方案

（南府办〔2016〕34号）

为深入贯彻落实《广西壮族自治区人民政府办公厅关于印发大力推进大众创业万众创新实施方案的通知》（桂政办发〔2015〕134号），主动适应和引领经济发展新常态，充分释放全社会创业创新活力，积极构建大众创业、万众创新支撑平台，促进产业转型升级，打造经济增长的新引擎，结合南宁实际，制定本实施方案。

一、总体要求

加快实施创新驱动战略，整合创业创新资源，以发掘创业创新潜能、激发创业创新活力、优化创业孵化服务、提升创业孵化效率为内容，加快建设创业创新载体，促进科技与经济的深度融合与发展。

二、发展目标

以营造良好创业创新环境、推进建设创业创新集聚发展示范区为主要目标，至2020年底，全市建成众创空间10家以上，新增科技型中小微企业1000家以上，每万人有效发明专利拥有量件达到8件，企业孵化载体达25家。发起设立若干创业创新引导基金，培育一批天使投资人和创业投资机构，创业创新政策体系更加健全，服务体系更加完善，初步形成全社会创业创新的浓厚氛围。

三、主要任务和举措

（一）营造创业创新良好环境。

1．进一步转变政府职能。深化权责清单工作，推进权力清单和责任清单两单融合，指导做好建立乡镇政府（街道办）权责清单制度试点和全面实施工作，2016年12月底以前公布全市所有乡镇政府（街道办）的权责清单。完善相对集中行政许可权改革，促进市行政审批局实质性运转。继续清理规范涉及行政审批中介服务事项，待自治区出台全区行政审批中介服务事项清单后3个月内出台全市行政审批中介服务事项清单。（市编办、法制办、政务办，各县区人民政府，各开发区管委会。排第一位的单位为牵头单位，下同）

2．清理和规范收费项目和完善管理制度。建立和公开南宁市本级政府定价的经营服务收费目录清单、涉企经营服务性收费目录清单、涉企行政审批前置经营服务收费目录清单三项制度。开展涉企收费专项清理工作，清理规范涉企行政事业性收费和具有强制垄断性的经营服务收费，整顿规范行业协会或商会收费。对涉企收费实行目录清单管理，各有关部门通过政府网站和公共媒体对外发布，接受社会监督。（市物价局、财政局、民政局、商务局、工商局等部门）

3．加强企业信用监管。配合自治区工商部门推进完善市场主体信用信息公示抽查制度，定期或不定期开展对市场主体的随机抽查和重点检查。加强信息互联互通和共享交换，构建以信用监管、信用约束、部门联动为核心的新型监管模式，把创业主体信用与市场准入挂钩，切实做到放而不乱、管而有序。贯彻落实企业信用信息发布制度，定期或不定期向社会公布企业信用状况，不断完善守信激励和失信联合惩戒机制。（市工商局、工信委、发展改革委、商务局等部门）

4．不断深化商事制度改革。巩固和深化“三证合一”（营业执照、组织机构代码和税务登记证）及“一照一码”登记制度改革，建立健全相关部门协作工作机制。全面落实“先照后证”改革事项，对国务院公布的前置审批事项目录以外的项目，一律不得作为市场主体登记的前置审批项目。贯彻落实自治区工商部门关于进一步放宽企业住所登记限制的相关措施，允许市场主体“一址多照”“一照多址”。在自治区工商部门的统筹部署下，推行电子营业执照和全程电子化登记管理；积极探索建立市场主体简易退出机制，对未开业、无债权债务企业实行简易注销程序试点工作，为大众创业、万众创新提供工

商登记注册便利化。（市工商局、财政局、国税局、地税局、质监局等部门）

5．加大知识产权工作力度。积极推进广西知识产权交易中心和知识产权“一站式”综合服务平台建设，推动开展全市知识产权工作。加快创建国家知识产权示范城市，大力发展知识产权代理、信息、商用化、法律、咨询、培训等市场化服务，鼓励高校、科研院所、企业设立知识产权管理机构。支持知识产权服务业集聚发展试验区建设，积极引入中介服务机构，建设知识产权公共服务平台和服务中心，全面提升知识产权服务能力。加强知识产权信息化服务，建设南宁市知识产权信息服务平台，提升知识产权服务机构在专利信息分析、专利预警和战略研究等方面的专业服务能力，培育50家具有较强市场竞争优势和产业创新优势的知识产权优势企业。促进知识产权质押融资，培育专利质押融资服务机构，支持国家级高新区为中小企业开展专利质押融资服务，鼓励银行等金融机构面向科技型企业等开展知识产权质押融资。加强自主知识产权保护，联合专利服务机构开展企业发明创造帮扶活动，加大防范和打击知识产权犯罪。（市科技局、工商局、公安局等部门）

6．加强创业创新知识教育普及。通过媒体宣传、推介会、宣讲课等形式，开展创业政策宣传、创业培训咨询、创业服务信息等宣传，普及创业知识，营造创业氛围。开展群众性“讲理想、比贡献、比创新”活动和基层科普行动计划，举办创新方法理论讲座、南宁市青少年科技创新大赛。推行创业培训进高校、下基层活动，依托各类职业培训机构，对有创业愿望并具有一定创业条件的农村转移就业劳动者、失业人员、高校毕业生及微型企业创办人员等群体大力开展创业培训，对符合条件的给予创业培训补贴。注重创业项目指导和企业经营管理培训，启发创业意识，提升创业经营水平，有效地降低创业风险。加强后续跟踪服务，培训后通过电话回访、上门回访、后续跟踪服务等形式，了解创业者创业项目实施情况中遇到的问题，为创业者提供有针对性的创业指导服务。（市人社局、教育局、科技局、商务局、团市委、科协等部门）

7．推动“互联网+”创业创新。建设一批小微企业创业创新基地，促进创业与创新、创业与就业的线上与线下相结合，降低创业门槛和成本。加强政府数据开放共享，推动大型互联网企业和基础电信企业向创业者开放计算、存储和数据资源。积极推广众包、用户参与设计、云设计等新型研发组织模式和创业创新模式。加快推进“互联网+”相关信息技术产品研发，对优秀产品加大力度推广应用。依托面向东盟的开放优势，强化南宁市作为平台集聚各类要素的作用，实施“互联网+”战略，以推进中国—东盟信息港南宁核心基地、南宁市供应链集成服务基地、南宁市创新创业基地等“三基地”建设为抓手，提升打造南宁现代服务业升级版。（市工信委、发展改革委、科技局、工商局、五象新区管委会等部门）

8．提高公共检测技术服务水平。积极发挥行业部门统筹协调作用，协助推进区市共建中国—东盟检验检测认证高技术服务集聚区，重点协助自治区质监局推进质检、计量、特检、标准、编码、认证等6个东盟检测认证中心等公共服务平台建设，促进面向东盟的检验检测高技术服务业集聚发展。主动与自治区质监局对接，尽快落实项目一期的报建等前期工作；协调自治区质监局尽快做好项目建设过程中涉及的国土、建设、环保、林园、水利、消防等行政审批手续，协调对应的市级有关职能部门给予开设绿色通道。（市质监局）

（二）加大财税政策扶持。

9．支持新产品推广。对获得工业新产品认定并在广西新产品推介和交易平台发布的工业新产品，按照2万元/个的标准进行补助，对同一企业每年补助最高20万元。在同等质量和价格的条件下，对使用广西区内工业新产品80%以上的企业，项目招投标中实行1—3分的加分支持，政策执行期限至2017年底。对获得国内首台（套）重大技术装备认定的区内工业企业，在实现首台（套）销售后，按首台（套）产品销售价格的50%予以奖励，对单户企业奖励金额最高200万元，对同一产品只奖励一次。对广西境内购买区内企业生产的国内首台（套）重大技术装备的用户，按照购买价格60%予以补助，补助最高100万元。落实《南宁市人民政府关于进一步做好稳增长工作的意见》（南府发〔2015〕12号）和《关于印发<2015年南宁市关于支持采购本地产品实施细则>的通知》（南工信〔2015〕10号），对采购目录内的产品按采购金额给予相应的流动资金贷款贴息或补助。（市工信委、财政局等部门，各县区人民政府，各开发区管委会）

10．对小微企业实施税收优惠政策。及时宣传自治区相关税收优惠政策，确保优惠政策扎实落地。至2017年12月31日，增值税小规模纳税人，月销售额、营业额不超过3万元（含3万元）或季度销售额、营业额不超过9万元（含9万元）的，按国家政策规定免征增值税；对年应纳税所得额不超过30万元（含30万元）的小型微利企业，其所得减按50%计入应纳税所得额，按20%的税率缴纳企业所得税。纳税人按期缴纳税款有困难，符合税收政策规定的，可申请延期缴纳，最长可延期3个月。如有变动，按现行政策执行。（市国税局、地税局、财政局等部门）

11．减轻创业创新企业收费负担。及时转发收费政策文件，公布收费目录，严格执行国家、自治区取消、停征、减免收费基金政策，对国家、自治区明令取消、停征、免征的行政事业性收费和政府性基金项目，逐项、按时落实到位。取消征地管理费、纺织品原产地证明书费、货物原产地证书费和机动车驾驶培训许可证收费等一批收费项目。降低一批涉企收费标准，白蚁防治费按规定标准的50%执行，产品质量监督检验收费按规定标准的90%执行。对创业创新小微企业免征组织机构代码证书费、环境监测服务费、计算机软件著作权登记费、森林植物检疫费、新药审批费等42项全国性行政事业性收费，取消铁路运输治安联防费、道路运输证照工本费及农作物品种审定费等地方性行政事业性收费。暂停征收部分涉企收费，包括石油（天然气）勘查、开采登记费、矿产资源勘查登记费、采矿登记费、企业注册登记费、个体工商户注册登记费、工业产品许可证审查费、出口商品检验检疫费。（市财政局、物价局、国税局等部门）

12．缓解创业创新企业的经营困难。按照自治区有关规定，失业保险费率由2%降至1%。从2015年起至2020年12月底止，给符合《广西壮族自治区人力资源和社会保障厅 财政厅关于扩大失业保险支持企业稳定就业岗位补贴范围有关问题的通知》（桂人社发〔2015〕47号）规定的企业拨付稳定就业岗位补贴，补贴额为本企业上年度实际缴纳失业保险费总额的50%。（市人社局、财政局、水利局、工信委、发展改革委等部门，各县区人民政府，各开发区管委会）

（三）完善创业投融资机制。

13．支持创业创新担保贷款。扩大信贷引导资金规模，对应自治区本级资金等额配套安排“两台一会”的信贷引导资金。积极采取各项措施，确保投入财政资金撬动银行贷款比例达到1：10以上，放大财政资金杠杆的社会效应。按照自治区相关政策，金融机构将小额担保贷款调整为创业担保贷款，统一调整额度至10万元，人力资源社会保障部门要积极帮助符合条件的个人申请最高单笔10万元的创业担保贷款，财政部门落实贴息政策。（市工信委、财政局、人社局、金融办等部门，各县区人民政府，各开发区管委会）

14．支持创新企业直接融资。全力推动我市上市和挂牌工作，对在新三板市场成功挂牌的南宁市企业，给予最高100万元的市本级挂牌工作经费补助。根据自治区的相关政策，对于在新三板市场成功挂牌的企业，可向自治区申请给予一次性工作经费补助50万元。对成功开展资产证券化和发行公司债、非金融企业债务融资工具的企业，按自治区政策以实际发行金额的1.5%给予一次性奖励，对每家企业奖励金额不超过100万元。对金融机构为我市企业发行股票及债务速效工具提供主承销服务的，按年度累计发行额的0.01%申请自治区奖励，每个金融机构奖励金额不超过100万元。（市金融办、财政局等部门，各县区人民政府，各开发区管委会）

15．加大对创业创新中小微企业金融扶持。加快建设互联网金融产业基地，着力引进一批有实力的互联网金融领军企业、国内知名电子商务龙头企业落户南宁，培育壮大第三方支付、移动支付、电商金融，规范发展P2P网络借贷、网络理财、众筹融资、商业保理、大数据征信评估、互联网金融门户等新业态，帮助中小微企业解决融资难问题，进一步发挥金融创新对实体经济的服务支撑作用。支持企业多渠道融资，逐步放宽小额贷款公司经营区域限制级融资比例限制，增强小微金融服务能力。在小额贷款公司空白县申请设立机构的，取消第一大股东必须是企业法人的限制，单个自然人股东及其关联方持股比例由不超过小额贷款公司注册资本的10%提高到30%。加大财政政策扶持力度，落实税收优惠政策。加强行业服务监管，创新分类监管和差异化管理模式，发挥助力创业创新的作用。（市金融办、工信委、商务局、投促局等部门，各县区人民政府，各开发区管委会）

16．发挥创业投资引导作用。加快基金投资运作，积极协调组织各县区、开发区筛选优质投资项目，加快组建项目储备库，适时组织开展创业创新大赛，挖掘创业创新潜在项目，完善我市创投基金与企业项目的顺畅对接，促进社会资本的聚集和基金的投资运作，切实发挥财政资金的杠杆放大作用。（市金融办、发展改革委、财政局、工信委、人社局等部门）

（四）强化众创公共服务功能。

17．强化创业创新孵化服务。继续大力推进南宁市科技企业孵化器建设，完善“众创空间+孵化器+加速器”创业孵化载体，在孵化载体、服务机构、高校、科研院所集聚且生活配套健全的区域，打造一批创业社区，促进区内创业企业围绕产业链、创新链开展合作，引导和鼓励与境外创业孵化机构合作设立新型创业孵化平台，不断提升孵化能力，到2020年，全市新增科技企业孵化器5家、创客空间10家。研究制定《南宁市科技企业孵化器认定和管理暂行办法》和《南宁市加快人才特区建设扶持建设科技企业孵化器实施细则》。推进高校、科研院所、重点实验室、工程技术研究中心、企业技术中心、科技文献数据中心等科研平台向社会开放。对在国内外知名创业大赛获奖的本市创新项目，优先给予科技计划项目立项支持。（市科技局、发展改革委、住房局、国土资源局等部门）

18．积极推进众创空间等新型创业创新平台建设。鼓励有条件的县区、开发区以文化创意集聚区、大学科技园、科技企业孵化器及高校、科研院所等为载体，建设各类新型众创空间。支持高新区建设南宁创客城、禾田信息港、中盟科技园等新型创业创新平台建设，推进富士康东盟硅谷科技园建设，支持五象新区建设天誉南宁东盟创客城，打造的要素齐全、功能完善、合作开放，具有较强专业化服务能力的众创空间和新型创业服务平台。对于经认定为创业孵化基地的众创空间，自授牌之日起，即可享受上年度房租和宽带接入费补助；授牌后运营满1年可再申报，享受期限最长2年。补贴标准按照每个基地每年实际缴纳的房租和宽带接入费的70%给予补助。属自有房产创办的基地，由所在地人力资源和社会保障部门、财政部门参照当地同类房产的租金水平合理确定。房租和宽带接入费最高不得超过每个基地每年55万元。（市科技局、人社局、财政局等部门，各县区人民政府，各开发区管委会）

19．打造一批创业创新集聚区。鼓励和支持各县区、开发区开展创业创新试点，积极探索推进大众创业、万众创新的新机制、新政策，不断完善创业创新服务体系，积极打造形成一批创业创新集聚区。重点扶持高新区建设国家双创示范基地，引入中关村文化、基因和发展理念，聚集全球人才、资本、技术、平台等创业创新资源和要素，打造成为立足南宁、面向东盟、辐射中南、西南地区的战略新兴产业集聚发展的科技中心、示范中心和服务中心。在中国—东盟信息港南宁核心基地（五象新区）建设互联网+创业创新示范区，鼓励和支持建设创新型信息产业园区，项目用地可按照控制性详细规划确定的规划条件和管控要求采取综合用地（含工业、研发、商办、居住等用途）的方式供地；鼓励和支持有条件的大型商业综合体项目引入创业创新公寓的开发理念，利用其办公建筑规划建设相对集中（独立成栋）的互联网+创业社区；鼓励和支持创业创新型企业通过购买经认定的互联网+创业社区用房入驻五象新区，企业法人所购经认定的互联网+创业社区住房可作为其在南宁市合法稳定住所，按照《南宁市人民政府关于进一步推进户籍制度改革的实施意见》依规办理南宁市居民户口登记。（高新区管委会、五象新区管委会，市发展改革委、科技局、财政局、人社局、公安局、国土局、工商局、住房局等部门）

20．扶持基地创业企业加快成长。入驻创业孵化基地的企业，与基地签订了场地租用合同的，可按季度申报场地水电补贴，补贴标准最高不超过1300元/户/月（两项合计）；入孵企业入驻创业孵化基地正常纳税经营满1年并依法足额缴纳社会保险费的，给予2000元/户的一次性补贴；入孵企业吸纳登记失业人员就业并签订1年以上劳动合同，依法足额缴纳社会保险费的，履行合同满1年后，按1500元/人标准给予一次性补助，其中吸纳就业援助对象的，按2000元/人标准给予一次性补助，并按规定在相应期限内给予孵化企业相应的社会保险补贴；入驻创业孵化基地的企业，较上年新招用1名就业人员，并与其签订1年以上劳动合同的，按规定按其为新增就业人员实际缴纳的基本养老保险费、基本医疗保险费、失业保险费给予1年的社会保险补贴，上述所需资金从市就业资金中统筹安排。每新吸纳1名毕业年度高校毕业生就业，按规定可按10万元的银行贷款额度及人民银行公布的贷款基准利率给予1年的财政贴息，对每个企业财政贴息贷款额度最高不超过200万元，财政贴息所需资

金由市财政向自治区财政申请安排。（市人社局、财政局等部门，各县区人民政府，各开发区管委会）

21．加强中小企业公共服务平台和各类创新平台建设。完善中小微企业公共服务平台，优化和提升“两台一会”贷款平台，不断创新中小微企业融资服务。建成中小企业政产学研平台，深化中小企业信息公共服务平台建设，实现中小企业公共服务平台资源的“大数据”应用，建立信息互联互通机制，为中小微企业提供创业、创新、融资、咨询、培训、人才等专业化服务。南宁•中关村创新中心、南宁创客城、中盟科技园等新型创业创新平台建设。推进富士康东盟硅谷科技园建设。利用“互联网+”，建设大企业、高校、科研院所与中小企业、创客对接的工业创业创新平台。引导企业加大创新投入，创建一批自治区级技术中心、研发中心、技术创新示范企业、产学研用一体化企业、市级企业技术中心等创新平台。（市工信委、发展改革委、科技局等部门）

（五）激活创业创新主体。

22．下放科技成果使用、处置和收益权。建立合理有效的科研激励机制，深化科研项目经费管理制度改革，推进科技成果处置权收益权等改革，研究出台促进全民创新的综合激励措施。加大对自治区发布的《关于事业单位科技成果使用处置和收益管理暂行规定》（桂政办发〔2015〕135号）宣传，推动各级事业单位的科技成果使用、处置和收益管理。引导市级事业单位开展科技成果使用处置和收益管理改革，对财政资金支持形成的，不涉及国防、国家安全、国家利益、重大社会公共利益的科技成果使用权、处置权和收益权，全部下放给符合条件的项目承担单位。（市科技局、人社局、教育局、财政局等部门）

23．鼓励科技人员离岗创业。经所在单位批准，符合条件的科研院所科技人员可带科研项目和成果、停发工资待遇到企业开展创新工作或创办企业，3年内可保留人事关系、社会保险关系，薪级工资按规定正常晋升，保留其原聘专业技术岗位等级，不影响职称评定。允许高等学校、科研院所科技人员在符合法律法规和政策规定条件下，经所在单位批准从事创业或到企业开展研发、成果转化，取得合法收入。相关行政主管部门制定管理制度，所在单位建立相应管理办法，规范科技人员离岗期间和期满后的权利和义务。（市人社局、科技局、财政局等部门）

24．鼓励大学生创业。执行自治区相关政策，从2016年起，高校毕业生在县级以下（不含县级和县人民政府驻地）科研或技术推广事业单位、国有或国有控股中小企业就业，服务期在3年以上（含3年）的，可向自治区申请最高限额8000元/学年的学费补偿和国家助学金贷款代偿。就业见习补贴标准由原来的每人每月750元，提高至每人每月900元，对见习期满留用率达到50%的，补贴标准提高至每人每月1200元。（市教育局、人社局、财政局等部门）

25．提高科研人员成果转化收益比例。鼓励市级事业单位提高科技人员（包括担任行政领导职务的科技人员）职务科技成果转化的收益，按至少70%的比例划归成果完成人及其团队所有。激励各类科技人员在职创业、离岗创业，引进人才团队来南宁市创业创新，努力营造鼓励人才干事业、支持人才干成事业、帮助人才干好事业的社会环境。国有企业对职务发明完成人、科技成果转化重要贡献人员和团队的奖励，计入当年单位工资总额，不作为工资总额基数。（市科技局、财政局、国资委等部门）

26．允许科技人员兼职取酬。财政资金设立的科研院所科技人员在完成岗位职责和聘用合同约定任务的前提下，经所在单位依法审批，可在市内兼职从事技术研发、产品开发、技术咨询、技术服务等成果转化活动以及在区内创办、领办科技型企业，并从兼职单位取得相应合法股权或薪资。允许科研院所、科技社团设立一定比例流动岗位，吸引有创新实践经验的企业家和企业科技人才兼职。（市人社局、财政局、科技局等部门）

27．开展海外招才引智活动。继续以资助引智项目带动引进海外人才，组织实施22个引智项目，争取国家外国专家局和自治区外国专家局的专项经费对以上项目进行资助。依托市域内的高校、科研院所，围绕优先发展的重点产业和科技创新重点领域，分层次引进一批海外高层次人才，建立博士后科研工作站，在办理来华工作许可和外国专家证提供便捷服务。进一步加强南宁市“海外智力为国服务行动计划”工作基地建设，举办海外高层次人才与项目对接会，促成一批海外高层次人才与我市企业开展技术项目合作。（市科协、人社局、教育局、科技局等部门）

（六）拓展城乡创业渠道。

28．支持电子商务向基层延伸。实施“电子商务进农村”，建设农产品现代流通体系，带动农产品批零市场、农民合作社、家庭农场共建网上购销渠道，培育农民网商。推进农村电子商务基础设施建设，完善农村电子商务支撑体系，促进工业品下乡和农产品进城双向流通。鼓励和引导有条件的电子商务企业、物流企业、金融企业深入农村开展电子商务综合服务。开展电子商务进农村综合示范，鼓励电商、物流、邮政、快递、供销、金融等各类企业和个人积极参与农村电子商务工作。在阿里巴巴、京东等大型电子商务平台设立南宁特产专区，引导特色农产品网上销售。紧密结合智慧城市、智慧社区建设，打造社区电子商务服务平台，提供购物、餐饮、医疗保健、家政、维修、缴费等便捷服务。鼓励利用南宁跨境贸易电子商务综合服务平台，开展跨境电子商务创业创新。优化政府发展引导资金支出结构，加大对电子商务创业创新支持力度。（市商务局、农委、财政局等部门）

29．支持返乡人员创业。按照自治区的工作部署，开展休闲农业与乡村旅游示范创建活动，争取每年创建2个休闲农业与乡村旅游示范点，打造一批休闲农业与乡村旅游标志性品牌。在条件成熟的县区、开发区探索建设农民工创业园，依托现有各类工业园、农业产业园、专业市场、商业街等，通过新建、改建、扩建或租赁等方式建设农民工创业示范基地，采取社会各界参与建设，政府扶持，自主经营的模式运营，为农民工创业提供更便利的服务载体和平台，争创自治区示范性农民工创业园，经验收合格的，可向自治区申请每个农民工创业园奖励500万元。（市人社局、农委、旅游发展委等部门）

30．提升农民工创业技能。围绕“十大”特色产业，实施新型职业农民培育工程和新型职业农民培育整村推进项目，重点培育种养大户、家庭农场主、农民合作社骨干、农业技术工人、农业雇员、农业社会化服务人员等对象，全市计划培育新型职业农民3000名。从2015年开始，5年内组织遴选150名种养大户、家庭农场主、农民合作社骨干、返乡创业大学生、大中专院校毕业生、返乡青年农民工、复转军人等作为教育培训对象，参加“广西现代青年农场主计划” 高校培训。（市农委、人社局等部门，各县区人民政府，各开发区管委会）

四、保障措施

（一）加强组织领导。建立由市发展改革委牵头的南宁市推进大众创业、万众创新局际联席会议制度，加强统筹协调和整体推进，重大事项要及时向市人民政府报告。各级各部门要结合实际，细化推进大众创业万众创新的工作目标和重点任务，落实工作分工，加强协调联动，形成推进合力，确保政策措施取得实效。

（二）建立督查机制。建立有关政策措施和工作任务落实情况的通报机制，将落实情况纳入年度综合考核内容，各县区人民政府、各开发区管委会相应建立组织领导机制，加快推进创业创新工作。

（三）形成推进合力。各级各部门要高度重视推进创业创新工作，切实负起责任，按照部门职责，根据工作任务和政策落实分工，认真制定具体实施方案，加大资金投入、政策支持和条件保障，把推进大众创业万众创新的政策措施落到实处。各责任单位要及时报告工作进展，大胆探索推进大众创业万众创新的工作机制和模式。

（四）营造创业创新氛围。坚持倡导敢为人先、宽容失败的创新文化和崇尚创新、创业致富的价值导向，大力培育全民创业创新文化，借助网络、微信、微博等互联网载体及电视、报纸等新闻媒体，加强对大众创业创新的宣传报导，开展创业创新先进评选活动，加大创业创新典型宣传力度，让大众创业、万众创新在全社会蔚然成风。

南宁市人民政府办公厅

2016年6月13日

河池市大力推进大众创业万众创新实施方案

（河政办发〔2016〕15号）

为贯彻落实党中央、国务院关于大力推进大众创业万众创新的决策部署，根据《广西壮族自治区人民政府办公厅关于印发大力推进大众创业万众创新实施方案的通知》（桂政办发〔2015〕134号）要求，加快我市实施创新驱动发展战略，营造良好创业创新环境，推动经济结构调整，打造发展新引擎，增强发展新动力，结合实际，制定本方案。

一、总体要求

（一）总体思路。

全面贯彻落实党中央、国务院和自治区人民政府的决策部署，以深化改革为动力，以营造良好创业创新环境为目标，以激发全社会创业创新活力为主线，加快实施创新驱动发展战略，加大简政放权力度，切实转变政府职能，建立激励社会创新大众创业的体制机制。主动适应经济发展新常态，夯实创业创新基础，构建创业创新生态体系，以创业促创新，以创业促就业，以创业促发展，加快形成我市大众创业、万众创新的良好局面，全力打造全市经济社会发展的新引擎。

（二）实施原则。

清障搭台，优化服务。进一步简政放权、优化服务，消除行政管理横向、纵向限制，用政府权利的减法换取市场活力的乘法。进一步优化市场环境，逐步建立有利于创业创新的政策体系，降低创业创新门槛，提高创业创新效率。

开放共享，创造机会。强化创业创新公共服务资源、政府公共信息资源开放共享，打破地域、体系界限，整合利用各类资源，构建开放创新平台，支持大众充分挖掘信息资源价值，为大众创业创造无限机会。

市场主导，激发活力。充分发挥市场在资源配置中的决定性作用，坚持政府“事前”不干预、“事中”指导、“事后”扶持的原则，以社会力量为主推动形成大众创业、万众创新的良好局面，激发全社会创新潜能和创业活力。

（三）主要目标。

到2020年底，全市初步形成较为完善的创业创新政策体系，呈现出创业创新载体多元、创业创新服务专业、创新要素集聚、创业主体和谐发展的良好格局。

——创业服务平台加快发展。全市建成众创空间1家以上。

——创业人才队伍不断壮大。全市科技创业者突破900人，创业导师队伍超过100人，新型职业农民突破6000人。

——创新要素高度集聚。全市新增科技型中小企业5家，每万人口发明专利拥有量达到3件，创业孵化载体达20家。

二、主要任务

（一）营造创业创新良好环境。

1．进一步转变政府职能。继续深化行政审批制度改革，按上级对行政审批事项的清理进度要求，适时调整市本级行政审批目录，并向社会公开。推行政府部门权力清单制度工作，2016年6月底前全面完成市县两级政府部门权力清单和责任清单公开工作。（市编办、法制办、政务服务办，各县市区人民政府。排第一位的单位为牵头单位，下同）

2．清理和规范收费项目和完善管理制度。依据《广西壮族自治区定价目录》，建立和公示我市政府定价的涉企经营服务收费目录清单、进出口环节涉企经营服务收费目录清单、涉企行政审批前置服务收费目录清单三项制度。开展涉企收费专项清理工作，清理规范涉企行政事业性收费和具有强制垄断性的经营服务性收费，整顿规范行业协会和商会收费。对涉企收费实行目录清单管理。各有关部门通过政府网站和公共媒体对外发布，各收费单位通过单位网站和在收费地点公示收费项目和标准，接受社会监督。（市物价局、财政局、民政局、商务局、工商局、政务服务办等部门）

3．加强企业信用监管。严格执行市场主体信用信息公示抽查制度，定期或者不定期开展对市场主体的随机抽查和重点抽查，加强信息互联互通和共享交换，构建以信用监管、信用约束、部门联动为核心的新型监管模式，把创业主体信用与市场准入挂钩，切实做到放而不乱、管而有序。落实企业信用信息发布制度，定期或不定期向社会公布企业信用状况，不断完善守信激励和失信联合惩戒机制。（市工商局、工业和信息化委、商务局，人民银行河池市中心支行等部门）

4．不断深化商事制度改革。不断深化商事制度改革。积极推行“三证合一”（营业执照、组织机构代码证和税务登记证）及“一照一码”登记制度改革，建立健全相关部门协作工作机制，设立“三证合一”窗口，推行“一窗受理、一表填报、限时办结”机制，全面落实“先照后证”改革事项，除国务院、自治区人民政府公布的前置审批事项目录以外的项目，一律不得作为市场主体登记的前置审批项目。进一步放宽企业住所登记限制，允许企业“一址多照”“一照多址（个体工商户、合伙企业除外）”。推动保险营销员按照“一址多照”方式登记为个体工商户。加快推行电子营业执照和全程电子化登记管理，在各级政务服务中心、工商所设置电脑终端机，采取一站式窗口、网上申报等措施，为创业创新提供工商注册便利。探索市场主体简易退出机制，在依法依规的前提下对未开业企业、无债权债务企业加快推行简易注销程序试点。（市工商局、财政局、国税局、地税局、质监局、政务服务办等部门）

5．加大知识产权工作力度。编制《河池市发明专利双倍增计划（2016—2020年）》，全力推行《企业知识产权管理规范》贯标工作。逐步完善知识产权（专利）行政执法以及快速维权援助机制，逐步建立广西知识产权维权援助中心河池分中心，建立健全知识产权联席工作会议机制，进一步强化统筹协调全市知识产权工作，开展知识产权执法维权“护航”专项行动，组织食品药品、医疗器械、建装材料等民生领域行政执法专项检查，建立电子商务等重点领域的专利保护协作机制，积极配合开展中国—东盟博览会等重点展会的执法保护。深入打击侵犯商标专用权和制售假冒伪劣商品行为，严肃查处商标侵权大案要案。开展地理标志商标和农产品商标专项整治工作，切实保护商标权人的合法权益。（市知识产权局、工商局、公安局等部门）

6．加强创业创新知识教育普及。加强高校协同创新建设，大力推进高校与高校、科研院所、行业企业、政府、社会的深度融合。在我市院校开设创业基础课程并纳入教学计划，创业课程不少于32学时、不低于2个学分。鼓励人力资源社会保障、财政部门认定的创业培训定点机构加强与院校合作，在院校毕业年度学生中大力开展创业培训，并按规定享受相应的创业培训补贴。深入开展群众性“讲理想、比贡献、比创新”活动，举办全市性创业创新大赛、电子商务创业大赛及青少年科技创新大赛，发挥基层科普行动计划、科普惠农兴村计划、十月科普大行动等科普资源平台作用，加快科普信息化建设步伐，在全市普及创业创新知识。组织举办各类创业培训师资培训班和提高班，培养创业培训师资队伍。（市教育局、人力资源社会保障局、科技局、商务局、团市委、科协，河池学院、广西现代职业技术学院等部门）

7．推动“互联网+”创业创新。建设一批小微企业创业创新基地，促进创业与创新、创业与就业、线上与线下相结合，降低创业门槛和成本。加强政府数据开放共享，推动大型互联网企业和基础电信企业向创业者开放计算、存储和数据资源。积极推广众包、用户参与设计、云设计等新型研发组织模式和创业创新模式。（市工业和信息委、发展改革委、科技局、工商局等部门）

8．提高公共检测技术服务水平。整合全市质检中心的检测资源，为产品质量提升和企业技术创新提供技术支撑。加快建设质检机构，打造公共检测技术服务平台。积极配合推进公共服务平台建设，促进面向东盟的检验检测高技术服务业集聚发展。（市质监局）

（二）落实财税扶持政策。

9．支持新产品推广。支持和鼓励企业开发创新，对符合《河池市工业新产品认定管理办法》认定的工业新产品，由市人民政府按每个产品一次性奖励2万—5万元，同一企业每年最高奖励不超过30万元。通过认定的新产品将优先推荐列入各级技术创新项目计划和科技项目计划，优先推荐列入河池市政府采购目录。组织符合自治区认定的“国内首台套产品”的企业申报自治区奖励资金，支持和帮助对获得工业新产品认定并在广西新产品推进和交易平台自主发布信息的企业和个人申请自治区专项奖励资金，落实《政府采购促进中小企业发展暂行办法》，加大对创新产品和服务的采购力度。（市工业和信息化委、财政局等部门，各县市区人民政府）

10．对小微企业实施税收优惠政策。认真贯彻落实国家和自治区有关小微企业、小型微利企业各项税收优惠政策，为企业提供优质纳税服务。（市国税局、地税局、财政局等部门）

11．减轻创业创新企业收费负担。取消征地管理费、纺织品原产地证明书费、货物原产地证书费和机动车驾驶培训许可证收费等一批收费项目。降低一批涉企收费标准，房地产网络信息服务费收费标准降低20%；产品质量监督检验收费按规定标准的90%执行。对创业创新小微企业免征组织机构代码证书费、环境监测服务费、计算机软件著作权登记费等42项全国性行政事业性收费，取消铁路运输治安联防费、道路运输证照工本费以及农作物品种审定费等地方性行政事业性收费。暂停征收部分涉企收费，包括石油（天然气）勘查开采登记费、矿产资源勘查登记费、采矿登记费、企业注册登记费、个体工商户注册登记费、工业产品许可证审查费、出口商品检验检疫费。（市财政局、物价局、国税局等部门，各县市区人民政府）

12．缓解创业创新企业的经营困难。失业保险费率由3%降至2%。对困难企业实施失业保险，支持企业稳定就业岗位补贴，按该企业及其职工上年度实际缴纳失业保险费总额的50%给予稳岗补贴，所需资金从失业保险基金中列支。（市人力资源社会保障局、财政局、水利局、工业和信息化委等部门）

（三）完善创业投资融资机制。

13．支持创业创新担保贷款。积极争取自治区信贷引导资金，按要求落实配套资金，充分发挥引导资金杠杆作用，扩大融资担保规模。市县两级政府共同出资3亿元成立河池市融资性担保有限公司，支持中小工业企业发展，以扩大支持面。加大小额担保贷款政策在全市的实施力度，各县（市、区）根据当地小额担保贷款需求情况设立小额担保贷款担保基金，金融机构按照1：5的比例发放贷款，支持创业就业。人力资源社会保障部门积极帮助符合条件的个人申请最高单笔10万元的创业担保贷款。发展改革部门审核申请创业投向产业的政策认定，财政部门落实贴息政策。（市工业和信息化委、发展改革委、财政局、人力资源社会保障局、金融办，人民银行河池市中心支行、河池银监分局等部门，各县市区人民政府）

14．支持创新企业直接融资。对成功在区域股权交易中心挂牌的企业，给予一次性工作经费补助10万元；对成功在新三板挂牌的企业，给予一次性工作经费补助50万元；对成功开展资产证券化和发行公司债、超短期融资券、项目收益票据新型债务融资工具的企业，按实际发行金额的0.5%给予一次性奖励；对每家企业奖励金额不超过100万元。对金融机构为我市企业发行股票及债务融资工具提供主承销服务的，按年度累计发行额的0.01%给予奖励，每个金融机构奖励金额不超过100万元。（市金融办、财政局，人民银行河池市中心支行等部门，各县市区人民政府）

15．加大对创业创新中小微企业金融扶持。在市场准入、专项金融债发行、风险资产权重、存贷比考核及监管评级等方面落实差异化的监管政策。在小额贷款公司空白县申请设立机构的，取消第一大股东必须是企业法人的限制，单个自然人股东及其关联方持股比例由不超过小额贷款公司注册资本的10%提高到30%。逐步放宽小额贷款公司经营区域限制、融资渠道及比例限制，增强小微金融服务能力。（市金融办、工业和信息化委，人民银行河池市中心支行、河池银监分局等部门，各县市区人民政府）

16．发挥创业投资引导作用。发挥各类投资基金和中小企业发展基金的引导作用，逐步建立支持创业创新和新兴产业发展的市场化长效运行机制，鼓励投向众创空间、大学生等创业创新项目。发展联合投资等新模式，探索建立风险补偿机制。鼓励和支持商业保险资金参与我市创业投资引导基金和中小企业发展基金。鼓励各县（市、区）人民政府建立和完善创业投资引导基金。促进我市的创业投资、科技成果转化、中小企业扶持等各类专项资金和基金协同联动。（市金融办、发展改革委、财政局、工业和信息化委、市人力资源社会保障局等部门）

（四）强化众创公共服务功能。

17．强化创业创新孵化服务。以广西宜州茧丝绸产业孵化器为示范，建立健全孵化服务团队的激励机制和入驻企业流动机制，提升孵化服务水平。构建覆盖项目发现、团队构建、投资对接、商业加速、后续支撑全过程服务的孵化链条。符合规划并经依法批准后，鼓励盘活闲置的商业用房、工业厂房、企业库房、物流设施和家庭住所、租赁房等资源，为创业者提供低成本的办公场所和居住条件。优化市、县级科技经费专项资金管理方式。（市科技局、发展改革委、住房城乡建设局、国土资源局等部门）

18．积极推进众创空间等新型创业平台建设。切实落实对创业孵化基地的管理服务奖补政策，重点推动广西宜州茧丝绸产业孵化器申报国家级科技孵化示范基地，支持广西现代职业技术学院创建创业孵化基地。支持各县（市、区）建设县级创业孵化基地。加快推广创客空间、创新工场、创业社区等新型孵化模式，鼓励以工业园区、科技企业孵化器及高校、科研院所为载体，重点围绕我市战略性新兴产业、现代服务业、文化创业产业等领域，建设众创空间。2016－2017年，对经认定为创业孵化基地的众创空间，财政给予2年的房租、宽带接入费补助，所需资金从就业资金中安排。（市科技局、市人力资源社会保障局、教育局、财政局等部门，各县市区人民政府）

19．扶持基地创业企业加快成长。2016—2017年，对创业孵化基地和入驻创业孵化基地的企业实施奖补，扶持基地创业企业加快成长。

（1）创业孵化基地奖补政策。

厂房类、园区类基地每扶持1户孵化企业成功运营1年并带动3人以上就业的，按每户不低于1.3万元/年予以补贴，补贴期限最长不超过2年。

楼宇类、铺面类、市场类基地每扶持1户孵化企业成功运营1年并带动3人以上就业的，按每户不低于1万元/年予以补贴，补贴期限最长不超过2年。

（2）创业孵化基地内孵化企业奖补政策。

场地和水电补贴。孵化企业入驻创业孵化基地并与基地签订场地租用合同的，可按季申报场地和水电补贴，补贴标准最高不得超过1300元/户/月（两项合计），补贴期限最长不超过2年。

一次性创业补贴。孵化企业入驻创业孵化基地正常纳税经营满1年并依法足额缴纳社会保险费的，给予2000元/户的一次性补贴。

吸纳就业困难群体给予一次性补助。孵化企业吸纳登记失业人员就业并签订1年以上劳动合同，依法足额缴纳社会保险费的，履行合同满1年后，按1500元/人标准给予一次性补助。其中吸纳就业援助对象的，按2000元/人标准给予一次性补助，并按规定在相应期限内给予孵化企业相应的社会保险补贴。（市人力资源社会保障局、财政局、教育局，人民银行河池市中心支行、河池银监分局等部门，各县市区人民政府）

20．加强中小企业公共服务平台和各类创新平台建设。加快推进河池市中小企业公共服务网络平台建设，为中小微企业、创业创新型企业提供融资服务、信息咨询、创业辅导、人员培训、技术支持等专业化优质服务。鼓励和支持有条件的大型企业开发创业平台，深入推进中小企业两化融合能力提升行动，支持企业在研发设计、生产制造、经营管理、市场营销等业务环节的信息化应用，增强企业创业创新活力。引导企业创建自治区级技术创新示范企业、工程实验室、工程研究中心、工程技术研究中心、企业技术中心等创新平台，鼓励企业与高等院校、科研机构共建创新平台，壮大和完善以企业为主体的技术创新体系。（市工业和信息化委、发展改革委、科技局等部门）

（五）激活创业创新主体。

21．下放科技成果使用、处置和收益权。贯彻落实自治区《事业单位科技成果使用处置和收益管理暂行规定》，授予事业单位对其拥有的财政资金支持形成的，不涉及国防、国家安全、国家利益、重大社会公共利益的科技成果使用权、处置权和收益权。事业单位科技成果转让、许可、合作和投资遵从市场定价，可以采用协议定价、技术市场挂牌交易、拍卖等方式确定市场价格。实行协议定价的，应当在本单位将科技成果名称、拟交易价格等内容予以公示，并在此基础上确定最终成交价格。单位主管部门和财政部门对科技成果在国内的使用、处置和收益分配不再审批或备案。科技成果转移转化所得收入全部留归单位，实行统一管理，处置收入不上缴国库。（市科技局、财政局等部门）

22．鼓励科技人员离岗创业。经所在单位批准，符合条件的科研院所科技人员可带科研项目和成果、停发工资待遇到企业开展创新工作或创办企业，3年内可保留人事关系、社会保险关系，薪级工资按规定正常晋升，保留其原聘专业技术岗位等级，不影响职称评定。允许高等学校、科研院所科技人员在符合法律法规和政策规定条件下，经所在单位批准从事创业或到企业开展研发、成果转化，取得合法收入。相关行政主管部门制定管理制度，所在单位建立相应管理办法，规范科技人员离岗期间和期满后的权利和义务。（市人力资源社会保障局、科技局、教育局、财政局等部门）

23．鼓励大学生创业。加强规划，合理布局，鼓励高校与科研单位、企业合作共建大学生创业实践基地，落实1个以上高校大学生创业基地，以创业基地为载体支持和帮助大学生创业。贯彻落实国家、自治区有关鼓励大学生创业的政策。允许在校大学生休学，保留学籍2年从事创业活动，休学时间可视为其参加实践教育时间。从2016年起，高校毕业生在县级以下（不含县级和县人民政府驻地）科研或技术推广事业单位、国有或国有控股中小企业就业，服务期在3年以上（含3年）的，给予最高限额8000元/学年的学费补偿和国家助学贷款代偿，所需资金从自治区本级教育支出中统筹安排。就业见习补贴标准由现行的每人每月750元提高至每人每月900元，对见习期满留用率达到50%的，补贴标准提高至每人每月1200元。（市教育局、市人力资源社会保障局、财政局等部门，河池学院、广西现代职业技术学院）

24．提高科研人员成果转化收益比例。落实自治区《事业单位科技成果使用处置和收益管理暂行规定》，事业单位应将科技成果转移转化收益所得的70%—99%用于奖励科技成果研发团队和完成人，以及为科技成果转移转化作出重要贡献的人员、技术转移机构等相关方；奖励支出部分，计入绩效工资总量外项目管理，不受事业单位当年绩效工资总额限制，不作为绩效工资总额基数。国有企业对职务发明完成人、科技成果转化重要贡献人员和团队的奖励，计入当年单位工资总额，不作为工资总额基数。（市科技局、财政局、国资委、绩效办等部门）

25．允许科技人员兼职取酬。财政资金设立的高等学校、科研院所科技人员在完成岗位职责和聘用合同约定任务的前提下，经所在单位依法批准，可在市内兼职从事技术研发、产品开发、技术咨询、技术服务等成果转化活动，以及在区内创办、领办科技型企业，并从兼职单位取得相应合法股权或薪资。允许高等学校、科研院所、科技社团设立一定比例流动岗位，吸引有创新实践经验的企业家和企业科技人才兼职。（市人力资源社会保障局、财政局、科技局、教育局等部门）

26．开展海外招才引智活动。通过实施“千人计划”项目吸引海外高层次人才来河池创业创新。探索与海外机构共同建立合作伙伴关系，鼓励并组织赴海外开展创业创新大赛，吸引海外更多的创业创新优秀项目落户河池。引导和鼓励回国创业高端人才和境外高端人才来河池创办高科技企业，按有关规定申请相关补助。充分争取人才智力资源，发挥“海智工程工作基地”作用，加强与海外社团和人才的联系；构建海智工作网络，为海外人才在河池创业创新提供服务。（市人力资源社会保障局、教育局、科技局、科协等部门）

（六）结合扩宽城乡创业渠道。

27．支持电子商务向基层延伸。实施“电子商务进农村”，建设农产品现代流通体系，带动农产品批零市场、农民合作社、家庭农场共建网上购销渠道，培育农民网商。完善农村网络购物环境，推进农村电子商务基础设施建设，促进工业品下乡和农产品进城双向流通。加快邮政系统服务“三农”综合平台建设。开展电子商务进农村综合示范，鼓励电商、物流、邮政、快递、供销、金融等各类企业和个人积极参与农村电子商务工作。促进快递服务与电子商务协同发展。加大政府资金及政策扶持，推进我市快递下乡，解决末端配送难题，支持邮政、快递企业按照《快递营业场所技术规范》建设标准化营业网点，引导连锁商业机构、社区服务组织参与建设快递末端投递综合服务点，推动“网订店取”、智能快递箱等电商物流配送经营模式创新。进一步完善农业信息网建设，加强农情灾情信息发布，延伸信息服务面，做好农产品网上展销和网上农产品节工作，组织农产品到网上展销，年举办1次以上网上农产品节。结合智慧城市、智慧社区建设，努力打造社区电子商务服务平台，提供购物、餐饮、医疗保健、家政、维修、缴费等便捷服务。鼓励利用广西跨境电子商务综合服务平台，开展跨境电子商务创业创新。优化政府发展引导资金支出结构，加大对电子商务创业创新支持力度。（市商务局、农业局、财政局、工业和信息委、邮政管理局等部门）

28．支持返乡人员创业。抓好全国、全区休闲农业与乡村旅游示范点、星级乡村旅游区和农家乐创建工作，从2016年开始，每年创建1个以上休闲农业与乡村旅游示范点、6个以上星级乡村旅游区和农家乐，打造一批休闲农业与乡村旅游标志性品牌。2016—2018年，对上年度被评定为广西五星级乡村旅游区的奖励10万元，上年度被评定为广西四星级乡村旅游区的奖励5万元，上年度被评定为广西三星级乡村旅游区的奖励3万元；上年度被评定为广西五星级农家乐的奖励5万元，上年度被评定为广西四星级农家乐的奖励3万元。2016—2017年，支持各县（市、区）创建自治区示范性农民工创业园。（市人力资源社会保障局、农业局、旅游发展委等部门，各县市区人民政府）

29．提升农民工创业技能。整市推进新型职业农民培育工作，到2020年底，全市培育种养大户、家庭农场经营者、农民合作社骨干、返乡创业大学生、中高职毕业生等各类新型职业农民6000名以上；从2016 年开始，实施“广西现代青年农场主计划”，到2020年底，全市培育专业种养大户、家庭农场经营者等各类现代青年农场主100名以上。2016—2017年，每年组织开展农民工技能提升竞赛活动，通过现场比赛、现场评比、现场鉴定、现场颁证方式，选拔2000名初级工、200名中级工。（市农业局、市人力资源社会保障局等部门，各县市区人民政府）

三、保障措施

（一）加强组织领导，确保形成合力。

建立由市发展改革委牵头的河池市推进大众创业万众创新工作联席会议制度，加强对创业创新工作的统筹协调和整体推进，确保各方形成合力，切实落实本方案的各项工作任务。重大事项要及时向市人民政府报告。

（二）明确各方责任，保障工作成效。

建立有关政策措施和工作任务落实情况的督查通报机制，将落实情况列入年度考核工作内容。各县（市、区）、各单位根据任务分工，制定具体工作方案和重大工作举措，明确工作时间表，扎实高效推进各项工作。

（三）开展试点示范，完善服务体系。

鼓励和支持各县（市、区）开展创业创新试点，积极探索推进大众创业万众创新的新机制、新政策，不断完善创业创新服务体系。

（四）加强宣传引导，营造良好氛围。

通过举办多层次多形式的创业创新讲座和论坛，组织典型经验交流，营造人人支持创业、人人推动创新、宽容创新失败的社会文化氛围。强化舆论引导，宣传一批创业创新典型事迹和人物，树立崇尚创新、创业致富的社会价值导向。

附件：河池市大众创业万众创新工作联席会议制度（略）

河池市人民政府办公室
2016年2月15日

海南省人民政府
关于大力推进大众创业万众创新的实施意见

（琼府〔2016〕48号）

为贯彻落实《国务院关于大力推进大众创业万众创新若干政策措施的意见》（国发〔2015〕32号）和《国务院关于加快构建大众创业万众创新支撑平台的指导意见》（国发〔2015〕53号）精神，进一步优化全省创业创新环境，加快实施创新驱动发展战略，激发全社会创业创新活力，现结合我省实际，提出如下实施意见。

一、指导思想

深入贯彻党的十八大和十八届三中、四中、五中全会精神，坚持“四个全面”战略布局，牢牢把握创新引领发展的战略要点，以激发创业创新活力、满足创业创新需求为导向，建立和完善创业创新生态体系、打造发展新引擎，不断推进资源整合和政策集成，着力构建有利于创业创新的政策环境、制度环境和公共服务体系，加快形成大众创业、万众创新新局面，以创业带动就业、创新促进发展，为海南国际旅游岛建设发展提供有力支撑。

二、总体目标

到2020年，基本形成“资源集聚、载体多元、服务专业、特色鲜明”的创业创新体系，形成一批服务体系完善、发展成效明显的众创空间，建成一批服务集聚度高、辐射能力强的科技企业孵化器和电子商务示范基地，涌现出一批创新创业企业，凝聚一批创新创业人才，全省创业创新型服务机构超过100家，孵化具有较强创新能力的科技企业500家以上。

三、主要任务

（一）创新体制机制，营造宽松有序的创新环境。

提升政府服务能力。加快转变政府职能，进一步简政放权，全面清理调整与创业创新不相适应的审批、认证、收费事项。落实国家取消和下放的行政审批事项，强化部门协同，推进土地预审、环评等事项同步放权。进一步贯彻落实《海南省取消和调整行政审批事项后续监管实施意见》的有关要求，坚持运用法治思维和法治方式履行监管职能，创新监管方式。完善涉企收费目录管理制度，继续贯彻落实涉企收费有关减免政策。

深化改革商事制度。全面推进营业执照、组织机构代码证、税务登记证“三证合一、一照一码”，推动“一照多址”“一址多照”、集群注册等住所登记改革，进一步放宽企业住所登记条件，简化住所登记手续。小微企业住所（经营场所）设在科技园、孵化园、创业园、创意园、创新工场、创业基地等集中办公区楼宇内的，实行住所（经营场所）报备制，免予提交场地使用证明。依托电子营业执照应用平台，实行电商小微企业集群注册，为集群小微企业提供网上登记服务。研究制定“先照后证”改革后加强事中事后监管的意见。继续开展电子营业执照试点，积极推动企业设立、变更、注销等登记业务全程电子化管理服务。探索制定个体工商户、未开业经营企业及无债权债务企业简易注销程序实施办法，建立便捷的市场退出机制。

完善公平竞争市场环境。加强社会信用体系建设，建立全省统一的公共信用信息平台，推进企业信用信息公示系统、金融业征信平台等与公共信用信息平台的资源整合和信息共享，完善信用联合奖惩机制，定期分行业公布失信企业黑名单，把创业主体信用与市场准入、重大项目建设、政府采购、资金安排、银行贷款等政策挂钩，强化以信用管理为基础的监管模式。落实企业经营异常名录相关制度，推动构建跨部门执法联动响应及失信约束机制。加大反垄断和反不正当竞争力度，清除设置行业壁垒、市场分割的规定和做法，打击达成垄断协议、滥用市场支配地位、虚假宣传、仿冒、价格欺诈等不正当竞争行为，打破地方保护主义，为创业者提供公平竞争平台；监管滥用知识产权排除或限制竞争，促进竞争和创新，提高经济运行效率，发挥竞争改革在引导创新的作用，营造激励创新、公平开放的市场环境。

加强知识产权运用和保护。健全知识产权运用和保护制度，加强电商模式等新形态创新成果的知识产权运用和保护，开展创业企业商标注册指导服务。简化知识产权保护程序，探索专利、版权、商标“三合一”知识产权行政执法体制改革，加强对小微企业、科技人员知识产权的保护。健全知识产权维权援助体系。

（二）培育创新创业发展新形态。

促进“互联网+”创业创新。加快构建“互联网+”创业创新网络体系，集聚创业创新资源，推动“互联网+”创新平台与众创空间孵化载体的有效对接，加强政府数据开放共享，推进基础电信企业深化与阿里巴巴、腾讯、浪潮等大型互联网企业合作，发挥其产业整合和技术优势，向小微企业和创业团队开放平台入口、计算能力、存贮和数据资源，使创新资源配置更灵活精准，实现创新与创业相结合、线上与线下相结合、孵化与投资相结合，为小微企业提供低成本、便利化、全要素的工作空间、网络空间、社交空间和资源共享空间。建立完善海南省中小企业公共服务平台网络、市场主体信用信息公示系统等平台，运用互联网、云计算、大数据等技术为创业创新提供数据共享和高效服务，积极推广众包、用户参与设计等创业创新模式。

推动文化创意与相关产业融合发展。积极培育科技文化融合优势企业，形成一批有特色、有实力的骨干文化创意企业，鼓励科技型中小企业与骨干文化创意企业进行多层次合作，推动文化创意和设计服务与制造业、信息业、旅游业、农业和体育等产业深度融合发展。加强科技文化创新创业载体建设，搭建文化金融创新应用、多媒介综合信息服务等平台，支持建设以创意设计、动漫游戏、数字出版、新闻媒体、文化信息服务等为重点的文化产业众创空间。加快建设海南国际创意港，围绕文化产品与服务的创意创作、设计制作、展示传播、消费体验等环节，大力扶持各类中小微文化创意企业创新发展。支持消费类产品提升新产品设计和研发能力，推动海南特色资源、特色文化与现代创意设计理念融合，形成自主品牌。

（三）拓宽创新创业平台，强化创新创业服务支撑。

强化公共平台服务能力。充分发挥创新能力建设平台作用，加快国家和地方工程（技术）研究中心、工程（重点）实验室、企业工程（技术）中心等平台建设，集聚创新创业服务资源；支持社会力量围绕创新创业需求，搭建研发试验平台、中试平台、检验检测平台等市场化、专业化创新服务平台。充分发挥海南公共资源交易服务中心等平台作用，对接初创期科技型企业技术转移转化需求，促进科技成果转化落地。充分发挥大型科学仪器共享平台等公共平台作用，支持高等学校、科研院所、重点实验室、大型企业向社会开放共享科研仪器设备、科技成果、科技人才等资源，为初创期科技型企业提供联合研发、委托研发、中试试验等服务。

加快发展大众创业平台。鼓励各类开发区、产业集群、科技企业孵化器、创业辅导基地、大学科技园等创新体制机制，建设一批线上线下、孵化投资相结合的众创空间。鼓励各级政府盘活老旧厂房、闲置办公楼等设施，建设一批低成本、便利化、开放式的创业服务平台。鼓励行业领军企业、特色优势企业，建设一批需求明确、特色鲜明的创业孵化器。吸引省内外投资主体来我省创建一批众创空间或设立分支机构，对经认定的众创空间直接纳入省级建设计划，优先予以支持。

鼓励企业培育内部创新平台。鼓励大中型企业打造内部资源平台，通过投资员工开拓新业务领域，开发新产品，激发员工创造力，提升企业的市场适应能力和创新能力。

（四）加大政策扶持力度，加强创新创业保障。

构建多元化金融服务体系。支持符合条件的创业企业在中小板、创业板、新三板等多层次资本市场上市、挂牌融资，对上市、挂牌成功的分别给予不同程度的省级奖励。鼓励创业企业利用公司债、中期票据、短期融资券等方式融资。加快发展普惠金融，探索完善银行、保险、证券、信托、创业投资等机构间的合作模式，构建包括科技信贷、科技保险、集合融资、融资租赁在内的创业金融服务体系，鼓励银行业金融机构向创业企业提供一站式、系统化的金融服务。加快发展互联网金融，支持有条件的金融机构建设创新型互联网平台，依法依规设立互联网支付机构、网络借贷平台、网络金融产品销售平台等；引导和鼓励众筹融资平台规范发展，开展公开、小额股权众筹融资试点，加强风险控制和规范管理；大力发展创业投资，落实国家新兴产业“双创”三年行动计划，积极创建新兴产业“双创”示范基地；鼓励和引导社会资本开展天使投资，支持各类主体为投资人和创业者搭建天使投资对接平台；研究制定符合市场规律的各类资本投入、退出创业项目的配套政策，不断完善创业投资机构激励约束和监督管理机制。

加大财政资金投入。借鉴深圳、广州、上海等地做法，探索通过发放科技创新券、创业券等方式为创业者和创新企业提供社会培训、管理咨询、检验检测、软件开发、研发设计等服务，降低企业创新投入成本，促进产学研合作，激发创新活力；在确保公平竞争的前提下，鼓励对各类创新创业服务平台使用的办公用房、水电、宽带网络等软硬件设施给予适当补贴；扶持省属高等院校、科研院所独立或与国内外知名高校、科研院所、科技企业联合在我省建设技术转移转化中心、中试与转化基地、新型研发机构、产业技术创新战略联盟、科技园区、众创空间等科技成果转化创新平台；对产业带动大、市场前景好、成效显著的科技成果转化项目，以创投基金、后补助、政府股权投资、贷款贴息的方式给予一定比例的经费扶持。

落实税收优惠政策。严格落实国家扶持小微企业、高新技术企业、技术先进型服务企业、科技企业孵化器、大学科技园、技术转让、研发费用加计扣除等税收优惠政策。对符合条件的众创空间和投向创业创新活动的天使投资等可享受现行普惠性的税收优惠政策。有限合伙制创业投资企业采取股权投资方式投资于未上市的中小高新技术企业满2年的，其法人合伙人可按照对未上市中小高新技术企业投资额的70%抵扣该法人合伙人从该有限合伙制创业投资企业分得的应纳税所得额，当年不足抵扣的，可以在以后纳税年度结转抵扣。

充分发挥政府采购的引导作用。鼓励依法采用首购、订购、远期约定购买等非招标采购方式，促进创新产品的研发和规模化应用。同时加强对采购单位的政策指导和监督检查，督促采购单位改进采购计划编制和管理，增加对小微企业产品和服务的采购额度。

完善科技成果转化机制。强化科技成果转化政策激励，赋予高等学校、科研院所科技成果处置自主权。推进应用研究创新与市场需求对接，鼓励高等学校、科研院所拥有科技成果的科技人员创办科技型企业并持有股权。科技成果转让或许可他人实施的，高等学校、科研院所对完成人、共同完成人、科研负责人等的奖励和报酬比例原则上不低于科技成果转让净收入或许可净收入的70%，不超过95%；科技成果作价投资的，奖励和报酬比例不低于科技成果形成的股份或出资比例的50%。

（五）健全人才培养流动机制，激发创新创业活力。

鼓励科技人员创业。为符合条件的创新创业人才创办企业提供启动资金，完善医疗、住房、税收等相关优惠措施；加大对科技人员创业的支持，鼓励高等学校、科研院所增设科技成果转化岗位，允许拥有科技成果的教师和科技人员在一定期限内离开原岗位专职创办企业，允许教师兼职参与科技成果转移转化。

鼓励高校大学生创业。深入实施大学生创业引领计划，各高校应修订专业人才培养方案，使创新精神、创业意识和创新创业能力贯穿人才培养全过程，成为评价人才培养质量的重要指标；实施弹性学制，放宽学生修业年限，允许在校大学生调整学业进程，保留学籍休学创业；将学生开展创新实验、发表论文、获得专利和自主创业等情况折算为学分，将学生参与课题研究、项目实验等活动认定为课堂学分，建立创业创新档案和成绩单；构建大学生创业服务平台，从创业意识培养、创业技能的训练到创业资金的供给及创业孵化的落实等环节形成完整的支撑体系，为前景较好的大学生创业项目提供入驻孵化机构服务。

提升基层创业能力。鼓励开展各类创业创新讲座、论坛、创业创新大赛等活动，为创业者提供内容丰富、形式多样的公共服务和展示平台。在普通高等学校、职业学校、技工院校开设具有行业特点、与创业创新密切相关的专业课程，建设一批创业创新教育实践平台和实训基地。实行新型职业农民培育工程，培育一批生产经营型、专业技能和专业服务型农民。

四、组织保障

营造创新创业氛围。积极弘扬敢为人先、追求创新的创业精神，树立崇尚创新、宽容失败的价值导向，将创新创意转化为实实在在的创业活动。加强政策解读，汇编扶持指南、创业指引等宣传册，加强各类媒体尤其是互联网等新兴媒体对大众创新创业的新闻宣传和舆论引导，树立创新创业典型，广泛宣传，营造全社会浓厚的创业创新氛围。

加强组织领导。建立由省发展改革委、省科技厅牵头，各市县政府和省直各有关部门参与的大众创业、万众创新工作机制，加强对全省创新创业工作的统筹、指导和协调，强化部门协同和上下联动，切实形成合力，推动大众创业、万众创新工作开展。

狠抓责任落实。各部门、各市县政府要统一思想，提高认识，结合工作实际制定具体实施方案，明确工作任务，制订推进计划，切实加大资金投入、政策支持和条件保障力度，确保促进创新创业的各项政策落到实处。

海南省人民政府

2016年5月17日

重庆市人民政府办公厅
关于加快构建大众创业万众创新支撑平台的实施意见

（渝府办发〔2016〕163号）

为贯彻落实《国务院关于加快构建大众创业万众创新支撑平台的指导意见》（国发〔2015〕53号），加快打造我市众创、众包、众扶、众筹（以下统称四众）等支撑平台，培育新引擎，壮大新经济，经市政府同意，现就加快构建大众创业万众创新支撑平台提出如下实施意见。

一、总体要求

（一）基本思路。

全面贯彻党的十八大和十八届三中、四中、五中全会精神，深入贯彻习近平总书记系列重要讲话和视察重庆重要讲话精神，按照深化拓展五大功能区域发展战略新要求，加快实施创新驱动发展战略，以改革开放为驱动力，构建高效、协调、共享、开放的四众平台体系，优化劳动、信息、知识、技术、管理、资本等资源配置，不断激发广大人民群众和市场主体的创业创新活力，推动线上与线下、传统与新兴、引导与规范相结合，营造四众发展的良好环境，促进大众创业万众创新向更大范围、更深程度、更高层次发展，为重庆打造西部创新中心和内陆开放高地提供强有力支撑。

（二）工作原则。

——坚持市场主导。充分发挥市场在资源配置中的决定性作用，强化企业和劳动者的主体地位，尊重市场选择，积极发展有利于提高资源利用效率、激发大众智慧、满足人民群众需求、创造经济增长新动力的新模式、新业态。

——包容创业创新。以更包容的态度、更积极的政策营造大众创业万众创新的宽松环境，激发人民群众的创业创新热情，鼓励各类主体充分利用互联网带来的新机遇，积极探索新平台、新形式、新应用，开拓创业创新发展新空间。

——公平有序发展。坚持公平进入、公平竞争、公平监管，破除限制新模式新业态发展的不合理约束和制度瓶颈，营造传统与新兴、线上与线下主体之间公平发展的良好环境，维护各类主体合法权益，引导各市场主体规范有序发展。

——优化治理方式。转变政府职能，进一步简政放权，大力推行市场准入负面清单管理，强化事中事后监管，优化提升公共服务。发挥企业内部治理和第三方治理作用，健全政府、行业、企业、社会共同参与的治理机制，推动四众持续健康发展。

——深化开放合作。“引进来”与“走出去”相结合，充分利用四众平台，优化配置国际国内创新资源，借鉴先进管理经验，积极融入全球创新网络。鼓励采用四众模式搭建对外开放新平台，面向国际国内市场拓展服务领域，深化创业创新国际国内合作。

（三）工作目标。

到2020年，形成一批布局合理、各具特色、在全国有影响力的四众平台，着力营造有利于四众平台发展良好环境，助推全社会研发经费支出达到600亿元以上，占地区生产总值比重达到2.5%左右，科技企业达到2万家，科技对经济增长贡献率超过60%。

二、重点任务

以搭建基于互联网的众创空间体系为载体，聚集全社会各类创新资源，转变由特定企业或机构完成所有创新任务的传统方式，鼓励广大创业创新者依托网络空间自愿、公平参与任务分包，政府、机构、企业、平台为小微企业和创业者提供精准帮扶与服务保障。

（一）构建多维众创空间体系。

优化创新空间多维立体布局，合理配置全社会各类创新资源，构建融合线上服务平台、线下孵化载体、创业创新辅导、技术与资本衔接等多元功能且各具特色的众创空间。

1．构建特色鲜明的三级众创空间体系。打造国家级众创示范区，依托两江新区国家级“双创”示范基地，加快互联网产业园、两江创新创业城、仙桃数据谷、石子山青年社区等创业创新园区建设，引进和培育一批国际国内知名的创业创新孵化运营团队，吸引高端产业协同创新中心、成果转化服务中心、检验检测服务中心、科技金融服务中心、创业导师辅导中心等创新资源集聚，形成具有全国影响力的众创空间品牌。打造一批市级众创示范窗口，鼓励高新区、经开区、璧山高新区、长寿经开区、万州经开区等国家级科技园区和产业园区，创建市级“双创”示范基地，重点围绕科技、教育、优势产业等创业创新资源优势，差异化集聚一批功能齐备、服务完善的创客空间、创业咖啡、创新工场、星创空间等新型众创空间，构建引领全市众创生力军的示范窗口。打造一批区县（自治县）众创示范点，支持有条件的区县（自治县）充分结合现有产业园区或孵化器，利用闲置商业楼宇、工业厂房等载体，围绕特色农产品加工、电子商务、先进制造业等产业，就地就近建设一批中小科技企业孵化器、创业孵化基地、大学生创新创业园区、楼宇产业园等特色众创空间，构建支撑全市众创发展的基础性培养、输送平台。

2．建设一批专而精的行业性众创示范平台。鼓励汽车、电子信息、生物医药、装备制造等行业的龙头企业按照市场机制与其他创业主体协同聚集，优化配置技术、装备、资本、市场等创新资源，围绕主营业务方向，按照“一行业一众创空间”布局，建设10家以上行业性众创空间，构建龙头企业与中小微企业共同成长发展的产业创新生态群落。鼓励科研院所、高等院校发挥科研设施、专业团队、技术积累等优势，围绕共性技术应用、重点学科建设，充分利用大学科技园、工程（技术）研究中心、重点实验室、工程实验室等创新载体，建设10家以上以科技人员为核心、以成果转移转化为主要内容的众创空间，为科技型创业创新提供专业化服务。

3．推动开放式网络众创空间发展。鼓励行业领军企业以及科研院所、高等院校等线下主体通过网络平台向各类“双创”主体开放技术、开发、营销、推广等资源，以科技创新和商业模式创新为核心，以信息和资本为纽带，跨行业、跨学科、跨区域整合培训服务、技术支撑、企业管理、产品评估、市场营销、投融资支持等创业创新资源，构建一批线上线下融合的开放式众创空间，推动基于“互联网+”的创业创新活动加速发展。

（二）打造全产业链众包体系。

借助互联网手段，将传统由特定企业或机构完成的创新任务向自愿参与的企业或个人进行分工，构建起高效衔接、分工合理、集智创新、便捷创业、灵活就业的众包服务体系。

1．支持大型企业、研发机构建立众包网络。支持我市各行业龙头企业以及中科院绿色智能技术研究院等研发机构，结合其内部需求、研究攻关领域，通过自有供应链网络或互联网平台向企业内部、同行专家、产业链供应商以及社会大众，分包或征集研发技术解决方案、新产品设计创意、疑难问题研究等创新任务，激发员工创造力，释放创客、“民间高手”聪明才智。同时，积极优化生产各环节分工，将产品配件、物流、售后服务、技术咨询等产业链环节分包给自愿参与的专业机构或个人，聚集跨区域标准化产能，实现成本降低和提质增效。

2．推动政府公共服务供给众包。鼓励政府机关、事业单位将过去由员工、部门、单位执行的部分工作任务，通过购买服务方式，分包给非特定的中小微企业或个人去解决和承担。支持高等院校、科研院所结合自身业务需求设置一定比例的流动岗位，吸引有创业创新实践经验的企业家、科技人员或自由职业者兼职。支持将不涉及隐私和秘密的地理信息、宏观经济、医疗健康、优质教育、交通运输等政府公共基础信息在线共享或分发，推动政府公共服务众包，鼓励社会大众开展基于公共信息的在线信息增值服务。

3．推进社会众包服务发展。继续支持猪八戒网等本土第三方众包平台发展，构建集成化总包、专业化分包的综合科技服务模式，及时对接撮合碎片化的创新任务和工作分工，实现各类创新资源跨地区、跨行业高效集成和联动。鼓励在渝生活服务类平台集聚各类社会分散闲置资源，构建规范发展的社会分享经济新模式。支持高等院校、科研院所专业技术人员在职创业、离岗创业、多点执业，鼓励中小微企业、个人利用自身专长参与承接各类众包任务，打造人民群众广泛参与、互助互利的社会服务众包生态圈。

（三）夯实多层次众扶体系。

运用市场化手段，充分整合全社会资源，构建政府和公益机构支持、企业帮扶援助、个人互助互扶等多种方式相融合的众扶生态体系。

1. 促进政府公共众扶。建设科技资源共享服务平台，推进公共科技资源开放共享，及时为各类创新者提供全方面科技资源对接服务。优化微型企业创业服务平台，为小微企业提供注册咨询、创业培训、执照领取、政策解读、扶持项目申请、孵化园区入驻、企业信息查询等一站式服务。加快建设国家专利信息服务（重庆）中心和专利云平台，提供公益性的基础专利信息服务和低成本的高端专利信息服务。完善两江云服务平台对外服务功能，为创业创新者提供高标准、低成本数据托管、大数据计算等云服务。

2. 鼓励公益机构众扶。加快围绕“6+1”支柱产业、十大战略性新兴制造业、十大战略性新兴服务业建立一批产业技术研究院、行业协会或产业联盟，开展产业共性技术标准创新、研制和应用，为全行业中小微企业和创业创新者开放共享基础性专利或技术资源，打破创业创新技术垄断和壁垒。充分发挥各类行业协会的服务功能，及时为各类创业创新者提供及时准确的信息咨询、产业动态、侵权维权等专业化服务。

3. 支持企业分享众扶。鼓励我市各行业龙头企业向小微企业、创业创新者开放具有公共属性的私有标准，提供兼容开发的基础资料、资源及开发平台，促进行业产业链协同发展。鼓励重庆市计量质量检测研究院、中国信息通信研究院西部分院、重庆车辆检测研究院、重庆市特种设备检测研究院等检测机构，加强基础能力和条件建设，面向全行业提供设计开发、生产制造和售后服务等全生命周期服务。

4. 引导大众互助众扶。鼓励以成功创业的企业家、金融机构及风投企业负责人、创业咨询师等为主体的创业导师群体，进驻众创空间、线下社区等基地，开展创业论坛、创业沙龙、项目路演、创业名师大讲堂等创业培训、指导活动，分享创业创新成功经验。开展创业明星等创业典型宣传评比活动，共享初创期企业经营管理经验，增强大众创业创新能力。

（四）规范稳妥发展众筹。

多渠道、多方式募集资金，满足产品开发、企业成长和个人创业的融资需求，构建起高效灵活、方式多样、风险可控、服务小微、发展可持续的众筹资金融通体系。

1. 整合政府资金支持。充分发挥股权投资、创业投资、天使、种子等政府性引导基金作用，按照“一园区一基金”的模式，以龙头企业、区县（自治县）园区等为主要发起人，联合社会资本，共同发起设立具有地域约束、行业约束等准公益属性的股权投资基金，为早中期、初创期科技型企业解决直接融资需求。

2. 支持发展实物众筹。鼓励各类创新型企业、众创空间利用自有平台和互联网，搭建新产品交易展示载体，及时发布消费电子、智能家居、健康设备、特色农产品等消费类创新产品研发或预生产信息，开展以商品奖励为回报的实物众筹服务。积极支持艺术、出版、影视等创意项目在加强内容管理的同时，依法开展以消费体验为回报的实物众筹服务。

3. 规范发展股权众筹。严格按照国务院关于加强互联网金融监管的新要求，研究探索股权众筹融资，促进新业务、新模式创新，帮助小微企业和创业者通过股权众筹融资方式募集早期资本。加强对众筹投资者的管理，严厉打击虚假宣传，引导有投资经验、有经济基础、有专业背景的特定人群参与股权众筹融资，防范金融风险。

4. 规范管理互联网借贷。进一步规范网络借贷管理，金融管理部门以及公安、工商等部门要加强对网络支付、网络借贷、股权众筹和互联网保险等领域监管，规范银行、消费金融公司、小贷公司等开展基于用户交易数据的信贷服务。在有效防范金融风险的前提下，稳步发展开办网贷业务的小贷公司和基于互联网开展消费金融、支付、保险、担保等业务的机构。

三、营造构建四众平台的良好生态环境

（一）完善市场准入与监管。建立四众平台市场准入负面清单，规范四众平台特别是众筹平台筛选机制、营运边界，在放宽市场准入的同时，强化对四众平台事中、事后监管，加大对违规者的处罚力度，让真心实意开展创业创新的大众得到更好发展。推行行政审批权力清单，明确行政管理权力边界，减少政府对市场经济活动的干预。建立监管部门责任清单，明确监管部门法定责任，在职责范围内积极破解创业创新难题，为创业创新者保驾护航。

（二）建立健全创业创新培训辅导机制。实施GYB（创业意识）、SYB（创办企业）、IYB（提升企业）就业创业技能培训计划，实现对入驻孵化器、众创空间、星创天地等平台的创新型人才全覆盖。鼓励有条件的企业针对性开展创业培训和指导。力争到2020年建立完备的创业创新辅导体系，累计培训人次达到100万以上。

（三）构建开放式公共创新服务体系。建立科技基础设施、大型科研仪器和专利信息资源向全社会开放的长效机制。完善重点实验室、工程实验室、工程（技术）研究中心等科研平台（基地）向社会开放机制，为大众创业、万众创新提供有力支撑。鼓励区县（自治县）园区围绕支持创业创新建设公共服务平台并对外开放。鼓励企业建立一批专业化、市场化的检验检测服务平台，面向全社会开展新产品、新技术小试、中试等检验检测服务。

（四）加大创业创新融资支撑。鼓励金融机构针对四众平台特点，创新金融产品和金融服务，稳步开展知识产权、仓单、订单、应收账款、固定资产设备等抵押、质押融资。在风险可控和商业可持续的前提下，鼓励银行与投资基金、融资担保、保险等机构合作，为符合条件的四众平台提供“股权+债权”“贷款+担保”“贷款+保险”等融资服务支持。引导小贷公司适度降低利率，创新贷款产品，为企业或创业创新团队提供小额授信支持。

（五）鼓励各类创业创新人才引进和培育。瞄准美国硅谷等世界著名创新园区和北京、深圳等国内创新城市，大力引进“百人计划”“千人计划”“万人计划”中拥有自主知识产权或掌握核心技术的创业领军人物带领的核心研发团队。实施“三百科技领军人才引进培养计划”，培育引进科技创新领军人才、科技创投领军人才和科技创业领军人才各100名，形成适应创业创新需要的高端领军人才支撑队伍。优化高等院校专业学科设置，围绕“6+1”支柱产业、十大战略性新兴产业和现代服务业、现代农业，以企业“点菜”模式优化专业设置及课程设计，培养企业型人才，提升服务地方经济社会发展能力。

（六）积极举办各类创业创新活动。扎实办好高新技术交易博览会、“双创活动周”“科技活动周”等创业创新节会活动，为各类创业创新者提供新产品、新技术交易展示舞台。积极开展大学生创新创业大赛、“互联网+”创新创业大赛、中国创新创业大赛等特色创业创新主题展示活动，激发全社会创业创新热情。力争2020年全市科技成果交易额达到200亿元以上，“十三五”期间累计突破1000亿元。

四、完善扶持机制

（一）优化信用服务体系。依托“信用重庆”网站，建立四众平台信用承诺制度，逐步形成行业信用自律规范。建立四众平台与用户的诚信“红黑榜”制度，完善信用记录查询和信用报告使用机制，推动信用信息奖惩应用。引导建立实名认证制度和信用评价机制，规范信用信息采集、处理、评价、应用、交换、共享和服务。鼓励四众平台成立信用数据共享联盟，推进与相关基础数据库、金融信用信息基础数据库等的协同。

（二）深化商事制度改革。推进注册和经营便利化，严格金融关联产业以及公共服务、公共安全产业的市场准入，依法实行“先证后照”，凭许可办理登记；对鼓励发展的科技研发、创意设计、数据处理、信息应用等领域的企业，依法实行“先照后证”，允许其利用家庭住所、租赁房、商业用房、闲置库房、工业厂房等作为创业场所，引导企业利用众创空间等孵化机构集中办公，在满足监管条件的前提下，开展“一址多照”等注册便利化试点。推进全程电子化登记和电子营业执照应用。促进工商、税务、质检等政务部门与四众平台的信息互联共享，为四众平台提供更加高效、便捷的政务服务。建立健全四众平台在信息内容管理、知识产权、申报纳税、社会保障、网络安全等方面的责任机制，促进其良性有序发展。完善行业纠纷协调和解决机制，建立在线争议解决与第三方调解机制。

（三）加大财税扶持力度。落实水、电、气、物流以及通信等生产要素降费政策，降低平台运营成本。进一步简化创业创新平台研究开发费用税前加计扣除、进口研发设备关税减免等普惠政策的办理流程。优先在各类创业创新平台开展“创新券”“创业券”试点。落实四众平台及孵化企业税前抵扣、延期缴纳税款等政策措施。四众平台符合有关规定的，可纳入增值税电子发票系统开具增值税电子普通发票。

（四）实行严格的知识产权保护制度。建立健全知识产权数据库与各类创业创新平台的绿色通道，构建一站式的知识产权认证、维权服务体系。加大知识产权侵权打击力度，按国家要求实施知识产权民事、刑事、行政案件的“三审合一”。完善网络知识产权保护机制，运用大数据等技术加强在线文化创意、研发设计成果等的知识产权执法。

五、组织保障

（一）强化组织协调和科学施策。依托市创新驱动发展战略工作联席会议制度，协调解决四众平台发展中出现的重大问题。各区县（自治县）人民政府要进一步统一思想认识，精心组织谋划，加强工作统筹，及时研究解决重大问题，建立目标责任制，确保各项工作落到实处。建立健全四众发展的专家顾问机制，加强第三方跟踪评估与决策咨询服务，积极研究四众平台发展政策。

（二）加大督查督办力度。研究建立依托四众平台和网络化手段依法高效实施行政管理的新机制，推动工商监管标识在四众平台上的应用，推行及时办结工作机制。建立覆盖工商、税务、公安、司法等部门的联合执法体系，及时跟踪查处四众平台出现的各类违法违规事件。加大对部门工作情况的督查督办力度，确保四众平台建设高效推进。

（三）加强舆论引导。培育创新文化，倡导尊重劳动、尊重知识、尊重人才、尊重创造，弘扬创新精神。引导媒体加大创新企业、创新成果、创新品牌宣传，树立一批先进典型，推广成功经验。加强政策宣传，建立试错、容错和纠错机制，营造宽容失败的良好氛围，激发全社会创新创造活力。

附件：加快构建大众创业万众创新支撑平台任务分工表（略）

重庆市人民政府办公厅

2016年8月19日

中共四川省委 四川省人民政府关于深化人才发展体制机制改革促进全面创新改革驱动转型发展的实施意见

（川委发〔2016〕1号）

为认真贯彻中共中央《关于深化人才发展体制机制改革的意见》（中发〔2016〕9号），全面落实省委十届七次全会精神和《中共四川省委关于全面创新改革驱动转型发展的决定》（川委发〔2015〕21号），最大限度激发人才创新创造创业活力，现就深化人才发展体制机制改革、促进全面创新改革驱动转型发展，提出如下实施意见。

一、总体思路、工作目标和基本任务

（一）总体思路。

全面贯彻党的十八大和十八届三中、四中、五中全会精神，深入学习贯彻习近平总书记系列重要讲话精神，紧紧围绕“五位一体”总体布局和“四个全面”战略布局，牢固树立并切实贯彻五大发展理念和科学人才观，突出服务创新驱动发展主线，贴近经济社会发展需要、贴近产业企业做大做强需要，坚持国际化、高端化、市场化、法治化发展方向，建立更具竞争力的人才集聚制度和更具灵活性的人才管理机制，进一步解放思想、解放人才、解放生产力，充分激发大众创业万众创新动力活力，为全面创新改革、建设国家创新驱动发展先行省提供坚实人才支撑。

（二）工作目标。

围绕全面创新改革驱动转型发展“三年试验突破、五年基本转型”的主要目标，力争通过3年努力，基本构建起与全面创新改革相适应的人才制度体系，建立健全导向鲜明、激励有效、科学规范的人才培养、引进和使用模式，形成人才推动创新改革、人才支撑跨越发展的生动格局。通过5年努力，基本形成与实施“三大发展战略”相匹配的规模宏大、结构优化、布局合理、富有创新精神的高层次创新型人才队伍，形成科学规范、开放包容、运行高效的人才发展治理体系，实现由人才大省向人才强省转变。

（三）基本任务。

——创新人才发展体制机制释放“人才红利”。坚持把激励创新者的积极性放在优先位置，把破除制约人才发展的体制机制障碍和政策壁垒作为突破口，实施更积极、更开放、更有效的人才政策，促进全社会创新创业蓬勃发展，依靠“改革红利”释放“人才红利”。

——聚集“高精尖缺”人才打造“人才高地”。紧扣全省重大战略发展和产业转型升级需要，强化人才引进市场发现、市场认可、市场评价，加快聚集和培养开发高层次急需紧缺人才，实现重点企业和重点产业领域高层次创新型人才数量大幅增长，形成若干区域人才小高地、产业人才大集群。

——依托成德绵核心区域建设“人才特区”。依托天府新区、成都高新区、绵阳科技城等重点区域，全面推广国家自主创新示范区和中关村先行先试政策，辐射带动其他国家级试验区、高新区和开发区探索人才发展体制机制改革新路径和人才管理新模式，建设若干创新驱动发展人才示范区。

二、实行更具竞争力的人才吸引制度

（四）完善高层次人才引进特殊支持政策。适应“走出去”发展趋势，全面推进与海内外名校名院名企的战略合作，定期开展组团赴国（境）外专项招才、高校人才活动周和“海科会”等招才引智活动，引导各类创新要素向我省集聚。深入实施海内外高层次人才引进“千人计划”“天府高端引智计划”“留学人员回国服务四川计划”等重大引才工程，聚天下英才助川发展。制定高层次人才特殊支持办法，对来川创新创业的紧缺专业人才和高端人才，根据人选层次发放5万至200万元的安家补助；对经评估具有国际领先水平、能够突破关键核心技术、引领带动我省产业发展实现重大突破的顶尖创新创业团队，按评级给予200万元至500万元的一次性资助；对顶尖团队中经评估具有重大产业化前景的战略发展项目，集成发展改革、经济和信息化、科技、人力资源社会保障、金融等部门政策资源，采取项目资助、创业扶持、股权投资、贷款贴息等方式，可给予最高5000万元的综合资助。

（五）实施更开放的外籍人才引进政策。坚持统筹开发利用国际国内人才资源，完善海外人才引进政策和方式，敞开大门汇聚全球创新资源。充分发挥R字签证（人才签证）政策作用，扩大外籍高层次人才在口岸和境内申请办理R字签证的范围，对经省人才、人事（外专）主管部门认定的外籍高层次人才，无签证来川的，允许其在抵达口岸后申请R字签证，入境后按照规定办理居留许可；持非R字签证来川的，入境后可变更为R字签证或按照规定办理居留许可。整合外国人来华工作许可事项，完善外国人就业向永久居留转化的途径，对入选国家和省“千人计划”的外籍高层次人才，可直接申请办理5年有效的外国专家证，相应签发5年有效的工作类居留许可；对经省人才、人事（外专）主管部门认定的其他外籍高层次人才，可不受60周岁年龄限制，申请3至5年有效的外国专家证，相应签发3至5年有效的工作类居留许可。完善永久居留证申报渠道，对入选国家和省“千人计划”的外籍高层次人才及其配偶和未满18周岁未婚子女，根据本人意愿，可直接通过人力资源社会保障厅向国家有关部委推荐申报永久居留证。对在我省已连续工作满4年，每年在中国境内实际居住累计不少于6个月、有稳定生活保障和住所、工资性年收入和年缴纳个人所得税达到规定标准的外籍人才，经工作单位推荐，可申请在华永久居留。

（六）改进企事业单位人才引进政策。完善国有企事业单位岗位管理模式，建立动态调整机制，符合规定的可采取特设岗位引进高层次急需紧缺人才。建立国有企业职业经理人制度，加大国有企业经营管理人才市场化选聘力度。创新事业单位编制管理方式，实行高等学校、科研院所等事业单位人才专项编制使用制度，对符合条件的公益二类事业单位逐步实行备案制管理。鼓励有条件的高等学校、科研院所、企业在海外建立办学机构、研发机构，吸引使用当地优秀人才。完善赴外招才引智配套政策，对通过组织、人力资源社会保障部门统一组团引进的高层次人才和急需紧缺专业人才，实行直接考核招聘特殊政策，实现精准引才。鼓励用人单位设立人才发展专项资金，对引进人才实行与国际接轨的薪酬制度。在川国有企事业单位采取年薪制、协议工资制、项目工资等方式引进高层次人才且入选省级及以上人才引进计划的，所需薪酬计入当年单位工资总额，不作为工资总额基数。

三、完善创新型人才培养模式

（七）大力加强创新型企业家队伍建设。坚持把企业家队伍摆在人才队伍建设的战略位置，以经营型、科技型、成长型企业家为重点，探索适应市场经济规律和企业家成长规律的培养模式，培养造就一批具有世界眼光、开拓精神和支撑产业转型升级的创新型企业家队伍。依托知名高等学校、科研院所及跨国公司、国家级园区、国内外知名培训机构，建立创新型企业家培养基地，实施开放式、个性化、精准化的培训，加强对企业家的理想信念教育，提升现代企业管理水平。加强企业后备人才递进培养，加快培养储备一批现代企业发展需要的青年管理英才。增加各类人才奖项中创新型企业家的评选名额，积极推荐符合条件的培养对象作为各级党代表、人大代表候选人或担任政协委员，培养推荐一批政治上自信、发展上自强、守法上自觉的民营企业家进入工商联。弘扬企业家精神，依法保护企业家财产权和创新收益。

（八）改进科技人才培养支持方式。坚持高端引领、梯次开发、以用为本，系统实施科技创新创业苗子、杰出青年科技人才、科技创业领军人才、青年科技创新研究团队培养支持计划，梯次培养开发创新型科技人才队伍。推广首席科学家、首席研究员、首席工程师制度，探索建立杰出科学家工作室，鼓励科技领军人才自主选择科研方向、组建科研团队、开展重大原创性研究和应用研发。建立统一的人才工程项目信息管理平台，推动人才工程项目与各类科研、基地计划相衔接。完善科研人员因公出国分类管理制度，放宽因公临时出国批次限量管理政策，鼓励支持人才更广泛地参加国际学术交流与合作。

（九）完善技术技能人才培养模式。深化技术技能人才培养体制改革，鼓励企业、职业院校、社会组织组建职业教育集团，支持中外合资、社会资本投资兴办职业教育机构，探索发展股份制、混合所有制职业院校，加快建设现代职业教育体系。推行产教融合、校企合作、工学一体的培养模式，支持园区、企业与职业院校开展学科专业共建，以订单式和企业新型学徒制、现代学徒制等方式培养技能人才。完善高技能人才培养体系，在重点产业、重点园区和重点企业新建一批技能大师工作室、高技能人才培训基地，支持企业建立首席技师、特聘技师等技能带头人制度。制定高技能人才与工程技术人才职业发展贯通办法，对取得国家相应等级职业资格证书并受聘于高级工、技师、高级技师岗位的职工，可比照助理工程师、工程师、高级工程师给予其相应的福利待遇，拓宽技术技能人才成长渠道。建立完善企业职工培训制度，按规定足额提取职工工资总额的1.5%至2.5%作为职工教育经费。健全以职业农民为主体的农村实用人才培养机制。积极开展职业技能竞赛和优秀技能人才评选活动。

（十）改革高等教育人才培养模式。深化高等教育综合改革，选择30所高等学校开展全面创新改革试验试点，重点建设15所高水平大学、15所普通本科转型发展示范院校和30个世界一流学科、100个国内一流优势学科、100个省内一流特色学科，培养经济社会发展急需的创新型、应用型、复合型人才。完善创新型人才培养机制，加大大学生创新创业教育培训力度，促进人才培养与经济社会发展紧密对接。推行大学生创业导师制和产学研联合培养研究生的“双导师制”，高等学校对作出贡献的导师，在工作量认定、职称评定、待遇报酬等方面给予激励。鼓励科技人员带领学生创新创业，高等学校、科研院所教学科研人员带领大学生创办科技型企业取得突出成效，或在技术转移、科技成果转化中贡献突出的，可破格评定相应专业技术职称。支持在川高等学校将大学生参加创新创业教育培训和创业实践活动情况纳入学分体系，允许在川高等学校大学生休学创业，促进青年大学生创新创业。

四、创新人才评价激励机制

（十一）分类推进人才评价机制改革。完善人才分类评价标准和方式，强化创新实践能力评价，增加专利发明和运用、成果转化和推广、创办领办企业等评价指标的权重，建立以能力、实绩和贡献为导向的人才评价体系。基础研究人才以同行学术评价为主，哲学社会科学人才强调社会评价，应用研究和技术开发人才突出市场评价，不将论文等作为评价应用型人才的限制性条件，克服唯学历、唯职称、唯论文等倾向。完善职称评定办法，开辟海外引进人才和非公有制经济社会组织人才职称评审绿色通道，对回国工作、符合条件的海外高层次留学人才，其国外专业工作经历、学术或专业技术贡献，可作为参评高级专业技术职称的依据。下放高级职称评审权，试点依托学会、行业协会建立专家评审委员会，对职称外语和计算机应用能力考试不作统一要求。引入第三方专业机构参与人才评价，建立健全重大人才计划科学遴选、评价、考核和退出机制。

（十二）完善科技成果转化激励政策。赋予高等学校、科研院所科技成果使用、处置和收益管理自主权，除事关国防、国家安全、国家利益、重大社会公共利益外，行政主管部门不再审批或备案。开展职务科技成果权属混合所有制试点，支持科技成果持有者通过自行转化、转让、许可、作价入股等方式转移转化。高等学校、科研院所科技人员职务科技成果转化的收益，按不低于70%的比例划归成果完成人及其团队所有，由成果完成人与团队成员协商确定具体分配方案，不纳入绩效工资管理。探索高等学校、科研院所担任领导职务科技人才获得现金与股权激励管理办法，开展科技人员在川转化科技成果备案试点，高等学校、科研院所等事业单位担任领导职务科技人才，经所在单位党委同意并报单位主管部门备案后，可在川转化科技成果并按国家有关规定享受相关转化收益。修订科技进步条例、促进科技成果转化条例，为促进科技成果转化提供法制保障。

（十三）加大创新人才激励力度。健全人才奖励体系，修订四川杰出创新人才奖、天府友谊奖、青年科技奖等评选办法，鼓励各地加大对优秀人才奖励力度，支持和规范社会力量设立科技类奖励。实行以增加知识价值为导向的激励机制，放宽科研项目经费使用范围，提高间接费用和劳务经费支出占比，赋予创新领军人才更大人财物支配权、技术路线决策权。完善市场评价要素贡献并按贡献分配的机制，鼓励科研人员在完成教学科研本职任务前提下，面向企业和社会承担科研项目，所获收益由个人及其团队支配，劳动报酬部分计入当年单位工资总额，不作为工资总额基数。完善事业单位绩效工资制度，开展国有企业中长期激励试点，对在技术创新和成果转化中作出重要贡献的技术人员、核心骨干，可实行股权期权激励，对不适宜实行股权期权激励的采取其他激励措施。建立健全鼓励创新创造、体现智力回报的激励政策，国有企事业单位对职务发明完成人、科技成果转化完成人及其团队的奖励，计入当年单位工资总额，不作为工资总额基数。

五、健全人才顺畅流动机制

（十四）畅通党政机关、企事业单位、社会各方面人才流动渠道。着眼提高干部队伍专业化水平，研究制定吸引社会优秀人才进入党政机关、国有企事业单位的政策措施，出台公务员调任实施办法，开展聘任制公务员试点，注重选拔政治强、懂专业、善治理、敢担当、作风正的优秀专业人才进入党政机关和国有企事业单位。结合“五个一批”工程加大干部人才交流力度，每年从中央单位和东部发达地区吸引一批高素质急需人才到地方政府和企事业单位挂职、任职，从国有企事业单位调任一批优秀专业人才进入各级党政领导班子。依托优秀青年马克思主义者培养工程，培养储备一批高素质专业化的未来管理英才，择优充实到各级党政机关和重要管理岗位中去。

（十五）建立健全科技人员双向流动机制。完善产学研人才双向柔性流动政策，允许高等学校、科研院所等事业单位科技人员在履行所聘岗位职责前提下，到科技型企业兼任技术顾问并按规定获得报酬，试点将企业任职兼职经历作为高等学校工程类教师晋升专业技术职务的重要条件。支持高等学校、科研院所科技人员带科研项目和成果到企业开展创新活动或离岗在川创办领办企业，3年内可保留人事关系，工龄连续计算，薪级工资、专业技术职务按规定正常晋升。允许高等学校、科研院所设立一定比例流动岗位，吸引有创新实践经验的企业家和企业科技人才担任兼职教授或创业导师，支持在高等学校兼职的企业科技人员直接参加专业技术职称评定。深入实施专家下基层行动，推广科技特派员、专家服务团、专家服务基地、农业科技专家大院、文化院坝等模式，鼓励科技人员到基层和一线开展技术推广和智力服务。健全人才智力帮扶长效机制，推动民族地区和贫困地区与省内外发达地区、企事业单位建立对口帮扶关系，引导专业人才向基层流动、向艰苦地区和岗位流动、在一线创业。

（十六）完善军民人才深度融合发展机制。推动军民科技创新资源共享，鼓励军地共建技术研发中心，建立军民两用人才数据库。加强军民融合科技创新人才队伍建设，支持在川高等学校设立国防科技学院和国防科技专业，与军工单位共建大学生实践教育基地、公共实训基地等人才培养平台。以省部院共建模式积极筹办绵阳科技城大学。依托重点园区建设一批军民融合产业基地，吸引军工单位和中央驻川单位科技人才从事科技研发或创办领办高新技术企业，并纳入省“千人计划”、创新型企业家和科技人才培养计划等给予重点支持。在各类人才奖项及科技奖评选中，对为军民深度融合发展作出重要贡献人员单列指标，激励军工单位科技人员到地方创新创业。

六、加快推进人才管理体制改革

（十七）积极转变政府人才管理职能。扩大用人单位用人自主权，纠正人才管理中存在的行政化、“官本位”倾向，防止简单套用党政领导干部管理办法管理科研教学机构学术领导人员和专业人才，加快政府人才管理职能向培育创新创业平台、发挥用人单位主体作用、营造良好发展环境、提供优质高效服务转变。建立政府人才管理服务权力清单和责任清单，推进项目评审、人才评价、机构评估“三项改革”，推进人才管理部门简政放权。深化国有企事业单位人事制度改革，加快国有企业董事会选人用人职权改革，开辟高层次紧缺专业人才、高层次优秀管理人才、艰苦贫困地区特需人才进入事业单位的通道。完善知识产权保护制度，加强人才创新成果知识产权保护。推进人才管理法治化建设，制定人力资源市场条例、人才开发促进条例、校企合作办学促进办法等地方性法规或政府规章，构建促进和保障人才发展的法规体系。

（十八）建立市场化社会化的人才服务体系。坚持政府引导、政策支持、市场调节，推动政府人才开发与人力资源服务业紧密结合，实现人才开发市场化、社会化。建立人才需求预测机制，完善人才工作统计年报制度，每年初发布急需紧缺人才需求目录指南，每年底发布全省人才发展蓝皮书，实行优秀人才全球搜索跟踪引进，促进人才供需高效对接。加强与国内外知名人才中介机构和猎头公司的合作，以成德绵为中心发展人力资源服务产业，支持建设中国（成都）人力资源服务产业园。探索政府购买人力资源服务新机制，吸引民间资金、外资投入人才市场，积极培育专业化、国际化的人才中介机构。依托省高端人才服务中心，整合各部门服务资源，共同建设“四川省人才之家”，为优秀人才来川创新创业提供优质服务。

（十九）建设人才优先发展试验区。以成德绵为依托，以天府新区、成都高新区、绵阳科技城、德阳重大装备制造基地、攀西战略资源创新开发试验区为重点，分层分类建设一批人才优先发展试验区，推进人才“引育管用”综合配套改革，建设创新驱动发展人才示范区。支持成都高新区、绵阳科技城全面深化科技体制和人才管理体制改革，推广应用国家自主创新示范区和中关村先行先试政策，打造“人才特区”。开展技术移民、海外人才离岸创新创业基地、在川高校符合我省产业发展需要的外国留学生毕业后直接留川就业“三项试点”。规划在天府新区布局建设集高端人才创业中心、海外人才离岸创新创业基地、国际化社区于一体的海外高层次人才创新创业园，营造国际化的宜业宜商宜居环境。鼓励各地紧扣地方优势产业发展，完善创新创业政策体系，探索人才管理新模式，构建特色产业人才洼地。

七、优化人才创新创业生态环境

（二十）加强优秀人才团结凝聚。坚持党管人才原则，制定加强党委联系专家工作意见，建立党政领导干部联系优秀人才制度，把各类优秀人才凝聚到我省改革发展事业中来。加强政治引领和政治吸纳，抓好重点园区、高科技企业等人才聚集区党组织建设，加大在优秀人才等高知群体中发展党员工作力度。完善专家决策咨询机制，聚集国内外知名专家人才组建四川人才智库。完善专家国情省情考察研修制度，加强各类人才教育培训，增强向心力和凝聚力。

（二十一）加强创新创业平台建设。加快构建大众创业万众创新支撑平台，协同推进企业院士专家工作站、博士后科研流动（工作）站和创新实践基地、工程技术（研究）中心、工程（重点）实验室、企业技术中心发展，重点组建一批产业技术创新联盟和产业技术研究院，促进创新链、人才链与产业链无缝对接。探索建设“环高校知识经济圈”，支持重点园区和高等学校共建大学科技园、大学生创新创业俱乐部和创业园（孵化基地），大力发展众创、众包、众扶、众筹空间，打造“众创空间—创业苗圃—孵化器—加速器—产业园”全链条创业平台体系。支持人才集聚的大型企事业单位和园区利用自身存量用地建设人才公寓，鼓励有条件的地区和园区建设一批“千人计划”创业园、国际化学校和医院。

（二十二）拓宽人才创业投融资渠道。各级政府要加大投入力度，保证“天府英才”等重大人才工程实施，更好支持各类人才创新创业。建立高科技人才项目会商机制，对科技含量高、转化前景好的高科技人才创新创业项目，集成各类科技计划和产业项目给予接续支持。建立创业项目和金融资本对接机制，定期举办人才项目对接会、投融资洽谈会、高新技术产业与风险资本对接推进会，搭建金融机构、风投机构与高新技术项目充分对接平台。建立创投资本接力扶持机制，设立创新创业投资引导基金、“千人计划”创投基金，引导社会资金和金融资本投资人才创业，支持科技型企业发展壮大。

（二十三）培育全社会创新文化。各级党委、政府要把人才工作摆在全局工作更加突出的位置，坚持人才引领创新发展，加强人才战略顶层设计，深化人才发展体制机制改革和政策创新，建立改革试验过程中试错、容错和纠错机制。积极推广“创业天府•菁蓉汇”“创客计划”等创新创业活动，定期举办中国创新创业大赛（四川赛区）、“创青春”四川大学生创新创业大赛等，大力培育创业精神和创客文化。加强优秀人才和工作典型宣传，营造尊重人才、见贤思齐、鼓励创新、宽容失败、公开平等、竞争择优的社会氛围，在全社会大兴识才、爱才、敬才、用才之风。

省人才工作领导小组要牵头制定分工方案，明确本意见各项重点任务的责任分工和进度安排。各地、各部门要结合实际制定具体政策和措施，创造性抓好落实。中央驻川单位按属地原则可参照执行本意见。

中共四川省委
四川省人民政府
2016年3月29日

四川省激励科技人员创新创业十六条政策

（川委办〔2016〕47号）

为激励科技人员创新创业，加快推进科技成果转移转化，优化全省创新创业环境，制定以下政策。

一、加大创新创业人才引进支持力度

对从国（境）外、省外来川创新创业的高层次人才及团队，符合《四川省高层次人才特殊支持办法（试行）》规定条件的，优先纳入省“千人计划”，最高给予个人200万元的一次性安家补助和团队500万元的项目资助，并在岗位激励、项目和平台建设等方面给予持续支持。探索外籍人才担任新型科研机构事业单位法人代表、相关驻外机构负责人制度。

企事业单位引进的高层次创新创业人才，可破格参加高级专业技术职务任职资格申报和评审。具有较高学术水平和科研成果、创新创业业绩显著的高等学校、科研院所、医疗卫生机构等事业单位，可直接授予其名誉教授、特聘教授等荣誉称号或聘为特聘研究员，不纳入事业单位专业技术岗位管理，享受相应岗位待遇。

允许引进的外籍创新创业人才，依托在川企事业单位领衔实施省科技计划项目、申报省科学技术奖、创办科技型企业、开展创新活动，享受省内科研活动同等政策支持。国内外来川创新创业人才，对我省科学技术进步、经济社会发展作出贡献的，经评定给予“四川省科技进步奖、科技杰出贡献奖”“四川杰出人才奖”“天府友谊奖”等表彰和奖励。

对引进的国家“千人计划”“万人计划”等高层次人才来川创新创业，且为省内企业发展和地方财税增收作出突出贡献的，由相应本级财政予以奖励。

省内科技人员与引进高层次人才条件、层次相当的，在岗位激励、项目和平台建设等方面参照执行省高层次人才特殊支持政策。

二、完善引进创新创业人才配套服务

建立党政领导干部直接联系人才机制，支持各地和重点园区普遍建设创新创业服务平台，为引进人才提供专业化服务，优先安排就诊医疗、子女入学和住房保障等。

引进的高层次创新创业人才及其配偶、未成年子女可不受住所、居住年限、年龄等条件限制，选择在居住地或工作地落户。经省人才主管部门认定的外籍高层次人才，可在抵达口岸申请人才签证，入境后可凭相关证明材料申请5年有效的工作类居留许可。逐步建立完善高层次人才从工作居留向永久居留的转换机制，为外籍高层次人才申请永久居留开辟绿色通道，对纳入国家“千人计划”等重点引才计划备案项目的人选申请永久居留的，予以优先办理。

人才集聚的大型企事业单位和产业园区可利用自用存量用地，建设不超过项目总建筑面积15%的公共租赁住房（单位租赁房）等配套服务设施，符合相关政策的，可采用划拨方式供地。鼓励市（州）、县（市、区）、产业园区和企业向引进的科技创新创业人才提供租房补贴。

引进的产业发展急需紧缺人才申请轮候公共租赁住房，不受缴纳社会保险时间限制。支持用人单位通过提供购房房贷贴息、房租补贴等形式解决人才住房问题。

三、扩大企事业单位引进创新创业人才自主权

高等学校、科研院所、医疗卫生机构等事业单位可设置特设岗位引进高层次人才，不受岗位总量、岗位等级、结构比例限制，引进到事业单位工作的可根据岗位需要和具体条件实施聘用。

引进高层次人才到事业单位工作，用人单位在编制员额内直接办理入编手续，不受用编进人计划限制；已满编超编的，可按程序申请使用人才专项事业编制，办理入编手续，待自然减员后，改为占用用人单位编制。

支持高等学校、科研院所、医疗卫生机构和国有企业等企事业单位依托重大科技创新项目，建立合同管理、议价薪酬、异地工作等用人模式，改革薪酬分配制度，探索年薪制、协议工资制及股权、期权、分红等激励措施。采用年薪制、协议工资制、项目工资等方式引进高层次人才且入选省级及以上人才引进计划的，所需薪酬计入当年单位工资总额，不作为工资总额基数。

四、加大高层次人才创新创业支持力度

对高层次人才创新创业项目，省级引导基金可给予股权投资支持。扩大政府天使投资引导基金规模，带动社会资本共同加大对中小企业创新创业的投入。完善商业银行与风险投资、天使资本的投贷联动模式，缓解人才创业初期融资难题。

鼓励金融机构对符合条件的高层次人才创新创业融资给予无需担保抵押的平价贷款。鼓励市（州）、县（市、区）财政设立人才创业投资引导基金，吸引社会资本、风险投资进入人才科技创新领域，形成的项目增值收益等可按一定比例用于奖励基金管理团队和天使投资其他参与人。

对省内外高等学校、科研院所、医疗卫生机构等事业单位科技人员在川创办科技型企业，按规定给予财政资金补贴和奖励，加大省级科技计划项目、科技型中小企业技术创新资金、科技服务业发展专项资金和四川省创新创业投资引导基金对新注册的初创期科技型中小微企业及新建高新技术企业的支持力度。

五、扩大企事业单位薪酬分配自主权

高等学校、科研院所、医疗卫生机构等事业单位从科技成果转化、技术开发、技术咨询、技术服务等活动和专利奖励、政府及社会组织科技进步奖励等所获得的经费中，给予科技人员的报酬、奖励等支出，由主管部门专项据实核增计入当年单位绩效工资总额，不作为绩效工资总额基数，核增情况抄报同级人力资源社会保障部门和财政部门。国有企业以上费用支出计入工资总额，不受个人年薪限制。各单位在主管部门核定的绩效工资总额范围内，按照自行制定的分配办法进行分配。

六、鼓励科技人员离岗创新创业

高等学校、科研院所、医疗卫生机构等事业单位（不含内设机构）科技人员（含担任非正职领导的科技人员）依法经所在单位同意，可在科技型企业兼职从事科技成果转化活动，并按规定获得报酬或奖励。

支持高等学校、科研院所、医疗卫生机构等事业单位科技人员离岗领办创办科技型企业，离岗期限以3年为一期，最多不超过两期，每期须与所在单位签订离岗创新创业协议。科技人员离岗期内保留原单位人事关系，岗位等级聘用时间和工作年限连续计算，薪级工资、专业技术职务评聘和岗位等级晋升与原单位其他人员享有同等机会。离岗创业科技人员年度和聘期考核，以创新创业情况为主。科技人员离岗领办创办科技型企业期间，根据本人自愿，可选择在原单位继续参加各项社会保险或将参保关系转移至新单位参加相应的社会保险，不重复参保。对选择在原单位参保的，单位缴纳部分由原单位继续为其缴纳，个人缴费部分由本人承担。原单位及新单位均应依法为其参加工伤保险，期间发生职业伤害经认定为工伤的，按规定享受工伤保险待遇。财政部门不核减离岗创业科技人员正常经费，可由原单位自主统筹安排使用。科技人员在离岗期间或离岗期满后要求回原单位工作的，由原单位按不低于原聘用岗位等级聘用，超岗聘用的逐步消化。期满后不回原单位工作的，应按有关规定与原单位解除聘用合同。

高等学校、科研院所、医疗卫生机构等事业单位根据需要自主设立流动岗位，自主聘请具有创新实践经验的企业家、科技人才和其他符合条件人员兼职，所聘人员的兼职经历和在企业受聘专业技术职务的资历，可作为评聘专业技术职务的重要条件。

七、提高科技人员成果转化收益比例

高等学校、科研院所、医疗卫生机构等事业单位科技成果转移转化所获收益，按不同方式对完成和转化科技成果作出重要贡献的人员给予奖励。通过转让或许可取得的净收入，以及作价投资获得的股份或出资比例，允许提取不低于70%的比例用于奖励。通过单位自行实施或与他人合作实施的，从开始盈利的年度起连续5年，每年可从实施该项科技成果的营业利润中提取不低于5%的比例用于奖励。在研究开发和科技成果转移转化中作出主要贡献的人员，获得奖励的份额不低于奖励总额的50%。

八、允许担任领导职务科技人员获得成果转化奖励

高等学校、科研院所、医疗卫生机构等事业单位（不含内设机构）及单位所属具有独立法人资格单位的正职领导，是科技成果的主要完成人或对科技成果转化作出重要贡献的，可以按规定获得现金奖励，原则上不获得股权奖励。其他担任领导职务的科技人员，是科技成果的主要完成人或对科技成果转化作出重要贡献的，可依法获得现金、股份或出资比例等奖励和报酬。

担任领导职务的科技人员科技成果转化收益分配实行公开公示制度。高等学校、科研院所、医疗卫生机构等事业单位应制定科技成果转移转化管理办法，明确科技成果定价方式、收益激励对象、激励方式、奖励比例和科技成果收益奖励等内容，其中协议定价的应当在本单位公示科技成果名称和拟交易价格，公示时间不少于15日，同时应当明确并公开异议处理程序和办法。管理办法的制定应充分听取本单位科技人员意见，在单位内进行公示，经领导班子集体研究审定后实施。

九、允许单位与职务发明人约定职务科技成果权属

高等学校、科研院所、医疗卫生机构、国有科技型企业等企事业单位，应当深化科技成果产权制度改革，积极推进职务科技成果权属混合所有制试点，单位依照科技成果转化有关法律法规及各项政策规定对科技人员（团队）实施奖励的，可与科技人员（团队）事前约定权属比例。

鼓励单位与发明人约定发明创造的知识产权归属，除法律法规另有规定的外，单位可以与发明人约定由双方共同申请和享有专利或相关知识产权。

十、实行科技成果转化风险免责政策

高等学校、科研院所、医疗卫生机构等事业单位自主决定科技成果的转移转化事项。在科技成果转化过程中，通过技术交易市场挂牌交易、拍卖等方式确定价格或通过协议定价并按规定在本单位公示的，单位领导在履行勤勉尽责义务、没有牟取非法利益的前提下，依法免除其在科技成果定价中因科技成果转化后续价值变化产生的决策责任。采取投资方式转化科技成果发生投资亏损的，单位主管部门及财政、科技等相关部门在科技成果转化绩效评价中，经依法认定其已经履行了勤勉尽责义务的，不纳入单位对外投资保值增值考核范围。

十一、扩大横向项目经费使用自主权

高等学校、科研院所、医疗卫生机构等事业单位承接境内外行政机关、企事业单位、社会团体或个人委托的非财政拨款性质的科研项目经费（简称横向项目经费），在扣除单位管理费和科研项目材料、燃料、动力、仪器设备运行维护及折旧等相关间接成本费用后，剩余经费由科技人员（团队）在保证完成合同任务的前提下，根据工作内容和合同约定合理自主安排。项目结题验收后，结余经费可全部用于奖励科技人员。单位管理费的提取比例一般不超过实收横向项目经费的10%，相关间接费用按成本据实结算。单位对科技人员（团队）劳务报酬的支出不纳入绩效工资管理。

十二、扩大科技计划项目承担单位经费使用自主权

省级各类科技计划（包括军用技术再研发专项）项目经费不设置劳务费比例限制。有财政拨款工资性收入的项目组人员可从劳务费中获得报酬，支出标准应控制在每人每月1万元以内，项目负责人劳务所得不得超过项目劳务费支出总额的50%。劳务费由项目负责人根据研发人员实际贡献大小确定。

取消间接费中绩效支出比例限制，用于人员激励的绩效支出占直接费用扣除设备购置费的比例，最高可提高到20%；软科学研究项目和软件开发类项目最高可提高到40%。高等学校、科研院所、医疗卫生机构等事业单位因教学、科研需要举办的业务性会议，会议次数、天数、人数及会议费开支范围、标准等，由科研院所、高等学校、医疗卫生机构按照实事求是、精简高效、厉行节约的原则确定。科研院所、高等学校、医疗卫生机构可根据教学、科研、管理工作实际需要，研究制定差旅费管理办法。

改进科研项目预算编制方法，实行部门预算批复前项目资金预拨制度。下放预算调剂权限，在项目总预算不变的情况下，将直接费用中的材料费、测试化验加工费、燃料动力费、出版/文献/信息传播/知识产权事务费及其他支出预算调剂权下放给项目承担单位。简化预算编制科目，合并会议费、差旅费、国际合作与交流费科目，由科研人员根据实际需要编制预算。精简各类检查评审，减少检查数量，改进检查方式，避免重复检查、多头检查、过度检查。

在研科技计划项目年度剩余资金，留由承担单位结转下一年按规定继续使用，通过验收且承担单位信用评价好的科技计划项目结余资金，按规定在2年内全额留归承担单位，事后补助与奖励性后补助项目不再限定具体用途，由项目团队自主用于科技创新活动。

具备自行组织采购条件的省内高等学校、科研院所、医疗卫生机构等事业单位，可自行组织采购政府集中采购目录以内的科研仪器设备，自行选择科研仪器设备评审专家，并对评审专家的使用管理负责。采购进口仪器设备实行备案制管理，继续落实进口科研教学用品免税政策。

项目承担单位要建立健全科研财务助理制度，为科研人员在项目预算编制和调剂、经费支出、财务决算和验收等方面提供专业化服务，科研财务助理所发生的费用可在科研项目经费中列支。科研人员的职称不作为申报科研项目的限制性条件。

十三、改进科研人员因公临时出国管理

高等学校、科研院所、医疗卫生机构等事业单位直接从事教学和科研任务的人员（含离退休返聘人员）及担任领导职务的专家学者，出国开展教育教学活动、科学研究、学术访问、出席重要国际学术会议及执行国际学术组织履职任务等学术交流合作，由单位制订年度计划，按外事审批权限报备，对确需临时安排的学术交流合作应在个案报批时说明理由。开展上述学术交流合作活动，不计入本单位和个人年度因公临时出国批次限量管理范围，出访团组、人次数和经费单独统计。

十四、支持未上市国有科技型企业开展股权和分红激励

满足财政部、科技部、国务院国资委印发的《国有科技型企业股权和分红激励暂行办法》（财资〔2016〕4号）中关于采用股权出售或股权奖励方式开展股权激励相关条件的企业，可按不超过近3年税后利润累计形成的净资产增值额的15%，以股权奖励方式奖励在本企业连续工作3年以上的重要技术人员。单个获得股权奖励的激励对象，必须以不低于1∶1的比例购买企业股权，且获得的股权奖励按激励实施时的评估价值折算，累计不超过300万元。

推动未上市国有科技型企业采取股权奖励、股权出售、股权期权等方式对重要技术人员和经营管理人员实施股权激励，在不改变国有控股地位情况下，持股比例上限按大型、中型和小微型企业分别放宽至5%、10%和30%，且单个激励对象获得的激励股权不得超过企业总股本的3%。支持国有企业提高职务科技成果转化或转让收益分红比例，试行奖励支出和学科带头人、核心研发人员薪酬在企业工资总额外单列。

十五、完善科技人员职称评定和岗位聘用

科技人员的职称评审与考核中，主持研发的科技成果技术转让成交额、承担横向科研项目获得的经费、创办企业所缴纳的税收和创业所得捐赠给原单位的资金等视同纵向项目经费，发明专利转化应用情况与论文指标要求同等对待。

从事科技成果转移转化、创办领办科技型企业的科技人员参加职称评审，不受原单位专业技术岗位设置比例限制，不将论文作为评价的限制性条件；职称外语和计算机应用能力由用人单位或评委会自主确定，不作统一要求；取得的业绩成果均作为评定或聘用的重要内容。对贡献突出的科技人员，可按规定破格评定相应专业技术职称。

鼓励高等学校、科研院所、医疗卫生机构等事业单位设立科技成果转化岗位，在核定的岗位总量内，对优秀团队高级专业技术人员聘用给予倾斜。

十六、推进中央在川单位执行激励政策

省直有关部门主动服务，积极协助中央在川高等学校、科研院所、医疗卫生机构、国有企业等企事业单位，报经主管部门批准同意，参照执行四川激励科技人员创新创业相关政策。

中共四川省委办公厅
四川省人民政府办公厅
2016年11月16日

创业四川行动实施方案（2016—2020年）

（川办函〔2016〕181号）

为贯彻落实《中共中央国务院〈国家创新驱动发展战略纲要〉的通知》（中发〔2016〕4号）、《国务院关于大力推进大众创业万众创新若干政策的意见》（国办发〔2015〕32号）和《中共四川省委关于全面创新改革驱动转型发展的决定》（川委发〔2015〕21号）等文件精神，深入实施创新驱动发展战略，营造良好的创新创业生态环境，激发全社会创新创业活力，结合我省实际，特制定本实施方案。

一、指导思想

牢固树立并贯彻落实创新、协调、绿色、开放、共享发展理念，系统推进全面创新改革试验“一号工程”，大力实施“创业四川行动”，汇聚一批创新创业力量，建设一批双创支撑平台，形成一批可复制可推广的双创模式和典型经验，进一步推动形成双创蓬勃发展新局面，加快发展新经济、培育发展新动能，促进实体经济增长，有效支撑全省经济结构调整和产业转型升级。

——坚持市场主导，政府引导。充分发挥市场对创新创业资源配置的决定作用，构建市场化的创新创业平台，促进创新创业与市场需求和社会资本有效对接。更好发挥政府作用，加大简政放权力度，加强协调联动和政策支持。

——坚持服务实体，促进发展。推动龙头骨干企业在研发、生产、营销等方面改革创新，培育更多富有活力的中小微企业，发展新兴产业和新业态，服务和支撑实体经济发展，推动四川经济保持中高速增长、产业结构向中高端迈进。

——坚持创新推动，促进就业。推进以创新为核心的创业就业，大力孵化培育科技型中小微企业，推动科技型创新创业。大力发展各类众创空间，壮大创新创业群体，以创新创业带动就业增长。

——坚持机制创新，优化服务。降低创新创业门槛，构建市场化、专业化、资本化、全链条增值服务体系，促进产业链、创新链、资金链和政策链有机结合，提高创新创业效率。

二、发展目标

到2020年，全省初步构建开放、高效、富有活力的创新创业生态系统，推动形成创新资源丰富、创新要素聚集、孵化主体多元、创业服务专业、创业活动活跃、各类创业主体协同发展的大众创新创业新格局，把四川建设成为具有全球影响力的创新创业中心和创新创业者向往的创业高地。

——创业服务载体蓬勃发展。建立阶梯型孵化体系，形成覆盖全省各市（州）、县（市、区）的科技企业孵化培育体系，全省各类孵化载体达到700家，面积达到2000万平方米以上。

——创业人才队伍迅速壮大。形成以青年大学生、高校院所科技人员、企业科技工作者、海归创业者、草根能人等为主体的创业人才群落，高层次创新创业人才数量大幅增长，科技创业者突破40万人。

——创业资本高度聚集。构建“创业投资+债券融资+上市融资”多层次创业投融资服务体系，培育一批天使投资人和创业投资机构，各类天使投资和创业投资基金达400支以上，管理基金规模突破1500亿元。

——创业企业快速发展。龙头骨干企业积极带动中小微企业、创业人才创新创业，形成大企业与中小微企业协调发展的良好局面。累计新增科技型中小微企业10万家，沪深股市挂牌企业数量达150家，“新三板”挂牌企业达600家。

——创新创业产出成效显著。每万人发明专利拥有量达7.5件；年技术合同交易额（输出）达到400亿元；累计新增市场主体260万户，创业带动就业效果明显；高新技术企业达4000家，高新技术年产值突破2万亿元；全社会创新创业氛围浓厚，形成一批可复制可推广的双创模式和典型经验。

三、主要任务

紧紧抓住系统推进全面创新改革试验的重大历史机遇，以“创业四川行动”为总揽，紧密对接实体经济发展，实施创新创业“七大行动”。

（一）实施创业主体孵化行动，大力建设创业载体。

1．推进建设孵化器和大孵化器。通过政府搭建、民营兴建、企业自建、闲置改建等模式，促进全省普遍建设科技企业孵化器。推动有条件的市（州）集中力量打造孵化器大平台。各县（市、区）要结合自身优势和特色，积极打造满足创新创业需求的孵化楼宇、社区、小镇等。

2．构建阶梯型孵化体系。加快建设环电子科技大学、环西南交通大学、磨子桥街区等创新创业群落，建立一批大学生创业苗圃。围绕产业发展，在全省各类园区、产业聚集区建设一批新兴产业加速器。依托高新区等重点产业园区，加快建设一批创新创业园，在全省形成“创业苗圃+孵化器+加速器+产业园”阶梯型孵化体系。

3．加快发展众创空间。推进众创、众包、众扶、众筹等支撑平台快速发展。针对产业需求和行业共性技术难点，加快重点产业领域众创空间建设。鼓励龙头骨干企业联合中小微企业、高校、科研院所和创客打造“产学研用”紧密结合的众创空间。鼓励高校、科研院所充分利用大学科技园、工程（技术）研究中心、重点实验室等创新载体，建设以科技人员为核心、成果转移转化为主要内容的众创空间。到2020年，全省新增200家众创空间。

对于能够聚集创客，提供技术创新服务、融资服务、创业教育等创新创业活动的众创空间，经科技部门备案，在安排省级科技计划项目时，按照众创空间实际使用面积以每年500元/平方米的标准给予连续3年补贴，年度补贴额不超过20万元。对纳入国家级、省级科技企业孵化器管理和服务体系的众创空间（即国家级、省级众创空间），省财政分别给予100万元、50万元的经费补贴，专项用于创业孵化运行。

4．提升孵化器孵化培育能力。支持建设一批“孵化+创投”“孵化器+商业空间”“互联网+”等新型孵化器。构建“联络员+辅导员+创业导师”孵化辅导体系，推动孵化教育培训专业化、精细化、系统化。鼓励社会资本设立科技孵化基金，探索发展一批混合所有制孵化器。

5．构建一批创新创业服务平台。推进“互联网+”行动计划，加快“众创四川”平台、科技创新创业综合服务平台建设，加强重点实验室、制造业创新中心、工程（技术）研究中心、临床医学研究中心等国家和省科技创新平台建设。大力推广示范“科创通”服务模式。

6．加强国际合作创新创业载体建设。加快构建国际合作创新平台，推进建设中韩创新创业园、高分子材料国际联合研究中心、中国—新西兰猕猴桃联合实验室等国际科技创新合作平台，高水平打造一批国家、省级国际科技合作基地。

7．扎实推进小微企业创新创业。实施小微企业创新创业三年计划，打造“互联网+小企业创新创业”服务平台，推进实施小微企业创新创业提速工程、信息化提效工程和监测提质工程，助力一批初创期小微企业加快发展、成长期小微企业培育升规。

（二）实施创业人才激励行动，汇聚各方创业力量。

8．激励科技人员创新创业。积极探索扩大高校、科研院所用人自主权，进一步加大简政放权力度，促进形成充满活力的科技管理和运行机制，更好激发广大科研人员积极性和创造性。

9．吸引海外高层次人才来川创新创业。加大对高层次人才支持力度，深入实施“千人计划”“天府高端引智计划”“留学人员回国服务四川计划”等人才工程，定期开展赴外招才引智、“海科会”等活动。规划建设海外高层次人才创新创业园，支持海外高层次人才来川创新创业。

10．扶持大学生创新创业。实施四川“青年创业促进计划”“大学生创业引领计划”“科技创新创业苗子工程”等，强化大学生创新创业政策扶持。创新大学生创业教育，开展“创业型大学”建设试点，探索“学业+创业”双导师培养模式。鼓励各类协会团体和企业联合高校开展大学生创新创业活动。

11．帮助草根能人创新创业。引导在外川商、务工人员返乡投资创业。推进科技特派员创业行动，鼓励科技特派员领办、创办、协办科技型农业企业和专业合作经济组织。推进农村青年创业富民行动，培养新型职业农民。大力开展群众性创新创业活动，有效实施“四川青年创业促进计划”，为草根能人创新创业搭建科技研发、经费和融资等服务平台。

（三）实施创新活力释放行动，深化体制机制改革。

12.加快推进院所高校分类改革。稳妥推进42家科研院所和30所高校开展创新改革试点，探索高校院所去行政化、发展混合所有制、促进中央在川单位成果就地转化等新政策和新机制。加快推进公立医院建立现代化医院管理制度，探索医疗卫生领域技术人员创新创业模式。支持成德绵区域高校建设大学科技园，支持高校与各地联合建立产业园区、产业技术研究院。

13．加快推进省级科技计划管理改革。推进科研经费使用和管理方式改革创新，构建总体布局合理、功能定位清晰的科技计划体系，推行有利于科研人员创新的经费使用、审计方式。推进科技项目分类评价，积极探索专业机构参与管理科研项目方式，提高科研项目立项、评审、验收科学化水平。

14．深化商事制度改革。强力实施“五证合一”“一照一码”“先照后证”等改革，开展企业名称登记改革和经营范围登记改革试点。建立完善市场主体退出机制，开展未开业企业和无债权债务企业简易注销试点工作。完善国家企业信用信息公示系统（四川），积极推动省、市（州）企业信用信息共享交换平台建设。

15．强化知识产权保护。加强重点产业领域知识产权保护规则研究，推进侵犯知识产权行政处罚案件信息公开，完善知识产权投诉举报受理机制和知识产权维权援助机制，加快知识产权维权援助网络平台建设，加大对中小微企业知识产权保护援助力度，营造创新创业公平竞争的市场环境。

16．减轻科技型中小微企业税负。切实落实就业创业税费减免、研发费用加计扣除、高新技术企业所得税优惠等优惠政策，支持风险投资、天使投资和中小微企业发展。开展便民办税“春风行动”，推进纳税服务平台建设，提高纳税服务效率。推进银税互动战略合作，打造多样化信贷品牌，促进纳税服务与金融服务有效对接。

（四）实施科技成果转移转化行动，推动成果转移转化。

17．推进科技成果转移转化试点示范。开展区域性科技成果转移转化试点示范，推进科技成果转移转化示范企业建设。实施新一代信息技术、轨道交通装备、生物医药等15个科技成果转移转化专项。推进职务科技成果权属混合所有制改革试点，提升科技成果供给质量和转化效益。

18．建设科技成果转移转化平台。建立科技成果信息汇交系统，为科技成果信息登记、查询、筛选等提供公益服务。建设知识产权交易平台，开展知识产权挂牌交易。建立技术交易网络系统，打造线上与线下相结合的技术交易平台。

19．建设一批技术转移机构。加快建设国家技术转移（西南）中心。鼓励有条件的市（州）、县（市、区）建立区域性成果转化、技术转移机构，支持高校、院所联合行业龙头企业建立技术转移服务机构，为创新创业提供技术转移服务。

20．强化科技成果转移转化服务。贯彻落实《中华人民共和国促进科技成果转化法》，健全技术产权交易、知识产权交易等技术市场体系，降低中小企业技术创新成本。建设四川省高端人才服务平台，强化科技成果转移转化人才服务。

21．促进军民技术双向转化。引导民用领域知识产权在国防和军队建设领域运用，推动军用技术向民用领域转化应用，引导军民两用人才在川创新创业。按规定分类推进国防科技实验室、专用设备、科研仪器向社会开放，促进军民创新创业资源融合共享。

（五）实施创新创业金融支撑行动，大力发展科技金融。

22．用好政府引导基金。充分发挥四川省创新创业投资引导基金、新兴产业创业投资引导基金作用，强化对中小微企业的扶持。探索设立四川省科技成果转化投资引导基金，加速科技成果转移转化。探索设立知识产权运营基金和知识产权质押融资风险补偿基金，推进知识产权质押融资。探索设立“千人计划”创投基金，支持高层次人才创业。

23．构建创新创业金融服务体系。加强创业投资，支持设立投资引导基金、天使投资基金和内部创业基金。强化债权融资，支持建立创业企业债权融资风险资金池，鼓励创业企业或项目在银行间发行各类债务融资工具。实施“创业板行动计划”，推动创业企业在多层次资本市场上市、挂牌融资。搭建银科对接平台，推进银行业机构科技支行建设。支持私募基金、证券期货经营机构参与创新创业金融服务。

24．开展科技金融试点示范。推进成都高新区、绵阳国家科技和金融试点建设，选择一批市（州）开展省级科技和金融试点。鼓励银行等金融机构创新金融产品和服务方式，提供知识产权质押、股权质押和票据融资等，开展科技小额贷款试点。大力推广“盈创动力”科技金融服务模式。启动实施创新券财政补助政策。

25．加强产业资本与金融资本的常态化对接。常态化召开银政企院校对接活动，积极搭建科技投融资平台和对外开放合作平台，办好中国（西部）高新技术产业与金融资本对接推进会，促成一批科技项目和企业获得投融资支持。

（六）实施创新创业示范行动，支持开展先行先试。

26．构建成德绵创新创业聚集区。支持成都市实施“创业天府”行动计划，打造成为具有国际影响力的区域创新创业中心。支持德阳市推进创新创业型城市建设，建设成为全域覆盖、功能完善、特色突出的众创核心区。推进科技城军民融合创新驱动先行先试政策落地实施，将绵阳科技城打造成为全国军民融合特色区和全省双创先行区。探索创建成德绵地区创新驱动人才示范区。

27．建设一批创新创业特色示范城市。积极推进国家小微企业创业创新基地示范城市、中国科协创新驱动示范市、国家知识产权试点示范城市和国家医养结合试点城市等各类国家级示范城市建设。支持各市（州）创建创新型城市。

28．打造一批双创示范基地。充分发挥国家双创示范基地和小微企业创业创新示范基地示范引导作用，探索形成四川特色的创新创业扶持政策体系和经验。鼓励天府新区、高新区、小微企业创业基地和其他有条件的地方开展创新创业试点，打造一批省级双创示范基地。

（七）实施创业品牌塑造行动，营造创新创业氛围。

29．持续举办双创活动周四川活动。集中展示、交流各地各部门和社会各界推进双创的做法和取得的成效，进一步激发全社会创新创业活力。

30．打造系列活动品牌。举办各类国际性、全国性创新创业赛事，开展创新创业者、企业家、投资人和专家学者共同参与的创新创业沙龙、大讲堂、训练营等活动。办好“菁蓉汇”“德阳创客”等品牌活动，鼓励各地、各部门根据实际开展特色创新创业活动。

四、保障措施

（一）加强组织领导。各地、各有关部门要高度重视，切实加强对创业四川行动的组织领导、统筹和协调，完善配套政策和保障措施，确保各项任务目标顺利实施。

（二）合力稳步推进。各市（州）、县（市、区）要结合实际切实加大政策支持和条件保障力度。各级科技管理部门要加强与党政部门、群团组织的工作协调，加大对双创工作的指导和支持力度。

（三）强化督促检查。各市（州）、各部门要把督查工作作为推动双创各项工作任务落实的重要措施，坚持“分级负责、分工负责、责权统一”原则，构建自上而下逐级抓落实的督促检查责任体系，形成一级抓一级、层层抓落实的工作格局。

（四）营造创新创业环境。积极倡导敢为人先、宽容失败的创新文化，大力培育创业精神和创客文化。加强新闻宣传和舆论引导，宣传一批创新创业先进事迹，树立一批创新创业典型人物，让大众创业万众创新在全社会蔚然成风。

四川省人民政府办公厅
2016年11月18日

中共成都市委 成都市人民政府关于深入实施“创业天府”行动计划加快打造西部人才核心聚集区的若干政策

（成委发〔2016〕1号）

一、加大引进人才资助力度。设立总额不少于20亿元的人才发展专项资金，大力实施“成都人才计划”，全力引进海内外高层次领军型人才和顶尖创新创业团队。建立国内一流的人才资助体系，实施分类分层资助，对国际顶尖人才、国家级领军人才、地方高级人才分别给予300万元、200万元、120万元的资金资助，区（市）县给予相应的配套资助。

二、引导激励多元引才。设立引才“伯乐奖”，激励企事业单位、人才中介组织等多渠道引才。对推荐人才（团队）来蓉创新创业并入选市以上人才计划（项目）的社会组织及个人，按推荐1人（团队）最高20万元的标准进行奖励。探索建立“企业提需求+高校出编制+政府给支持”的联合引才机制。建立中国（成都）海外人才离岸创新创业基地开放引才。

三、实施本土人才自主培养计划。实施“成都优秀人才培养计划”，在科技创新、经营管理、金融服务、技能技艺等10大领域，每年遴选培养100名左右急需紧缺的中青年骨干人才，给予每人30万元的资助。实施“创业新星”计划，每年选拔和培育100名左右创新能力强、创业项目优、发展潜力大的青年（大学生）人才，给予每人20万元的资助。实施“产业实用人才开发五年行动计划”，5年培育5万名左右技术、管理和技能人才，引导企业依据贡献度从成果转化收益中提取一定比例进行特殊奖励或实行股权、期权奖励。

四、统筹扶持重点人才（团队）项目。整合经信、科技、人社、金融等与创新创业相关部门的政策资源，每年遴选5个左右重点人才（团队）项目进行综合资助。对国际顶尖人才中荣获诺贝尔奖等世界知名奖项来蓉创新创业的，给予最高5000万元的综合资助；对顶尖团队中属于国家（国际）重大战略项目的，给予最高1亿元的综合资助。

五、强化创新创业金融扶持。加快推进产业扶持资金“补（拨）”改“投”进程，构建规模不低于100亿元的创业投资引导基金、产业投资引导基金、人才创业投资基金等各类金融扶持基金。构建资金规模不低于30亿元的科技企业债权融资风险补偿资金池，支持银行机构对市以上人才计划（项目）入选专家所在企业开展债权融资、股权融资和知识产权质押融资，并对实现债权融资的给予最高100万元的融资补助。鼓励市以上人才计划（项目）入选专家所在企业上市融资，对完成上市的给予不超过500万元的奖励。创建“西部创业投资中心”，加快建设创业投资特别是股权投资基金聚集区，吸引知名创业投资机构聚集发展。

六、支持企业创新产品推广应用。对市以上人才计划（项目）入选专家所在企业研发生产的终端新产品，直接纳入《成都市地方名优产品目录》；对本市工商企业、单位、团体组织等首次采购此类新产品的，给予采购单位实际采购价10%的资金补贴，补贴金额不超过100万元；对获得省级认定证书的新产品，给予采购单位实际采购价15%的资金补贴，补贴金额不超过200万元；对获得国家级认定证书的产品，给予采购单位实际采购价25%的资金补贴，补贴金额不超过500万元。

七、优化人才发展平台。鼓励建设特殊领域全球创新创业平台。大力引进人才服务中介机构，创建中国（成都）人力资源服务产业园。完善“创业苗圃+孵化器+加速器（中试基地）+产业化基地”梯级孵化体系。鼓励人才企业创建科技创新研发平台，给予最高200万元/个的资助。鼓励高校院所、龙头企业、产业园区开放检验检测等科技创新服务平台，对购买服务的人才企业给予最高10万元/年的“创新券”支持。依托成都人才发展促进会，打造人才发展综合服务平台，提供法律、财务、商业秘密和知识产权保护等专业化服务。

八、提供优质工作生活服务。建立党委联系优秀专家人才制度。在市政府政务服务中心设“新型人才服务中心”，并打造成都人才APP服务平台。在人才聚集区建立“新型人才工作站”，提供“一站式”代办服务。在组织部门或行业归口部门建立引进人才及其配偶、子女集体专户。对市以上人才计划（项目）入选专家中有住房需求的，由所在区（市）县按最低80平方米、最高200平方米的面积标准提供住房或发放购置、租赁补贴；对有办公用房需求的，由所在区（市）县提供相应的办公用房或发放补贴。为市以上人才计划（项目）入选专家建立电子健康档案，定期开展专家疗养。

九、开设外籍人才停居留特别通道。增加外籍人才认定单位，扩大外籍人才申请办理人才签证范围。对符合条件的外籍人才，未持签证来蓉的，抵蓉后可直接在口岸签证机关申请人才签证。为外籍人才及其配偶、未成年子女签发5年内长期居留证件或5年内多次出入境有效访问、贸易或人才签证。外籍人才申请在华永久居留的，予以优先办理，在停居留资格条件、期限、办证服务等方面提供最大限度的便利。在人才聚集区增设出入境服务站。

十、建立杰出人才荣誉制度。设立创新创业人才杰出贡献奖，对于在成都创新创业5年以上且为经济社会发展作出重大贡献的高层次人才，经评审认定，授予“成都市杰出人才”荣誉称号，给予100万元的奖励。

中共成都市委
成都市人民政府
2016年2月3日

成都“创业天府”行动计划2.0版

（成办发〔2016〕15号）

2015年，我市启动实施“创业天府”行动计划，取得较好成效。为全面贯彻创新、协调、绿色、开放、共享发展新理念，深入落实市委《关于系统推进全面创新改革加快建设具有国际影响力的区域创新创业中心的决定》（成委发〔2015〕12号），市政府决定实施“创业天府”行动计划2.0版。行动计划2.0版坚持问题导向、政府推动、市场行动、服务实体经济原则，以深化供给侧结构性改革、推动我市创新创业深化升级为目的，进一步突出创新创业活动市场化、要素国际化、创新协同化和环境生态化，着力打通政产学研用协同创新通道、厚植创新创业人才优势、升级创新创业孵化功能、夯实创新创业投融资支撑、营造创新创业一流生态、塑造“菁蓉汇”国际创业活动品牌，打造“创业之城、圆梦之都，成都创业、创业都成”城市品牌，加快建成具有国际影响力的区域创新创业中心。

一、打通政产学研用协同创新通道，实现体制机制新突破

（一）出台成果转化支持新政。出台《促进国内外高校院所科技成果在蓉转移转化的若干政策措施》，支持在蓉高校院所开展职务科技成果权属混合所有制改革等“三权”改革实践，积极推动科技成果转化。支持高校院所自主决定采取转让、许可或者作价投资等方式转化科技成果，将不低于70%的成果转化收益用于奖励成果完成人和为成果转化作出贡献的人员。鼓励高校院所科技人员在完成本职工作前提下在岗创业，允许高校院所非正职领导因成果转化需要在有关企业兼职取酬。鼓励高校院所科技人员离岗创业，3年内保留人事关系。（牵头单位：市科技局、市财政局、市人社局、市教育局）

（二）实施成都人才新政。设立20亿元人才发展专项资金，按需选拔海内外高层次领军型人才和顶尖创新创业团队，给予最高1亿元的综合资助。探索建立“企业提需求+高校出编制+政府给支持”的联合引才机制。建立中国（成都）海外人才离岸创新创业基地，开设外籍人才停居留特别通道。创建中国成都人力资源服务产业园，优化人才发展平台。（牵头单位：市人才办、市人社局、市教育局、市公安局、市科技局、市经信委、市金融办）

（三）支持创新产品开拓市场。出台我市首台（套）重大技术装备的鼓励政策，探索建立首台（套）重大技术装备保险补偿机制。鼓励各预算单位预留购买中小微企业创新产品预算，提高采购小微企业新产品、新技术、新服务的比例。试行创新产品与服务远期约定政府购买措施，降低创新风险，激发创新活力。修订创新产品研发补贴管理办法，促进新产品、新技术的推广应用。（牵头单位：市经信委、市科技局、市财政局）

（四）深化创新创业商事制度改革。落实企业集群注册登记、个体工商户转型升级为企业等办法，探索建立创新企业集群注册模式，降低小微企业创业成本。深入推进“三证合一”“一照一码”改革，优化简化政府服务流程，推进全程电子化登记和电子营业执照应用，开展企业简易注销试点，探索离岸架构企业在注册等方面的制度创新。（牵头单位：市工商局、市科协）

二、突出创业力量大众化和高端化，厚植创新创业人才优势

（五）实施青年大学生“创业新星计划”。选拔培育“创业新星”并给予各20万元资助。依托各类载体建设大学生创业指导服务中心，推动建立大学生创业联盟，支持在校大学生创业实践。支持在蓉高校建立创新创业学院，开展创新创业教育，探索建立“学业+创业”双导师培养模式和大学生创新创业实践业绩与学分挂钩机制。建立大学生创业天使投资基金和大学生创业风险援助资金。（牵头单位：团市委，市人才办、市人社局、市科技局）

（六）鼓励高校院所科技人才兼职创业。鼓励高校院所科技人才带技术、带项目、带资金在蓉创办领办科技企业，允许高校科研人员在岗创业、离岗创业，扩大创新创业的源头供给。支持在蓉高校探索建立管理、技术“双通道”晋升制度，创新科研人才聘任制度以及科研人才校企间自由流动机制。（牵头单位：市科技局、市人社局）

（七）鼓励企事业人员连续创业。出台鼓励国有企业和事业单位工作人员离岗创业的支持办法，重点保留其人事关系、职称评聘和社会保险等方面的权利。鼓励新兴产业领军企业、知名天使投资机构设立连续创业者投资基金，重点投资国有企业和事业单位人员连续创业。（牵头单位：市人社局、市科技局）

（八）开展“创业天府行动计划——城市行、高校行、海外行”引才活动。组织用人单位组团赴国内一线城市、著名高校或海外人才聚集地招揽人才，开展海外人才“市内注册、海内外经营”试点。建立重点高层次人才市领导联系制度和定期座谈会制度，强化高层次人才创新创业综合服务。设立“成都市杰出人才”奖。（牵头单位：市人才办）

（九）实施“创新创业互助众扶计划”。实施创业促进就业专项行动计划，鼓励妇女、少数民族人员、返乡农民工、城乡登记失业人员、残疾人士等群体创新创业，分类建立创新创业联盟，加强产业联盟等行业组织和第三方服务机构对创业者的支持，营造众扶文化。加强港澳蓉三地创业者交流合作。［牵头单位：市科技局、市人社局、市外事侨务办、市农委、市民宗局、市妇联、市残联，各区（市）县政府（含成都高新区、成都天府新区管委会，下同）］

三、布局“3+M+N”格局众创空间，实现创新创业孵化功能升级

（十）打造“3”个众创空间引领区。支持成都高新区“菁蓉国际广场”按照“国际创新创业中心”战略定位，引进国际知名孵化机构，重点围绕电子信息、生物医药、高端装备制造业等产业，打造成都市创新创业核心引领区。加快建设成都天府新区“天府菁蓉中心”，引进知名研发机构，形成以智能制造、移动互联网、大数据为主的产业集群，打造西部创新第一城。优化郫县“菁蓉小镇”规划布局，加快推进大数据产业研究院、无人机研发基地、军民融合孵化中心等创新平台建设，着力建设具有全球影响力的创新创业小镇。（牵头单位：成都高新区、成都天府新区管委会，郫县政府，市科技局）

（十一）打造“M”个众创空间集聚区。支持武侯区联合四川大学建设磨子桥创新创业街区、成都高新区联合电子科大建设“一校一带”、金牛区联合西南交大建设环交大智慧城、锦江区依托民营资本建设汇融创客广场、双流区引进知名大学建设天府新区大学科技创新园等，形成众创空间集聚区。（牵头单位：成都高新区管委会，武侯区、金牛区、锦江区、双流区政府，市科技局）

（十二）打造“N”个众创空间专业特色区。鼓励各区（市）县立足特色优势产业，在电子信息、生物医药、轨道交通、高端装备制造、节能环保、都市现代农业、文化创意和现代服务业等重点产业领域，发展专业众创空间，服务实体经济。及时兑现创新创业载体相关资助管理政策，对新建创业苗圃和科技企业孵化器给予30万—50万元经费补贴。［牵头单位：市科技局、市发改委、市经信委，各区（市）县政府］

（十三）鼓励各类企业建设众创空间。支持龙头骨干企业建设众创空间，优化配置技术、装备、资本、市场等创新资源，推进与产业链、技术链上的中小微企业、高校院所和各类创客群体有机结合，发挥引领带动作用，形成产业创新创业生态群落。充分利用淘汰落后产能、处置“僵尸企业”过程中形成的闲置厂房、空余仓库及生产设施，改造建设一批众创空间，实现资产再利用。支持各类主体利用闲置资源改（扩）建创新创业载体，对其为提升孵化能力实施的场地改造及设施设备购置等，最高可给予500万元经费补贴。［牵头单位：各区（市）县政府，市科技局、市发改委、市经信委］

四、完善多层次科技金融服务体系，拓宽创新创业融资渠道

（十四）培育壮大创业投资。设立规模不低于100亿元的创业投资引导基金、产业投资引导基金、人才创业投资基金等各类金融扶持基金，引导金融机构、社会资本参与支持创新创业。创建“西部创业投资中心”，加快建设创业投资特别是股权投资基金聚集区，引进“北上广深”等知名创投机构在成都设立分部，实现聚集发展。扩大成都市科技创业天使投资引导资金规模，联合创投机构、知名天使投资人、高校院所和战略性新兴产业领军企业等共建天使投资基金，为我市种子期、初创期科技企业和大学生团队创业提供股权投资；引导资金最高可按拟在我市注册设立的天使投资基金规模的30%参股，对获得天使投资的种子期、初创期企业给予最高100万元的经费补贴。（牵头单位：市发改委、市科技局、市财政局、市金融办）

（十五）大力发展科技信贷。支持设立科技小额贷款公司，支持金融机构在蓉创办以科技信贷为主的科技银行。推动科技保险服务创新，探索建立财政、银行、保险公司分担创业投资风险的机制。创新推广知识产权质押融资、股权质押融资、产业链融资、融资租赁等新型融资产品。联合人行成都分行营管部，运用中小微企业信用信息等相关数据库，建立完善科技企业信用评价标准，鼓励金融机构依据科技企业信用评级报告给予信用贷款。扩大我市科技企业债权融资风险补偿资金池总规模至50亿元，鼓励有条件的区（市）县政府参与设立“资金池”。支持轻资产的科技企业利用知识产权、股权和信用进行质押贷款，对其发生的信用评级费用、担保费、贷款利息最高分别给予5万元、20万元、50万元的经费补贴。（牵头单位：市金融办、市科技局、市财政局，人行成都分行营管部）

（十六）完善多层次资本市场。深入实施“成都经济证券化提升行动计划”，大力推动企业上市和上市公司再融资。加强科技型企业上市辅导和培育，积极推动其在沪深交易所、“新三板”、区域股权交易中心上市融资和挂牌交易。积极发展地方要素市场，支持成都（川藏）股权交易市场建设，促进区域股权交易市场加快发展，推动金融资产交易市场创新发展。加快推动设立成都金融资产交易中心、知识产权交易中心、科技创业证券公司等创新型金融要素交易机构。对在上海证券交易所、深圳证券交易所和纽约证券交易所、美国纳斯达克、香港联交所、新加坡交易所等重点境内外资本市场首发上市融资的企业给予最高500万元的补助；对新进入全国中小企业股份转让系统的企业给予最高50万元补助；对新进入成都（川藏）股权交易中心交易板和融资板的企业给予最高50万元补助。（牵头单位：市金融办、市发改委、市经信委、市商务委、市科技局）

（十七）积极探索股权众筹。探索建立成都股权众筹交易所，充分发挥股权众筹对传统股权融资的有益补充作用，增强金融服务小微企业和创新创业者的能力。积极争取股权众筹融资试点，鼓励小微企业和创业者通过股权众筹融资方式募集早期资本。鼓励相关高校依托校友会资源，建立成果转化和创新创业股权众筹基金。（牵头单位：市金融办）

五、提升创新创业服务能力，实现创新创业要素全覆盖

（十八）打造一站式创业服务社区。以“不出社区即可满足创业”为目标，着力打造创新创业社（街）区，为创业者提供办公、生活所需的软硬件一体化配套，包括公租房、餐厅等生活设施，酒店、会议室等商务中心，咖啡馆、酒吧、健身房、资料室等休闲娱乐文化设施。［牵头单位：各区（市）县政府，市科技局］

（十九）实施“科技创新券”升级计划。修订科技创新券管理办法，发挥财政后补贴激励作用，简化服务兑换流程，扩大补贴范围，以政府购买服务的方式，鼓励各类服务机构为创新创业者提供工业设计、检验检测、知识产权、产品推广等研发、制造、销售类服务。（牵头单位：市科技局）

（二十）搭建创新创业众包平台。鼓励电子信息、新能源汽车、航空航天、农业、生物医药等行业协会、龙头骨干企业向产业链相关创新创业企业及团队实施众包，按照市场机制优化配置劳动力、信息、知识、技术、管理、资本等资源。结合产业技术创新需求，采取政府引导，高校、企业及社会资本共建模式，打造成果转化、技术研发、企业孵化及人才培养于一体的产业集群协同创新平台。［牵头单位：各区（市）县政府，市科技局］

（二十一）升级“科创通”平台。促进“科创通”与“菁蓉汇”系列活动有机融合，打造线上“菁蓉汇”，搭建企业、人才、机构、技术与产品等创新创业要素无缝对接平台，完善一体化、全覆盖的020服务模式，推进实现平台市场化运营。整合包括政务数据资源在内的各类信息数据库，打通信息“孤岛”，构建开放共享的数据库，促进“科创通”大数据的加工应用。［牵头单位：各区（市）县政府，市科技局］

（二十二）壮大创业导师队伍。开展“国内外创业导师成都行”活动，建立多层次创业导师队伍，聚集一批熟悉产业领域的创业导师。组织国内外创业青年夏令营活动，鼓励在蓉高校创新创业学院对社会开放创业课程。引进国内外创新创业专业培训机构，提供体现产业特点的创业辅导服务，优化升级“菁蓉训练营”。［牵头单位：市科技局，各区（市）县政府］

（二十三）加强创新创业知识产权保护。启动建设国家级知识产权快速维权中心，设立成都知识产权法院，加强知识产权行政执法和保护。制定实施《成都市建设知识产权强市方案》，推进各区域知识产权试点示范工作。筹建成都知识产权（成果转化）交易中心，试点在高校设立分中心，形成“1+N”知识产权服务体系。参与组建全国首支知识产权运营投资基金，争取实现10亿元资金规模。［牵头单位：市科技局，各区（市）县政府］

六、突出创新创业市场化和国际化，提升品牌活动影响力

（二十四）推进“菁蓉汇”活动市场化、国际化。加强与国际友城、知名机构、孵化器的合作交流，推动“菁蓉汇”系列活动国际化，办好“创业天府•菁蓉汇”韩国、以色列专场活动。支持有能力的运营机构市场化、常态化举办“菁蓉汇”主体活动、“蓉漂茶叙”及相关配套活动，力争做到主体活动月月有，系列活动周周有，投资路演天天有。支持产业园区、高校院所、孵化器、行业协会、产业技术联盟等开展创新创业活动，根据活动数量和成效给予后补贴。（牵头单位：市科技局、市外事侨务办）

（二十五）办好“中国•成都全球创新创业交易会”。办好“中国•成都全球创新创业交易会”，力争打造成为国际化、国家级、成都牌、永久性的全球创新创业年度盛会、国家对外开放的创新创业资源聚集平台、国际间互利共赢的创新创业要素交易平台和国家全面创新改革的成果展示平台。（牵头单位：市科技局）

（二十六）构建创新创业的国际合作平台。推进中美、中德、中法、中韩、中以、中古国际创新创业合作，加快中德（成都）产业创新平台、中法成都生态园、中韩创新创业园、欧盟创新中心建设，构建国际创新创业合作网络。通过创新创业助推“蓉欧+”互联互通战略的实施，促进跨界电商、保税物流等行业领域的创新创业，加快打造贯通欧亚“一带一路”大走廊。（牵头单位：成都高新区、成都经开区管委会，青白江区政府，市科技局、市外事侨务办）

本行动计划自印发之日起施行，有效期3年。

成都市人民政府办公厅
2016年4月29日

宜宾市人民政府
关于推进大众创业万众创新的实施意见

（宜府函〔2016〕43号）

“大众创业，万众创新”是党中央、国务院在经济新常态下作出的重要战略部署，是四川省适应经济发展新常态的必然选择，更是宜宾实施创新驱动发展战略的重要载体和有效措施。为深入贯彻落实国务院、省委、省政府推进“大众创业，万众创新”的决策部署，加快实施创新驱动发展战略，把“大众创业，万众创新”作为建设新常态下宜宾经济发展新引擎，特提出以下意见。

一、总体思路和主要目标

（一）总体思路。

着力实施创新驱动战略，以促进经济转型升级为主线，加速推动经济发展由要素驱动、投资驱动向创新驱动转变。进一步激发广大群众创新创业的积极性和创造性，形成以科技创新为支撑的“大众创业，万众创新”生动局面，以创业带动就业，创新促进发展，促进全市经济稳步增长、健康发展。

——坚持市场主导，政府引导。充分发挥市场配置资源的决定性作用，强化政府引导，推动资金链引导创新创业链、创新创业链支持产业链、产业链带动就业链。

——坚持创新推动，促进就业。推进以创新为核心的创业就业，壮大创新创业群体，大力孵化培育科技型中小微企业，打造新的经济增长点。

——坚持机制创新，优化服务。进一步简政放权，增强政策的阳光和透明度，降低创新创业门槛，构建市场化、专业化、资本化、全链条增值服务体系，提高创新创业效率。

（二）主要目标。

到2020年，实现创新创业主体从小众到大众、创新创业载体从重点布局到全面建设、创新创业服务从重硬条件到重软服务的转变，建成集聚天下英才创新创业的人才高地，成为引领川南经济发展、创新发展和科学发展的国际山水园林城市。

——培育创新创业主体。引进50名以上海内外高层次创新创业人才、10个创新创业团队，科技创业者突破1万人，大学生自主创业新增2000人；科技型和专精特新中小微企业新增1000家，国家高新技术企业和省级以上创新型企业突破100家，专利申请量达到5000件。

——打造创新创业载体。建设一批低成本、便利化、全要素、开放式的众创空间、孵化器等新型服务平台，形成创新创业梯级孵化体系。以建设孵化器为重点，到2020年，全市各类型孵化载体数量达到100家以上，面积超过200万平方米；建设“孵化+创投”“互联网+”、创新工场等各类专业和综合科技孵化器10个以上，常年在孵企业数量超过500家，吸纳就业人员超过5000人。力争用3—5年时间创建3个省级科技孵化器和1个国家级科技孵化器。

——打造创新创业技术平台。推动建设集资源共享中心、大数据中心、企业服务中心、孵化器等为一体的具有示范带动效应的科技创新大厦，搭建资源、信息、人才等科技资源共享平台，统筹全市的双创孵化转化和产业化服务。重点建设国家高新技术产业基地、国家农业科技园区，积极创建省级以上高新区等大型创新创业平台。努力建设省级以上重点（工程）实验室3家以上、省级以上工程（技术）研究中心10家以上、省级企业技术中心30家、市级以上产业技术研究院5家，院士（专家）工作站3个，博士后工作站3个。

——打造示范工程。打造“一工一农”两个示范工程，利用国家农业科技园区场地和产业链孵化转化的优势，建设好国家农业科技园区孵化园；推进宜宾美华生物环保科技企业孵化器建设，形成示范效应。积极推进国家临港开发区浙江大学创客空间建设。

二、主要任务和支持政策

（一）打造创新创业载体。

1．建设科技企业孵化器。坚持孵化器专业化发展方向，鼓励临港开发区、各县（区）、园区围绕产业特点和孵化链条需求，按一器多区、分类集群模式布局培育一批专业孵化器。对孵化器搭建的专业技术公共服务平台给予重点支持。加强孵化器高水平管理人才团队的引进、培育和使用，定期组织全市科技企业孵化器管理人员培训，提升孵化服务水平。鼓励孵化机构以市场化手段联合金融、投资、技术转移、知识产权等各类科技服务机构组建孵化器联盟等行业组织，促进创新创业服务资源向孵化器聚集，为创新创业提供全方位、多层次和多元化的一站式服务。支持孵化器引进发展高端人力资源服务机构，为科技企业加速成长提供专业化的人力资源服务。利用工业用地建设的科技企业孵化器，在不改变科技企业孵化服务用途的前提下，其载体房屋可按幢、层等有固定界限的部分为基本单元进行产权登记并出租或转让。〔责任单位：市科技局、市经济和信息化委、市人力资源社会保障局、各县〈区〉政府、各园区管委会。排第一位的为牵头单位，下同〕

2．加快构建新型孵化载体。以临港开发区、国家农业科技园区、高校院所为依托，构建一批低成本、便利化、全要素、开放式的众创空间，开展创新创业服务和示范。按照互联网+创新创业模式，通过政府购买服务、提供创业支持的方式，重点培育以创客空间、创业咖啡（茶馆）、网上创新工厂等为代表的创业孵化新业态，满足不同群体创业需要。对发挥作用好、创业培育能力强、孵化企业创新活跃的新型孵化载体，不唯孵化面积、在孵企业数量等指标，根据其孵化和服务绩效，择优纳入市级科技企业孵化器支持范围，并支持其申报国家级、省级孵化器，享受相关优惠和扶持政策。〔责任单位：市科技局、各县〈区〉政府、各园区管委会。〕

3．鼓励多途径创建孵化器。鼓励领军企业建设专业孵化器，加速孵化进程，吸引创新创业人才，培育产业后备力量，营造大企业与小微企业共同发展的生态环境。支持高等院校在大学校园内建立大学生见习基地、大学生创业苗圃，扶持大学生创新创业。支持孵化器与高等院校合作，通过异地孵化、网络孵化、虚拟孵化等线下与线上相结合的方式，由孵化器提供企业注册、财务管理、创业辅导、融资等创新创业服务，联建单位提供物理空间和物业服务。（责任单位：市科技局、市人力资源社会保障局、市教育体育局。）

4．支持企业技术创新和成果转化。对新认定的国家、省、市企业技术中心、重点（工程）实验室、工程（技术）研究中心给予奖励，对年度考核结果为优秀的企业技术中心按国家级、省级和市级分别给予补助。对主导国际、国家、行业标准制定的企业分别给予补助。具体奖励和补助办法按《宜宾市人民政府办公室关于印发稳定工业经济增长若干扶持政策的通知》执行。（责任单位：市科技局、市经济和信息化委、市发展改革委、市财政局。）

（二）激发创新创业主体活力。

5．支持科技人员创新创业。认真落实鼓励高等院校、科研院所科研人员离岗创业、促进科研成果转化的激励政策。符合条件的科研院所科技人员经有关单位批准，可带着科研项目和成果、保留基本待遇到企业开展创新工作或创办企业，3年内可保留人事关系，工龄连续计算，薪级工资按规定正常晋升，保留其原聘专业技术岗位等级，不影响职称评定。单位建立相应管理办法，规范科技人员离岗期间和期满后的权利和义务。允许高等学校、科研院所科技人员在符合法律法规和政策规定条件下，经所在单位批准从事创业或到企业开展研发、成果转化并取得合法收入。（责任单位：市科技局、市人力资源社会保障局、市人才办、市教育体育局、市财政局、市国资委、市知识产权局。）

6．支持大学生创新创业。鼓励在宜高校允许在校大学生休学开展创新创业活动，休学年限按照高校相关规定执行。支持大学生积极参与创新创业大赛等活动。允许创业大学生在孵化器虚拟注册企业，并享受孵化器提供的各项服务。支持组建大学生创业者联盟，定期开展联谊活动，交流创业经验，加强与政府创业政策和创业服务的信息互通，共享创新创业服务资源。高等院校应通过多种形式、多种途径加强对在校学生的创新创业教育和培训，引导、扶持具备创新创业潜质的在校生创办企业。（责任单位：市人力资源社会保障局、市人才办、市教育体育局、团市委。）

7．支持其他群体创新创业。组织实施“四川青年创业促进计划”（SYE），组织我市18—40岁的创业青年向团省委争取SYE项目扶持。搭建草根能人创业服务平台，建立技术、资金、政策、服务对接机制，给予创业场地、资金等政策支持，扶持一批具有创业理想的草根能人在宜创新创业，推进大学生村官、退役军人、返乡青年创新创业。（责任单位：团市委、市人力资源社会保障局、市总工会、市妇联。）

8．加大招才引智力度。鼓励国家“千人计划”“万人计划”、中科院“百人计划”、长江学者、省“千人计划”等领军人才、高端人才带技术、带项目、带资金、带团队来宜创办、领办、合办科技型企业。中、省“千人计划”“万人计划”获得者来宜创新创业经认定后给予50万—100万元的资助，引进的创新创业团队给予200万—500万元资助。完善高层次人才社会服务机制，实行引进人才“绿卡”，落实引进人才社会养老、医疗保障、配偶就业、子女入学等保障措施。开展海外招才引智活动，吸引海外人才、留学人员和团队来宜宾创新创业。深化市校合作，支持市外高校、科研院所、国家大学科技园专家教授、科技人才和团队来宜宾领办企业、与企业合作开发、进行科技成果转让、在企业担任兼职技术顾问或重点项目首席专家。（责任单位：市人才办、市科技局、市人力资源社会保障局、市财政局。）

（三）加强创新创业公共服务。

9．加强对创新创业企业的综合服务。大力支持推进中小企业公共服务平台建设，鼓励临港开发区、国家农业科技园区、各县园区建立健全“小微企业综合服务中心”“小微企业综合服务窗口”，不断完善服务功能，为小微企业提供科技、融资、法律、财税、知识产权、人力资源、创业辅导等方面的政策咨询、行政审批、综合协调等服务，实现资源共享、协同服务。大力支持社会力量创办科技服务机构，鼓励科技型中小微企业在服务平台上选购科研服务。积极引入国内外知名创意服务平台与宜宾市中小企业公共服务平台共同组建“中小微企业众创空间”和“宜宾众创空间网络平台”，围绕“创投探索、众筹实践、项目孵化、资金支持、创业辅导”等服务开展工作，支持大学生、个体创业者和小微企业进入网络园区创业兴业，鼓励围绕重点优势产业园区开展文化创意、产品设计、市场营销等配套服务，促进我市重点优势产业发展。〔责任单位：市经济和信息化委、市科技局、各县〈区〉政府、各园区管委会。〕

10．提供创业辅导。把创业导师工作绩效作为重要指标，纳入对科技企业孵化器的绩效评价。支持创业投资机构高管、企业家、职业经理人担当创业导师。充分利用各类专家库资源，有针对性地筛选技术、财务、法律、金融等各方面专业人才，不断壮大和完善我市创业导师队伍。对成绩突出的创业导师，纳入市高层次人才库管理，受聘参与市级重点人才工程考察、评估等工作。积极整合创业导师资源和小微企业创业需求，搭建网络化的创业辅导平台，面向全市科技企业孵化器开放，坚持线上线下辅导相结合，促进创业企业与创业导师的有效对接。〔责任单位：市人才办、市科技局、市经济和信息化委、各县（区）政府、各园区管委会。〕

11．加强科技资源共享服务。认真贯彻执行《国务院关于国家重点科技基础设施和大型科研仪器向社会开放的意见》（国发〔2014〕70号）。鼓励支持国家和省级重点（工程）实验室、工程（技术）研究中心等各类创新平台向社会开放，实现科技服务资源开放共享，为科技型小微企业提供研发服务。（责任单位：市科技局、市经济和信息化委。）

（四）加大创新创业投融资支持。

12．逐步加大财政投入。整合、用好各类创新创业财政专项资金，加大对创新创业的支持力度。创新财政投入方式和服务机制模式，建立创业投资引导机制、信贷风险补偿机制和科技保险补贴机制，积极培育天使投资群体，加大财政资金扶持力度，采取项目补助、贷款贴息、以奖代补等方式对种子期、初创期科技型中小企业和创新创业平台运营企业给予重点支持。（责任单位：市财政局、市科技局、市人力资源社会保障局。）

13．完善创新创业投融资机制。成立科技发展基金，通过现有市级财政科技资金，探索建立科技投贷风险补偿机制，充分调动银行、融资性担保公司、创业投资机构支持创新创业的积极性。鼓励金融机构不断创新金融服务产品，开展知识产权质押和股权质押等金融服务工作，支持设立专业性科技融资担保公司和再担保机构，积极拓宽创业投资机构退出渠道。（责任单位：市科技局、市财政局、市政府金融办、人行宜宾中支、宜宾银监分局、市商业银行。）

14．鼓励开展知识产权质押融资。鼓励开展知识产权质押融资，为中小微企业知识产权质押融资提供担保、贴息或科技计划支持，减轻企业融资成本负担，引导和支持金融、保险等机构为企业知识产权质押融资提供服务。（责任单位：市科技局、市知识产权局。）

（五）营造创新创业市场环境。

15．深化商事制度改革。各县（区）要结合实际，按照国家商事登记制度改革的要求，全面实施工商营业执照、组织机构代码证、税务登记证“三证合一、一照一码”的登记模式。放宽企业名称和经营范围登记。支持各类众创空间名称中含有“众创空间”“创客空间”“创业孵化器”等字样，经营范围表述为“众创空间（创客空间、创业孵化器）经营管理”等。简化住所登记手续，降低创新创业门槛，鼓励盘活和利用闲置的商业用房、工业厂房、企业库房、物流设施等资源，改造和建设各类众创空间，扩宽经营场所资源，为创业创新主体提供低成本办公场所。按照省工商局的统一部署，加快推进工商注册全程电子化，努力实现以电子营业执照为支撑的网上申请、网上受理、网上审核、网上发照和网上公示、网上年报。放宽出资方式登记。做好非上市股份有限公司登记工作，积极帮助创业创新主体规范改制并在境内外资本市场上市。支持以商标权、专利权、著作权、域名权等知识产权出资设立创业创新主体，激发各类创业创新主体的创新动力和创造活力。（责任单位：市工商局。）

16．引导企业加大研发投入。将企业研发投入情况增长作为科技计划立项的重要依据。对研发投入增长高于全市企业研发投入平均增长幅度的企业，通过市科技专项资金给予项目资金支持。对重点领域企业研发并取得自主知识产权（专利）的单台（套）产品，价值在30万元以上、投产后经济效益显著并形成产业链的项目，通过市工业发展资金给予补助。（责任单位：市经济和信息化委、市财政局。）

17．增强企业核心竞争力。对符合本市高新技术产业发展重点和方向、实际运用并取得经济效益、专利权归属企业的发明专利，经审定，通过市科技专项资金给予最高10万元的资助。对市级及以上知识产权（专利）试点企业晋升为示范企业的，给予最高15万元的资助；对通过示范企业验收的，再给予最高10万元资助。对参与制定的技术标准被确定为国家标准或国际标准并取得显著经济效益的科技型企业，通过市科技专项资金，分别给予最高30万元和50万元的资金支持。（责任单位：市科技局、市经济和信息化委。）

（六）营造鼓励创新创业的社会氛围。

18．开展创新创业竞赛展示。定期组织创新创业大赛、高端创业论坛、银企对接等活动，吸引创投机构、金融机构全过程参与，为创业者和小微企业提供专业的创业辅导、管理咨询和投融资服务。将大赛获奖企业及团队的技术研发项目纳入市级科技计划立项支持，并推荐申请国家、省上相关专项资金。（责任单位：市科技局、市人力资源社会保障局、市经济和信息化委、团市委。）

19．加强政策宣讲和培训。围绕国家和省市出台的鼓励创新创业的政策措施，组织对高校院所、科技型小微企业、科技服务机构进行宣讲培训，发放科技政策明白纸、一览表，切实将各项扶持政策落实到位。（责任单位：市科技局、市人力资源社会保障局、团市委、市科协。）

20．培育创新创业文化。积极倡导崇尚创新、宽容失败的创新文化，大力弘扬创新创业精神，利用各类媒体，传播创业故事，推广先进模式，宣传典型创业企业和创业人才，让大众创业、万众创新在全社会蔚然成风。（责任单位：市政府新闻办、市科技局、市人力资源社会保障局、团市委。）

三、保障措施

21．加强组织领导。成立宜宾市推进创新创业工作领导小组，加强对创新创业工作的统筹、指导和协调。各县（区）、各部门要高度重视推进创新创业工作，结合实际制定具体实施方案，明确工作任务，切实加大资金投入、政策支持和条件保障力度。

22．加快政策落实。各县（区）、各园区、各相关部门应在本实施意见发布后1个月之内，制定出台各项政策的具体落实办法，将相关政策编印成册，并上网（墙）公布。完善创新创业考核督促机制，引导和督促市直部门和县（区）、园区加强创新创业基础能力建设。由市发展改革委、市科技局、市人力资源社会保障局会同市政府督查室，将重点任务分解到各部门和县（区）、园区并纳入目标管理。建立健全工作推进机制，完善评价指标体系，开展区域创新创业监测评价，做好“大众创业，万众创新”政策落实情况调研、发展情况统计汇总等工作，并向市政府报告有关进展情况。

附件：宜宾市推进创新创业工作领导小组名单（略）

宜宾市人民政府
2016年3月16日

贵州省人民政府
关于大力推进大众创业万众创新的实施意见

（黔府发〔2016〕25号）

为贯彻落实《国务院关于大力推进大众创业万众创新若干政策措施的意见》（国发〔2015〕32号）精神，营造有利于大众创业、万众创新的良好政策环境、制度环境和公共服务体系，力争到2020年，新增一批众创、众包、众扶、众筹等大众创业、万众创新支撑平台，新建大学科技园8家以上，新增创业创新服务平台200个、创业创新示范基地20个、创业孵化基地100个、农民工创业园（点）100个，扶持各类创业创新团队3000个以上、中小微企业30万户以上，每万人有效发明专利达到3件，将我省初步建成全国创新示范基地。结合实际，提出如下实施意见。

一、营造宽松便捷的市场环境

（一）完善公平竞争市场环境。进一步转变政府职能，简政放权、放管结合、优化服务，凡是国家法律法规未禁止的行业领域一律向各类创业创新主体开放。进一步完善全省投资项目在线审批监管平台，制定实施全省统一的投资项目办理流程。建立健全企业信用信息发布制度，制定严重违法企业名单管理办法，将创业主体信用作为市场准入、享受优惠政策的重要依据，完善以信用管理为基础的创业创新监管模式。（牵头单位：省发展改革委；责任单位：省经济和信息化委、省国资委、省地税局、省工商局、省政府法制办、省国税局、贵州证监局、人行贵阳中心支行）

（二）深化商事制度改革。全面实施工商营业执照、组织机构代码证、税务登记证“三证合一”“一照一码”登记制度改革，加快推行电子营业执照和全过程电子化登记管理，企业设立推行“一表申报”，允许“一址多照”“一照多址”，按工位注册企业。建立健全创业创新主体退出市场机制，探索实行中小微企业简易破产程序，简化和完善企业注销流程。（牵头单位：省工商局，责任单位：省发展改革委、省财政厅、省地税局、省政府法制办、省国税局）

（三）清理规范涉企收费项目。完善收费目录管理制度，制定事中事后监管办法。进一步规范全省涉企行政事业性收费项目并制定目录，不在目录内的行政事业性收费项目一律不得收取。落实创业负担举报反馈机制，按照有关规定对初创企业免收登记类、证照类、管理类行政事业性收费。（牵头单位：省工商局；责任单位：省发展改革委、经济和信息化委、省财政厅、省政府法制办）

二、建立健全创业创新机制

（四）强化投融资扶持机制。建立健全创业创新贷款风险补偿机制，发挥“黔微贷”“电商信用贷”等融资产品作用，采取补助、贴息、担保、股权投资、债权投资、基金支持、风险代偿补偿等方式，强化对创业创新企业、新型农业经营主体的信贷扶持。探索打捆集聚扶持和跟进扶持模式，对集聚创业者抱团发展的龙头企业给予支持，对成长型、成熟型微型企业给予跟进扶持。鼓励各地法人银行机构探索设立理财子公司和投资子公司，对创业创新企业进行股权投资。引导和鼓励众筹融资平台开展公开、小额股权众筹融资试点。鼓励贵州省股权交易中心采取股权质押方式支持中小微企业在交易中心和新三板挂牌。（牵头单位：省财政厅；责任单位：省政府金融办、人行贵阳中心支行、贵州银监局、贵州证监局）

（五）建立健全创业担保机制。整合政府性融资担保、再担保资金，建立省、市、县级融资担保基金，形成“政银担”风险分担机制。鼓励属地政府性国有担保机构对拟上市的中小微企业给予支持，按规定实施再担保。建立反担保机制，采取信用担保或互联互保方式支持创业创新的中小微企业通过诚信度评估后给予创业担保贷款扶持。（牵头单位：省财政厅；责任单位：省经济和信息化委、省人力资源社会保障厅、省政府金融办、贵州银监局）

（六）建立健全科技成果转化机制。深化科技体制改革，创新科研管理运行机制，探索实施将科研项目人力资源费比例提高到政府资助经费的30%、决策咨询与管理创新研究项目和软件开发项目人力资源费最高可达60%的管理办法。对职务科技成果，除涉及国家安全、国家利益和重大社会公共利益外，高等院校、科研院所等企事业单位不再报批、自主转让，所获收益由单位或企业自主分配。高等院校、科研院所等事业单位以科技成果作价入股的企业，放宽股权奖励、股权出售对企业设立年限和盈利水平的限制。依托技术市场平台，完善科技成果和项目供需发布机制，推动线上线下科技成果对接交易。培育发展一批技术经纪、咨询评估、成果推介、融资担保等技术转移服务机构，助推科技创新和成果转化。（牵头单位：省科技厅；责任单位：省发展改革委、省教育厅、省经济和信息化委、省财政厅、省人力资源社会保障厅）

三、加强创业创新平台建设

（七）加快培育“四众”平台。制订实施“贵州省关于加快构建大众创业万众创新支撑平台行动计划”。培育扶持一批低成本、便利化、全要素、开放式的众创空间，培育一批满足大规模标准化产品订单、社区生活服务需要的众包平台，培育一批助推小微企业和创业者成长的众扶平台，打造一批促进中小微企业成长的互联网众筹平台。对具备一定条件的“四众”平台给予20万元至100万元的财政性资金支持，并减免1—3年的宽带、房租等费用。支持建立一批以大学生创业创新俱乐部、大学生创业场、创业沙龙为代表的创业苗圃。支持建设一批“孵化+创投”“互联网+创新工场”等新型孵化器，在全省逐步形成“创业苗圃+孵化器+加速器+产业园”阶梯型孵化体系。（牵头单位：省发展改革委；责任单位：省教育厅、省科技厅、省经济和信息化委、省财政厅、省人力资源社会保障厅、省工商局）

（八）用好创业创新技术平台。以市场化为导向，因地制宜、突出特色，着力构建宽领域、强需求、多层次、实用性的技术平台体系。充分发挥大数据、大健康产业集聚区等平台的带动作用，开展共性关键技术攻关，实现跨领域行业协同创新，推动产业转型升级。依托大型优强企业，鼓励建立一批专业化、市场化的技术转移平台，立足产业链开展技术合作，带动中小微企业创业创新。围绕茶、药、食品、旅游商品、新型建材等特色产业，着力打造特色新兴技术平台，激发大众创业、万众创新热情。发挥我省军工技术优势，健全军民信息交互和标准化协调机制，建立“军转民”创新技术平台。（牵头单位：省科技厅；责任单位：省教育厅、省经济和信息化委、省科协）

（九）打造创业创新公共平台。以科技资源服务平台等为载体，加强创业创新信息资源整合，增强创业创新信息透明度，建立创业创新政策发布平台，完善专业化、网络化服务体系。依托政务服务中心打造创业创新便民服务平台，推进“一站式”服务。鼓励探索发行创业券、创新券，打造创业创新能力提升平台，为创业者和创新企业提供社会培训、管理咨询、检验检测、软件开发、研发设计等服务。以建设众筹交易所和举办众筹大会为重点，打造创业创新交易推介平台，促进创业创新资源高效流通和优化配置。（牵头单位：省政务服务中心；责任单位：省编委办、省发展改革委、省教育厅、省科技厅、省经济和信息化委、省人力资源社会保障厅、省政府法制办、省政府金融办、省科协）

（十）搭建创业创新产业集聚平台。以创业创新为目标，重点建设“小微企业创业创新基地”“小微企业创业创新示范园”“小微企业创业创新孵化园”“创业创新型小城镇”“电子商务进农村示范县”“农村劳动力转移就业工作示范县”“巾帼创业示范基地”等，全面推进创业创新试验区、示范区、基地建设。采取以奖代补方式，加大对省级创业创新试验区、示范区、基地的扶持力度。培育一批运行模式先进、配套设施完善、服务环境优质、影响力和带动力强的创业创新示范中心。鼓励新建或利用各种场地建设创业孵化基地，搭建促进创业的公共服务平台。充分利用大学城、职教城、产业园区等，全面推进大学生创业孵化基地、农民工创业园建设，培育一批具备辐射带动作用的创业示范企业。（牵头单位：省人力资源社会保障厅；责任单位：省教育厅、省科技厅、省经济和信息化委、省财政厅、省商务厅、省农委、省扶贫办）

四、培育各类创业创新主体

（十一）支持科研人员创业创新。支持科研人员在职创业、离岗创业、离职创业。高等院校、科研院所等事业单位科研人员（包括兼任行政领导职务的科技人员）在完成岗位职责和聘用合同约定任务的前提下，经所在单位批准，可在职从事成果转化活动，以及在黔创办、领办科技型企业，并取得相应合法股权和薪资。鼓励符合条件的事业单位科研人员经所在单位批准，可带科研项目和成果、保留基本待遇离岗到企业开展创新工作或创办企业，兼职兼薪。高等院校、科研院所科技人员的职务科技成果转化的收益，按至少70%的比例划归成果完成人及其团队所有，科技领军人才创办的企业以知识产权等无形资产入股的，折算比例可达70%。（牵头单位：省科技厅；责任单位：省教育厅、省人力资源社会保障厅）

（十二）支持大学生创业创新。深入实施全省“万名大学生创业计划”，以“黔微贷”和“创业担保贷款”等为依托，整合发展高校毕业生就业创业基金。以大学科技园区等为载体，积极探索服务大学生就业创业新模式。引导和鼓励高校统筹资源，落实大学生创业指导服务机构、人员、场地、经费等。引导和鼓励成功创业者、知名企业家、天使和创业投资人、专家学者等担任兼职创业导师，提供包括创业方案、创业渠道等创业辅导。建立健全弹性学制管理办法，支持大学生保留学籍休学创业。探索建立大学生创业种子基金，扶持大学生自主创业。（牵头单位：省教育厅；责任单位：省经济和信息化委、省财政厅、省人力资源社会保障厅、省工商局、省政府金融办）

（十三）支持农民工返乡创业。深入实施大扶贫战略行动，支持农民工返乡创业，以创业促就业。充分利用现有创业园区，重点支持创建30个农民工返乡创业示范园（点）。借力“互联网+”发展农村电商、特色种养殖、特色手工业、乡村旅游等。深入实施“雁归兴贵”促进农民工返乡创业就业行动计划，建设一批农民工“众创空间”，完善农民工返乡创业公共服务，进一步落实减税降费、强化财政金融服务等政策扶持，引导更多农民工返乡创业和就近就业。（牵头单位：省人力资源社会保障厅；责任单位：省财政厅、省农委、省地税局、省扶贫办、省国税局等）

（十四）支持高层次人才来黔创业。支持海外高层次人才和省外高层次人才来黔创业，支持黔籍人才回乡创业。简化高层次人才来黔开办企业审批流程，由事前审批逐步调整为事后备案。深入实施贵州省“百千万人才引进计划”，将省内企事业单位引进的高层次创新创业人才纳入“百千万人才”选拔范围，对入选“百人领军人才”和“千人创新创业人才”的，分别颁发“贵州省百人领军人才”“贵州省千人创新创业人才”证书，引进当年分别给予每人100万元、50万元奖励，第二年、第三年项目达产并实现预期效益目标的，经考核认定，继续给予每人每年100万元、50万元奖励。深入实施贵州省高层次人才服务绿卡制度，向符合条件的高层次创新创业人才发放贵州省高层次人才服务绿卡，在职称评定、专业技术岗位聘用、落户、居留和出入境、医疗待遇、科研、创业培训、社会保险办理、购置汽车优惠、配偶安置、子女入学等方面提供“绿色通道”。鼓励企事业单位设立院士工作站、博士后科研流动（工作）站等，引进和培育高层次创业创新人才，对于新获批建设的博士后科研流动（工作）站，一次性给予50万元的建站资助，对在站博士给予每人每年5万元补助。（牵头单位：省人才办；责任单位：省教育厅、省科技厅、省人力资源社会保障厅、省公安厅）

五、优化创业创新支持政策

（十五）加大财政资金支持力度。充分利用现有各类创业创新专项资金，设立省创业创新发展专项资金，由省大众创业万众创新厅际联席会议办公室统筹安排，重点实施省级“双创”示范行动计划。建立贵州省创业创新投资引导基金，支持各地、各部门设立创业基金或创业投资引导基金。对争取到的国家新兴产业创投计划参股基金、中小企业发展基金、科技型中小企业创业投资引导基金、国家科技成果转化引导基金等，按国家规定从相应的专项资金、基金渠道，以基金配基金、资金配基金等模式予以配套落实。发挥财政资金杠杆作用，继续实行“3个15万元”扶持微型企业发展政策。鼓励举办各类创新大赛，对获奖的新技术、新成果、新工艺等产业化项目，采取基金、以奖代补、事中事后贴息等方式给予一定额度的资助。对优秀创业项目，采取以奖代补、贷款贴息等方式给予不高于3万元的支持。（牵头单位：省财政厅；责任单位：省发展改革委、省科技厅、省经济信息化委、省工商局、省政府金融办等）

（十六）落实创业创新税收优惠政策。凡授权地方政府权限的税收优惠政策一律按上限执行。高校毕业生、登记失业人员等重点群体创办个体工商户、个人独资企业的，可按国家规定享受税收最高上浮限额减免政策。对符合条件的创业投资企业，采取股权投资方式投资未上市的中小高新技术企业2年（含2年）以上的，可以按照其对中小高新技术企业投资额的70%，在股权持有满2年的当年抵扣该创业投资企业的应纳税所得额；当年不足抵扣的，可在以后纳税年度结转抵扣。对企业为开发新技术、新产品、新工艺发生的研究开发费用，未形成无形资产计入当期损益的，在按照规定据实扣除的基础上，按照研究开发费用的50%加计扣除；形成无形资产的，按照无形资产成本的150%摊销。高新技术企业和科技型中小企业科研人员通过科技成果转化取得股权奖励收入时，可分期缴纳个人所得税。（牵头单位：省地税局、省国税局）

（十七）加强创业担保贷款扶持。健全创业担保贷款政策，对城镇登记失业人员、就业困难人员（含残疾人）、复原转业退役军人、刑满释放人员、高校毕业生（含大学生村官和留学回国学生）、化解产能企业职工和失业人员、返乡创业农民工、网络商户、建档立卡贫困人口提供创业贷款扶持，个人创业担保贷款最高额度为10万元，贷款期限最高不超过3年。对符合条件的小微企业，提供最高不超过200万元的创业担保贷款。鼓励金融机构参照贷款基准利率，结合风险分担评估，合理确定贷款利率水平，个人创业担保贷款在贷款基准利率基础上上浮3个百分点以内的，由财政部门按相关规定贴息。（牵头单位：省财政厅；责任单位：省人力资源社会保障厅、省政府金融办）

（十八）发挥政府采购支持作用。落实和完善促进中小企业创新发展的政府采购政策，加强对采购单位的政策指导和监督检查，督促采购单位改进计划编制和项目预留管理。加大创新产品和服务的采购力度，把政府采购与支持创业发展紧密结合起来。鼓励采用首购、订购等非招标采购方式，以及政府购买服务等方式支持创新产品的研发和规模化应用。（牵头单位：省财政厅）

六、多渠道推进创业创新

（十九）大力拓展“互联网+”服务。加快推进“互联网+”创业创新、电子商务、便捷交通、精准扶贫等专项行动计划，建设一批中小微企业创业创新基地，促进创业与创新、创业与就业、线上与线下融合发展，降低全社会创业门槛和成本。发挥科技云服务平台作用，积极推广众包、用户参与设计、云设计等新型研发组织模式和创业创新模式。鼓励龙头企业结合乡村特点建立电子商务交易服务平台、商品集散平台和物流中心，推动农村依托互联网创业。鼓励电子商务第三方交易平台渠道“下沉”，带动基层创业人员依托其平台和经营网络开展创业。支持有条件的地区建设一批农村互联网创业园，开展业务培训、供应链管理、网站建设、仓储配送、网络技术等服务。（牵头单位：省发展改革委；责任单位：省科技厅、省经济和信息化委、省交通运输厅、省环境保护厅、省农委、省商务厅、省扶贫办、省能源局、省政府金融办、省供销社、省邮政管理局）

（二十）推进创业创新教育。构建全覆盖、多层次、分阶段的创业创新教育体系。在义务教育阶段开展创客教育，开发学生的创造性思维，提高学生综合素质和创业创新能力。在普通高等院校、职业学校、技工院校，全面推进创业创新教育。加强创业导师队伍建设，优化师资结构，吸纳有实践经验的创业者、职业经理人和其他专业人员加入师资队伍。推进创业创新教育示范学校建设。（牵头单位：省教育厅；责任单位：省发展改革委、省科技厅、省经济和信息化委、省人力资源社会保障厅）

（二十一）加大创业培训力度。对具有创业需求和培训愿望、具备一定创业条件的城乡各类劳动者，参加创业培训可按规定享受创业培训补贴，补贴标准为每人230元至1500元。组建创业导师志愿团队，建立创业导师库，对创业者分类、分阶段进行指导，开展创业创新系列宣讲、咨询服务活动，培训一批农民工创业创新辅导员。省级每年评选100名有发展潜力和带头示范作用的初创企业经营者，按每人1万元的标准资助其参加高层次进修学习或交流考察，所需资金由省级财政统筹安排。（牵头单位：省人力资源社会保障厅；责任单位：省财政厅）

七、营造创业创新服务环境

（二十二）培育创业创新文化。充分挖掘和提炼具有影响力、传承力的创业传统和文化，广泛学习借鉴发达地区创业思想、创新理念。积极构建创业交流平台，开展创业论坛、“创业青年说”“创业大讲堂”等文化活动，营造有时代气息和地方特色的创业创新文化氛围。（牵头单位：省文化厅；责任单位：省教育厅、省科协等）

（二十三）完善社会服务。整合注册会计师协会、律师协会、民营（私营）企业协会等专业协会及其成员单位资源，搭建创业专业化服务平台，为创业主体开展期货、融资、财务、法律等专业化服务。探索发行“创业创新服务券”，购买专业化服务，遴选有需求、潜力好、前景广的小微企业进行资助。规范管理各类创业培训机构，通过以奖代补等方式支持成效明显的培训机构。（牵头单位：省财政厅；责任单位：省科技厅、省经济与信息委、省工商局）

（二十四）营造良好氛围。充分发挥广播、电视、报刊、网络、微信、微博等各类媒介作用，加大对大众创业、万众创新的新闻宣传和舆论引导，树立一批创业创新典型人物，营造大众创业、万众创新良好氛围。（牵头单位：省新闻出版广电局；责任单位：省发展改革委）

八、工作要求

建立由省发展改革委牵头的省大众创业万众创新厅际联席会议制度，统筹协调推进大众创业、万众创新各项工作，及时协调解决创业创新中面临的突出问题。各地、各有关部门要把推进大众创业、万众创新工作摆在突出位置，按照职责分工，进一步明确时间表、路线图、责任人，实行挂图作战，扎实推进各项工作落实。各地要结合本地区实际，研究制定具体实施意见，强化对政策措施落实情况的督促指导，确保各项任务顺利推进。省发展改革委、省政府督查室适时组织对各地、各部门贯彻落实情况进行督查。

贵州省人民政府
2016年10月19日

贵阳市人民政府关于进一步加快创新创业服务体系建设的实施意见

（筑府办发〔2016〕29号）

为深入贯彻落实《国务院关于加快科技服务业发展的若干意见》（国发〔2014〕49号）、《国务院关于加快构建大众创业万众创新支撑平台的指导意见》（国发〔2015〕53号）和市委九届五次全会提出建成创新型中心城市的精神，强化科技服务对创新创业的支撑与服务功能，现就进一步推进创新创业服务体系建设提出以下实施意见，请认真抓好贯彻落实。

一、总体要求

大力实施创新驱动发展战略，围绕科技创新和产业发展需求，着力优化市场环境，统筹配置服务资源，促进大数据、云计算、互联网等现代信息技术与科技服务业融合，提升科技服务整体水平。按照“建立五个一批、提升四个能力”的要求，即建立一批研发服务机构，打造开放共享的公共研发服务体系；建立一批科技孵化器或众创空间，搭建功能完备的创业孵化服务体系；建立一批技术转移机构，健全协同规范的技术转移服务体系；建立一批专利代办机构，构建专业高效的知识产权服务体系；建立一批科技银行，完善适应创新链需求的科技金融服务体系；提升检验检测市场化服务能力、科技咨询专业化服务能力、科学技术普及社会化服务能力和综合科技服务能力。积极培育市场主体，创新服务模式，树立特色品牌，扩大产业规模，将科技服务业打造成为新兴高端产业。加快科技服务业社会化、专业化、网络化、国际化发展，努力把我市建设成为大数据领域创新创业科技服务业新高地。

到2020年，基本形成链条完整、特色突出、投入多元、布局合理的创新创业科技服务体系，成为促进科技经济结合的关键环节和经济提质增效升级的重要引擎。

二、重点任务

（一）建立一批研发服务机构，打造开放共享的公共研发服务体系。加快引进高端研发机构，完善面向产业发展的研发布局。鼓励研发类企业专业化发展，培育市场化新型研发组织、研发中介和研发服务外包新业态。加强首都科技条件平台贵阳合作站建设，完善大型科学仪器设备共享服务网络，鼓励重点实验室、工程（技术）研究中心等各类创新平台向社会开放服务。采取前补贴方式支持高校、科研院所设立技术转移办公室（中心）、概念验证中心，或设立市场化运营的公司，或引入市场化机构管理，或对已有技术转移机构进行功能再造，引导高校、科研院所建立完善科技成果转移转化功能体系，并对收集到的科技成果开展市场化评价、成果转化等服务〔责任单位：市科技局、市发展改革委、市工业和信息化委、市教育局、市质监局，各区（市、县）政府，高新开发区、经济技术开发区、贵阳综合保税区、贵州双龙航空港经济区管委会。〕

（二）建立一批科技孵化器或众创空间，搭建功能完备的创业孵化服务体系。各区（市、县）要加大财政投入，加快推进科技孵化器和众创空间建设，推进众创空间等新型创业服务平台建设，积极创办“创业咖啡”“创新工场”等新型众创空间，加快中关村贵阳科技园、各类孵化器、创业基地等开展基于“互联网+”“大数据×”的创新创业服务。构建“众创空间、孵化器、加速器、产业园区”于一体的创业孵化链条，优化创新创业生态环境，为培育新兴产业提供源头支撑。引导和支持社会机构提供创新创业服务，开展创业教育培训，举办创新创业大赛、创客产品大赛等各类活动，着力打造“创客嘉年华”创新创业品牌。加快众创、众扶、众筹、众包等服务平台建设，为创客提供线上线下相结合的低成本、便利化、全要素、开放式服务。〔责任单位：市科技局、市人力资源社会保障局、市教育局、市工业和信息化委，各区（市、县）政府，高新开发区、经济技术开发区、贵阳综合保税区、贵州双龙航空港经济区管委会。〕

（三）建立一批技术转移机构，健全协同规范的技术转移服务体系。发展多层次技术交易市场体系，形成“政府、行业、机构、技术经纪人”四位一体的技术市场服务架构。支持高等院校和科研院所设立技术转移服务机构，鼓励科技成果在技术交易市场公开挂牌、拍卖。引导企业、高等院校和科研院所建设国际化协同创新平台及国际技术转移中心，促进科技成果跨境转移转化。采取后补贴方式支持技术转移机构开展技术转移服务活动，促进科技成果转化、技术交易、技术并购。着力建设北京技术市场贵阳服务平台，推进大数据应用技术转移中心建设，建立面向各专业领域的技术转移分中心，建立大数据科技成果转化基金，做强大数据交易市场。〔责任单位：市科技局、市教育局、市工业和信息化委，各区（市、县）政府，高新开发区、经济技术开发区、贵阳综合保税区、贵州双龙航空港经济区管委会。〕

（四）建立一批专利代办机构，构建专业高效的知识产权服务体系。建设一批国家知识产权贵阳专利代办机构，促进知识产权代理、法律、信息、商用化、咨询、培训等各类服务机构集聚发展。强化知识产权公共服务平台建设，提高政策咨询、专利分析、预警、导航和战略指导能力。鼓励中介机构参与版权登记、交易和保护。推进国家知识产权示范城市建设，打造西南知识产权服务中心。〔责任单位：市科技局、市工商局、市文化新闻出版广电局、市政府金融办，各区（市、县）政府，高新开发区、经济技术开发区、贵阳综合保税区、贵州双龙航空港经济区管委会。〕

（五）建立一批科技银行，完善适应创新链需求的科技金融服务体系。鼓励金融机构建立科技支行或科技特色支行，创新科技金融产品和服务机制，开展科技保险、科技担保、知识产权质押等科技金融服务。各区（市、县）要建一支创业投资引导基金，由政府主投、民间参与，该基金交由专业公司和管理团队来运营。要充分发挥各地政府引导基金作用，吸引国内外创投机构、企业以及各类社会资本在我市设立或参股天使投资、创业投资等基金。拓宽资本市场融资渠道，鼓励符合条件的科技服务业企业在境内外上市或新三板挂牌。开展股权众筹融资试点，发展相关服务平台和中介机构。支持科技服务业企业发行短期融资券、中期票据、中小企业私募债等债务融资工具。建立健全科技金融风险补偿机制。充分发挥贵阳市科技金融服务中心作用，汇聚各类科技金融专营机构，为企业提供投融资服务。〔责任单位：市政府金融办、市财政局、市科技局、市发展改革委、市人力资源社会保障局，贵阳银行，各区（市、县）政府，高新开发区、经济技术开发区、贵阳综合保税区、贵州双龙航空港经济区管委会。〕

（六）提升检验检测市场化服务能力。支持检验检测认证服务市场化发展，通过市场机制和信息手段整合资源，提高检验检测服务水平。引进培育一批第三方检验检测认证机构，推进具备条件的机构转企改制，支持贵州质检中心园建设工作。强化技术标准研制与应用，推动检验检测认证机构按照国际规则开展认证结果和技术能力国际互认。支持构建一批大数据领域的认证公共服务平台，建设国家大数据安全检测中心，打造具有国内一流水平的大数据检测平台。（责任单位：市质监局、市科技局）

（七）提升科技咨询专业化服务能力。推动科技咨询服务机构规范有序发展，加强科技信息资源的市场化开放利用，加强区域性生产力促进机构和行业性生产力促进机构建设，各区（市、县）2017年之前至少建立1家生产力促进中心，尤其是高新开发区、经济技术开发区、贵阳综合保税区、贵州双龙航空港经济区，观山湖区应率先建立并迅速推动其发挥作用。要紧密结合科技体制改革，支持有条件的科研单位、高等院校发挥其技术条件和人才优势，建立、健全覆盖我市主要行业领域的生产力促进机构。支持生产力促进机构发展竞争情报分析、科技查新和文献检索等科技信息服务，发展工程技术咨询服务，提供集成化的工程技术解决方案。支持其运用大数据、互联网等现代信息技术，创新服务模式，开展网络化、集成化的科技咨询和知识服务，鼓励其做精、做专，促进咨询服务的产品化、体系化，培育一批高端咨询服务人才，形成一批有影响力的科技服务品牌。支持高等院校和科研院所结合地方需求设立贵阳发展研究院，重点支持贵州大学贵阳创新驱动发展战略研究院，强化科技发展战略研究。〔责任单位：市编委办，市科技局、市教育局、市科协，各区（市、县）政府，高新开发区、经济技术开发区、贵阳综合保税区、贵州双龙航空港经济区管委会。〕

（八）提升科学技术普及社会化服务能力。鼓励和支持科技馆、博物馆等公共场所免费开放。推动高等院校、科研院所和企业向社会开放非涉密科研设施，鼓励企业、社会组织和个人捐助或投资建设科普基地。加强科普教育和培训，广泛利用新媒体开展科普宣传和信息服务。支持各类出版机构、新闻媒体开展科普服务，积极开展青少年科普阅读活动，加大科学技术传播力度，提高全民科学素质。〔责任单位：市科协、市政府新闻办、市教育局、市文化新闻出版广电局、市科技局，各区（市、县）政府，高新开发区、经济技术开发区、贵阳综合保税区、贵州双龙航空港经济区管委会。〕

（九）提升综合科技服务能力。鼓励科技服务机构开展跨领域融合，以市场化方式整合现有科技服务资源，创新商业模式，发展全链条的科技服务。拓展科技创新综合服务平台功能，建立科技大数据，绘制“创新地图”，设立“政策超市”，发展线上线下结合的集成化服务模式，为社会提供“一站式”综合科技服务。创新服务手段，运用各类新媒体，创新科技服务品牌。〔责任单位：市科技局、市工业和信息化委，各区（市、县）政府，高新开发区、经济技术开发区、贵阳综合保税区、贵州双龙航空港经济区管委会。〕

三、政策措施

（十）落实国家税收优惠政策。按照国发〔2014〕49号文件规定，认真落实科技服务业企业各项税收优惠政策。培育一批科技服务业企业成长为高新技术企业，依法享受所得税减免优惠政策。（责任单位：市国税局、市地税局、市科技局、市财政局）

（十一）支持科技服务业企业开展对外开放与交流合作活动。促进科技服务领域的国际交流与合作，拓展科技服务机构的业务水平、业务范围与国际接轨。吸引国际知名的科技服务机构来我市开展业务，利用京筑创新驱动合作平台，开展与北京科技服务机构的业务交流与合作（责任单位：市科技局、市工业和信息化委，高新开发区、经济技术开发区、贵阳综合保税区、贵州双龙航空港经济区管委会。）

（十二）降低科技服务业企业经营成本。认真落实科技服务业企业用电、用气、用水、用热价格政策。符合国家税收优惠政策规定的科技服务业企业，可享受固定资产加速折旧等相关优惠政策。推动“一址多照”、集群注册等住所登记改革，进一步放宽新注册企业场所登记条件限制。全面推进全程电子化登记和电子营业执照应用，进一步简化行政审批程序。进一步简化和完善注销流程试点，争取开展个体工商户、未开业企业、无债权债务企业简易注销登记工作。（责任单位：市发展改革委、市财政局、市国税局、市地税局、市工商局）

（十三）鼓励科技服务业企业申报高新技术企业或进入孵化器发展。将科技咨询机构利用互联网技术，创新服务模式，构建完善线上与线下相融合的服务平台，自主开发特色咨询产品进行推广应用、功能升级的科技服务业企业纳入支持范围，在企业融资、科技保险、研发投入、技术转移等方面享受扶持政策。（责任单位：市科技局、市财政局）

（十四）支持发展技术转移服务。贯彻落实《促进科技成果转化法》，制定补助办法，落实补助资金，对符合条件的技术交易主体、科技服务机构、技术经纪人等开展的技术转移服务给予补助，补贴资金主要用于开展技术转移服务发生的相关支出。（责任单位：市科技局、市财政局）

（十五）支持创业孵化。出台加快众创空间建设与发展的扶持政策，支持面向创客的软硬件服务平台建设、专业孵化服务机构引进、创业活动开展和创业导师队伍建设等。对新认定的市级创新型孵化器（众创空间），市科技专项资金一次性补助管理服务机构20万元；对获得省级认定支持的众创空间给予一次性30万元匹配支持，在此基础上，获得国家级认定的众创空间再给予20万元的补助支持。优先支持创新型孵化器（众创空间）牵头申报市级科技计划项目；优先推荐创新型孵化器（众创空间）内创业团队和企业申报国家和省级科技计划项目。〔责任单位：市科技局、市人力资源社会保障局、市财政局，各区（市、县）政府，高新开发区、经济技术开发区、贵阳综合保税区、贵州双龙航空港经济区管委会。〕

（十六）鼓励知识产权运营和运用。出台知识产权相关扶持政策，推进设立知识产权银行，建立专利运营基金，采取并购、许可、转让和组建专利池等方式，推动专利转化、交易和运营。开展知识产权收储开发、转移转化、交易投资等业务。（责任单位：市科技局、市财政局、市政府金融办）

（十七）以政府购买服务方式支持科技服务业企业发展。逐步将公共科技服务列入政府采购目录，按照政府购买服务的有关规定组织实施。对暂不能实现有效竞争的科技服务领域，可依法采取其他方式组织实施。（责任单位：市科技局、市财政局）

（十八）加强科技服务业人才引进和培养。统筹规划和安排，制定切实可行的措施，重点培养一批素质好、业务水平高的技术经纪人、咨询师和企业诊断师，支持引进国内外高层次科技服务业人才，鼓励高等院校调整相关专业设置，加强对科技服务业从业人员的培养培训。抓好从业人员资格认证制度的建设，同时大力吸引优秀专业人才进入各类科技服务机构，落实吸引高层次人才的政策措施，对高层次、有真才实学的科技服务专业人才在工作条件、生活待遇等方面给予政策支持和激励。〔责任单位：市人才办、市人力资源社会保障局、市科技局、市教育局，各区（市、县）政府，高新开发区、经济技术开发区、贵阳综合保税区、贵州双龙航空港经济区管委会。〕

（十九）支持贵阳高新开发区开展科技服务业区域试点建设。以高新开发区获科技部批准为科技服务业区域试点单位为契机，选取高新开发区为"贵阳市创新创业服务体系建设试点单位"，大力支持高新开发区建设科技服务业集聚区，推动全市创新资源向高新开发区聚集。加快贵阳火炬软件园、数字内容产业园、中国贵阳留学人员创业园、大学生创业园、贵阳高新开发区科技企业加速器及贵阳大数据广场等创新创业载体建设，支持高新开发区大力发展研发设计、创业孵化、知识产权、检验检测、技术转移、科技金融等科技服务业态，鼓励高新开发区积极探索有利于区域科技服务发展的新路径和新模式，努力形成可复制、可推广的先进经验，推动全市区域科技创新和产业发展水平。

四、保障机制

（二十）加强组织领导。强化全市科技服务业发展的统筹协调和检查督导作用，解决科技服务业改革发展中的重大问题，实现资源优化集成和政策配套联动。各级各部门要将科技服务业发展纳入"十三五"规划，细化政策措施，确保各项任务落到实处。〔责任单位：市政府有关工作部门，市有关单位，各区（市、县）政府，高新开发区、经济技术开发区、贵阳综合保税区、贵州双龙航空港经济区管委会。〕

（二十一）强化顶层设计。建立科技服务业统计制度，为科学决策和产业发展提供参考。围绕我市经济社会发展需求，开展科技服务业战略研究，制定专项规划，引导科技服务业健康发展。（责任单位：市科技局、市统计局，高新开发区、经济技术开发区、贵阳综合保税区、贵州双龙航空港经济区管委会。）

（二十二）营造良好氛围。加大对典型科技服务机构、服务成果和服务案例的宣传报道力度，在全社会营造有利于科技服务业发展的良好氛围。〔责任单位：市政府新闻办、市科协、市科技局等有关单位，各区（市、县）政府，高新开发区、经济技术开发区、贵阳综合保税区、贵州双龙航空港经济区管委会。〕

贵阳市人民政府

2016年8月18日

中共云南省委 云南省人民政府
关于深化人才发展体制机制改革的实施意见

（云发〔2016〕27号）

人才是经济社会发展的第一资源。为加快实施人才强省战略，深化人才发展体制机制改革，激发人才创新创造创业活力，发挥人才在推动云南跨越式发展中的作用，根据《中共中央印发〈关于深化人才发展体制机制改革的意见〉的通知》（中发〔2016〕9号）精神，结合云南实际，提出如下实施意见。

一、总体要求

（一）指导思想。

高举中国特色社会主义伟大旗帜，全面贯彻党的十八大和十八届三中、四中、五中全会精神，以邓小平理论、"三个代表”重要思想、科学发展观为指导，深入贯彻习近平总书记系列重要讲话和考察云南重要讲话精神，聚天下英才而用之，牢固树立科学人才观，深入实施人才优先发展战略，遵循社会主义市场经济规律和人才成长规律，破除束缚人才发展的思想观念和体制机制障碍，解放和增强人才活力，补齐人才短板，以人才提升促进发展转型，以人才驱动引领创新驱动，以人才政策创造人才红利，以人才资本助推跨越发展，形成具有云南特点和区域竞争力的人才制度优势。

（二）基本原则。

坚持党管人才，着力健全党管人才的领导体制、运行机制和工作格局。充分发挥党的思想政治优势、组织优势和密切联系群众优势，进一步加强和改进党对人才工作的领导，创新党管人才方式方法，为深化人才发展体制机制改革提供坚强的政治和组织保证。

坚持服务大局，着力促进人才发展与经济社会发展深度融合。围绕经济社会发展需求，聚焦跨越式发展和脱贫攻坚任务，科学谋划改革思路和政策措施，促进人才规模、质量和结构与全省经济社会发展相适应、相协调。

坚持市场导向，着力激发和释放人才创新创造创业活力。充分发挥市场在人才资源配置中的决定性作用，更好发挥政府作用，加快转变政府人才管理职能，保障和落实用人主体自主权，使人才各尽其能、各展其长、各得其所，让人才价值得到充分尊重和体现。

坚持分类施策，着力增强人才发展体制机制改革的针对性、精准性。根据不同领域、行业特点，坚持从实际出发，具体问题具体分析，区别对待、主次分明，不搞一刀切、齐步走。

坚持开放聚才，着力推进省内外、国内外人才资源的开发利用。树立开放思维、全球视野和战略眼光，按照引进来、走出去思路，注重培养和引进国际化、高端化人才，主动参与国内外人才竞争，完善更加开放灵活的人才聚集机制，不唯地域引进人才，不求所有开发人才，不拘一格用好人才，确保人才引得进、留得住、流得动、用得好。

（三）主要目标。

到2020年，云南人才发展体制机制的重要领域和关键环节取得突破性进展，人才管理体制更加科学高效，人才培养、引进、评价、使用、流动、激励机制更加完善，人才对经济社会发展的支撑引领作用更加明显。新增人才总量、地区人才密度、每万劳动力中研发人员数、科研成果转化率、人才贡献率等重要人才发展指标力争达到全国平均水平。全社会识才爱才敬才用才氛围更加浓厚，形成与区域特点相结合、与经济社会发展相适应，人人皆可成才、人人尽展其才的治理体系和社会环境。

二、推进人才管理体制改革

（四）转变政府人才管理职能。强化政府人才宏观管理、政策制定、公共服务、监督保障等职能，推动人才管理部门简政放权，消除对用人主体的过度干预。建立政府人才管理服务权力清单和责任清单，清理不合时宜的人才管理法规规章和政策性文件，清理和规范人才招聘、评价、流动等环节中的行政审批和收费事项，有序下放人才管理行政审批权限，减少事前审批，加强事中事后监管，优化人才服务。

（五）保障和落实用人单位自主权。保障和落实国有企业、高校、科研院所、医疗卫生机构等企事业单位和社会组织的用人自主权。创新事业单位编制管理方式，对符合条件的公益二类事业单位逐步实行备案制管理。全面推行事业单位岗位管理制度，建立健全事业单位岗位动态管理机制，分类优化设置管理岗位、专业技术岗位、工勤技能岗位结构比例，规范专业技术二级岗位管理。

（六）健全市场化、社会化人才管理服务体系。深化人才公共服务机构改革，整合人才公共服务资源，放宽人才服务业准入限制，创新人力资源服务业监管体系，促进人力资源优化配置。加大政府购买人才服务力度，扩大社会组织人才公共服务覆盖面，有序承接政府转移的人才培养、评价、招聘、流动等职能，为用人主体和人才提供高效便捷服务。大力发展综合性、专业性、行业性人力资源市场，编制云南人力资源服务业发展规划，加快建设人力资源服务产业园和国际人力资源市场，主动对接和引进发达地区人力资源市场及各类人才服务机构。完善人才诚信体系，研究制定人才失信惩戒办法。

（七）积极探索创新、积累改革经验。以释放和增强人才活力为重点，在特定区域和特定领域先行试点，积累经验，有序推行。支持在滇中新区，瑞丽、勐腊（磨憨）重点开发开放试验区，昆明、玉溪高新技术开发区，曲靖经济技术开发区等国家级园区设立人才特区，先行先试。鼓励有条件的高校、科研院所、医疗卫生机构试点建立人才（学科）特区，在人才引进、岗位设置、经费使用、成果处置、职称评定、薪酬分配等方面探索自主管理的新模式。

三、改进人才培养支持机制

（八）完善高层次人才培养机制。坚持需求导向，围绕经济社会发展需要，构建人才供需对接模式，加大重要领域、重点产业、重大项目人才培养力度，培养造就大批素质优良、结构合理的科技创新、文教卫生、财贸金融、企业管理、城乡规划、人文社科、法治建设、社会治理等各类高层次人才。健全人才培养与国家高层次人才培养计划相衔接的办法措施，加大推送云南人才进入国家高层次人才行列力度。深入实施云岭系列人才及其他高层次人才培养工程，加快培养集聚一批精于自主创新的高端领军人才。

（九）完善技术技能人才培养机制。大力弘扬“工匠精神”，深化技术技能人才培养体制改革。加快构建现代职业教育体系，推动技工院校与职业院校同步建设发展，将符合条件的技师学院纳入高等学校序列。探索“五年一贯制”高等职业教育人才一体化培养、中职学校与高等院校对口贯通分段人才培养模式。进一步发挥企业和职业院校、技工院校培养技术技能人才的“双主体”作用，建立校企联合、产教结合培养模式，推行现代学徒制和企业新型学徒制。加强职业教育国际合作，引进国外优质职业教育资源，鼓励和支持优秀技能人才参加国家级和国际性职业技能大赛。拓宽技术技能人才成长通道，改善成长环境，支持在职劳动者参加职业技术继续教育。探索建立企业首席技师制度，试行年薪制和股权制、期权制等激励办法。切实加强农村实用人才培养工作，大力培养新型职业农民和带动示范作用强的“田秀才”“土专家”。

（十）完善青年英才培养机制。实施青年英才培养行动计划，建立青年英才举荐制度，加大对学术功底扎实、发展潜力大的青年人才成长扶持力度，构建青年人才快速成长通道。加强博士后人才培养支持工作，扩大设站规模，增加招收数量。建立省级博士后站和博士后科研基金，吸引国内外优秀青年人才来滇从事博士后研究，鼓励博士后研究人员在滇创新创业。支持有条件的博士后科研工作站独立招收博士后研究人员。大力推进优秀贫困学子奖励计划和青年技能人才培养工程。加大从知名高校选调优秀毕业生工作力度，有针对性地培养紧缺专业人才。

（十一）优化企业家成长环境。加大企业家队伍培养支持力度，探索建立企业家参与创新决策、凝聚创新人才、整合创新资源的新机制。依法保护企业家财产权和创新收益，进一步营造尊重、关怀、宽容、支持企业家的社会文化环境，建立"亲""清"的新型政商关系。推进国有企业市场化选聘职业经理人，完善经营管理人才中长期激励措施，稳步有序建立创新导向、市场导向的多种激励方式。加大企业年金制推进力度，探索试行企业高层次人才年金集合计划。

（十二）改进人才培养支持方式。强化人才需求调查预测，建立高校学科专业设置、区域布局与经济社会发展人才需求相适应的动态调整机制，健全高校创新创业教育体系，加大优势和特色学科培育力度，推动区域性国际知名"双一流"大学建设。建立统一的人才工程项目信息管理平台，促进人才项目与各类科研、基地建设计划相衔接。深入推进项目评审、人才评价、机构评估改革。建立基础研究人才培养长期稳定支持机制。鼓励行业部门、科研院所、企业合作建设一批创业实训项目，完善产学研用协同育人模式。将企业研发投入纳入收益绩效考核，力争重要骨干企业研发投入占营业收入比重达到2%左右，全省研发投入占国内生产总值比重达到1.5%以上。

（十三）改进科研经费管理办法。改革完善科研项目招投标管理制度，强化科研项目分类支持导向，健全竞争性经费和稳定支持经费相协调的投入机制。简化教学科研仪器设备采购管理，高校和科研院所对集中采购目录内项目可自行采购和选择评审专家，进口仪器设备实行备案制。建立科研财务助理等制度，探索实行充分体现项目特点及人才创新价值的经费使用管理措施。按国家有关规定简化预算编制，下放预算调剂权限；非财政经费资助的科研项目经费，纳入单位财务统一管理，由项目承担单位按照委托方要求或合同约定管理使用。财政经费资助的研发类项目、社科类科研项目均要设立间接费用，核定比例按国家有关规定执行。加大对科研人员的激励力度，取消绩效支出比例限制。参与项目的研究生、博士后及聘用的研究人员、科研辅助人员等可按规定标准开支劳务费，劳务费预算不设比例限制。财政经费资助的科研项目年度剩余资金可结转下一年度使用，通过验收后，仍有结余的项目资金2年内按规定留归项目承担单位统筹用于科研活动的直接支出，2年后未使用完的，按规定收回。探索实行哲学社会科学研究成果后期资助和事后奖励制。完善有利于人才创新创业的审计监督方式。

四、构建具有区域竞争力的引才聚才机制

（十四）完善人才引进方式。实行更积极、更开放、更有效的人才引进政策，突出"高精尖缺"导向，实施海外高层次人才、高端科技人才和高端外国专家等引进计划，重点引进国内外拥有领先专利技术和教学科研成果、能推动我省重点产业技术突破、能带动高新技术产业和金融服务业发展的高层次急需紧缺人才和创新团队。鼓励用人主体设置特聘岗位引进海内外人才和创新团队，引进高层次急需紧缺人才可不受单位岗位、职称、结构比例和绩效工资总量限制。鼓励州市、部门和用人单位设立"名师、名医、名家、名匠、名（校、院、所）长"等引才项目，鼓励企事业单位、中介组织、用人主体和其他社会力量参与引才。建立招商引资与招才引智相结合机制。探索设立海外引智工作站，加大留学人员回国安置工作力度，搭建创新创业服务平台，完善出国留学人员来滇创业资助办法措施。

（十五）健全柔性引进人才机制。加大柔性引进人才工作力度，建立柔性引进高层次人才基地，以顾问指导、兼职服务、项目合作、服务外包、二次开发、技术入股、对口支持、挂职锻炼、人才租赁、互派培养等多种方式柔性汇聚海内外人才资源。经评审认定符合条件的柔性引进高层次人才，在科技项目立项、科技成果奖励、参加职业（执业）资格考试、申报参评人才项目、休假疗养、绿色通道服务等方面，可享受我省同类人员待遇。

（十六）推进人才国际学术交流合作。围绕面向南亚东南亚辐射中心建设、孟中印缅经济走廊及大湄公河次区域合作，探索建立面向南亚东南亚的国际人才合作机制。将云南国际人才交流会纳入中国—南亚博览会主要活动项目之一，定期举办。支持有条件的高校、科研院所、医疗卫生机构和企业在海外建立办学机构、研发机构，吸引使用优秀人才。鼓励和支持各类创新主体、社会团体和其他机构等与海外机构开展人才、技术和项目合作交流，大力推送我省优秀人才进入各类国际组织。放宽教学科研人员（含担任领导职务人员）学术交流合作因公临时出国批次限量管理，优化审批办理程序。特殊情况需持普通护照出国开展学术交流合作的，按管理权限报组织人事部门批准，凭本单位有关批件、出国证件及出入境记录报销与学术交流合作相关的费用。完善接收外国留学生管理办法，扩大南亚东南亚地区来滇留学规模，优化外国留学生结构，鼓励外籍学位研究生毕业后直接在滇创新创业。健全完善加强小语种人才队伍建设政策措施，加大通晓越南、老挝、柬埔寨、缅甸、泰国、印度、尼泊尔、孟加拉国等国家语言、国情、法律及贸易规则的人才培养支持力度。

（十七）畅通引进人才服务绿色通道。完善引进海内外人才管理服务措施，探索建立引进人才"绿卡"制度，争取国家给予来滇外国人才工作签证、居留和永久居留等政策支持。各级人才公共服务机构建立高层次人才"一站式"服务窗口，在出入境和居留、户籍办理、工商、税务、金融、住房、海关、配偶随迁、子女就学、社会保障、职称评定等方面提供优质服务。

五、创新人才评价使用机制

（十八）完善人才评价标准。根据不同类别、职业、行业特点，制定人才分类评价指标体系。以品德、能力和业绩作为人才评价主要标准，克服唯学历、唯职称、唯论文等倾向。不将论文作为评价应用型人才的限制性条件。建立符合基层专业技术人员岗位特点的人才评价机制。

（十九）改进人才评价考核方式。发挥政府、市场、专业组织、用人单位等多元评价主体作用，建立科学、公正、开放、透明的人才评价机制。基础研究人才以同行学术评价为主，应用研究和技术开发人才突出市场评价，哲学社会科学人才强调社会评价，应用型人才应根据职业特点突出能力和业绩导向。探索引入国际同行评价。加强评审专家数据库建设，建立评价责任和信誉制度。适当延长基础研究人才评价考核周期。

（二十）改革职称制度和职业资格制度。深化职称制度改革，突出用人主体在职称评审中的主导作用，对具备条件的单位合理界定和有序下放职称评审权限。对职称外语和计算机应用能力考试不作统一要求。畅通非公有制经济组织、社会组织人才和事业单位外聘人员职称评审通道，探索高层次人才、急需紧缺人才职称直聘办法，加大科技创新型企业正高级工程师选拔评价力度。规范管理准入类职业资格，推进水平类职业资格评价市场化、社会化。放宽急需紧缺人才职业资格准入。

（二十一）促进人尽其才、才尽其用。纠正人才评价使用中存在的行政化、“官本位”倾向，对教学科研人员在社会兼职、成果转化收益等方面分类管理、区别对待，防止简单套用党政领导干部管理办法管理教学科研机构学术领导人员和专业技术人才。支持新型研发机构建设，加大科研自由探索扶持力度，鼓励人才自主选择研究方向、组建科研团队，开展原创性基础研究和面向需求的应用研发。加大各类人才竞聘上岗工作力度，探索建立人才能进能出、岗位能高能低、待遇能升能降的聘任机制。

六、健全人才顺畅流动机制

（二十二）畅通人才流动渠道。打破户籍、地域、身份、学历、人事关系等制约，促进人才跨地区、跨行业、跨体制合理流动，提高人才横向和纵向流动性。完善公务员调任办法，畅通国有企事业单位优秀人才进入党政机关渠道。探索党政机关、国有企事业单位吸引非公有制经济组织和社会组织优秀人才进入的办法措施，注重人选思想品德、职业素养、从业经验和专业技能综合考核。加快人事档案管理服务信息化建设，规范社会保险转移接续。

（二十三）支持人才双向兼职。健全高校、科研院所和企业之间人才双向兼职机制，规范科研人员双向流动程序。支持高校、科研院所设立一定比例的流动岗位，吸引有创新实践经验的企业家和企业科研人才兼职，鼓励具有硕士以上学位授予权的高校、科研院所实行“双导师”制，聘任企业、行业高层次人才担任兼职导师或指导教师。鼓励企业设立“创新岗”，吸引省内外高校、科研院所高层次人才通过任职兼职、短期工作、项目合作等方式向企业一线有序流动。双向兼职人员经所在单位批准可按规定获得报酬。

（二十四）促进人才向基层一线和艰苦边远地区流动。加大学校、科研院所、医疗卫生机构专业技术人员服务基层、对口支援工作力度，专业技术人员服务基层情况作为职称评聘、专业技术职务晋升的重要业绩条件。落实边境民族贫困地区基层人才和艰苦边远地区公务员招录有关政策，健全艰苦边远地区事业单位公开招聘制度。建立大中专学校根据工作需要单列计划定向招录、定向培养、定向输送艰苦边远地区人才制度，使他们来得了、回得去、留得住、用得上。大力实施基层人才对口培养计划，通过设立院士专家工作站、专家基层科研工作站等方式，引导人才到基层开展科研实验、成果转化，提供智力服务。实施驻滇单位人才服务云南行动计划和人才扶贫、技能扶贫专项行动，统筹做好博士服务团、西部和东北部地区高层次人才援助项目、中国博士后科技服务团、“三区人才”支持计划、专家服务团和大学生村官、特岗教师、“三支一扶”计划、西部志愿者、科技特派员等各类基层服务项目。

七、强化人才创新创业激励机制

（二十五）加强创新成果知识产权保护。完善知识产权保护制度，规范职务发明管理。健全知识产权鉴定、转让、许可、合作开发机制，加强知识产权交易市场建设，建立全省统一网上网下相结合的科技成果产权交易平台。发展知识产权服务业，鼓励科技金融深度融合等服务模式创新。

（二十六）加快人才协同创新平台建设。“十三五”期间，省财政对国家重点实验室、国家工程（技术）中心所需必要经费予以保障，支持国家和省级重点实验室、工程（技术）中心、企业技术中心、工程实验室、博士后站、技能大师工作室等研发创新平台建设，构建以企业为主导、产业合作技术创新战略联盟，强化科技研发与人才培养双推进。

（二十七）促进科技成果转移转化。赋予高校、科研院所、医疗卫生机构科技成果使用、处置和收益管理自主权，除事关国防、国家安全、国家利益和重大社会公共利益外，行政主管部门不再审批或备案。促进高校、科研院所、医疗卫生机构的科技成果优先在省内转化实施，引入科技成果市场化定价机制，提高科研人员成果转化收益比例，研发团队所得按有关规定执行。建立健全科技成果转化管理制度，鼓励高校、科研院所、医疗卫生机构单独设立科技成果转化岗位和多种形式的成果转移转化服务机构。支持军民融合创新研究，推动军民两用技术双向转移。

（二十八）鼓励支持人才创新创业。在国家政策框架内，符合条件的高校、科研院所、医疗卫生机构等事业单位科研人员经审批同意，可离岗创新创业。完善众创空间认定管理办法，鼓励支持各地和各行业领军企业、创业投资机构、社会力量参与建设低成本、便利化、全要素、开放式众创空间，引入国际国内知名孵化器、加速器等创业服务机构，促进技术研发与人才孵化。建设一批高层次人才创新创业基地，完善人才创新创业服务网络，提供培训、咨询和帮扶服务，推进大众创业，万众创新。

（二十九）加大创新人才激励力度。深入推进事业单位实施绩效工资制度，完善事业单位高层次人才薪酬管理办法，加大收入分配激励力度，探索高层次人才协议工资、年薪制、一次性奖励等灵活多样的分配办法。完善科研人员收入分配政策，科研经费和科研成果转化收益中用于奖励参与研发的科研人员及其团队的资金纳入绩效工资总量管理，实行动态调整。高校、科研院所、医疗卫生机构担任领导职务科研人员可按规定获取现金及股权激励。鼓励各类成果持有人（单位）以科研成果作价入股，推动知识、技术、管理、技能等生产要素按贡献参与分配，实施企业股权奖励、股权出售、股票期权、股权分红等激励试点。完善人才奖励和荣誉制度，对获得行业领域国际或国家最高荣誉奖项的各类人才给予奖励，并按规定直接享受我省相应高层次人才服务待遇。

八、建立健全人才优先发展保障机制

（三十）加强组织领导。发挥党委（党组）总揽全局、协调各方的领导核心作用，完善党委统一领导，组织部门牵头抓总，有关部门各司其职、密切配合，社会力量广泛参与的人才工作格局。理顺人才工作职能部门职责，将行业、领域人才队伍建设列入相关职能部门“三定”方案，配强工作力量，强化主体责任。建立人才工作目标责任考核制度，将人才工作列为综合实绩考核和落实党建工作责任制情况述职内容，重点考核新增人才总量、地区人才密度、每万劳动力中研发人员数、科研成果转化率、人才贡献率。强化政策统筹，切实落实各项人才激励和保障措施。各类重大工程、重点项目立项时要同步配套人才保障方案。加强党委联系专家工作，落实领导干部直接联系人才和专家决策咨询制度，培育和建设具有一定知名度和影响力的新型智库。做好各类人才教育培训、国情研修和专家休假体检等工作，加强政治引领、政治吸纳和关心关爱，增强认同感和向心力。

（三十一）夯实工作基础。完善人才资源需求调查、统计分析和监测评估制度，建立高层次人才流动信息报告和预警机制。深化沪滇、省院省校和泛珠三角区域人才合作，依托高校、科研院所、医疗卫生机构等建立一批人才培训基地。推进人才工作信息化建设，建立云南人才数据库，运用大数据技术预测、研判人才信息，充分发挥云南人才淘宝网作用。

（三十二）加大经费投入。加大人才发展投入力度，统筹各类人才培养引进、评价选拔、服务管理、奖励激励和重大人才工程项目等资金，纳入财政预算予以保障。加大《中共云南省委、云南省人民政府关于创新体制机制加强人才工作的意见》（云发〔2014〕1号）贯彻落实力度，提升项目质量，增加培养数量，落实经费保障。新增人才工作重点项目经费，根据实际采取“一事一议”方式解决。设立人才开发基金，发挥政府引导资金、中小企业发展基金、产业投资基金、风险投资基金等引导和撬动作用，形成政府、企业、社会多元投入机制。探索人才创新创业金融扶持机制，引导和鼓励金融机构、社会资本参与创新创业投资。支持科技型企业参与科技保险，建立创新创业投资风险补偿机制。

（三十三）强化服务保障。落实国家对高层次创新创业人才的各项优惠政策。鼓励人才集聚的大型企业、事业单位和产业园区在符合国家有关规定的前提下，利用自有存量用地建设人才公寓，采用划拨方式供地。鼓励各地区在推进公租房保障货币化工作和保障性安居工程分配中，将符合条件的人才，纳入保障范围。落实国家关于企业研发费用加计扣除政策，省及省以上各类人才奖励和补助按国家有关规定执行。建立科研成果收益奖补激励办法。

各地区、各部门要深入推进人才发展体制机制改革，鼓励支持因地制宜，开展差别化改革创新。有关部门要抓紧制定任务分工方案，明确各项改革的时间表和路线图，确定责任领导和具体责任人。各级领导干部要树立强烈的人才意识，增强识才的慧眼、爱才的诚意、用才的胆识、容才的雅量、聚才的良方。各类人才要强化担当意识和责任观念，胸怀全局、矢志报国，坚持真理、探索创新，敬业奉献、模范引领。要加强舆论引导，强化政策解读，加大人才工作经验做法和优秀人才典型宣传，营造尊重人才、见贤思齐的舆论环境，鼓励创新、宽容失败的工作环境，待遇适当、无后顾之忧的生活环境，公开平等、竞争择优的法治环境，形成人人渴望成才、人人努力成才、人人皆可成才、人人尽展其才，全省上下关心支持人才发展体制机制改革的良好氛围。

中共云南省委
云南省人民政府
2016年8月15日

云南省人民政府
关于推进大众创业万众创新政策措施的实施意见

（云政发〔2016〕37号）

为全面贯彻党中央、国务院关于大众创业、万众创新的决策部署，加快实施创新驱动发展战略，适应经济发展新常态，进一步优化创业创新环境，激发全社会创业创新活力，以创业带动就业、以创新促进发展，打造云南经济发展新引擎，现提出以下意见：

一、总体思路和主要目标

（一）总体思路。

按照“四个全面”战略布局，坚持改革推动，主动适应经济发展新常态，从要素驱动、投资驱动转向创新驱动。放宽政策、放开市场、放活主体，有效整合资源，搭建创业创新转化孵化平台，构建有利于大众创业、万众创新蓬勃发展的政策环境、制度环境和公共服务体系，弘扬“敢为人先、追求创新、百折不挠”的创业精神，厚植创新文化，不断增强创业创新意识，使创业创新成为全社会共同的价值追求和行为习惯，让千千万万创业者活跃起来，汇聚成经济社会发展的巨大动能，闯出一条跨越式发展的路子来，谱写好中国梦的云南篇章。

——坚持机制创新，营造创业环境。通过进一步简政放权、放管结合、优化服务，增强创业创新制度供给，降低创业创新门槛，完善扶持政策和激励措施，营造均等普惠环境。

——坚持需求导向，释放创业活力。尊重创业创新规律，坚持以人为本，切实解决创业者面临的资金需求、市场信息、政策扶持、技术支撑、公共服务等瓶颈问题，最大限度释放各类市场主体创业创新活力。

——坚持开放共享，推动模式创新。加强公共服务资源开放共享，整合创业创新资源，注重强化激励机制，实现人才等要素跨地区、跨行业自由流动。依托“互联网+”、大数据等，推动各行业创新商业模式，建立和完善线上与线下、境内与境外、政府与市场开放合作等创业创新机制。

——坚持创新推动，打造经济增长点。推进以创新为核心的创业就业，构建市场化、专业化、资本化、全链条增值服务体系，大力孵化培育科技型中小微企业，壮大创业创新群体，提高创业创新效率，打造新的经济增长点。

（二）主要目标。

到2020年，实现创业创新主体从小众到大众、创业创新载体从重点布局到全面建设、创业创新服务从强硬件条件到重软件服务的转变。全省各类孵化载体达到500个，面积达到1000万平方米以上，初步建成覆盖全省各州、市、县、区的科技企业孵化培育体系，科技创业者突破15万人，每万人口发明专利拥有量达到1.9件，建成50个以上众创空间等新兴创业服务平台，培育引进100个以上天使投资和创业投资机构，孵化培育10000户以上创新型小微企业。

二、降低准入门槛

（三）营造宽松便捷的市场准入环境。

加大简政放权、放管结合、优化服务等改革力度，深化商事制度改革，落实注册资本登记制度改革，加快实施“三证合一”“一照一码”，推进全程电子化登记和电子营业执照应用。推动一址多照、一照多址、集群注册等住所登记改革。鼓励各州、市结合实际，按照国家改革行政审批、行政许可的要求，简化住所登记手续，采取一站式窗口、网上申报、多证联办等措施，为创业创新提供便捷的工商登记服务。认真落实国家和省取消的职业资格许可和认定事项。（省工商局牵头；省发展改革委、人力资源社会保障厅、地税局、国税局、知识产权局等部门配合）

（四）强化创业创新公共服务。

建设和优化“云南省科技型中小企业培育扶持平台”，支持中小企业公用服务平台和服务机构建设，为科技型中小企业提供全方位专业化优质服务。支持中介服务机构为初创企业提供法律、知识产权、财务、咨询、检验检测认证和技术转移等服务。进一步加强电子商务基础建设，分级设立众创咨询服务平台，增加公共产品和服务供给，开展基于互联网的创业创新综合服务，建立面向创业创新者的专利申请优先审查绿色通道，为创业者提供更多便利。（省科技厅牵头；省工业和信息化委、财政厅、商务厅、工商局、通信管理局、知识产权局等部门配合）

（五）维护公平竞争市场秩序。

加大反垄断和反不正当竞争执法力度，建立和规范企业信用信息发布制度，在企业信用信息公示系统中开发建设小微企业扶持公示模块，制定严重违法企业名单管理办法，完善以信用管理为基础的创业创新监管模式。加快建立知识产权运营公共服务平台，完善知识产权快速维权与维权援助机制，缩短确权审查、侵权处理周期。将侵权行为信息纳入社会信用记录，把创业主体信用与市场准入挂钩。（省工商局牵头；省发展改革委、司法厅、财政厅、地税局、质监局、物价局、国税局、知识产权局等部门配合）

（六）减轻创业者负担。

清理规范涉企收费，完善收费目录管理制度，不在目录内的行政事业收费、政府性基金项目一律不得收取。依法开展的各类行政审批前置性、强制性评估、检测、论证等专业服务性收费，收费标准实行当地政府定价管理的，对初创企业在创办期间（2年内）按照不高于价格主管部门核定标准的50%收取。（省财政厅牵头；省发展改革委等部门配合）

三、激发市场主体创业创新活力

（七）鼓励科技人员离岗创业。

加快落实高校、科研院所等专业技术人员离岗创业政策，对经单位同意离岗的可在3年内停薪保留人事关系。原单位应根据专业技术人员创业实际情况，与其签订或变更聘用合同，明确权利义务。允许高校、科研院所科技人员在符合法律法规和政策规定条件下，从事创业或到企业开展研发、成果转化并取得合法收入，鼓励符合条件的企业按照有关规定，通过股权、期权、分红等激励方式，调动科研人员创业积极性，评聘专业技术职称时，可将科技人员在企业或基层一线的工作业绩纳入评价。（省人力资源社会保障厅牵头；省工业和信息化委、教育厅、科技厅，省总工会等部门和单位配合）

（八）允许国有企业职工停职创业。

国有企业职工经单位批准，可停职停薪创办企业。3年内不再创办企业的职工允许回原单位工作，3年期满后继续创办企业的职工按照辞职规定办理。经单位批准停职的员工，按照规定参加社会保险，单位个人足额缴纳社会保险费，享受社会保险待遇。（省人力资源社会保障厅牵头；省工商局、国资委，省总工会等部门和单位配合）

（九）支持大学生为主的青年创业创新。

切实加大“云岭大学生创业引领计划”、《微型企业创业扶持实施办法》等制度政策的落实力度，继续实施“两个10万元”微型企业培育工程，2016年扶持创办3万户微型企业。建立健全弹性学制管理办法，支持大学生保留学籍休学创业。鼓励在高校或各地各类创业园区（孵化基地）内孵化创业项目。（省教育厅、人力资源社会保障厅牵头；省工业和信息化委、财政厅，省总工会、团省委、省妇联等部门和单位配合）

（十）鼓励农村劳动力创业创新。

支持农民工返乡创业，发展农业企业、专业合作组织、家庭农场、专业大户等新型农业经营主体，落实税收减免和普遍性免费政策。支持各地依托现有各类园区，整合创建一批农民工返乡创业园。支持各地发展农产品加工、休闲农业、乡村旅游、农村服务业等劳动密集型产业项目，促进农村产业融合。引导优秀人才进入农村经营网络创业，为创业者提供技术、理念等全面支持，在农村开展网上代买、代卖、缴费、创业支持等工作，积极组织创业创新农民与企业、市场、园区对接，开发家庭服务、手工制品、来料加工等适合妇女创业就业特点的项目，激发妇女创业创新积极性。探索既有云南特色，又可复制推广的农村电子商务发展路径和模式。（省农业厅牵头；省科技厅、人力资源社会保障厅，省总工会、团省委、省妇联等部门和单位配合）

（十一）吸引海外高层次人才创业创新。

坚持“引进来，走出去”相结合，建立面向南亚东南亚创业创新人才生态圈，积极吸引国内外优秀人才到我省创业创新，鼓励省内人才到国（境）外特别是南亚东南亚国家创业创新，充分发挥中国—南亚技术转移中心、中国—东盟创新中心、国际科技特派员的作用，构建跨境人才联络、跨境合作创业平台，形成具有国际竞争力的创业创新人才发展环境。鼓励国（境）外有关机构和组织来滇设立独立或联合研发机构，对我省引进的外籍高层次人才申请签证、居留许可、永久居留证，依法依规为其提供优质高效的服务。对回国创业高端人才和境外高端人才来滇创办高科技企业给予一次性创业启动资金，在配偶就业、子女入学、医疗、住房、社会保障等方面完善有关措施。（省人力资源社会保障厅牵头；省工业和信息化委、教育厅、科技厅、公安厅、商务厅、卫生计生委，省总工会等部门和单位配合）

（十二）激发职工创业创新潜能。

全面深化“云岭职工跨越发展先锋活动”，组织引导广大职工积极投身创业创新生动实践，强化重点工程、工业园区劳动竞赛，广泛开展群众性技术创新竞赛活动，拓展工人先锋号创建和劳模推荐评选工作，发挥先进模范示范引领作用，汇聚大众创业、万众创新强大动力。大力实施“云岭职工素质建设工程”，建立健全职工参与技能培训、技能竞赛、技能鉴定“三位一体”工作机制，强化职工创新成果交流转化，加大职工技术创新奖励力度，有效激发职工苦练技能、争当能手的积极性和自觉性，不断提升职工整体创业创新能力。（省总工会牵头；省发展改革委、工业和信息化委、科技厅、人力资源社会保障厅等部门配合）

四、加大财税金融扶持

（十三）强化财政资金引导。

落实促进中小微企业发展的政府采购政策，加强对采购单位的政策指导和监督检查，督促采购单位改进采购计划编制和项目预留管理，增强政策对中小微企业发展的支持效果。加大创新产品和服务的采购力度，把政府采购与支持创业创新紧密结合起来。（省财政厅牵头；省发展改革委、工业和信息化委、科技厅、人力资源社会保障厅等部门配合）

（十四）落实税收优惠措施。

落实扶持小微企业发展的各项税收优惠政策，落实科技企业孵化器、大学科技园研发费用加计扣除、固定资产加速折旧等税收优惠政策。落实国家关于企业转增股本、股权奖励、分期缴纳个人所得税等有关推广中关村国家自主创新示范区税收试点政策。落实促进高校毕业生、残疾人、退役军人、登记失业人员等创业就业税收政策。持《就业失业登记证》（注明“自主创业税收政策”或附《高校毕业生自主创业证》）人员从事个体经营且符合有关规定的，在3年内按照每户每年9600元为限额依次扣减其当年实际应缴纳的增值税、城市维护建设税、教育费附加和个人所得税。年度应缴纳税款小于上述扣减限额的，以其实际缴纳的税款为限；大于上述扣减限额的，应当以上述扣减限额为限。对符合条件的创业投资企业可按照税收规定享受投资额的70%抵扣应纳税所得额的优惠政策。对创业投资企业采取股权投资方式投资未上市的中小高新技术企业2年以上的，可按照其投资额的70%在股权持有满2年的当年抵扣该创业投资企业的应纳税所得额，当年不足抵扣的，可在以后纳税年度结转抵扣。（省财政厅牵头；省科技厅、人力资源社会保障厅、地税局、国税局等部门配合）

（十五）建立和完善创业投资引导机制。

通过市场机制引导社会资金和金融资本支持创业创新，重点支持种子期、初创期及成长期的科技型小微企业。鼓励优质企业发债用于战略性新兴产业、创业创新示范基地建设，不受发债企业数量指标的限制。积极参与国家新兴产业创业投资计划，通过设立创业投资基金、贷款风险补偿等方式支持科技型中小企业发展。用好中小企业发展专项资金、电子商务财银联动资金，运用风险补助和投资保障等方式，引导创业投资机构投资科技型小微企业。支持天使投资、创业投资发展，培育发展天使投资群体。（省发展改革委、科技厅、财政厅、人力资源社会保障厅、金融办分别按照职能牵头）

（十六）完善创业创新投融资机制。

发挥多层次资本市场作用，推动符合条件的创业企业特别是科技型企业上市融资，以及在全国中小企业股份转让系统等平台挂牌融资，引导私募投资基金和股权众筹规范发展，鼓励创业企业通过债券市场筹集资金。积极利用中小企业私募债、资产证券化、银行间市场等拓展科技型中小企业融资渠道，为科技型中小企业提供综合金融服务。推动商业银行在依法合规、风险隔离的前提下，与创业投资机构建立市场化长期性合作，对创业创新活动给予有针对性的股权和债权融资支持。鼓励银行业金融机构向创业企业提供结算、融资、理财、咨询等一站式系统化的金融服务，完善省、州市、县三级联动的科技金融服务体系。（省金融办，人民银行昆明中心支行、云南银监局、云南证监局、云南保监局分别按照职能牵头）

（十七）拓宽创业投资资金供给渠道。

积极参与国家新兴产业“双创”三年行动计划，建立一批新兴产业“双创”示范基地。支持保险资金参与创业创新，创新科技保险产品和服务模式，推动发展投贷联动、投保联动、投债联动等新模式，推进知识产权质押融资，完善知识产权估值、质押和流转体系，依法合规推动知识产权质押融资、专利许可费收益权证券化、专利保险等服务常态化、规模化发展，促进知识产权交易流转，不断加大对创业创新企业的融资支持。（省发展改革委、科技厅分别按照职能牵头；省财政厅、金融办、知识产权局，人民银行昆明中心支行、云南银监局、云南证监局、云南保监局等部门配合）

（十八）发展国有资本创业投资。

减少投资领域、阶段限制和完善国有创投企业投资退出机制，在保障国有资本安全的前提下，建立国有资本进入创业投资的绿色通道，鼓励国有企业参与新兴产业创业投资基金、设立国有资本创业投资基金，重点支持战略性新兴产业和高新技术产业早中期、初创期创新型企业发展。研究制定鼓励国有资本参与创业投资的系统性政策措施，创新国有创业投资机构激励约束机制、监督管理机制。对不同阶段、不同类型创业投资按照不同标准分类考核。允许国有创投在总量上按照有关规定自行核销部分亏损，并给出资本回报时限的约定，以保证资金真正用在创新、创业的投资上。（省国资委牵头；省发展改革委、工业和信息化委、科技厅、财政厅、金融办等部门配合）

五、提升服务水平

（十九）培育众创空间。

以行业领军企业、创业投资机构、生产力促进中心、社会组织等为主力，以省级重点工业园区、高新技术产业开发区、中小企业相对集中区域、高校、科研院所、科技创新园、科技企业孵化器、大学科技园和知名电商为载体，集成人才、技术、资本、市场等各种要素，兴办创新与创业相结合、线上与线下相结合、孵化与投资相结合的孵化机构，打造一批创客空间、创业孵化营、创业咖啡、创业苗圃、创业公社、创新工场、创客总部等形式多样的众创空间。积极争取国家小微企业创业创新基地城市示范。在滇中新区、重点开发开放试验区、国家级高新技术开发区/经济技术开发区、边（跨）境经济合作区等建立人才特区，在人事管理、经费使用、税收管理服务、股权激励、成果转化、收益分成等方面进行创新试点，打造人才智力密集、制度创新、产业持续发展的示范区。鼓励各类开发区建设运行模式先进、配套设施完善、服务环境优质、影响力和带动力强的示范创业创新中心。鼓励社会资本和专业团队参与运营管理，引导存量商业商务楼宇、旧厂房等资源改造，发展创业孵化和营销、财务等第三方服务。鼓励有条件的地方出台各具特色的支持政策，积极盘活闲置的商业用房、工业厂房、企业库房、物流设施和家庭住所、租赁房等资源，为创业者提供低成本办公场所和居住条件。推动众创空间向农村拓展，支持县域电子商务集中发展区、县域电子商务公共服务中心和乡村级电子商务服务站点建设改造，引导和支持农村青年、返乡大学生创办电子商务企业或开展网络销售，为农村青年、返乡大学生创业创新提供支撑、搭建平台。各级财政要对众创空间等新型孵化机构的房租、宽带接入费用和用于创业服务的公共软件、开发工具给予适当补贴。（省科技厅牵头；省发展改革委、工业和信息化委、教育厅、财政厅、商务厅等部门配合）

（二十）推进产学研协同创新。

支持企业与高校、科研院所联合共建产业技术创新联盟、协同创新研究院，做大做强产学研对接平台，支持企业与高校、科研院所合作建立人才培养实践基地、企业研究工作站等，联合培养研究生。建成一批协同创新中心和智库，促进创新链与产业链有效衔接，加快推进创新成果有效转化。鼓励全省各类普通高校利用现有教育教学资源、大学科技园、产学研合作基地、创业孵化基地等设立公益性大学生创业创新场所。（省教育厅、科技厅分别按照职能牵头；省工商局、国资委等部门配合）

（二十一）创新服务模式。

鼓励省级以上科技创新服务平台、高校科研机构、省级以上重点实验室、工程实验室、工程（技术）研究中心、分析测试中心、省部属科研院所、省级企业研究院等各类创新平台和载体向企业特别是小微企业开放。加快发展“互联网+”创业网络体系，建设一批小微企业创业创新基地。加强政府数据开放共享，推动大型互联网企业和基地电信企业向创业者开放计算、存储和数据资源。积极推广众包、用户参与设计、云设计等新型研发组织模式和创业创新模式。大力发展企业管理、财务咨询、市场营销、人力资源、法律顾问、知识产权、现代物流等第三方专业化服务。探索通过创业券、创新券等方式对创业者和创新企业提供社会培训、管理咨询、检验检测、软件开发、研发设计等服务，不断丰富和完善创业服务。（省科技厅牵头；省工业和信息化委、教育厅、商务厅、工商局、通信管理局等部门配合）

（二十二）完善创业创新平台。

探索采取企业主导、院校协作、多元投资、军民融合、成果共享的新模式，整合形成若干产业创新中心，鼓励依托三维（3D）打印、网络制造等先进技术和发展模式，开展面向创业者的社会化服务。加强和完善中小企业公共服务平台网络建设，引导和支持有条件的领军企业创建特色服务平台，面向企业内部和外部创业者提供资金、技术和服务支撑。（省科技厅牵头；省发展改革委、教育厅、住房城乡建设厅、商务厅、工商局等部门配合）

（二十三）推进创业创新教育。

发展与创业创新需求相匹配的技能教育培育，鼓励社会力量参与办学。加快应用技术类大学建设，继续推进地方本科高校转型发展。建立创业创新教育、实践、孵化、帮扶引导体系。加快建设创业创新视频公开课、创业创新核心课程教材。在普通高等学校、职业学校、技工院校全面推进创业创新教育，把创业创新课程纳入国民教育体系和学分制管理。支持高校建立创业创新学院。按照1：500的师生比例配齐校级专职就业创业工作队伍，将高校毕业生就业创业指导人员纳入专业技术职称评聘范围。鼓励高校强化创业创新平台建设，支持高校建立创业创新学院、创业创新园，开展创新实训项目，完善政府、高校、企业“三位一体”的创业创新教育支持体系。（省教育厅牵头；省科技厅、人力资源社会保障厅等部门配合）

（二十四）加大创业培训力度。

具有创业需求和培训愿望、具备一定创业条件的城乡各类劳动者，参加创业培训可按照规定申请创业培训补贴。每年组织大学生参加创业培训不少于1.5万人。组建创业导师志愿团队，建立创业导师（专家）库，引导和鼓励成功创业者、知名企业家、天使和创业投资人、专家学者等担任兼职创业导师，提供包括创业方案、创业渠道等创业辅导，对创业者分类、分阶段进行指导。在全省实施“百县千企万人农村青年电商培训工程”。（省人力资源社会保障厅牵头；省教育厅、科技厅、商务厅等部门配合）

六、加强组织实施

（二十五）加强组织领导。

建立云南省推进大众创业、万众创新厅际联席会议制度，建立健全经济发展、创业创新与扩大就业的联动协调机制，加强对创业创新工作的统筹、指导和协调。各地、有关部门要高度重视推进大众创业创新工作，结合实际制定具体实施方案，明确工作任务，切实加大资金投入、政策支持和要素保障力度。（省发展改革委会同有关部门负责）

（二十六）形成推进合力。

各州、市、县、区有关职能部门要加强与其他党政部门、有关群团组织的工作协调，系统梳理已发布的有关支持创业创新发展的各项政策措施，并不断充实和完善，抓紧推进“立、改、废”工作，将对初创企业的扶持方式从选拔式、分配式向普惠式、引领式转变。（省发展改革委会同有关部门负责）

（二十七）加强政策落实情况督查。

各地要做好大众创业、万众创新政策落实情况调研、发展情况统计汇总等工作，及时报告有关进展情况。全力打通决策部署的“最先一公里”和政策落实的“最后一公里”，对不履行职责或者不正确履行职责的要严肃追究责任，确保各项政策措施落地生根。（省政府督查室牵头；省监察厅、工商局、统计局等部门配合）

（二十八）营造创业创新良好氛围。

支持各类众创空间的创客创新实践和科普教育基地开展创新教育活动，宣传创业典型，鼓励创客文化。支持举办各类创客大赛、创业训练营、创业创新大赛、创新成果和创业项目展示推介活动。发挥广播、电视、报刊、网络、微信、微博等各类媒介作用，采取多形式、多渠道的新闻宣传和舆论引导，通过重大科技宣传活动，营造鼓励创业、宽容失败的良好社会氛围，让大众创业、万众创新蔚然成风。（省新闻办牵头；省教育厅、科技厅、人力资源社会保障厅、新闻出版广电局等部门配合）

各地、有关部门要进一步统一思想，高度重视、认真落实本意见的各项要求，结合本地本部门实际，抓紧制定具体操作办法，明确任务分工、落实工作责任、强化督促检查、加强舆论引导，主动作为、敢于担当，推动各项政策措施落实到位，不断激发全社会创业创新活力，汇集经济社会发展新动能，促进全省跨越发展，努力推动形成大众创业、万众创新的良好局面。

云南省人民政府

2016年4月30日

云南省人民政府关于加快构建大众创业万众创新支撑平台的实施意见

（云政发〔2016〕86号）

为深入贯彻落实《国务院关于加快构建大众创业万众创新支撑平台的指导意见》（国发〔2015〕53号）精神，加快实施创新驱动发展战略，不断深化改革，顺应“互联网+”时代大融合、大变革趋势，充分发挥互联网应用创新综合优势，充分激发广大人民群众和市场主体的创业创新活力，按照“坚持市场主导、包容创业创新、公平有序发展、优化治理方式、深化开放合作”的基本原则，积极营造众创、众包、众扶、众筹（以下简称四众）发展的良好环境，加快推进大众创业、万众创新，打造我省经济发展新引擎，现就加快构建大众创业万众创新支撑平台、推进四众持续健康发展提出以下意见：

一、工作目标

通过大众创业万众创新支撑平台建设，营造四众发展的良好环境，推动各类要素资源集聚、开放、共享，提高资源配置效率，加快四众广泛应用，在更大范围、更高层次、更深程度上推进大众创业、万众创新，打造新引擎，壮大新经济。

众创，汇众智搞创新，通过创业创新服务平台聚集全社会各类创新资源，大幅降低创业创新成本，形成大众创造、释放众智的新局面。到2020年，全省建成60个以上扶持各类创业群体的州市（滇中新区）、县市区创业园，100个以上服务各类大中专学校、技工院校学生的校园创业平台。全省建成100个以上服务各类创业企业的众创空间；每年集聚10000人左右的大学生、研究生创业者和高校、科研院所创业人才等为代表的创业大军；孵化培育10000户以上创新型小微企业，发展一批科技型小巨人企业。

众包，汇众力增就业，借助互联网等手段，将传统由特定企业和机构完成的任务向自愿参与的所有企业和个人进行分工，最大限度利用大众力量，以更高的效率、更低的成本满足生产及生活服务需求，促进生产方式变革，开拓集智创新、便捷创业、灵活就业的新途径。

众扶，汇众能助创业，通过政府和公益机构支持、企业帮扶援助、个人互助互扶等多种方式，共助小微企业和创业者成长，构建创业创新发展的良好生态。到2020年，全省扶持60万个以上创业主体，通过鼓励创业带动150万名以上城乡劳动者就业。

众筹，汇众资促发展，通过互联网平台向社会募集资金，更灵活高效满足产品开发、企业成长和个人创业的融资需求，有效增加传统金融体系服务小微企业和创业者的新功能，拓展创业创新投融资新渠道。

二、工作内容

（一）全面推进众创，释放创业创新能量。

大力发展专业空间众创。鼓励全省各类科技园、孵化器、创业基地、农民工返乡创业园等加快与互联网融合创新，打造线上线下相结合的大众创业万众创新载体。鼓励各类线上虚拟众创空间发展，为创业创新者提供跨行业、跨学科、跨地域的线上交流和资源链接服务。鼓励创客空间、创业咖啡、创新工场等新型众创空间发展，推动基于“互联网+”的创业创新活动加速发展。

鼓励推进网络平台众创。鼓励我省大型互联网企业、行业领军企业通过网络平台向各类创业创新主体开放技术、开发、营销、推广等资源，鼓励各类电子商务平台为小微企业和创业者提供支撑，降低创业门槛，加强创业创新资源共享与合作，促进创新成果及时转化，构建开放式创业创新体系。

培育壮大企业内部众创。通过企业内部资源平台化，积极培育内部创客文化，激发员工创造力；鼓励大中型企业通过投资员工创业开拓新的业务领域、开发创新产品，提升市场适应能力和创新能力；鼓励企业建立健全股权激励机制，突破成长中的管理瓶颈，形成持续的创新动力。

（二）积极推广众包，激发创业创新活力。

广泛应用研发创意众包。鼓励企业与研发机构等通过网络平台将部分设计、研发任务分发和交付，促进成本降低和提质增效，推动产品技术的跨学科融合创新。鼓励企业通过网络社区等形式广泛征集用户创意，促进产品规划与市场需求无缝对接，实现万众创新与企业发展相互促进。

大力实施制造运维众包。支持有能力的大中型制造企业通过互联网众包平台聚集跨区域标准化产能，满足大规模标准化产品订单的制造需求。结合深化国有企业改革，鼓励采用众包模式促进生产方式变革。鼓励中小制造企业通过众包模式构筑产品服务运维体系，提升用户体验，降低运维成本。

加快推广知识内容众包。支持百科、视频等开放式平台积极通过众包实现知识内容的创造、更新和汇集，引导有能力、有条件的个人和企业积极参与，形成大众智慧集聚共享新模式。

鼓励发展生活服务众包。推动交通出行、无车承运物流、快件投递、旅游、医疗、教育等领域生活服务众包，利用互联网技术高效对接供需信息，优化传统生活服务行业的组织运营模式。推动整合利用分散闲置社会资源的分享经济新型服务模式，打造人民群众广泛参与、互助互利的服务生态圈。发展以社区生活服务业为核心的电子商务服务平台，拓展服务性网络消费领域。

（三）立体实施众扶，集聚创业创新合力。

积极推动社会公共众扶。加快公共科技资源和信息资源开放共享，提高各类公益事业机构、创新平台和基地的服务能力，推动高校和科研院所向小微企业和创业者开放科研设施，降低大众创业、万众创新的成本。鼓励行业协会、产业联盟等行业组织和第三方服务机构加强对小微企业和创业者的支持。

鼓励倡导企业分享众扶。鼓励大中型企业通过生产协作、开放平台、共享资源、开放标准等方式，带动上下游小微企业和创业者发展。鼓励有条件的企业依法合规发起或参与设立公益性创业基金，开展创业培训和指导，履行企业社会责任。鼓励技术领先企业向标准化组织、产业联盟等贡献基础性专利或技术资源，推动产业链协同创新。

大力支持公众互助众扶。支持开源社区、开发者社群、资源共享平台、捐赠平台、创业沙龙等各类互助平台发展。鼓励成功企业家以天使投资、慈善、指导帮扶等方式支持创业者创业。鼓励通过网络平台、线下社区、公益组织等途径扶助大众创业就业，促进互助互扶，营造深入人心、氛围浓厚的众扶文化。

（四）稳健发展众筹，拓展创业创新融资。

积极开展实物众筹。鼓励消费电子、生物医药、大健康设备、特色农产品等创新产品开展实物众筹，支持艺术、出版、影视等创意项目在加强内容管理的同时，依法开展实物众筹。积极发挥实物众筹的资金筹集、创意展示、价值发现、市场接受度检验等功能，帮助将创新创意付诸实践，提供快速、便捷、普惠化服务。

稳步推进股权众筹。充分发挥股权众筹作为传统股权融资方式有益补充的作用，增强金融服务小微企业和创业创新者的能力。稳步推进股权众筹融资试点，鼓励小微企业和创业者通过股权众筹融资方式募集早期股本。对投资者实行分类管理，切实保护投资者合法权益，防范金融风险。

规范发展网络借贷。鼓励互联网企业依法合规设立网络借贷平台，为投融资双方提供借贷信息交互、撮合、资信评估等服务。积极运用互联网技术优势构建风险控制体系，缓解信息不对称，防范风险。

三、主要措施

（一）完善市场准入制度。

落实国家在交通出行、快递、金融、医疗、教育等领域市场准入制度，通过分类管理、试点示范等方式，选择部分行业、部分州市作为示范，为众包、众筹等新模式新业态的发展营造政策环境。针对众包资产轻、平台化、受众广、跨地域等特点，放宽市场准入条件，支持和鼓励围绕市场需求有针对性地引入民间社会资本，降低行业准入门槛。（省交通运输厅，省邮政管理局，省卫生计生委、教育厅，人民银行昆明中心支行、云南银监局、云南证监局、云南保监局，省文化厅等负责）

（二）建立健全监管制度。

建立健全行业标准规范和规章制度，明确四众平台企业在质量管理、信息内容管理、知识产权、申报纳税、社会保障、信息安全等方面的权利、义务和责任。建立云南省四众平台企业公有云平台，加快企业产品和服务标准自我声明公开和监督制度试点工作。（省质监局、新闻出版广电局、知识产权局，省国税局，省地税局、人力资源社会保障厅、工业和信息化委、网信办等负责）

因业施策，加快研究制定交通出行、快递、金融、医疗、教育等重点领域促进四众发展的激励机制。（省交通运输厅，省邮政管理局，省卫生计生委、教育厅，人民银行昆明中心支行、云南证监局、云南银监局、云南保监局等负责）

（三）创新行业监管方式。

加强以信用为核心的新型监管制度建设，建立和完善市场监管领域内跨部门协同监管和联合惩戒机制。加快构建事中事后监管体系，充分发挥统一的信用信息共享交换平台、企业信用公示系统的作用，利用大数据、随机抽查、信用评价等手段加强监督检查和对违法违规行为的处置。积极落实“先照后证”改革，做好证照衔接，避免出现监管真空。（省工商局、发展改革委、工业和信息化委，有关行业主管部门负责）

（四）优化提升公共服务。

深化商事制度改革，落实“先照后证”改革措施。推进全程电子化登记和电子营业执照应用，不断推进工商注册便利化。简化和完善注销流程，开展个体工商户、未开业企业和无债权债务企业简易注销试点工作，为创业创新提供便捷服务。（省工商局、质监局，有关行业主管部门负责）

加强行业监管、企业登记等有关部门与四众平台企业的信息互联共享，推进公共数据资源开放，加快推行电子签名、电子认证，推动电子签名国际互认。推动建设一批为中小企业服务的行业技术中心，鼓励行业技术中心为中小企业或配套企业提供研发设计、试验试制、检验检测、质量管理、技术咨询、技术推广、人才培训等技术服务。鼓励和支持符合条件的中小企业建立企业技术中心。（省工商局、发展改革委、工业和信息化委，有关行业主管部门负责）

落实国家职业资格目录清单管理制度，加强对职业资格的管理。加大创业孵化器基地建设力度。支持州、市、县、区盘活闲置场地、厂房、各类院校空置场所开展创业园、众创空间、校园创业平台建设，建立创业创意项目转化的创业孵化服务机制，为各类创业群体搭建创业平台。（省人力资源社会保障厅、科技厅、发展改革委、教育厅等负责）

充分发挥省大型科学仪器协作共用网络服务平台的作用，加快推进重点实验室、工程（技术）研究中心等各类创新平台向科研院所、企事业单位、社会研发组织等社会用户开放大型科学仪器设备，以优惠价格提供服务。建立和优化云南省科技型中小企业培育扶持平台，为科技型中小微企业提供全方位、专业化优质服务。加强电子商务基础建设，分级设立众创咨询服务平台，开展基于互联网创新创业综合服务。重点打造“学府创新创业走廊”，构建云南省创新创业核心区，成立云南省众创空间联盟。支持云科众创空间发展，提高云科众创空间建设水平。（省科技厅、发展改革委、教育厅、财政厅等负责）

支持高校建立科技成果转化或技术转移中心，高校专业技术人员创办知识产权服务机构，创新服务模式，为创新主体知识产权“获权、用权、维权”提供综合服务。积极推动高校众创空间建设，打破学校内部及学校之间的层层壁垒，以产业发展凝聚优势资源，以网络为纽带整合现有资源，构建“一核、三足、九支点”的呈贡大学园区高校众创空间联盟，筑就呈贡众创空间共享开放式创业生态系统。（省教育厅、科技厅、知识产权局等负责）

鼓励探索企业主导、院校协作、多元投资、军民融合、成果共享的新模式，整合形成若干产业创新中心，鼓励依托三维打印、网络制造等先进技术和发展模式，开展面向创业者的社会化服务。引导和支持有条件的领军企业创建特色服务平台，面向企业内部和外部创业者提供资金、技术和服务支撑。（省工业和信息化委、发展改革委、科技厅等负责）

建设云南省中小商贸流通企业公共服务平台，在全省有条件的地区开展中小商贸流通企业公共服务平台建设试点，服务平台为中小商贸流通企业提供信息咨询、管理提升、电子商务、市场开拓、融资对接、创业辅导、集采分销、商业特许经营、品牌建设等服务项目。（省商务厅、财政厅牵头负责）

（五）促进开放合作发展。

面向南亚东南亚国家，培育一批国际化四众平台企业。鼓励四众平台企业利用创新资源，面向国际市场拓展服务。加强对外合作，鼓励中小微企业和创业者承接对外合作业务。（省商务厅、科技厅、工商局牵头负责）

（六）加快信用体系建设。

加快云南省信用体系建设，推动四众平台企业建立实名认证制度和信用评价机制。建立覆盖全面、稳定且唯一的以组织机构代码为基础的法人和其他组织统一社会信用代码制度，健全有关主体信用记录。鼓励第三方积极与四众平台开展合作，发展信用评价服务。建立四众平台企业的信用评价机制，积极推进云南省企业信用信息公示平台建设，明确责任和共享内容，继续做好信息公示工作，公开评价结果，保护用户的知情权。建立完善信用标准化体系，制定四众发展信用环境有关的关键信用标准，规范信用信息采集、处理、评价、应用、交换、共享和服务。依法合理利用网络交易行为等在互联网上积累的信用数据，对现有征信体系和评测体系进行补充和完善。推进全国统一的信用信息共享交换平台、企业信用信息公示系统等与四众平台企业信用体系互联互通，实现资源共享。推进全省统一的信用信息共享交换平台、云南省企业信用公示系统建设，建立覆盖全省的法人单位信息资源库、统一的法人单位信息共享与服务系统、法人单位业务应用平台，形成包括联合审批、市场主体跨部门协同监管、市场主体信用信息服务、市场主体统计分析的基础应用框架。加强全省法人单位基础信息的联通共享，实现法人库与各部门的信息交换。（省工商局、发展改革委，人民银行昆明中心支行，省质监局等负责）

（七）深化信用信息应用。

鼓励发展信用咨询、信用评估、信用担保和信用保险等信用服务业。建立健全我省守信激励机制和失信联合惩戒机制，扩大信用报告在银行业、证券业、保险业及政府部门行政执法等多种领域的应用。加大对守信行为的表彰和宣传力度，在市场监督和公共服务过程中，对诚实守信者实行优先办理、简化程度等“绿色通道”支持激励政策。在经营许可、资质审核、政府采购等工作中，将信用信息作为重要的评价因素，对违法失信者依法予以限制或禁入。（人民银行昆明中心支行，省工商局牵头负责）

（八）完善知识产权环境。

发展知识产权服务业，鼓励服务模式创新，为四众平台企业知识产权“获权、用权、维权”提供全方位服务。加大知识产权侵权查处力度，建立打击侵犯知识产权的长效机制和保护体系。加强对涉及专利权、商标权、著作权、不正当竞争等知识产权类民事、刑事和行政案件的审理，强化知识产权行政执法和维权服务。加强对外合作中涉及知识产权的纠纷协调和保护政策制定。加大知识产权有关法律法规、典型案例的宣传，增强中小微企业知识产权意识和管理能力。（省知识产权局、工商局、新闻出版广电局、公安厅、司法厅，省法院等负责）

（九）提升平台治理能力。

鼓励四众平台企业结合自身商业模式，利用信息化手段加强内部制度建设和管理规范，提高风险防控能力、信息内容管理能力和网络安全水平。充分运用云南“云上云”平台，为四众平台企业提供免费的企业资源计划和客户关系管理系统。积极推动数字证书认定技术在四众平台中的应用，构建基于数字证书认证技术的网络信任体系。鼓励和引导四众平台企业履行管理责任，建立用户权益保障机制。深入实施“消费满意在云南”行动，构建消费维权协同共治新体系。（省网信办、工商局、工业和信息化委等负责）

（十）加强行业自律规范。

不断强化行业自律，建立健全行业自律的体制机制，规范四众从业机构市场行为，保护行业合法权益。积极推动行业组织制定各类产品和服务标准，促进企业之间的业务交流和信息共享。完善行业纠纷协调和解决机制，鼓励第三方以及用户参与平台治理。构建在线争议解决、现场接待受理、监管部门受理投诉、第三方调解以及仲裁、诉讼等多元化纠纷解决机制。（有关行业主管部门、行政执法部门负责）

（十一）保障网络信息安全。

加强网络安全技术保障平台建设，组织针对四众平台企业的网络安全检查；建立云南省四众平台企业网络安全事件通报机制。四众平台企业应当切实提升技术安全水平，及时发现和有效应对各类网络安全事件，确保网络安全稳定运行。建立健全云南省四众平台企业信息安全保障法规，切实保障用户信息安全。四众平台企业要妥善保管各类用户资料和交易信息，不得买卖、泄露用户信息，保障信息安全。强化守法、诚信、自律意识，营造诚信规范发展的良好氛围。（省网信办、公安厅、工业和信息化委、新闻出版广电局等负责）

（十二）落实财政支持政策。

创新财政投入和管理方式，支持符合条件的企业通过众创、众包等方式开展有关科技活动。充分发挥云南省科技成果转化与创业投资基金、云南省股权投资引导基金等政策性政府引导基金的作用，引导社会资源支持四众加快发展，支持社会资本参与科技企业孵化器的建设与运营，鼓励引导企业设立创客学院等。降低对实体营业场所、固定资产投入等硬性指标要求，将线下实体众创空间的财政扶持政策惠及网络众创空间。（省财政厅、科技厅、发展改革委、人力资源社会保障厅等负责）

大力推进中小微企业公共服务平台和创业基地建设。培育和建设一批以创业服务、成果转化、新技术和新工艺应用推广、技术信息咨询、人才培养、检验检测等为主要功能的省级中小微企业公共技术服务示范平台。充分利用省级中小企业暨民营经济发展专项资金，加大对中小微企业及小微创业基地建设的支持力度。组织实施“两个10万元”微型企业培育工程，支持引导经营能力强、业绩好的个体工商户转型升级为企业。（省工业和信息化委、财政厅牵头负责）

加大政府购买服务力度，落实政府购买责任，为采用四众模式的小微企业免费提供管理指导、技能培训、市场开拓、标准咨询、检验检测认证等服务。建立健全由购买主体、采用四众模式的小微企业和第三方组成的组合评价机制，将政府为小微企业提供的公共服务事项纳入政府购买服务指导性目录。（省财政厅、工业和信息化委牵头负责）

（十三）贯彻落实税收政策。

加快推广使用电子发票，支持四众平台企业和采用众包模式的中小微企业及个体经营者按规定开具电子发票，允许将电子发票作为报销凭证。积极落实现行小微企业税收政策，建立小微企业税收优惠政策落实督察和绩效考评制度。不断扩大网上办税事项范围，保障业务规模小、处于初创期的从业机构符合现行小微企业税收政策条件的按国家有关规定享受税收优惠政策。（省国税局，省地税局、财政厅牵头负责）

（十四）创新金融服务模式。

建立线上线下结合的投融资服务平台，积极引导和吸纳社会资本参与创业投资，支持设立风险投资、创业投资、天使投资等发展基金，在依法合规的前提下更多地向四众平台企业投资。加大对四众平台企业上市（挂牌）培育辅导，支持符合条件的创新成长型企业到主板、中小板、创业板、新三板及区域性股权市场上市挂牌，并通过发行债券拓宽融资渠道。（省金融办、财政厅、工业和信息化委，省推进企业上市工作领导小组各成员单位等负责）

鼓励银行业机构在风险可控和商业可持续的前提下，基于四众平台特点开展金融产品和服务创新，完善创业融资担保政策，积极发展知识产权质押融资。引导规范商业银行与保险公司、融资担保机构合作，为四众平台企业建立风险共担经营模式。鼓励股权众筹融资中介机构探索建立小额股权众筹融资机制，为四众平台提供快捷、低成本的融资服务。

持续改进对创业创新小微企业的金融服务，降低企业融资成本。加大对创业创新小微企业的信贷支持力度，引导商业银行优化信贷结构；认真落实小微企业续贷政策，支持符合条件的地方法人银行发行小微企业专项金融债。鼓励商业银行下沉服务重心，降低服务门槛，增设服务创业创新企业的社区支行、小微支行。鼓励银行业金融机构为创业创新企业提供结算、融资、理财、咨询一站式综合化金融服务。支持互联网金融发展，遵循“依法监管、适度监管、分类监管、协同监管、创新监管”的原则，加强对互联网金融业务的监管。（人民银行昆明中心支行、云南银监局、云南证监局、云南保监局，省财政厅、知识产权局等负责）

（十五）深化科技体制改革。

建立健全鼓励人才创新创业激励机制，推动知识、技术、管理、技能等创新要素参与收益分配，促进科研成果和智力转化，建立科技成果转化机制，开展科研项目服务外包。全面落实下放科技成果使用、处置和收益权，修订《云南省实施〈中华人民共和国促进科技成果转化法〉若干规定》。鼓励科研人员双向流动，加快建立高校、科研院所和企业之间科技创新人才双向流动机制。激励更多科研人员投身创业创新，高校、科研院所可将职务发明成果转让收益用于奖励科研负责人、骨干技术人员等重要人员和团队的收益比例应不低于转让收益的60%。

完善科技资源开放共享机制，跟踪落实开放共享科技资源目录结果，推动财政资金购置的大型科学仪器设备、科技文献、种质资源、科学数据等向企业和社会开放共享。健全完善财政资金购置科研仪器设备的查重机制和联合评议机制，防止重复购置和闲置浪费。依托高校、科研院所建设的国家重点实验室、国家工程实验室、国家工程（技术）研究中心、大型科学仪器中心、分析测试中心等各类研发平台，要按功能定位，建立向企业特别是中小企业有效开放的机制，加大向社会开放的力度。（省科技厅，省委组织部，省人力资源社会保障厅、教育厅、工业和信息化委，中科院昆明分院等负责）

（十六）繁荣创业创新文化。

积极做好“全国大众创业万众创新活动周”分会场承办工作，搭建长期化、机制化、制度化的“双创”展示平台，加强政策宣传，展示创业成果，促进投资对接和互动交流，为创新创业提供展示平台。继续办好云南省创新创业大赛、云南省“互联网+”大学生创新创业大赛等赛事活动。引导各类媒体加大对四众的宣传力度，普及四众知识，发掘具有云南特色的典型案例，推广成功经验，培育尊重知识、崇尚创造、追求卓越的创新文化。（省发展改革委、科技厅，省科协，省委宣传部，省教育厅等负责）

（十七）鼓励探索先行。

充分尊重和发挥州、市、县、区首创精神，因地制宜，突出特色，探索我省适应新模式新业态发展特点的管理模式，及时总结形成可复制、可推广的经验。积极引导省内高新区、经开区、大学科技园、科技孵化器、工业园区等开展创业创新示范工程，加大改革和示范力度，先试先行，探索新机制、新政策、新模式，发挥四众发展的示范带动作用。（各州、市人民政府，省发展改革委、科技厅、商务厅等负责）

四、组织实施

（一）加强组织领导。有关部门要认真落实任务分工，加强政策研究、统筹协调、集成公共资源、落实有关扶持政策，形成支撑大众创业万众创新四众平台建设的协同推进机制。各州、市要结合实际，制定本地区的具体实施方案，不断开创大众创业、万众创新的新局面。

（二）加大支持力度。省发展改革委、工业和信息化委、教育厅、科技厅、财政厅、人力资源社会保障厅等部门要充分发挥有关鼓励创业创新促进就业财政资金的引导作用，调动社会资金投入，加大对四众平台建设支持，继续加大对四众平台建设的人力投入和人才培养，提升平台的支撑服务功能和作用。

（三）加大宣传力度。支持各类四众平台结合实践开展创业创新教育活动，宣传创业典型，带动形成创业创新文化。加大对发展四众平台推进大众创业创新的宣传，积极营造良好的创业创新社会氛围。

云南省人民政府
2016年10月15日

云南省引进高层次人才绿色通道服务办法

（云组发〔2016〕12号）

第一条 为认真贯彻落实中共中央《关于深化人才发展体制机制改革的意见》（中发〔2016〕9号），进一步做好引进高层次人才服务工作，营造人才创新创业良好环境，为云南跨越发展提供坚强有力的人才保障和智力支持，制定本办法。

第二条 本办法所称高层次人才，是指2016年1月1日以后，我省用人单位引进的，在各个领域取得重大成就、作出突出贡献、在国内外有较大影响的创新创业人才。主要包括以下几类：

（一）国家“千人计划”及云南省“百名海外高层次人才引进计划”“高端科技人才引进计划”入选者。

（二）与我省用人单位正式签订3年以上引进协议，每年来滇工作时间不少于6个月，并符合下列条件之一的引进人才：

1. 中国科学院院士或中国工程院院士；

2. 国家最高科学技术奖获得者；国家自然科学一、二等奖，国家科学技术进步一、二等奖，国家技术发明一、二等奖获得者前三名；中国青年科技奖、中国工程院光华科技奖、光华青年奖获得者；

3. 国家重大科技计划项目及专项和国家自然科学基金重大项目、国家重点工程建设项目的首席科学家或项目主要负责人；

4. 国务院学科组召集人，“百千万人才工程”国家级人选，国家有突出贡献的中青年专家和享受国务院政府特殊津贴专家，“国家杰出青年基金”获得者，中国科学院“百人计划”、教育部“长江学者奖励计划”、中央宣传部“四个一批”人才培养计划等国家级人才培养工程的培养对象。

（三）我省急需紧缺、与（一）（二）学术水平、创新能力和层次相当的其他高层次人才。

第三条 引进的高层次人才（以下简称“引进人才”）经用人单位申请、主管部门审核、省人才工作领导小组审定，由省人才工作领导小组办公室制发《云南省引进高层次人才绿色通道服务证》，凭证享受本办法规定的绿色通道服务。

第四条 绿色通道服务内容：

（一）出入境和居留服务。外国籍的引进人才及其配偶、未成年子女，可持外国有效护照和签证，申请办理2—5年多次出入境有效签证或居留许可。经公安部审核批准符合永久居留条件的，可申请外国人永久居留证，作为其在我国的合法身份证件，享受我国法律规定的基本民事权利和义务。申请签证、居留许可、外国人永久居留证，可由本人到居住地州市公安机关出入境管理部门办理。永久居留申请，公安机关自受理之日起30日内办结；2—5年多次出入境有效签证办理，3个工作日内办结；居留许可，5个工作日内办结。

（二）户籍办理。引进人才及其配偶、18周岁以下未成年子女或已满18周岁仍就读于全日制普通高等学校、中等专业学校（含：高等职业学校、技工学校）的子女要求取得我省常住户口的，可选择在我省任一城市落户。由接收单位相关人员协助落户人持有关材料到落户地的州市公安机关治安部门或拟落户地公安机关提出申请，公安机关简化程序，优先办理，自受理之日起10个工作日内办结。

（三）工商服务。引进人才创办企业的，工商和市场监管部门提供工商登记专人咨询指导服务。所创办企业符合“两个十万元”微型企业培育条件的，培育扶持申请予以优先办理；对引进人才参与创办的企业提供信息咨询或指导；为引进人才提供各类扶持政策及企业享受扶持政策信息免费查询、免费服务；对入驻昆明国家广告产业园区创业发展的引进人才，企业登记以及广告产业园区的各项优惠政策落实，实行专人负责。积极为引进人才提供商标注册咨询指导等服务。

（四）税务服务。引进人才在滇创办企业，享受与本地企业同等税收政策待遇。海外引进人才，按规定享受相关税收优惠待遇。引进人才创办的企业在办理其他涉税事项时，可享受纳税绿色通道服务，优先办理各项涉税事宜，并提供预约服务、咨询服务等个性化服务。

（五）海关服务。海关对引进人才进出境给予通关便利。对引进人才入境携带的少量科研、教学物品，免征进口税收；进境合理数量的生活自用物品，按现行政策规定执行。海关指定专门机构和人员及时办理引进人才个人进出境物品审批、验放等手续。对在节假日或者非正常工作时间以分离运输、邮递或者快递方式进出境的物品，有特殊情况需要及时验放的，海关可以预约加班，在约定的时间内为其办理物品通关手续。

（六）金融服务。外汇管理部门、外汇指定银行积极为引进人才提供个性化金融服务。

1．各级外汇管理局、外汇指定银行为引进人才设立的外商投资企业优先提供开立外汇资本金账户、经常项目外汇账户、外商投资验资询证、外汇资本金结汇等服务，优先办理贸易项下进出口托收、信用证、汇款等业务。

2．引进人才来我省设立的外资、合资、合作企业取得的人民币利润，或在本省工作期间取得的合法人民币收入，或需对外支付的进口贷款和私人汇款，可按有关规定到银行办理汇兑手续及相关金融服务。

（七）科研服务。引进人才申报国家和省有关科技计划项目，省科技部门优先推荐和支持，并做好相关服务工作。凡符合《云南省高端科技人才引进计划实施办法》经单位申报、专家评审委员会推荐、省科学技术厅研究、社会公示、省人才工作领导小组审定、省政府审批等程序确认正式引进的，列入“云南省高端科技人才引进计划”予以资助。

（八）住房。符合享受住房补贴政策的，用人单位应一次性发放住房补贴。在推进公共租赁住房租赁补贴保障工作中，按年度单列高层次人才引进住房保障计划，经审核认可列入保障。人才未购买自用住房的，用人单位要为其租用便与其生活、工作的住房，同时按规定提供相应的租房补贴。

（九）配偶随迁。引进人才配偶一同来滇并愿意在云南就业的，原则上由用人单位根据有关政策规定妥善安排其工作。无法安排的，用人单位可参照本单位相关人员平均工资水平，以适当方式为其发放生活补贴。具有公务员身份或副高以上专业技术职称的人员，需要跨部门、跨行业安排的，可由省委组织部、省人力资源和社会保障厅按干部人事管理权限予以帮助协调。

（十）子女入学。引进人才的未成年子女（无论户口随迁与否）愿意随父母来滇就学，选择当地基础教育公办学校（含幼儿园，下同）就读的，享受当地居民子女待遇，根据属地管理原则，由户籍地、实际居住地或单位所在地学校及主管教育行政部门，按照《云南省中小学生学籍管理办法实施细则》为其协调办理转学、入学手续，不得收取政府规定以外的任何费用。选择国际学校或民办学校的，由属地教育行政部门负责协调入学，并协助办理相关手续。参加初中学业水平考试及普通高中录取，享受当地居民子女待遇；参加普通高校招生入学考试的，同等条件下优先录取；外国籍子女报考省内高等院校的，按照招收外国留学生的有关规定优先录取。

（十一）医疗保健。引进人才享受特殊医疗待遇，由省卫生计生委保健局（省保健办）统一办理《干部医疗就诊证》，凭证可到定点医院就诊。卫生计生行政部门确定有条件的公立医院作为定点医疗机构，为引进人才提供优质医疗服务。用人单位每年为引进人才免费安排一次健康体检。其中。“两院”院士体检由省卫生计生委保健局（省保健办）负责，省委联系专家体检由省人才办负责。

（十二）社会保险。引进人才及其配偶、子女在我省境内就业或居住的，按照属地相关规定，参加各项社会保险并按规定缴纳社会保险费，达到享受社会保险待遇条件时，按规定享受社会保险待遇，享有本省公民同等权利。引进人才取得《干部医疗就诊证》的，参照城乡居民基本医疗保险统筹的医疗照顾人员政策，由用人单位缴费后享受医疗照顾人员待遇。引进人才及其配偶、子女属于外籍人士的，由属地医保经办机构办理基本医疗保险，享受统筹地城镇职工或城镇居民相应的医疗保险待遇。

（十三）职称评定。引进人才提出评定专业技术职称需要的，可按正常程序申报，随年度参加评审；也可根据需要，由省人力资源和社会保障厅组织由同行专家组成的考核认定小组直接进行考核认定。引入事业单位工作的，可不受单位岗位总量和最高等级结构比例限制，特设岗位进行聘用。

第五条　省人才工作领导小组办公室根据上述服务项目，编制服务指南，明确服务内容、方法程序、责任部门、承办部门、责任人、联系方式和时限要求。建立引进人才绿色通道服务工作联席会议制度，负责统筹协调引进人才绿色通道服务工作。联席会议由省人才工作领导小组办公室负责召集。各成员单位要认真履行职责，精心做好相关服务工作，对未按要求完成服务工作的，按照追责问责有关规定严肃追究职能部门和责任人责任。

第六条 引进人才服务窗口建设。

（一）在各级人力资源和社会保障部门设立引进人才服务窗口，明确工作职责和责任人，设立专职工作人员，提供“一站式”服务。

（二）引进人才服务窗口按照引进单位的行政隶属或工商登记属地管理的原则进行分级分层管理。省级服务窗口设在云南省人才服务中心，负责协调办理省直及中央驻滇单位引进人才绿色通道服务项目相关手续，对各州市“一站式”服务窗口进行业务指导和工作督办，负责全省引进人才绿色通道“一站式”服务窗口工作的统计分析。各州市服务窗口负责协调办理属地单位引进人才绿色通道服务项目相关手续。

（三）全省各级引进人才服务窗口按照绿色通道服务内容开展“代收代办”服务，由“一站式”服务窗口进行业务预审、申报材料收集、上报和办结反馈，相关职能部门设置业务专员受理服务窗口的“代收代办”材料，按照规定程序办理并反馈服务窗口。

（四）各职能部门负责协助配合各级引进人才服务窗口开展服务工作。根据所属服务内容提交各级服务窗口办理须知、申报表格、证明材料、协调部门及联系人等申报材料清单，指定服务专员指导和接收服务窗口的申报材料，并按照审批流程及时办理和反馈；材料内容有调整的及时报省人才工作领导小组办公室和服务窗口备案。

各职能部门、服务窗口要加强沟通、密切配合，高效便捷做好服务工作，严禁推拉扯皮、不按规定落实、不履行或不正确履行职责。

（五）引进人才服务窗口所需服务经费，由同级财政予以保障。

第七条 加强信息化建设。对云南省引进高层次人才信息库实行定期更新，实行动态管理的网络化、信息化服务，及时了解掌握引进人才有关情况。建立云南省引进高层次人才网上管理服务平台，尽快实现部门之间互联互通、信息资源共享和网上申报、网上预约、网上办事的一站式网上服务平台。

第八条 引进人才因个人原因未完全履行合同的，由用人单位提出意见，经省人力资源和社会保障厅审核，报省人才工作领导小组审定后，取消其享受的相关待遇。

第九条 本办法由省委组织部、省人力资源和社会保障厅负责解释。

第十条 本办法自公布之日起施行。《云南省引进高层次人才绿色通道服务暂行办法》（云组发〔2010〕20号）同时废止。

本办法出台以前，已由省人才工作领导小组办公室制发《云南省引进高层次人才绿色通道服务证》的，凭证享受本办法规定的各项服务。

已在云南工作的第二条所列人员及省科技领军人才、“云岭学者”，经审核认定，发放《绿色通道服务证》（已在云南工作类），可比照享受相关服务（公共租赁住房租赁补贴保障除外）。

附件：云南省引进高层次人才绿色通道服务指南（略）

中共云南省委组织部
云南省教育厅　云南省科学技术厅
云南省公安厅　云南省财务厅
云南省人力资源和社会保障厅　云南省住房和城乡建设厅
云南省卫生和计划生育委员会　云南省政府外事办公室
云南省地方税务局　云南省工商行政管理局
云南省人民政府金融办公室
云南省国家税务局　昆明海关
2016年8月8日

云南省柔性引进人才办法（试行）

（云党人才〔2016〕4号）

第一章 总 则

第一条 为进一步完善柔性引才机制，吸引聚集各类海内外优秀人才参与云南经济社会建设，结合实际，制定本办法。

第二条 本办法所称柔性引才，是指在不改变人事、档案、户籍、社保等关系前提下，吸引海内外人才通过适当方式，提供智力支持服务的一种引才办法。

第三条 柔性引才按照“不求所有，但求所用”原则和“政府引导、市场调节、单位自主、契约管理、绩效鼓励”方式，由用人单位为主组织实施，党委、政府相关部门给予政策指导和适当支持。

第二章 引才对象及标准

第四条 突出“高精尖缺”导向，围绕云南传统支柱产业、战略性新兴产业和经济社会发展需要，重点引进国内外拥有领先专利技术和教学科研成果、能推动我省重点产业技术突破、能带动高新技术产业和金融服务业发展的各类高层次人才。主要包括：

（一）中国科学院院士，中国工程院院士，享受国务院或其他省级政府特殊津贴专家，国家或其他省级政府有突出贡献专家。

（二）国家级或其他省级重点学科、重点实验室、企业技术研发中心学术技术带头人。

（三）国家“千人计划”“万人计划”及其他省部级以上重点人才计划入选者。

（四）国家重大工程或重大科技项目负责人。

（五）拥有我省重点产业，新兴产业发展或传统产业提升改造的关键技术、发明专利等自主知识产权的人才。

（六）具有国际市场开拓能力、通晓国际贸易规则、熟悉现代企业管理和社会管理的人才。

（七）其他急需紧缺人才。

第五条 柔性引进人才应具备下列基本条件：

（一）具有良好的职业道德和较强的团队协作精神。

（二）具有扎实的专业知识或专门技能，能够满足我省用人单位合作需要，对我省经济社会发展有促进作用。

（三）具备来滇开展智力服务所需的良好身体条件，有健全的医疗保险、养老保险及其他社会保险。

（四）年龄原则上不超过70周岁，特别急需紧缺的高层次人才在身体条件允许情况下可适当放宽。

（五）无法律法规定不得流动的情形。

（六）仍在岗工作的，能就柔性来滇开展智力服务与本人所在单位达成一致意见。

第六条 柔性引才的用人单位应具备下列基本条件：

（一）注册地在云南行政区域内。

（二）具有独立法人资格，经营或运行状况良好。

（三）有明确的智力、技术、项目合作需求和具体的合作事项。

（四）能按照市场化方式为柔性引进人才提供良好的报酬福利和适宜的工作生活条件。

第三章 引才方式及步骤

第七条 依托各类创新创业示范基地、园区、人才交流合作机制、专家服务基层活动、招商引资活动、国际性会议等平台，柔性引进海内外人才，引才方式主要包括：

（一）顾问指导：聘请担任顾问或业务指导，提供战略咨询、技术指导、业务拓展及其他相关方面智力支持。

（二）兼职服务：定期或不定期来滇工作，进行各类短期兼职、长期兼职及智力服务。

（三）项目合作：结合经济社会发展需求和“互利双赢”规则，采取项目化运作方式，开展智力合作，吸引智力服务。

（四）服务外包：将需要提供服务内容，单独或联合“打包发送”，采取政府或需求主体购买智力服务方式，柔性吸引海内外智力。

（五）二次开发：聘请离职离岗的海内外人才，定期不定期来滇进行各类智力服务。

（六）技术入股：与技术持有人才或单位达成协议，以技术成果作为无形资产入股，以股东身份参与企业决策，分享利润、承担风险。

（七）对口支持：与人才所在单位签订整体合作协议，轮流选派优秀人才，集中、定向、定期对口提供各类智力支持。

（八）挂职锻炼：接收国家部委、重点高校、企业和发达地区各类人才到云南挂职锻炼同时，提供智力支持和服务，并与派出单位建立长效联系机制。

（九）人才租赁：结合短期或重点需解决的问题，以协议形式租借人才、租赁智力，转移人才智力服务。

（十）互派培养：与智力服务活动单位，通过互派人才顶岗学习、定向培训、实践锻炼等方式开展合作，提供服务、培养人才。

柔性引才也可采取其他适宜的方式发展。

第八条 柔性引才主要按以下步骤组织实施：

（一）征集需求。省人力资源和社会保障厅牵头会同有关单位，广泛征集人才需求，并根据我省经济和社会发展需要，编制年度急需紧缺引才目录。

（二）发布目录。依托国内知名商业招聘网站、网上人才市场、各类招聘会及其他事宜渠道，搭建柔性引才网络信息平台，及时发布需求信息。

（三）对接洽谈。相关部门结合职能职责，主动帮助指导本行业、本系统用人单位与海内外人才及人才所在单位洽谈对接，拓展智力引进合作交流途径，为用人单位柔性引进人才提供渠道、服务和支持。

（四）签订协议。经双方协商一致，用人单位在严格遵守相关法律法规基础上，与柔性引进人才或其全职所在单位签订协议。

协议内容主要包括：柔性引才的方式、工作时限、工作目标和相关要求；保密、知识产权保护等方面要求；引进期间劳务报酬、福利待遇；引进期间医疗、意外伤害及其他相关方面补充保险；引进期间创造产生的专利成果使用、归属和转让等事宜；双方约定的其他事项。

第四章 管理及服务

第九条 柔性引进人才在滇工作期间由用人单位负责日常管理和督促考核。用人单位应遵照协议，落实引进人才在滇期间各项工作、生活、待遇及服务保障，并为其建立临时档案，保障监督各项工作任务落实。

第十条 柔性引进人才在我省开展智力服务期间，应认真按照所签订协议，自觉提供相应的人才智力服务，按照按质按量完成工作任务。

第十一条 柔性引进人才聘期在1年以上的，经本人提出，可由用人单位向省人力资源和社会保障厅申请办理《云南省柔性引进人才聘任证书》，作为其享受相关优惠待遇、参与表彰奖励的凭证。

申请《云南省柔性引进人才聘任证书》应提供下列材料：

（一）《云南省柔性引进人才聘任证书申请表》。

（二）柔性引进人才合法有效身份证件、学历学位证书、专业技术资格证书以及能够佐证其业务水平的相关证明材料。

（三）双方签订的柔性引进人才协议以及引才单位的企业营业执照（事业单位法人证书、社会团体法人证书、民办非企业登记证书、党政机关介绍信或同类证明材料）。

《云南省柔性引进人才聘任证书》申办按照属地管理和省属单位归口管理相结合方式进行。州市用人单位柔性引进人才，由本州市人力资源社会保障部门汇总、审核、提出意见，向省人力资源和社会保障厅申请；省属用人单位柔性引进人才，由主管部门汇总、审核、提出意见，向省人力资源和社会保障厅申请。符合条件的申报人选，省人力资源和社会保障厅审核同意，报省人才办备案后核发证书。《云南省柔性引进人才聘任证书》有效期与协议聘期相当，逾期自动失效。有效期满需要延期的，应重新提出申请。柔性引才协议因故提前终止，用人单位负责收回《云南省柔性引进人才聘任证书》，并上交省人力资源和社会保障厅。

经批准建立“云南省院士专家工作站”的院士、专家可直接发放《云南省柔性引进人才聘任证书》。

第十二条 建立柔性引进人才信息库，对已办理《云南省柔性引进人才聘任证书》的人才进行信息采集和定期更新。各州市人力资源和社会保障部门、省直主管部门应指定专人受理相关用人单位和柔性引进人才咨询、申请、意见和建议。

第五章 优惠待遇

第十三条 柔性引进人才在我省工作生活期间，依照有关规定，凭《云南省柔性引进人才聘任证书》，享受下列优惠待遇：

（一）在科技项目立项、科技成果鼓励等方面，可享受我省同类人员待遇。

（二）持有《云南省柔性引进人才聘任证书》满1年的，可在我省参加职业（执业）资格考试和登记。

（三）柔性引进人才为我省经济社会发展作出突出贡献的，经用人单位推荐，由省人力资源和社会保障厅组织赴我省柔性引进高层次人才基地休假疗养。

（四）柔性引进人才连续在我省工作5年，且每年在我省工作时间不少于5个月的，可申报参评“云岭牌人才”和省级其他人才项目，入选者按照有关规定享受相应待遇。

（五）符合云南省高层次人才服务绿色通道条件的，可按规定享受相应待遇。

第十四条 柔性引进的高端人才，纳入领导干部直接联系人才服务和管理，定期调研、走访和座谈，协调解决工作生活问题。

第六章 附 则

第十五条 用人单位和柔性引进人才应相互尊重对方合法权益，在法律法规许可范围内按约定开展合作。柔性引才过程中发生争议的，可通过协商、调解或仲裁等方式解决。

第十六条 严禁通过签订虚假协议、谎报工作成绩等方式骗取柔性引进人才优惠待遇，对弄虚作假的个人和单位，取消《云南省柔性引进人才聘任证书》申办资格和柔性引才享受优惠待遇资格，追缴已享受的优惠待遇，并依法依规追究责任。

第十七条 柔性引进人才的劳务报酬、工作生活待遇由用人单位按照市场规则予以保障。柔性引才工作经费按照属地原则由各级各部门申报列支，按实核拨，专款专用。

第十八条 各州市和省直有关部门可参照本办法，结合实际，制定具体实施意见、配套相应优惠待遇。

第十九条 本办法由省人力资源和社会保障厅负责解释，自发文之日起施行。

附件：1．云南省柔性引进人才聘任证书申请表（略）

2．云南省柔性引进高层次人才基地建设方案（略）

云南省人才工作领导小组

2016年8月10日

昆明市促进高层次人才创新创业实施办法

（昆通〔2016〕11号）

第一章 总 则

第一条 为深入实施人才强市和创新驱动发展战略，加快形成“大众创业、万众创新”的良好局面，打造有利于人才集聚、创新创业的发展环境，发挥高层次创新创业人才对我市经济社会建设的引领支撑作用，根据《中共云南省委、云南省人民政府关于深化人才发展体制机制改革的实施意见》（云发〔2016〕27号）精神，结合昆明实际，制定以下办法。

第二条 本办法适用于高层次人才及团队在昆创新创业，其中高层次创新人才是指创新业绩显著或有较大创新潜力，依托高校、科研院所或企业研发平台和项目并致力于创新成果产业化的人才（含团队）。高层次创业人才是指带技术、项目、资金落户昆明创业，技术和产品有较好的市场前景，符合我市产业发展导向和技术创新需求，能引领我市产业发展和技术创新的优秀人才（含团队）。

第二章 引进培养政策

第三条 大力引进国内外创新创业人才和团队。

（一）对入选我市高层次人才引进工程的创业类技术领先项目、技术先进项目、技术进步项目分别给予150万、100万元、60万元创业扶持资助，资金按4∶4∶2的比例分3年到位；对入选我市高层次人才引进工程的创新类技术领先项目、技术先进项目、技术进步项目分别给予100万元、80万元、60万元创新研发启动资金，资金按7∶3的比例分两期到位；对研发成果实现产业化后市场前景广阔的重点项目，评审后再一次性给予200万元产业化资金支持。

（二）对引进国家最高科学技术奖获得者、“两院”院士领衔的创新创业团队的，每个团队给予1000万—2000万元创新研发项目产业化扶持资金；对引进国家“千人计划”“万人计划”“外专千人计划”专家团队及同等层次创新创业团队的，每个团队给予500万—1000万元创新研发项目产业化扶持资金。对我市产业发展具有奠基性、战略性、支撑性的领军人才和团队的特别重大项目实行“一事一议、上不封顶”的政策，由市人才工作领导小组研究提出意见，报市委、市政府批准后实施个性化支持政策。

（三）对我市引进并给予立项支持的高层次创新创业人才（团队），给予项目负责人30万元一次性安家费；团队其他成员租住房屋的，连续3年给予每月2000元的租房补贴。企业所在地政府按当年所缴纳个人所得税的标准（省级以下地方留成部分）给其团队成员（限3人内）予以奖励。

第四条 加大国内外智力柔性引进力度。

（一）对国家和省立项的外国专家项目，给予引智项目单位1∶1资金配套支持；获市级立项的，给予10万元资助。对产业化前景较好的引进国外新品种种植项目，给予20万元资助。对每年遴选出的引智成果示范推广基地、引智成果示范单位给予10万元资助。支持学校、医院引进高端国际化管理人才（团队），对引进在昆工作时间不少于6个月的外籍主要负责人，按引进人才报酬的50%给予用人单位引才薪酬补助，补助期限3年，每年补助金额不超过10万元。

（二）对我市企事业单位引进符合《云南省柔性引进人才办法（试行）》（云党人才〔2016〕4号）条件的高层次人才，市政府每年遴选10名特聘专家，每人给予5万元工作津贴。

第五条 加强高层次创新创业人才培养激励。

（一）从我市自主申报入选的“两院”院士，给予一次性200万元奖励，入选国家“千人计划”“万人计划”“国家杰青”及长江学者、中科院百人计划及相当层次的人才，给予一次性100万元奖励。对入选省领军型创新创业团队的，由团队所在地政府按照不低于省级财政投入额度进行配套资助。对获得国家科学技术一等奖、二等奖和省科学技术一等奖的创新团队，分别给予200万元、100万元、50万元的奖励。对评选产生的春城人才奖、春城友谊奖、市有突出贡献优秀专业技术人员、市突出贡献高技能人才，分别给予10万元、5万元、2万元、2万元的奖励。

（二）对我市博士后科研（流动）工作站研究人员出国（境）深造的，给予每人不超过10万元的资助，每年资助人数不超过10人。对市属国有企事业科研、技术和管理人员参与国际创新合作交流和出国培训的，予以优先立项。

第六条 建立市场化引才机制，积极引进国内外知名人才中介机构。对企业委托人才猎头机构引进的全职高层次人才，其负责项目被市政府立项支持的，给予用人单位引才猎头服务费50%的补助，每个项目补助金额不超过15万元。

第七条 推进人才创业创新平台建设。

（一）积极引进国内外知名高校、科研院所、企业到我市共建科研机构或创新载体，对设立研发机构或技术中心的，给予其50万元资助。对我市新建成的国家级重点实验室或工程（技术）中心，给予100万元一次性经费补助。对从我市申报新建成的国家级博士后科研（流动）工作站或分站，每年分别给予20万元、10万元建站补助，补助期限3年。

（二）鼓励支持研发能力强、产学研用结合成效显著的企业在海外和国内经济发达地区设立研发机构或技术中心，对其研发机构或技术中心项目负责人已与企业签订劳动合同并在昆明备案，且研究成果在昆明实现产业化的，经认定后给予研发机构或技术中心50万元资助。

第三章 创业扶持政策

第八条 鼓励科技人才创业和成果转化。

（一）科技人员以自主科技成果入股创办企业，以商标、专利和非专利技术等非货币财产入股的，所占注册资本比例最高可达100%。允许并鼓励人才转化科技成果，市属高校、科研院所的职务发明成果所得收益，高校可按60%—95%的比例、科研院所可按20%—50%的比例，划归参与研发的人员及其团队拥有，合同约定的从其约定。国家、省、市对科技成果完成人和为科技成果转化作出重要贡献人员的资助，不受事业单位绩效工资总额限制。

（二）鼓励高校、科研院所科研人员到企业兼职从事科技成果转化、技术攻关，所得收入由个人、单位协商分配。经所在单位和主管部门同意，科研人员可带科研项目和成果离岗创业，3年内保留人事关系，同等享有参加职称评聘、岗位等级晋升和社会保险等方面的权利；其在企业从事本专业工作期间的业绩，可作为专业技术资格评价的依据。

第九条 完善落实人才税收优惠政策。

（一）对各类人才创办的经认定为国家需要重点扶持的高新技术企业，减按15%的税率征收企业所得税。

（二）企业为开发新技术、新产品、新工艺发生的研究开发费用，未形成无形资产计入当期损益的，在按照规定据实扣除的基础上，按照研究开发费用的50%加计扣除；形成无形资产的，按照无形资产成本的150%摊销。

（三）高新技术企业发生的职工教育经费支出，不超过工资薪金总额8%的部分，准予在计算企业所得税应纳税所得额时扣除；超过部分，准予在以后年度结转扣除。

（四）在国家规定期限内，对年应纳税所得额低于30万元（含30万元）的小型微利企业，其所得减按50%计入应纳税所得额，按20%的税率缴纳企业所得税。

（五）高校、科研院所转化科技成果以股份或出资比例等股权形式给予科技人员个人奖励的，获奖人在取得股份、出资比例时，暂不缴纳个人所得税。

第四章 服务保障政策

第十条 妥善解决人才居留落户。

（一）推进外国专家证和外国人就业证“两证整合”试点工作。对申请外国人来华工作许可的国外高端人才，无犯罪记录证明采用承诺制；持其他签证或有效居留证件已入境的，可在境内直接申请外国人来华工作许可；入选国内相关人才计划的外国高端人才实行全流程在线办理，无需提交纸质材料核验。

（二）对在昆的国家“千人计划”和“外专千人计划”人选中的外籍人员，为其办理《外国人永久居留证》；对有关主管部门确认的外国高层次人才和紧缺急需人才，可申请不超过5年的《外国人居留证件》或申请入境有效期不超过5年、停留期不超过180日、多次出入境有效的访问（F）或人才（R）签证。

（三）对引进的具有中国国籍的高层次创新创业人才，其本人在市区落户不受年龄和市域范围内工作地的限制；本人和随迁的配偶、未成年子女在市区没有合法固定住所的，允许落户在人才集体户。

第十一条 对我市事业单位引进的高层次创新创业人才，可设立特设岗位，不受单位岗位总量、最高等级和各岗位结构比例限制。对在科技创新工作中业绩突出、成效显著的优秀中青年专业技术人员，可打破学历、任职资历要求，破格申报高一级专业技术职称。探索高层次人才、紧缺急需人才职称直聘办法。

第十二条 优化人才公共服务环境。对引进高层次人才的未成年子女需在昆明上学的，按照本人意愿及就近原则，由属地教育部门负责安排入学。建立市领导联系高层次人才制度和服务人才例会制度，定期组织高层次创新创业人才健康体检、疗养休假及春节慰问等活动。

第五章 组织领导

第十三条 健全工作机制。建立党委统一领导，市人才工作领导小组牵头抓总，人力资源社会保障部门具体落实，有关部门各司其职、密切配合，企事业单位等用人主体作用充分发挥，社会力量广泛参与的人才工作格局，形成统分结合、上下联动、协调高效、整体推进的人才工作运行机制。

第十四条 强化投入保障，完善考核评价。市财政根据人才和团队引进、培养、扶持、激励等实际需要，加强人才资金保障。市人才办、市人力资源社会保障局牵头市直相关部门，加强对人才政策执行情况跟踪，提高财政资金使用绩效。对发挥作用不明显的人才，可由用人单位提出申请，取消其人才待遇。

第六章 附 则

第十五条 本办法由市人才办会同市人社局、市科技局负责解释。各地可结合实际，制定相应政策措施。

第十六条 本办法自发文之日起执行。以前有关规定与本办法不一致的，按照本办法执行。

中共昆明市委

昆明市人民政府

2016年12月30日

陕西省人民政府
关于大力推进大众创业万众创新工作的实施意见

（陕政发〔2016〕10号）

为贯彻落实《国务院关于大力推进大众创业万众创新若干政策措施的意见》（国发〔2015〕32号）、《国务院关于加快构建大众创业万众创新支撑平台的指导意见》（国发〔2015〕53号）及《国务院办公厅关于发展众创空间推进大众创新创业的指导意见》（国办发〔2015〕9号）精神，立足我省建设创新型省份实际，全面推进大众创业万众创新，加快推动众创、众包、众扶、众筹等新模式、新业态发展，打造发展新引擎，增强发展新动力，提出如下实施意见：

一、深化体制机制改革

（一）加快商事制度改革。采取一站式窗口、网上申报、多证联办等措施，为创业企业提供便利的工商登记服务，实行登记注册“零收费”。加快推进“三证合一”“一照一码”改革，逐步实现企业设立、变更、注销等登记业务全程电子化。加快推行电子营业执照，企业设立实行“一表申报”，允许“一址多照”“一照多址”、按工位注册企业。（省工商局、省国税局、省地税局、省质监局、省商务厅等负责。列第一位者为牵头单位，其他有关部门或单位按职责分工负责，下同。）

（二）减免规费。对初创企业免收登记类、证照类、管理类行政事业性收费。事业单位开展各类行政审批前置性、强制性评估、检测、论证等服务并收费的，对初创企业按不高于政府价格主管部门核定标准的50%收取。（省财政厅、省物价局等负责）

（三）完善市场准入制度。积极探索交通出行、无车承运物流、快递、金融、医疗、教育等领域的准入制度创新，通过分类管理、试点示范等方式，为众包、众筹等新模式新业态的发展营造良好环境。针对众包资产轻、平台化、受众广、跨地域等特点，放宽市场准入条件，降低行业准入门槛。（省交通运输厅、省卫生计生委、省教育厅、省邮政局、省金融办、人民银行西安分行、陕西证监局、陕西银监局、省通信管理局按照职责分别负责）

二、加快构建众创空间

（四）推广新型孵化模式。充分发挥陕西创新创业联盟作用，依托省科技资源统筹中心建设“创新创业工场”“众创空间”“新创天地”，搭建企业快速成长服务平台；依托国家级、省级高新技术产业开发区以及其他各类产业园区，围绕新兴产业链培育设立专业孵化器，改造升级传统孵化器，拓展孵化功能、增强孵化能力。到2017年底前建成300家、面积达到500万平方米以上的创业创新孵化平台。（省科技厅、省发展改革委、省国土资源厅、省住房城乡建设厅、省质监局等负责）

（五）培育一批创业示范园区。各地要积极争取国家小微企业创业创新基地城市示范，充分发挥战略性新兴产业集聚区、高新技术产业园区（基地）、高技能人才培养示范基地和创新型龙头企业等优势，依托现有机构或引进国内外高层次创业运营团队，各打造1家运行模式先进、配套设施完善、服务环境优良、影响力和带动力强的示范创业创新中心。每个市（区）至少建立1家以上科技企业孵化器（包括孵化大楼、孵化工场、孵化园区等），在全省加速形成“创业苗圃+孵化器+加速器+产业园”阶梯型孵化体系。（各设区市政府、杨凌示范区管委会、西咸新区管委会负责，省科技厅、省人力资源社会保障厅配合）

（六）提升一批传统孵化器。建立“众创空间”孵化基地认定体系。对由省科技厅牵头组织认定的省级以上孵化器，由省科技厅给予20—50万元奖励。鼓励各级小微企业创业基地完善服务功能、提高服务质量、提升孵化水平。（省科技厅、省财政厅等负责）

三、完善公共服务功能

（七）发挥各类科技创新平台作用。充分发挥省科技资源统筹中心服务平台作用，各级政府建设的重点（工程）实验室、工程（技术）研究中心等科技基础设施利用财政资金购置的重大科学仪器设备按照成本价向创业创新企业开放。建设集创新创业联盟、创业苗圃、创客中心、种子基金、创业课堂、创业导师、商务秘书服务等于一体的、市场化运作的创新创业服务体系；支持众创空间、创业社区、孵化器等面向创业企业发展。（省科技厅、省发展改革委等负责）

（八）发展“互联网+”创业创新服务。通过“互联网+”整合盘活全省创业创新服务资源，加强资源共享与合作，为创业创新者提供绿色通道。推进政府和社会信息资源共享，以特许经营等方式优先支持省内企业和创业创新团队开发运营政务信息资源。发挥创业创新各类服务平台作用，定期举办创客与投资机构对接活动。（省科技厅、省发展改革委、省工业和信息化厅、省委网信办、省商务厅、省质监局等负责）

四、充分激发人才活力

（九）支持科技人员创业创新。建立更为灵活的人才管理机制，打通人才流动、使用、发挥作用中的体制障碍，最大限度支持和帮助科技人员创业创新。高等学校、科研院所职务科技成果转化收益可由重要贡献人员、所属单位约定分配，未约定的，转化收益的至少80%划归成果完成人及其团队所有。从事创业创新活动的业绩作为职称评定、岗位聘用、绩效考核的重要依据。（省科技厅、省人力资源社会保障厅、省教育厅等负责）

（十）建立科技人员双向流动机制。积极落实国有企事业单位科技人员离岗创业政策，对在陕转化科技成果或创办科技型中小企业、经同意离岗的可在3年内保留人事关系，并与原单位其他在岗人员同等享有参加职称评定、社会保险等方面的待遇；3年内要求返回原单位的，按原职级待遇安排工作。在职科技人员在完成本职工作的基础上，经单位同意，可在不侵占职务发明、单位知识产权的前提下，采取兼职兼薪方式创业或服务企业创新。支持高校科研院所高级科研人员带领团队参与企业协同创新。（省人力资源社会保障厅、省科技厅、省国资委、省教育厅等负责）

（十一）积极吸引高端人才，鼓励大学生创业创新。完善医疗养老等社会保障和子女就学、居留居住、进出境、外汇等服务机制，吸引海外高层次人才来陕创新创业。大学生自主创业可申请最高10万元创业担保贷款，合伙创业可申请最高50万元创业担保贷款。大学生回原籍创业，可获不高于2万元的一次性创业补贴。加强对高校毕业生创业的管理和服务，建立健全弹性学制管理办法。鼓励教师带领或辅导学生创业，在校大学生休学创业保留2年学籍。对众创空间内企业招用有困难的高校毕业生，给予一次性补贴支持。（省人力资源社会保障厅、省科技厅、省教育厅等负责）

五、着力拓宽融资渠道

（十二）完善投融资机制。加快实施国家新兴产业创业投资计划，新设立一批新兴产业专业领域创业投资基金和天使基金，吸引社会资本支持创业创新，强化创业投资和天使投资基金的引导作用，鼓励基金投向早期创业创新项目。支持科技成果孵化和各类人才创业，对初创项目给予额度不超过5万元、期限不超过2年的贷款，鼓励各类基金收购和转化初创成果。（省财政厅、省科技厅、省发展改革委、省教育厅等负责）

（十三）创新金融服务模式。引导天使投资、创业投资基金等支持众创、众包、众扶、众筹平台发展，鼓励符合条件的企业在创业板、新三板等上市挂牌。对于符合要求的种子基金，省科技成果转化引导基金可采取股权投入形式予以支持（投资金额不超过基金规模的10%，单个基金支持金额不超过1500万元）。到2017年，全省创业风险投资基金数量达到100支以上，资金规模超过100亿元。拓宽创客融资渠道，鼓励银行等金融机构为创客提供个人担保贷款、知识产权质押贷款、股权质押贷款等融资服务。建立知识产权质物处置机制，对以专利权质押获得贷款并按期偿还本息的创业企业，按同期银行贷款基准利率的30%—50%（总额最高不超过50万元）予以贴息。（省财政厅、省金融办、省科技厅、省教育厅、省知识产权局、省证监局，各设区市政府、杨凌示范区管委会、西咸新区管委会等负责）

（十四）加大资金扶持力度。通过市场化方式引导和调动社会资本支持创业示范基地、创客天地、新型孵化器等众创空间发展。社会资本投资建设的“众创空间”孵化基地，对其相关硬件建设给予不超过30万元的补贴，并根据运行情况、新入驻企业的数量、获得种子基金或者天使基金投资等择优给予不超过20万元的奖励。对于基地内孵化项目形成的专利，给予代办费70%的补助。（省财政厅、省科技厅、省工业和信息化厅、省教育厅、省人力资源社会保障厅、省质监局、省金融办、省知识产权局，各设区市政府、杨凌示范区管委会、西咸新区管委会等负责）

（十五）落实税收和采购政策。全面落实小微企业、科技企业孵化器、大学科技园、研发费用加计扣除、固定资产加速折旧等各项税收优惠政策。更好地发挥政府采购支持作用，不得以注册资本金、资产总额、营业收入、从业人员数量、利润、纳税额等设置政府采购准入条件。加快推广使用电子发票，支持众创、众包、众扶、众筹平台企业和采用众包模式的中小微企业及个体经营者按规定开具电子发票，并允许将电子发票作为报销凭证。（省国税局、省地税局、省财政厅、省科技厅、省工业和信息化厅等负责）

六、积极营造发展环境

（十六）加强创业创新教育。在普通高等院校、职业学校、技工学校开设创业创新类课程，并融入专业课程和就业指导课程体系。成立“陕西创业学院”，聘任高校教师、金融机构专家、天使投资人、企业家、律师等组建“双创”认证导师团队，为“众创空间”孵化基地等提供项目咨询、诊断、评价以及法律咨询等服务。对于符合条件的科技创业导师授予陕西“众创空间”创业导师证书；每年评选全省优秀创业导师10名，分别给予1万元奖励，特别优秀的导师可给予重奖。（省人力资源社会保障厅、省科技厅、省教育厅、省农业厅等负责）

（十七）加大创业创新文化宣传力度。加强各类媒体对创业创新的新闻宣传和舆论引导，报道一批先进事迹，树立一批典型人物，让大众创业万众创新在全社会蔚然成风。积极倡导敢为人先、宽容失败的创新文化，树立崇尚创新、创业致富的价值导向，大力培育创业精神和创客文化。鼓励创业孵化机构举办创业沙龙、创业创新论坛、创业创新训练营等。继续办好西安“双创”周活动。（省科技厅、省人力资源社会保障厅、省财政厅，各设区市政府、杨凌示范区管委会、西咸新区管委会等负责）

（十八）完善知识产权环境。加大网络知识产权执法力度，进一步完善众创、众包、众扶、众筹领域的知识产权保护政策。促进在线创意、研发成果及时申请知识产权保护，运用技术手段加强知识产权执法，切实维护创业创新者权益。结合典型案例，有针对性地加强知识产权相关法律法规的宣传和培训，增强中小微企业知识产权意识和管理能力。（省知识产权局牵头负责）

（十九）鼓励地方探索先行。支持各地积极探索适应新模式新业态发展特点的管理模式，及时总结形成可复制、可推广的经验。加快推进西安全面创新改革试验和西安高新区国家自主创新示范区建设，支持省内高新技术产业开发区、经济技术开发区等园区结合各自优势加大改革力度，强化对创业创新公共服务平台的扶持，充分发挥众创、众包、众扶、众筹发展的示范带动作用。（省发展改革委、省科技厅、省商务厅，相关市区政府和管委会等负责）

七、强化组织保障体系

（二十）健全工作协调机制。建立由省发展改革委牵头，省科技厅、省人力资源社会保障厅、省教育厅、省财政厅、省工业和信息化厅、省国土资源厅、省住房城乡建设厅、省农业厅、省商务厅、省工商局、省地税局、省知识产权局、省国税局、省金融办、西安市等参加的大众创业、万众创新协调推进机制，及时研究解决有关重大事项，开展创业创新政策的调查与评估，加强统筹协调，建立相关督查机制。各地、各部门要结合实际制定具体的政策措施，明确目标任务，落实工作分工，加强协调联动，形成推进合力，扎实做好创业创新各项工作，推进大众创业、万众创新蓬勃发展。

陕西省人民政府
2016年3月20日

榆林市人民政府
关于大力推进大众创业万众创新工作的实施意见

（榆政发〔2016〕27号）

推进大众创业、万众创新，对于推动经济结构调整、打造发展新引擎、增强发展新动力、走创新驱动发展道路具有重要意义，是稳增长、扩就业、激发全社会创新潜能和创业活力的重大举措。为贯彻落实《国务院关于大力推进大众创业万众创新若干政策措施的意见》（国发〔2015〕32号）和《陕西省人民政府关于大力推进大众创业万众创新工作的实施意见》（陕政发〔2016〕10号）等文件精神，结合我市实际，现提出以下实施意见：

一、总体要求

（一）指导思想。围绕“创新、协调、绿色、开放、共享”五大发展理念，坚持市场导向，健全完善体制机制，落实普惠性政策措施，优化创业创新环境，激活创业创新主体，实现创业便利化，形成愿创、善创、勇创、共创的创业创新局面。构建众创、众包、众扶、众筹等支撑平台，实施“双创”产业行动计划，以创业带动就业、创新促进发展，打造新引擎、形成新动力、实现新发展。

（二）主要目标。到2020年，基本形成政策清晰、载体多元、机制创新、服务高效、充满活力的创新创业发展格局。

——积极争取将榆林市申报设立为国家小微企业创业创新基地示范城市。

——榆林高新区争取建成国家级创新平台和双创基地；建设榆林高新区科技创新创业孵化园，形成“创业苗圃—孵化器—加速器—产业化”的创新创业孵化产业链。建成国家级煤盐化工检测检验中心、省级科技资源统筹中心榆林分中心、市级煤化工产业升级技术研发中心，打造全市电子商务平台、大学生创业创新创意平台。

——实现小微企业创业创新基地建设县区全覆盖，建成6个省级“双创”示范基地。

——建设20家以上农业“星创天地”，孵化培育创新创业企业、新型农业经营主体600家以上，聚集各类科技创新创业人才1000名以上，培养农业农村科技创业带头人1000名以上。

——每年通过创业创新带动就业3万人以上。

二、健全创业创新机制

（三）深化商事制度改革。采取一站式窗口、网上申报、多证联办等措施，为创业企业提供便利的工商登记服务，实行登记注册“零收费”。加快推进“三证合一”“一照一码”改革，逐步实现企业设立、变更、注销等登记业务全程电子化。加快推行电子营业执照，企业设立实行“一表申报”，允许“一址多照”“一照多址”、按工位注册企业。（市工商局、市国税局、市地税局、市质监局、市商务局等负责。列第一位者为牵头单位，其他有关部门或单位按职责分工负责，下同。）

（四）减免规费。对初创企业免收登记类、证照类、管理类行政事业性收费。事业单位开展各类行政审批前置性、强制性评估、检测、论证等服务并收费的，对初创企业按不高于政府价格主管部门核定标准的50%收取。（市财政局、市物价局等负责）

（五）完善市场准入制度。建立公开透明、公正统一的市场规则，逐步清理并废除妨碍创业创新发展的制度和规定，更好地支持创业创新。积极探索交通出行、无车承运物流、快递、金融、医疗、教育等领域的准入制度创新，通过分类管理、试点示范等方式，为众包、众筹等新模式新业态的发展营造良好环境。针对众包资产轻、平台化、受众广、跨地域等特点，放宽市场准入条件，降低行业准入门槛。（市交通局、市卫计局、市教育局、市邮政局、市金融办、人民银行榆林分行、榆林银监分局按照职责分别负责）

三、加快构建众创空间

（六）加快推进众创空间发展。鼓励社会资本兴办一批创业社区、创业大街、创客空间等“双创”载体；鼓励企业利用老旧厂房、闲置办公楼等设施，建设一批低成本、便利化、开放式的“双创”平台；支持各类产业园区联合特色优势企业建设一批需求明确、特色鲜明的创业创新工场；鼓励县区与高校院所、优势企业开展协同创新，共建各类创业创新载体。每县区各建设1家规范化、标准化众创空间，实现众创空间等创业创新载体全域覆盖。建立“众创空间”孵化基地认定体系。对由市科技局牵头组织认定的市级以上孵化器，由市科技局给予10万—25万元奖励。奖励资金在科技专项经费和产业发展资金中予以支付。（牵头部门：市科技局、市财政局等负责）

（七）培育一批创业示范园区。积极争取将榆林市申报设立为国家小微企业创业创新基地示范城市。充分发挥榆林高新技术产业园区优势，争取建成国家级创新平台和双创基地。支持各县区建立科技企业孵化器（包括孵化大楼、孵化工场、孵化园区等），在全市加速形成“创业苗圃+孵化器+加速器+产业园”阶梯型孵化体系。依托现有各类产业园区及闲置厂房等存量资源，通过PPP等多种方式，整合发展返乡创业园区，因地制宜，深度开发特色优势资源，顺应产业趋势和潮流，借力“互联网+”等现代商业手段，加快培育具有区域特色的优势返乡创业产业集群，引导返乡人员围绕龙头产业、龙头企业集群创业。（各县区政府、榆林高新区管委会负责，市发改委、市科技局、市人社局配合）

四、完善公共服务功能

（八）发挥各类科技创新平台作用。各重点（工程）实验室、工程（技术）研究中心等科技基础设施中，利用财政资金购置的重大科学仪器设备，按照成本价向创业创新企业开放。建设集创新创业联盟、创业苗圃、创客中心、种子基金、创业课堂、创业导师、商务秘书服务等于一体的、市场化运作的创新创业服务体系；支持星创天地、众创空间、创业社区、孵化器等面向创业企业发展。（市科技局、市物价局等负责）

（九）发展“互联网+”创业创新服务。通过“互联网+”整合盘活全市创业创新服务资源，加强资源共享与合作，为创业创新者提供绿色通道。推进政府和社会信息资源共享，以特许经营等方式优先支持市内企业和创业创新团队开发运营政务信息资源。发挥创业创新各类服务平台作用，促进创客与投资机构对接。（市科技局、市发改委、市工信局、市委网信办、市商务局、市质监局等负责）

五、充分激发人才活力

（十）支持科技人员创业创新。建立更为灵活的人才管理机制，打通人才流动、使用、发挥作用中的体制障碍，最大限度支持和帮助科技人员创业创新。高等学校、科研院所职务科技成果转化收益可由重要贡献人员、所属单位约定分配，未约定的，转化收益的至少80%划归成果完成人及其团队所有。从事创业创新活动的业绩作为职称评定、岗位聘用、绩效考核的重要依据。（市人社局、市科技局、市教育局等负责）

（十一）建立科技人员双向流动机制。积极落实国有企事业单位科技人员离岗创业政策，对在榆转化科技成果或创办科技型中小企业、经同意离岗的可在3年内保留人事关系，并与原单位其他在岗人员同等享有参加职称评定、社会保险等方面的待遇；3年内要求返回原单位的，按原职级待遇安排工作。在职科技人员在完成本职工作的基础上，经单位同意，可在不侵占职务发明、单位知识产权的前提下，采取兼职兼薪方式创业或服务企业创新。支持高校科研院所高级科研人员带领团队参与企业协同创新。（市人社局、市科技局、市国资委、市教育局等负责）

（十二）积极吸引高端人才，鼓励大学生创业创新。完善医疗养老等社会保障和子女就学、居留居住、进出境、外汇等服务机制，吸引海外高层次人才来榆创新创业。大学生自主创业可申请最高10万元创业担保贷款，合伙创业可申请最高50万元创业担保贷款。大学生回原籍创业，可获不高于2万元的一次性创业补贴。加强对高校毕业生创业的管理和服务，建立健全弹性学制管理办法。鼓励教师带领或辅导学生创业，在校大学生休学创业保留2年学籍。对众创空间内企业招用有困难的高校毕业生，给予一次性补贴支持。（市人社局、市科技局、市教育局等负责）

六、着力拓宽融资渠道

（十三）完善投融资机制。建立和完善创业投资引导机制，支持域外社会资本在我市组建各类创业投资企业，做大直接融资平台，引导创业投资更多投向初创期企业。培育聚集天使投资人，引导社会各类资金积极参与天使投资，支持发展企业化天使投资机构。探索建立创业投资与政府专项资金对接机制，利用项目对接服务，引导创业投资机构投资已获得政府专项资金支持的创业创新企业。（市财政局、市科技局、市发改委、市教育局等负责）

（十四）创新金融服务模式。引导天使投资、创业投资基金等支持众创、众包、众扶、众筹平台发展，鼓励符合条件的企业在创业板、新三板等上市挂牌。拓宽创客融资渠道，鼓励银行等金融机构为创客提供个人担保贷款、知识产权质押贷款、股权质押贷款等融资服务。（市财政局、市金融办、市科技局、市教育局、市知识产权局，各县区政府、榆林高新区管委会等负责）

（十五）加大资金扶持力度。通过市场化方式引导和调动社会资本支持创业示范基地、创客天地、新型孵化器等众创空间发展。社会资本投资建设的“众创空间”孵化基地，对其相关硬件建设给予不超过15万元的补贴，并根据运行情况、新入驻企业的数量、获得种子基金或者天使基金投资等择优给予不超过10万元的奖励。奖励、补贴资金在科技专项经费和产业发展资金中予以支付。（市财政局、市科技局、市工信局、市教育局、市人社局、市质监局、市金融办、市知识产权局，各县区政府、榆林高新区管委会等负责）

（十六）落实税收和采购政策。全面落实小微企业、研发费用加计扣除、固定资产加速折旧等各项税收优惠政策。更好地发挥政府采购支持作用，不得以注册资本金、资产总额、营业收入、从业人员数量、利润、纳税额等设置政府采购准入条件。加快推广使用电子发票，支持众创、众包、众扶、众筹平台企业和采用众包模式的中小微企业及个体经营者按规定开具电子发票，并允许将电子发票作为报销凭证。（市国税局、市地税局、市财政局、市科技局、市工信局等负责）

七、积极营造发展环境

（十七）加强创业创新教育。在普通高等院校、职业学校、技工学校开设创业创新类课程，并融入专业课程和就业指导课程体系。聘任高校教师、金融机构专家、天使投资人、企业家、律师等组建“双创”认证导师团队，为“众创空间”孵化基地等提供项目咨询、诊断、评价以及法律咨询等服务。鼓励创业孵化机构举办创业沙龙、创业创新论坛、创业创新训练营等。（市人社局、市科技局、市教育局，各县区政府、榆林高新区管委会等负责）

（十八）完善知识产权环境。加大网络知识产权执法力度，进一步完善众创、众包、众扶、众筹领域的知识产权保护政策。促进在线创意、研发成果及时申请知识产权保护，运用技术手段加强知识产权执法，切实维护创业创新者权益。结合典型案例，有针对性地加强知识产权相关法律法规的宣传和培训，增强中小微企业知识产权意识和管理能力。（市知识产权局牵头负责）

（十九）鼓励地方探索先行。支持各地积极探索适应新模式新业态发展特点的管理模式，及时总结形成可复制、可推广的经验。加强各类媒体对创业创新的新闻宣传和舆论引导，报道一批先进事迹，树立一批典型人物，让大众创业万众创新在全社会蔚然成风。积极倡导敢为人先、宽容失败的创新文化，树立崇尚创新、创业致富的价值导向，大力培育创业精神和创客文化。（市发改委、市科技局、市人社局、市财政局，各县区政府、榆林高新区管委会等负责）

八、强化组织保障体系

（二十）加强统筹协调和责任落实。建立由市发改委牵头，市财政局、市科技局、市人社局、市教育局、市工信局、市国土资源局、市住建局、市农业局、市商务局、市工商局、市地税局、市国税局、市知识产权局、市金融办等有关部门参与的大众创业、万众创新协调推进机制，及时研究解决有关重大事项，开展创业创新政策的调查与评估，加强统筹协调，建立相关督查机制。各县区、各部门要结合实际制定具体的实施细则，明确目标任务，落实工作分工，加强协调联动，确保政策措施落地生根。（联席会议牵头部门为市发改委，各部门负责制定实施细则）

各县区、各部门要强化思想认识，认真落实本实施意见的各项要求，切实抓好各项政策措施的贯彻落实，及时总结推广成功经验和做法，努力拓展大众创业、万众创新空间，汇聚经济社会发展新动能，促进全市经济社会持续平稳健康发展。

榆林市人民政府

2016年8月5日

青海省“高端创新人才千人计划”实施方案

（青办字〔2016〕32号）

为深入贯彻落实党的十八大和十八届三中、四中、五中全会和习近平总书记系列重要讲话精神，以及省委省政府人才强省战略部署，根据中央《关于深化人才发展体制机制改革的意见》和《青海省国民经济和社会发展第十三个五年规划纲要》，制定本方案。

一、总体要求、基本原则和主要目标

（一）总体要求。

贯彻落实省委省政府关于高端创新人才队伍建设的部署要求，紧扣青海省经济社会发展需求，整合衔接“昆仑英才”“昆仑学者”、人才小高地等计划，以增强创新能力为导向，充分利用省（国）内外人才资源，坚持盘活存量与扩大增量并举，通过对外引进和自身培养，重点在科技创新、产业发展、企业管理等领域，汇聚1000名左右高端创新人才，带动各类人才队伍建设取得明显成效，推动全省产业转型升级和创新发展，同时把青海省打造成西部地区具有影响力的高端创新人才聚集地。

（二）基本原则。

——服务大局、人才先行。紧扣“四个全面”战略布局、五大发展理念和青海省“十三五”规划提出的“131”总体要求，推进人才强省战略，坚持人才队伍建设优先布局、优先投入，不断提升高端创新人才对青海省经济社会发展阶段的适应性、支撑性和引领性。

——以用为本、引培并举。遵循人才成长规律，强调以用为本、突出重点，提高高端创新人才对产业发展的匹配度和对社会发展的覆盖面。坚持存量盘活和增量引进并举，广开渠道，深度培养本土人才，创新载体，精准引进急需紧缺人才。

——统筹力量、协调整合。坚持上下联动，充分发挥政府的引导作用和用人单位的主体作用；坚持多元支撑，构建各种主体多元投入和各级政府多层投入的立体投入机制。整合衔接各类人才工程，加力升级统筹推进高端创新人才队伍建设。

——创新机制、优化环境。坚持党管人才原则，完善人才工作运行机制，健全人才评价、流动和激励机制，构建科学规范、开放包容、运行高效的人才发展治理体系和“近者悦、远者来”的人才发展生态环境，提高高端创新人才的使用效能。

（三）主要目标。

围绕“三区”建设，重点引进和培养现代生态农牧业，盐湖化工、有色冶金等传统优势产业，新能源、新材料、电子信息、生物医药、高端装备制造等战略性新兴产业，节能环保、信息技术应用等工业新业态，旅游、金融、物流等现代服务产业，以及政治建设、社会建设、文化建设、生态文明建设等领域的高端创新人才。从2016年起，每年引进和培养5名左右杰出人才、35名左右领军人才、160名左右拔尖人才。到2020年，引进培养1000名左右高端创新人才，建设一支能够突破关键技术、带动新兴产业、建设新兴学科的高端创新人才队伍。

二、引进培养对象

（一）引进人才。

1．“高端创新人才千人计划”杰出人才。2016—2020年，每年引进杰出人才2名左右，5年共引进10名左右。引进对象包括下列具备重大的创新创业和企业管理成就，具有重要影响力，能够在青海省科技创新、产业发展、企业管理等领域发挥显著引领作用的国内外高端创新人才：

（1）中国科学院院士、中国工程院院士；

（2）国家自然科学奖、国家技术发明奖、国家科技进步奖、国家级教学成果奖一等奖主要获奖者；

（3）国家“千人计划”人选，“万人计划”第一、二层次人选，“百千万人才工程”国家级人选，教育部“长江学者奖励计划”特聘教授，国家级教学名师，国家杰出青年科学基金获得者，全国杰出专业技术人才，国家有突出贡献的中青年专家；

（4）国家级重点学科、重点实验室、工程技术（研究）中心、国家重大科研项目、国家重点工程建设项目以及国外重要研究机构的首席科学家或主要学术负责人；

（5）上市公司创始人，世界500强、中国500强企业高管或项目管理、资本运作、市场营销等方面的专门人才。

2．“高端创新人才千人计划”领军人才。2016—2020年，每年引进领军人才16名左右，5年共引进80名左右。引进对象包括下列具备突出的创新创业和企业管理业绩，在所属领域具有较大影响力，能够在青海省科技创新、产业发展、企业管理等领域发挥重要带动作用的国内外高端创新人才：

（1）国家自然科学奖、国家技术发明奖、国家科技进步奖二等奖或省部级科技进步奖、哲学社会科学优秀成果一等奖主要获奖者；

（2）享受国务院特殊津贴专家，国家“万人计划”第三层次人选，国家优秀青年科学基金获得者，科技部“创新人才推进计划”入选者，教育部“新世纪优秀人才支持计划”入选者，全国文化名家暨“四个一批”人才，中科院“百人计划”入选者，国家卫生计生委有突出贡献的中青年专家，中华技能大奖等国家级荣誉称号和奖励获得者；

（3）国家级重点学科、重点实验室、工程技术（研究）中心、国家重大科研项目、国家重点工程建设项目、全国理论工作重点平台、重点智库以及国外重要研究机构的重要学术负责人；

（4）规模以上工业企业创始人、重要高管或项目管理、资本运作、市场营销等方面的专门人才。

3．“高端创新人才千人计划”拔尖人才。2016—2020年，每年引进拔尖人才62名左右，5年共引进310名左右。引进对象包括下列具备突出的创新创业、企业管理能力和潜力，能够在青海省科技创新、产业发展、企业管理等领域发挥骨干支撑作用的国内外高端创新人才：

（1）省部级优秀专家和优秀专业技术人才；

（2）在国内外著名高校、科研院所、知名企业、金融机构、医疗机构和高端智库担任技术领导职务的专家、学者和长期从事教学、科研、管理工作的优秀拔尖人才；

（3）专业为青海省急需紧缺的国内外高校优秀博士毕业生，以及青海省博士后科研工作站、流动站优秀在站博士后研究人员，经认定可破格入选；

（4）青海省经济社会发展重点领域急需紧缺的其他各类优秀拔尖人才。

4．“高端创新人才千人计划”创新创业团队。2016—2020年，5年引进5个左右创新创业团队。团队核心成员一般不少于3人，且至少有1名成员达到“高端创新人才千人计划”领军人才层次，或者团队整体具备以下条件之一：

（1）省部级以上科研成果奖获奖团队；

（2）上市公司或者规模以上工业企业创始团队或高管团队；

（3）在青海省重点产业领域拥有重要科技成果或转化项目的创业团队。

（二）培养人才。

高度重视“十三五”经济社会发展重点领域存量高端创新人才培养。不断扩大高端创新人才在社会群体、发展环节、民生领域的覆盖面。重视培养少数民族、女性以及艰苦地区、基层优秀人才。

1．“高端创新人才千人计划”杰出人才培养人选。2016—2020年，每年培养3名左右杰出人才培养人选，5年共培养15名左右。培养人选应具备突出的创新创业、企业管理能力和水平，是青海省科技创新、产业发展、企业管理等领域的带头人，经过特别支持能够在本领域发挥显著引领作用。5年内，争取有5名左右培养人选经过特别支持，达到参评“两院院士”，国家“万人计划”第一、二层次人选，杰出青年科学基金获得者等国家级人才工程杰出人选的水平。

2．“高端创新人才千人计划”领军人才培养人选。2016—2020年，每年培养19名左右领军人才培养人选，5年共培养95名左右。培养人选应具备优秀的创新创业、企业管理能力和水平，是青海省科技创新、产业发展、企业管理等领域的中坚力量，具备在本领域发挥重要带动作用的潜力。5年内，争取有50名左右培养人选经过特别支持，达到参评国务院特殊津贴专家、“科技创新人才推进计划”中青年科技创新领军人才、全国文化名家暨“四个一批”人才等国家级人才工程领军人选的水平。

3．“高端创新人才千人计划”拔尖人才培养人选。2016—2020年，每年培养98名左右拔尖人才培养人选，5年共培养490名左右。培养人选应具备坚实的创新创业、企业管理能力基础，发展水平在本行业同龄人中处于领先位置，具备在本领域发挥骨干支撑作用的潜力。5年内，争取有200名左右培养人选经过特别支持，在学术、技术和政策咨询上达到省内领先水平。

4．“高端创新人才千人计划”创新创业团队。2016—2020年，每年培养10个创新创业团队，5年共培养50个左右。培养的团队应具有良好的创新成果、创业实践或企业经营业绩基础，经过培养能够在青海省科技创新、产业发展、企业管理等领域发挥明显推动作用。团队核心成员一般不少于3人，且至少有1名成员达到“高端创新人才千人计划”领军人才培养人选或以上层次。

三、引进培养方式

引进人才采取直接引进或柔性引进的方式从省（国）外引进。直接引进可采取工作调入、创办企业或领办企业等形式；柔性引进可采取兼职、科研项目合作和成果转化等方式。培养人才采取访学研修、项目攻关、学业深造、实践锻炼、继续教育、合作交流等途径。

（一）直接引进方式。

1．工作调入。引进人选人事关系迁入青海省，并与青海省用人单位签订聘期不少于3年的聘用协议。

2．创办企业。引进人选在青海省重点产业领域拥有创新成果或创业项目，在青海省创办新企业。

3．领办企业。引进人选具有重要的企业管理经验和业绩，聘任为青海省重点企业高管，并签订经营管理责任协议。

4．其他方式。引进人选在青海省以其他方式服务，经认定符合全职工作条件的，也可以纳入直接引进人选。

引进方式应充分考虑人选的实际情况，直接引进后，允许人才有一定适应期。

（二）柔性引进方式。

1．兼职服务。通过担任顾问、兼职（客座、讲座、特聘、名誉）教授（研究员、工程师），聘请各类急需紧缺人才为青海发展提供智力服务。实施“银发工程”，返聘精力充沛的退休专家学者指导青海省科技教育和经济社会发展。

2．“候鸟式”聘任。利用专家学术休假或暑假时间，吸引专家学者每年相对固定地在夏季来青稳定开展教学科研、学术讲座、人才培养、技术指导、技术推广等智力服务。

3．项目招标。充分依托青海省“十三五”期间实施的“4322”工程，采用项目招标、课题委托等方式，吸引研发和创新人才为青海省奋力打造“三区”提供智力支持。

4．联合攻关。加大企业、科研院所、高校等用人单位与高端创新人才密集机构合作力度，在“十三五”重点产业科技支撑工程、生态环保科技创新工程、农牧业科技创新工程、科技惠民工程等重大科技创新领域，采取联合攻关、技术合作等形式吸引外部人才智力服务青海。

5．成果转化。发挥青海中关村高新技术产业基地、国家大学科技园等载体的作用，吸引掌握创新成果的专家通过技术许可、技术转让、技术入股等方式在青海省转化科技成果，为企业提供技术支持和服务。

6．其他方式。把握中央机关、兄弟省份和中央企业对口援青以及“一带一路”战略等机遇，依托省院合作、省校合作、中央博士服务团、推进“一带一路”建设专家团、“京青专家服务团”和人社部“万名专家基层服务行”、海外赤子为国服务行动计划等活动的重要桥梁作用，促进青海省高校、科研院所和企事业单位加强与高端创新人才以及高端创新人才密集地区和机构对接，按照“因才制宜、一事一议、特事特办”的原则，采取智库合作、服务外包、人才租赁等形式，吸引高端创新人才为解决青海经济社会重大课题提供智力服务。

（三）引进渠道。

1．项目引才。围绕加强生态保护与建设、推动绿色低碳循环产业发展、实施“三区一带”农牧业发展战略、打造“四个百亿元”产业、实施传统工业“百项改造提升工程”和“百项创新攻坚工程”、着力构建“四个千亿”产业集群等重大项目，充分发挥重大项目的舞台效应，把人才引进纳入项目顶层设计，吸引聚集一批青海省紧缺急需的优秀创新人才、创业人才和企业经营人才。

2．基地引才。依托三江源生态与高原农牧业国家重点实验室、省生态环境遥感监测中心院士专家工作站、省地质调查院博士后科研工作站等省部级及以上重点实验室、工程（技术）研究中心、院士专家工作站、博士后工作站、流动站以及专家服务基地，发挥基地对人才的承载作用，实现基地建设和人才聚集的相互促进。

3．园区引才。发挥西宁（国家级）经济技术开发区、海东工业园、柴达木循环经济试验区、盐湖资源综合利用产业集群、国家级高新技术开发区、国家级农业科技园等农牧业产业园、工业园区、产业集聚区、科技园和创业园的创新生态效应，以全新的创新创业硬件和软件环境，吸引高端创新人才和团队来青海省创新创业。

4．合作引才。本着互惠互利、资源共享的原则，进一步深化与中央国家机关和对口支援帮扶省市的人才合作，积极拓展与省外政府部门、重要教学科研机构和著名企业的人才合作关系，通过政府间合作、政研（校、企）合作引进高端创新人才。

5．以才引才。充分发挥高原医学、新材料、新能源等领域重要专家学者、高端创新人才专业影响力大、人才接触面宽、识才本领高、引才能力强等优势，通过高端创新人才不断延伸人才吸引链条，实现以才引才和“连锁”引才。

6．出门引才。实施“走出去”引才引智行动：全省统一组织，主动到人才聚集地整体推介青海人才政策、推广青海人才工作品牌，“打包”出门引才；分行业、分领域赴省外著名高校、科研院所、知名企业现场招聘人才，“组团”出门引才；与招商引资、项目洽谈、旅游推介等工作相结合，“捆绑”出门引才。

7．第三方引才。探索与影响大、信誉好的知名人才中介机构、猎头公司建立合作关系，通过第三方专业机构提高引才针对性、有效性。

8．“互联网+”引才。把握“互联网+”的机遇，主动与高端创新人才信息平台对接，重视发挥新媒体作用，构建高端创新人才需求全媒体信息渠道，实现人才引进工作线上与线下的有效互动，拓展引才空间。

9．活动引才。充分利用“青洽会”“国际藏毯展览会”“环湖赛”等大型展会、赛事，以及学术会议、专家考察、学术论坛、企业家沙龙、专家服务等活动，搭建引才平台。

坚持“以用为本”，将直接引才与柔性引才有机结合，采取灵活多样方式引进人才，着力提高引进人才的效率和效果。

（四）培养方式。

1．访学研修。依托“西部之光”访问学者等国家人才项目，有计划、有重点地选送优秀人才到省外著名高校、科研机构、医疗单位从事访学研修。每年选派30名“西部之光”访问学者到发达地区进行为期1年的访学研修。利用“西部人才培养特别项目”等国家级项目，公派一批急需紧缺专业人才以访问学者、从事博士后研究工作等形式赴国外研修。

2．项目攻关。鼓励用人单位积极申报设立院士工作站、博士后工作站和流动站等创新平台，实行“人才+项目”的培养模式，支持培养对象承担国家和省级重大科研项目、重要研究课题。

3．学业深造。积极与高等院校建立人才培养合作关系，鼓励和支持应用型人才结合工作需要攻读专业硕士学位，鼓励和支持学术人才到重点高校攻读博士学位。

4．实践锻炼。利用扶贫攻坚、万名干部下乡、科技型和高新技术企业“两个倍增”工程、科技“小巨人”计划等活动、项目，组织培养对象参与全省重大攻关课题、重大建设工程、重大创新项目，参加基层一线科技服务，在实践中提升创新能力和综合素质。通过挂职锻炼、联合攻关等途径，到中央企业、著名高校、科研院所锻炼提高。

5．继续教育。充分发挥现有的国家级继续医学教育项目、青海省专业技术人员继续教育培训平台等载体的作用，通过建设国家级、省级继续教育基地、自主打造高端研修项目，以及委托办班、购买服务、校企合作定向培养等方式，有计划地安排培养对象参加继续教育。

6．合作交流。积极创造条件，鼓励和支持培养对象参与国内外交流与合作，掌握现代学术动态和最新前沿理论，提高参与本领域国内（际）竞争与合作的素质和能力。支持系统主管部门结合行业特点，举办学术会议或论坛，鼓励培养对象参加国内外学术交流活动。

四、评审认定程序

“高端创新人才千人计划”引进、培养人选评审要坚持科学的认定方法和严谨的认定程序，坚持公开、公正、公平、竞争、择优的原则。其认定方法和程序如下。

（一）采集信息和发布需求。

各市州、省直各单位、各工业园区、高校申报下一年度本地本系统用人单位高端创新人才需求计划，报省人力资源社会保障厅汇总初审，经省人才工作领导小组办公室审定后，由省人力资源社会保障厅公开发布《青海省高端创新人才需求目录》。

（二）推荐申报。

引进培养人选的推荐申报工作按照个人申请、单位推荐、主管部门审核的程序进行。

1．拟申报“高端创新人才千人计划”引进人才和培养人才的人员，向单位提交个人申请。

2．用人单位对照“高端创新人才千人计划”引进人才和培养人才的基本条件进行推荐，将推荐人选申报材料报送至省直归口部门或省直行业主管部门初审，初审合格的，由省直归口部门或省直行业主管部门报省人力资源社会保障厅。各市州的申报人员，经各市州人才工作领导小组审核后，统一向省人力资源社会保障厅推荐申报。

3．归口申报部门为：省委宣传部负责省直宣传文化单位和各类智库的推荐申报；省科技厅负责省属科研院的推荐申报；省教育厅负责省属高校的推荐申报；省经济和信息化委（省国资委）负责省管企业的推荐申报；省卫生计生委负责省级医疗机构的推荐申报；各工业园区、示范园、科技园负责所属园区入驻企业的推荐申报。

（三）评审认定。

省人力资源社会保障厅对申报材料进行初审后，牵头相关部门，邀请省内外科技创新、企业管理、人才管理等方面资深专家组成专家评审组，对申报人选的创新创业或企业管理能力、实绩和贡献等进行综合评价，拟定“高端创新人才千人计划”引进、培养人选，报省人才工作领导小组审定，并向社会公示，公示无异议后，确定入选名单。

每年6月和12月组织两次引进培养人选评审认定。

五、支持方式

（一）引进人才。

引进的杰出人才、领军人才和拔尖人才可分别享受150万元左右、100万元左右和40万元左右特殊支持。

引进创新创业团队成员按照入选引进层次可享受特殊支持，引进团队可享受20万元建设经费支持。

柔性引进的高端创新人才，参照在青工作时间和业绩贡献，享受相应比例的特殊支持。

引进人才同时可享受薪酬、落户、住房、财政、社会保险、医疗保障、配偶安置、子女生育、子女教育、创办企业、职称评审、人员编制、激励奖励等方面的优惠政策。

用人单位和相关部门优先支持引进人才申请省内外创新课题和人才项目，参加国内外学术技术交流活动；积极推荐符合条件的优秀引进人才为党代表、人大代表和政协委员人选；根据工作需要，推荐符合条件的人才作为领导干部后备人选。

（二）培养人才。

杰出人才、领军人才、拔尖人才培养人选可分别享受100万元左右、60万元左右、20万元左右的特殊支持。

培养创新创业团队成员按照入选培养层次可享受特殊支持，培养团队享受10万元的建设经费支持。

用人单位和相关部门对培养人才给予必要的科研项目支持，在同等条件下，优先推荐培养人才申报职称和参加评奖评优；优先支持引进培养人才到国内重点院校、科研院所深造和出国研修；申请省内外创新课题，参加国内外学术技术交流活动；积极推荐符合条件的优秀人才为党代表、人大代表和政协委员人选；根据工作需要，推荐符合条件的人才作为领导干部后备人选。

六、工作机制

贯彻落实中央深化人才发展体制机制改革意见，遵循社会主义市场经济规律和人才成长规律，健全完善人才工作运行机制、目标责任制、投入机制、评价机制和激励机制，着力构建“高端创新人才千人计划”保障机制。

1．完善人才工作运行机制。坚持党管人才领导体制，完善党委统一领导，组织部门牵头抓总，宣传、人力资源等有关部门各司其职、密切配合，社会力量发挥重要作用的“高端创新人才千人计划”工作新格局。

2．建立人才工作目标责任制。进一步明确部门、市州和用人单位的人才工作职责，分解落实“高端创新人才千人计划”工作任务；制定人才工作专项考核办法，以“高端创新人才千人计划”落实措施和成效为主要指标构建客观的人才工作评价体系，进一步明确考核指标，完善考核方法，增加人才工作在各级党政班子和领导干部考核中的权重，通过自我评价和外部评价，重点考核各市州党委政府及省直各单位领导班子和领导干部围绕组织领导、政策配套、环境营造、资源投入、工作成效等开展工作的情况。

3．健全多元化投入机制。优化财政支出结构，完善人才发展投入机制，加大人才开发投入力度。健全政府、社会、用人单位多元化投入和省、市（州）、县（区、市）多级投入的人才工作立体投入机制和构架，全方位筹集人才队伍建设资金。建立政府对人才资本的优先投入机制、先导投入机制，保障“高端创新人才千人计划”的投入强度，尽快使青海省人才资本投入达到中西部地区、乃至全国平均水平。

4．建立务实的评价机制。改进人才评价考核方式，发挥政府、市场、专业组织、用人单位等多元评价主体作用，建立科学化、社会化、市场化的人才评价机制。坚持德才兼备，注重凭能力、实绩和贡献评价人才，克服唯学历、唯职称、唯论文等倾向，建立科学、公平、透明的人才评价体系。探索建立符合不同职业特点的人才评价机制。

5．建立有效的激励机制。用好评价结果，对工作绩效突出的引进和培养人才予以奖励。切实保护知识产权，完善科研人员收入分配政策，实行以增加知识价值为导向的激励机制，依法赋予高端创新人才更高的成果转化收益分享比例，更多的人财物支配权、技术路线决定权，充分调动高端创新人才的主观能动性。

中共青海省委办公厅
青海省人民政府办公厅
2016年4月21日

宁夏回族自治区人民政府关于大力推进大众创业万众创新若干政策措施的实施意见

（宁政发〔2016〕54号）

为贯彻落实《国务院关于大力推进大众创业万众创新若干政策措施的意见》（国发〔2015〕32号），推动形成大众创业、万众创新的良好发展环境，激发全区创业创新动力，结合我区实际，提出如下实施意见：

一、营造良好发展环境

（一）提高行政效能。结合推行政府权力清单和责任清单制度，全面清理调整与创业创新相关的项目审批、中介服务、资格认证等事项，进一步减少行政审批事项和审批环节，保留的事项全部向社会公开，公开办理事项全部进驻政务服务大厅。继续深化投资体制改革，完善优化并联审批流程，加强和改进事中事后监管，全面运行宁夏投资项目在线审批监管服务平台，提高审批效率，提升监管水平。拓展“政务云”覆盖范围和应用深度，实现行政审批服务事项网上办理，全程监控服务动态，为创业创新主体提供更加高效优质的服务。（自治区编办、政府法制办、发展改革委、财政厅、经济和信息化委、国土资源厅、住房城乡建设厅、环境保护厅、人力资源社会保障厅、信息化建设办、政务服务中心等部门负责）

（二）维护公平竞争市场秩序。加快自治区公共信用信息共享平台建设，实现信用信息的互联互通，建立以信用为基础的新型市场监管机制。建立定期分行业公布失信企业黑名单制度，把创业主体信用与市场准入、享受优惠政策挂钩，加大失信惩戒力度，使失信者“一处失信、处处受限”。依法反垄断和反不正当竞争，严肃查处损害竞争、妨碍创业创新发展的垄断行为，严厉打击虚假宣传、哄抬价格、串通涨价、价格欺诈等不正当竞争行为，保护创业创新主体合法权益。（自治区工商局、发展改革委、商务厅、地税局、质监局、物价局，宁夏国税局、人行银川中心支行等部门负责）

（三）深入推进商事制度改革。做好工商营业执照、组织机构代码证、税务登记证“三证合一”“一照一码”“先照后证”登记制度改革实施工作，加快推进全程电子化登记和电子营业执照应用。支持各市、县（区）人民政府结合实际，继续放宽新注册企业场所登记条件限制，推动“一址多照”、集群注册等注册企业场所登记改革，持续推动工商登记注册便利化。推进吴忠市企业简易注销试点工作，总结经验，逐步向全区范围推广。进一步完善全区小微企业名录，增强创业企业信息透明度。（自治区工商局牵头负责）

（四）加强创业知识产权保护。推动落实自治区知识产权战略实施行动计划（2015年—2020年），发挥好知识产权制度对创业创新的保障作用。鼓励市场主体创造和运用知识产权，建立面向创业创新的知识产权服务绿色通道，促进创新成果知识产权化。利用好中阿博览会平台，建设中阿专利数据中心，推动创新创业知识产权流转和运用。加强文化创意等新形态创新成果的知识产权保护，充分调动权利人维权意识，加大对恶意侵权等行为的处罚力度。（自治区知识产权局牵头负责）

（五）培养创新型人才队伍。实施院士后备人才培养、领军人才培养、青年拔尖人才培养等人才工程和海外引才百人计划、国内引才312计划等人才引进计划，培养造就一批科技领军人才、企业家人才、金融高端人才和高技能人才，使创新型人才队伍基本适应经济社会发展需要。构建政府引导服务、市场有效配置、单位自主用人、人才自主择业有机统一的人才管理服务机制，建立健全人才培养、人才评价、人才引进、人才流动和激励保障机制，完善人才服务保障体系，在各级政务服务中心设立“一站式”人才服务窗口，为人才提供便捷高效服务。实施“塞上骄子回乡行”计划，支持宁夏籍人才返乡创业创新。（自治区人力资源社会保障厅牵头负责）

二、完善财税扶持政策

（六）加大财政支持和统筹力度。充分发挥自治区产业引导基金杠杆作用，引导社会资金和金融资本共同支持创业创新。积极支持中小企业参与政府采购，加大对创新产品和服务的购买力度，促进创新产品的研发和规模化应用。在确保公平竞争的前提下，鼓励各地对众创空间等孵化机构给予适当补贴，减轻创业者负担。各地要根据创业创新需要，统筹安排各类支持小微企业和创业创新的资金，逐步扩大资金规模，强化预算执行和监管，加强资金使用绩效评价。（自治区经济和信息化委、财政厅等部门负责）

（七）落实税费支持政策。严格执行国家扶持小微企业、高新技术企业、科技企业孵化器、大学科技园、技术转让、研发费用加计扣除、固定资产加速折旧等普惠性税收优惠政策。对符合条件的采取股权投资方式投资于未上市中小高新技术企业2年以上的创业投资企业，落实按其对中小高新技术企业投资额的70%抵扣该创业投资企业的应纳税所得额的政策。按照《自治区人民政府关于进一步做好新形势下就业创业工作的实施意见》（宁政发〔2015〕64号）和《自治区人民政府办公厅关于支持农民工等人员返乡创业的实施意见》（宁政办发〔2015〕164号），落实促进返乡农民工、高校毕业生、残疾人、退役军人、登记失业人员等创业就业税收政策。完善收费目录管理制度，规范涉企收费项目，取消除国家和自治区批准以外的政府性基金和行政事业性收费，收费标准有上下限的一律按下限收费，降低创业创新成本。（自治区财政厅、地税局、人力资源社会保障厅、科技厅、发展改革委、物价局，宁夏国税局等部门负责）

三、构建多元化投融资体系

（八）建立创业投资引导机制。在自治区产业引导基金范围内，引入国有企业、社会资本、创业投资机构等，组建自治区创业创新投资基金，与国家新兴产业、科技型中小企业创业、科技成果转化、中小企业发展等投资引导基金协同联动。基金重点支持市场主体开展科技创新、产品创新、服务创新，扩大创新产品和服务有效供给。积极支持创业企业起步成长，对基金参股的私募股权投资基金投资我区初创期中小企业、创业企业的，投资获利退出时，可以从政府产业引导基金收益中安排一定比例的投资奖励。（自治区经济和信息化委、财政厅、人力资源社会保障厅、科技厅、发展改革委、民政厅、金融工作局等部门负责）

（九）拓宽投融资渠道。落实改善金融发展环境支持金融业发展的奖励补助政策，充分利用资本市场融资功能，支持符合条件的创业创新企业在主板、中小板、创业板、“新三板”、区域股权交易市场上市、挂牌融资。支持创业创新企业采用公司债、中期票据、短期融资券、企业债等方式融资。发挥宁夏股权托管交易中心作用，为创业创新企业提供股权融资、债权融资等综合服务。扩大小微企业“助保贷”、科技型小微企业风险补偿贷款规模，开展小微企业贷款保证保险试点，优化小微企业金融服务。稳步推进股权众筹融资试点，支持小微企业和创业者通过股权众筹融资方式多渠道募集资金。支持天使投资基金、创业投资基金的设立和发展，大力培育本土创业投资团队，吸引和聚集国内外优秀创投企业到我区创业。鼓励担保机构面向创业创新企业积极开展担保业务。（自治区金融工作局、科技厅、非公经济服务局、财政厅，人行银川中心支行、宁夏银监会、宁夏证监会、宁夏保监会等部门负责）

（十）创新金融支持方式。支持银行、证券、保险等金融机构，开发符合大众创业万众创新特点的结构性、复合性金融产品和服务，探索采取投贷联动、投保联动、投债联动等新模式，加大对创业创新企业的融资支持。鼓励商业银行为企业创新活动提供股权和债权相结合的融资服务，扩大知识产权、股权、仓单、订单、应收账款和票据等质押贷款规模。引导地方商业银行创新组织架构、管理方式，面向创业创新企业，提供结算、融资、理财、咨询等一站式系统化的金融服务，提高针对创业创新企业的金融服务专业化水平。（自治区金融工作局、科技厅，人行银川中心支行、宁夏银监会、宁夏证监会、宁夏保监会等部门负责）

四、强化创业创新服务支撑

（十一）打造创业创新平台。建设银川区域性创业创新城市，加快推进石嘴山小微企业创业基地城市建设。建设集科技交流、技术转移转化服务等功能为一体的中阿技术转移中心，打造中阿科技合作与技术转移承载平台。进一步提升银川IBI育成中心、银川科技园创业创新孵化能力，将其建成西部重要的创业创新平台。研究制定众创空间认定管理办法，支持各类高新技术开发区、科技园区、文化产业园区及城市配套商业区引入创业咖啡、创新工场等新兴孵化器，建设一批特色化众创空间。鼓励企业发展新型创业平台，支持创业者创业，增强企业创业创新活力。建立创业政策集中发布平台、众创空间共享服务平台，为创业者提供低成本、便利化、开放式的公共服务。定期办好宁夏创新创业大赛，鼓励社会团体、行业协会举办创业训练营、创新成果展示、创业项目推介等公益活动。（自治区科技厅、人力资源社会保障厅牵头负责）

（十二）加强创业创新孵化服务。建立国家和自治区级科研平台向社会开放机制、全区大型科研仪器设备共享机制，高效利用科研技术平台，开展面向创业者的社会服务。支持宁夏大学等区内外高校和科研院所发挥人才和技术优势，为创业者提供技术支撑服务，促进创业孵化与技术成果转移相融合。大力发展企业管理、财务咨询、市场营销、人力资源、法律顾问、知识产权、检验检测、现代物流等第三方专业化服务，支持行业协会等社会组织开展咨询、评估、鉴定等服务，丰富和完善创业创新服务。不断提升孵化基地功能，对达到国家和自治区示范性创业孵化基地建设标准的，按照后补助的方式，根据孵化基地科技研发成果、技术成果转化、实际应用效益等给予一定奖补。（自治区科技厅、人力资源社会保障厅、财政厅、教育厅、民政厅等部门负责）

（十三）发展“互联网+”创业服务。加快构建自治区“互联网＋”创业网络体系，推动创业创新资源集聚、开放和共享，促进创业与创新、创业与就业、线上与线下相结合，降低创业门槛和成本。完善全区统一的电子政务外网和电子政务公共云平台，建设政务大数据服务平台，拓展政务、社保、扶贫等“8+N”朵云应用，为创业者提供跨部门、一站式的便捷信息服务。推动互联网企业和基础电信企业向创业者开放计算、存储和数据资源。积极推广众包、用户参与设计、云设计等创业创新模式。加快建设网上丝绸之路，鼓励和引导区内外知名电商和云计算企业开展面向丝绸之路沿线国家的跨境电子商务、云服务等业务，带动我区“互联网+”创业创新服务向更高水平迈进。（自治区发展改革委、科技厅、经济和信息化委、人力

资源社会保障厅、网信办、信息化建设办等部门负责）

五、激发创业创新主体活力

（十四）支持科研人员创业。建立完善高校、科研院所等事业单位在职创业、离岗创业政策，鼓励科研人员带头创业。对于离岗创业的，按人事管理权限，经上级主管部门审核批准，可在3年内保留人事关系和社会保险，离岗期间与原单位其他在岗人员同等享有参加职称评聘、岗位等级晋升等方面的权利。建立健全科研人员双向流动机制，鼓励有创新实践经验的企业家和企业技术人员到高校和科研机构兼职。推进农村科技特派员创业创新，落实科技特派员创业的各项优惠政策。完善创新型中小企业上市股权激励和员工持股计划制度规则，鼓励符合条件的企业按照有关规定，通过股权、期权、分红等激励方式，调动科研人员创业积极性。（自治区人力资源社会保障厅牵头负责）

（十五）支持大学生创业。全面实施自治区大学生创业引领计划，落实普及创业教育、开展创业培训、放宽准入条件、减免各项税费、给予财政补贴等各项政策措施。鼓励高校成立创业创新服务中心，创办大学生创业孵化园，搭建高校创业信息交流平台，聘请成功创业者、天使投资人、知名学者和企业家担任兼职创业导师，加强对大学生创业的辅导服务。研究制定弹性学制管理办法，建立学分积累与转换制度，支持大学生保留学籍休学创业。深化高等学校创新创业教育改革，把创新创业教育融入高校人才培养体系，鼓励支持高校建设一批创新创业学院和创客空间，增强学生的创新精神、创业意识和创业创新能力，提高人才培养的针对性、应用性。（自治区人力资源社会保障厅、教育厅牵头负责）

（十六）支持农村劳动力创业。支持平罗县、同心县作为国家第一批农民工返乡创业试点县，依托现有开发区，整合发展返乡创业园区，开展电子商务进农村示范，组建融资、融智、融商一体化创业服务中心，建立返乡人员创业联盟等协作创业模式，为构建多层次、多样化的农民工返乡创业就业格局，全面提升返乡创业参与率、成功率，探索可复制、可推广的经验。引导和支持农村劳动力因地制宜，围绕休闲农业、乡村旅游、农产品精深加工、特色种养殖等开展创业，主动融入各类特色专业市场，打造具有区域特点的创业集群。鼓励企业结合乡村特点，建立电子商务交易服务平台、商品集散中心和物流中心，加快电子商务向农村基层延伸。实施农村青年电商培育工程，支持农村青年开办特色农产品网店、创办电子商务服务点，推动农村青年网上创业。加强基层创业支撑服务，健全基层就业和社会保障服务体系，依托工业园区建设一批公共实训基地，支持职业院校扩大非学历教育培训规模，为农村劳动力提供优质、便捷、高效的职业技能培训服务。（自治区人力资源社会保障厅牵头负责）

（十七）支持化解过剩产能企业职工创业。按照中央和自治区推进供给侧结构性改革的总体部署，着力做好化解煤炭等行业过剩产能、淘汰落后产能和处置“僵尸”企业职工安置工作。有创业意愿的化解过剩产能企业需安置的员工，全部纳入年度城乡劳动力职业技能培训计划，提供创业指导、项目咨询和创业跟踪服务。从事个体经营或创办企业的，按照自治区有关规定，给予税费减免、创业担保贷款、创业补贴等支持。支持企业利用“互联网+”、开展产能合作等方式，培育适合行业特点的创业创新载体，开发新产品、新业态。将返乡创业试点范围扩大到矿区，拓展就业创业空间。（自治区人力资源社会保障厅、发展改革委、经济和信息化委、财政厅、民政厅、国资委等部门负责）

六、建立协同推进工作机制

（十八）加强统筹协调。建立由自治区发展改革委牵头的推进大众创业万众创新部门联席会议制度，对全区创业创新工作进行统筹协调，及时研究解决工作推进中的问题，遇重大事项及时向自治区人民政府报告。各地、各有关部门要系统梳理已发布的支持创业创新发展的政策措施，抓紧推进“立、改、废”工作，实现政策协调联动；要加强组织领导，制定工作方案，明确任务分工，抓好本实施意见的落实。（自治区发展改革委等部门、五市人民政府负责）

（十九）加强监督检查和舆论引导。建立推进大众创业万众创新工作督导机制，自治区人民政府适时对各地创业创新工作进行督查。加大对大众创业万众创新的宣传力度，加强舆论引导，营造鼓励创业、宽容失败的良好社会氛围。（自治区政府督查室、发展改革委、《宁夏日报》报业集团、宁夏广播电视台负责）

宁夏回族自治区人民政府
2016年6月11日

新疆维吾尔自治区人民政府关于大力推进大众创业万众创新若干政策措施的实施意见

（新政发〔2016〕88号）

为贯彻落实《国务院关于大力推进大众创业万众创新若干政策措施的意见》（国发〔2015〕32号）精神，推进我区大众创业、万众创新，激发全社会创业创新发展活力，结合自治区实际，提出以下实施意见。

一、创新体制机制，实现创业便利化

（一）完善公平竞争市场环境。

1．逐步清理涉及市场准入、经营行为规范的法规，废除不符合社会经济发展、妨碍全区统一市场和公平竞争的制度和规定，打破地方保护主义，建立统一透明、有序规范的市场环境。开展各类打假专项执法行动，依法查处不利于创业创新发展的垄断协议和滥用市场支配地位的垄断违法行为。（自治区工商局牵头，自治区发展改革委、商务厅等部门配合）

2．加强涉企收费管理，清理规范涉企收费项目，切实减轻企业负担。建立涉企收费清单制度，建立完善我区行政事业性收费和政府性基金目录清单，及时更新行政事业性收费和政府性基金项目，收费项目目录实时动态公布。（自治区财政厅牵头，自治区发展改革委、经信委、工商局等部门配合）

3．建立和规范企业信用信息公示制度，加快建立和完善失信企业黑名单制度，制定严重违法企业名单管理办法，把创业主体信用与市场准入、享受优惠政策挂钩，完善以信用管理为基础的创业创新监管模式。（自治区工商局牵头，自治区发展改革委、人民银行乌鲁木齐中心支行等部门配合）

（二）推进商事制度改革。

4．在全面实行工商、质监、国税、地税部门基础证照“四位一体”登记工作机制的基础上，扎实推进工商营业执照、组织机构代码证、税务登记证“三证合一”改革工作，实行一个窗口受理、一个窗口发照，组织实施并扩大“一照一码”登记试点。以国家工商总局制定的技术标准和工作要求积极推进网上申请、网上受理、网上审核、网上发照和网上公示的全程电子化登记，对市场主体免费发放电子营业执照。简化企业住所（经营场所）登记材料和程序，允许“一址多照”，推进集群注册等住所（经营场所）登记方式，为创业创新提供便利的工商登记服务。（自治区工商局牵头，自治区质监局、国税局、地税局、公安厅等部门配合）

5．在强化市场主体准入便利化的基础上，开展和规范企业简易注销登记试点，积极探索对个体工商户、未开业企业、无债权债务企业实行简易注销程序，推进市场主体退出便利化。完善小微企业信用平台建设，建立小微企业名录库，建立健全支持小微企业发展的信息互联互通机制，依托企业信用信息公示系统，推进年度报告公示制度，完善异常名录制度及行政处罚公示制度，推动小微企业信用信息共享，促进信用体系建设。（自治区工商局牵头，相关部门单位配合）

（三）加强创业知识产权保护。

6．发挥新疆作为新丝路经济带的桥梁纽带作用，加强与中亚国家在经济科技方面的合作与交流，在我区探索建立为双方合作提供知识产权相关法律、政策、高层交流、专利技术信息、专利交易与运营、产业发展导向、人才培训合作的平台。建立知识产权纠纷调解机制，成立调解组织，完善权利人维权机制，完善行政调解等非诉讼纠纷解决途径。在全区范围内全面推行专利侵权纠纷快速调解机制，缩短侵权纠纷处理周期。（自治区知识产权局牵头，自治区工商局等部门配合）

7．整顿和规范专利产品市场，建立知识产权信用公示制度，依托企业知识产权信用公示平台，公开专利行政处罚案件信息。将侵犯知识产权的企业或个人的专利信息记录纳入社会信用体系，加大对侵犯知识产权的企业和个人的惩处力度，使重点领域、重点地区和重点环节的知识产权（专利）侵权、假冒行为得到进一步有效治理，优化创新和投资环境。（自治区知识产权局牵头，自治区工商局、质监局等部门配合）

（四）健全创业人才培养与流动机制。

8．在普通高等学校、职业学校、技工院校全面推进创业创新教育，把创业精神培育和创业素质教育纳入国民教育体系。优化教育师资结构，推进创业创新教育示范学校建设，完善创业课程设置，支持高校积极开展大学生创新创业训练及竞赛活动，加强创业实训体系建设。（自治区教育厅牵头，自治区人力资源和社会保障厅配合）

9．营造创业创新浓厚氛围。助力建立公平宽松、激励适当、创新氛围浓郁的创新环境，形成拔尖人才脱颖而出的公平机制，建立创新人才成长的导向体系。加强创业创新知识普及教育，组织开展大众创业主题宣传活动，挖掘创业典型，总结创业经验，搭建青年创业交流平台。采取多形式、多渠道，加大对大众创业、万众创新的新闻宣传和舆论导向，使大众创业、万众创新深入人心。（自治区科技厅牵头，自治区经信委、人力资源和社会保障厅、教育厅、科协等部门配合）

10．加强创业导师队伍建设，组建由成功创业企业家、技术专家、金融专家等组成的创业导师队伍，组织开展创业辅导活动，提高创业服务水平。（自治区科技厅牵头，自治区人力资源和社会保障厅、教育厅等部门配合）

11．推进社会保障制度改革工作，破除人才自由流动制度障碍，实现党政机关、企业事业单位、社会各方面人才顺畅流动。建立国有企业创业创新绩效评价机制，加快富有创业创新精神的人才引进、培养和使用。（自治区人力资源和社会保障厅牵头，自治区发展改革委、国资委、财政厅等部门配合）

二、优化财税政策，强化创业扶持

（五）加大财政资金支持和统筹力度。

12．加强专项资金整合，充分发挥自治区现有专项资金的引导作用，重点扶持小微企业创业创新。逐步减少相关扶持中小微企业发展的各类专项资金直接对企业固定资产投资项目进行无偿资助的支持额度，逐渐加大对中小微企业服务机构、创业空间、创新载体和融资担保体系的投入力度。加快预算下达，强化预算执行监控，加强资金使用绩效评价。支持有条件的地方政府设立创业基金，扶持创业创新发展。（自治区财政厅牵头，自治区发展改革委、金融办、经信委、人力资源和社会保障厅配合）

13．推进创业型县市创建工作，支持创业项目开发等创业服务，对创业孵化基地场地租金、水电费予以适当补助。对众创空间等新型孵化机构的房租、宽带接入费用和用于创业服务的公共软件、开发工具给予适当财政补贴，推动基础电信企业加快宽带网络基础设施建设，推进宽带提速降费等工作，减轻创业者负担。（自治区财政厅牵头，自治区科技厅、人力资源和社会保障厅、发展改革委、经信委等部门配合）

（六）完善普惠性税收措施。

14．落实扶持小微企业发展的各项税收优惠政策。将涉及中小微企业注册登记、土地、财税、融资、公共服务平台、创业就业、企业减负等方面的优惠政策落到实处。落实高新技术企业减低税率、创业投资企业投资额抵免、研发费用加计扣除、固定资产加速折旧等税收优惠政策，以及落实科技企业孵化器、大学科技园等相关税收政策。做好政策的宣传与辅导，落实促进高校毕业生、残疾人、退役军人、登记失业人员等重点群体创业就业税收政策，对已享受政策的纳税人做好后期的跟踪管理与服务。（自治区财政厅牵头，自治区国税局、地税局、经信委、教育厅、人力资源和社会保障厅、科技厅配合）

15. 严格落实支持投向种子期、初创期等创新活动的投资税收优惠政策。贯彻执行国家修订后的《高新技术企业认定办法》，进一步扩大高新技术认定范围，完善认定程序。认真贯彻落实创业投资企业税收优惠政策。在法定授权范围内，积极探索企业转增股本分期缴纳个人所得税试点政策、股权奖励分期缴纳个人所得税试点政策。（自治区财政厅牵头，自治区国税局、地税局、科技厅、金融办、证监局配合）

（七）发挥政府采购支持作用。

16. 完善促进中小企业发展的政府采购政策，加强对采购单位的政策指导和监督检查，建立政府采购信用体系，净化政府采购市场环境，保障中小企业公平参与政府采购活动的权利。鼓励符合资质条件的疆内小型微型企业依法组成联合体参与政府采购投标，疆内大企业与小型微型企业依法组成联合体参与政府采购活动的，联合体视同小型微型企业。提高政府采购小型微型企业产品或服务的比例。在预算资金安排上鼓励各级机关、事业单位、行业系统，在符合采购需求、质量和服务相等的前提下优先采购小微企业产品或服务。（自治区财政厅牵头，相关部门单位配合）

三、搞活金融市场，实现便捷融资

（八）优化资本市场。

17. 支持符合条件的创业企业上市融资。加大挖掘、培育上市后备资源的力度，简化备案辅导手续，做好拟上市公司的辅导工作，重点实施政策倾斜、税费减免，降低创业企业上市成本。引导和支持符合条件的创业企业到主板、中小板、创业板上市融资。鼓励创业企业通过债券市场筹集资金，加强培训和政策宣传，支持中介机构开发债券类业务，鼓励符合条件的创业企业发行中小企业私募债、资产证券化方式进行融资，优化企业资产结构，拓宽企业融资渠道。（新疆证监局牵头，自治区金融办、人民银行乌鲁木齐中心支行、发展改革委配合）

18. 推动创业企业到新三板挂牌融资。提高企业对新三板市场的认识，解决企业挂牌过程中遇到的困难。充分利用新三板市场对新疆企业的支持政策，降低企业挂牌成本，规范发展新疆股权交易中心，鼓励创业企业到新疆股权交易中心挂牌，通过收益权质押、中小企业私募债和股权质押融资等业务方式融资。引入中信证券增资新疆股权交易中心，开展面向小微企业的金融产品创新和服务。继续扩大私募债券、小额贷款公司收益权质押融资产品的服务覆盖面。设立融资性担保机构为新疆股权交易中心发行小微企业信用债券提供融资担保。（新疆证监局牵头，自治区金融办配合）

19. 鼓励和推动符合条件的小微企业根据自身特点，在银行间债券市场灵活运用债务融资工具，通过中小企业票据、“区域集优”债务融资等模式，实现企业“抱团融资”，缓解小微企业融资困难。支持符合条件的发行主体发行小微企业增信集合债等企业债券创新品种，积极提供政策咨询、指导和加快上报发行方案等前期服务，预审转报环节提供绿色通道。（自治区金融办牵头，自治区发展改革委、人民银行乌鲁木齐中心支行配合）

（九）创新银行支持方式。

20. 引导金融机构不断创新组织架构、管理方式和金融产品，鼓励向创业企业提供结算、融资、理财、咨询等一站式系统化的金融服务。加强与中国交易商协会的联系沟通，开展对企业的政策培训宣讲工作，促进企业通过银行间市场发债融资。（人民银行乌鲁木齐中心支行牵头，新疆银监局等部门配合）

21. 利用人民银行货币政策工具作用，加强窗口指导，引导金融机构加大对大众创业、万众创新的金融支持力度，积极争取中央政策倾斜。同时，支持符合条件的、有意愿的小额贷款公司转制村镇银行。支持银行机构与创业投资、股权投资机构合作，为小微企业创新提供股权和债权相结合的融资服务。（人民银行乌鲁木齐中心支行牵头，自治区金融办、银监局、发展改革委、科技厅等部门配合）

（十）丰富创业融资新模式。

22. 通过首台（套）重大科技装备保险等新型保险产品为科技创新提供风险保障，积极落实中央保费补贴政策，并在自治区层面探索建立风险补偿基金，鼓励科技型企业投保首台（套）重大科技装备保险等保险产品，鼓励保险公司改进科技保险服务水平。支持新疆股权交易中心向中国证券业协会进行股权众筹融资互联网平台的备案工作。鼓励保险资金参与新疆各项创业创新发展项目。（自治区金融办牵头，自治区财政厅、保监局、科技厅、经信委等部门配合）

23. 扩大担保抵押物范围，加大对创新创业金融的信贷资金投放。督促金融机构落实创业担保贷款政策，支持创新创业。降低融资性担保机构运营成本，更好地为小微企业提供融资服务。将就业困难人员、高校毕业生等开展微创业的，纳入小额担保贷款和财政贴息范围。对初次从事个体经营和创办小微企业的人员，给予最长不超过3年的社会保险补贴。（自治区人力资源和社会保障厅、财政厅、人民银行乌鲁木齐中心支行牵头，自治区金融办、银监局配合）

24. 加强保险产品、服务和销售模式的创新，鼓励保险公司加强网络设施和技术投入，积极运用网络、云计算、大数据、移动互联网等新技术促进保险业提供质优价廉、简单易购的销售模式。推进具有融资增信功能的信用保险、贷款保证保险和贸易信用保险业务。发挥保险机构风险管理优势，探索开展融资性担保机构小微企业担保贷款保证保险业务。积极为创业创新的小微企业和个人提供融资增信服务以及财产、人身等一站式保险保障。（新疆保监局牵头，自治区金融办、银监局、经信委等部门配合）

25. 积极推进乌鲁木齐市、乌鲁木齐市高新区（新市区）知识产权质押融资试点工作。组织召开银企对接会，支持知识产权金融发展。（自治区知识产权局牵头，人民银行乌鲁木齐中心支行、新疆银监局、证监局、保监局配合）

四、扩大创业投资，支持创业起步成长

（十一）建立和完善创业投资引导机制。

26. 不断完善新兴产业创业投资政策体系、制度体系、融资体系、监管和预警体系和考核评价体系，逐步建立支持创业创新和新兴产业发展的市场化长效运行机制。研究制定鼓励政策，吸引和支持社会资本参与新兴产业创投计划，不断扩大社会资本参股基金规模，做大做实直接融资平台，引导创业投资更多向创业企业起步成长的前端延伸。（自治区发展改革委牵头，自治区财政厅、科技厅、经信委、证监局等部门配合）

27. 研究探索开展符合自治区实际，有利于促进创业和创新的联合投资等新模式，探索建立健全风险补偿机制。探索研究建立自治区中小微企业创业投资引导基金，主要用于引导和鼓励创业投资机构等培育孵化处于初创期和创业期的小微企业成长发展。鼓励有条件的地区设立创业投资引导基金。严格落实国家新兴产业创业投资引导基金、科技型中小企业创业投资引导基金、国家科技成果转化引导基金、国家中小企业发展基金使用管理的政策制度。加快建立创业投资行业协会，加强行业自律。（自治区发展改革委、财政厅、科技厅牵头，自治区经信委、证监局等部门配合）

（十二）拓宽创业投资资金供给渠道。

28. 根据国家新兴产业“双创”三年行动计划的要求，积极争取国家支持我区“双创”示范基地和创新创业支撑平台建设，引导设立创业发展基金。（自治区财政厅牵头，相关部门单位配合）

29. 积极推动政府引导型产业基金设立工作。通过政府参与、引导和带动，发挥“杠杆效应”，派生更多的行业子基金，吸引社会资本跟投重点项目、优势产业和重点行业。推动设立纺织服装业等发展基金、丝绸之路旅游文化产业投资发展基金、科技风险投资基金，不断完善自治区多层次资本市场体系建设。（自治区金融办牵头，自治区财政厅、经信委、科技厅、证监局等部门配合）

（十三）发展国有资本创业投资。

30. 研究制定鼓励国有资本参与创业投资的政策措施，完善国有创业投资机构激励约束机制、监督管理机制。引导和鼓励自治区国有企业参与新兴产业创业投资基金、设立国有资本创业投资基金等，充分发挥国有资本在创业创新中的作用。认真执行国有创业投资机构国有股转持豁免政策。（自治区国资委牵头，自治区财政厅、发展改革委、证监局等部门配合）

（十四）推动创业投资“引进来”与“走出去”。

31. 根据国务院有关部门修订后的外商投资创业投资企业、外资创业投资基金投资限制的相关管理规定，落实好简化管理流程、鼓励外资开展创业投资业务和中外合资创业投资机构发展等相关政策。放宽外商投资创业投资企业准入，鼓励外资开展创业投资业务。鼓励创业型企业“走出去”，进一步简化企业境外投资办事流程，对在境外高端研发领域投资的项目，给予重点服务和跟踪。将符合基本条件的创业企业境外投资项目，列入外经贸发展专项资金支持重点方向。（自治区发展改革委、商务厅牵头，自治区科技厅、工商局、外汇局等部门配合）

五、发展创业服务，构建创业生态

（十五）加快发展创业孵化服务。

32. 完善小企业创业基地建设政策，大力推进小企业创业基地（孵化园）等建设，做好发展创新工场、车库咖啡等新型孵化器的工作，指导开展创业孵化服务。加大财政资金支持力度，降低创业门槛和成本，推荐、认定一批国家级、自治区级小企业创业基地，支持对优秀小企业创建基地的创业服务奖励，发挥好示范效应。鼓励小企业创业基地（孵化器）等服务机构与专业技术市场、技术转移中心、技术产权交易所等各类专业机构开展合作，为小微企业的技术交易提供技术转移服务。财政专项资金减少对企业固定资产投资进行点对点的支持额度，加大对中小微企业服务体系和创业创新的支持力度。（自治区科技厅牵头，自治区经信委、财政厅等部门配合）

33. 加强政策指导，通过行业协会、创投基金等平台，引导和鼓励各类创业孵化器与天使投资、创业投资相结合，逐步完善投融资模式。支持依托高校和科研院所建立众创空间和孵化器，或者科技成果转化机制，加快科技成果转化，完善技术支撑服务。支持企业开展赴国外培训业务，学习和引进国外先进的创业孵化模式，提升孵化能力。（自治区科技厅牵头，自治区教育厅、发展改革委、外专局等部门配合）

（十六）大力发展第三方专业服务。

34. 加大政府购买服务力度，为小型微型企业免费提供管理指导、创业孵化、技能培训、市场开拓、标准咨询、检验检测认定等服务。大力发展企业管理、财务咨询、人力资源、法律顾问、现代物流等第三方专业服务。在创业者和小微企业比较集中的城区、街道、乡镇、高校、产业集群、创业基地建设小微企业服务中心或公司（站），为创业者提供公益性、一站式、面对面的服务。（自治区经信委牵头，自治区发展改革委、人力资源和社会保障厅、科技厅等部门配合）

（十七）发展“互联网+”创业服务。

35. 通过市场化方式构建一批创新与创业相结合、线上与线下相结合、孵化与投资相结合的众创空间，打造“互联网+”创业创新体系。充分发挥互联网开放创新优势，调动全社会力量，支持小企业创业基地、创新工场、创客空间等新型众创空间发展。统筹开展创业服务工作的线上和线下服务。推动大型互联网企业发挥平台、技术等优势，为创业者营造良好的网络创业条件和环境。（自治区经信委牵头，自治区科技厅、发展改革委配合）

六、建设创业创新平台，增强支撑作用

（十八）打造创业创新公共平台。

36. 依托各地工业园区、中小企业公共服务平台网络、示范平台等，开办创业服务载体，突破现行孵化器、加速器拥有固定办公场所的模式，创新创业载体，开展创业咨询、辅导和投融资服务。鼓励支持吸引创业项目、汇聚天使投资、风险投资机构等，建设有一定影响力的创业服务机构，搭建投资人、创业者及创业服务机构等交流与合作的共享平台。充分运用大数据技术，积极掌握不同地区、不同行业、不同类型企业的共性、个性化需求，在注册登记、市场准入等方面主动提供更具针对性的服务，推动企业可持续性发展。（自治区经信委牵头，自治区工商局、科技厅、发展改革委等部门配合）

37. 组织开展创业培训，继续实施“万名高校毕业生创业培训计划”，以有创业愿望的大学生为重点，编制专项培训计划，优先安排培训资源，切实抓好组织实施，使有创业愿望和培训需求的大学生有机会获得创业培训。开展创业大讲堂、创业俱乐部、创业论坛、创业导师“进园区、进高校、进社区、进企业”、模拟公司创业实训等活动，丰富创业平台形式和内容。组织举办新疆各种类型创业创新大赛，对优秀项目和团队给予扶持，激发全社会创业创新活力。（自治区科技厅牵头，自治区教育厅、财政厅、人力资源和社会保障厅、经信委配合）

38. 推进小微企业公共服务平台网络建设。积极构建自治区、地州市、县三级中小企业创业基地网络。依托新疆中小企业服务中心，充分利用互联网基础条件，为中小企业开展投融资、创业、人才与培训、信息、技术、管理咨询、开拓市场、法律等八大服务，形成信息畅通、资源共享、服务协同的公共服务平台网络。（自治区经信委牵头，各相关部门单位配合）

39. 充分发挥企业的创新主体作用，鼓励和支持有条件的企业发展创业平台、投资并购小微企业，支持创业者创业，增强企业创业创新活力。依托全区中小企业公共服务平台网络，把创业服务平台作为专业应用平台来建设，以小微企业个性化、精细化、多样化的创业需求为出发点，开展政务代理、咨询服务、知识产权代理、财税代理等专业化服务，组织动员社会服务资源，为小微企业提供量身定制的服务。（自治区经信委、国资委牵头，自治区发展改革委、人力资源和社会保障厅等部门配合）

（十九）用好创业创新技术平台。

40. 完善科技基础设施、大型科研仪器和专利信息资源向全社会开放的长效机制。完善重点实验室、工程技术研究中心等科研平台（基地）向社会开放机制，为大众创业、万众创新提供有力支撑。鼓励企业建立一批专业化、市场化的技术转移平台。（自治区科技厅牵头，自治区发展改革委、外专局等部门配合）

（二十）发展创业创新区域平台。

41. 按照国务院的部署，积极推进中小城市综合改革试点，在创业创新体制机制改革方面积极探索，发挥示范带动作用，为我区创业创新制度体系建设提供可复制、可推广的经验。（自治区发展改革委牵头，自治区科技厅、人力资源和社会保障厅等部门配合）

42. 依托乌鲁木齐等国家级产业聚集园区，打造创业创新中心。立足现有基础和优势，指导开发区高起点谋划未来发展，充分发挥区位和资源优势，加大引资力度，做大优势，提升水平。大力营造良好发展环境，促进战略性新兴产业尽快形成产业优势、经济优势，加快建立现代产业体系。（自治区商务厅牵头，自治区发展改革委、人力资源和社会保障厅、科技厅等部门配合）

43. 推动实施小微企业创业基地城市示范。财政专项资金重点向支持中小微企业服务机构、公共示范平台等服务体系建设倾斜，充分利用现有政策和资金开展创业创新工作。积极向有关国家部委报告工作开展情况，争取纳入中央小微企业创业创新基地城市示范试点工作范围。（自治区财政厅、经信委牵头，自治区科技厅、商务厅、工商局等部门配合）

44. 指导各地通过改建、购买、长期租赁等多种方式，积极盘活闲置的商业用房、工业厂房、企业库房、物流设施和家庭住所、租赁房等资源作为公租房房源。在创业创新人才净流入数量大、产业布局相对集中的中心城市、县城，增加公共租赁住房数量，面向符合条件的创业创新人才供应。鼓励闲置划拨土地上的工业厂房、仓库等用于养老、流通、服务、旅游、文化创意等行业发展，在一定时间内可继续以划拨方式使用土地，暂不变更土地使用性质。在城镇建设用地范围内使用国有未利用地的工业项目，工业用地出让最低价可按所在地土地等别相对应《全国工业用地出让最低价标准》的50%执行。认真做好信息公开及分配管理工作，切实保障和改善创业创新人才的居住条件。（自治区国土资源厅牵头，自治区住房城乡建设厅、发展改革委配合）

七、激发创造活力，发展创新型创业

（二十一）支持科研人员创业。

45. 支持高校、科研院所等单位专业技术人员在完成本职工作的前提下从事科技创业。对于事业单位专业技术人员提出离岗创业的，经原单位同意、主管部门批准，可在3年内保留人事关系。离岗创业期间，与原单位其他在岗人员同等享有参加职称评聘、岗位等级晋升和社会保险等方面的权利。原单位应当根据专业技术人员创业的实际情况，与其签订或变更聘用合同，明确权利义务。（自治区人力资源和社会保障厅牵头，自治区教育厅、科技厅配合）

46. 执行国家相关政策，完善职务发明制度，在利用财政资金设立的高等学校和科研院所中，合理分配职务发明成果转让收益。财政资助的科研创新发展类项目，项目承担单位应结合一线科研人员实际贡献，公开公正安排绩效支出。根据中央政策，下放科技成果使用、处置和收益权。结合事业单位分类改革要求，利用财政性资金设立的科研机构、普通高校、职业院校取得的科技成果可自主进行处置，通过合作实施、转让、许可和投资等方式转移转化科技成果。（自治区财政厅牵头，自治区科技厅、国资委等部门配合）

（二十二）支持大学生创业。

47. 建立高校弹性学制，允许在校学生保留学籍休学创业。扎实深入推进大学生创业引领计划，引导和带领一大批大学生通过创业实现就业和带动其他人就业。大力支持高校校园招聘会、校企合作、就业宣传等促进就业工作。强化高校毕业生参加创业培训。对高校毕业生在电子商务网络平台开办“网店”等各类微创业的，纳入小额担保贷款和财政贴息范围。邀请国内知名专家学者、成功创业人士为新疆创业者进行创业辅导，传授创业经验，提升创业能力。（自治区人力资源和社会保障厅、教育厅牵头，自治区财政厅、经信委、科技厅等部门配合）

（二十三）支持境外人才来疆创业。

48. 依据企事业单位人才引进工作需要，积极为项目单位引进一批高层次外国专家，更好服务我区经济社会发展。引导和鼓励回国创业高端人才和境外高端人才在疆创办高科技企业。完善来疆工作外国专家及创业高端人才在配偶就业、子女入学、医疗、住房等方面的相关措施。（自治区人力资源和社会保障厅牵头，自治区科技厅、财政厅、外专局等部门配合）

49．支持海外侨胞回国参观考察交流，参与新疆建设。提高出入境管理服务水平，为海外少数民族侨胞出入境提供便利。为推动大众创业万众创新任务目标的落实，公安厅出入境管理部门在法律法规明确授权的前提下，可对外籍高端人才来华、来疆创业实行“优先办理和快速办理”等便利措施。简化开办企业审批流程，缩短审批时限，探索由事前审批调整为事后备案。〔自治区外办（侨办）牵头，自治区公安厅、人力资源和社会保障厅、外专局等部门配合〕

八、拓展城乡创业渠道，实现创业带动就业

（二十四）支持电子商务向基层延伸。

50．大力推进电子商务进农村综合示范工作，支持电子商务向基层延伸，鼓励我区农业产业化龙头企业开展电子商务应用。健全新疆农村电子商务支撑体系，推动第三方配送、共同配送在农村的发展。推动农村物流体系建设，促进电子商务企业渠道下沉，打通农村电子商务“最后一公里”。提高电子商务应用能力，支持电子商务企业开展面向基层的电子商务综合服务平台、网络及渠道建设，带动城乡基层人员创业就业。引导电子商务服务企业拓展面向城乡基层的业务，提供咨询、培训、技术支持、网点建设、品牌培育、品质控制、营销推广等专业化服务。充分发挥电子商务示范基地、企业的示范带动效应，全力促进推动中小微企业电子商务加快发展。加强对已有的示范基地、示范企业体系指导支持和督导考核。支持中小微企业通过第三方电子商务平台开展电子商务普及性应用。鼓励国家级、自治区级电子商务示范基地为中小微电子商务企业提供创业孵化和创新支撑服务。（自治区商务厅牵头，自治区经信委、农业产业化发展局等部门配合）

（二十五）支持返乡创业集聚发展。

51．重点推动农村青年就地就近创业就业。围绕农业生产和农村服务，大力发展农产品深加工、农村商贸流通、乡村旅游和少数民族传统工艺等劳动密集型产业。重点支持积累一定资金、技术和管理经验的农民返乡创业，支持就业困难的农牧民从事玉石加工、地毯编织、刺绣、民族手工艺品制作，以及创办小商店、小饭馆、小作坊等创业活动。支持返乡创业人员因地制宜围绕休闲农业、农产品深加工等开展创业，着力培育休闲观光农业发展主体，逐步形成各具特色的休闲观光聚集区，拓宽农村能人、返乡农民、退役军人和大学生村官创业渠道，形成企业带动、名村带动、市场带动和园区带动农民创新创业新格局。（自治区农业产业化发展局牵头，自治区人力资源和社会保障厅配合）

（二十六）完善创业支撑服务。

52．积极争取国家项目、资金支持，大力推进中等职业学校基础能力和实训基地建设，继续实施中等职业教育基础能力建设二期工程，加强我区中等职业学校基础设施建设及购置教学实训设备，有效改善职业学校办学条件。（自治区发展改革委牵头，自治区教育厅、人力资源和社会保障厅等部门配合）

九、加强统筹协调，完善协同机制

（二十七）加强组织领导，建立联席会议制度。

53．建立由自治区发展改革委牵头的推进大众创业万众创新厅（局）际联席会议制度，定期召开联席会议，加强顶层设计和统筹协调，从根本上解决创业创新中面临的各种体制机制问题，将对初创企业的扶持方式从选拔式、分配式向普惠式、引领式转变，共同推进大众创业、万众创新蓬勃发展。重大事项要及时向自治区人民政府报告。

（二十八）加强评估，切实抓好工作落实。

54．自治区科协对推进大众创业万众创新的政策措施落实情况开展第三方评估并形成《关于对大众创业万众创新若干政策措施落实情况开展第三方评估意见》，全力打通决策部署的“最先一公里”和政策落实的“最后一公里”，确保各项政策措施落地生根。各地、各部门要进一步统一思想认识，高度重视、认真贯彻落实本实施意见的各项要求，结合本地区、本部门实际，抓紧制定具体实施细则，明确任务分工、落实工作责任，主动作为、敢于担当，积极研究解决新问题，及时总结推广经验做法，强化督促检查、加强舆论引导，推动本实施意见确定的各项政策措施落实到位，不断拓展大众创业、万众创新的空间，汇聚经济社会发展新功能，促进全区经济快速发展。

新疆维吾尔自治区人民政府

2016年8月1日

第三部分

园区篇

北大留学人员创业园

园区概况

北大留学人员创业园成立于2002年9月，由北京大学与中关村科技园区管理委员会共建，开创了国内高校与地方政府合作共同扶持留学人员回国创业的先例，实现了地方政府与国家高等院校共同利用大学优势资源服务高层次留学人员自主创业的先河。创业园在响应国家和中关村人才战略，大力发展自主创新和人才优势实现高新技术成果产业化的背景下，由中关村管委会留学服务总部和北大留创园管理团队共同推动，在全国掀起了首都高校与地方政府合作吸引海外留学生回国自主创业的高潮，为国家引智战略输送了新鲜的血液。2006年2月，被北京市人事局和市科委评审认定为首批“北京留学人员创业园”。

创业园地处中关村核心区，依托北京大学，汇聚多领域的创新技术、管理思想和人文精神，吸引着众多海外留学人员回国入园创办高科技企业。同时，创业园积极为园区企业提供专业的咨询辅导、投融资、建立营销渠道、促进技术成果转化等服务，是一家为具有原创自主知识产权的项目提供全程创业孵化及促进科技成果转化的专业机构。

创业园实施以“3M+T”孵化服务模式（Money、Mentor、Marketing、TLO）为核心的融资服务体系、创业辅导体系、市场营销服务体系以及技术成果转化服务。为入驻企业提供完善的全方位服务，提供创业资金支持，专业的投资、融资服务；提供宝贵的境内外上市联合推荐机会；提供熟知国际惯例、符合中国国情的全程创业咨询与孵化服务；同时协助申请国家科技产业资金，提供更多留学人员创业贷款贴息机会；协助办理专利注册申请、科技成果鉴定、新技术企业资格认证、先进技术企业申报；协助办理“火炬计划”“新产品开发计划”“成果推广计划”；协助申报北京市人民政府设立的北京市留学人员创业奖、科技进步奖；集中政府审批，集中工商、税务服务；专业的政府公关、媒体运作、市场推广及广告服务等。此外，园区搭建企业共性技术平台，整合北京大学52家省部级重点实验室，推动北京大学科技成果转化及横向技术交流与合作；搭建知识产权平台、微构分析测试平台、光电子精密测量仪器研发平台，为入园企业提供国际顶尖的技术以及系统服务，加速园区企业发展。

创业园重点搭建的服务支撑平台包括：（1）节能环保新材料研究室。通过“商业型应用技术工程化研究模式”，实现学校技术源为创新技术平台的科研成果转化模式，创新技术平台围绕北大工学院科技成果、科研实力及人才优势，开展产学研合作，初步建成先进技术研究/转化机构13个。（2）专门成立北京北达燕园微构分析测试中心有限公司，一方面为园内在孵企业及所有客户提供便捷的高度专业的测试分析服务，另一方面通过合作研究早期发现和介入原创性种子项目，采用具体技术手段支持“3M+T”核心孵化服务模式。（3）科技园通过汇聚、梳理并协调组织核心区的科技创新、成果转化和科技服务资源，依托海淀园网络化的协作体系，建设创新驿站，并与平台形成良性互动。

近年来，创业园着力打造“网上科技园”与实体科技园O2O的服务体系，为园区实施“大数据驱动发展”战略建立基础，其战略目标是采用线上（云服务、大数据、物联网）服务与线下服务相结合方式，推出“科技创新与创业解决方案”及“创新型科技企业增值服务体系”，从而使北大留创园发展成为“技术转移顶层设计及商业模式”的提供商，“创意及技术提供、需求解决方案”的信息港，战略新兴产业孵化基地服务商和投资创新企业投资商和特色产业发展基地及加速器运营商。

联系方式

地　址：北京市海淀区中关村北大街127-1号
邮　编：100080
电　话：86-10-62769088
传　真：86-10-82667188
邮　箱：pkuincubator@pkusp.com.cn
网　址：www.pkusp.com.cn

北航留学人员创业园

园区概况

北航留学人员创业园成立于2003年4月12日，由北京航空航天大学和中关村科技园区管委会共同建立，以促进北京航空航天大学及周边高校科技成果转化、培育中小企业及造就科技企业家为宗旨，加速创业企业的群体成长，推动区域经济发展，提高区域创新能力。

创业园位于北航国家大学科技园内，共有孵化场地2.7万平方米，下设企业服务部、财务服务部、人力资源部及投融资部等部门，为企业提供工商注册、高新技术企业认证、财务代理、税收申报、人事代理、人才引进与招聘、科技企业优惠政策咨询，并协助企业进行市场开拓与融资。

创业园将不断提高服务队伍素质，聚集与整合政府有关部门、中关村科技园区与海淀园区、北京航空航天大学、北航大学科技园以及其他社会资源，构建完善的企业服务支撑体系，有效地支持大学科研成果的转化，更好地开展企业创业辅导、优惠政策咨询、企业管理与发展规划、企业体制改革咨询及投融资服务，逐步形成以北航科技园、北航创业园入驻企业为服务主体，面向中关村科技园区及海淀园区企业的开放式发展格局，打造北航创业园的企业孵化服务品牌。

联系方式

地　址：北京市海淀区北四环中路238号柏彦大厦406室
邮　编：100083
电　话：86-10-82316255
传　真：86-10-82338204
邮　箱：zhaibin@bbi.com.cn
网　址：www.bbi.com.cn

北京工业大学留学人员创业园

园区概况

北京工业大学留学人员创业园成立于2005年12月，由北京工业大学和中关村科技园区管理委员会共同建设，主要服务对象是海外留学归国人员创办的高新技术企业。2012年被北京市人力资源和社会保障局评为北京市留学人员创业园。

创业园位于北京工业大学西校区，面积共2万平方米，先期启动4000平方米，园区一期孵化器已经驻满，二期孵化器目前也已投入使用，该孵化器集科研、开发、办公为一体，为留学人员创办的高科技企业提供水、电、暖、电梯、通讯、健身、会议、网络接入、绿地、停车场、打印、收发、卫生、安保等物业服务，可容纳50多家留创企业，内设学术报告厅、会议室、中介服务中心、健身房等基础设施，宽敞明亮、造型别致的阳光厅将为留学人员营造又一个幽雅、舒适、安全、现代的创业环境。

为加速创业园的创新发展，进一步优化创新创业服务环境，提升创业园的服务层次和质量，更好地为园内企业服务，北京工业大学留学人员创业园2012年申请政府专项，投资14万余元建立了北工大留学人员创业园的网上“园区创新创业公共服务平台”。该平台将针对留学人员来园创业所关心的各种优惠政策及主管部门的行政审批统一整合，形成网上宣传与办公的窗口，为留学人员创业提供更加便捷的服务，为园区科学管理和服务提供保障，打造国内领先的创新创业软环境。目前该平台已开始试运行。平台具体包括：（1）建设园区对外门户官网，实现园区对外形象宣传展示。（2）建设网上办公平台，提升办公能力和效率。（3）建设创业绿色服务通道。（4）建设企业商务服务支持平台。（5）建设园区创业专家智库。（6）建设企业资源和设备共享平台。（7）建设企业研发技术和成果推介平台。（8）建设校企对接人才服务平台。（9）建设创业者俱乐部。（10）建设创业园“虚拟微企业群”孵育管理平台。

联系方式

地　址：北京市海淀区车公庄西路35号
邮　编：100048
电　话：86-10-68458163
传　真：86-10-68458163
邮　箱：zhenxiaohang@bjut.edu.cn

北京瀚海智业留学人员创业园

园区概况

瀚海智业留学人员创业园是在中关村科技园区管委会和东城区政府的大力支持和指导下，于2009年依托汉潮大成国家级科技企业孵化器创建而成。瀚海智业留学人员创业园是北京市中心城区第一家留学人员创业园，园区位于东直门商圈，交通便利，商务配套设施齐全，园区周边总部林立、人才密集。园区拥有创业孵化面积7000多平方米，种子孵化基金500万元，并配备留创服务专业团队，为留学人员企业提供政策指引、创业辅导、投融资等多层次、多角度的优质配套服务，助力企业健康快速发展。

创业园秉承“商以载道、成人达己”的经营理念，按照“政府指导、企业运作”的运营思路，充分发挥园区自主经营、高效便捷的机制优势，集聚资金、人才、市场、管理等各种资源，协助留学人员企业将技术、信息、智力等优势与政策有效结合，致力于成为培育具有创新能力和国际竞争力的留创企业的摇篮。

创业园成功打造了文化创意和中医药两个特色专业品牌，截至目前，瀚海智业留创园在园留创企业19家，聚集了一批如招通致晟、永航科技、宇信金实、朗动科技等由海外高层次人才回国创办的优秀留创企业，带动了园区内中小企业创业创新活力以及上下游产业生态的形成，正逐步成为东城区高层次人才引进的聚集高地和新的亮点。

2012年，瀚海智业留学人员创业园的海外窗口——中关村瀚海硅谷科技园正式运营，开启了瀚海智业留创园国际化发展新征程。海外窗口的建设旨在引导和帮助海外留学人才归国创业，促进海外优质项目和人才与国内留创园全面对接，实现归国留学人才聚集，打造文化与科技高端人才和项目汇聚的创业生态基地。

联系方式

地　址：北京市东城区东直门内海运仓1号
　　　　瀚海海运仓大厦1018室
邮　编：100007
电　话：86-10-64050488，64050575，51239477
邮　箱：bjhcdc2011@163.com
网　址：www.bjhcdc.com

北京化工大学留学人员创业园

园区概况

北京化工大学留学人员创业园成立于2009年3月，由北京化工大学和中关村科技园区管理委员会共同建立。园区位于北京化工大学西校区，拥有良好的交通环境、办公设施和服务功能，为入驻企业提供了良好的创业平台。创业园日常管理工作由北京化大科技园科技发展中心负责，作为北京化工大学科技园的园中园，充分依托北京化工大学的资源优势，为留学生从事高科技创业提供优质服务。园区的建设宗旨是吸引更多优秀海外留学人员回国创业，促进科技创新，为首都的经济发展增添新的活力。

作为创业园的资源平台，北京化工大学是教育部直属的全国重点大学、国家“211工程”和“优势学科创新平台”重点建设大学。经过近50多年的建设，已经发展成为理科基础坚实，工科实力雄厚，文、法、管、经济学科富有特色的多科性重点大学，形成了从本科生教育到硕士研究生、博士研究生、博士后流动站以及留学生教育等多层次人才培养格局。北京化工大学科技园于2004年经国家科技部、教育部批准，被认定为“国家大学科技园”。

创业园积极扶持鼓励留学人员来园区创业，为留学人员创业提供了诸多优惠政策。首先，可申请管委会设立的中关村科技园区归国留学人员创业企业扶持资金；其次，落户创业园的高新技术企业自成立之日起，将享受有关税收优惠政策；留学人员创办企业注册公司时，在申办营业执照和高新技术企业认定等方面中关村管委会将给予优先办理和减免相关费用的支持。同时，入园企业第一年可免交40平方米孵化场地面积的租金，第二年开始采取优惠收取租金的方式，优惠期限为3年。入驻园区的优秀企业，在申请银行贷款时，可以享受管委会制定的留学人员贷款贴息和担保政策，另外，园区高新技术企业还可以享受北京市财政专项资金和其他形式的资金支持。

创业园自成立以来，经过一段时间的发展，已有10多家留学人员企业入驻，吸纳了来自美国、日本、英国、法国、德国、瑞典、巴西、韩国等国的20多名留学人员来园创业，从业人员近百人，行业涉及新材料、新能源、电子信息、机械、远程教育等多个领域。

联系方式

地　址：北京市海淀区紫竹院路98号北京化工大学（西校区）科技园写字楼

邮　编：100029

电　话：86-10-88588552，64435482

传　真：86-10-51589055

网　址：www.bhlcy.com

北京交大留学人员创业园

园区概况

北京交大留学人员创业园成立于2007年7月，由北京交通大学与中关村科技园区管委会共建。创业园依托北京交通大学的学科优势、专业优势、教育资源优势和中关村科技园区企业创新机制优势、政策优势，旨在吸引更多轨道交通领域专业人员创业，促进科技创新、服务创新、人才创新等新型创业企业的发展，加快中关村科技园区的全面建设，为首都高新技术产业的发展增添新的活力。

创业园位于北京交通大学东校区内，由交大科技园划拨5000平方米科教楼房屋用于孵化建设，办公设施齐全，服务功能完备，拥有良好的公共服务平台和共同技术平台，能够满足留学回国人员创办企业需要。创业园主要为轨道交通技术及相关领域业务的企业提供创业孵化服务，通过构造新型实验平台，提供专业化的技术服务，增强轨道高新技术企业的自主创新能力。同时，创业园通过产学研结合和完善的孵化服务体系致力于打造强优企业，为地区培育出新的经济增长点和产业热点。

联系方式

地　址：北京市海淀区高梁桥斜街44号一区89号科教楼1018室

邮　编：100044

电　话：86-10-51686946

传　真：86-10-51686946

邮　箱：dinglei-1983@hotmail.com

北京经济技术开发区留学人员（汇龙森）创业园

园区概况

北京经济技术开发区留学人员（汇龙森）创业园正式挂牌成立于2005年5月，是在北京经济技术开发区管委会和中关村科技园区管委会大力支持下，经北京经济技术开发区管委会批准，由北京经济技术开发区人才交流服务中心与汇龙森国际企业孵化（北京）有限公司共同创建的北京第一家民营留学人员创业园。

创业园地处北京经济技术开发区和中关村科技园区亦庄园的重叠区域，是目前开发区唯一一家留学人员创业园。2006年3月，正式被纳入中关村科技园区留学人员创业服务体系，命名为“中关村科技园区亦庄汇龙森留学人员创业园”。

汇龙森2006年12月被科技部火炬中心授予“国家高新技术创业服务中心”及被北京市科委授予“2006年度北京市优秀科技中介机构”；2012年被北京市经信委认定为“北京市中小企业公共服务平台”“北京市小企业创业基地”；被市科委认定为“战略性新兴产业孵育基地”；被北京市委组织部、北京市科委、北京市人社局等共同认定为“北京市优秀留学人员创业园”。

创业园以“迎来创业者、送出企业家”为宗旨，按照“政府指导、企业运作”的模式，本着人才培养与成果转化相结合的原则，充分发挥园区自主经营、高效便捷的机制优势，集中资金、人才、市场、管理、政府等各种资源，为园区留学人员企业提供多层次、多角度的创业服务。创业园通过专业技术服务平台、综合服务支撑平台及企业资金服务平台等服务载体建设和服务内容建设，为园区企业提供专业化的服务和支持。专业技术服务平台主要包括“国家生物产业基地中小企业公共技术服务中心”“先进材料公共技术服务平台”“国际化创新医疗产业化平台”；综合服务支撑平台主要包括“孵化器管理应用平台”“软件技术支撑平台”“综合商务平台”；资金服务平台主要由园区的债权服务与股权服务两大板块构成。目前，园区在生物医药、新材料、医疗器械这三个产业领域均具备了较强的服务支撑能力。

联系方式

地　址：北京经济技术开发区科创十四街99号

邮　编：101111

电　话：86-10-59755345，59755588-8835/8833/8832

传　真：86-10-59755396

邮　箱：liuchuangyuan@huilongsen.com

网　址：www.huilongsen.com

北京经开·北工大软件园留学人员创业园

园区概况

北京经开·北工大软件园留学人员创业园是北京经开工大投资管理有限公司为深入贯彻落实北京经济技术开发区科技强区、人才强区战略，在北京经济技术开发区管委会相关部门指导下，于2011年11月份成立。创业园以“营造环境、培育企业、孵化项目、造就人才”的发展思路，积极整合各种资源，提升和拓展创业服务功能，不断加大对入驻企业的扶持力度，园区被评为“北京市小企业创业基地”“院士专家工作站”，并先后设立北京12330知识产权服务工作站、工商服务工作站等，为园区企业提供全程、全方位的服务。

创业园位于北京新城市发展规划的“东部发展带”——北京经济技术开发区的核心发展区域，总占地面积17.41万平方米，包括研发办公、孵化器、教育培训、综合配套服务等功能分区，统一规划，整体开发，具备良好的硬件设施、完善的服务体系，可为上万名研发人员提供良好的工作和生活环境。创业园周边各大生活配套、商务配套均已呈现规模，开发区“青年公寓”“博大永康公寓”项目，可为入区各企业员工提供居住服务。并且开发区有完善的医疗、商业、金融及休闲配套，满足办公居住的各种需要。凉水河景观公园环绕园区，为入孵企业创造出极优的生态商务环境。

创业园内拥有1.4万平方米的公共服务设施，包括会议中心、企业会所、员工餐厅、银行自助取款机、便利店等，孵化企业可同其他入园企业共享园区内便利的配套设施。

作为北京市三大软件园之一，北工大软件园拥有北京云基地、美国应用材料、中国路桥研发中心、中国电子、民生证券、贝达药业等世界500强在内的众多国内外著名企业。北工大软件园以创新驱动、聚力发展，通过完善公共服务平台，升级园区“软”服务，来构建差异化的竞争优势。目前园区已初步形成包括基础物业、技术支撑、中介咨询、创业孵化、投融资等五大服务模块。

联系方式

地　址：北京经济技术开发区地盛北街1号A区2号楼4层
邮　编：100176
电　话：86-10-67862520
传　真：86-10-67877560
邮　箱：zhangchuntao0530@126.com

北京科大留学人员创业园

园区概况

北京科大留学人员创业园成立于2003年6月，由北京科技大学和中关村科技园区管理委员会共同组建。2005年9月，创业园被原北京市人事局和北京市科委首批认定为“北京留学人员创业园”；2007年12月，被教育部、科技部联合授予“春晖杯创业大赛创业基地”荣誉称号；2011年底，通过“北京市留学人员创业园”复核考评。

创业园依托北京科大国家大学科技园、方兴孵化器等平台，始终坚持企业化、专业化、网络化的发展模式，围绕新材料、制造业信息化、新能源行业领域建设专业园区，先后搭建了北京市新材料技术转移中心、北京科大分析测试服务中心、北京市留创新材料共性技术支撑体系、北京北科大新兴产业技术研究院等重要支撑平台，可为企业、项目提供孵化资金、中试、生产场地、项目管理、市场咨询等成果转化服务，以及联合研发、材料分析测试、技术咨询、实验室建设，人员培训等技术咨询特色服务。同时，园区与多类型专业机构、中介服务公司建立长期战略合作伙伴关系，为园区企业提供法律、工商、税务、人才、融资、培训、策划、知识产权等各类综合性咨询与服务。

创业园以新材料研究与制备技术、制造业信息化技术为办园特色，重点吸纳新材料领域的留学回国人员入园创办企业，项目和业务领域涉及新材料、制造业信息化、电子信息、能源环保等诸多领域。

联系方式

地　址：北京市海淀区学院路30号方兴大厦6层611室
邮　编：100083
电　话：86-10-62316722
传　真：86-10-62316722
邮　箱：zhanghq@ustbcm.com

北京理工留学人员创业园

园区概况

北京理工留学人员创业园成立于2003年，由北京理工大学和中关村管委会共建。创业园以服务企业为宗旨，追求高效务实的工作作风，致力于为留学人员搭建创业平台，落实政府专项政策，创造和谐创业环境。根据园区的功能定位，着力于创新创业能力建设，通过资源整合提供各种增值服务，搭建有特色的创新创业平台，加强了学校与园区及园区留学人员企业的合作和交流，为企业与风险投资、中介机构等搭建了沟通的桥梁，完善了创业服务体系和创新支撑体系，促进了园区的发展、留学人员企业的成长，为更多的海外留学人员回国创业搭建了平台。2006年5月，经北京市人事局、北京市科委认定为“北京市留学人员创业园”；2012年5月，经北京市社保局、北京市科委认定为“北京市优秀留学人员创业园”。自成立以来，北理工留创园多年的建设与发展成绩得到了各级政府部门的肯定。2012年2月9日，通过国家级科技企业孵化器复核；2012年3月31日，通过国家大学科技园绩效评价；2012年11月6日，通过战略性新兴产业孵育基地年度答辩；2012年12月12日，被北京市经信委授予“北京市小企业创业基地”称号。

创业园为入驻企业提供落实国家、北京市、中关村有关创办企业支持政策方面的服务。包括制作政府项目申报动态，推送项目申报信息；对企业项目申报出现的问题，安排有经验的专人答疑解惑；针对企业申报众多的项目，如科技型中小企业创新资金，举办项目申报专题培训。在北京理工科技园12330工作站的基础上，建立起北理工知识产权培训服务平台（“专利谈”），有针对性地开展知识产权活动，为企业的知识产权工作保驾护航。

创业园采取引导投资与融资相结合的原则，为企业提供一系列投融资服务，帮助企业争取融资机会。一方面，设有500万元种子资金，对部分在孵企业进行股权投资，通过实践，对“孵化+创投”及“持股孵化”进行初步有益的探索。另一方面，开辟多元化的投融资渠道，通过企业融资辅导、留创园主任投资能力培训、承办中关村留学人员企业精品项目推介会等形式做好企业融资服务。

联系方式

地　址：北京市海淀区中关村南大街9号理工科技大厦902室
邮　编：100081
电　话：86-10-68470073，68470075
传　真：86-10-68470073转8999
邮　箱：bitrp@126.com
网　址：www.bitrp.com.cn

北京市留学人员大兴创业园

园区概况

北京市留学人员大兴创业园是由北京市留学人员服务中心与大兴开发区开发经营总公司于1997年成立的北京市第二家留学生创业园，于2003年9月被市科委认定为“北京市高新技术产业孵化基地”。

创业园位于国家新媒体产业基地核心地带，占地50亩，分为一期、二期、三期工程，总建筑面积5万多平方米，是集办公、商务、娱乐、生活为一体的高档综合服务园区。

创业园致力于打造以新媒体产业为主的专业集聚区，建设集文化创意产业、现代服务业、现代制造业等业态为主的新型园区，并建立了相应的孵化服务平台，具备研发、培训、创作、孵化、制作、交易、展示与体验和配套服务等八大功能。园区目前孵化面积38000平方米，管理团队17人。

联系方式

地　址：北京市大兴经济开发区科苑路18号

邮　编：102600

电　话：86-10-61271941/42、61273247

传　真：86-10-61271943

邮　箱：msx7060@126.com

北京市留学人员海淀创业园

园区概况

北京市留学人员海淀创业园成立于1997年10月，是北京市留学人员服务中心与中关村科技园区海淀园创业服务中心共建的北京市首家专门吸引留学人员回国创业的科技企业孵化器。2007年10月，海淀创业园成为国家人事部与北京市人民政府的共建单位，并正式命名为中国北京（海淀）留学人员创业园。海淀创业园自成立之日起，就树立了把自身建设为一所“针对特殊人群，培育明星企业和优秀企业家”学校的宗旨，在孵化器建设就是学校建设的理念引导下，着重在“优选入园企业、加强过程管理、提高毕业标准、完善服务手段”四个环节上下功夫，并逐步形成了自身独特的核心竞争力，构建了“一个中心、三个平台、六项服务”的完整孵化服务体系，即围绕海淀创业园，构建企业孵化平台、科技条件平台、创业导师平台，以推进对企业的创业辅导、人才引进、企业融资、成果转化、股权投资、产业促进六项服务，促进创业者向企业家的转变，助力企业快速成长。

历年来，海淀创业园培育了一批又一批的优秀企业和企业家，得到了党和国家领导人、各级政府及社会各届的关注与认可。先后有两位国家领导人到海淀创业园视察。2000年江泽民总书记到海淀创业园视察；2003年胡锦涛总书记接见了海淀创业园优秀毕业企业的创办人。

1998年7月，海淀创业园被国家科技部认定为“国家高新技术创业服务中心”；2000年1月，被北京市科委列为“高新技术产业孵化基地”；2000年10月，被国家科技部、人事部、教育部和国家外专局确定为“国家留学人员创业园首批示范建设试点单位”；2001年9月，被国家科技部授予“国家高新区先进孵化机构”称号；2004年4月，被北京市科委认定为首批“首都科技条件平台试点单位”；2005年12月，被荷兰科学联盟评选为“最佳社会投资收益奖”；2008年12月，被评为“火炬计划实施二十周年先进服务机构”；2009年3月，获得“中关村科技园区20周年突出贡献奖”；2012年，被国家人社部认定为“全国创业孵化示范基地”；2013年10月，获得北京市经信委认定的“北京市小企业创业基地”授牌；2014年7月，被北京市人社局认定为“北京市创业孵化示范基地”；2015年，“金种子创业谷”成功入选中关村示范区创新型孵化器，并先后获得了中关村管委会创新型孵化器及市级和国家级众创空间的认定，等等。

海淀创业园坐落于环境优美的中关村科技园区上地信息产业基地，处于北京著名的文化旅游区，紧邻清华、北大、中国科学院等全国最高学府和研究机构，形成强大的科技条件支撑和技术依托，是集科研、开发、生产、经营、生活和服务于一体的新型社区。经过多年的发展，海淀创业园现有金种子创业谷、留学人员创业园、留学人员发展园、中关村生物医药园四大孵化基地，孵化面积近8万平方米，配有良好的通信条件、完善的共用设备及完备的服务设施，以适合不同发展时期、不同类型企业的创业环境和发展空间。

金种子创业谷，亦叫“零成本创业谷”，于2013年9月正式启动，孵化面积超过2000平方米。主要用于整合各类创新创业要素，聚集高层次创新创业团队，培育战略性新兴产业源头企业，依托海淀创业园的空间资源及孵化服务体系优势，为入孵项目提供从创业苗圃到孵化器再到加速器的全链条式孵化服务，并针对企业发展的不同阶段提供全过程的创业辅导。留学人员创业园孵化场地面积22000平方米，主要服务于留学人员新办的科技型中小企业，创业园通过整合多种资源为入园企业提供全方位的创业辅导，包括政策咨询、管理咨询、融资协助、人才引进等，为企业提供优惠的办公用房并协助办理工商、税务、知识产权代理等相关事务。留学人员发展园孵化场地面积17000平方米，主要服务于留学人员创业园毕业企业，为快速发展的企业提供配套的办公场地，服务的重点为融资咨询、产品宣传及推广。中关村生物医药园孵化场地面积30000平方米，是北京市科委授牌的“首都科技条件平台—生物医药专业孵化器”。园内设有生物制品中试车间、分析测试中心、生物工程开放实验室、合成制剂开放实验室、医疗器械产业化示范车间，配备49个标准实验室。为企业提供包括药品注册咨询在内的科技条件租赁、实验室共享、委托试验等服务。

多年的历程，海淀创业园孵化企业硕果累累。先后有韩庚辰、严望佳、俞孔坚、寿国梁、宋守根、朱荣辉等百余人次优秀的创业者受到国家各级政府的表彰。园内企业创办人累计共有40名“千人计划”入选者、60名“海聚工程”入选者、23名“高聚工程”入选者。累计培育出18家上市企业。

联系方式

地　址：北京市海淀区上地信息路26号中关村创业大厦106室

邮　编：100085

电　话：86-10-82898748，82898799

传　真：86-10-62984933

邮　箱：chuangye@ospp.com

网　址：www.ospp.com

北京望京留学人员创业园

园区概况

北京望京留学人员创业园成立于1999年8月，依托于北京望京科技园。2000年2月，望京科技园被市科委认定为北京市首批高新技术企业孵化基地。2000年8月，被科技部火炬中心认定为国家级高新技术创业服务中心。2000年12月，北京市人事局留学人员服务中心与朝阳区人事局和望京高新技术产业区签订协议，在望京科技创业园基础上共建“北京市留学人员望京创业园”。2001年6月12日，经国家科技部批准，望京高新技术产业区内以望京科技创业园为中心的3平方公里范围，正式加入中关村园区，称为“中关村科技园电子城西区”，在税收、人才、财政等各方面享受与中关村园区同等的优惠政策。2002年7月，国家人事部批复，与北京市政府共建中国北京（望京）留学人员创业园。2003年4月，中国北京（望京）留学人员创业园正式揭牌。2005年12月，望京科技园被团中央和全国青年联合会正式授予“中国青年留学人员创业基地”的称号。2006年2月，望京科技创业园被北京市人事局与市科委于联合授牌为首批8家“北京留学人员创业园”之一。

创业园位于北京市城区东北部的望京高新技术产业区内，总建筑面积17万平方米已全部投入使用，是集科研、生产、办公为一体的智能化、多功能、花园式的高新技术企业孵化基地和留学人员回国创业基地。享有专项扶持资金和创投引导资金，提供三项基础服务，即科技中介、科技金融和科技人才服务，特色服务项目包括知识产权托管、博士后科研工作站、望京科技园校园巡回招聘会、望京创业讲堂、知识产权工作站、创业人才班车、人才公寓以及北京移动研发实验服务基地和生命科学孵化平台。

联系方式

地　址：北京市朝阳区望京新兴产业区利泽中二路2号
邮　编：100102
电　话：86-10-64390345
传　真：86-10-64392019
邮　箱：wangjingkejiyuan@126.com
网　址：www.wjpark.com

北师大留学人员创业园

园区概况

北师大留学人员创业园于2005年12月成立，由中关村科技园区管委会和北京师范大学共同创建。园区在中关村科技园区管委会、海淀园区管委会的支持下，依托学校的优势资源，不断完善孵化服务体系，吸引了来自美国、加拿大、法国、日本、澳大利亚、俄罗斯等数十个国家的近百名海归精英在此创业。借鉴国内外大学留创园的建设经验，本着特色办园的思想，依托百年师大的优势资源，北师大留创园充分整合北京师范大学科研资源、人才资源、产业资源，以“北师大教育服务产业研究院”和“高科技产业研究与技术转移中心”为依托，以中医药现代化、特色新材料、现代放射性化学药物、环境保护及减灾与公共安全等技术平台为支撑，搭建大学资源与社会资本对接的有力平台。

创业园以“中关村国大中小微企业成长促进会”和“中关村科学城”建设项目两个新的平台为契机，全面延伸留创园企业服务范围，重点挖掘和培育“金种子”企业、高端人才创业企业，进一步完善了专业技术平台和科研资源。

目前，创业园已获得科技部“火炬计划重点单位”、团中央“青年就业创业见习基地”“北京市专利试点单位”“北京市海淀区产学研示范基地”、教育部“高校学生科技创业实习基地”“北京留学人员创业园”“北京市高新技术产业专业孵化基地”等称号，加入“中关村科学城”项目，全面构建以北师大产学研为核心的地缘文化经济产业链，打造中国领先的教育、科技、文化联动产业聚集区，并获得中国产学研合作促进奖。

联系方式

地　址：北京市海淀区学院南路12号北师大科技园
邮　编：100082
电　话：86-10-62205399
传　真：86-10-62206051
邮　箱：Bsd_kjy@163.com

北邮留学人员创业园

园区概况

北邮留学人员创业园成立于2003年12月4日，由北京邮电大学和中关村管委会共建。创业园是以北京邮电大学为依托，充分利用北京邮电大学的综合智力资源优势，通过包括风险投资在内的多元化投融资渠道，在政府政策的引导和支持下，建立从事技术创新和企业孵化的信息通信类孵化基地，旨在更好地吸引海外留学人员归国创业，加快中关村科技园区的建设，提升北京邮电大学产学研相结合的能力，发挥一流高校服务区域经济的社会职能。

创业园位于北京邮电大学校内，总建筑面积为10000平方米，先期启动5000平方米，办公设施齐全，服务功能完备。创业园结合北京邮电大学的学科特点和优势，主要面向IT行业，着眼通讯领域，立足信息特色，定位于专业的信息科技园，以特色求发展，以创新达成功。

创业园搭建了面向信息通信领域的“3+2”服务体系，可为入园企业提供具有专业特色的科技创新和成果孵化服务。创业园在确保为入驻企业提供基本商务、管理咨询和资本运作等立体式服务同时，充分利用北邮在信息产业的行业优势，在园区内搭建了互联网技术条件、电信产品推广服务和电信增值业务条件三个核心公共技术平台。开放时间每周在20小时以上，可以向企业提供信息通信领域的科学研究和技术开发平台，为企业科技创新提供覆盖整个通信信息领域从底层到应用，各种不同媒介的，向企业提供试验开发平台、测试平台、验证平台的使用服务。切实帮助创业企业降低了IT行业准入门槛和创业成本。创业园与北邮生命电子科学工程中心EMC—EMB实验室以及北邮宽带通信网络实验室合作，为入园企业提供优惠的专业服务，并以此为契机，共同向北京市申报实验室开放平台资助。

联系方式

地　址：北京市海淀区西土城路10号北京邮电大学综合服务楼5楼510室
邮　编：100876
电　话：86-10-62281497，62281487
传　真：86-10-62285259
邮　箱：1409000@sina.com

华北电力大学留学人员创业园

园区概况

华北电力大学留学人员创业园成立于2008年10月，由华北电力大学和中关村科技园区管委会共同建立，旨在吸引优秀海外留学人员回国创业，加快中关村科技园区建设，提升华北电力大学产学研结合能力，发挥一流高校服务区域经济的社会职能。

创业园位于华北电力大学国家大学科技园内，面积约2万平方米，办公设施齐全，服务功能完备。创业园充分利用和发挥华北电力大学创新创业环境和人才、学科、科研、设施及成果转化等综合资源优势，同时依托国内外的校友资源优势，着重吸引、发掘、培育一批创业团队完备、跨洋研发能力出众、拥有自主知识产权的国际领先技术、产业化前景巨大、国家重点支持领域项目的优秀留学人员创业企业，业已发展成为科研孵化、人才聚集、高新技术成果转化的重要基地，为首都科技创新体系建设和区域经济发展作出贡献。

目前，创业园已拥有科技创新创业实习基地、小企业创业基地服务、展示平台等系列服务设施，为园区企业营造了优良的服务环境和完善的创新创业服务体系。园区通过一系列配套服务的推行，完善企业基础服务平台、技术服务平台、创新创业平台及金融服务平台以及综合商务服务平台的建设，为在园企业提供综合性、全方位的孵化服务。

联系方式

地　址：北京市昌平区北农路2号华北电力大学主楼D1006
邮　编：102206
电　话：86-10-61772723
传　真：86-10-61772866
邮　箱：chx@ncepu.edu.cn

清华留学人员创业园

园区概况

清华留学人员创业园成立于2002年12月，是清华大学和中关村管委会共同发起设立，由北京启迪创业孵化器有限公司负责日常运营和管理。

创业园依托清华大学的科技优势和清华科技园的资源优势，采用“孵化+风险投资”的经营模式，重点吸引回国留学人员创办的拥有国际先进技术、具有高附加值、高成长性的企业入园。清华创业园通过整合“政、产、学、研、金、介、贸、媒”等创新资源、搭建成熟完善的创新创业孵化体系、开发建设信息化的创新服务网络平台，并借助清华科技园辐射全国近30个城市和地区的分园网络，已经成为促进区域经济发展和科技型创业企业发展的强大支撑力量。创业园先后被评为“国家级留创园”“国家级孵化器”“优秀留学人员创业园”；是火炬中心认定的国家级孵化器之一；是北京市科技条件平台首批试点机构；海淀区企业服务体系首批合作伙伴；曾被荷兰科学联盟组织的全球科技孵化器评为“科学孵化器最佳实践奖”。

清华留创园和启迪孵化器不断谋求为中小企业发展提供多种增值服务，探索创新服务内容，与企业共同成长，与各类金融机构进行沟通合作，联合浦发银行推出了中小企业信用贷款一站式服务平台；与齐鲁证券达成战略合作意向，为园区企业开展新三板上市咨询与相关服务工作。启迪孵化器和启迪创投联合设立了启迪天使投资（北京）有限公司，专注于投资早期企业，基金规模5000万，覆盖TMT、清洁技术、新能源、生命科学、消费品等领域。清华科技园知识产权服务平台始建于2008年，是国知局首批“企业专利工作交流站”之一、“海淀园知识产权服务平台”、北知局企业知识产权托管服务平台。

联系方式

地　址：北京市海淀区清华大学科技园创新大厦A座15层
邮　编：100084
电　话：86-10-62785888
传　真：86-10-62772777
邮　箱：xuyy@tuspark.com
网　址：www.tuspark.com，www.tusstar.com

首都师范大学留学人员创业园

园区概况

首都师范大学留学人员创业园成立于2007年10月，由首都师范大学与中关村科技园区管理委员会共同建立，是中关村科技园区创业体系的组成部分之一，是留学人员回国创业的重要基地。

创业园位于北京市海淀区首都师范大学校内，一期与首都师范大学科技园共用一座教学楼，办公环境良好，软硬件设施一应俱全。

创业园充分发挥首都师范大学深厚的文化、教育资源优势，突出“以文化、教育为特色，以高新技术为依托”的建园方针，以产学研联合工作为纽带，在留学人员创业企业与高校间建立通畅的桥梁，为企业的孵化、发展、壮大提供优质高效的服务。创业园重点吸纳、培育在文化创意及科技创新方面具有特色优势，具有自主研发能力和自主知识产权，与国内文化及经济建设需求紧密结合的留学人员创业企业。

经过不断的努力，园区逐步确立了“以高新技术为依托，以文化教育优势为特色，以产学研联合工作为主体，以科学技术成果的市场转化为手段，以服务于北京市社会、经济、文化建设发展为目标”的建设宗旨。一批优秀科研成果进入科技园进行孵化，并取得了良好成绩。2003年7月，首都师范大学科技园被市科委、市教委认定为北京市大学科技园，标志着科技园整体工作跃上了一个新的台阶。到目前为止，创业园已初步形成了文化创意、教育技术、高新技术三个重要产业化发展方向。

联系方式

地　址：北京市海淀区西三环北路105号首师大科技园（留学人员创业园）教一楼207室
邮　编：100037
电　话：86-10-68907023
邮　箱：kjy@mail.cnu.edu.cn

中关村博雅留学人员创业园

园区概况

中关村博雅留学人员创业园成立于2011年12月23日，由中关村科技园区管理委员会和北京市海淀区人民政府共建，是中关村多媒体创意产业园吸引海外人才、推动留学生回国创业工作的重要组成部分。创业园的建设是为了积极落实中关村人才特区的总体要求，促进科技创新、体制创新，吸引更多的以海外高层次人才为代表的发展所特需的各类留学人员回国创业，服务于留学归国人员创办的高新技术企业。

中关村多媒体创意产业园是中关村国家自主创新示范区的专业科技园，地处示范区核心区，位于中国北京市海淀区西三环紫竹桥与西四环四季青桥之间，占地95公顷，是北京率先以多媒体创意产业为核心发展方向的跨媒体专业园区。

创业园依托中关村多媒体创意产业园的资源与服务体系，为入园的留学归国创业人员提供行业指导、战略顾问、金融投资、创业辅导、品牌建设、市场推广、项目融资、高层次人才对接和运行团队组建等方面的系统服务，为企业的创新发展提供有力的支持。

目前，中关村多媒体创意产业园已聚集企业及机构近1000家，累计吸引投资超过26亿元。园区企业创新活跃、发展迅猛，产值增幅迅速，形成涵盖物联网、移动互联网、电子支付、动漫游戏、软件开发、系统集成、广告会展等领域在内，集产品、服务和应用等方面于一体的跨媒体产业集合。园区产业生态循环体系发展完善，企业已呈现出以产业集群模式进行集群化、规模化发展趋势，具有显著的产业聚集与辐射带动能力。

联系方式

地　址：北京市海淀区紫竹院路116号C座
邮　编：100097
电　话：86-10-51709191
网　址：www.bjmmedia.cn

中关村法大科技服务园

园区概况

中关村法大科技服务园成立于2007年5月28日，由中关村科技园区管理委员会和中国政法大学共同建立，是全国首家以法律服务为主的大学科技园。

创业园位于中国政法大学校园内，创建初期启动面积为3000平方米，总规划建筑面积共约25000平方米，致力于建设一流的硬件设施，提供优良的工作环境和物业管理。

创业园依托中国政法大学优势学科，发展法律服务产业，包括法律咨询服务、知识产权和专利服务、法律信息和法律出版服务、法学教育培训服务、证据和法庭科学技术服务、律师和公证服务等法律相关领域的新兴特色产业。

创业园的发展目标是重点培育一批国内一流法律服务企业，并逐步扩大发展规模，使法律服务范围覆盖中关村科技园区的所有创新企业，把园区建设成为国际知名的法律服务基地；建立与全国法律信息资源的建设者、所有者、使用者之间的多边联合；与中关村其他专业园区形成产业互补，促进和服务高科技产业发展。

联系方式

地　址：北京市海淀区西土城路25号中国政法大学旧1号楼109室
邮　编：100088
电　话：86-10-58908009
传　真：86-10-58908007
邮　箱：ly10312@163.com

中关村国际孵化园

园区概况

中关村国际孵化园（北京中关村国际孵化器有限公司）创立于2000年12月26日，是科技部认定的“国家级高新技术创业服务中心”“北京市高新技术产业孵化基地”“北京留学人员创业园”和“北京市小企业创业基地”。按照“政府引导，市场运作”的模式，园区为留学人员归国创业提供“孵化+创投”的全程、全方位服务。2003年1月，胡锦涛同志在刘淇等领导的陪同下来园区视察。

园区地处上地信息产业基地，拥有两幢共2.14万平方米的现代化商务楼，可满足入驻企业不同发展阶段的需求。园区整合各方资源，引入工商注册、法律、会计、人才等中介机构，搭建产学研平台，争取政府资助，设立贷款担保保证金和投资基金，带动风险投资，为企业走向成功铺路搭桥。

园区与北京大学光华管理学院、清华大学经济管理学院、北京航空航天大学软件学院、中国科学院软件学院、新加坡南洋理工大学联手打造了国际MBA和创业与创新学生实习基地、软件工程师实训基地；与中关村科技园区驻硅谷、伦敦、多伦多、马里兰、东京、伦敦、悉尼联络处建立了密切关系，为海外留学人员回国创业提供服务，为园内企业向海外拓展、寻求国际合作创造条件；与北京软件产品质量监测检验中心合作建立共享软件技术平台；与海淀生物医药园合作建立生物医药技术平台；投资建立电子信息技术测试与展示中心；投资开发企业评估体系软件等。在园企业可享受诸多优惠政策，孵化园为企业提供免费创业服务；组织各种项目推介会及融资洽谈会；协助企业申请各类政府专项资助；通过对优秀企业给予投资支持，帮助企业引进风险投资；协助企业申请各种贷款。同时，园区搭建了中介服务平台，组织企业家沙龙，促进企业间及企业与社会各界间的交流与合作，为园内创业者营造一个实现梦想的良好环境。

联系方式

地　址：北京市海淀区上地信息路2号创业园D栋
邮　编：100085
电　话：86-10－82893008
传　真：86-10－62974804
邮　箱：fjy1726@139.com

中关村集成电路留学人员创业园

园区概况

中关村集成电路留学人员创业园是在充分依托北京集成电路设计园现有的专业技术优势，于2006年1月由北京集成电路设计园和中关村科技园区管委会共同建立的。创业园位于中关村科技园区高科技企业云集的核心地带——北京市海淀区知春路27号北京集成电路设计园内，包括量子芯座和量子银座两座写字楼，创业园总面积约20000平方米。

园区自建设以来，先后被国家及地方科技部门授予国家（北京）集成电路产业园、中关村开放实验室、中关村科技园区海淀园高新技术企业服务平台、国家中小企业公共服务示范平台等称号，具有鲜明的专业特点和服务特色。2007年3月，中关村科技园区管理委员会在北京集成电路设计园挂牌“中关村集成电路EDA开放实验室”；2011年11月，由工信部授予“国家中小企业公共（技术）服务示范平台”的牌匾，科技部授予“北京现代服务业基地”；2012年12月，北京市经信委授予“北京市小企业创业基地”。

创业园依托北京地区丰富的集成电路设计资源优势，重点建设了以EDA工具为主的集成电路设计公共技术平台，为集成电路设计留创企业提供包括：EDA工具、IP、芯片生产、封装、测试和专业人才培养等集成电路设计产业链专业技术服务，帮助留创企业降低研发成本和技术门槛，加快留创企业发展。创业园建设的留创企业服务体系，可为留创企业提供政策法规咨询、企业注册咨询、行业信息发布、招商引资及知识产权等服务内容，结合园区掌握的国际国内行业发展情况，提供行业咨询，帮助留创企业迅速融入国内的产业环境；另外，根据集成电路留创企业的投融资需求，创业园积极与国资公司系统内的投融资机构及创业投资机构进行交流与合作，为留创企业与创投机构之间牵线搭桥，助力留创企业的成长。同时，创业园在对留创企业孵化及服务的过程中，积极落实各级政府制定的支持留创企业发展的支持政策，并配以园区的服务支持，已成功协助园区留创企业获得了企业开办费、房租补贴等；并成功推荐园区的优秀海归人才入选了国家“千人计划”、北京市“海聚工程”等。

联系方式

地　址：北京市海淀区知春路27号量子芯座508
邮　编：100191
电　话：86-1082357176
传　真：86-1082357178
邮　箱：service@bjicpark.com
网　址：www.bjicpark.com

中关村京仪海归人才创业园

园区概况

中关村京仪海归人才创业园由中关村科技园区管委会与北京京仪集团有限责任公司共建，北京京仪科技孵化器有限公司负责创业园的组织实施和日常管理。

京仪留创园总孵化面积9098平方米，其中大钟寺总园面积2300平方米，百万庄分园面积6798平方米。园区主要吸引新一代信息技术以及高端装备制造领域海归人才企业，通过整合京仪集团相关技术和市场资源为入驻企业提供创业服务。京仪集团在创业园建设上给予政策方面的支持，一是开放集团自身的试验测试和加工资源，二是开放产业化的市场推广和销售渠道，三是在房租和场地上给予优惠，四是充分发挥北京市仪器仪表工业人才服务中心的人才服务功能，为海归人才创业企业提供人才培训、人事代理和人力资源咨询等相关人力资源服务。同时，创业园通过公共服务平台（关键共性技术服务平台、科技咨询服务平台、市场推广服务平台、技术转移服务平台、中介服务平台）的建设运营，把海归人才创业企业的研发和成果资源与京仪集团产业化资源进行结合，实现产、学、研、用联合，促进行业技术进步和产业升级，助力海归人才创业企业的发展。

联系方式

地　址：北京市海淀区大钟寺东路9号
邮　编：100098
电　话：86-10-82121529
传　真：86-10-62252281
邮　箱：lijin5903@sohu.com
网　址：www.jyrkfhq.com

中关村科技园区丰台园留学人员创业园

园区概况

中关村科技园区丰台园留学人员创业园成立于2004年4月，依托中关村科技园区丰台园，由中关村科技园区丰台园科技创业服务中心（北京IBI）具体运作。北京IBI以输出品牌和管理的方式，低成本、高速度运营，整合丰台园基地一期及“科技一条街”资源，已形成中关村丰台园软件孵化中心、赛欧科园孵化中心、颐安鑫鼎孵化中心、生命科学孵化中心等分中心，作为留学生企业发展园、产业园。2007年，被北京市人事局、市科委批准为“北京留学人员创业园”。

创业园积极响应国家大力吸引海外高层次人才的号召，以“五大创新服务体系”和综合性技术服务平台为支撑，以提高自主创新能力和可持续发展能力为核心，推进留学人员创业服务体系建设，营造优质创业环境。园区为企业推出“留学生服务直通车”计划，推动科技中介服务体系建设，打造交流合作平台，营造引资引智氛围，申请政府资助，落实优惠政策，搭建引智渠道，完善人才资源服务平台。

联系方式

地　址：北京市丰台区科兴路9号
邮　编：100070
电　话：86-10-63744650
传　真：86-10-63728448
邮　箱：zxx@bjibi.org.cn
网　址：www.zgc-ft.gov.cn

中关村软件园留学人员创业园

园区概况

中关村软件园留学人员创业园成立于2004年1月，由北京中关村软件园孵化服务有限公司创办。创业园2006年被国家科技部认定为“国家高新技术创业服务中心”；2007年被北京市人事局和北京市科委联合命名为“北京留学人员创业园”；2009年被中关村科技园区领导小组授予“中关村科技园区20周年突出贡献企业”称号；2010年被北京市知识产权局认定为“北京市知识产权托管工程试点单位”；2011年被北京市科委认定为“北京市高新技术产业专业孵化基地”；2012年，被北京市委组织部、北京市人事局、北京市科委授予“北京市优秀留学人员创业园”，被北京市科委授予“北京市战略性新兴产业孵育基地”，被北京市经信委认定为“北京市小企业创业基地”；2013年，通过2013年度享受税收优惠政策审核，被认定为首批“北京市创业孵化示范基地”，在国家级科技企业孵化器考核评价工作为被评为A类孵化器；2014年，被认定为第四批“国家中小企业公共服务示范平台”；2015年，被北京市侨办、中关村管委会认定为首批“中关村侨创园”，被北京市经信委推荐为“首批国家小型微型企业创业示范基地”，被中国留学人员创新创业大赛组委会认定为“春晖杯”创业大赛创业基地；2016年，被北京市科委评为2016年度孵化器（大学科技园）品牌荣誉top10。

创业园立足中关村软件园，软件园发展互为融合、相互推动，经历了企业集中到企业微集群产生的全过程，通过“保护和支撑”的服务建设、资源整合的“协调”体系搭建和加大咨询、项目、股权等“干预”服务探索，初步建立从基础服务到增值服务的孵化服务全阶段，通过“2动力”即市场动力和创新动力，打造了“3特色”即“服务特色+人才特色+微集群特色”，形成了“5特性”的资源整合模式，即“开放性+整合性+专业性+体系性+辐射性”的“235”特色发展模式。创业园站定国家及北京市发展软件产业战略的高度，围绕科技条件、科技金融、科技中介三大板块建立了服务软件企业成长与发展的创新创业孵化服务体系，成立10多年来，累计孵化企业823家，企业累计总收入超过20亿元。

联系方式

地　址：北京市海淀区东北旺西路8号中关村软件园3号楼B座1318室
邮　编：100093
电　话：86-10-82825187，82825188
传　真：86-10-82825186
邮　箱：spi@zgcspi.com
网　址：www.zpark.com.cn

中关村生命科学园留学人员创业园

园区概况

北京中关村生命科学园留学人员创业园成立于2004年，由生物医药科技孵化有限公司负责运营。创业园的主要宗旨是帮助中小型生物医药企业成长，为归国留学创业人员提供良好环境，推动生命园区及北京市生物医药产业的发展。创业园成立以来受到了社会各界的肯定与好评，获得了包括国家级科技企业孵化器、国家中小企业窗口示范平台、北京市战略新兴产业孵化基地、北京市科技成果转化基地、北京市优秀留学人员创业园、北京市优秀基层科技工作单位、中关村20周年突出贡献奖单位等众多资质和荣誉。

创业园总孵化面积5万平方米，包括各类实验室，细胞室、中试洁净车间、清洗消毒室、纯水制备间、洁净空调室、试验废水处理间、行政办公室和公共会议室等各种类型的场地和专业设施，能为企业提供完备的办公和生物医药研发条件。在基础设施建设方面，创业园能为企业提供包括分析检测实验室、分子生物学实验室、固体制剂实验室、纯水系统、实验污水处理系统、通风及空调系统、中试车间、万级细胞培养室及公用会议室在内的工作条件。创业园累计投入1500万元用于平台的建设工作，先后获得北京市科技条件平台、中关村开放实验室、国家CNAS认证。目前，具有较强服务能力的四个平台包括分析检测平台、分子生物学平台、固体制剂平台及细胞级药筛平台。同时，整合各类仪器资源近2亿元人民币，充分实现了科技资源的优惠共享。

在产业引导与合作方面，创业园组建成立了中关村生命科学园开放实验室、中关村生物医药研发外包联盟、生命科学园资源网络同盟、生命园产业及孵化公共服务平台网等技术或产业联盟，整合了大量科技资源，为生物医药企业提供了良好的资源环境。此外，在留学回国人员创业、专业技术服务、产业资金申请、医药产品注册咨询，引导性创业投资等方面也都形成了自身的服务优势。

联系方式

地　址：北京市昌平区生命园路29号孵化科研生产大楼B-215
邮　编：102206
电　话：86-10-80715731
传　真：86-10-80715732-1005
邮　箱：zgcbmi@yahoo.com.cn

中关村数字娱乐留学人员创业园

园区概况

中关村数字娱乐留学人员创业园成立于2006年9月8日，是中关村科技园区管理委员会和北京市石景山区政府的第一个合作项目，主要服务于北京市文化创意产业留学生企业，是全国第一个专注于数字文化产业的留学人员创业园，是全国第一个以文化创意产业为服务对象的留学人员创业园。

创业园坐落于北京西山脚下，周边环绕着具有悠久历史的旅游文化博览胜地。整个地区风景秀丽、富含创意、宜居宜商，为从事文化创意创业的留学人员提供了得天独厚的工作及生活环境。创业园一期建筑面积8000平方米，拟扩充至28000平方米。优雅的人文环境、便捷的交通环境和齐全的基础设置配备，为海归留学人员企业的发展推波助澜。

对于从事文化创意、数字娱乐产业创业企业，在办公环境上“求新、求变”的特别需求，创业园给予了充分考虑。创业园配套有米黄色大型沙发茶座，在整个楼层无线网络的覆盖下，拓展了创业人员办公及思考空间。园内设有24小时保安和电子指纹式门禁系统。为进一步降低创业企业运营成本，创业园设立独立房间分体式空调、集团程控电话分机和计算机网络宽带接入。水、电、暖等基础配备24小时均设专人负责维护，复印机、传真机以及会议室等公用设施对入驻企业全部开放。

创业园在中关村石景山园管委会的指导下，依托石景山区打造首都休闲娱乐中心区的特点，旨在打造具有知名品牌、最多服务功能、最低创业成本的留学人员创业园，为留学人员归国后从事文化创意、高科技产业的创业提供全方位的服务，协助创业企业在全球创意经济迅猛发展的浪潮中不断壮大。

联系方式

地　址：北京市石景山区八大处高科技园区实兴东街11号楼北楼1层

邮　编：100043

电　话：86-10-88794725

传　真：86-10-88794725

邮　箱：suppersix@gmail.com

中国科学院中科海外人才创业园

园区概况

中国科学院中科海外人才创业园（原中国科学院中自留学人员创业园）成立于2004年10月，由中国科学院与中关村科技园区管委会共建而成，是中国科学院北京地区第一家海外人才创业园；同时，也是中国科学院目前唯一的一家海外人才创业园。

创业园现建有主园区和分园区（与北京市科委创业中心共建）两部分。其中，主园区位于海淀区中科资源大厦、中科院自动化所；分园区位于朝阳区北京创业大厦。中科院中科海创园由北京中科喀斯玛科技孵化器有限公司负责具体管理和运营。中科喀斯玛公司重组于2013年底，前身是中科院自动化所国有资产管理公司、中科院国家技术转移中心子平台，现为（中科院）北京中科资源有限公司控股、中科院自动化所参股的国有控股企业。

创业园作为中关村国家自主创新示范区人才特区创新创业服务的组成部分，围绕北京市和中关村整体发展部署，借同中科院的尖端科技、优秀人才和先进研究成果以及各科研院所的支持等丰厚的资源优势，为海外人才企业提供有力的技术支持、良好的创业氛围和中介机构增值服务的同时，也开展了一系列为企业提供科研成果转化、科技资源整合、科学研究交流与大型企业对接合作等园区特色服务，充分满足海外人才创办企业的需求，现已发展成为独具特色的、带有鲜明中科院品牌的海外人才创业园。

创业园以中科院院所科技、信息、政策、品牌、专家等为基础，依托海淀区、中关村高科技园区的广阔行政服务网络，引进风险投资资本，凝聚区域内现有科技成果转移机构资源共同打造科技协同创新机制，发挥新形势下政产学研合作新途径的优势，努力推动海外人才归国创业、中科院科技成果的转移、转化，带动相关产业升级，服务地方、区域经济。近年来，随着平台体系建设的不断加强，转移中心为高校、院所、企事业单位提供的服务也愈发系统和专业，逐步探索具有中科院特色的体系化服务模式。创业园充分发挥中科院科技创新资源，建立的“科技条件平台”包括专家顾问库、项目资源库、专利数据库和科研设备库等多个单元的中科院共享体系资源。

联系方式

地　址：北京市海淀区中关村东路95号自动化大厦东楼309室

邮　编：100080

电　话：86-10-61943380

传　真：86-10-61943380

邮　箱：casmpark@126.com，zhouy_work@126.com

网　址：www.casmpark.com

中国矿业大学留学人员创业园

园区概况

中国矿业大学留学人员创业园（中关村能源安全科技园）成立于2007年7月12日，是中国矿业大学（北京）与中关村科技园区管委会共建的具有显著能源与安全特色的专业科技园区，是我国第一家能源安全科技园，是中国矿业大学（北京）产学研结合及科技创新体系、中关村国家自主创新示范区及首都区域创新体系建设的重要组成部分。国家、北京市和相关部委领导十分重视和关心创业园的建设发展，时任国务委员刘延东，教育部部长周济，国家安全生产监督管理总局局长骆琳，教育部副部长陈希、吴启迪，科技部副部长刘燕华、尚勇等先后来创业园视察工作，并对创业园取得的成绩给予了充分肯定。

创业园地处中关村科技园区的核心地带，交通便利，位于城市主干道学院路和清华东路的交汇处附近，孵化面积1.5万平方米。创业园始终致力于打造能源安全品牌，为能源安全新技术产业集聚创造一流的服务平台，在完善多项基础设施建设的同时，搭建了创业服务、企业经营服务、公共技术服务、知识产权服务、信息服务、物业服务等15项软环境平台，开展了高效、快捷、全面的企业专业服务工作。

创业园针对煤炭能源行业的现状和亟待解决的突出问题，创新性地以“孵化+创投”的形式进行“项目孵化”，即对有前景的高新技术项目和项目所有人进行吸收，设立工程技术研究中心，直接面向矿山一线，形成产学研紧密结合的技术与产业平台。目前，已成立节能减排、绿色开采、矿山建设、固液处理、矿山机电和矿山数字化等6个工程技术中心。同时，创业园公司（北京矿大能源安全科技有限公司）利用中国矿业大学的科研优势和工程技术中心的产业优势，自主研发核心技术，2009年通过了国家级高新技术企业认证，获得了中小企业创新基金，研发项目“矿井回风源热泵系统与配套技术”获得煤炭行业科技进步一等奖。

联系方式

地　址：北京市海淀区清华东路16号3号楼中关村能源与安全科技园A2-1803
邮　编：100083
电　话：86-10-51733888
传　真：86-10-51733590
邮　箱：menggy@263.net

中国农大留学人员现代农业创业基地

园区概况

中国农大留学人员现代农业创业基地成立于2005年8月4日，由中国农业大学和中关村科技园区管理委员会共同创建，主要服务对象是海外留学归国人员创办的以现代农业和生物技术领域为主的高新技术企业，重点吸引、发掘、培育一批创业团队完备、跨洋研发能力出众、拥有自主知识产权的国际领先技术、农业产业化潜力巨大、国家重点支持领域项目特别是面向“三农”的高质量留学人员创业企业。

创业基地位于中国农大科技园的西区核心园区，面积共20000平方米，先期启动7200平方米。创业基地拥有完善的供电系统、供水系统和供暖系统，可供租用已装修不同档次的各种规格研发单元；对入驻企业提供各类的会议室、报告厅、接待室、餐厅、客房和娱乐、购物场所；提供宽带多媒体通讯网络服务，光缆已进入室内，每个单元均配置CATV接口。创业基地有可供租用的会议室、洽谈室共计15间，具备多媒体音像、投影设备。

创业基地依托中国农业大学在种子、农兽药、畜牧、肥料、农产品与食品、农业工程与装备及农业信息化等领域的人才和科研优势及在高新技术转化方面积累的经验，进一步将孵化功能向企业发展的上下游延伸。通过产学研的有机结合、孵化体系的日益完善，创业基地将吸引更多优秀海外留学人员归国创业，从而为地区培育出新的经济增长点及产业热点，形成中关村科技园区中的农业研发、推广和示范基地，成为国家农业高技术创新创业源头。

联系方式

地　址：北京市海淀区清华东路17号科贸楼C201
邮　编：100083
电　话：86-10-62732266
传　真：86-10-62736902
邮　箱：hujy@cau.edu.cn

中国人民大学留学人员创业园

园区概况

中国人民大学留学人员创业园成立于2005年12月，由中国人民大学与中关村科技园区管委会共建，是全国第一家文化主题的留学人员创业园，在留学人员创业园普遍只服务高新技术企业的背景下开始针对非科技类的文化创意企业提供创业服务。由人大文化科技企业孵化器公司负责运营。2012年3月，创业园被北京市委组织部、北京市人力资源和社会保障局、北京市科学技术委员会评为“优秀留学人员创业园”；2012年4月，中国人民大学文化科技园运作公司北京人大文化科技园建设发展有限公司，全资设立子公司北京人大文化科技企业孵化器有限公司，专业负责中国人民大学留学人员创业园运营管理；2012年12月，获中国留学人员创业创新大赛组委会授予“春晖杯”创业大赛创业基地；2013年，被认定为“北京市战略性新兴产业孵育基地”；2013年4月，获得第七届中国北京国际文化创意产业博览会“单项活动优秀组织奖”；2013年5月，获得第九届中国（深圳）国际文化产业博览交易会“优秀组织奖”。

创业园地处中关村核心区域，交通便捷，人才、资本高度密集，拥有13520平方米的孵化面积，园区内建设有全国第一家文化创意产业特色的国家大学科技园、全国第一家国家版权贸易基地、全国第一家依托大学建立的国家文化产业示范基地。创业园致力于孵化文化创意企业，除了为企业切实落实政府优惠政策外，还提供部分租金减免、种子资金投资、国际合作补贴、企业上市补贴等，着力打造中国文化创意产业品牌和有全球影响力的文化创新中心。

创业园借助中关村国家自主创新示范区的政策优势和中国人民大学在人文社会科学方面的资源优势，建立了以科技及文化创意相关产业为主导方向，享受园区以“创业服务+创业投资+创业导师”为核心的综合孵化服务体系。园区为留创企业提供“全流程、全方位、全链条、立体化”的专业优质孵化服务。“全流程”是对文化企业从孵化前，到孵化中，再到加速成长过程中提供的一系列服务；“全方位”是为创业团队提供创业培训课程、帮助创业融资、配备创业导师、营造创业人脉圈；“全链条”是指打造从“项目孵化”到“企业孵化”再到“新兴文化科技产业链孵化”的全产业孵化链条；“立体化”是指整合孵化器现有线上、线下资源，为文化企业提供线上企业诊断软件加线下企业会诊等集成服务。创业园建立了企业跟踪评价系统，为园区企业的健康发展提供了强有力的支撑，企业对园区的认同感、归属感不断增强，企业与园区已形成良性互动、共赢发展的格局。

联系方式

地　址：北京市海淀区中关村大街甲59号人大文化大厦2104室
邮　编：100872
电　话：86-10-82509532
传　真：86-10-62516386
邮　箱：cspruc@ruc.edu.cn
网　址：www.cyruc.com

中央财大留学人员创业园

园区概况

中央财大留学人员创业园成立于2006年12月8日，由中央财经大学与中关村科技园区管委会合作共建，是中关村留学人员创业园协会秘书长单位。园区管理机构为北京中财园科技有限公司。创业园的服务对象是海外留学回国人员创办的各类高新技术企业、文化创意企业和创新服务企业。创业园重点培育、孵化在海外学有所成、学有特色、有跨国研发能力、创业团队较为完备、拥有自主知识产权、产业发展潜力大的留学回国人员的创业企业。

依托中央财经大学及中央财经大学科技园的资源优势，创业园搭建了财税事务公共服务平台、经济法律事务公共服务平台、科技认证及工商注册公共服务平台、人才交流培训平台、投融资事务公共服务平台等创业孵化服务平台，为企业提供财税咨询、法律咨询、科技企业认证及注册、企业文化宣传、人才培训、融资推荐等服务。平台不仅为创业园内企业提供各类服务，而且已将服务功能拓展至整个中关村科技园区。

创业园新建规划位于北京市海淀区学院南路39号中央财经大学校内东南角。规划用地面积10000平方米，规划建筑面积将达30000余平方米。建成后的创业园将是一个办公环境优美、配套设施齐全、服务功能完备的一流企业孵化器。创业园将利用中央财经大学在财经、金融领域的学科、人才等资源优势，通过产学研的结合和完善的孵化服务体系，为入园留学人员企业创造良好的成长环境。创业园重点吸引、发掘、培育、孵化在海外真正学有所成、学有特色、有跨洋研发能力、创业团队较为完备、拥有自主知识产权、产业发展潜力巨大的高质量留学人员创业企业，从而为首都培育出新的经济增长点及产业热点。

联系方式

地　址：北京市海淀区学院南路39号

邮　编：100081

电　话：86-10-62288385

传　真：86-10-62288385

邮　箱：cufezcy@163.com

天津滨海高新区海外留学生创业园

园区概况

天津滨海高新区海外留学生创业园（天津滨海高新区国际创业中心）成立于1998年8月，是天津滨海高新区管委会创办并直接管理的孵化器。作为国家级留学人员创业园，先后被批准为部市共建“中国留学人员创业园”“国家留学人员创业园示范建设试点”，被中央组织部授予“全国留学回国人员先进工作单位”等9个国家级创业基地品牌和8个国家级和市级荣誉称号。

创业园创立十余年来，始终以“促进科技成果转化、培育高新技术企业和企业家”为宗旨，坚持“孵化精品企业”的基本工作方针，求真务实，不断进取，形成了以归国留学人员创办的企业为重点孵化对象，以具有自主知识产权的高科技项目为重点孵化项目的发展特点。创业园高效的孵化机制和优良的孵化业绩得到了国家各有关部委、天津市各有关部门以及社会各界的一致肯定和高度评价，目前已成为天津滨海高新区国家海外高层次人才创新创业基地的核心孵化载体、部市共建国家生物医药国际创新园核心实施主体和天津滨海新区的核心孵化器。

创业园围绕天津滨海高新区绿色能源、高端信息制造、生物医药、先进制造、现代服务业等主导产业领域，重点吸引能够参与全球竞争、处在世界科技前沿和产业高端、熟悉国际市场和国际规则的海外高层次人才来区创新创业，以培养战略性新兴产业企业、高成长性企业、领军企业、科技小巨人企业、上市企业为目标，深入开展精品孵化服务。园区重点打造了公共技术平台、人力资源服务平台、投融资平台与公共秘书平台等四大平台，为创业者提供无障碍、一站式、个性化、全方位的“全案式”服务。

联系方式

地　址：天津滨海高新技术产业开发区华苑科技园华天道2号

邮　编：300384

电　话：86-22-83710085

传　真：86-22-83710936

邮　箱：tibi@thip.gov.cn

网　址：www.tibi.com.cn

天津经济技术开发区留学生创业园

园区概况

天津经济技术开发区留学生创业园（天津泰达国际创业中心）成立于1996年8月，位于天津滨海新区的核心区域——天津经济技术开发区，与天津经济技术开发区生产力促进中心系同一机构，是天津开发区管委会下属事业单位，为天津泰达科技发展集团核心成员单位。2002年经科技部认定成为国家级高新技术创业服务中心，2005年经国家人事部批准成为部市共建的国家级留学生创业园，现为中国留学人员回国服务联盟成员单位、中国留学人员创业园联盟副理事长单位、天津市国际人才交流协会常务理事单位。多年来，创业园在各级党委和政府的领导下，在中国留学人员创业园联盟的支持下，本着“以留学回国人员创新创业需求为导向”的工作方针，始终将吸引服务留学回国人员创新创业作为工作重点，制定了一系列工作措施和方法，发挥了为海外人才及其所创办的科技企业提供全方位孵化和服务的职能。

创业园目前孵化总面积为18万平方米，孵化场地由创业中心、天大科技园、融科大厦等构成。园区一直以来担负着战略性新兴产业促进、海外高层次人才创业、科技平台运营、科技中小企业孵化和加速成长、科技园区管理运营的职责。作为天津滨海新区最大的中小科技企业孵化器之一，园区已经成为滨海新区科技创新创业的旗舰，为海外人才创业营造了良好的办公、生产、技术研发、资本运作、人才培育、信息交流的发展环境，成为滨海新区高新技术企业和海外高层次人才创新创业的聚集地。

为了能给海外人才营造一个舒适良好的创新创业环境，让人才更好地专注于自己的事业，园区建立了“四化六板块”的服务体系。“四化”为系统化、专业化、定制化、长期化。“六板块”为：管理提升、技术创新、人力资源、科技融资、政策咨询、市场开拓。在为企业和人才服务的过程中，具体开展如下工作：（1）建立了企业服务专员制度；（2）开展企业走访和问卷调研活动；（3）完善企业培训体系；（4）开展创业导师服务；（5）为企业提供市场拓展服务；（6）提供公共平台专业化服务；（7）深化产学研合作；（8）构建“泰达科技中介服务网络”；（9）营造丰富健康的科技园区精神文化生活氛围；（10）组织海外人才联谊活动。

近20年来，创业园已成功孵化培育出凯莱英公司洪浩、博益气动公司陈乃克、博纳艾杰尔公司汪群杰等一大批海外高层次人才创办的高成长性企业。凯莱英、博益气动、赛诺医疗、瑞奇外科、博纳艾杰尔等留学人员企业快速成长，成为年产值过亿元的科技“小巨人企业”，极大地促进了天津开发区产业集群的完善，推动了创新型区域建设，成为天津滨海新区新的经济增长点。

联系方式

地　址：天津经济技术开发区第四大街80号天大科技园A1楼四层
邮　编：300457
电　话：86-22-66211527
传　真：86-22-66211504
邮　箱：caoypemail@163.com，caoyp@teda.net
网　址：www.newteda.com

天津国际生物医药联合研究院

园区概况

天津国际生物医药联合研究院于2009年11月正式挂牌成立，是一家典型的留学人员创业园。联合研究院坐落于天津滨海新区洞庭路，由天津市政府投资11亿元建设，是国家生物医药国际创新园的核心和标志。2014年被评定为天津市唯一的一家（A类）优秀级科技企业孵化器，是中组部和天津市海外高层次人才基地、博士后基地和科技部国际合作基地，天津市科技创新创业的领头兵。联合研究院重点围绕恶性肿瘤、心脑血管疾病、神经退行性疾病、代谢性疾病、自身免疫性疾病等重大疾病和艾滋病、病毒性肝炎、结核病等重大传染病，聚焦新型疫苗、诊断试剂、创新药物和医疗器械等领域，引进生物医药产业化项目和顶尖人才。

联合研究院规划用地340亩，规划建筑面积35万平方米，一期工程共计68600平方米于2009年6月投入使用。作为国家级A类科技企业孵化器以及国际科技合作基地，联合研究院践行“滨海模式”，提供“一条龙、一站式、拎包入住”的保姆式服务，为留学归国创业团队提供国际一流的技术保障，贯穿药物研发的始终。联合研究院建成了包括药物分析测试平台、药物发现平台、药物研发信息平台、新药毒理评价平台（动物房）、生物药GMP中试研发平台等，从药物早期发现、临床前研究、临床实验到中试生产的国家级重大新药创制综合性大平台，服务平台总投资额近1.5个亿，现有设备2500余台，已经初步形成了涵盖新药研发各个环节的技术服务平台体系，对留学人员以低于市场价格优惠开放分析测试等公共服务平台，同时提供技术支持和辅导。同时，联合研究院向投融资机构推介优秀项目参与路演并与知名医药企业对接；积极协助高水平项目争取开发区、滨海新区、天津市以及国家等各层级政策支持。针对留学人员创办企业的具体特点，协调多方资源配套专业孵化服务，例如知识产权咨询、药事申报辅导、工商税务代办、企业创业沙龙等，积极促成企业和团队间的交流与互动，促进企业发展壮大。

联合研究院成立以来，累积培育孵化科技型中小企业140多家，在园企业150多家，全部为生物医药科技型企业，初步打造形成了生物医药集群产业链。已聚集18名中央“千人计划”人才、40名天津市“千人计划”人才、13名京津冀生物医药产业化示范区领军人才，共吸引100余名留学人员回国创办企业，留学人员企业占比超过60%，海外生物医药产业人才高地初具规模，极大地带动了天津市生物医药产业的集群化发展。

联系方式

地　址：天津经济技术开发区洞庭路220号
邮　编：300457
电　话：86-22-65378009，4006166680
传　真：86-22-65378036
邮　箱：tjab@tjab.org，tjab2009@126.com
网　址：www.tjab.org

海外留学人员石家庄市创业园

园区概况

海外留学人员石家庄市创业园于2000年5月经河北省人事厅批准成立，坐落在石家庄高新技术产业开发区科技创业园区内，是河北省最大的留学生创业园。作为留学生创业企业和科技孵化企业的服务平台，创业园为留学生企业创造良好的环境，提供全面的、专业的孵化服务，吸引高层次的海外留学人员来石创办高新技术企业，促进高新项目和科技成果转化，培育企业和企业家，推动地区经济发展。

创业园拥有1.2万平方米的孵化场地，建有一幢四层的标准化厂房，按楼层划分为生物医药、电子信息等区域，并按企业需求进行隔断装，水、电、暖、通信及网络设施齐全，环境舒适，配有商务中心、会议室、多功能厅、产品展示厅等共享空间。创业园产业特色和石家庄高新区的产业特色相结合，主要集中在电子信息和生物医药领域，企业用人成本相对较低。

创业园采用市场化管理和政府支持相结合的管理模式，成立了专门的管理办公室，结合石家庄高新区及园区情况，先后制定了《海外留学人员石家庄创业园管理办法》《留学人员创业园专项扶持资金管理办法》，以政策作支撑，在为留学人员企业提供注册、入驻、运营管理、项目申报、咨询服务、培训、财务管理等服务的同时，不断拓宽服务范围，提高自身的服务水平和服务范围，并注重平台建设。园区建立了人力资源服务平台，2012年引入河北省最大的人力资源服务机构之一的“河北诺亚人力资源开发有限公司”进驻园区，为企业提供人员招聘、人事档案管理、劳务派遣、职业培训、职称评定、社会保险及HR外包服务等。积极协调各部门落实相关政策，为企业搭建融资平台，联络孵化器内的成熟企业成立天使会，设立天使资金，为园内企业项目提供资金支持；协调银行和人力资源部门协作，为符合条件的企业提供贷款贴息业务，缓解企业融资难题。促进产学研相结合，加强与大专院校和科研院所的联系，多次组织企业与石家庄市内的信息产业部五十四所、十三所等单位开展洽谈对接，帮助企业实现科技成果转化，保持企业技术创新力。建立企业交流互动平台，成立了海外留学人员联谊会石家庄高新区分会，理事和成员单位均由留学人员及企业组成，定期举行交流活动，加强联系与沟通。注重品牌效应，与石家庄华侨联合会等单位共同举办“月圆故乡行”“海外人才河北行”“河北省首届海外人才洽谈会”等活动，吸引更多的留学人员来园区创业。

自成立以来，创业园先后吸引了来自美国、加拿大、英国、德国、日本、澳大利亚等国家的130多名留学归国人员，累计孵化留学人员企业80余家。

联系方式

地　址：河北省石家庄市新石北路368号科技创业园
邮　编：050091
电　话：86-311-83815014，83818546
传　真：86-311-83825920
邮　箱：hbsjzlcy@126.com
网　址：www.sjzlcy.com

海外留学人员晋州市创业园

园区概况

海外留学人员晋州市创业园成立于2011年6月10日，创业园位于河北省晋州市经济开发区。晋州经开区成立于2008年，规划面积6.16平方公里，以生物、化工、医药和装备制造业为主。石德铁路、307国道、衡井公路横穿园区，樵营公路纵穿南北，地理位置优越，交通十分便利。开发区土地资源丰富，新一轮土地修编完成后，园区一期用地全部调整为工业用地，未来发展空间很大。2011年，获批省级经济开发区。创业园占地800亩，环境优良，以便捷的交通、畅通的信息、优美的环境吸引客商投资和留学人员入园创业。创业园致力于发展高新技术产业，积极引进高端人才，产业以生物、化工、制药和装备制造业为主导，积极推进清洁生产，实现工业和环境的可持续协调发展，努力打造高科技产业集群。

创业园推出了“重点项目VIP服务”“一站式”保姆服务，对高新技术企业前3年的贷款利息以及担保费给予全额补贴；晋州市财政预算每年安排“创业园创业专项基金”3000万元，以支持“创业园”的发展。

创业园目前成功引进了加拿大籍博士李玮等10多位海外留学博士到园区创业。

联系方式

地　址：河北省晋州市槐树镇经济开发区
邮　编：052260
电　话：86-311-84322334，843253
传　真：86-311-83825920
邮　箱：jzsjyfwj@sina.com

唐山市归国留学人员创业园

园区概况

唐山市归国留学人员创业园成立于1999年9月，是唐山市人事局和唐山市高新技术开发区管委会共同创办的为归国留学人员提供科技创业服务的公益性孵化器。2001年6月，被团中央、国家青联授予“中国青年科技创新行动示范基地”；2002年7月，被国家人事部批准为人事部和唐山市政府共建的“中国唐山留学人员创业园”；2002年12月，被团省委、省青联授予“河北省青年科技创新杰出奖”；2002年4月，唐山高新技术创业中心被科技部认定为国家级创业中心，是省内唯一的一家由省级开发区主办的创业中心晋升为国家级的创业中心。

创业园与共同管理的唐山高新技术创业中心、高校科技创业园实行三个园区、一套机构的管理模式，构成唐山市的技术创新以及高新技术创业基地。园区内有孵化场地26000平方米，商务、餐饮、住宿、健身等服务设施完备，可为入驻企业提供完善的生产及经营条件，是适合IT、生物工程、新材料、节能环保、机电一体化等高新技术项目创业的理想场所。创业园积极创造良好条件促进入驻企业发展，免费为入驻企业办理或协助办理工商、税务登记、日常服务等基本服务，并向更高层次服务发展。

成立以来，创业园实现了快速发展，先后有从澳大利亚、日本、比利时、德国、新加坡等国家留学归来的人员入园创新创业，涉及高端装备制造、软件开发、节能环保、半导体材料、电子商务及新能源等诸多产业领域，已涌现出一批高成长性企业，成为唐山市吸引海外人才智力的重要基地和发展战略性新兴产业的重要策源地。

联系方式

地　址：河北省唐山市高新区西昌路北口创新大厦
邮　编：063020
电　话：86-315-3859345，3856847
传　真：86-315-3856847
邮　箱：info@mail.tsdz.gov.cn

秦皇岛市留学生创业园

园区概况

秦皇岛市留学生创业园成立于2006年8月，依托秦皇岛经济技术开发区国家级高新技术创业服务中心为平台，是秦皇岛市唯一针对海外留学人员归国创业成立的创业服务机构。创业园以服务留学人员创业为宗旨，为创业初期的中小型留学生企业提供办公及研发场地，资金筹措、人员培训等方面的综合性服务，重点发展光机电一体化、电子信息、生物工程等国家鼓励支持的行业。

创业园下设综合部、项目部、企业发展部、园区管理办公室、专家评审委员会。为吸引高新技术企业入驻，一是从房租、税收、项目申报等方面提供一系列优惠政策；二是由秦皇岛市财政和开发区财政每年共同出资200万元，设立留学人员创业基金，重奖为该市作出突出贡献的留学人员；三是扶持中小企业里有上市条件的企业上市，培育更多更好的企业，为他们提供项目储备和经济支撑。创业园利用秦皇岛开发区已建成的河北省软件产业（秦皇岛）基地、秦皇岛开发区服务外包基地、在建的秦皇岛数据产业园等高新技术产业集群优势大力发展高新技术产业。

成立至今，创业园已经成功地引入70多家企业，涉及的领域包括机电、化工、环境保护、电子、计算机软件、医疗设备、新材料及纳米技术等，企业产品和技术研发、市场营销、企业管理等方面均处于良好状态。

联系方式

地　址：河北省秦皇岛经济技术开发区珠江道29号
邮　编：066004
电　话：86-335-8576605
传　真：86-335-5909689
网　址：www.qhdcy.cn

海外留学人员邯郸创业园

园区概况

海外留学人员邯郸创业园是经河北省人事厅正式批准的新型科技园区，主要为留学人员提供优质服务和良好的孵化条件，创造与国际接轨、适合中外科技型企业发展的环境，进行科技成果转化，推动经济与科技的结合，进一步促进本地区产业结构的优化。创业园位于邯郸经济技术开发区内，拥有研发用房及科技孵化大楼，内部设施完善，水、电、宽带等各项配套设施全部齐全到位，并具有多功能展示厅、多功能休闲活动室、会议室、洽谈室、培训中心、商务中心。

经过多年的发展，邯郸经济技术开发区已经从一片荒沙地发展为配套设施完善、管理完备的科技区，并以加快建设“生态型、文化型、科技型”现代化综合性新城区为目标，不断优化投资环境，同时就高层次人才创业、技术创新和技术改造等制定扶持政策，营造了宽松、高效的创业环境。目前，邯郸开发区以新材料、生物医药、信息技术、先进制造业为支柱产业的产业布局基本形成，并以建设国家级新材料基地为目标，重点引进一批科技含量高、产业关联度大的项目，设立研发基地，加快形成特色产业集群。

建园以来，创业园吸引了一大批从美国、瑞士、荷兰、土耳其等国家留学回国人员创办的企业进驻，累计孵化了70余家科技型企业。

联系方式

地　址：河北省邯郸市开发区世纪大街2号
邮　编：056107
电　话：86-310-8067891，8067896
邮　箱：chenghui315@126.com

沧州市海外留学人员创业园

园区概况

沧州市海外留学人员创业园由沧州市人事局、沧州市经济技术开发区联合创办，于2000年12月12日正式开园。其宗旨是利用创业园的优惠政策和良好的投资环境，专门吸引海外留学人员回国创办企业，以促进高新技术成果商品化，培育一流科技企业，促进劳动区域经济发展。

创业园提供先进的数字智能新硬件环境，提供办公、研发、中试生产、会议等场地及配置设施。协助企业办理进区审批、工商注册、税务登记银行开户手续；协助项目申报、转移嫁接，以及新产品研究开发、鉴定；提供咨询服务；提供打字、复印、电传及互联网通信等。在创业园注册企业，从事研发的博士、硕士，由“开发区科技发展基金”分别给予每人每年1万—3万元不等的补助经费，由其个人支配；属于高新技术企业的，还享受其他政策优惠。

联系方式

地　址：河北省沧州经济技术开发区纬二路18号
邮　编：061000
电　话：86-317-3093322
邮　箱：lige77999@163.com

海外留学人员廊坊燕郊创业园

园区概况

海外留学人员廊坊燕郊创业园成立于2001年12月，是河北省人事厅批准成立的省级海外留学人员创业园。其宗旨是充分发挥人事系统的人才管理优势，利用创业园的优惠政策、良好的投资环境和一流的服务水平，创造海外留学人员回国创业的局部优化环境，加速高科技成果的商品化、产业化、国际化，促进高新技术产业发展和国内外科技交流。

创业园设在燕郊经济技术开发区创业大厦内，与燕郊经济技术开发区创业中心合署办公，是河北省距北京市最近的一家留学人员创业基地，具有独特的区位优势、明显的人才优势、“九平一通”的高质量园区服务优势。创业中心初建于1999年10月，正式成立于2005年3月，隶属于燕郊开发区管委会，属事业单位，实行企业化管理，以促进科技成果转化、培植高新技术企业和企业家为宗旨的社会公益性科技服务机构，属于综合性科技企业孵化器。

创业园孵化面积2.3万平方米，拥有燕郊创业大厦。根据创业大厦建筑格局，按照“一器多区”发展模式设立了电子信息、生物医药、光机电一体化、新材料、环保新能源等5个专业孵化功能区，可满足不同类型科技型中小企业的孵化需求。并设有商务中心、网络中心、多功能厅、接待室、洽谈室、会议室、图书室、健身活动室、餐厅等完善的配套设施以及会计师事务所、律师事务所、公证处、风险投资公司、管理咨询公司、生产力促进中心等中介服务机构，可为入驻企业提供全方位、多层次的优质服务，解决企业在创业发展过程中的困难和问题。

创业园遵循“瞄准制高点、服务争一流、创新求发展”这一总体发展思路，依托燕郊开发区得天独厚的区位、环境、政策、产业等优势以及北京的各科技信息、人才资源，为高新技术成果向现实生产力转化提供孵化场地、资金支持、创业辅导、企业诊断、项目包装、技术产权交易、中介服务、人才培训及对外交流等综合性配套服务，努力营造适合于科技型中小企业发展的局部优化环境，从而降低创业风险和创业成本，提高孵化成功率，为燕郊开发区培育有市场竞争力、成熟的高新技术企业。

联系方式

地　址：河北省三河市燕郊经济开发区迎宾北路2号

邮　编：101601

电　话：86-316-3314523

传　真：86-316-3327322

邮　箱：quhongbo@yanjiao.jov.cn

太原留学人员创业园

园区概况

太原留学人员创业园成立于2003年，是太原高新区管委会的直属事业单位，是山西省唯一一家国家级留学人员创业园。创业园依托太原高新区的整体资源优势，弘扬“勇于创新、敢于冒险、宽容失败、讲求诚信”的创业文化，构建了标准的“6S企业服务平台”为海外学子提供全方位、高层次的创业孵化服务，已成为山西省吸引海外归国人员创新创业的重要载体和高新技术成果转化的主要基地。

在高新区管委会的领导下，通过多年的努力，创业园投资环境渐趋优良，基础设施日臻完善，为胸怀大志的创业者们搭建了一个理想的创业平台，成为广大企业家投资兴业、报效家乡的一片沃土。目前，创业园总孵化面积15万平方米，孵化项目涉及电子信息技术、软件开发、生物医药与新医药开发、环保节能、新材料等多个先进技术领域，逐步形成山西特色的产业发展格局。创业园重点提供以下政策支持：留学人员来园创业，可享受60—100平方米研发、办公场地，免房租费3年；留学人员在园新创办经认定符合条件的企业，太原高新区财政配给一定的启动资金；留学人员在园新创办经认定符合条件的企业，可获得山西省人事厅留学人员科技活动项目择优资助经费；留学人员在园创办经认定项目优秀的企业，可优先获得山西省科技厅科技攻关计划项目资助；留学人员在园创办符合条件的企业，可优先享受太原高新区的所有相关优惠政策。同时，高新区和创业园还在留学人员及家属居住便利化、子女入学入托、微利房分配、职称评定、驾证管理等方面连续出台了多项政策。

联系方式

地　址：山西省太原高新技术产业开发区科技街15号

邮　编：030006

电　话：86-351-7033799，7033029

传　真：86-351-7033799

邮　箱：gxqcz@126.com

网　址：www.tyctp.gov.cn

内蒙古自治区留学人员创业园

园区概况

内蒙古自治区留学人员创业园成立于2002年5月，是自治区首家留学人员创业园。2010年1月，被批准为“省部共建”国家级留学人员创业园。2011年以来，先后被中国留学人员创业园联盟、教育部留学服务中心、科技部火炬中心、中共中央组织部认定为中国留学人员创业园联盟内蒙古产业化基地、“春晖杯”创业大赛创业基地、国家级科技企业孵化器、国家级海外高层次人才创新创业基地，被自治区党委组织部、自治区发改委、自治区科技厅、自治区人社厅认定为“内蒙古自治区高层次人才创新创业基地”“草原英才”工程高层次创新创业基地，2013年获评内蒙古自治区“优秀科技中介服务机构”荣誉称号。

创业园坐落于包头稀土高新区，拥有孵化面积6.18万平方米、产业化用地700亩。园区借助国家级稀土高新技术产业开发区和园区自身的综合优势，以良好的软硬环境为留学人员服务于自治区社会、经济建设搭建了良好的创业平台。创业园努力构建创新创业“链条孵育”，形成了“创业苗圃+孵化器+加速器+产业园”全链条式的平台孵育体系，分别为“种子期—初创期—成长期—成熟期”不同阶段的创新型企业提供成长平台。目前，创业园已累计吸引347名海外留学人员来园创业，创办企业339家，其中在孵企业169家。

联系方式

地　址：内蒙古包头稀土高新区创业园区软件园大厦B座203室

邮　编：014010

电　话：86-472-5328646，5326636

传　真：86-472-5165902

邮　箱：626660146@qq.com，635789868@qq.com

呼和浩特留学人员创业园

园区概况

呼和浩特留学人员创业园是2004年国家人事部批准设立的省部共建的国家级留学人员创业园，2010年3月26日成功揭牌并启动运行，是自治区打造“草原硅谷”的核心区，是首府“一体两翼”人才建设工程和科技创新体系的重要载体，是开发区实现“二次创业”的重要引擎。2010年12月，经国家科技部批准为国家级科技企业孵化器；2015年11月，经国家工信部认定为首批国家小型微型企业创业创新示范基地。同时也是内蒙古青年创业人才示范基地和青年就业创业见习基地、内蒙古自治区高层次人才创新创业基地、内蒙古自治区人才改革试验园区、内蒙古自治区小企业创业示范基地、内蒙古自治区第一批众创空间试点单位。

在自治区、呼市两级党委政府的关怀下，各相关部门的大力支持下，创业园立足于打造“四高”基地，即：高层次人才创新创业基地、高科技企业孵化培育基地、高新技术产业示范基地、高附加值企业发展基地；建设“五大服务平台”，即：政策扶持服务平台、投融资服务平台、创业导师服务平台、公共技术服务平台、人才培训服务平台。截至目前，已入驻企业170余家，包括中国航天科工集团建设的航天云网、中国航天科技集团建设的3D打印材料研发基地、中国通服公司建设的通信全产业链项目、清科华芯建设的芯片国产化项目、创客星空孵化器项目等一批重点企业。

作为内蒙古自治区高端人才创业园，呼和浩特留学人员创业园将牢固坚持“创新、协调、绿色、开放、共享”五大发展理念，按照自治区及呼市两级党委、政府的要求，充分发挥好国家级留创园、国家级科技企业孵化器、国家级小型微型企业创新示范基地这“三大载体”，加速构建以“创业苗圃—孵化器—加速器—产业示范园”为模式的完整孵化链，使留创园早日成为“草原硅谷”的核心示范区，为全市乃至自治区的创新发展，大众创业贡献更大的力量。

联系方式

地　址：内蒙古呼和浩特市科尔沁南路69号留学人员创业园创新创业大厦
邮　编：010010
电　话：86-471-4617766，4614220
传　真：86-471-4617766，4610755
邮　箱：hhhtibi@163.com

内蒙古鄂尔多斯留学人员创业园

园区概况

内蒙古鄂尔多斯留学人员创业园成立于2013年9月9日。以新能源、节能环保、新材料、清洁煤、生物医药、电子信息、智能装备、云计算、文化创意及服务外包等产业为重点领域，以培育战略性新兴产业源头企业和创新创业领军人才为建设目标，努力营造科技创新创业的良好环境，致力于成为海内外高层次人才和创新创业团队的首选之地，打造鄂尔多斯市招才引智、科技创新和培育高新技术企业的重要基地和对外开放的重要窗口。

创业园位于鄂尔多斯市高新技术产业园区核心区域——科教孵化区，在空间格局设置上分为科技研发区域、中试生产区域、商务配套服务区域和人才生活区域。已建成投入使用孵化器两栋共2万平米孵化场地，3万平米的中试基地，8万平米的标准化厂房已经开工建设，能满足项目的产业化需求。高新区还为创业园规划了科技项目产业化基地，用于毕业企业的产业拓展。同时，配套建设了6万平米的专家公寓、人才住房、健身场地、餐饮服务等较完备的配套生活设施和商业环境，全方位为入驻企业提供普适普惠的标准化硬件平台及相关政策保障。创业园针对留学回国人员群体，以及入驻企业的不同发展阶段，开展“特殊人才政策+项目孵化+风险投资+市场开拓”的个性化服务。此外，创业园进一步完善产学研合作模式，与中科院、中国工程院、清华大学、浙江大学、武汉理工大学、大连理工大学等国内知名院所合作共建了大规模储能技术研究所、中科镓谷高技术（内蒙古）研发中心等14家科研机构，其中大规模储能技术研究所被认定为国家级重点实验室。投资3000万元建设了生物技术实验室、环境治理综合实验室、光电材料综合实验室、理化分析检测综合实验室、超级计算机运算中心、鄂尔多斯技术转移与协同创新服务平台等公共技术平台。这些平台与载体已经成为鄂尔多斯科技创新资源的源头活水，也为入驻企业的技术研发和成果转化提供了有力支撑。

联系方式

地　址：内蒙古鄂尔多斯市高新技术产业园区科教孵化园孵化器B座503
邮　编：017010
电　话：86-477-2299112
邮　箱：limin@ordostp.com

沈阳海外学子创业园

园区概况

沈阳海外学子创业园成立于1999年8月，与沈阳国家高新技术创业服务中心一套机构、两块牌子，是沈阳国家高新区管委会所属的社会公益性科技创新服务机构和海外归国高层次人才创新创业基地。创业园以吸引海外学子、促进科技成果转化和高新技术产业化、培养高新技术企业和企业家为宗旨，坚持“孵化梦想，助推创业，实践成功，传递感悟”的服务理念，按照重点产业集群化、创业服务专业化、服务平台标准化、服务内容国际化的发展原则，积极整合各种资源，努力创造适合技术创新、利于中小科技企业发展的软硬环境，有效促进科技成果商品化、产业化和国际化。2000年3月创业园被科技部评为“国家级科技企业孵化器”；2000年5月，被国家科技部、人事部、教育部、国家外专局联合批准为“国家留学人员创业园示范建设园区”；2001年3月，成为国家人事部和沈阳市人民政府共建园区；2002年5月，被中国侨联评为“科技兴业示范企业”；2010年3月，被科技部评为全国首批“大学生科技创业见习基地”。

创业园孵化场地由火炬信息园、德宝大厦3个园区构成，总建筑面积3.5万平方米，其中可用于海外学子创业面积2.8万平方米。此外，创业园在原有规模的基础上，结合高新区的主导产业，逐步建设了生物医药、地理信息、软件和动漫等领域的专业孵化器。

多年来沈阳海外学子创业园始终坚持“为创业者创造价值”的服务理念，在促进高新技术产业发展中，成功地为新区输送了一大批有竞争力的高新技术企业，并成为创新成果的重要孵化载体，连接技术创新链中研发和产业化的关键环节。为沈阳高新区加速转化科技成果，凝聚科技人才，培育成熟科技企业贡献自己的绵薄之力。

联系方式

地　址：辽宁省沈阳市浑南新区世纪路22号
邮　编：110179
电　话：86-24-31899851
传　真：86-24-31681059
邮　箱：55765115@qq.com

大连海外学子创业园

园区概况

大连创业园创建于1991年4月，其主体为大连市高新技术创业服务中心，是大连高新区管委会为扶持、服务中小型科技企业而设立的孵化器，是辽宁省首批、大连市首家成立的科技企业孵化器，1998年被科技部认定为“国家级高新技术创业服务中心”。创业园以科技型中小企业为服务对象，提供场地、资金、人才、市场、技术、信息、政策、培训、中介、商务等多方面的服务，为创业企业成长创造良好的环境；通过搭建平台、促进孵化链条建设、落实各项优惠政策及实施细则，充分发挥科技孵化器的作用；以专业化、多样化、系统化的孵化手段，成为吸引留学人员回国创业的基地，为科技企业的创新创业提供有力保障。创业园先后获得“国家留学人员创业园示范建设试点基地”“全国最佳留学人员回国工作机构”“中国青年留学人员创业基地”“国家中小企业公共服务示范平台（培训、创业）”“苗圃—孵化器—加速器科技创业孵化链条建设示范单位”“春晖杯中国留学人员创新创业大赛创业基地”“火炬计划15周年先进服务机构”“火炬计划20周年先进服务机构”等荣誉称号。

创业园坐落于大连高新区核心功能区内，依山傍海，交通便捷，大连理工大学、大连海事大学、东北财经大学等十几所高等院校和中科院大连化物所等科研机构怀抱其中，为其发展提供充足的人才储备和科技支撑。目前，形成以大连海外学子创业园、大连创意产业园、大连海外学子产业园等为主体的全方位、多功能的孵化格局，它们分布在大连高新区产业带内，可满足不同科技类创业企业的发展需要。创业园始终秉承“勇于担当、善于合作、乐于创新、期于成事”的工作理念，坚持“破围墙、延手臂、搭平台”，进一步创新孵化手段、完善孵化体系、提升孵化水平，全面提升孵化平台的整体服务功能。

2012年，园区创业大厦投入使用，创业工坊孵化器正式建立。目前，创业工坊已形成了以创业苗圃、咖啡厅、投资基地创业生态链为核心，创业高校、创业ABC、新媒体营销中心为平台，创业社区为主线的服务模式。同时，创业园全力支持创业工坊实施“走出去”战略，将本土项目带到北、上、广、深等资本市场活跃地区以吸引更多的投资人及投资机构，并通过组织建设创投俱乐部、创业者俱乐部、小产业集群，加强创业者间的相互交流，让企业与企业之间相互融合，形成创新生态系统。

创业园现自有孵化场地15万平方米，累计孵化企业1237家，在孵企业505家。技术领域以电子信息（软件和硬件）为主，涉及节能环保、新一代信息技术、生物、高端装备制造、新能源、新材料和新能源汽车等七大战略性新兴产业，搭建了仿真产业、云媒体产业、船舶产业、微小软件产业、汽车电子产业、军工产业等不同技术领域、各具特色的平台。软件和服务外包产业是大连高新区的主导产业，也是国内首个软件和服务外包产业千亿产业集群。创业园围绕大连高新区主导产业开展孵化服务，累计为大连高新区输送软件类企业500多家，申报国家、省、市各级科技计划总计2800余项，共获得扶持资金3亿多元。2015年，园区全面启动众创空间建设，现有孵化机构30多家。

联系方式

地　址：辽宁省大连高新区火炬路32号创业大厦A座6楼
邮　编：116023
电　话：86-411-84754903
传　真：86-411-84792713
邮　箱：wsl@dhbi.cn
网　址：www.dhbi.cn

鞍山海外学子创业园

园区概况

鞍山海外学子创业园成立于2001年6月29日，是鞍山市政府为海外学子回国创业建设的专业园区，是鞍山高新区创业中心直属单位。为进一步优化海外学子创业环境，创业园采取民办公助共建孵化器的模式，并建成了鞍山海外学子创业大厦。同时，创造了二级孵化新理念，通过采取二级孵化的模式为园区内的中小企业提供一定规模的产业化基地，大大降低了园区企业生产经营成本，实现快速发展。

与国内同类园区相比，创业园是依托鞍钢老工业基地改造和鞍山产业结构调整而建立的，因此围绕钢铁冶金这一产业发展特色，鞍山海外学子创业园的发展目标是建成具有钢铁冶金自动化产业特色的全国一流高科技园区。

目前，创业园拥有孵化基地3.5万平方米，有来自美国、加拿大、澳大利亚、日本等国家和地区的100多名海外学子在园区创业，先后有80余家海外学子企业落户园区，企业注册总资本达2亿元，主要涉及信息技术、光电子、生物医药、环保、新材料等产业。大多数海外学子企业从孵化期逐步发展进入成长期，呈现了良好的发展势头，为鞍山高新区的经济发展和科技进步作出了巨大贡献。

联系方式

地　址：辽宁省鞍山市千山中路288号
邮　编：114044
电　话：86-412-5216552
传　真：86-412-5212221

长春海外学人创业园

园区概况

长春海外学人创业园成立于1999年6月，是由吉林省人事厅、科技厅、教育厅、长春市人民政府外事办公室、人事局、科技局、教育局、长春高新区、长春科技创业服务中心，以及吉林大学、东北师大、中科院长春应化所、中科院长春光机所等13家单位共同发起创办的。2001年3月，创业园被国家人事部、科技部、教育部和外国专家局联合认定为“国家留学人员创业园示范建设试点”园区；2003年被国务院侨办确定为重点联系单位。创业园建立以来，按照营造良好的创新创业环境，吸引和扶持海外留学人员归国创业，促进了国外先进技术、管理经验与国内资源的有效结合，培育了一批具有国际竞争力的高新技术企业和复合型的企业家，成为吉林省相关产业中的骨干企业和地方经济新的增长点。

围绕留学人员为国服务的需求，创业园通过协调各级政府部门职能，整合资源、扩张自身服务功能，初步形成一整套覆盖长春市的服务体系。创业园立足留学人员企业的需求变化趋势，围绕打造孵化企业核心竞争力，对孵化流程进行了重新定位，把创业园自身的孵化功能和能调动的社会资源，综合运用于各个流程阶段，以最高的效率，最少的资源占用量，使企业得到量身定制的有效服务。

创业园先后搭建了工程咨询中心、生产力促进中心、留学人员服务中心、中小企业创业服务网、中国留学人员之家和博士后中国专业网站，并通过协调政府职能，整合社会资源，构建了10大类30项专业化服务功能，覆盖了企业成长的全过程，为科技企业营造一流的创业平台和交流平台。为使入驻园区能够快速发展，创业园在资金注册、税费、房租和信息服务等方面给予了企业更大的政策扶持，吸引更多的海外高层次人才到创业园创办科技企业。

在国家、省市有关部门的关怀和指导下，同时依托吉林省科技、政策和环境优势，创业园正成为吉林省和长春市促进高新技术产业发展、培养引进高素质人才的重要基地。

联系方式

地　址：吉林省长春市高新开发区锦湖大路1357号
邮　编：130012
电　话：86-431-85542465
传　真：86-431-85528550
邮　箱：adele0814@hotmail.com
网　址：www.ccibi.com

吉林高新区留学人员创业园

园区概况

吉林高新区留学人员创业园始建于2000年，由吉林高新技术创业服务中心负责运营管理。创业中心先后获得“先进高新技术创业服务中心”“优秀国家高新技术创业服务中心”“国家科技计划（火炬计划）实施二十周年先进服务机构”，吉林市委、市政府“科教兴市先进集体”，吉林市科技局“科技管理工作先进集体”等荣誉。

经过多年发展，创业园目前已初具规模。为了强化科技创新工作，围绕企业研发共性需求，创业中心依托高校、科研院所及行业龙头企业技术资源，自2003年起先后建设了国家级精细化工平台、国家级软件开发公共测试平台、国家级电力电子科技研发公共服务平台、国家级嵌入式控制技术开发平台和省级精细化工平台等多个公共服务平台，为区域各类中小企业提供各类平台服务。2014年，创业中心针对众多企业提出的人才瓶颈问题，联合国内知名职业教育上市公司上海智翔集团以及吉林电子职业技术信息学院联合打造了高新区科技人才实训服务平台，缓解了企业人才压力，并正在谋划电力电子检测试验公共服务平台及自动化控制公共服务平台建设。为了推动产学研合作，促进高校技术成果产业化，经过多方共同努力，北华大学科技园、东北电力大学科技园先后进驻创业园。创业园还集聚了为企业提供工商注册、财务记账、投融资服务、商务中心、科技咨询和服务、组织项目评审、专利申请等中介服务机构，并且积极拓宽融资渠道，为企业加快产业化步伐提供良好的软硬件环境。

创业园为企业集聚营造了良好的创业氛围，产业集群效应初现。目前，园区已形成了以中讯软件、吉智工场、东忠大仝股份有限公司、万奇软件、易尚阳光、鹏福网络、天通宝业等30余家企业为代表的信息产业集群；以特纳普节能环保、沃尔姆、长城科技、芯微电子及东北电力大学科技园内的数十家企业为代表的电力电子产业集群。

联系方式

地　址：吉林省吉林市深圳街86号创业园A419
邮　编：132013
电　话：86-432-4648201
传　真：86-432-4648207
网　址：www.jlincubator.com

哈尔滨海外学人创业园

园区概况

哈尔滨海外学人创业园创建于2000年6月，是在哈尔滨市委市政府支持下，由哈尔滨开发区管委会投资建设的专门为海外学人来哈创办科技型企业服务的专业孵化器，由哈尔滨高科技创业中心负责管理。2010年6月8日，被国家科技部、国家人事部、国家教育部、国家外专局联合认定为“国家留学人员创业园示范园区”。

哈尔滨市政府为营造良好的政策环境，于2000年12月出台了《哈尔滨市鼓励留学人员入创业园创业的若干规定》，开发区在资金、服务等方面也给予特殊倾斜。为突出软件服务外包产业特色，在原海外学人创业园的基础上，开发区管委会于2006年投资建设了留学生创业二园，配备了功能完善的报告厅、会议室、接待室、活动室、信息中心、商务中心、多功能厅等共享服务设备设施，建设了电子产品共享实验室、软件开发平台等专业技术服务平台，使创业园总规模达到17500平方米。为做好为创业园入驻企业服务工作，创业中心还设立专门机构留学生服务部负责创业园的建设管理和企业的培育与服务，全力培育一批能与国际接轨、具备国际竞争力的高新技术企业，成为振兴地方经济的生力军。

联系方式

地　址：黑龙江省哈尔滨开发区南岗集中区嵩山路5号
邮　编：150090
电　话：86-451-82344005
传　真：86-451-82321334
邮　箱：huangrf100@sina.com

大庆留学人员创业园

园区概况

大庆留学人员创业园成立于2001年6月，是大庆市委市政府和大庆高新区工委、管委会为鼓励海外学子创新创业、报效祖国，按智能化、国际化、高标准建设的创业基地。创业园内环境优美、共享设施配套齐全，配备高素质的管理队伍，为留学人员回国创业提供高效快捷、热情周到的服务。

创业园依托大庆高新技术创业服务中心的孵化管理服务，以吸引高素质的海外留学人员和高科技含量的科技项目进驻创业园创业为宗旨，为企业提供优良的创新创业环境，落实优惠政策，提供资金支持。为支持和培育中小科技企业发展，创业园已建设了商务、中介、研发、信息、资金、培训等服务平台，为企业从创立到发展，提供产、学、研、资、介、贸全程服务。

目前，创业园已吸引了留学美国、加拿大、德国、澳大利亚、英国、日本、法国等10多个国家的回国人才，在新材料、精细化工、节能环保、生物医药、软件、先进机械制造业等高新技术领域开发和实施了一批技术含量高、发展潜力大的项目，已经发展成为高新区技术创新体系的核心、人才聚集的高地、小型科技企业创新创业的理想家园。

联系方式

地　址：黑龙江省大庆高新区高新路10号
邮　编：163316
电　话：86-459-6282541
传　真：86-459-6282536
邮　箱：hancq6618@163.com
网　址：www.dhbi.org

上海宝山留学人员创业园

园区概况

上海宝山留学人员创业园成立于2003年3月，是上海市宝山区人民政府、上海市宝山城市工业园区根据上海市总体规划，加快城市一体化建设，配合全市产业结构和工业布局调整而开发建立并管理的高科技、外向型创业园区。它以企业孵化为主，以新材料为主要发展方向，重点引进留学人员开发的高新技术项目。

创业园区地处宝山区的西南部，10分钟可达上海虹桥国际机场，20分钟可达浦东国际机场，6分钟可达沪宁高速公路，15分钟可达沪杭高速公路，地理位置和交通条件优越，自然环境优美。创业园区依托宝山城市工业园区，开发规模4.35平方公里，办公楼面积8000余平方米。园区以统一规划、合理布局、综合开发、集中配套的原则构成发展蓝图，建设有完善的公共配套设施，并设有金融、邮电、税务等服务机构，形成了环境优美、功能齐全、设施一流、信息畅通、机制灵活的现代化园区。

宝山区委、区政府对创业园的发展在政策、人力、资金上给予大力支持，在入驻租金上给予优惠，在税收上享受三资企业的待遇，对留学生创业具有极大的吸引力。创业园从起步到逐步规范，从体制调整到创业基地的拓展，现已走上健康发展的轨道，逐步成为宝山吸引海外高层人才的集聚地和高新技术企业的孵化基地。

联系方式

地　址：上海市宝山区丰翔路1409号
邮　编：200436
电　话：86-21-56171777
传　真：86-21-36161568
网　址：www.bspark.org

上海虹桥临空留学人员创业园

园区概况

上海虹桥临空留学人员创业园成立于1996年6月，是上海市人事局下设的市级留学生创业园区。创业园位于上海市长宁区虹桥临空经济园区民营经济城内，环境配套均已臻成熟。创业园区作为由长宁区人民政府和新泾镇人民政府投资兴建的上海虹桥临空经济园区的重要组成部分，其日常管理机构实行两块牌子、一套班子，即日常管理机构为上海虹桥临空经济园区开发建设办公室和上海虹桥临空经济园区发展有限公司，长宁区人民政府专门设立了上海虹桥临空经济园区开发领导小组。

长宁区属上海中心城区，城市基础设施健全，人文环境良好，长宁区域内的虹桥开发区和古北新区向归国留学人员展示了现代化城市的魅力。临空园区品牌效应、招商的集聚效应日渐显现，留学人员企业与其他企业一同纷纷落户园区。目前，创业园已引进企业200多家。同时，长宁区政府已将大量吸引留学人员来区创办企业作为实施“五业拓展”发展战略，推动长宁区新一轮经济发展的重要任务。

虹桥临空经济园区的产业规划重点是鼓励发展以IT为主的高科技产业和高附加值的电子电器、服装服饰，吸引跨国公司、国内外著名企业的地区总部、研发中心、销售中心、现代物流中心、营运管理中心落户，并涌现出了一批以奥雷、贝奥路、奥米、我武、昂信等为代表的优秀在园企业。

联系方式

地　址：上海市长宁区天山西路789号1楼
邮　编：200335
电　话：86-21-52180000
传　真：86-21-52187709
邮　箱：jemmyxie@vip.163.com
网　址：www.hqlk.com.cn

上海留学人员漕河泾创业园区

园区概况

上海留学人员漕河泾创业园区成立于1996年6月，是由上海漕河泾新兴技术开发区与上海市人事局共建的上海第一批留学人员创业园区。创业园区位于国家级漕河泾新兴技术开发区内，拥有逾10万平方米的创业基地，环境良好，交通便利，区内基础设施齐全，通讯捷达，集中了众多的科研院所和高新技术企业。十余年来，园区始终致力于以优惠条件、优良环境和优质服务支持科技型中小企业及加速企业，特别是归国留学人员企业的创办和发展，全方位地积极做好留学生企业服务工作，充分发挥企业孵化培育的功能，为留学人员企业的快速发展创造与国际接轨的环境。同时，作为上海市重要的留学人员创业基地，园区也是促进科技成果转化和技术创新、推动地方经济发展的一个重要基地。注重科技成果商品化、商品的市场化和市场的国际化，营造适合留学人员企业发展的办公环境、技术环境、人才环境、资本环境、信息环境和市场环境，为入驻的留学人员企业提供入驻、孵化、毕业三个阶段的完整规范、高效优质的服务。

创业园区在体制上三位一体，由留学人员创业园区、国家级高新技术创业服务中心和上海国际企业孵化器（漕河泾基地）共同组成。园区管理机构为上海漕河泾新兴技术开发区科技创业中心，是由上海市漕河泾新兴技术开发区发展总公司全额投资并主管的以培育和支持高新技术企业及其产业发展，促进科技成果商品化、产业化、国际化为目的的企业孵化器。创业中心先后被国家科技部评为“国家级高新技术创业中心”“国家高新区先进孵化服务机构”，被国家科技部与联合国开发计划署（UNDP）共同认定为“上海国际企业孵化器（基地）”。2009年4月，园区与徐汇区共建“大学生创业创新园”，重点帮助大学生和留学生创业，获团中央“大学生创业就业见习基地”；2009年9月，被中国技术创业协会留学人员创业联盟评为“第一届理事会常务理事单位”，园区总经理韩宝富任选为中国留学人员创业园联盟第一届理事会副秘书长；2011年，园区成立国际孵化中心，同年，园区管理机构创业中心被亚洲企业孵化器协会（AABI）授予“2010年度亚洲最佳企业孵化器”奖，被上海市孵化行业协会评价为年度优秀孵化器，再获2009—2010年度上海市文明单位，并被市中小办推荐为上海市“2011年度科技创新创业（双创）品牌服务”单位。此外，还荣获“国家级海外高层次人才创新创业基地”“上海市首批知识产权示范园区”“上海张江高新技术产业开发区建设发展突出贡献单位”“百家企业文化建设优胜单位”等荣誉称号；2013年，第八次被上海市孵化行业协会评价为年度优秀孵化器，获2013中国技术创业协会科技创业服务机构模式奖。

创业园已累计培育科技企业400余家，成功率超过91%，技术领域涉及信息、生物医药、新材料、光机电等。

联系方式

地　址：上海市徐汇区桂平路410号国际孵化中心B区3楼
邮　编：200233
电　话：86-21-64952625
传　真：86-31-64951721
邮　箱：scic@caohejing.com
网　址：www.caohejingibi.com

上海留学人员嘉定创业园

园区概况

上海留学人员嘉定创业园建立于1996年，是上海国家高新技术产业开发区“一区六园”之一，也是第一批被国家人事部、科技部、教育部确立的“国家级留学人员创业园示范园区”。南北两大园区采取“两块牌子、一套班子”的方式进行企业化管理。2000年，创业园获批“国家留学人员创业园示范建设试点单位”；2002年，被评为“全国十佳民营科技园区”；2003年，荣获“上海市火炬计划先进集体奖”，被评为“上海最具影响的科技园区”；2005年，荣获“上海最具活力科技创业园”；2006年，被评为“全国先进科技产业园”；2010年，获批“上海市知识产权试点园”；2012年，获批“上海市海外高层次人才创新创业基地”，被评为“上海张江高新技术产业开发区建设发展突出贡献单位”“上海市高新技术企业认定工作优秀单位”“上海科技创新创业服务先进集体”；2013年，获批“上海市知识产权示范园区”。

创业园位于张江国家自主创新示范区嘉定园内，地处上海西北部——长三角15个城市群的中心地带，总面积800亩，新规划的上海嘉定高新技术园北园区占地500亩，划分为4个板块：打造面向头脑型、研发型和孵化型企业的“嘉定硅谷园”，建设成高新技术研发和科技孵化基地；集中多功能商务会所、培训中心、宾馆酒楼、展示大厅等的生产生活配套服务区；建设高档标准厂房，并提供智能化安全技术防范和物业管理的先进制造业生产加工区；用以吸引国内外的著名高科技企业投资建厂的高新技术企业生产用地。

凭借自身优势和嘉定工业区的广阔空间，创业园得到长足发展，已经成为引导企业自主创新、发挥孵化器功效的重要载体。创业园以高起点的布局规划，以汽车零部件、信息电子、医疗设备、机电配件的现代制造业为产业导向，力求凭借标准的设计建设程序、产学研一体的创新制度、功能齐全的配套服务，为嘉定工业区不断聚集科技动力，成为海外学子归国创业的摇篮，科技企业投资开发的热土，是全国留学人员创业园中聚集留学生最多的园区之一。

从创建至今，园区累积孵化企业500家，其中，留学人员企业近300家。在园留学人员企业主要分布在电子信息、科技服务、生物医药等行业领域。

联系方式

地　址：上海市嘉定区叶城路1288号
邮　编：201821
电　话：86-21-59166232
传　真：86-21-59166232
邮　箱：Zhangyf@jdhitech.com

上海留学人员张江创业园区

园区概况

上海留学人员张江创业园区成立于1996年6月，由上海市人事局与上海张江高科技园区发展总公司共建。2000年，创业园区被国家科技部、教育部、人事部、国家外国专家局认定为国家留学人员创业园示范基地。创业园区作为国家批准设立的国家级高新技术产业开发区，经过十年的开发建设，已成为集科研、教育、科技创业孵化、高科技产业和休闲生活于一体的国际化的高新技术开发区。

创业园区具有优美的自然环境，北邻汤臣高尔夫球场，西靠中央公园和新国际博览中心，南依川杨河自然景观。园区绿化面积40%，设置公共绿化链，绿化链由大片有坡度的共享绿地和人工湖泊组成，形成主导景观。高标准的住宅小区与高雅的别墅、齐全的文化娱乐设施、良好的医疗卫生条件、各类学校、商业中心等构成了令人满意的园区环境。

为了推动张江高科技园区的发展，上海市和浦东新区先后出台了《上海市促进张江高科技园区发展的若干规定》等一系列推动园区发展的专项优惠政策，为创业园区的建设提供了迅速发展的机遇。浦东新区留学生服务中心对在张江服务和创业的留学人员提供更直接、更便捷的一揽子服务，帮助已落户的留学人员企业和个人解决融资贷款、厂房用地、进口关税、商检外汇、子女入学、户口档案挂靠等实际困难。园区建造了2.3万平方米的创业公寓，为归国留学人员解决安居问题；建有实行双语教学的上海外国语大学附属中学，留学人员子女义务教育阶段可在浦东新区自选学校。

为了支持创业园区的发展，浦东新区工商、财税、科技、海关、出入境和招商中心等政府部门在园区内设一门式办事机构，新区留学生服务中心、生产力促进中心、创业服务中心和人才交流中心张江分部纷纷进驻园区，银行、产权交易、律师事务所、会计师事务所、审计师事务所等中介机构等服务部门一应俱全，为进驻和落户园区的企业提供“一门式”服务。浦东新区财政还拨专款设立了浦东新区海外留学人员创业专项资金和每年1000万元的浦东科技创业（人才）资助资金；在园区设立了专项担保基金，解决中小企业担保难的问题；设立专门机构协助企业申请国家及市区有关基金，如国家中小企业创新基金、上海市种子基金、浦东新区科技发展专项基金等；引入了政府为主体的财政资本与民间资本相结合的机制并成立了相应的运作机构，如上海创投、浦东创投、浦东科投、张江创投等10多家投资公司，积极探索风险投资的市场化运作机制，培养和发展风险投资公司，吸纳境内外风险投资管理基金，探索风险投资退出机制，使风险投资行为规范化；推动高新技术企业在国内和国外上市；成立专业协会，作为对金融服务体系的补充，如投资银行家俱乐部、张江创业俱乐部等。

创业园区从人才吸引、开发和人才培训、服务两方面入手加强人才服务体系建设。连续多年赴海外招聘，吸引美国、加拿大、法国、德国、英国和香港等国家和地区人才加盟园区，建成了浦东海外人才网。在人才培训、服务方面，针对大型高科技项目及关联的新兴产业部门开展专业人才培训和继续教育，引进了复旦国际信息科技学院、中科大培训中心、软件园培训中心等机构。

联系方式

地　址：上海市张江高科技园区科苑路1300号2楼
邮　编：201203
电　话：86-21-61053526
邮　箱：hyw205@hotmail.com
网　址：www.zjpark.com

上海南汇留学人员创业园

园区概况

上海南汇留学人员创业园成立于2009年1月19日，由上海市人力资源和社会保障局与原南汇区人民政府共同批准设立，采取“企业化运作、公益性服务”的运作模式。

创业园位于地处浦东核心位置的上海国际医学园区内，一期占地面积60亩，总建筑面积约4.3万平方米，包括1栋综合服务楼以及6栋研发办公楼；二期占地面积8.7亩，总建筑面积1.34万平方米，包括2栋研发办公楼和1个地下车库。为满足小微企业创业兴业的需求，创业园在一期内特辟了1.2万平方米场地用于提供孵化服务。

创业园以服务和扶持海外归国人员创业为主，产业定位以生物医药、医疗器械以及相关的医疗产业为主，同时辅以发展其他具备科技含量的生产性服务业及相关产业，旨在推动先进制造业和与之配套的生产性服务业快速发展，提升园区的自主创新和科技成果转化能力。

借助各级政府的服务平台以及依托创业园已有的优质服务，加之创业园颇具潜力的地理位置，目前创业园已吸引了包括科文斯、金域检测等知名企业在内的留学人员创业企业及其他符合园区产业定位的企业180余家，其中，留学人员企业40余家，集聚留学人员100多人。

联系方式

地　址：上海市浦东新区周祝公路337号5号楼
邮　编：201318
电　话：86-21-021-68119873，38019036，38019189

上海普陀留学人员创业园

园区概况

上海普陀留学人员创业园设立于上海天地软件园内。上海天地软件园成立于2004年11月，是由上海市经济和信息化委员会与普陀区人民政府联合创办的、以软件和信息服务业、文化创意产业为主的高科技产业园区。园区空间集中，占地面积近100亩，由26栋花园式标准厂房组成，整体建筑面积为11万平方米，入驻企业180多家，是上海中心城区最大的信息产业集聚地。2005年，园区被市经委认定为“上海市创意产业集聚区”；2006年，被上海市发改委和上海市信息委联合认定为“上海市级软件产业基地”，并通过上海市人事局评审认定为“上海市留学人员创业园”。此外，还先后被评为“信息化应用示范产业园区”“上海市文化产业园区”“上海市科普教育基地”“国家级文化产业示范基地”“上海市服务外包专业园区”“上海市电子商务示范园区”“上海市文化创意产业示范园区”“上海市软件出口（创新）园区”“上海市明星软件园（领先型）”等。

自创建以来，创业园确立了以软件园的硬件和软件资源优势，吸引集聚海外留学人员创业，鼓励和培育一批软件企业、孵化一批软件创新成果、培养一批中高级软件人才为工作重点，吸引海外留学人员来园区施展才华。为促进留学人员在园发展，园区从财税、公共服务、人事人才、资金扶持等方面提供相应的配套服务，除享受区政府制定的财税扶持政策、相应的创业资金资助和部分“中小企业贷款信用担保资金”融资贷款贴息支持外，还在“一门式”免费服务、人事人才代理和家属就业推荐、子女入学，以及海外人才信息交流沟通、专业化增值服务等方面提供服务，积极搭建优质、高效的留学人员服务平台。同时，创业园定期和不定期举办科技政策宣讲、大型人才招聘会、企业经理人沙龙等活动，为园区企业申报各类创新项目、招聘人才、获得风险投资和相关行业资讯提供帮助，营造了一个良好的发展环境。

联系方式

地　址：上海市中江路879号天地园管理有限公司
邮　编：200333
电　话：86-21-61423089
传　真：86-21-52595508
邮　箱：15821056781@139.com
网　址：www.universal.sh.cn

上海莘闵回国留学人员科技创业园区

园区概况

上海莘闵高新技术暨回国留学人员科技创业园区成立于2000年7月，是由上海市人保局与闵行区人民政府共建留学人员创业园，是政府为留学人员创业企业和科技孵化企业搭建的服务平台，是以促进科技成果转化、培养高新技术企业和企业家为宗旨的社会科技创业服务机构。创业园区是国家科技部认定的“国家高新技术创业服务中心”、科技部教育部命名的“春晖杯”中国留学人员创新创业大赛创业基地、上海市人保局与闵行区人民政府共建的市级留学生创业园区、“YBC中国青年创业国际计划服务站”、上海市科委认定为“科技产业化基地”。2008年，被评为上海市火炬计划实施20周年先进单位；2009年，获上海市科技孵化协会颁发“最佳创新孵化环境奖”；2010年，被上海市科技创业中心评为“创新创业服务先进集体”；2011年，通过国家级孵化器复核，并获得上海市孵化器考评A级称号。

创业园区拥有近12万平方米的六大孵化基地，以“打造具有全球影响力的科技创新中心”为整体目标，承载科技企业孵化和留学人员创业服务，全面优化园区各项服务体系，始终坚持高层次人才为主、高新技术优先的发展策略，为留学回国人员创业提供全方位、全天候、人性化的服务。园区着力建立有特色的、高效的“创业企业技术孵化服务体系”，针对孵化企业成长发展中的需求，有效帮助和支持企业克服影响阻碍其发展的技术、市场、资金瓶颈，通过提供全面的、专业化的孵化服务，营造促进自主研发和自主创新的良好环境，使园区成为留学人员企业自主创新之源、优秀企业和人才、品牌的发源地、科技成果转化的摇篮。

随着张江国家自主示范区“八大平台”+“人才网”的开通，创业园区成为第一批试点单位，使得知识产权服务、科技中介服务、人才服务、科技金融服务得以深入开展。而智慧园区3.0时代的到来，促使园区的服务功能配套正从传统的招商，衍生至金融、管理、法务等企业运营各环节，进一步拓展企业服务的新内涵，增加服务的深度和广度，探索全生态链服务模式，形成园区新服务增值的优势。从企业自主创新意识的引导，政府政策的传递、宣传、落实，各级政府科技扶持资金的申报，到企业项目与资金的对接、产品的推广、市场的开拓，以及毕业企业的“后孵化”服务，在吸引人才、成果转化等方面作出了显著成绩。创业园区自成立以来共计培育科技企业500余家，成功孕育出以思源电气为代表的一批优秀企业，不仅为回国留学人员提供了报效祖国、施展才华的舞台，也为地区的科技创新体系建设和经济发展作出了贡献。

联系方式

地　址：上海市金都路4299号
邮　编：201109
电　话：86-21-64129265
传　真：86-21-64123218
邮　箱：xmxmxm@263.net

上海徐汇留学人员创业园

园区概况

上海徐汇留学人员创业园是由上海徐汇区人民政府根据有关鼓励留学人员归国发展的相关政策和徐汇区现有的科技产业功能、形态布局而建立。徐汇区作为科技资源集聚之地，拥有包括复旦大学、交通大学在内的10余所高校和包括中科院上海分院、上科院在内的100多家科研院所和国家级的漕河泾新兴技术开发区。近年来，徐汇区委、区政府坚持“科教兴区”的主战略，依托辖区内丰富的科技资源，不断优化科技创新的综合环境，形成了以高新技术产业为先导、各类科技产业同步协调发展、科技进步促进区域经济持续发展的良好格局。

创业园以“一园多基地”形态构成，分别利用各个不同的高新技术产业化基地现有的功能，为留学人员创业和企业发展提供空间和服务。主要包括：国家级产业化基地——徐汇软件基地、上海市绿色都市型工业园区、上海市级软件产业基地（软件园）、国家高新技术创业服务中心、上海国际企业孵化器基地——慧谷高科技创业中心孵化基地、徐汇区人民政府和中国科学院上海生命科学研究院联合创办的生物技术创业企业孵化园区——上海聚科生物园区、上海市纳米材料检测中心——上海纳米技术孵化基地、徐家汇青年创业孵化园区。

在原有服务功能的基础上，创业园还增加了投融资、进出口、信息综合等体现中心城区国际化的商务、便捷的生活功能，并对留学人员企业在人力资源建设、市场开拓及本土融入等方面进行指导。同时，提供各类政府绿色通道，加速留学人员企业高科技成果产业化，打造成为海外归国留学人员回国创业的成长基地。

联系方式

地　址：上海市徐汇区番禺路1028号102室
邮　编：200030
电　话：86-21-64077973
传　真：86-21-64077973
邮　箱：mail@decsh.org

上海杨浦海外高层次人才创新创业基地

园区概况

上海杨浦海外高层次人才创新创业基地成立于2009年6月，是全国第一家综合性、区域性海外高层次人才创新创业基地。基地占地9.46平方公里，以大学的强势学科为支撑，区域内已有复旦大学国家大学科技园、同济大学国家大学科技园、上海理工大学国家大学科技园、上海财经大学国家大学科技园、电力学院国家大学科技园5个国家级大学科技园和教育、体育、水产等9个专业化大学科技园，建成了上海中心城区最大的国家级科技企业孵化基地。

目前，近4000家头脑型、创新型中小科技企业集聚大学周边，已经成为科技“巨人”的成长摇篮和孵化基地，涌现了一大批成长快、前景好的科技骨干企业，如复旦光华、复旦微电子、同济芯豪、邮电设计院、市政设计院、大亚科技等，电子与信息、现代设计已经成为园区支柱产业的两大主体，新材料、光机电一体化、环保和资源综合利用等具有发展潜力的产业也在快速发展。

基地建立了上海知识产权园、上海教育服务园、上海创业者实训基地、上海股权托管中心、上海中小企业研发外包服务中心、大学技术转移中心、杨浦人才广场等公共服务平台体系，形成了良好的创新创业氛围和环境。而占地1000亩的创智天地是杨浦与香港瑞安集团联手着力打造的“科技超市”和创新服务板块，为创新创业活动和产学研合作提供完善的配套服务。在创智天地周边，已经集聚了科技孵化基地、风险投资服务园、大学生创业基金会等一批创新资源和各类中介服务机构，吸引了甲骨文、EMC、易保等世界科技巨子的入驻，初步形成了从初创、成长到产业化等不同发展阶段的“接力式”创新服务体系。

基地推出“3310”计划，即“三大工程三大目标十项政策”。实施“百千万”工程，实现标志性人才集聚的目标；实施人才环境工程，实现标志性成果突出的目标；实施主导产业集群发展工程，实现标志性产业清晰的目标，并配套十项创新创业扶持政策，海外高层次人才带技术、带资金、带项目在杨浦创业，可以通过“三方两审”（“三方”指技术专家、风险投资专家、经营管理专家，“两审”指函审和面审），分别给予A、B、C类扶持。基地还设立5年共3亿元专项资金，用于扶持海外高层次人才创新创业；设立杨浦区高层次人才创新创业服务中心，为海外高层次人才提供“一口式受理”“一门式服务”，具体推进基地建设。

基地秉持“基地共建、人才共享、资源共用、发展共赢”的“四共”原则，整合大学校区、科技园区、公共社区的优势资源，为海外高层次人才提供创新创业的广阔舞台。

联系方式

地　址：上海市杨浦区大学路243号8楼
邮　编：200433
电　话：86-21-55062055
传　真：86-21-55067190
邮　箱：yp3310@vip.163.com
网　址：www.yp3310.sh.cn

上海杨浦知识创新区留学人员创业园

园区概况

上海杨浦知识创新区留学人员创业园是根据上海新一轮发展总体规划，由上海市人事局和杨浦区人民政府共同组建的创业园区。创业园位于上海中心城区东北部，地处高校集中的地区，开发占地3.4公顷，拥有建筑面积9.5万平方米的商务办公大楼和中试综合楼。

创业园围绕杨浦大学城的建设，以教育服务、科学研究、科研成果孵化、产学研一体化为核心，以IT产业、微电子、生命科学、生物医药、建筑设计、环保科技、新材料、评估咨询为主要发展方向，重点引进留学人员开发的高新技术项目，为创办企业的留学人员提供全方位服务。

为进一步吸引海外学子到杨浦知识创新区创业，杨浦区发布了一系列优惠政策，包括提供100万元的创业启动资金、100万元的创业补偿金、200万元的信用担保贷款、500万元的创业贷款息贴、100万平方米的创业办公用房、100平方米的人才公寓等。

联系方式

地　址：上海市杨浦区大学路243号8楼
邮　编：200433
电　话：86-21-55062055
传　真：86-21-55067190
邮　箱：yp3310@163.com

南京留学人员创业园

园区概况

南京留学人员创业园于2005年由国家人事部、教育部与南京市人民政府共建，前身为1994年由南京市人事局和南京高新区共建的“金陵海外学子科技工业园”；2005年，共建“中国金陵留学人员创业园”；2006年9月，经南京市编委同意成立“南京高新技术产业开发区留学人员创业园管理服务中心”，行政隶属南京高新区管委会；后更名为“中国南京留学人员创业园”。2010年12月，获科技部“国家级科技企业孵化器”称号。创业园成立后依托于南京国家科技创业服务中心，是国家人事部、教育部和南京市政府共建的全国第一个留学人员创业园，是江苏省第一家科技成果转化、创新创业以及企业的孵化基地。

经过多年的发展，当年的金陵海外学子创业园已成长为当前包括经济技术开发区创业园、江宁经济技术开发区创业园、金港科技创业园、珠江路科技创业园、东南大学国家大学科技创业园、南京大学—鼓楼高校国家大学科技创业园、高淳外向型农业综合资源创业园、傅家边现代农业创业园和河西新城创业园在内的“一区十园”的规模，形成了“十园共建、资源共享”的创业网模式。创业园通过医药研发平台带动企业研究发展，建立了4万余平方米的生物医药专业孵化器和公共技术服务平台——江苏省新药创业服务中心，以及南京大学国家小鼠基因库、南京工业大学国家生化工程中心等创新平台。

创业园以“集约化、专业化、信息化、社区化、国际化”为建设和运营标准，通过集聚科技创业企业、科技成果、科技创业人才，构建“创业苗圃—孵化器—加速器”科技创业链条和服务体系，全力推进高新区创新孵化体系从单体孵化器、专业园向品质一流、功能完善的科技园区提升。

联系方式

地　址：江苏省南京高新区惠达路9号A座508室
邮　编：210061
电　话：86-25-66000613
传　真：86-25-66000623
邮　箱：zhaohang0903@163.com

南京金港留学人员创业园

园区概况

南京金港留学人员创业园成立于2000年10月，与2000年8月成立的南京金港科技创业中心施行“两块牌子、一套人马”。创业园于2004年12月被认定为国家级科技企业孵化器，2014年12月被认定为国家级“创业苗圃—孵化器—加速器”科技创业孵化链条建设示范单位，是江苏省科技企业加速器、江苏省“创业苗圃—孵化器—加速器”科技创业孵化链条试点单位，是南京市重点打造的集孵化器与加速器为一体的产学研集中区和高层次人才集聚区。

创业园位于南京市东北部，地处仙林大学城和国家级经济技术开发区的中间地带，直接受惠其科教与产业优势。园区总占地面积近250亩，建筑面积17万平方米的一期工程已全面建成并投入使用。创业苗圃、研发楼、产业楼、国际人才创业大厦，创新服务功能齐全，会议中心、图书馆、健身中心、咖啡吧、员工公寓，配套设施完善，形成了综合型生态创业家园。园区二期工程建设于2012年正式启动，总建筑面积15万平方米，重点规划建设知名企业总部、独立研发中心，整体建成后将形成办公、科研、试产、展示、交流为一体的人才、项目聚集基地。

创业园依托自身雄厚的场地和科技孵化资源优势，积极与劳动、人事、发改、工商、税务等部门合作，全力打造海外学人创业发展基地，为归国创业的学人提供场地和资金等方面的优惠政策扶持和专业化服务。针对中小型科技企业的需求特点，不断完善创业服务体系，以系列化、全程化、模块化的服务方式，全力满足企业在金融、培训、项目申报等方面的新需求。创业园与省标准化研究院共建了“江苏省射频识别产品质量监督检验中心暨省射频识别技术公共服务中心”，为物联网领域中小科技型企业的孵化和培育提供技术支持；与南京师范大学共建“南京师范大学科技创新中心”，促进高校优秀应用型成果转化和孵化。创业园大力推进金融服务体系建设，与交通银行签订金融服务协议，与广发银行合作设立特色信贷产品基地，并积极探索建立企业融资担保和股权投资机制，初步建立起可满足企业多种资金需求的金融服务网络体系。

联系方式

地　址：江苏省南京市栖霞区甘家边东108号
邮　编：210046
电　话：86-25-85551126
传　真：86-25-85550902
邮　箱：njjgkjcyzx@163.com
网　址：www.jingangpark.com

南京归国博士创业园

园区概况

南京归国博士创业园成立于2009年6月，由江宁开发区与硅谷留美博士企业家协会合作共建。

在各级领导的关怀和支持下，2009年11月，创业园大厦正式投入使用。创业园主要围绕新能源、新材料、节能环保、生物医药、电子信息、服务外包、动漫设计等新兴产业，着力引进在国内外具有创新创业经历、引领相关产业发展、市场开发前景广阔的人才，以及引领产业发展的带技术、带项目、带资金和具有自主创新能力的创业领军人才。

联系方式

地　址：江苏省南京市江宁区秦淮路20号
邮　编：211106
电　话：86-25-52078592

无锡留学人员创业园

园区概况

无锡留学人员创业园成立于2000年3月，依托于1998年8月成立的无锡科技创业园（Si-Park）。2004年，创业园与无锡国家高新技术创业服务中心合署办公；2006年，国家人事部与江苏省人民政府合作共建“中国无锡留学人员创业园”；2008年，由无锡科技创业发展有限公司和无锡市创业投资有限公司共同出资组建了无锡留学人员创业园发展有限公司，注册资本1亿元，公司负责无锡留学人员创业大厦（530大厦）的规划建设及留学人员创业园的运营管理。创业园坐落于无锡国家高新技术产业开发区，是无锡第一家国家级科技企业孵化器和第一家国家级留学人员创业园，集创业服务、企业孵化、产业培育、专业园区规划建设、科技人才培养等职能为一体。无锡高新科技创业发展有限公司作为园区公司开发建设和经营管理主体，于2007年5月成立，注册资本5.1亿元，是无锡新区国资委下属国有全资公司。已建成创新载体近50万平方米，发起组建了多家国家级、省级专业科技孵化器，拥有国家级、省级专业技术平台6个，吸引集聚的创投资本达85亿元。

创业园是全国首批科技型中小企业创新基金创业项目投资补贴型地方服务机构、科技部火炬中心首批国际科技合作依托机构试点单位之一、2007年度国家唯一实施创新基金项目地方现场评审的服务机构。多年来，先后获得国家科技部授予的“国家高新技术创业服务中心”“国家高新区先进孵化器服务机构”、火炬计划十五周年“先进国家创业服务中心”、火炬计划二十周年“先进国家创业服务中心”、江苏省“优秀科技企业孵化器”、江苏省高新技术产业化工作先进集体、江苏省服务业名牌、无锡市腾飞奖等荣誉称号。2013年，获得国家科技部首批“苗圃—孵化器—加速器”科技创业孵化链条建设试点。

创业园为科技创业人士提供了从项目扶持、企业培育、产业化推进，直至融资上市等多方面的全过程服务，已成功引进一大批高层次人才和高科技项目，成功培育产值超三亿企业4家，培育尚德等海外上市企业2家，推动32家科技企业进入上市程序。累计孵化企业达1500多家，其中留学人员企业600多家，在孵企业420多家。

目前，Si-Park已成为无锡培育战略新兴产业的高地，园区现正着力建设无锡生命科技园和无锡3D打印创新中心。无锡生命科技园于2015年8月获批国家火炬特色产业基地，作为无锡新区重点发展的专业园区，已形成创新药物制剂、新型医疗器械、智慧医疗与康健服务三大产业集群，依托科学的规划组织与政策扶持、优化的产业服务支撑体系，逐步实现人才集聚、技术集聚、产业集聚，为无锡生命科技产业的快速发展奠定基础。正在筹建中的无锡3D打印创新中心，将通过引进和培育一批龙头企业，聚集一批领军人才，制定一批行业标准，建设一个支撑平台，建立一支产业基金，利用3年左右时间，将无锡新区打造成国内3D打印产业高地。

大众创业、万众创新的东风吹绿了创业草根，孵化器3.0时代已经开启。在经济新常态下，创业园正在实现创业中心向创新中心、综合孵化向专业孵化、孵化企业向孵化产业的三大转变，为推动人才引领产业发展、带动区域产业升级创造新引擎。

联系方式

地　址：江苏省无锡新区太湖国际科技园大学科技园清源路530大厦A区2层

邮　编：214135

电　话：86-510-85229915

传　真：86-510-85213590

邮　箱：lxs@wnd.gov.cn

无锡崇安区留学生创业创意园

园区概况

无锡崇安区留学生创业创意园成立于2008年5月，是江苏省首家以文化创意产业为发展重点的留学人员创业园。创业园紧靠闻名中外的京杭古运河边，规划建筑面积2万余平方米，一期建筑面积约7000平方米，利用一幢民族工商业特色鲜明的丝茧仓库改造而成，创业园的设计被中央电视台、时尚杂志共同评为年度“中国最具创意奖”。目前，各类设计企业已入驻经营。

创业园二期建设将通过整体收购、承租等形式，总投资3亿元，沿古运河建成占地约20亩，建筑面积20000平方米以上的创意产业集聚区，使其成为集艺术创作设计、文化传媒、工艺装饰、服装设计、前卫演出、美术展览、休闲会客于一体的文化创意高地。另配套建设2000多平方米的餐饮、购物、娱乐等各种生活设施，把创业园建成留学生创业的摇篮以及成长的家园。

联系方式

地　址：江苏省无锡市崇安区北仓门37号

邮　编：214008

无锡南长留学人员创业园

园区概况

无锡南长留学人员创业园是依托南长区科技创业服务中心（2008年12月批准认定的省级科技孵化器）运营管理的创业载体、服务体系和发展平台，采取“一套班子、两块牌子”的运作方式，在创业中心增挂“无锡南长留学人员创业园”牌子，办公地点设在无锡市清扬路333号南长创业大厦内。为吸引更多海外留学人员来南长创业发展，提升南长科技创新水平，营造南长发展新优势，推进南长经济社会又好又快发展，2009年南长区政府决定在原南长区科技创业服务中心的基础上，积极争创省级留学人员创业园；2009年10月，获批成为省级留学人员创业园。

创业园目前拥有“三创”载体三个，分别是扬名高新科技创业园、扬名奕淳大厦1—6层和南长创业大厦，总面积约4.56万平方米。

扬名高新科技创业园位于无锡市下甸桥堍，总建筑面积1.01万平方米，园内已成功孵化出年销售上亿元的无锡国盛精密模具有限公司和无锡意昂数字技术有限公司。

扬名奕淳大厦为南长区科技创业服务中心营运管理的科技孵化器二期，总面积1.8万平方米，主要引进以电子信息技术、现代信息技术为基础的科技型服务外包企业和研发机构。

南长创业大厦于2006年破土动工，2008年底交付使用，总投资7000万元左右，占地面积3000平方米，发展定位是建成一个以软件研发、委托设计、动漫制作、外包服务为主导，融培训、展示、贸易、孵化于一体的特色专业楼宇。

为进一步帮扶归国留学人员创业，创业园在硬件设施和软件设施上加大投入，配备了双回路供电，保证入驻企业24小时连续供电，并为归国留学人员提供千兆网络、地下停车场、一站式服务中心，同时配备了多功能会议中心和接待中心，为入驻企业提供便利。另外，配有无锡市国际商务人才培训中心、无锡纵横知识产权代理有限公司、无锡润德管理培训有限公司、江苏洲豪风险投资担保有限公司、江苏苏亚金诚会计师事务所有限公司、无锡市基础信息安全测评认证中心等配套服务机构。

联系方式

地　址：江苏省无锡市南长区清扬路333号金匮苑27号楼

邮　编：214021

电　话：86-510-85025990

无锡北塘留学人员创业园

园区概况

无锡北塘留学人员创业园（无锡市北塘区北创科技创业孵化基地）由无锡产业发展集团有限公司、无锡创业投资集团有限公司、无锡市北塘区资产经营有限公司共同出资成立于2002年，是集“创业苗圃—孵化器—加速器”为一体化的科技创业孵化园区。创业园先后被各级政府职能部门命名为“国家高新技术创业服务中心”“江苏省科技企业孵化器”“江苏省现代服务业（科技）集聚区”“江苏省无锡北塘留学人员创业园”“无锡市创业孵化基地”。

创业园注册资本3.15亿元，计划投资35亿元，规划总占地100亩，建设总建筑面积50万平方米。园区一期现有一幢地下二层、地上二十一层的“530创业大厦”，于2010年12月竣工建成，总建筑面积87585平方米，具备较为完善的为科技成果转化提供信息、中介、培训、资金、市场等综合服务的功能。

目前，创业园已逐渐形成了以电子产业、信息产业、科技服务业、节能产业为产业特色的创业集群。

联系方式

地　址：江苏省无锡市新源北路401号

邮　编：214043

电　话：86-510-82600211

传　真：86-510-82600211

无锡滨湖留学人员创业园

园区概况

无锡滨湖留学人员创业园前身为江苏省无锡蠡园经济开发区。2003年5月，被国家科技部批准为国内首家以工业设计为主题的高新技术专业化园区；2006年9月，被国家知识产权局认定为无锡（国家）工业设计知识产权园；2007年被认定挂牌为江苏省现代服务业集聚区、江苏省国际服务外包示范区、江苏省无锡滨湖留学人员创业园。

创业园投资建成了创意园、工业设计大厦、530大厦、中锐大厦、联创大厦等80多万平方米的“三创”载体，已初步形成了以汽车设计、集成电路设计、软件研发、模型和工具设计、建筑设计、产品设计、自控系统设计、服务外包为主的创意产业格局。同时，创业园结合无锡“530”政策，努力吸引国外领军型海外留学归国创业人才来园区创业，一批涉及无线射频技术、汽车检测系统研发、纳米生物科技的创新企业已入驻园区。

联系方式

地　址：江苏省无锡市太湖西大道1890号
太湖明珠发展大厦

邮　编：214072

电　话：86-510-85101872

传　真：86-510-85102785

东陇海留学人员创业园

园区概况

东陇海留学人员创业园成立于2008年9月22日，经省人事厅正式批准，在无锡—新沂工业园创建。鼓励海内外留学人员以知识、技术、专利等到新沂市创业，从事新产品研发，实施科技成果转化，进行高新技术研究、技术交流合作等活动，为他们在东陇海产业带创业、创新、实践提供一流的基地和发展平台。创业园与无锡新区留学人员创业园、江阴留学人员创业园联合，实行人才、项目、技术对接，努力打造先进制造业、现代服务业和高新技术研发的“人才高地”，以增强开发区创新能力，加快科技成果转化。新沂市是江北唯一的“三级一类中心城市”，被省委、省政府定位为“江苏新兴工业城市”“苏鲁接壤地区新兴的交通枢纽和商贸旅游中心”，先后两次当选“长三角最具投资价值县（市）”“全国最具投资潜力中小城市百强”，是江苏省“人才特区”试点单位之一，是东陇海产业带上的高新产业基地、物流服务基地。新沂市工业基础扎实雄厚，拥有省级经济技术开发区和无锡—新沂工业园，为创业园建设发展提供了有力的保障。

创业园占地8平方公里，包括4000平方米的办公大楼，以及总投资5000万元、建筑面积50000平方米的标准厂房，作为留学人员科技成果转化的孵化基地。创业园设立了专门的管理机构，根据职能设有主任室、综合管理部、科技招商部、企业发展部和财务部，新沂市发改委、税务、国土等13部门一次授权到位，由园区代替部门行使行政职权，为来新沂创业的留学人员提供全方位的快捷服务。为留学人员提供税收、高新科技项目研发经费，获得财政匹配奖金支持及职称评审、住房、配偶就业、子女就学等一系列服务。

为了扎实推进“江苏省东陇海留学人员创业园”建设，新沂市采取有力措施和扶持政策支持留学人员创业园建设，先后制定出台了《江苏省东陇海留学人员创业园管理暂行办法》《关于加快引进高层次人才和紧缺人才的意见》《江苏省东陇海留学人员创业园组织机构及职能》等政策文件，推进留学人员创业园建设，达到了“五有”：有优惠的政策条件、有科学规范的管理体系、有完善的基础设施、有健全的组织机构、有配套齐全的办公场所。

目前，创业园已经形成了高新企业培育体系，引进了一批高层次人才和高科技项目，促进了无锡—新沂开发区创新能力、科技成果的转化，为打造先进制造业、现代服务业、高新技术研发的“人才高地”，起到了强有力的推动作用。

联系方式

地　址：江苏省无锡市滨湖区龙山路4号
旺庄科技创业中心大楼B栋9层

邮　编：221400

电　话：86-516-81600111，88898366

邮　箱：liuluping001@126.com

无锡海泰留学人员创业园

园区概况

无锡海泰留学人员创业园（中国无锡国际科技合作园）是无锡市科技局构筑国际新技术高地、人才高地的重要载体，主要面向留学归国人员创新创业、国际研发中心、电子信息产业成果转化。园区位于无锡国家高新技术产业开发区内，区位优势明显，交通便利，享受国家级高新技术产业开发区的所有优惠政策。

创业园建筑面积15000平方米，综合服务楼内建有多功能会议室、咖啡吧、商务中心、产品展示厅等，功能齐全、布局合理，环境舒适幽雅，是一个智能化、园林化、现代化的科学园区。无锡市科技局集其政府职能为入园企业进行政策、资金、项目专项支持，并根据入园企业特点对工程中心、国际合作、知识产权保护等重点项目进行资金扶持，为符合政策的企业进行流动资金担保。同时，积极协助入驻园区的科技创业企业申报高新技术产品、高新技术企业及申报市、省、国家的各类科技攻关项目、中小企业创新基金等。

联系方式

地　址：江苏省无锡新区泰山路2号

邮　编：214028

电　话：86-510-8525971

邮　箱：spsp0722@163.com

无锡锡山留学人员创业园

园区概况

无锡锡山留学人员创业园（江苏省锡山经济开发区科技创业园）成立于2008年6月，是锡山经济开发区投资建设的综合型科技园区，是中国科学院—清华大学（无锡）青年创新创业实践基地、清华大学无锡科技成果转化基地、江苏省电子信息产业基地、江苏省省级留学生创业园。2008年9月，被认定为省级科技创业园和省级留学人员创业园；2008年12月，被认定为江苏省中小企业创业基地；2009年1月，被批准建设江苏省博士后工作站。

创业园位于江苏锡山经济开发区腹地，沪宁杭经济圈中心，东靠上海，南临杭州，西临南京，北依长江，处于得天独厚的水陆枢纽位置。规划建设面积750亩，目前已建成区面积18万平方米，16栋研发楼，已启用一期12万平方米。

创业园以电子信息、生物医学、新材料，软件外包为主要发展方向，引进海外留学人员、科研院所科技人员创业项目，以及具有高科技含量和成长性的产业类项目和建设商、运行商、投资商、各类中介机构的服务类项目。同时，为海外领军人才创业提供创业投资、孵化场地、决策咨询、项目研究论证、科技攻关、信息化支持、人才支撑、投融资等全方位的服务，推行管家式、专家型服务。目前，园区几乎集中了锡山区所有的无锡市“530”计划项目。

联系方式

地　址：江苏省锡山经济开发区芙蓉中三路99号
邮　编：214192
电　话：86-510-83781855
传　真：86-510-83781733
邮　箱：xs.vpark@gmail.com
网　址：www.xkkj.org.cn

无锡惠山留学人员创业园

园区概况

无锡惠山留学人员创业园成立于2006年10月，依托于无锡惠山国家高新技术创业服务中心，致力于为科技型中小企业提供优质高效服务和良好的创业环境，加速科技成果的商品化、产业化、国际化，为地区培育高新技术企业和企业家。2007年，被江苏省科技厅和江苏省人事厅认定为省级高新技术创业服务中心和省级留学人员创业园；2009年，被科技部认定为国家级科技企业孵化器；2011年，通过了国家级科技企业孵化器复核；2013年，被科技部认定为国家级国际科技合作基地，被江苏省人社厅认定为省级创业示范基地，被省经信委认定为省级小企业创业基地；2014年通过科技部火炬中心的评价考核，列入A类（优秀）国家级科技企业孵化器，获评了江苏省三星级服务平台、江苏省科普教育基地、江苏省创业示范基地等荣誉资质。

创业园位于惠山经济开发区内，现有建筑面积10.68万平方米，占地60多亩，设有初创企业孵化区、成长企业加速区、总部经济集聚区和公共配套服务区四大功能区域。园内水、电、电梯、通讯、互联网接入及绿地、广场、餐饮、会议、娱乐、健身等基础设施完备，环境优美，为进园企业提供良好的办公、科研和生产空间。创业园以惠山区良好的投资环境为基础，以政府的相关职能为依托，为进园企业提供包括税收、人才、资金、用房、征地、工商行政管理等各方面的优惠待遇和全方位、全过程的高效优质服务，是留学人员回国创业的理想天地。经过多年的发展，目前创业园已经成为惠山区重要的科技成果转化基地、创新人才集聚高地和创新服务体系建设载体。

联系方式

地　址：江苏省无锡市惠山区政和大道189号
邮　编：214174
电　话：86-510-83593668
传　真：86-510-83595062
邮　箱：whedzcn@yahoo.com.cn

无锡江阴留学人员创业园

园区概况

无锡江阴留学人员创业园（江阴高新技术创业园）成立于2005年1月，隶属江阴经济开发区。2005年9月，被江苏省人事厅批准为省级留学人员创业园，与江阴高新技术创业园“两块牌子、一套班子”，合署办公。2006年8月，经江阴市委，市政府调整改为江阴市人民政府直接管理。2007年8月，被江苏省科学技术厅正式认定为省级高新技术创业园；2008年12月，被认定为国家高新技术创业服务中心。

创业园总规划面积20万平方米，以新传感、新医药、新能源、新材料、新装备、文化创意设计等为研发培育重点，搭建了五大公共服务平台，初步形成了“项目引进—孵化育成—科技加速—产业化”的科技企业成长路线。

目前，创业园已累计引进孵化企业130多家，引进留学归国人员60多人，培育了一批以远景能源、力博生物、迈康升华、德飞激光、强顺科技等为代表的重点企业。

联系方式

地　址：江苏省江阴市澄江中路159号
邮　编：214434
电　话：86-510-81602108
传　真：86-510-81602220
邮　箱：jycyy@jycyy.com
网　址：www.jycyy.com

宜兴经济开发区留学人员创业园

园区概况

宜兴经济开发区留学人员创业园成立于2007年10月，是江苏宜兴经济开发区为进一步加快高新技术产业的发展，提高园区自主创新能力，引进高层次创新创业人才，实施转型发展、优化发展战略而设立的综合性科技企业孵化机构。

2008年6月，被江苏省科技厅认定为省级高新技术创业园；2009年9月，被江苏省人力资源和社会保障厅认定为省级留学人员创业园。

创业园现拥有创业园一期、二期和创意软件大厦等各类“三创”载体30万平方米。同时，正在加紧建设以华东光电子科技创新基地、创业孵化大厦、投影产业园和白领公寓等项目为核心，总面积超40万平方米的“三创”载体。为进一步支持高层次人才创新创业，创业园组建了一期总额1亿元的风投基金，投入创业风险投资总额2000万元以上。

联系方式

地　址：江苏省宜兴经济开发区锦城大道11号
邮　编：214213
电　话：86-510-87822622
邮　箱：webmaster@hky.gov.cn

徐州留学人员创业园

园区概况

徐州留学人员创业园于2005年经江苏省人事厅批准建立，由徐州市人事局会同市科技局、徐州经济开发区创办，是以促进科技成果转化、培育高新技术企业、为留学人员回国创业提供综合服务的公益性科技中介机构。

创业园位于江苏徐州科技创业园内，毗邻中国矿业大学。按照徐州的特色产业、医疗器械企业的共性需求，提供医疗电子产业研发的常规设备及测试仪器，减少企业的前期投入，提高企业的自主创新能力，培育医疗电子特色基地，打造医疗电子企业特色产业群。

无锡市委、市政府十分重视留学人员来徐创业创新工作，先后制定出台了《徐州市引进海外留学人员来徐创业服务规定》《关于徐州科技创业园进园项目的优惠政策》等文件，不断加大创业园的建设力度。针对徐州市医疗电子企业研发能力弱的情况，创业园建立了医疗电子共性技术的共享研发平台，提供安全测试、超声测试、细胞显微、频谱分析、红外热成像、微波试验、光纤测温等医疗电子产品研发中的共性技术研发测试、实验手段。同时，整合与江苏徐州市医疗电子企业合作的东南大学毫米波实验室、上海交大电力实验室、中国矿大信电学院等研发力量，提升研发能力。在强化徐州市在超声仪器设备和光学仪器与窥镜等优势产品领域的市场竞争优势，扶持企业在优势产品领域做大、做强的同时，提高高档医疗电子产品的研发，树立品牌，促进产品升级和换代，提升企业的核心竞争力，将徐州建成我国医疗电子行业的研发基地和特色产业基地。

目前，园区已累计孵化中小科技企业150余家，10余家企业被评为省级高新技术企业。

联系方式

地　址：江苏省徐州市解放南路科技城
　　　　高新技术创业中心307室
邮　编：210000
电　话：86-516-83897228
传　真：86-516-83990238
邮　箱：cyzx2004@126.com

常州留学人员创业园

园区概况

常州留学人员创业园（常州国家高新技术创业服务中心）是隶属于常州高新区管委会的公益性科技服务机构。中心经江苏省科委批准始建于1993年；1994年，经省科委批准成为省级科技创业服务中心；1999年12月，被认定为国家级高新技术创业服务中心；2001年3月，由省人事厅认定为省级留学人员创业园；2001年10月，被科技部授予“先进孵化服务机构”称号；2008年，被江苏省政府授予“江苏省留学归国工作先进单位”。

创业园始终贯彻区委、区政府提出的“加强自主创新，加快建设创新型园区”的指导思想，以大力推进高科技产业发展为目标，以“项目聚集、人才聚集和资金聚集”为抓手，坚持创新的理念，围绕光伏、创意、生物医药和新能源车辆等重点产业，突出专业孵化，加强孵化服务体系建设，培育企业自主创新能力，取得了明显成效。

随着园区服务功能的不断完善，中心积累了大量企业孵化服务的先进管理经验和服务经验，目前除了提供常规服务外，建立起了咨询、留学生专项服务等个性化的服务。为创业者和企业提供入驻、成长直至毕业的过程中所需的培训、项目申报、咨询、创业导师、分级分类、种子资金、融投资、知识产权、公共技术平台、国际合作以及会议、餐饮、物业服务等全方位的服务。使一大批科技型中小企业从无到有，从小到大，实现了超常规发展，已经成为区域科技创新的重要力量、科技成果产业化的重要基地、吸引和集聚科技人才的重要载体和培育中小科技企业的重要载体。

联系方式

地　址：江苏省常州市新北区高新科技园10号楼310室
邮　编：213022
电　话：86-519-85106846
传　真：86-519-85106846

常州钟楼留学人员创业园

园区概况

常州钟楼留学人员创业园成立于2006年，是在2003年成立的钟楼科技创业服务中心的基础上演化而来。创业中心与创业园实行“两块牌子、一套班子”的运行机制，由江苏常州钟楼经济开发区管委会直接领导。2008年，被江苏省人力资源和社会保障厅批准为江苏省留学人员创业园；2009年，被科技部批准为国家级高新技术创业服务中心。创业园还先后获得江苏省工程技术文献中心、常州市大学生创业见习基地、常州市小企业创业示范基地、常州市五大产业发展专项资金三大重点创业平台之一等多项认定。

创业园由主基地和4个分基地组成，总孵化面积8.8万平方米。主基地位于钟楼经济开发区玉龙路和星港大道的交汇处，临近钟楼区行政中心、生活居住区、商贸商务区、产业开发区。主楼高16层，总建筑面积2万平方米，整个大楼由留学人员创业区、高新项目孵化区、创意设计研发区、风险投资中介机构工作区、科技成果展示区、共享设施配套区等六大区域组成。主基地同时是旅法博士留学生中国（常州）创业基地、旅日华人工程师协会中国（常州）创业基地的所在地。4个分基地分别是：星港路65号标准厂房科技创业孵化基地、白云路3号南大紫金科技创业孵化基地、童子河西路壹地科技创业孵化基地、机场路新闻科技创业孵化基地。

为支持各类主体来园创新创业，钟楼区政府制定了《关于进一步加快常州钟楼高新技术创业服务中心和壹地创意设计产业园发展的政策意见》《常州市钟楼区关于引进高层次创业创新人才的实施意见》等文件，对软件企业、动漫企业、高层次人才创办的企业、科技创新型企业分别给予优惠政策。创业园十分注重与相关科技创新资源单位的联系。通过各种形式和渠道，已与江苏省孵化器网络、省创业投资协会、省科技咨询协会、省科技条件管理服务中心、省大型科学仪器设备资源共享服务平台、省三药创制公共服务平台、市制造业信息化服务中心等机构以及部分高校、科研院所建立了工作联系。同时，把整合社会创新资源作为重要服务内容，在选择部分科技、中介机构进驻大楼直接为被孵化企业服务的同时，与40多家科技咨询、科技成果转让、科技创业投资、人才服务、财务服务、法律服务、报关货代、速递物流、创意策划、快速成型、工业设计、专利代理、商标服务、图文快印、电信服务、科技创新、质量检测等机构建立了战略合作关系，方便进驻企业与社会创新资源互动，放大服务功能和服务能力。“企业科技创新管理”是创业园精心打造的优势服务项目，亮点是帮助进驻企业构建和运营好企业内部的技术创新管理系统，使进驻企业在科技创新中合理解决“有事做、有人做、有机构做、有资金做、有能力做”的问题。为增大海归人才申报项目和落户创业的成功率，创业园及时指导海归人才起草项目申报表、创业计划书，为海归人才寻求创投公司和项目投资者牵针引线。

联系方式

地　址：江苏省常州市钟楼区玉龙路6号
邮　编：213014
电　话：86-519-88890740，83976971
传　真：86-519-83976972
邮　箱：sun995110@163.com

常州天宁留学人员创业园

园区概况

常州天宁留学人员创业园成立于2009年12月，依托于常州市天宁高新技术创业服务中心。创业中心位于天宁经济开发区，是天宁区政府创办的公益性科技企业孵化器，成立于2008年4月。2009年2月，被省科技厅认定为省级科技企业孵化器；2009年12月，被批准为“常州市天宁留学人员创业园”；2012年12月，被国家科技部认定为国家级科技企业孵化器；2014年9月，获批“江苏省常州天宁留学人员创业园”。

创业园目前已建成4个园区，其中河海东路、高阳路、丰润大厦为孵化园区，弘达园区为加速园区，孵化总面积5.7万平方米，园内建有会议室、接待室、餐厅、人才公寓、公共技术服务平台、标准厂房等基础设施。

创业园以“引进海外高层次人才、培育高新技术企业和培养科技型企业家”为宗旨，以建设“企业孵化、公共服务、招才引智”三大平台一体化发展为目标，充分发挥园区服务高效、机制灵活、政策优惠、团队优秀等优势，整合资金、人才、市场、管理等社会资源，为园区创业企业提供多层次、全方位的创业服务。

联系方式

地　址：江苏省常州市河海东路9号
邮　编：213164
电　话：86-519-8550623
邮　箱：tncy@tncy.org

常州市三晶世界科技产业发展有限公司（孵化基地）留学人员创业园

园区概况

常州市三晶世界科技产业发展有限公司（孵化基地）留学人员创业园成立于2006年，由新北区三井街道办事处投资建设。2008年，被江苏省科技厅认定为省级科技企业孵化器；2010年12月，被国家科技部认定为国家高新技术创业服务中心；2012年，被认定为市级留学人员创业园。创业园是以信息技术及相关功能新材料为特色的孵化基地，是常州市高新区创新创业的重要载体之一。

创业园在吸引海外人才、转化科技成果，孵化科技企业、发展高新技术产业，培养创新创业人才、创造新的就业机会等方面具有有利条件，已经取得明显的经济效益和社会效益。

联系方式

地　址：江苏省常州市长江北路25号园区内
邮　编：213022
电　话：86-519-81238780

常州科教城留学人员创业园

园区概况

常州科教城由江苏省教育厅、江苏省科技厅与常州市人民政府共同建设，2011年经省人力资源和社会保障厅批准为省级留学人员创业园，管理机构是常州市国家大学科技园管理中心。创业园位于武进区，占地5平方公里，分为高教园区、科技园区两部分，是国家高职教育发展综合改革实验区、国家大学科技园和国家海外高层次人才创新创业基地。胡锦涛、江泽民、温家宝等党和国家领导人先后视察常州科教城，对常州大力发展高职教育和构筑产学研协同创新平台给予了充分肯定。2007年，园区被江苏省发改委认定为江苏省“现代服务业集聚区（科技服务业）”；2008年，被科技部国际合作司认定为“国际科技合作基地”，被科技部认定为“国家可再生能源基地”，被江苏省对外贸易经济合作厅认定为“江苏省国际服务外包人才培训基地”；2009年，被科技部、教育部认定为“国家大学科技园”，被江苏省商务厅认定为“江苏省国际服务外包示范区”；2010年，被江苏省科技厅确认为首批“省级科技企业加速器”，被江苏省人力资源与社会保障厅认定为“江苏省留学人员创业园”，被江苏省发展和改革委员会认定为“江苏省新能源汽车特色产业基地”，被中国科学技术协会认定为“海外智力为国服务行动计划工作站”；2011年，被中央人才工作协调小组定为“国家海外高层次人才创新创业基地”，被省经信委授予“江苏省信息化和工业化融合服务产业示范园”称号。

创业园推行在常州科教城、武进高新区建立“一园两区”的发展格局，在创新创业环境的建设上充分积聚创业优势和产业优势，实现联动双赢发展。“创业孵化区”设在常州科教城，“产业拓展区”设在武进高新区。

园区全力打造了科技金融中心，积极组织投融资对接会、精品项目路演、科技创业投资论坛等活动，拓宽支持创业企业发展的融资渠道，包括财政拨款、风险投资、银行贷款、信用担保、民营或私人自募资金等，建成一个以PE/VC为主、股权投资基金为特色的综合金融服务平台，实现科技和金融的无缝对接。园内目前有公共研发机构30家，其中，中科院已有20多个研究所在园设立了14个分中心和6个研究院所，建成了26个专业实验室，与企业共建26个研发中心。同时，南京大学、东南大学、北京化工大学、合肥工业大学、西南交通大学等17所著名高校在园设立了研发机构或孵化基地，其中，9家大学建立研究院，为园区企业的发展提供技术支持。为进一步深化产学研合作，创业园还每年均举办中国常州先进制造技术成果展示洽谈会，组织成果发布、对接洽谈、专题论坛、开工揭牌等活动。

联系方式

地　址：江苏省常州市常武中路801号
邮　编：213164
电　话：86-519-86339226
传　真：86-519-86339658
邮　箱：czlian@yeah.net
网　址：www.czkjc.gov.cn

津通留学人员创业园

园区概况

津通留学人员创业园由津通集团有限公司建设、运营，位于长三角地理心脏和沪宁高速公（铁）路中段的江苏省武进高新技术产业开发区内的津通国际工业园内，距上海1小时40分钟车程，离南京禄口国际机场40分钟车程，2小时可达杭州，具有吸收沪宁杭等特大城市辐射并向周边腹地扩散的焦点区位。津通国际工业园总规划建筑面积90万平方米，已建成近30万平方米的高标准工业厂房、生产服务中心和生活服务中心。园区完全参照国际先进科技工业园的标准建设，吸纳众多科技工业园的特点和要求，整体形态、功能设置和运作拓展已形成了以现代化高标准厂房为主体，集科研孵化中心、制造生产中心和现代服务中心为一体，以花园式社区为环境特征的智能化管理新型高新技术产业园区。整个园区已通过ISO9001和ISO14001体系认证，从设计风格、建筑形态、企业运营和物流保障等都一步到位地实现了与发达国家产业环境及企业平台的完美对接。工业园作为一个省级开发区内的“区中园”，受到海内外的广泛关注和高度赞赏，曾先后被联合国中小企业联合会、美国电子协会、欧盟机械制造协会等国际组织列为“外商在华投资重点推荐园区”。园区受到国家及省市各级领导的表彰鼓励，先后获得国家级“国际科技合作基地”“海外人才中国创业示范基地”“科技企业孵化器”；省级“江苏省两化融合产业服务示范园”“现代服务业集聚区”“重点培育小企业创业基地”“留学人员创业园”“特色产业园”；华侨华人专业人士江苏创业基地、中国民营科技促进会“津通科技产业化示范基地”等荣誉称号。

创业园建筑面积10.2万平方米，为津通国际工业园1号、2号、5号、16号楼。园内建有信息电子产品检测平台、基于提供远程服务的SaaS生产性信息服务平台、嵌入式信息技术平台、先进制造与科技服务集成平台等专业平台，并与常州佰腾科技有限公司合作共建中国企业专利信息服务平台、高校科技成果转化平台，为在孵企业提供各类专业服务。同时，通过集聚大量的服务业企业，为在园留学人员企业提供生产性服务、生产要素公共支撑服务、公共技术支撑服务、投融资服务、信息化服务和创业辅导服务，使企业将其非专业、不经济的业务流程外包，通过社会化资源配置，以实现其运作的扁平化，降低运作成本、提升运行效率，帮助初创型企业快速成长。此外，常州市及武进区政府通过领军型海外留学归国人才创业计划、“龙城英才”计划、科技基础设施计划、国际科技合作专项等计划，对引进的具有前瞻性的留学人员人才及企业实施的项目，在资金上给予专项支持，在政策上给予优惠待遇。

联系方式

地　址：江苏省常州市武进高新区西湖路8号
邮　编：213164
电　话：86-519-86220888转8107/8056
传　真：86-519-86220616
邮　箱：yppei@jinton.com

武进留学人员创业园

园区概况

武进留学人员创业园创立于2004年8月，经常州市人事局批准设立，2007年4月，被认定升级为省级园区。从“高效、精简”的角度出发，创业园依托武进（国家）高新技术创业服务中心的现有条件，与创业中心合署办公，实行“两块牌子、一套班子”的运作机制。在武进区委和深圳清华大学研究院领导的全力支持下，2005年初，创业中心与深圳清华力合国际技术转移有限公司共同出资设立了江苏武进力合企业孵化器有限公司，将创业中心的主营业务采取委托方式，由孵化器公司运营。孵化器公司的成立，整合了地方政府和深圳清华大学研究院双方的优势资源，在孵化项目筛选、高层次人才引进、为孵化企业提供创业投资等增值服务方面，提供了更广阔的发展空间。

创业园坐落在常州市城南，已投入资金近5000万元，建成了3.6万多平方米的孵化场地，办公设施齐全，服务功能完备。创业园注意瞄准当今世界科技发展潮流，把孵化重点放在电子信息、新材料、机电一体化等新兴产业，严格把好项目入口关，加快引进高新技术项目，努力营造高新技术优势，对每一个洽谈项目进行科学的评估和决策。企业批准进驻后，园区在创业环境、创业条件、创业资金、创业政策等方面提供方便，以及管理咨询、人才培训、融资担保、物业支撑等优质高效服务，并按不同企业的实际情况进行针对性孵化，使企业在宽松广阔的创业平台上运作。

创业园目前有留学人员创办企业20余家，涉及电子信息、软件开发、精密机械、新材料、生物医药等行业领域。

联系方式

地　址：江苏省常州市武进人民东路158号
邮　编：213161
电　话：86-519-86322963
传　真：86-519-86574082
邮　箱：bcd_cz@hotmail.com

江苏中关村留学人员创业园

园区概况

江苏中关村留学人员创业园成立于2012年3月，由江苏中关村科技产业园投资建设，日常管理机构为溧阳高新技术创业中心。产业园是常州市政府与北京中关村开展体制创新与区域合作的成果，也是中关村在北京市外设立的第一个科技产业园区，已被江苏省政府确定为省级高新技术开发区，并将优先申报国家级高新区。创业中心成立于2001年；2007年，被常州市人事局批准为常州市级留学人员创业园；2008年，被省科技厅认定为省级科技孵化器；2012年3月，溧阳市成立江苏中关村创业园，溧阳高新技术创业中心并入其中；2013年，被江苏省人社厅批准成立省级留学人员创业园。创业园致力于为初创阶段高科技企业及项目提供综合服务，培育高新技术企业。作为承载江苏中关村产业园及整个溧阳市高新技术成果转化和技术创新的重要基地，创业园力求打造成为高素质人才、高水平研发机构、高科技创业企业集聚的一流的科技创业基地。

创业园现有孵化面积15.7万平方米，建成面积8万平方米，专门设立了领导工作小组，配备了专职员工开展工作，除为入孵企业提供全程免费代理工商、税务登记等一条龙服务和周到的后勤服务外，着手搭建了政策咨询、投融资中介、管理培训、信息交流、人才支撑与技术支撑等服务平台，并与10多家大学、研发中心建立了产学研基地及共建研究中心。

创业园通过几年的努力，已有一批优秀高科技企业成功毕业，培养了一批成功的企业家，其中有多家毕业企业被认定为高新技术企业。

联系方式

地　址：江苏省溧阳市泓口路218号
邮　编：213399
电　话：86-519-87310357

金坛留学人员创业园

园区概况

金坛留学人员创业园成立于2007年11月，是由原常州市人事局批准设立的综合型科技创新创业场所，隶属江苏省金坛经济开发区，与金坛市高新技术创业服务中心合署办公，实行“两块牌子，一套班子”的运作机制。2009年2月，被省科技厅认定为省级高新技术创业服务中心；2009年10月，被省中小企业局认定为省重点培育小企业创业基地；2010年7月，被省中小企业局认定为江苏省小企业创业示范基地；2011年5月，中国科协海智基地金坛工作站在中心挂牌成立；2011年12月，被认定为“江苏省留学人员创业园”。

创业园依托政府平台与北京中关村、清华科技园建立了紧密的合作关系，利用中关村科创硅谷孵化器这一大平台搭建国内外区域政府间的合作交流平台，实现国内外高端创新要素的集成和流通。同时，着力加强与海外各科技团体和科技专家学者的联系，拓展交流渠道，与海外人才网、美国华人专业团体、中国旅美科技协会、北美华人创业协会、加拿大华人信息技术专业人士协会等多家海外科技团体形成了友好的合作。

创业园推行“一站式”“保姆式”服务，在此基础上强化服务功能，开展个性化、增值化服务，对在孵企业按规模、分门类提供有针对性的帮扶，促进创业者尽快成长和创业企业发展壮大。针对创业孵化器要求管理人员综合素质好、知识面广、活动能力强等特点，创业园采取多种形式加强学习和培训，着力打造一支充分履行服务和管理职能的高效能队伍，细化工作措施，分解落实责任，创新工作方法，不断提升各项工作成效。在做好基础性服务工作的同时，创业园强化政策配套的实施，积极与各类中介结构如会计事务所、律师事务所、专利事务所等加强合作；加快创投公司和科技小贷公司的引进，引进成立了金坛协立创投、江苏凯迪创投、东华矿业投资、行知常峰创投4家创投公司，成立了金坛瑞丰科技小贷公司，有力推动了技术与资本的深度融合，促进优质企业的快速发展。

联系方式

地　址：江苏省金坛市华城路296号
邮　编：213200
电　话：86-519-82693333
传　真：86-519-82693333
邮　箱：jsjtlh@126.com

苏州留学人员创业园

园区概况

苏州留学人员创业园创建于1998年2月，依托苏州高新技术创业服务中心，由教育部留学服务中心、科技部火炬中心、江苏省人才流动服务中心、苏州市科技发展中心、苏州新区管委会等部门联合组建，是苏州国家高新技术产业开发区重要的科技创新创业载体和国际科技合作基地，也是苏州高新区重点打造的两个服务外包集聚区之一。1999年12月，创业园被团中央、全国青联授予“中国青年科技创新行动示范基地”；2001年5月，被国家科技部、人事部、教育部和外国专家局联合授予“国家留学人员创业园示范园区”称号；2003年，被中共中央组织部、宣传部、统战部，国务院人事部、教育部、科技部共同授予“留学回国人员先进工作单位”，被科技部授予“先进高新技术创业服务中心”，被江苏省科技厅授予“江苏省高新技术产业化工作先进集体”；2004年8月，被中共江苏省委、省政府授予“江苏省留学回国人员工作先进单位”；2005年，被江苏省科技厅工商局等联合授予“江苏省AAA级信誉咨询企业”；2006年，被中国民营科技促进会授予“全国民营科技企业奉献奖”；2007年，被苏州市政府授予“苏州市服务业发展重点集聚区”，被江苏省名牌战略推进委员会授予“江苏服务业名牌”称号；2010年，被科技部确认为“全国大学生科技创业见习基地试点单位”；2011年，被苏州市知识产权局授予“苏州市知识产权工作示范园区”。

苏州创业园是苏州高新技术创业服务中心、苏州留学人员创业园、苏州创业园科技发展有限公司的总称，总建筑面积18万平方米，由5幢高标准研发大楼组成。位于苏州高新区竹园路，东依狮山商业板块、南邻国际教育园区、西望高新区政府，地理位置优越，大量科技企业在此成功创业。

创业园自成立以来，已经建立了科技金融、政策咨询、人力资源、企业管理、知识产权等较完善的科技中介服务体系和公共服务平台。先后获得留学回国人员工作先进单位、优秀国家高新技术创业服务中心、火炬计划先进集体等30多项荣誉称号。

在引进创新创业人才方面，累计引进各类高科技人才16000余人，招才引智地引进各级各类创新创业领军人才174人次，其中，国家“千人计划”人才6人、“万人计划”1人，江苏省“双创人才”12人，省重点创新团队1个，姑苏领军人才20人，高新区领军人才134人，其他留学归国人才900多人。先后引进培育科技企业1600多家，其中阿特斯光伏、纽威阀门、科达科技已成功上市，成为区内领军企业；仕德伟科技、东菱振动、国芯科技等一大批企业成为高新区新兴产业的龙头；世界500强的飞利浦、佳能以及周边的华硕、飞思卡尔等跨国研发机构形成了集聚。

在促进科技成果转化为现实生产力的征程中，创业园开发各类科技项目1500多项，其中获批国家863、973、核高基在内的省部级科技科技立项项目近400项，获得国家授权专利1200多项。与各大高校通力合作，借助高新区的各类科技平台，通过产学研合作等形式，大力促进科技成果的转化。

在国际化进程上，创业园与多个海外孵化器合作，为企业交流、拓展海外市场搭建了桥梁。

苏州创业园在不断地探索和发展中，已成为苏州高新区重要的科技创新创业载体、高端人才集聚区和国际科技合作基地。

联系方式

地　址：江苏省苏州市竹园路209号
邮　编：215011
电　话：86-812-68089925
传　真：86-812-68783306
邮　箱：qth@csibi.cn
网　址：www.csibi.cn

苏州国际科技园

园区概况

苏州国际科技园是苏州市科技创新、知识创新和企业孵化的重要载体。总规划建筑面积104万平方米，于2000年4月启动。是中国科技企业孵化器、国家软件产业基地、国家动画产业基地、国家海外高层次人才创新创业基地、中国软件欧美出口工程试点基地、中国留学人员苏州创业中心、中国服务外包示范基地和中国服务贸易创新示范基地。

苏州国际科技园分七期建设，其中一至四期位于金鸡湖大道，建筑面积31万平方米，主要承担科技企业孵化基地、服务外包基地和软件产业基地的功能；五期“创意产业园”位于独墅湖科教创新区，建筑面积80万平方米，六期“创意泵站”位于中新大道西、建筑面积2万平方米，正力争成为长三角地区重要的软件工厂、创意设计车间、动漫制作加工基地；七期“苏州人工智能产业园”位于苏州工业园区桑田岛北部，建筑面积26万平方米，致力打造成为国内知名的人工智能产业高地。

苏州国际科技园先后建设了软件评测、技术培训、数据服务、集成电路设计、中小企业信息化（云计算）、知识产权保护、动漫游戏服务等较为完善的公共技术平台体系；已经形成了以软件开发、集成电路设计、数码娱乐和行业应用高新科技等为主的四大特色产业群，新一代融合通讯、云计算、物联网、节能环保等一批新型产业项目也在加速集聚。

截至2016年底，苏州国际科技园累计注册企业超过2000家，实际入驻办公598家，其中214家企业通过国家高新技术企业认定，329家企业通过省软件企业认定，53家企业通过CMMI认定，主板上市企业3家，新三板挂牌企业20家。集聚各类高科技人才逾3.8万名；入选国家“千人计划”20人，各级科技领军人才253人。

联系方式

地　址：江苏省苏州工业园区金鸡湖大道1355号
邮　编：215021
电　话：86-512-62529888
传　真：86-512-62529777
邮　箱：hej@sipis.com.cn
网　址：www.sispark.com.cn

苏州吴中留学人员创业园

园区概况

苏州吴中留学人员创业园成立于2004年12月，位于吴中科技创业园内，是由政府投入、以企业化机制运作的公益型科技企业孵化器，是国家科技部认定的“国家级科技企业孵化器”，并先后被认定为“苏州市服务业重点集聚区”“江苏省小企业服务示范基地”“江苏省留学人员创业园”“江苏省中小企业投融资服务中心”“国家大学生科技创业见习基地”（全国首批）、“江苏省信息化和工业化融合服务产业园”（全省首批）等。

在区域医药和IT产业快速发展的大背景下，创业园通过创造局部优化的创新创业环境，提供特殊优惠政策和优质高效服务，积极有效地培育和引进电子信息及软件企业、生物医药和光机电一体化企业。入驻企业不仅享受企业注册、税务登记、人才支撑及政策咨询等“一站式”服务，而且还可以获得国家高新技术产业园区的各项相关优惠政策。在提供场地租用及物业服务同时，创业园还建设了中心机房、多功能厅、电子阅览室和公共实验室，完善了相关配套设施。建立并完善了吴中科技创业园网站，同时连接江苏省工程技术文献信息中心，对专业数据库、专业性数据软件、数字化图书杂志进行筛选和协议使用，为企业开通专业信息服务、科技查新服务。园区先后探索建立三种线上线下服务模式：建立“金枫网”线上运营推广服务平台，探索中小企业“线上抱团闯市场”的发展道路；建立“手拉手”服务平台，为园内企业提供了线上沟通交流，互通有无的社区平台，促进入园企业开展技术交流和技术合作，共同进行市场开拓，加快企业发展；建立共享云平台，帮助园内企业降低成本，提升工作效率。

目前，在园的软件及信息服务型企业159家，其中生产性信息服务企业62家，“两化融合”的生产型企业97家，已形成以互联网增值服务、软件及服务外包、电子商务等产业为特征的新兴产业发展格局。

联系方式

地　址：江苏省苏州市吴中区东吴北路31号

邮　编：215128

电　话：86-512-65270617

邮　箱：zhu_qin1@163.com

网　址：www.wzcy.cn

常熟留学人员创业园

园区概况

常熟留学人员创业园成立于2010年4月，位于常熟市经济开发区内，交通便利，环境优美，政策宽松，人才资源和资金资源丰富，具有良好投资环境。其创办旨在为给学有所成、回国创业的留学人员创造良好的创业环境。

创业园已建成孵化场地13.5万平方米，有智能化大楼1幢，标准化厂房5000多平方米，配套设施齐全，创业环境优越，可提供一流水准的孵化服务。创业园鼓励留学人员回国创业，科研院所来常合作，加速科技成果商品化、产业化、国际化，进一步推动经济与科技的结合，促进常熟市产业结构的调整，为区域经济的发展不断培育拥有民族自主知识产权的高新技术企业群体。

创业园依托教育部“春晖杯”创业基地，以“综合孵化器+专业孵化器+加速器”的载体建设、优质的专业服务、良好的创新创业环境吸引海外留学人员前来创业工作。

联系方式

地　址：江苏省常熟经济开发区滨江新城

电　话：86-512-52805327

传　真：86-512-52805310

邮　箱：info@ppos.com.cn

常熟高新技术产业开发区留学人员创业园

园区概况

常熟高新技术产业开发区留学人员创业园成立于2010年4月，是由常熟高新区依托常熟国家大学科技园建立的市级留学人员创业园。2013年10月，获批省级留学人员创业园。创业园立足优化产业结构、提升产业层次、培育新兴产业，把引进海外高层次留学人员放在最突出位置，不断加强载体建设，深化创业服务，创新与整合留学人员人才政策比较优势，吸引和聚集国外高端科技人才入园创新创业，为区域产业转型升级提供智力保障。

创业园建成孵化场地13.8万平方米，依托教育部“春晖杯”创业基地，以“综合孵化器+专业孵化器+加速器”的载体建设，以“创业孵化+创业投资+创业导师”的专业服务，营造良好的创新创业环境。创业园先后承办或参加苏州国际精英创业周、海外华侨华人高层次人才江苏行、美南中国专家协会联合会江苏行、美中高层次人才常熟行等活动，每年参与广州留学人员科技交流会、大连海外学子创业周等各地人才盛会。通过一系列的举措，为留学人员搭建了优质的创业平台。

联系方式

地　址：江苏省常熟市东南大道333号科创大厦3楼

电　话：86-512-52350317

传　真：86-512-52355339

邮　箱：gl@changshu.net

张家港留学人员创业园

园区概况

张家港留学人员创业园成立于2001年，由张家港市人民政府投资兴建，是张家港市为留学人员回国创新创业、施展才华提供的重要舞台。为强化管理与服务，创业园与张家港市高新技术创业服务中心实行“两块牌子、一套班子”的运作模式。2003年11月，创业园被江苏省人事厅批准为省级留学人员创业园；2004年4月，被苏州市委、市政府授予“苏州市留学人员先进工作单位”；2006年12月，被国家科技部认定为国家级科技企业孵化器；2011年，被苏州市知识产权局授予“苏州市知识产权示范园区”。

创业园按照整体规划、分步实施、滚动发展的建设模式，建有孵化大楼8幢、建筑面积6万多平方米，包括综合服务楼1幢、生物医药专业孵化楼1幢。此外，拥有总投资1200万元、总面积1200平方米的生物医药公共技术服务平台，为园区内处于初创期的生物医药类企业提供研发实验、分析检测等方面的专业技术服务。该平台建成以来，吸引了越来越多的海外高层次人才落户，生物医药产业链初显端倪。

创业园通过“政府投资、公益性引导、事业单位管理”的运营模式，全力培养拥有自主知识产权的科技企业和具备自主创新能力的科技企业家。以公共服务为主线，推行融资推荐、项目申报、定期走访、创业导师以及市场推广等增值服务，引入中介服务机构，打造专业服务，增强孵化能力。

联系方式

地　址：江苏省张家港市国泰北路1号
邮　编：215600
电　话：86-512-58541960
传　真：86-512-58541980
邮　箱：htic@zjghtic.gov.cn

张家港保税区留学人员创业园

园区概况

张家港保税区留学人员创业园成立于2011年4月，2014年11月获批江苏省省级留学人员创业园。创业园主要为高层次人才发展高新技术产业提供服务，并为来保税区的国内外大专院校、科研机构和社会各类科技人员的创业需求提供服务，通过落实扶持政策，营造宽松优惠的创业环境，帮助企业度过营运初期的风险阶段，加快商品化和产业化进程。

创业园位于张家港保税区环保新材料产业园内，规划面积210亩，首期规划103亩。一期和二期共7万平方米研发生产大楼已建设完成交付使用，三期7万平方米场地正在建设中。研发大楼内水电气管网等基础设施全部按照国际一流工业园区标准设计到位，企业可以根据自己的需要进行隔断，分出实验室、生产车间、办公室、休息室等。此外，还建有集商务、科技等公共服务于一体的商务配套区，国家化工设备产品质量监督检验中心及千人计划（张家港）战略新材料研究院，为留学人员回国创业发展提供优良的环境。

联系方式

地　址：江苏省张家港保税区环保新材料产业园
邮　编：215633

昆山留学人员创业园

园区概况

昆山留学人员创业园成立于1998年，是由江苏省人事厅、科技厅和昆山经济技术开发区联合创办的吸引海外留学人员回国创业的科技园区，是全国首家设立在县级市的留学人员创业园，全国首批“国家留学人员创业园”，也是全国唯一设立在县级市的“省部共建”创业园。创业园先后被中组部、宣传部、统战部、国家人事部、教育部、科技部联合授予“全国留学回国人员先进工作单位”荣誉称号，获得“国家火炬计划先进管理单位”“国家先进高新技术创业服务中心”、全国首批“中国青年科技创新行动示范基地”“江苏省优秀科技企业孵化器”“江苏省先进科技企业孵化器”“江苏省火炬先进管理单位”“江苏省留学回国人员工作先进单位”“江苏省博士后管理工作先进单位”“江苏省文明单位”等称号。

创业园现有孵化面积14万平方米，包括科技广场、现代广场、科技创业基地等载体，设有公共会议室、学术报告厅、图书馆、“第三空间”咖啡室、工程技术文献检索服务平台，非核心业务公共服务中心等。园区先后建立了全国县市级首家微软技术中心公共平台、专利信息检索服务平台、工程技术文献检索服务平台、集成电路失效分析技术平台、知识产权网络公共服务平台、园区网络信息服务平台等，为企业提供个性化科技公共服务。园区不断完善创业园“科技企业评估诊断系统”，对企业经营及发展中遇到的问题进行诊断评估，为企业决策提供政策、信息咨询和各种帮助，定期举办专业培训、创业沙龙，为初创型科技企业的培育、成长，传授经营经验，提供业务辅导。

目前，创业园已形成了比较完善的科技企业培育体系，吸引了一批海外学者创办的科技企业，引进了一批高层次科技人才，开发了一批技术领先并拥有自主知识产权的产品，推动了与大院大所的项目合作，培育了华恒、网进、锐芯、澳昆等一批科技明星企业。

创业园致力于打造全过程的政策支持环境，营造全方位的家居环境，依托全市人才新政、亿元奖励基金，支持领军人才创新创业，成为海归精英们“零成本”创业的福地。

联系方式

地　址：江苏省昆山市前进东路科技广场2楼
电　话：86-512-50360660，50360661
传　真：86-512-50360660
邮　箱：ksppcn@yahoo.com.cn
网　址：www.kscyy.com.cn

吴江市留学人员创业园

园区概况

吴江市留学人员创业园（吴江市科技人员创业园）成立于2007年2月，由吴江市科技局与吴江经济开发区管委会共同建设，并由开发区发展总公司和市科技开发中心共同出资5000万元成立吴江科技创业投资有限公司，负责创业园内项目建设管理、物业管理和各类专业申报等业务。创业园的设立主要用于鼓励和吸引国内外优秀科技人才来开发区创新创业，加快企业科技创新水平和高科技成果的转化，提升开发区的自主创新能力，加快企业科技创新的速度和加强科技创新能力，是促进产业由劳动密集型向科技密集型转变，加快实现从“吴江制造”向“吴江创造”转化的有效载体。

创业园位于吴江经济开发区内，占地面积1万平方米，其中研发大楼占地面积1500平方米，6层建筑面积为7500平方米，6幢生产厂房为2.45万平方米，总建筑面积3.2万平方米。园内设有多功能厅、多媒体会议室、商务、展示厅、超市、物业、专家用住房、餐厅、车库、停车场、警卫室等齐全的配套设施。吴江市政府专门出台了《关于明确我市科技人员暨留学人员创业园优惠政策的意见》，明确了吴江市科技人员暨留学人员入园创业可享受的优惠政策。

联系方式

地　址：江苏省吴江经济技术开发区云梨路1688号
邮　编：215200
电　话：86-512－63960806

太仓市留学人员创业园

园区概况

太仓市科技创业园暨留学人员创业园成立于2004年9月，以生物医药、电子信息、新材料、新能源、节能环保及服务外包、文化创意等产业为重点开发领域，以培育战略性新兴产业源头企业和创新创业领军人才为目标，致力于营造科技创新创业良好环境，打造成为海内外高层次人才和团队的首选园区之一。创业园先后被认定为国家级科技企业孵化器、国家大学生科技创业见习基地、省级留学人员创业园、省级博士后科研工作站、省级小企业创业示范基地、省三星级中小企业服务机构、苏州市服务业重点集聚区。

创业园位于太仓经济开发区北京西路，占地约100亩，总建筑面积10万平方米，拥有餐厅、宿舍、超市等配套服务设施。园区为入驻企业提供普适普惠的标准化硬件平台及政策性保障，并深入研究入驻企业的个性化服务需求，搭建企业深度孵化服务平台，以创业协作中心、创新研究中心为核心，针对不同的企业和不同发展阶段，为入驻企业提供深度孵化服务，帮助企业成长。

联系方式

地　址：江苏省太仓市经济开发区北京西路6号
电　话：86-512-53990555
传　真：86-512-53990556
邮　箱：kjcyy@yahoo.com.cn
网　址：www.kjcyy.com

南通市经济技术开发区留学人员创业园

园区概况

南通市经济技术开发区留学人员创业园成立于2003年，由江苏省南通市人事局联合市经济技术开发区共同创办。作为高新技术产品和项目的孵化器，创业园通过营造优良的环境、优质的服务、优惠的政策，已逐渐成为留学人员创业和不断走向成功的支点。

创业园孵化总面积28.2万平方米，采取一中心多园区的建设模式，实现园区孵化器规模扩大、质量提升、环境优化的和谐推进。在平台建设方面，园区建立了商务服务平台、科技服务平台、中介服务平台三大服务平台，实现了园区与园区间、园区与企业间、企业与企业间的信息交流与技术合作等功能，极大地提高了园区管理和服务效率。在创业启动资金方面、办公场地房租的租金、创业平台载体建设等方面园区也在进一步制定适合区情的创业园优惠政策，吸引更多的留学生入园，增强园区的创新能力和成果技术的转化能力，建立种子期创业基金，引入风险投资公司，促进中心和创业园的科技企业的发展。同时，创业园鼓励各大企业和省级以上科研院所、全国重点高等院校产学研合作共建创新载体，钻研攻关关键技术，同时将科研院所、高等院校的成果和当地产业相结合，寻求产业化。围绕骨干企业整合资源，依托国家火炬计划椒江缝制设备高新技术特色产业基地和省级化学原料药高新技术特色产业基地，加大对企业技术创新能力的建设，着力培育一批高技术含量、高附加值、高市场占有率的高新技术企业。

近年来，创业园在市人事局、外侨办、科技等部门的支持下积极加强与外国专家组织、海外留学生团体、海外同乡会、华侨社团组织的沟通与联系，先后与中国旅美科技协会、中国留日同学会、中国海外科技创业投资协会、中国海外博士专家回国创业联合会达成了多项合作协议。相继组织举办了中国南通国际人才技术合作洽谈会、中国留日同学会技术项目交流洽谈活动、中国海外人才项目洽谈会等多项海外留学人员交流活动，邀请了上千名海外留学人才来通开展项目交流与合作。

联系方式

地　址：江苏省南通市经济技术开发区中央路29号
邮　编：226009
电　话：86-513-85922263
邮　箱：ntchyy@163.com

南通产业技术研究院留学人员创业园

园区概况

南通产业技术研究院留学人员创业园成立于2013年9月，是深化自主创新、提升区域科技竞争力，为推动新兴产业发展，提升传统产业能级而提供统筹、支撑、服务的创新平台。2014年5月，获批江苏省省级留学人员创业园。

创业园致力打造长三角北翼的科技创新示范平台，着力建设产业技术创新中心和高端人才集聚中心，构建行政推动、企业化运作、产学研支撑，研究机构、科技园区、产业园区三位一体的运作模式。围绕新材料、新能源、电子信息和生物技术等四大产业，努力完成产业技术研究机构建设、搭建公共技术服务平台、加速创新成果转移转化、吸纳培育技术创新人才、提供产业发展决策参考等五大任务。

创业园的发展目标是，到“十二五”末，全面实现研发孵化面积35万平方米，引进大院大所10家，企业研发机构10家，建设公共技术服务平台10个，合作引进天使、风投机构10家，引进培育国家“千人计划”人才10名、创新创业人才团队50个，新增自主知识产权500项，促进3—5家科技企业上市等六大目标。

联系方式

地　址：江苏省南通市崇川路58号
邮　编：226019
电　话：86-513-85012988
传　真：86-513-85012982
网　址：www.ntiti.com.cn

海安留学人员创业园

园区概况

海安留学人员创业园位于省级开发区江苏海安经济开发区内，是由江苏省海安县人民政府领导、策划，南通华新建工集团投资3.6亿元兴建，旨在鼓励和吸引海外留学人员创业、创新，促进高新技术成果产业化，为区域经济长远发展提供人才支撑、技术支撑和项目支撑的科技创业服务机构。创业园由海安高科技创业园管理中心负责管理运营。创业园先后被认定为市级科技孵化器、省级科技企业孵化器。

创业园目前已建成孵化载体3万平方米，留学人员创业项目主要涉及软件开发、机械制造、精细化工、新能源等高新技术领域。

联系方式

地　址：江苏省南通市海安县海安镇长江西路288号
邮　编：226602
电　话：86-513-88783122
传　真：86-513-88783119
邮　箱：hakech@163.com

连云港留学人员创业园

园区概况

连云港留学人员创业园成立于2003年，是苏北地区第一家留学人员创业园，设在省级高新技术产业开发区内。园区管理机构为连云港经济技术开发区管委会、连云港市人社局。创业园与市科技创业服务中心、省级服务外包示范区实行“三块牌子、两套班子”的管理模式。

创业园占地面积16亩，孵化面积7000平方米，留学人员入园创业除了可以享受国家规定的各项优惠政策，还可以享受该园专门制定的一系列优惠政策。如：可享受开发区科技发展金和科技创业风险基金的扶持和融资担保，并提供贷款贴息；提供孵化场地，减免租金供企业使用；免费办理常住户口，提供设施完善的住房；对于贡献突出的创业人员，将授予科技贡献奖，并授予荣誉称号等。2011年，连云港市政府出台了《连云港市留学人员创业园建设与管理暂行办法》，设立留学人员创业服务专项资金，对在连创业的留学人员进行资助、补贴和奖励；因资金不足有融资需求的，政府创业投资引导基金优先给予扶持；企业被认定为省级软件或高新技术企业的，财政给予10万元一次性奖励；可依据政策获得50万—150万元的创业资金扶持。税收方面，从第一次销售产品开始，3年内享受企业所得税、营业税和增值税地方财政留成部分由注册地财政列支，扶持企业发展。

联系方式

地　址：江苏省连云港经济技术开发区振华路15号
邮　编：222047
电　话：86-518-82341701
传　真：86-518-82341025

连云港科教创业园区留学人员创业园

园区概况

连云港科教创业园区留学人员创业园成立于2008年，主要为海外归国留学人员为主的高层次人才创新创业和具有自主知识产权的高新技术成果孵化提供服务，江苏省海洋资源开发研究院、淮海工学院大学科技园同年正式启动建设。通过多年的建设，创业园形成了“一园多区”的发展格局，“一园”即科教园区留学人员创业园，“多区”主要由花果山大学科技园、淮海工学院大学科技园、省海洋资源开发研究院三大板块组成。2011年12月，经省人力资源和社会保障厅批准，科教园区留学人员创业园正式升格为省级留学人员创业园。创业园管理机构为连云港市新海新区建设指挥部，园区设立管理委员会、留学人员创业园服务中心、工商分局、投资公司等机构，成立专业招商及管理队伍，为留学人员来园区创业创新提供全方位的服务。

创业园孵化总面积4万平方米，其中科研孵化面积3万平方米，公共服务面积1万平方米。拥有科教、旅游、文化三大特色产业板块，着力打造以人才培养、科技研发为主体的智慧产业集聚区，以低碳便捷、山水田园为特色的自然生态宜居区，以文化创意、旅游休闲为要素的城市软实力核心区。创业园设立帮办制度，一对一企业服务，免费提供工商注册、税务登记等服务，协助办理高新技术产品、科技发展计划等项目及技术成果鉴定、登记等，并提供人事、财务等多项代理服务。创业园出台了《连云港市科教创业园区关于支持留学人员创业园建设若干优惠政策的规定》并配合落实；与各银行开展对接，建设了留创园融资平台，择优推荐留学人员企业向银行申请贷款服务，优先推荐与国内外投资者进行嫁接和建立联系；帮助园区企业与各大高校、科研院所开展产学研合作，吸引了南京大学、南京理工大学、南京工业大学高新研究院落户，成立合作科研机构。

联系方式

地　址：江苏省连云港市新浦区晨光路2号
　　　　职业技术学院科技南楼
邮　编：222006
电　话：86-518-81089913
传　真：86-518-81089915

淮安留学人员创业园

园区概况

淮安留创园成立于2006年，2007年被人社部批准为省部共建国家级留学人员创业园，2009年被科技部批准为国家高新技术创业服务中心，是江苏省江北地区唯一一家国家级留学人员创业园。经过10年的持续发展，园区已成为国内具有一定知名度的人才高地、创新创业创意高地和服务高地，是全市人才“蓄水池”。

创业园位于淮安经济技术开发区，拥有迎宾大道和海创空间两个园区，孵化面积12万平方米，精心打造了以“一广场两中心五平台”为主的创新创业服务系统。先后吸引留学归国高端人才70多名，包括熊鹏、韩志玉、刘长坤等国家“千人计划”专家15名，吕军仁、刘清惓、李兵辉等省“双创计划”人才25名。在孵企业112家，成功出孵麒祥、明德立达、金恒泰等企业45家，国家高新技术企业10家，知识产权300多件，形成了先进制造、新能源新材料、生命健康和新一代信息技术四大特色产业。此外，园区积极开拓“人才+互联网+总部”的经济新模式，实现了财税爆发式增长。目前园区纳税企业279家，其中总部企业161家。

联系方式

地　址：江苏省淮安市经济技术开发区海口路9号
邮　编：223005
电　话：86-517-80821886
邮　箱：liyueping0707@163.com
网　址：www.hacyy.com

盐城留学人员创业园

园区概况

盐城留学人员创业园（高新技术创业园）成立于2004年10月，是盐城市人民政府兴办的培育和扶持高新技术企业的服务机构。2009年4月，获批为省级留学人员创业园。

创业园位于江苏省盐城经济开发区内，地理位置优越，占地约百亩，2.6万平方米的孵化用房已竣工，并实现了“六通一平”，具备了企业入驻的必备条件。江苏盐城市科技局、盐城经济开发区管委会、盐城市财政局联合组建了盐城高新技术创业园有限公司，对进园企业实行服务承诺制度，推行“一站式”全程服务。

创业园通过提供政策优惠、免费物理空间、项目扶持等各种有效的支持和服务，降低创业者的创业风险和创业成本，吸引高等院校、科研院所和科技人员的高新技术成果到创业园实现产业化，提高创业成功率，促进科技成果转化，培育科技型企业和企业家，推动盐城高新技术产业的发展。

联系方式

地　址：江苏省盐城市世纪大道东路15号
邮　编：224007
电　话：86-515-88155332
传　真：86-515-88155332

大丰留学人员创业园

园区概况

大丰留学人员创业园于2010年10月设立，2012年被省人社厅认定为“省级留学人员创业园”。自成立以来，创业园先后获得“春晖杯”中国留学人员创新创业大赛创业基地、江苏省侨界人才创新创业基地等荣誉，并成功加入中国留学人员创业园联盟。

创业园坐落在大丰经济开发区商贸区内，环境优美，配套完善，分为两个区域：一是科技研发区，建有层高24层，占地面积18000平方米，建筑面积40000平方米的国际商务大厦。大厦南侧配套建设了占地300亩的公园，大厦内设有会议洽谈区、餐饮中心、创业咖啡厅、健身中心和五星级标准的人才公寓等，是集商务办公、科技研发、生活娱乐为一体的综合性创业平台。二是科技孵化区，设立在国家级孵化器内，占地面积56000平方米，拥有各种规格的标准厂房近40幢，基础设施配套齐全，为留学人员提供一流的科研成果孵化和中试基地。科技孵化区内还配备有中小企业服务中心，随时为在孵企业提供帮助，解决难题。

创业园自创建以来，始终遵循“政府引导、市场运作、资源共享、服务开放”的建设原则，围绕大丰经济开发区主导产业，集聚高层次海外人才。创业园充分发挥自身优势，吸引和培养高知识和高含金量的科技型企业，逐步形成以精密制造、机电一体化、电子信息、新能源等项目为主导产业的科技型企业的合理布局和有效聚集。为更好地为企业服务，园区打造了一站式综合管理服务平台、人才服务平台、投融资平台、技术转移平台、信息网络支撑平台、科技中介服务平台，满足留学人员的创业需求。创业园的目标是利用社会存量资源，联合高校、科研院所、吸引海外留学人员，形成极具特色的海归人才专业孵化器。

联系方式

地　址：江苏省大丰市南翔西路666号
邮　编：224100
电　话：86-515-83855923
传　真：86-515-83855922
邮　箱：jssdflcy@163.com

扬州留学人员创业园

园区概况

扬州留学人员创业园于2003年8月由江苏省人事厅批准成立，2004年6月30日正式挂牌。创业园依托于扬州高新技术创业服务中心的现有条件，与创业中心实行“两块牌子、一套班子”。创业中心成立于1998年11月，是集管理、科研、生产、经营、服务于一体的科技服务机构。创业园的主要职能是为企业和科技创业者提供多种有效服务，创造一个局部优化适合体制创新和技术创新的环境和条件，引进、开发和转化高新技术成果、孵化高新技术企业，并吸引留学回国人员来园创业。

创业园自建成以来，已经有来自日本、法国、英国、德国等国的留学人员创办的多家企业入驻，主要以软件及电子行业为主，许多产品和软件具有国际先进水平。

联系方式

地　址：江苏省扬州市邗江中路119号
邮　编：225009
电　话：86-514-87898911
传　真：86-514-85126567
邮　箱：yzgxjs@yahoo.com

江苏信息服务产业基地（扬州）海外留学人员创业园

园区概况

江苏信息服务产业基地（扬州）成立于2007年，2008年经市人事局批准成立留学人员创业园，成为扬州市第二家专为扶持留学人员回国创业而建立的市级科技企业孵化器。2011年11月，被省人力资源和社会保障厅批准为省级留学人员创业园。

创业园占地63亩，建设总投资10亿元，规划建筑单体6座，其中标准面积的产业楼3幢，配套服务楼1幢，配套会所及展示中心2座，总建筑面积近5万平方米。创业园先后组织同济大学建筑学院、南京大学设计院、北京蔡德勒设计院、中国电子工程设计院等专业设计机构，从建筑物的层高、承重、网络等方面，针对性地对首发项目单体建筑物的形态进行了设计，在“国际研发社区”的标准中创造性地植入了“商务公园”的理念，为投资者提供“成本最低化、效益最大化、质量最优化”的创业空间。建设了包括呼叫中心产业区、数据服务产业区、软件研发产业区、教育培训区和综合配套区共五个专业区，以及便利店、健身房、员工宿舍、员工餐厅、声谷咖啡厅、多功能报告厅等配套设施，初步实现了环境园林化、区域功能化、交通网络化、后勤社会化、办公数字化、研发系列化、服务优质化、招商国际化。

创业园以引进、研发和转化信息服务类高新技术成果、孵化高新技术企业、双软企业，培养懂技术、善管理的高新技术企业家，为科技创业者提供多种有效的技术服务为运作目标和原则。为此，园区管理办公室不断创新方法，采取切实有效措施，为入驻企业提供研发、中试生产、经营场地和办公方面的有利条件，以及政策、管理、法律、财务、融资、市场推广和培训等方面的服务支持。

联系方式

地　址：江苏省扬州市广陵新城信息大道1号
信息服务大厦2层
邮　编：225000
电　话：86-514-87456015
邮　箱：glgeyb2010@gmail.com

扬州市邗江区留学人员创业园

园区概况

扬州市邗江区留学人员创业园是以国家级科技企业孵化器——扬州市邗江区高新技术创业服务中心为依托所建立的为留学人员企业提供科技创新创业公共服务的载体，2005年被认定为市级留学人员创业园。作为全区高新技术成果孵化的重要载体和高层次人才创业的重要平台，创业园紧紧围绕“打造一流环境、引进一流人才、赢得一流效益”的目标，全力营造创新创业环境，全面推进标准化服务工作，在区域经济结构优化、区域经济协调发展中发挥了重要作用。

创业园地处江苏省扬州高新技术产业开发区北园科技集聚区，交通便捷，是人流、物流、资金流聚集之地。园区占地面积88亩，总投资约1.2亿元，建筑面积6.3万平方米，其中孵化用房面积5.9万平方米、配套设施面积4000平方米。

创业园充分运用高新区和国家级创业中心的影响力、辐射力，增强对留学人员的吸引力，在特色定位上与扬州高新区的产业特色相呼应，将智能装备、电子信息和生物医药及其配套业作为创业园的主导产业，通过高新区产业特色和大企业的配套和带动，以产业吸引项目，以项目集聚人才。

联系方式

地　址：江苏省扬州市开发西路217号
邮　编：225127
电　话：86-514-87860259
传　真：86-514-87860259
邮　箱：Hjkj1118@163.com

仪征留学人员创业园

园区概况

仪征留学人员创业园由仪征高创科技发展有限公司负责管理和运营，在企业注册、租金减免、项目申报、投资融资等方面为入驻孵化企业提供一系列的优惠政策和服务。2008年，被认定为省级高新技术创业服务中心；2009年7月，被批准为扬州市县级首家省级留学人员创业园。

创业园占地面积100亩，总投资1.1亿元，一期工程2幢5层共1.42万平方米的孵化厂房及附属设施已于2009年投入使用，二期工程2.84万平方米的4栋研发用房和8880平方米6栋厂房于2011年建成。

目前，创业园累计孵化企业30余家，引进高层次人才15人，其中，海外创新创业领军人才5人，江苏省“双创计划人才”3人，扬州市“绿扬金凤计划”人才2人。

联系方式

地　址：江苏省仪征经济开发区闽泰大道9号
邮　编：211400
邮　箱：gxb200910@163.com

镇江留学人员创业园

园区概况

镇江留学人员创业园成立于2000年，由镇江市人事局与镇江新区管委会联合创办，2002年，经国家人事部批准成为首批由人事部与地方政府共建的国家级留学生创业园。园区聚合镇江国家大学科技园、国家级镇江高新技术创业服务中心、省级镇江软件园、镇江国际服务外包示范区，实行“五位一体，资源共享，合署办公”。创业园先后被评为“镇江市科技进步先进集体”“镇江市创业实训基地”“镇江市大学生创业见习基地”“国务院侨务办公室引智引资重点联系单位”“清华大学研究生江苏省就业实践基地”。

创业园在管理中不断创新完善动态跟踪机制，根据企业的孵化情况，为入园企业提供专属资助、共享科技创新平台、人力资源服务、资本技术服务、商务物业服务等多种个性化特色服务。创业园依托北交大、东大、南大等合作高校的研究院、技术转移中心，通过广泛宣传、上门走访等多种形式，鼓励企业与合作高校科研院所进行深度产学研合作。同时，与中科控股、银河证券、深创投等10余家风投机构和金融机构建立合作，为在园企业提供融资和信贷支持。

联系方式

地　址：江苏省镇江市高新园区丁卯经十二路

邮　编：212009

电　话：86-511-88895106

传　真：86-511-88895106

邮　箱：lgyonline@163.com

镇江市丹阳留学人员创业园

园区概况

镇江市丹阳留学人员创业园与丹阳留学人员科技创业园于2009年8月同时获镇江市人事局批准成立，这也标志着镇江市留学生创业园规范化建设正式启动。丹阳留学人员创业园与丹阳留学人员科技创业园分别位于该市经济技术开发区和云阳镇高新技术产业集中区，各占地面积180亩和1500亩。创业园的成立，进一步完善了丹阳海外留学人员回国创业的重要条件，将显著提升高新技术产业的积聚和人才的吸纳效应，在引导留学人员企业向规模化、高端化发展等方面具有重大的战略意义。

目前，创业园已经吸引了来自加拿大、挪威以及美国等多个博士团队领军的生物医药、新能源、软件开发和半导体存储等企业落户。

联系方式

地　址：江苏省丹阳经济开发区金陵西路101号

邮　编：212300

电　话：86-511-86987909

传　真：86-811-86989005

网　址：www.dykfq.com.cn

扬中留学人员创业园

园区概况

扬中留学人员创业园成立于2007年，由扬中市政府创办，是一家公益性的综合科技服务机构，主要为留学人员创业企业提供全方位服务和一流的孵化条件，促进区域产业结构调整和经济持续发展。创业园成立了江苏大行临港产业投资有限公司，与扬中经济开发区形成政企合一的管理模式，为园区发展提供资产整合、投资、融资等服务。2009年，经镇江市人事局批准为镇江市扬中留学生创业园；2011年，经江苏省人力资源和社会保障厅批准为省级留学人员创业园。

创业园孵化总面积7.5万平方米，建立了光伏产业平台和省级光伏产业网上平台，并与复旦大学、浙江大学、东南大学、厦门大学、华中科技大学等高校科研院所建立了良好的合作交流机制，开展产学研合作，推进企业工程中心、技术中心建设。创业园对入园企业提供“一条龙”“全过程”服务，在企业注册、人力资源、技术开发、科技人才立项等方面提供“保姆式”服务。同时，落实省、市、县人才政策，为入园企业提供免费研发场所，提供配套资金支持。

联系方式

地　址：江苏省扬中市开发区2号线港隆路科创中心

邮　编：212215

电　话：86-511-88224055

传　真：86-511-88224055

邮　箱：my2890756@163.com

镇江市句容留学人员创业园

园区概况

镇江市句容留学人员创业园成立于2009年9月，由句容市人事局与句容经济开发区联合创建，并由后者具体负责具体管理运营工作。创业园的设立，旨在进一步加强句容经济开发区的建设和发展，增强区域科研开发的实力和水平，吸引留学归国人员来句容兴办实业，推动园区经济和科技的整合，促进科技成果的商品化、产业化和国际化。

创业园位于句容经济开发区的核心位置，占地面积100亩，总建筑面积11.2万平方米，项目总投资1.6亿元，基础和配套设施完备，并为进驻企业提供研发、生产、市场营销等全方位的“一条龙”服务。

目前，创业园已有句容驰遨运动器材有限公司等多家企业入驻，未来将建成长三角地区具有鲜明特色的光电子、输变电、新材料和运动休闲的研发、应用的服务业集聚区。

联系方式

地　址：江苏省句容市华阳西路开发区综合服务部

邮　编：212400

电　话：86-511-87265575

传　真：86-811-87266222

邮　箱：jrkfq@jrkfq.com.cn

泰州留学人员创业园

园区概况

泰州留学人员创业园位于江苏泰州开发区高新技术园内，2003年8月，经江苏省人事厅批准成为省级留学人员创业园。

园区规划总面积140亩，建筑面积近13万平方米，绿化面积1.2万平方米，项目总投资8000万元。分办公区、生产区、研发区、生活服务中心区，已建成综合办公楼4000多平方米、标准厂房12万平方米，另有会议中心、接待室、健身房、餐厅、展览中心等配套设施。

创业园根据泰州的产业基础和产业特色，结合开发区招商引资实际，产业定位于精密机械、机电一体化、生物医药、嵌入式软件、汽车零部件、新型材料等。目前，创业园已有近20家留学人员企业落地。

联系方式

地　址：江苏省泰州市凤凰西路98号1号楼

邮　编：225300

电　话：86-523-80660007

邮　箱：tonyblire@hotmail.com

网　址：www.tzibi.com

泰州海陵留学人员创业园

园区概况

泰州海陵留学人员创业园成立于2010年，以泰州市海陵区高新技术创业中心为依托。创业中心于2007年12月28日挂牌成立，2009年5月，被省科技厅认定为省级科技企业孵化器；2012年12月，被国家科技部认定为国家级科技企业孵化器；2014年，被省人社厅认定为省级创业示范基地。

创业园位于海陵区工业园区内，西临兴泰公路，北靠泰州火车站，交通便利，环境优美。园区规划用地51亩，规划建筑面积5万平方米，总投资7000万元。现已建成孵化场地3.15万平方米，道路、下水、消防、绿化、供电、网络、门卫等配套工程一应俱全，并筹建一幢6层大楼作为核心部分，重点招引软件类、广告创意类等科技项目入驻。

自创业园建立以来，海陵区不断完善留学人员创业政策，制定了“3个100”优惠政策，即提供不少于100平方米的创业场所、100平方米的住所、100万元的扶持资金，积极倡导为留学人员创新创业提供“101%”的服务。

联系方式

地　址：江苏省泰州海陵工业园区

邮　编：225300

电　话：86-523-86227765

泰兴留学人员创业园

园区概况

泰兴留学人员创业园位于泰兴市经济开发区高新产业园内，区位优越、交通便捷、设施齐全，是研发、创业、投资、发展的理想场所。2010年11月，被江苏省人力资源和社会保障厅批准为省级留学人员创业园。创业园以促进科技成果转化、培育高新技术产业、带动全市工业转型升级发展为目标，依托完善的创新培育体系和优越的创业服务体系，降低留学人员创业成本，吸引更多的留学人员来泰创业。

创业园首期占地100亩，建筑面积3.5万平方米，总投资8000万元，内设电讯网络、商务会议中心、科技展示交易大厅、科技报告厅、职工餐厅、留学人员公寓等公用设施，拥有60多个孵化单元，可为不同类型的留学人员回国创办企业提供50—300平方米的孵化空间和研发基地。

目前，有留学美、德、加拿大、日等国家的20多名从事电子信息、新材料、机械等高新技术领域研究开发的博士在园创业创新。

联系方式

地　址：江苏省泰兴市大庆西路39号

邮　编：225400

电　话：86-523-87662686

邮　箱：yongzhong@126.com

杭州高新区留学人员创业园

园区概况

杭州高新区留学人员创业园成立于1998年，是浙江省第一家留学人员创业园。创业园先后成为国侨办两家重点联系单位之一，国家“三部一局”的国家留学人员创业园示范建设试点单位，国家人事部与杭州市政府共建单位，被中组部、国家人事部等六部委联合授予“全国留学回国人员先进工作单位”称号。

2009年，创业园被中央人才工作协调小组批准成为“海外高层次人才创新创业基地”。基地成立后，园区在工作机制、服务机制、政策扶持、创业环境等方面进行改革和创新，出台《关于进一步鼓励海外留学人员来杭州高新区（滨江）创新创业的若干意见》和《关于实施海外高层次留学人才来杭州高新区（滨江）创新创业的“5050计划”的暂行办法（试行）》，进一步鼓励扶持海外高层次人才创新创业，推进基地建设，打造人才特区。目前，创业园已成为海外高层次人才创新创业的重要舞台。

联系方式

地　址：浙江省杭州市滨江区江南大道100号区政府1楼1129室

邮　编：310051

电　话：86-571-87703201

传　真：86-571-87702525

邮　箱：hhtzrc@163.com

网　址：www.hhrc.com.cn

杭州市经济技术开发区留学人员创业园

园区概况

杭州市经济技术开发区留学人员创业园成立于2005年10月。创业园以科技产业园区的建设为支撑，充分依托杭州经济技术开发区的综合优势，全面利用国家级开发区对人、财、物的集聚效应，积极营造与国际接轨、符合国际惯例的留学人员创业软硬件环境。杭州经济技术开发区党工委、管委会专门成立以工委主要领导为组长、各部门负责人为成员的人才工作领导小组和创业园领导小组，建立了人才工作联席会议制度，加强对开发区留学人员创业工作的指导。

创业园着力打造“四优四新”现代产业体系（生物医药、电子信息、食品饮料、装备制造四大优势产业，汽车及零部件、新能源新材料、服务外包及文化创意、现代物流四大新经济产业）的人才创业天堂。杭州经济技术开发区拥有新加坡科技园、高科技孵化器、服务外包人才培训基地等创新创业平台，这些创新创业平台包括以高新技术项目的研发、生产为主体，配套商务中心、金融管理、法律咨询等服务的综合性平台，可以为留学人员科技企业研发、孵化提供完善的共享设施和配套服务。近年来，在省、市有关部门的指导和帮助下，创业园申报的多个留学人员项目获得了杭州市留学人员创业资助资金的扶持。2007年，杭州经济技术开发区出台了《关于加强高层次人才队伍建设的暂行办法》《关于鼓励留学人员来杭州经济技术开发区创业发展的若干意见》《关于鼓励设立博士后科研工作站的暂行规定》等“三大人才政策”体系，设立了1000万元人才发展专项资金。2008年，开发区根据杭州市委、市政府的相关要求，制订了“留学回国人员创业三年行动计划”，通过明确目标、落实责任、开拓创新，建立起招商、工商、税务等部门的定期联络制度，强势推进开发区创业园的建设，为留学人才创业提供“一条龙”服务。为不断健全服务制度，创业园每年都会定期举办留学人员座谈会和联谊会，并通过日常的上门走访、电话访谈、问卷调查等多种形式，在加强与留学人员沟通交流的同时，及时了解留学人员的最新动态以及对创业园建设的合理建议。

目前，创业园已有海外创业人员580名，其中列入国家“千人计划”1名，浙江省海外高层次人才引进计划5名；留学人员创办的企业37家，留学人员服务企业90家，行业涉及电子信息、生物医药、新能源环保、精密机械等多个领域，已经成为开发区推进科学发展、跨越发展的一支重要力量。

联系方式

地　址：浙江省杭州经济技术开发区学林路1288号
邮　编：310018
电　话：86-571-86794698
传　真：86-571-86878786
邮　箱：chenyaoya@163.com
网　址：www.hedarc.gov.cn

杭州市留学人员拱墅区创业园

园区概况

杭州市留学人员拱墅区创业园成立于2008年8月，由拱墅区与杭州市人事局共同创立，与拱墅区国家级创业服务中心、北部软件园相互依托，实行“三园一中心”统一管理服务模式。

创业园坐落在杭州市中心城区北部，孵化面积20万平方米。依托拱墅区科技功能区的实体平台，创业园为留学人员创业提供政策咨询和扶持、融资、商务、信息交流、场地管理等“一站式”“一条龙”配套服务。留学人员在园区创业可享受的优惠政策包括：资助资金配套，经认定纳入拱墅区科技企业孵化器的可享受区级孵化器相关优惠政策、科技立项企业税收优惠、投资奖励；鼓励技术成果投资，对于办高新技术企业、中介服务企业、文化创意产业业绩突出的给予政府奖励；减免部分房租，优先列为拱墅区杭州市专项经济适用住房的申购对象等。此外，拱墅区出台了《关于印发吸引和鼓励留学人员来拱墅区创业的若干意见（试行）的通知》，实施政府支持、政策配套；拱墅区人事局下属人才交流中心成立了“拱墅区留学人员创业服务中心”，为留学回国人员提供政策咨询、人事代理、项目代理申报、落户以及组织开展文化交流活动等一系列服务。

联系方式

地　址：浙江省杭州市台州路1号区政府大楼1号楼1325
邮　编：310015
电　话：86-571-88259665
网　址：www.hzzjlx.com

杭州市留学人员上城区创业园

园区概况

杭州市留学人员上城区创业园成立于2006年9月，由杭州市人事局与上城区政府联合创建，是杭州市首家位于老城区的留学人员创业园。

创业园自成立以来，以上城区科技创业中心和工业功能区为依托，坚持政府推动与企业主导相结合、政策支持与优化环境相结合，招商引资与招才引智相结合，加大高层次、创新型人才引进力度，加强创业园规模化建设，不断增强创新创业优势，充分发挥了海归群体在构筑区域创新体系中的引领作用，发展成效显著，以促进高新成果转化和自主创新为有效载体，形成了电子信息、生物医药、食品化工为主，创意产业为新内容的发展格局，实现了经济效益和社会效益双丰收。

联系方式

地　址：浙江省杭州市惠民路26号区政府综合楼510室
邮　编：310002
电　话：86-571-87822813
邮　箱：hzscrc@163.com

杭州市留学人员下城区创业园

园区概况

杭州市留学人员下城区创业园暨杭州市大学生创业园（下城）成立于2009年5月31日，由杭州市人事局和下城区政府共同创建，依托于下城区科技创业中心和下城区科技孵化园。

创业园位于下城区星火电子商务产业园内，建筑面积3600平方米，一期建设1200平方米。园区内办公场所、会议室、休息洽谈室、通信网络、员工餐厅、商务中心、员工宿舍、物业管理等工作、生活配套设施一应俱全。为了能给留学人员到下城创新创业营造氛围，创业园不仅为留学生提供包括政策咨询、扶持资金申请、企业登记注册、商务、融资等在内的“一站式”服务，还同时配套出台了一系列优惠扶持政策。

联系方式

地　址：浙江省杭州市下城区东新街道费家塘路588号

邮　编：310004

电　话：86-571-85820625

杭州市留学人员江干区创业园

园区概况

杭州市留学人员江干区创业园成立于2009年12月，由杭州市人事局与江干区政府联合创建，以江干区科技创业中心和江干科技经济园为依托，并逐步向全区辐射。创业中心以吸引创业初期尚处在起步阶段的留学人员企业为主，科技经济园则重点吸引初具规模、具有一定科研与成果转化能力的留学人员企业。

江干区科技创业中心（天城信息产业研发基地、海潮信息产业研发基地）是浙江省科技厅认定的省级重点科技企业孵化器，研发基地位于城市核心商务区，地理位置优越，交通便捷，周边配套设施齐全，浓郁的研发氛围和优良的环境是创业者的理想选择。杭州市江干科技经济园位于杭州城市东部，总规划面积505公顷，是杭州市高新技术产业园和特色城镇工业功能先进单位，已成为拉动江干经济稳健强劲发展的重要平台。园区着重以引进、培育、调整、服务为手段，鼓励企业走“品牌+研发+网络+核心工厂”的发展路子，通过多元招商和项目筛选，引进、培育生物医药、新材料、新能源等高新技术产业，加快高新技术企业的发展。

创业园在充分发挥孵化器和产业基地的高新技术企业培育功能的基础上，集人事、科技、发改、工商、招商、财税、劳动、教育等各职能部门于一体，强化创业服务体系建设，为留学人员来江干创业提供政策咨询、人才人事、融资、公用、商务等一站式、一条龙配套服务。

联系方式

地　址：浙江省杭州市九堡九盛路9号
　　　　江干科技经济园管委会408室

邮　编：310000

电　话：86-571-86905958

杭州市留学人员西湖区创业园

园区概况

杭州市留学人员西湖区创业园成立于2008年12月，由西湖区政府经市人事局批准设立，以“一街二带六园”及九大科技企业孵化器为载体，初期以西湖科技园、之江文化创意园为基地，逐步向浙大科技园、转塘科技经济区块、西溪文化创意园等园区辐射，建设泛西湖区域的留学人员创业园。

创业园依托西湖区推出六大服务新举措，致力打造一个具有最佳创业环境的创业摇篮。一是为创业企业提供房租补贴和配套设施，同时为创业企业提供共享服务设施，方便创业企业开展商务活动，降低企业运营成本。二是推荐和协助企业申报政府资金扶持计划。设立“西湖区留学生创业专项资金”，给予留学人员创业企业20万元以下一次性创业资助资金，同时积极帮助创业企业申请浙江省各类科技计划项目、杭州市科技创业种子资金项目，解决制约初创企业发展的投融资瓶颈，帮助高科技、高成长性、高附加值创业企业做大做强。三是免费为企业提供人才代理服务。根据企业需求，加强创业企业人才档案管理、人才引进、外地人员进杭落户手续办理等服务工作。四是打造信息服务平台。开设“西湖人才邮箱”、短信服务平台，为创业企业提供便捷、高效的网络信息服务，举办创业者沙龙和创业论坛，为创业企业经理人创造信息交流和思维碰撞的互动平台。五是建立公共技术服务平台。依托浙江大学雄厚的科研技术和完善的设备条件，目前已建成浙江大学国家大学科技园光与电技术开放实验室和浙江大学科技园生物医药技术测试中心，为信息技术、光机电一体化、生物医药、新材料、新能源和生命科学等技术领域的留学人员企业技术研发和分析测试提供便利条件。六是强化创业培训。帮助创业企业联络辖区高校、科研院所及有关培训机构，为创业企业提供政策、管理、金融、税务、法律、市场、财务等方面的培训。

联系方式

地　址：浙江省杭州市浙大路1号

邮　编：310013

电　话：86-571-87935180

杭州市留学人员萧山区创业园

园区概况

杭州市留学人员萧山区创业园成立于2006年1月。创业大厦坐落于杭州市萧山区金融、行政、商务中心区，总面积约8000平方米，配备完善的配套设施，以及会计师事务所、律师事务所、公证处、风投公司、管理咨询公司、生产力促进中心等中介服务机构，可为入驻企业提供全方位服务。

创业园主要针对高科技企业和回国创业的留学人员，通过免租、减租、奖励、资助等手段重点扶持电子信息、生物与医药科技、新型材料、机电一体化、新能源、高效节能与环保等高科技产业。依托得天独厚的区位、环境、政策、产业等优势以及杭州的科技信息、人才资源，营造适合于科技型中小企业发展的优化环境，为萧山培育有市场竞争力的、成熟的高新技术企业。

联系方式

地　址：浙江省杭州市萧山区金城路1038号

邮　编：311201

电　话：86-571-82898583

邮　箱：ljping@xs.zj.cn

杭州市留学人员余杭区创业园

园区概况

杭州市留学人员余杭区创业园成立于2009年3月，由杭州市人事局与余杭区政府共建，由杭州余杭高新技术产业园区创业中心负责管理。

创业园占地11亩，建筑面积6787平方米，可供孵化面积5772平方米。以余杭经济开发区（省级高新园区）、仓前高新高教园区余杭创新基地——生态科技岛两个重点集聚地为依托，按实体与虚拟相结合的原则建成，并逐步向全区辐射。创业园以吸引创业初期尚处在起步阶段的留学人员企业为主，基地则重点吸引初具规模、具有一定科研与成果转化能力的留学人员企业。创业园在硬件配套上，拥有公共接待大厅，配有培训室、会议室及休息洽谈室；在软件服务上，设立了留学人员服务办公室和科技项目服务办公室等部门，一对一地为项目发展做好服务。

联系方式

地 址：浙江省杭州市余杭区东湖街道保健路67号

邮 编：311199

电 话：86-571-86223642

杭州市留学人员富阳创业园

园区概况

杭州市留学生人员富阳创业园成立于2009年12月28日，由杭州市人事局和富阳市政府共同创建，是杭州五县市中首家留学人员创业园，以吸引创业初期尚处在起步阶段的留学人员企业为主。创业园依托富阳国家级经济开发区，按照“一园多点多基地”模式，搭建创业平台，完善政策体系，优化服务环境。目前，设有杭州市留学人员富阳创业园银湖科创总部、杭州市留学人员富阳创业园东洲分园、杭州市留学人员富阳创业园杭科院分园。2013年12月，经浙江省人力资源和社会保障局批准成为省级留学人员创业园。

创业园位于东洲街道，拥有5000平方米的创业孵化楼，集工作、休闲、娱乐于一体，设有会议室、报告厅、展示中心、商务中心等开放设施，并且提供税收、土地、资金、用房等各方面的优惠待遇，为园区企业提供全方位、全过程的优质高效服务。2010年4月，杭州市留学人员富阳创业园生物医药基地正式成立，是创业园设立的首家留学人员专业性创新创业孵化基地。基地的建立，可以有效地满足生物医药科研项目的环境孵化需求，加快生物医药项目落地转化步伐，更好地实现留学人员和企业互利双赢。

联系方式

地 址：浙江省富阳市江滨东大道138号

邮 编：311499

电 话：86-571-87196586，87196588

邮 箱：hzfylcy@163.com

宁波保税区留学人员创业园

园区概况

宁波保税区留学人员创业园成立于1999年9月，由浙江省人事厅、宁波市人事局、宁波保税区管理委员会联合组建，是目前我国唯一一家设在保税区内的留学人员创业园。2000年10月，被国家科技部、人事部、教育部和国家外国专家局批准为首批9家国家留学人员创业园示范园区之一；2001年12月，被团中央、全国青联授予“中国青年海外学人创业基地”；2005年7月，被命名为2004年度宁波市“青年文明号”，并经国家人事部批准设立了区域博士后科研工作站；2006年，被授予“国家高新技术创业服务中心”称号。

创业园已建成并投入使用创业大楼3栋，拥有创业孵化场地总面积13.7万平方米，目前已转让给孵化毕业企业9.1万平方米。创业孵化场地配套齐备，拥有学术交流、网络教学、商务接待、样品展示等综合服务设施和各类文体休闲娱乐设施及人才公寓等生活服务设施，大部分设施均供创业企业免费使用。10多年来，除硬件设施建设投入外，区管委会累计投入创业平台运作经费4000多万元，投入种子孵化资金3000多万元，获得上级科技经费资助8300多万元，累计转化科技成果360多项；在孵企业和毕业企业共获得各级各类科技计划立项项目280项，承担并完成国家科技计划项目53项，拥有发明专利80多件。同时，创业园形成了具有自身特色的“三级孵化模式”（即成果孵化、创业孵化、实现产业化）和“六大服务体系”（由创业支撑服务、政策信息服务、人力资源服务、后勤保障服务、创业融资服务、科技合作服务构成）。

联系方式

地 址：浙江省宁波市保税区大厦6楼

邮 编：315800

电 话：86-574-86865661

传 真：86-574-86869112

邮 箱：zjie@nftz.gov.cn

宁波高新区留学人员创业园

园区概况

宁波高新区留学人员创业园经宁波市人事局批准成立于2001年2月。2003年12月，经浙江省人事厅批准为浙江省留学人员创业园；2007年，成为国家人事部与宁波市人民政府共建的中国宁波留学人员创业园。创业园原与宁波市科技创业中心实行“两块牌子，一套班子”合署运营；2013年，宁波市科技创业中心、宁波研发园合并成立宁波创新创业管理服务中心，单位行政级别由处级事业单位升格为副局级事业单位，创业园隶属服务中心管理。近10年来，创业园不断完善孵化设施建设、优化海外人才创业平台服务功能，已成为区域科技自主创新，培育高新技术产业，吸引海外高技术人才来宁波创业的重要载体。2002年12月，被国家科技部批准为国家高新技术创业服务中心；2004年2月，被国家科技部创新基金管理中心正式列为创新基金小额资助依托机构；2005年10月，成为国务院侨办的重点联系单位；2006年4月，成为科技部火炬中心全国16家国际科技合作依托机构之一；2007年4月，成为宁波市科技创业孵化协会会长单位；2010年3月，被科技部列为国家大学生科技创业见习基地试点单位；2011年1月，荣获省级文明单位称号。

创业园创业大厦建筑面积3.07万平方米，按智能化要求建造，网络宽带千兆到大楼，孵化场地宽敞，拥有学术报告厅、会议中心、电子阅览室、商务中心、咖啡厅、商场等配套设施。2009年建成10万平方米标准厂房并投入使用，为留学人员创业企业提供后期产业化基地，现已形成了以人才创业为核心，项目孵化、企业加速、规模上市一体化的递进式孵化服务体系。

联系方式

地　址：浙江省宁波国家高新区光华路299弄19号302室
邮　编：315040
电　话：0574-87914605
传　真：0574-87907758
邮　箱：236840571@qq.com
网　站：www.nbiip.com

宁波经济技术开发区留学人员创业园

园区概况

宁波经济技术开发区留学人员创业园成立于2000年5月，是专供海外留学人员回国从事科研、开发、生产的创新基地。旨在充分发挥国家级开发区的综合功能优势，鼓励和吸引国内外优秀科技人才创新创业，促进高新技术成果产业化，为区域的长远发展提供充分的人才支撑、技术支撑和项目支撑。创业园先后被评定为“国家高新技术创业服务中心”“浙江省留学人员创业园”“浙江省国际服务外包示范园区”。2002年5月，被中华全国侨联授予“科教兴国示范基地”称号。创业园采用独特的“一园多基地”组建模式，同时设立留学人员创业园、宁波国际软件园开发区基地、智能装备研发园。其中，智能装备研发园是北仑区着力打造的工业机器人专业孵化器，也是建设北仑国家智能装备高新技术产业化基地的核心和枢纽。

创业园创业大厦高8层，采用智能化综合布线系统，适合不同产业的科技企业从事研发、办公。标准厂房高三层，空间布局灵活，便于分隔，适合不同产业的科技企业入驻从事研发、中试和生产。同时，园区高标准地配备了相关基础设施，留学人员、科研人员、国内外中小型科技企业以及科研院所、大专院校等均可在创业园设立外资企业、中外合资（合作）经营企业和内资性质的各类有限责任公司，享受各级政府及开发区管委会提供的优惠政策。

目前，创业园累计入驻各类科技型创业企业513家，其中留学人员企业70家；引进各类人才1515人，其中海外留学人员250人，留学归国博士李霖、张发饶、肖航入选国家“千人计划”，13名留学归国人员入选省“千人计划”，10名入选宁波“3315个人计划”，5个团队入选宁波“3315团队计划”。

联系方式

地　址：浙江省宁波市北仑明州西路477号
邮　编：315800
电　话：86-574-86783582
传　真：86-574-86783589
邮　箱：zhangliang@mail.netd.gov.cn
网　址：www.nbcyy.com

宁波江北区留学人员创业园

园区概况

宁波江北留学人员创业园（宁波海外人才江北创业园）成立于2009年11月，是由宁波市人事局批准的首家海外人才创业园。创业园由宁波蓝野医疗器械有限公司等4家民营企业投资建设的江北区中部科技创业服务有限公司进行管理，与宁波海外人才江北创业中心以“两块牌子、一套班子”的方式运营，为传统的园区建设管理模式注入了新的活力。

创业园位于江北区洪塘街道核心商业中心，毗邻杭州湾跨海大桥连接线进入宁波的第一个出口，地理位置优越。园区拥有五幢办公楼和厂房，总建筑面积8700平方米，绿化率达45%，并配有一系列软硬件设施。创业园是宁波唯一一家政府指导下企业化运作的留创园，拥有一支高效的服务团队，为企业提供工商注册、入驻全程包办、企业包装、企业科技项目申报指导、创业指导、人才招聘、知识产权咨询、科技成果推介和技术专家咨询等一系列完善的服务。资深瑞典籍、法籍商业顾问长期入驻园区，扶持留学生和其他外资企业入驻园区发展，提供多语种咨询和服务。

目前，创业园已形成了以牙科设备的研发制造销售为主业，牙科文化和牙科教育为两翼的产业格局，入驻企业20多家，聚集人才600余人。创业园正以其鲜明的特色、完备的服务、温馨的文化氛围，以及显而易见的孵化潜力，成为海外人才创业和区域科技发展的亮点。

联系方式

地　址：浙江省宁波市江北区洪塘街道长阳路35号
邮　编：315033
电　话：86-574-55003300
传　真：86-574-55003300
邮　箱：incubator@cn4311.com

宁波镇海区留学人员创业园

园区概况

宁波镇海区留学人员创业园于2007年12月经宁波市人事局批准设立，是宁波市11个县（市）、区中首家市级留学人员创业园。

创业园坐落于风景优美的宁波市高教园区（北区）宁波市大学科技园内，该区块毗邻中科院材料所、宁波大学、宁波工程学院等科研院所和高等院校，规划为未来宁波市的高端研发机构集聚基地、科技创新创业孵化基地、高新技术产业化基地、创意产业基地和留学人员创业基地。创业园所在的科技创业大厦建筑面积2.6万平方米，集研发办公、创业孵化、展示交易及专业市场等综合功能和一流物业管理于一体，为包括留学人员在内的人才创业发展提供良好的平台。

目前，创业园已建设成为集技术创新、高新技术企业孵化、创新人才培育、科研成果产业化等四大功能为一体的新型园区，拥有国内著名大中型企业40多家。

联系方式

地　址：浙江省宁波市镇海区胜利路112号
邮　编：315200
电　话：86-574-86681188
传　真：86-574-86256470
邮　箱：zhdxscyy@163.com

宁波鄞州区留学生创业园

园区概况

宁波鄞州区留学生创业园于2008年8月经宁波市人事局批准建立，依托宁波市鄞创科技孵化器管理服务有限公司，旨在吸引留学人员到鄞州区创业，为海外留学人才及其项目开发提供新的平台。鄞创孵化器是由区内5家核心机构（宁波市鄞州区科技创业投资有限公司、宁波杉杉科技创业服务有限公司、浙江中物九鼎科技孵化器有限公司、宁波恩科投资有限公司、宁波市鄞州区青年创业协会）出资成立的一家“资源整合一体、功能覆盖全区”的孵化器管理机构，实行“政府指导、企业化运作”模式，采用“孵化器+加速器+产业园”的器园结合发展方式，把创业苗圃、孵化器、加速器、产业园紧密相连，形成完整的科技孵化产业体系。创业园先后被评为“国家级科技企业孵化器”“国家级大学生科技创业见习基地试点单位”“浙江省留学人员创业园”。

创业园位于鄞州区中心城区，孵化总面积8.76万平方米，包括科技中心孵化器1万平方米，恩科科技创业园2.08万平方米，首南科技创业园0.7万平方米，鄞州大学生创业园0.7万平方米，杉杉科创孵化器2.96万平方米，高桥普天科技创业园0.72万平方米，中河街道和邦孵化器0.6万平方米。除入驻服务、创业培训、人才招聘、项目申报、风险投资、中介服务等基本服务外，创业园还建立了联络员、辅导员、创业导师“三位一体”的创业辅导服务模式。同时，鄞州区政府与杭州银行宁波科技支行建立合作关系，成立风险池基金，在无需抵押或担保前提下，在孵企业科技贷款可达100万元，毕业企业可达300万元，特别优秀的企业经科技管理部门核准后还可放宽贷款额度。

联系方式

地　址：浙江省宁波市鄞州区学士路298号
邮　编：315100
电　话：86-574-87417791
传　真：86-574-87417791
邮　箱：2658298410@qq.com

宁波（浙江慈溪出口加工区）留学生创业园

园区概况

宁波（浙江慈溪出口加工区）留学生创业园于2008年8月经宁波市人事局批准设立，由慈溪市和杭州湾新区共同投资建设，受杭州湾新区科技创业服务中心管理。

创业园占地面积60亩，建筑面积3.86万平方米，总投资1.2亿元，由服务外包产业基地、高端研发机构集聚基地、科技创新创业孵化基地、高新技术产业化基地四大基地和一个博士后工作站、一个院士工作站组成，是一个以应用型开发为主，兼具孵化、中试、商务办公及娱乐休闲为一体的综合性公共服务平台。创业园主要扶持的产业包括创意设计、广告策划、电子信息、生物医药、新能源新材料、机电一体化、环保节能等高新创新产业。创业园依托杭州湾新区的区位优势和政策优势，全力吸引慈溪及周边地区海外留学人员回国创业，打造宁波市人才智力引进的又一个重要平台。

联系方式

地　址：浙江省慈溪市杭州湾新区兴慈一路1号
电　话：86-574-63071029
传　真：86-574-63071000
邮　箱：office@cepz.ningbo.gov.cn

温州留学人员创业园

园区概况

温州留学人员创业园是2002年7月经国家人事部批准，由人事部与温州市人民政府共建的国家级留学人员创业园。2003年12月，创业园被中国侨联列为全国第二批23个“科教兴国示范基地”之一。

创业园坐落在温州高新园区黄金地段，紧邻温州市行政中心区和城市“绿色之肾”三垟湿地。创业园拥有设施齐全的花园式办公及生产用房9万平方米，以及完善的后勤服务设施，并提供特殊优惠政策和优质高效服务，为海外归国留学人员创造一个良好的创业环境和创业平台，吸引留学人员回国创办科技型企业。

联系方式

地　址：浙江省温州市龙湾区中兴大道高新技术产业园
邮　编：325000
电　话：86-577-81581002
传　真：86-577-86581003
邮　箱：4718199@qq.com
网　址：www.wzbi.com

嘉兴留学人员创业园

园区概况

嘉兴留学人员创业园于2000年7月与嘉兴科技创业服务中心同时挂牌成立，实行“两块牌子、一套班子”的管理运营方式。2006年，成为由嘉兴市科技局、嘉兴市人事局、嘉兴高新技术产业园区管委会和浙江省留学生工作站联合共建的省级创业园区。创业中心是浙江省嘉兴市首家国家高新技术创业服务中心，先后被认定为“国家高新技术创业服务中心”“浙江省小企业创业基地”“浙江省重点科技企业孵化器”“嘉兴市海外创新创业人才基地”等。

创业园占地近200亩，坐落于国家级浙江嘉兴经济开发区内，交通便利，紧邻高教园区，占地近200亩，规划孵化面积18.6万平方米，拥有1幢科技大楼，1幢创业大厦，17幢标准孵化楼，共12万多平方米的孵化及加速场地，集孵化器与加速器于一体，满足企业从初创期到成长期对孵化场地的不同需求。创业园以“创造环境、孵化项目、培育企业、造就人才”为宗旨，利用各项优惠政策，通过有效服务，为入驻企业提供租金扶持、创业指导、中介咨询、项目申报、培训服务、人才服务、融资服务、研发支持等创业服务，努力打造科技企业的摇篮、技术创新的基地、科技创业的舞台。

目前，创业园入驻孵化企业累计近300家，培育了省、市级高新技术企业40余家，现有在孵企业140余家，在园创业和从业人员2000多人。

联系方式

地　址：浙江省嘉兴市城南路1369号
邮　编：314031
电　话：86-573-82651772
网　址：www.jxbi.com

嘉兴科技城留学人员创业园

园区概况

嘉兴科技城留学人员创业园成立于2003年12月，是嘉兴市政府根据浙江省政府“打造环杭州湾先进制造业基地”、实施“引进大院名校共建创新载体”的战略要求而设立的。

创业园设在南湖科技创业中心，5万平方米孵化园已全面投入使用，构筑起了以浙江清华长三角研究院、中国科学院嘉兴中心为核心，以软件园、通讯园、芯片园、新材料园、生物园、孵化园为主体的高新技术产业创业群的“双核六园”创新创业发展格局。

创业园为海外高层次留学生的创业营造了良好的创业氛围，积极贯彻嘉兴市政府出台的《关于进一步加强高层次人才和智力开发工作的若干规定》《关于鼓励引进海外高层次留学人才的若干规定》等7个政策和南湖区政府制定的《关于进一步加强人才队伍建设的若干规定》等一系列政策措施，通过科技创新种子资金、留学人员创业补助基金等，为留学人员投资创业创造了一流的环境。

联系方式

地　址：浙江省嘉兴市南湖区凌公塘路3339号
邮　编：314006
电　话：86-573-83915021，83915022
邮　箱：jiaxing812@hotmail.com

嘉善留学人员创业园

园区概况

嘉善留学人员创业园设立于2006年，是由嘉善县人民政府全额投资的公益性科技服务机构，与嘉善科技创业服务中心合署办公。2006年6月，被浙江省人事厅认定为省级留学人员创业园，是浙江省首家设立在县一级的省级留学人员创业园；同年12月，被浙江省人事厅定为省级博士后试点工作单位。

创业园占地面积7.5万平方米，总投资1.6亿元，规划建筑面积6.3万平方米。一期投资7500万元，建设孵化用房3万平方米，公寓房、报告厅和食堂等7000平方米。已建成的中心分为三个区域，包括：东区为五栋孵化楼，主要是新型材料和电子信息项目的孵化区；中区为综合孵化楼，用于综合项目、软件企业的孵化和服务管理机构用房；西区为后勤服务区。园区内硬软件配套设施齐全，整个园区实行双回路供电，装备了监控系统、一卡通系统、广播系统等，网络实现“千兆到中心、百兆到桌面”。中心配有大小不等的会议室、计算机教室、接待室、可容纳200人的报告厅，是中国长三角地区规模较大、设施齐全的综合性孵化园。

嘉善县政府为了增强地方科技创新能力，发展高新技术产业，每年安排2000多万元科技专项经费，重点扶持高新科技企业的发展，并降低创业者的创业风险和创业成本推出了多项扶持政策。同时，创业园为入驻企业提供商务、融资、信息、咨询、培训、技术开发与交流、国际合作等多方面的服务。为扶持入驻企业快速成长，从入驻项目的洽谈，到评审、签约、入驻、种子资金初审和考核等，制定了一整套的服务和管理制度。

创业园目前已吸纳了众多留学美国、德国、加拿大、日本等国的留学归国人员学者出资创办企业，入园项目主要涉及电子信息、软件开发、生物医药和新材料等高科技产业。

联系方式

地　址：浙江省嘉兴市嘉善县晋阳东路568号
邮　编：314100
电　话：86-573-4228239
传　真：86-573-4228250
邮　箱：office@fhq.zj.cn
网　址：www.fhq.zj.cn

湖州留学人员创业园

园区概况

湖州留学人员创业园成立于2001年，由浙江省留学生工作站、湖州市人事局、湖州高新技术园区管委会共同组建，与湖州经济技术开发区、湖州高新技术产业园区合署办公。2002年5月，经浙江省人事厅批准升格为省级园区。

创业园位于湖州市西北部，地处湖州经济技术开发区、湖州高新技术产业园内，规划面积2平方公里，分为研发和创业投资两个区块。依托经湖州经济技术开发区近十年来开发建设所积累的通信、电力、能源、污水处理等资源优势，创业园按照市场经济的运作要求，建立了与国际接轨的经济运行体制，土管、城建、财政、公安、工商行政管理等市级职能部门在开发区设立了分局，对园区内企业实行全过程“宾馆式”服务。

建园之初，创业园就以吸引留学人员发展高新技术产业为目的，紧紧围绕“高科技、产业化”的发展方向，着力推进技术创新和科技进步，积极鼓励企业以实施高新技术项目和产品为准绳，企业技术创新势头强劲。为支持园区建设，创业园着力吸引具有较高技术含量的留学人员企业入驻，并设立了科技创业基金，每年安排100万元，重点支持高科技企业产业化和海外留学人员创业项目产业化。此外，创业园大力规划建设了南太湖科技创新中心、生物技术产业化公共平台，旨在更好地服务留学人员创新创业。南太湖科技创新中心总建筑面积30余万平方米，建设了生物技术、环保技术、电子信息技术等科技产业化公共平台，目前已有中科院湖州应用技术与产业化研究中心、中电15所等4家单位提出入驻意向。生物技术产业化公共平台一期建设细胞基因生物技术和抗体技术两个相关技术研究及产业化中心，分别由相关生物技术企业及技术团队为主建设。同时，在园区建设发展的过程中，创业园借助长三角人才开发一体化的大好发展机遇，积极开展与留学人才的交流与合作，与其他兄弟城市协作，进一步扩大园区的影响力。

联系方式

地　址：浙江省湖州市龙溪路208号
邮　编：313000
电　话：86-572-2101018
传　真：86-572-2101753
邮　箱：kfqgw@mial.huptt.zj.cn
网　址：www.hetd.gov.cn

吴兴留学人员创业园

园区概况

吴兴留学人员创业园成立于2008年3月。2010年10月，被认定为浙江省留学人员创业园吴兴园区，是湖州市唯一一家同时拥有“国家级科技企业孵化器”和“省级留学人员创业园”的科技创新创业平台。2015年10月，经国家科技部考核被列为湖州地区唯一的A类国家级科技企业孵化器，同年12月被评为“省级现代服务业集聚示范区”。

创业园总占地320亩，建筑面积25万平方米，是湖州市产业功能布局完备、配套设施相对齐全的园区之一。创业园以“打造纵向生态链、拓宽横向服务面、打造总部经济圈”为发展宗旨，以“一核多园+平台”为构建模式，即以吴兴区科技发展公司为核心，以吴兴众创空间、吴兴科技创业园、高新区产业园为载体，同时加速集聚EBD总部自由港等平台，并辐射多媒体产业园、七幸孵化器等民营孵化器。

创业园累积孵化企业155家，其中，留学人员企业35家。目前有在园企业110家，其中，留学人员企业30家，在园创业或工作的留学人员90人。在园留学人员企业主要分布在新材料、信息经济、生物医药等行业领域。园区主要发展的特色产业是以现代智慧装备与新材料科技研发服务业为核心，信息服务业与创意设计产业为引领，以“互联网+”的理念指导并推动全区产业创新发展。

联系方式

地　址：浙江省湖州市吴兴区戴山路1888号
　　　　（吴兴科技创业园）D幢705室
邮　编：313028
电　话：86-572-2282122，2282635
邮　箱：525241756@qq.com

南浔留学人员创业园

园区概况

南浔留学人员创业园成立于2011年10月，2014年经浙江省人力资源和社会保障厅批准，升格为浙江省留学人员创业园南浔园区。创业园按照“科创园+孵化基地+中试基地+产业化基地”的“一园三基地”模式运作，以规划先行为龙头，以平台建设为抓手，以引领产业为支撑，以有效投入为保障，通过夯实基础配套建设、完善政策保障体系、健全海外引才服务等措施，加强留学人员创业载体建设，优化南浔创业环境。2013年，获得“湖州市海外高层次人才创业创新基地”称号，被浙江省科技厅认定为省级科技企业孵化器。

创业园占地15.36亩，总投资约2亿元，园内基础设施完善，服务功能健全，配备办公研发场所、中试产业化标准厂房、人才公寓等，为入驻企业提供政策咨询、信息与管理咨询、项目洽谈、立项申请、工商注册、税务登记、财务管理、法律事务、项目推介等全方位服务。

联系方式

地　址：浙江省湖州市南浔区南浔镇朝阳路666号
邮　编：313009
电　话：86-572-3013686
传　真：86-572-3013686
邮　箱：nx3013686@163.com

绍兴留学人员创业园

园区概况

绍兴留学人员创业园经浙江省人事厅批准于2004年4月成立，位于绍兴袍江工业区科技企业孵化中心内，与科创中心合署办公，是绍兴市区唯一的一家省级留学人员创业园。创业园依托绍兴袍江工业区的软硬环境和多年来形成的健全服务体系，为广大留学人员、博士等高层次人才创业和发展提供政策指导、优惠政策、投融资服务、管理咨询、培训等全方位的服务，在局部构建一个优化的创业环境，以吸引海内外学人前来进行科技成果转化，培育具有一定竞争能力的高新技术企业和高素质的科技型企业家。

创业园内基础设施完善，拥有研发用房及智能化科技孵化大楼1.8万平方米，水、电、宽带等各项配套设施完备，并具有多功能展示厅、会议室、洽谈室、培训中心、人才公寓等。创业园成立以来，积极通过组织和参加各种博士、留学人员座谈会，走访全国重点院所、院校等形式，为入园企业拓展资源，开辟发展空间。

联系方式

地　址：浙江省绍兴市袍江工业区教育路66-9号
邮　编：312000
电　话：86-575-88132889
传　真：86-575-88132889
邮　箱：wuyan020@163.com

金华留学人员创业园

园区概况

金华留学人员创业园成立于2003年6月，由金华省级高新技术产业园区管委会与金华市人事局共同创建。为培育和提升企业的自主创新能力，高新区管委会构筑了一套功能完善的技术创新服务体系和健全的管理服务机制，并依托金华科技园创业服务中心的孵化场地和共享设施，为企业自主创新提供强有力的人才引进、技术研发与合作平台，使创业园建设取得跨越式发展。2005年，经浙江省人事厅批准成为省级留学人员创业园。金华科技园创业服务中心成立于2001年3月，目前已建成六个孵化基地，场地面积5万平方米，孵化器规模名列浙江省前茅。2005年，被评为国家级高新技术创业服务中心。创业中心可为留学人员创业园在孵化场地、办公、研发、生活和园区信息化等方面提供配套齐全的共享设施，在企业孵化、科技创新、成果转化等方面提供全方位的配套服务，成为留学人员强有力的创新、创业支撑体。

创业园充分利用中科院金华科技园、浙江网上技术市场“工科会”等科技合作与人才交流平台，推动园区企业与院校所开展科技合作和引进人才；积极筹办“金华籍博士故乡行”、海外博士科技成果展示交易会、海外博士科技信息发布会和海外博士座谈会等活动，吸引留学人员来园区创业。为解决企业在引进技术、管理、技能人才方面的困难，创业园还成立了博士后科研工作站，与金华职业技术学院建立了全面合作关系，建立起一套多层次的人才引进体系。

近年来，创业园充分利用海外留学人员在技术、观念、管理、市场等方面的优势，培育一批高科技企业，留学人员创业园发展呈现出“一快三高”的特点，即增速快、创业人员素质高、发展产业档次高、孵化项目科技含量高。留学人员企业涉及电子信息、生物医药、机电一体化、环保、新材料等高新技术产业，为高新园区已成规模的电子信息、生物医药、汽车及配件、机电一体化及新材料四大特色产业提供了量的补充和质的提升，并涌现出了一批技术含量高、销售前景广阔的高新技术产品。

联系方式

地　址：浙江省金华市双溪西路620号
邮　编：321017
电　话：86-579-83183913
传　真：86-579-83183913
邮　箱：7427098@qq.com
网　址：www.jhcy.cn

舟山留学人员创业园

园区概况

舟山留学人员创业园由浙江省人力资源和社会保障厅于2012年11月批准建立。创业园位于浙江舟山群岛新区新城，背依舟山行政中心，面向浩瀚的大海，占地面积约1000亩，是中国（舟山）海洋科学城的核心组成部分。

创业园充分依托舟山作为群岛新区的发展优势，吸引一流研发机构、科技型企业和高素质人才入驻，是舟山新区发展的创新园、高端人才的集聚地。园区重点打造海洋科技研发产业集群（海洋资源研发、涉海基础设施工程研发、数字海洋信息应用研发）和海洋电子信息产业集群（船舶及海工电子、海洋地理信息、海洋创意及信息服务），并根据区位功能分为启动区、核心区和综合区。其中，启动区块布局涉海科技研发中心、海洋电子信息产业示范中心、工业设计中心、科技创业创新服务中心和孵化器等；核心区块以园中园模式设置海洋科技研发园、海洋产业示范园和集聚院士工作站、博士后工作站及留学人员创业中心的创新创业园。

联系方式

地　址：浙江省舟山市新城体育路18号
邮　编：316021
电　话：86-580-2291909
传　真：86-580-2291900
邮　箱：zskc@zskc.gov.cn

台州留学人员创业园

园区概况

台州留学人员创业园成立于2010年，由台州市人力资源和社会保障局、台州经济开发区牵头组成创业园办公室，负责优秀留学人员入园创办的企业相关事项的协调落实，台州经济开发区管委会具体负责创业园的建设和管理工作。

创业园重点引进汽车零部件、新材料、装备制造业、金融、商贸、现代商务、电子商务、文化创意等各类产业。优秀留学人员入园创办企业和研发机构，可享受《台州市海外优秀人才引进计划实施办法》规定的各项优惠政策，如：实施产业化生产后，3年内企业所得税形成的地方财政收入部分，全额奖励给企业用于研发或扩大生产；给予创办企业或作为企业主要股东的优秀留学人员，相当于在该企业实施产业化生产后3年内所缴纳的个人所得税地方留成部分总金额的一次性奖励等。

联系方式

地　址：浙江省台州市东环大道五联大厦3楼
邮　编：318000
电　话：86-576-88530327
传　真：86-576-88538888
邮　箱：tzslcy999@163.com

合肥留学人员创业园

园区概况

合肥留学人员创业园成立于2000年6月，经安徽省人民政府批准设立，由安徽省科技厅、省人事厅、省教育厅、合肥市人民政府、合肥国家高新区管委会联合创办。2001年，被科技部、人事部、教育部确定为“国家留学人员创业园示范建设试点单位”；2008年5月，被国家人事部正式授牌

"中国合肥留学人员创业园"，成为安徽省第一家省部共建的留学人员创业园。

创业园依托合肥高新区优良的软硬环境，经过十多年的运作发展，孵化设施已配套完善。创业园以项目引才、政策引才、外出引才等方式，大力引进海外留学人才，并形成了较为健全的创业服务体系，为留学人员创业和发展提供政策咨询、优惠待遇、投融资服务、人才培训、合作交流、企业发展战略指导、物业管理等全方位、全过程的优质高效服务。目前，创业园已经成为海外留学人才科技创新、智力创新的高地，在实施高新区"二次创业"、打造"千亿"园区的战略中，为经济社会发展作出了积极贡献。

联系方式

地　址：安徽省合肥市望江西路860号307室
邮　编：230088
电　话：86-551-5869520
邮　箱：yimingfan888@yahoo.com.cn
网　址：www.hefei-stip.com.cn

留学人员芜湖创业园

园区概况

留学人员芜湖创业园成立于2003年4月，是经安徽省人民政府批准成立的科技服务机构。创业园与芜湖高新技术创业服务中心合署办公，并由创业中心负责运营。创业园先后获得"国家级科技企业孵化器""大学生科技创业见习基地""部省共建留学人员创业园""国家级示范生产力促进中心""科技创业孵化链条建设示范单位""安徽省创业富民基地""中国科协海外智力为国服务行动计划工作基地""安徽省小微企业创新创业基地"等称号。

创业园总占地面积150亩，已建成面积11万平方米，拥有全国首个发明创业工场和全省首家大学生创业苗圃，建成全省首家高新科技众创空间——银湖创客岛，及专属智能硬件培养基地——创星空·蓝宙创客空间。创业园致力于引进留学归国人才，建立了一整套服务体系，从申请孵化、申办企业、产品鉴定到成熟毕业，提供全过程、全方位的服务，并设置了人才交流培训、法律咨询、商务信息、财税代办、产品质量检测等服务机构。

创业园积极融入"长江经济带"发展战略，构建"技术+平台+资本"的创业生态，累计引进企业451家，现有在孵企业124家，毕业企业119家；引进高层次创业人才1986人，其中博士111人、硕士298人，享受国务院特殊津贴专家5人，成功培育国家"千人计划"2人、安徽省"百人计划"3人；4家企业成功登陆安徽省科技创新板，2家企业在新三板成功挂牌。

联系方式

地　址：安徽省芜湖市经济技术开发区银湖北路
邮　编：241009
电　话：86-553-5848089
传　真：86-553-5848005
邮　箱：whcyzx@163.com
网　址：www.whgkc.com

留学人员马鞍山创业园

园区概况

留学人员马鞍山创业园于2007年8月成立，创业园与马鞍山市高新技术创业服务中心合署办公，由市科技局、市人社局、市经开区管委会共同组建。其中，市人社局负责留学生身份资格审定工作；市经开区管委会负责创业园内涉及开发区相关事宜的协调落实工作；市科技局科创中心负责创业园日常管理工作。创业园的宗旨是广泛吸引优秀海外留学人员携带国外先进管理经验和科技成果回国创业，为回国创业人员营造宽松的创业环境，营造机制创新和技术创新氛围，在其创业阶段给予孵化场所、政策和资金支持，并提供创造发展条件和指导性管理、项目管理、人才培训、投融资等综合服务，为留学人员回国施展才华、创业发展提供平台，促进高新技术转化，是实施科技兴市和人才强市战略，实现经济可持续发展的综合性智能化的创业基地。历年来获得的荣誉资质有生物芯片国家工程研究中心马鞍山分中心、科技部科技型中小企业技术创新基金申报服务机构、中国留学人员创业园联盟理事单位、安徽省科技企业孵化器协会常务理事单位、马鞍山市人才工作先进单位、中国科协"海智计划"安徽（马鞍山）工作基地留学人员创业园工作站等。

创业园位于马鞍山市经济技术开发区内。毗邻江苏南京市，距离南京禄口国际机场仅38公里，距离南京南站40公里，通讯发达、交通便利、环境优美，是研发创业、投资发展的理想场所。创业园占地20亩，建筑面积8464平方米，大楼为7层结构，配有公寓式工作单元27间、生产办公用房30间等。在服务项目方面，创业园为留学生企业提供多功能报告厅、展示厅、会议室、商务中心、网管中心、餐厅等公共服务设施，为入园企业提供舒适、便利、完善、安全的工作环境。创业园为留学人员创业企业提供物业管理、商务、政策咨询、企业培训、投融资、招才引智等"一站式"服务。此外，鉴于留学创业人员不熟悉国内政策与金融环境的特殊情况，创业园积极落实政府各项优惠政策，提供场地资金减免、创业咨询等服务。

联系方式

地　址：安徽省马鞍山市经济技术开发区红旗南路88号
邮　编：243000
电　话：86-555-8323440
邮　箱：1370647855@qq.com

留学人员淮北创业园

园区概况

留学人员淮北创业园成立于2014年，是以安徽海聚信息科技有限责任公司为主体，由淮北经济开发区、市人社局共同创建的高科技创业园。

创业园设在淮北经济开发区龙湖高新技术产业园区内，总占地面积120余亩，拥有孵化场地约3万平方米，一期项目总建筑13.4万平方米，项目总投资5亿元。创业园以丰富的人才储备为根本，以完善的投资环境为依托，整合各大产业资源和优势，将人才、技术、电子信息等资源与淮北的区域功能、政策优势、产业优势、企业集群效应相结合，加快高新技术成果转化，为留学人员提供创业的平台。为实现创业园更高水平发展，淮北市出台《打造“百亿海聚”行动计划》等一系列优惠政策，成立了以市政府主要领导任组长的淮北市海聚创业园领导小组，从项目资金、人才招聘、资金投入等方面提供支持，多措并举力争创建安徽省一流的留学回国人员创业园。

联系方式

地　址：安徽省淮北经济开发区新区滨河路

邮　编：235000

电　话：86-561-3199500

留学人员安庆创业园

园区概况

留学人员安庆创业园成立于2006年8月，经安徽省人民政府批准设立。创业园围绕“活力安庆”的目标，积极引进包括留学回国人员在内的各类人才，重点鼓励汽车零部件、生物制药、电子信息、光机电一体、精细化工、新能源新材料等高新技术项目入园发展。

创业园坐落在安庆经济技术开发区的中心区域，建筑面积9万平方米，已建成首期创业基地5000多平方米。创业园提供“一条龙”的优质服务，包括接待留学创业人员，提供咨询服务和创业辅导；为进园企业提供政策指导、优惠政策、投融资、企业发展战略指导、物业租贷等全方位、全过程的创业服务；提供注册登记、项目申报、财务代理、人事代理、物业管理、网络通信等系列服务；提供办公（部分免费）、生产、商务洽谈、会议接待、产品展示等场所；协助申报高新技术产品、“火炬计划”、科研成果等认定、科研项目的资助经费等。留学人员进园创业，可享受的优惠政策包括创新奖励、税费减免、资金扶持、房租减免、科研经费补助、用地扶持等。

联系方式

地　址：安徽省安庆市经济技术开发区天柱山路80号

邮　编：246005

电　话：86-556-5317981

邮　箱：aqlxcyy@163.com

福建留学人员创业园

园区概况

福建留学人员创业园成立于1998年11月，由福建省公务员局、福建省人力资源开发办公室主管，福建省留学人员创业园管理中心是创业园的管理部门。2000年10月，被国家科技部、人事部、教育部和外国专家局列入首批国家留学人员创业园示范建设试点单位之一；2003年9月，被中央组织部、中央宣传部、中央统战部、人事部、教育部、科技部授予“留学回国人员先进工作单位”荣誉称号；2004年12月，成为国家人事部与福建省人民政府共建的“中国福建留学人员创业园”。

创业园一期建设总建筑面积为5.5万平方米，其中研究试验综合用房建筑面积3.2万平方米，另有高新技术孵化用房、研发楼和科研配套用房等。创业园管理中心组建了专业团队，为入园创业的留学人员提供工商、税务、经济资助、项目论证推广、投融资策划、人力支撑等相关服务，包括协助企业办理登记、注册、报批、开户等手续；协助办理高新技术企业、高新技术产品认定；提供文印、会务、后勤等低成本服务；提供人才招聘、人才评价等系列人事服务；提供人事档案管理、职称评定、出国政审等系列配套服务；提供法律咨询、财务顾问、信息交流、展览培训等专业服务；帮助企业申报“火炬计划”“新产品开发计划”、科技企业技术创新基金等。自创建以来，创业园始终致力于建设成为基础设施完善、信息网络发达、生态环境优美、企业富有活力、对高科技产业具有强劲推动力的智能型园区，吸引、聚集海内外高层次人才来闽创业和培养高素质创新人才的高地，大力开展招才引智和项目引进工作，通过举办“海外留学博士海峡西岸行”“福建（厦门）海外留学人才与项目对接洽谈会”等活动，并以“中国海峡项目成果交易会”为平台，促进海外留学人才与项目对接，为福建省企事业单位引进留学人才与智力牵线搭桥，为留学人员服务海峡西岸经济区提供渠道和平台，取得了良好成效。

联系方式

地　址：福建省福州市马伟江滨东大道108号

邮　编：350015

电　话：86-591-87609259

传　真：86-591-87677833

邮　箱：office@fjlx.net

厦门留学人员创业园

园区概况

厦门创业园是厦门高新技术创业中心、厦门留学人员创业园、厦门台湾科技企业育成中心、厦门光电子孵化器、厦门科技企业加速器的总称，拥有孵化场地总建筑面积40多万平方米，是科技部重点扶持、海峡西岸最大、厦门火炬高新区管委会直属的国家级科技企业孵化集群。

厦门高新技术创业中心于1996年12月成立，2001年8月，被科技部认定为“国家高新技术创业服务中心”；2002年，经人事部批准设立“博士后科研工作站”；2006年，被共青团中央、中国科协、教育部、全国学联联合认定为首批“中国大学生创业园”；2010年，被教育部、科技部联合认定为全国首批“高校学生科技创业实习基地”，先后获得科技部“实施火炬计划十五周年先进高新技术创业服务中心”“国家科技计划（火炬计划）实施二十周年先进服务机构”“优秀国家高新技术创业服务中心”“第四届中国技术市场协会金桥奖先进集体奖”和福建省“火炬计划先进管理单位”“科技管理系统先进集体”等荣誉称号。

厦门留学人员创业园创建于2000年4月，占地面积6.8万平方米，建筑面积10.84万平方米。2001年6月，被科技部、人事部、教育部、国家外专局联合认定为“国家留学人员创业园”；2004年12月，人事部与厦门市人民政府共建“中国厦门留学人员创业园”；2006年1月14日，中共中央总书记、国家主席、中央军委主席胡锦涛亲临厦门留学人员创业园视察，对创业园的孵化工作给予了充分肯定，并对创业园的未来发展作出重要指示。

在厦门市委、市政府“着力打造新火炬”政策方针和厦门火炬高新区管委会“项目、研发、资本、人才”四个带动发展战略引导下，创业园大力实施“空间、人才、项目、资本、平台、品牌”的六大驱动发展战略，汇聚政府、投融资及中介机构、大学科研院所等创新要素与各种人才物资源，重点构建市场推广网络平台、专业化技术研发平台、规模化融资平台、高端人才服务平台等四大创业促进公共服务平台，为科技人才建立起全方位、高效率的创新创业孵化平台。同时，不断完善政策环境，通过提供无偿资助金、配套资本金、创新基金、房租减免、专利资助、名牌奖励等优惠政策扶持，为留学人员入园创业创造良好条件。

联系方式

地　址：福建省厦门市湖里区火炬东路11号
邮　编：361015
电　话：86-592-3923888
传　真：86-592-3923999
邮　箱：office@xmibi.com

南昌留学人员创业园

园区概况

南昌留学人员创业园于2000年4月经省政府批准在南昌国家高新技术产业开发区内成立。2003年4月，成为国家人事部与江西省人民政府共建的国家级创业园。创业园坚持“优质为留学人员服务，优质为园区服务，组织开展为社会服务”的服务宗旨，开拓创新，不断进取，为有效地发挥留学人员的聪明才智，起到了积极的作用。

江西省先后出台了《中国江西留学人员创业园管理暂行办法》《江西留学人员创业园专项资金评审办法》《关于支持留学人员企业发展的政策措施》等文件；南昌市为大力引进海外高层次人才，出台了“洪城计划”“洪城特聘专家”计划、引进国外智力计划等一系列引才优惠政策。这些政策措施的出台，加大了创业园对外的影响，极大地调动了留学人员创业的积极性。同时，省财政从2004年始，每年拨出200万元专项资金，用于重点扶持留学人员创业园企业的项目延续、衔接和开发，重点扶持的项目有信息技术、电子技术、食品开发、建筑材料、新能源、电器、电化学、遥感技术、中药开发、新药开发等。在省市政府高度重视下，创业园得到了较快的发展，形成了江西省高技术产业发展中心园区、南昌高新技术产业开发区创业服务中心园区、南昌大学国家科技园园区“三块孵化基地”的发展格局。

目前，创业园已建成孵化场地6.7万平方米，累计吸引来自英、美、法、日、德等20余个国家的500多名海外留学人员来区创新、创业，成功孵化海外留学人员高科技企业50多家，并涌现出了一批包括中央“千人计划”“中国留学人员回国创业启动支持计划”入选者的创新、创业拔尖人才。

联系方式

地　址：江西省南昌高新区火炬大街201号
邮　编：330029
电　话：86-791-8113085

济南留学人员创业园

园区概况

济南留学人员创业园成立于1999年5月；2000年，被国家科技部、人事部、教育部、国务院外国专家局联合批准为全国首批“国家留学人员创业园”；2002年，成为国家人事部与济南市政府共建的“中国济南留学人员创业园”。

创业园孵化场地总计达到85万平方米，其中自建孵化基地53万平方米，联建孵化器9万平方米，产业园加速器23万平方米，21万平米的药谷平台区和产业化基地也已投入使用，为留学人员来济创业提供了场地保证。

创业园作为济南高新区七大专业园区之一，以加快培育新经济增长点为主线，以提升产业规模与效益为目标，加快形成“四谷双岭、一楼一片”的产业格局。“四谷”即药谷、能源谷、电商谷、材料谷；“双岭”即金融岭和云制造岭，按照“一楼一片”配置；“一楼”是高端楼宇，主要承载总部、研发、孵化等功能；“一片”是产业片区，作为产业化项目发展承载区。

同时，创业园还着力构建“四主两新”产业体系，重点引进和培育生物医药、能源环保、电商物流、新材料四大特色主导产业和云制造、新兴金融两大战略新兴产业的研发、生产、销售和总部型企业，不断聚合高端要素、聚焦高端环节、实现高端效益，构建持续产生新引擎的产业生态，建成引领全市新经济发展的科技产业小镇。

创业园以健全、成熟的孵化培育服务体系为依托，以“一切为企业着想、为企业创造价值、让企业百分之百满意”为宗旨，以促进科技成果转化为己任，快速、有效地帮助企业将外围的技术、人才、资本、信息、市场、环境等创新资源合理、科学配置于企业创新创业的全过程，为技术创新提供全方位的服务，建成了适合初创中小科技企业生存发展的配套较为完善、环境优良、孵化服务体系较为健全的科技企业创业孵化基地。为了降低留学生归国创业的成本，凡入驻园区的普通留学生根据其项目大小，可享有3万到10万元的资金补贴，高端人才能享有50万到300万元的项目补贴。此外，园内所有企业都能享有100平方米3年内免房租的办公场地。为了使留学人员科研成果尽快产业化，园区还提供全方位的一体化服务。

面对国家科技重大专项——山东省重大新药创制平台和创新药物孵化基地落户高新区这一契机，创业园加快专业孵化器、加速器、产业区建设。以山东国家重大新药创制平台为技术支撑，以山东国家创新药物孵化基地为产业支撑，广纳海外生物医药领域高端人才和技术项目，按照技术链和产业链相结合打造高新区生物医药创新产业体系，以“一平台、一基地、一园区”的发展思路，加大力度进行空间建设和企业聚集，突出优势构建起化学药、生物工程、预防与健康、医疗器械、医药物流五大产业集群，加快建设“济南药谷”，全力打造生物医药产业集群，推动引进海外高层次人才创新创业实现新跨越。

联系方式

地　址：山东省济南市高新区出口加工区港源二路
邮　编：250100
电　话：86-531-88037888
传　真：86-531-88037860
邮　箱：deng003@vip.sina.com
网　址：www.jnbi.cn

山东省医疗卫生行业留学人员创业园

园区概况

山东省医疗卫生行业留学人员创业园成立于2002年10月，由山东省人事厅、山东省卫生厅联合批准成立，是全国第一家医疗卫生行业的专业性留学人员创业园。创业园根据卫生行业的特点，发挥专业优势，为全国医疗卫生行业的科技成果转化和产业化担负起开路先锋并起到示范作用，努力把创业园办成促进医疗卫生高新技术产业发展，培养引进高素质人才的重要基地。

创业园以山东省立医院为依托，充分利用和享受同高新技术开发区及经济技术开发区等同的企业孵化优惠政策，按《山东省人才柔性流动若干规定》标准，为广大留学人员创造了良好的创业环境和巨大的发展空间。山东省立医院拥有国内先进的配套设施和科技人才，充足的留学人力资源和国际、国内学术交流合作网络，并得到了国家卫生部等部委和山东省人民政府有关部门的大力支持，为归国留学人员创业提供优质高效的孵化服务和现代化的孵化环境。创业园享受济南高新技术开发区和经济开发区企业内孵化机构的优惠政策，为留学人员回国创业提供研发基地、税收优惠，以及创业咨询、投资、融资、市场开发、人才、信息、后勤等各方面的服务，促使其发展成为成功企业。

联系方式

地　址：山东省济南市经五路纬七路324号
邮　编：250001
电　话：86-531-86881659
邮　箱：syrsc@tom.com

青岛留学人员创业园

园区概况

青岛留学人员创业园成立于2002年4月；2012年8月，经国家人力资源和社会保障部批准，由人社部与青岛市政府在青岛高新区共建中国青岛留学人员创业园；2014年5月，创业园在高新区正式揭牌。创业园由主孵化园、企业加速分园、工业科创分园、蓝色生物医药产业园组成，经过近3年筹建，已引进中星微电子、迪玛尔海洋工程等一批留学人员企业，逐渐形成主园孵化、分园加速、集群化产业发展模式，并获批建设国家“千人计划”青岛创新基地、山东省海外高层次人才创新创业基地、青岛“人才特区”。

创业园主孵化园总面积4.6万平方米，企业加速分园规划总建筑面积约11.5万平方米；工业科创分园总建筑面积6.2万平方米，重点引进信息、通讯、仪器仪表、高端装备制造四个产业方向；蓝色生物医药产业园规划总建筑面积195万平方米，主要集聚生物技术及生物医药产业企业、新兴的生物医药研发外包企业、生物医药企业研发中心、生物医药中介机构等，形成生物医药产业集群，一期已经投入使用，有多名中央“千人计划”专家和留学人员入驻创业。

高新区发挥青岛“人才特区”的政策优势，整合产业、科技、金融、创新创业等方面政策，在集聚高端海归人才上打出一系列“组合拳”。在人才政策方面，制定了鼓励留学回国人才干事创业的若干意见和办法。每年设立亿元青岛“人才特区”专项资金，给予单个人才项目最高5000万元的创业扶持，给予“千人计划”专家创业项目100万元的扶持资金。给予优秀留创企业5万—20万元的创业补贴。同时，创业园在青岛市政府支持下，结合海外高层次人才的特点，通过提升留学人员创业基地水平，整合资源、规范管理、整体推进、合作新建留学人员创业园区5家（青岛留学人员市南创业园、青岛留学人员市北创业园、青岛留学人员四方创业园、青岛留学人员崂山创业园、青岛留学人员开发区创业园），共有创业孵化面积80多万平方米，全市形成各具特色、优势互补、功能完善的留学人员创业园体系。

联系方式

地　址：山东省青岛市海尔路178号
邮　编：266101
电　话：86-532-88911726
传　真：86-532-88911726
邮　箱：xch0618@126.com

青岛留学人员开发区创业园

园区概况

青岛留学人员开发区创业园成立于2010年1月，前身是青岛开发区高科技创业服务中心。创业中心创办于2001年，2006年被国家科技部认定为国家高新技术创业服务中心。创业园有健全、成熟的孵化培育服务体系，以促进科技成果转化、培育科技企业家、扶持和帮助留学人员回国创业为己任，依托青岛开发区雄厚的科技资源，努力营造适合于中小科技企业的发展环境和创新环境，力争不断促进高科技成果的商品化、产业化、国际化。

目前，创业园孵化基地总面积已达1.5万平方米，累计吸纳电子信息、新材料、生物医药等多类孵化企业150余家，在孵企业100多家；吸纳管理咨询、投融资、专利代理、会计事务所、保险等中介服务机构20多家；园区企业入驻率达95%；转化科技成果250余项，申请专利170余项，为社会提供就业岗位4000多个。

联系方式

地　址：山东省青岛市经济技术开发区香江路110号
邮　编：266555
电　话：86-532-86971838
传　真：86-532-86971838

青岛留学人员市南创业园

园区概况

青岛留学人员市南创业园成立于2010年1月29日，由青岛市人力资源和社会保障局与市南区共建，依托市南区软件园和青岛国际动漫游戏产业园，为留学人员在青岛创业搭建专业平台。创业园被认定为“国家火炬计划软件产业基地”“国家欧美软件出口示范基地”“青岛市留学人员创业基地”，先后获得“全国先进科技产业园”“国家火炬计划软件产业基地先进单位”“全国科技产业园先进单位”等荣誉称号。

市南软件园背靠浮山生态山林，直面黄海之滨的奥帆赛场，是全国少有的坐落在城市中心区的软件产业园区。园区占地12.6万平方米，规划建筑面积26万平方米，已有约20万平方米办公面积投入使用，建有1.5万平方米的停车场、3.5万伏变电站、3500平方米公共餐厅、综合性商务酒店等配套设施。青岛国际动漫游戏产业园占地150亩，建筑面积11.6万平方米，由5栋独立楼宇组成，包括大企业研发楼、培训楼、公共技术平台及孵化器和综合研发楼。园区三面环山，秀美自然风光和贯穿其中的万米人工湖使动漫游戏园被誉为“深林中的产业园，山谷中的研发楼”。

创业园为入园企业提供完善的“一条龙”配套服务和创业启动资金资助、购房安家补贴等优惠政策

联系方式

地　址：山东省青岛市宁夏路288号青岛软件园3号楼
邮　编：266073
电　话：86-532-88728875
传　真：86-532-88728588

青岛留学人员市北创业园

园区概况

青岛留学人员市北创业园创建于2010年1月。创业园依山而建，环境优雅，拥有总建筑面积达6万平方米的多功能、综合性文化创意产业基地。创业园利用特有的高低错落台地，分成南北两个园区，以现代艺术、建筑设计、工业设计、广告和时尚品牌设计、管理咨询、创意产品展示等创意产业为主要特色，吸引国际、国内各创意产业门类中的领军企业入驻。

创业园为入园企业提供完善系统的工商、税收、资金、产业支持等“一条龙”配套服务，另有政府贴租、税收奖励、著作权登记奖励、留学归国人员创业小额资金扶持、科技专项资金扶持，以及子女就近入学、入托等政策扶持。

联系方式

地　址：山东省青岛市上清路12-16号
邮　编：266022
电　话：86-532-83631379，83641669
传　真：86-532-83631379

青岛留学人员四方创业园

园区概况

青岛留学人员四方创业园成立于2010年1月，依托于青岛科大都市科技园建立，由青岛科大都市科技园发展集团进行管理运营。2010年12月，科技园被国家科技部认定为国家级科技企业孵化器。

科技园总体规划面积1.8平方公里，以青岛科技大学校本部为中心，向四周幅射。园区规划由“一街二园三区”组成：一街即郑州路科技创业一条街；二园即青岛造纸厂科技产业园、青岛软控科技产业园；三区即研发区，东、西孵化区，一期70亩地块已投入使用。2013年，青岛科技大学与青岛市北区人民政府签订共建国家大学科技园全面战略合作协议，双方将依托青岛科大都市科技园，在创新创业人才培养、科技成果转化孵化、产学研合作等方面开展全面战略合作，共同建设集总部经济、研发中心、信息中心、孵化中心、创业中心、生活配套服务中心等于一体的国家大学科技园，形成大学校区、科技园区、公共社区三区合一的高端产业聚集区。

联系方式

地　址：山东省青岛市四方区郑州路53号
邮　编：266045
电　话：86-532-68606066

青岛留学人员崂山创业园

园区概况

青岛留学人员崂山创业园成立于2010年1月，是经国家科技部认定的“国家高新技术创业服务中心”，市政府批准的“民营与中小企业创业辅导基地”。

创业园孵化基地总面积近30万平方米，配套有水、电、宽带网、公共餐厅、商务中心、网络系统、多媒体报告厅、接待室、洽谈室、会议室、活动室等，并为入园企业提供场地、注册登记、咨询、培训、融资、协助申报国家科技型中小企业技术创新基金及相关事务代理等专业化服务。

联系方式

地　址：山东省青岛市崂山区株洲路153号
邮　编：266101
电　话：86-532-88998816

淄博留学人员创业园

园区概况

淄博留学人员创业园成立于1999年，是淄博高新区管委会投资建设的科技企业孵化器，与淄博高新技术创业服务中心合署办公。2002年被认定为国家级科技创业服务中心。

创业园切合实际情况和孵化器的发展趋势，在整体布局上形成了高层次人才创业区、生物医药暨新材料孵化区、电子信息暨软件孵化区、环保暨光机电一体化孵化区、综合服务区等专业功能相对集中的“一器多区”的格局，并规划逐步建立完善无机非金属材料、生化技术、电子信息等专业技术孵化平台，实现由专业孵化区向专业孵化器的转变，最终形成“一园多器”的格局。同时，在资金扶持、办公、住宿、家庭子女、土地使用、项目发展等方面给予扶持。

联系方式

地　址：山东省淄博高新区政通路135号
邮　编：255086
电　话：86-533-3583091，3580205
传　真：86-533-3583091
邮　箱：muxianquan@hotmail.com

烟台留学人员创业园区

园区概况

烟台留学人员创业园区成立于1996年10月，是全国最早设立的留学人员创业园区之一，国家级留学人员创业园、国家高新技术创业服务中心、全国首批“大学生科技创业见习基地”、欧美同学会·中国留学人员联谊会留学报国烟台基地、“春晖杯”中国留学人员创新创业大赛创业基地、中国留学人员创业园联盟副理事长单位、山东省重点服务业科技园区和小企业创业辅导基地，先后被评为全国“留学回国人员先进工作单位”、山东省“留学人员回国创业工作先进单位”和烟台市“人才工作先进单位”。

创业园区位于山东省烟台经济技术开发区黄金地段，拥有研发孵化基地12万平方米，配套设施齐全，创业环境优良，在项目、人才、载体等方面制定实施了一揽子高含金量的扶持奖励政策，形成了完善的创新创业政策体系。位于烟台业达科技园、建筑面积18万平方米的新孵化基地正在建设，2016年起陆续投入使用。

目前，创业园区内高层次人才和高科技项目聚集，372名海外留学人员来区创业。其中，国家“千人计划”专家21名，山东省“泰山产业领军人才”23名，烟台市“双百计划”专家21人，开发区“科技领军型人才”22人，3人入选中国留学人员创业园“十大创业领军人物”；海归博士创新团队46个，其中2个团队被国务院侨办授予“重点华侨华人创业团队”，4个团队入选开发区“科技创新团队”，成功研制出世界首例血管内皮抑制素抗肿瘤新药“恩度”、世界首创可降解人工神经修复材料、世界首台具有高性能高通量的全自动酶免分析仪、打破国外技术垄断的环氧结构胶、触摸屏用高端钼铌靶材等一大批“高、精、尖”技术成果。

联系方式

地　址：山东省烟台开发区珠江路28号科技大厦10楼
邮　编：264006
电　话：86-535-6385289
传　真：86-535-6379571
邮　箱：yt_cyyq@126.com
网　址：www.cyyq.org

潍坊留学人员创业园

园区概况

潍坊留学人员创业园成立于1999年，位于潍坊高新技术产业开发区科技孵化基地。创业园依托高新区完善的服务体系和优越的创业环境条件，吸引海外留学人员到潍坊工作和创业，发挥留学人员在信息技术、科研等方面的优势，把在国外学到的知识、掌握的技术、积累的经验和研究的成果带到本市进行开发，加快科技成果向现实生产力的转化，促进潍坊市高新技术产业发展。

创业园建设有商务性孵化基地3.7万平方米，拥有一流的国际会议中心、学术报告厅、产品展示厅、信息中心、商务中心等配套服务设施；中试孵化基地15万平方米，可容纳近500家各类中小企业成长和发展。创业园在为留学人员企业提供必要的基本服务基础上，引进了金融、会计师事务所、律师事务所、国际货运代理公司、报关代理公司、企业策划等社会中介服务机构，为企业提供更为丰富的业务咨询和服务。

目前，创业园已吸引国家“千人计划”1名、“长江学者”1名、山东省“泰山学者”2名、潍坊市“鸢都学者”2名，领军创新团队13个，以及高端创新创业人才130多人前来创业发展。

联系方式

地　址：山东省潍坊高新区玉清东街高新大厦
邮　编：261031
电　话：86-536-2999009
传　真：86-536-2999009
网　站：www.wfibi.org

威海留学人员创业园

园区概况

威海留学人员创业园成立于2006年5月，由威海经济技术开发区创新中心与教育部留学服务中心共建。创业园秉承“引进原创性，鼓励创新型，促进产业化”的原则，引进科技创新企业，促进科技成果转化，主要服务对象是中小型高新技术企业、海外留学人员回国创办的企业。

创业园制定了人才引进、创业扶持等政策，建立了快速成型和汽车电子等多个公共技术服务平台，引入了技术交易中心、专利事务所、查新中心等中介机构，为留学人员提供良好创业环境和优质的服务。

创业园目前吸引了一批优秀海外高层次人才回国创新创业，已成为服务高层次留学人才来威海市创业的重要载体。

联系方式

地　址：山东省威海经济技术开发区海滨南路28号
　　　　建设大厦1层
邮　编：264209
电　话：86-631-5980656

威海海外学人高科技创新园

园区概况

威海海外学人高科技创新园成立于1999年12月，由威海高新区高新技术创业服务中心与中国留日同学总会共同创建。2001年，创业园与自26个国家归国的32个留学生团体创建了“威海留学人员创业创新示范基地”，并由国家人事部批准设立“博士后科研工作站”；2001年7月，被共青团中央命名为“中国青年创新行动示范基地”。2015年，成为国家人力资源和社会保障部与山东省人民政府共建的“中国威海留学人员创业园”。

创业园已建成1.5万平方米创业基地、0.4万平方米公寓，配套设施齐全，可满足企业创业发展多方面需要。为提升服务功能，创业园又引进了会计公司、银行代办处、技术交易等中介服务机构，为企业提供社会化、专业化服务。

目前，创业园已累计吸引了60多家留学人员企业入驻，3位创业人才入选国家“千人计划”，培育了吉威医疗、远航科技、海富光子等一批拥有自主知识产权的高科技企业。

联系方式

地　址：山东省威海市文化西路288号火炬大厦

邮　编：264200

电　话：86-631-5629100

邮　箱：webmaster@whctp.gov.cn

济宁留学人员创业园

园区概况

济宁留学人员创业园成立于2001年11月，由山东省济宁市人事局、济宁市高新区管委会联合创建。创业园依托高新区完善的服务体系和国家级创业中心优越的创业环境，为归国留学人员来济宁搭建创业的载体和平台。济宁留学人员创业园在做好“待遇留人”“感情留人”的同时，更加注重“事业留人”，立足搭建“政、产、学、研、资、介、贸”等创业要素集合的平台，让留学人员的成果在这里得到转化，让留学人员企业在这里扬名，让留学人员的个人价值在这里实现。创业园先后获得山东省政府“归国留学人员工作先进单位”、国家人事部“国家博士后科研工作站建站单位”、国家科技部“火炬计划国家生物产业基地”、国家科技部“全国优秀国家级高新技术创业服务中心”、山东省首批软件产业基地和全国博士后管委会“全国博士后科研工作先进单位”等称号。

创业园占地101亩，拥有2.1万平方米的高标准孵化厂房。园区积极扶持留学人员创业企业项目申报政策支持，在产业化初期投入一定高科技风险投资资金，推动中小高新技术企业快速成长。同时，对于留学人员承担的科技攻关计划项目，优先列入济宁市各类科技计划，优先安排科技三项经费，并采取贴息补助和无偿支持的办法给予扶持。

目前，创业园共有40位留学人员牵头创办了30多家高科技企业。

联系方式

地　址：山东省济宁市金宇路52号

邮　编：272023

电　话：86-537-2363611

传　真：86-537-2168952

邮　箱：jncyzx109@163.com

网　址：www.jnhn.gov.cn

泰山留学人员创业园

园区概况

泰山留学人员创业园成立于2000年8月，是泰安高新技术产业开发区管委会管理下的社会公益型科技事业服务机构，与泰安高新技术创业服务中心合署办公，是泰安市和高新区的技术创新基地和科技成果转化基地，是发展高新技术、培育中小型科技企业和企业家的摇篮。创业园旨在引进高层次的科技人才，吸引海外人员创办高新技术企业，进行科技成果转化，推动科技与经济结合，使之成为留学人员回国创业的基地、发展高新技术产业的孵化器、对外开放和招商引资的窗口。

创业园依托国家、省、市及高新区的优惠政策，以及泰安高新区良好的投资环境和完善的基础设施，为有发展前景的高新技术成果以及中小型科技企业提供创业服务。自运行以来，孵化服务能力不断增强，创新创业服务体系逐步健全，在创办初期的3万平方米孵化场地的基础上，又相继创办了泰山科技城和星火科技园二次孵化基地，使泰安创业中心孵化场地达到19万平方米。目前，创业园拥有公共EDA实验室、孵化器信息管理系统等，可提供设施齐全的孵化场地和相应的物业管理、投融资、商务信息、发展咨询、培训、企业注册咨询、落实优惠政策，以及申报科技计划、技术成果、高新技术企业和申请创新基金支持等全方位、全过程的优质高效服务。

创业园成立以来，培育和孵化了近300家拥有高新技术成果的科技企业，涉及仪器仪表、软件开发、光机电一体化、生物技术、环保节能等高新技术领域，成为留学人员施展才干、成就事业的理想天地。

联系方式

地　址：山东省泰安高新区泰山科技城

邮　编：271000

电　话：86-538-8515685

传　真：86-538-8938300

邮　箱：tcyzx@taigx.cn

网　址：www.taigx.cn

日照留学人员创业园

园区概况

日照留学人员创业园成立于1999年9月，属于公益性科技事业服务机构。创业园按照国际惯例进行建设，重点发展以电子信息、生物技术、新型材料、海洋化工、机电一体化为主导的高新技术产业，积极引进各类高级专业技术人才、管理人才、留学归国人员，鼓励各类人才带项目、带资金、带课题进园创业。

创业园位于日照开发区的黄金地段，拥有孵化面积3万余平方米，设有精简高效的管理服务机构，在项目建设、劳动人事等方面享有市级管理权限，实行封闭管理，为留学人员进园创业提供便捷高效的“一条龙”优质服务。为吸引广大的海外留学人员进园区创办企业，创业园初步建立了适合中小科技企业发展的体制和机制，先后引进凯威数码、凯讯电子、斯文电子、哈工大微电机项目、红惠医药、中科生物、平易软件等20余家高科技企业和科研机构，并在税费政策、房屋租赁、工商注册、资金等方面给予最大限度的优惠和扶持。

目前，创业园有入驻企业70余家，引进留学人员和各类高科技人才50余名，入驻企业绝大部分属于科技、教育、文化、创意、低碳环保、新能源等国家重点扶持的领域。创业园将积极发挥对外交流和人才引进的窗口带动作用，吸引更多的留学人员和高科技人才来园区创业。

联系方式

地　址：山东省日照经济技术开发区
邮　编：276800
电　话：86-633-8339816
传　真：86-633-8331049
邮　箱：rdp@rz-public.sd.cninfo.net

莱芜市留学人员创业园

园区概况

莱芜市留学人员创业园成立于2001年9月，由莱芜高新技术产业开发区挂牌，是山东省政府批准的省级高新区。

创业园坐落于莱芜城区东部，紧连市区，总规划面积35平方公里。区内现已形成“十纵十横”的道路主网络，并建设了110千伏输变电站、热力站、水厂等一批能源设施，在14.5平方公里范围内实现了“九通一平”，30平方公里范围内实现了“五通一平”。另设有青岛海关莱芜办事处，通关快速便捷。

创业园始终致力于创业环境的不断优化，以“亲商、富商、安商”为最高服务理念，设立了“一站式”服务大厅，全面落实了服务承诺、首问负责、违诺处罚、手续代办等制度，实现了涵盖“项目审批、开工建设、投产经营”的一条龙全过程服务。入驻企业除享有山东省省级高新区的优惠政策外，还享有莱芜市委、市政府在土地政策、财政政策、收费政策等各方面赋予的更大程度的优惠。

创业园优美的环境、优惠的政策、优良的秩序、优质的服务，已经吸引了来自美国、德国、加拿大、韩国等10多个国家和地区归国的留学人员前来投资兴业。

联系方式

地　址：山东省莱芜市汇源大街108号
邮　编：271100
电　话：86-634-8867136
传　真：86-634-8867960

临沂留学人员创业园

园区概况

临沂留学人员创业园位于临沂高新技术产业开发区科技孵化基地内，与临沂高新技术创业服务中心合署办公，其主要任务是通过国家、省、市及高新区的优惠政策和创业服务中心的优质服务，为学有所成的归国留学生人员提供广阔的发展空间。

创业园现有创业场地25万平方米，包括创新大厦、科苑广场以及科技企业加速器（科技园区），设有高标准办公研发场所、中试厂房、公用会议室、科技报告厅、商务中心等，餐饮服务、健身娱乐、通讯网络等配套设施齐全，可满足企业研发、中试和产业化不同阶段的需求。为快速聚集科技资源和产业要素，实现资源共享，降低创业成本，解决科技企业发展中遇到的共性难题、关键技术，创业园通过“政府引导、企业参与、多元化投资”方式，建设了山东省分析测试中心临沂分中心、金属材料强度国家重点实验室临沂研究中心、山东省分析测试中心临沂分中心、临沂光影动漫技术服务中心、生物医药分析测试中心等公共技术服务平台，同时可为留学人员创办的企业提供技术、人才、信息、咨询、培训、融资等一系列的服务。留学人员创办的企业可享受的主要优惠政策有：享受国家、省、市及高新区对高新技术企业制定的相关政策；设立“科技创业基金”以无偿补助、贴息和资本金投入等方式扶持科技型企业的发展；对留学人员创办的企业，在一定的开发、生产及经营用房面积内，实行房租减免政策，并实行税收返还政策；对于科技含量高、市场前景好、具有自主知识产权的项目，在资金、税收、工商行政管理、出入境等方面享受更优惠的待遇等。

联系方式

地　址：山东省临沂高新区新华路西段创业大厦
邮　编：276017
电　话：86-539-7109126
传　真：86-539-7109096
邮　箱：lycyzx@126.com

德州市留学人员创业园

园区概况

德州市留学人员创业园成立于2007年，是由德州市人民政府投资兴办的社会公益性科技服务机构，主要职责是为留学人员创业提供综合服务，促进科技成果转化，培养高新技术企业和企业家。2010年2月，被国家科技部火炬中心授予“大学生科技创业见习基地”荣誉称号；2010年12月，被科技部认定为“国家级科技企业孵化器”，并先后被认定为山东省大学生创业孵化示范基地、德州市中小企业创业辅导基地示范单位、中国留学人员创业园联盟理事单位。

创业园坐落于国家级开发区德州经济技术开发区，环境优美，位置优越，规划面积70万平方米，规划建筑面积45万平方米。建设有研发服务核心区、大学生创业孵化基地、科技企业孵化基地、科技企业加速器和新能源新材料、电子信息、光机电装备制造、生物医药、农产品深加工五个专业孵化器，初步形成了集“发生、孵化、加速、产业化”四位一体的现代孵化体系。其中，研发服务核心区占地3.2万平方米，建筑面积2.5万平方米，建有多功能报告厅、展厅、会议室、培训室、接待室等公共设施，并配套建设新能源新材料公共技术服务平台、科技中小微企业创业综合服务大厅和科技成果展示交易大厅，主要对接大学科研院所建设科研机构，引进高端科技人才创新创业。大学生创业孵化基地现有孵化面积7500平方米，配有专业孵化指导和服务团队，能够为大学生创业提供良好的环境和培训、指导等服务。科技企业孵化基地占地15亩，建筑面积1.1万平方米，孵化楼主体已完工，拟建生物医药、先进装备制造产业孵化器。科技企业加速器位于高铁新区，距高铁德州东站仅5分钟车程，占地900亩，一期占地360亩，建成标准厂房10万平方米，服务楼2万平方米。

创业园拥有一支素质优良、精干实效的管理服务团队，引进了各类科技中介服务机构，能够为在孵企业提供完善的投融资、对外合作交流、专利代理等服务。

联系方式

地　址：山东省德州经济开发区晶华大道587号
邮　编：253076
电　话：86-534-2558586
传　真：86-534-2556586
邮　箱：Dz587@163.com

河南留学人员创业园

园区概况

河南留学人员创业园成立于1998年1月。2002年7月，成为河南省唯一一家由国家人力资源和社会保障部与河南省人民政府共建的留学人员创业园。2010年12月，创业园成功进入科技部“国家级科技企业孵化器”行列；2014年11月，被共青团中央首批命名为“全国青年创业示范园区”，是河南省中小企业创业基地、郑州市创业孵化基地、河南省留学归国工作先进单位。创业园基本功能定位于孵化、服务、示范、聚集，紧紧围绕海外归国留学生的科技创业活动，输入园区政策、资金、服务，使海外科技成果转化为生产力，培养大批高素质的留学生科技企业和企业家，成为转变经济发展方式、调整经济结构和发展高新技术产业的重要载体。

创业园位于国家郑州经济技术开发区内，地理位置优越，交通便捷，新的创业孵化基地40万平方米，已完成8万平方米的建设施工。按照国家科技部对科技企业孵化器“苗圃—孵化—加速—产业化”的要求，创业园出台各项优惠政策，在孵化基地设立了创业苗圃，提供企业创新创业服务通道、组建投融资平台、设立人才引进培训机制、成立园区公共实验室、组建创业导师团队，积极辅导扶助初创期的留学人员企业发展。

目前，创业园已引进来自美、英、法、俄、日、澳大利亚、加拿大、新西兰等国家和地区留学生200多人，包括5位国家“千人计划”专家，在孵科技企业100余家。

联系方式

地　址：河南省郑州经济技术开发区航海东路1356号
　　　　创业大厦A座507室
邮　编：450016
电　话：86-371-66786588
邮　箱：hnlxrycyy@126.com
网　址：www.hnchuangtou.com

郑州留学人员创业园

园区概况

郑州留学人员创业园于2001年8月由河南省人事厅批复成立，是郑州高新区为充分发挥我国留学人员特殊的智力资源优势，在园区营造有利于留学人员创新创业的良好环境而兴办的公益性科技服务机构。

创业园位于郑州国家高新区，现有孵化场地3.5万平方米，内设中央空调系统，停车场、商务中心、休息室、会议室、宽带等公共设施，服务健全，环境幽雅、舒适，是集办公、生产、科研、休闲、娱乐、餐饮于一体的综合型现代化的孵化基地，适合中小型科技企业入驻创业。入驻创业园的孵化企业，符合相应条件的，除可以享受郑州高新区的有关税收优惠政策之外，还可以申报中小型科技企业创新基金，高新区孵化基金等科技计划项目。此外，创业园建立了一套趋于完善的服务体系，包括多元化的投融资服务体系、宣传培训体系、专家咨询体系、中介服务体系等，全力提高对企业的孵化成功率。

目前，入驻创业园的留学人员企业有50余家，留学人员分别来自美国、加拿大、英国、澳大利亚、日本等国家，大都具有硕士以上学位，从事的行业涉及光机电、电子信息、生物医药等领域。

联系方式

地　址：河南省郑州高新技术产业开发区长椿路11号
邮　编：450001
电　话：86-371-67980650
传　真：86-371-67986162
邮　箱：chenbr@zzgx.gov.cn

洛阳留学人员创业园

园区概况

洛阳留学人员创业园成立于2007年7月，由河南省人事厅批准，洛阳高新技术创业中心和捷威精密制造（洛阳）有限公司共同创办。

创业园坐落于洛阳高新技术开发区滨河路中段，交通便利，环境优美。园区建有多层标准厂房3栋3.3万平方米，钢结构厂房4000平方米，综合办公楼8000平方米，高层科研商务楼和生活服务设施2.9万平方米，是集办公、科研、生产、商住于一体的智能化、多功能、花园式的高新技术产业孵化基地。作为连接政府、企业、社会资源的纽带，创业园按照“政府引导、市场运作、专业服务”的运营模式，利用政府及社会资源优势，拓展和提升服务功能，不断加大对入驻企业的扶持力度，实行规范化的统一物业管理，为留学人员归国创业提供“孵化+创投”全方位服务。

入驻创业园的企业可享受国家高新技术开发业的各项优惠政策，如留学人员创办企业从事技术转让、技术开发和与之相关的技术咨询、技术服务取得的收入，经税务机关认定后免征营业税；对获得省高新技术产品证书、获得科技进步奖、获得专利、获得著作权的企业，给予一定的经济补贴等。创业园还为入驻企业搭建起广阔的服务平台，提供全方位的优质服务。比如引进、协调各类中介机构，建立中介服务体系，为入驻企业提供包括工商登记、高新技术企业资格认证、科技成果鉴定、法律业务咨询、财务顾问、信用评估、专利申请、媒体策划等全方位的综合性服务；协助入驻企业办理引进人才的户口、人事档案、技术职称评定、社会劳动保险等相关事宜；为企业提供价格优惠的标准厂房、写字间、会议室和商住两用房，以及科研实验室等场地，并提供水电、通讯、交通等配套服务。

创业园积极整合多种优势资源，不断拓展、提升自身的服务功能，加大对入驻企业的扶持力度。除了给予入驻企业良好的发展环境外，还积极通过中小型企业贷款平台、担保平台、孵化基金和联保基金等向符合条件的入驻企业提供融资服务，并与国内著名院校、科研机构和海外留学人员等建立密切联系，为企业积极寻求技术扶持，铺就发展之路。创业园与清华大学和西安交通大学等著名院校建立了研发合作战略联盟，建立了中关村国际孵化园洛阳基地，使优势资源入驻园区，汇集了一大批知名企业，推动了高新技术产业化发展。

联系方式

地　址：河南省洛阳高新区滨河路22号
邮　编：471003
电　话：86-379-64338125
传　真：86-379-64310818
邮　箱：zhcluoyang@tom.com

平顶山留学人员创业园

园区概况

平顶山留学人员创业园成立于2012年7月，经河南省人力资源和社会保障厅批准，由平顶山高新区与平顶山市人力资源和社会保障局联合设立，依托平顶山高新技术创业服务中心，是国家级科技企业孵化器、省级留学人员创业园。

创业园孵化基地4.7万平方米，建有标准厂房12栋，环境优雅，基础设施齐全，可为入驻的留学人员企业和科技企业提供厂房、水电等物业管理，以及融资、技术开发、信息咨询、人才培训、企业管理、质量认证、项目审批等综合性服务，帮助企业不断地成长壮大。

目前，创业园已入驻企业30余家。创业园将以促进科技成果转化、培育高新技术企业和企业家为宗旨，以新材料、新能源和机电装备为重点产业方向，引进海外高层次留学人员，发挥其科技创新优势，提高企业参与国际竞争的能力，为促进平顶山地区经济结构调整和经济增长方式的转变，为建设创新型城市、促进区域知识经济发展作出贡献。

联系方式

地　址：河南省平顶山市建设路东段高新区创业服务中心
邮　编：467000
电　话：86-375-3987501
传　真：86-375-3987502

许昌留学人员创业园

园区概况

许昌留学人员创业园成立于2011年12月22日，是由许昌市人社局和中原电气谷管委会共同创建的省级留学人员创业园，是许昌市委、市政府实施人才强市战略，吸引海外高层次人才来许创新创业而设立的新型现代化科技园区，是许昌市首个针对海外留学人员建设的高新技术产业创业示范园。创业园由市政府委托中原电气谷管委会管理，成立“一组一中心”作为行政、经济、建设、投资、服务的专职机构。

创业园位于中原电气谷核心区，占地面积约324亩，总投资约12亿元，总建筑面积13.3万平方米，建设有科研办公楼、标准化厂房、公寓楼等设施。该创业园主要以电力装备企业为服务对象，为周边产业集聚区内的电力装备制造企业和创新创业者提供科技咨询、研发设计、管理咨询、市场推广、企业孵化等全方位服务。为了加快园区发展，促进企业孵化，缩短科研成果产业化、商品化、效益化，使企业快速发展壮大，形成产业规模，市政府颁布实施了《许昌留学人员创业园管理暂行办法》，为鼓励海外留学人员入园创业提供了一系列优惠政策。

目前，创业园的配套政策日趋完善，环境逐步优化，初步形成了一个布局合理、环境适宜、现代化、多功能的高科技园区。园区集企业孵化、产业培育、科技人才培养等职能为一体，以新能源、电力电子、电力装备制造等产业为发展方向，为海外高层次人才搭建的广阔创业平台。

联系方式

地　址：河南省许昌市魏武大道中段许昌新区管委会
邮　编：461000
电　话：86-374-3190067，3190068
传　真：86-374-3190081
邮　箱：zydqgbgs@126.com，zydqgzs@126.com

武汉留学生创业园

园区概况

武汉留学生创业园成立于1998年5月，是武汉市政府为了吸引和鼓励海外高层次留学人员回武汉创业而专门成立的科技企业孵化器。目前武汉留创园成为湖北省科投集团有限公司下属单位。2001年6月，创业园被国家科技部、人事部、教育部和国家外专局认定为“留学人员创业示范建设单位”；2003年9月，被中共中央宣传部、组织部、统战部和国务院人事部、科技部、教育部联合授予“全国留学回国人员先进工作单位”光荣称号；2004年12月，与国家人事部、市人事局共建国家级留学人员创业园；2006年，被科技部批准成为国家高新技术创业服务中心；2011年1月，被湖北省科技厅授予"优秀科技企业孵化器"称号，被武汉市科技局授予"武汉市科技企业孵化示范基地""武汉市全民创业科技行动立功单位"荣誉称号；2011年2月，被武汉市人民政府授予"留学人员先进单位"称号；2012年8月，被科技部认定为"国家级科技企业孵化器"；并被认定为国务院侨办首家"重点联系单位""湖北省博士后产业基地"以及欧美同学会"报国计划基地"。

创业园现有自营及委托经营的标准孵化场地面积共6.1万平方米，先后建成了光电技术中心、软件技术中心、集成电路设计中心、生物技术中心四个专业园区。创业园通过营造局部优良环境，为留学人员创业企业集中解决共性和个性问题，有效促进了企业的快速成长。除了为入孵企业提供设施完备、功能齐全、价格低廉的孵化场地外，还提供政策、管理、市场、人力资源、融资、上市等全方位的咨询和对接服务，协助企业办理工商、税务、海关、居留资格申请、项目申报等事务，并针对企业不同阶段的发展需求，提供企业培训、企业联谊等个性化服务。

作为东湖国家自主创新示范区人才和创新工作的重要载体，创业园是培育示范区生产力、创新税源、工业倍增计划的主要平台。目前，创业园累计孵化企业近500家，在孵企业近200家，累计注册资本金20亿元，累计实现工业产值160亿元，上缴利税9000多万元，一批优秀企业在这里快速发展壮大，成为所属行业的领军企业。

联系方式

地　址：湖北省武汉东湖高新区高新大道666号
　　　　光谷生物城C5栋北楼1楼
邮　编：430075
电　话：86-27-87617342
传　真：86-27-87747847
邮　箱：wosp@wh-newstart.org
网　址：www.wh-newstart.org

湖北省留学生襄阳创业园

园区概况

湖北省留学生襄阳创业园成立于2010年3月11日，经湖北省人力资源和社会保障厅批准由襄阳市人事局、市人才办和高新技术开发区合作共建。

创业园坐落在襄阳高新技术开发区，为留学人员入园进行高新技术开发、创办企业提供优质高效服务和优良的孵化场所，并努力降低入园企业的创业成本和风险，帮助受孵化企业度过企业初期的高风险阶段。襄阳高新技术产业开发区特别设立了"留学人员创新创业专项资金"，自2010年起每年至少安排2000万元资金，重点支持留学人员到高新区留学人员创业园创新创业。

联系方式

地　址：湖北省襄阳市高新区追日路2号
邮　编：441003
电　话：86-710-3756010，3700606
传　真：86-710-3756011

长沙留学人员创业园

园区概况

长沙留学人员创业园成立于2002年，隶属于长沙高新区管委会，是科技部、人事部、教育部和国家外专局共同审批确定的首批"国家留学人员创业园"，是"全国优秀国家级创业园"、科技部火炬中心"创新基金初创期小企业创新项目服务机构""湖南省留学生创业园先进单位""湖南省大学生创新创业基地"及长沙市首批"中小企业创业基地"。2003年12月，被国家科技部批准为国家级高新技术创业园；2004年，被评为科技部全国25家优秀留学人员创业园之一；2005年，被国家发改委批准为国家大学生创业就业服务中心项目承担单位；2005年，与意大利西西里科技园合作互设办事处，设立欧洲在中国建立的第一家科技创业园；2006年10月，获批国家人事部和湖南省人民政府"部省共建"留学人员创业园；2007年12月，成为"中国火炬创业导师行动"首批12家启动单位之一；2011年12月，获评湖南省唯一一家"国家海外高层次人才创新创业基地"；2012年，被评为湖南省优秀留学人员创业园。

创业园孵化总面积22万平方米，园区有巨星创业基地、延农创业基地、C2创业基地、MO创业基地、长海创业基地、新瑞信创业基地、天劲创业基地、德邦创业基地、人印创业基地等孵化场地。为了吸引海内外高端人才来园区创业，长沙高新区管委会先后出台了《长沙高新区关于建设国家创新型科技园区的若干政策意见》《长沙高新区关于进一步加强人才工作的意见》《长沙高新区引进高层次人才五年行动计划（2012—2016）实施办法》等政策，并拨款1亿元设立高层次人才创业投资基金，成立高层次人才创业投资有限公司作为基金的管理机构，由创业园具体负责公司日常管理和运营，鼓励和支持留学人员入园工作和创业。创业园在全力落实管委会政策的同时，制定了《长沙高新区创业园鼓励留学人员、大学生来区创业的实施办法》《长沙留学人员创业园房租补贴细则》等配套落实文件，并提供全方位的创业服务，为留学人员企业发展创造良好的环境。

联系方式

地　址：河南省长沙高新技术产业开发区麓景路8号
　　　　巨星创业基地205
电　话：86-731-89777053
传　真：86-731-89777055
网　址：www.cnibi.cn

长沙经济技术开发区留学人员创业园

园区概况

长沙经济技术开发区留学人员创业园成立于2010年6月，由湖南省人力资源和社会保障厅、长沙市人力资源和社会保障局联合授牌。创业园重点吸引留学人员在工程机械、汽车制造、电子信息、新材料等高科技产业领域创业，形成与创业园建设总体目标相适应、符合“创业之都”战略要求的功能格局。创业园由长沙经开区管委会授权长沙经开区创业服务中心统一管理。创业中心成立于2002年，是长沙经济技术开发区管理委员会全额拨款事业单位，是为留学人员创业企业提供综合服务的公益性科技事业服务机构。创业中心以“创造优良环境、提供优质服务、培育优秀企业家”为目标，在各级政府和社会各界及广大创业者的关心支持下，已建立了比较健全的创业服务体系，形成了规范化、专业化的创业服务机制。

创业园以国阳科技园为核心，以和祥科技园、物丰科技园等其他孵化基地为补充，孵化面积达14万多平方米。其中，国阳工业园占地60亩，总投资8600多万，园区按孵化生产区、公共服务区、生活配套区三大功能规划建设。和祥科技园占地98亩，已开发面积80亩，完成投资7452万元，建筑面积6万平方米，由标准厂房、办公楼和公寓楼三大部分组成，园内配套完善，餐饮、娱乐、购物、健身一应俱全，是长沙经开区最早的孵化基地。物丰机电产业园占地面积6万平方米，总建筑面积5.07万平方米，总投资7000多万元，由钢结构标准厂房、通用厂房、员工宿舍楼和综合楼四大部分组成，拥有完善的生产、商务、办公功能区，布局科学合理，使企业足不出园就可以进行各种活动。

联系方式

地　址：湖南省长沙市星沙三一路2号
长沙经济技术开发区创业服务中心
邮　编：410100
电　话：86-0731-84020187
网　址：www.cetz.gov.cn

湖南生物医药留学人员创业园

园区概况

湖南生物医药留学人员创业园由湖南省人事厅批准成立，是以生物医药领域高科技项目孵化为主的专业服务机构。创业园建设是长沙国家生物产业基地重要发展战略之一，该基地是2006年10月由国家发改委批准认定的、以湖南浏阳生物医药园区为核心区的国家级生物产业基地，是中西部地区第一个国家级生物产业基地，是由联合国工发组织与长沙市政府共建的国际医药产业园，是科技部的生物医药火炬计划基地，国家商务部定点的全国十二大医药出口基地之一，湖南省的重点工程、长沙市十大标志性工程之一。

创业园总建筑面积3万平方米，其中孵化场地5200平方米，依托基地良好的投资环境、较为完善的产业化共享服务平台体系，通过创造一个局部优化、适合留学人员创业的环境和条件，提供具有国内先进水平的生物医药专业化服务，以加速中小科技创业型企业能够依托基地资源迅速发展。创业园以资源整合、优化配置为主线，逐渐形成了基因芯片技术、胶体金诊断试剂技术、组织芯片技术、病理检测抗体技术、组合生物合成、化学药物研究以及中药提取技术等七大共享实验技术平台，并积极协助入园企业共同建设新的技术平台。创业园与欧洲最大生物基地德国柏林生物医药园、挪威生物医药创业中心等建立了合作关系；承担了国家发改委的中国政府与古巴的生物技术合作并与三家古巴国家生物所签订合作协议；参与科技部的中英剑桥园并负责生物技术类项目洽谈合作；在省政府支持下，建立了药用植物资源国际合作研发中心、生物技术服务外包国际合作中心等。

创业园重点发展生物诊断试剂、单克隆抗体以及新药研发外包服务（CRO）三大技术领域，积极引进著名企业和投资商，促使创业园生物单克隆抗体产业规模化，并成长为园区继标准化提取物之后第二大出口品种。较为完善的产业服务平台与专业化的服务，使园区目前集聚了一批先进生物技术项目和创业人才，逐渐形成了生物芯片技术、诊断试剂技术、新药研发外包服务技术、单克隆抗体技术以及中药标准化提取物技术等产业集群。

联系方式

地　址：湖南省浏阳生物医药园区科创大楼
邮　编：410329
电　话：86-731-3280359
传　真：86-731-3280666
邮　箱：13907484359@139.com

株洲留学人员创业园

园区概况

株洲留学人员创业园成立于1999年7月，是湖南省成立的第一家留学人员创业园。创业园与株洲国家高新技术创业服务中心、大学生创业示范园采取“三块牌子、一套人马”的方式运作，按企业化管理模式运行，实行自收自支的财务管理体制。创业园先后荣获“全国先进高新技术创业服务中心”“湖南省留学人员创业园先进单位”“湖南省国家火炬计划实施20周年先进服务机构”“湖南省非公有制经济服务先进单位”“湖南省科技管理系统先进集体”“湖南省和谐劳动关系示范工业园区”“湖南省优秀留学人员创业园”“株洲轨道交通产业集群创新创业平台”“湖南省促进就业创业孵化基地”“国家级大学生科技创业见习基地”等100多项荣誉。

创业园孵化总面积14.87万平方米，包括“一园两基地”创业园本部和天台金谷孵化基地。创业园大力推进“苗圃—孵化器—加速器”一体化的科技创业孵化链建设，更好地满足不同发展阶段的创业企业和团队的要求，进一步提升孵化器的服务能力和服务水平。创业园与省内外高校及科研机构建立长期合作关系，发挥其人才、学科和科技成果优势，搭建多种技术合作平台，推进产、学、研结合，加速科技成果转化。与株洲时代新材国家级检测中心合作成立了“株洲高新区轨道交通产业科研测试中心”，与湖南大学、湖南科技大学、湖南工业大学、湖南商学院、株洲职业技术学院、湖南省化工职业技术学院等高校合作共建技术合作基地、MBA教育实习基地、学生创新实践基地，与湖南工贸技师学院合作创办工人技能培训班基地。创业园鼓励有创业意向的科研人员、大学生、留学人员等开展创业见习实习，组织长、株、潭地区科研院所专家学者、园区成功创业的企业家作为创业导师来园讲学，提供团队组建、管理运营、技术攻关、产品市场前景分析等具体指导，为未成立企业的优秀创业项目和创业团队提供专业、系统的“预孵化”服务。

联系方式

地　址：湖南省株洲市天元区泰山路43号
邮　编：412007
电　话：86-731-28827865

湘潭留学人员创业园

园区概况

湘潭留学人员创业园于2003年8月29日经湖南省人事厅批准成立，10月28日正式授牌，是湘潭高新开发区管委会直属的公益性科技型事业单位，与湘潭国家高新技术创业服务中心采取“两块牌子、一套人马”的方式运作。

创业园依托创业中心3.8万平方米创业孵化大楼，建设1.44万平方米的标准厂房，以优惠的政策和良好的服务，吸引海内外留学人员归国创业。同时，配合德国科技园引进国外项目进行孵化，逐步建成国际企业孵化器。

联系方式

地　址：湖南省湘潭市晓塘中路火炬创新创业园创新大厦2楼
邮　编：411100
电　话：86-0731-58551800
邮　箱：haoxinqing@sohu.com

岳阳留学人员创业园

园区概况

岳阳留学人员创业园创建于2001年6月，经湖南省人事厅批准，于2002年7月正式挂牌。创业园位于岳阳高新技术产业开发区内，是吸引留学人员来岳阳创业发展的重要平台，是推动岳阳高新区及其高新技术产业发展的重要载体。

创业园规划了8000平方米的厂房作为孵化基地，并建设了留学人员创业科技大楼，实行优惠政策，为留学人员新办企业提供场地、资金、申报项目、办理手续等服务。

目前，创业园引进项目大多处于国际国内领先水平，部分被列入湖南省科技厅重点支持项目，多名留学回国人员在园内成功兴办高新技术企业。

联系方式

地　址：湖南省岳阳市巴陵中路创业大厦
邮　编：414000
电　话：86-730-8720888
邮　箱：282423357@qq.com

常德留学人员创业园

园区概况

常德留学人员创业园成立于2005年6月，是继长沙、株洲、浏阳、岳阳、湘潭之后湖南省内第六家留学创业园。常德市政府采取灵活政策，提供启动经费与免费办公条件，并按照“政府搭台，企业唱戏；民办官助，大胆创新”的建设方针，将创业园交给留学人员自己经营管理。

目前，创业园成功吸引了一批来自美国、日本、加拿大、英国、比利时等国的留学人员，集聚了一批信息技术、材料、能源、交通、农业等高科技项目，成功开发出一系列如新型光缆材料、网络教育资源平台、GPS车辆监控系统、建筑节能系统、生物试剂等新型产品。

联系方式

地　址：湖南省常德市人民东路320号农业局大厦1楼
邮　编：415003
电　话：86-736-2597057
邮　箱：hncdwsb517@163.com

益阳留学人员创业园

园区概况

益阳留学人员创业园成立于2007年12月，被湖南省人事厅认定为省级留学人员创业园，并先后被认定授牌为“益阳会龙电子信息园”“湖南省高等院校科研院所科技成果转化及产业开发基地”“中南大学科技园”“清华大学科技园”等。

创业园位于湖南省益阳高新区南片区，规划总面积510亩，以云雾山路为轴线，分南北两个功能区：南边为生产区，规划建设标准化厂房和管理及仓储用房；北边为综合服务区，规划建设各类套型公寓、公共服务大楼和综合孵化大楼，以满足企业高管和其他工作人员的生活服务需求。创业园分别与清华大学、中国科技大学、国防科大、中南大学、湖南大学、湘潭大学、北京国力源研究中心、湖南省林科院等42所大学院校科研院所建立了密切的合作关系，园内大多企业建立了自己的研发机构。

目前，创业园累计入孵企业50多家，其中在孵企业30多家，汇盛科技、瑞亚高科、方圆液压、祥瑞科技等一批企业发展迅猛，有力地促进了益阳高新区新能源、新材料、新兴信息技术及服务业、高端装备制造、农产品精深加工等主导产业的快速形成。

联系方式

地　址：湖南省益阳市高新区云雾山路
邮　编：413000
电　话：86-737-2223126，2223128

留学人员广州创业园

园区概况

留学人员广州创业园成立于1999年8月，由广州开发区投资创办并与国家教育部、科技部合作共建，是广州开发区留学人员创业的主要聚集地。2001年8月，被国家科技部、教育部、人事部和外国专家局联合认定为国家留学人员创业园建设示范点，是广东省唯一的国家级留学人员创业园。

创业园管理机构是科技部认定的国家级高新技术创业服务中心，首批国家级“大学生科技创业见习基地试点单位”、广东省小企业创业基地、广东省版权兴业示范基地、广州市创业（孵化）示范基地。2016年2月，广州开发区管委会、广州火炬中心被授予2015年度广东省科学技术奖特等奖。

创业园已建成了广州科技创新基地园区、广州科学城综合研发孵化区园区、广州开发区西区园区、广州国际企业孵化器园区、广东软件科学园园区、科学城信息大厦园区六个园区，形成了资源互补、配套齐全的孵化网络，总孵化场地达15万平方米。

创业园充分发挥广州开发区“孵化器的孵化器”平台化引领作用，逐渐探索出了一套具有鲜明特色的孵化模式，已在广州开发区形成从“创客空间（苗圃）—孵化器—加速器—科技园”的全链条孵化器集群。引进和培育了大批优秀留学人员企业，涉及生物医药、电子信息、新材料、光机电一体化等多个产业领域。

联系方式

地　址：广东省广州科学城揽月路80号
广州科技创新基地综合服务楼708
邮　编：510663
电　话：86-20-32290476，32290563
传　真：86-20-32290839
邮　箱：anleex@enterpark.com
网　址：www.entrepark.com

广州市留学人员创业（海珠）基地

园区概况

广州市留学人员创业（海珠）基地成立于2001年9月，是为留学人员来海珠市创业而设立的科技企业孵化器。基地与广州市海珠高新技术创业服务中心实行“两个牌子、一套班子”进行运作。创业中心是由海珠区政府于2000年1月建立的科技创业服务机构，隶属广州市海珠区科技产业基地管理委员会直接管理。2000年12月，被广州市科技局认定为“市级高新技术创业服务中心”；2001年9月，被市科技局批准成为“广州市留学人员创业（海珠）基地”；2005年12月被科技部认定为“国家高新技术创业服务中心”。

创业基地位于广州城市新中轴线，占地面积1.1万平方米，有6座主要建筑物，可供科技企业创业的建筑面积1.5万平方米，内设置有高新技术成果（产品）展览厅、多功能会议厅、商务中心、培训中心以及宽敞的停车场等基础设施，环境优美，周边生活服务设施齐全。创业基地为扶持进入中心的企业发展制定了各项优惠政策，入驻企业除可享受国家、省、市扶持发展高新科技产业的各项优惠政策外，还设有项目扶持资金及纳税奖励等一系列优惠措施。对留学人员自带项目到基地创业，经审查批准，可从广州市留学人员管理服务中心申请留学人员专项资金10万元；在此基础上，还可从海珠区高新技术创业扶持资金中获得10万元以上的资助，作为留学人员的项目启动资金。同时，提供园区物业管理、后勤服务，为入园企业办理工商、税务、证照等服务。

联系方式

地　址：广东省广州市海珠区敦和路189号
邮　编：510300
电　话：86-20-89224165，89226132
传　真：86-20-89225984
邮　箱：9963130@qq.com
网　址：www.cy-center.com

广州市荔湾留学生科技创业园

园区概况

广州市荔湾留学生科技创业园成立于2002年，是荔湾区人民政府出资、由荔湾区科学技术局主办、荔湾区生产力促进中心创办并管理的科技企业孵化基地。旨在建立一个良好的创业环境，以鼓励和支持留学人员和高新技术企业来区创业发展，为进驻的科技型企业提供从项目研究开发、中试小规模生产到市场开拓的多功能、全方位、全过程的优质服务。

科技园临近荔湾区政府及地铁，交通便利，环境优美，已建成由中山七路园区、穗丰大厦园区和聚龙中试基地（广州市市级高新技术创业服务中心）、东沙创业中心四个园区组成的完整体系。其中，最新成立的东沙创业中心位于荔湾区东沙工业园区内，建筑面积达4500平方米。

科技园成立以来，吸引了近200家科技型企业入园，近半是留学回国人员创办的企业；引进各类人才400多人，其中归国留学人员60多人，硕士以上学历人员100多人，已成为推动荔湾科技、经济和社会发展的一个亮点。

联系方式

地　址：广东省广州市荔湾区逢源路330号3楼
邮　编：510000
电　话：86-20-81377323
传　真：86-20-81033258
邮　箱：leif1963@21cn.com

深圳市留学生创业园

园区概况

深圳市留学生创业园成立于2000年10月，由深圳市人事局、高新办、龙岗区政府和美国国际华人科技工商协会联合投资兴办，实行“政府引导，企业化运作，留学生管理”，这种模式在全国尚属首创。2004年12月，成为国家人事部与深圳市人民政府共建的“中国深圳留学人员创业园”，并被国家科技部认定为“国家高新技术创业服务中心”；2010年，被广东省认定为“广东省小企业创业基地”；2012年，被广东省认定为“广东省科技服务业百强企业（机构）”；2013年3月，被深圳市委组织部确定为“人才工作基层联系点”。

创业园现有孵化场地3.34万平方米，拥有孵化、项目管理和资金管理三大功能，建立了财税咨询服务平台、创业园网络管理平台、企业知识产权全流程服务平台和多媒体培训平台四大公共服务平台，为入园企业提供基础设施、创业辅导、融资服务、人才引进、交流培训、市场推广、管理咨询、项目推介、专业服务、联谊沟通等十大类百余项服务内容。

创业园为响应国家大众创业、万众创新，打造发展新引擎、增强发展新动力的政策号召，于2015年6月正式成立留学生创客中心，由专业的早期项目孵化机构——红树谷孵化器运营，为创客、创业提供专业的服务。留学生创客中心打造全新的孵化器模式，以专业特色服务区别于传统孵化器，其中免费场地、免费创业导师服务、投融资对接、产业对接、互助互学氛围等都大大提高创客们的创业体验。

联系方式

地　址：广东省深圳市南山区高新南环路29号
　　　　留学生创业大厦2101室
邮　编：518057
电　话：86-755-86329000
传　真：86-755-86329004
邮　箱：Sz86329000@163.com
网　址：www.szchuangye.com

深圳市留学人员（福田）创业园

园区概况

深圳市留学人员（福田）创业园成立于2003年，依托于福田区高新技术创业中心（深圳市软件园福田分园）。2003年，创业中心被认定为深圳软件园（福田）分园、深圳市留学人员（福田）创业园和深圳市留学生联谊会（福田）分会；2007年，通过深圳市科技企业孵化器认定。

创业园现有4个孵化基地，总孵化面积约11万平方米。包括：位于滨河路边的“松岭”基地，孵化面积5000平方米，入驻企业主要为电子信息、软件开发行业的初创企业；位于彩田北路的“彩田”基地，也称中科大（福田）产学研基地，孵化面积6.7万平方米，发挥中国科技大学的人才和技术支撑点作用，将中国科技大学的高新技术成果引入福田区内孵化和产业化，促进海外留学人员带科技成果来福田创业；位于深圳市老工业区八卦三路荣生大厦的“八卦岭”基地，孵化面积1.1万平方米，是利用原有的工业办公楼进行功能重新定位，创建工业厂房向科技产业转型的典范，已吸引大批科技企业进入；位于福田保税区的福田软件出口基地，孵化面积约5.8万，利用保税区的政策优势，吸引海内外创业投资者，重点发展行业应用软件、行业应用中间件、工业自动化软件，致力于提升福田区软件产业的规模和水平，成为软件出口的重要源头。

联系方式

地　址：广东省深圳市福田区松岭路1号
邮　编：518031
电　话：86-755-83650188
传　真：86-755-83650588

深圳市留学人员（国际科技）创业园

园区概况

深圳市留学人员（国际科技）创业园成立于2013年12月10日，是深圳市科学技术协会、深圳市福田区人民政府及深圳光启研究院，为搭建国际化的技术创新平台，引进国际先进技术和高端创新团队，促进深圳自主创新型城市建设和福田产业高端化发展而合作建立的国际科技创业园。创业园为入园企业提供国际专业化支持和智力服务，从政府扶持政策与创业配套服务等方面帮助国际创新团队尽快建立企业化运营模式，实现技术产业化和生产规模化。

创业园在深圳市科学技术协会、深圳市福田区人民政府的支持和指导下，建设项目将分两个阶段运行。第一阶段为示范项目阶段，选址位于福田区中投国际商务中心，作为过渡基地，共约3000平方米，计划引进海外高端创业团队或项目6到8家，目前已达饱合状态。第二阶段为拓展运营阶段，选址福田区深圳国际创新中心，计划投入运营面积约2万平方米，将引进40到60家海外高端创业团队，已有近200家国际高科技创业团队或项目向园区提出了入园申请，进入园区优质“种子企业库”。

创业园以深圳光启研究院所拥有的国际智力资源为核心驱动，以超材料产业发展基金为重要支撑，引进了一批国际化、专业化的高层次运营管理团队、投资团队和科学家团队，为入园企业提供全面的创业服务支持，并依托光启的海外合作机构，促进园区与海外机构的深入合作。同时，以新材料和新一代信息技术两大战略性新兴产业为主线，通过人才聚集和项目运作，集中特色技术进行园区产业布局。

联系方式

地　址：广东省深圳市福田区香梅路1061号
　　　　中投国际商务中心A座18-B
邮　编：518040
电　话：86-755-23482785转812
传　真：86-755-82705173
邮　箱：sziip@kuang-chi.org

深圳市留学人员（龙岗）创业园

园区概况

深圳市留学人员（龙岗）创业园成立于2001年7月，是深圳市龙岗区为吸引海外留学生来龙岗创办高新技术企业而投资兴建，以引进优秀归国留学人员携带高科技项目来龙岗创业，提高相关产业水平，加快科技成果化，引导和带动自主创新体系建设为目的的综合性科技企业孵化器。2004年，通过深圳市科技企业孵化器认定；2005年，通过国家级科技企业孵化器认定；2006年，被授予“深圳市优秀引智单位”称号；2007年，被认定为“深圳市优秀科技企业孵化器”；2008年4月，成立知识产权工作站；2008年6月，通过ISO9000管理体系认证。

创业园地理位置优越、环境优美，总孵化面积近4万平方米，各项配套设施完善。科技图书馆、商务中心、情报中心、乒乓球室、台球室、会议室、洽谈室、展览厅、多功能厅均免费对企业开放；引进了深圳低成本健康实验室和CAE实验室、深圳市声学噪音处理检测平台、深圳市环保环评检测等公共技术检测平台；引进了咖啡厅、社康中心等社会配套机构；同时，为创业企业提供低成本的办公、科研及生产场地，以及一站式、全方位的服务。

目前，创业园内有在孵企业80余家，累计毕业企业60余家；在园企业共拥有专利280项，著作权35项，商标46个，拥有多项国际领先技术。

联系方式

地　址：广东省深圳市龙岗区中心城留学生创业园一园213室
邮　编：518172
电　话：86-755-28938007
传　真：86-755-28938001
邮　箱：lgcy@vip163.com

华丰（龙岗）留学生产业园

园区概况

华丰（龙岗）留学生产业园成立于2009年5月，是由华丰世纪集团投资兴建的留学生产业园，是深圳市引智办和龙岗区科技局重点项目。

产业园一期规划用地面积约4.5万平方米，总建筑面积逾10万平方米，建有标准化工业厂房8栋，配套公寓5栋，地理位置优越，环境优美，配套完善。商务中心、情报中心、乒乓球室、台球室、会议室、洽谈室、展览厅、多功能厅等均免费对企业开放。华丰集团先后投入300余万元资金，根据国际标准化工业园对园区的绿化、监控系统、电梯系统、配电系统、热水系统、通信系统、有线电视系统、语音广播系统、办公会议系统进行全面改造。产业园客户服务中心积极与外部企业及政府机构沟通交流，同时进行全方位的合作。龙岗区留学生联谊会已经成为联系园内外留学生的重要纽带。

目前，产业园累计引进高新科技型企业25家，其中留学生企业16家、外资企业1家、中国台湾合资企业1家；园区企业共获得专利20余项，6家企业已采用或通过ISO等国际质量标准管理体系；1个博士后科研工作站、1个产学研合作基地正在筹建中；累计吸引投资4亿元人民币。

联系方式

地　址：广东省深圳市龙岗区宝龙工业区宝龙一路与宝荷路交叉路口
邮　编：518116
电　话：86-755-89668288
传　真：86-755-27856777

深圳市留学人员（光明）创业园

园区概况

光明新区留学人员创业园成立于2013年11月，是光明新区管委会为落实国家留学政策，吸引学有所成的海外留学人员到新区创办企业，培育具有国际竞争力的企业和企业家，促进新区经济与社会发展而投资设立的高新项目孵化基地。

创业园一期启动区4000平方米的场地已投入使用，地理位置优越，周边环境优美，配套设施完善，是海外留学人员创业的理想场所。创业园以优惠政策为入园企业提供孵化场地，并针对处于创业期、成长前期企业的特点，提供各类孵化服务，促进科技成果转化，帮助海外留学人员实现技术项目商品化与产业化。

根据市委、市政府要求，创业园被定位为光明新区引进、培养和发挥留学人员作用的重要载体，是实现科技成果转化的重要基地，是海外留学人员施展才华的创业舞台。

联系方式

地　址：广东省深圳市光明新区观光路招商科技园A3栋C2—C6单元
邮　编：518107
电　话：86-755-88211505
传　真：86-755-88211505

深圳市留学人员（龙华）创业园

园区概况

龙华新区留学生创业园于2013年8月20日在观澜银星工业园挂牌成立，依托龙华新区科技企业孵化器创建，旨在为留学回国人员创业提供优质服务平台。2013年11月，被授予“深圳市留学人员（龙华）创业园”牌匾，正式成为深圳市留学人员创业园中的一个重要组成部分。创业园在成立之初由龙华新区组织人事局负责日常管理，现在采用“政府指导、民间运营”的方式，由深圳市龙新国际孵化器管理有限公司直接运营管理。

龙华新区重点发展“一个发展中轴，九个重点片区”，其中有五个片区在创业园周边，为园区未来发展提供了空间活力保障。创业园规划总建筑面积约10万平方米，可容纳200家创业企业和100家成长性企业入驻。一期建成面积1.5万平方米，配备有公共服务平台（培训、政策咨询、创业咖啡、特色餐饮、专家公寓、交通配套、秘书服务、法律服务站、财务服务站、人才服务站、超级前台、电子商务、知识产权代办机构、创投机构、知识产权服务站）和公共技术平台（公共实验室、公共测试平台、公共技术开发体系），并有员工食堂、班车、宿舍以及公共会议室、培训室等配套。

创业园构建科技服务创新系统，有效聚集整合政府、协会等多方面资源，入驻企业将享受专项资金扶持等优惠；为支持企业发展，园区对于重大项目的引进，可提供长免租期、厂房定制、股权投资、银行贷款、资金补助申请等方面的增值服务。创业园设立了创业咖啡吧和成果展示中心，通过舒适的创业环境激发优秀的创业灵感，通过专业成果展示高效的成果转移，最大限度地提供增值服务和模式创新，加快园区企业成长。

联系方式

地　址：广东省深圳市龙华新区观澜街道观光路1301号银星高科技大厦
邮　编：518110
电　话：86-755-23703093
传　真：86-755-23317956
邮　箱：szlhti@szyxjt.com

深圳市留学人员（坪山）创业园

园区概况

深圳市留学人员（坪山）创业园（坪山新区留学生创新产业园）成立于2011年11月，是坪山新区管委会为吸引海外留学人才员来区创业而投资设立的高新技术成果孵化基地，主要承担海外留学人员创业企业成长前期的孵育功能。2012年11月，被深圳市政府认定授牌为“深圳市留学人员（坪山）创业园”。

创业园位于华瀚科技工业园内，地处新区中心区的核心区，地理位置优越，总建筑面积2.38万平方米，一期1.75万平方米的科研、实验、办公场地已建成并投入使用，配套设施完备。对于入驻园区的留学人员，除了享受深圳市政府提供的优惠政策外，还可同时享受新区管委会提供的“零费用”进驻，入驻园区进行创新创业、研发的留学人员企业，办公场租全免、科研场租全免、试生产场租全免。

联系方式

地　址：广东省深圳市坪山新区金牛西路16号华瀚科技工业园内
邮　编：518000
电　话：86-755-28339215
传　真：86-755-28339266
邮　箱：cx10001@126.com

珠海留学人员创业园

园区概况

珠海留学人员创业园成立于2003年2月，由国家人事部与珠海市政府共建。创业园受珠海高新区管委会管理，高新区管委会下设创业园管理服务中心，具体负责园区日常管理和服务工作。

创业园设在珠海国家高新技术产业开发区内，面积2.3万平方米，分为A、B两区，A区位于科技创新海岸的南方软件园内，面积1万平方米；B区位于南屏科技工业园内，面积1.3万平方米。已形成了集研究、实验、中试、孵化为一体的留学人员创业基地，基础设施完善、信息网络发达、生态环境优美、技术创新氛围浓郁的智能型园区，成为珠海市实现科技成果转化的重要基地。

目前，创业园已吸引300多家留学人员企业入驻，600多名留学人员在园发展，企业分布在电子信息、生物制药、新材料等领域。

联系方式

地　址：广东省珠海市唐家湾镇港湾大道科技一路10号民营科技大厦一楼
邮　编：519085
电　话：86-756-3629995，3629996
传　真：86-756-3629900

惠州留学人员创业园

园区概况

惠州留学人员创业园（原仲恺高新区留学生创业园）成立于2003年7月。惠州市政府依托仲恺高新区的产业基础，批复成立了仲恺高新区科技创业服务中心（仲恺高新区留学生创业服务中心）作为仲恺高新区留学生创业园管理部门，秉承“服务科技，扶持创新”的发展思路，吸引初创期科技型中小企业和创业企业入孵，为归国留学创业人员提供创业启动资金、科技服务和商业配套服务。2008年9月，创业中心被省科技厅认定为“广东省高新技术创业服务中心”，被市纪委、市监察局认定为“惠州市改革开放成果教育基地”；2009年，获得“省中小企业服务机构示范单位”“广东省高校毕业生科技创业孵化基地”认定；2010年，被国家人力资源和社会保障部全国博士后管委会认定为“博士后科研工作站”，被科技部火炬中心认定为“国家级科技企业孵化器”，被省中小企业局认定为“广东省小企业创业基地”，被省发改委员会认定为“广东省现代服务业集聚区”；2012年，被市政府认定为“惠州市现代服务业集聚区”，被省中小企业局认定为“广东省中小企业公共服务示范平台”，被省人社厅认定为“广东省创业带动就业孵化基地”；2015年11月，成为广东省人社厅与惠州市政府共建的广东惠州留学人员创业园。

创业园孵化总面积20万平方米，孵化场地由仲恺高新区科技创业服务中心1、2、3号楼，TCL科技大厦科技创新研究服务中心，惠南、东江产业园科技创业服务中心，陈江、惠环加速器以及北京中关村异地孵化器、美国波士顿异地孵化器、政企共建孵化器等构成，针对不同成长阶段科技企业的需求，建设与之相适应的不同类型科技创新创业孵化载体，从创业苗圃到孵化器、加速器，再到产业园等，建立完善科技创新创业孵化链条，形成了“创业苗圃+孵化器+加速器”的孵化体系。创业园积极探索“前孵化器”和异地科技创新服务体系建设，依托国内外知名高校和科研院所，推动产学研合作，支持有创业需求的精英和创新团队把仍处于研究早期的技术产品甚至技术思路进一步完善并在仲恺高新区进行产业化。同时，为进一步优化仲恺高新区人才政策环境，仲恺高新区先后出台《仲恺高新区引进扶持高层次人才激励政策（暂行）》《仲恺高新区管委会关于仲恺高新区“恺旋人才计划”的实施意见》，针对海外高层人才，协助办理工商注册、税务登记、海外高层次人才居住证等一站式服务，提供生活津贴及一次性住房补贴等补贴待遇。

在创业园多年的建设和发展带动下，仲恺高新区已聚集留学人员近200人，留学人员创业企业10多家，占惠州市留学人员科技创业企业总数80%以上，多个项目被列为国家、省、市科技重点支持对象。

联系方式

地　址：广东省惠州市仲恺高新区惠风东二路16号
邮　编：516006
电　话：86-752-2653699
传　真：86-752-2653896
邮　箱：smart008@21cn.com

东莞市留学人员创业园

园区概况

东莞市留学人员创业园成立于2003年，是东莞市吸引海外留学人员来莞创业，建设创新型城市的重要平台。其宗旨是为留学人员来莞创业提供优质服务，营造适宜中小科技企业成长的创新环境，促进先进科技成果转化，加快培育自主创新型企业和现代企业家，推动东莞新兴产业、高科技产业发展。2005年底，被共青团中央授予“中国青年留学人员创业基地”的称号；2007年12月，被科技部认定为“国家高新技术创业服务中心”；2010年12月，成为人力资源和社会保障部与广东省人民政府共建的留学人员创业园。

创业园设在风景优美的东莞松山湖科技产业园区，有孵化场地面积4万多平方米，建成生物医药专业孵化器、创意产业孵化器，以及生物医药工程中心、微电子材料研发中心等多个公共技术平台。此外，还专门配备了会议室、多功能报告厅、员工食堂、咖啡厅、文体活动室等，为入驻企业提供良好的商务、生活环境。在为入园企业提供基础服务的同时，还提供中介、创业培训、人力资源、融资、专家辅导、对外交流合作等服务，促进企业科技成果产业化。

作为东莞市以及松山湖高新区吸引高端人才创业、孵化高新技术的重要基地，创业园在载体建设、人才引进、成果转化、企业培育等各方面取得显著成绩，逐步形成了“孵化器+加速器+新兴产业基地”的发展模式。目前，创业园已累计引入创业企业和服务机构300多家，入园注册资本合计12亿多元，19家企业被认定为国家高新技术企业；引进各类高层次人才470多人，其中10人入选国家“千人计划”，引进领军人才16人。

联系方式

地　址：广东省东莞市松山湖科技产业园区
　　　　学术交流中心
邮　编：523808
电　话：86-769-22891118
邮　箱：ljy@ssl.gov.cn

中山留学人员创业园

园区概况

中山留学人员创业园成立于2007年8月，由中山市人事局批准成立，与中山火炬高新技术创业中心、中山火炬生产力促进中心合署办公，实行“一套人马、三块牌子”的运作机制。中山火炬高新技术创业中心由火炬开发区管委会于1992年创办，2005年被科技部认定为“国家高新技术创业服务中心”，并被广东省科技厅批准为“广东科技人才基地（中山）”建设的依托单位。2011年12月，创业园成为全省首家由广东省人力资源和社会保障厅与中山市人民政府共建的省级创业园。

创业园已建成的建筑总面积达到30万平方米，拥有1个综合孵化器和5个专业孵化器，包括投资大厦、数码大厦、科技大厦、孵化中心大厦，有商务酒店、商业购物区、学校、专家楼、留学人员公寓等配套设施。此外，专用于留学人员创业的数码大厦已投入使用，孵化场地面积近10万平方米，可容纳企业近500家。科技中介服务区、创业人才生活区、高新技术成果展示区、高新技术产品交易区等四大人才创业配套服务功能区已基本成形。对入园创业的回国留学人员，创业园提供以下优惠政策：一是开发区一次性补贴10万元创业投资资金；二是从企业设立之日起的2年内，根据企业固定资产投资规模给予一次性3%的补贴，最高达到60万元；三是企业从登记之日起3年内，按投资总额的20%一次性给予贷款贴息；四是对于进入创业园达到博士学位或者是博导职称的，给予安家费10万—30万元。在科技创新方面，科技专项经费也给予优先的资助。同时，在子女进入园区之后的就学、就业、家属安置等方面也给予优惠，为留学人员提供广阔的创业平台和优质的生活环境。

目前，创业园已聚集了20多家留学人员科技创业企业，逐步形成了电子信息和软件开发、包装印刷、生物医药、新能源与新材料、光机电五大支柱产业，多个项目被列入国家、省、市科技重点支持对象。

联系方式

地　址：广东省中山市中山港康乐大道创业大厦101
邮　编：528437
电　话：86-760-85316969，85316213
传　真：86-760-5310271
邮　箱：hpp7943@sohu.com

南宁留学人员创业园

园区概况

南宁留学人员创业园成立于2000年初，坐落在南宁国家高新技术产业开发区内，由南宁新技术创业者中心负责服务管理。

创业园拥有孵化场地4000平方米，经过多年发展，建立起了较为完善的孵化培育服务体系。创业园结合南宁高新区的实际情况制定了一系列的优惠措施，包括提供留学人员创业启动资金、办公科研场地的优惠使用、协助企业申请各项科技经费、提供专家公寓、提供企业发展咨询服务等。

目前，创业园已吸引了一批来自美国、英国、日本等国家和地区的海外人员，以及国内博士和博士后前来创业。

联系方式

地　址：广西南宁市科园大道68号4栋6层
邮　编：530004
电　话：86-771-3213233，3213368
邮　箱：smart008@21cn.com

柳州留学人员创业园

园区概况

柳州留学人员创业园成立于2007年8月，由柳州市人事局、柳州高新区共同组织和管理，为留学回国人员提供资金、场地及相关配套服务。创业园实行“政府引导、企业运作、留学生管理”的运作管理模式，即通过海外留学生入股，创造“一头在国内、一头在国外、中间是政府”的“杠铃模式”，以最优惠的价格提供科研、实验、办公、配套和管理服务，利用政府资源参与运作和管理，引进风险投资资金，协助入园企业解决融资问题。

早在2003年就进入国家级的柳州高新技术创业服务中心，已形成了一整套完善的孵化服务体系，共有孵化场地2.7万平方米。创业园成立后，又制定了一系列优惠政策，除设立了留学人员基金外，还在柳州高新区中心和柳东新区提供了近1000平方米的场地，免费作为入园留学生的研发和生活区。创业园主要构建生物工程和生物制药、高新技术及新材料新能源、软件及文化产业、投融资等四大优势产业。

联系方式

地　址：广西柳州市高新一路科技工业苑11层
邮　编：545006
电　话：86-772-3998128

桂林留学人员创业园

园区概况

桂林留学人员创业园成立于2001年3月，由原国家人事部、广西壮族自治区人民政府和桂林市人民政府联合共建，2001年12月正式挂牌。创业园位于桂林国家高新技术产业开发区内，由桂林国家高新区管委会负责具体实施，是专为到桂林创业的留学人员、博士等高层次人才而设立的创业基地。创业园正式挂牌运作以来，充分利用国家人事部、自治区人民政府、桂林市人民政府的政策导向，依托桂林国家高新区良好的投资环境，发挥共建各方自身优势，吸引留学人员、博士以及立志创业的各方人士前来创业。促进科技成果商品化、产业化、国际化，培育一流的高新技术企业，造就精通技术、善于管理、通晓经营的复合型科技人才。2006年12月，创业园被广西区党委组织部授予“广西留学人员工作先进单位”的称号。

创业园现由创新大厦、创业大厦、铁山科技园、创意产业园四大孵化场地构成。创新大厦是高新区电子信息产业专业孵化器所在地，一期孵化场地面积2.7万平方米，利用地处信息产业园优势，专门吸纳中小型电子、通电企业，形成电子、通信企业集群，作为园区各规模企业产业链延伸的载体和末端，逐渐形成完整的产业链条。创业大厦地处高新区老区1平方公里内，孵化场地面积2.1万平方米，有8000平方米的轻钢工业厂房，周边有华诺威制药、晖昂制药等生物医药骨干企业，地理位置优越，交通便利，知名度高，建有“广西数字化产品开发制造公共技术服务平台”“桂林工业产品设计人才培训基地”重点孵化生物医药、光机电一体化企业，着力打造创业苗圃。铁山科技园一期孵化场地面积1.6万平方米，主要用于吸纳大专院校、科研院所成果转化，创业者以留学人员、博士、大学老师、大学生等高素质人群为主体，设有创业中心本部、全国大学生科技创业实习基地，将发挥“一个中心”的引领示范作用，成为多个专业孵化器的“辐射源”。创意产业园孵化场地面积6.8万平方米，是一个全新的，以集聚动漫制作、软件开发、产品设计等创意型企业为首要的园区，建有“高新区软件外包人才培训基地”“高新区动漫制作公共技术服务平台”，承载着高新区转变经济增长方式、文化立区的新理念。

创业园在局部打造了一个吸引留学人员回国创业的优化环境，在求得自身发展的同时也为高新区科技创新营造了一个新的亮点。目前，在孵企业达到300多家，培育规模以上企业80多家。

联系方式

地　址：广西桂林国家高新区大学科技园二楼
邮　编：541004
电　话：86-773-2670907
传　真：86-773-5819274
邮　箱：44603899@qq.com

北海留学人员创业园

园区概况

北海留学人员创业园成立于2006年2月，由北海市人民政府和广西壮族自治区人事厅合作共建。创业园分别设在北海市贵州路科技创业中心大楼、北海市北海大道科技大厦精品项目孵化器、北海市体育北路综合孵化基地等三个孵化器内，日常服务工作由北海市高新技术创业服务中心负责。

创业园先后引进了广西桂能信息工程有限公司，促成了广西桂能集团在北海工业园的亿元投资，产生了拉动北海经济发展的巨大效益；引进了北海金明阳风力潮汐发电科技有限公司，也促成了广西柳州明阳机电集团公司在北海市投资1.3亿元建设风电项目。园区企业为北海市的园区经济、高新技术产业的发展注入了新的活力，增添了新的力量。

联系方式

地　址：广西北海市北海大道科技大厦7楼
邮　编：536000
电　话：86-779-2020594
邮　箱：bhsulidong@sina.com

海口国家高新区留学人员创业园

园区概况

海口国家高新区留学人员创业园成立于2001年12月，由海南省人力资源和社会保障厅与海口国家高新区共同创建，由海口国家高新区科信局主管，旨在吸引优秀留学人员入园创办高新技术企业，重点孵化一批具有国际领先技术和自主知识产权、市场潜力巨大、国家重点支持领域的项目，促使先进技术与本地资源的有效结合，加快科技成果转化和产业化，促进海南经济的快速发展。2009年，创业园被海口市创建创业型城市领导小组认定为“创业孵化示范基地”。

创业园孵化总面积1800平方米，并拟建1.8万平方米创业孵化大楼作为新的创业孵化基地。工程分两期建设，完工后可满足创业人员办公、科研、中试的需求。创业园区在管理模式上创新，以“媒婆+保姆”的管理模式和“以人为本”的服务理念，努力为在孵企业和创业人员提供有效服务。高新区设立有创业扶持基金，每年筹备200万元作为扶持创业的匹配资金。此外，创业园联合政府部门、金融部门、风投机构建立投融资平台，努力让在孵项目和资金对接；联合省、市科技部门对企业技术成果进行鉴定、推广、交易；通过组织部门协调高校、科研院所的科学实验平台进行资源共享，重大科技项目可联合多方研发。

目前，创业园已聚集了一批由留学回国人员创办的高科技企业，主要集中在高科技农业、信息技术、生物医药、干细胞工程研究、蛋白质工程研究、分子细胞技术应用、中子核辐照技术应用、热带海洋研究等行业领域。

联系方式

地　址：海南省海口市南海大道168号
（海口保税区内）留学人员创业园112室
邮　编：570216
电　话：86-898-66826121
传　真：86-898-66826151
邮　箱：Hkwsyao@126.com

重庆留学人员创业园

园区概况

重庆留学人员创业园成立于2003年8月，由重庆市政府批准设立，其前身为重庆高新技术产业开发区管委会于2000年3月所创建的“重庆高新区出国留学人员创业园”。2007年，成为国家人力资源和社会保障部与重庆市人民政府共建的“中国重庆留学人员创业园”；2009年10月，被重庆市委、市政府评选为“留学人员归国创业服务工作先进单位”。

创业园位于重庆高新区二郎科技新城，总建筑面积8.92万平方米，总投资额为22亿元，是集科研、中试、生产、办公、展厅为一体的综合性现代化创业园区。

目前，创业园内有留学人员创办或领办企业23家，主要涉及电子信息、生物医药、新材料、先进制造等领域；成功培育华邦制药成为全国首批中小板上市企业，梅安森科技成为西部首家煤矿安全领域创业板上市企业。在园留学人员624人，中央“千人计划”入选者5人。

联系方式

地　址：重庆市高新区二郎科城路77号A座2楼
邮　编：400039
电　话：86-23-68683600
传　真：86-23-68416305
邮　箱：7009932@qq.com

重庆两江新区留学人员创业园

园区概况

重庆两江新区留学人员创业园于2015年5月由国家人社部批复同意与重庆市人民政府共建，由重庆两江新区管委会运营。

创业园主要布局在照母山科技创新城、水土高新技术开发区和龙盛工业开发区。根据《中国重庆两江新区留学人员创业园建设方案》，两江新区留学人员创业园将建成“三中心一平台”，即留学人员创新创业中心、高新技术项目孵化中心、科技创新型企业聚集中心，留学人员信息交流和成果展示交易平台。

创业园出台了“五资”“五助”“五配”三大方面政策，通过“组合拳”模式，从资金、服务、配套等方面，着力吸引国内、国际顶尖人才到重庆两江新区创新创业。其中，对经认定的海外高层次人才带技术、带创新成果到两江新区进行产业化，并新注册科技创新型企业的，一次性给予最高100万元开办补助。创业园还配备了创新创业服务中心、孵化中心以及人才公寓、国际学校和国际医院，为海外人才创造了优越的工作和生活条件。

创业园确立了5年内实现“三个五”目标，即留学人员主导创办、项目牵头或投资合伙的创新型企业500家，吸引创新创业人员5000名，助推云计算大数据、互联网、金融、文化创意、高端装备等5个战略性新兴产业集群，逐步形成创新创业体系。

联系方式

地　址：重庆市金渝大道66号金山大厦
邮　编：401122
电　话：86-23-63560000

成都留学人员创业园

园区概况

成都留学人员创业园成立于1998年8月，是成都高新区管委会下设的为留学人员回国创业提供服务、促进成果转化的公益性科技事业服务机构，是全国首家由国家人事部与地方政府共建的留学人员创业园。经过多年的发展，创业园不断完善留学人员回国创业的激励机制，按照“以优惠的政策吸引人才，以优良的环境留住人才，以优异的事业发展人才”的发展思路，通过有针对性的基础服务、增值服务和定制服务，促进人才资源向人才资本转化。

创业园坐落于成都高新区起步区工业园，面积3000平方米。近年来，创业园大力实施“创业天府”高新区引领工程，总体布局国际创新创业、校地军民协同创新、国际生物产业创新、国际空港科教创新等四大示范基地。打造双创旗舰菁蓉国际广场（中韩创新创业园），按照“专业化服务、市场化运营、国际化整合资源”思路，为创新创业者提供政务、商务、中介、平台、国际五大线下服务，及线上服务（菁蓉创新创业网），聚集高层次创新创业人才，培育企业自主创新能力，取得了显著成绩。

目前，创业园累计孵化企业500多家，在园留学人员企业300多家，主要集中在信息技术、生物医药、新材料、环保节能领域，成功培育出飞博创和芯微电子、亚连、摩尔、特普等一批拥有自主知识产权、具有核心竞争优势的留学人员企业，以及一批懂技术、懂管理、善经营的优秀企业家。

联系方式

地　址：四川省成都高新区益州大道中段1800号
　　　　移动互联创业大厦4楼
邮　编：610041
电　话：86-28-85335555
传　真：86-28-85312171
邮　箱：354422258@qq.com
网　址：www.cdibi.org.cn

绵阳留学人员创业园

园区概况

绵阳留学人员创业园建立于2000年5月，由四川省人事厅、科技厅、教育厅与绵阳市人民政府联合共建，市人事局、教育局、科技局与高新区管委会具体承建。创业园依托绵阳国家级高新技术产业区，按照市场经济规律和国际通行规则运作，以吸引和扶持留学人员，培育具有创新能力与国际竞争力的高新技术企业和科技企业家为重点，促进高新技术的发展和科技成果的转化。

创业园规划面积50万平方米，实现园区的连片开发和集中管理，已建成孵化中心、标准厂房和博士别墅住宅等基础设施，投入使用孵化面积4000多平方米，标准厂房面积5000多平方米，引入会计师事务所、企业咨询、风险投资等中介服务机构，为留学人员来区创业提供专业化服务。

创业园吸引了来自美国、加拿大、日本、澳大利亚、德国、英国等国家的留学人员创办高科技企业，为促进高新技术成果的转化，提高绵阳高新区科技创新能力作出了突出贡献，初步形成了人才聚集效应。

联系方式

地　址：四川省绵阳市普明南路东段95号创业服务中心
邮　编：621000
电　话：86-816-2546170，540097
传　真：86-816-2535118

贵阳留学人员创业园

园区概况

贵阳留学人员创业园（原贵阳留学归国人才创业园暨贵阳海外高层次人才创新创业基地）成立于2010年1月，其前身是成立于2003年的贵州留学回国人员创业园、贵州学子回乡创业园，是贵州省唯一的留学人员创业园。创业园由贵阳国家高新区投资建设，与贵阳高新技术创业服务中心实行“两块牌子、一套人马”，鼓励和扶持高层次海外留学人员回国创业。创业中心成立于1992年，是直属贵阳国家高新区管理委员会领导下的科技服务机构，1998年被科技部认定为“国家级创业服务中心”。2015年5月26日，人社部批复同意与贵州省政府共同建设“中国贵阳留学人员创业园”。

高新区管委为创业园制定了系统管理办法和政策措施，着力培育具有创新能力和国际竞争力的高新技术企业。并以贵阳高新技术创业服务中心综合孵化服务功能为基础，在研发、项目孵化、团队建设、技术改造、市场开拓等方面给予扶持。

目前，创业园已累计吸引60多个留学归国人才创业团队、100多名留学人员入园创办了60多家企业，涵盖制造业、电子信息、生物医药等高新技术产业，已成为全省科技创新创业人才最集中的区域。

联系方式

地　址：贵州省贵阳市金阳新区长岭南路创业大厦6层
邮　编：550022
电　话：86-851-4700588
传　真：86-851-4701009
邮　箱：260875268@qq.com
网　址：www.gyibi.net.cn

云南留学人员创业园

园区概况

云南留学人员创业园成立于2001年9月，是由昆明高新技术产业开发区创办的为海外留学人员回国创业提供创业服务的专业化园区。创业园与云南省国家大学科技园两园合一，合署办公，实行“两块牌子、一套班子”的运作模式，管理机构为云南留学人员创业园管理办公室、云南省大学科技园办公室。创业园以服务、创新为重点，以高新技术成果的商品化、产业化和国际化为目标，以促进科技成果转化、孵化高新技术企业、培育创新型企业为宗旨，着力吸引、挖掘、培育创业团队完备、研发能力突出、拥有自主知识产权的科技型企业。同时，依托省内外高校的教学、科研设施和研究成果，充分发挥昆明国家高新技术产业开发区体制、机制、政策的优势和社会服务功能，实现了高校、科研机构的智力资源与社会资源的有机结合，现已成为昆明高新技术产业开发区技术创新体系的重要组成部分，成为云南省、昆明市留学归国人员重要的创业平台。2004年，创业园被共青团中央评为“中国青年科技创新示范基地”；2008年，被科技部评为“国家火炬计划先进集体”；2009年，被省科技厅评为“优秀科技企业孵化器”；2010年，被昆明市科技局认定为市级孵化器；2011年，荣获“昆明名牌产品”称号；2012年，获“国家中小企业公共服务示范平台”称号。

创业园依托昆明高新技术产业开发区区域资源禀赋、产业基础和区位优势，集中发展生物医药、电子信息及现代服务业和新材料及先进装备制造业三大产业集群，园区产业呈现集群式、专业化、特色型发展的态势。园区拥有孵化场地13万平方米，已建成生物医药、电子商务专业孵化器、创业苗圃等孵化平台。

联系方式

地　址：云南省昆明二环西路220号云南软件园产业楼501室
邮　编：650106
电　话：86-871-68180605
传　真：86-871-68181219
邮　箱：1716175429@qq.com

云南海归创业园

园区概况

云南海归创业园于2006年成立，是在昆明经济技术开发区管理委员会的指导下，采用股份制企业化形式运作的，重点面向海归创业者建设的综合性科技企业孵化器。产业发展以信息技术、生物技术和环保新材料等为重点，不仅具有依托经开区新兴产业发展产业链，构筑产业机构支撑点的优势，还具有面向东南亚和南亚的地域优势。创业园发展至今，已经成为云南目前单体规模最大的科技企业孵化器，也是云南目前规模最大的留学人员创业园。先后被科技部认定为国家级科技企业孵化器，被云南省科技厅认定为省级科技企业孵化器，被昆明市科技局认定为市级科技企业孵化器，被人社部认定为全国创业孵化示范基地。同时，作为国家级昆明经济技术开发区配套的重点科技创业园区，被认定为国家级昆明经济技术开发区的二级招商引资平台、经开区引进海外高层次人才联络站、云南省留学服务中心经开区分中心、外贸服务基地、云南省科协科技专家服务站及省级生产力中心等。

创业园位于昆明开发区信息产业基地，占地109亩，已建设完成投入使用的面积达15.48万平方米。其中，孵化场地5.08万平方米，公共配套服务1771平方米，专属的留学生和大学生创业实习基地3000平方米，另有10.4万平方米作为产业加速器，主要用于规模化生产。创业园非常注重公共服务平台建设，采取自建与合作的方式整合自身及外部专业服务资源，目前已建立企业融资服务平台、政策咨询与项目申报服务平台、技术产权服务平台、教育培训服务平台、市场营销服务平台、人力资源服务平台等16个服务子平台，全面搭建了特色创业服务，为企业发展提供全面支撑。同时，创业园为留学回国人员创业制定了“育林式”全程服务，即“预孵化（引种幼树）—技术孵化（修枝培土）—企业孵化（施肥浇水）—企业加速（优良嫁接）”的全过程、全阶段的跟踪孵化服务。目前，园区以综合型科技企业孵化器为基础，着重培育信息技术、生物医药、新材料、节能环保、新能源及光电子信息等领域的科技产业，向专业孵化器和产业加速器方向发展，已成功培育出云南北斗银河导航、康嘉乐生物科技、圣周伟业等一大批知名高科技企业。

联系方式

地　址：云南省昆明市经济技术开发区信息产业基地春漫大道80号
邮　编：650217
电　话：86-871-66386416
传　真：86-871-66358760
邮　箱：9908773@qq.com

西安留学人员创业园

园区概况

西安留学人员创业园成立于1998年5月，是国家科技部、人事部、教育部和国家外专局共同批准确定的首批“国家留学人员创业园”。2002年7月，成为国家人事部与陕西省政府共建的留学人员创业园，同年12月被团中央认定为“青年科技人才创新基地”；2003年9月，被中央组织部、宣传部、统战部、人事部、教育部、科技部六部委共同授予“留学回国人员先进工作单位”称号；2006年6月，被中国民营科技促进会组织评为“全国先进科技产业园和先进管理者”；2008年12月，西安高新区被中央人才工作协调小组列为“海外高层次人才创新创业基地”；2009年4月，被列为“国务院侨务办公室引智引资重点联系单位”；2012年8月，创业园入选“新侨人才创业孵化团队”，是全国唯一入选的留学人员创业园；2013年3月，创业园被西安市外侨办评为“西安市侨务工作先进集体”；2013年11月，被科技部火炬中心认定为“苗圃—孵化器—加速器”科技创业孵化链条建设示范单位。

创业园位于国家级西安高新技术产业开发区内，总面积99.48万平方米，拥有由孵化基地、产业化基地、综合性园区组成的13个创业基地，已形成由1个综合性孵化器和多个专业孵化器相结合的“1+N”的孵化器集群发展模式。创业园围绕中小型科技企业的发展需求，提供创业咨询与指导服务、投融资促进服务、培训服务、共性技术服务、项目策划与申报服务等20多项专业化服务，建立了面向高新区科技型中小企业的分阶段、分领域培育的创业服务体系，为区域产业集群的发展源源不断地输送后配力量。

创业园充分发挥政策优势、产业优势和环境优势，在促进海外科技成果的引进、吸收、再创新方面取得了显著的成绩，促成了大批海外学人创业项目在西安高新区落户。目前，创业园累积孵化毕业企业495家，转化科技成果1500多项，现在园科技企业及留学人员企业共838家。

联系方式

地　址：陕西省西安高新区锦业路69号瞪羚谷G座2层
邮　编：710077
电　话：86-29-88314728
传　真：86-29-88320126
邮　箱：lixu@xdz.gov.cn
网　址：www.xibi.com.cn

西安经济技术开发区留学人员创业园

园区概况

西安经济技术开发区留学人员创业园成立于2008年8月，由西安市人事局和西安经济技术开发区共同组建，西安经开区管委会负责园区的各项管理和具体运作，设立专门办事机构，配备专职人员，提供专门办公场所，制定相关办法和细则，建立创业扶植基金等，规划园区建设用地及负责项目建设；西安市人事局在宏观规划、指导协调以及对创业园的考察评估等方面发挥职能优势。

创业园以经开区总体发展战略规划为依托，以经开区创业园管理办公室为政策管理及服务平台，以留学人员和国际高端人才为智力资源，结合区域实际，以经开区现有产业板块、入驻企业及科研项目为留学人员和国际高端人才创新及就业提供服务，以培育具有创新能力与国际竞争力的高新技术制造企业和科技企业家为重点，促进高新技术制造业的发展和科技成果转化，引领产业升级，逐步建立专业化创业基地，充分发挥示范、导向带头作用，为进一步建立国家级留学人员创业园奠定基础。

创业园管理工作由西安经济技术开发区留学人员创业园服务管理中心负责，不但为留学回国人员创办的企业提供共享服务空间、经营生产场地、办公设备、交通工具等基础设施服务，还为企业提供政策指导、优惠政策落实、国际合作及各类咨询服务。创业园开设了留学人员创业频道，设有专栏和信箱，并由专人负责留学人员到西安经开创业的前期咨询服务工作。同时，协助留学人员创办企业过程中的企业名称审定、工商注册、税务登记、银行开户、办理企业代码证、海关登记等手续。

联系方式

地　址：陕西省西安市凤城十二路1号凯瑞大厦A座206室
邮　编：710018
电　话：86-29-86135117，86517914
网　址：www.etpc.com.cn

杨凌示范区留学人员创业园

园区概况

杨凌示范区留学人员创业园成立于2000年8月，经杨凌示范区管委会批准，在杨凌示范区创业服务中心的基础上组建，是我国最早设立的农业高科技留学人员创业园。创业园由杨凌示范区创新创业园发展有限公司负责管理运营，与杨凌示范区创业服务中心“一套人马，两块牌子”。创业园围绕示范区内主导产业，通过建设并完善创新创业孵化服务环境，鼓励吸引海外留学人员来杨凌示范区投资创业，加快农业高新技术成果的商品化、产业化、国际化进程。

创业园基础设施配套完善，拥有1.1万平方米的创业大厦、6500平方米的创新大厦、1.4万平方米的创业园标准厂房。创业大厦地理位置优越，办公室宽敞明亮，物业管理服务已达到星级水平。创业园还具有完善的共享设施，如中央空调系统、ADSL宽带信息网、多功能会议室、健身房、餐厅、娱乐厅，是企业开展科学研究、进行产品生产和办公的理想场所。创业园提供从创业策划到注册登记、办公和生产场地选择、员工住宿、申报各类科技产业计划、申报科技企业和高新技术企业认定以及组织企业参加各类经贸活动等方面的全程服务，并向有希望的项目提供贷款推荐、贷款担保、风险资金、短期合作等。

目前，创业园在孵企业主要涉及生物医药、绿色食品、环保农资、良种繁育和涉农服务业等领域，在孵企业注册资金累计5亿元，年产值3亿元，共开发转化科技项目300多项，形成具有生产能力的产品200多个，其中，105项获国家及地方各类计划资金支持，55项列入国家和省火炬计划、攻关计划和重点新产品计划等。

联系方式

地　址：陕西省杨凌示范区神农路16号创业大厦
邮　编：712100
电　话：86-29-87030000
传　真：86-29-87035398
邮　箱：ylibi@yangling.gov.cn
网　址：www.ylibi.com

兰州留学人员创业园

园区概况

兰州留学人员创业园成立于2001年12月，由甘肃省人事厅、兰州市人事局、兰州高新技术产业开发区管理委员会共同发起组建。2010年1月19日，国家人力资源和社会保障部同意与甘肃省人民政府共建“中国兰州留学人员创业园”，并于2010年12月7日揭牌成立。

建设初期，创业园租用了科庆科技园综合楼部分办公用房建立了兰州高新区留学人员创业孵化基地、兰州高新区人才特区示范基地，连续3年无偿提供给留学人员创新创业。现已引进留学人员26人，创办企业19家。同时，为解决专业园区生产场地缺乏的问题，加速留学人员创业园的建设和发展，新建中国兰州留学人员创业园彭家坪产业研发基地。该基地总占地面积为61.67亩，建筑面积14万平方米，建设投资3亿多元，建有标准化厂房、办公楼、公共基础设施等，设施完整，公共配套全面，能够为100—160家企业提供开发场地和共享的创业保障平台。目前，创业园的孵化场地面积达到8.57万平米。

创业园自成立以来，大力开展招商引智工作，建立健全了招才引智运作制度，包括身份认定、入园手续办理、优惠政策研讨、项目申报、协助企业成果鉴定等；不断强化服务功能，针对留学人员特点，不断简化工作程序，做到热心、细致、专业、务实，积极扶持园区企业的技术研发和创新；不断改善园区软、硬环境，结合园区实际情况，突出重点，扎实工作，优化创业环境，扩大对外宣传，多渠道、全方位吸纳留学人员回国创业，取得了较好成果。

创业园累计引进留学人员创办的科技型企业达79家，目前在孵企业45家，毕业企业30家，累计引进留学人员104名。创业园正在成为科技型人才创新创业人才的密集区、科技型产业的聚集区、科技成果的转化区。

联系方式

地　址：甘肃省兰州市城关区南面滩268号45号信箱
邮　编：730010
电　话：86-931-8552029
传　真：86-931-8553171
网　址：www.lzgxcy.com

宁夏留学人员创业园

园区概况

宁夏留学人员创业园成立于2003年6月，经宁夏回族自治区人民政府批准，由自治区人力资源和社会保障厅、银川市人民政府、银川经济技术开发区管委会共同建立。创业园与宁夏高新技术创业服务中心合署办公，由宁夏留学人员创业园管理办公室负责具体管理工作。

创业园自成立以来，在自治区人力资源和社会保障厅的关怀指导下，在开发区党工委、管委会的高度重视和各有关部门的支持帮助下，不断改善园区软、硬环境，优化回宁留学人员创业环境。为吸引优秀留学人才回宁创业，开发区管委会先后制定了《银川经济技术开发区管委会留学人员创业园管理规定（暂行）》《银川经济技术开发区管委会吸引优秀人才基金管理办法（试行）》《银川高新区高新技术风险担保基金管理办法》《银川高新区扶持高新技术企业发展基金管理办法》和《银川经济技术开发区“十二五”时期建设“人才特区”暂行办法》等配套政策，提出了引进人才智力的一系列政策措施，对留学人员创业园的建设、发展提出了具体的目标要求和扶持政策。创业园服务体系逐步完善，不断强化服务功能，建立了包括身份认定、入园手续办理、优惠政策落实、项目立项申请、高新科技成果转化等运作制度，以热心、细致、专业、务实的态度，积极扶持园区企业进行技术研发和成果转化。

联系方式

地　址：宁夏回族自治区银川市黄河东路创新园48号
　　　　银川经济技术开发区管委会组织人事劳动局
邮　编：750001
电　话：86-951-5062867
传　真：86-951-5062830，5062845
邮　箱：ycdaldj@163.com

新疆留学人员创业园

园区概况

新疆留学人员创业园于2013年经自治区人民政府批准成立，是新疆自治区、乌鲁木齐市和开发区（头屯河区）着力打造的为培育具有创新能力与国际竞争力的高新技术企业和科技企业家，促进高新技术发展和科技成果转化，鼓励吸引海内外高层次人才来疆创业发展，促进创业类企业发展壮大而建立的高层次人才创新创业基地。园区管理机构为新疆留学人员创业园管理办公室，属于乌鲁木齐经济技术开发区（头屯河区）直属事业单位。

创业园所在的新软创智大厦于2015年7月投入使用，拥有公共会议室、公共洽谈区、知识产权服务中心、中小企业服务中心、科技创业“一站式”服务中心等，提供孵化面积5100平方米。同时，采取园外园模式与顺德创业孵化基地建立了战略合作关系，提供孵化面积1400平方米，目前可为创业企业提供的孵化面积共计6500平方米。创业园重点强化创业辅导、人才引进、企业融资、成果转化、股权投资、产业促进六大服务，吸引和扶持海内外高层次人才创业。

联系方式

地　址：乌鲁木齐经济技术开发区（头屯河区）
　　　　喀纳斯湖北路455号新软创智大厦B座
邮　编：830057
电　话：86-991-3075362，3075365
传　真：96-991-3075366
邮　箱：409165831@qq.com

乌鲁木齐留学人员创业园

园区概况

乌鲁木齐留学人员创业园成立于2002年，2010年经人力资源和社会保障部与新疆维吾尔自治区人民政府共建成为“中国乌鲁木齐留学人员创业园”。创业园和乌鲁木齐高新技术产业开发区高新技术创业服务中心实行“两块牌子，一套班子”的运作方式。2004年，创业园被科技部认定为“国家级高新技术创业服务中心”；2009年4月，被自治区政府授予“自治区留学回国人员工作特别贡献奖”；2010年2月，被科技部认定为“科技企业孵化器大学生科技创业见习基地”；2010年10月，被教育部、科技部认定为“高校学生科技创业实习基地”；2011年3月，被市委、市政府认定为“先进公共服务机构”；2012年12月，被自治区经济和信息化委员会认定为“2012年新疆维吾尔自治区中小企业公共服务示范平台”。

创业园现有孵化场地面积2.69万平方米，其中供孵化企业使用的场地2.65万平方米。创业园按照ISO9000质量管理体系要求，规范了服务质量，建立了创业导师制度，定期组织创业专题讲座；认真贯彻落实对科技创业企业和博士留学人员创业企业的支持政策，聘请法律顾问和专业技术顾问，为入孵企业提供法律咨询和各类专业技术服务；开发面向中小企业电子商务平台，链接“万方数据”“维普资讯”“新疆科技文献资源共享平台”，为入驻企业免费提供科技文献查询。此外，创业园通过与乌鲁木齐中奥文泰教育咨询公司签订共建“新疆科技创业（教育）培训学校”合作协议，创建孵化“苗圃”，面向在校大学生、社会科技创业人才，搭建以“创新形式、力求实效、内外互动、跨越发展”为理念的科技创业培训高地；积极与中科院新疆分院新疆理化所联系，参与实施“新疆维吾尔自治区民族药创新工程研究中心”项目，不断完善生物医药专业孵化器专业技术服务平台建设；成立创业者俱乐部，积极开展各项培训、参观、交流活动，构建了良好的创业创新环境。

目前，创业园累积孵化企业640家，其中留学人员企业116家；有在园企业268家，其中留学人员企业32家，在园创业或工作的留学人员54人。在园留学人员企业主要分布在电子信息、生物医药、新材料、新能源等行业领域。

联系方式

地　址：新疆维吾尔自治区乌鲁木齐市天津南路682号
邮　编：830011
电　话：86-991-3672988
传　真：86-991-3671733
邮　箱：181092469@qq.com
网　址：www.xjidi.org.cn

第四部分

人物篇

注：本篇所收录的是在2016年入选第十二批国家“千人计划”的创业人才，按姓氏拼音排序。

蔡伟伟

厦门烯成新材料科技有限公司创始人兼技术总监。2002年毕业于厦门大学物理系物理学专业，2006年于中国科学院物理研究所获得博士学位，主要从事石墨烯等二维半导体材料的制备、表征和应用研究，2006年至2007年期间赴美国西北大学机械工程系访问学者；2007年至2010年在美国德克萨斯大学奥斯汀分校跟随Rodney S. Ruoff教授做博士后研究。2010年回国，到厦门大学物理系工作，2013年入选首届国家“青年拔尖人才支持计划”以及福建省“百人计划”，并成为厦门大学物理系史上最年轻的系主任。期间获国家基金委青年科学基金、国家基金委重大研究计划培育项目的支持，在国际知名期刊发表论文60余篇，多次应邀在国际会上作大会报告。2013年，组建创立厦门烯成新材料科技有限公司。公司是国内首家从事石墨烯制备设备及石墨烯产品应用开发研究的高科技企业。目前已批量生产石墨烯导热膜、导热塑料，应用于手机、LED产品、平板电脑等领域，其中首创的G-CVD石墨烯生长系统，市场占有率超80%，主要客户包括清华大学、复旦大学、北京师范大学、厦门大学、中科院等几十家国内顶级的高校和研究所，同时也覆盖了中国宝安、东旭光电等上市公司。公司基于石墨烯的导热、导电塑料也已经按吨出货，已形成千万级销售额。2013年，公司入选厦门市第三批“双百计划”A类企业；2014年入选福建省“百人计划”创业团队，同年获国家高新技术企业；2015年获得厦门首届“白鹭之星”创业创新大赛第2名、第四届中国创新创业大赛新材料组第3名。2016年，入选第十二批国家“千人计划”创业人才。

陈维

烟台德邦先进硅材料有限公司总经理。留美博士。曾任道康宁（Dow Corning）电子材料部大中国区经理，主要从事半导体工业有机硅高分子材料、半导体和显示器封装材料的研究，具有20多年的产品开发及管理经验，累计发表论文20余篇，获美国专利10余项，申请国内发明专利50项，其中20项已授权。2009年回国，此后加入烟台德邦科技有限公司。2011年，领衔创办烟台德邦先进硅材料有限公司。公司是一家研究、开发、生产、销售高端有机硅新材料的中美合资企业。公司拥有20余人的技术专家团队，拥有标准的产品检测手段和质量保证体系，产品覆盖LED、电子与微电子、平板显示等封装领域。母公司烟台德邦科技有限公司成立于2003年，是一家拥有强大技术专家团队和高度自主创新能力的高新技术企业。2010年获批成立山东省首家外籍院士工作站、山东省“中国•瑞典微电子封装材料与系统集成研究中心”、烟台市微电子封装材料与系统集成工程技术研究中心；2011年荣获“国侨办重点华侨华人创业团队”称号。个人先后被评为山东省“泰山学者海外特聘专家”、烟台市“双百计划特聘专家”、烟台开发区“科技领军人才”；2016年，入选第十二批国家“千人计划”创业人才。

陈文娟

深圳维示泰克技术有限公司总经理。女。拥有多年高校从教经历，获得首届中德DAAD精英奖学金，国家公派赴德国不莱梅大学进行博士研究生研修。研修期间接触到欧洲先进的增材制造技术，成为国内最早投身于3D打印技术研发和创新教育应用的先行者之一。2011年5月回国，创办深圳维示泰克技术有限公司。公司专注于高速桌面3D打印机、3D打印材料、3D打印创作教育平台的研发和应用普及，是全球十大桌面3D打印机品牌之一，也是中国最早致力于为教育机构和家庭用户提供3D打印解决方案的综合服务商之一。公司在深圳拥有面积4000平方米的生产基地，在丹麦拥有高速3D打印研发团队，并设有3D打印工程技术研发中心、STEAM教育研究中心，是深圳市3D打印协会副会长单位、广东省3D打印产业创新联盟副理事长单位。公司在自主研发上不断创新，目前已开发出五代3D打印机产品，在3D打印领域拥有3D打印高速芯片、3D打印软件核心算法、高速3D打印机、特殊3D打印材料等四大全球领先技术，拥有国内外专利18项和软件著作权6项，产品获得CE、FCC、Rohs、Reach、PAHs等多项国际认证。公司成功开发出拥有自主知识产权的全球最高速桌面3D打印机和多种环保3D打印材料，销往美国、德国、东南亚等30多个国家和地区。同时，推出的“无限印象”3D打印创作课程，也已进入国内众多中小学、幼儿园和社区。2016年，入选第十二批国家“千人计划”创业人才。

陈新江

苏州汉纳材料科技有限公司董事长兼技术总监。留日博士。曾任日本理化学研究所研究员。2011年底回国，创办苏州汉纳材料科技有限公司。公司位于世界最大纳米技术应用产业综合社区苏州纳米城内，是获得政府旗下投资机构投资、专业从事纳米碳材料的研发、生产及规模化应用的高科技企业。目前主要产品有基于碳纳米管的汽车锂电池、加热膜电地暖系统等领域，以及透明导电薄膜、光学保护膜、耐高温保护膜、工业保护膜，广泛应用于智能手机面板、触摸屏、背光源、LCD、柔性线路板、IC芯片等制程和出货保护领域。公司研发的碳纳米管（CNTs）电热膜有效解决了南方冬季供暖难题，并以此核心技术设计研发了适合家居的电暖垫以及CNT-T型踢脚线取暖器。2016年，入选第十二批国家“千人计划”创业人才。

丁丹

九州华兴集成电路设计（北京）有限公司CEO。2007年从中国科学院研究生院毕业后，获得美国加利福尼亚大学全额奖学金赴美留学，主修电子和计算机工程。留美期间，曾参加美国能源部和国防部多个重点项目，并创办了美国ApplyStar.com网络公司。2010年回国，在清华大学攻读密码学博士学位，主要方向为格理论密码体系研究。读博士期间，曾参加多项863和973国家重点项目，其率领团队研发的“高性能椭圆曲线密码芯片”获得北京市留学人员科研择优资助项目重点资助，入围人力资源和社会保障部留学人员科研国家资助项目，国内外发表SCI和EI论文多篇，拥有发明专利和软著多项。2012年，在北京市留学人员海淀创业园创办九州华兴电路设计（北京）有限公司。公司面向金融系统和政府机构市场，主营高性能密码芯片，凭借密码理论和芯片技术方面的优势，先后入选中关村“金种子工程”“海帆企业”项目，获得政府资助。2013年6月，九州华兴获得中北资产投资，成立华兴国泰集成电路设计（天津）有限公司。目前九州华兴主要致力于高性能数字信息加密解密芯片的设计与研发，为电子政务、电子商务、数字媒体、移动通信、网络安全，云计算等领域提供高性能、高可靠性信息安全密码芯片及解决方案，同时面向金融IC卡市场，研发销售具有完全自主知识产权的、符合国家密码标准的、高速和高安全性的IC智能卡芯片，并将努力成长为安全芯片领域的领军企业。2016年，入选第十二批国家“千人计划”创业人才。

范斌

厦门惟华光能有限公司总经理兼技术总监。2000年至2006年就读于清华大学化学系，获得理学硕士学位；2006年至2010年在瑞士联邦材料研究所（EMPA）工作，从事可溶性小分子有机太阳能电池研发；2007年至2010年就读于瑞士洛桑高等理工大学（EPFL），获得理学博士学位。2010年8月回国，创办厦门惟华光能有限公司。公司是集研发、生产与销售为一体的高科技企业，主营为第三代超薄膜有机太阳能电池。公司的研究基于瑞士洛桑高等理工大学及瑞士联邦材料研究所的有机小分子技术及钙钛矿结构太阳能电池技术，以将钙钛矿结构的超薄膜电池以最领先的技术、最好的工艺和最高效地实现量产为目标，是全国第一家将有机薄膜太阳能电池由实验室的研发向工业化的生产转型的公司。公司成功地把可溶性小分子型有机太阳能电池的光电转化效率提高了10倍以上，已接近量产的水平。公司积极与国内外企业及研究机构开展合作，致力于推动中国有机/无机复合太阳能电池技术与产业的发展，目前已经与包括清华大学、厦门大学、德国默克集团、香港纳米先进研究所等建立了密切的合作关系。个人被评为厦门火炬高新区“高新技术创业领军人才”，入选厦门市首批“双百计划”、福建省“百人计划”；2016年，入选第十二批国家“千人计划”创业人才。

龚霄雁

苏州茵络医疗器械有限公司董事长。1991年赴美国加州大学圣巴巴拉分校进行博士及博士后的学习。曾先后任瑞士Sulzer Medica公司旗下Cabomedics公司和美国强生公司旗下镍钛部件公司的高级设计分析师、主任工程师和总工程师，期间参与并支持所有强生旗下镍钛合金微创体内医疗植入体在美国的合格申请和生产流程优化，并组建了镍钛合金疲劳项目，是心血管介入医疗器械业界著名的技术专家。2013年1月回国，在苏州工业园区生物纳米科技园创办茵络医疗器械有限公司。公司是一家专业从事植介入医疗器械的研发、生产以及独立提供设计、生产、验证等技术外包服务的高新技术企业。公司具有业界公认的实力雄厚的技术团队，尤其在镍钛合金植入式医疗器械的表面精细处理、镍钛丝支架的编织及热定型、主动脉覆膜支架、外周血管编织支架、无损Af温度测试仪、医用导丝、机械性能测试、疲劳测试及耐久性评估等方面有着独到的建树。2014年，个人入选苏州市“姑苏创新创业领军人才计划”；2015年，入选江苏省“双创计划”；2016年，入选第十二批国家“千人计划”创业人才。

何军晓

南京智晓信息科技有限公司董事长。毕业于清华大学，后赴美国普渡大学获得计算机系和核能工程系双硕士，曾任JuniperNetworks技术总监，在虚拟专用网络服务器数据安全和商业大客户系统网络模块程序安全设计领域，拥有自主知识产权的专利成果。2012年回国，创办南京智晓信息科技有限公司。公司是一家致力于“云计算”基础设施建设的高科技创新型企业，主要从事基于云计算的数据库安全系统的研发及产业化，为“云计算”提供创新的、高性能的负载均衡、SSL、电子签章和应用交付产品，并在此领域内拥有多项核心专利，为用户提供最高性价比的全线产品系列。公司的研发团队由多名留美博士领军，分别在国内和美国设立了研发机构，在技术上取得领先，并能更贴近国内用户的需求。公司在国内率先实现了对正反向隔离器的负载均衡，最先研发成功电网远动协议规约分析仪并获得国家电网入网许可，高速SSL网关已经成功在国家级别网络中部署。2012年，个人入选南京市“紫金人才计划”。2016年，入选第十二批国家“千人计划”创业人才。

洪峰

苏州澳冠自动化设备有限公司总经理。日本富士大学机械系统工程硕士，曾从事教师、公务员，担任过日本胜代机械集团董事及中国区总裁。2012年5月回国，创办苏州澳冠自动化设备有限公司。公司将工业领域焊接技术与应用智能机器人系统有效结合，研发出一系列高端焊接机器人，拥有一系列自主专利技术，为能源设备、环保设备、农业设备、医疗器械、汽车配件、工程机械、家用电器、电梯配件等领域的用户提供高质量的机器人自动化焊接工作站和机器人自动化生产线，以及全套省时高效的个性化解决方案。公司被认定为江苏省高新技术企业、江苏省科技型中小企业，并成功挂牌“新三板”。个人入选江苏省“双创计划”，被认定为吴江科技领军人才。2016年，入选第十二批国家“千人计划”创业人才。

黄源浩

深圳奥比中光科技有限公司董事长兼CEO。2002年毕业于北京大学力学系。同年获全额奖学金赴新加坡国立大学读研，研究方向为光学3D测量。2010年获加拿大瑞尔森大学博士后研究员奖学金，此后加入香港理工大学、麻省理工学院等科研团队，进行光测生物医疗传感器、水下成像、透过浑浊介质成像等方面的研究，有超过10年的3D传感、人工智能技术和产品的研发经验。2013年回国，创办深圳奥比中光科技有限公司。公司专注于3D视觉和人工智能领域，是一家集研发、生产、销售为一体的高科技企业。公司自成立以来，始终以3D体感技术为依托，在行业内取得了一系列重大突破，已经成为除苹果、微软、英特尔三家IT巨头以外，唯一一个集研发、量产于一体的跨平台3D技术供应商，并在2014年底获得深圳市“孔雀计划”第一名。公司目前主要产品有电视体感器、游戏体感器和深度相机，并将启动电视体感操作系统、网络3D试衣、3D监控视频和以图搜图等项目的技术研发。在运用领域，奥比中光在体感应用、3D摄像头、娱乐教育、智能安防等领域已取得巨大突破，并将逐步进军机器人视觉、汽车自动驾驶、工业医疗等领域。2016年，入选第十二批国家“千人计划”创业人才。

黄振华

山东亨利医药科技有限责任公司董事长兼总裁。沈阳药科大学药剂学博士。在新加坡和美国有着长年学习工作经验。作为主要发明人发表发明专利300余件，已有200多件授权，发表具有较高影响因子的文献2篇，是中国生化制药工业协会的常务理事。先后创办山东轩竹医药科技有限公司、新加坡亨利生物科技有限公司和美国KBP BioSciences USA Inc.等海内外新药研发公司。2011年，在济南高新区创办山东亨利医药科技有限责任公司。致力于公司抗肿瘤药物、心脑血管系统药物研究，通过引进先进的创新药物研究开发理念，借鉴国外领头企业的成功经验，结合国内实际情况，开发具有自主知识产权的创新药物，同时建立国际一流的创新药物研究和开发平台。公司研发的所有的创新药物均是中国和美国同时申报，在美国FDA的新药申报的数量上大幅领先中国本土新药企业。2016年，入选第十二批国家“千人计划”创业人才。

贾西贝

深圳市华傲数据技术有限公司CEO。1999年获得大连理工大学学士学位，2002年获得北京大学硕士学位。2002年至2003年任职于Sun中国工程研究院。2004年获英国政府ORS奖学金资助赴爱丁堡大学留学，2008年获得博士学位，此后从事数据质量相关的博士后研究工作。曾带头领导和参与过多项世界级数据质量管理、半结构化数据管理领域的项目，包括爱丁堡皇家学会、苏格兰企业局、英国EPSRC、IBM等机构资助的项目，在国际顶级和一流数据库会议及学刊发表10余篇论文，申报或授权2项美国专利、2项中国专利。2010年起，兼任黑龙江大学客座教授。2010月12月，创办深圳市华傲数据技术有限公司。公司是专业从事世界顶尖数据管理与分析技术研究和开发的科技创新型企业，为互联网、金融、电信、生物医药、政府等行业提供数据质量、数据集成、大数据分析和复杂数据分析等方面的基础软件产品和全面解决方案。2012年，公司被评为广东省第三批创新科研团队和深圳市“孔雀计划”创新团队。2016年，入选第十二批国家“千人计划”创业人才。

江南

宁波晶钻工业科技有限公司总经理。1997年获得日本大阪大学电气工学科博士学位。在日本工作期间，主持了新型等离子体镀膜设备研制等多项重大科研项目。在美国期间，曾任美国应用纳米技术控股公司（Applied Nanotech, Inc.）热工管理材料事业部部长。累计发表学术论文100余篇，申请和获得国内外及PCT专利80余件。2012年回国，创办宁波晶钻工业科技有限公司。公司以天然和人造金刚石为材料基础，以激光微细超精加工、纳米制造、CVD等国际前沿现代制造技术为手段，致力于金刚石及金刚石工具和相关装备的研发、生产、销售与服务。公司拥有多名跨行业外籍及海归研究员、教授、博士，与中国科学院宁波材料所共建技术研发中心，以及日本、美国多家跨国公司、大学、研究所建立长期战略联盟，自有多项国内国际领先的专利等核心知识产权。公司成功研发并生产出可与国外人造单晶金刚石相媲美的人造单晶金刚石，突破国外技术垄断，填补了国内空白。2016年，入选第十二批国家“千人计划”创业人才。

金虎林

上海佰恩智电子科技有限公司董事长。留美博士。读博期间致力于人工智能领域的算法方案研究，其研发的指纹核心算法克服了指纹识别中最难解决的假指纹问题，并在世界指纹算法大赛（FVC）上连续两届获得第一名。2012年回国，创办上海佰恩智电子科技有限公司。公司专门致力于指纹系统解决方案的研究，目前已成功开发出4大系列指纹模块，包含十几款指纹模块产品，并可以满足客户二次开发的需求，可用来开发指纹门禁、指纹考勤、指纹锁、指纹保险柜、指纹储物柜、POS机以及指纹支付系统等。个人先后被任命为中国动力谷专家委员会委员、上海浦东新区博士后工作站评委委员、三星techwin研究所生物识别研究室首席研究员、上海浦东新区政协委员，入选上海市“千人计划”。2016年，入选第十二批国家“千人计划”创业人才。

李宏

苏州英菲泰尔电子科技有限公司董事长兼总经理。留美博士。曾任领英（LegensiliconCorp）技术总监。2011年回国，在苏州工业园区创意产业园创办英菲泰尔电子科技有限公司。公司致力于研发生产新一代超低耗物联网无线网络芯片和高端ASIC验证平台。通过对创新研究的持续不断投入，开发出具有竞争力的产品，建立起强大的自主知识产权，参与制定新一代物联网标准，成为物联网产业的领导者。2013年，公司被评为第三批“国务院侨办重点华侨华人创业团队”。2012年，个人入选江苏省“双创计划”，并被评为苏州工业园区第七届“金鸡湖双百人才”。2016年，入选第十二批国家“千人计划”创业人才。

李华

苏州固泰新材股份有限公司总经理。女。日本秋田大学机能材料专业博士。曾任日本大化学株式会社工程师、四川东材科技集团股份有限公司工程师、华信技术检验有限公司国家注册审核员。2010年2月，创办升信新材（北京）科技有限公司。2012年7月，创办苏州固泰新材料科技有限公司。公司主要从事新能源产业用薄膜及复合材料与设备的研发、生产和销售，生产的双向拉伸电工用超耐候型绝缘薄膜（PVDF薄膜）是太阳能电池绝缘背板的关键材料，不仅打破了美、日、韩等外国公司的行业垄断，而且品质赶超国际水平，还把绝缘薄膜市场价格从每米20元拉低到每米7元，大大降低了国内用户的使用成本。公司目前正计划打造国内最先进的绝缘薄膜生产线，速度提升4倍，能耗将降低七成多。公司被认定为国家高新技术企业，并在全国股转系统挂牌成功上市。2012年，个人被评为吴江市科技领军人才；2013年，入选北京市第九批“海聚工程”、被评为北京市特聘专家；2014年，被评为“姑苏创新创业领军人才”。2016年，入选第十二批国家“千人计划”创业人才。

李军旗

深圳市圆梦精密技术研究院院长。日本东京大学工学博士，精密制造领域专家，日本精密工学会、模具技术学会会员。曾任日本FINETECH公司主任研究员，从事技术开发和企业管理工作13年，拥有33项已授权发明专利并多次获奖。2013年3月回国，创办深圳市圆梦精密技术研究院。研究院锁定精密制造产业的高端装备、精密工具、新型材料三大核心领域，瞄准精密制造新理论新方法、高端装备及其关键元器件、精密工具及其制造系统、精密工具材料及涂层、智能制造系统五个研究方向，着眼于制造业重大、共性、关键基础技术展开集成研发，为航空航天、生物医疗、节能环保、新一代信息技术、新材料、新能源、新能源汽车、高端装备制造等战略性新兴产业的快速发展提供技术支撑。研究院先后成功研发出世界第一台1纳米分辨率的车、铣、磨、机上测量复合超精密加工系统，世界第一台10纳米分辨率、主轴最高转速16万转的超高速铣削加工系统，1纳米分辨率小型卧式超精密形状测量仪，超精密加工与制造CAD/CAM支援系统等关键性技术和产品，并先后入选深圳市“孔雀计划”和广东省“珠江人才计划”团队。2016年，入选第十二批国家“千人计划”创业人才。

李青山

武汉康复得生物科技股份有限公司董事长。华东理工大学生物化工博士，日本京都大学、德国洪堡基金会、美国堪萨斯大学药学院博士后，曾任职于美国Oxthera生物医药公司、Oxthera Inc与Q-Med/Bengt group公司。2010年8月回国，在武汉光谷生物城生物医药园创办武汉康复得生物科技股份有限公司。公司投资美国Captozyme公司，实现中美同步研发、生产和销售预防肾结石的食品、药物以及肾结石检测试剂盒，相关产品已于2016年底在美国上市。公司致力于利用中美两国资源开拓全球市场，成为技术水平国际领先、产品国际首创，为全球肾结石相关疾病市场提供药物与服务的大型国际化企业，成为无创伤药物预防和治疗肾结石的开拓者。2014年，公司获得国家高新技术企业和技术先进性服务企业资质；2015年，公司在新三板挂牌，被新三板智库与新华网评为最具成长潜力综合排名第23名，健康与医药领域第4名。个人先后入选武汉东湖“光谷3551人才计划”、湖北省“百人计划”创业人才、湖北省十佳科技创业人才。2016年，入选第十二批国家“千人计划”创业人才。

李志勇

浙江凯盈新材料有限公司总经理。美国普渡大学博士。毕业后在硅谷曾参与创建两家高科技公司。2012年回国，创办浙江凯盈新材料有限公司。公司是一家以研发、生产与销售高端新型电子浆料为主的中外合资高新技术企业，主要产品是电极浆料和电子元器件用高端导电浆料，其中电极浆料是国家新材料产业“十二五”发展规划中的重点产品。公司拥有超净实验室和全套进口的实验设备，并在美国设有研发中心，核心研发团队由一批在该领域知名研发的国际专家组成，技术水平位于世界前列，研究人员共申请30多项美国专利。公司成功研发出了太阳能电极背银浆料和正银浆料，均已申请浙江省新产品试制计划，其中正银浆料在单晶电池片的转换效率已与最好的进口产品一致，填补了国内空白，并实现了产业化。2016年，入选第十二批国家“千人计划”创业人才。

刘辰

上海亲合力生物医药科技股份有限公司总裁兼首席科学家。留美博士。曾在美国斯克里普斯研究所任副教授，在美国创立了Affinity pharmaceuticals和Medbiocom两家生物医药公司，并担任总裁。2012年回国，创办上海亲合力生物医药科技股份有限公司。公司基于世界最新的医药创新平台——肿瘤微环境特异激活的抗癌药物平台，与美国公司同步研发与生产低毒高效的、具有自主知识产权的抗癌新药。2015年，个人入选上海市“千人计划”。2016年，入选第十二批国家“千人计划”创业人才。

刘鸿达

昆山超绿光电有限公司创始人兼CEO。新生代台商在大陆创新创业的代表。曾先后在台湾工研院、龙腾光电等科研院所、企业从事显示屏研发工作。2010年在台湾工业技术研究院创办超绿光电有限公司，主要从事设计、开发超低功耗显示面板模组、内嵌式触控显示屏等业务。2012年3月，携带50多项专利技术来内地，获得昆山市政府、昆山市国科创业投资有限公司的支持和投资，在昆山高新区创办昆山超绿光电有限公司。公司创业团队来自工研院、TFT-LCD大厂、驱动IC厂、触控等各专精领域，经过多年开发研究，推出了超越AMOLED的Super Diamond LED以及Silence超节能技术，拥有专利300多项，成功实现产业化项目20多项。目前，公司成功研制出的超广色域显示技术、超低功耗钻石显示屏，填补了国内空白并达到国际先进水平，大大提升了我国高端智能手持移动设备的国际竞争力，已和TCL、友信达、希姆通、凡卓、印度OBI、俄罗斯FLY等10多家业内知名企业建立合作关系，2016年实现销售3亿多元。2016年，个人入选第十二批国家“千人计划”创业人才。

刘利平

深圳君圣泰生物技术有限公司总经理兼首席科学官。女。南开大学蛋白与多肽化学博士，师从著名高分子化学家、中国科学院院士何炳林教授，后在加拿大多伦多大学及病童医院Dr. Charles Deber实验室从事博士后研究，并获得美国约翰普金斯大学MBA学位。从事多肽化学研究逾20年，是多肽化学领域的高级专家，在国际刊物上发表论文20多篇，已获4项国际专利。曾任美国CTL Immunotherapies公司研发总监、MannKind公司高级研发经理、ATCC公司蛋白组学与生物标记物项目主任、美国MALIBU Labs公司商务开发总裁等职，其研发的多个抗肿瘤肽类药物已进入1-2期临床试验。2011年8月回国，率团队与海普瑞药业股份有限公司共同投资创办深圳君圣泰生物技术有限公司。公司是拥有自主知识产权Ⅰ类新药的高新技术企业，将多肽类新药的开发与创制做为核心业务点，专注于包括治疗糖尿病及其并发症、耐药性细菌感染、癌症等多种重大疾病新药的研究与创制。2016年，入选第十二批国家“千人计划”创业人才。

刘瑀

大连环信科技有限公司董事长。日本东北大学理学博士。在日本学习工作十多年，先后在日本应用技术株式会社环境信息研究中心及国土技术研究中心担任研究员，长期从事环境污染监测与监测信息化技术研究。2005年回国，担任大连海事大学教授，主要致力于船舶污染监测与检测的信息化技术的研究及产品研发。任职期间主持和参与国家及省部级科研项目十余项，研究成果获2011年大连市科学技术一等奖，2012年海洋工程科技二等奖，2013年度国家技术发明二等奖，2014年辽宁省科技进步二等奖，取得授权发明专利7项、软件著作权2项，主持制定行业标准1项。2011年，入选第三批大连市“海创工程”，同年11月，在大连创业园创办大连环信科技有限公司。公司致力于开发一种实时的、全天候、能昼夜连续对海上溢油进行监测和跟踪的先进系统，以便能在水域内及时发现和锁定偷排废油的违法船舶，并且能够在恶劣环境下有效发现溢油的位置、形状和动向，指导现场的溢油应急回收工作，从而填补了我国海事行业溢油监视系统的空白。目前，公司产品的性能、可靠性等都超越了进口产品，市场份额达到60%，已进驻国内21个码头。2014年，个人入选科技部“创新人才推进计划”，并任辽宁省船舶污染监测信息化技术工程研究中心负责人。2016年，入选第十二批国家“千人计划”创业人才。

马永

江苏众红生物工程创药研究院有限公司总经理兼院长。毕业于日本京都大学药学研究生院，获药物生物化学专业药学博士学位。先后在日本学术振兴机构和加拿大罗伯滋医学研究所做博士后，曾任日本文部科学教官、京都大学药学研究生院助理教授，日本立命馆大学综合理工学研究院特聘准教授、博导，日本国立室兰工业大学客座教授。在世界权威专业杂志上发表数十篇原创论文，申报50多项国内国际发明专利，其中20多项已获授权。2011年回国，带领创业团队与常州千红生化制药股份有限公司共同创立江苏众红生物工程创药研究院有限公司。公司是一家集创新的生物医药研发技术、先进的管理运作模式、和谐的企业文化理念为一体的创新研发型生物医药企业，是“十二五国家重大新药创制”常州千红国际生物医药创新药物孵化基地项目的联合承担单位。公司拥有由国内外知名的生物学和医药学专家组成的跨国研发团队，主要从事长效蛋白质修饰药物、基因工程重组蛋白药物、治疗性人源抗体药物、分子诊断试剂盒、干细胞与再生医疗、纳米生物新材料及应用等的自主研发与产业转化，并致力于打造具有自身特色和国际影响力的现代生物医药综合研发中心。个人先后入选常州市千名海外人才集聚工程、江苏省“双创计划”。2016年，入选第十二批国家“千人计划”创业人才。

潘鹏凯

上海爱乐奇网络科技有限公司总经理。毕业于浙江大学，后赴美留学在美国麻省理工学院（MIT）媒体实验室攻读硕士和博士，师从数字化大师尼古拉斯•尼葛洛庞帝（Nicholas Negroponte）教授。在美学习期间，在移动媒体领域取得了开创性成果，曾于国际学术大会和期刊上发表论文数十篇，多次应邀在国际会议上发表有关未来少儿教育的主题演讲。2003年获得中国教育部颁发的首批“国家自费留学生奖学金”。2004年在哈佛大学和麻省理工学院的支持下，在美国波士顿创办说宝堂公司。同年回国，创办说宝堂信息科技（上海）有限公司，利用语音识别技术，研发出SAYBOT播放器。2008年，与时任迪士尼英语教学总监的唐威廉一同开始进行爱乐奇少儿英语的研发。2010年，创办上海爱乐奇网络科技有限公司。公司致力于为中国3到15岁的少年儿童打造“有趣、有用、有效”的英语学习品牌——爱乐奇，首创混合立体少儿英语教学产品体系，包括原版进口的纸质教材（爱课本）、让课堂“活”起来的课程互动软件（爱课件）、全面锻炼听说读写能力的课后学习平台（爱作业）、优化学校管理的家校沟通平台（爱校通）、完整的视频外教解决方案（爱乐奇视频外教）以及各种移动应用。目前，爱乐奇少儿英语已成为新东方、昂立、卓越、邦德、大桥等多家知名连锁培训机构和全日制学校的少儿英语教材供应商，率先实现了优质教育产品闭环。2016年，入选第十二批国家“千人计划”创业人才。

钱泓

浙江海隆生物科技有限公司董事长。瑞典默奥大学化学专业博士。曾任加拿大多伦多大学安大略癌症研究所博士后研究员。加拿大C&P生物技术公司CEO。2012年11月回国，创办浙江海隆生物科技有限公司。公司致力于为国内外一流制药企业和科研机构提供医药研发外包服务，以及开展动物疫苗的自主研发。公司拥有一支由20名高端人才组成的实验技术团队，并组建了包括中国科学院院士在内的海内外著名教授的顾问团队，已开发建立了多项技术平台，包括基因工程平台（各种基因工程载体构建、定点突变、Sub-cloning、DNA质粒制备）、蛋白质工程平台（原核表达系统、真核表达系统、昆虫细胞表达系统）、分子探针检测平台（PCR/RT-PCR病原菌与病毒检测、ELISA抗体效价检测、细胞因子和细胞免疫流式细胞术检测）、单克隆抗体生产平台、稳定细胞株筛选、多抗体生产制备、反向遗传操作等。目前，已研发出猪瘟疫苗、猪圆环病毒疫苗产品，在研的产品有奶牛乳房炎疫苗、猪腹泻疫苗、猪蓝耳疫苗等动物系列疫苗。2016年，入选第十二批国家“千人计划”创业人才。

钱雪明

迈博斯生物医药（苏州）有限公司董事长兼总经理。哥伦比亚大学医学院硕士，阿尔巴尼医学院博士。曾在美国安进公司（Amgen）任职12年，领导开发了多个抗体新药的开发；后在盛诺基医药任资深副总裁兼研发负责人，拥有15年以上抗体药物开发的经验。2012年回国，在苏州工业园区生物纳米园创办迈博斯生物医药（苏州）有限公司。公司是一家以开发创新型治疗及诊断抗体的高技术生物医药公司，拥有全球领先的新一代抗体发现平台和独特的免疫耐受屏障突破技术，并与恒瑞医药、沃森生物签署了抗体共同开发合作。公司已成功开发出具有高分化特色的用于治疗癌症和慢性肾衰的抗体药物，并正在快速推向临床。2015年，公司获得礼来亚洲基金1500万美元的A轮融资。2016年，入选第十二批国家“千人计划”创业人才。

史方

同观科技（深圳）有限公司CEO兼首席技术官。毕业于加拿大萨斯喀彻温大学，获计算机管理硕士学位以及物理学博士学位，是国际视频标准制定组织参与者。曾任职于美国飞利浦半导体、美国高通等公司，在视频编码、图像处理、视频网络等方面享有43项美国专利。在美国高通公司时，曾作为算法组的主席代表高通推荐创立了国际视频手机的标准，获得高通杰出人才奖证书。2006年在美国创立DVMicro公司，主要从事H.264视频编码和视频分析的研究以及专用芯片的设计开发，公司在2009年被纳斯达克上市公司Techwell收购。2013年1月，回国创办同观科技（深圳）有限公司。公司是一家中外合资的高科技企业，由美国资深视频技术专家、美国视频产业顶级专家和国内运营专家共同创立，致力于视频编解码、视频分析领域等技术与产品研发。公司核心技术团队在视频图像领域有着数十年的研发与产业经验，在视频编码及视频图片分析两个领域拥有世界一流的技术实力，在国内国际有多项专利技术。公司在视频监控领域的高压缩技术和无线传输适配等领域创新技术，推出了一系列的产品，包含高清网络摄像机、低码流视频服务器和远见管理平台等系列产品。其中，Smart IPC是全球首发4G IPC产品。公司通过不断发展，逐步推出了连锁店、幼儿园、建筑工地、家庭等整体方案，并提供高质量的管理和服务。2016年，入选第十二批国家“千人计划”创业人才。

史晓华

苏州光舵微纳科技有限公司总经理。2003年本科从西安交通大学毕业后赴英留学，于2007年获得英国巴斯大学博士，随后在英国格拉斯哥大学从事博士后研究，回国前在英国ZEEKO公司担任项目研发总监，承担并成功研发出基于电镀镍材料的卫星X光望远镜镜面模具的抛光工艺和世界上最大的地面天文望远镜（ESO，ELT）镜面抛光工艺项目。2011年3月回国，在常熟海智基地创办苏州光舵微纳科技股份有限公司。公司致力于压印工艺及耗材的研发及生产，是一家全力推动纳米压印技术产业化的高新技术企业。目前，公司销售呈快速发展态势，已研发制作出了多款科研型纳米压印设备及国产首台量产型纳米压印设备，获得授权专利15项，成功为多个客户提供了设备及技术解决方案，打破了此技术领域长期以来国外公司的技术及市场垄断，推动了纳米压印技术的产业化应用。2015年，公司成功登陆“新三板”，成为常熟经济技术开发区内第三家、常熟科创园内第二家成功登陆“新三板”的上市企业。个人先后入选常熟市“领军人才计划”、苏州市“姑苏人才计划”、江苏省“企业博士集聚计划”、江苏省“双创计划”。2016年，入选第十二批国家“千人计划”创业人才。

斯康

安吉云界生物科技有限公司总经理。浙江大学城市学院计算机本科毕业，法国巴黎高等管理学院MBA。曾作为法国2030大洋能源公司（SAS Energie Marine 2030 France）项目团队核心成员，获得瑞士日内瓦国际发明大奖赛金奖。2012年回国，创办安吉云界生物科技有限公司。公司致力于高新纳米光催化技术在生物化学污染防治领域的研究与推广应用，主要产品纳米二氧化钛溶胶是拥有自主知识产权的高新技术产品，解决了纳米二氧化钛需要分散剂才能均匀分散的问题。该产品无毒无害且其优异的光催化活性达到了世界一流产品的水准，可应用于环保、农业、健康等多个事关国计民生的重大产业。公司与浙江省科技厅、浙江省农业厅、浙江省农科院、浙江大学、浙江理工大学、浙江工商大学等浙江知名研究机构、政府相关部门紧密合作，累计投入研发资金上千万元，政府各级财政扶持及专项科研经费数百万元，成功实现研发到生产型企业的过渡，现每年产生销售数千万元。个人先后入选湖州市“南太湖精英计划”、浙江省“千人计划”。2016年，入选第十二批国家“千人计划”创业人才。

苏延奇

徐工集团凯宫重工南京有限公司总经理。留美硕士。曾任美国EMMES公司项目主管。2008年回国，专注于具有自主知识产权的盾构机的研发，取得了关键技术和生产工艺的突破。2011年2月，与徐工集团合资在南京滨江开发区创办徐工集团凯宫重工南京有限公司。公司占地总面积320亩，总投资10亿元，主要从事大型隧道掘进机的研发、制造、销售及服务，形成了研发、生产、关键零配件采购三位一体的本地化生产制造模式。公司始终秉承坚持自主研发掌握核心技术理念，打造盾构产业的民族品牌，吸收了德国一流的盾构机设计制造技术，同时加大自身技术研发投入，不断提高自主化的比重，组建了国内强大专业的盾构机研发设计团队和专业工程技术组，并与国内众多知名高校研究院开展产学研合作计划，联合徐工研究院、大连理工大学、浙江大学、同济大学、中国矿业大学、河海大学共同研发攻克盾构机核心技术课题。首台盾构机于2011年4月9日下线、投入施工，并于6月15日获得由江苏省经信委颁发的“江苏省首台（套）重大装备证书”。目前，公司已建立年产30台盾构机的大型生产线，由公司生产的隧道掘进机已在多地实际工程中应用，并获得了江苏省民营科技企业、科技型中小企业等荣誉称号，产品获得了“江苏省优秀新产品金奖”“江苏省高新技术产品”等荣誉证书。个人入选南京市“创业人才321计划”。2016年，入选第十二批国家“千人计划”创业人才。

孙智江

海迪科（南通）光电科技有限公司董事长兼总经理。中科院长春光机和物理研究所硕士毕业，美国德克萨斯州州立大学材料学博士。曾在美国英特尔研发中心工作8年，2003年回国后，先后在中芯国际、华虹NEC、大连路美、苏州聚灿光电等国内外知名公司任职，参与研发的项目3次获得国家科技进步奖二等奖。2012年回国，创办海迪科（南通）光电科技有限公司。公司主营产品为LED上游核心产品，包括图形化蓝宝石衬底片（PSS）、LED芯片、芯片测试分选代工及高端测试设备，公司战略性布局产品涉及微显示行业、健康产业及高光密度LED光源。公司自主研发的“LED倒装高压白光芯片”项目获得南通科技进步一等奖，主打产品蓝宝石图形化衬底销售额目前已位居国内前五。公司被认定为国家高新技术企业、江苏省科技型中小企业、江苏省民营科技企业，建有江苏省研究生工作站及南通市工程技术研究中心。目前已申请各类专利42项，其中发明专利28项，已授权9项，PCT国际专利2项。2012年，个人入选如皋市“雉水英才计划”。2016年，入选第十二批国家“千人计划”创业人才。

谈建

慈溪爱立示信息科技有限公司执行董事兼总经理。北京大学双学士，美国纽约大学博士，主修计算化学专业。2009年获MBA学位。先后在美国朗讯贝尔实验室、美国广域网实验室和英国电讯集团从事科研并担任高管，多次在JACS（美国化学学会会刊）、Chem. Res. Toxicol（毒性化学研究）等国际顶尖专业刊物上发表论文。曾作为联合创始人和研发副总裁，在美国创建AvePoint公司，该公司目前已经成长为微软以外全球最大的SharePoint研发团队，客户分布全球63个国家。任职保实集团（GuardTime）全球公司大中华区域总经理期间，带领研发团队创立的无钥签名专利技术是目前国际最先进的以纯数学方法签发和验证数据签名的技术，由于其经济性和安全性，已被成功应用在全球范围的通讯、金融业、云计算、物联网、文件与归档、信息传输及移动通信、网络安全、版权保护等多个领域。2012年回国，创办慈溪爱立示信息科技有限公司。公司是具有国内自主知识产权的技术创新型企业，致力于推广无钥签名技术及其相关应用，为政府、企业和个人的诚信需求提供技术基础。目前，无钥签名已经在多个地区被成功应用于电子政务、通讯、金融、云计算、物联网、版权保护等领域，先后申请4项专利和9项软件著作权。2012年4月，公司荣获IBM全球创业大奖；2013年7月，从全国260多个项目团队中脱颖而出，名列微软云加速器第三期第1名；2014年12月，与联通沃邮箱合作，推出首款安全签名邮件服务。个人先后入选慈溪市首批A类“上林英才计划”、宁波市“3315计划”、浙江省“千人计划”。2016年，入选第十二批国家“千人计划”创业人才。

唐粮

扬州德可达科技有限公司总裁。德国慕尼黑工业大学工学博士。在摄影测量与遥感领域有着长年深入研究，作为德国学者参加了国际94/96火星探测计划，研发出高分辨率三线阵立体扫描仪系统；率先实现摄影测量关键技术——空中三角测量的全自动化，荣获国际摄影测量与遥感学会颁发的首届“海拉瓦”奖；参与GPS/IMU直接定位定向技术和现代激光雷达技术的研发，并积极推动新技术尤其在中国的广泛应用；参与中国高速铁路测量新技术的创新，创立的全新高铁控制网体系为高铁测量控制标准的制定奠定了基础。2009年初回国，创办北京德可达科技有限公司，致力于现代空间信息技术及相关系统设备开发与应用。2012年，创办扬州德可达科技有限公司。公司拥有一支由德国、瑞士、荷兰、瑞典和中国专家组成的技术团队，致力于轻型无人直升机及其载荷关键技术的研发、产品设计、制造及提供全套应用解决方案。公司研发除了TC系列3款轻型无人直升机产品，具有自主知识产权的“双引擎系统”和“交叉式双旋翼系统”等技术均为国际首创。个人先后入选北京市“海聚工程”、江苏省“双创计划”人才、扬州市“绿扬金凤计划”，被评为“中关村十大海归创业新星”。2016年，入选第十二批国家“千人计划”创业人才。

童小林

昆山思雷电子科技有限公司总经理。美国加州理工学院博士。毕业后在美国专注于光电子方面的研究，曾任Rainbow Stream Corporation总工程师。2012年5月回国，创办昆山思雷电子科技有限公司。公司主要从事三网融合领域（高清电视）的光纤传输器件等光电子产品的研发和生产。公司凭借自主知识产权技术，打破传统瓶颈，成功研发出国际独创的高清视频传输方式。2012年9月，公司第一款产品光纤接口即插即用式高清传输线研发成功，该产品通过索尼、三星公司实验室的验证测试，适用于市场上大部分4K电视、DVD碟机等。该产品当年在美国自定义电子设计和安装协会展会上获得最佳新产品奖。目前，公司已拥有自主品牌celerity，并拥有多个发明专利和实用新型专利，不断将光纤技术运用引向深入，产品也顺利打入了海外市场，在欧美特别是在美国市场深受欢迎。个人先后被评为“昆山市领军型创业人才”“姑苏创新创业领军人才”、 江苏省“双创人才”。2016年，入选第十二批国家“千人计划”创业人才。

王春德

青岛海弘达生物科技有限公司总裁。2000年毕业于加拿大Dalhousie大学。曾任加拿大派克诺（Pec-Nord）公司副总经理。2007年回国，任青岛农业大学教授、青岛海杰水产科技有限公司董事长，期间从秘鲁引进紫扇贝并分别与海湾扇贝和墨西哥湾扇贝杂交，培育出几个表现优异的新品种。先后主持国家自然科学基金、农业部948项目、山东省自然科学基金和青岛市关键技术攻关项目等5项课题。授权发明专利5个，发表论文31篇，其中SCI收录12篇。2012年，创办青岛海弘达生物科技有限公司。公司是专业从事水产养殖，水产育种，海藻肥和水产饲料研发、生产、销售和技术服务的高科技创新型企业。凭借雄厚的科技力量，通过企业自主研发以及与各科研机构、高校产学研结合的方式，获得8项发明专利，先后将产于加拿大的耐低温海湾扇贝和壳高达25厘米的深海扇贝引进国内并繁育驯化成功，已进入推广阶段。2011年个入选青岛市“英才计划”和山东省“泰山学者计划”；2012年，被评为中央电视台“大地之子”年度农业科技人物、青岛市专业技术拔尖人才。2016年，入选第十二批国家“千人计划”创业人才。

王平山

湖南西林环保材料有限公司总经理。留美博士。在美国创办E3材料有限公司，任首席技术官。2011年1月回国，在长沙高新区创办湖南西林环保材料有限公司。公司是一家以治理含重金属工业烟气、废水及废渣为重点业务的环保企业，拥有高端的科研人才和丰富经验的工程化专家，以及一批具有自主知识产权的环保处理材料、工艺和配套设备，并积极与众多国内外知名的环保企业、高校以及设计院所结为技术合作伙伴，不断向环保材料及应用领域纵深化发展。

公司目前已形成了以新型高分子材料为基础的环保材料的开发、工程设计、工程施工、项目运营等综合性解决方案的技术与业务体系，全方位服务于不同行业的生产企业、工业园区和环保企业，承接了铅锌冶炼、汞冶炼、PVC含汞合成气及废水、燃煤发电厂含重金属脱硫废水等多个行业内重点企业的重金属治理业务。2016年，入选第十二批国家“千人计划”创业人才。

王晓鹏

北京释码大华科技有限公司董事长兼总经理。2003年毕业于华中科技大学电子信息工程系；后留学英国巴斯大学（University of Bath），就读于信号与图像处理核心实验室，师从Prof. Don Monro教授，2006年获数字图像处理专业博士学位；博士研究期间参与欧盟第六框架智能机器人联盟（COGNIRON）联合研发项目，并作为英国Smart Sensors（实验室创新）公司早期创始人之一。此后就职于世界知名半导体公司ARM英国剑桥总部，从事嵌入式芯片开发工作；2007—2010年任职于世界知名500强公司Shell（皇家壳牌有限公司）英国石油勘探与开发总部，任地球物理科学家，从事地震信号处理和高分辨率地下油层成像、反演方面的前瞻性研究工作。2010年回国，创办北京释码大华科技有限公司。公司是一家拥有虹膜识别核心技术及完全自主知识产权、提供专业化虹膜识别产品和turnkey应用解决方案的高科技公司，业务主要包括虹膜生物识别算法研发与系统集成、软件开发、超大规模虹膜数据库管理系统、虹膜识别嵌入式系统设计、虹膜芯片（SoC）设计等。公司拥有国内外专利60多项，产品和技术被广泛应用于民用移动终端设备、教育系统、门禁系统、智能汽车等领域，以及对安全性能有较高要求的政府、银行、机场等单位，成功拓展了国内外生物识别市场。2016年，入选第十二批国家“千人计划”创业人才。

王孝年

苏州思德新材料科技有限公司总经理。美国得克萨斯A&M大学化学工程专业博士。2004年进入美国通用电气公司，任高级研究员，期间开发了多个有机硅新产品。2010年回国，在吴江科创园创办苏州思德新材料科技有限公司。公司主要从事高性能有机硅新材料的研发与生产，主要产品为各类聚氨酯泡沫生产所需的泡沫稳定剂，广泛应用于家居、家电、汽车、建筑、管道、太阳能等多个领域，作为保温、冷藏、绝热、吸音、吸水、密封、包装等材料生产的关键原料，也应用于软质海绵、高回弹、慢回弹海绵等高科技产品的生产。其带领研发团队研发出了多个填补该领域国内技术空白的新产品，改变了我国高品质匀泡剂依赖进口的现状，先后获得授权专利14项，产品销往全国20多个省区市。2013年，公司被认定为国家高新技术企业。个人也先后被评为苏州市“姑苏创新创业领军人才”和江苏省“双创人才”。2016年，入选第十二批国家“千人计划”创业人才。

王翌

上海流利说信息技术有限公司CEO。1999年杭州高考理科状元，清华大学电子系学士、硕士，美国普林斯顿大学计算机博士，曾任谷歌（Google）总部产品经理。2011年4月回国，加入了互联网广告公司易传媒（AdChina）。2012年9月，创办上海流利说信息技术有限公司。公司自主研发了基于深度学习技术的离线实时英语语音评价系统，通过App产品“英语流利说”，帮助中国用户在游戏中提高英语口语。2013年2月，“流利说”iOS版本一上线便在多个国家和地区的AppStore获得推荐，并于同年被苹果评为“年度精选”应用。2014年6月，“流利说”作为优秀App被预装在中国所有苹果体验店的iPhone中。目前，这家具有移动互联网基因的技术性教育公司，已经吸引了3000多万用户，积累长达2.75亿分钟、31.9亿句的语音数据库，成为国内体量最大的移动语言学习App以及用户活跃度最高的学习社区之一。2014年，公司被人社部评为年度“最具成长潜力的留学人员回国创业企业”。2016年，公司正式发布了全球首款基于智能AI技术的自适应移动英语课堂——“懂你英语”。2016年，入选第十二批国家“千人计划”创业人才。

吴哲

成都优途科技有限公司总经理。美国罗切斯特大学超声与成像研究博士毕业，对超声领域有着深入的研究，主攻超声弹性成像、超声多普勒血流成像及超声三维成像。曾执教于美国加州大学圣地亚哥分校，任助理教授。2004年，被美国超声医学学会（AIUM）授予唯一年度最佳新科学家奖，由其开创的剪切波干涉法弹性成像技术成为当下超声工业界热点。2011年6月回国，创办成都优途科技有限公司。公司主要从事以彩超为核心产品的技术开发和市场推广，首建开放式超声平台，为用户提供原始数据，满足用户定制发射超声波形，形成各种成像解决方案，且将成本大大降低。2016年，公司研发的国内首款手持式智能掌上超声产品——“掌声•mSonics MU1”正式投入医学应用。公司于2012年荣获“中国留学人员创业园百家最具创业潜力企业”称号，并先后获得成都高新区创业启动资金、高新区医推办专项资金等多项政府支持。个人曾入选四川省“千人计划”。2016年，入选第十二批国家“千人计划”创业人才。

吴征瑜

深圳诺康医疗设备有限公司CEO。1993年入读北京大学，毕业年后赴美国密苏里大学深造，2004年获得博士学位。此后回国受聘于沈阳理工大学，26岁即成为教授、研究生导师。29岁二度赴美加入全球最大的知识产权基金高智发明，负责生命科学领域的投资。2012年3月回国，创办深圳诺康医疗设备有限公司。公司专注于数字医疗和智慧健康，是从事远程医疗、可移动无扰设备、穿戴式设备（数字医疗和移动健康领域）等智能医疗设备研发制造的高科技创新型企业。公司核心团队成员有丰富的医疗产品开发、销售经验，项目“安睡宝无扰式夜间监护系统”项目获国家人力资源和社会保障部2015年度中国留学人员回国创业启动支持计划项目资助，参与制定无袖带血压测量标准IEEE Std 1708，是国际上唯一的无袖带血压测量标准。公司已经形成了“生命体征前端采集云端监测”的产品和服务体系，取得和正在申请中的国内和国际专利达20多项，在技术上保持了对国内外同行2到3年的领先优势。2016年，入选第十二批国家“千人计划”创业人才。

邢军

昂科信息技术无锡有限公司总经理。留美博士，曾任美国赛尔晨奇公司（CellExchage）副总裁。2001年6月，在美国硅谷创办昂科公司，同年进入中国市场，推出昂科无线网络控制器AC2000，积极倡导无线网络的安全与管理，并且在与中国网通“无线伴旅”的合作过程中获得认可及赞誉。2002年8月回国，创办昂科信息技术（上海）有限公司，后又创办昂科信息技术无锡有限公司。公司是一家专注于无线宽带产品研发与销售的企业，致力于为教育、医疗、电信运营商、政府及各行业用户提供安全、易管理、高可靠性的全面无线宽带产品及解决方案。2003年7月，公司获得Intel等多家著名公司的注资，成为Intel在大中国投资的唯一Wi-Fi企业及 Intel 全球Wi-Fi生态系统（Global Wi-Fi Ecosystem）的重要合作伙伴。2004年1月，公司加入中国宽带无线IP标准工作组（ChinaBWIPS），积极参与和推动中国无线宽带领域标准的制定和推广工作。目前，昂科的无线宽带网络控制器及其他无线网络产品已在教育、医疗、政府、运营商、酒店、制造业、物流、商务楼宇等行业中得到广泛应用，服务于北京大学、上海交通大学、北京天坛医院、中国联通等众多客户。2013年，个人入选江苏省“双创计划”。2016年，入选第十二批国家“千人计划”创业人才。

杨光

常州费洛斯药业科技有限公司董事长兼总经理。留美博士。曾任葛兰素史克（GSK）研发总监。2011年3月回国，在常州市钟楼经济开发区创办常州费洛斯药业科技有限公司。公司致力于具有完全自主知识产权的癌症相关的化学小分子靶向药物的研发，同时搭建一个先进和完善的医学转化研发平台，以此提升中国在医药研发领域的地位，现已用于应用的包括转化医学研究平台、药库管理平台、高通量药物筛选平台（酶学技术，筛选方法）、计算机辅助药物设计和生物信息管理平台（药物靶点）等，目前已与北京大学、常州大学、中国药科大学、中国科学院上海有机所、常州第一人民医院、美国NCI、Scripps研究院等单位建立了广泛的合作关系，组建了一支专门从事药物研发的团队。2011年，公司被评为常州市重点扶持企业。2016年，入选第十二批国家“千人计划”创业人才。

杨健

福建中科光汇激光科技有限公司董事长兼技术总监。加拿大麦克马斯特大学工程学院工程物理博士、博士后。回国前任职于国际最大的特种光纤制造商和全球排名第三的光纤激光器制造商的美国纽芬公司，担任高级激光科学家，全面负责公司下一代工业用光纤激光器的研发工作，并领导光纤脉冲激光器产品系列研发和生产。2012年6月回国，带领创业团队与中国科学院福建物质结构研究所合作，创办福建中科光汇激光科技有限公司。公司作为国家光电子晶体材料工程技术研究中心工程产业示范基地的重要产业项目，集光纤激光发生器的研发、制造、销售于一体，致力于为工业制造提供优质的光纤激光发生器，推动我国加工工业产业升级换代。公司握有目前世界光纤激光发生器制造行业的先进技术，拥有一流的专业技术团队和精良的研发生产设备，先后引进了数位掌握了一流光纤激光技术的海归博士和海外相关技术项目带头人的高端技术人才，组建了光纤激光发生器产品研发制造的专门技术团队。公司研发的产品主要服务于国民经济制造业，包括激光雕刻、激光打标、激光条码生成、激光切割、印刷制辊、金属非金属钻孔/切割/焊接、工业造船、汽车制造、军事国防安全、医疗器械仪器设备、大型基础建设等，同时还涉及美容、激光光纤通讯、激光空间远距通讯等。公司团队先后被评为“福建省第三批引进创新创业人才团队”“国务院侨办重点华侨华人创业团队”。2016年，入选第十二批国家“千人计划”创业人才。

叶英

力品药业（厦门）有限公司董事长。女。在国内药品行业工作9年后，1997年赴日本大阪大学深造，获得应用生物药学博士学位，之后又到美国加州大学进行抗艾滋病药物研究的博士后工作，并在美国的生物制药企业主持并负责新药研发。有着19年国内外药物开发经验，18项国际国内发明专利。2012年入选厦门市“双百计划”创业领军人才，回国创办力品药业（厦门）有限公司。公司是一家从事创新药物制剂研发和生产的高科技制药企业，建立了高端制剂粘膜给药国际专利技术平台，以及符合工业化批量生产要求的药物缓控释制剂技术平台，拥有全球自主知识产权的创新给药途径口腔粘膜技术，成功开发盐酸帕洛诺司琼等多个国际新药，申请8项国际国内独家专利；拥有复杂高难度缓控释产业化开发技术，包括微片技术、微丸压片技术、极低剂量技术，已申请15项国内外专利，6项已授权。公司成立以来，凭借其独特的产品和创新制剂技术平台，不断开拓新的药品市场，开启了精准制药之路，仅2016年签约合同就达到2800万元。2016年，入选第十二批国家“千人计划”创业人才。

易敢峰

湖州浩博信息科技有限公司董事长。1999年获得中国农业大学动物营养硕士学位，后赴美国留学，师从全球著名营养学家、美国密苏里大学Gary L.Allee教授攻读博士学位，于2003年获得动物营养博士学位。博士毕业后，进入诺伟思公司总部工作，任动物营养研究经理，负责全球猪、家畜、水产及宠物的免疫营养与抗病机理等方面研究。2006年4月回国，加入大成食品（亚洲）有限公司，任资深协理，主管饲料和肉品研发；2009年12月，加入新希望六和集团，任总裁助理和饲料专业化发展中心总经理。2012年7月，创办湖州浩博信息科技有限公司。公司是一家从事农业云计算、物联网的高科技企业。公司拥有国内智能农业与信息化领域最优秀的管理团队、产品设计、开发与运营团队，研发了首个农业云智能平台，把农场搬到云端，为农场提供智能化设备与管理服务，提供数据分析服务，帮助用户正确决策，并帮助农场打通销路，并在智能农业与畜牧业、智慧农场管理、农业大数据分析方面推出了一系列创新性产品。公司先后完成了数字化云育种、云智能农场管理、食品质量追溯三大产品线的研发和产业化应用，迅速拓展全国近60家核心客户，均为全国畜牧业百强企业。个人先后入选湖州市“南太湖精英计划”、浙江省“千人计划”。2016年，入选第十二批国家“千人计划”创业人才。

尹良红

广州市恩德氏医疗制品实业有限公司董事长兼技术总监。女。1984年毕业于同济医科大学医学系，获医学学士学位；1990—1991年作为访问学者在柏林洪堡医院参与临床和科研工作，1997年在联邦德国自由大学获医学博士学位。后任暨南大学附属第一医院肾内科科主任、教授、硕士生导师，广东省生物医学工程学会血液净化专业委员会副主任委员，广东省医院协会血液净化中心管理专业委员会副主任委员，广东省医师协会肾脏病专业委员会副主任委员等职务，曾获1项发明专利和8项实用新型专利，先后主持过9项国家级及省市级科研项目。2013年2月，在广州科学城创办广州市恩德氏医疗制品实业有限公司。公司是一家专注于研制生产医疗制品和制造设备的高科技企业，产品主要包括血液净化设备及系列耗品，已成功推出中空纤维透析器、全自动化透析器分装制造设备以及人工肝、人工肾治疗设备等产品。公司的核心成员在血液透析、血液净化和人工肝项目具有近30年的临床和研发经验，并组建了一支包括光机电一体化、传感器技术、机械设计与制造、软件与多媒体技术等领域的专业技术团队，具备多边缘学科的综合技术开发能力。2016年，入选第十二批国家“千人计划”创业人才。

应峥嵘

苏州波影医疗技术有限公司董事长。留美博士。2012年10月回国，率创业团队在苏州工业园区创办苏州波影医疗技术有限公司。公司主要从事高端医学影像设备CT的研发、生产和销售，并提供相关的技术咨询和技术转让等。公司以技术创新为核心，在美国波士顿设有高端研发中心，充分利用全球化的技术和人才优势，致力于开发使大众受益的高技术医疗产品。公司攻克了国内CT研发企业发展的技术瓶颈——CT探测器系统，同时承担了国家科技部科技支撑计划CT核心部件开发项目，研发出拥有自主知识产权的探测器系统，并申请了9项国内外发明专利。2016年，入选第十二批国家“千人计划”创业人才。

袁于人

斯澳生物科技（苏州）有限公司董事长兼总经理。苏州大学本科毕业，中国科学院上海细胞生物学研究所博士、美国哥伦比亚大学博士后、新加坡国立大学苏州研究院的高级研究员，曾任美国纽约斯隆—凯瑟琳癌症研究中心高级研究员。2012年回国，创办斯澳生物科技（苏州）有限公司。公司以苏州工业园区为产业基地，依托新加坡国立大学及其苏州研究院的科研平台，同普莱柯生物工程股份有限公司建立了长期合作伙伴关系，致力于建设具有国内领先、世界先进水平的疫苗研发中心和生产基地。公司目前已具有从疫苗设计、基因工程操作、发酵中试、颗粒组装到疫苗成型等一系列研发、中试和产业化生产能力，拥有多项创新性动物疫苗专利和独有技术，以及掌握一整套成熟的疫苗研发，中试发酵等工艺化流程。产品包括10多种自主知识产权的以大肠杆菌为表达体系的创新性动物和水产工程疫苗，并已着手研发多款人用蛋白类药物。2013年，被聘为苏州工业园区新国大研究院生物工程和生物医学中心主任、高级研究员、博士生导师，先后获得国家“十二五传染病重大专项”、江苏省自然科学基金资助，被评为苏州市“姑苏创新创业人才”、苏州工业园区科技领军人才。2016年，入选第十二批国家“千人计划”创业人才。

曾旭东

联方云天科技（北京）有限公司董事长。曾任北电网络（NortelNetworks）副总裁和大中国区首席技术官，是通讯领域的权威专家，在北电网络有超过20年的一线研发经历。2012年3月回国，创办联方云天科技有限公司。公司致力于绿色节能数据中心、高压直流、软件定义能源、能源虚拟化及云计算的创新技术和应用，结合数据中心管理系统实现数据中心的绿色节能、按需部署、模块化设计等需求，降低用户的总体拥有成本。公司专注于新一代分布式电源系统，目前以软件定义能源系统为主轴，同时基于微电网技术的能源虚拟化，发展出一系列的数据中心基础设施，其中新一代数据中心分布式电源系统是完全拥有自主知识产权的创新性产品。公司目前拥有16项核心专利、4项软件著作权，被认定为软件企业及中关村高新技术企业，是领先的分布式电源系统研发及解决方案供应商，是能源虚拟化解决方案EVS（Energy Virtualization Solution）的倡导者，是软件定义能源技术SDE（Software Defined Energy）的领导者。公司目前在北京、南京、台北开展运营，产品已经在中国电信、中国联通、中国移动、金融、政府、教育等行业数据中心规模使用。2015年，北京公司与中科曙光达成战略投资合作。2016年，入选第十二批国家“千人计划”创业人才。

张和胜

峡江和美药业有限公司董事长兼总经理。江西师范大学化学系本科毕业，南开大学有机化学专业硕士，后进入军事医学科学院毒物药物研究所任开发部经理，负责所内项目的申报、注册、生产、商业等事宜，成功开发多个仿制药、新药项目，筹建了“北京四环制药厂”（“北京华素制药股份有限公司”前身）。1992年赴美留学，获得新泽西州立大学药物化学专业博士学位。博士毕业后进入美国Astellas-OSI制药公司，任研究员和项目负责人。2012年回国，在天津经济技术开发区创办天津和美生物技术有限公司，此后又在吉安市峡江县工业园创办峡江和美药业有限公司，作为和美集团的新药产业化基地和全球供药基地。公司致力于具有自主知识产权的中国首创新药研发，并建设了临床供药生产线项目，主要生产阿托伐他汀钙和盐酸多奈哌齐两种新药。公司荣获“第三批国务院侨办重点华侨华人创业团队”称号。个人先后被评为江西省“赣鄱555英才工程”创业领军人才、江西省“回乡创业优秀赣商”。2016年，入选第十二批国家“千人计划”创业人才。

张健

济南翼菲自动化科技有限公司首席执行官。2001年至2005年，就读于哈尔滨工业大学自动控制与工程系；2005年至2010年，在美国哥伦比亚大学以全额奖学金就读医疗机器人专业，并以《用于微创手术的医疗机器人》荣获优秀博士论文，同时在哥伦比亚大学获得哲学和科学硕士学位。博士期间曾参与美国国家自然基金项目（NSF）“高精度微创耳科手术机器人”和美国国家卫生研究院（NIH）的课题“超高速自动化放射生物定量分析”研究，受邀和发表各类学术论文20余篇，获美国和世界科技发明专利4项，在国内外受邀和参加学术报告十余次，并于2006年获得MICCAI组委会杰出年轻科学家奖项。博士毕业后就职于美国纳斯达克上市公司Intuitive Surgical,Inc.，作为核心技术人员参与了正在开发中的第四代“达芬奇”微创巧手手术机器人，合作申请发明专利1项。曾受聘于美国硅谷奥瑞斯医疗机器人公司，担任系统工程和研发总监职务，领导开发用于高精度眼科手术的医疗机器人，合作申请发明专利1项。2012年，领导哥伦比亚大学海归创业团队，在济南高新区创办济南翼菲自动化科技有限公司，专注于研发制造高精度并联机器人和轻巧型高速并联机械手。目前公司已与国内知名药企和乳业企业签订长期合作协议。2016年，入选第十二批国家“千人计划”创业人才。

张群星

上海星可高纯溶剂有限公司董事长。1987年上海第二医科大学攻读硕士学位；1996获墨尔本大学医学科学博士学位，并在Ludwig肿瘤研究所从事博士后研究。曾担任惠普（香港）公司医疗顾问及思达可等跨国企业CEO。2011年回国，在上海化工区创办上海星可高纯溶剂有限公司。公司是一家从事高纯溶剂生产的企业，专业为国内外制药、科研分析检测及电子信息制造等领域客户，提供梯度、色谱、制备、农残、无水、分析等级别，以乙腈、甲醇、异丙醇、二氯甲烷、四氢呋喃、丙酮、正己烷等为代表的高纯试剂产品，并充分利用园区上下游产业链配套优势，实施高纯溶剂产业化项目。目前，公司产品已逐步取代进口产品，广泛运用在通化东宝、联邦制药、双成制药、天马制药等知名企业，同时批量远销德国、美国。有机溶剂废液回收利用项目也在几家制药厂成功开展，取得3000余万元的技术、管理、服务订单。2012年，入选上海市“千人计划”。2015年，入选第十二批国家“千人计划”创业人才。

张芸

苏州昕皓新材料科技有限公司董事长兼总经理。女。南京大学分析化学专业本科毕业，北京大学硕士，1991年获得美国布朗大学化学/电化学博士学位，后分别在普渡大学和Brookhaven国家实验室任职博士后，进行表面电化学和界面科学的研究。此后在贝尔实验室工作8年，并担任美国乐思集团全球业务总监。研究和工作期间发明了能够抑制锡须生长的纯锡电镀化学体系，并在锡须生长方面进行了非常全面深入的研究，对于电子和微电子行业也有深刻的了解，获得美国专利10项。2012年6月回国，在吴江经济技术开发区创办苏州昕皓新材料科技有限公司。公司拥有1000平方米的厂房，致力于具有国际水平的高纯度、高精确度、高性价比镀铜添加剂及高稳定性镀锡合金添加剂的研发、生产及销售。2013年，个人入选江苏省“双创计划”。2016年，入选第十二批国家“千人计划”创业人才。

赵宇光

南京中储新能源有限公司董事长。英国伦敦大学博士、博士后。曾任英国国家战略优先发展技术“高能环保可充铝电池”项目首倡者及首席专家，英国KES公司和GAAD公司研究员、Linwood公司资深研究员、Greengewood公司研发总监、CBD（UK）公司总经理。主持研发出世界第一个铝蓄电池，暨我国第一个原始创新二次能源技术。拥有授权国际和国家发明专利11项，多项可充铝电池原始创新技术。2012年11月回国，创办南京中储新能源有限公司。公司是是南京市“321计划”重点扶持的高科技企业，所重点设计和制造的环保高能铝电池是继铅酸电池、镍镉电池、镍氢电池和锂离子电池之后的新一代化学电源，是高能、资源丰富、价廉、环保、可循环利用持续发展的新能源和可再生能源。公司正在致力于大规模铝蓄电储能技术产业化，催生铝储能战略性新兴产业。个人入选江苏省“双创计划”。2016年，入选第十二批国家“千人计划”创业人才。

祝守宇

成都道永网络技术有限公司总经理。1993年毕业于清华大学自动化系，1993年获得美国博林格林州立大学计算机硕士。先后工作于美国IBM网络研发中心、美国朗讯科技贝尔实验室。2000年回国后曾任网易公司副总裁，2000年至2003年在美国dynamicsoft公司工作，2004年创办北京西塔网络科技股份有限公司，任董事长。此后，任中国航天科工集团航天云网公司副总经理、工业大数据应用技术国家工程实验室主任、北京航天数据股份有限公司董事长、成都航天科工大数据研究院有限公司董事长，是工业互联网、工业大数据、计算机软件专家，是航天科工集团工业大数据首席专家，承担着我国首个工业互联网平台的建设任务，曾获得北京市科技进步一等奖1次、北京市科技进步三等奖2次，先后主持国家级项目十余项，拥有美国和中国发明专利近十项。2011年，创办成都道永网络技术有限公司。公司致力于工业大数据应用技术和云平台的开发与应用推广。个人曾入选四川省“百人计划”。2016年，入选第十二批国家“千人计划”创业人才。

第五部分

社团篇

欧美同学会·中国留学人员联谊会

概况

欧美同学会于1913年成立，2003年增冠“中国留学人员联谊会”会名，是由中国留学海外各国归国同学自愿组成的群众团体。由中共中央书记处领导，中央统战部代管。

欧美同学会·中国留学人员联谊会设有理事会、常务理事会和会长会，理事会为最高权力机构。下设留美、苏、英、德奥、法、意、加、瑞士、东欧、北欧、拉美、日本、澳新、朝韩14个分会（东南亚分会正在筹建中）；16家团体会员及近百个校友会；组织、宣传、联络、建言献策、团体会员、社会服务、会员活动7个专门工作委员会；MBA协会、企业家联谊会、商务人士委员会、酒店业专家委员会。与21个省区市留学人员组织，美、英、德、日、澳等主要留学国家的百余家留学人员团体建立了工作联系。

欧美同学会·中国留学人员联谊会广泛联系海内外留学人员，反映他们的意见建议和愿望要求，团结和引导广大留学人员服务于社会主义经济建设、政治建设、文化建设和社会建设，如发起“报国计划”，组织“为国服务团”，召开21世纪中国研讨会和海外留学人员座谈会，服务奥运，举办募捐赈灾活动，参与主办中国留学人员广州科技交流会、中国·海峡项目成果交易会、中国海外学子辽宁（大连）创业周，还作为海外高层次人才引进计划（简称“千人计划”）的主要窗口单位开展各项工作。

欧美同学会·中国留学人员联谊会工作机构下设行政事务管理部、人事文秘部、会员工作部、联络工作部、社会服务部和宣传部，办有会刊《留学生》（月刊）、《欧美同学会通讯》和网站。

党和政府高度重视欧美同学会·中国留学人员联谊会及留学人员工作。毛泽东主席对留学人员寄予了“希望寄托在你们身上”的深情厚望，周恩来总理曾亲自来会所探望、视察。1987年，邓小平同志为欧美同学会会刊题写刊名。1997年，江泽民同志为欧美同学会题词“学习、奋斗、团结、奉献”，2003年题写“中国留学人员联谊会”新会名。党和国家领导人多次出席欧美同学会举办的重要活动。1993年，江泽民同志出席欧美同学会成立80周年大会并发表重要讲话；2003年，胡锦涛同志出席欧美同学会成立90周年纪念大会并强调指出，欧美同学会要“努力成为党联系广大留学人员的桥梁和纽带，成为党和政府做好留学人员工作的助手……努力成为留学人员之家”。

在新的历史条件下，欧美同学会·中国留学人员联谊会将坚持“团结立会、民主办会、依章治会、实干兴会”的办会方针，高举留学报国的爱国主义旗帜，弘扬留学报国的光荣传统，广泛团结和凝聚海内外留学人员，为全面建设小康社会，实现中华民族的伟大复兴作出新的贡献。

宗旨

以邓小平理论和“三个代表”重要思想为指导，团结和服务海内外留学人员，继承发扬留学报国的爱国主义传统，秉持修学、游艺、敦谊、励行的理念，为全面建设小康社会和实现中华民族伟大复兴服务，为完成祖国完全统一大业服务，为维护世界和平与促进共同发展服务。

主要任务

一、学习贯彻党和政府关于留学人员工作、知识分子工作和人才工作的方针政策。

二、推动留学人员报国实践，宣传留学人员报国业绩。

三、开展咨询、信息服务和人员培训等，为促进国家和地方经济社会发展献策出力。

四、联系海外留学人员和团体，开展科技、经济、文化、教育、卫生等领域的交流与合作，组织和推动海外留学人员为国服务。

五、开展多种形式的活动，加强学术交流，丰富文化生活，增进留学人员之间的联系和友谊。

六、反映留学人员的意见和要求，维护会员的合法权益，关心会员的工作和生活，努力为留学人员服务，把本会办成留学人员之家。

七、表彰优秀留学人员，积极举荐人才。

联系方式

地　址：北京市东城区南河沿大街111号
邮　编：100006
电　话：86-10-65592511，65255269
传　真：86-10-65273621
邮　箱：wrsa-hyb@coesa.cn
网　址：www.wrsa.net

中国技术创业协会留学人员创业园联盟

概况

中国技术创业协会留学人员创业园联盟（简称“中国留学人员创业园联盟）成立于2008年10月，是在国际科技部、教育部、人力资源和社会保障部、国家外国专家局以及中国致公党中央共同指导下，由致力于支持留学人员创新创业发展的创业园和相关企事业单位、机构共同发起，以自愿方式组成的全国性非营利性的社会组织。联盟在中国技术创业协会领导下开展工作，同时接受国家科技部火炬高技术产业开发中心、国家教育部国际合作与交流司、国家教育部留学服务中心、国家人力资源和社会保障部留学人员和专家服务中心、国家外国专家局经济技术专家司、国家外国专家局中国国际人才交流中心、致公党中央宣传部、致公党中央留学人员委员会的业务指导和监督。英文名称“China Overseas Scholars Pioneer Park Alliance”。

联盟承担起国家有关部门的业务委托，围绕科技创新、人才引进、载体建设，通过行业评价与评选表彰、资源集聚与联盟孵化、创业投资与企业促进、品牌活动与行业交流、战略研究与宣传企划等功能平台，为留学人员创业园、海外人才及创业企业提供全方位的支持，探索行业发展模式，推动园区品牌创新，营造海外人才回国创新创业的良好环境。

宗旨

践行创新驱动发展战略，响应国家大众创业万众创新号召，以促进我国留学人员创业园建设和服务留学人员创新创业为核心目标，承担国家有关部门的业务委托，围绕科技创业、人才引进、载体建设等，开展各项工作。通过整合全国留学人员创业园及政府、企业、高校院所、投资机构等各类创新要素，建立“政产学研金介用”相结合的协同创新机制，形成人才、技术、资本、市场等方面的资源共享机制，营造海外人才创新创业的良好环境，促进创业企业成长，加速科技成果转化，推动园区品牌创新和行业健康发展。

主要任务

围绕海外人才的引进与开发利用，整合成员单位及各类社会资源，开展研究、活动、宣传、培训等工作，建立开放协同创新机制，推进平台载体建设，健全企业孵化和创业服务体系，形成良好的创新创业生态环境，发挥人才作用，打造强优企业，提升行业影响力和群体竞争力。

一、贯彻落实党和国家的留学工作方针，以及对海外人才工作的重要部署和指示精神，做好政府与留学人员创业园区、留学人员创业企业间联系的纽带，积极推动相关政策的制定与实施，合力构建适于海外人才创新创业的优良环境。

二、完善全国留学人员创业园评价体系，开展园区评价、定级和树标杆工作，加强行业自律，提高竞争意识，引导园区实现规范化、特色化、国际化、市场化、品牌化的发展目标，进一步发挥海外人才创新创业载体的支撑作用。

三、建立全国留学人员创业园工作平台，组织全国性及区域性的行业交流研讨和考察互访，促进成员单位及全国园区间的沟通与合作，创新园区运营机制，探索行业发展方向。

四、开展留学人员创业园从业人员培训，帮助园区提升综合服务水平，建立专业化运营团队，以及相对完善的创业孵化体系、现代管理制度和工作流程，推动园区企业持续健康发展。

五、整合与协调各类创新创业优势资源，实施中国留学人员创业园“联盟孵化”工程，搭建国内国外、线上线下的技术、项目、资本的对接、合作、交流平台，形成协同网络和完整链条，实现资源的合作共享与合理利用。

六、制订实施海外人才扶持和培育计划，举办创业大赛、路演洽谈、企业评选等活动，发现优秀人才，帮助项目落地，从成果转化、市场拓展、创业投资、管理培训等方面对接各类社会资源，促进不同发展阶段的企业成长。

七、从事海外人才创新创业领域的研究，定期进行全国留学人员创业园建设情况调查统计，发布行业数据，开展咨询服务，提供政策建议，促进孵化体系和政策环境的丰富与完善。

八、搭建行业信息整合和宣传推广平台，建设网站，出版会刊，收集发布行业信息，联合战略合作媒体，为成员单位和留学人员企业提供宣传推广支持，弘扬创业文化，提升行业影响力。

联系方式

地　址：北京市海淀大街3号鼎好大厦A座19层1923室
邮　编：100080
电　话：86-10-82698998
传　真：86-10-62261247
邮　箱：lianmeng@osechina.com
网　址：www.osechina.com

中国留学人员回国服务联盟

概况

中国留学人员回国服务联盟（简称“服务联盟”）成立于2011年8月22日，是由首批92家国内从事留学人员回国服务工作的组织发起成立，专门为留学回国人员和留学回国工作提供服务的一个开放式的非法人行业联盟组织与合作交流平台。英文名称“China Union of Service Organizations for Returned Overseas Students”，简称CUSOROS。

中国留学人员回国服务联盟将致力于健全留学人员回国服务机构的合作机制，加强各服务联盟成员间的协调配合，推动服务联盟成员间在编制留学人才引进计划、实施重点项目、落实重要政策时，加强沟通与协调，共同营造和谐的服务工作环境。还将建设留学人员回国服务信息平台，以中国留学人才信息网为依托，构建面向社会和广大海外留学人员的留学回国工作信息平台，促进留学人才、项目、政策、资金等信息资源的交流和共享。

宗旨

以邓小平理论和“三个代表”重要思想为指导，深入贯彻落实科学发展观，坚持“支持留学、鼓励回国、来去自由”的方针，按照“拓宽留学渠道、吸引人才回国、支持创新创业、鼓励为国服务”的要求，团结各留学人员回国服务组织，整合服务资源，提高服务能力，落实具体政策，加快建设服务理念先进、服务机制健全、服务功能齐全、服务质量优良的留学人员回国服务体系，为充分开发利用留学人才资源，吸引更多优秀留学人员回国工作、创业和以多种方式为国服务提供保障。

主要任务

一、推进留学人员回国服务网络建设。以各地区各部门所属留学人员服务机构为骨干，充分发挥各服务联盟成员作用，统筹服务资源，实现资源共享，完善留学人员回国服务网络。

二、健全留学人员回国服务机构的合作机制。加强各服务联盟成员间的协调配合，推动服务联盟成员间在编制留学人才引进计划、实施重点项目、落实重要政策时，加强沟通与协调，共同营造和谐的服务工作环境。

三、建设留学人员回国服务信息平台。以中国留学人才信息网为依托，与有关服务联盟成员留学信息网相互贯通，充分利用互联网便捷高效的特点，构建面向社会和广大海外留学人员的留学回国工作信息平台，促进留学人才、项目、政策、资金等信息资源的交流和共享。

四、组织成员单位开展相关活动。组织协调服务联盟成员单位开展区域性合作活动和跨区域的专业性交流活动；发挥服务联盟成员单位的资源优势，加强服务联盟成员单位的自身培训，通过多种途径和形式，对留学人员开展国情、政策和就业等方面的培训。

联系方式

地　址：北京市海淀区学院路30号博士后公寓办公楼
邮　编：100083
电　话：86-10-82388262，62322968，62330841
传　真：86-10-62321842
邮　箱：lxhgfw@163.com

“千人计划”专家联谊会

概况

“千人计划”专家联谊会成立于2011年1月15日，是欧美同学会·中国留学人员联谊会的一个分会，是国家“千人计划”项目引进专家自愿发起和组成的非营利性社会团体。联谊会凝聚全体“千人计划”专家，旨在联谊交流、协同合作、建言献策和服务社会。联谊会将团结并服务于海内外留学人才，积极践行科技兴国和人才强国战略，努力成为国家创新创业的生力军，为建设创新型国家、实现中华民族的伟大复兴贡献智慧和力量。“千人计划”专家联谊会热爱祖国，拥护中国共产党的领导，遵守国家宪法和法律，积极反映会员的意见和要求，维护会员的合法权益。

“千人计划”专家联谊会办公室是联谊会具体工作的执行机构。联谊会办公室在专项办及执委会的指导下，办公室主任的领导下，八个专业委员会的配合下，主要负责活动组织、联系交流、新闻宣传等方面工作，力求实现联谊会办会宗旨。“千人计划”专家联谊会根据专业发展需要设立专业委员会，目前设信息科学与技术，化学化工，能源、资源与环境，工程与材料，生物医药与生命科学，数学物理，经济、金融与管理，高新技术，青年委员会9个专业委员会。

宗旨

凝聚全体“千人计划”专家，团结并服务于海内外留学人才，积极践行科教兴国和人才强国战略，努力成为国家创新创业的生力军，为建设创新型国家、实现中华民族的伟大复兴贡献智慧和力量。

主要任务

一、开展会员间的联谊交流。

二、推进会员间、本会与其他社会团体间，在学术、科研、产业发展等方面的交流合作。

三、为国家科技、经济、教育、产业、人才等方面的科学发展建言献策。

四、关心公益，服务社会。

联系方式

地　址：北京市东城区南河沿大街111号

邮　编：100006

电　话：86-10-65127388-6112

传　真：86-10-65266906

邮　箱：lianyihui@1000plan.org

网　址：www.1000plan.org/lianyihui2

中华全国青年联合会留学人员联谊会

概况

中华全国青年联合会留学人员联谊会成立于2004年12月21日，是由愿意遵守本会章程的中国青年留学人员（含青年华侨华人）和留学人员社团（含华侨华人社团）自愿结成的、非营利性的社会团体，接受中华全国青年联合会的领导。英文全称“Returned and Overseas Chinese Scholars Association of All-China Youth Federation”，简称ROCSA。

联谊会的领导机构是理事会，每届任期3年。联谊会设会长1人、副会长22人、秘书长1人，组成会长会议，在理事会闭会期间主持本会工作。设农业科学、信息技术、生物技术、材料科学、管理科学、金融投资、商贸物流、法律、教育文化、新闻传媒、医药卫生、华侨共12个专业委员会，由各专业委员会秘书长主持开展工作。联谊会秘书处设在全国青联海外学人工作部。

联谊会会员主要为在本行业、领域有一定成就和影响的青年留学人员代表性人物，分布在国内各省、区、市和香港、澳门特别行政区以及美国等15个国家。

宗旨

广泛联系，促进交流，凝聚力量，为国服务。

主要任务

一、广泛联系、团结海内外青年留学人员，大力弘扬爱国主义传统，加强青年留学人员之间及与国内社会各界的交流。

二、宣传祖国经济和社会发展成就，广开渠道，促进青年留学人员与国内各地开展人才、资金、项目、技术等合作。

三、维护青年留学人员的合法权益，为青年留学人员的成长成才和事业发展服务，举荐、宣传优秀青年留学人员。

四、会同有关方面开展青年留学人员工作，提出意见和建议，努力优化青年留学人员成长和创业环境。

五、开展中华全国青年联合会授权的其他工作。

联系方式

地　址：北京市前门东大街10号

邮　编：100005

电　话：86-10-85212680

传　真：86-10-85212680

网　址：www.gqt.org.cn/ocss/lyh

北京市侨联归国留学人员联合会

概况

北京市侨联归国留学人员联合会成立于2004年1月6日，是在北京市侨联领导下，在中国侨联及北京市委统战部的指导下，由在北京创业或工作的归国留学人员自愿组成的、自主管理的、非营利性的社会团体。联合会承认《中华全国归国华侨联合会章程》，面向北京5万多名归国留学人员。

宗旨

团结、教育、引导广大归国留学人员及其眷属，维护归国留学人员的合法权益，为归国留学人员在北京创业和工作服务，发挥归国留学人员的团体优势，成为北京市委和市政府联系团结广大归国留学人员的桥梁和纽带。

主要任务

一、做好吸引海外人才和智力工作，为实现“新北京、新奥运”的战略目标，为首都率先基本实现现代化服务。

二、面向最基层广大归国留学人员，为留学人员创业、就业、社会交往提供各种服务。

三、维护留学人员合法权益，协助政府有关部门解决留学人员实际困难。

四、关心归国留学人员的政治诉求，积极推荐表彰留学人员代表人物；弘扬创业精神，宣传推介留学人员的事迹和成就。

五、发挥北京人才与高新技术优势，组织广大会员积极参与其他省市的科技、人才交流等活动。

六、加强自身建设，积极推进留学人员工作的理论研究。

七、加强与海外留学人员、海外留学人员社团组织及新侨组织的联谊工作，推动国际交流与祖国统一进程。

联系方式

地　址:北京市朝阳区建外SOHO西区11号楼2002室

邮　编：100022

电　话：86-10-65502259

传　真：86-10-65502259

邮　箱：member@rocsf.org

网　址：www.rocsf.org

北京海外高层次人才协会

概况

北京海外高层次人才协会成立于2011年12月12日，由北京海外学人中心和李彦宏等5位在京的优秀海外高层次人才共同发起成立，是经北京市社会团体管理办公室核准登记的非营利性社会团体法人。英文全称“Beijing Overseas Talents Association”，简称BOTA。接受业务主管单位、社团登记管理机关北京市民政局的业务指导和监督管理。

协会是北京海外高层次人才联谊交流的桥梁和纽带，是促进科技与产业资源整合的人才集群，也是进一步推动北京以及北京周边地区高端人才一体化发展的枢纽型人才组织。

宗旨

遵守宪法、法律、法规和国家政策，遵守社会道德风尚，搭建海外高层次人才交流平台，团结、凝聚和服务在京地区创新创业的优秀海外高层次人才，拓展渠道、整合资源、加强合作，促进海外人才的聚集和发展，充分发挥海外高层次人才的作用，服务北京的创新发展，为北京有中国特色的世界城市建设提供人才支持保障。

主要任务

一、组织海外高层次人才学习贯彻党的方针政策和国家法律法规，了解国家和北京市经济社会发展情况和海外人才相关政策。

二、广泛开展形式多样的交流联谊活动，增进北京以及与津冀地区海外高层次人才之间的联系与交流。

三、加强对海外高层次人才的联系服务，反映海外高层次人才的意愿，进一步优化高端人才的发展环境。

四、为海外高层次人才搭建学术研讨、科技联合攻关、创业合作、投融资服务、科研成果转化等服务平台。

五、发挥海外高层次人才的优势，为北京有中国特色的世界城市建设与“首都经济圈”发展建言献策。

六、开展海外高层次人才相关的研究，编辑出版刊物或书籍，组织论坛、研讨、展览等各种宣传活动。

七、通过多种渠道广泛宣传北京市的优秀海外高层次人才。

八、广泛联系海外专家组织、留学生组织和海外人才交流机构，促进会员开展国际交流合作，吸引更多优秀海外人才到北京创新创业。

联系方式

地　址：北京市西城区德外大街83号德胜国际中心B座6层
邮　编：100088
电　话：86-10-58540533，58540534
传　真：86-10-58540535
邮　箱：bota@8610hr.cn
网　址：www.8610hr.cn

天津市留学人员联谊会

概况

天津市留学人员联谊会成立于2005年4月22日，是由天津市留学海外的归国同学及海外留学人员自愿组成的群众组织（联合性非营利性组织）。英文全称“Tianjin Overseas Returned Scholars Association”，简称TORSA。接受主管单位中共天津滨海新区区委统战部和中共天津滨海高新区工委的领导和监督管理。

宗旨

遵守国家的法律、法规和国家政策，遵守社会道德风尚，团结和组织广大留学人员，增进友谊，交流学术，努力成为党和政府密切联系广大海内外留学人员、学者的桥梁和纽带。积极提供信息、开展服务，围绕国家的人才战略，服务天津发展，促进经济社会、科学技术、教育卫生、文化体育和各项事业发展。

主要任务

一、弘扬爱国主义思想，倡导报国奉献精神，宣传留学人员的先进事迹和学术成就。

二、开展海内外学友之间的联谊活动，加强学术交流和信息沟通，丰富文化生活，增进会员联系和友谊。

三、推动海内外专家、学者及各界人士之间的联系，增进相互了解，在科技、文化、教育、经济等领域广泛开展合作。

四、组织会员发挥综合智力优势，为天津的发展献计献策，为天津企事业单位提供各类咨询、信息服务和人员培训，为各行业对外合作与交流开辟渠道。

五、联络与天津有渊源的海外学友和留学人员团体，加强他们与天津的沟通。

六、维护会员的合法权益，积极反映海内外留学人员的需求，协助解决困难和问题。

联系方式

地　址：天津市新技术产业园区华天道2号国际创业中心
邮　编：300384
电　话：86-22-27126427，60330551
传　真：86-22-27112792，60330550
邮　箱：tjtorsa@163.com
网　址：www.tjtorsa.com

河北留学人员联谊会

概况

河北留学人员联谊会是由河北省归国留学人员自愿组成的非营利性社会团体，由河北省人事厅进行工作指导。在2008年7月正式成为欧美同学会·中国留学人员联谊会团体会员。

宗旨

紧密结合河北省改革建设实际，密切关注人才紧缺的专业和行业，开展多层次、多领域、多形式的咨询服务和智力招聘活动，为海外留学人员和用人单位牵线搭桥；有效利用现代信息工具和手段，为实施人才强省战略、建设创新型河北提供坚实的信息资源保障；营造留学人员来河北工作的良好氛围，让一切有志于来河北发展的留学人员有才可用、有业可创、有誉可享。

主要任务

一、积极宣传、贯彻执行国家和河北省有关留学人员工作的方针、政策，为各类留学人员回国工作和为国服务开展咨询，提供服务。

二、收集反映留学人员的意见、建议和要求，维护留学人员的合法权益，为留学人员创造良好的学习、工作和生活环境。

三、积极组织多种形式的联谊活动，加强海内外留学人员之间和留学人员社团之间的信息、技术和学术交流，丰富会员文化生活，加强留学人员之间的联系与友谊。

四、宣传留学人员留学报国的业绩和贡献，动员组织在河北省的留学人员为振兴河北作贡献。开展留学人员表彰、奖励活动。

五、受主管部门委托，组织留学人员为各级党政机关、企事业单位和非公有组织等部门开展决策咨询、信息服务和人员培训等工作，为河北省建设沿海经济社会发展强省提供智力支持和人才保障。

联系方式

地　址：河北省石家庄市桥西区裕华路408号
邮　编：050051
电　话：86-311-88616757
传　真：86-311-88616757
邮　箱：hbzl@hebrs.gov.cn

山西欧美同学会·山西留学人员联谊会

概况

山西欧美同学会·山西留学人员联谊会成立于2008年10月26日，是欧美同学会·中国留学人员联谊会的团体会员，是由山西归国留学人员自愿组成的、非营利性的群众团体。该组织受中共山西省委领导，由省委统战部代省委管理，是省委联系广大留学人员的桥梁和纽带。

宗旨

遵守国家宪法、法律、法规和政策，发扬留学报国的爱国主义传统，团结归国留学人员，广泛联系海内外学友，团结立会，依章治会，民主办会，实干兴会，为振兴中华、繁荣山西作贡献。

主要任务

一、学习贯彻党和政府关于留学人员工作、知识分子工作和人才工作的方针政策。

二、弘扬爱国主义思想，倡导报国奉献精神，宣传海内外留学人员报国业绩。

三、组织会员发挥综合智力优势，为促进山西的经济社会发展献计出力。

四、开展多种形式的联谊活动，加强与海内外学友和留学人员团体的联系。

五、组织海内外留学人员，在科技、文化、教育、经济等领域广泛开展交流与合作。

六、发挥独特优势，积极开展民间外交，促进中外友好交流。

七、反映留学人员的意见和诉求，维护会员的合法权益，关心会员的工作和生活，努力为留学人员服务，把本会办成留学人员之家。

八、表彰、奖励优秀留学人员，积极举荐人才。

联系方式

地　址：山西省太原市迎泽大街329号省中小企业局10层1004室
邮　编：030001
电　话：86-351-5605919，5605910
邮　箱：omtxh@163.com
网　址：www.sxwrsa.org

大连市归国留学人员联谊会

概况

大连市归国留学人员联谊会成立于2007年1月10日，是在大连市委统战部领导下，由工作、生活在大连市的归国留学人员自愿组成的地方性、联合性和非营利性的社会团体。

联谊会成立以来，积极争取欧美同学会·中国留学人员联谊会留学报国基地落户大连；申请欧美同学会·中国留学人员联谊会作为大连“海创周”主办单位，邀请300余名海外留学人员参加“海创周”；组团出访日本、韩国、澳大利亚等国家，与海外留学人员团体建立广泛密切的合作机制；每两年举办一次归国留学人员创业英才评比表彰活动。

宗旨

以邓小平理论和“三个代表”重要思想为指导，全面贯彻落实科学发展观，高举社会主义、爱国主义旗帜，宣传和贯彻党的留学人员政策，广泛联系本市归国留学人员，促进会员交流交往，帮助留学人员创业发展和以多种形式为国服务，引导留学人员为推进我市率先实现全面振兴贡献力量。

主要任务

一、广泛凝聚大连市归国留学人员，积极吸引海外留学人员。

二、适应大连市贯彻国家战略、提升核心地位的新形势，围绕全市工作大局，抓住加快“三个中心”建设的重大课题，开展调查研究，积极建言献策。

三、发挥归国留学人员联系广泛的优势，密切与海外留学人员团体、友好城市的交流交往，主动为招商引资、项目对接牵线搭桥。

四、鼓励归国留学人员在立足岗位作贡献的同时，广泛参与社会服务和公益事业，努力把联谊会建设成为归国留学人员锻炼成长的园地和摇篮。

联系方式

地　址：辽宁省大连市中山区鲁迅路278号
邮　编：116002
电　话：86-411-82758937，82758947
传　真：86-411-82758947
邮　箱：glh937@sina.com

丹东市留学人员联谊会

概况

丹东市留学人员联谊会成立于2004年12月8日，是由丹东籍的留学人员和在丹东市工作的归国留学人员自愿结成的联合性、非营利性的地方社会团体。

宗旨

作为与海内外留学人员和学者密切联系的桥梁和纽带，积极宣传和推介丹东，吸引和凝聚更多的留学人员来丹东创业发展，为促进丹东经济发展和社会进步作出贡献。

联系方式

地　址：辽宁省丹东市振兴区六纬路24号608室
邮　编：118000

电　话：86-415-2127846
传　真：86-415-2121479
邮　箱：ddmjwrj@126.com

吉林省留学人员联谊会

概况

吉林省留学人员联谊会成立于2006年10月13日，是由在（来）吉工作的留学归国人员、在国（境）外学习、工作并关心吉林发展的留学人员和热心留学事业的吉林省社会各界人士自愿组成的非营利性社会团体组织，是省委、省政府联系广大留学人员的桥梁和纽带，是做好留学人员工作的重要社会力量，是留学人员之家，是中国留学人员联谊会的地方分会。英文全称“Jilin Overseas Scholars Union”，简称JOSU。

联谊会进一步扩大了与国（境）外留学人员的交流与合作，增强了留学人员到吉工作的吸引力，推动留学人员的能力建设、继续教育和社会实践，造就了一支能够为振兴吉林老工业基地提供智力支撑的高层次留学人员队伍。

宗旨

遵守国家宪法、法律法规和各项政策，遵守社会道德风尚；以马列主义、毛泽东思想、邓小平理论和“三个代表”重要思想为指导；坚持科学技术是第一生产力，认真落实党的人才政策，积极有效地调动各类留学人员的创新创业精神，努力营造“尊重劳动、尊重知识、尊重人才、尊重创造”的良好社会氛围，为实施科教兴省和人才兴业战略作出应有的贡献。

主要任务

一、向省委、省政府反映留学人员的意见、建议和要求，协助省委、省政府做好留学人员服务工作，不断改善留学人员的工作、生活环境，维护留学人员的合法权益。

二、开展留学人员业绩和成果的宣传工作，组织各种形式的联谊活动，加强国内外留学人员和留学人员社会团体之间的信息交流、学术技术交流，促进不同领域留学人员之间的了解与沟通。

三、推动留学人员科技与专利成果的转化，研究成果转化的途径和方式，开辟科技成果向现实社会生产力转化的“绿色通道”，有效地开展资金、技术和人才的引进工作。

四、发挥留学人员的智囊作用，将留学人员的潜能转化为现实生产、管理能力。受政府有关部门委托，组织留学人员投入生产、管理第一线，为各级党政机关、企事业单位、非公经济组织和个人开展综合性管理和单项技术的咨询论证工作。

联系方式

地　址：吉林省长春市人民大街7988号
邮　编：130022
电　话：86-431-89997998
邮　箱：liudj999@sina.com

长春市留学人员联谊会

概况

长春市留学人员联谊会成立于2004年12月25日，是在中共长春市委统战部的指导下，由长春市归国留学人员自愿组成的群众团体。

长春市委统战部高度重视留学人员联谊会作用的发挥，支持有条件的城区和高校成立联谊会分会。同时，指导联谊会加大引才力度，开展交流交往，加强自身建设，努力把联谊会建设成为广纳人才的集聚地、收集和提供信息的智囊团、政府和人才的连心桥。联谊会结合市情，有针对性地开展了联谊交友、市情调研、专题议政、座谈交流、学术研讨、对口帮扶等工作，在经济社会建设中发挥了独特作用。

宗旨

高举社会主义和爱国主义旗帜，团结归国留学人员，广泛联系海内外学人，促进合作，为统一祖国、振兴中华、建设长春贡献力量。

联系方式

地　址：吉林省长春市人民大街2626号341室
邮　编：130041
电　话：86-431-88776527
传　真：86-431-88776527
邮　箱：tuoliqin@changchun.gov.cn

黑龙江省欧美同学会·黑龙江省留学人员联谊会

概况

黑龙江省欧美同学会创建于1998年12月22日，是由黑龙江省留学世界各地归国学人自愿组织的群众团体，也是一个覆盖面广的高层次人才团体。英文全称“Heilongjiang Overseas Returned Scholars Association”，简称HORSA。联谊会会员留学国别涉及30个国家和地区，下设5个分会和1个专业委员会。

宗旨

团结归国学人，联系海内外学友，增进友谊、沟通信息、交流学术、开展协作，为振兴中华和黑龙江经济建设作出贡献。

主要任务

一、学习、宣传并贯彻党和政府关于留学人员和人才工作的方针政策。

二、弘扬爱国主义思想，倡导留学报国，宣传介绍留学人员的优秀事迹和学术成就。

三、联系海外留学人员和留学人员团体，开展经济、科技、文化、教育、卫生等领域的交流与合作，努力拓宽海外留学人员与黑龙江省联系和为国服务的渠道。

四、开展咨询、信息等服务，为黑龙江省的经济建设和社会发展献策出力。

五、开展多种形式的活动，加强学术交流，丰富文化生活，增进会员联系和友谊。

六、维护会员的合法权益，关心会员的工作和生活，发挥会员的专长和作用，反映会员的建议和要求。

七、表彰、奖励优秀留学人员，积极举荐人才。

联系方式

地　址：黑龙江省哈尔滨市南岗区学府路50-1号
电　话：86-451-82628104
传　真：86-451-82648814
邮　箱：bgs@horsa.org
网　址：www.horsa.org

哈尔滨市留学人员联谊会

概况

哈尔滨市留学人员联谊会成立于2004年12月，其前身是哈尔滨市留日学生联谊会和哈尔滨市归国留学生联谊会。是以哈尔滨市留学人员为主体，自愿组成的非营利性的联谊性社会团体。接受业务主管单位中共哈尔滨市委统战部和社团登记管理机关的业务指导和监督管理。

宗旨

在遵守国家宪法、法律、法规和国家政策，遵守社会道德风尚的原则下，发扬爱国传统，团结哈尔滨市归国留学人员和与哈尔滨有渊源关系的华侨学人，广泛联系海内外学友，促进哈尔滨市对外科学技术、经济文化交流，起到留学人员与党和政府间的桥梁和纽带作用，为繁荣哈尔滨作出贡献。

主要任务

一、弘扬爱国主义思想，倡导报国奉献精神，宣传海内外留学人员的先进事迹和学术成就。

二、推动哈尔滨市海内外留学人员和企业人士之间的联系，增进相互了解，在科技、文化、教育、经济等领域广泛开展交流与合作。

三、发挥综合智力优势，为哈尔滨市的发展提供建设性意见，为企事业单位的发展开展各类咨询、信息服务和培训。

四、联络哈尔滨海外学友和留学人员团体，广交朋友，增进友谊，促进哈尔滨市对外交流与合作。

五、维护会员的合法权益，积极反映留学人员的需求，协助解决困难和问题。

联系方式

地　址：黑龙江省哈尔滨市道里区兆麟街123号
邮　编：150010
电　话：86-451-84693198
传　真：86-451-84696365
邮　箱：zhangchangzain@sina.com
网　址：www.hrbofa.com

上海市欧美同学会·上海市留学人员联合会

概况

上海市欧美同学会·上海市留学人员联合会（英文简称SORSA）是上海市留学归国学人自愿组织的民间团体，也是一个覆盖面广的高层次人才团体。

早在1905年7月1日，复旦大学老校长李登辉在上海创立了寰球中国学生会，此为欧美同学会前身。1913年又成立了上海欧美同学会；1919年在上海成立了全国中华欧美同学会；1984年9月3日，恢复成立了上海市欧美同学会；为适应新世纪新阶段留学人员工作的发展需要，在保持同学会优良传统的同时最大限度地团结海内外广大留学人员，于2007年12月29日正式增冠新会名“上海市留学人员联合会”。

宗旨

广泛团结归国留学人员，联系海内外学友，增进友谊、沟通信息、交流学术、开展协作、发挥纽带和桥梁作用，为振兴中华、繁荣上海作出贡献。

主要任务

一、举办学术讲座、论坛、研讨会，以及各种联谊、交流活动。

二、编印出版《会讯》及各种文集。

三、组织参观考察，发挥跨学科、跨行业、跨部门优势，建言献策，提供服务咨询，协助引进人才、技术和资金，为上海社会、经济和文化发展牵线搭桥。

联系方式

地　址：上海市陕西北路128号5楼
邮　编：200041
电　话：86-21-62673528
传　真：86-21-62728215
邮　箱：sorsa@sh163.net
网　址：www.china-sorsa.org

上海市留学人员联谊会

概况

上海市留学人员联谊会成立于1996年8月8日，是由来上海工作和为上海建设发展服务的出国留学人员组成的民间组织，经上海市民政局核准登记成立，取得社会团体法人资格。业务主管部门是上海市人力资源和社会保障局。

联谊会在有关部门的支持下，针对留学人员回国工作时存在的一些共性困难，积极采取措施，逐步加以解决，使他们能全身心地投入到工作中去。还针对留学人员的特点组织各类活动，与侨办、妇联、青联、欧美同学会等团体联合举办联谊活动，加强了留学人员与社会各界的联系和沟通。

联谊会作为联结海内外留学人员的“桥梁”和“纽带”，在团结海内外留学人员、帮助留学人员了解上海的发展、鼓励他们回国工作和为国服务、促进和帮助上海构筑人才资源高地等方面发挥了积极的作用。联谊会集聚的一大批优秀人才，有的已经成为上海科研和高新技术领域的中坚力量和学科带头人，被誉为“留学人员之家”。

宗旨

坚持四项基本原则，团结广大留学人员，鼓励留学人员为报效祖国、振兴上海贡献聪明才智。

主要任务

一、贯彻落实“支持留学，鼓励回国，来去自由”的留学工作总方针，宣传上海经济和社会发展的成就，鼓励留学人员回国来上海工作和以多种形式为国、为上海服务。

二、发挥留学人员的专业特长和对外联系的桥梁作用，推动上海的科技、文化、经济的发展和对外交流。

三、对留学人员工作提出咨询意见及建议。

四、团结海内外留学人员，共同为把上海建设成国际经济、金融、贸易中心之一而贡献力量。

联系方式

地　址：上海市浦东新区世博村路300号
邮　编：200125
电　话：86-21-23110328
传　真：86-21-50722823
邮　箱：srsf@21cnhr.gor.cn
网　址：www.shafea.gov.cn

上海市闵行区留学人员联谊会

概况

上海市闵行区留学人员联谊会成立于2004年11月30日，是由闵行区内留学人员自愿组成的非营利性社会团体法人，业务主管单位为闵行区人事局。联谊会成立以来，按照自身宗旨，在团结海内外留学人员，帮助留学人员了解闵行，鼓励他们为国服务，在贯彻落实“人才强区”战略方针中发挥了积极作用，是党和政府团结联系广大留学人员的桥梁和纽带。

宗旨

坚持四项基本原则，遵守宪法、法律、法规和国家的政策，遵守道德风尚，团结广大留学人员、华侨华裔，鼓励他们为报效祖国、振兴上海贡献聪明才智。

主要任务

一、学习、贯彻党和政府关于留学人员工作、知识分子工作的方针政策。

二、弘扬爱国主义思想，倡导报国奉献精神，宣传留学人员报国业绩。

三、组织会员发挥综合智力优势，为闵行经济社会发展建言献策。

四、反映留学人员的意见和要求，维护会员合法权益，关心会员的工作和生活，努力为留学人员服务，把本会办成留学人员之家。

五、表彰奖励优秀留学人员，积极举荐优秀留学人员。

联系方式

地　址：上海市沪闵路6555号（莘庄建设银行大楼内）1707室
邮　编：201100
电　话：86-21-54176205，541762056
传　真：86-21-64140775
邮　箱：mhlxslyh@yahoo.com.cn
网　址：www.mhll.org.cn

上海市浦东新区归国留学人员联合会

概况

浦东新区归国留学人员联谊会成立于2000年，是由浦东新区归国留学人员自愿组成的非营利性社会组织，是经上海市浦东新区民政局核准登记的社会团体法人。2005年更名为浦东新区归国留学人员联合会。联合会接受业务主管单位浦东新区人事局和社会团体登记管理机关浦东新区民政局的业务指导和监督管理。

作为留学人员在浦东的民间组织，联合会在团结归国留学人员，联系海外留学人员和华侨华裔学者，开展协作，为留学人员回国提供帮助，为浦东科技进步、社会发展等方面作出了贡献和努力。

宗旨

遵守宪法、法律、法规和国家政策，遵守社会道德风尚，遵守诚实、信用、公平的原则，团结浦东新区归国留学人员，联系海外留学人员和华侨华裔学者，增进友谊，沟通信息，交流学术，开展协作，为留学人员回国创业提供帮助；为科教兴国，为浦东科技进步、社会发展和繁荣作出贡献。

主要任务

一、宣传爱国主义思想，倡导报国奉献精神，介绍浦东发展现状和未来前景，宣传留学人员在浦东开发建设的先进事迹和学术成就。

二、开展多样性的海内外留学人员之间的联谊活动，加强学术和创业经验交流以及信息沟通，促进行业之间的合作。

三、推动与海外留学人员、专家、学者和企业人士之间的联系，促进相互了解和对浦东的了解，开展民间往来，在引智、科教、经济等领域广泛开展交流与合作。

四、组织会员发挥综合智力优势，为浦东的开发开放建设提供建设性的建议，为浦东企事业单位发展开展信息服务和人员培训。

五、维护会员的合法权益，向有关部门反映并协助解决留学人员的困难和问题。

联系方式

地　址：上海市浦东新区松涛路563号A座
邮　编：201203
电　话：86-21-50800484，50800485
传　真：86-21-50800439
邮　箱：service@paros.cn
网　址：www.paros.cn

南京留学人员联谊会

概况

南京留学人员联谊会成立于2005年1月16日，是由南京市有代表性、有影响性的各界留学人员代表人士自愿组成的，具有团结性、知识性、互助性、联合性、地方性和非营利性的社会团体组织。英文全称“Nanjing Overseas and Returned Scholars Association”，简称NORSA。联谊会的业务主管部门为中共南京市委统战部，同时接受南京海外联谊会的指导和监督管理。

宗旨

以邓小平理论和“三个代表”重要思想为指导，遵守国家的宪法、法律；宣传和贯彻党的统一战线方针政策，加强本市各界留学人员之间以及他们与港澳台同胞和外籍华人之间的了解和友谊、交流与合作；维护留学人员的权益，团结和调动广大留学人员，为促进南京经济和社会发展，促进祖国统一大业作出贡献。

主要任务

一、学习和宣传党的方针政策，了解和反映留学人员的意见、建议和要求；关心留学人员的工作、学习和生活，维护他们的合法权益；协助解决他们的困难和问题。

二、开展形式多样的海内外学友之间的联谊活动，加强学术交流和信息沟通。

三、联络海外留学人员，努力拓宽他们同祖国的联系渠道；促进海外学友、专家学者、企业家和各界人士与南京的联系，增进互相了解，加强民间往来，在科教、文化、经济等领域广泛开展交流与合作。

四、发挥理事的智力优势和专业特长，围绕我市的中心工作建言献策。开展各种形式的社会讲学、培训、科技咨询、科技开发等活动，帮助理事将科技成果转化为现实生产力，为社会谋福利，为人民服务。积极推动理事为我市的改革开放和“两个率先”作贡献。

五、培养输送优秀党外代表人士。

联系方式

地　址：江苏省南京市北京东路41号6号楼

邮　编：210008

电　话：86-25-83637720

传　真：86-25-83637720

邮　箱：nanjingzgc@163.net

无锡市留学人员联谊会

概况

无锡市留学人员联谊会是以无锡市留学人员为主体所组织的非营利性的民间团体。英文全称“Wuxi Overseas & Returned Scholars Association”，简称WORSA。联谊会接受无锡市委组织部、无锡市委统战部、无锡市人事局的业务指导及无锡市民政局的监督管理。

宗旨

团结留学人员和与无锡有关的华裔、华侨、海内外学友，增进友谊，沟通信息，交流学术，开展协作，促进创新，为推动无锡城市国际化进程作出贡献。遵守宪法、法律、法规和国家政策，遵守社会道德风尚，在有关政策规定指导下开展活动。

主要任务

一、宣传爱国主义思想，倡导报效祖国、振兴民族的奉献精神，宣传海内外留学人员的先进事迹和学术成就。

二、促进与海内外会员、专家、学者和企业人士之间的联系，增强相互了解，开展民间往来，在科教、文化、经济等领域广泛开展交流与合作。

三、组织会员发挥综合优势，为无锡的发展提供人才和智力支持，开展各类咨询、信息服务和人员培训；联络与无锡有关的海外学友和留学人员团体，加强他们与无锡的沟通。

四、维护会员合法权益，向政府有关部门反映并协助解决海内外留学人员的困难和问题。

联系方式

地　址：江苏省无锡市解放东路888号无锡人才信息大厦4楼

邮　编：214007

电　话：86-510-82828102，82823057

传　真：86-510-82828102

邮　箱：chinawuxi530@vip.163.com

网　址：www.wxrcw.com

常州市留学归国人员协会

概况

常州市留学归国人员协会成立于2007年11月13日。协会的成立，是为了进一步发挥留学归国人员的作用，为留学归国人员和外国专家创建一个新的沟通平台，也标志着常州市人才工作在国际化的道路上又迈上了新的台阶。

常州市制定落实了引进高层次人才尤其是针对海外高层次人才的多项优惠政策，如鼓励支持海外高层次人才来常州投资入股、领办创办企业，对领军型海归创业人才给予“三个百”的优惠政策等等，使常州成为海外人才创新创业的一方“热土”。留学归国人员协会成立后，将加快建立海外人才信息网络和畅通高效的海外沟通平台，热忱为留学归国人才和外国专家服务，同时加大“招才引智”力度，吸引更多更优秀的人才来常州创业，真正成为一个层次最高、力量最强、成效最好的协会，成为常州留学归国人员自己的“家”。

宗旨

自愿、自治、自律、自尊、自强。

主要任务

一、弘扬创新创业的精神，发挥桥梁纽带的作用，吸引更多更优秀的海外人才。

二、广泛联系留学归国人员，组织留学人员积极参与科技创新、创办企业等多种形式的活动。

三、维护留学归国人员的合法权益，会同有关部门落实留学人员政策，帮助留学人员解决实际困难。

联系方式

地　址：江苏省常州市博爱路129号2号楼4楼

邮　编：213003

电　话：86-519-86677276

传　真：86-519-86677276

邮　箱：czrosa@163.com

网　址：www.czrc.com.cn

苏州市留学人才协会

概况

苏州市留学人才协会是由致力于留学生工作的人员和留学生自愿组成的非营利性社团组织，是具有独立法人资格的社会团体，接受苏州市人事局的业务指导、管理和监督。

协会和政府相关部门积极行动，为留创企业争取资金、技术和高层次人才，创造更好的发展环境；同时加强苏州留学回国人员间的交流，形成合力，推动企业的深入发展。

宗旨

通过留学生工作以及与国内外留学人员和组织、团体建立广泛联系与合作关系，推动国际人才交流，为促进苏州的改革开放和经济建设，尽快实现建成新兴科技城市、人文城市、环境城市、法治城市的目标作出贡献。

主要任务

一、针对苏州经济发展的总体目标，组织会员研究、探讨经济发展的情况和加强留学人才工作的经验交流和工作研讨，为苏州市政府有关部门提供做好留学人才工作的决策参考。

二、会同有关部门开展、推荐、选派会员外出考察、参观、学习、研修，帮助会员提高思想文化素质和专业技术才能。

三、提供政策咨询服务，帮助会员及时获取有关经济信息和留学人才工作的政策。

四、促进会员与政府部门、社会各界的联系交流，为我市的经济建设、科研献计献策。

五、加强同兄弟省市相关协会的交流，积极参与社会公益活动，扩大会员的交往范围和社会影响。

六、为地方经济和社会发展无偿提供翻译任务。

七、反映会员的意愿和要求，维护会员的合法权益。

八、配合有关部门搞好优秀留学人才的评选和表彰。

九、完成苏州市人事局交办的其他任务。

联系方式

地　址：江苏省苏州市道前街170号

邮　编：215002

电　话：86-512-65228871

传　真：86-512-65228832

邮　件：fhy@rsj.suzhou.gov.cn

网　址：www.csisuzhou.com

太仓市留学人才协会

概况

太仓市留学人才协会成立于2007年6月11日，是由太仓市留学归国人员自愿组成的非营利性社团组织，是具有独立法人资格的社会团体，接受太仓市人事局的业务指导、管理和监督。英文名称“Taicang Returnese Association”。协会的成立旨在进一步做好太仓市留学回国人员服务工作，为太仓市实现“东方新欧洲”发展战略服务。

宗旨

发扬爱国主义精神，团结太仓市留学归国人员，增进友谊、沟通信息、交流学术、开展协作，共同繁荣太仓、振兴中华。

主要任务

一、在太仓市人事局指导下，通过与海外劳动局和华人团体的合作，吸纳优秀海外人才来太仓工作，形成以人才促进项目，以项目吸引人才的良性循环。

二、同海外华人团体和中文媒体合作，宣传太仓人文居住及工作环境，扩大太仓在海内外的知名度。

三、组织会员发挥专业和语言特长，为太仓市经济建设和社会全面发展出谋献策，做企业技术咨询的专家组和政府决策的顾问团。积极参与社会公益活动，发挥会员语言优势和跨文化沟通能力。

四、着眼太仓可持续发展，建立与国外华人科技专业协会的联系与合作，增强太仓市非公有制企业科技创新能力及技术本土化转化能力。

五、联络海外留学人员，努力拓宽他们同祖国，尤其是和太仓的联系渠道；促进海外留学人员、专家学者和各界人士与太仓的联系，增进相互了解，加强民间往来，在科教、文化、经济等领域广泛开展交流与合作。

六、提供政策咨询服务，帮助会员及时获取有关政策信息。维护会员合法权益，协助解决他们在工作和生活中的实际困难和问题。

七、太仓市人事局交办的其他工作。

联系方式

地　址：江苏省太仓市上海西路5号

邮　编：215400

电　话：86-512-53545982

邮　箱：webmaster@tcrc.com

浙江省留学人员和家属联谊会

概况

浙江省留学人员和家属联谊会，简称“浙江省留联会”，其前身为“浙江省出国留学人员家属联谊会”，成立于1998年9月28日，是浙江省留学人员和家属自愿组成的联谊性社会团体。英文名称为“Zhejiang Assocition of Scholars Abroad and Their Families”。浙江省留联会主管单位为省委统战部，日常办事机构设在省侨联，在省侨联的具体指导下开展工作。2006年底，经民政厅批准，正式更名为“浙江省留学人员和家属联谊会”。

宗旨

遵守中华人民共和国宪法、有关法律、法规和政策，努力维护会员的合法权益，积极倡导会员遵守社会道德风尚；高举社会主义、爱国主义旗帜，团结和组织全省留学人员及其家属，加强联系、交流信息、增进友谊，为弘扬民族文化、早日实现祖国统一、促进家乡和祖国的繁荣昌盛作出贡献。

主要任务

一、调查了解留学人员的希望和要求，反映他们的切身问题，维护他们的正当权益。

二、为留学人员和家属提供咨询服务，协助其在浙江创业、生活等有关事宜。

三、密切与留学人员和家属的联系，传达、贯彻党和国家以及省委、省政府的有关侨务政策与对留学人员工作的方针政策，沟通思想、交流信息，增进相互之间的了解、理解和友谊。

四、发挥留学人员和家属的积极作用，促进浙江与海外经济、文化、体育、科技等方面的合作与交流。

五、配合侨务工作中心，搞好有关社会服务。

六、组织各种健康文化娱乐活动，为会员丰富业余生活服务。

七、开展有利于实现本会宗旨的各种其他活动和服务。

联系方式

地　址：浙江省杭州市保俶路24号

邮　编：310007

电　话：86-571-85118535

传　真：86-571-85151007

邮　箱：zjqlwz@126.com

网　址：www.zjsql.com.cn

福建省留学生同学会·福建留学人员联谊会

概况

福建省留学生同学会成立于1986年10月，是由福建省留学归国人员自愿结成的联合性、非营利性社会组织。2005年增冠“福建留学人员联谊会”会名。英文名称为“Fujian Overseas and Returned Scholars Association”，简称FORSA。协会接受业务主管单位中共福建省委统战部和社团登记管理机关福建省民政厅的业务指导和监督管理。

宗旨

继承爱国主义优良传统。遵守宪法、法律、法规和国家政策，遵守社会道德风尚。团结福建留学归国同学，广泛联系海内外同学、学人，增进友谊，沟通信息，交流学术，开展协作，共同为繁荣福建、振兴中华和统一祖国大业作出贡献。

主要任务

一、弘扬爱国主义精神，倡导留学报国思想，宣传介绍海内外留学人员的先进事迹和学术成就。

二、开展形式多样的海内外学友之间的联谊活动，加强学术交流和信息沟通。

三、联络海外福建留学人员和留学生团体，努力拓宽他们同祖国的联系渠道；促进海外专家学者和各界人士之间的联系，增进互相了解，加强民间往来，在科教、文化、经济等领域广泛开展交流和合作。

四、组织会员发挥专业特长，为我省经济和社会全面发展出谋献策；举办各种类型的咨询、信息服务和人员培训等活动。

五、维护会员的合法权益，关心他们的工作和生活情况，及时向有关部门反映他们的建议和意见，并协助解决他们的困难和问题。

联系方式

地　址：福建省福州市湖东路276号同心楼20层
邮　编：350001
电　话：86-591-87532516
传　真：86-591-88016835
邮　箱：forsal@forsa.org.cn
网　址：wwww.forsa.org.cn
电　话：86-591-87750076
传　真：86-591-87891282
邮　箱：orsafz@163.com
网　址：www.orsafz.org

福州市留学生同学会

概况

福州市留学生同学会成立于1998年11月，是经福州市民政局正式批准具有法人资格的社团组织。在福州市委统战部的领导下，发扬爱国主义优良传统，团结福州市归国学人，广泛联系海外学友，增进友谊、沟通信息、交流学术、开启协作，共同为福州省会中心城市经济建设和海西发展出谋献策，贡献力量。

主要任务

一、弘扬爱国主义思想，倡导留学报国精神，宣传介绍海内外留学人员的先进事迹和学术成就。

二、促进与海外留学生、专家学者和各界人士之间的联系，增进了解，发展民间往来，在科教、文化、经济等领域开展交流合作。

三、利用我会企业家较多的优势，积极参加本市经济活动。

四、组织医务界会员到缺医少药的农村义诊及举办科普讲座等社会公益性活动。

五、维护会员的合法权益，关心他们的工作和生活情况，向有关部门反映他们的建议及意见，并协助解决他们的困难和问题。

联系方式

地　址：福建省福州市鼓楼区福飞路井尾5号
　　　　福州市委统战部大楼201室
邮　编：350012

厦门市留学生联谊会

概况

厦门市留学生联谊会成立于2000年4月，是厦门市留学归国人员自愿组成的具有独立法人资格的地方性、联合性、非营利性社会组织。英文名称为“Association of Xiamen Overseas and Returned Scholars”，简称AXORS。联谊会接受业务主管单位厦门市委统战部、社团登记管理机关厦门市民政局的业务指导和监督管理。

宗旨

发扬爱国主义精神，团结厦门市留学归国人员，广泛联系海内外学人，增进友谊，沟通信息，交流学术，开展协作，共同为繁荣厦门、振兴中华和统一祖国大业服务。

主要任务

一、弘扬爱国主义精神，倡导留学报国思想，宣传介绍海内外留学人员的先进事迹和学术成就。

二、开展形式多样的海内外学友之间的联谊活动，加强学术交流和信息沟通。

三、联络海外留学人员，努力拓宽他们同祖国，尤其是和厦门的联系渠道；促进海外学友、专家学者和各界人士与厦门的联系，增进互相了解，加强民间往来，在科教、文化、经济等领域广泛开展交流与合作。

四、组织会员发挥专业特长，为厦门市的经济建设和社会全面发展进行专题调查研究、出谋献策。举办各种类型的咨询、信息服务和人员培训活动。

五、维护会员的合法权益，关心他们的工作和生活情况，及时向有关部门反映他们的建议和意见，并协助解决他们的困难和问题。

六、承接政府部门委托与本会有关事项。

联系方式

地　址：福建省厦门市白鹭洲路16号团结大厦1310室
邮　编：361004
电　话：86-592-2296646，2699024
传　真：86-592-2699024
邮　箱：axors@public.xm.fj.cn
网　址：www.xmlxs.org.cn

泉州市留学人员暨归国创业人员联谊会

概况

泉州市留学人员暨归国创业人员联谊会是由泉州市留学归国人员组成的具有独立法人资格的地方性、联合性非营利性社会组织。英文名称为“Quanzhou Oversas Returned Scholars Association”，简称QORSA。业务主管部门是中共泉州市委统战部，同时接受泉州市民政局的监督管理，并接受福建留学人员联谊会的业务指导。

宗旨

广泛联系和团结海内外泉州籍和来泉工作、生活的留学人员及归国创业人员，继承发扬留学报国的爱国主义传统，秉持修学、游艺、敦谊、励行的理念，为家乡发展、海西建设，为全面建设小康社会和实现中华民族伟大复兴服务，为完成祖国完全统一大业服务，为维护世界和平与促进共同发展服务。

主要任务

一、倡导留学报国思想，宣传介绍海内外留学人员的先进事迹和学术成就。

二、开展形式多样的海内外学友之间的联谊活动，为留学人员提供科技交流、互通信息、交流感情、横向合作的渠道。

三、发挥会员的专长和智力优势，为泉州市的经济建设和社会发展进行调查研究、出谋献策，举办各种类型的咨询、信息服务和培训活动。鼓励会员利用所掌握的技术、管理、资金等资源优势，自主创业，为提升我市传统产业，发展我市第三产业，活跃我市资本、文化市场作出贡献。

四、联络海外留学人员，努力拓宽他们同泉州的联系渠道，促进海外学友、专家学者和各界人士与泉州的联系，增进了解，加强在科技、文化、经济等领域的交流合作。

五、维护会员的合法权益，收集、反映留学回国人员的意见和要求，及时向有关部门反映他们的建议和意见，协助有关部门解决留学回国人员在工作、学习、生活等方面的问题与困难。把本会办成留学人员之家。

六、举办扶困济贫活动和慈善活动，关心、帮助社会困难群体，促进社会和谐。

七、表彰、奖励优秀留学人员，积极举荐人才。

八、承接政府部门委托的有关任务。

联系方式

地　址：福建省泉州市行政中心4号楼4509

邮　编：362000

传　真：86-595-22276200

电　话：86-595-22276209

邮　箱：1787273942@qq.com

网　址：www.qorsa.com

龙岩留学人员联谊会

概况

龙岩留学人员联谊会是由龙岩市留学人员为主体自愿结成的联合性、非营利性社会组织。英文名称为“Longyan Overseas and Returned Scholars Associaion”，简称LORSA。本会接受上级留学生同学会、留学人员联谊会的指导，接受业务主管单位中共龙岩市委统战部和社团登记管理机关龙岩市民政局的业务指导和监督管理。

宗旨

继承爱国主义优良传统。遵守宪法、法律、法规和国家政策，遵守社会道德风尚。团结龙岩市留学归国人员，广泛联系海内外留学人员、学人，增进友谊，沟通信息，交流学术，开展协作，共同为促进海西重要增长极服务，为促进祖国和平统一大业作贡献。

主要任务

一、弘扬爱国主义精神，倡导留学报国思想，宣传介绍海内外留学人员的先进事迹和学术成就。

二、开展形式多样的海内外学友之间的联谊活动，加强学术交流和信息沟通。

三、联络海外龙岩留学人员和留学生团体，努力拓宽他们同祖国的联系渠道；促进海外专家学者和各界人士之间的联系，增进互相了解，加强民间往来，在科教、文化、经济等领域广泛开展交流和合作。

四、组织会员发挥专业特长，为我市经济和社会全面发展出谋献策；举办各种类型的咨询、信息服务和人员培训活动。

五、维护会员的合法权益，关心他们的工作和生活情况，及时向有关部门反映他们的建议和意见，并协助解决他们的困难和问题。

联系方式

地　址：福建省龙岩市龙岩大道万阳城A栋913

邮　编：364000

电　话：86-597-2301879

邮　箱：lylxrytxh@163.com

网　址：www.lylxry.com

济南留学人员联谊会

概况

济南留学人员联谊会成立于2006年4月6日，是山东省统战系统成立的第一个留学人员联谊会。联谊会的成立，为广泛联系和团结留学人员开辟了一条新的渠道，标志着济南市留学人员工作进入了一个新的阶段。

宗旨

成为开展留学人员工作的有效载体，成为了解留学人员情况、反映他们真知灼见的重要渠道，成为输送留学人员代表性人物的人才库，为济南的改革、发展发挥积极的作用。

主要任务

一、团结济南广大留学人员，充分发挥联谊会作为党和政府联系海内外留学人员的桥梁和纽带作用，巩固和壮大爱国统一战线。

二、不断增强做好留学人员工作的责任感和使命感，积极探索新的机制，加强对留学人员代表人士的培养选拔。

三、加强自身建设，为做好留学人员工作提供保障。

四、主动进入经济主战场，倾力推进科教兴市战略的实施，为济南市改革开放和建设创新型城市作出贡献。

联系方式

地　址：山东省济南市建国小经三路37号市委统战部知识分子处

邮　编：250001

电　话：86-531-82038318

传　真：86-531-82038318

邮　箱：yaoaiyu@jn.gov.cn

青岛市留学人员协会

概况

青岛市留学人员协会成立于2004年2月7日，由青岛市留学回国人员自愿组成的具有独立法人资格的群众团体。

宗旨

凝聚、联系和服务留学回国人员，促进留学回国人员在青岛建功立业。

主要任务

一、及时传达国家和青岛的留学人员回国工作优惠政策，凝聚留学人员来青岛工作和以各种方式为国家、为青岛服务。

二、组织广大留学人员发挥专业特长，积极参与科技创新、创办企业和多种形式的咨询服务活动。

三、广泛联系留学人员，倡导留学报国，宣传介绍留学人员为国服务的先进事迹和学术成就。

四、多渠道开展科技、经贸、教育、文化等方面的对外交流，联系海内外的留学人员及团体，为青岛招才引智、招商引资牵线搭桥。

五、根据青岛市经济建设和社会发展的需要，为用人单位推荐和引进急需的留学人才。

六、维护留学人员的合法权益，会同有关部门落实留学人员政策，帮助留学人员解决实际困难。

联系方式

地　址：山东省青岛市同安路189号青岛市留学回国人员创业园201室

邮　编：266101

电　话：86-532-89913130

传　真：86-532-88916306

河南省留学人员联谊会

概况

河南省留学人员联谊会成立于1992年10月，是河南省留学回国人员自愿组成的群众性团体，是河南省委、省政府联系海内外留学人员和海外专家的桥梁和纽带。

宗旨

宣传党的基本路线，坚持党的改革开放方针，执行党和国家的留学工作政策，加强与海内外留学人员的联系，积极为留学人员创造优良环境和条件，充分发挥留学人员的作用，拓宽对外开放的渠道，依靠科技进步，为促进河南省经济发展贡献力量。

主要任务

一、举办研讨会、座谈会、学术讲座。

二、提供服务咨询，协助引进人才、技术和资金。

三、为河南省社会、经济和文化发展牵线搭桥。

联系方式

地　址：河南省郑州市顺河路32号

邮　编：450004

电　话：86-371-66359360

传　真：86-371-66329937

邮　箱：ylxec@163.com

烟台市留学人员联谊会

概况

烟台市留学人员联谊会是烟台市留学人员的群众性、非营利性的社会组织机构，同时也是党和政府团结联系广大留学人员的桥梁和纽带。

宗旨

依照宪法和法律，贯彻落实党中央和国务院关于“支持留学、鼓励回国、来去自由”的留学工作方针，维护留学人员合法权益，团结广大留学人员，发扬团结、奉献、奋发创业的精神，为把烟台市建设成现代化、国际性港口城市发挥作用。

主要任务

一、宣传烟台市经济、社会发展形势和对外开放政策，支持和引导留学人员为我市的建设和发展作出更多的贡献。

二、联络广大留学人员对烟台市经济、科技等领域的工作进行研究探讨，为有关部门决策提供咨询服务。

三、组织留学人员广开渠道，积极促进烟台市同国外开展经济、技术、文化交流，为引进国外智力、技术和资金发挥牵线搭桥作用。

四、协助有关部门积极改善留学人员的学习、工作、生活条件，更好地发挥留学人员的作用。

联系方式

地　址：山东省烟台市莱山区观海路128-108

邮　编：264003

电　话：86-535-6683330

传　真：86-535-6683269

邮　箱：rsjhbh@163.net

洛阳市留学归国人员联谊会

概况

洛阳市留学归国人员联谊会，其前身为“洛阳留学人员联谊会”，成立于2015年1月31日，是由市侨联主管、我市留学归国人员及海外留学人员自愿组成的具有独立法人资格的地方性、联合性、非营利性群众组织，其宗旨是弘扬爱国主义精神，团结留学归国人员，联络海外留学人员，增进友谊、沟通信息、交流学术、开展协作、促进创业，服务洛阳建设。

宗旨

加强我市留学回国人员与党和政府的联系，团结联系广大留学人员为我市发展多作贡献；加强与国内外及其他留学生组织的联络合作，为留学人员提供科技交流、互通信息、交流感情、横向合作的渠道；帮助留学人员回国创业发展，从留学生创业生态环境体系入手，收集、反映留学回国人员的意见和要求；协助有关部门解决留学回国人员在工作、学习、生活等方面的问题与困难，更好地发挥留学回国人员在我市发展建设中的作用。

主要任务

一、弘扬爱国主义精神，倡导留学报国思想，宣传介绍海内外留学人员的先进事迹和学术成就。

二、举办形式多样的海内外学友之间的联谊活动，加强学术交流和信息沟通，丰富文化生活，增进会员联系和友谊。

三、联络海外留学人员，努力拓宽他们同祖国，尤其是和洛阳的联系渠道，促进海外学友、专家学者和各界人士与洛阳的联系，增进互相了解，加强民间往来，在科教、文化、经济等领域广泛开展交流与合作。

四、组织会员发挥综合智力优势，为洛阳市的经济建设和社会全面发展进行专题调查研究、出谋献策。举办各种类型的咨询、信息服务和人员培训活动。

五、积极动员会员为我市引进海外高层次人才牵线搭桥，鼓励和扶持海外留学归国人员来我市创业，促进我市高新技术产业的发展。

六、联络与洛阳有渊源的海外学友和留学人员团体，加强他们与洛阳的沟通与联系。

七、维护会员的合法权益，关心他们的工作和生活情况，及时向有关部门反映他们的建议和意见，并协助解决他们的困难和问题。

八、承接党委、政府部门委托与本会有关的事项。

联系方式

地　址：河南省洛阳市新区政和路16号院2号楼

邮　编：471000

电　话：0379-63317355

邮　箱：luoyangqiaolian@163.com

yql2009@126.com

网　址：lyqiaolian.orgcc.com

湖北欧美同学会·湖北留学人员联合会

概况

湖北欧美同学会·湖北留学人员联合会成立于2011年4月8日，是以湖北省留学海外各国归国同学为主体自愿组成的组织，以加强与海内外留学人员和留学团体的联系和交往，开展在经济、科技、文化、教育、卫生等领域的交流与合作，组织和推动海外留学人员为湖北服务等为任务。

联合会团结和依靠广大归国留学人员，秉持修学、游艺、敦谊、励行的理念，致力于建设成为联系广大留学人员的桥梁和纽带，成为全省留学人员的温馨家园。

联系方式

地　址：湖北省武汉市武昌区洪山路16号

邮　编：430071

电　话：86-27-87824798

传　真：86-27-87824798

邮　箱：hbomtxh@126.com

湖北省留学人员联谊会

概况

湖北省留学人员联谊会创建于1992年1月7日，是非政府民间团体。通过定期组织各种会务活动，探讨学术，日益成为联系海内外留学人员的桥梁和纽带。

宗旨

遵守宪法、法律、法规和国家政策，遵守社会道德风尚。团结广大留学人员，密切留学人员与党和政府的联系，加强留学人员与海外科技、经贸及文化教育界的沟通，促进留学人员来鄂工作或为鄂服务，推动湖北对外开放和现代化建设。

主要任务

一、努力当好党和政府团结、联系广大留学人员的桥梁和纽带，认真宣传党和政府有关留学人员的方针、政策，动员留学人员团结协作、奋发图强，在各自的工作岗位上为湖北的经济建设和社会发展作贡献。同时，以向有关部门推荐人才、提供咨询服务等多种方式积极参政议政。

二、发挥沟通海内外的桥梁和纽带的作用，以多种方式积极促进和组织我省同国外开展科技、经济、文化、教育、卫生等领域的交流和合作，为引进国外智力、技术和资金发挥牵线搭桥作用。

三、强化留学人员之间联谊的桥梁和纽带的功能，努力维护留学人员的合法权益，及时向有关部门反映他们的意见和要求，协助有关部门积极为他们来鄂创业以及在海内外的学习、工作和生活创造良好的环境。办好会刊、交流信息、推广经验、宣传先进，促进湖北留学人员工作进一步改进和提高，以达留学人员“强强联合、优势互补、共同发展”。

四、建立“湖北留学人员数据库”，开设“湖北省留学回国人员网站”。

联系方式

地　址：湖北省武汉市武昌区八一路58号省军培基地3楼302-306室

邮　编：430071

电　话：86-27-87233233

传　真：86-27-87303009

网　址：www.hbll.org

武汉欧美同学会·武汉留学人员联谊会

概况

武汉欧美同学会成立于1998年12月，2007年8月增冠“武汉留学人员联谊会”会名，是以武汉地区留学归国人员为主体自愿组成的群众组织。联谊会接受中共武汉市委统战部、武汉市民政局的业务指导和监督管理。

宗旨

高举社会主义和爱国主义的旗帜，团结留学归国同学，广泛联系海外学人，修学敦谊，相互切磋，扩大交流，促进合作，为统一祖国、振兴中华、发展武汉作出贡献。

主要任务

一、弘扬爱国主义思想，倡导留学报国精神，宣传海内外留学人员的先进事迹和学术成就。

二、举办各种活动，加强学术交流和信息沟通，增进会员联系和友谊。

三、加强与海外专家、学者和各界人士的联系，增进相互了解与合作，开展民间往来，在科技、经济、文化等领域进行交流与合作。

四、发挥会员综合智力优势，开办各类咨询、信息服务和人才培训，为武汉科技、经济和社会发展献计献策。

五、联络与武汉有渊源关系的海外学人和留学生会，拓宽他们与武汉的联系和为国服务的渠道。

六、维护会员的合法权益，向政府有关部门反映他们的建议和要求，协助解决武汉归国留学人员的困难和问题。

联系方式

地　址：湖北省武汉市汉口沿江大道149号605室

邮　编：430032

电　话：86-27-82306250
传　真：86-27-82306250
邮　箱：worsa@vip.sina.com
网　址：www.worsa.org.cn

湖南欧美同学会·湖南留学人员联谊会

概况

湖南欧美同学会·湖南留学人员联合会（英文简称HORSA）成立于2009年5月26日。该会是在中国共产党领导下，由湖南省归国留学人员自愿组成、非营利性质、具有法人资格的群众团体，也是一个覆盖面广的高层次人才团体，理事有158名，海外特邀理事有17名。

宗旨

以邓小平理论和“三个代表”重要思想为指导，全面贯彻落实科学发展观，团结和服务海内外留学人员，继承发扬留学报国的爱国主义传统，秉持修学、游艺、敦谊、励行的理念，为振兴中华和湖南发展作出贡献。

主要任务

一、弘扬爱国主义思想，倡导留学报国，宣传介绍和组织交流留学人员的优秀事迹和成就。

二、举办各种活动，加强学术交流，丰富文化生活，增进理事联系和友谊。

三、促进与海外专家学者及各界人士的相互了解与合作，开展民间友好往来，在科技、经济、文化等领域进行人才交流暨学术交流。

四、发挥理事专长，为政府及企事业单位提供咨询及中介服务、为留学人员在创办高新技术企业、合作项目、开展交流活动等方面提供服务。

五、维护理事的合法权益，关心他们的工作和生活，促进并发挥他们的专长和作用，向有关方面反映他们的建议和要求。

六、联络海外留学人员和留学生团体，努力拓宽他们与祖国联系和为国服务的渠道。

联系方式

地　址：湖南省长沙市迎宾路185号
邮　编：410011
电　话：86-731-82215613，82217095，82217219
传　真：86-731-82215749
邮　箱：hwrsa@163.com
网　址：hnwrsa.hnswtzb.org

湖南省留学人员联谊会

概况

湖南省留学人员联谊会是湖南省海内外留学人员自愿参加的社会团体。业务主管部门为湖南省人事厅，并接受社会团体管理机关的监督与管理。

宗旨

遵守党的基本路线，协助业务主管部门执行党和国家有关的方针、政策，团结海内外留学人员，加强广大留学人员与党和政府的联系，充分发挥留学人员的聪明才智和对外联系的桥梁纽带作用，促进我省改革开放和现代化建设事业的发展。

主要任务

一、宣传党和国家关于留学人员工作的方针政策以及留学人员报效祖国的先进事迹。

二、促进湖南省同国外开展经济、科技、文化、教育、卫生等领域的交流与合作，为引进国外智力、技术和资金牵线搭桥。

三、加强同广大留学人员的联系，了解和反映他们的意见与要求。维护留学人员的合法权益，协助有关部门为留学人员的学习、工作和生活创造良好环境。鼓励广大留学人员为湖南省社会经济发展建功立业。

四、接受政府主管部门的委托，为湖南省留学人员管理工作和政策法规建设提供咨询与服务，完成托办的任务。

五、有计划地开展丰富多彩的联谊活动，沟通思想，交流信息，增进友谊，团结海内外留学人员。

六、面向社会，广开渠道，积极开展科技咨询、开发服务和外引内联等活动。

联系方式

地　址：湖南省长沙市中共湖南省委办公楼5楼522室
邮　编：410011
电　话：86-731-2219375

广州欧美同学会·广州留学人员联谊会

概况

广州欧美同学会创建于1925年，1936年更名为广东欧美同学会，会址设在广州市文德路39号，这幢美式洋房是由留学欧美的学者集资兴建起来的永久性会址。历任会长黄宪昭、韦增復、李禄超（曾任孙中山先生秘书）、陈宗南等。新中国成立后，因会员四散，会务停顿。1984年，为团结广大留学欧美的学者专家，切磋学术交流，弘扬爱国主义精神，报效祖国，由在广州工作的留学欧美学者、原广东欧美同学会老会员蒲蛰龙（中山大学）、罗明燏（华南工学院）、罗开富（中科院广州地理所）、李炳熙（暨南大学）、黎献勇（珠江水利委员会）等5人联名发起和倡议，向广州市人民政府和广大留学欧美学友提出恢复“广东欧美同学会”的活动，得到了时任广州市市长叶选平的关心，并批示由广州市科协牵头组织。经过两年多的筹备，于1987年6月14日在广州市委礼堂正式宣布重新恢复活动，成立广州欧美同学会。叶选平学长任名誉会长，我国著名淀粉糖专家、化学家、留美学者张力田教授，华南理工大学原校长刘焕彬教授先后任会长。

2010年9月6日，广州市机构编制委员会正式下文《关于广州欧美同学会列入市群众团体序列等问题的批复》，明确了广州欧美同学会的性质和地位，并批准增冠“广州留学人员联谊会”会名。

广州欧美同学会是由留学欧美或其他国家的学友组成，会员遍布广州地区各行各业，是一个覆盖面广的高层次人才团体，现有会员3000多人。广州欧美同学会是欧美同学会·中国留学人员联谊会省市团体会员单位之一，由中共广州市委统战部主管。

宗旨

在党的领导下，遵守国家宪法、法律、法规，遵守社会道德风尚，团结广大留学归国人员，广泛联系海内外学友，继承发扬留学报国的爱国主义传统，为促进社会和谐和全面建设小康社会服务，为完成祖国统一大业和实现中华民族伟大复兴服务。

主要任务

一、学习贯彻党和政府关于留学人员工作、知识分子工作和人才工作的方针政策。

二、推动留学人员报国实践，宣传留学人员报国业绩。

三、开展咨询、信息服务和培训，发挥智力优势，为广东、广州社会经济发展，建设幸福广东、幸福广州建言出力。

四、广泛联系海外留学人员团体和留学人员，积极开展多领域的交流与合作，做好引荐海外高层次人才工作，组织和推动海外留学人员为广东、广州服务。

五、开展多种形式的活动，加强学术交流，丰富文化生活，增进留学人员之间的联系和友谊。

六、反映留学人员的意见和要求，维护会员的合法权益，关心会员的工作和生活，努力为留学人员服务，把本会办成留学人员之家。

七、表彰、奖励优秀留学人员，积极举荐人才。

联系方式

地　址：广东省广州市起义路144号广州市社会主义学院102室

邮　编：510030

电　话：86-20-83177417

邮　箱：gzomtxh@163.com

网　址：www.gzorsa.org

广州留学人员商会

概况

广州留学人员商会创建于2002年，是全国首家商会性质的非营利性留学归国人员组织。现有会员逾千名，已成为在穗留学人员的真正家园。

本着“为会员谋利益，为社会谋共识”的目的，在祖国高速腾飞的今天，商会主动承担起了团结归国创业精英的责任，以期通过这一平台，积极参加国家建设，配合政府主办的各项大型招商会展及交流活动，同时开展与其他大型民间社团组织的交流，共创和谐广州。商会也是信息交流、学术交流及情感交流的场所，帮助留学归国人员尽快融入当地文化，使所学所能得以充分发挥。同时，针对会员特性建立了5个专业委员会和1个中心，并以此为基础开展针对性的活动。

宗旨

一、联合在广州及周边地区的留学归国人员，组建成一个在党和政府领导下的留学归国人员的非营利性组织。

二、为会员及会员企业与政府搭建友好的沟通和合作的桥梁。

三、发挥商会凝聚力，服务会员，为会员的事业发展搭建创业及发展平台，最大程度地发挥他们的经济及社会效益，从而实现他们知识报国、技术报国的良好夙愿。

四、最大限度地引进和输出境内外的技术和信息，利用境内外的投资资金，促进境内外的人才交流。

主要任务

一、向回国留学人员介绍情况、发布信息、提供各种优惠政策。

二、协助留学人员在国内注册公司、寻找合作伙伴、风险基金。

三、协助留学人员与各级政府、各职能部门沟通，组织有关留学回国政策、工商税务的发布会。

四、组织参加各种商业活动、展览会、交易会、交流会，促进留学人员项目转化及项目招商。

五、联系新闻媒介，及时报道宣传优秀留学人员及其创业企业，向社会呼吁保护留学创业人员的合法权益。

六、充分发挥利用海内外留学人员的潜力和优势，服务于中国民营经济发展，与工商联其他职能部门合作，定期组织举办服务于民营经济的各种讲座与活动。

七、与各地政府、教育部、人事部、科技部、经贸部、侨办、侨联、欧美同学会、开发区、商业团体、公司联系并协调关系，与海内外留学生团体、华人商会建立友好协作关系，与国外商会、学校建立友好协作关系。

联系方式

地　址：广东省广州市海珠区敦和路189号留学人员创业园3栋307

邮　编：510310

电　话：86-20-34321880，34321883

传　真：86-20-34321885

邮　箱：contact@ocscc.org

网　址：www.ocscc.org

广州留学回国科技工作者协会

概况

广州留学回国科技工作者协会成立于1998年8月3日，是由广州地区学有所成的归国科技精英倡议，广大留学回国科技工作者及留学生热烈响应，在广州市领导及有关部门热情关怀和大力支持下成立的群众性组织，是广州市科学技术协会的团体会员，也是泛珠三角区域“9+2”合作组织的重要成员单位。

宗旨

在党和政府的领导下，团结广州及其周边地区留学归来的科技工作者，组成具有整体优势的一支生力军，充分调动他们的积极性，发挥他们的聪明才智，把他们在海外所学知识、技术运用到科技进步与经济发展中去。

主要任务

一、通过协会，加强与国内外专家学者、科技团体及企业的联络，促进对内对外科技、经济的交流与合作。

二、架起沟通广大科技人员与政府之间的桥梁，维护他们的权益，反映他们的心声。

三、协助政府做好留学生与进修生的吸引、接收、安置等方面的工作，鼓励更多的海外学子回国服务。

联系方式

地　址：广东省广州市解放北路618-620号府前大厦A座1805室

邮　编：510130

电　话：86-20-83325995，83325053，83325019

传　真：86-20-83325995

邮　箱：ocs413@126.com

惠州市留学人员联谊会

概况

惠州市留学人员联谊会在惠州市委市政府的关心与支持下于2006年1月23日成立，是以留学人员及海外归国人员为主体的、学术性的、自愿结成的非营利性社会组织。英文名称“Huizhou Association of Overseas & Returned Scholars”，简称HAORS。接受业务主管单位惠州市科学技术协会及社团登记管理机关惠州市民政局的业务指导和监督管理。

宗旨

继承爱国主义传统，团结留学归国学子，广泛联系海内外学人共同为振兴中华作出贡献。

主要任务

一、举办或承办各种与惠州经济建设和社会发展有关的国际、国内学术研讨会。

二、组织会员发挥本会的综合智力优势，为惠州的发展献计献策。

三、为惠州企事业单位的发展开展各类咨询、信息服务和人才培训、交流，开展出国留学咨询与服务。

四、通过海内外的民间学术团体和留学人员组织，为我市的智力、人才、技术、资金、项目的引进做好中介服务。

五、积极反映海内外留学人员的需求，协助解决他们的工作及生活难题。

六、采取多种多样的联谊方式加强海内外专家、学者和企业人士之间的联系，促进惠州与海外在科技、文化、教育、经济等领域开展广泛的交流与合作。

七、团结广大归国留学人员和仍在海外的惠州籍学子、华裔、华侨学人，以各种方式为惠州经济社会发展服务。

八、国家法律允许范围内的其他专业性服务。

联系方式

地　址：广东省惠州仲恺国家高新区惠台工业园
　　　　54号小区科创中心

邮　编：506001

电　话：86-752-2653896

传　真：86-752-2601581

邮　箱：haors@163.com

网　址：www.haors.org

东莞市侨联归国留学人员联谊会

概况

东莞市侨联归国留学人员联谊会成立于2012年6月9日，是在东莞市归国华侨联合会领导下，由在东莞工作或生活的、具海外留学经历和与东莞有紧密联系的归国留学人员自愿组成，承认《中华全国归国华侨联合会章程》，是独立自主开展活动的非营利性侨界团体，东莞市侨联的团体会员，现有注册会员1000多人。

宗旨

一、海纳百川、团结奉献。

二、了解国家和东莞的建设发展情况，鼓励、引导、发挥留学人员优势，广泛联络海内外留学人员，为推进东莞经济社会双转型、建设富强幸福新东莞服务。

主要任务

一、组织广大归国留学人员学习党的方针政策、国家的法律法规，提高他们的爱国和建国热情。

二、引导归国留学人员参政议政，反映侨界的利益要求；关心归国留学人员，就他们在工作与生活中的问题和困难，向政府及职能部门提出意见和建议。

三、依法维护归国留学人员合法权益，推动社会经济文明建设；协助政府为归国留学人员在东莞创新创业、工作和生活等方面提供支持和服务。

四、组织开展适合归国留学人员特点的科技、经贸、对外联络交流等活动，促进归国留学人员事业的发展。

五、广泛联络海内外留学人员及其智力团体，促进交流与合作，为东莞招才引智服务。

联系方式

地　址：广东省东莞市莞城向阳路侨务楼

邮　编：523007

电　话：86-769-33229088，22227821，22221033

传　真：0769-22221829，22232539

邮　箱：mail@dgosa.com

网　址：www.dgosa.com

中山市留学回国人员联谊会

概况

中山市留学回国人员联谊会成立于2008年6月10日。联谊会的成立，是中山市经济建设和社会发展的需要，是中山市扩大对外开放和参与国际人才竞争的需要，也是联系和服务广大留学回国人员的需要，将进一步密切留学回国人员与市委、市政府的联系，为留学回国人员提供了感情交流、信息互通、科技交流、横向合作的渠道，也便于收集、反映留学回国人员的意见和要求，协助有关部门解决留学回国人员在工作、学习、生活方面的问题和困难。一直以来，中山市有关部门高度关注海外留学生和留学回国人员，为筹备成立中山市留学回国人员联谊会做了大量的前期工作。联谊会的成立得到广东省侨办和市委市政府的大力支持。联谊会积极贯彻市委市政府关于进一步加快培养引进紧缺适用人才的战略部署，主动联系，服务广大留学回国人员，不断完善中山市海外引智网络，成为“留学回国人员之家”。

联系方式

地　址：广东省中山市松苑路1号中山市外事侨务局
　　　　国际交流部

邮　编：528400

电　话：86-760-88334455

传　真：86-760-88334455

邮　箱：faob.zsnews.cn

潮州市留学回国人员联谊会

概况

潮州市留学人员联谊会成立于2012年7月6日，是在潮州市归国华侨联合会领导下，由在潮州工作或生活的、具海外留学经历和与潮州有紧密联系的归国留学人员自愿组成，是独立自主开展活动的非营利性侨界团体，是潮州市侨联的团体会员。

宗旨

以马克思列宁主义、毛泽东思想、邓小平理论、“三个代表”重要思想和科学发展观为指导，高举中国特色社会主义和爱国主义旗帜，根据本章程，积极团结潮州市归国留学人员，发挥归国留学人员的团体优势，联络海外留学人员等专业人才，秉着“团结、互助、共进”的精神，为归国留学人员在潮州创业、发展服务，为潮州经济建设和社会发展，为实现中华民族伟大复兴和祖国完全统一作贡献。

主要任务

一、了解国家，特别是潮州的建设发展情况，鼓励、引导、发挥留学人员优势，广泛联络海内外留学人员，为加快经济发展、建设幸福潮州作出贡献。

二、组织广大归国留学人员学习党的方针政策、国家的法律法规，提高他们的爱国爱乡热情。

三、引导归国留学人员参政议政，反映侨界的利益要求。

四、关心归国留学人员，将他们在工作与生活中的问题和困难，向政府及职能部门提出意见和建议。

五、依法维护归国留学人员合法权益，推动社会经济文明建设。

六、为有意赴国外留学的学生提供相关资讯及帮助。

七、为归国留学人员在潮州创新创业、工作和生活等方面，提供支持和服务。

八、组织开展适合归国留学人员特点的科技、经贸、对外联络交流等活动，促进归国留学人员事业的发展。

九、加强自身建设，加强与社会各界的联系与交流，积极参加社会公益事业，维护和提高潮州归国留学人员群体形象。

十、广泛联络海内外留学人员及其智力团体，促进交流与合作，为潮州招才引智服务。

十一、表彰、奖励优秀归国留学人员，积极举荐人才。

十二、承接潮州市政府及其职能部门委托与本会有关的事项。

联系方式

地　址：广东省潮州市新洋路新阳楼5号大地教育
邮　编：521000
电　话：86-18948509206
传　真：86-768-2211838
邮　箱：1292919492@qq.com
网　址：www.cosa.org.cn

广西留学人员联谊会（广西欧美同学会）

概况

广西留学人员联谊会（广西欧美同学会）成立于1986年，是以广西壮族自治区留学人员为主体的、适当吸收海外华裔和华侨学人自愿参加的非营利性的人民群众团体。英文名称为“Guangxi Association of Overseas & Returned Scholars”，简称GAORS。主管部门为自治区统战部，会址设在广西南宁市。

宗旨

继承爱国主义传统，团结留学归国学子，广泛联系海内外学人和与广西有渊源关系的华裔、华侨学人，修学敦谊，相互切磋，共同为振兴中华、繁荣广西作出贡献。

主要任务

一、继承爱国主义思想，倡导报国奉献精神，宣传海内外留学人员的先进事迹和学术成就。

二、团结广大归国留学人员和仍在海外的广西籍学子、华裔、华侨学人，以各种方式为广西经济社会发展服务。

三、采取多种多样的联谊方式加强海内外专家、学者和企业人士之间的联系，增进相互了解，促进广西与海外在科技、文化、教育、经济等领域开展广泛的交流与合作。

四、组织会员发挥本会的综合智力优势，为广西的发展提出建设性意见，为广西企事业单位的发展开展各类咨询、信息服务和人才培训与交流，开展出国留学咨询与服务，开展各项对广西经济和社会发展有意义的活动。

五、通过国外的民间学术团体和留学人员组织，为我区的智力、人才、技术、资金、项目的引进做好中介服务。

六、承担政府部门委托的广西重大经济建设项目的立项、鉴定、评估任务或其他课题。

七、维护广大留学人员的合法权益，积极反映海内外留学人员的需求，协助解决他们的困难和问题。

八、举办或承办各种与广西经济建设和社会发展有关的国际、国内研讨会。

九、协助党委和政府部门做好与留学人员沟通等工作。

联系方式

地　址：广西南宁市滨湖路63号
邮　编：530028
电　话：86-771-5568639，5568677，5568642
传　真：86-771-5568649
邮　箱：gaors_gx@126.com，gaors2008@126.com
网　址：gorsa.gxnews.com.cn

桂林欧美同学会·桂林留学人员联谊会

概况

桂林欧美同学会·桂林留学人员联谊会成立于2004年12月19日，是由桂林归国留学人员组成的群众团体。桂林欧美同学会作为在党领导下的群众团体，为桂林市归国留学人员搭建起了一个交流平台，把服务桂林建设与发展同服务广大留学人员结合起来，把做好回国留学人员的工作同做好海外留学人员的工作结合起来，把发挥广大留学人员的作用同在他们中发现、培养和举荐人才结合起来，为大力推进桂林市“三个文明”作出贡献。

宗旨

团结桂林市海内外留学人员，广泛联系海内外学人和与桂林有渊源关系的华裔、华侨学人，修学敦谊，相互切磋，构架与广大海内外人员和学者密切联系的桥梁和纽带，共同为繁荣桂林作贡献。

联系方式

地　址：广西桂林市榕湖路北路6号
邮　编：541001

电　话：86-773-2818858
传　真：86-773-2823330
邮　箱：gllx2007@126.com

海南欧美同学会

概况

海南欧美同学会成立于2012年5月23日，是以海南留学欧美各国归国同学为主体自愿组成的具有统战性、知识性、联谊性的群众组织，是中国共产党领导下的人民团体，是党联系留学人员的桥梁和纽带，是党和政府做好留学人员工作的助手。海南欧美同学会主管单位为海南省委统战部。本会接受中共海南省委统战部的政治领导和业务指导，在欧美同学会·中国留学人员联谊会的指导下开展各项工作。本会接受海南省社会团体登记管理机关海南省民政厅的监督管理。

主要任务

（一）学习贯彻党和政府关于留学人员工作、知识分子工作和人才工作的方针政策；

（二）弘扬爱国主义传统，推动留学人员报国实践，宣传留学人员报国业绩，表彰、奖励优秀留学人员；

（三）加强与欧美同学会·中国留学人员联谊会和海外留学人员、留学人员团体的联系，参与开展科技、经济、文化、教育、卫生等领域的交流与合作，组织和推动留学人员为海南经济社会发展服务；

（四）发挥会员的专长和作用，开展教育培训、学术交流、信息咨询、联谊交友、考察调研等活动，积极建言献策；

（五）为海外归国留学人员来海南创业牵线搭桥；

（六）反映会员的意见和要求，关心会员的工作和生活，维护会员的合法权益，努力为会员服务，把本会办成留学人员之家；

（七）积极举荐人才。

联系方式

地　址：海南省海口市国兴大道69号海南广场5栋401
邮　编：570203
电　话：086-0898-65359192，65220221
传　真：086-0898-65359192，65220221
邮　箱：hnomtxh@hainan.gov.cn
网　址：www.hnwrsa.org.cn

重庆留学人员联谊会

概况

重庆留学人员联谊会于1994年5月成立，旨在充分发挥留学人员投身内陆开放高地和“五个重庆”建设的积极性，加强重庆市留学人员之间的交流合作，维护广大留学人员的合法权益。

宗旨

坚持以邓小平理论和“三个代表”重要思想为指导，深入贯彻落实科学发展观，按照党和国家关于“支持留学，鼓励回国，来去自由”的方针，采取多种形式，鼓励海外人才回国为社会经济建设服务。遵守国家宪法、法律、法规和各项方针政策，继承和发扬留学报国的爱国主义传统，团结、吸引、联系广大留学回国人员，增进友谊，沟通信息，交流学术，开展协作，为促进重庆对外开放和经济社会发展作出贡献。

主要任务

一、弘扬爱国主义思想，倡导留学报国精神，宣传海内外留学人员的先进事迹和学术成就。

二、举办各种活动，加强学术交流，丰富文化生活，增进海内外留学人员的联系和联谊。

三、推动海内外专家、学者和各界人士之间的联系，增进相互了解，在科技、文化、教育、经济等领域广泛开展交流与合作。

四、为海外学人回国创业兴业提供智力支持。

五、组织会员发挥综合智力优势，积极开展各类咨询、信息服务和人员培训等活动，为重庆的发展提供建设性意见。

六、联络与重庆有渊源关系的海外学人和留学人员团体，努力拓宽他们与祖国的联系和为国服务的渠道。

七、维护会员的合法权益，关心他们的工作和生活，积极反映他们的需求，协助解决困难和问题。

联系方式

地　址：重庆市渝北区新牌坊一路1号
邮　编：401147
电　话：86-23-86868567
传　真：86-23-86868567

四川欧美同学会·四川留学人员联谊会

概况

四川欧美同学会·四川留学人员联谊会成立于2015年9月23日，其前身是四川省留学人员联谊会，是四川省各行业留学人员及部分企事业单位自愿结成的社会团体组织。联席会作为连接政府、社会和留学人员的桥梁，进一步整合省内留学人员资源，服务经济社会建设。

宗旨

通过联络感情、沟通信息，成为留学人员之家。

主要任务

一、向党和政府反映留学人员的意见、建议和要求，协助党委和政府做好留学人员服务工作，不断改善留学人员的工作、生活环境，维护留学人员的合法权益。

二、开展留学人员业绩和成果宣传工作，组织各种形式的联谊活动，加强国内外留学人员之间的信息交流、学术交流，促进不同领域留学人员之间的了解与沟通。

三、加速留学人员科技与专利成果的转化，研究成果转化的途径和方式，开辟科技成果转化为现实社会生产力的“绿色通道”。

四、发挥留学人员的智囊作用，激励留学人员开展科技咨询，鼓励并组织留学人员投入生产、管理第一线，为各级党政机关、企事业单位、个体业主和农户做顾问，开展单项技术、经济咨询和综合性管理“会诊”，将留学人员的潜能转化为现实生产、管理能力。

五、加强同国内外知名留学人员和留学人员社会团体的联系，交换信息，扩大视野，有效地开展资金、技术和人才的引进工作。

联系方式

地　址：四川省成都市东二巷18号四川省人事厅509室
邮　编：610015
电　话：86-28-86763106，86627109
传　真：86-28-86627109，86765106
邮　箱：yybeauty@tom.com
网　址：www.sczjfw.com

贵州留学人员联谊会（贵州欧美同学会）

概况

贵州留学人员联谊会（贵州欧美同学会）成立于2008年12月。联谊会的成立，为贵州省广大留学人员创造了一个学术交流的平台，一个反映意见建议的渠道、咨询服务的窗口和寻求支持的依托。

联谊会在政府与留学人员之间充分发挥了桥梁和纽带作用，为留学人员提供优质服务，并通过自己在国外的各种联系，为贵州引进更多人才，尤其是贵州经济社会发展急需的领导人才。在团结凝聚留学人员发挥作用方面作出新贡献，在协助党和政府开展留学人员工作方面取得新成效，在加强自身建设方面实现新突破，真正成为党联系广大留学人员的桥梁纽带，成为党和政府做好留学人员工作的助手，成为具有广泛影响力和强大凝聚力的留学人员之家，为推进贵州经济社会历史性跨越作出新贡献。

宗旨

继承爱国主义传统，团结留学归国学子，广泛联系海内外学人和与贵州有渊源关系的华裔、华侨学人，修学敦谊，相互切磋，共同为振兴中华、繁荣贵州作出贡献。

联系方式

地　址：贵州省贵阳市广胜路1号
邮　编：550002
电　话：86-851-5895140
传　真：86-851-5895140

云南省留学人员联谊会

概况

云南省留学人员联谊会成立于2008年12月21日。联谊会的成立得到了云南省委统战部、云南省民政厅的批准指导。

宗旨

为云南省留学人员搭建参政议政、建言献策、施展才华、加强联系与合作、加深友谊的平台，进一步调动云南省留学人员的积极性、创造性，开拓留学人员工作新局面。

主要任务

一、充分发挥智力密集、联系广泛的优势，调动一切可以调动的积极因素，团结一切可以团结的积极力量，群策群力，服务于云南改革发展大局，服务于解放和发展生产力。

二、围绕云南省经济社会发展中的重大问题，深入调查研究，为各级党委政府多献科学发展之言，多谋富民惠民之策。

三、进一步加强同港澳台和海外各界人士的联系，广交朋友，联络感情，宣传政策，牵线搭桥，推动云南与港澳台和海外在经济、科教、文化等方面的交流与合作，为云南省扩大开放、整合资源、加快发展、提高竞争力作出贡献。

联系方式

地　址：云南省昆明市广福福路8号中共云南省委统战部
邮　编：650228
电　话：86-871-3992481，3992488
传　真：86-871-3992482
邮　箱：ynlyh@126.com
网　址：www.ynrosa.or.cn

云南省留学人员创业协会

概况

云南省留学人员创业协会成立于2008年9月，是由云南省留学归国人员及有关企事业单位、民间组织自愿组成的非营利性社会团体。协会会员主要来自留学归国人员在滇创业的企业和企业家，留学归国的中高级人才和经理人，以及正待归国、有意归国创业的留学人员。云南留学人员创业协会的成立，顺应了广大留学人员归国创业发展的需求，为他们提供了难得的高端交流平台，同时也为海内外各界有识之士为中国现代化大业建言献策提供了便捷渠道。

宗旨

立足于云南、面向全国、团结四海、放眼世界。秉承老一辈留学人员留学报国的优良传统，进一步团结和凝集广大在滇留学人员，努力成为党和政府联系留学人员的桥梁和纽带。协会通过搭建平台，为会员提供创业互助，合作交流，共谋发展。为政府建言献策、招商引资引智。

主要任务

一、充分发挥留学人员创业精神足，创新能力强，掌握国际先进技术，具有中外文化合璧的背景和广泛的国内外人际关系等独特优势，搭建科技交流、信息交流、创业服务平台，促进项目技术、人才、资金的国际流动。

二、帮助留学归国人员解决创业过程中面临的实际困难，维护留学人员的合法权益，会同有关部门落实留学人员政策。

三、组织留学人员积极参与科技创新，创办企业和多种形式的活动。

四、进一步发挥留学人员的作用，为云南省的社会经济事业的可持续发展作出自己的贡献。

联系方式

地　址：云南省昆明经济技术开发区云大西路39号
　　　　创业大厦608室
电　话：86-871-6358828
传　真：86-871-6358788
邮　箱：ypocepa@163.com
网　址：www.ypocepa.com

昆明留学人员联谊会

概况

昆明留学人员联谊会成立于1993年4月，由本地区各行各业的留学归国人员组成，与海外相关科研院所、社会组织、高层次人才保持着密切联系，具有广泛群众性、高知识、多元性和开放性。

联谊会在各级领导的关心下，在市委统战部及市科协的领导下，在全体会员的积极支持与参与下，始终紧密围绕昆明市经济社会发展重点开展工作，为实施科教兴昆，人才强市，以开放促发展，促进科学技术的引进、普及与推广，为经济结构的调整作出了贡献。

宗旨

抓住云南省桥头堡战略实施，扩大对外开放，以及昆明市建设中国面向西南开放的国际性区域城市的机遇，围绕党和政府的中心工作，进一步做好广大留学人员的工作，整合广大归国人员的智力与人脉资源，服务地方经济社会发展，将联谊会建设成为党和政府联系广大留学人员的桥梁和纽带，成为党和政府做好留学人员工作的助手。

主要任务

以服务留学人员为宗旨，关心留学人员的工作、学习和生活，反映他们的愿望和要求，维护他们的合法权益，为留学人员回国创业和为国服务创造条件、搭建平台，成为留学人员之家。

联系方式

地　址：云南省昆明市呈贡新区市级行政中心7号楼135室
电　话：86-871-3192873
传　真：86-871-3192873
邮　箱：gjb@kmkp.net.cn
网　址：www.kmkp.net.cn

陕西省留学人员联谊会

概况

陕西省留学人员联谊会成立于1989年，是在省民政厅注册的陕西省留学人员群众性组织，主管部门为省人力资源和社会保障厅，日常业务受省外国专家局指导。作为党和政府团结、联系广大留学人员的纽带和桥梁，通过各种形式的活动，组织广大留学人员在国内外广泛开展科技、经济、文化交流，为陕西经济建设和社会发展作出了积极贡献。

宗旨

广泛联系全省留学人员，促进全省留学人员的团结和进步，帮助留学人员在陕创业，引导广大留学人员以多种方式参与陕西省的经济建设和社会发展。

联系方式

地　址：陕西省西安市建设东路3号省人社厅太乙路办公区2号办公楼310室
邮　编：710054
电　话：86-29-89538077
传　真：86-29-89538077

宁夏留学人员联谊会

概况

宁夏留学人员联谊会于2009年4月28日成立，是由在宁夏工作的留学人员自愿组成的非营利性的社会群众团体。业务主管单位是宁夏回族自治区党委组织部、人力资源和社会保障厅，社团登记管理机关是宁夏回族自治区民政厅。团体接受业务主管单位和社团登记管理机关的业务指导和监督管理。英文名称为“Ningxia Returned Scholars Association”，简称NXRSA。

宗旨

遵守国家宪法、法律、法规和国家政策，遵守社会道德风尚，坚持科学发展观，以人为本，广泛联系海内外留学人员，广交朋友，增进友谊，宣传宁夏，吸引国（境）外人才、智力、技术和资金，为宁夏经济建设和社会发展服务。

主要任务

一、通过宁夏留学人员联谊会向自治区党委和政府反映在宁夏留学人员的意见、建议和要求，协助党委和政府做好留学回国人员服务工作，不断改善留学回国人员的工作、生活环境，维护留学回国人员的合法权益。

二、开展留学回国人员业绩和成果宣传工作，组织各种形式的联谊活动，加强国内外留学人员之间的信息交流、学术交流，促进不同领域留学回国人员之间的了解与沟通。

三、加速留学回国人员科技与专利成果的转化，研究成果转化的途径和方式，开辟科技成果转化为现实社会生产力的“绿色通道”。

四、发挥留学回国人员与其他人才的智囊作用，激励留学回国人员开展科技咨询，鼓励并组织留学人员投入生产、管理第一线，为各级党政机关、企事业单位、个体业主和农户做顾问，开展单项技术、经济咨询和综合性管理“会诊”，将留学回国人员的潜能转化为现实生产、管理能力。

五、加强同国内外知名留学人员及留学人员社会团体的联系，交换信息，扩大视野，有效地开展资金、技术和人才的引进工作。

联系方式

地　址：宁夏银川市上海东路40号
邮　编：750001
电　话：86-951-5099081
传　真：86-951-5099100
邮　箱：nxzj2088@126.com

新疆留学人员联谊会

概况

新疆留学人员联谊会成立于2006年7月24日，是在新疆维吾尔自治区党委组织部、统战部、自治区人事厅等有关部门的共同发起下成立的，由新疆维吾尔自治区各行各业的留学人员自愿组成的，具有独立法人资格的非营利性社会团体组织，是党和政府联系广大留学人员的桥梁，是留学人员间相互联系与合作的纽带。

联谊会自成立以来，继承和发扬留学报国的光荣传统，充分发挥桥梁、纽带作用，以“团结立会、依章治会、民主办会、实干兴会”为办会方针，创造性地开展工作，组织了丰富多样的活动，努力凝聚广大留学人员，并通过与境外合作，拓展为新疆服务的平台。

宗旨

发扬爱国主义精神，团结广大新疆籍留学人员，广泛联系海内外学人，增进友谊，沟通信息，交流学术，促进合作，共同为振兴新疆经济、维护祖国统一服务。

主要任务

一、弘扬爱国主义精神，倡导留学报国，宣传介绍海内外留学人员的先进事迹和学术成就。

二、组织归国留学人员发挥专业特长，加强学术交流，举行各类咨询、信息服务和人员培训等活动，为自治区经济发展开展招才引智、招商引资、扶贫帮困等工作；进行专项调研，为新疆的经济建设和社会全面发展出谋献策。

三、联系海内外留学人员及其团体，拓展他们与祖国联系和为国服务的渠道，加强民间友好交往，开展在经济、科学、教育和文化等领域的交流与合作。

四、维护归国留学人员的合法权益，向党和政府反映留学人员的意见、建议和要求，做好留学人员服务工作。

五、增进留学人员的联系和友谊，丰富文化生活，举办各种有益的联谊活动。

联系方式

地　址：新疆乌鲁木齐市文化路38号
邮　编：830002
电　话：86-991-2398135，2391342，2391123
传　真：86-991-2391342
邮　箱：xjorsa@163.com
网　址：www.xjorsa.net

第六部分

附录篇

附录篇

留学人员回国服务机构一览

中国（教育部）留学服务中心

为了适应国家改革开放、教育国际交流与合作发展，在邓小平同志的亲自提议和关怀下，国家教委留学服务中心于1989年3月31日批准成立。1998年，更名为教育部留学服务中心，对外称中国留学服务中心。

中国（教育部）留学服务中心，是教育部直属事业单位，以事业单位法人注册，主要从事出国留学、留学回国、来华留学以及教育国际交流与合作等领域的相关服务。其主要业务范围包括：公派留学、自费留学、签证代理、国外宣传保障、留学人员档案管理、留学人员集体户口管理、国(境)外学历学位认证、留学人员回国就业、受理留学回国人员科研启动基金申请、中国留学人才市场、中国国际教育巡回展、留学中国教育展、来华留学毕业生联络联谊工作、回国创业政策咨询、承办“春晖杯”中国留学人员创新创业大赛以及承办其他政府项目等。目前中心设有12个部门、2个直属注册企业和30个各地分中心。伴随着新中国留学工作的不断发展，教育部留学服务中心走过了光辉历程，取得了伟大成就，其留学服务工作在我国教育、科研、经济、文化、社会发展以及中国的对外开放和国际交流等方面，均起到了不可替代的重要作用。

作为教育部在留学服务领域里的助手和依托，教育部留学服务中心将不断适应中国留学事业的发展和需求，坚持服务创新，按照社会化、市场化、国际化、专业化、网络化的发展思路，努力工作，开拓进取，为配合国家实施科教兴国、人才强国战略、创新驱动发展战略作出新的更大贡献。

主要职能：

一、出国留学

1．中国国际教育巡回展是经教育部批准，中国（教育部）留学服务中心主办，以介绍国外优质教育资源为主要内容的大型展览，通常在每年春季举办。

2．公派留学和出访签证代理。受教育部委托并经外交部批准，中心公派出国留学事务处主要负责为各类公派留学(包括：国家留学基金全额资助，国家留学基金部分资助，政府互换奖学金项目，各部委、科研院所、地方省市自筹资金以及院校际交流等)人员提供办理出国和出境手续的服务，保证公派出国留学人员顺利出国学习和从事科研、进修。

3．自费留学。自2003年起，在教育部国际司的指导下，中心承担了以教育部的名义公布国外院校名单的工作。同时，受教育部委托，中心还负责对外提供自费留学信息咨询与确认服务。

4．留学人员档案管理。经国家主管部门批准，中心于1997年成立留学人员档案室，专门从事留学人员人事档案的管理及相关业务的咨询工作。其服务内容主要包括：为出国留学和留学回国人员提供档案管理服务、开具各种人事证明、记录国外留学经历等。

二、留学回国

1．留学人员集体户口管理。2005年5月，为解决出国留学人员户籍管理和迁移问题以及部分留学回国人员落户难问题，经北京市公安局批准，中心设立留学人员集体户口，负责部分出国留学人员和留学回国人员的户口管理工作。

2．国（境）外学历学位认证。经国务院学位委员会和国家教育部批准同意，中心面向全国开展对国（境）外学位证书和高等教育文凭的认证服务。2001年4月，经国务院学位办批准，中心正式对外受理中外合作办学颁发国外学位证书的认证申请。

3．中国留学人才市场。是中国（教育部）留学服务中心为适应海外留学人才回国就业需要而设立的专门机构，它是国内首家获得国家主管部门许可专事留学人才中介服务的机构。中国留学人才市场以“中国留学英才网”网络平台为依托，结合传统网下人才招聘会和视频招聘等多种形式，面向海外留学人才和国内用人单位提供专业化人才中介服务。

4．留学回国就业。受教育部委托，中心负责为留学回国人员办理就业报到相关手续。

5．回国创业或以多种形式为国服务。1995年4月，国务院办公厅决定在中心成立留学人员投资事务处，加大留学人员为国服务，特别是为留学人员回国创业提供服务的力度，负责为在外留学人员回国投资创办企业、短期讲学、合作科研、科技成果转让、新技术开发、引进国外先进技术项目等提供政策咨询和中介服务，为海外高层次人才以多种形式为国服务提供多次入出境及在华长期居留的便利服务。2006年，受教育部委托，负责每年承办由教育部和科技部共同主办的“春晖杯”中国留学人员创新创业大赛工作，为留学人员回国创新创业搭建平台。

三、来华留学

1．留学中国教育展。是经教育部批准，由中心牵头组织中国院校赴境外招收来华留学生的国际教育展览，每年有计划地、有重点地在部分国家的重要城市举办。

2．留华毕业生联络联谊。留华毕业生联络处是中心受教育部委托建立的机构，旨在将全世界在华留学生和毕业生联系起来，为他们提供信息交流的平台和组织联谊活动，努力使他们成为沟通中国和世界的桥梁。

四、国际合作

1．英国高等教育文凭项目。2003年，中心与英国苏格兰学历管理委员会（SQA）合作，将英国高等教育文凭项目引入中国。

2．新加坡政府奖学金项目。1992年和1993年，经原国家教委批准，中国（教育部）留学服务中心先后与新加坡教育部、卫生部合作，开展了新加坡硕博连读奖学金项目和新加坡护理奖学金项目。

3．中外人文交流机制化活动配套项目。中心全面参与中俄、中美、中法、中英、中欧、中印尼、中南非、中德等各个中外人文交流机制，紧密配合教育部完成多项机制大会相关会务工作，承办多项机制配套活动，并积极协助教育部做好各项机制相关材料的汇总及意见研提等工作。

五、其他服务

1．出国留学培训基地项目。出国留学培训基地的建立是中心协助教育部规范出国留学市场秩序，建立出国留学示范样板的重要举措。

2．境外教育机构资质鉴定服务。中心根据长期专门从事出国留学、留学回国、国际教育资源信息咨询、国外学历学位证书认证等相关业务所积累的工作经验和资源优势，开展境外教育机构资质情况查询服务。

3．教育外事服务。受教育部委托，中心公派团组护照签证事务处主要负责为教育部机关、企事业单位、部直属高校校级领导以及部分直属高校因公临时出国人员提供办理护照和签证服务，负责对上述人员因公护照进行管理和监督，负责为教育部驻外使（领）馆人员及其家属办理出国护照和签证手续，确保了公务团组的顺利出访和外交人员的顺利赴任。

4．信息服务。为满足信息化、网络化办公和广大留学人员信息咨询的需要，中国（教育部）留学服务中心在教育部的大力支持下，于1996年建立了“中国留学网”。经过多年来的建设和改版，中国留学网已经建设成为中国（教育部）留学服务中心对外交流合作的窗口和服务平台。

联系方式：

地址：北京市海淀区北四环西路56号辉煌时代大厦5层

邮编：100080

电话：86-10-62677800

传真：86-10-62677504

网址：www.cscse.edu.cn

科学技术部火炬高技术产业开发中心

1988年，党中央、国务院正式批准实施旨在发展中国高新技术产业的指导性计划——火炬计划。作为火炬计划的具体组织实施单位——科学技术部火炬高技术产业开发中心（简称“火炬中心”）成立于1989年10月，是隶属于国家科学技术部的独立事业法人单位。在科学技术部指导下，火炬中心以“发展高科技，实现产业化”为己任，大胆探索，不断创新，推动了中国高新技术产业不断向前发展。

20年来，火炬中心坚持以“国家目标、地方组织、市场导向”为方针，以创新谋发展，创造性地丰富了火炬计划的内涵。通过国家高新技术产业开发区、科技型中小企业技术创新基金、科技企业孵化器等一系列政策工具的制定和实施，在建设创新创业环境，聚集科技资源，促进技术创新与转化，加强科技和经济结合，调整产业结构，增强区域创新能力等方面，火炬计划取得了卓越的成绩，极大地推动了我国高新技术的商品化、产业化和国际化。“火炬”已成为中国发展高新技术产业的一面光辉旗帜。

为了更好地贯彻实施《国家中长期科学和技术发展规划纲要》，实现“增强自主创新能力、建设创新型国家”的国家使命，加强技术创新环境建设和高新技术产业化进程，科技部对原“科学技术部火炬高技术产业开发中心”“科学技术部科技型中小企业技术创新基金管理中心”“中国技术市场管理促进中心”进行了合并重组，组建了新的“科学技术部火炬高技术产业开发中心”。

在科学技术部的领导和社会各界的大力支持下，火炬中心将继续高举“火炬”旗帜，以落实科学发展观为统领，以提高企业自主创新能力为核心，以营造技术创新环境和促进高新技术产业化为主线，通过实施“育苗造林”工程，大力发展科技型中小企业群体，推进产业集群向创新集群升级，聚集和激活人才、技术和资本等创新资源要素，推动“火炬”全面走进国家经济建设主战场，为建设创新型国家作出应有的贡献。

主要职能：

1. 研究我国高新技术产业化及高新区发展的状况和问题，为科技部宏观决策提出建议和对策；研究提出火炬计划，国家高新区的发展规划、计划及有关政策建议。

2. 研究我国技术市场发展的状况和问题，提出技术市场的发展规划及有关政策，为科技部宏观决策提出建议和对策。

3. 承担火炬计划管理办公室的事务性管理工作，承担火炬计划的组织实施工作，推进高新技术产品成果商品化、产业化和国际化。

4. 负责国家高新技术开发区的日常管理，为高新区的发展提供咨询与服务。

5. 承担科技型中小企业技术创新基金的组织实施工作。

6. 承担全国技术市场日常运行管理，以及登记、统计、培训、信息交流与技术转移等工作；联系和协调全国技术市场管理机构；开展科技成果推广和产业化咨询服务等工作。

7. 研究提出科技企业孵化器发展规划、计划和有关政策建议，承担孵化器的日常管理；承担高新技术企业、国家级创业服务中心、国家留学人员创业园、技术交易机构、海外科技园、创业投资机构等的管理。

8. 承担生产力促进中心、大学科技园、高新技术产业化基地、工业领域国家工程中心、国家重点新产品计划、科技兴贸行动专项等的组织实施工作。

9. 承担火炬计划软件产业化工作；承担火炬计划产业化基地的管理工作。

10. 研究提出高新技术产业化投融资政策建议，组织并推动科技风险投资工作。

11. 承担编制《中国高新技术产品目录》及技术出口产品目录等工作。

12. 负责火炬计划国家级高新区统计的专项工作，承担高新技术产业化的统计、宣传、信息交流、培训以及国际合作等工作。

13. 承担科技部有关司局委托的工作。

14. 承担科技部领导交办的其他工作。

联系方式：

地　址：北京市西城区三里河二区甲18号

邮　编：100045

电　话：86-10-88656100

传　真：86-10-88656124

邮　箱：Mail@chinatorch.gov.cn

网　址：www.chinatorch.gov.cn

人力资源和社会保障部留学人员和专家服务中心

留学人员和专家服务中心为人力资源和社会保障部直属事业单位，同时作为中国博士后科学基金会的办公机构。中心拥有权威的高层次人才信息和丰富的科技成果资源，为“千人计划”引进的海外高层次人才落实特定生活待遇，为留学人员回国工作、创业、为国服务提供咨询、推介、人事代理等各种服务；承担高层次专业技术人才选拔、培养等事务工作，为专家队伍建设和发挥专家作用提供各种形式的服务；承办边远、少数民族地区专业技术人才特殊培养工作；负责中国博士后科学基金规划、筹集、管理工作；承担中国博士后网、中国留学人才网和中国专家网网站的建设、运营和管理；参与建立和完善我国高层次人才信息库。

主要职能：

1. 负责海外高层次人才引进服务窗口工作：负责“千人计划”服务窗口工作，为“千人计划”引进的海外高层次人才落实居留和出入境、落户、医疗、住房、税收、子女就学等方面的特殊政策，办理相关手续。根据政策规定，按照引进人才的需求，为引进人才提供优质服务，营造海外高层次人才回国（来华）创新创业的良好环境。

2. 负责中国留学人员回国服务联盟秘书处有关工作：承担服务联盟具体日常工作，负责服务联盟组织建设工作，召开服务联盟成员大会，审核加入或退出的成员单位，成员单位间的沟通协调工作等。主要工作任务有：推进留学人员回国服务网络建设，健全留学人员回国服务机构的合作机制，建设留学人员回国服务信息平台，组织成员单位开展相关活动。

3．负责中国留学人员回国创业专家指导委员会秘书处有关工作：会同欧美同学会建言献策委员会承担专家委员会具体日常工作，组织专家委员会入选专家，为“千人计划”创业人才入选者、中国留学人员回国创业启动支持计划入选者、各地及留学人员创业园推荐的具有发展潜力的重点留学人员企业等，开展创业培训、创业咨询、创业指导、深度合作、企业推介等形式的留学人员回国创业指导与服务。

4．管理海外高层次人才联系窗口：承担“千人计划”人力资源和社会保障部网上海外高层次人才联系窗口（www.mohrss.gov.cn）管理工作，积极宣传海外高层次人才引进工作，认真做好接受海外高层次人才自荐有关工作。收集海外高层次人才基础信息，配合做好海外高层次人才信息库建设。

5．管理运营中国留学人才信息网（www.Chinatalents.gov.cn）：中国留学人才信息网作为专门服务于海内外留学人员的政府网站，权威性和政策性强，已初步成为宣传党和国家有关留学人才政策，为留学人员和国内用人单位提供信息服务，做好留学人才资源开发工作的一个重要窗口。网站目前设有留学与人才、综合报道、要闻与动态、留学人才推荐、专家与博士后、工作交流、政策法规、回国指南、人才自荐、单位招聘、创业园区、经费资助指南、异域生活等栏目。

6．组织留学人员回国服务活动：中心与各地地方政府或地方人事部门合作，组织了多次海内外留学人员智力服务与科技项目示范活动，这些活动的成功举办为带动地方经济、科技发展，促进地方引进高层次海外留学人才工作发挥了重要的推动作用。有些活动在当地已形成品牌，取得了很好的效果，深受海外留学人员和当地各界的好评。

7．海外留学人才推荐工作：在中国留学人才信息网上开设留学人才推荐、回国指南、单位招聘、人才自荐等栏目，收集、发布国内人才和技术需求，协助用人单位开展招聘海外留学人员活动。根据留学人才特长和需求，采取网上推荐、出函推荐、重点推荐等形式，为留学人员回国提供就业推荐、信息咨询等各项服务。

8．留学人员创业园管理服务工作：帮助创业园协调落实鼓励、支持留学人员回国创业的有关政策，为创业园提供人才、项目推荐服务。为留学人员创业提供人才、成果、推介及信息咨询服务。

联系方式：

地　址：北京市海淀区学院路30号博士后公寓办公楼
邮　编：100083
电　话：86-10-82388262，62322968，62330841
传　真：86-10-62321842
邮　箱：lxhgfw@163.com
网　址：www.chinatalents.gov.cn

中国留学人员回国创业专家指导委员会

为完善留学人员回国创业服务体系，配合实施国家“千人计划”和中国留学人员回国创业启动支持计划，进一步加大对留学人员回国创业的支持力度，人力资源和社会保障部会同欧美同学会成立中国留学人员回国创业专家指导委员会。

专家委员会成员由下列人员担任：风险投资专家，市场营销专家，世界五百强企业以及著名跨国企业的高管，创业成功的留学人员企业家，全国省部共建国家级留学人员创业园负责人，从事企业咨询、人力资源管理以及会计师事务所、律师事务所等可为海归创业提供服务与咨询的相关领域专家。

专家委员会的主要服务对象包括入选“千人计划”的创业人才，入选“中国留学人员回国创业启动支持计划”的创业人才，各地人社部门和省部共建留学人员创业园推荐的、具有较大发展潜力的留学人员企业。

专家委员会秘书处设在人力资源和社会保障部留学人员和专家服务中心。

主要职能：

1．创业培训。举办留学人员回国创业培训班，邀请专家委员会成员以及其他国内外优秀的企业家、知名专家学者、金融领域的知名专家，对回国创业的留学人员进行创业培训与辅导。

2．创业咨询。组织专家委员会相关专家到留学人员创业园对企业开展创业咨询服务，现场调研，现场诊断，现场解决问题，传授成功经验，进行针对性辅导，提供个性化服务。

3．创业指导。由各地或省部共建留学人员创业园推荐具有发展潜力并有创业服务需求的留学人员企业提交专家委员会，各位专家根据不同产业方向和市场前景以及创业者的需求，选择1至3家创业企业进行对接服务，给予企业全面创业指导，协助解决问题，推动企业发展。

4．深度合作。鼓励专家委员会专家与留学人员企业开展投资、入股、贸易、技术交流、合作开发等不同形式的深度合作，做到优势互补，加快国际先进技术与国内市场运作的交流，加大上下游产品的相互促进，加快技术和产品的转化。

5．企业推介。每年由专家委员会根据创业指导情况，推出一批最具成长潜力的留学人员企业，为留学人员企业创造良好的环境，助推留学人员企业快速成长。

联系方式：

地　址：北京市海淀区学院路30号博士后公寓办公楼
邮　编：100083
电　话：86-10-82388262、62322968、62330841
传　真：86-10-62321842
邮　箱：lxhgfw@163.com
网　址：www.chinatalents.gov.cn

北京海外学人中心

北京海外学人中心是北京市委市政府于2008年12月成立的专门联系海外学人、引进海外学人、服务海外学人的工作机构。中心秉承“尊重劳动、尊重知识、尊重人才、尊重创造”的方针，凭借专业化、信息化、国际化的人力资源开发能力，将为高层次人才和广大留学人员来京创新创业提供广阔的发展平台和全面的服务保障，力图打造连接海外优秀人才与北京的纽带和首都海外学人温馨之家。

北京海外学人中心将以“海纳百川，汇聚英才”的胸怀欢迎每一位海外学人的归来。

主要职能：

1．宣传国家和北京市关于海外人才的工作政策及经济社会发展情况。

2．研究提出北京市海外人才开发工作的中长期规划和政策措施建议。

3．收集、发布重大项目信息，海外学人信息和海外高层次人才政策信息。

4．负责北京市引进海外人才的认定评估工作。

5．广泛联系驻外使领馆、海外专家组织、海外人才交流机构、留学生组织、海外人才和国内相关组织，代表市委市政府多渠道寻访海外高层次人才。

6．组织实施海外人才培训交流活动。

7．为北京市重大科技项目、重点学科建设和重要产业发展提供引进海外高层次人才和智力的有关支持。

8．为在北京创新创业的海外人才提供事业发展和生活条件等综合配备服务。

9．为中央实施海外高层次人才开发工作服务。

10．联系指导协调本市各海外学人分中心的工作。

11．开展公派、自费出国留学咨询服务和回国留学人员工作创业指导。

联系方式：

地　址：北京市西城区德外大街83号德胜国际中心B座6层

邮　编：100088

电　话：86-10-58540566，58540567，58540568

传　真：86-10-58540568

邮　箱：botc@8610hr.cn

网　址：www.8610hr.cn

北京海外学人中心服务大厅

地　址：北京市海淀区中关村海淀北二街10号泰鹏大厦二层

邮　编：100080

电　话：86-10-82484901，82484905，82484907

传　真：86-10-82484897

邮　箱：fuwu@8610hr.cn

天津市留学服务中心

天津市留学服务中心是天津市人事局直属事业单位，是负责全市留学人员服务工作的专门服务机构。天津市留学人员服务中心又是中国（教育部）留学服务中心天津分中心。主要任务是宣传、贯彻、落实国家关于留学人员工作的方针、政策、规定；为天津市留学回国人员提供全方位的管理与服务；积极引进海外留学人员中的人才、智力、技术、资金；承办天津市人事局及国家留学人员工作主管部门委托和交办的任务；与国内外相关组织建立业务合作关系。

主要职能：

一、出国留学服务

1．为预备出国留学人员提供各类外语培训。

2．自费留学咨询服务工作，提供国外有关学校的信息资料，协助联系学校、申请就读、申办签证等事宜。

二、留学回国服务

1．为各类留学人员来津工作和用人单位录用留学人员提供信息服务和双向选择服务，并根据双方需要进行重点推荐。

2．为各类留学人员短期来津讲学、学术交流、合作科研、投资考察提供牵线搭桥服务。

3．为已加入外国籍的高层次留学人才办理2至5年期多次入境签证、外国人居留证。

4．为外省市来津工作的留学回国人员办理工作接转、派遣和落户等相关手续。

5．为来津工作、创业的留学回国人员制作并颁发《留学回国人员证书》。

6．组织天津市留学回国人员开展留学人员联谊活动。

三、留学综合服务

1．提供国家及天津市有关留学人员工作的政策、规定的咨询服务。

2．为天津市自费出国留学人员提供档案管理等服务。

3．管理“天津留学人才网”及“天津市留学人员数据库”。

联系方式：

地　址：天津市河东区九经路25号中国（天津）人力资源发展促进中心3楼D区

邮　编：300171

电　话：86-22-24236966，24236951，24236952

邮　箱：haiwairencai@hotmail.com

河北省专家与留学人员服务中心

河北省专家与留学人员服务中心是2002年河北省编办批准成立的全额拨款的事业单位。主要任务是为河北省享受津贴的专家发放国务院特殊津贴和省政府专家岗位津贴；为河北省人事厅组织的来河北省的留学人员提供各项服务，协助用人单位开展招聘留学人员活动，为留学人员就业提供信息咨询服务；受河北省人事厅委托，与河北省选派的出国培训专家签订《出国培训协议书》，并负责违约人员培训经费的收回和违约金的追缴工作；为专家开展科技活动提供信息和服务；负责“河北留学人员联谊会”秘书处的日常工作。2004年5月与中国留学服务中心正式签订合作协议，成为中国（教育部）留学服务中心河北分中心。

主要职能：

一、专家服务工作

1．为发挥我省专家队伍的作用提供各种服务。负责专家津贴拨款统计和各类专家变化的跟踪服务工作；组织专家开展学术和联谊活动，协助专家管理处做好政府资助的专家休假工作，为人社部门组织的专家休假、学术交流等各种活动提供服务，组织开展专家和高层次人才培训工作。负责国（境）外机构在国内招聘专业人才出国（境）工作的审核、认证。

2．承担建设和完善我省高层次人才信息库的工作。

二、津贴发放工作

1．为我省享受国务院特殊津贴专家和享受省政府岗位津贴专家发放津贴。

2．建立专家津贴发放责任制。

三、留学派出工作

1．对我省选派的出国培训人员进行外语培训。

2．为出国培训人员办理出国前和回国后的各项手续。

3．将培训人员的研究成果分类汇集出版，对研究成果进行评审奖励。

4．违约追究。

四、留学回国服务

1．为省人事厅组织的来我省的留学人员提供各种服务。

2．负责各类留学回国人员的讲学、考察、技术交流、科技开发的组织和接待。

3．为留学人员回河北工作、创业和发挥作用提供各种中介服务。宣传和发布我省引进留学人员的优惠政策；收集、发布国内急需人才和技术需求的信息；协助用人单位招聘海外留学人员，为留学回国人员就业提供信息、咨询和服务；组织交流洽谈，为留学人员提供就业推荐、信息咨询、人事代理等各项服务；开展留学人员技术成果评价、开发、转让等服务工作。

4．承办留学回国人员科技活动择优资助经费申报的事务性工作。

5．承办我厅批准或与有关部门合办的省级留学人员创业园的具体工作，帮助创业园落实国家及省制定的有关鼓励、支持留学人员回国创业的政策，为留学人员创办企业疏通渠道。

6．积极和国家人事部留学人员与专家服务中心配合，拓宽留学和专家境外培训的形式与渠道。

7．接待留学人员来信、来访。

五、中国留学服务中心河北分中心服务项目

为创新为留学人员服务方式，拓宽为留学人员服务领域，中心与国家教育部中国留学人员服务中心开展以下几项留学业务的合作。

1．建立“中国留学服务中心河北分中心”。

2．开展海外高层次留学人员身份确认业务。

3．受理“教育部留学回国人员科研启动基金”申请。

4．办理我省留学人员档案存放。

5．与“中国留学网”链接分中心网页。

6．建立“国外学历（学位）认证”申请材料河北验证点。

六、“河北留学人员联谊会”秘书处的日常工作

1．积极宣传、贯彻执行国家和我省有关留学人员工作的方针、政策。为各类留学人员回国工作和为国服务开展咨询、提供服务。

2．向上级部门收集反映留学人员的意见、建议和要求；维护留学人员的合法权益，为留学人员创造良好的学习、工作和生活环境。

3．积极组织多种形式的联谊活动，加强海内外留学人员之间和留学人员社团之间的信息、技术和学术交流，丰富会员文化生活，加强留学人员之间的联系与友谊。

4．宣传留学人员留学报国的业绩和贡献，动员组织在冀留学人员为振兴河北作贡献。开展留学人员表彰、奖励活动。

5．受主管部门委托，组织留学人员为各级党政机关、企事业单位和非公有组织等部门开展决策咨询、信息服务和人员培训等工作，为我省建设沿海经济社会、发展强省提供智力支持和人才保障。

联系方式：

地　址：河北省石家庄市维明北大街118号

邮　编：050051

电　话：86-311-88616757

传　真：86-311-88616757

邮　箱：li_chang_75@163.com

山西海外人才服务中心

山西海外人才服务中心隶属山西省人事厅，为政府全民事业单位。依托地方各地政府、人事、财政、商务、科技、教育、企管等相关部门，本着务实、推进对外开放、促进经济发展、引导人才互动的宗旨，服务于海外各类人才（含外籍）、山西省各类企事业单位和各级政府。充分发挥观念新、思路宽、点子多、空间大、成本低的服务优势，实行融入式服务，以项目为载体，人才和企业为主体，培训、考察、讲学、中介、代理、认证兼做。

主要职能：

1．以项目+人才为主要方式引进国外智力、人才，为全省企事业单位服务。

2．负责山西国际人才交流协会各项工作的组织落实。

3．创办、经营山西国际人才市场和海外留学人员创业园。

4．负责全省国家公务员、专业技术和管理人才出国（境）培训的组织实施。

5．承办外国专家学术交流、考察、疗养、休假、联谊、奖励、技术培训，承办各类讲学、办学事宜。

6．组织经济、贸易、技术等信息咨询服务、成果鉴定推广、人才评价、项目论证及技术攻关。

7．提供国内外人才的人事代理服务。

联系方式：

地　址：山西省太原市迎泽西大街80号希望大厦7-8F

邮　编：030024

电　话：86-351-6179963

传　真：86-351-6177978

邮　箱：yuandingan@163.com

网　址：sotsc.caiep.org

沈阳市留学人员服务中心

沈阳市留学人员服务中心隶属于沈阳市人事局（外国专家局），是负责沈阳市留学人员管理与服务工作的专门机构。主要任务是：宣传、贯彻、落实国家、省、市有关留学人员工作的方针、政策和规定；为在沈留学人员提供全方位的管理与服务；积极引进留学人员中的人才、智力、技术、资金；承办沈阳市人民政府和沈阳市人事局（外国专家局）委托和交办的任务；与国内外有关组织建立交流与合作。

主要职能：

一、公费出国留学服务

承担沈阳市非教育系统公费留学工作咨询、申报、选拔和派出工作。

二、留学回国服务

1．有针对性地为来沈留学人员和用人单位提供信息服务和双向选择服务。

2．协助留学人员短期来沈进行学术交流、企业合资、项目合作等活动。

3．为来沈的海外高层次留学人员进行身份认定并出具证明。

4．定期组织在沈留学人员开展座谈、联谊等活动，为其提供沟通交流条件。

三、留学综合服务

1．提供国家及省、市有关留学人员的政策、规定的咨询服务。

2．收集留学人员信息，建立留学人员信息库。

3．通过网站发布用人单位人才需求信息和留学人员求职信息。

联系方式：

地　址：辽宁省沈阳市市府大路260号1号楼240房间

邮　编：110013

电　话：86-24-22728564，23768159

传　真：86-24-23768039

大连市留学人员服务中心

大连市留学人员服务中心是大连市人事局直属事业单位，是负责全市留学人员服务工作的专门服务机构。大连市留学人员服务中心又是中国（教育部）留学服务中心大连分中心。

主要职能：

1．为引进的留学人员办理来连工作和落户等相关手续。

2．为引进的留学人员提供国（境）外学历学位认证材料审核服务。

3．为承担科研项目的留学人员向国家人事部申请科研资助经费。

4．每年组织“海外学子创业周”活动，为留学人员回国创业搭建平台。

5．组团赴国外招聘留学人员。

联系方式：

地　址：辽宁省大连市沙河口区联合路100号

邮　编：116021

电　话：86-411-84618663，84618798

传　真：86-411-84618883

邮　箱：dlgirc@yahoo.com.cn

网　址：www.dl-rc.com

吉林省留学回国人员和专家服务中心

吉林省留学回国人员和专家服务中心是吉林省人力资源和社会保障厅直属事业单位，是负责吉林省留学人员、专家及博士后人员服务工作的专门服务机构。吉林省留学回国人员和专家服务中心又是中国（教育部）留学服务中心吉林分中心。

主要任务是宣传、贯彻、落实国家关于留学人员、专家及博士后人员工作的方针、政策、规定；为吉林省各类留学人员、专家及博士后人员提供全方位的管理与服务；承办吉林省人力资源和社会保障厅及国家主管部门委托和交办的任务。

主要职能：

一、留学人员服务工作

1．建立留学人员的基本情况资料库，向社会提供服务。

2．为留学回国人员提供就业推荐、信息咨询、人事代理等服务。

3．收集、发布省内急需人才和技术需求，帮助用人单位招聘海外留学人员。

4．负责各类留学人员来我省讲学、考察、技术交流、科技开发的沟通与衔接，为留学人员来我省创业提供人才、成果及有关信息服务；负责留学回国人员科技活动择优资助经费评审事务，对资助项目的情况进行跟踪，帮助解决有关问题。

5．组织开展留学回国人员联谊活动。

6．管理“吉林省院士专家留学人员服务网”，通过国际互联网向社会各界及海内外留学人员提供各种信息服务及相关服务。

7．开展海外留学人员学历学位认证工作。

8．负责吉林省留学生联谊会各项工作。

二、专家及博士后人员服务工作

1．为专家队伍建设和发挥专家作用提供各种形式的服务。

2．组织专家异地休假考察、专家年度体检工作。

3．负责各类专家特殊津贴的发放工作。

4．组织各类专家采用多种形式为经济建设服务。

5．组织开展专家及专业技术人员培训活动。

6．负责博士后公寓的建设管理及博士后人员服务工作。

7．负责职称评审申报和初级职称认定工作。

8．开展专家智力帮扶活动和建立各类专家服务基地。

9．负责高级专家研修班工作。

联系方式：

地　址：吉林省长春市人民大街7988号

邮　编：130022

电　话：86-431-89997998

传　真：86-431-89997996

邮　箱：liudj999@sina.com

黑龙江省留学人员服务中心

黑龙江省留学人员服务中心是黑龙江省人事厅直属事业单位，是负责全省留学人员服务工作的专门服务机构。主要任务是宣传、贯彻、落实关于留学人员工作的方针、政策、规定；为黑龙江省各类留学人员提供全方位的管理与服务；积极引进海外留学人员中的人才、智力、技术、资金；承办省人事厅及国家留学人员工作主管部门委托和交办的任务；与国内外相关组织建立业务合作关系。

主要职能：

一、留学回国服务

1．为各类留学人员来黑龙江工作和用人单位录用留学人员提供信息服务和双向选择服务，并根据双方需要进行重点推荐。

2．为各类留学人员短期来黑龙江讲学、学术交流、合作科研、投资考察提供牵线搭桥服务。

3．为外省市进黑龙江工作、落户的留学人员办理工作安置、落户及家属随归、随迁、随调子女上学相关手续。

4．为来黑龙江创办企（事）业的留学人员进行身份认定并颁发证书。

5．组织留学回国人员申请留学回国人员的科研资助经费。

6．指导全省留学人员创业园建设工作。

二、留学综合服务

1．提供国家及黑龙江省有关留学人员工作的政策、规定的咨询服务。

2．管理黑龙江省留学人员档案库，为在外留学人员及部分留学回省工作的人员提供档案管理及相关服务。

联系方式：

地　址：黑龙江省哈尔滨市南岗区中山路68号

邮　编：150036

电　话：86-451-87130140

传　真：86-451-87130140

邮　箱：rstwanghaiquan@163.com

上海市人才服务中心

上海市人才服务中心（上海市流动人才党员服务中心、上海市回国留学人员服务中心）是在原市人事局所属上海市国际人才服务中心和上海市回国留学人员服务中心的基础上，整合其服务功能而成立起来的海外人才公共服务平台机构。中心将海外留学人员、外国专家、香港专才及澳、台专业人士一起纳入服务对象范围，上海国际人才交流协会、上海市留学人员联谊会两个社团设立社团事务部，派驻在上海市人才服务中心。组建工作协作网，在原有市工商局、市税务局、市外经委、海关、市技术监督局、市外汇管理局等6个政府部门“一门式”服务的机制上，扩大市公安局、市社保局、市医保局、市外办等部门组成职能处室层面上的工作协作网络，作为海外人才服务中心的支持部门。

上海市人才服务中心成立以来，按照《上海市“十一五”人才发展规划纲要》，努力构建海外人才服务平台。中心以一门式服务为抓手，努力建设海外人才公共服务体系，已经初步形成海外人才专业、便捷、高效、全方位的服务网络。

主要职能：

1．申办《上海市居住证》B证，同时根据需要代办《外国专家证》《外国人居住证》《外国人就业许可证》《港澳华侨暂住证》《台湾居民通行证签注》。

2．留学人员申办上海户籍手续。

3．受理留学人员申办企业的资格认定，同时根据需要代办工商局、外资委、税务局、海关、技监局、外汇管理局等相关政府部门的审批事项。

4．受理代办留学人员境外学历、学位认定事项（由国家教育部留学服务中心认定）。

5．受理留学人员回国工作求职推荐（万名海外留学人才聚集工程项目移交进来）。

6．受理境外专业人士来沪工作求职推荐（外国专家及港澳台专业人士、香港专才的引进工作移交进来）。

7．委托受理上海国际人才交流协会、上海留学人员联谊会秘书处的相关事务性服务。

8．留学人员公寓租赁服务。

9．留学人员非专业人士配偶来沪工作求职推荐服务。

10．海外人才来沪定居工作，生活物品保管服务。

11．海外人才子女来沪就学咨询及代理服务。

12．出国（境）留学咨询服务。

13．受委托办理出国（境）培训的事务性服务。

14．留学人员企业融资咨询服务。

15．海外人才投资咨询服务。

16．海外人才法律咨询服务。

17．海外人才来沪购房、租房咨询及代理服务。

18．组织海外留学人员子女假期来沪学习中文培训服务。

19．代办飞机、火车、轮船票务服务。

20．受理特殊需要的其他专项服务，如为各类领军人才配备行政助理服务等。

21．其他交办和委托的事务。

22．海外人才服务中的延伸机构及职能。为了使海外人才服务中心的职能能够覆盖全市，并使人才服务走社会化、市场化道路，海外人才服务中心动员和依靠区（县）政府和相关机构的人事部门、社会力量参与服务体系建设，形成全社会服务网络的格局。

联系方式：

地　址：上海市闸北区梅园路77号人才大厦4楼
邮　编：200070
电　话：86-21-32511599
邮　箱：hrsc@shrc.com.cn
　　　　shfwck@sotsc.com
网　址：www.shrc.com.cn

江苏省留学回国人员服务中心

江苏省留学回国人员服务中心创建于1995年12月，与江苏省人才流动服务中心、中国留学服务中心江苏分中心合署。江苏省留学回国人员服务中心以为江苏经济与社会事业发展服务，为用人单位服务，为广大留学人才和海外人才服务为宗旨，经过近十年来的不断探索与努力，服务项目逐步齐全，服务功能日益完善，已经成为留学人才、海外人才为江苏服务必不可少的桥梁和纽带。

主要职能：

1．组织赴国外招聘：组织有留学人才需求的单位赴国外招聘，吸纳有意为江苏服务的留学人才、海外人才。

2．设立海外联络机构：设立留学回国服务海外联络处，直接开展全方位服务，实现国内机构在外的延伸服务。

3．留学人员登记与推荐：收集留学人员信息，建立留学人员信息库，有针对性地向用人单位推荐留学人才就业。

4．留学回国政策咨询与就业指导：解答留学人员来江苏就业、创业、进行项目合作及以其他方式为江苏服务的相关政策，开展相关就业指导工作。

5．需求岗位与留学人员信息发布：不定期发布用人单位需求岗位信息和留学人员来苏求职信息。

6．留学回国人员学历学位认证：根据中国留学服务中心的相关规定，受理留学回国人员的学历学位认定，办理相关手续。

7．留学回国人员接受录用：办理江苏省省属企事业单位录用留学回国人员的接收手续以及身份认定。

8．留学人员人事档案保管：保管留学人员的人事档案，并围绕档案提供各类服务。

9．留学回国人员户口申报及家属子女随迁：办理留学回国人员及其家属子女的户口申报、随迁手续。

10．留学回国人员社会保障代办：根据留学回国人员需要，办理社会保障事宜。

11．留学人员联谊：定期组织留学人员开展联谊、座谈等活动，提供沟通交流的条件。

12．根据留学人员需求提供其他服务等工作。

联系方式：

地　址：江苏省南京市广州路213号
邮　编：210029
电　话：86-25-83238876
传　真：86-25-83238880
邮　箱：jshwrc@126.com
网　址：www.jsrsrc.gov.cn

南京留学人员服务中心

南京留学人员服务中心（又称“中国留学服务中心南京分中心”）是直属于南京市人事局的事业机构，专职从事南京地区留学人员的引进和服务工作。业务上受国家人事部、教育部的指导。主要任务是宣传、贯彻国家关于留学人员工作的方针、政策、规定；为南京地区各类留学人员提供全方位的专业化服务；积极引进海外留学人才、智力、技术、项目和资金；承办南京市人事局委托和交办的任务；与国内外相关组织建立业务合作关系。

主要职能：

1．为来南京工作的留学人员提供接待咨询，并受理学历验证申请。

2．为引进留学人员来南京工作和用人单位聘用留学人员提供信息服务，组织国内外留学人才供需洽谈活动。

3．为来南京工作的留学人员提供岗位实训、假期见习，并协助办理落户手续。

4．具体实施以技术合作和学术交流为主题的留学人员短期回国服务项目的组织与资助。

5．为留学人员在南京推广新技术、新产品举办多种形式的推介会，协助寻求合作伙伴。

6．为各类留学人员来南京创办企业、技术转让、新产品研发等提供咨询服务和政策支持。

7．负责组织留学人员申报国家、省、市等各级留学主管部门的各类资助经费申报工作。

8．负责南京留学人员协会秘书处的工作，推动并指导协会组织南京留学人员开展技术服务、技术咨询、技术转让、产品开发和其他科技和社会公益服务活动。

9．推动并指导南京（金陵）留学人员创业园建设，并为各分园及成员单位提供政策支持、人才和项目信息服务、专家咨询服务、法律服务和宣传推介等专项服务。

10．管理“南京国际人才智力网”，通过该网站向社会各界及海内外留学人员提供各种信息服务。

联系方式：

地　址：江苏省南京市北京东路63号南京人才大厦一楼服务大厅17号柜台

邮　编：210008

电　话：86-25-83151722

传　真：86-25-83213166

网　址：www.njrsrc.com

常州市国际人才服务中心

常州市国际人才服务中心是常州市人事局、常州市外国专家局下属的，专业从事人才国际化交流服务的全民事业单位。通过人才国际交流的形式，以实现人才与国际结轨，为常州市开放型经济提供国际化人才保障。主要任务是宣传、贯彻、落实国家、省、市关于留学人员工作的方针、政策、规定，为归国留学人员来常州创业、就业提供全方位的管理与服务，积极引进海外智力项目、为外国专家在常州工作提供专门的服务，同时大力开展海外招聘、境外就业、境外培训等业务，促进人才国际交流和提高本地人才国际化程度。

主要职能：

1．代理国外学历学位证书认证。

2．办理户口迁移核办手续。

3．办理回国留学人员就业、恢复国家干部身份手续。

联系方式：

地　址：江苏省常州市北直街35号

邮　编：213003

电　话：86-519-86630023

传　真：86-519-86670355

邮　箱：czrsbgs@sina.com

网　址：www.czrc.com.cn

浙江省专家与留学人员服务中心

浙江省专家与留学人员服务中心(浙江省留学生工作站、中国留学服务中心浙江分中心)是浙江省人民政府为海内外留学人员及专家提供综合服务的专门机构，隶属于浙江省人事厅，为财政全额拨款的县处级事业单位。中心致力于为各类专家，特别是海外高层次留学人员来浙江参加经济建设服务，努力为浙江提前基本实现现代化作出贡献。

主要职能：

1．为来浙江工作或短期服务的留学人员与专家提供咨询服务，帮助联系、落实接收单位。

2．组织留学人员与专家开展技术咨询、技术转让、新产品开发等科技活动，为留学人员来浙创办企业牵线搭桥，提供服务。

3．为定居浙江或来浙短期工作的国内外留学人员和专家提供过渡用公寓。

4．对非教育系统回国留学人员开展科技活动提供必要的资金资助等。

5．负责管理浙江省留学人员创业园杭州高新园区、宁波保税区园区、宁波高新区园区、温州园区、湖州园区、绍兴园区、金华园区、嘉兴园区、嘉善园区，以及宁波、台州、海宁、余姚、乐清五市博士后科技开发基地。

6．负责管理浙江省欧美同学会、浙江省博士后联谊会的日常工作。

7．建有浙江省留学人员与专家信息网，为留学人员和各类专家提供国家和浙江省有关政策法规、浙江投资环境、科技人才需求、技术合作项目等信息，并通过专家库、科技成果库和项目库，开展多种形式的科技服务活动。

联系方式：

地　址：浙江省杭州市西湖区古翠路50号人力社保大楼

邮　编：310012

电　话：86-571-88394819

传　真：86-571-88394815

邮　箱：chl@zilx.gov.cn

网　址：www.zjrc.com

杭州市专家与留学人员服务中心

杭州市专家和留学人员服务中心是经杭州市人民政府批准成立，专门为来杭工作、创业、交流合作的留学人员及社会各类企事业单位提供全方位服务的机构，隶属杭州市人事局。

主要职能：

1．建立各类专家、博士后、留学人员信息库。

2．开展专家、博士后、留学人员科技成果的宣传、推广、开发、转让等服务。

3．开展留学人员政策咨询，帮助留学人员推荐接收单位。

4．为海外留学人员来杭短期工作和留学人员引资、投资、创办实体、搞合作研究等提供服务。

联系方式：

地　址：浙江省杭州市西湖区天目山路135号玉泉大厦1204、1211室

邮　编：310007

电　话：86-571-88396357

传　真：86-571-88396357

邮　箱：rsj.lxfw@hz.gov.cn

网　址：www.hzzjlx.com

宁波市海外人才服务中心

宁波市海外人才服务中心是宁波市人力资源和社会保障局直属事业单位，是宁波市唯一综合性的留学人员工作管理和服务机构。宁波市海外人才服务中心又是中国（教育部）留学服务中心宁波分中心，接受国家教育部、人社部的业务指导，并且与本市各高等院校、科研单位、各机关和企事业单位保持着密切的联系。宁波市海外人才服务中心的主要工作职责是贯彻上级有关留学人员工作的方针、政策和规定，为来甬工作、创业、交流合作的留学人员及社会各类企事业单位提供服务，具体承担市人社部门交办的相关海外留学人员、海外人才的活动和任务；承担“宁波海外人才网”建设和日常运行与管理，负责留学人员、海外工程师工作的有关信息的采集、处理和发布，加强供求双方沟通、对接和合作，组织海外留学人才网上洽谈会，实现宁波海外人才队伍建设数据化、网络化、现代化；开展留学人员回国派遣、就业落户、国内外学历认证、海外人才洽谈引进等工作。

主要职能：

留学回国服务

一、国（境）外学历学位认证

经中国（教育部）留学服务中心授权，开展国外学历学位证书和高等教育文凭认证代办服务。此外，针对宁波有中外合作办学项目的高校，提供集中上门服务办理。

主要作用：

1．留学人员在国内升学、就业及参加各类专业资格考试。

2．为用人和招生单位鉴别国（境）外学历学位证书及高等教育文凭提供依据和相关咨询意见。

二、国内学历学位证书鉴定

提供国内学历学位真伪鉴定服务。

主要功能：

1．外省市人才引进（落户）。

2．为各企事业单位招聘人才把好学历关。

3．为各企事业单位员工评聘职称、升职晋级把好学历关。

三、留学人员回国派遣、落户

为来宁波就业、落户的留学回国人员办理派遣手续。

四、浙江省海外高层次人才居住证——“浙江红卡”

旨在鼓励海外高层次人才来浙江省创新创业。持卡人员将在创业、投资、教育、社保、住房等各方面享受相对应的保障和服务。

五、浙江省海外高层次留学回国人才工作证

旨在全面实施人才强省战略，更多地引进海外高层次留学人才参与浙江现代化建设。

其他特色服务：

一、海外人才引进（海外人才网络视频见面会）

旨在为在甬企事业单位与海外人才、项目、资本、信息搭建对接平台，为海外人才就业、有海外人才需求的企业提供专业性服务；

二、国家“千人计划”、省“千人计划”、“3315计划”和留学人员择优资助等项目申报

三、留交会及赴外相关工作

1．组织高校、科研院所、留创园、企业参加杭州、南京、广州等国际交流大会。

2．组织赴外学习交流、高端团队引进及创业服务等工作。

四、沙盘推演等创业服务活动

旨在通过案例教学、情景模拟、沙盘对战推演与模拟市场竞争等环节，检验企业决策思路，提升留学创业人才在认识企业全局经营的思考要素，提升其创业水平。

五、网络宣传平台

通过3315海外人才网，以及包括神州学人等合作网站的信息发布，加强宁波各个县市区留创园及相关单位的政策宣传，切实提高海外留学人员了解信息的渠道，搭建互相了解交流的虚拟平台。

联系方式：

地　址：浙江省宁波市兴宁东路228号人力资源大厦2楼服务大厅56—57号窗口

邮　编：315000

电　话：86-574-87116274，87115191

传　真：86-574-87116274

网　址：www.nb3315.org/www.nscse.com

福建省海外人才中心

福建省海外人才中心是中国海峡人才市场直属事业单位，又是中国（教育部）留学服务中心福建分中心，主要从事国际间人才交流与培训，为出国及回国人员提供咨询及系列服务。福建省海外人才中心目前与福建省人事厅所属的福建留学人员创业园管理中心、福建省留学回国人员工作站合署办公。

主要职能：

一、人才出国服务

1．出国留学服务：选送高中生、大中专毕业生以及在职的技术和管理人员赴国外留学。

2．移民出入境中介服务：为福建省公民赴境外定居、探亲、访友、继承财产和其他非公务活动提供信息介绍、法律咨询、沟通联系、境外安排、签证申办及相关服务。

3．出国考察培训服务：联系国外专家组织、国际猎头公司、国际人才中介机构，组织国内单位出国招聘，进行商务考察、项目商谈、招商引资、技术转让、专业培训等活动。

4．中外合作办学业务：开展工商管理、计算机、英语等课程的中外合作办学，培养具有国际竞争力的专门人才。

二、留学回国人员服务

1．留学人员学历验证服务：鉴别国外或境外颁发学位证书或高等教育文凭机构的合法性，甄别外国或境外高等教育机构颁发的学位证书或具有学位效用的高等教育文凭、证书的真实性，为经认证的外国或境外学位或高等教育文凭出具认证证书。

2．留学回国人员身份认定服务：依托福建省留学回国人员工作站，认证公派或自费留学人员以及到国外高等院校、科研机构开展合作研究的访问学者和进修人员。

3．留学人员回国创业服务：依托福建留学人员创业园管理中心，提出留学人员企业优惠政策及福建留学人员创业园园区建设发展纲要；联络海外留学人员，举办交流活动；负责福建留学人员创业园园区的日常管理和服务工作；参与福建留学人员创业园基地的开发、建设、经营和管理。

4．海外人才交流服务：为留学人员和愿意来闽工作的外籍人士与国内有关部门开展以交流学术、项目协作、科技攻关、信息沟通为主要内容的交流与合作提供优质服务。组织留学回国人员深入基层、厂矿企业，举办讲座、培训和咨询活动，解决问题。

联系方式：

地　址：福建省福州市东大路36号福建人才大厦六层

邮　编：350001

电　话：86-591-87383108

传　真：86-591-87677833

邮　箱：422179358@qq.com

网　址：www.fjotic.com

福建省引进人才服务中心

福建省引进人才服务中心（福建省留学回国人员工作站），为福建省公务员局直属事业单位，机构规格相当于正处级，主要承担为引进高层次创业创新人才（含留学回国人员）协调办理相关手续，落实有关优惠政策和待遇，建立相关数据以及海内外人才智力引进交流等服务性工作；中心同时协助开展海外人才招聘会和座谈会；帮助海外高层次人才和留学人员来闽创业或工作；协助省内企业与国内外科研机构、专家进行对接；积极为引进高层次创业创新人才建立服

务绿色通道，采用“征集需求、一窗接件、并联预审、集中反馈、专员办理、统一建档”的方式，为引进人才提供“一对一、全程式、保姆式”服务。

主要职能：

承担为引进高层次创业创新人才（含留学回国人员）协调办理相关手续，落实有关优惠政策和待遇，建立相关数据以及海内外人才智力引进交流等服务性工作。

联系方式：

地　址：福建省福州市鼓楼区思儿亭路11号专家服务中心6层

邮　编：350003

电　话：0591-87307327，87729466

传　真：0591-87729466

邮　箱：fujian_hcz@163.com

网　址：www.fjrs.gov.cn/fjrc/

厦门市留学人员管理中心

厦门市留学人员管理中心是厦门市政府设立的、负责全市留学回国人员工作的专门机构，隶属于厦门市人事局。与厦门市留学人员工作站实行两块牌子、一套人马。负责组织实施《厦门经济特区鼓励留学人员来厦创业工作规定》，具体行使全市留学人员工作的行政管理和服务职能，为广大海外留学人员来厦创业、工作无偿提供各种服务，包括留学人员身份认定、户口入厦、子女入学、人事关系迁入、安家费申请、生活津贴发放、教育部学历学位认证等“一站式”服务，以及接待、咨询、协调、投诉受理等服务内容。

主要职能：

1. 在海内外留学生群体中宣传厦门市的人才、招商引资政策与环境。

2. 提供留学人员在境外期间的人事档案代理。

3. 创建、管理留学人员供需信息库，为留学人员来厦创业、工作和企业的人才需求、项目需求等提供双向选择的服务平台。

4. 接受留学回国人员来厦登记，身份认定，帮助推荐就业。

5. 协助留学回国人员科研活动资助经费的申报和进入留学人员创业园的项目资助款的申请划拨。

6. 为各类留学人员短期回国讲学、合作科研、学术交流牵线搭桥。

7. 协调相关部门落实留学人员的有关待遇。

8. 协助回国独资创办企业的留学人员办理有关手续。

9. 接受留学人员委托，协助办理在厦有关服务项目。

10. 受厦门市人事局、厦门财政局的委托，负责厦门市留学人员专项资金的日常管理工作。

联系方式：

地　址：福建省厦门市湖滨东路319号c座3楼B区

邮　编：361012

电　话：86-592-5396698，5396699

传　真：86-592-5396697

邮　箱：xmlx@xmlx.gov.cn

网　址：www.xmix.gov.cn

江西省留学人员服务中心

江西省留学人员服务中心是江西省人事厅的内设机构，行使江西省留学人员服务的职能。

主要职能：

1. 积极开展专家科技成果推介服务；举办高层次人才及专业技术人才研讨（修）活动；协助做好留学回国人员认证工作；协助有关部门做好专家、学者出国（境）考察的组织推荐工作和服务保障工作。

2. 在专家管理处指导下，建立和完善江西省高层次人才信息库；承担留学人员和专家信息网站的具体管理和运营。

3. 办理江西省专家国贴、江西省贴的发放；协助专家管理处做好江西省博士后科研流动站、企业博士后科研工作站审报的有关事务性工作；为博士后设站单位和博士后人员提供各类中介服务。

4. 承担享受政府特贴专家变化的跟踪服务工作；加强与留学人员和专家的联系，反映他们的意见、建议，为政府部门决策提供参考；承担职称社会化评价有关事务工作。

5. 协助有关部门管理好留学人员创业园；承办专家、学者的学术交流、专业会议、科技活动的组织工作；做好人事部门组织的专家休假、学术交流等工作。

6. 在专家管理处指导下，承办专家联谊会和留学回国人员联谊会日常工作。

7. 承办上级交办的其他工作。

联系方式：

地　址：江西省南昌市省府大院南一路10号14楼

邮　编：330046

电　话：86-791-86386196

传　真：86-791-86386196

邮　箱：jiangshup@163.com

山东省留学人员和专家服务中心

山东省留学人员和专家服务中心是山东省人力资源和社会保障厅厅级直属事业单位。

主要职能：

1. 贯彻执行国家和省吸引留学人员的政策和规定，承办引进海外高层次人才及留学人员来鲁服务工作。

2. 办理海外留学人员来鲁就业的服务指导工作。

3. 承办山东省留学人员协会秘书处的日常工作。

4. 承办公费和自费留学的事务性工作。

5. 为专家队伍建设和发挥专家作用提供各种形式的服务。

联系方式：

地　址：山东省济南市历下区解放东路16号

邮　编：250014

电　话：86-531-88597980

传　真：86-531-88597986

邮　箱：shandongok@163.com

网　址：www.sdhrss.gov.cn

济南市留学回国人员工作站

济南留学回国人员工作站（济南市人才引进办公室）是济南市人事局直属的正县级全额拨款事业单位，主要负责全市海外留学回国人员和高层次急需人才的引进工作。2006年教育部留学服务中心同意在工作站原有业务的基础上成立教育部留学服务中心济南分中心。主要任务是引进、接收、安置留学回国人员和高层次急需人才；负责来济留学人员的身份认定、接待服务、信息咨询、政策落实等工作；负责留学人员的管理和服务工作，指导留学人员创业园区工作。

主要职能：

1．负责《济南市引进海外留学人员规定》和《济南市引进高层次急需人才规定》及其他相关政策的宣传、咨询、落实工作。

2．负责人事部留学人员科技活动项目择优资助经费及其他留学人员资助经费的申报工作。

3．宏观上协调本市留学人员创业园、区及海外科技人才创业基地的发展建设工作。

4．负责本市驻外工勤人员的推荐及选派工作。

5．负责为来我市工作创业的符合条件的留学回国人员申请安家费。

6．负责非教育系统公派出国申报的审核工作。

7．代办海外留学人员学历学位审验工作。

联系方式：

地　址：山东省济南市龙鼎大道1号龙奥大厦5楼C区0518
邮　编：250099
电　话：86-531-66605966
传　真：86-531-66605966
邮　箱：jnlx2012@163.com
网　址：www.jnhrss.gov.cn

青岛市留学人员服务中心

青岛市留学人员服务中心是青岛市人事局直属事业单位，是负责全市留学人员服务工作的专门服务机构。青岛市留学回国人员服务中心又是中国（教育部）留学服务中心青岛分中心。主要任务是宣传、贯彻、落实国家关于留学人员工作的方针、政策、规定；为青岛市各类留学人员提供全方位的管理与服务；积极引进海外留学人员中的人才、智力、技术、资金；承办青岛市人事局及国家留学人员工作主管部门委托和交办的任务；与国内外相关组织建立业务合作关系。

主要职能：

1．为来青留学人员办理学历认证的验证预审服务和派遣、安置服务。

2．为各类留学人员来青工作和用人单位录用留学人员提供信息服务和双向选择服务，并根据双方需要进行重点推荐。

3．为各类留学人员短期来青讲学、学术交流、合作科研、投资考察提供牵线搭桥服务。

4．为各类留学人员来青开办公司（企业）、转让技术、开发新产品等提供咨询和合作。

5．为已加入外国籍的留学人员与外省留学人员办理《青岛市留学人员特聘工作证》相关手续。

6．为外省市进青工作、落户的留学人员办理进青户口及家属随归、随迁、随调相关手续。

7．为来青创办企业的留学人员提供相应服务。

8．组织留学回国人员申请国家留学主管部门和青岛市设立的面向留学回国人员的科研资助经费。

9．具体负责青岛市留学人员创业园、青岛市留学人员协会工作。

联系方式：

地　址：山东省青岛市海尔路178号留学人员创业园201室
邮　编：266101
电　话：86-532-88913226
传　真：86-532-88911726
邮　箱：qdliuxuezhan@126.com

烟台留学回国人员工作站

烟台留学回国人员工作站是烟台市人事局直属事业单位，是负责全市留学回国人员服务工作的专门机构。经教育部留学服务中心批准，烟台留学回国人员工作站又是中国留学服务中心烟台分中心。

主要职能：

1．宣传、贯彻和落实国家有关留学回国工作的方针、政策。

2．负责海外留学回国人员的引进、接收。

3．宏观调控全市留学回国人员的就业方向和地区分布。

4．提供供求双方情况，为双向选择创造条件。

5．承担留学回国人员科研资助经费的审查、申报。

6．承担烟台留学人员创业园区日常工作的协调、管理和服务。

7．为海外留学人员来烟工作提供国（境）外学历学位查验认证、工作派遣、户口迁移等服务。

8．负责烟台市留学人员联谊会的日常会务服务工作等。

9．组织留学回国人员为祖国的建设贡献力量。

联系方式：

地　址：山东省烟台市莱山区观海路128-108
邮　编：264001
电　话：86-535-6683330
传　真：86-535-6683269
邮　箱：rshbh@163.com

河南省留学人员与专家服务中心

河南省留学人员与专家服务中心是河南省人事厅直属事业单位，是负责全省留学人员和专家服务工作的专门服务机构。河南省留学人员与专家服务中心又是中国（教育部）留学服务中心河南分中心。

中心的主要任务是宣传、贯彻、落实国家关于留学人员工作的方针、政策、规定；为河南省各类留学人员和专家提供全方位的管理和服务；积极引进海外留学人员中的人才、智力、技术、资金；承办河南省人事厅及国家留学人员工作主管部门委托和交办的任务；与国内外相关组织建立业务合作关系。

主要职能：

一、留学回国服务

1．为各类留学人员来豫工作和用人单位录用留学人员提供信息服务和双向选择服务，并根据双方需要进行重点推荐。

2．接收安置留学回国人员，并协调其家属安置、农转非、子女入学等工作。

3．为各类留学人员短期来豫讲学、学术交流、合作研究、投资考察提供牵线搭桥服务。

4．组织承办留学人员和高层次专业技术人才的科技成果推广和转让工作。

5．为专家队伍建设和发挥专家作用提供多种形式的服务。

6．建立留学回国人员和高层次人才信息库。

7．为来豫工作的留学人员进行身份认定并颁发证书。

8．组织留学回国人员申请国家留学主管部门和河南省设立的面向留学回国人员的科研资助经费。

9．代理教育部留学回国人员国（境）外学历学位认证、海外高层次留学人员身份认证等工作。

10．指导河南省各留学人员创业园、河南省留学人员联谊会工作。

二、留学综合服务

1．研究制定河南省留学回国人员工作的政策，并督促、检查各有关单位留学工作政策的落实情况。

2．提供国家及河南省有关留学人员工作的政策、规定的咨询服务。

3．管理“河南留学人才服务网”，通过国际互联网向社会各界及海内外留学人员提供各种信息服务及相关服务。

联系方式：

地　址：河南省郑州市顺河路32号9楼

邮　编：450004

电　话：86-371-66359360，66329937

传　真：86-371-66329937

邮　箱：ylxec@163.com

网　址：www.ha.hrss.gov.cn

湖北省人才市场

湖北省人才市场是湖北省人力资源和社会保障厅直属单位，经国家教育部、公安部批准于2002年获得合法留学中介机构资质，2005年湖北省人才市场获教育部留学服务中心授权，设立中国留学服务中心湖北分中心，为湖北省内外留学回国人员提供国（境）外学历学位认证、就业推荐、派遣落户等回国后的各项服务。湖北省人才市场是湖北省内唯一一家为留学人员提供自费出国留学、中外合作办学、语言考试培训、国外文凭认证、就业派遣落户、留学档案托管、猎头人才推荐等，从出国求学到回国就业全方位、“一站式”服务的政府所属的专业留学机构。

主要职能：

1．自费出国留学：主要开展到英国、美国、加拿大、澳大利亚、新西兰、新加坡、日本等热门国家的自费出国留学和家长探亲业务。湖北省人才市场有适合高中生、大学生、研究生在读生或毕业生申请的多层次留学项目，为学生提供咨询评估、文案制作、院校申请、代办公证、语言培训、签证申请、协助汇款、预订机票、体检指导、接机住宿、行前培训、后续跟踪等一整套全面、优质、规范的服务。

2．国（境）外学历学位认证：经国务院学位委员会和教育部批准，教育部留学服务中心是国内唯一一家从事国（境）外学历学位认证的专业性机构。教育部留学服务中心出具的国（境）外学历学位认证书因其权威性和准确性，已经得到了社会各界的普遍认可，成为留学回国人员升学、就业和参加各类专业资格考试的有效证明。湖北省人才市场是教育部留学服务中心在湖北省设立的国（境）外学历学位认证申请材料验证机构。

3．留学人员就业派遣落户：教育部留学服务中心依据国家留学政策及地方政府制定的促进和鼓励留学人员回国工作的相关政策和规定，参照全国普通高校毕业生就业管理办法，为留学回国人员开具就业报到证和落户介绍信，以协助国内用人单位完善人事劳动手续，方便留学人员顺利就业。北京、上海、深圳以外地区就业的留学回国人员可以在湖北省人才市场办理手续。

联系方式：

地　址：湖北省武汉市武昌区中南路14号发展大厦5楼501室国际合作部

邮　编：430071

电　话：86-27-87277473，87257917，87257705

网　址：www.jobhb.com

湖南省留学人员管理服务中心

湖南省留学人员管理服务中心是湖南省人事厅直属事业单位，是负责全省留学人员服务工作的专门服务机构。湖南省留学人员管理服务中心同时也是湖南省专家服务中心。主要任务是宣传、贯彻、落实国家关于留学人员工作的方针、政策、规定，积极引进海外留学人员中的人才、智力、技术、资金，为来湘工作或为湘服务的各类留学人员提供全方位的管理与服务。

主要职能：

1．负责湖南留学人员创业园的有关管理服务工作。

2．负责湖南省留学人员联谊会的各项日常工作。

3．负责全省留学回国人员信息库建设工作。

4．承办引进海外留学人才、智力、技术、资金的工作，为留学回国人员来湘创业和回湘工作提供各方面的服务。

5．组织留学回国人员科技活动择优资助经费的评审、申报、下拨和资金使用情况的监督检查。

6．承办国家留学人员工作主管部门和湖南省人事厅委托和交办的任务。

联系方式：

地　址：湖南省长沙市韶山路1号

邮　编：410011

电　话：86-731-82219159

传　真：86-731-82216375

邮　箱：ynyfzo900@126.com

广东省留学人员服务中心

广东省留学人员服务中心是经国家教育部、公安部批准成立，由广东省人事厅直接管理，负责办理全省自费出国留学业务的服务机构。其前身是上世纪80年代成立的广东省赴美留学咨询处，2000年即成为广东省内首家获得国家教育部、公安部批准成立的合法自费出国留学服务机构，迄今已积累了近30年留学专业服务经验。

为满足广大有意出国留学学子选择留学国家和院校的要求，中心充分运用其所属政府人事部门的优势，与美国、英国、澳大利亚、加拿大、新西兰、德国、法国、荷兰、瑞士、俄罗斯、乌克兰等国家近200所大学、学院和中学建立了招收中国留学生的合作关系。这些海外院校为我国大学本科、专科毕业生、在读生（含五大毕业生）和高中毕业生、在读生提供了大学本科课程、本硕连读课程、硕士学位课程、博士学位课程和大学预科课程、A-level课程、语言课程等。

主要职能：

1．拥有一支恪守职业道德、多年从事留学服务工作、精通出国留学业务、热情为学生服务的工作人员队伍，分工合理，职责明确，运转协调，工作效率较高。

2．办理留学国家众多，提供的课程和专业门类齐全，可为学子量身定做留学方案和提供个性化服务。

3．办理留学的大学均是我国教育部公布承认学历、学位的，且是建校历史悠久、学校规模较大、师资力量雄厚、学术成就卓著的国立、公立大学或享有盛名的私立大学。

4．设有专门的部门收集、研究已与中心建立了合作招收中国留学生关系的十几个国家的留学政策、签证政策的最新动态信息，办理留学业务的质量和水平比较高。

5．开设有留学服务专业网站（www.gdscse.net），主要包括：教育部公布的留学预警通告、教育部公布的国外学校、留学国家概况、留学院校介绍、留学政策动态、留学签证指南、托福和雅思考试信息、网上咨询报名留学、留学回国发展的优惠政策、留学国外生活常识等十几个栏目。目前是广东省政府网选供直接链接的唯一权威留学网站。

6．聘请国内外知名大学的教授担纲任教，根据需要适时开办英、法、德等语言培训课程，帮助学生提高出国留学必备的外语水平。

7．为学生申请国外学校方便、快捷，并且信守一贯的承诺，学生不被国外学校录取，免收服务费。

8．对赴各国留学的学生，提供境外接机、安排住宿、协助办理国外居留证、购买保险、开立个人银行账户、帮助学生熟悉环境等后续服务。

9．与广东省人事厅海外人才引进服务中心合署办公，为留学回国人员提供推荐择业服务。

联系方式：

地　址：广东省广州市天河路13号润粤大厦5楼东

邮　编：510000

电　话：86-20-37605951，37605997

传　真：86-20-37605489

邮　箱：gdscse@gdscse.net

网　址：www.gdscse.net

广州留学人员服务管理中心

广州留学人员服务管理中心（简称留学管理中心）于1999年由教育部留学服务中心广州分中心和广州回国留学人员服务管理中心合并而成，是广州市专门为留学人员及（海外）高层次人才提供综合服务和管理的机构，于2009年1月增挂“广州海外人才服务管理中心”的牌子。

心中承担广州市（海外）高层次人才服务窗口职能，同时也是中央“千人计划”广东省服务窗口广州分窗口，提供高层次人才服务、“一站式”留学回国服务、华南四省公派出国及广州市政府公派留学（“菁英计划”）服务、外国专家服务。

主要职能：

一、承担市（海外）高层次人才服务窗口职能

设立了（海外）高层次人才服务平台，由专人负责广州市高层次人才认定评定、市创新创业领军人才申报评审、市博士后工作、市“121人才梯队工程”、享受政府特殊津贴人员选拔、海外人才身份确认函、高层次人才(外籍)申请2—5年“居留许可”、高层次人才职称评定、“百名南粤杰出人才培养工程”、国家“千人计划”、省创新领军人才、青年拔尖人才申报等工作。根据国家、省、市高层次人才申报、认定、评定情况，为每位高层次人才提供便捷的服务方案，并实施主动预约上门服务制度。同时，还为高层次人才提供住房服务、落户和居留、配偶安置、子女入学、医疗待遇等生活服务。同期还打造了“海外高端人才综合服务平台”，配合新创办的专刊《广州领军人才》、广州（海外）留学人才网的领军人才网上沙龙，构成了立体的高层次人才服务平台，全方位服务在穗高层次人才。

二、构建“一站式”留学回国服务体系

多年来，留学管理中心致力于建立政府公共服务平台，领先全国构建了留学回国服务体系，以留学回国人员急需的创业培训、就业培训、创业融资等专项活动为服务特色，打造留学人员“一站式”服务品牌，回国服务项目由1999年的6项发展到现在的12大类25项，为逾万名留学人员提供了留学人员来穗优惠资格认定，国（境）外学历、学位认证，专项资金申请和拨付，异地调入，档案保管，落户，子女入学，工商登记注册，办理留学人员工作派遣证明，办理“高层次海外人才身份证明”，办理评审职称，就业推荐，创业服务以及提供信息交流、协助申报、代办手续等全方位“一站式”服务。

三、提供外国专家服务

在多年留学人员回国服务基础上，设置了外国专家服务窗口，为外国专家提供来华工作许可、居留许可办理等一系列配套服务。

四、提供出国留学服务

1．承担国家留学基金委华南四省公派出国服务。为广东、广西、海南、福建四省公派出国留学人员提供从办理签证、订购机票、预发生活费、出具报到证到落地等“一条龙”配套服务。

2．承担广州市公派留学项目“菁英计划”派出服务和管理工作。负责接收申请材料、组织资格审查、发放学费生活费及国际旅费、派出学生在外日常管理等工作，提供留学人员档案和户口保管、出国前培训、签证等服务。

3．引导自费出国留学人员理性求学并提供专业、优质的服务。

4．为预备出国留学人员提供相关外语培训。

五、其他服务

1．提供人才“再配置”猎头服务；

2．提供国际交流服务。

联系方式：

地　址：广东省广州市小北路266号北秀大厦6-7楼

邮　编：510050

电　话：86-20-83543133，83568066

传　真：86-20-83568076

邮　箱：gzscse@gzscse.gov.cn

网　址：www.gzscse.gov.cn

深圳市人事人才公共服务中心

深圳市人事人才公共服务中心直属于深圳市人事局，是具有法人资格的全额拨款事业单位。经教育部留学服务中心批准，中心加挂“中国留学服务中心深圳分中心”牌子。

主要职能：

1．为来深创业的留学人员、在深工作的国（境）内外专家、高级人才以及特殊人才提供个性化服务；负责留学归国人员学历学位的认证代办工作；为国内外人才提供信息、咨询等服务；负责全市人才档案的保管、整理工作。

2．个性化服务：为引进高层次人才提供“一站式”服务，协助解决在深工作、生活中有关社保、子女入学、配偶就业、居住以及相关问题；支持高层次人才服务社会，推荐高层次人才参与政府决策咨询工作。

3．留学生学历学位认证服务：为来深创业和工作的留学人员代办国（境）外学历学位认证。

4．信息咨询服务：通过互联网站的形式为各类人才提供有关人才政策法规、政府办事流程、人事人才服务等方面的信息咨询服务。

联系方式：

地　址：广东省深圳市福田区深南中路1025号新城大厦东座2楼

邮　编：518026

电　话：86-755-25985107

传　真：86-755-25943020

邮　箱：szrenzheng@126.com

网　址：www.rsj.sz.gov.cn/tsrcfw

海南省留学回国人员工作站

海南省留学回国人员工作站属海南省人力资源开发局（省就业局）的内设机构，为来琼留学回国人员提供就业和创业服务。

主要职能：

1．为来琼就业或创业的留学回国人员进行身份认证。

2．为来琼工作的留学人员和录用留学人员的用人单位提供信息和双选服务。

3．为留学人员短期来琼讲学、学术交流、合作科研、投资考察提供牵线搭桥服务。

4．组织留学回国人员申请国家留学主管部门设立的面向留学回国人员的科研资助经费。

5．指导海南省海口国家高新区留学人员创业园及海南省留学回国人员联谊会工作。

6．提供有关留学人员工作政策、规定的咨询服务。

7．为自费留学人员、在外留学人员及部分留学回国人员提供档案管理及相关服务。

联系方式：

地　址：海南省海口市白龙南路53号

邮　编：570203

电　话：86-898-65355140

传　真：86-896-65311034

四川省留学人员服务中心

四川省留学人员服务中心是负责全省留学人员服务工作的专门机构，成立于2001年5月，与四川省专家服务中心合署办公。中心的主要任务是宣传、贯彻、落实国家关于留学人员服务中心的方针、政策、规定；积极建立海外留学人员来川服务的渠道，搭建留学人员智力资源转化平台。

主要职能：

1．为留学回国来川工作、来川创业、来川发挥作用的人员提供政策信息咨询、就业推荐、合作伙伴介绍、人事代理等各类中介服务。

2．多渠道创（合）办留学人员创业园区，为留学人员来川提供各种生活服务。

3．承办全省留学回国人员科技择优资助项目评审及经费划拨的事务性工作。

4．为海外留学人员提供国（境）外学历学位认证、四川省海外留学人员身份认证、职称认定、接收手续办理等“一站式”综合服务。

5．负责留学人员回国服务工作厅际联席会议协调办公室的工作。

6．指导四川省留学人员创业园的工作。

7．负责四川省留学人员信息化建设工作。

联系方式：

地　址：四川省成都市东二巷21号

邮　编：610015

电　话：86-28-86741860

传　真：86-28-86741860

邮　箱：sclxfwzx@163.com

重庆市专家服务中心

重庆市专家服务中心是重庆市人力资源和社会保障局所属的事业单位。

主要职能：

1．负责全市高级专家的健康体检、休假疗养、津贴发放等工作。

2．根据国家和重庆市关于留学人员工作的政策，做好留学回国人员的相关服务工作，为引进海外人才提供服务与咨询，为制定、修改留学人员政策提供信息依据。

3．开展人事人才国际交流和国（境）外智力引进的服务工作，承办来渝国（境）外专家的服务工作。

4．负责重庆市博士后联谊会和重庆市留学人员联谊会的管理服务工作。

5．承办相关部门委托和交办的其他事项。

联系方式：

地　址：重庆市渝北区新牌坊1路1号

邮　编：401147

电　话：023-86868567

传　真：023-86868567

邮　箱：cqzjfw@126.com

贵州省留学人员与专家服务中心

贵州省留学人员与专家服务中心是贵州省人事厅管理的事业单位，主要任务是为留学回国人员回黔创业提供各种咨询服务。

主要职能：

1．为留学回国人员回黔来黔创业提供服务。

2．承担留学回国人员科技活动项目择优资助经费推荐的事务工作。

3．承担贵州省留学人员回国服务工作厅际联席会议办公室的日常工作。

4．筹备“贵州省留学回国人员创业园”。

5．为专家队伍建设和发挥专家作用提供服务。

联系方式：

地　址：贵州省贵阳市贵州省政府大院5号楼13楼1303

邮　编：550001

电　话：86-851-6828173

传　真：86-851-6828602

陕西省留学服务中心

陕西省留学服务中心，是陕西省教育厅直属事业单位，是负责全省出国留学、留学回国服务的专业服务机构，是中国（教育部）留学服务中心设在陕西省的国外（境外）学位证书和高等教育文凭的认证点。

陕西省留学服务中心全面贯彻“支持留学，鼓励回国，来去自由”的国家留学政策，本着“诚信、可靠、安全、高效”的服务宗旨，充分发挥陕西省留学服务中心教育交流面广量大的资源优势，秉承“树立政府形象，确保真诚服务；坚持专业标准，保护学生权益”的工作理念，为广大留学人员、留学回国人员提供周到、快速、准确、高效的服务。

主要职能：

一、出国留学服务

1．宣传、贯彻、落实国家关于留学工作的方针、政策和规定，提供留学政策、海外教育制度、自费留学办理程序以及国外院校情况的咨询与服务。

2．承办省内公派留学和短期因公出访人员签证的事宜。

3．根据留学申请人的教育背景及自身条件，提供留学评估服务；指导并帮助申请人选择最适合的留学国别、留学院校及留学专业。

4．协助申请人准备签证材料、提供签证指导，并根据各国使馆要求为申请人申请签证。

二、留学回国服务

1．负责陕西省境内国外（境外）学历、学位的认证工作；提供留学回国人员的派遣、落户工作。

2．为留学人员提供人事关系代理和档案管理工作，方便留学回国人员在国内、省内择业、创业。

3．积极宣传陕西为海外高层次人才提供的优惠政策。

4．充分发挥陕西省留学服务中心的资源优势，积极为本省留学人员创业园建设服务，加速引进海外高层次人才和高新技术项目，为西部大开发和建设西部经济强省服务。

三、留学信息服务

1．和陕西省教育厅国际合作与交流处共同创办“陕西留学网”（www.sxcse.com），按国际合作与交流处的政府管理职能和留学服务中心的服务功能，分两大板块、九个栏目，为陕西省教育国际交流提供权威性、指导性的政策平台，给陕西省留学人员提供权威、规范、快捷的服务。

2．定期编发《陕西留学服务通讯》，及时、准确地报道国家、省最新留学及教育国际交流的政策和信息，及时为留学人员提供各类服务信息，搭建留学回国人员展示才华、创业奉献的交流平台，充分展示陕西省留学服务中心的政府品牌形象，着力打造百姓最信赖的留学品牌机构，为建设西部经济强省提供高层次人才和智力支持。

联系方式：

地　址：陕西省西安市药王洞153号陕西省教育厅东办公楼2楼
邮　编：710003
电　话：86-29-87315559，87317688
传　真：86-29-87311206
邮　箱：sxscse@yahoo.com.cn

西安留学人员工作站

西安留学人员工作站是经国家教育部、公安部批准成立的留学中介服务机构。工作站隶属西安市人事局，是西安地区派出留学人员的主要渠道之一。

主要职能：

一、出国留学服务

1．联络国际文化教育相关机构并对出国留学及对外教育交流人员提供咨询服务。

2．为自费留学开辟渠道，为赴国外研读包括中学、预科、本科、研究生、MBA等课程在内的各类自费留学生提供中介服务。

3．为自费留学人员代管档案、代缴养老保险金。

二、留学咨询服务

1．出国留学信息咨询服务：出国留学政策、手续、程序以及各国教育制度、专业以及奖学金设置的全面介绍。

2．为出国留学人员及对外教育交流人员办理护照、签证、公证、原件翻译、行前指导和预订机票等相关配套服务。

三、留学回国服务

1．为各类留学人员回国工作和国内用人单位选聘留学人员提供双向信息和有关政策咨询服务；为留学人员回国工作办理派遣落户手续。

2．为各类留学人员短期回国讲学、学术交流、合作科研提供牵线搭桥服务。

3．承担留学回国人员科研资助费用的初审和拨款工作。

4．全国31个站点实行网络联系，实现异地指导就业并安置。

四、为来华留学提供服务

对欲来华留学的外籍人士提供法律政策的咨询服务工作及为他们积极联系在华学习的相关事宜。

联系方式：

地　址：陕西省西安市西门里西大街安定广场4号楼4-301
邮　编：710002
电　话：86-29-87625654
传　真：86-29-87625479
邮　箱：xaabroad@163.com

甘肃省留学人员与专家服务中心

甘肃省留学人员与专家服务中心是甘肃省人事厅直属事业单位，是负责全省留学回国人员的专门服务机构。主要任务是宣传、贯彻、落实国家关于留学回国人员工作的方针、政策、规定；为留学回国人员提供全方位的管理与服务；承办、鼓励、引进海外留学人员回国来甘肃工作。

主要职能：

1．研究创建留学人员创业的政策环境。

2．办理留学人员创业园建园的审批事宜。

3．办理与国家人事部共建留学人员创业园的申办工作。

4．负责留学回国人员科研经费的申报工作。

5．为留学回国人员创业园申报博士后科研工作站的工作。

6．为留学回国人员领办、创办高新技术企业、开展学术技术交流活动提供相应的服务。

7．指导留学回国人员联谊会活动。

8．了解和反映留学回国人员的意见、建议和要求，协助办理留学人员的出入境手续。

9．协助留学回国人员解决落户、住房、配偶工作、子女就业等手续。

联系方式：

地　址：甘肃省兰州市城关区皋兰路78号兴业大厦607室
邮　编：730000
电　话：86-931-8410817
传　真：86-931-8410817
邮　箱：bxf@rst.gansu.gov.cn

宁夏回族自治区专家与留学人员服务中心

宁夏回族自治区专家与留学人员服务中心是宁夏回族自治区人事厅直属事业单位，是负责全区专家和留学人员服务工作的机构。主要任务是宣传、贯彻、落实国家关于留学人员工作的方针、政策、规定；为宁夏回族自治区各类留学人员提供全方位的管理与服务；积极引进海外留学人员中的人才、智力、技术、资金；承办宁夏回族自治区人事厅及国家留学人员工作主管部门委托和交办的任务；与国内外相关组织建立业务合作关系。

主要职能：

1．负责向社会提供留学人员科研成果的咨询和服务。

2．负责和组织留学人员为地方党政机关、企事业单位重大决策提供论证咨询。

3．负责留学回国人员科技活动资助经费的申报管理。

4．为各类留学人员来宁夏短期讲学、学术交流、合作科研、投资考察提供牵线搭桥服务。

5．为各类留学人员来宁夏工作和用人单位录用留学人员提供信息服务和双向选择服务，并根据双方需要进行重点推荐。

6．来宁夏开展学术活动的高层次留学人才的接待工作。

7．指导宁夏回族自治区留学人员创业园、宁夏留学人员联谊会工作。

8．帮助留学人员解决工作、学习、生活中的困难，做好相关服务等工作。

联系方式：

地　址：宁夏银川市上海东路40号
邮　编：750001
电　话：86-951-5099081
传　真：86-951-5099100
邮　箱：nxzj2088@126.com

附录篇

中华人民共和国驻外使（领）馆教育处(组)一览

馆 别	地 址	电 话/传 真/邮 箱/网 址
驻美国大使馆教育处	3505 INTERNATIONAL PLACE, N. W. WASHINGTON, D. C. 20008, U. S. A.	001-202-243-1159 001-202-243-0631 (Fax) admin@sino-education. org www. sino-education. org
驻纽约总领馆教育组	Education Office, 520 12th Avenue, New York, NY 10036, U. S. A.	001-212-244-9392 001-212-564-2268 (Fax) www. edunewyork. org
驻旧金山总领馆教育组	Education Office, 1450 Laguna Street, San Francisco, California, 94115, U. S. A.	001-415-852-5984 001-415-852-5980 (Fax) www. edusf. org
驻洛杉矶总领馆教育组	Education Office, 443 Shatto Place, Los Angeles, CA 90020, U. S. A.	001-213-807-8071 001-213-807-8051 (Fax) educationsection@gmail. com www. edulosangeles. org
驻芝加哥总领馆教育组	Education Office, 3322 West Peterson Ave., Chicago, IL 60659, U. S. A.	001-773-279-0361 001-773-279-0370 (Fax) www. educhicago. org
驻休斯敦总领馆教育组	Education Office, 811 Holman St. Houston, TX 77002, U. S. A.	001-713-522-0438 001-713-522-0015 (Fax) houston. china-consulate. org
驻加拿大大使馆教育处	396 Wilbrod Street Ottawa, Ontario, Canada, K1N 6M8, Canada	001-613-789-6312 001-613-789-0262 (Fax) www. chineseeducation. ca
驻温哥华总领馆教育组	2215 Eddington Drive, Vancouver, BC, Canada V6L 2E6, Canada	001-604-738-8330 001-604-738-1801 (Fax) www. chinaeduvan. org
驻多伦多总领馆教育组	24 Admiral Road, Toronto, Ontario M5R 2L5, Canada	001-416-324-8536 001-416-324-9931 (Fax) www. educationtoronto. org
驻蒙特利尔总领馆教育组	2100 Ste-Catherine West, 8th Floor Montreal, Quebec, H3H 2T3, Canada	001-514-419-6748 001-514-878-9692 (Fax) www. edumontreal. org
驻墨西哥大使馆教育组	Av. Rio Magdalena No. 172 Deleg, Alvaro Obregon, Col Tizapan, Mexico	0052-5-663-3473 0052-5-661-1972 (Fax) www. embajadachina. org. mx
驻英国大使馆教育处	50 Portland Place, London W1B 1NQ, UK.	0044-20-7612-0250 0044-20-7580-4474 (Fax) www. edu-chineseembassy-uk. org
驻曼彻斯特总领馆教育组	153 Barlow Moor Road, West Didsbury Manchester, UK M20 2YA	0044-161-710-2739 www. consulateman. org
驻贝尔法斯特总领馆教育组	MacNeice House, 75-77 Malone Road, Belfast, Northern Ireland, United Kingdom BT9 6SH	0044-756-500-3921 0044-289-073-71081 (Fax)
驻德国大使馆教育处	Dresdener Str. 44, D-10179 Berlin, Germany	0049-30-2462-9311 0049-30-2462-9325 (Fax) www. de-moe. edu. cn

驻慕尼黑总领馆教育组	Romanstrasse 107 80639 Muenchen, Germany	0049-89-170-8602 0049-89-170-8639（Fax） munich.china-consulate.org
驻法兰克福总领馆教育组	Stresemannallee 19-23, D-60596 Frankfurt am Main, Germany	0049-69-7508-5522 0049-69-7508-5550（Fax） frankfurt.china-consulate.org
驻杜塞尔多夫总领馆教育组	Schanzenstraße 131, 40549 Düsseldorf, Germany	0049-211-9099-6396 0049-211-9099-6396（Fax） dusseldorf.china-consulate.org
驻俄罗斯大使馆教育处	6, St. Friendship (Lenin Hill) Moscow, Russia	007-499-951-8396 007-499-951-8400（Fax） www.eduru.org
驻圣彼得堡总领馆教育组	Room 97, 7 Nahimova St.199226, Saint-Petersburg, Russia	007-812-355-0673 bdbjyz@163.com www.edustpeterburg.org
驻叶卡捷琳堡总领馆教育组	улицаЧайковского,45, Екатеринбург,Свердловская область,Россия	007-343-253-5786 007-343-253-5781（Fax） ekaterinburg.chineseconsulate.org
驻伊尔库茨克总领馆教育组	NO.40, Str.Karl Marx, Irkutsk, Russia	007-395-278-1434 irkutsk.chineseconsulate.org
驻符拉迪沃斯托克总领馆教育组	690065, No.3, Str. Krygina, Vladivostok, Primorsky kray, Russia	007-4232-497-766 007-4232-497-459（Fax）
驻法国大使馆教育处	29, rue de la Glacière, 75013 Paris, France	0033-1-4408-1940 0033-1-4408-1960（Fax） www.edu-ambchine.org
驻瑞典大使馆教育处	Postal address: Sköldvägen 10 SE-182 64 Djursholm, Sweden	0046-8-755-2318 0046-8-753-1269（Fax） info@cnedu.nu www.cnedu.nu
驻爱尔兰大使馆教育组	40 Ailesbury Road, Dublin 4, Ireland	00353-1-269-0041 00353-1-260-5789（Fax） www.chinaeduireland.org
驻乌克兰大使馆教育处	Украина, г. Киев, ул. Звеpинецкая, № 60	0038-044-285-3185（Tel/Fax） jiaoyuzu@cnuaedu.org www.cnuaedu.org
驻意大利大使馆教育处	Via Armando Spadini 9, 00197 Roma, Italia	0039-06-322-0275 0039-06-325-02846（Fax） www.chinaitalyedu.org
驻西班牙大使馆教育组	Calle Arturo Soria 108 D, 28027, Madrid	0034-91-388-3988 0034-91-759-9292（Fax） www.esedu.org
驻瑞士大使馆教育处	Bersetweg 6, CH-3073 Gümligen Switzerland	0041-31-951-4325 0041-31-951-4331（Fax） jiaoyuchu@muri-be.ch www.cnedu-ch.org
驻奥地利大使馆教育处	Jauresgasse 11/5 A-1030 Wien, Austria	0043-1-945-4191 0043-1-713-1788（Fax） www.eduembaustria.org

驻匈牙利大使馆教育组	1068 Budapest, VárosligetiFasor 20-22, Hungary	0036-30-3144369 0036-1-3222544(Fax) www.educnhu.org
驻罗马尼亚大使馆教育组	APT.651, Corp D, Virgil Madgearu Sector 1, 014135 Bucuresti, Romania	0040-31-102-1688 (Tel/Fax) dengliming2015@gmail.com www.romaniaedu.org
驻捷克大使馆教育组	Education Section Embassy of P. R. China Pelleova 18,160 00 Praha 6 The Czech Republic	00420-233-028-869 00420-233-028-868 (Fax) www.china-czech-edu.org
驻比利时大使馆教育处	Avenue Bel-Air 16, 1180 Bruxelles, Belgium	0032-2-734-3220 0032-2-735-9452 (Fax) www.chinaedu.be
驻荷兰大使馆教育处	Antonic Duckystraat 132 2582 TR Den Haag The Netherlands	0031-70-354-1276 0031-70-351-2902 (Fax) nl.china-embassy.org
驻丹麦大使馆教育组	Henningsens Alle 24, 2900 Hellerup, Copenhagen Denmark	0045-3962-3854 www.chinaembassy.dk
驻挪威大使馆教育组	Holmenkollveien 30B, 0376 Oslo, Norway	0047-2249-4285 0047-2249-5855 education@chinese-embassy.no www.chinese-embassy.no
驻芬兰大使馆教育组	Hietalahdenranta 5 c D 68,00120, HELSINKI Finland	00358-9-698-6418 00358-9-687-11140 (Fax) www.educn-fi.org
驻葡萄牙大使馆教育组	Rua De Sao Caetano 2, a lapa 1200 Lisboa Portugal	00351-213-928445 00351-213-975632 (Fax) pt.chineseembassy.org
驻白俄罗斯大使馆教育组	22, Berestyanskaya Str.,Minsk,The Republic of Belarus, 220071	00375-172-328-6396 00375-172-285-3681 (Fax) by.chineseembassy.org
驻波兰大使馆教育处	UL.Bonifraterska 100-203 Warsza, Poland	0048-22-831-6182 www.chinaembassy.org.pl
驻塞尔维亚和黑山大使馆教育组	Aradska 4, 11000 Beograd Serbia and Montenegro	00381-11-380-8396 00381-11-380-7583 (Fax) esce_beograd@hotmail.com
驻保加利亚大使馆教育组	No.7 Anri Babuse Str. Sofia 1113, Bulgaria	00359-2-973-3247 00359-2-971-2005 (Fax) www.chinaembassy.bg
驻欧盟使团教育文化处	Avenue de Tervuren 443-445, 1150 Woluwe Saint-Pierre, Belgium	0032-2-7723702 0032-2-7628259 (Fax) www.chinamission.be
驻日本大使馆教育处	〒135-0023 日本国東京都江東区平野 2-2-9	0081-3-3643-0305 0081-3-3643-0296 (Fax) www.jiaoyuchu.org

驻大阪总领馆教育组	〒564-0063 日本国大阪府吹田市江坂町5-4-4	0081-6-6821-2301 0081-6-6821-2303（Fax） www.eduosaka.org
驻福冈总领馆教育组	〒810-0065 日本国福冈市中央区地行浜1-3-3	0081-92-713-1121 0081-92-771-5637（Fax） www.edufukuoka.org
驻札幌总领馆教育组	〒064-0913 日本国札幌市中央区南13条西23丁目5-1	0081-11-563-8991 0081-11-563-7314（Fax） sapporo.china-consulate.org
驻新潟总领馆教育组	〒951-8104 日本国新潟县新潟市中央区西大畑町5220-18	0081-25-228-8878 0081-25-228-8901（Fax） niigata.chineseconsulate.org
日中会馆	〒112-0004 東京都文京区後楽1丁目5番3号	0081-3-3811-5317 www.jcfc.or.jp
驻韩国大使馆教育处	首尔特别市中区明洞2路27，100-810	0082-2-730-2068 0082-2-738-1044（Fax） www.chinaedukr.org
驻朝鲜大使馆教育组	朝鲜民主主义人民共和国平壤市牡丹峰区长村洞	0085-02-381-3013 0085-02-381-3423（Fax） kp.china-embassy.org
驻新加坡大使馆教育处	150 Tanglin Road，Singapore 247969	0065-6418-0464 www.edusg.org.cn
驻泰国大使馆教育组	AA Building，Soi3，Ratchadapiseak Road，Dindaeng,Bangkok，Thailand，10310	0066-2-245-2918（Tel/Fax） jiaoyuzuth@163.com www.th-chinaembassyedu.org
驻以色列大使馆教育处	219 Ben Yehuda St.，P.O.B.6067，Tel Aviv 61060，Israel	00972-3-602-4597 00972-3-526-1787（Fax） beijinggszhang@163.com www.cnemedu.org
驻印度大使馆教育组	50-D，Shantipath，Chanakyapuri New Delhi-110021，India	0091-11-2611-4711 0091-11-2687-2031（Fax） in.china-embassy.org
驻也门大使馆教育组	PO Box 482,Sana’a,Al-Zubeiri St. Sana’a，Yemen	00967-1-275-340 00967-1-245-168（Fax） ye.chineseembassy.org
驻澳大利亚大使馆教育处	6 Dalman Crescent,O’Malley,Canberra，ACT 2606，Australia	0061-2-6286-9982 0061-2-6290-1652（Fax） www.edu-australia.org
驻悉尼总领馆教育组	19 Anzac Parade，Kensington，NSW 2033，Australia	0061-2-9662-1723 0061-2-9697-3368（Fax） www.edusyd.org
驻墨尔本总领馆教育组	14 Selborne Road，Toorak，VIC3142，Australia	0061-3-9827-5985 0061-3-9804-8603（Fax） melboffice@gmail.com www.edumel.org

驻布里斯班总领馆教育组	Room802, Level 8, 79 Adelaide Street, Brisbane QLD 4000, Australia	0061-7-3210-6509 0061-7-3210-6394（Fax） www.edubrisbane.org
驻阿德莱德总领馆教育组	110 Crittenden Road, Findon SA 5023	0061-8-82688806 0061-8-82688800（Fax）
驻新西兰大使馆教育处	37 Penrose St., Woburn, Lower Hutt 5010, Wellington, New Zealand	0064-4-570-2758 0064-4-570-2832（Fax） paul_sun09@hotmail.com www.chinanz-education.org
驻奥克兰总领馆教育组	8 Dromorne Road, Remuera Auckland, New Zealand	0064-9-524-7670 0064-9-524-2919（Fax） aucklandmoe@moe.edu.cn www.aucklandmoe.org
驻克赖斯特彻奇总领馆教育组	106 Hansons Lane, Upper Riccarton, Christchurch	0064-3-341-2255 0064-3-341-8071（Fax） www.chchedu.org
驻南非大使馆教育组	965 Church Street,Arcadia 0083, Pretoria, South Africa	0027-12-342-6566 0027-12-342-0911（Fax） www.chinese-embassy.org.za
驻埃及大使馆教育处	Room 901, No.8, Al-mansur Muhanmed Str. Al-Zamalek, Cairo, Egypt	0020-2-2735-5861 0020-2-2736-1939（Fax） eg.china-embassy.org
纽约中国留学服务中心	90 Broad Street, Suite 701, New York, N.Y. 10004, U.S.A.	001-212-835-5520 001-212-367-7431（Fax） www.chinesehighway.com
中国常驻联合国 教科文组织代表团	1, Rue Miollis 75015 Paris, France	0033-1-4568-3456 0033-1-4219-0199（Fax）

附录篇

中华人民共和国驻外使（领）馆科技处(组)一览

馆 别	地 址	电 话/传 真/网 址
驻日本使馆科技处	106日本东京都港区元麻布三丁目四番33号	0081-3-3403-3388 0081-3-3403-3385（Fax） www.china-embassy.or.jp
驻大阪总领馆科技组	550-0004大阪府大阪市西区靱本3-9-2	0081-6-6445-9481 0081-6-6445-9475（Fax） www.osaka.china-consulate.org
驻福冈总领事馆科技组	810-0065福冈县福冈市中央区地1-3-3	0081-92-713-1124 0081-92-781-8906（Fax） www.chn-consulate-fukuoka.or.jp
驻札幌总领事馆科技组	064-0913北海道札幌市中央区南13条23-5-1	0081-11-563-5563 0081-11-563-1818（Fax） sapporo.china-consulate.org
驻长崎总领事馆科技组	852-8114长崎县长崎市桥口町10-35	0081-95-849-3311 0081-95-849-3312（Fax） sapporo.china-consulate.org
驻名古屋总领事馆科技组	461-0005名古屋市东区东樱二丁目8番地37号	0081-52-932-1058 0081-52-932-1169（Fax） nagoya.chineseconsulate.org
驻印度使馆科技处	50-D, Shantipath, Chanakyapuri New Delhi-110021 India	0091-11-2687-1585 0091-11-2611-1104（Fax） www.fmprc.gov.cn/ce/cein
驻朝鲜使馆科技组	Kinmaeuldong, Pyongyang D.P.R of Korea	00850-2-381-3116 00850-2-381-3425（Fax） kp.china-embassy.org
驻韩国使馆科技处	110-033 54 Hyoja-Dong, Jongno-Gu, Seoul, 110-033 the Republic of Korea	0082-2-738-1038 0082-2-738-1045（Fax） www.chinaemb.or.kr
驻以色列使馆科技处	222 Ben Yehuda Street P.O.Box 6067 Tel Aviv 61060, Israel	00972-3-546-7277 00972-3-544-0443（Fax） www.fmprc.gov.cn/ce/ceil
驻泰国使馆科技处	57 Rachadapisake Road Bangkok 10310 Thailand	0066-2-245-0088 0066-2-245-7048（Fax） www.chinaembassy.or.th
驻印度尼西亚使馆科技处	JL. Mega Kuningan No.2, Jakarta Selatan 12950 Indonesia	0062-21-576-1264 0062-21-576-1033（Fax） www.fmprc.gov.cn/ce/ceindo
驻新加坡使馆科技组	150 Tanglin Road, Singapore 247969	0065-6418-0105 0065-6471-3603（Fax） www.chinaembassy.org.sg
驻巴基斯坦使馆科技组	Diplomatic, Enclave Ramma 4, Islamabad Pakistan	0092-51-282-4786 0092-51-287-2830（Fax） pk.chineseembassy.org
驻哈萨克斯坦使馆科技处	12, baitasov Str. Almaty, 050010	007-723-700-208 kz.mofcom.gov.cn
驻德国使馆科技处	Märkisches Ufer 54, 10179 Berlin Germany	0049-30-2758-8237 0049-30-2758-8221（Fax） www.china-botschaft.de

驻法国使馆科技处	20, Rue de Washington 75008 Paris France	0033-1-5375-8891 0033-1-5375-8904（Fax） www.amb-chine.fr
驻英国使馆科技处	42 Maida Vale, London, W91RP, U.K.	0044-20-7432-8376 0044-20-7286-6833（Fax） www.chinese-embassy.org.uk/chn/lxwm/
驻爱尔兰使馆科技处	40 Ailesbury Road, Ballsbridge, Dublin 4, Ireland	00353-1-269-1501 00353-1-283-9938（Fax） ie.china-embassy.org
驻瑞典使馆科技处	Lidovägen 8, 115 25 Stockholm, Sweden	0046-8-767-5825 0046-8-731-0740（Fax） www.chinaembassy.se
驻意大利使馆科技处	56 Via Bruxelles, 00198 Roma, Italia	0039-06-884-8186 0039-06-853-1203（Fax） www.it.chineseembassy.org
驻米兰总领事馆科技组	Via Benaco, 4-20139 Milano	0039-02-569-0869 0039-02-569-4131（Fax） www.consolatocinami.it
驻欧盟使团科技处	Boulevard de la Woluwé100 1200 Bruxelles Belgique	0032-2-772-9572 0032-2-770-4790（Fax） www.chinamission.be
驻比利时使馆科技处	Boulevard du Souverain 400, 1160 Auderghem, Bruxelles Belgique	0032-2-663-3012（Fax） 0032-2-770-2326 www.chinaembassy-org.be
驻瑞士使馆科技处	Kalcheggweg 10, 3006 Bern, Switzerland	0041-31-351-5817 www.china-embassy.ch
驻芬兰使馆科技组	Vanha kelkkamäki 9, Kulosaari, 00570, Helsinki, Finland	00358-9-2289-0153 00358-9-2289-0155（Fax） www.chinaembassy-fi.org
驻奥地利使馆科技处	Metternichgass 4 Wien A-1030 Austria	0043-1-714-4925 0043-1-713-6816（Fax） www.chinaembassy.at
驻丹麦使馆科技处	Ahlmanns Alle 22, 2900 Hellerup Denmark	0045-3946-0887 0045-3946-0888（Fax） www.chinaembassy.dk
驻挪威使馆科技处	Tuengen Allé 2B, 0244 Oslo, Norway	0047-22-492-052 0047-22-921-978（Fax） www.chinese-embassy.no
驻荷兰使馆科技处	Willem Lodewijklaan 10, 2517 Jt. the Hague, Netherlands	0031-70-306-5077 0031-70-355-1651（Fax） nl.china-embassy.org
驻西班牙使馆科技处	Calle Arturo Soria, 113, 28043 Madrid, Espana	0034-91-519-4242 0034-91-519-2035（Fax） www.embajadachina.es
驻葡萄牙使馆科技组	Rua Do Pau Da Bendeira 11-13, A Lapa 1200-756 Lisboa Portugal	00351-21-392-8440 00351-21-392-8431（Fax） www.fmprc.gov.cn/ce/cept
驻希腊使馆科技组	2A Krinon Street, P. Psychico, 15452 Athens, Greece	0030-210-677-6743 gr.china-embassy.org

驻俄罗斯使馆科技处	117330, Ulitsa Druzhby 6, Moscow Russia	007-495-143-6146 007-495-938-2141（Fax） ru.china-embassy.org
驻哈巴罗夫斯克总领事馆科技组	Stadium Lenin, Khabarovsk 680028, Russia	007-42-1230-2353 007-42-1230-2354（Fax） www.fmprc.gov.cn/ce/cgkhb
驻圣彼得堡总领事馆科技组	No.134, Nab. Kanala Griboedova, St. Petersburg, Russia	007-812-714-2711 007-812-714-4958（Fax） saint-petersburg.china-consulate.org
驻白俄罗斯使馆科技处	22, Berestyanskaya Str., minsk, the republic of Belarus, 220071	00375-17-294-7759 by.china-embassy.org
驻乌克兰使馆科技处	NO.32, grushevskogo STR., kyiv, ukraine, 01901	0038-044-253-0433 ua.chineseembassy.org/
驻罗马尼亚使馆科技处	No.2 Bucurestt, Sector 1, 014 101, Romania	0040-21-232-1923 www.chinaembassy.org.ro
驻匈牙利使馆科技组	Budapest 1068 Benczur Utca 18 Hungary	0036-1-413-3370 0036-1-413-3393（Fax） www.chinaembassy.hu
驻捷克使馆科技处	Pelléova 18, 16000 Praha 6 - Bubeneč, Czech Republic	00420-22-3302-8866 00420-22-3302-8865（Fax） www.chinaembassy.cz
驻波兰使馆科技处	ul. Bonifraterska 100-203 Warszawa, Polska (Poland)	0048-22-831-5823 www.chinaembassy.org.pl
驻保加利亚使馆科技处	Str. Alexander von Humbold 7, Sofia 1113, Republic of Bulgaria	00359-2-973-3873 00359-2-971-3345（Fax） www.chinaembassy.bg
驻美国使馆科技处	2300 Wisconsin Avenue N.W., Suite 110, Washington D.C. 20007 U.S.A.	001-202-495-2240 001-202-495-2242（Fax） www.china-embassy.org
驻纽约总领事馆科技组	520 12th Avenue New York, NY 10036 U.S.A.	001-212-244-9392 001-212-564-9443（Fax） www.nyconsulate.prchina.org
驻旧金山总领事馆科技组	1450 Laguna Street San Francisco, CA 94115 U.S.A.	001-415-674-2964 001-415-563-4867（Fax） www.chinaconsulatesf.org
驻休斯敦总领事馆科技组	3417 Montrose Boulevard, Houston, Texas 77006 U.S.A.	001-713-520-1462 001-713-521-0876（Fax） www.fmprc.gov.cn/ce/cght
驻芝加哥总领事馆科技组	100 West Erie Street Chicago. IL 60610 U.S.A.	001-312-803-0095 001-312-803-0110（Fax） www.chinaconsulatechicago.org
驻洛杉矶总领事馆科技组	443 Shatto Place Los Angeles, CA 90020 U.S.A.	001-213-807-8065 001-213-807-8019（Fax） losangeles.china-consulate.org
驻加拿大使馆科技处	515 St.Patrick Street Ottawa, Ontario Canada K1N 5H3	001-613-789-3508 001-613-789-1911 www.chinaembassycanada.org

驻多伦多总领事馆科技组	240 St. George Street, Toronto Ontario Canada M5R 2P4	001-416-324-6457 001-416-324-6456 (Fax) www. fmprc. gov. cn/ce/cgtrt
驻温哥华总领事馆科技组	3380 Granville Street Vancouver, BC, Canada V6H 3K3	001-604-731-6767 001-604-736-4343 (Fax) vancouver. china-consulate. org
驻卡尔加里总领事馆科技组	Suite 100, 1011-6th Ave, SW. Calgary, Alberta, Canada T2P 0W1	001-403-264-3322 001-403-264-6656 (Fax) calgary. china-consulate. org
驻巴西使馆科技处	Embaixada da República Popular da China SES-Av. das Nações, Quadra 813, Lote 51, Brasília-DF, Brasil	0055-61-2195-8240 0055-61-2195-8292 (Fax) br. china-embassy. org
驻墨西哥使馆科技组	Av. Río del la Magdalena 172, Colonia Tizapán - San Angel Delegación Alvaro Obregón, C. P. 01090	0052-55-5616-4324 0052-55-5616-5849 (Fax) www. embajadachina. org. mx
驻古巴使馆科技组	Calle 13, No. 551 Entre CYD, Vedado, la Habana, Cuba	0053-7-833-3005 0053-7-333-0920 (Fax)
驻智利使馆科技组	Av. Pedro de Valdivia 550 Santiago, Chile	0056-2-233-9880 0056-2-234-1129 (Fax) cl. chineseembassy. org
驻哥斯达黎加使馆科技组	De la casa de D. oscar arias 100 metros al sury 50 metros al oeste, rohrmoser, pavas, san jose, costa rica	00506-2291-4659 00506-2291-4654 (Fax)
驻澳大利亚使馆科技处	15 Coronationa Drive Yarralumla, Canberra, ACT 2600 Australia	0061-2-6273-4786 0061-2-6273-5504 (Fax) au. china-embassy. org
驻悉尼总领事馆科技组	39 Dunblane Street, Camperdown Nsw 2050, Sydney Australia	0061-2-8595-8050 0061-2-8595-8051 (Fax) sydney. chineseconsulate. org
驻新西兰使馆科技组	2-6 Glenmore Street, Po Box 17-257, Karori, Wellington, New Zealand	0064-4-4749-6282 0064-4-4749-6291 (Fax) www. chinaembassy. org. nz
驻埃及使馆科技组	14, Bahgat Ali Street Zamalek, Cairo Egypt	0020-2-2735-6746 www. fmprc. gov. cn/ce/ceegy
驻南非使馆科技处	965 Church Street, Arcadia 0083, Pretoria, South Africa	0027-12-431-6550 0027-12-342-3338 (Fax) za. china-embassy. org
常驻联合国代表团科技组	350 East 35th Street, New York, NY 10016, USA	001-212-655-6159 001-212-655-6151 (Fax) www. china-un. org
常驻日内瓦代表团科技组	11, Chemin de Surville 1213 Petit-Lancy, Geneva Switzerland	0041-22-879-5635 0041-22-879-5637 (Fax) www. china-un. ch
国际原子能机构科技处	Steinfeldgasse 3 A-1190, Vienna, Austria	0043-1-486-1635 0043-1-370-6626 (Fax) www. iaea. org

附录篇

中国国际人才交流协会驻外办事机构一览

机　构	地　址	电 话/传 真/邮 件
驻美国纽约办事处	CAIEP Ltd. 807 Anderson Ave,Fort Lee NJ 07024 USA	001-201-941-8268 001-201-941-6711（Fax） nyus@caiep.org
驻美国亚特兰大办事处	CAIEP Atlanta Inc. 9155-118,Nesbit Ferry RD. Alpharetta GA 30022 USA	001-678-585-9950 001-770-640-3417（Fax） atus@caiep.org
驻美国旧金山办事处	50 EncantoAve,San Francisco CA 94115 USA	001-415-563-6982 001-415-921-5839（Fax） sfus@caiep.org
驻加拿大办事处	CAIEP Canada Ltd. 31 Moore Park Ave.North York Ontario Canada M2M 1M8	001-416-2212-485 001-416-5909-512（Fax） can@caiep.org
驻德国办事处	Unter den Birken 224 50996 KoelnHahnwald Germany	0049-2236-961047 0049-2236-961063（Fax） ger@caiep.org
驻英国办事处	CAIEP Australia Pty. Ltd. Suite 20 Level 5, 88 Pitt ST. Sydney NSW 2000, Australia	0061-2-9221-2555 0061-2-9221-3511（Fax） aus@caiep.org
驻澳大利亚办事处	50-D, Shantipath, Chanakyapuri New Delhi-110021 India	0091-11-2687-1585 0091-11-2611-1104（Fax） www.fmprc.gov.cn/ce/cein
驻日本办事处	4-13-2 Sendagaya,Shibuya-ku Tokyo 151-0051, Japan	0081-3-3403-8399 0081-3-3403-8380（Fax） jpn@caiep.org
驻新加坡办事处	#07-04 Trellis Towers, 700 Lorong 1, Toa Payoh Singapore 319773	0065-6222-0656 0065-6220-3722（Fax） sin@caiep.org
驻以色列办事处	Flat 18, 76 Levi Eshikol Street New Ramat Aviv, Tel-Aviv Israel	00972-3-7410274 00972-3-6990584（Fax） isr@caiep.org
驻香港特别行政区办事处	2801,28/F., Tower One, Lipo Centre, 89 Queensway, Hong Kong	00852-2850-6373 00852-2850-7629（Fax） hk@caiep.org
驻印度尼西亚使馆科技处	JL. Mega Kuningan No.2, Jakarta Selatan 12950 Indonesia	0062-21-576-1264 0062-21-576-1033（Fax） www.fmprc.gov.cn/ce/ceindo

附录篇

引智机构信息一览

机构名称	地址	电话/传真
中华人民共和国国家外国专家局	北京市海淀区中关村南大街1号5号楼	86-10-68948899 86-10-68940923（Fax）
中国国际人才交流协会	北京市海淀区中关村南大街1号5号楼	86-10-68949811 86-10-68468006（Fax）
北京市外国专家局 北京国际人才交流协会	北京市东城区广渠门内白桥南里1号	86-10-67182085 86-10-67186135（Fax）
天津市外国专家局 天津国际人才交流协会	天津市和平区解放北路167号	86-22-83869370 86-22-83869370（Fax）
河北省外国专家局 河北省国际人才交流协会	河北省石家庄市新华区合作路81号	86-311-87908301 86-311-87909438（Fax）
山西省外国专家局 山西省国际人才交流协会	山西省太原市小店区体育路317-1	86-351-3193231 86-351-31953133（Fax）
内蒙古自治区外国专家局 内蒙古国际人才交流协会	内蒙古自治区呼和浩特市新华大街63号6号楼706	86-471-6915975 86-471-6923256（Fax）
辽宁省外国专家局 辽宁省国际人才交流协会	辽宁省沈阳市沈河区中山路377号	86-24-22959198 86-24-22829820（Fax）
沈阳市外国专家局 沈阳国际人才交流协会	辽宁省沈阳市沈河区青年北大街16号市人才大厦1209室	86-24-22522866 86-24-22522866（Fax）
大连市外国专家局 大连国际人才交流协会	辽宁省大连市中山区解放路结好巷1号	86-411-82383456 86-411-82383456（Fax）
吉林省外国专家局 吉林省国际人才交流协会	吉林省长春市人民大街1486号省政府办公楼3栋	86-431-88690906 86-431-88905416（Fax）
长春市外国专家局 长春国际人才交流协会	吉林省长春市朝阳区西民主大街809号	86-431-89871365 86-431-85679971（Fax）
黑龙江省外国专家局 黑龙江省国际人才交流协会	黑龙江省哈尔滨市道外区南极街172-2号	86-451-87007038 86-451-87007038（Fax）
哈尔滨市外国专家局 哈尔滨国际人才交流协会	黑龙江省哈尔滨市道里区友谊路425号	86-451-84871688 86-451-84871683（Fax）
上海市外国专家局 上海国际人才交流协会	上海市浦东新区世博村路300号2号楼12楼	86-21-23110326 86-21-50722823（Fax）
江苏省外国专家局 江苏省国际人才交流协会	江苏省南京市鼓楼区中山北路49号机械大厦22楼	86-25-83236022 86-25-83236136（Fax）
南京市外国专家局 南京国际人才交流协会	江苏省南京市北京东路63号2楼	86-25-83151773 86-25-3213166（Fax）
浙江省外国专家局 浙江省国际人才交流协会	浙江省杭州市环城西路33号省政府4号楼大院	86-571-87051077 86-571-87051070（Fax）
杭州市外国专家局 杭州国际人才交流协会	浙江省杭州市江干区解放东路18号市民中心D座杭州市人力社保局1919室	86-571-85252669 86-571-85252638（Fax）
宁波市外国专家局 宁波国际人才交流协会	浙江省宁波市鄞州区和济街95号9楼	86-574-89186223 86-574-87284726（Fax）

安徽省外国专家局 安徽省国际人才交流协会	安徽省合肥市长江中路333号	86-551-62657061 86-551-62657061（Fax）
福建省外国专家局 福建省国际人才交流协会	福建省福州华林路80号	86-591-87813849 86-591-87313592（Fax）
厦门市外国专家局 厦门国际人才交流协会	福建省厦门市湖滨北路61号	86-592-5366613 86-592-5116399（Fax）
江西省外国专家局 江西省国际人才交流协会	江西省南昌市省政府大院	86-791-86386586 86-791-86386285（Fax）
山东省外国专家局 山东省国际人才交流协会	山东省济南市历下区解放东路16号	86-531-86198053 86-531-86095543（Fax）
济南市外国专家局 济南国际人才交流协会	山东省济南市历下区龙鼎大道1号龙奥大厦5楼D区	86-531-66605975 86-531-87914770（Fax）
青岛市外国专家局 青岛国际人才交流协会	山东省青岛市市南区闽江路7号市政府二期1707	86-532-85911347 86-532-85911347（Fax）
河南省外国专家局 河南省国际人才交流协会	河南省郑州市金水东路39号A座1108B	86-371-87519117 86-371-87519115（Fax）
湖北省外国专家局 湖北省国际人才交流协会	湖北省武汉市武昌区八一路3号省外侨办	86-27-82841532 86-27-87813061（Fax）
武汉市外国专家局 武汉国际人才交流协会	湖北省武汉市江岸区胜利街263号	86-27-82827387 86-27-82812889（Fax）
湖南省外国专家局 湖南省国际人才交流协会	湖南省长沙市天心区青园路18号省人力资源和社会保障厅综合楼919办公室	86-731-84900468 86-731-84900404（Fax）
长沙市外国专家局	湖南省长沙市岳麓大道218号市政府第一办公楼7楼	86-731-88666718 86-731-88666716（Fax）
广东省外国专家局 广东省国际人才交流协会	广东省广州市东风中路483号粤财大厦	86-20-83134790 86-20-83134793（Fax）
广州市外国专家局 广州国际人才交流协会	广东省广州市越秀区小北路266号北秀大厦7楼	86-20-83543937 86-20-83541272（Fax）
深圳市外国专家局 深圳国际人才交流协会	广东省深圳市福田区福中路17号人才大厦8楼810	86-755-83233164 86-755-83233164（Fax）
广西壮族自治区外国专家局 广西国际人才交流中心	广西壮族自治区南宁市桂春路9号广西就业大厦3楼	86-771-5521235 86-771-5505183（Fax）
海南省外国专家局 海南省国际人才交流协会	海南省海口市国兴大道69号海南广场9栋1901	86-898-65364075 86-898-65339325（Fax）
重庆市外国专家局 重庆国际人才交流协会	重庆市渝北区新牌坊一路1号401办公室	86-23-86868506 86-23-86868507（Fax）
四川省外国专家局	四川省成都市青羊区陕西街54号	86-28-86742939 86-28-86628201（Fax）
成都市外国专家局	四川省成都市锦城大道366号3号楼24楼	86-28-61888213 86-28-61888213（Fax）

贵州省外国专家局 贵州省国际人才交流协会	贵州省贵阳市延安中路20号信合大厦1902室	86-851-85837380 86-851-85837381（Fax）
云南省外国专家局 云南省国际人才交流协会	云南省昆明市五一路166号空间俊园A-1301	86-871-65168699 86-871-65168699（Fax）
西藏自治区外国专家局	西藏自治区拉萨市北京西路46号	86-891-6845883 86-891-6845872（Fax）
陕西省外国专家局 陕西省国际人才交流协会	陕西省西安市建设东路3号人社厅太乙路办公区2号楼3层	86-29-63915165 86-29-89538068（Fax）
西安市外国专家局 西安国际人才交流协会	陕西省西安市凤城八路109号西安市政府6号楼4层	86-29-86786937 86-29-86786937（Fax）
甘肃省外国专家局 甘肃省国际人才交流协会	甘肃省兰州市金昌南路280号红星大厦14楼	86-931-8885342 86-931-8885342（Fax）
青海省外国专家局 青海省国际人才交流协会	青海省西宁市城西区五四西路5号	86-971-8258253 86-971-8258250（Fax）
宁夏回族自治区外国专家局 宁夏国际人才交流协会	宁夏回族自治区银川市兴庆区上海东路40号	86-951-5099089 86-951-5099013（Fax）
新疆维吾尔自治区外国专家局 新疆国际人才交流协会	新疆吾尔自治区乌鲁木齐市北京南路445号	86-991-3689763 86-991-3689923（Fax）
新疆生产建设兵团外国专家局 新疆生产建设兵团国际人才交流协会	新疆维吾尔自治区乌鲁木齐市天山区光明路196号	86-991-2899404 86-991-2890460（Fax）

图书在版编目（CIP）数据

中国留学人员创业年鉴. 2017/教育部留学服务中心等编. —北京：中国致公出版社，2017

ISBN 978-7-5145-1120-8

Ⅰ. ①中… Ⅱ. ①教… Ⅲ. ①高技术产业－企业管理－中国－2017－年鉴②留学生－生平事迹－中国－现代

Ⅳ. ①F279.244.4-54②K820.76

中国版本图书馆CIP数据核字（2017）第268711号

中国留学人员创业年鉴

2017

RETURNED CHINESE SCHOLARS PIONEER YEARBOOK 2017

中国致公出版社　出版

中国留学人员创业年鉴编辑部　编辑

廊坊市华玺印务有限公司　印装

社址：北京市海淀区翠微路2号院科贸楼　邮编：100036

电话：（010）85869872（发行部）

各地新华书店经销

889×1194　16开　35印张　1600千字

2017年11月第1版　2017年11月第1次印刷

ISBN 978-7-5145-1120-8　定价：790.00元

（图书出现印刷问题，本社负责调换）